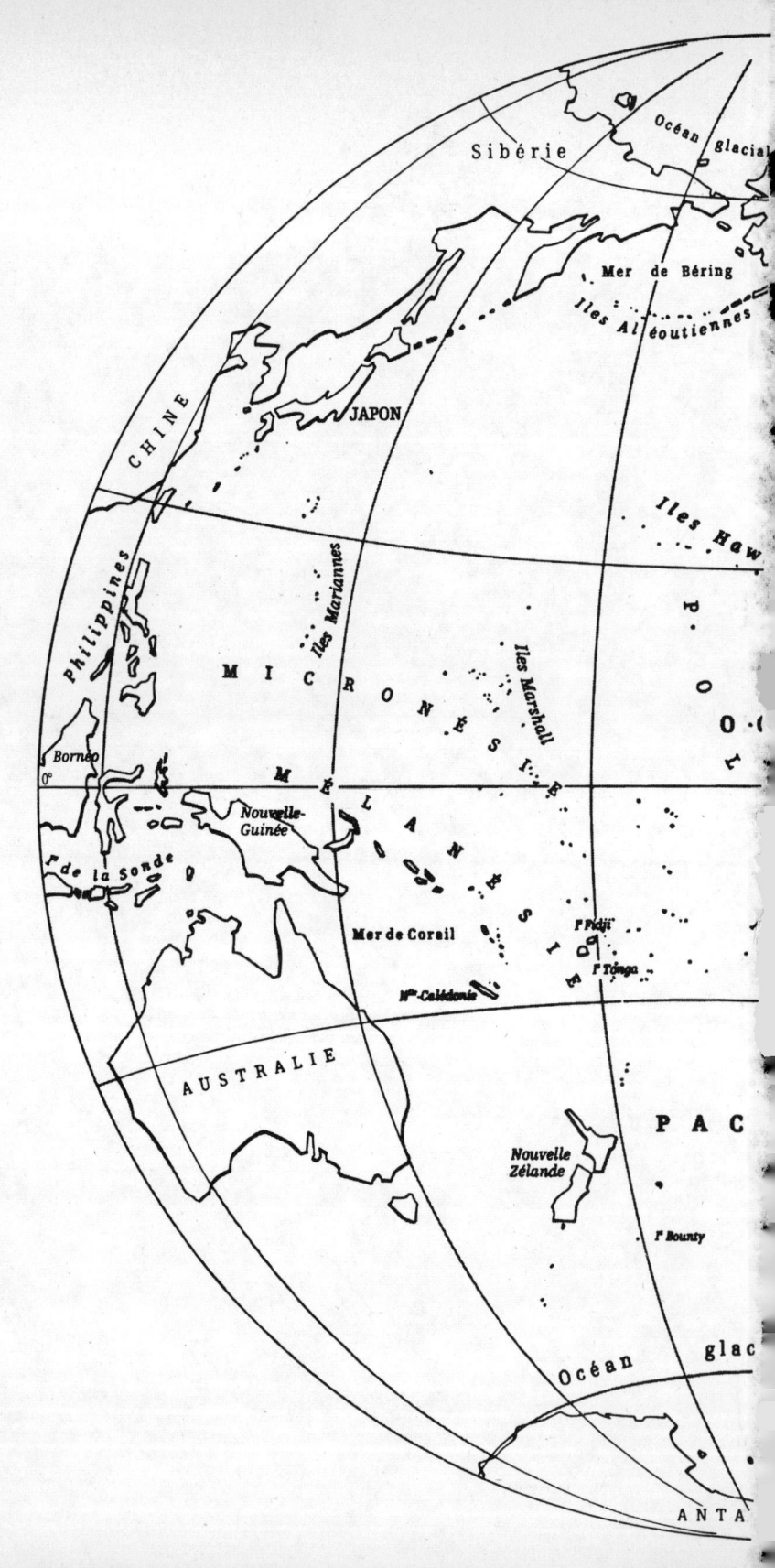

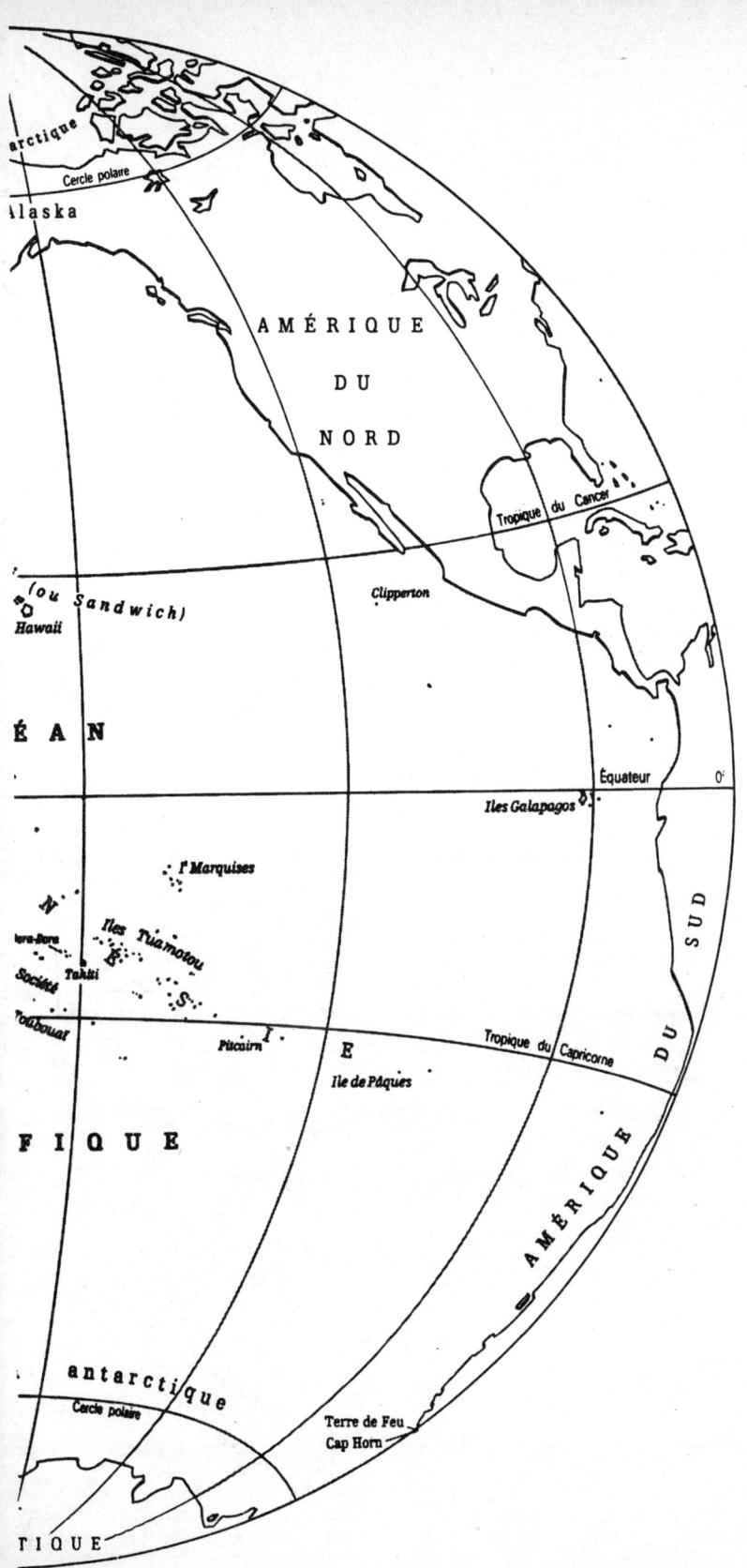

Cercle polaire

Alaska

AMÉRIQUE

DU

NORD

Tropique du Cancer

(ou Sandwich)

Hawaii

Clipperton

É A N

Équateur   0°

Iles Galapagos

Iᵉˢ Marquises

Iles Tuamotou

Bora-Bora

Société   Tahiti

Toubouai

Pitcairn   E

Ile de Pâques

Tropique du Capricorne

AMÉRIQUE   DU   SUD

F I Q U E

antarctique

Cercle polaire

Terre de Feu

Cap Horn

T I Q U E

arctique

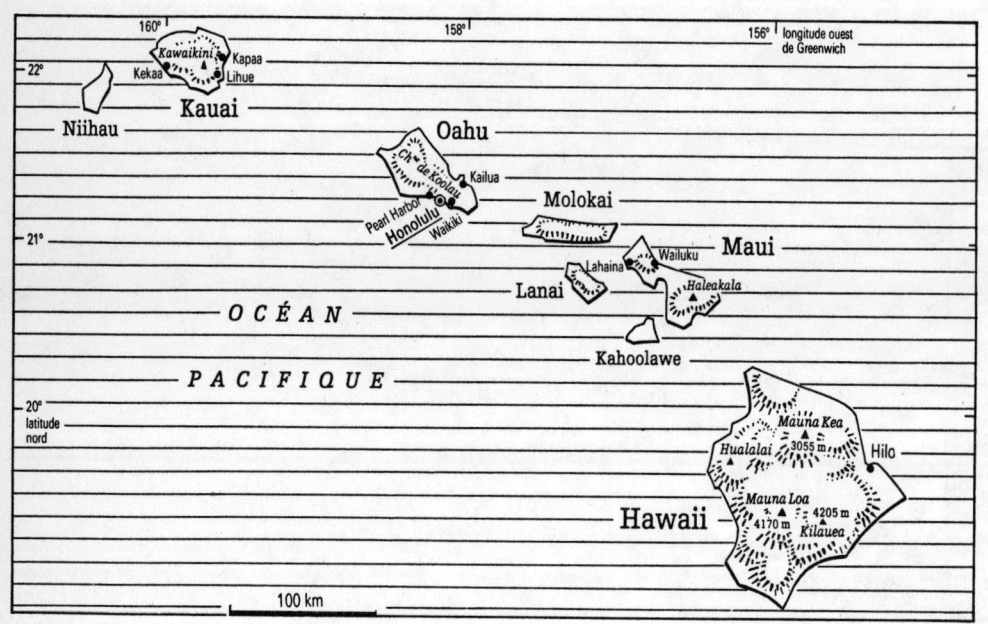

160°   158°   156° longitude ouest
de Greenwich

22°

Kawaikini Kapaa
Kekaa Lihue

Kauai

Niihau

Oahu

Ch. de Koolau Kailua

Pearl Harbor **Molokai**

Honolulu
Wailuku Wailuku **Maui**

21°

Lahaina *Haleakala*

Lanai

OCÉAN

Kahoolawe

PACIFIQUE

20°
latitude
nord

Mauna Kea
Hualalai ▲ 3055 m Hilo

Mauna Loa
Hawaii ▲ 4205 m
4170 m *Kilauea*

100 km

HAWAII

James A. Michener

HAWAII

Roman

PRESSES DE LA CITÉ

Laurédit inc.

Titre original : *Hawaii*

Éditeur original : Random House Inc. New York

Traduit par France-Marie Watkins, Jacques Martinache, Jacques Guiod, Danièle Berdou, Josette Chicheportiche, Henri Gueydon.

Une édition abrégée de ce livre a paru en 1961 au Livre contemporain.

1

Ceux qui vinrent
des profondeurs illimitées

Il y a des millions et des millions d'années, alors que les continents étaient déjà formés, que les traits principaux de la Terre étaient déjà dessinés, un élément du monde surpassait déjà tous les autres. C'était un puissant océan situé à l'est du plus grand continent, une gigantesque étendue d'eau éternellement changeante et tourmentée qui, plus tard, serait qualifiée de pacifique.

De grands vents balayaient sa surface, la fouettaient en tous sens en creusant d'énormes vagues qui allaient s'écraser le long des côtes, en arrachant les rochers et en labourant la terre. Dans son sein obscur, une étrange vie commençait à se former. Sur ses plus lointaines grèves des oiseaux aux ailes démesurées venaient se poser et s'envoler.

Soulevées par une lune bien plus forte qu'aujourd'hui, des marées immenses traversaient ce formidable océan, le maintenaient dans un état perpétuellement tumultueux. Le sable ne s'était pas encore amassé en vastes quantités et lorsque les eaux déferlaient sur les côtes, elles étaient uniformément sombres, noires comme la nuit, et redoutables.

Il y a des millions et des millions d'années — l'homme n'était pas encore apparu aux rives de cet océan pour en percevoir la grandeur et s'aventurer sur ses flots tourmentés — existaient des eaux éternelles. Plus étendues que toutes les autres sur terre, plus vastes que tous les autres océans réunis, sauvages, terrifiantes dans leur immensité et impérieuses dans leur rôle universel.

Quelle étendue infinie ! Les soulèvements de cet océan modifiaient l'équilibre même de la Terre ! Et quelle solitude, cachée dans les ténèbres de la nuit ou brûlant sous les rayons étincelants d'un soleil plus jeune que le nôtre !

Périodiquement, l'océan se refroidissait. De la glace s'entassait à ses extrémités en attirant les eaux si bien que les contours incertains des continents changeaient et s'étendaient parfois à des milles de leur ligne initiale. Puis, l'incessant mouvement de l'océan s'acharnait contre ces franges exposées des continents, pulvérisait les rochers en sable et créait une vie nouvelle.

Plus tard, la fantastique accumulation de glace fondait et libérait des eaux froides dans l'océan tumultueux ; les côtes des continents étaient alors submergées. L'infatigable énergie de la mer déposait sur

9

son lit des couches et des couches de limon, de squelettes et de sel. Pendant un million d'années, l'océan créait de la terre et puis les glaces revenaient ; les côtes étaient exposées par le reflux des eaux. Les vents du nord et du sud rugissaient à travers l'immensité déserte et abattaient contre les rives désolées des vagues inimaginables. Et ainsi, l'océan continuait de créer et de détruire.

Maître de la vie, gardien des côtes, régulateur des températures, sculpteur des montagnes, le puissant océan existait.

Il y a des millions et des millions d'années, avant que l'homme apparaisse à la surface de la Terre, là où existent aujourd'hui des îles célèbres rien ne dépassait au-dessus des longues vagues. Naturellement, des formes élémentaires de vie se mouvaient dans ses profondeurs mais, dans l'ensemble, l'océan n'était animé que par la houle née de la lune et des vents.

Mais un jour, au plus profond du profond océan, le long d'une ligne qui courait sur deux milliers de milles du nord-ouest au sud-est, une fracture apparut dans le lit de basalte. Une immense fissure de la structure fondamentale de la Terre qui ne tarda pas à cracher de la roche en fusion. En s'échappant des entrailles terrestres, cette roche se trouva au contact du corps liquide et froid de l'océan. Aussitôt, elle explosa en faisant jaillir à travers les six mille mètres de profondeur de l'océan de formidables colonnes de vapeur.

Plus haut, de plus en plus haut, elles s'élevèrent en une multitude de bulles d'air pour crever enfin à la surface, en créant un nuage. En cet instant, l'océan signalait qu'une île nouvelle se formait. Avec le temps, peut-être deviendrait-elle une terre infinitésimale qui marquerait le centre de l'immensité. Aucun être humain n'existait alors pour célébrer l'événement. Il se peut qu'une créature volante d'une espèce disparue ait remarqué cet échappement de vapeur et qu'elle ait plané vers la surface pour l'observer mais, plus vraisemblablement, les racines de l'île future se façonnèrent dans les ténèbres et les immenses vagues d'un espace désert.

Pendant près de quarante millions d'années, une durée si incommensurable que l'esprit a du mal à l'appréhender, l'océan fut le seul à savoir qu'une île naissait dans son sein car aucune terre n'était encore apparue à la surface des eaux. Pendant près de quarante millions d'années après la longue fracture du lit de l'océan, de petites quantités de roche en fusion continuèrent d'en sourdre, pour monter vers la surface comme ce qui s'était précédemment échappé et contribuer un peu à l'élaboration de ce qui s'amassait sur le lit de l'océan. Parfois mille ans, parfois dix mille s'écoulaient avant que se produise une nouvelle éruption de matière. A d'autres moments, des pressions organiques s'accumulaient sous la faille et, avec une violence inimaginable, se précipitaient par des fissures existantes en projetant des nuages de vapeur à des lieues au-dessus de la surface de l'océan. Des vagues naissaient alors qui encerclaient le globe et allaient se heurter entre elles de l'autre côté du monde. Chacune de ces explosions, d'une fureur indescriptible, venait imperceptiblement hausser l'île sous-marine en gestation.

Mais, dans l'ensemble, le lent et constant écoulement de roche en fusion n'était pas aussi spectaculaire. Venues du plus profond de la terre, les couches s'ajoutaient aux couches, en grésillant horriblement au contact de l'eau froide, et glissaient sur les flancs des petites montagnes qui se formaient. Quand la roche liquide n'explosait pas en minuscules fragments, elle cascadait lentement, visqueuse, le long des tumulus et elle liait ce qui s'était déjà déposé et formait une base solide pour ce qui viendrait ensuite.

Comme elle est loin, infiniment loin dans le passé, cette lente construction! Pendant près de quarante millions d'années, la première île se débattit au fond de la mer, en s'efforçant de naître et de devenir une terre visible. Pendant près de quarante millions d'années d'immersion, le volcan sous-marin gronda, cracha, éructa et vomit de la roche tout en restant dissimulé sous les eaux sombres de la mer turbulente.

Vint alors le jour où, à l'extrémité nord-ouest de la fracture subocéane, se produisit une éruption de roche liquide tout à fait différente de celles qui l'avaient précédée. Elle cracha la même espèce de roche, avec la même violence et par les mêmes fissures de la croûte terrestre, mais, cette fois, ce qui fut projeté atteignit la surface de l'océan. Il y eut alors une explosion fantastique quand la lave frappa à la fois l'air et l'eau. Des nuages de vapeur s'élevèrent à des milles dans l'espace. Des cendres retombèrent en sifflant sur les vagues houleuses. Pendant un moment, l'air fut secoué par des détonations qui se répercutèrent au loin dans l'immensité des solitudes.

Mais de la roche avait enfin été déposée à la surface de la mer. Une île, visible s'il y avait eu des yeux pour la voir, tangible s'il y avait eu des mains pour la toucher, s'était élevée des profondeurs.

Une terre était finalement née, oui. Les quarante millions d'années d'effort avaient été finalement couronnées par l'apparition d'un tas de pierres guère plus grand que le corps d'un homme, c'est vrai. Mais, en réalité, l'événement n'avait pas une bien grande signification car, dans la longue histoire de l'océan, beaucoup de tas de pierres rompirent momentanément la surface pour replonger bientôt sous les eaux et dans l'oubli. Le seul aspect important de l'apparition de cette première île, le long de la faille en diagonale, c'est qu'elle resta et se développa. Obstinément, petit à petit, elle se développa. En fait, c'était l'incertitude et la douleur de sa création qui avaient de l'importance.

L'émergence de l'île, par hasard, n'était rien. Rappelez-vous ceci: l'émergence n'était rien. Mais sa persistance, la patiente élaboration de sa structure étaient tout. Ce fut seulement grâce à un effort sans relâche qu'elle gagna son droit à l'existence. Pendant les dix mille premières années, après sa timide apparition, le petit tas de pierres, au vaste centre mort de l'océan, fluctua entre la vie et la mort comme une chose frappée de malédiction. Parfois, de la lave en fusion remontait pour faire éruption par un évent juste au-dessus des vagues. Des tonnes et des tonnes de matière jaillissaient et retombaient à la mer en grésillant furieusement. Mais, heureusement, une partie s'accrochait à l'île nouveau-née, la bâtissait et la haussait solidement afin qu'elle devînt, avec le temps, une vraie terre ferme.

Et puis venant du sud, berceau des tempêtes et des ouragans, une puissante lame se formait qui se précipitait autour du monde. Elle était visible de très loin, énorme, grondante, rugissante, couronnée d'un panache d'écume, et elle déferlait sur la petite accumulation de pierres avant de poursuivre sa course folle.

Pendant les dix millénaires suivants, il n'y avait plus d'île visible et pourtant, sous les rouleaux, toujours prêt à reparaître, le sommet de la montagne gigantesque était là, s'élevant de six mille mètres du fond de l'océan ; et quand une nouvelle poussée volcanique surgissait des fissures la montagne se reconstruisait patiemment et se rehaussait. A grand renfort d'explosions, d'éruptions, de sifflements de vapeur et de jets de cendres et de scories, la montagne géante se tordait dans des convulsions.

Tel était le bouleversement incessant de l'univers, la violence de la gestation, l'arrachement glacé de la mort et, pourtant, quelles promesses dans cette interaction des forces tandis qu'une île tentait de naître, disparaissait dans la douleur et resurgissait dans toute sa gloire. Vous tous, les hommes qui plus tard viendrez peupler ces îles, rappelez-vous la souffrance de l'arrivée, l'élévation et la chute, le néant de la mer quand les tempêtes arrachaient les rochers, le triomphe de la montagne quand de nouvelles pierres venaient la hausser vers le ciel.

Pendant un million d'années, l'île, enfant de la violence, survécut dans un équilibre précaire, mais finalement, après une accumulation d'une infinie patience, elle trouva son assise. A présent, chaque nouveau flot de lave avait une base solide où s'accrocher et, petit à petit, les scories s'agglutinèrent, jusqu'à ce que l'île fût visible aux oiseaux, à de longues distances. C'était une véritable terre, habitable s'il avait existé des hommes, avec des abris pour les embarcations, s'il y avait eu des embarcations, avec des pierres pouvant servir à construire des maisons et des temples. Elle était maintenant, dans la pleine acception du terme, une île occupant la place qui lui revenait au centre de l'immensité océane.

Mais avant que la vie puisse prospérer sur cette île, il fallait de la terre. Quand la lave en fusion faisait éruption dans l'atmosphère, elle explosait généralement et retombait en cendres mais elle s'écoulait parfois en un flot visqueux au flanc de la montagne, en laissant de grandes plaques de roche plate. Dans un cas comme dans l'autre, l'action combinée du vent, de la pluie et des nuits fraîches pulvérisa progressivement la nouvelle lave qui se décomposa en terre. Quand il s'en fut accumulé assez, l'île fut prête.

Les premières formes de vie furent discrètes, quasi invisibles : des lichens et des variétés primitives de mousse. Elles étaient nées de la mer, des vents qui parcouraient les océans de long en large, en hurlant. Avec une ténacité égale à celle de l'île, ces fragments de vie s'installèrent et, en se développant, décomposèrent la roche et créèrent un nouvel apport de terre.

A cette époque existait, sur les lointains continents visités par cet océan, un milieu solide de flore et de faune, composé d'arbres, de grands animaux lourds et d'insectes. Certaines de ces formes de vie étaient déjà bien adaptées pour une existence sur la nouvelle île, mais deux mille milles d'océan les empêchaient d'aller s'y installer.

En conséquence, une lutte effroyable commença. La vie, longtemps avant l'apparition de l'homme, hésitait sur des rives lointaines, pressée de se lancer dans des explorations comme celles qui avaient déjà peuplé une partie de la terre de plantes et d'animaux. Mais à ce désir s'opposait cette vaste étendue d'eau battue par les vents et les ouragans.

Les premiers animaux qui firent le voyage furent, naturellement, les poissons puisqu'ils allaient et venaient dans la mer à leur guise. Le premier animal non océanique qui s'y posa fut un oiseau. Il arriva, probablement du nord, en mission exploratrice à la recherche de nourriture. Il se percha sur les rochers encore chauds, ne trouva rien de comestible et reprit son vol, pour périr sans doute dans les mers du Sud.

Mille ans s'écoulèrent encore, sans qu'aucun oiseau ne se posât. Un jour, une noix de coco vint s'échouer au cours d'une violente tempête. Elle s'était maintenue à flot sur les vagues furieuses, grâce à sa coque légère, en parcourant plus de trois mille milles, venant du sud-ouest : un miracle de persévérance. Mais elle ne trouva pas de terre, le long de la côte, rien que de l'eau salée, et elle périt donc ; mais sa pulpe et sa coque contribuèrent à la formation d'un terreau pour celles qui viendraient plus tard.

Et le temps passa. Le soleil poursuivit ses cycles majestueux. La lune se leva et se coucha, les marées affluèrent et refluèrent à la surface du monde. Des glaces descendirent lentement du nord et recouvrirent les îles, pendant dix mille ans, en brisant les rochers sous leur poids pour former de la terre.

Et le temps passa encore, des années infinies, des années creuses, insignifiantes jusqu'à ce que, finalement, un autre oiseau arrive dans l'île, cherchant lui aussi de la nourriture. Il trouva quelques poissons morts, le long de la côte. Repu, il vida ses entrailles sur le peu de terre qui attendait, en évacuant ainsi une minuscule graine qu'il avait picorée sur quelque île lointaine. Et cette graine germa et poussa. Et ce fut ainsi qu'après des millénaires et des millénaires, la vie s'imposa sur l'île minuscule.

Entre l'arrivée du premier oiseau improductif et celle du deuxième, apportant dans ses entrailles la graine vitale, plus de vingt mille ans s'étaient écoulés ; et il fallut attendre encore vingt mille ans avant qu'une nouvelle parcelle de vie survienne, un insecte femelle, fécondée dans on ne sait quelle île lointaine, la veille d'une grande tempête. Emportée par le vent furieux soufflant du nord, soulevée dans les airs jusqu'à trois mille mètres d'altitude, transportée ainsi sur une distance de plus de deux mille milles, elle tomba enfin sur cette nouvelle petite île isolée où elle pondit ses œufs. Les insectes étaient arrivés.

Et le temps passa. D'autres oiseaux vinrent, mais sans apporter de graines ; d'autres insectes furent amenés par le vent mais ce n'étaient pas des femelles ou, s'il y en avait, elles n'étaient pas fécondées. Néanmoins, tous les vingt ou trente mille ans — une période plus longue que les temps historiques de l'humanité — une nouvelle forme de vie atteignait l'île, par hasard, et s'y installait. Ainsi, de cette manière précaire, au cours d'une période de temps que l'esprit peut à peine concevoir, la vie peupla la petite île.

Une des journées les plus importantes fut celle où un oiseau épuisé, venant d'une terre située très loin au sud-ouest, s'abattit sur un rocher, portant dans ses plumes emmêlées la graine d'un arbre. Il se secoua, la graine tomba, l'arbre prit racine. Trente mille ans plus tard, par un hasard tout aussi absurde, un autre arbre arriva et après un million d'années de hasards divers, après cinq millions d'années de tempêtes, d'oiseaux et de bois flottants chargés d'escargots ou de vers, l'île fut couverte d'une forêt pleine de fleurs, d'oiseaux et d'insectes.

Rien, rien de ce qui exista jamais sur cette île ne l'atteignit aisément. Les rochers eux-mêmes furent poussés par de flamboyantes cheminées à travers des profondeurs d'océan incommensurables. Ils explosèrent dans la douleur à la surface de la terre ; les tempêtes apportèrent les lichens. Les oiseaux s'y jetèrent, les ailes lourdes d'épuisement. Les insectes ne vinrent qu'en compagnie des ouragans et même les arbres furent transportés dans les noires entrailles d'un oiseau errant ou en équilibre précaire parmi les plumes d'une queue.

Inlassablement, inéluctablement, par les orages et les cyclones, l'île reçut la vie et cette vie ne s'installa et ne prospéra que grâce aux constantes éruptions de lave qui s'émiettait et se transformait en terreau fécond. Dans la violence, cette île vécut et, dans la violence, une grande beauté naquit.

Les côtes, découpées par la mer, étaient bordées de hautes falaises qui, à la tombée du jour, captaient les derniers rayons du soleil pour étinceler comme une colonnade d'or. Les montagnes étaient hautes, escarpées, leurs pentes basses couvertes d'arbres aux feuilles vert foncé, leurs sommets revêtus de glace, et leur grandiose majesté se reflétait dans les golfes calmes. Les vallées profondes, les plaines verdoyantes, les cascades et les torrents, les clairières faites pour abriter des amants, les rivières attendant des villages à leurs confluents, tout dans l'île invitait la civilisation.

Mais aucun homme ne vit jamais ces merveilles, les clairières tentantes n'accueillirent jamais d'amants car l'île avait atteint sa grande beauté longtemps, bien longtemps avant l'avènement de l'homme et, à l'instant de sa plus grande perfection, elle commença à mourir. Dans la violence elle était née, dans la violence elle allait disparaître.

Il y eut un brusque frémissement de la terre, une secousse et une glissade, et lorsque fut terminé le rajustement, qui dura plusieurs milliers d'années, l'île s'était enfoncée de plus de trois mille mètres dans l'océan et il n'y avait plus de glace sur ses crêtes. Les volcans s'étaient assoupis et aucune lave nouvelle ne jaillissait pour remplacer le bon terreau tombé à la mer. Pendant un million d'années, les vents hurlèrent autour de ses collines, l'océan rongea ses remparts. D'une année à l'autre, l'île s'amenuisait, partait en morceaux et retombait petit à petit dans l'océan d'où elle avait surgi.

Un million d'années s'écoulèrent, puis encore un million, et l'île qui s'était si patiemment développée à la pointe nord-ouest de la grande fissure dans le lit de l'océan disparut lentement. Les oiseaux qui s'étaient nourris sur ses montagnes allèrent chercher leur pitance ailleurs, emportant de nouvelles graines dans leurs entrailles. Des tempêtes emportèrent de ses côtes des insectes fécondés pour les déposer sur d'autres îles et la vie continua. Tous les trente mille ans environ, un fragment de nature s'échappait de cette île et la vie continuait.

Mais alors une nouvelle forme de vie apparut, dont l'activité ne cessa d'augmenter. Dans les eaux chaudes, limpides, nourrissantes qui bordaient les côtes, des polypes de corail commencèrent à proliférer et lentement, quand ils mouraient, ils abandonnaient leurs minuscules squelettes calcaires, juste au-dessous de la surface. En mille ans, ils redessinèrent la forme de l'île et après quelques ères, quelques âges de plus, ils eurent construit un récif.

Les glaces fondirent dans le nord et les petits animaux des coraux furent noyés, écrasés sous le poids des eaux libérées. La température de la mer se modifia et les animaux moururent ; des torrents d'eau de pluie cascadèrent des sommets des montagnes, envasèrent les côtes et étouffèrent les petits coraux. Ou bien de nouvelles calottes glaciaires

14

se formaient au nord et au sud, attiraient les eaux vers elles, les coraux étaient exposés à l'air et mouraient aussitôt.

Toujours, comme tout ce qui avait un rapport avec cette île, tout au long de son histoire, les coraux avaient une existence précaire, en survivant d'un cataclysme à l'autre. Mais, dans l'espace vital disponible, les coraux bâtissaient. Ce fut ainsi que cet animal infinitésimal, cet enfant des bouleversements, construisit une nouvelle île pour remplacer l'ancienne à mesure que la première s'érodait, s'usait et retombait à la mer.

Comme il fut terrible ce passage de la vie et de la mort! Quelle tristesse qu'une île née de tant de force et de tant de violence, une île si belle reposant sur le sein de cet immense océan, si aimée des oiseaux, si riche en arbres, si désireuse d'accueillir l'homme si jamais il venait... quelle tristesse qu'elle fût destinée, alors qu'elle était née dans la souffrance, à mourir dans une souffrance encore plus grande avant même qu'un œil humain eût contemplé sa majesté!

Les jours périssent, et les nuits, et la lancinante beauté luxuriante des vallées disparaît, et aucun homme ne les verra jamais. Il ne reste qu'un récif de corail, une guirlande de calcaire à la surface de la mer immense, qui avait donné sa vie à l'île, un monument du souvenir érigé par des milliards de milliards de milliards de squelettes de petits animaux.

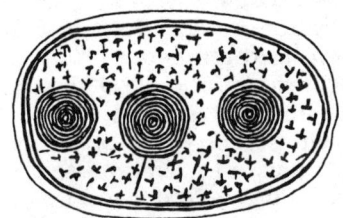

Tandis que cette première île s'élevait dans sa splendeur et retombait dans le néant, d'autres futures îles, s'étendant au loin vers le nord-est, se débattaient pour parvenir à une brève existence suivie d'une mort certaine. Certaines entamèrent leur cycle au cours du même million d'années que la première. D'autres tardèrent. Comme une ondulation de la mer elle-même, les îles rocheuses s'élevaient et retombaient, mais alors que le cycle de la vague ne dure que quelques minutes, celui de ces terres isolées était de quelque soixante millions d'années.

Chaque île, à n'importe quel moment donné, existait indiscutablement et solidement au sein de son cycle, soit en cours de développement, soit en cours de disparition. Je ne veux pas dire que l'homme, s'il avait existé alors, aurait su dire à quel point de ce cycle se trouvait chaque île. Mais le centre impersonnel en fusion de la Terre savait, il ne fournissait plus à cette île son flot de lave. La mer patiente savait, car elle sentait les falaises s'écrouler plus facilement dans ses bras. Et les polypes de corail savaient, car ils sentaient que le moment était venu de bâtir un monument à cette île qui ne tarderait pas à mourir... c'est-à-dire dans trente à quarante millions d'années.

Un cycle sans fin, la naissance et la mort, l'apparition et la disparition. Lorsque cessent les terrifiantes explosions volcaniques, l'île est déjà condamnée. La paix, une mer calme, des oiseaux porteurs de graines, mais ce lieu de beauté est voué à la destruction. Un chant nocturne d'insecte, le murmure soyeux du ressac sur le sable et une nouvelle ère glaciaire commence, qui gèlera toute vie. Cycle illimité, changement sans fin.

Vers la fin du cycle principal, alors que les îles occidentales agonisaient et que les îles orientales se construisaient, un nouveau volcan éleva son cône au-dessus de l'eau et toute une suite d'éruptions fit jaillir suffisamment de roche en fusion pour asseoir solidement une nouvelle île ; qui, des milliers d'années plus tard, serait considérée par les hommes comme la plus importante du nouveau groupe. L'histoire volcanique de ces îles fut remarquable en cela que les terres habitables résultèrent du mariage de deux chaînes de volcans distinctes.

Après que le premier volcan eut réussi à créer une île, ses flancs puissants produisirent d'autres cratères par lesquels la lave s'échappa. Sur ce, un nouveau volcan encore plus gigantesque dressa sa masse au-dessus de l'océan, à des milles et des milles du premier, et entreprit sa propre construction majestueuse, marquée par une égale chaîne de cratères.

Pendant des millénaires, les deux énormes systèmes volcaniques rivalisèrent d'ardeur flamboyante mais, inévitablement, le premier commença à mourir, ses feux éteints, alors que le second continuait de déverser des millions de tonnes de lave. En sifflant, en grésillant, en explosant et en crépitant les fragments de roche tombaient à la mer et s'y accumulaient pour former une base de plus en plus ferme au dernier-né des volcans, bien loin, sur le lit de l'océan.

Avec le temps, la lave du second maître d'œuvre finit par atteindre le pied du premier, s'y amassa et remonta le long des pentes pour se jeter enfin en travers de la lave exposée qui avait formé l'ancienne île. Le vide de la mer, qui séparait les deux volcans, était maintenant comblé et ils ne firent plus qu'un. Enlacés par leurs bras flamboyants, unis par leurs éjaculations de roche en fusion, ils mirent au monde une île unique, féconde et grandissante.

Sa terre fut plus tard formée par des dizaines de volcans plus petits qui entrèrent en éruption au cours de quelques centaines de milliers d'années avant de disparaître. L'un d'eux explosa dans un éblouissement glorieux et laissa un cratère ressemblant à une cuvette. Un autre, tout au bord de l'île, créa à sa mémoire un promontoire en forme de losange.

Lorsque l'île fut bien formée — céleste, douce, enchanteresse ! — une force de la nature, obéissant semblait-il à quelque plan subtil, cacha dans ses entrailles un trésor d'une incalculable richesse. Ce ne pouvait être des diamants, car l'île était de deux cent cinquante millions d'années trop jeune pour s'être enrichie de la flore carbonifère à l'origine des diamants. Pour la même raison, ce ne pouvait être du pétrole ni du charbon. Ce n'était pas de l'or car l'île n'avait ni les conditions ni l'âge requis pour la formation de ce métal précieux. Ce n'était aucune de ces richesses bien connues, c'était infiniment plus important.

Le basalte volcanique entrant dans la construction de l'île était poreux et quand les terrifiantes tempêtes qui balayaient l'océan la frappaient, les eaux de pluie retournaient en partie à la mer, en rivières de surface, mais pénétraient en plus grande partie encore

16

jusque dans le cœur de l'île. Des milliards de tonnes d'eau douce vinrent ainsi remplir ses réservoirs secrets.

L'eau n'y stagna pas, naturellement, puisque la roche était poreuse. Elle trouva des chemins pour la ramener vers la mer et, avec le temps, l'eau finissait par être perdue. Mais si un animal — l'homme peut-être — arrivait à pénétrer la pierre, il pourrait intercepter cette eau douce pour son propre usage car l'île tout entière était un bassin de captage de cette eau génératrice de vie.

Mais ce ne fut pas là un trésor particulier à cette île car il était possible de creuser n'importe quelle roche poreuse, de n'importe quelle île, pour capter de l'eau. Ici, cependant, il allait y avoir une autre richesse et la façon dont elle s'y déposa tint du miracle.

Sous l'action des glaces et des convulsions titanesques qui faisaient sombrer lentement l'île, puis la reconstruisaient, la côte méridionale fut tantôt exposée, tantôt submergée. Exposée, des torrents de montagne venaient y projeter leurs débris dans la plaine et déposaient une terre argileuse et de minuscules fragments de lave. Parfois, la mer apportait du calcium animal ou une tempête arrachait les pans d'une falaise et répandait les restes le long des côtes. Petit à petit, pendant des centaines de milliers d'années, ces débris s'accumulaient.

Ensuite, quand le niveau de l'océan remontait, il pesait lourdement sur cette corniche côtière qui restait immergée sous des tonnes et des tonnes d'eau verte et sombre. Mais en exerçant sa pression, le puissant océan brutal agissait en même temps comme un générateur de vie, car ses vagues scintillantes filtraient le limon, les corps morts et les fragments d'arbres et de sable imprégnés d'eau. Tous ces éléments, dons de la terre et de la mer, étaient amalgamés par le poids monstrueux de l'océan pour former du rocher.

A chaque cataclysme, l'île remontait à la surface pour récolter de nouveaux fragments descendus de ses montagnes, puis elle replongeait sous les vagues où elle amassait de nouveaux dépôts de limon producteur de vie. Chaque fois que le monstrueux océan pesait de tout son poids pendant plus de dix mille ans, une nouvelle structure rocheuse se formait, un bouclier imperméable descendait en pente des premiers contreforts des collines et s'avançait très loin au large. C'était une calotte de pierre emprisonnant dans un réservoir souterrain tout ce qu'elle recouvrait.

Ce qui était emprisonné, c'était de l'eau. Secrètement, très loin sous la surface visible de l'île, retenue par cette calotte de roche étanche, il y avait une citerne de l'eau la plus pure, la plus douce, la plus féconde de toutes les terres bordant cet immense océan. Elle était maintenue sous pression, non seulement à la disposition de l'homme si jamais il découvrait sa cachette, mais prête à bondir, à jaillir à trente, quarante pieds dans les airs, à inonder de sa fraîcheur tout homme capable de pénétrer la roche qui l'emprisonnait, pour la libérer. L'eau attendait, une réserve presque inépuisable d'eau douce, vitale, un univers d'eau dissimulé sous un couvercle de pierre. Elle attendait...

Les plantes et les insectes aventureux qui avaient atteint la première île du nord-ouest avaient eu tout le temps de trouver le chemin des terres plus neuves, à mesure qu'elles naissaient à la vie. Il faudrait sans doute un million d'années à une herbe pour terminer son voyage le long de la chaîne, mais rien ne pressait. Lentement, des arbres, des lianes, des créatures rampantes envahirent les îles, tandis que dans d'autres parties du monde un nouvel animal plus puissant apparaissait et se préparait à envahir les îles à son tour.

Avant que l'île aux deux volcans, avec sa réserve d'eau douce, ait terminé sa croissance, l'homme s'était développé dans de lointaines régions. Avant que la dernière île ait adopté sa forme définitive, l'homme avait créé en Égypte de gigantesques monuments et une forme de gouvernement stable. Les hommes savaient déjà écrire et noter leurs souvenirs.

Alors que les volcans n'avaient pas encore cessé leur activité le long de la chaîne, la Chine avait imaginé un système complexe de pensée et le Japon codifiait les principes d'un art qui allait plus tard enrichir le monde. Pendant que les îles achevaient de prendre forme, Jésus parlait à Jérusalem et Mahomet arrivait du désert incandescent avec une nouvelle vision du paradis, mais les hommes ignoraient tout du paradis qui les attendait dans ces îles.

Car ces terres étaient la partie la plus jeune de la surface visible du globe. Elles étaient neuves. Elles étaient nues. Elles étaient désertes. Elles attendaient. Des livres qui sont encore lus aujourd'hui étaient écrits avant que ces îles soient connues d'autres créatures que les oiseaux de passage ; des chants que l'on chante encore étaient déjà composés alors que ces îles étaient ignorées. La Bible avait été écrite, le Coran aussi.

Neuves, désertes, belles, elles dormaient au soleil et, battues par les pluies, elles attendaient.

Puisque, lors de leur découverte, elles allaient être saluées comme des paradis, il s'impose de les observer, telles qu'elles étaient dans ces derniers moments précédant l'accostage de la première pirogue.

Elles étaient belles, c'est vrai. Leurs montagnes boisées étaient une joie. Leurs fraîches cascades, existant par milliers, étaient spectaculaires. Leurs falaises, au pied sculpté par l'océan, s'élevaient à des hauteurs vertigineuses ; des oiseaux y nichaient dans les anfractuosités des rochers. Les rivières étaient poissonneuses. Les plages étaient blanches et l'eau qui venait y mourir d'un bleu de cristal. La nuit, les étoiles paraissaient toutes proches, elles étincelaient comme des soleils, fixant de leur point de feu la position de ces îles et formant une allée majestueuse pour le soleil et la lune.

Elles étaient magnifiques, ces îles ! Elles étaient harmonieuses et paisibles ! Si le paradis est uniquement fait de beauté, ces îles représentaient le plus charmant des paradis jamais envahis par l'homme, car la terre et la mer y étaient également admirables et le climat amical.

Mais si le concept de paradis comprend aussi la capacité à assurer la subsistance, ces îles qui attendaient au temps de Jésus et de Mahomet étaient loin d'être paradisiaques. De tout ce qui poussait sur les pentes de leurs montagnes, rien n'était susceptible de maintenir la vie. Il y avait quelques pandanus dont les rares fruits amers pouvaient à la rigueur être mâchés. Il y avait quelques fougères arborescentes dont la tige était tout juste comestible, quelques racines. Il y avait du poisson, si l'on pouvait en attraper, des oiseaux si l'on pouvait les prendre au piège. Mais c'était tout.

Voici tout ce qui leur manquait : il n'y avait pas de poulets ni de cochons, pas de bétail ni de chiens comestibles ; pas de bananes ni de taros, pas de patates douces, d'arbres à pain ni d'ananas, pas de

18

cannes à sucre, de goyaves, ni de mangues, pas de fruits, d'aucune sorte, pas de palmiers pour faire du sucre. Les îles ne possédaient même pas la nourriture essentielle, ce miraculeux aliment de la vie tropicale, la noix de coco. Certaines s'étaient échouées sur les plages mais, dans cette terre salée, les cocotiers ne pouvaient croître.

Tout homme abordant ces îles devait, s'il voulait subsister, apporter ses provisions. S'il était prudent, il devait se munir aussi de tous les matériaux servant à bâtir une société civilisée puisqu'il n'y avait pas de bambou pour construire des cases, pas de cire pour des bougies, pas d'écorce de mûrier pour faire le tapa *. Il n'y avait pas non plus de fleurs remarquables, pas de frangipaniers, pas d'hibiscus, pas de crotons éclatants, pas d'orchidées aux riches couleurs. Au lieu de ces plantes qui font la joie du regard, il y avait un arbre caché, inutilisable, à cela près que son bois séché dégageait un parfum tenace, l'arbre de mort, le bois de santal. Il n'était ni cruel ni vénéneux en soi, mais l'usage qu'on en ferait plus tard dans ces îles allait en faire un fléau.

La terre n'était pas particulièrement bonne. Ce n'était pas le riche terreau noir que les paysans russes cultivaient déjà ni la terre légère et féconde que connaissaient les Indiens Dakotas et Iowas. C'était une terre rouge à consistance sablonneuse, apparemment riche en fer puisqu'elle était composée de basalte mais il lui manquait d'autres éléments essentiels. Si un fermier avait pu ajouter les minéraux qui lui manquaient et assurer un bon arrosage, elle aurait été extrêmement productrice. Mais, en soi, elle ne valait pas grand-chose, faute d'eau et de minéraux.

Il tombait une quantité considérable de pluie, sur ces îles, mais de façon anarchique. Les alizés soufflant constamment du nord-est poussaient devant eux des nuages bas pleins d'eau douce. Mais les côtes nord-est de chacune de ces îles étaient bordées de hautes falaises à pic et de montagnes qui arrêtaient les nuages ; la pluie cascadait alors le long des parois rocheuses et n'atteignait jamais les plaines du sud-ouest où se trouvait la terre rouge. Les trois quarts des terrains plats qui auraient pu être cultivés étaient en fait des déserts. Si l'on avait pu capter l'eau de pluie qui s'écoulait au flanc des montagnes et tombait à la mer, pour la conduire jusqu'aux plaines, on aurait pu faire pousser des récoltes. Ou si l'on avait découvert les réservoirs secrets, attendant dans les reins de ces îles, on aurait eu bien assez d'eau et une alimentation abondante. Mais jusqu'alors, les hommes qui tenteraient de vivre dans ces îles n'auraient jamais suffisamment à manger et à boire.

Ainsi, ces splendides terres inhospitalières attendaient d'être envahies par une race d'hommes apportant de la nourriture ainsi que leur courage et leur détermination. Ce que l'on pouvait dire de mieux, à propos de ces îles tandis qu'elles attendaient, c'était qu'elles ne recelaient aucun serpent venimeux, pas de fièvres, pas de moustiques, pas de maladies déformantes, pas de peste.

Il y avait un aspect supplémentaire, qui ne doit pas être oublié. Parmi tout ce qui existait et poussait dans ces îles à l'époque de Jésus,

---

* *Tapa* : Étoffe tirée de l'écorce du mûrier à papier battue.

19

quatre-vingt-quinze pour cent ne poussait nulle part ailleurs. Elles étaient uniques, seules, à l'écart du flot principal de la vie, un coin perdu de la nature... ou, si l'on préfère, un authentique paradis naturel où chaque chose qui y poussait avait l'occasion de se développer à sa propre manière unique, selon les impératifs et les limites de ses propres capacités.

J'ai parlé de cet oiseau aventureux qui, le premier, apporta une graine dans ses entrailles ; c'était celle d'une herbe, sans doute, dont les frères et les sœurs, si l'on peut employer ces mots en parlant d'herbes, sont restés dans leurs îles d'origine et se sont développés, comme la famille l'avait toujours fait depuis des millions de générations. Dans ces îles d'origine, l'herbe conserva ses caractéristiques originelles et ne se livra à aucune modification ou, si des mutations se présentaient, la solide souche initiale s'empressait de les submerger et la moyenne normale était préservée.

Mais dans ces îles nouvelles l'herbe, livrée à elle-même dans sa beauté, au soleil et à la pluie, devint une plante différente, unique et adaptée à ces terres. Quand les hommes examineraient cette herbe, des millions d'années plus tard, ils constateraient que c'était bien une herbe, de la même variété qui existait encore ailleurs, mais il verrait aussi que c'était néanmoins une nouvelle herbe, avec des propriétés nouvelles, une nouvelle vitalité et une promesse nouvelle.

Est-ce qu'un insecte, d'un des immenses continents, atteignit ces îles ? S'il y en eut un, il devint alors un insecte différent, avec des pattes plus longues ou des antennes mieux adaptées à son environnement. Les oiseaux, les fleurs, les vers, les arbres et les escargots... tous développèrent dans ces îles des formes et des caractéristiques uniques.

Il n'y avait alors, pas plus qu'il n'y a aujourd'hui, aucun endroit au monde capable de rivaliser avec elles pour leur faculté d'encourager la vie naturelle à se développer librement et radicalement, au mieux de ses possibilités. Plus de neuf sur dix de toutes les plantes qui y poussaient ne se trouvaient nulle part ailleurs sur terre.

Pourquoi cela ? C'est un mystère. Peut-être est-ce une heureuse combinaison de pluie, de climat, d'ensoleillement et de qualité de la terre, qui expliquerait le phénomène. Peut-être les incalculables ères, les millénaires au cours desquels la flore fut abandonnée à ses propres moyens ont-ils accompli le miracle. Peut-être le fait que lorsqu'une herbe y arrivait, elle devait s'arranger pour pousser toute seule, sans être refécondée par des herbes parentes, provenant de la même souche, donne-t-il l'explication. Mais quelle qu'en soit la raison, le fait est là : dans ces îles de nouvelles espèces se sont développées et ont prospéré, elles sont devenues fortes et se sont multipliées. Car ces terres étaient un creuset de développement et d'exploration.

Ainsi, avec ces capacités, les îles attendaient. Jésus mourait sur la croix et les îles attendaient. L'Angleterre était colonisée par divers peuples puissants et les îles attendaient leurs propres colons. De redoutables monarques régnaient sur l'Inde, la Chine et le Japon, tandis que les îles attendaient.

Terres inhospitalières en fait, paradis en puissance, n'offrant aucune alimentation mais avec des richesses ne demandant qu'à servir, les îles attendaient. Les volcans continuaient de consolider leurs remparts avec de nouveaux apports de lave et d'accrocher des lanternes dans le ciel pour qu'un navigateur perdu avec sa pirogue dans le grand sein vert foncé de l'océan, errant fébrilement çà et là, aperçoive la lueur incandescende colorant le dessous d'un lointain nuage et se guide sur cette étoile de feu.

Les grands fous de Bassan et les petites hirondelles de mer rasaient les vagues pour aller se poser à terre tandis que les frégates traçaient des lignes de navigation droites et sûres jusque dans le cœur d'une île où elles nichaient. Si un homme, dans sa pirogue, voyait une frégate à la queue fourchue fendant les airs au-dessus de la mer turbulente, il savait qu'une terre se trouvait là, dans la direction prise par l'oiseau.

Ces îles magnifiques, attendant sous le soleil et les orages, comme elles ressemblaient à de belles femmes guettant le retour de leur homme au crépuscule ! Elles attendaient, les bras ouverts, d'offrir leur corps tiède et leur réconfort. Tout ce qui allait s'accomplir dans ces îles, comme dans ces femmes, le serait uniquement par la volonté et la force d'un homme quelconque. Et je crois que les îles le savaient.

Donc, hommes de Polynésie et de Boston, de Chine et du mont Fuji ou des barrios des Philippines, ne venez pas dans ces îles les mains vides, ni dans un esprit de lucre, ni avec la peur de mourir de faim. Il n'y a rien à manger, il n'y a aucune certitude. Apportez vos vivres, apportez vos dieux, vos propres fleurs et fruits, vos idées. Car si vous arrivez sans ressources dans ces îles, vous y périrez.

Mais si vous venez les bras chargés de plantes, de bonnes denrées alimentaires et avec des idées meilleures encore, si vous êtes accompagnés par des dieux qui vous soutiendront, si vous acceptez de travailler à en avoir le vertige jusqu'à ce que vos bras douloureux demandent grâce, alors vous gagnerez le droit d'entrer dans cet admirable creuset où les éléments de la nature sont libres de se développer selon leurs propres désirs et leurs capacités.

A ces dures conditions, les îles attendaient.

2

Ceux qui vinrent
du lagon ensoleillé

A plus de deux mille quatre cents milles au sud de ces îles qui s'échelonnaient le long de la fracture océane existait une île qui était, elle, un paradis. Elle s'élevait à la surface de l'océan, au nord-ouest de Tahiti et à quelques milles à peine de l'île de Havaiki, déjà habitée par un peuple puissant et civilisé.

C'était Bora Bora, dont les falaises rocheuses défiaient les eaux, Bora Bora aux anses profondes, aux grèves de sable scintillant. Elle était si belle qu'il paraissait impossible qu'elle eût été créée par le hasard. Les dieux avaient dû la former avec amour, et protéger leur chef-d'œuvre d'un collier de récifs de corail qui brisait les lames houleuses et les empêchait de venir troubler le lagon paisible aux eaux transparentes où le poisson abondait.

Un matin, de bonne heure, alors qu'à Paris les fils de Charlemagne se disputaient l'empire de leur père défunt, une svelte pirogue à balancier quitta Havaiki, la capitale religieuse et politique des archipels, s'élança sur l'océan et pénétra dans le tranquille lagon de Bora Bora, sous les yeux d'un guetteur inquiet.

Le guetteur vit le pilote faire signe d'amener la voile et, tandis que ses marins obéissaient, virer de bord adroitement dans une mer démontée, acharnée à jeter la pirogue contre les récifs. Mais avec une habileté enviable, le pilote se plaça sur la crête d'une vague et dirigea son embarcation vers l'étroite brèche dans la barrière de corail.

— Allez! hurla-t-il et les pagayeurs s'activèrent pour éviter les récifs et lancer la pirogue dans le chenal.

Il y eut alors une ruée des eaux, une suite de vagues énormes et la pirogue parut voler en franchissant le rempart dans un étincellement de pagaies.

— Repos, ordonna plus calmement le pilote, avec un soulagement évident.

Heureux de sa petite victoire, il se retourna pour quêter l'approbation de son passager, un homme grand et maigre aux yeux profondément enfoncés, avec une barbe noire et de longues mains osseuses crispées sur une crosse sculptée de figures de dieux. Mais le passager n'adressa aucune félicitation car il était perdu dans la contemplation d'un certain processus puissant qu'il avait contribué à mettre en marche. Il regarda le pilote sans le voir, les yeux levés, au-delà des pagayeurs, vers l'immense rocher central signalant les hauteurs de Bora Bora.

De son poste d'observation à mi-hauteur de la montagne escarpée, le guetteur se précipitait maintenant par des sentiers abrupts vers la résidence royale, en hurlant :

— Le Grand Prêtre revient !

Le cri du guetteur semait la terreur dans le cœur de ceux qui l'entendaient et, dans les cases de palmes, les femmes se serraient contre leurs maris et levaient sur eux de grands yeux humides d'angoisse.

Bien que le guetteur affolé clamât la nouvelle aux quatre vents, il se hâtait surtout d'aller prévenir un homme, un seul, et, tout en courant à l'ombre des arbres à pain et des palmiers, il murmurait :

— Dieux de Bora Bora, donnez-moi des ailes ! Faites que je n'arrive pas trop tard !

En se précipitant vers une case de palmes plus grande que les autres, il trébucha et tomba en criant :

— Le Grand Prêtre est dans le lagon !

Un grand jeune homme basané de l'entourage royal, Hoka, passa sa tête ensommeillée par l'ouverture et demanda avec quelque inquiétude :

— Déjà ?

— Il a passé les récifs, avertit le guetteur.

— Pourquoi n'as-tu pas...

En proie à la plus vive agitation, le jeune homme saisit sa robe de cérémonie en tapa et, sans prendre le temps de l'ajuster convenablement, il s'élança à son tour vers le palais en criant :

— Le Grand Prêtre approche !

Il pénétra dans le palais et, en présence du roi, il se prosterna sur la natte qui couvrait le sol de terre battue en annonçant d'une voix pressante :

— L'Être Auguste est sur le point d'accoster.

Celui à qui ces paroles anxieuses s'adressaient était beau et puissant, un homme de trente-trois ans dont les cheveux ras grisonnaient déjà aux tempes et dont les yeux anormalement écartés reflétaient une profonde sagesse. S'il éprouvait les mêmes craintes que ses vassaux, il n'en laissait rien paraître. Mais Hoka remarqua tout de même que son souverain se dirigeait d'un pas plus vif qu'à l'accoutumée vers la salle du trésor, où il revêtit une longue robe de tapa fauve et jeta sur son épaule gauche une cape de plumes jaunes, symbole de son autorité. Il coiffa ensuite le casque de plumes et de coquillages et mit un collier de dents de requin. A ce moment, le jeune homme fit un signe et, tout au long du rivage, les tambours battirent l'antienne royale.

— Nous allons accueillir le Grand Prêtre, annonça gravement le roi, tandis qu'une suite impressionnante de guerriers bronzés, nus jusqu'à la ceinture, se formait derrière lui. Dépêchons-nous, vite ! Nous ne devons pas être en retard.

Car, bien qu'il fût souverain absolu de Bora Bora, le roi jugeait prudent de ne jamais manquer à la courtoisie et d'honorer toujours le chef spirituel de l'île, d'autant plus que les désirs et le culte à rendre au nouveau dieu Oro n'étaient pas encore clairement définis.

Le père du roi avait sous-estimé la puissance du nouveau dieu et, au cours d'une cérémonie solennelle dans le temple d'Oro, son Grand

Prêtre avait soudain pointé le doigt vers le roi en clamant qu'il ne montrait pas assez de respect. Le roi avait été assommé sur place et son corps traîné à l'autel pour y être sacrifié à Oro-le-Rouge, le tout-puissant unificateur des îles.

Mais, malgré toutes les précautions du jeune roi, Hoka dut avertir, au moment où la procession quittait le palais :

— L'Être Auguste touche déjà à l'embarcadère !

Le roi et sa suite se virent forcés de courir, en retenant les insignes de leur rang et en soulevant leurs longues jupes. Le roi, conscient du spectacle ridicule qu'ils offraient mais craignant néanmoins d'arriver en retard, foudroyait du regard Hoka, qui avait tardé à le prévenir, et Tari, son vassal qui avait bien du mal à maintenir les plis de sa robe de tapa, transpirait et priait à mi-voix :

— S'il doit y avoir une convocation, ô dieux de Bora Bora, épargnez-nous !

Le roi trébuchait sous le soleil matinal, furieux, essoufflé, mortifié. Mais il réussit à atteindre le débarcadère quelques instants avant la pirogue et, bien qu'il l'ignorât, sa gêne et sa hâte visibles l'aidèrent plus qu'elles ne le desservirent, car le Grand Prêtre les remarqua et un léger sourire erra sur ses lèvres. Il le réprima vite et reprit sa contemplation hautaine des sommets rocheux.

Lentement, le pilote fit accoster la longue pirogue avec une prudence craintive car les rameurs savaient tous quel message apportait le Grand Prêtre d'Oro et qu'en ce jour funeste il leur appartenait d'être vigilants. Lorsque la pirogue fut amarrée, le Grand Prêtre en descendit majestueusement, sa cape d'écorce blanche frangée de dents de requin éblouissantes sous sa chevelure noire.

Puissant symbole d'Oro, il s'avança au-devant du roi et s'inclina brièvement comme pour reconnaître la suprématie du souverain. Puis il se redressa de toute sa taille et attendit gravement que le roi Tamatoa lui rendît hommage et reconnût ainsi la toute-puissance du prêtre d'Oro.

— Être béni des dieux, prononça Tamatoa, quel est le désir d'Oro ?

La foule d'hommes solides et de femmes ravissantes, nus jusqu'à la taille, retenait son souffle avec une angoisse qui n'échappait pas au Grand Prêtre. Il attendit, tandis que le vent léger agitait les palmes et faisait frémir les sombres feuilles des arbres à pain. Enfin, d'un ton solennel, il annonça :

— Il y a une convocation.

Personne n'émit le moindre son, de peur d'attirer l'attention sur soi. Le Grand Prêtre poursuivit :

— Un nouveau temple va s'élever à Tahiti et nous allons tous nous réunir pour consacrer le dieu qui vivra dans ce temple.

Il se tut, et la terreur se peignit sur les visages des auditeurs. Le roi Tamatoa lui-même, qui avait toutes les chances d'être épargné, sentit flageoler ses genoux tandis qu'il attendait les détails redoutés qui ne manquaient pas de suivre l'annonce d'une convocation générale au temple d'Oro.

Mais le Grand Prêtre prenait son temps, savourait la terreur qu'il causait et pensait que plus l'attente angoissée durerait, plus ce peuple récalcitrant de Bora Bora prendrait conscience de la puissance de leur nouveau dieu. Ce jour-là, il entendait pousser le roi à poser lui-même la question fatale.

Les mouches s'attaquaient aux dos nus, mais personne ne bronchait, de peur de se faire remarquer. Le roi attendait. Le Grand Prêtre attendait, la foule attendait. Enfin, Tamatoa murmura :

— Quand a lieu la convocation ?

— Demain ! lança le prêtre d'une voix sévère.

Les mouches piquaient, mais pas un homme ne bougeait. Le souffle court, ils attendaient tous la terrible question que le roi posa enfin :

— Combien d'hommes demande Oro ?

— Huit, répliqua le prêtre.

Il leva son bâton orné des figures des dieux, et fit quelques pas en avant, vers le temple. La foule s'écarta respectueusement mais, au moment où elle pouvait se croire délivrée de la présence terrifiante de cet homme décharné, il se retourna brusquement, avec un cri rauque, et pointa son bâton vers le pilote qui avait adroitement manœuvré la pirogue.

— Et celui-ci sera le premier ! glapit-il.

— Non ! Non ! supplia le marin en tombant à genoux sur le sable.

Implacable, le Grand Prêtre le dominait de toute sa taille, sans cesser de le désigner de la pointe de son bâton.

— Quand l'océan nous menaçait, psalmodia-t-il, celui-ci a prié non pas Oro, mais Tane.

— Oh ! non ! murmura le marin.

— J'ai observé le mouvement de ses lèvres, déclara le Grand Prêtre d'un ton sans réplique.

Les servants du temple entourèrent le malheureux et l'emportèrent car ses jambes tremblantes refusaient de le porter.

— Et toi ! reprit la voix redoutable tandis que le bâton désignait un assistant suffoqué. Dans le temple d'Oro, le jour sacré de la fête, ta tête dodelinait, tu somnolais. Tu seras le deuxième.

Une fois de plus, les servants entourèrent le coupable et l'entraînèrent, avec précaution, car on ne pouvait offrir à Oro un corps meurtri ou imparfait.

Le Grand Prêtre se retira enfin, solennellement, laissant au roi Tamatoa le devoir pénible de désigner les six autres victimes du sacrifice humain.

— Où est Tari ? demanda-t-il.

Hoka s'avança, blême de terreur.

— Pourquoi a-t-on tardé à me prévenir de l'arrivée du Grand Prêtre ?

— Le guetteur a trébuché, il est tombé. C'est lui qui a tardé, répondit Hoka.

Du bord de la foule, une voix de femme jaillit :

— Non, ce n'est pas vrai !

Mais son mari, un petit homme sans grande intelligence, fut traîné aux pieds du roi, où il trembla comme une feuille de banian sous le regard méprisant du souverain.

— Il sera le troisième, dit le roi.

— Non, non ! supplia le guetteur. J'ai bien couru. Mais quand je suis arrivé au palais, il dormait !

Le roi se rappela son irritation contre Hoka et déclara :

— Il sera le quatrième. Nous prendrons le reste parmi les esclaves.

Puis il regagna son palais, pendant que le guetteur et Hoka, déjà maîtrisés par les prêtres, demeuraient pétrifiés d'horreur sous le coup de la catastrophe qu'ils avaient mutuellement attirée sur leurs têtes.

Tandis que la foule peureuse se dispersait, chacun se félicitant d'avoir échappé à l'appétit insatiable d'Oro, un jeune chef revêtu de tapa doré, la robe des princes de famille royale, demeurait amer et silencieux à l'ombre d'un frangipanier. Il ne s'était pas dissimulé par crainte, car il était le plus grand, le plus fort et le plus courageux de tous, mais parce qu'il haïssait le Grand Prêtre, qu'il méprisait le nouveau dieu Oro et que les perpétuels sacrifices humains le révoltaient.

Le Grand Prêtre, naturellement, avait immédiatement remarqué l'absence du jeune chef et ce manque de respect aux usages l'irrita tant qu'il ne cessa de jeter des regards furtifs sur la foule pour le chercher. Il l'aperçut enfin, insolemment adossé au tronc d'un frangipanier, et les deux hommes avaient croisé des regards chargés de haine et de défi. Cette lutte silencieuse n'avait cessé qu'au moment où une jeune femme à la peau dorée, couronnée de fleurs, avait tiré le bras de son époux et l'avait forcé à baisser les yeux.

A présent, la cérémonie terminée, la ravissante jeune femme suppliait :

— Teroro, tu ne dois pas te rendre à la convocation !

— Qui commanderait la pirogue ? répondit-il avec impatience.

— Une pirogue a donc tant d'importance ?

Son mari la dévisagea fixement.

— De l'importance ? Mais qu'y a-t-il de plus important qu'une pirogue ?

— Ta vie, murmura-t-elle. Les sages navigateurs ne prennent pas la mer lorsque les nuages menacent.

Il écarta ses craintes et marcha, tête basse, jusqu'à un tronc d'arbre tombé au bord du lagon. Il s'y assit lourdement et trempa les doigts dans les eaux scintillantes. Puis il donna de grands coups de pied rageurs, comme s'il haïssait jusqu'à la mer. Bientôt, cependant, sa jeune femme paisible vint s'asseoir à ses côtés et quand ses pieds aux ongles nacrés s'agitèrent dans les eaux fraîches et vertes, ce fut avec des gestes d'enfant qui firent bientôt oublier sa colère à son mari. Les yeux fixés sur le promontoire où s'élevait le temple et où les prêtres consacraient les huit victimes à Oro, il parla sans haine et sans rage.

— Je n'ai pas peur de la convocation, Marama, dit-il.

— J'ai peur pour toi, répondit son épouse.

— Regarde notre pirogue ! s'écria le jeune chef en tendant la main vers la longue embarcation à deux coques. Tu ne voudrais pas qu'un autre la dirige, dis-moi ?

— Mato pourrait la piloter.

Teroro révéla alors la véritable raison qui le poussait à se rendre à la convocation :

— Mon frère pourrait avoir besoin de mon aide.

— Le roi Tamatoa aura de nombreux protecteurs.

— Sans moi, les événements risquent de mal tourner, insista Teroro avec obstination.

La sage Marama, dont le nom signifie « la Lune qui voit et comprend tout », remarqua son entêtement et eut recours à d'autres arguments.

— Teroro, c'est toi que le Grand Prêtre soupçonne d'être rebelle à son dieu rouge, Oro.

— Je ne suis pas le seul, gronda Teroro.

— Tu es le seul à montrer ton incroyance.

— Parfois, j'ai du mal à la dissimuler, avoua Teroro.

Marama jeta un regard furtif autour d'eux pour voir si aucun espion ne les guettait, car le Grand Prêtre avait partout des hommes à sa solde. Mais elle ne vit personne et reprit :

— Il faut que tu me promettes, si tu te rends au temple d'Oro, de ne prier qu'Oro, de ne penser qu'à Oro. Souviens-toi qu'on a pu lire sur les lèvres du marin.

— J'ai déjà assisté à trois convocations à Havaiki, répliqua Teroro. J'en connais les dangers.

— Mais cette fois, c'est plus grave.

— Qu'y a-t-il de changé ?

Marama se retourna encore une fois pour s'assurer de leur solitude avant de poursuivre ses patientes objurgations.

— L'année dernière, une femme de Havaiki m'a confié que les prêtres considèrent notre Grand Prêtre comme leur maître à tous, et qu'ils ont l'intention de lui donner le rang le plus élevé.

— Tant mieux, grommela Teroro. Qu'on nous débarrasse de lui !

— Mais ils n'osent pas l'élever à la dignité suprême tant que sa propre île n'est pas entièrement inféodée à sa loi.

En écoutant parler Marama, Teroro comprit que la sagesse lui dictait ses paroles, et il se pencha pour mieux suivre son discours. Elle reprit :

— Il me semble que le Grand Prêtre va être obligé, au cours de cette convocation, de tout faire pour prouver aux prêtres de Havaiki qu'il est plus dévoué qu'eux à Oro.

— Afin de se faire élire ?

— Oui.

— Que fera-t-il, à ton avis ?

Marama hésita à formuler sa pensée. Une brise légère se leva sur le lagon et de petites vagues vinrent mouiller les mollets de la jeune femme. Elle sortit ses pieds de l'eau et les frotta avec ses mains pour les sécher. Comme elle ne répondait pas, Teroro demanda :

— Tu crois que, pour impressionner les autres, le Grand Prêtre va sacrifier le roi ?

— Non. C'est à toi qu'il s'en prendra.

Teroro arracha une feuille de frangipanier et la déchira distraitement.

— La tuerie cessera alors ?

— Non, répondit gravement sa femme. Elle continuera jusqu'à ce que tous nos amis aient quitté le lagon. Alors seulement Bora Bora sera hors de portée d'Oro.

— Des hommes comme Mato et Pa ?

— Ils sont condamnés.

— Mais, à ton idée, pas le roi ?

— Non, raisonna la jeune princesse. Ton frère est très aimé des rois de Tahiti et de Moorea. Une action aussi audacieuse risquerait de tourner contre le nouveau dieu non seulement les rois, mais leurs peuples.

— Mais on permettrait mon sacrifice ?

— Oui. Les rois sont toujours prêts à croire le pire, de la part de leurs jeunes frères.

Teroro pivota sur la souche, pour mieux observer sa ravissante épouse, tout en pensant qu'il n'appréciait guère son bon sens ; elle ressemblait trop à son père. A voix haute, il lui dit :

— Je n'avais pas réfléchi comme toi, Marama. Tout ce que je savais, c'était qu'il y avait cette fois un danger particulier.

— Oui, parce que toi, le frère du roi, tu persistes à adorer Tane.

— Seulement au fond de mon cœur.

— Mais je puis lire dans ton cœur. Et si je le puis, les prêtres aussi.

Avant que Teroro puisse répondre, un messager hors d'haleine se présenta. Un brassard de plumes jaunes indiquait qu'il appartenait au roi.

— Nous te cherchions, dit-il à Teroro.

— J'examinais la pirogue.

— Le roi te demande.

Teroro se leva, essuya ses pieds dans l'herbe et s'éloigna, après un bref signe de tête à sa femme. Il suivit le messager jusqu'au palais, une longue case au toit de palmes soutenu par des piliers de cocotier sculptés de figures des dieux et polis au point de briller comme de l'or. La case n'avait ni murs ni fenêtres mais simplement des stores de nattes, qui s'enroulaient ou s'abaissaient, au gré du roi, pour former une ou plusieurs pièces, ou préserver de la pluie. La grande salle du trône était décorée des insignes royaux, divinités de plumes, dents de requin gravées, énormes conques des mers du Sud.

Sous le toit de palmes, le roi Tamatoa était assis, sa large figure plate profondément troublée.

— Pourquoi cette convocation ? demanda-t-il soudain.

Et, comme si la réponse l'effrayait, il congédia d'un geste toute sa cour, au cœur de laquelle pouvait se trouver des espions. Puis il se pencha en avant, les mains sur les genoux, et murmura :

— Qu'est-ce que cela signifie ?

Teroro, qui n'avait pas l'esprit prompt, mais qui ne craignait pas de faire siennes les idées de sa femme, répondit posément :

— Il me paraît que notre Grand Prêtre cherche à devenir maître du temple de Havaiki, mais, afin d'être élu, il doit accomplir une action d'éclat décisive.

— Laquelle, par exemple ?

— Éliminer les derniers vestiges du culte de Tane à Bora Bora. Par exemple, te sacrifier... en pleine convocation.

— Je le craignais, avoua Tamatoa. S'il attend que nous soyons tous réunis, il pourra soudain me désigner, comme ils ont désigné notre père, et... mon meurtre serait sanctifié parce qu'Oro l'aurait ordonné.

— Ou plutôt le Grand Prêtre, rectifia Teroro.

Tamatoa hésita, comme s'il cherchait à deviner la pensée de son jeune frère, avant d'ajouter d'un ton navré :

— Et personne ne me vengerait !

Tamatoa était si peu enclin à s'apitoyer sur lui-même, lui dont les qualités guerrières et la sagesse politique avaient préservé la petite Bora Bora des invasions de ses plus puissantes voisines, que Teroro le soupçonna de lui tendre quelque piège. Aussi refoula-t-il son désir de confier ses projets à son frère, et répondit-il distraitement :

— La pirogue sera prête à prendre le départ à midi. Mais j'espère que tu ne seras pas à bord.

— Je suis bien décidé à me rendre à la convocation, répliqua le roi.

— Il ne pourra que t'arriver malheur, insista Teroro.

Le roi se leva et s'avança vers l'ouverture de la case, d'où il pouvait voir les majestueuses falaises de Bora Bora et son lagon éclaboussé de soleil. D'une voix émue, il murmura :

— Sur cette île, j'ai grandi dans la joie. J'ai toujours marché à l'ombre de ces falaises, au bord de ce lagon. J'ai vu d'autres îles. Les golfes de Moorea sont merveilleux, et les montagnes de Tahiti et les grèves de Havaiki. Mais notre île est le paradis sur terre. Si mon sacrifice doit permettre à cette île de vivre en harmonie avec les nouveaux dieux, alors il ne sera pas inutile.

Les images qu'évoquaient les souvenirs d'enfance de Tamatoa réussirent là où sa ruse avait échoué. Teroro s'écria :

— Mon frère, ne va pas à Havaiki !

— Pourquoi pas ?

— Parce que ta mort ne sauvera pas Bora Bora.

— Pourquoi pas ? répéta Tamatao en s'approchant de Teroro.

— Parce que lorsque la hache tombera, je tuerai le Grand Prêtre. Je détruirai Havaiki ! Alors, les autres îles viendront détruire Bora Bora.

— Je m'en doutais ! lança furieusement le roi. Tu projettes un soulèvement ! Ah ! Teroro, cela ne servira à rien. Il ne faut pas que tu ailles à la convocation.

— J'irai, déclara Teroro avec entêtement.

Grave et solennel, le roi pointa son index droit vers Teroro.

— Je t'interdis de quitter Bora Bora.

En cet instant, Tamatoa, le roi guerrier, puissant et sévère, était pour son jeune frère le symbole même de l'autorité invincible, et ce doigt pointé le fit presque trembler. Car bien qu'il désirât saisir ce doigt, et la main, et le bras de son frère pour le supplier de l'écouter, le jeune chef ne pouvait se résoudre à toucher le roi car il savait que le monarque était l'instrument des dieux, à travers qui ils distribuaient la manne — la bénédiction du ciel — à Bora Bora. Mettre la main sur un roi, ou simplement marcher sur son ombre, le privait d'un peu de cette manne et mettait ainsi en danger non seulement le roi, mais le peuple tout entier.

Cependant, Teroro désirait tellement converser avec le roi qu'il se jeta à terre, se prosterna et rampa aux pieds de son frère en soupirant :

— Frère, assieds-toi avec moi, et parlons.

Et, tandis que les mouches bourdonnaient autour d'eux dans la lumière du matin, les deux hommes causèrent.

Ils étaient beaux à voir, tous les deux. Six ans les séparaient, car une sœur était née entre-temps, et ils n'oubliaient pas qu'un lien spécial les unissait. Tout enfants, ils avaient eu les poignets entaillés et avaient bu mutuellement leur sang. Leur père, mort en holocauste à Oro, avait nommé son premier fils Tamatoa, le Guerrier, et lorsqu'un second fils lui était né, la famille s'était écriée : « Quelle bénédiction ! Lorsque Tamatoa deviendra roi, son frère pourra être son Grand Prêtre. »

Et le cadet avait été nommé Teroro, le Cerveau, l'homme intelligent qui comprend vite. Mais jusqu'à présent, Teroro n'avait pas fait honneur à son nom.

Tamatoa, lui, avait grandi pour devenir le combattant classique, solidement charpenté, courageux et grave. Comme ses ancêtres, il avait vaillamment défendu Bora Bora contre les cabales et les invasions. Au cours de ses neuf ans de règne, il avait déjà repoussé à six reprises les envahisseurs de la redoutable Havaiki, et la nouvelle suprématie du dieu de cette île, Oro-le-Rouge, n'en était que plus enrageante. Il semblait que l'ennemi héréditaire allait enfin conquérir par la ruse ce qu'il n'avait pu obtenir par la force. Teroro, de son côté, n'avait aucune disposition pour la prêtrise. Grand et mince, le visage allongé, il adorait se battre, possédait un caractère violent et ne saisissait pas très rapidement les idées abstraites. Il aimait par-dessus tout la navigation et la découverte de mers inconnues. Il avait déjà conduit sa pirogue jusqu'à la lointaine Nuku Hiva et une course jusqu'à Tahiti était pour lui chose courante.

— Je crois que c'est sur toi que le glaive des dieux tombera, chuchota Tamatoa.

— Nous leur avons résisté dans le passé, nous résisterons encore.

— Dans le passé, ils avaient des pirogues et des flèches. Aujourd'hui, ils ont des complots et des ruses. Je n'ai pas grand espoir.

— As-tu peur ? demanda nettement Teroro.

— Oui, avoua le roi. Il y a des idées nouvelles dans l'air, que je ne parviens pas à saisir. Comment le Grand Prêtre a-t-il pu réussir à envoûter ainsi notre peuple ?

— Je suppose que les gens aiment les nouveaux dieux, hasarda Teroro. Quand les peuples assistent à de nombreux sacrifices, ils se disent que les dieux écoutent. Et ils se sentent protégés.

Le roi examina son jeune frère, puis il lui demanda lentement :

— Ne te serait-il vraiment pas possible d'accepter ce nouveau dieu ?

— C'est impossible. Je suis né avec la bénédiction de Tane. Notre père est mort en défendant Tane, et son père avant lui. Je n'adorerai jamais un autre dieu.

Le roi poussa un profond soupir.

— Telles sont aussi mes idées. Mais j'ai peur que le Grand Prêtre ne nous détruise, Teroro.

— Comment le pourrait-il ? s'écria l'impétueux jeune chef.

— Avec des ruses, des complots, des idées nouvelles.

— Je lui en montrerai, des ruses, moi ! gronda Teroro en frappant du poing son genou. Je lui ouvrirai la tête comme une noix de coco !

— Tu vois bien qu'il ne faut pas que tu assistes à la convocation, dit Tamatoa.

Teroro se prosterna humblement devant son souverain, mais s'entêta :

— Ô mon frère bien-aimé, il faut au contraire que je m'y rende. Le Grand Prêtre ne nous détruira pas, ajouta-t-il d'une voix prophétique en se redressant. Si nous tombons, il tombera avant nous. Toute l'île disparaîtra. Mon frère, j'ai juré à notre père de te protéger. C'est pour veiller sur toi que je me rendrai à la convocation. Mais je te promets de ne rien tenter tant que l'on ne t'attaquera pas.

— Ils ne m'attaqueront pas, Teroro. C'est toi que l'on frappera.

— Ils devront alors frapper avec la rapidité du requin affamé ! s'écria Teroro dans un éclat de rire.

Il sortit dans la chaleur écrasante de midi, sous le soleil éblouissant de Bora Bora. Des enfants nus jouaient dans la poussière en criant, et les pêcheurs tiraient leurs pirogues sur le sable. L'île s'assoupissait doucement, dans la paix et la beauté.

Tout en se dirigeant lentement vers la grande pirogue royale, il criait :

— A l'eau ! A l'eau !

Des hommes apparurent sur le seuil des cases, avalant les dernières bouchées de noix de coco et s'enroulant hâtivement dans leurs robes de tapa.

— Que les prêtres viennent bénir notre pirogue, ordonna Teroro.

Bientôt, quatre prêtres arrivèrent, leurs visages illuminés de joie, car rien ne faisait plus de plaisir au peuple de l'île que le retour de la pirogue de cérémonie à son élément. Lentement, la lourde pirogue à double coque fut poussée sur le sable, jusqu'au bord du lagon. Puis un très vieux prêtre, un sage nommé Tupuna, se tourna vers le large et entonna le chant sacré :

> *Ta'aroa, dieu de la sombre et vaste mer,*
> *Ta'aroa, maître des tempêtes et du calme délicieux,*
> *Ta'aroa, protecteur des hommes dans les récifs,*
> *Ta'aroa, prends* Attends-le-Vent-d'Ouest *dans ton sein,*
> *Emporte-la à Havaiki, à Moorea et à Nuku Hiva,*
> *Vers la Route Noire Étincelante de Ta'aroa,*
> *Vers la Route Noire Étincelante de Tane,*
> *Vers la Route de l'Araignée,*
> *Vers la route bien parcourue de Ta'aroa,*
> *Dieu de la sombre et vaste mer,*
> *Accepte en cadeau cette pirogue.*

En silence, avec une exaltation mystique, Teroro rompit les dernières amarres qui retenaient l'embarcation glorieuse à terre et sa proue glissa doucement dans les eaux transparentes pour se laisser enfin bercer sur le sein de Ta'aroa.

Les jeunes chefs qui manieraient les pagaies toute la nuit sautèrent dans la coque et placèrent les sièges coulissants tandis que Teroro plongeait sa pagaie sculptée dans le lagon et poussait vigoureusement l'embarcation loin de la rive.

— Hissez la voile ! s'écria-t-il. Nous allons goûter le vent !

La brise légère gonfla la voile, les hommes pagayèrent avec rage et bientôt, rapide comme l'éclair, *Attends-le-Vent-d'Ouest* fila à travers le lagon.

La pirogue volait au ras des vagues comme un merveilleux albatros, comme la feuille du frangipanier dans le vent, comme une jeune fille court à la rencontre de son amant, comme le guerrier mort en combattant se précipite vers le paradis de Tane ; comme la plus miraculeuse des embarcations, le bateau le plus rapide que le monde eût jamais connu, capable de faire trente nœuds par bon vent, de filer dix nœuds pendant des jours et des jours de suite, régulièrement, énorme, massif, long de vingt-quatre mètres, avec un gaillard d'avant s'élevant à sept mètres au-dessus des flots et une solide plate-forme reliant les deux coques, sur laquelle pouvaient tenir à l'aise quarante hommes, ou quarante statues de dieux, avec des vivres, de l'eau douce, des cochons et des poulets dans la cale.

« Attendez le vent d'ouest », avaient conseillé les constructeurs de la pirogue, car il souffle droit et sûr, du cœur de l'ouragan. On ne peut compter sur le vent du nord, et le vent d'est n'est pas prisé car il souffle avec trop de constance, et le vent du sud n'apporte que tempêtes brèves et jamais de ces grandes tempêtes, de ces ouragans qui font rage pendant des semaines et qui peuvent pousser une embarcation aux extrémités du monde. Attendez le vent d'ouest. Il prend naissance au cœur des cyclones. C'est un vent puissant, pour ce canot puissant.

Ce jour-là, il n'y avait qu'un vent d'est banal. Certains marins de contrées lointaines auraient trouvé cette brise considérable, mais pour ceux de Bora Bora qui attendaient du vent d'ouest qu'il les transportât jusqu'à la lointaine Nuku Hiva, ce vent-là n'était rien. Mais il était chargé d'invites et, emporté par l'enthousiasme, Teroro s'écria :

— A travers le récif !

Attends-le-Vent-d'Ouest filait déjà plus de quinze nœuds et le navigateur prudent attaquait généralement ce récif à moins vive allure mais, par cette journée de grand soleil, Teroro lança sa précieuse embarcation tout droit sur l'étroite ouverture marquant la ligne de démarcation entre les paisibles eaux vertes du lagon et l'océan bleu tumultueux qui tonnait de l'autre côté.

La pirogue semblait prévoir l'impétueux déferlement des vagues géantes car elle se dressa face au vent, prit son élan dans le lagon et bondit vers le passage entre les coraux. Pendant un instant, l'équipage aperçut les petits doigts cruels du corail gris menaçant la vaillante embarcation mais ce danger fut vite oublié car, devant eux, apparaissaient les hautes vagues.

Dans le chant de sa voile claquante, avec une vigueur pareille à celle des jeunes chefs qui maniaient ses pagaies, la pirogue agile se jeta dans les brisants, plongea son nez dans une gigantesque lame gris-bleu et enfourcha la crête pour foncer triomphalement au cœur même du vent et de la houle de l'infinie mer bleue de Ta'aroa.

— Quelle pirogue ! soupira Teroro avec admiration.

Les pagayeurs profitaient des derniers instants de liberté que leur octroyait Teroro. Car ils savaient que cette nuit même, ils partiraient pour un autre voyage, solennel, grave, sans joie, sur lequel planerait l'ombre de la mort. Ils voyaient déjà l'autel sanglant, les sacrifices hideux et ils savaient tous que lorsque la proue d'*Attends-le-Vent-d'Ouest* toucherait aux rives de Havaiki, un de leurs compagnons serait frappé à mort.

Alors, sous l'éclatant soleil de cette journée, fouettés par les embruns et accompagnés par les cris des oiseaux de mer, ils éprouvèrent un moment de joie en pilotant leur pirogue rapide, championne des îles, avec l'assurance d'hommes véritablement compétents. L'embarcation répondait à tous leurs souhaits. Obéissante à leurs efforts elle allait toujours de l'avant et quand ils la lancèrent dans le libre et joyeux océan elle réagit selon leur volonté. Devinant leurs intentions quand ils virèrent de bord, elle retrouva la percée dans le récif et vint enfin accoster sur la plage. Avec quelle habileté les hommes des îles avaient construit et maîtrisé leur pirogue ! Et comme elle était docile à leurs souhaits !

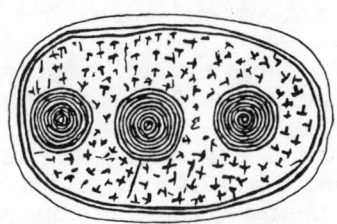

Lorsque le soir tomba, *Attends-le-Vent-d'Ouest* avait changé d'aspect. Les proues recourbées étaient décorées de guirlandes de fleurs et de rubans de tapa jaunes. Des planches polies recouvraient la plate-forme. A l'avant, on avait dressé un temple sacré, en branchages et palmes, et c'est vers cet autel que se dirigeait à présent, dans un silence total, la procession des prêtres revêtus de leurs habits sacerdotaux.

Le Grand Prêtre, tout de blanc vêtu, des bracelets de dents de requin aux chevilles, un casque de plumes rouges sur ses cheveux noirs, s'avança seul tandis que toute la population de Bora Bora, prêtres et princes, esclaves et guerriers et le roi lui-même, tombait à genoux et se cachait la figure, car ce qui allait avoir lieu était trop sacré, même pour la vue d'un roi.

La statue d'Oro en personne, faite de plumes et de longues lanières de fibres tressées, avec des coquillages formant les yeux, allait être placée dans son temple pour y voyager jusqu'à Havaiki. Le Grand Prêtre tira de dessous ses robes des feuilles de *ti* *, avec lesquelles il enveloppa soigneusement l'idole, l'éleva au-dessus de sa tête et, après avoir lancé une prière d'une voix terrible, il la déposa dans le temple. Puis il recula, frappa la pirogue de son bâton et cria :

— *Attends-le-Vent-d'Ouest*, porte sans encombre notre dieu jusqu'aux rives de Havaiki !

La foule prosternée se releva, toujours en silence, et les pagayeurs s'installèrent à leurs places. Ce fut ensuite le tour des sages et des vieillards qui montèrent sur la plate-forme polie, vêtus de tapa brun et coiffés de calots bordés de dents de requin. Certains portaient des gourdes d'eau lustrale, les autres scrutaient le ciel et le couchant pour y découvrir des présages dont ils ne faisaient part à personne.

Teroro, vêtu de jaune et portant un casque de guerrier en plumes et dents de requin, prit place à la proue pendant que le roi, en longue robe jaune, se plaçait au milieu du navire. Dans le silence qui suivit l'embarquement, le Grand Prêtre annonça qu'il était prêt à recevoir les sacrifices rituels.

Des prêtres d'Oro s'avancèrent avec des palmes qu'ils étalèrent devant le temple et sur lesquelles on déposa d'étranges présents : un grand poisson du lagon, un requin pêché au large, une tortue capturée sur une certaine île et un porc qui, à sa naissance, avait été consacré à Oro. Ces quatre sacrifices morts furent recouverts de palmes supplémentaires.

Enfin, les prêtres amenèrent les sacrifices humains et les habitants de Bora Bora regardèrent avec angoisse leurs voisins, pour la dernière fois. Ils suivirent tristement des yeux le marin qui avait silencieusement prié Tane, et l'homme qui somnolait dans le temple, le guetteur qui avait trébuché, et Hoka, le jeune homme qui s'était assoupi. Quatre esclaves les suivaient, ces êtres intouchables, ces larves sans nom, qui n'étaient jamais, même vivants, que des cadavres ambulants.

Au moment où les victimes montaient à bord, l'épouse d'un des esclaves poussa un cri perçant.

— *Aoué !* Aoué ! répétait-elle.

C'était le cri d'angoisse séculaire, le cri de détresse des îles. Cet éclat représentait un tel manquement aux usages que tout le monde frémit de terreur en l'entendant. Teroro se dit que cette fois, l'île était vraiment condamnée et que le roi serait sacrifié. Le roi Tamatoa

* *Ti* : Plante aux feuilles géantes.

songea que son frère ne reviendrait pas vivant de la convocation. Les trente pagayeurs se dirent qu'on choisirait sans doute deux d'entre eux, à l'arrivée.

Le Grand Prêtre ne pensa rien. Il était trop stupéfait par cette infraction au *tabu*. Les mots lui manquèrent et il ne put que pointer son bâton vers la malheureuse. Quatre prêtres se jetèrent sur elle et la poussèrent dans le lagon où ils lui maintinrent la tête sous l'eau. Mais la femme se dégagea avec une force diabolique, redressa la tête et hurla d'une voix prophétique :

— Aoué ! Aoué ! Aoué ! Bora Bora !

Un des prêtres l'assomma avec une pierre et deux autres l'empoignèrent de nouveau et réussirent à la tenir solidement sous l'eau jusqu'à ce qu'elle meure. Mais cela ne compensait pas le tabou violé. Le Grand Prêtre demanda de qui elle était la femme. Quelqu'un désigna un des esclaves et le Grand Prêtre fit un signe.

Un servant du temple, un homme trapu, se rua en avant et, d'un coup de massue expert, brisa le crâne de l'esclave. Avant qu'il s'écroule et que son sang puisse souiller la pirogue, on avait déjà fait basculer son corps dans l'eau. Un des prêtres le tira sur le sable, afin de le sacrifier à l'autel local. Immédiatement, sur la plage, un autre esclave fut arraché à la foule pour le remplacer et, dans une atmosphère de désastre et de mauvais présages, *Attends-le-Vent-d'Ouest* prit enfin la mer. Mais, comme si l'embarcation partageait l'angoisse et la culpabilité de ses passagers, elle ne bondit pas joyeusement sur les vagues si bien que lorsque les étoiles se levèrent, permettant à Teroro de diriger sa course, la pirogue n'avait parcouru qu'une faible partie de la longue et lugubre route vers le temple d'Oro à Havaiki.

Aux approches de l'aube, alors que la constellation que les astronomes de lointaines parties du globe avaient depuis longtemps baptisée le Lion se levait à l'est, les sages guetteurs jugèrent que l'heure était proche. Le Grand Prêtre, consulté, les approuva. L'aurore cramoisie, l'heure sacrée d'Oro ne tarderait pas. Il fit un signe et le grand tambour commença sa sourde et lancinante mélopée.

Tout était silence. Même les vagues murmurantes et les oiseaux qui chantent à l'aube devaient cesser tout bruit. Il n'y avait que le tambour, entre le ciel et la mer. Soudain, quand les écharpes roses de l'aurore teintèrent l'orient, d'autres tambours lui répondirent, un à un, dans le lointain. Les pirogues, encore invisibles, s'assemblaient déjà pour la procession solennelle dans la passe de Havaiki. Le rythme s'accéléra, les vibrations emplirent le ciel, et il n'y eut bientôt plus qu'un martèlement entêtant sous le ciel rougissant. Enfin, sur la mer silencieuse, on put apercevoir des voiles et des oriflammes immobiles dans l'air calme. Les pagayeurs dirigèrent la pirogue vers le lieu de la réunion et, à l'instant où le globe rouge du soleil jaillit de l'horizon, onze pirogues éclatantes s'avancèrent et formèrent une double ligne majestueuse. Teroro les examina attentivement et ne put retenir un sourire orgueilleux. Aucune n'était aussi belle que la sienne.

Les tambours se turent brusquement et le Grand Prêtre entonna un chant sacré, entrecoupé de cris inhumains. Au moment où l'hymne atteignait son paroxysme de violence, le Grand Prêtre poussa un long hurlement et l'exécuteur des hautes œuvres, un prêtre trapu, abattit sa massue sur le crâne du jeune homme qui n'avait pas su veiller.

Des servants soulevèrent respectueusement son cadavre, tandis que d'autres ôtaient les palmes qui recouvraient les offrandes, le poisson et le requin, la tortue et le porc. Celles-ci avaient été placées à l'écart les unes des autres et l'on comprenait à présent pourquoi. Car les servants glissèrent soigneusement le corps d'Hoka entre deux offrandes.

Le chant sacré reprit, et les lamentations jaillirent pour le guetteur négligent. La massue tomba, et le cadavre fut placé entre le requin et la tortue. Trois fois encore, les hurlements montèrent vers le levant, le soleil scintilla sur le sang, les corps tombèrent et furent allongés aux pieds du dieu Oro, immobile sous son manteau de plumes dorées.

A bord de *Attends-le-Vent-d'Ouest*, les voyageurs s'abandonnaient à des pensées diverses tout en voyant approcher les rives sacrées de Havaiki. Ils étaient tous d'accord sur un point : il était raisonnable qu'un dieu réclamât des sacrifices aux jours des rites solennels, et personne ne se souciait du sort des quatre esclaves, car les esclaves étaient là pour être sacrifiés.

En ces derniers instants, le Grand Prêtre se disait qu'avec le stupide entêtement de Bora Bora à vénérer Tane, on ne ferait jamais assez de sacrifices à Oro. Il fallait arracher jusqu'à la racine du mal. Il ne considérait pas que cinq hommes déjà sacrifiés dussent suffire. Les esclaves ne comptaient pas. Il ne pensait pas non plus à l'esclave et à sa femme déjà tués au départ, ni à tous ceux qui perdraient la vie si la convocation excédait les limites permises. Oro était un dieu puissant. Il avait accompli ce qu'aucun dieu jusque-là n'avait pu réussir : la réunion de toutes les îles. Il était juste qu'il fût honoré. Les autres dieux avaient toujours bénéficié des prières, du respect de tous et de l'obéissance aux tabous, mais un maître dieu comme Oro méritait bien des sacrifices supérieurs, tels que des hommes et des requins. Loin de penser que neuf morts étaient trop, le Grand Prêtre rêvait déjà d'une incursion de Bora Bora dans une île écartée pour en ramener trente ou quarante captifs qui seraient solennellement sacrifiés.

Les pensées du roi Tamotoa étaient différentes. Il n'éprouvait certes aucun remords, aucun regret pour la mort de son guetteur ou de son vassal négligent. Ils avaient failli, et la mort était le salaire de la faute. Il n'accordait même pas une pensée aux esclaves. Ces êtres étaient nés pour être sacrifiés, plus encore depuis qu'une de ces femmes s'était permis de pleurer en voyant partir son mari pour toujours. Tamatoa jugeait les sacrifices humains nécessaires, mais le fait que le chiffre neuf eût été atteint cette fois-ci, sans compter ceux qui viendraient encore, lui causait un malaise. Bora Bora n'était pas une île très peuplée, et si Bora Bora avait pu conserver sa liberté, c'était grâce au courage supérieur de ses hommes. Le roi se demanda si les brusques exigences d'Oro n'étaient pas un moyen inventé par les sages de Havaiki pour dépeupler l'île et la réduire à merci. Il alla même plus loin. Était-ce possible que les sages de Havaiki eussent bercé le Grand Prêtre de promesses fallacieuses afin de le pousser à disposer de lui-même et de Teroro ?

Teroro voyait les choses avec plus de simplicité. Il était révolté. Ses pensées étaient nettes et sans détours. Il passait sur la mort des esclaves, car il en avait toujours été ainsi, dans toutes les îles. Mais l'exécution, pour des motifs futiles, des meilleurs guerriers de Bora Bora, uniquement pour flatter un nouveau dieu, lui paraissait désastreuse. Le corps de Terupe gisait à présent entre le requin et la tortue !

36

Teroro n'avait jamais eu de meilleur pilote et le Grand Prêtre le savait. Et Tapoa, couché près du poisson ! Il était sage et avisé, et aurait fait un excellent conseiller. Teroro rageait tellement qu'il n'osait pas regarder son frère ni le Grand Prêtre, de peur de trahir ses pensées. Les yeux fixés sur l'horizon, il se disait que la mort de huit ou dix autres bons guerriers sonnerait le glas de Bora Bora. Et il se jura de faire quelque chose, d'empêcher cela.

Les prêtres et les servants considéraient avec satisfaction les cinq cadavres et rêvaient de futurs sacrifices. Avec l'apparition d'Oro, tous les prêtres avaient eu une crise de conscience. Devaient-ils demeurer fidèles à Tane, ou vénérer le nouveau dieu ? Ils étaient heureux à présent de voir qu'ils avaient choisi le gagnant. Les prêtres reconnaissaient qu'il y avait encore de la dissidence dans les îles, mais à mesure que les sacrifices se multipliaient, la cohorte des fidèles de Tane s'amenuisait. D'autre part, les prêtres ne craignaient pas d'être choisis comme victimes. Leur rôle dans les cérémonies sacrées était simple. Ils mangeraient le porc rôti, avec des bananes grillées, le taro et le poisson salé. Et à la fin de la convocation, ils jetteraient dans la fosse les cadavres offerts en holocauste.

Les trente pagayeurs n'avaient qu'une pensée : « Serai-je sacrifié ? »

Les trois derniers esclaves n'avaient pas de pensées. C'est-à-dire pas de pensées que les maîtres eussent comprises. Car, chose curieuse, ces hommes éprouvaient les mêmes craintes, la même angoisse, les mêmes frissons que ceux qui n'étaient pas esclaves. Mais cela, personne ne l'aurait cru.

Les tourments des esclaves durèrent peu, d'ailleurs, car au moment où la proue de la pirogue grattait le sable de la plage de Havaiki, le prêtre trapu leva sa massue une fois, deux fois, trois fois et les trois cadavres furent jetés sur le ponton où la pirogue allait être hissée, afin d'y être consacrée pour l'année à venir.

A l'instant précis où la pirogue s'immobilisa, le Grand Prêtre se retourna, en faisant voltiger sa robe blanche et son bâton désigna un des plus fidèles compagnons de Teroro. Avant que l'homme eût esquissé un geste, l'abominable massue lui avait fendu le crâne en deux. Son corps fut attaché à la proue, pour veiller sur la pirogue durant les jours sacrés. Les autres membres de l'équipage, atterrés par le haut rang de la victime, tentaient honteusement de chasser la pensée qui leur venait à l'esprit : « Ce n'est pas moi ! »

La convocation devait durer trois jours, pendant lesquels le silence était de rigueur. Seuls, les prêtres avaient le droit d'exposer leurs problèmes. Les réunions avaient lieu dans un immense temple de rochers, en plein air, situé sur un admirable plateau qui dominait l'océan. Le sol était pavé de lave noire et le moindre brin d'herbe en avait été soigneusement balayé. On avait construit, à l'une des extrémités de l'esplanade, un temple couvert, au toit de palmes, contenant l'arche sainte qui abritait la statue sacrée d'Oro.

Cette statue, c'était Oro lui-même, en personne, et lorsqu'on lui faisait quitter sa retraite, l'entreprise était tellement solennelle que même les rois n'avaient pas le droit d'en être témoins.

Des témoins, il y en avait cependant. De chacune des pirogues, on avait apporté les cinq sacrifices humains plus cinq cadavres offerts par Havaiki. On les entassa devant l'arche sacrée, et quand Oro, par la voix de son Grand Prêtre, se fut déclaré satisfait, les servants s'avancèrent pour se livrer à la cérémonie rituelle.

A l'aide de longues aiguilles d'os, ils transpercèrent les oreilles des cadavres, y passèrent un solide fil tressé et, après avoir ainsi formé une longue guirlande de soixante cadavres, ils les accrochèrent aux arbres entourant le temple. Pendant les heures qui suivraient, leurs prunelles mortes pourraient contempler ce que même les rois ne pouvaient voir.

Tamatoa, avec les onze autres rois, fut prié de s'asseoir à l'écart et de demeurer parfaitement silencieux pendant sept heures. Des espions des prêtres les surveillaient, prêts à rapporter la moindre infraction. Mais, conscients de leur quasi-divinité, les douze rois se recueillaient.

Le silence ne régnait pourtant pas partout, et si des espions l'avaient su, ceux qui enfreignaient secrètement le tabou auraient instantanément été sacrifiés. Mais Teroro ne l'ignorait pas et, pour discuter à mi-voix avec ses vingt-neuf pagayeurs, il avait choisi une clairière écartée entourée de palmiers.

— Pouvons-nous parler franchement ? demanda-t-il.

— Que risquons-nous ? lança un jeune chef bouillant nommé Mato. Si nous parlons, on nous tuera. Si nous nous taisons... Parlons !

— Pourquoi devons-nous offrir tant d'hommes à Oro ? demanda un autre garçon.

Teroro prêta l'oreille aux doléances, puis il déclara :

— J'ai bien voulu courir le risque de vous réunir ici, parce qu'il m'importe peu qu'il y ait un espion parmi nous. Si l'un de vous est un espion, qu'il prévienne le Grand Prêtre, car cela l'effraiera peut-être et l'empêchera de mener à bien le plan que je le soupçonne d'envisager. Et si personne ne nous trahit, tant mieux.

— Quel est ton plan, à toi ? demanda Mato.

Teroro, tout en tordant entre ses doigts une longue lanière tressée, révéla lentement :

— Je crois que le Grand Prêtre a l'intention d'offrir notre roi en holocauste suprême à Oro. Il veut impressionner les autres prêtres et bien marquer sa puissance sur Bora Bora. Mais il doit donner le signal lui-même, parce que s'il tue par ruse, qu'y gagnerait-il, politiquement ? Nous devons donc surveiller attentivement le Grand Prêtre.

Les jeunes chefs se turent, et comprirent que le plan de Teroro, quel qu'il fût, devait être dangereux. Enfin, un jeune homme de moindre noblesse fit observer :

— Ce n'est pas aujourd'hui qui nous inquiète.

— Non, reconnut Teroro. Aujourd'hui, ils sont occupés.

— Mais la réunion générale de demain ?

Teroro noua et dénoua son lien et hocha la tête.

— Si j'étais le Grand Prêtre, je frapperais demain.

Mato était d'humeur audacieuse car, ce matin-là, il avait été persuadé que le Grand Prêtre le désignerait comme gardien mort de la pirogue. Il s'écria :

— Je crois que si le prêtre amorce le geste de désigner Tamatoa, nous devons entourer le roi et nous ouvrir un chemin armes en main, jusqu'à la pirogue.

— Je suis tout à fait de cet avis, affirma Teroro.

Le silence dura, pendant que les autres considéraient la hardiesse insensée de ce projet, mais avant qu'un seul d'entre eux puisse faire preuve de lâcheté, Teroro jeta sa tresse et déclara :

— Pour réussir, il faut nous assurer de trois choses. D'abord, nous devons essayer d'une façon ou d'une autre de tirer notre pirogue en haut de la colline, afin de pouvoir la faire glisser rapidement vers la mer avec de l'élan.

— Laissez-moi faire, dit Hiro, le pilote.

— Comment t'y prendras-tu ?

— Je ne sais pas.

Teroro aimait ses réponses franches, mais il fronça le sourcil.

— Tu sais que si la pirogue n'est pas en place, nous mourrons tous ?

— Je le sais.

— Ensuite, reprit Teroro, il nous faut deux hommes résolus, assis sur des rochers à la sortie du temple.

— Moi, s'écria l'audacieux Mato, avec Pa.

Un petit homme noueux et sec, au visage de requin, Pa, la Forteresse, s'avança :

— Oui, je veux bien.

— Vous risquez d'y rester, avertit Teroro.

— Nous nous échapperons, assura Mato. Les hommes de Havaiki n'ont jamais pu...

— Troisièmement, interrompit Teroro avec impatience, il faut que chacun de nous soit prêt à tuer instantanément quiconque approche de Tamatoa.

— Nous connaissons les bourreaux, gronda Pa.

— Et, une fois que nous serons lancés, nous devons emporter Tamatoa et courir jusqu'à la pirogue, d'une haleine.

Teroro soupira et ajouta doucement avec un sourire :

— Cela paraît dangereux, mais une fois en mer, *Attends-le-Vent-d'Ouest* sera notre sauvegarde.

— Ils ne nous rattraperont jamais, jura le pilote.

— Vous ne me quitterez pas des yeux, reprit Teroro. A l'instant où j'avancerai pour défendre le roi, le pilote doit se ruer dehors pour préparer la pirogue, et vous deux devez l'aider à sortir.

— Qui désarmera le bourreau ? demanda Mato.

— Moi, répondit froidement Teroro. Pas une massue ne s'abattra aussi vite que mon bras !

Cette assurance réconforta les hommes, mais Mato tempéra leur ardeur en déclarant :

— Il y a une faille grave dans ton plan.

— Laquelle ?

— Hier, avant l'embarquement, Marama m'a pris à l'écart et m'a dit : « Mon mari est certain que le Grand Prêtre projette de sacrifier le roi. Mais moi, je suis sûre qu'il va désigner Teroro. » Je crois que ta femme a raison. Que ferons-nous dans ce cas ?

Teroro ne trouva rien à répondre. Il revoyait sa douce femme, patiente et inquiète, allant d'un homme à l'autre et leur faisant jurer de le protéger. La gorge nouée, il baissa la tête, se courba et ramassa la lanière qu'il avait jetée. Ce fut Pa qui parla.

— Marama m'a dit la même chose et notre devoir est clair. S'ils désignent le roi, nous suivons le plan de Teroro. Mais s'ils désignent Teroro, toi, Mato, avec tes hommes, tu sauves Tamatoa et moi, avec les miens, je sauve Teroro.

— Je ne compte pas, moi, dit Teroro avec sincérité.

— Pour nous, si, affirmèrent ses hommes.

Mais il y avait un cerveau plus vif, plus précis et plus rusé que ceux de Mato ou de Pa, qui travaillait cette nuit-là : celui du Grand Prêtre. Il n'avait cessé de réfléchir, durant les solennités, et quand le grand Oro eut été replacé dans son arche, il fit venir ses assistants et les fit asseoir en cercle autour de lui dans un coin sombre du vaste temple, sous l'œil terne des soixante cadavres balancés par le vent.

— Avez-vous remarqué quelque chose, aujourd'hui ? leur demanda-t-il.

— Simplement que vous aviez raison, annonça un jeune prêtre. Teroro est notre ennemi mortel.

— Pourquoi le penses-tu ?

— Comme vous me l'aviez dit, je n'ai cessé de l'observer. Par quatre fois, je l'ai surpris luttant contre la volonté d'Oro, redouté soit son nom.

— Quand ?

— Surtout à la mort d'Hoka. Il a eu un recul très net.

— Je l'avais remarqué aussi, reconnut le Grand Prêtre.

— Et puis quand le pagayeur a été tué pour garder la pirogue.

— Vraiment ?

— Il m'a semblé aussi que lorsque Teroro a dû escorter le roi loin du temple, à notre entrée, il était plus joyeux que solennel.

— Nous l'avons tous remarqué, approuvèrent en chœur les autres prêtres.

— Mais le plus grave, c'est que je suis certain que Teroro s'est secrètement réuni cet après-midi avec ses hommes.

— Est-ce possible ! s'écria le Grand Prêtre.

— Je n'en suis pas sûr, puisque j'étais au temple, mais dès qu'Oro, redouté soit son nom, eut repris sa place dans l'arche, je me suis précipité dehors, et je ne les ai vus nulle part. Ils avaient disparu.

— Le roi avec eux ?

— Non. Le roi était assis avec les autres souverains, comme il se doit.

— Si nous étions certains que Teroro a tenu une réunion...

— Je les ai cherchés partout, insista le jeune espion. Et je suis sûr de mon fait.

Le Grand Prêtre considéra longuement cette nouvelle, en jouant distraitement avec son bâton. Enfin, il murmura, comme pour lui-même :

— Si nous pouvions être certains de cette réunion, nous pourrions éliminer l'équipage tout entier. Nous...

Il dut peser le pour et le contre et les conséquences de cet acte lui parurent sans doute dangereuses, car il se ravisa et, se tournant soudain vers son exécuteur trapu, il lui ordonna :

— Demain, tu ne dois à aucun moment te tenir près du roi ou de Teroro. Reste à l'écart. Toi, Rere-ao, dit-il en se tournant vers le jeune prêtre zélé, es-tu toujours aussi rapide avec une massue ?

— Oui.

— Tu devras te placer subrepticement derrière Teroro, le plus près possible, et le surveiller constamment. Si jamais il fait le moindre geste, frappe...

— Dois-je attendre un signal ?

— Non. Au moindre geste, tu frappes. Et au même instant je le désignerai, si bien que son corps sera sacrifié à Oro.

Le Grand Prêtre donna des rôles à chacun des autres prêtres, mais il se tourna encore une fois vers Rere-ao pour lui répéter :

— Tu as bien compris. Pas de signal. Un geste et tu frappes.

— J'ai compris.

Le Grand Prêtre termina par une longue prière à Oro, à la fin de laquelle il déclara :

— D'une façon comme d'une autre, demain, Bora Bora sera définitivement offerte à Oro. Les vieux dieux sont morts. Oro est vivant.

Les servants frémirent de joie, car leurs efforts pour supplanter Tane et Ta'aroa n'avaient pas toujours été couronnés de succès et, pendant des mois, ils avaient attendu un signe leur assurant la victoire. Ils étaient sûrs, à présent, de la tenir.

Le Grand Prêtre se découvrit, joignit les mains et s'inclina vers l'arche sacrée.

Le lendemain matin, Hiro le pilote se leva de bonne heure et, à l'aide d'un rocher pointu qu'il avait dissimulé dans un morceau de tapa, il trancha plusieurs des liens qui assemblaient les rondins de la grande pirogue, non sans frémir. Puis il jeta la pierre et courut au prêtre chargé de veiller sur *Attends-le-Vent-d'Ouest*.

— Nous avons dû racler des coraux, annonça-t-il.

Le prêtre se hâta d'aller examiner la pirogue.

— Je suppose que cela peut s'arranger, dit-il, en espérant que la réparation pourrait être faite avant que le Grand Prêtre blâmât sa négligence.

— Certainement, dit le marin, et nous devrions la faire pendant que nous sommes sous la protection d'Oro.

Ces sentiments charmèrent le prêtre et il n'eut pas le moindre soupçon lorsque Hiro suggéra de tirer la pirogue sur le talus, pour faciliter la réparation. A eux deux, ils placèrent l'embarcation à l'endroit exact que désirait Teroro.

— Est-ce que la réparation sera longue ? demanda le prêtre.

— Non. Je vais faire vite. Je ne veux pas manquer la convocation d'Oro.

Le prêtre se rappela les promesses du Grand Prêtre, et qu'en ce jour Oro assurerait sa victoire sur Bora Bora. Il lui parut d'un heureux présage que Hiro, un des plus fidèles serviteurs de Teroro, eût signifié si clairement son attachement à Oro.

La convocation débuta par une scène stupéfiante, et tous ceux qui, par la suite, se remémorèrent cette journée convinrent qu'elle avait commencé sous de bien mauvais auspices, bien que sur le moment personne ne s'en fût aperçu, car les prêtres s'étaient hâtés de changer en bénédiction ce qui avait été une grave faute. L'assemblée s'était assise sur des pierres plates, entourant l'autel, et deux porcs avaient déjà été immolés, quand un petit garçon de sept ans se précipita dans le temple, pour chercher son père qui se tenait près de l'autel.

L'homme, un petit chef de Havaiki, blêmit en voyant son fils, car l'enfant commettait là un péché si abominable que rien ne pouvait le pardonner. Jamais une femme, un enfant ou un animal n'avait pénétré dans le temple et le père tremblait en prenant l'enfant dans ses bras.

— Je te cherchais, père, gémit le petit garçon.

A l'autel, les prêtres s'étaient retournés et contemplaient sévèrement celui qui avait osé interrompre la cérémonie sacrée. Le père, conscient de l'énormité de la faute de son fils, se leva lentement. Soudain, dans un geste de dévotion totale, il tendit l'enfant à bout de bras vers les officiants et s'écria, d'une voix angoissée mais décidée :

— Prenez cet enfant et immolez-le à Oro ! Car il a interrompu la consécration du temple, il a emmêlé les fils de nos liens avec Oro. C'est mon fils. Mais je ne pleure pas en le perdant, car il a insulté Oro.

Les prêtres finirent d'abord d'égorger les porcs. Puis, de leurs mains sanglantes, ils vinrent chercher l'enfant et l'étranglèrent avant de lui ouvrir le ventre et d'en sortir les entrailles. Le Grand Prêtre saisit alors le petit cadavre et le plaça religieusement entre les porcs.

— Ce père a bien agi, psalmodia-t-il. Tous ceux qui honorent Oro agissent bien. Car Oro nous apporte la paix.

L'incident troubla Teroro, car il estimait que c'était un présage, mais il ne savait comment l'interpréter. Sa perplexité était telle qu'il en oublia un instant le danger que courait son frère. Les sourcils froncés, il laissait errer son regard sur la communauté et ses yeux tombèrent sur Hiro. Il vit là encore un présage, car le fidèle marin se tenait sous le cadavre pendu du pilote sacrifié la veille.

Bouleversé, l'esprit confus, Teroro chassa tous ces présages et se mit à surveiller attentivement le Grand Prêtre et Tamatoa. Il était fermement résolu à tenir tête à Oro, même s'il fallait lui lancer un défi dans sa propre enceinte. Mais Teroro fut surpris par la stratégie du Grand Prêtre, à laquelle il ne s'attendait nullement. Car soudain, d'un mouvement vif, ce dernier se retourna et désigna de son bâton le plus inoffensif des amis de Teroro, et l'un de ses meilleurs guerriers.

— Il a mangé du cochon sacré d'Oro ! glapit le prêtre.

Le jeune chef n'eut pas le temps de songer à se défendre car, déjà, son crâne avait volé en éclats. Les officiants entonnèrent un chant sacré.

Tandis que les litanies continuaient, Teroro demeurait pétrifié. Le jeune chef n'avait jamais mangé de cochon sacré, Teroro en était sûr. Pourquoi avait-il été sacrifié ? Ce problème dépassait Teroro. Il avait mis au point un plan pour sauver Tamatoa et il savait que si lui-même était menacé, Mato le sauverait. Mais il n'avait pas prévu cette attaque sournoise contre les autres membres de son équipage. Atterré, Teroro chercha le regard de Hiro mais il n'y trouva qu'un trouble égal au sien. Il se retourna vers Mato et Pa, mais ceux-ci paraissaient hypnotisés par l'autel où gisait à présent le corps de leur compagnon. Les autres complices de Teroro étaient tous aussi frappés.

De tout le contingent de Bora Bora, un seul homme évaluait clairement la situation, en ces instants d'horreur. Tamatoa, comme bien des rois, n'était pas doué d'une intelligence vive mais d'une vision nette et pénétrante. Il comprenait que le Grand Prêtre projetait non pas d'assassiner stupidement son frère et lui-même, mais de saper le moral de la population, et de les pousser à fuir. Le roi se dit que le Grand Prêtre éviterait le combat et, patiemment, par ruse, parviendrait à terrifier le peuple, et à le forcer à fuir son île.

L'hypothèse de Tamatoa ne tarda pas à se confirmer quand le Grand Prêtre désigna un autre membre de l'équipage de Teroro. Malade d'angoisse, le roi regarda du côté de son jeune frère et vit la détresse de Teroro. Il comprit que le prince avait un plan merveilleux pour sauver son roi, et que des espions avaient dû en avertir le Grand Prêtre, qui avait changé de tactique. Plein de compassion, le roi garda ses yeux fixés sur son frère jusqu'à ce que celui-ci tournât vers lui un visage douloureux. Le roi hocha alors imperceptiblement la tête, suppliant son frère de ne pas agir, d'aucune façon. Teroro, ayant compris, s'efforça de maîtriser sa rage.

Ce fut en cet instant, dans le temple sacré d'Oro, entouré des cadavres de ses meilleurs sujets, que le roi Tamatoa murmura au fond de son cœur :

— Oro, tu as triomphé. Tu es le dieu suprême, et je suis impuissant devant ta grandeur.

Lorsqu'il eut formulé ces paroles de contrition, une grande paix l'enveloppa et il comprit quelle avait été sa folie de vouloir combattre la volonté d'Oro. Mais Tamatoa n'imaginait pas que le contentement de son âme venait de la cristallisation d'une décision vers laquelle il tendait depuis plusieurs mois, et qu'il avait toujours repoussée. Maintenant qu'il avait accepté l'évidence — le triomphe d'Oro — la suite paraissait inévitable et, dans la fraîcheur du matin, Tamatoa murmura pour la première fois les paroles fatales qui le délivrèrent d'un lourd fardeau :

— Nous quitterons Bora Bora et nous t'abandonnerons notre île, Oro. Nous prendrons la mer, et nous découvrirons d'autres îles, où nous pourrons adorer nos dieux en paix.

La convocation se poursuivit, et Tamatoa ne confia sa décision à personne, même pas à Teroro. Il évita au contraire son jeune frère exalté, mais il rechercha Mato à qui il déclara froidement :

— Tu es responsable de la vie de mon frère, Mato. S'il complote, je suis certain que tu fais partie de son complot. Il ne doit pas mourir, même si tu dois, pour le protéger, l'enchaîner à la pirogue. Il ne faut pas qu'il meure. J'ai plus que jamais besoin de lui.

Aussi, lorsque Teroro rassembla ses compagnons bouleversés pour leur faire part d'un autre plan insensé, Mato prit-il le premier la parole :

— Nous devons retourner à Bora Bora et préparer notre revanche.

— Oui, nous devons rentrer et nous préparer, renchérit Pa au visage de requin.

La décision ne lui appartenant plus, Teroro gronda :

— Nous nous vengerons ! Ça, oui !

Et, la tête pleine d'idées de destruction, Teroro attendit.

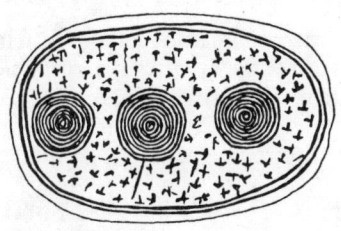

Lorsqu'une convocation prenait fin, les prêtres disparaissaient sagement et encourageaient la population à se soulager de la tension par une fête sauvage et débridée qui durait parfois trois jours et trois nuits. Les femmes étaient alors libres de se joindre aux hommes et les musiciens faisaient résonner la nuit tropicale du rythme obsédant de leurs instruments étranges. Des filles superbes, lisses et dorées, en jupes de feuilles odorantes, dansaient la folle *hula* de Havaiki autour des feux, et provoquaient les visiteurs, sans la moindre pudeur.

Un seul spectateur les contemplait en murmurant à part soi : « Maudites soient les femmes de Havaiki. » Teroro ne prenait pas la moindre part à la fête. Ni la magie des tambours ni les doux chants d'amour, ni la beauté des filles de l'île ne réussirent à l'entraîner dans la danse. Les yeux baissés, il ne cessait de gronder en lui-même :

— Je détruirai cette île. J'égorgerai tous les prêtres d'Oro. Je sèmerai la désolation...

Ses hommes se montraient moins taciturnes, et moins résolus. Un par un, les jeunes chefs jetaient leurs armes, essuyaient leurs mains sur leurs cuisses nues et bondissaient dans le cercle enchanté pour se laisser entraîner par les sauvages convulsions de la hula de Havaiki. Quand l'extase était totale, qu'ils étaient en transes, ils sautaient en l'air et poussaient de grands cris devant leur partenaire. Puis les deux jeunes gens se regardaient, éclataient de rire et disparaissaient dans la forêt, encouragés par les plaisanteries grossières et trop précises des vieilles femmes.

Teroro seul ne se laissait pas distraire par la folie collective, et demeurait indifférent à l'orgie. Il ne leva même pas la tête quand une vieille édentée hurla :

— J'ai toujours dit que les hommes de Bora Bora n'étaient pas normaux. Tetua, va donc danser devant celui-là et dis-moi de quoi il est capable !

Une merveilleuse fille de quinze ans s'avança et se mit à danser presque sur les pieds de Teroro, ondulant lascivement, brandissant son corps, offrant ses seins et son ventre au jeune chef indifférent. Elle abandonna enfin la partie et la vieille femme lança :

— Je me demande comment ils ont des enfants à Bora Bora. Je crois que les hommes de Havaiki y vont le soir à la nage !

Cette saillie força l'attention de Teroro et le fit sourire car, aux îles, on avait toujours apprécié les bons mots, même lorsque l'on faisait les frais de la plaisanterie. La vieille, voyant qu'elle avait réussi à tirer Teroro de son indifférence, se mit à glapir :

— Aoué ! Si j'avais vingt ans de moins, je te ferais voir à quoi sert un homme ! Tiens, il n'est même pas trop tard !

Elle se redressa d'un bond, ses longs cheveux blancs voltigeant sur ses épaules, et se contorsionna outrageusement devant Teroro, avec l'intention de le ridiculiser.

Mais à ce moment, un des grands chefs de Havaiki, le gros Tatai, gardien du temple, s'approcha et dit calmement :

— Nous aimerions que tu manges avec nous, Teroro.

Il entraîna le jeune chef loin des brasiers, mais pas assez loin de la langue acérée de la vieille, car avant qu'ils eussent fait trois pas, elle cria :

— Ah ! je comprends tout ! Il lui faut des hommes !

Le gros Tatai éclata de rire.

— La mort seule fera taire celle-là !

Il conduisit Teroro à la limite du village, où s'étendait depuis des siècles le domaine de sa famille, encerclé de rochers sur trois côtés, le quatrième côté ouvert sur l'océan. En pénétrant dans l'enclos, Teroro aperçut dans le clair de lune huit ou neuf constructions : la case commune, la cuisine des femmes, la chambre des femmes et les différentes cases des favorites de Tatai. Tatai entraîna son invité au quartier des hommes, où un festin était préparé.

Tout en suçant sur ses doigts la sauce du porc rôti, Teroro se demandait pourquoi Tatai l'avait convié. Le repas terminé, il s'approcha des grands feux et, à la lueur dansante des foyers, il vit les épouses des chefs de Havaiki. Sur un rythme doux, elles commencèrent à chanter les vieilles chansons d'amour des îles, et peu à peu, l'amertume déserta le cœur de Teroro.

> *Lorsque le léger ressac*
> *Et la lune à son lever*
> *La palme qui ondule*
> *Et le grand oiseau blanc*
> *Et le poisson nonchalant*
> *Parlent tous d'amour,*
> *Je pleure dans la nuit :*
> *Où es-tu, mon amour ?*

Soudain, au son de cette musique langoureuse, une jeune fille de quatorze ans se leva et s'avança vers lui, légère, gracieuse, ses cheveux de nuit tombant jusqu'aux genoux. Lorsque le chant d'amour s'acheva, les musiciens entonnèrent un air plus vif, de plus en plus accéléré, et la jeune fille, genoux et bras écartés, jupe virevoltant autour d'elle, tête levée, se mit à onduler frénétiquement sous les yeux de Teroro.

Bientôt, il n'y put plus tenir. Bondissant comme un chat, il sauta près du brasier et se laissa aller à la frénésie plus érotique encore de la hula de Bora Bora.

A présent, la jeune fille feignait de ne plus le voir. Distante, le regard fixe, elle tournait autour de son partenaire, mais tout son corps frémissait de désir. Les genoux pliés, le corps arqué, la tête rejetée en arrière elle mimait l'amour, dans ses phases les plus crues. Teroro se déchaînait devant elle, la dominait de sa haute taille, jusqu'à ce que, soudain, les musiciens ralentissent le rythme. Les deux corps de bronze, face à face, oscillaient à peine et l'assistance retenait son souffle. Et puis la musique reprit, violente, frénétique, pour les dernières figures de la hula.

Enfin, comme par magie, tout se tut. Dans le silence, la jeune fille s'éloigna lentement vers l'ombre profonde des arbres. Teroro, feignant la plus grande indifférence, s'attarda pour jeter une branche dans le feu avant de la suivre. C'en fut trop pour une des femmes du chef, qui lança d'une voix aiguë :

— Enlève ta jupe, Tehani ! Je ne vais pas t'en faire une autre !

Teroro trouva la jeune fille qui l'attendait tout au fond de l'enclos, devant une petite case que sa famille lui avait réservée pour son treizième anniversaire, car aux îles, les parents encourageaient leurs filles à faire de nombreuses expériences avec des garçons et à apprendre l'amour car les maris éventuels n'aimaient pas épouser une fille qui n'a pas prouvé déjà sa fécondité.

— Voici ma maison, dit-elle simplement.

— Comment t'appelles-tu ?

— Je suis Tehani, la fille du grand chef Tatai.

— Tehani, la petite chérie.

La jeune fille eut un petit rire et murmura :

— Ma mère était très belle.

D'un geste vif, Teroro enlaça sa taille, la souleva dans ses bras et la porta dans la case. Joyeuse, elle enveloppa le garçon de sa longue chevelure et lui baisa les lèvres. Puis elle ôta sa jupe de feuilles :

— C'était ma mère, qui me criait de ne pas la déchirer.

Teroro la rejoignit sur les nattes.

Mais plus tard, dans les ténèbres étoilées, Teroro se jura :

— Je détruirai cette île, cet enclos, cette maison...

Cependant, le lendemain, après avoir pris son repas avec les hommes, qui ne firent aucune allusion à sa nuit avec Tehani, il retourna dans la petite case et les deux jeunes amants se livrèrent aux mille jeux de l'amour.

Tehani se mit ensuite à taquiner le jeune homme, en lui demandant si les filles de Bora Bora étaient aussi expertes qu'elle. Cette question déplut à Teroro mais bien qu'elle eût senti son irritation, la jeune fille poursuivit :

— Est-il vrai qu'à Bora Bora vous priez encore Tane ?

Teroro fit un effort pour répondre avec toute la diplomatie dont il était capable :

— Nous adorons Oro, et c'est pour cela que notre petite île a toujours pu vaincre Havaiki.

Tehani rougit au souvenir des défaites de son île et murmura :

— Tu ne t'es pas demandé pourquoi mon père t'avait invité hier soir, et pourquoi j'avais dansé pour toi ?

— J'y ai pensé. Cela m'a paru concerté.

— Et pourquoi je t'ai amené ici ?

— Quand un homme connaît une fille pour la première fois, il se pose parfois la question. La seconde fois, il n'y pense plus.

— Et la troisième fois, chuchota Tehani, il décide de rester auprès d'elle... de fonder un foyer ici... de devenir un homme de Havaiki.

Teroro s'arracha à son étreinte et s'écria :

— Pour un guerrier, il n'est qu'une patrie, Bora Bora !

Une vieille coutume de l'île voulait que les filles de haut lignage pussent choisir leurs maris, et Tehani supplia :

— Teroro, reste avec moi ! Reste !

— Si tu veux être ma femme, il faudra que tu viennes dans mon île.

— Tu as déjà une femme là-bas, Teroro. Si tu habites ici, je pourrais être ta première femme.

Le jeune chef prit entre ses mains le merveilleux visage de Tehani.

— Pourquoi me demandes-tu cela ? Tu peux avoir n'importe quel homme de Havaiki.

La jeune fille hésita, et résolut de dire la vérité :

— Ton île est condamnée, Teroro. Il faut t'enfuir. Viens ici. Sois fidèle à Oro. Nous aurons une existence heureuse.

— C'est ton père qui a suggéré cela ?

— Oui.

— Quelle mauvaise action complote-t-il ?

— Je n'ose le dire, répondit-elle.

Puis elle prit les mains de Teroro et s'agenouilla devant lui dans une pose suppliante :

— Je veux te sauver, Teroro. Ici, tu peux devenir un chef puissant. Mon père possède de vastes terres et Oro protège les guerriers comme toi.

— J'appartiens à Bora Bora, affirma passionnément Teroro. Je ne quitterai jamais mon île.

Il se leva pour partir, mais Tehani lui enlaça les jambes et sut le retenir. Il passa la deuxième nuit auprès d'elle et, à l'aurore du troisième jour, quand les conques marines sonnèrent l'heure du départ, il éprouva un indicible regret.

— Il n'y a pas de femme comme toi à Bora Bora, dit-il.

— Reste avec moi !

Il fut presque tenté de lui révéler ses projets de vengeance, mais il se retint et murmura simplement :

— Si jamais je revenais à Havaiki, tu serais ma femme.

— Reviens bientôt, Teroro Bora Bora est condamnée.

Effectivement, quand les onze pirogues des visiteurs prirent la mer et se séparèrent, il semblait bien que les jours de Bora Bora fussent comptés, car c'était un groupe bien accablé qui voyageait à bord de *Attends-le-Vent-d'Ouest*. Le roi Tamatoa reconnaissait qu'il avait perdu sa toute-puissance. Le Grand Prêtre était vainqueur, et l'abandon de l'île à Oro paraissait la seule décision possible. Teroro, en voyant ses rangs décimés, méditait sa vengeance. L'équipage sentait que ses chefs étaient démoralisés, mais il ne savait pas comment le Grand Prêtre s'y prendrait pour affirmer sa puissance. Quant aux jeunes prêtres, ils étaient tellement surexcités par la victoire d'Oro qu'ils avaient proposé, avant de quitter Havaiki, d'assassiner purement et simplement Tamatoa et Teroro, afin de résoudre enfin les problèmes de l'île.

A leur grande surprise, le Grand Prêtre avait refusé et leur avait expliqué que, s'ils disposaient de cette façon de Tamatoa et de Teroro, le peuple les pleurerait et risquerait même de se révolter contre Oro. Alors que si l'on continuait à frapper les moindres chefs, le peuple reconnaîtrait la suprématie d'Oro et verrait que son roi était impuissant devant la volonté du dieu rouge. Il le forcerait à adorer Oro, ou il l'abandonnerait.

— Mais si le roi s'obstine ? demanda un vieux prêtre qui n'oubliait pas que les efforts unis de Havaiki, Tahiti et Moorea n'avaient pu venir à bout de la résistance du vieux roi, père de Tamatoa.

Le Grand Prêtre se tourna vers les cadavres pendus dans le clair de lune, et murmura :

— Tamatoa s'obstinera peut-être, mais le peuple se lassera. N'avez-vous pas tous remarqué l'inquiétude de ses sujets ? Et où est Teroro, le chef, en ce moment ? Dans la case de Tehani !

Le vieux prêtre demanda alors :

— Si nous forçons le roi à abdiquer, qui gouvernera Bora Bora ?

— Oro lui a choisi un successeur.

— Qui ?

— Oro a désigné le père de Tehani, le grand chef Tatai.

Cette nouvelle tomba dans un silence tendu. Ces prêtres étaient tous de Bora Bora et la décision du Grand Prêtre ne signifiait rien de moins que l'asservissement de leur île par Havaiki, la perte totale de la liberté. Le Grand Prêtre sentit leur répugnance et se hâta d'ajouter :

— C'est Oro qui a choisi Tatai. C'est pour cela que Tatai a poussé sa fille Tehani dans les bras de Teroro, pour qu'elle devienne sa femme. Il viendra s'établir à Havaiki, entraînant avec lui ses plus fidèles compagnons. Tatai, en allant s'installer à Bora Bora, laissera ses femmes ici, pour en choisir d'autres dans notre île. De cette manière, Oro vaincra.

Le nom d'Oro fit taire les commentaires. Le Grand Prêtre jugea inutile de révéler que lorsque tout cela serait accompli, il espérait bien venir s'installer dans le grand temple de Havaiki, et qu'il amènerait avec lui ceux de ses servants qui l'auraient le mieux soutenu. Ces derniers s'en doutaient d'ailleurs, et c'est avec la joie au cœur que les prêtres avaient repris le chemin de Bora Bora.

Les vingt-sept hommes d'équipage survivants avaient peu de pensées cohérentes. Impuissants, ils avaient vu leurs camarades frappés par la puissance d'Oro, ils avaient partagé la détresse de leurs chefs. Contrairement à ce que croyait le Grand Prêtre, ils étaient plus satisfaits que troublés par le fait que Teroro avait passé son temps avec Tehani, car Mato avait fait courir la consigne : Teroro devait être ramené sain et sauf à Bora Bora. Ils se doutaient que le roi Tamatoa avait un plan de vengeance bien solide et ils espéraient y participer. Mais ils ne voyaient rien au-delà de cette vengeance animale.

Tous éprouvèrent une même émotion, à la fin de la journée. Juste avant de pénétrer dans leur lagon, les voyageurs virent le soleil plonger à l'ouest en illuminant de ses rayons d'or leur île magique et chacun pensa, oubliant soucis et complots : « Voici l'île de beauté. Voici la terre à laquelle les dieux ont consacré tous leurs soins. »

Car voir Bora Bora à la fin de la journée, au retour d'un voyage, avec les feux du couchant sur ses sommets et la sombre nuit se glissant dans ses vallées, et les oiseaux de mer revenant vers leur nid, voir la ligne rouge du couchant escalader le flanc des montagnes jusqu'aux pics les plus hauts, et crier avant l'obscurité : « Un instant ! Un instant ! Que le jour dure encore jusqu'à ce que je touche la côte ! » et entendre dans le lagon les cris des enfants à leurs jeux, les échos du foyer alors qu'à l'extérieur l'océan rugissait... connaître Bora Bora dans un moment pareil, c'était connaître la véritable beauté.

Le cœur gros, Tamatoa entraîna son frère au palais et le pria de s'installer sur les nattes de pandanus. Puis le roi baissa lui-même les stores de tapa et, à l'abri des regards indiscrets, alla s'asseoir tout près de Teroro. D'une voix basse et tendue, il annonça :

— J'ai décidé que nous devions quitta Bora Bora.

Teroro était stupéfait. Il n'avait jamais envisagé semblable retraite, car il ne comprenait pas encore dans quelle situation inextricable on les avait poussés, son frère et lui.

— Mais pourquoi ? souffla-t-il

— Il n'y a plus de place pour nous, ici.

— Nous pouvons nous battre, nous défendre ! Tuer...

— Qui ? Nous battre contre qui ? Notre peuple ? Les autres îles ?

— Nous pouvons...

— Nous ne pouvons rien, Teroro.

— Mais où irons-nous ?

— Vers le nord ?

Cette simple phrase était si lourde de sens que l'esprit lent de Teroro n'en mesura pas tout de suite la portée. Tandis que son cerveau s'évertuait à comprendre, il ne put que répéter :

— Vers le nord ?

Il se souvenait que d'autres pirogues étaient parties vers le nord, des siècles plus tôt, des pirogues légendaires qui n'étaient jamais revenues. Il existait cependant un vieux chant mystérieux, qui prétendait donner des conseils de navigation pour atteindre une terre lointaine qui s'étendait sous les Sept Petits Yeux, la constellation sacrée qui apparaît pour annoncer la nouvelle année, et certains prétendaient qu'une des pirogues, au moins, avait dû revenir pour que ce chant fût composé. Quelques-unes des paroles vinrent à l'esprit de Teroro :

Navigue vers les Sept Petits Yeux
Au pays gardé par les Petits Yeux.

Mais dès qu'il les eut prononcées, la rage le prit car elles évoquaient sa fuite de Bora Bora.

— Pourquoi devons-nous fuir ? gronda-t-il.

— Ne te réfugie pas derrière des mots creux, Teroro. Dis-moi, quand tu as navigué jusqu'à Nuku Hiva, n'as-tu pas trouvé quelque chose, une certitude au sujet de ces pirogues qui sont parties vers le nord ?

— Non.

— On raconte qu'il y a une vieille chanson de marins.

— Personne ne connaît son origine.

— Que dit-elle ?

— Si j'ai bonne mémoire, elle dit qu'il faut naviguer jusqu'au pays qui se trouve sous les Sept Petits Yeux.

— Pendant combien de jours ?

— Certains disent trente, d'autres cinquante.

— Teroro, si nous décidons de nous embarquer avec la prochaine tempête que nous apportera le vent d'ouest, combien de personnes pourra transporter notre pirogue ?

— Est-ce qu'ils nous laisseront prendre *Attends-le-Vent-d'Ouest ?*

— Nous nous battrons, s'il le faut.

— Parfait !

— Combien d'hommes ? insista Tamatoa.

— Une soixantaine.

— Et assez de vivres ?

— Tout ce qu'il faudra.

— Et une maison pour les dieux ?

— Oui.

Les deux frères étaient allongés sur les nattes, têtes rapprochées, et chuchotaient.

— Qui devrait nous accompagner ? demanda le roi.

Teroro donna immédiatement la liste de ses guerriers.

— Hiro, Mato, Pa...

— Nous ne partons pas en guerre, coupa Tamatoa. Nous partons vers le nord, pour toujours.

Dans le silence de la hutte assombrie, les mots tombèrent comme un couperet.

— Pour toujours ? Nous quitterons Bora Bora pour toujours ?

Teroro se dressa d'un bond et rugit :

— Ce soir, je tue le Grand Prêtre !

Tamatoa le saisit par la cheville et le força à se rallonger à ses côtés.

— Il s'agit d'un long, très long voyage, et non de vengeance.

— A la convocation, mes hommes et moi nous étions prêts à mettre l'île à feu et à sang pour te sauver, Tamatoa ! Nous aurions jonché le temple de cadavres ! Nous n'avons pas changé de cœur !

Tamatoa sourit.

— Mais le Grand Prêtre a été le plus fort, n'est-ce pas ? Oro a triomphé. Nous n'avons qu'à emporter nos dieux, et partir.

— J'aimerais avoir les mains libres à Havaiki une seule nuit, avant le départ, gronda Teroro. Ils ne pourraient jamais éteindre les incendies.

— Quelqu'un, à Bora Bora, connaît-il les routes du nord ?

— Notre oncle. C'est Tupuna qui m'a enseigné la navigation.

— Est-il fidèle à Oro ?

— Oui, mais je crois qu'il nous est fidèle aussi.

— Impossible !

— Pour des sages vieillards comme Tupuna, bien des choses sont possibles, dit Teroro en riant. Veux-tu que je le fasse appeler ?

— Attends. N'est-il pas en prières avec les autres ?

— Ils ne font guère attention à lui. Ils le soupçonnent de t'être fidèle.

— Nous ne pouvons entreprendre un tel voyage sans prêtre, dit Tamatoa. Cinquante jours en mer...

— Oui, je tiens au prêtre. Qui pourrait lire les présages ?

Teroro envoya donc un messager chercher Tupuna, et les deux frères reprirent leur conversation en l'attendant.

— Pourrons-nous rassembler tout ce qu'il nous faut ? demanda le roi.

— Nous pouvons nous procurer des lances et des casques...

— Mon frère ! Je te le dis pour la dernière fois, nous n'allons pas à la guerre ! Je veux parler de plants de frangipaniers, de graines de cocotiers, de truies pleines, de chiens comestibles ! Il nous faudra un millier de hameçons et deux mille longueurs de tresse. Peux-tu te procurer tout cela ?

— Oui.

— Pense aussi à ceux qui nous accompagneront. Un homme capable de fabriquer des couteaux, un autre qui sait comment tisser le pandanus, un autre pour faire des hameçons.

— Si nous pouvons emmener soixante hommes, ce sera facile.

— Non, je viens de réfléchir. Nous ne pourrons emmener que trente-sept hommes, six esclaves et quinze femmes.

— Des femmes ?

— Et si la terre qui s'étend au nord est déserte ? S'il n'y a pas de femmes ? Nous verrions nos amis disparaître les uns après les autres, irremplaçables. Il n'y aurait pas d'enfants.

— Tu emmèneras une de tes femmes ?

— Aucune de mes épouses actuelles. J'emmènerai Natabu, afin que nous ayons des enfants royaux.

— J'emmènerai Marama.

Le roi hésita, puis il prit les mains de son frère.

— Marama ne peut nous accompagner, dit-il gravement. Nous n'emmènerons que les femmes capables d'avoir des enfants.

— Je ne veux pas partir sans Marama. Elle est ma sagesse.

— Je suis navré, mon frère. Rien que des femmes fécondes.

— Alors je ne partirai pas, déclara Teroro.

— J'ai besoin de toi ! Tu ne connais pas une jeune fille que tu pourrais emmener ?

Avant que Teroro puisse répondre, les pans de la case s'écartèrent et le vieux Tupuna, aux cheveux blancs et à la barbe flottante, pénétra dans la salle. Il avait soixante-dix ans, un âge remarquable dans les îles où, à trente-trois ans, le roi était déjà un ancien. Il jouissait donc d'une autorité exceptionnelle.

— Oncle, lui dit le roi, nous nous remettons entre tes mains.

D'une voix que les ans et la sagesse avaient adoucie, Tupuna déclara :

— Vous vous apprêtez à quitter Bora Bora et vous voulez que je vous accompagne.

Les deux frères sursautèrent, bouchée bée, et cherchèrent des yeux un espion. Mais le vieux prêtre leur sourit et les rassura.

— Tous les prêtres savent que vous projetez de partir. Nous en discutions à l'instant.

— Mais nous ne le savions pas nous-mêmes il y a une heure !

— C'est la seule chose à faire, observa Tupuna.

— Viendras-tu avec nous ? demanda nettement Tupuna.

— Oui. J'ai dit aux prêtres que je vénérais Oro mais que je ne pouvais laisser ma famille s'embarquer sans un intermédiaire entre eux et les dieux.

— Nous ne pouvons partir sans toi, dit Teroro.

— Est-ce qu'ils nous laisseront prendre *Attends-le-Vent-d'Ouest* ? demanda le roi.

— Oui. Je les ai particulièrement priés de nous l'abandonner, car dans ma jeunesse j'ai aidé à bénir les arbres qui l'ont construite, et j'aimerais qu'elle devienne mon cercueil.

— Ton cercueil ! Mais j'espère bien atteindre une terre ! N'importe laquelle !

— Tous ceux qui s'embarquent pour des courses lointaines espèrent toucher terre. Mais combien en reviennent ?

— Teroro vient de me dire que tu connaissais les routes du nord, mon oncle. Quelqu'un a bien dû revenir.

— Il y a des directions, avoua le vieux prêtre, mais d'où viennent-elles, nous n'en savons rien. Est-ce un rêve ? Elles indiquent seulement qu'il faut naviguer vers la terre protégée par les Sept Petits Yeux. Peut-être la chanson fait-elle simplement allusion au vieux rêve de tous les hommes, qu'il y a autre part un pays merveilleux.

— Nous ne savons donc rien ? demanda Tamatoa.

— Rien, dit Tupuna, puis il rectifia : Si, nous savons que tout vaut mieux que de rester ici.

Il y eut un silence et puis Teroro étonna le roi en demandant :

— Ont-ils consenti à nous laisser emporter nos dieux, Tane et Ta'aroa ?

— Oui, répondit le vieillard.

— J'en suis heureux. Quand un homme s'en va au bord de l'océan... qu'il s'embarque pour un tel voyage...

Il n'acheva pas, mais Tupuna parla à sa place.

— La terre vers laquelle nous irons est-elle peuplée ? Nul ne le sait. Y a-t-il de jolies femmes ? Nous l'ignorons. Y trouverons-nous des cocotiers et des frangipaniers, des taros et des cochons gras ? Trouve-rons-nous seulement une terre ? Tout ce que nous savons, fils de mon frère, enfants de mon cœur, c'est que nous sommes entre les mains des dieux, et si nous y sommes, même si nous périssons dans l'océan immense, nous ne mourrons pas pour rien.

— Et nous savons une autre chose, dit lentement le roi. Si nous demeurons, nous serons sacrifiés, un par un ; lentement, toute notre famille, tous nos amis seront immolés. Oro l'a ordonné. Il a triomphé.

— Puis-je répéter ces mots au Grand Prêtre ? Cela facilitera notre départ.

Avec une parfaite contrition, le roi Tamatoa répondit humblement :

— Tu peux les lui répéter.

Soudain, de la plage toute proche jaillirent des sons qui galvanisèrent les trois conspirateurs, et les transformèrent en grands enfants. Les yeux pétillants de joie, ils rejetèrent les insignes de leur rang et se ruèrent au-dehors, sous le ciel étoilé.

Car tout au long de la grève, au milieu de la nuit, sans roi et sans prêtres, les citoyens de Bora Bora s'étaient rassemblés, avec les flûtes de fête. Les angoisses de la convocation étaient oubliées et l'heure était à la joie totale et puérile. Au moment où Tamatoa, Tupuna et Teroro se hâtaient vers la plage, une vieille salace se détachait du groupe en criant :

— Je vais vous montrer comment notre grand Hiro dirige une pirogue !

Elle se lança dans une imitation grotesque de Hiro bondissant çà et là, scrutant l'horizon aux acclamations joyeuses de la foule. Puis ce fut au tour de Mato de s'envelopper d'un morceau de tapa jaune et d'imiter le gros Tatai de Havaiki. La foule applaudit à grands cris quand Tamatoa lui-même se joignit à lui et rivalisa de contorsions ridicules. Son numéro fini, Tamatoa se laissa tomber sur le sable, en riant comme s'il n'avait aucun souci au monde.

Pa les remplaça, vêtu d'une jupe de feuilles, en glapissant :

— Appelez-moi Tehani !

Avec une souplesse surprenante, il imita les moindres gestes de la jeune fille, si bien que Teroro se demanda où il l'avait vue danser. Mais il cessa de s'intéresser à Pa quand sa propre femme, Marama, bondit comme un chat devant lui.

— C'est Teroro ! s'écria la foule en riant.

Marama et l'homme à la figure de requin furent le clou de la soirée. Infatigables, ils imitèrent tous ceux qui avaient assisté à la convocation, le Grand Prêtre solennel, l'exécuteur trapu, les chefs et les prêtres. Ils feignirent d'assommer Tamatoa et celui-ci fit le mort, en riant aux éclats.

Enfin, pour clore cette nuit extravagante, le roi permit que l'on jouât au jeu de la gourde. Les femmes se rangèrent d'un côté, les hommes de l'autre. Un jeune chef prit la gourde emplumée que lui tendait Tamatoa et la lança du côté des femmes. Celle qui s'en empara se rua vers le jeune chef, le saisit par la taille et l'entraîna dans les bois. Ainsi, les couples se formèrent pour la nuit.

Teroro, bien qu'il eût pu choisir n'importe quelle fille de l'île, préféra sa propre femme, Marama, qui l'avait si gentiment ridiculisé. Plus tard, alors que l'aurore rosissait l'horizon et que tous deux s'assoupissaient sur leur natte, Teroro confia à Marama :

— Tamatoa a décidé de quitter l'île.

— Je pensais bien qu'il avait pris une grave décision. Il riait trop.

— Ce que je ne comprends pas, c'est que le Grand Prêtre a permis à Tupuna de nous accompagner. Et qu'il nous laisse aussi prendre *Attends-le-Vent-d'Ouest*.

— Il est sage, expliqua Marama. Il sait que le peuple n'aime pas les conflits humiliants. C'est de bonne politique.

Mais Teroro n'oubliait pas ses rêves de vengeance.

— Et l'humiliation que nous avons subie à Havaiki ? Qu'en fais-tu ? Faut-il aussi l'oublier ?

— Oui. Quand nous serons en sécurité sur une autre île, nous pourrons oublier.

Teroro aurait voulu lui dire qu'elle ne serait pas du voyage, mais il ne trouva pas de mots pour le lui annoncer doucement. Lâchement, il se tut, et s'endormit. Au bout d'un moment, cependant, il s'éveilla à demi et murmura :

— Tu étais très drôle ce soir, Marama. Tu étais merveilleuse.

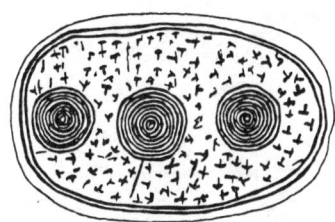

Quand la nouvelle du départ de Bora Bora vola d'un village à l'autre, l'île devint un étrange lieu, car personne ne reconnaissait ouvertement que le roi allait partir. Le Grand Prêtre se montrait toujours déférent à l'égard de Tamatoa et le vieux Tupuna psalmodiait régulièrement les prières à Oro. Les jeunes chefs qui prendraient part à l'expédition enlaçaient des épouses qu'ils allaient abandonner. Mais sous cette indifférence feinte, une sourde excitation les enfiévrait et ils n'avaient qu'une préoccupation : charger la pirogue pour le long voyage.

Les vivres ne posaient pas de grand problème. On faisait sécher la nourriture au soleil et on l'enveloppait de feuilles de ti. Le choix des plants et des greffes était déjà plus difficile. Tupuna en personne tria les poulets et les poules, les cochons et les truies, sans cesser de rappeler à ses ouailles qu'ils se dirigeaient vers une terre qui se révélerait sans doute déserte.

Vint enfin le jour où le départ ne put être ignoré plus longtemps. Teroro, armé d'une scie formée d'un énorme coquillage, trancha hardiment les fières et hautes proues de la pirogue, en expliquant que ces ornements seraient dangereux pour un long voyage.

Teroro remit tendrement aux prêtres les figures des dieux sculptées dans les proues et ils allèrent les déposer dans le temple. Puis, avec une peau de requin séchée, il rabota soigneusement les proues tronquées, en tournant le dos à la foule silencieuse, car il priait à mi-voix :

— *Attends-le-Vent-d'Ouest*, pardonne-moi cette mutilation.

La rage le prit lorsqu'il eut achevé son travail et il abandonna sa pirogue blessée pour aller se jeter sur les nattes de sa case, les poings crispés. Marama vint s'asseoir à ses côtés et lui promit :

— Quand nous aurons trouvé une nouvelle patrie, nous sculpterons de nouvelles proues.

— Non ! Elles resteront comme cela ! Le symbole de notre honte !

— Tu parles comme un enfant.

— Quand j'étais enfant, si on m'insultait je me vengeais. Je frappais. Maintenant que je suis un homme, Havaiki peut m'insulter sans crainte.

— Teroro, essaye de raisonner, supplia sa femme. Qu'a fait Havaiki ? Ils ont inventé un nouveau dieu, qui semble plaire. Ils n'ont pas...

Teroro se redressa et prit sa femme par le bras.

— Tu n'as donc pas entendu les rumeurs ? Quand Tamatoa sera parti, sais-tu qui sera roi à sa place ? Le gros Tatai de Havaiki !

— Est-ce possible ! Ils sont allés aussi loin ?

— Oui. Et sais-tu ce qu'ils ont eu l'insolence de faire ? Ils m'ont proposé d'abandonner mon frère et de quitter Bora Bora. Je devais épouser la fille de Tatai, et le remplacer à Havaiki !

— Pourquoi ne me l'avais-tu pas dit ?

— Je ne l'avais pas compris, au début, avoua piteusement Teroro et, comme toujours lorsqu'il se sentait humilié, il se décida à agir sur l'heure : Marama, va et rassemble tous ceux qui ont consenti à pagayer pour le voyage.

— Pourquoi ? demanda-t-elle avec inquiétude.

— Je veux essayer *Attends-le-Vent-d'Ouest* au large, pour voir si elle tient la mer avec ses proues tronquées. Si on nous le demande, c'est ce que nous allons faire. Mais tu chuchoteras à chaque homme de s'armer d'une solide massue.

— Non, Teroro.

— Tu ne voudrais pas me voir fuir, sans m'être vengé ?

— Si. Il n'y a aucune honte à cela.

— Pour une femme, peut-être.

Marama réfléchit, imagina les représailles de Havaiki empêchant le départ vers le nord, soupira et finit par murmurer :

— Les hommes sont ce qu'ils sont, Teroro, et si tu ne peux partir sans vengeance, que les dieux te protègent.

Ainsi, deux jours avant le départ pour Nuku Hiva, vers le milieu de l'après-midi, alors qu'un fort vent d'ouest promettait une bonne tempête, trente pagayeurs résolus, Hiro et Teroro, quittèrent Bora Bora pour essayer la pirogue. Elle traversa majestueusement le lagon paisible et fonça dans les vagues déjà hautes du large. Quand elle fut hors de vue de l'île, Teroro demanda :

— Nous sommes bien d'accord ?

— Oui, répondit Mato en brandissant sa massue de guerre.

— A Havaiki ! rugit Teroro.

Et la pirogue fila dans le crépuscule.

Juste avant le lever de la lune, les pagayeurs s'arrêtèrent pour envelopper leurs pagaies de morceaux de tapa. Puis ils les replongèrent dans les vagues et la pirogue avança silencieusement vers le débarcadère sacré d'Oro, où, quelques semaines plus tôt, ceux de Bora Bora avaient souffert si profondément.

Doucement, prudemment, la double pirogue accosta sans qu'aucun guetteur ait surpris son approche et trente hommes résolus se glissèrent dans la nuit vers le village où le gros Tatai dormait paisiblement. Les vengeurs atteignaient les premières cases lorsqu'un chien aboya. Une femme cria mais avant que l'alerte puisse être donnée, Teroro et ses hommes tombaient sur le village et cherchaient ceux qui les avaient insultés, surtout le gros Tatai qui prétendait régner sur eux.

Ce fut Teroro qui guida ses hommes vers l'enclos du chef. Pa se rua dans la case principale, brisant tout sur son passage. Une voix jeune s'éleva, douce et angoissée :

— Il n'est pas là, Teroro.

Puis la jeune fille laissa échapper un cri, car la massue de Pa l'avait frappée. Du sol où elle était tombée, elle répéta en gémissant :

— Il n'est pas là.

Pa s'apprêtait à l'achever lorsque Teroro l'écarta d'une bourrade et tira la jeune fille à l'abri. Tehani était nue, serrant contre elle sa jupe de feuilles, et Teroro fut de nouveau frappé par son incroyable beauté. Il crut entendre la voix de son frère, qui lui demandait s'il ne connaissait pas de jeune fille à emmener et, subitement inspiré, il prit le visage de Tehani entre ses mains et chuchota :

— Tu veux venir vers le nord avec moi ?

— Oui.

— Tu es blessée ?

— J'ai mal à l'épaule.

— Elle est cassée ?

— Non.

— Va m'attendre à la pirogue, ordonna-t-il en la mettant sur le chemin de la plage.

Puis il ajouta :

— Nous sommes venus tuer ton père. Tu veux toujours venir ?

— Je t'attends à la pirogue.

A ce moment, Mato hurla :

— Nous le tenons !

— Gardez-le-moi ! rugit Teroro en se précipitant, et en faisant tourbillonner sa massue.

Mais il arriva trop tard. Pa avait déjà fendu le crâne du gros Tatai. Teroro arracha une poignée de chaume du toit, le répandit sur le cadavre et ricana :

— Le nouveau roi de Bora Bora !

— A la pirogue ! hurla Hiro.

— Pas avant d'avoir tout détruit ! glapit Teroro.

Il arracha la torche des mains d'une femme qui venait voir ce qui se passait et approcha la flamme d'un toit de palmes séchées. Le vent furieux attisa l'incendie et bientôt, bondissant de case en case, les flammes dévorantes atteignirent le temple sacré d'Oro. A la lueur du brasier, les hommes de Teroro battirent en retraite.

Devant la pirogue la bataille faisait rage et ils arrivèrent à temps pour éviter un désastre, car un des gardiens qu'ils avaient laissés était mort et l'autre ne valait guère mieux. Les hommes de Teroro repoussèrent les assaillants et bondirent dans la pirogue. A ce moment, surgissant de l'abri d'un palmier, Tehani accourut en criant le nom de Teroro.

— Trahison ! Trahison ! hurlèrent les marins.

Ils s'apprêtaient à percer la jeune fille de leurs lances quand Teroro se jeta à l'eau et courut vers elle. La pirogue s'éloignait déjà. Il n'aurait jamais pu hisser la jeune fille à bord, si Mato ne s'était précipité à l'eau lui aussi pour l'aider, car la blessure de Tehani l'empêchait de nager. Enfin, ils furent en sécurité et la pirogue fila vers le large. Mais avant de quitter les rives de Havaiki, Teroro dit à Tehani :

— Nous avons trouvé ton père.
— Je sais, murmura-t-elle.

Le voyage du retour se fit dans la plus grande exaltation, due à la fois au soulagement d'avoir frappé Havaiki et abattu celui qui avait prétendu régner sur Bora Bora, et à la joie de savoir que si jamais Havaiki lançait une expédition de représailles, les coupables seraient bien loin de Bora Bora.

Mais par-dessus tout, il y avait la jubilation intense causée par la tempête qui se levait avec une force peu commune et qui promettait de durer de longs jours.

Le jour se levait lorsque la pirogue franchit la barre et pénétra dans le lagon. Teroro chapitra alors ses hommes et leur dit ce qu'ils devraient raconter :

— Nous avons sorti *Attends-le-Vent-d'Ouest* pour un essai. La tempête s'est levée brusquement et nous n'avons pas pu rentrer. Alors nous sommes allés nous abriter à Havaiki. Vous avez bien compris ? D'ailleurs, n'ayez crainte. Avec cet ouragan, personne ne viendra de Havaiki nous démentir.

— Et la jeune fille ? demanda Pa.

Toutes les têtes se tournèrent vers Tehani, pelotonnée à l'arrière, toute mouillée, et les expressions révélaient ostensiblement que le plus simple serait de la jeter à la mer. Pa était tout prêt à le faire, mais Teroro s'interposa.

— Elle est à moi. Nous l'emmènerons chez moi.

— Elle va nous trahir.

— Non. Nous dirons que, pendant que nous étions abrités dans la passe de Havaiki, je suis allé à terre la chercher pour l'emmener avec moi vers le nord.

— Tu as l'intention de l'emmener ? demanda Mato.

— Oui. Elle est ma femme.

— Et Marama, alors ?

— Elle est stérile. Elle ne peut pas partir.

— Celle-ci nous trahira, avertit Pa.

Teroro se pencha et fit lever Tehani. De tout près, il lui dit :

— Jusqu'à ce que nous quittions Bora Bora, tu ne parleras à personne de cette nuit. A personne.

— Je comprends, murmura-t-elle en se laissant retomber dans le fond de la pirogue.

— C'est toi que j'emmènerai vers le nord, promit Teroro.

En approchant du rivage, Mato cria :

— Quelle tempête ! Nous sommes allés jusqu'à Havaiki !

De tous ceux qui écoutaient, seule Marama comprit qu'un acte de vengeance avait été accompli. Elle compta rapidement les occupants de la pirogue et s'aperçut qu'il manquait le jeune chef Tami.

— Où est Tami ? cria-t-elle.

— Il a été emporté par une lame en amenant la voile, prétendit Pa.

— Mais pourquoi êtes-vous allés jusqu'à Havaiki ? demanda un homme.

— Teroro est allé chercher la fille qu'il emmènera avec lui, répondit Pa.

Du fond de la coque, où elle était cachée, Tehani se leva lentement et ce fut ainsi que Marama, le visage fouetté par le vent d'ouest, apprit qu'elle n'accompagnerait pas Teroro vers le nord. Figée, les deux mains croisées sur son cœur, ses longs cheveux noirs volant sur ses épaules, elle contempla en silence la belle inconnue. Elle l'examina attentivement, la trouva merveilleusement belle, et se dit que cette fille était faite pour avoir des enfants. Puis elle se tourna vers Teroro, et son cœur se brisa.

Marama se détourna pour cacher ses larmes et voulut s'enfuir, mais son humiliation n'était pas encore suffisante, car Teroro lui cria :

— Marama ! Emmène Tehani à la maison.

Marama revint sur ses pas, jusqu'à la pirogue, et tendit la main à Tehani.

Pendant la seconde nuit de tempête, le vent souffla avec une telle intensité que tout départ au jour dit était hors de question et, dans les hurlements du vent d'ouest, ceux qui allaient partir eurent quelques heures de sommeil supplémentaires. Les songes de Teroro furent mouvementés. Vers l'aube, il vit deux femmes debout devant sa pirogue démâtée. Il s'éveilla en sueur, angoissé, se secoua et comprit que ces deux femmes étaient Marama et Tehani qui, toutes deux, voulaient l'accompagner vers le nord. Il réveilla Marama pour lui expliquer que le roi ne permettait qu'une seule femme, et qu'il avait insisté pour que son frère en prît une plus jeune.

— Je comprends, soupira tristement Marama.

— Je ne suis pas lassé de toi, murmura son mari.

— Tupuna m'a tout expliqué.

— Tu le comprends, alors ?

— Je comprends que je ne t'ai pas donné d'enfants.

— Tu as été une bonne épouse, Marama, mais le roi...

Teroro se rendormit, mais avant l'éveil des oiseaux, il eut encore un songe et revit sa pirogue sans mât et les deux femmes, cette fois, lui parlèrent. D'une voix profonde, Marama s'écria :

— Je suis Tane !

Et Tehani, de sa voix chantante et douce, répondit :

— Je suis Ta'aroa !

Teroro se réveilla en tremblant, et se demanda pourquoi les dieux lui parlaient, en cette nuit d'ouragan. Il essaya de traduire le songe, d'interpréter son rêve car, avant un voyage, un rêve avait toujours une signification. Mais la clef lui échappait. En désespoir de cause, dans la pâle clarté de l'aube, il se leva et courut, à demi nu, vers la hutte du vieux Tupuna.

— Que signifie ce songe ?

— Les voix étaient-elles celles des dieux ? demanda le vieillard.

— Non, c'étaient des voix de femmes, et cependant celle de Tane était grave et profonde, comme il se doit, et celle de Ta'aroa claire et forte comme sa voix dans la tempête.

Le vieux prêtre réfléchit longuement, en écoutant les rafales furieuses du vent qui les pousseraient vers le but. Enfin, il annonça :

— C'est très clair, Teroro. J'ai compris. Il n'y avait pas de mât à ta pirogue, dans ton rêve ?

— Aucun.

— Oui, c'est simple. Les dieux désirent que tu ôtes ton unique mât et que tu le remplaces par deux mâts, un sur chaque coque.

L'explication était en effet tellement simple que Teroro éclata de rire.

— J'ai vu des pirogues comme cela ! Il y en a une qui est remontée du sud vers Nuku Hiva.

— Quand Tane qui règne sur la terre, expliqua Tupuna, et Ta'aroa qui règne sur la mer, s'unissent pour s'adresser à un navigateur, c'est qu'ils veulent l'entretenir du seul élément qu'ils gouvernent ensemble, le vent. Ils veulent que tu hisses deux voiles, pour mieux capturer le vent.

— Je vais le faire, promit Teroro.

Il appela immédiatement ses hommes et, malgré l'imminence du départ, ils abattirent l'unique mât, trouvèrent un arbre de même taille et les érigèrent tous deux, au milieu de chacune des coques. Teroro baptisa celui de droite Tane et celui de gauche Ta'aroa.

Au cours de la troisième nuit, ce fut au tour du roi d'avoir un songe. La vision fut terrible. Il vit deux planètes dans le couchant, luttant avec le soleil et le repoussant du ciel, puis une des planètes se mit à errer de l'est à l'ouest et l'autre du nord au sud. Ce songe paraissait si menaçant que le roi fit immédiatement venir son oncle, au cœur de la nuit, et implora ses conseils.

— Cela signifie-t-il que nous sommes condamnés ? demanda anxieusement Tamatoa.

— Laquelle des deux étoiles errantes allait de l'est à l'ouest ?

— La grande étoile du soir.

— Et ces étoiles avaient l'air de chercher quelque chose ?

— Comme un chien qui fouille la plage ou une femme qui cherche un tapa perdu.

— Ce n'est pas un bon signe, murmura gravement Tupuna.

— Cela voudrait dire...

— Que nous échouerons ? Tu crois que notre pirogue va errer du nord au sud et de l'est à l'ouest avant de sombrer ?

— Hélas !

— Non, c'est impossible, car Tane et Ta'aroa sont apparus à Teroro la nuit dernière, et c'est lui qui dirige la pirogue.

Le roi ne montra aucun soulagement mais avoua :

— J'avais une autre idée, tout aussi désastreuse.

— Laquelle ?

— Je me demande si les deux étoiles ne représentent pas Tane et Ta'aroa et qu'ils cherchent Oro. Je me demande s'ils ne reconnaissent pas la suprématie d'Oro et ne veulent pas monter sans lui dans la pirogue... Eh, oncle, je suis malade d'inquiétude à l'idée que nous faisons quelque chose de mal.

— Non, assura Tupuna. J'ai soigneusement étudié tous les présages. N'oublie pas que Tane et Ta'aroa nous ont apporté de bons conseils, et nous ont indiqué l'utilité des deux mâts. Nous tromperaient-ils ?

— Mais ces étoiles qui cherchent ?

— J'avoue que ce n'est pas un bon présage. Mais je suis sûr que cela signifie que nous ne sommes pas complètement préparés. Nous avons oublié une chose capitale.

— Que dois-je faire ?

— Tu dois tout déballer et tout remballer et quand tu auras fait cela, tu sauras quel oubli déplaît aux dieux.

Ainsi, au troisième jour de la tempête, le roi fit une chose sans précédent. Il ouvrit à l'équipage les salles tabu de son palais, les fit asseoir sur les nattes sacrées et, sous ses yeux, on déballa et on examina soigneusement chaque objet. On passa les outils au crible, les armes et les ustensiles de cuisine, les voiles et les ancres, les pagaies, les filets, les hameçons... Tout était en bon ordre et rien ne manquait.

— Les plantes et les bêtes ? demanda ensuite le roi.

Les paysans trièrent leurs graines, montrèrent les jeunes plants, les morceaux de canne à sucre soigneusement enveloppés de feuilles, les noix de coco, les greffons de frangipaniers. Le roi demanda à son oncle de les bénir de nouveau et puis on rempaqueta le tout. On amena alors les deux truies pleines et un sanglier, deux chiennes et un chien, deux poules et un coq.

— Avons-nous pensé à leur nourriture ? s'enquit le roi.

On lui montra les sacs de noix de coco séchée, les patates écrasées, le poisson séché.

— Placez ces bêtes et leur nourriture devant moi, ordonna Tamatoa.

Puis d'une voix tonnante, les mains étendues, il cria :

— Ils sont *tabu !* Ils sont tabous !

Solennellement, tous les témoins de la scène répétèrent en chœur :

— Ils sont tabous !

Tupuna bénit alors les bêtes et leur provende et acheva sa prière par le tabou rituel. Cela signifiait que les voyageurs mourraient de faim plutôt que de toucher à cette nourriture car, sans graines et sans bêtes reproductrices, ils ne pourraient subsister sur une terre déserte.

Teroro apporta enfin les rations et l'eau potable. Tout cela ne formait pas un bien grand tas, et Tamatoa le considéra avec appréhension.

— En aurons-nous assez ?

— Depuis des semaines, nos compagnons s'entraînent à ne pas manger. Nous pouvons vivre de rien.

— Ils n'ont pas beaucoup bu ?

— A peine un petit bol par jour.

— Tes pêcheurs pensent-ils trouver du poisson en chemin ?

— Ils ont prié Ta'aroa. Il y aura du poisson.

— Bénissons alors cette nourriture, dit Tamatoa.

Tupuna récita les prières rituelles et, cela fait, le roi décida de vérifier la pirogue.

Teroro et ses hommes examinèrent tous les joints, tous les liens, la plate-forme, les mâts, les coques, jusqu'à ce que Teroro, satisfait, se tournât vers son frère :

— La pirogue est parfaite.

Le vieux prêtre et les deux frères étudièrent alors le ciel et la direction du vent. Enfin, Tamatoa déclara :

— Si les présages sont favorables, nous partirons demain soir au crépuscule. Nous devons être en mer au lever des étoiles.

L'équipage se dispersa et Tamatoa entraîna son oncle vers le palais. Là, assis sur ses nattes, le roi demeura sombre et inquiet.

— Qu'avons-nous oublié ? Qu'avons-nous donc oublié ?

— Il me semble qu'il ne manque rien, dit Tupuna.

— Tu es sûr que nous n'avons rien oublié de capital ?

— Je n'ai rien vu.

— Qu'est-ce que cela veut dire ? J'ai fait des efforts désespérés pour que tout soit parfait. Où ai-je échoué ?

— J'ai remarqué, dit paisiblement le vieillard, qu'en refaisant les paquets, chaque homme a mieux enveloppé les vivres, serré plus solidement les lanières. C'était peut-être cela que les dieux nous rappelaient. Ce petit effort supplémentaire qui est un gage de réussite.

— Tu crois ? s'écria avidement Tamatoa. Tu crois que c'est ça ?

— La journée a été longue, dit sagement Tupuna. Rêvons encore une nuit et, si les présages sont bons, cela voudra dire que nous avons bien compris.

Cette nuit-là, la quatrième nuit de tempête, tous les hommes qui participaient à l'expédition se réunirent dans le temple, afin d'y passer les dernières heures aux pieds des dieux, attendant les songes prophétiques. Teroro rêva encore de sa pirogue, et Marama cria encore qu'elle était Tane et Tehani qu'elle était Ta'aroa et, juste avant son réveil, Teroro vit chacune des femmes se transformer en mât. Ce signe était si favorable qu'il enfreignit un tabou, sortit subrepticement du temple et alla s'allonger dans sa case, auprès de Marama. Il lui répéta que c'était sur l'ordre du roi qu'il l'abandonnait, et Marama pleura. Il la consola en sortant de sa poche la lanière tressée qu'il avait ramassée dans le temple de Havaiki et, entraînant sa femme au-dehors, il déplaça une grosse pierre et posa soigneusement le lien sur la terre. Puis il remit la pierre dessus et annonça :

— Quand je serai parti depuis un an, retourne cette pierre. Tu sauras si j'ai survécu. Si le lien est encore frais et bien droit, la pirogue aura touché terre. Mais s'il est desséché et tordu...

Le roi Tamatoa ouvrit les yeux et battit des mains de joie car, aussi incroyable que cela parût, il avait vu les Sept Petits Yeux. Il les avait vus ! La constellation était apparue au-dessus de Bora Bora et avait suivi la pirogue. En extase, le roi murmura une prière à Tane. Il ne put se rendormir, mais passa le reste de la nuit sur le parvis du temple, le visage offert à la tempête, le cœur en paix.

Mais le rêve qui décida véritablement du départ fut celui du vieux Tupuna car il vit dans un ciel onirique apparaître un arc-en-ciel qui barrait la route de la pirogue ; il ne pouvait y avoir de présage plus funeste. Mais alors Tane et Ta'aora apparurent, soulevèrent l'arc-en-ciel et le déposèrent à l'arrière de l'embarcation où ses couleurs se reflétèrent sur les eaux tumultueuses. Le présage devenait si favorable, le mal changé en bien grâce à l'intervention des dieux, que le vieillard ne se réveilla même pas pour noter son rêve et l'interpréter.

Au matin, Tupuna se rendit à l'autel et prit d'abord la pierre noire et blanche aux reflets jaunes, de la taille d'un poing, qui était Tane, et l'autre pierre longue, mince, verdâtre, qui était Ta'aora, dieux des océans auxquels ils allaient se confier. Tupuna enveloppa les deux pierres dans un tissu de plumes jaunes et, portant ses dieux, il alla les déposer dans la petite hutte de branchages dressée sur la plate-forme de la pirogue, Tane du côté du mât de droite, Ta'aora sur la gauche. La pirogue pouvait maintenant être chargée.

A l'arrière de la maison des dieux, la plate-forme offrait un espace découvert qui serait occupé par Tupuna pendant tout le voyage, pour qu'il veille aux besoins des divinités. Derrière lui, il y avait un espace réservé au sommeil des pagayeurs au repos et, au-delà, une grande case de palmes réservée aux douze femmes choisies pour accompagner l'équipage. Et par-derrière encore Natabu était assise, silencieuse et sacrée, la femme de Tamatoa, en compagnie de Teura aux yeux rouges, la femme de Tupuna, la devineresse du voyage dont la mission était d'interpréter les présages. Tout à fait à l'arrière de la case, seul, Tamatoa trônait à côté de la petite porte de poupe, par où il pouvait observer les étoiles et surveiller l'homme de barre. Quant au capitaine de la pirogue, c'était Teroro qui se tenait tout à l'avant avec Tehani à son côté, mais seul le roi était responsable de la vie et de la mort dans cette audacieuse entreprise. Lui seul pouvait décider de la poursuivre ou de rebrousser chemin.

La tempête dura tout le jour et ils continuèrent à prier et à charger la pirogue. Les esclaves, les animaux et les charges les plus lourdes furent entreposés dans la coque de bâbord. A tribord, la nourriture, les arbres et les nattes.

Les hommes d'équipage firent leurs adieux aux femmes et aux enfants qu'ils laissaient. Une dernière fois, Teroro se rendit auprès de la grave Marama, dans la petite case où ils avaient été si heureux. Elle s'était revêtue de son plus beau tapa et ses cheveux étaient entremêlés de fleurs.

— Conduis la pirogue à bon port, Teroro, dit-elle doucement. Je prierai pour toi.

— Je ne t'oublierai jamais, promit-il, tu es ma sagesse, Marama. Tout ce que j'ai compris, c'est grâce à toi, toujours. J'ai tant besoin de toi !

— Tais-toi, Teroro, tais-toi.

Et, assise tout près de lui sur la natte, elle lui prodigua ses derniers conseils :

— Ne fais jamais rien contre l'avis de Mato. Il paraît parfois stupide parce qu'il est du Nord, mais fais-lui confiance. Si tu dois te battre, compte sur Pa. J'aime Pa. Toi, tu préfères Hiro. Il est drôle, mais que vaut-il dans les moments graves ? Ecoute toujours ton oncle Tupuna. L'âge et la sagesse ont jauni ses dents.

Enfin, l'heure du départ arriva. A regret, le cœur gros, Teroro se leva. Marama tomba à genoux et lui embrassa les chevilles.

— Marama, quand nous prendrons la mer, je t'en prie, ne viens pas au bord de l'eau. Je ne pourrais pas le supporter !

En entendant cela, Marama se dressa fièrement de toute sa hauteur et s'écria :

— Moi ? Me cacher quand la pirogue s'en va ? C'est ma pirogue. Je suis l'esprit des voiles et la force des pagayeurs. Je te conduirai vers la terre lointaine, Teroro, car je suis la pirogue !

Et quand les hommes montèrent à bord, Marama, ses beaux cheveux au vent, les guida par l'esprit et les bénit. A Tehani, elle murmura :

— Prends soin de notre époux. Donne-lui tout ton amour.

Mais, au dernier moment, elle fut soudain repoussée par une arrivée imprévue : le Grand Prêtre, suivi de ses servants, se précipitait vers la pirogue en glapissant :

— Le grand Oro vous souhaite un heureux voyage !

Puis, saisissant le bordage, il monta à bord en se cramponnant au mât nommé Tane. S'agenouillant devant la maison des dieux, il écarta le rideau de feuilles et déposa à l'intérieur une statue sacrée d'Oro, qu'il avait faite lui-même en végétaux tressés, et habillée de plumes. D'une voix tonnante, il hurla dans la tempête :

— Grand Oro, bénis cette pirogue !

Quand le Grand Prêtre redescendit à terre, Teroro vit un sourire de soulagement sur le visage de sa nouvelle femme, Tehani. Elle avait accepté de s'embarquer avec des dieux inconnus, mais à présent qu'Oro était avec elle, elle était sûre que le voyage se passerait bien.

Ainsi, la double pirogue *Attends-le-Vent-d'Ouest*, chargée à craquer d'un roi et d'esclaves, de dieux contraires et de porcs, d'espoir et de crainte, prit le départ vers l'inconnu. A la proue se tenait Teroro, mal nommé le Sage, qui, en cet instant décisif, eut au moins la sagesse de ne pas se retourner vers Bora Bora. Cela aurait été non seulement un mauvais présage, mais une folie, car il aurait vu Marama et cela lui aurait brisé le cœur. Quand *Attends-le-Vent-d'Ouest* atteignit le récif et resta un instant encore dans les dernières eaux calmes et navigables, tout le monde à bord connut un moment d'angoisse terrible car, au-delà de la barrière de coraux, la tempête faisait rage, alternant les crêtes géantes et les creux vertigineux.

— O grand Tane! Quel ouragan! murmura Mato, le chef des pagayeurs, saisi de frayeur mais pendant une seconde seulement.

Avec une force prodigieuse, il imposa à ses hommes un rythme rapide qui les emporta droit au cœur de la tempête. La proue de la pirogue s'éleva au-dessus de l'eau, vacilla, hésita, puis plongea dans la vallée liquide dans le sifflement de ses haubans. Les embruns giflèrent les voyageurs et les deux coques parurent sur le point de s'arracher l'une à l'autre. Les cochons poussèrent des cris perçants, les chiens aboyèrent et, dans leur case trempée, les femmes pensèrent : « Notre dernière heure est venue ! »

Mais aussitôt la puissante pirogue fendit les flots, retrouva son équilibre, chevaucha les crêtes et s'éloigna de Bora Bora, loin du paisible lagon ensoleillé pour prendre la route conduisant au néant.

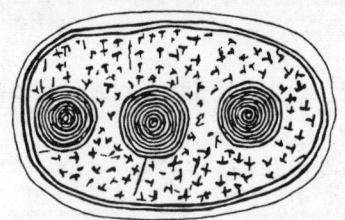

Dans l'ouragan, le roi Tamatoa conduisait son peuple vers l'exil. Ils ne partaient pas triomphalement, ni bannières au vent ; ils s'enfuyaient à la nuit, sans le roulement des tambours, sans apparat. Ils s'embarquaient sans richesses. Ils étaient grossièrement chassés de leur île avec tout juste assez de vivres pour subsister de façon précaire. S'ils avaient été plus habiles, ils auraient pu conserver leur île, mais ils ne l'étaient pas et le départ leur était imposé. S'ils avaient compris la nature profonde des dieux, jamais ils ne se seraient laissé vaincre par une déité sauvage qui les martyrisait : mais ils étaient plus obstinés que réfléchis et le faux dieu les avait expulsés.

Les générations à venir dépeindraient ces hommes comme des sages, comme des héros, de grands aventuriers à la recherche de terres nouvelles, mais de tels mythes sont trompeurs car aucun homme ne quitte sa terre à la recherche d'une autre, au loin, à moins d'avoir échoué dans ses entreprises.

Il y avait cependant une caractéristique importante, marquant ce peuple vaincu qui s'enfuyait dans la tempête : il possédait un grand courage. S'ils avaient été des lâches, ils auraient ravalé leur humiliation et ils seraient restés à Bora Bora ; mais de cela, ils étaient incapables. Il est vrai qu'ils fuyaient à la nuit, mais chaque homme emportait son bien le plus précieux, sa divinité personnelle de courage. Pour Teroro, c'était le puissant albatros que ses ailes portaient au-dessus des mers lointaines. Pour le roi Tamatoa, c'était le vent qui lui parlait dans les tempêtes. Pour Tupuna, c'était l'esprit du lagon qui apportait le poisson. Et pour Teura, sa femme âgée aux yeux larmoyants, gardienne des présages, c'était un dieu si puissant qu'elle osait à peine prononcer son nom. Mais il la suivait dans l'océan, son grand dieu tout-puissant, il était son courage dans l'inconnu.

Quand ils eurent atteint, plus rapidement que jamais, un point situé au large de Havaiki, Teroro rampa vers Mato et lui murmura :

— Je vais parler au roi de notre sentiment. Promets de me soutenir.

— Je te le promets.

— Même si nous risquons la mort ?

— Même alors.

Prudemment, dans la coque secouée, Teroro alla à l'arrière et dévoila à son frère un désir qui suffoqua le roi :

— Je ne puis naviguer avec Oro à bord. Jetons-le à la mer !

— Un dieu !

— Je ne puis naviguer avec lui.

Tamatoa appela le vieux Tupuna, qui rejoignit péniblement les deux frères.

— Teroro veut jeter Oro à la mer, annonça Tamatoa.

Cette idée choqua plus encore le prêtre que le roi et il s'écria d'une voix puissante que la chose était inconcevable. Mais Teroro insista.

— Oro nous a fait assez souffrir. Mes hommes ne peuvent manœuvrer la pirogue avec ce fardeau à bord.

— Si nous étions sur terre... commença Tupuna.

— Non, affirma le roi, c'est impossible !

Mais Teroro ne voulait rien entendre. Il cria à Mato de venir. Tamatoa gronda sourdement :

— Teroro veut jeter le dieu Oro à la mer.

— Cela ne doit pas être, protesta Tupuna.

— Laissez parler Mato ! cria Teroro.

— Teroro a raison, déclara le solide guerrier. Le dieu rouge nous a apporté assez de malheurs et d'humiliations.

— Mais c'est un dieu !

— C'est un poison, insista Mato.

Tupuna prophétisa :

— Si vous faites une chose pareille, les vents déchireront cette pirogue, l'océan entrouvrira ses abîmes et l'avalera. Les poissons nous dévoreront.

— Je préfère mourir, glapit Mato, plutôt que d'installer Oro sur une terre nouvelle !

A ce moment, Teroro se dressa face à Tupuna.

— Tu dis qu'Oro nous punira ? Moi, à Oro, je dis ceci : Oro, par ton cochon sacré, par tous ceux qui t'ont été sacrifiés, je te condamne et déclare que tu n'es rien. Je te maudis, je t'exècre, je jette des excréments à ta face. Et maintenant, si tu règnes sur la tempête, lève ta main sanglante et punis-moi !

Il resta immobile dans le vent, sous les yeux de ses compagnons glacés d'horreur. Enfin, voyant que rien ne se passait, Teroro tomba à genoux et supplia à mi-voix :

— Mais, ô tendre Tane, et toi, puissant Ta'aroa, si vous êtes princes de cette tempête, pardonnez à mon blasphème. Et pardonnez mon geste. Mais je ne puis poursuivre ma route avec Oro comme passager.

Comme en transe, il s'avança alors sur la plate-forme glissante, mais lorsqu'il eut atteint l'abri de branchages, il fut incapable d'écarter le rideau de feuilles lourd de pluie. Sa crainte atavique des dieux l'en empêcha. Il revint vers l'arrière et se jeta aux pieds du roi.

— Je ne puis agir sans ton approbation, mon frère. Ordonne-moi de détruire ce dieu horrible.

— Non, Tamatoa ! cria le vieux prêtre.

Mais, devant Tamatoa muet de stupeur, Mato intervint fougueusement :

— Ô roi Tamatoa, si nous emportons Oro avec nous, en arrivant vous tuerez un des nôtres pour le sacrifier à Oro, en pensant qu'il a peut-être guidé notre pirogue. Et une fois qu'on aura commencé à tuer, on ne s'arrêtera plus.

Ayant dit, il se rua vers la maison des dieux, écarta le rideau, s'empara de l'image de plumes du dieu honni et la brandit au-dessus des flots en furie.

— Retourne à Havaiki d'où tu viens, hurla-t-il. Nous ne voulons pas de toi. Tu as dévoré nos hommes. Tu nous as chassés de la terre de nos ancêtres. Va-t'en !

Et, d'un geste rageur, Mato lança le dieu au loin dans la mer.

Mais le vent s'engouffra dans le petit manteau de plumes et souleva la figurine, si bien que l'on crut que Oro allait accompagner la pirogue.

— Aoué ! se lamenta le prêtre. Aoué ! Oro nous suit !

Le roi Tamatoa se jeta à plat ventre sur la plate-forme, en voyant ce miracle. Mais Teroro, que le geste de Mato avait galvanisé, saisit une lance et la jeta contre le dieu. La figurine tournoya et tomba dans les vagues tumultueuses. Calmement, Teroro se tourna vers son frère :

— J'ai tué un dieu. Fais de moi ce que tu voudras.

— Va rejoindre ton poste, murmura le roi, atterré.

Alors que Teroro retournait vers l'avant, à la proue de cette pirogue dont il avait allégé le fardeau de terreur, il la sentit plonger plus allégrement dans la tempête ; les haubans chantaient plus joyeusement et il voyait à leurs sourires que les pagayeurs étaient rassurés. Pourtant quand il passa près de la maison des dieux et se rappela combien il avait été impuissant au moment capital, il jeta un coup d'œil vers Mato, qui pagayait vigoureusement, avec obstination, pour garder la pirogue dans le vent, et il eut envie de le serrer contre son cœur dans une étreinte fraternelle ; mais seules les épaules de Mato étaient libres et aucun homme n'osait toucher les épaules d'un autre car elles étaient réservées à son dieu personnel qui venait s'y percher pour lui insuffler du courage. Alors Teroro se contenta de murmurer dans le vent :

— C'est toi le plus brave, Mato !

Et le solide pagayeur répondit :

— La pirogue me paraît plus légère.

Quand Teroro arriva à son poste il y trouva Tehani, la fille d'Oro, qui pleurait. Il s'assit à côté d'elle et lui dit :

— Tu dois essayer de me pardonner, Tehani. J'ai tué ton père et maintenant j'ai tué ton dieu.

Il lui prit les mains et jura :

— Plus jamais je ne t'offenserai !

L'éblouissante jeune femme, le visage battu par la tempête, leva les yeux vers lui. Elle avait été dépouillée des fondations même de son être et, malgré ses efforts, elle ne put rien dire ; mais à partir de ce moment, Teroro la traita avec infiniment plus de douceur.

Ce fut cet instant que choisirent Tane et Ta'aroa pour offrir aux voyageurs un présage qui effaça tout souvenir du drame qui venait d'avoir lieu. Une brusque rafale de vent écarta les nuages, révélant un coin de ciel étoilé. Et là, vers l'orient, tous purent voir scintiller la constellation des Sept Petits Yeux. C'était sa première apparition de l'année et son retour prouvait que le monde continuerait d'exister pendant au moins douze mois encore. Les étoiles furent saluées par une explosion de joie intense. Les femmes sortirent de leur abri de l'arrière et les pagayeurs se découvrirent des forces nouvelles. Teroro comprit qu'il était sur la bonne route.

Le miracle accompli, Tane referma les nuages sur les cieux et la tempête redoubla, mais un contentement sans bornes s'était répandu à bord car il apparaissait enfin que le groupe voyageait conformément aux lois divines. Comme ils étaient doux à entendre les rugissements du vent qui les poussait, comme il était réconfortant le mouvement des vagues qui les portaient vers l'inconnu ! Comme tout était bien approprié dans le monde, bien ordonné et sûr dans les cieux ! Dans la pirogue — ce simple assemblage de bois maintenu par des lanières et la volonté des hommes —, les cœurs étaient en paix, et quand le vieux Tupuna retourna vers l'arrière, à son poste de guet derrière la maison des dieux, il appela Teroro pour lui confier :

— Le roi est content. Le présage prouve qu'Oro a été attrapé par Ta'aroa et transporté sain et sauf à Havaiki. Tout va bien.

Et la pirogue poursuivit sa course.

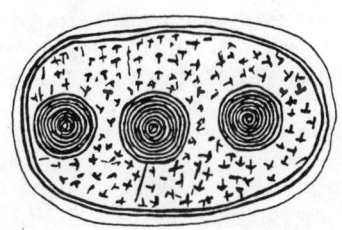

L'heure critique pour les navigateurs était toujours celle qui précède l'aube car, à moins de voir une étoile connue qui permette de vérifier la route, on était obligé de naviguer toute une journée à l'aveuglette. D'excellents astronomes comme Teroro ou Tupuna étaient incapables de se guider au soleil et lorsque les derniers instants de la nuit se passaient sans qu'ils puissent voir une étoile, c'était non seulement un mauvais présage mais un signe de difficultés certaines.

Ainsi, après avoir aperçu les Sept Petits Yeux, Teroro et Tupuna cherchèrent avidement Trois-en-Rang, une constellation que d'autres astronomes vivant dans les déserts de l'Orient avaient déjà appelée Orion, car la tradition maritime disait que ces étoiles se tenaient au-dessus de Nuku Hiva, la première escale. Mais Trois-en-Rang n'avait pas paru de la nuit et Teroro était incapable de déterminer sa latitude.

Quand l'aube grise se leva, Teroro et Tupuna s'endormirent. Alors la vieille épouse de Tupuna, Teura aux yeux rouges, qui savait lire les signes des dieux et connaissait l'océan mieux que personne, vint prendre son poste de vigie. Elle observa les mouvements que Ta'aroa imprimait aux vagues, la direction de l'écume, la couleur de la mer, la forme des lames.

Vers le milieu de la matinée, elle vit un morceau de bois dérivant sans doute depuis Havaiki, qui lui apprit que les courants se dirigeaient vers le plein nord alors que les vents soufflaient plutôt vers le nord-est. Mais plus que tout, les yeux rougis de la vieille femme étudiaient le soleil. Après avoir fait de simples calculs et quelques déductions, elle s'écria :

— Ces hommes ne savent où ils sont ! Nous sommes bien trop au nord de notre route !

Mais ce que Teura appréciait particulièrement, c'étaient ces messages inattendus des dieux, qui avaient tant d'importance pour les initiés. Ainsi un albatros, pas très grand, vola devant la pirogue et elle constata avec satisfaction qu'il restait sur la gauche, du côté de Ta'aroa, et comme l'oiseau était une créature de ce dieu, c'était un présage réconfortant ; mais quand il persista à revenir sans cesse vers l'embarcation, toujours par la gauche, et finit par se percher sur le mât de Ta'aroa, la coïncidence devint trop flagrante pour un simple présage. C'était un message du dieu des océans lui-même, personnellement adressé à une vieille femme qui l'honorait depuis longtemps. Teura contempla la mer avec un regain de tendresse et chanta :

> *Ô Ta'aroa, dieu des profondeurs illimitées,*
> *Ta'aroa, des puissantes vagues,*
> *Et des creux plongeant dans les ténèbres,*
> *Nous plaçons cette pirogue entre tes mains,*
> *Entre tes mains nous plaçons notre vie.*

Satisfaite, le cœur en paix, la vieille Teura compta ses présages défavorables. Les hommes de la pirogue pouvaient avoir perdu leur route, les étoiles pouvaient se cacher et la tempête continuer, Ta'aroa était avec eux et tout irait bien.

Dans l'après-midi, avant de reprendre leur veille, Tupuna et Teroro vinrent demander à Teura où ils étaient et elle les avertit qu'ils se trouvaient bien plus au nord que Teroro lui-même ne le soupçonnait.

— Non, dit-il. Nous sommes déjà allés à Nuku Hiva. Il ne faut pas encore virer de bord.

— Vous allez manquer Nuku Hiva.

— Attends donc les étoiles, et tu verras que je suis sur la bonne route.

Teura ne voulut pas discuter. Pour elle, il n'y avait pas de problème. Les dieux avaient raison. Elle se contenta de répéter :

— Nous sommes trop au nord. Vire de bord.

— Mais comment pouvons-nous le savoir ?

— Les dieux l'ont dit.

Et sur ces mots, elle alla se coucher. Après son départ, les deux hommes discutèrent des signes dont elle leur avait parlé, et le plus significatif leur parut être l'albatros.

— On ne peut rêver meilleur présage, jugea Tupuna.

— Oui, et si Ta'aroa est avec nous, c'est que nous sommes dans la bonne direction, dit Teroro.

La vieille Teura passa le nez à la porte de la case :

— J'ai souvent remarqué que Ta'aroa ne reste avec une pirogue qu'autant que les hommes la dirigent dans la bonne direction. Vire de bord.

Cette nuit, rien ne vint prouver que Teura avait tort ou raison, car aucune étoile ne se montra, et Teroro gouverna son embarcation dans le vent, en espérant que la tempête filait droit et ne décrivait pas de cercles.

A la troisième nuit sans étoiles, alors que la pirogue pouvait fort bien se trouver en perdition, Teroro prit une décision capitale. En discutant avec Tupuna, il lui dit :

— Nous devons partir du principe que cette tempête souffle droit.

— La venue de l'albatros le prouve bien.

— Dans ce cas, je crois qu'il faut sauter sur l'occasion.

— Tu voudrais hisser les voiles ?

— Oui, toutes les voiles. Si ce sont les dieux qui nous poussent, nous devons aller de l'avant le plus vite possible.

Tamatoa, consulté, réfléchit longuement à l'incident de l'albatros, et se rangea à l'avis de Teroro.

Mato et Pa escaladèrent les mâts et, alors que la pirogue filait déjà à grande allure à la surface de l'eau, ils assujettirent les épaisses voiles de fibres tressées, et les orientèrent pour que le vent s'y engouffre.

A l'aube de la quatrième nuit sans étoiles, rongés d'anxiété, les hommes se couchèrent sans savoir vers quel destin le vent poussait la pirogue, ni dans quelle direction. Et la vieille Teura reprit sa vigie solitaire, pour recueillir les signes. Un pétrel tourbillonna dans le ciel mais il ne dit rien. Les pêcheurs capturèrent un gros poisson, mais s'il représentait des rations supplémentaires, il se taisait. Plusieurs rafales de pluie remplirent les calebasses d'eau douce.

A midi, le roi demanda à Teura s'il y avait eu quelque indice permettant de déterminer la position.

— Aucun, dit-elle, mais tout va bien. La tempête durera cinq jours encore. Il n'y a aucune terre au-devant de nous.

En ce bref rapport, deux mille ans d'expérience ancestrale étaient résumés, mais si l'on avait demandé à Teura comment elle savait qu'il n'y avait pas d'île sur la route qu'ils suivaient, et pourquoi la tempête durerait cinq jours, elle eût été incapable de donner une explication satisfaisante. Elle savait. C'était tout.

— L'albatros n'est pas revenu ? demanda le roi.

— Il n'y a eu aucun signe.

Il y avait à présent sept jours que l'ouragan s'était levé sur Bora Bora, et trois jours que la pirogue était en mer. Teroro, persuadé que le vent soufflait droit, refusait d'amener les voiles.

Mais, à la huitième nuit, il éprouva un peu d'angoisse lorsque Tupuna s'approcha de lui et lui dit :

— Je n'ai jamais vu une tempête durer aussi longtemps. Cela va faire la neuvième nuit. Le vent a certainement tourné.

Dans le long silence qui suivit, Teroro baissa les yeux sur le corps endormi de sa femme et regretta la sagesse de Marama. Marama aurait pu lui donner un conseil. Mais il était seul avec ses problèmes et ce fut avec irritation qu'il répondit aux insistances de Tupuna :

— Nous continuons ainsi.

A l'aube, pourtant, quand tout espoir de voir des étoiles s'évanouit, Tupuna prit peur.

— Il faut amener les voiles. Nous ne savons pas où nous sommes.

Le vieillard alla demander l'appui de Tamatoa et de Teura mais, malgré ces trois voix d'opposition, Teroro refusa de céder.

— Nous ne savons pas où nous sommes, c'est exact, mais Ta'aroa n'a-t-il pas envoyé son albatros nous rassurer ?

— Mais nous sommes perdus ! s'écria le roi.

— Depuis le départ, nous sommes perdus, rétorqua Teroro.

— Non. Nous nous dirigions vers Nuku Hiva. Pour nous ravitailler. Il faut nous mettre à la cape, et attendre les étoiles qui nous diront où se trouve Nuku Hiva.

Devant tant d'insistance, Teroro dévoila enfin son plan audacieux. Sans gestes inutiles, d'un ton posé, il expliqua :

— Je ne puis être perdu, mon frère, car je suis entre les mains de Ta'aroa. Je suis poussé par une tempête sans égale, et j'entends lui obéir.

— Sais-tu comment atteindre Nuku Hiva ? demanda le roi.

Teroro regarda chacun de ses compagnons.

— Si nous allions simplement à Nuku Hiva, je serais perdu. Si nous allons nous ravitailler en eau douce et en vivres, oui, je suis perdu. Mais, raisonnablement, mon frère, est-il nécessaire d'aller à Nuku Hiva ?

Il attendit que ces fortes paroles eussent produit tout leur effet et, voyant qu'ils avaient compris, il ajouta précipitamment :

— Qu'y a-t-il pour nous à Nuku Hiva ? Pour nous ravitailler, il nous faudra combattre les habitants de l'île, et y laisser peut-être des morts. Avons-nous besoin d'eau ? Et de vivres ? Ta'aroa ne nous en a-t-il pas envoyé en abondance ? Ne nous sommes-nous pas endurcis à jeûner, à vivre de rien ? Si la tempête est avec nous, Tamatoa, que pouvons-nous désirer de plus ?

Sourd à l'éloquence de son frère, le roi répliqua :

— Ainsi, tu es perdu. Tu ne peux pas nous conduire à Nuku Hiva.

— Non, mais je puis vous emmener vers le nord.

Comme pour approuver son audace, une bourrasque gonfla soudain les voiles et la pirogue vola au ras des vagues. Le roi était troublé. Il réfléchit longuement, se dit que l'heure n'était pas à la pusillanimité et finit par se ranger à l'avis de son frère.

Deux nuits encore, la sixième et la septième du voyage, l'embarcation fila bon vent, entre les bras puissants de Ta'aroa. Enfin, dans l'après-midi du septième jour, Teura aux yeux rouges aperçut un signe. Cinq dauphins se présentèrent à gauche de la pirogue, suivis d'un bel albatros. Mais avant que Teura pût avertir ses compagnons de ces présages favorables, un événement capital survint. Un requin apparut tout près de l'embarcation et la suivit un moment en cherchant à attirer l'attention de Teura. Quand elle le vit enfin, son cœur bondit de joie car ce grand poisson bleu était son dieu personnel. Il nagea tout près du bordage, leva sa tête azurée et chuchota :

— Tu es perdue, Teura ?

— Oui, Mano. Nous sommes perdus.

— Vous cherchez Nuku Hiva ?

— Oui. Je leur ai dit que...

— Vous ne verrez pas Nuku Hiva, révéla le grand requin bleu. Elle est loin vers le sud.

— Qu'allons-nous faire, Mano ?

— Ce soir, il y aura des étoiles, Teura. Toutes les étoiles dont vous avez besoin.

Envahie de béatitude, la vieille femme ferma ses yeux las.

— Je t'ai attendu pendant de longs jours, murmura-t-elle. Mais je ne me sentais pas complètement perdue, car je savais que tu veillais sur nous.

— Je vous ai suivis. Tes hommes sont courageux, Teura, de garder toutes les voiles.

Teura regarda le requin et sourit.

— Je rougis de t'avouer que je m'y suis opposée.

— Nous faisons tous des erreurs. Mais vous êtes sur la bonne route. Tu verras, quand les étoiles se montreront.

Sur ces mots rassurants, le requin s'éloigna.

— Un requin, là-bas ! s'écria un des pagayeurs. C'est un bon présage, Teura ?

— Ce soir, il y aura des étoiles, répondit la vieille.

Tamatoa s'approcha et elle ajouta pour lui :

— Nous ne verrons jamais Nuku Hiva, mais nous sommes sur le bon chemin.

— Tu en es sûre ?

— Tu verras, quand les étoiles surgiront.

Le cœur rongé de fiévreuse incertitude, Tupuna et Teroro attendirent le crépuscule. Et, comme l'avait prédit Teura, à la fin du jour les nuages s'écartèrent comme un rideau et le soleil couchant apparut. Il plongea dans la mer et, saluée par les acclamations des voyageurs, la première étoile du soir scintilla doucement.

Tupuna les fit taire. Il leva vers les cieux sa figure décharnée et récita une prière à Tane, reprise en chœur à la fin par tous.

A mesure que les ténèbres envahissaient l'océan immense, tandis que la tempête se calmait un peu, les étoiles montèrent au ciel, une à une, les éclatantes étoiles du sud, d'abord, qui montraient le chemin de Tahiti, puis les froides constellations du nord vinrent prendre leur place. Mais chacun attendait avec impatience les Sept Petits Yeux et à la joie se mêlaient des craintes :

— Et si nous avions quitté les cieux que nous connaissons ? Et si les Sept Petits Yeux ne se levaient pas dans cette région ?

Enfin, lentement, la constellation tant attendue se leva — incertaine car ce n'étaient pas des étoiles éclatantes —, à sa place précise. Tupuna s'écria :

— Les Sept Petits Yeux sont toujours avec nous !

Le roi leva les bras et murmura une prière, puis les astronomes se consultèrent et scrutèrent le ciel. Ils conclurent que si la tempête avait soufflé régulièrement d'ouest en est, l'océan avait subi, comme l'avait dit Teura, un fort courant du sud au nord car les Sept Petits Yeux se trouvaient beaucoup plus haut dans le ciel que si la pirogue avait suivi la route normale de Nuku Hiva. Mais pour connaître exactement l'importance de la dérive, il fallait attendre l'apparition de Trois-en-Rang, et ce ne serait pas avant deux heures.

Lorsque Trois-en-Rang parut, les hommes comprirent alors qu'ils se trouvaient loin, très loin vers le nord de Nuku Hiva et qu'il ne leur restait aucun espoir de se ravitailler. Ils naviguaient dans des eaux inconnues...

Tupuna annonça au roi :

— La tempête nous a entraînés encore plus rapidement que Teroro lui-même ne l'imaginait.

— Sommes-nous perdus ?

— Nous sommes loin de Nuku Hiva et nous ne rencontrerons aucune terre connue. Mais nous ne sommes pas perdus. Il est vrai que nous avons été entraînés au loin, mais nous sommes dans le bon chemin. Nous cherchons des terres qui s'étendent sous les Sept Petits Yeux, et nous en sommes plus près ce soir que nous n'osions l'espérer. Si nous ne mangeons pas trop...

Bien qu'il eût permis que l'on gardât toutes les voiles et que l'on courût ainsi le risque de manquer Nuku Hiva, le roi Tamatoa n'avait pas tout à fait perdu l'espoir de gagner cette île. Il avait même espéré qu'elle se montrerait accueillante et qu'ils pourraient peut-être s'y établir. A présent, le grand voyage était inévitable et il avait peur.

— Nous pourrions encore virer de bord et rejoindre Nuku Hiva, suggéra-t-il.

Teroro se tut et ce fut Tupuna le sage qui répondit :

— Non, nous sommes sur la route.

— Vers quoi ?

Tupuna répéta le seul chant qui donnât les conseils de navigation pour le nord :

— Laisse la tempête pousser ta pirogue jusqu'à ce que les vents se calment totalement. Puis dirige-la dans la mer immobile sous la chaleur écrasante, là où nulle brise ne souffle. Pagaye jusqu'à la nouvelle étoile et quand le vent d'est se lèvera, laisse-toi pousser vers l'ouest jusqu'à la terre qui dort sous les Sept Petits Yeux.

Le roi, qui était un piètre astronome, pointa son doigt vers le nord et demanda :

— Cette terre est par là ?

— Oui.

— Mais nous nous dirigeons de ce côté ? dit-il en désignant l'est où les conduisaient les dernières bourrasques de la tempête mourante.

— Oui.

Ce détour paraissait inconcevable au roi qui s'écria :

— Pouvons-nous être certains que c'est la bonne route ?

— Non, avoua le vieillard Tupuna, nous n'avons d'autre certitude que celle de ce vieux chant.

Le roi, qui ne pouvait oublier que la vie de cinquante-sept personnes dépendait de lui, saisit Tupuna aux épaules et cria :

— Dis-moi franchement ce que tu penses de cette terre qui dort sous les Sept Petits Yeux !

— Je pense que bien des pirogues ont quitté nos eaux, entraînées par des tempêtes, ou partant comme nous pour l'exil, et que nul homme n'est jamais revenu. Nous ne savons pas si une de ces pirogues a touché terre. Mais un homme, devinant ce qui pourrait être, a composé ce chant.

— Nous naviguons donc avec un rêve pour guide ? demanda Tamatoa.

— Oui, répondit le prêtre.

La pirogue ne se laissa pas emporter par le découragement. La réapparition des étoiles avait débridé les pagayeurs et les femmes, si bien qu'alors même que les astronomes se consultaient, Pa à la figure de requin confia sa pagaie à un camarade, s'empara d'un grand morceau de tapa et s'en enveloppa les épaules en dissimulant sa tête. Et puis, imitant un très gros homme, il se dandina de long en large sur la plate-forme en criant :

— Qui suis-je ?

— C'est le roi sans tête de Bora Bora ! cria Mato.

— Voyez le gros Tatai qui vient pour être notre roi, sans sa tête !

Avec des mimiques burlesques, Pa singea le couronnement du roi sans tête. Les pagayeurs interrompirent leurs mouvements pour taper en cadence sur le bordé, qui rendait un son presque métallique, et la fête débridée commença.

— Quelle est cette nouvelle danse ? demanda Tamatoa.

— Je ne l'ai encore jamais vue, répondit Tupuna.

— Est-ce que tu sais ce qu'il fait ? demanda le roi à Teroro.

Le jeune homme hésita.

— Euh... oui... Pa est... Eh bien, tu comprends, Tamatoa, quelques garçons de chez nous ont appris que le gros Tatai allait devenir roi chez nous après notre départ... alors...

Tamatoa considéra le danseur sans tête et murmura :

— Alors vous êtes allés subrepticement à Havaiki... quelques garçons de chez nous...

— Oui.

— Et maintenant, Tatai n'a plus de tête.

— Eh bien... Tu comprends, nous...

— Vous auriez pu faire échouer toute l'expédition !

— Peut-être, mais nous avons pensé que le village de Tatai ne risquait pas de venir bientôt à Bora Bora...

— Et pourquoi pas ?

— Parce que... Eh bien, quand nous sommes repartis, il n'y avait plus de village.

Le roi Tamatoa examina son jeune frère, à la clarté d'un quartier de lune, en songeant qu'il aurait beaucoup de choses à lui dire, mais la musique, le son des tambours séculaires couvrit sa pensée et, d'un bond, il alla rejoindre Pa sur la plate-forme pour participer à la danse. Comme un jeune homme, il gesticula, prit des poses, raconta de vieilles histoires oubliées et, pour finir, il saisit le tapa de Pa et en recouvrit sa propre tête pour exécuter la danse du roi décapité de Havaiki. Quand le rythme des tambours atteignit un crescendo, il rejeta le tapa, se dressa de toute sa haute taille et s'écria d'une voix exultante :

— Nous n'avons pas fui comme des lâches ! Moi, le roi, j'avais peur de frapper ces vers de terre maléfiques, ces figures d'excréments, ces vils poissons pourris du lagon puant ! Je craignais de mettre notre futur voyage en danger. Mais Pa n'a pas eu peur. Et Mato n'a pas eu peur et mon frère...

Avec reconnaissance, Tamatoa se tourna vers Teroro, assis dans l'obscurité. Le roi laissa sa phrase en suspens. Avec une énergie frénétique, il se lança dans une danse de victoire en clamant :

— Je danse en l'honneur de nos braves ! Accordons-leur la fête qu'ils ont bien méritée !

Et il fit distribuer des rations supplémentaires, toute l'eau qu'on voulait boire et fit venir de nouveaux tambours.

Comme des enfants sans souci du lendemain, ils festoyèrent toute la nuit, s'enivrèrent de rires et de chants, se gavèrent de provisions qui auraient dû être économisées. Ce fut une folle et merveilleuse nuit de victoire où il y avait toujours quelqu'un pour crier :

— Pa ! Fais-nous la danse du roi sans tête !

Alors, chacun à son tour se dressait pour lancer sauvagement les classiques insultes des îles au vaincu.

— Havaiki pue la viande avariée !

— Les ordures de Havaiki se vautrent dans leur honte.

— Le gros Tatai tremble de peur ! Ses cheveux se dressent sur sa tête ! Il va se cacher comme une poule dans un lieu secret.

— Les guerriers de Havaiki sont l'écume des mers, des gamins jouant aux pâtés de sable !

Teroro, succomblant à la frénésie générale, hurla :

— Le gros Tatai est un petit chien courant, l'excrément des excréments !

Mais alors même qu'il hurlait dans le vent, son regard tomba sur la ravissante Tehani, blottie au pied d'un mât, qui pleurait tandis que son père était injurié. Et il vit aussi Mato, à côté d'elle, la prendre par la main.

— Ainsi va la victoire, lui murmurait Mato. Tu dois nous pardonner.

Mais de nouvelles voix s'élevèrent pour couvrir la sienne en lançant des lazzis orduriers et les tambours battirent de plus belle.

Dans l'aube pluvieuse, le roi Tamatoa fit l'inventaire de ce qu'avait coûté la fête et se lamenta en son for intérieur : « Nous sommes des enfants. Nous découvrons que nous sommes perdus et une demi-heure plus tard, nous dévorons de quoi vivre huit jours de plus ! » Tout contrit, il donna des ordres sévères pour compenser le gaspillage par un rationnement très strict.

— Même si nous avons de l'eau en abondance, déclara-t-il, chacun ne doit en boire qu'une seule coupe par jour.

Ainsi, aidés par les derniers souffles de la tempête, la victoire au cœur, les hommes naviguèrent vers l'est durant la neuvième nuit, la dixième, la onzième. Leur pirogue rapide, la plus rapide du monde, couvrait une moyenne de deux cents milles par jour. Ils voguèrent vers le pays où les Aztèques bâtissaient des temples immenses, presque jusqu'à la contrée du nord où les Cheyennes et les Apaches ne construisaient rien. Dans cette direction, ils ne pouvaient rencontrer de terres avant d'atteindre le continent lui-même, mais ils seraient tous morts de soif avant. Néanmoins, ils persévéraient, selon le plan de Teroro. L'angoisse les étreignait à chaque aurore et l'espoir revenait chaque soir avec les étoiles. Car le jour était l'ennemi, avec son soleil muet, mais la nuit apportait la consolation des étoiles connues. Quelle merveilleuse émotion que de voir tous les soirs les Sept Petits Yeux, qui semblaient leur dire : « Vous approchez du pays que nous gardons ! »

Admirable et merveilleuse nuit !

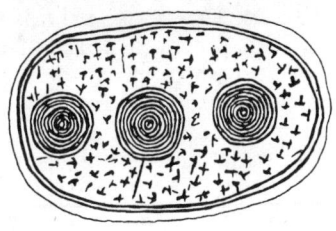

Tandis que la pirogue filait vers l'est, à bord des horaires s'instauraient, des habitudes se prenaient. Dès l'aube, les esclaves cessaient d'écoper et nettoyaient les coques, tandis que les paysans s'occupaient des porcs et des poulets, les nourrissaient et leur donnaient de l'eau douce. Mais si les bêtes ne se pressaient pas de manger, une forme sombre jaillissait d'entre les planches et s'emparait du poisson ou de la noix de coco séchée. Les rats s'étaient embarqués clandestinement, des rats qui seraient les derniers à mourir si le voyage tournait mal, car ils se nourriraient de ceux qui auraient déjà péri.

Une fois que les femmes de la case étaient réveillées, les esclaves femelles faisaient le ménage. Les femmes étaient d'ailleurs loin d'être privilégiées. La meilleure nourriture était réservée aux pagayeurs qui avaient la dure tâche de faire avancer la pirogue, puis aux bêtes indispensables à l'établissement dans la nouvelle île. Les femmes n'avaient que les restes. C'est pourquoi, à longueur de journée, elles pêchaient assidûment. Le premier poisson était pour le roi et pour Teroro, les autres pour Tupuna et sa vieille épouse, les quatre suivants pour les pagayeurs, le septième et le huitième pour les cochons, le neuvième pour les chiens, le dixième pour les poulets, et les rats. Si l'on en prenait davantage, les femmes pouvaient manger.

Les rations étaient parcimonieusement distribuées. Chacun savourait lentement, avec délices, l'immangeable nourriture séchée en songeant aux fruits frais qu'autrefois on jetait aux bêtes. Mais, malgré tant de prudence et d'abstinence, les vivres diminuaient, ainsi que l'eau douce. Les pluies avaient cessé et le roi dut réduire encore les rations.

Au cours de cette période de sécheresse, le roi et Teroro firent une découverte irritante que bien d'autres voyageurs avaient déjà faite : quand leur langue collait à leur palais et que leur gorge desséchée leur faisait mal, quand le corps brûlé de soleil réclamait de l'eau désespérément, il arrivait souvent qu'une brusque averse se déclenchât à un mille à l'ouest ou à l'est. Il était inutile de faire force de rames vers cette pluie bienfaisante car elle cessait aussi brusquement qu'elle commençait, laissant les voyageurs furieux de voir toute cette eau perdue.

Aussi expérimenté que fût Teroro comme navigateur il ne pouvait prévoir les caprices de ces grains ni les intercepter. On ne pouvait que poursuivre obstinément sa route, les lèvres parcheminées, les yeux brûlant de désir en s'efforçant d'ignorer l'eau que l'on voyait cascader hors de portée, et prier que tôt ou tard, de la même façon inopinée, une de ces averses vienne inonder la pirogue.

Au cours d'un tel voyage, les contacts sexuels étaient expressément tabous. Cela n'empêchait pas le roi de contempler souvent sa sculpturale épouse Natabu ; le vieux Tupuna se privait pour laisser à sa chère Teura une partie de sa ration et, au plus fort de la chaleur du jour, Tehani trempait dans la mer un morceau de tapa et le pressait sur le corps de son mari endormi, pour le rafraîchir. La nuit, quand les étoiles étaient repérées et le cap calculé, le navigateur passait un moment à côté de sa toute jeune femme pour évoquer avec elle des souvenirs de Havaiki, de sa propre enfance à Bora Bora et, si elle avait rarement quelque chose de sensé à répondre, tous deux en vinrent à se respecter et à s'aimer tendrement.

Mais les pensées les plus curieuses des hommes et des femmes tournaient autour de ces douze jeunes filles sans mari et des trente-quatre hommes sans femme. Certaines d'entre les femmes avaient eu un mari à Bora Bora, mais il était entendu, dans une telle expédition, qu'une fois arrivées à terre elles devraient accepter en maris supplémentaires deux ou trois de ces hommes sans femme ; personne ne trouvait cela singulier. Ce fut ainsi qu'au cours du long voyage les hommes sans femme commencèrent à se lier prudemment d'amitié avec des camarades mariés pour former éventuellement des « ménages » à trois ou quatre, ou à examiner les jeunes filles pour chercher celles qui pourraient le mieux s'intégrer à un groupe. Ce fut ainsi qu'avant même le quinzième jour de la traversée des unions apparaissaient déjà, sans que rien de définitif eût été décidé. Il était remarquablement bien admis que telle femme avec trois hommes construiraient ensemble leur demeure et élèveraient des enfants en commun, ou que tel couple légitime accepterait un ou deux amis du mari, le plus conjugalement du monde, afin de peupler la nouvelle île. Il était également entendu que chaque femme, jusqu'au moment où elle ne pourrait plus procréer, serait maintenue perpétuellement enceinte. Il en était de même, bien sûr, pour les truies et les chiennes, toutes celles dont la mission primordiale était de peupler une terre vierge.

Ce fut durant la onzième nuit qu'un événement se produisit qui, pour ce peuple qui ne vivait qu'avec les étoiles et par les étoiles, dépassa en importance le rejet d'Oro à la mer.

Comme *Attends-le-Vent-d'Ouest* filait inlassablement vers le nord, il devint bientôt évident aux astronomes qu'ils allaient perdre pour toujours des constellations familières, et toutes les étoiles qui brillaient au-dessous de ce que, bien plus tard, on devait appeler la Croix du Sud. Avec tristesse, et parfois avec des larmes, Tupuna regardait disparaître quelque étoile qu'il avait aimée, et se noyer dans l'océan bien des constellations.

Mais cette nostalgie ne s'accompagnait pas d'anxiété. Les hommes de Bora Bora étaient des astronomes exceptionnels. Grâce à de longues et soigneuses observations ils avaient mis au point une année de trois cent soixante-cinq jours et ils avaient découvert qu'il fallait ajouter un jour, de temps en temps, pour que les saisons gardent leur place. Leur existence rituelle était basée sur un calendrier lunaire, sur des mois de vingt-neuf jours et demi. Mais ils avaient aussi une année de douze mois basée sur le soleil, comme il se doit. Des hommes comme Teroro et Tupuna savaient même dans quelle constellation se trouvait le soleil. Ils savaient donc que l'aspect de la nuit changerait et, s'ils saluaient tristement le départ de leurs étoiles, ils accueillaient avec joie les constellations nouvelles de ce firmament du nord. Mais, en dépit de toutes leurs connaissances, de toute leur science, ils ne s'attendaient pas du tout à ce qu'ils découvrirent en cette onzième nuit de voyage.

Après avoir fait le point, ils étudiaient les cieux lorsque le vieux prêtre aperçut, un peu au-dessus de l'horizon, une nouvelle étoile qui scintillait faiblement. Les voyageurs avaient d'ailleurs été un peu déçus de la froideur des étoiles du nord à côté des véritables petits soleils de leurs cieux.

— Regarde comment elle est placée, presque en droite ligne de l'Oiseau-au-Long-Cou, fit observer Tupuna en désignant la nouvelle étoile et cette constellation qu'ailleurs on appelait la Grande Ourse.

Teroro eut du mal à situer l'étoile, car elle était si basse sur l'horizon que les vagues la cachaient par moments. Enfin il la vit, petite, brillante, froide, à l'écart des autres dans un coin de ciel désert. Le navigateur parla en lui :

— Ce sera une bonne étoile bien claire pour nous guider, quand elle montera un peu plus haut.

— Il faudra l'observer attentivement, pour voir de quel côté elle se dirige, répondit Tupuna.

La douzième nuit, donc, les deux hommes étudièrent leur nouveau guide mais, à mesure que l'aube approchait, l'angoisse leur serrait le cœur. Ni l'un ni l'autre n'osait confier ce qu'il voyait car ils sentaient tous deux que ce présage avait une telle importance, qu'ils étaient témoins d'une chose si incroyable qu'ils ne pouvaient en parler. Ils allèrent se coucher en silence quand le jour mit fin à leur veille, la gorge sèche, en proie à une indicible émotion, sachant qu'ils ne pourraient dormir.

Le lendemain, ils ne purent attendre le soir avant de s'installer à leur poste pour scruter les cieux. Avec une impatience fébrile, ils attendirent le coucher du soleil et le lever de l'extraordinaire étoile. Ils virent d'abord les Sept Petits Yeux qui bénissaient la pirogue, et puis Trois-en-Rang, à présent bien loin vers le sud, et les éclatantes étoiles de Tahiti. Mais les deux hommes guettaient l'étoile inconnue. Enfin, elle parut et, pendant neuf heures, ils ne la quittèrent presque pas des yeux, ils l'examinèrent, ils la comparèrent aux autres, refusant l'évidence invraisemblable. Mais après avoir calculé, comparé, étudié le ciel de toutes les façons, ils en vinrent tous deux à la même conclusion terrifiante. Ce fut Tupuna qui la formula à haute voix :

— La nouvelle étoile ne bouge pas.

— Elle est fixe, dit Teroro.

Toutes les étoiles qu'ils avaient connues allaient d'un point du ciel à un autre, variant suivant les saisons, tantôt vite, tantôt lentement, se levaient et se couchaient. Il y en avait qui tournaient autour de la Croix du Sud, d'autres qui traversaient le ciel tout entier. La nouvelle étoile demeurait immobile.

— Nous ferions bien d'avertir le roi, conseilla Tupuna.

Mais Tamatoa dormait profondément, et il était interdit de réveiller quelqu'un brusquement, de peur que son esprit errant dans la nuit n'eût pas le temps de regagner son corps par le coin de l'œil. Tupuna s'impatienta :

— Ne pourrais-tu tousser ? dit-il à Teroro.

Teroro toussa, mais le roi ne bougea pas. Enfin, n'y tenant plus, Tupuna alla chercher une pagaie et frappa le bordage. Comme tout bon capitaine qui perçoit un son inconnu sur son navire, Tamatoa s'ébroua, cligna des paupières et ouvrit les yeux lentement.

— Que se passe-t-il ?

— Un présage d'une importance capitale, murmura Tupuna. Regarde cette étoile. Elle ne bouge pas.

Le cœur serré, les trois hommes étudièrent l'étoile pendant une heure, puis ils décidèrent d'aller chercher la vieille Teura.

— Tane a mis au ciel une étoile qui ne bouge pas, lui dirent-ils. Qu'est-ce que cela signifie ?

La vieille femme examina à son tour l'étoile, sans savoir comment interpréter ce signe étrange.

— Est-ce que Tane ne nous barrerait pas la route ? demanda Tamatoa.

— On le dirait, murmura Teura, sinon pourquoi aurait-il mis cette étoile là, comme un rocher ?

Tremblants de crainte à l'idée que leur voyage pouvait ne plus être béni des dieux, les trois hommes cherchaient une explication quand le vieux Tupuna dit :

— Le chant nous dit que lorsque le vent d'ouest tombera, nous devons pagayer à travers la mer sans vent vers la nouvelle étoile. Est-ce que ce ne serait pas cette nouvelle étoile, fixée au ciel pour nous guider ?

Le groupe discuta longuement et finit par décider de suivre la même route pendant tout le jour, docile au vent d'ouest, et de se réunir la nuit suivante pour se consulter de nouveau et interpréter les signes. Chacun alla occuper son poste mais, dans la nuit, Teroro ne cessa de réfléchir en marin. Peu à peu, une idée germa dans son esprit, faible d'abord, puis de plus en plus insistante, comme un tambour dans le lointain. A mi-voix, pour lui seul, il murmura :

— Si cette nouvelle étoile est fixe... Si elle ne change jamais de position... Voyons, elle doit se trouver à une distance immuable de toutes les îles et l'on doit pouvoir calculer... Non, ce n'est pas ça...

Sa pensée s'étirait, s'échappait, revenait, mais Teroro sentait qu'un grand dessein des dieux lui était révélé. Il enlaça le mât de Tane et se concentra de toutes ses forces.

— Si cette étoile demeure fixée éternellement, alors toutes les îles... Non. Si ! Une fois que l'on a calculé la hauteur de cette étoile, on peut savoir exactement dans quelle direction se diriger pour aller au sud, à l'est ou à l'ouest, ou au nord.

Soudain, en un éclair, Teroro envisagea tout un nouveau système de navigation fondé sur ce repère immobile, le cadeau de Tane, et il songea : « La vie doit être bien douce aux marins dans ces eaux-là. »

Car il savait que les navigateurs du Nord avaient ce qui manquait à ceux du Sud : une étoile capable de leur dire leur latitude en un clin d'œil !

Et, tout au long de l'interminable journée qui suivit cette nuit mémorable, Teroro seul connut la paix. Il était sûr que Tane n'aurait pas accroché au ciel cette étoile fixe sans raison et que lui, Teroro, avait percé ses intentions. Jusque-là, Teroro n'avait pas mérité son nom, qui signifiait le Cerveau. Il ne possédait pas la sagesse, ni la mémoire ni l'intelligence. Mais en cette nuit, il prouva qu'il possédait une qualité que ses compagnons n'avaient pas. Il savait reconnaître une évidence, et en tirer des conclusions neuves, une conception originale. Tout à la joie de sa découverte, Teroro aurait voulu chanter. Mais il n'était pas poète.

Cependant, à son triomphe se mêlait une amertume, une sensation de vide. Quand il eut enfin découvert toute la signification de la nouvelle étoile, il aurait voulu discuter de ses conclusions avec Marama, mais elle n'était pas là et il ne fallait pas songer à s'en ouvrir à la gracieuse Tehani. Le dernier cri de Marama : « Je suis la pirogue ! » chantait encore aux oreilles de Teroro. Il contempla la nuit, et il lui sembla apercevoir sur les flots le paisible visage de sa femme. Marama lui souriait, et Teroro se dit que tout irait bien.

Dans la chaleur torride du pot au noir, la pirogue avançait lourdement. Le soleil les écrasait dans la journée et, la nuit, les étoiles brillantes de sécheresse les raillaient. On n'apercevait même plus d'averses lointaines. On n'espérait même plus la pluie.

Les équipes de pagayeurs furent reformées, les heures raccourcies, les changements plus fréquents et l'on donna aussi des pagaies aux femmes les plus solides. L'eau fut encore rationnée. Les fermiers avaient une tâche atroce : ils versaient dans le gosier desséché des porcs un peu de cette eau précieuse, alors qu'eux-mêmes s'en privaient. Mais un fermier pouvait mourir, tandis que la mort des bêtes serait une catastrophe. Les femmes souffraient atrocement de la soif, et les esclaves en mouraient presque.

Et la pirogue avançait toujours. Teura dormait à peine, guettant inlassablement les signes. La nuit, la lune étincelait, sans le moindre halo de pluie. Les invocations et les prières de Tahiti demeuraient sans effet dans cet océan inconnu.

Et les jours se suivaient... Le dix-septième jour, une femme mourut et son corps fut confié à Ta'aora, dieu des profondeurs mystérieuses. Les hommes qui devaient devenir ses maris la pleurèrent, mais tous pleuraient plus encore les vertes vallées de Bora Bora et regrettaient de s'être follement embarqués. Les nuits étouffantes succédaient aux jours torrides. Le vieux Tupuna était au bord de la mort. Teroro lui-même perdait courage. Le roi seul faisait preuve d'activité. Assis sur sa natte, jambes croisées, il ne cessait de prier Tane, ruisselant de sueur sous le soleil implacable.

— Tane, apporte-nous la pluie. Tane que je vénère, apporte-nous la pluie.

Et puis un jour, rampant péniblement, la vieille Teura aux yeux rouges s'approcha du roi et se prosterna.

— C'est ma faute, mon neveu, murmura-t-elle.

— Qu'as-tu donc fait ?

— Deux nuits avant le départ, j'ai eu un songe et je ne l'ai pas écouté. Une voix me criait : « Teura, tu m'as oubliée. »

— Quoi ! s'écria le roi en saisissant le bras décharné. C'est mon rêve !

— Tu as rêvé de cette voix ?

— Non. De deux étoiles qui cherchaient quelque chose dans le ciel, quelque chose que j'avais oublié de mettre dans la pirogue.

— C'est pour ça que tu as fait tout déballer et remballer ?
— Oui.

Ils baissèrent tous deux la tête, et cherchèrent encore ce qu'ils avaient pu oublier, mais ne trouvèrent pas. Certaine à présent que le voyage avait débuté sous de mauvais auspices, Teura retourna à sa place, le long du bordage, pour prier les dieux d'envoyer des signes. Soudain, le grand requin bleu nagea tout près d'elle.

— Tu as peur de mourir, Teura ?
— Pas pour moi, répondit-elle paisiblement. Je suis une vieille femme. Mais mes deux neveux... Tu ne peux rien faire pour eux, Mano ?
— Tu n'as pas bien observé l'horizon, gronda le requin.
— De quel côté ?
— Vers la gauche.

Elle leva les yeux et vit un nuage, et la surface de la mer qui se ridait, puis d'autres nuages et de la pluie.

— Mano, Mano ! murmura-t-elle. La pluie viendra-t-elle vers nous ?
— Regarde donc, Teura ! dit le grand requin bleu en riant. Et suis-moi !

Avec un cri sauvage, Teura se dressa d'un bond :

— La pluie ! La pluie !

Les femmes surgirent de leur case, les pagayeurs se réveillèrent et tous purent voir le grain qui s'avançait vers eux.

— La pluie... La pluie...
— La pluie ! s'écria Tamatoa. Nos prières sont exaucées !

Teura éclata de rire quand les premières gouttes frappèrent son visage levé et elle songea à son dieu personnel, au grand requin bleu nommé Mano, dont l'aileron aigu fendait les vagues houleuses.

Comme répondant à un commandement, les hommes et les femmes se dépouillèrent de leurs vêtements, tendirent leurs bras et tout leur corps à la pluie bienfaisante, tandis que le vent fraîchissait et s'emparait des voiles.

La tempête fit rage toute la nuit et la pirogue craquait de toutes parts, mais les voyageurs remerciaient les dieux, riaient aux éclats et se félicitaient.

Au matin, épuisés de joie, ils virent les nuages s'entrouvrir et s'aperçurent qu'ils étaient presque exactement sous le sillage des Sept Petits Yeux. Ils comprirent alors qu'il ne leur restait plus qu'à se laisser porter par le vent d'est qui avait apporté l'orage. Leur but les attendait à l'ouest.

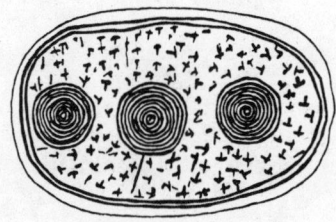

La route était longue vers l'ouest. Pendant près de deux mille milles, ils coururent devant les vents d'est, en couvrant plus de cent cinquante milles par jour. L'étoile fixe demeurait à présent au même point, à la même hauteur au-dessus de l'horizon, sur leur droite, et ils suivirent la direction des Sept Petits Yeux.

Durant cet interminable parcours, la stricte discipline du roi Tamatoa sauva les voyageurs, car les rations étaient à présent dangereusement réduites et, dans ces eaux inconnues, les poissons ne mordaient pas. Tupuna expliqua que les hameçons de Bora Bora n'étaient pas adaptés à ces nouveaux cieux. Les femmes ne cessaient de surveiller les lignes, mais sans résultat. Il restait un peu de noix de coco, quelques fruits d'arbre-à-pain mais les taros étaient épuisés. Cependant, les trente pagayeurs résistaient admirablement. Sous les muscles d'acier de leur ventre, l'estomac n'était plus qu'une petite bourse serrée et leurs puissantes épaules dépourvues de graisse après plus d'un mois de travail incessant semblaient tirer leur énergie de rien. Privés de nourriture et d'eau, les hommes transpiraient peu. Leurs yeux rougis ne quittaient pas l'horizon, et guettaient les signes et les présages.

Ce fut cependant la vieille Teura qui aperçut le premier signe important, un morceau de bois à la dérive. On le hissa à bord et l'on y trouva quatre vers de terre qui furent immédiatement donnés aux poulets stupéfaits.

— Il y a moins de dix jours qu'il est dans l'eau, annonça Teura.

Comme la pirogue pouvait naviguer cinq ou six fois plus vite qu'un morceau de bois à la dérive, il était juste de penser que la fin du voyage approchait. Les prières de Teura et de Tamatoa redoublèrent. Enfin, Mato aperçut, vers la fin d'une journée, un vol d'oiseaux se dirigeant vers l'ouest.

— La terre est là ! cria-t-il. Ils y vont !

Tupuna et Teroro en convinrent et furent rassurés, lorsque la nuit tomba quelques heures plus tard, de voir les Sept Petits Yeux leur confirmer qu'ils touchaient au but.

Deux jours plus tard, malade de faim, Mato aperçut un autre oiseau qui planait très haut dans le ciel, se laissait tomber comme une pierre, plongeait et ressortait de l'eau avec un poisson dans le bec.

Teura étudia plus attentivement les vagues et les courants. Avec Tupuna, elle observa une perturbation dans leur direction, comme si le courant régulier des lames roulant vers l'ouest était brisé par un récif et renvoyait des ondes contraires. Malheureusement, d'épais nuages obscurcissaient l'horizon et il était impossible de discerner une terre. Teura, cependant, les rassura tous.

— Ne vous inquiétez pas, dit-elle, dans la matinée du vingt-neuvième jour du voyage, et quand les nuages se lèveront, observez attentivement leur surface inférieure. Au coucher du soleil, vous y verrez des reflets verts là où se trouve l'île. Le reflet du lagon.

Comme Teura l'avait espéré, les nuages se dissipèrent au crépuscule, et ce fut encore Teura aux yeux rouges qui, la première, aperçut l'île inconnue devant eux. Le souffle coupé, elle s'écria :

— Oh ! grand Tane ! Qu'est-ce que c'est ?

— Regardez ! Regardez ! hurla Teroro.

Là, sous leurs yeux, surgissant des eaux comme un monstre terrifiant, se dressait la montagne la plus haute et la plus terrible qu'ils eussent jamais vue, une montagne inimaginable, majestueuse, couronnée d'une étrange coiffure blanche que le couchant rosissait.

— Quel pays nous avons découvert ! murmura Teroro.

— C'est le pays de Tane, annonça le roi Tamatoa. Il atteint les cieux !

Tous les voyageurs, à la vue de cette merveilleuse montagne, tombèrent à genoux et l'adorèrent en silence.

Mais soudain, Pa s'exclama :

— Voyez ! Elle fume !

Et, dans le soir tombant, la dernière vision des hommes de Bora Bora fut une montagne gigantesque, suspendue entre ciel et terre, dont la cime exhalait des fumées.

La vision hanta les voyageurs, car ils savaient que ce devait être un présage capital. Au milieu de la nuit, Teura s'éveilla en hurlant. Le roi se précipita à ses côtés et elle lui chuchota :

— Je sais ce que nous avons oublié.

Elle alla à l'arrière avec son neveu, afin que nul ne les entendît, et lui confia :

— Le même rêve m'est revenu. Mais cette fois, j'ai reconnu la voix qui me criait : « Tu m'as oubliée. » Nous avons oublié une déesse que nous aurions dû emmener avec nous.

L'angoisse serra le cœur de Tamatoa.

— Quelle déesse ?

— C'était la voix de Pere, l'antique déesse de Bora Bora. Dis-moi, mon neveu, quand tes étoiles cherchaient quelque chose, dans ton rêve, n'as-tu pas vu de petites flammes ?

Tamatoa réfléchit et chercha à se rappeler exactement les détails du songe. Enfin, il inclina la tête.

— Oui, en effet. Il y avait des flammèches. Du côté des étoiles du nord.

Ils appelèrent Tupuna et lui firent part du songe de Teura. Il fut aussi d'avis qu'il s'agissait de Pere.

— Mais qui est Pere ? demanda le roi.

— Aux jours anciens de Bora Bora, expliqua le vieillard, il y avait sur notre île des montagnes qui fumaient et Pere était la déesse de la flamme qui gouvernait nos vies. Mais les flammes s'éteignirent et nous avons supposé que Pere nous avait quittés. Et nous n'avons plus adoré la pierre rouge qui est dans le temple.

— J'avais oublié Pere, avoua Teura. Sinon, j'aurais reconnu sa voix. Mais ce soir, en voyant fumer la montagne, je me la suis rappelée.

— Et elle est fâchée contre nous ? demanda le roi.

— Oui. Mais Tane et Ta'aroa nous protègeront.

Les vieux augures retournèrent à leurs postes, et le roi resta seul, à se demander pourquoi, malgré tous ses efforts et ses soins, l'homme ne peut jamais accomplir les choses à la perfection. Il y a toujours un oubli. Il avait oublié l'existence de cette déesse de feu, et maintenant ils se trouvaient tous à la merci de sa vengeance.

Si le roi était inquiet, certains de ses passagers étaient terrifiés par l'approche de la terre nouvelle. Au fond de la coque gauche, les esclaves se pelotonnaient dans les ténèbres, en chuchotant entre eux. Les quatre hommes disaient aux deux femmes qu'ils les avaient aimées, et qu'ils espéraient qu'elles auraient des enfants, quand bien même ces rejetons seraient des esclaves. Ils se rappelaient leurs rares bons souvenirs de Bora Bora, ils parlaient d'amour, d'espoirs perdus, de tendresse humaine. Car ces quatre hommes savaient que lorsque la pirogue accosterait on bâtirait un temple et, quand les quatre fosses auraient été creusées pour y planter les piliers de soutien, ils seraient enterrés vifs, un dans chacune des quatre fosses, afin que son esprit soutienne le temple. Ces hommes condamnés imaginaient le goût de la terre, ils sentaient déjà peser sur leur poitrine le poids du pilier. Ils attendaient la mort.

Les femmes savaient qu'elles se retrouveraient bientôt seules et que les enfants qu'elles mettraient au monde seraient esclaves à leur tour, voués au sacrifice.

Au moment où les voyageurs touchent au but, après un voyage de près de cinq mille milles dans des eaux inconnues, il est bon de comparer leur exploit avec ce qui avait déjà été accompli par des navigateurs dans d'autres parties du monde. Dans la Méditerranée, les descendants des Phéniciens longeaient les côtes de leur mer intérieure. Au Portugal, des hommes apprenaient à connaître leur océan, mais ils n'étaient pas encore prêts à s'y aventurer et il faudrait attendre près de six cents ans pour que des îles aussi proches que Madère et les Açores soient découvertes. De hardis navigateurs avaient descendu les côtes d'Afrique mais chacun savait qu'on ne pouvait dépasser l'équateur et perdre de vue l'étoile Polaire sous peine de mort.

De l'autre côté du globe, des jonques chinoises avaient caboté le long des côtes d'Asie. En Inde et en Arabie, des marchands avaient entrepris de longs voyages mais sans jamais trop s'éloigner des routes connues, tandis que sur le continent qui devait s'appeler l'Amérique, aucun homme jamais n'avait quitté la terre.

Seuls, les Vikings avaient fait preuve d'une audace comparable, et de loin seulement, à celle des hommes de Bora Bora. Encore avaient-ils à leur disposition le métal, de gros navires, des voiles tissées, des livres et des cartes.

Ce sont les hommes du Pacifique qui, les premiers, ont bravé et conquis l'océan. Sans cartes et sans boussoles, naviguant aux étoiles, ces hommes accomplirent des miracles. Et ce ne sera que sept siècles plus tard qu'un Italien voyageant sous pavillon espagnol, appartenant à une civilisation avancée, osera se lancer dans une aventure moitié moins dangereuse, dans une course moins longue et à bord de navires sûrs et solides.

A l'aube, deux jours après avoir eu la première vision de la terre nouvelle, Teroro guida la pirogue vers la grève de cet îlot volcanique, en proie à l'angoisse. « Ce ne sont que des rochers, songea-t-il avec déception. Où sont les cocotiers ? Où sont les ruisseaux ? » Et Mato, qui pagayait sur le bord le plus proche de la terre, se dit : « Il n'y a pas de frangipaniers. » Seul, le roi Tamatoa ne s'inquiétait pas et pensait : « C'est la terre vers laquelle Tane nous a guidés. Elle ne peut être mauvaise. »

Tupuna allait et venait d'une coque à l'autre, prodiguant ses conseils, afin que nul n'offensât les dieux inconnus.

— Ne ramassez pas une pierre, ne cassez pas une branche, ne mangez pas un coquillage, adjura-t-il.

Puis il posa sur les épaules du roi le manteau de plumes jaunes, tendit une lance à Teroro et entraîna Pa vers la case des dieux, où il lui remit une pierre plate.

— Tu me suivras, parce que tu es parmi les plus braves.

Enfin, le vieux prêtre prit religieusement dans ses mains tremblantes les dieux Tane et Ta'aroa.

Et la pirogue toucha terre.

Tamatoa mit pied à terre le premier, tomba à genoux, ramassa une poignée de sable et la porta à ses lèvres.

— Voici la terre, psalmodia-t-il, voici la terre de l'homme. Voici la bonne terre accueillante, celle où nous élèverons nos enfants, celle où nous vénérerons nos ancêtres, celle où nous apportons nos dieux.

Debout à la proue de la pirogue, Tupuna leva les bras au ciel.

— Nous te remercions, Tane, de nous avoir préservés et vous, dieux inconnus, dieux bienveillants et puissants qui régnez sur cette île, dieux généreux de la montagne fumante, que vous soyez quarante ou quarante mille ou quarante millions, nous vous supplions de nous laisser accoster, de nous permettre de vivre chez vous, de partager avec nous vos trésors et nous vous adorerons en retour. Ô dieux terribles et tout-puissants, ne nous repoussez pas !

Tremblant de crainte, portant ses dieux, Tupuna mit enfin pied à terre, mais aucun signe, aucun présage terrifiant ne se produisit. Le vieux prêtre se tourna vers Pa et lui dit alors :

— Tu peux apporter la pierre de Bora Bora.

Teroro suivit Pa, et enfin les autres voyageurs. On laissa trois guerriers pour garder la pirogue et la petite colonne inquiète suivit Tupuna sur cette terre déserte et inconnue.

Quand Tupuna passait devant un gros rocher, il le saluait et lui demandait la permission d'aller plus avant. Quand il arrivait devant un bouquet d'arbres, il s'inclinait et murmurait :

— Ô arbres, nous venons en amis.

Ils n'avaient fait qu'une centaine de pas lorsqu'un nuage déversa quelques gouttes de pluie sur les exilés et Tupuna s'écria :

— Voyez ! Les dieux de cette île nous accordent leur bénédiction. Regardez où se pose l'arc-en-ciel : ce sera là l'emplacement de notre temple ! Ô Tane, s'il y a là un mauvais esprit, chasse-le, car ici sera ta demeure !

Le pied de l'arc-en-ciel était tombé sur un attrayant plateau en surplomb de l'océan. Pa y déposa sa pierre plate, le seul souvenir durable de Bora Bora, sur un grand rocher que lui désigna Tupuna, car le roc est mâle et la terre femelle, donc souillée. Ce geste symbolique consacra la prise de possession de l'île car, sur ce morceau arraché à Bora Bora, Tupuna plaça dévotement les dieux Tane et Ta'aroa. Puis il retourna vers la plage, avec une noix de coco évidée, recueillit un peu d'eau de mer et revint asperger l'autel, la terre, les dieux et tous les voyageurs.

Cela fait, toute la procession, tous les êtres vivants, roi, hommes, femmes, esclaves, cochons et poulets furent ramenés vers la mer pour s'y plonger et s'y purifier.

Enfin, Tupuna annonça :

— Nous allons à présent tracer les limites du temple.

Les esclaves tremblèrent. Le vieillard avait ramené tout le monde sur le plateau et, avec l'aide de Tamatoa, il marqua les quatre coins du sanctuaire. Et des hommes se mirent à creuser.

Le roi, dès que les fosses furent assez profondes, fit signe aux guerriers d'enterrer les quatre esclaves terrifiés, mais Teroro l'arrêta et, se plaçant devant les malheureuses victimes, il supplia :

— Frère, je t'en conjure, ne nous établissons pas sur cette île avec de nouveaux meurtres !

Stupéfait, Tamatoa répliqua :

— Mais il faut soutenir le temple !

— Tane ne réclame pas de victimes humaines.

— Nous avons toujours agi ainsi !

— Est-ce donc pour cela que nous avons fui Oro-le-Rouge ? Mon frère, je t'en supplie, ne tuons plus ! Si nous devons faire un sacrifice à Tane, immolons le porc !

Tamatoa hésita. Chacun savait que Tane aimait les sacrifices de porcs. Mais Tupuna fit observer :

— Si nous tuons le porc, nos cochons ne pourront se reproduire.

C'était logique, mais Teroro, qui tenait à ne pas placer l'île sous le signe de la mort, eut une inspiration :

— Attendez ! Autrefois, il y a bien longtemps, alors que nous n'avions pas de cochons, nous avons offert à Tane de l'*ulua* *, l'homme-de-la-mer !

— C'est juste, concéda Tupuna. L'ulua plaît aux dieux.

— Accordez-moi une demi-heure ! s'écria Teroro.

Il choisit six de ses meilleurs pêcheurs, entra dans l'eau avec eux et pria Tane de leur envoyer le poisson qui sauverait des vies humaines. Quand ils en eurent pêché huit, ils revinrent sur le plateau et Tamatoa leur dit :

— Pour trois des piliers, nous prendrons les poissons. Mais pour le quatrième, il faut un homme.

Cette fois, Teroro eut beau faire, le roi ne l'écouta pas. Et Mato alla choisir un des quatre esclaves. On le jeta dans la fosse, on le recouvrit de pierres et de terre et, dans l'horreur des ténèbres, il mourut afin que le temple fût solidement établi.

Après avoir pris un peu de repos, Tupuna conduisit les hommes à l'intérieur des terres, sauf quatre qui restèrent près de la pirogue pour garder les bêtes. Ils cherchèrent de la nouriture mais l'expédition ne fut pas très satisfaisante. Ils ne découvrirent pas une racine, pas une herbe comestible. Mais s'ils ne trouvèrent rien à manger, ils tombèrent sur une grotte assez vaste, et bien sèche. Tupuna enfouit le dernier poisson devant l'ouverture béante et pria les dieux de cette grotte de les laisser s'y installer.

A ce moment, de grands éclats de rire leur parvinrent de la plage. Le porc, qui n'était pas encore habitué à l'immobilité du sol après le roulis et le tangage de la pirogue, vacillait sur ses pattes, tournoyait et tombait, le groin dans le sable. Les quatre hommes commis à la garde de l'embarcation se tenaient les côtes et riaient aux larmes. Si bien que lorsque Tupuna vint donner l'ordre de transporter tous les vivres et les bagages à la grotte, le travail fut exécuté dans la joie et l'on oublia le danger qui menaçait la petite colonie, l'absence de nourriture sur l'île.

Cependant, quand la plupart des fardeaux eurent été déposés près de la grotte, deux fermiers vinrent annoncer :

* *Ulua* : Carangue, poisson des mers tropicales et subtropicales.

— Il y a beaucoup d'oiseaux, sur cette île, qui paraissent bons.

— Tane ne nous aurait pas conduits ici s'il n'y avait rien à manger. Nous ne trouverons peut-être pas la nourriture à laquelle nous sommes habitués, dit Tupuna, mais il y a certainement de quoi nous nourrir. Il ne nous reste qu'à le découvrir.

Une fois les dieux bien installés dans leur temple, la pirogue tirée sur la plage et les bagages rangés dans la grotte, les hommes affamés qui avaient survécu à ce long voyage considérèrent leurs femmes. Une par une, les belles filles émaciées aux longs cheveux noirs furent entraînées dans les bois et de multiples unions eurent lieu. La vie continuait et la race se perpétuait.

Mais la plus belle de toutes ces femmes ne pouvait trouver son homme, car Teroro boudait sombrement au bord de la mer, en songeant au sacrifice inutile de l'esclave. Tehani descendit vers la plage, appelant Teroro en vain. Mato, qui n'avait pas de femme, et qui avait admiré Tehani pendant tout le voyage, courut derrière elle à travers bois et la rattrapa.

— Tu cherches Teroro ?

— Oui.

— Il a peut-être autre chose à faire.

— Quoi donc ?

— Je ne sais pas. Peut-être...

Il prit la main de Tehani et chercha à l'entraîner dans le bois, mais elle se dégagea rageusement.

— Non ! Je suis fille et femme de chef !

— Es-tu vraiment la femme de Teroro ?

— Que veux-tu dire ?

— Je t'ai bien observée pendant le voyage, Tehani. Et il m'a semblé que Teroro ne s'occupait pas beaucoup de toi.

— Il dirigeait la pirogue. Et j'étais tabu.

— Cela ne l'aurait pas empêché de penser à toi. Il ne te regardait même pas. Je crois qu'il n'aura jamais qu'une femme, Marama. Moi, je pensais à toi, Tehani.

Il lui reprit la main et, cette fois, elle ne repoussa pas le jeune chef, car elle savait qu'il ne mentait pas.

— Je suis bien seule, Mato, avoua-t-elle.

Et elle se laissa entraîner sous les arbres, elle permit à Mato de dénouer sa jupe de feuilles et, dans tout l'éclat de sa jeune nudité, elle se présenta à ce jeune homme qui la séduisait. Il l'enlaça et murmura à son oreille, tendrement :

— Tu es ma femme, Tehani.

Mais en sentant contre le sien le corps de Mato, en entendant sa voix, elle prit peur car elle savait qu'elle n'avait pas le droit de lui appartenir. Rajustant vivement sa jupe, elle lui échappa et courut de nouveau vers la plage. Avant que Mato ait pu la rattraper, elle avait aperçu Teroro et se jetait dans ses bras en le suppliant :

— Il faut faire la paix avec ton frère !

Teroro se laissa emmener jusqu'au plateau où le roi Tamatoa contemplait le temple rudimentaire. Les deux hommes se regardèrent en silence. Teroro vit la terre fraîchement retournée, et son cœur se serra, mais il se força à dire :

— C'est un beau temple, Tamatoa. Plus tard, nous en construirons un autre plus solide.

Le roi approuva et alors seulement Tehani aux longs cheveux noirs entraîna son époux perplexe dans les ombres du bois, sachant au fond de son cœur qu'un autre aurait dû l'accompagner.

La conception d'un enfant royal était une chose bien trop importante et bien trop sacrée pour avoir pour décor une clairière et quelques buissons. Le lendemain, Teura consulta les dieux, interpréta les signes et déclara que l'heure était propice. Tupuna alla chercher Natabu, l'épouse royale, lui donna sa bénédiction et la mena dans la petite case que l'on avait construite pour elle. Le roi vint la rejoindre et toute la petite communauté, sans oublier les esclaves, entoura la case et se mit à réciter des prières.

Natabu était la sœur de Tamatoa. Les plus anciennes traditions voulaient que l'héritier du trône fût doublement de sang royal et qu'aucune union ne pouvait être plus sacrée que celle d'un souverain et de sa sœur. Par la suite, aussi bien Tamatoa que Natabu pourraient avoir d'autres conjoints, mais pour la procréation, ils devaient s'unir, accompagnés des vœux et des chants de tout le peuple.

— Que cette union soit féconde, psalmodia le vieux Tupuna quand son neveu et sa nièce furent enfermés dans la case. Puisse-t-elle produire des rois puissants et des princesses majestueuses ! Que Tane bénisse cette union !

A la fin de l'après-midi, quand le roi et sa sœur sortirent, les prières se poursuivirent un moment, puis on détruisit la case nuptiale et l'on examina une fois de plus les présages.

Il restait encore au roi Tamatoa un grave devoir à accomplir. Tupuna le conduisit dans un vaste champ où les cultivateurs avaient déjà détourné un petit ruisseau et commencé à planter les tubercules de taros et les frangipaniers, les pandanus et les bananiers et surtout le précieux cocotier, l'arbre extraordinaire sur lequel l'existence même de ces hommes était fondée ; car les noix vertes donnaient une eau délicieuse et, à leur maturité, une huile précieuse ou un lait nourrissant. Les palmes de cocotiers couvraient les cases, les fibres des noix, tissées, formaient des nattes solides et des liens. Les dures écorces des fruits devenaient des bols, des écuelles et des ustensiles de cuisine. Le tronc se laissait sculpter facilement et les fibres des plus hautes branches donnaient du tissu. Les nervures des palmes, affûtées, servaient à faire des flèches et les feuilles séchées à allumer les feux.

Le roi devait bénir les plants, et il s'attarda plus particulièrement devant les futurs cocotiers.

Enfin, on chercha quel serait le nom donné à cette île, à cette nouvelle patrie. Les guerriers, ignorants des présages et des traditions, pensaient qu'elle devrait logiquement s'appeler Bora Bora. Mais une grande surprise les attendait, car soudain Tupuna tonna :

— Il n'y a qu'un nom pour cette île !

— Lequel ?

— Havaiki !

Tous, jusqu'au dernier des esclaves, furent atterrés. Les guerriers jurèrent que jamais le nom honni ne serait même prononcé dans leur nouveau refuge. Le roi Tamatoa et Teroro les soutinrent, mais le vieux prêtre insista et leur expliqua :

— Aux temps anciens, alors que le grand Tane s'était uni à une déesse, naquit le peuple des pirogues ailées. Il vivait alors à Havaiki, mais ce n'était pas le Havaiki que vous connaissez. C'était Havaiki-de-la-Grande-Terre et, de là, le père du père, le grand-père du grand-père de votre roi Tamatoa, il y a quarante générations, partit pour Havaiki-où-l'Animal-est-comme-un-homme, et là ils vécurent pendant plusieurs générations, jusqu'à ce que l'ancêtre de Tamatoa, il y a trente générations, conduisît son peuple en pirogue jusqu'à Havaiki-au-Lagon-Vert...

D'une voix inspirée, le vieillard à la barbe blanche conta les pérégrinations de sa race, errant d'une terre à l'autre à la recherche d'une île où elle trouverait la paix, des cocotiers et du poisson. Et chaque fois qu'ils accostaient, le cœur gonflé d'espérance, ils baptisaient la terre nouvelle Havaiki. Et si la nouvelle Havaiki les maltraitait, ils repartaient comme l'avaient fait leurs ancêtres avant eux. Ainsi, en paraboles, le prêtre raconta les migrations de sa race, depuis l'intérieur de l'Asie jusqu'à la côte septentrionale de la Nouvelle-Guinée, par les îles Samoa jusqu'à Tahiti. Bien plus tard, des savants et des explorateurs découvriraient d'innombrables Havaiki, mais aucune île ne ressemblait plus au rêve ancestral que cette île sur le point d'être baptisée.

— Pour nous, il n'y a qu'un seul nom, répéta le vieillard en élevant le ton. Havaiki de toutes les richesses, Havaiki des pirogues ailées, Havaiki des dieux puissants... Havaiki aux hommes courageux et aux femmes belles et fécondes, Havaiki de nos rêves, Havaiki qui a vécu dans nos cœurs depuis le commencement des temps. Voici l'île de Havaiki !

Lorsque Tupuna se tut, le roi Tamatoa, à qui l'on venait de rappeler l'histoire de sa race, parla d'un ton solennel :

— Ce sera donc l'île de Havaiki, et si ce nom vous rappelle de mauvais souvenirs, appelons l'autre Havaiki, Havaiki-d'Oro-le-Rouge, et notre nouvelle patrie Havaiki-du-Nord.

L'île fut donc nommée ainsi, la dernière d'une longue suite d'îles baptisées Havaiki.

Ce fut seulement après que Teroro, accompagné de Mato, Pa et trois autres guerriers, eut fait le tour complet de l'île en pirogue (ce qui dura quatre jours) que les colons connurent et purent apprécier la merveilleuse terre qu'ils avaient découverte.

— Il n'y a pas une, mais deux montagnes, expliqua Teroro. Et des falaises, et des oiseaux en grand nombre. De grandes rivières se jettent dans la mer et il y a des golfes aussi beaux qu'à Bora Bora, et des eaux aussi claires que celles de notre lagon lointain.

Mais ce fut Pa, qui, sans mâcher ses mots, résuma leurs observations :

— On dirait bien que nous avons choici notre grotte dans le plus mauvais coin de Havaiki.

Mato l'approuva, mais le roi Tamatoa, en se tournant vers les plantations et le temple, leur répondit avec entêtement :

— Nous nous sommes installés ici et nous y resterons.

Mato et Pa s'inclinèrent, mais ils songeaient au fond de leur cœur : « Si jamais un malheur arrive, nous savons où se trouvent les bonnes terres. »

Et puis celle que l'on avait oubliée apparut. Par une journée étouffante, Teroro était allé dans la forêt chasser des oiseaux. Soudain, près d'un arbre, il vit une femme qui le regardait fixement. Elle était belle, vêtue d'un tissu comme il n'en avait jamais vu, et ses cheveux étranges scintillaient au soleil, verdâtres comme de l'herbe et presque diaphanes. Elle était de sa race, mais différente. Tristement, elle le fixa intensément jusqu'à ce qu'il éprouvât un vertige. Pris de peur, Teroro tourna les talons et partit en courant, mais la femme le suivit et s'arrêta quand il s'arrêta. Et elle le considéra encore d'un œil lourd de reproches. Finalement, elle disparut, sans avoir dit un mot.

Quand Teroro rentra au village, il tremblait et frissonnait mais, sans savoir pourquoi, il ne confia à personne ce qu'il avait vu. Cette nuit-là, il ne put dormir car il voyait toujours le regard triste et sombre de l'inconnue. Au matin, il alla chercher Mato et lui dit :

— Viens dans les bois. Il y a des oiseaux.

Les deux jeunes chefs s'enfoncèrent dans la forêt et Mato demanda où étaient les oiseaux. Au même instant, la femme étrange reparut, toujours silencieuse et triste.

— Qui est-ce ? s'exclama Mato, ahuri.

— Je l'ai vue hier. Je crois qu'elle voudrait parler.

Mais la femme se tut et continua de les regarder fixement.

— Quand on marche, reprit Teroro, elle vous suit.

En effet, quand les jeunes guerriers avancèrent sous les arbres, elle les accompagna, ses cheveux surprenants scintillant au soleil. Et puis elle disparut subitement.

— Où est-elle allée ? s'écria Mato.

— Femme ! Femme ! appela Teroro.

Mais ce fut en vain. Les deux jeunes gens se demandèrent s'il fallait prévenir leurs compagnons, et ils décidèrent de consulter d'abord la sage Teura.

— Teura, nous avons vu dans les bois une femme aux cheveux étranges qui...

Ils ne purent achever. Teura laissa échapper un long gémissement.

— Aoué ! Aoué ! C'est Pere ! Elle est venue nous détruire !

Tupuna arriva sur ces entrefaites et Teura lui annonça :

— Ils ont vu Pere la flamboyante !

Le roi Tamatoa, entendant les cris, courut à la case et Teura le prévint :

— Celle que nous avons oubliée est venue nous punir !

— Aoué ! gémit le roi.

Il se hâta de rassembler tous ses sujets dans le temple et ordonna des prières pour apaiser la déesse. Mais les prières ne furent pas écoutées, car la terre se mit soudain à trembler violemment.

La terre rouge de Havaiki se soulevait, se fendait, se tordait, et des crevasses s'ouvraient partout. La terreur s'empara de ces hommes et de ces femmes qui n'avaient jamais assisté à pareil phénomène. Le roi hurla :

— Ô Pere ! Épargne-nous !

Sa prière fut sans doute entendue, car le tremblement de terre cessa aussi brusquement qu'il avait commencé. Les colons horrifiés se serrèrent les uns contre les autres et se demandèrent ce que signifiait ce terrible présage.

Mais ils n'étaient pas au bout de leurs terreurs. Des flammes jaillirent de la cime de la montagne et des rochers brûlants tombèrent autour d'eux. De la cendre recouvrit leurs têtes, et les plantations toutes fraîches. L'éruption dura toute la journée et quand la nuit tomba, le ciel rougeoya comme si les nuages étaient en feu.

Ce fut une nuit d'horreur, étrange et puissante. Les colons se réunirent sur la grève, près de la pirogue, en se disant que si la terre prenait feu ils pourraient s'enfuir plus rapidement. Quand l'éruption augmenta de violence, Tupuna insista pour que Tamatoa et Natabu, au moins, soient envoyés au large avec la pirogue, sous la garde de Hiro et de Pa. C'est ainsi que la colonie fut sauvée car lorsque la pirogue se trouva à un mille au large, tout illuminée par la montagne en feu, une vague gigantesque se rua vers le rivage et si l'embarcation ne s'était pas trouvée dans son élément, le raz de marée l'aurait complètement détruite.

La vague déferla à l'intérieur des terres, balayant tout sur son passage, détruisant le temple et déracinant bien des jeunes pousses. En regagnant la mer, ses tourbillons furieux emportèrent un des porcs, la plupart des plants de bananiers et la vieille Teura aux yeux rouges. La déesse l'avait prévenue, mais elle avait omis d'interpréter le songe. Teura le savait et quand la vague monstrueuse vint la cueillir, elle n'eut pas peur. Elle se confia aux dieux, se laissa couler dans l'eau verte et murmura :

— Puissant Ta'aroa, tu es venu me chercher. Je suis prête. Mano ! Je viens vers toi...

De nouveaux jaillissements de cendres et de flammes saluèrent la venue du jour. Le roi Tamatoa contempla le village détruit en hochant la tête. Pour lui, il n'y avait qu'une explication à ces ravages, particulièrement à la destruction du temple. Il déclara que c'était parce que l'on n'avait pas enterré d'esclaves aux quatre coins. Mais Teroro refusa d'entendre ce raisonnement.

— Nous sommes punis parce que nous avons oublié notre plus ancienne déesse, et parce que nous avons choisi un mauvais emplacement.

Mauvais, l'emplacement l'était certainement et Mato en apporta la preuve quand il arriva en courant pour annoncer qu'un mur de feu descendait lentement de la montagne vers le village. Une douzaine d'hommes le suivirent dans la forêt, escaladèrent une éminence et virent ce que Mato leur montrait. Une large muraille de lave en fusion se tordait horriblement et rampait comme une bête abominable, roulant sur elle-même, avalant les arbres et les rochers, poussant la terre, se déversant dans les vallées. Sa gueule affreuse, à dix mètres de hauteur, paraissait éteinte, mais chaque fois qu'elle approchait d'un arbre, celui-ci s'enflammait mystérieusement et des langues de flammes jaillissaient dans tous les sens. Il était évident que ce monstre allait bientôt dévorer la communauté.

— Il arrivera demain, jugèrent les hommes.

Lorsqu'il fut certain de ce court répit, le roi réagit calmement et sans crainte. Il ordonna d'abord des prières pour Teura, puis il fit déraciner les plants encore intacts, les fit envelopper soigneusement et montra aux esclaves comment charger la pirogue.

— Nous resterons encore ici cette nuit, annonça-t-il, et demain matin, nous quitterons cet endroit. Pa a découvert un lieu propice vers l'ouest.

Toute la nuit, les hommes et les femmes travaillèrent à la lueur des flammes du volcan et, à l'aube, tout était prêt pour le départ. Ils avaient sauvé beaucoup de plants, la majorité des bêtes, leurs dieux et leur pirogue. Ils prirent la mer avec leurs trésors mais, quand ils furent au large, ils virent l'ampleur de la catastrophe. Le torrent de lave se déversa sur le village, recouvrit le temple, gagna le plateau et, de là, se précipita vers la mer. Quand il atteignit l'eau, l'océan se mit à bouillir. D'immenses gerbes de vapeur sifflante jaillirent et le ciel s'emplit de cendres.

En voyant pour la première fois la violence et l'incroyable furie dont leur nouvelle île était capable, les hommes de Havaiki tremblèrent de terreur. Ils contemplèrent longuement le rivage dévasté jusqu'à ce qu'une rafale de vent leur apportât une mèche de cheveux impalpables que Teroro saisit au vol. Il reconnut l'étrange chevelure de la femme qu'il avait vue dans la forêt et déclara :

— C'était la déesse Pere. Elle n'est pas venue nous effrayer mais nous prévenir. Nous n'avons pas compris.

Ses paroles firent renaître l'espoir dans les cœurs car si la déesse s'intéressait assez à son peuple errant pour le prévenir, elle l'aimait encore et rien n'était perdu. Le roi prit les cheveux de Pere et les posa sur la tête d'une truie pleine, afin qu'elle mît bas une belle portée, car si cette bête mourait, le présage serait aussi funeste que l'éruption.

Ainsi, transportant la moitié seulement du chargement qu'elle avait apporté, et une truie ornée des cheveux de Pere, la pirogue se dirigea vers un nouvel établissement. Pa et Mato avaient bien choisi, car ils conduisirent leurs compagnons autour de la pointe sud de l'île, et remontèrent la côte ouest jusqu'à ce qu'ils eussent trouvé une bonne terre, avec de l'eau. La petite colonie de Havaiki s'installa alors et construisit un nouveau temple, sans sacrifice humain. Quand la truie eut mis bas, le roi en personne veilla sur la portée et quand le plus fort des porcelets atteignit une taille raisonnable — alors que l'idée du porc grillé mettait déjà l'eau à la bouche — Tupuna et Tamatoa immolèrent la bête et l'offrirent dévotement à Tane, dans le nouveau temple. A dater de ce jour, la communauté prospéra.

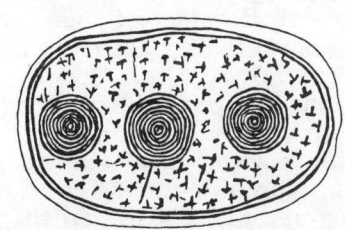

Lorsque la petite communauté fut bien installée, Tupuna pria le roi de proclamer des lois et des tabous. Au début, Tamatoa protesta, et déclara que cette terre était celle de la liberté et que les règles strictes qui les avaient régis autrefois n'étaient plus de mise. Mais Tupuna insista longuement et lui fit remarquer qu'au contraire, c'était sur une terre nouvelle que les traditions et les coutumes devenaient indispensables. Tamatoa s'inclina et proclama les innombrables tabous, avec l'approbation de ses sujets. Ce qui avait été une île volcanique libre et sans frein devint une terre rigoureusement corsetée par ses lois et tous les hommes préférèrent cela, car ils se sentaient délivrés de l'inconnu.

Il n'est pas tout à fait juste de dire que tous étaient satisfaits. Teroro demeurait sombre, rongé de doutes et d'inquiétudes causés principalement par des femmes. Jour après jour, en se promenant dans la forêt, il rencontrait Pere, ses cheveux étincelant au soleil, son regard toujours sombre et triste. Elle ne disait rien mais elle marchait à ses côtés, comme une femme auprès de l'homme qu'elle aime. Souvent, après une de ses apparitions, le volcan entrait en éruption, mais la lave se déversait toujours de l'autre côté de la montagne et ne menaçait jamais le village, où Natabu avait donné le jour à un fils.

Ce n'était pas seulement la déesse Pere qui troublait le jeune chef, mais aussi le souvenir de Marama, la femme qu'il avait abandonnée à Bora Bora. Sa sagesse paisible lui manquait et, pour la première fois, dans cette île lointaine, Teroro comprit l'angoisse de la séparation. Il se rappelait sa voix, ses paroles, ses gestes, le mouvement de ses hanches et la douceur parfumée de sa chevelure.

Il n'avait jamais connu avec Marama les joies charnelles que Tehani lui apportait. Et cependant, il la regrettait amèrement. Et chaque fois qu'il contemplait *Attends-le-Vent-d'Ouest*, la pirogue ailée, il entendait le dernier cri de Marama : « Je suis la pirogue ! »

Ce fut dans cet état d'esprit qu'il se leva un matin et courut à la case de Mato. Il saisit le jeune chef par la main, l'entraîna vers sa hutte, où dormait Tehani, et le poussa à l'intérieur en criant plus fort qu'il n'était nécessaire :

— Elle est à toi, Mato !

La jeune femme s'éveilla en sursaut et s'exclama :

— Teroro !

— Tu n'es plus ma femme ! glapit Teroro. Je vous ai observés sur la pirogue. Mato ne te quittait pas des yeux. Allons, Mato, elle est à toi !

Dans l'après-midi, l'esprit troublé, Teroro alla voir son frère et lui annonça avec simplicité :

— Je repars à Bora Bora.

Le roi ne fut pas surpris, car il avait observé son jeune frère et il avait appris la répudiation de Tehani. Il en avait discuté avec Tupuna qui avait décidé que Teroro avait l'esprit malade.

— Pourquoi veux-tu y aller ? demanda le roi.

— Il faut que je ramène Marama. Et nous avons besoin d'arbres à pain, de porcs, de chiens, de tout. Nous avons aussi besoin d'hommes et de femmes.

On tint conseil et tout le monde fut d'accord pour estimer qu'un voyage dans le sud serait utile, surtout si Teroro ramenait des vivres. Il fut convenu que Teroro partirait avec seulement six hommes, parmi lesquels Pa et Hiro. Mato protesta, mais Teroro lui dit :

— Nous avons assez maltraité Tehani. Tu vas rester avec elle.

Et il se priva de son meilleur ami. La communauté prépara les vivres du voyage, des rations pitoyables. Il y avait heureusement du poisson séché en abondance et les hommes devraient s'en contenter.

Lorsque tout fut prêt, Teroro dévoila son plan. Il traça sur le sable mouillé le trajet qu'ils avaient parcouru en venant vers le nord, la route qui filait d'abord directement à l'est, puis au nord, puis à l'ouest. Puis il traça hardiment une ligne droite de Havaiki-du-Nord vers le sud.

— Voilà comment nous naviguerons, et nous trouverons l'île.

— Il n'y aura pas de tempête pour vous pousser, prévint Tupuna.

— Nous suivrons les courants, répondit Teroro, et nous pagayerons.

La veille du départ, Teroro se tenait seul à l'écart lorsqu'une femme du village s'approcha de lui et le supplia :

— En revenant, je t'en prie, ne pourrais-tu me rapporter ce que je vais te demander ?

— Quoi donc ?

— Un enfant.

— Un enfant ? Quel enfant ?

— N'importe lequel. Une terre sans enfants est un lieu bien triste.

Teroro lui fit observer qu'il n'était pas possible d'emmener un enfant pour un tel voyage et il la renvoya. Mais au bout d'un moment, une autre femme vint à son tour le supplier.

— Pourquoi ne ramènes-tu que des vivres et des porcs, alors que les enfants nous manquent tant, Teroro ?

Et il la renvoya aussi.

Mais les femmes revinrent à la charge, à plusieurs, et quand elles parlèrent, Teroro sentit qu'elles avaient envie de pleurer.

— Teroro, nous vieillissons tous. Toi, le roi, Tupana et nous toutes. Il y a des bébés, c'est certain, mais les enfants nous manquent.

— Il n'y a pas de garçons et de filles qui jouent sur le sable, ajouta une autre femme. Tu ne te rappelles pas leurs cris joyeux au bord du lagon ?

Et soudain, Teroro vit le lagon de Bora Bora avec les centaines de petits enfants dorés, s'éclaboussant dans les eaux vertes, et il comprit pourquoi Havaiki-du-Nord lui paraissait si aride.

— Je t'en supplie, répéta la femme, ramène-nous des enfants !

Le soir du départ — car Teroro voulait prendre la mer avec les étoiles — le navigateur confia à son frère :

— Je ne retourne pas seulement chercher Marama. Je vais ramener la pierre de Pere. Je crois qu'il ne doit pas seulement y avoir des dieux sur une île, mais aussi des déesses.

Le voyage vers le sud fut long et pénible et Teroro s'aperçut qu'il était moins facile qu'il ne l'avait cru de trouver ses îles. Il manqua l'archipel et poussa jusqu'à Tahiti. De là, heureusement, il connaissait bien le chemin et remonta jusqu'à Havaiki-d'Oro-le-Rouge. Enfin à l'horizon lointain, les îles bénies se profilèrent et les sept hommes tinrent un conseil de guerre.

— Si nous arrivons tout simplement à Bora Bora, sans le moindre plan, dit Teroro, le Grand Prêtre nous fera mettre à mort.

— Il faut bien courir ce risque, gronda Pa.

— Nous sommes affaiblis et peu nombreux.

— Nous pouvons encore nous battre !

— Il y a mieux à faire, déclara Teroro. Puisque nous ne sommes pas assez forts pour combattre, nous allons ruser.

Il proposa un plan, mais ses hommes ne l'écoutaient pas. Ils n'avaient d'yeux que pour les récifs de corail scintillant au soleil, les eaux calmes du lagon vert et les hautes falaises de Bora Bora.

— Nous devions être fous, murmura Pa, pour avoir échangé ce paradis contre l'aride Havaiki-du-Nord !

Dès que les habitants du village aperçurent à l'extrémité du lagon les hautes proues d'*Attends-le-Vent-d'Ouest*, ils se précipitèrent tous sur le rivage pour accueillir leurs compatriotes avec des cris de joie. Teroro avait compté sur cette joie pour obtenir ne fût-ce que dix minutes de répit, car il pensait que l'ovation spontanée des habitants empêcherait le Grand Prêtre d'ordonner immédiatement la mise à mort des voyageurs, et que ces dix minutes lui suffiraient à mettre sa ruse à exécution.

Avant d'accoster, il sermonna ses hommes une dernière fois :

— Je parlerai, mais prenez des airs dévots.

Dès que la double proue de la pirogue racla le fond, Teroro sauta à terre en criant :

— Nous voulons voir le Grand Prêtre !

Quand le digne vieillard se présenta, plus voûté et tout blanchi, Teroro se prosterna jusqu'à terre et lança de façon que tous pussent entendre :

— Nous venons en fidèles adorateurs d'Oro chercher un autre dieu pour notre terre lointaine. Bénissez-nous et donnez-nous un autre dieu !

Cette requête prit le prêtre par surprise. Il ne put dissimuler son contentement et son bâton resta ancré au sol. Il écouta la suite du discours de Teroro :

— Nous avons prospéré grâce à Oro, et notre communauté s'est augmentée. Mais la vie est difficile et nous vivons éparpillés. C'est pourquoi votre serviteur, le vieux Tupuna, réclame de nouveaux dieux. Quand vous nous les aurez donnés, nous repartirons.

A ce moment, le nouveau roi de Bora Bora s'avança et Teroro vit avec joie que ce n'était pas un homme de Havaiki, mais qu'il était bien de Bora Bora.

— Ô roi, clama-t-il, pardonne-nous notre incursion sur Havaiki, le soir de notre départ. Nous n'avons pas voulu attaquer Oro le terrible, mais empêcher qu'un homme de Havaiki vienne régner sur Bora Bora. Pardonne-nous.

Teroro était si affaibli, si affamé, qu'il se laissa tomber à genoux, le front dans la poussière et ne put rien ajouter, mais il eut la satisfaction d'entendre la voix profonde de Pa qui s'écriait dévotement :

— Allons maintenant au temple d'Oro et remercions-le de nous avoir protégés pendant le voyage.

Mais, tandis qu'il suivait la procession vers le temple, Teroro vit au bord de la foule une grande femme aux traits sereins, patiente et paisible, et il ne songea plus aux dieux ni aux rois, car c'était Marama, la femme qu'il aimait par-dessus tout. Ils se contemplèrent longuement en silence. Elle comprit qu'il était venu la chercher et, sans un mot, elle rentra dans sa case faire ses bagages pendant que Teroro priait un dieu qu'il détestait.

Les prières dites, il alla la rejoindre et ils restèrent longtemps immobiles, les mains jointes, savourant leur amour. Enfin, Marama eut un petit rire, rentra dans la case et lui dit :

— Regarde ce qui est arrivé le soir de ton départ !

Elle lui tendit un petit garçon d'un an, aux cheveux noirs, souriant comme son père.

Teroro admira son fils et regarda la femme qu'il avait abandonnée parce qu'elle ne pouvait avoir d'enfants. Il éclata de rire et Marama aussi.

— Tu avais l'air si ridicule, tout à l'heure, avec tes prières à Oro ! Et la figure de Pa ! Comme vous étiez drôles ! C'était une bonne idée, Teroro, mais ce n'était pas nécessaire.

— Que veux-tu dire ?

— Tu n'as pas remarqué combien le Grand Prêtre a vieilli ? Il a été bien maltraité.

— Bonne nouvelle ! Mais comment ?

— Après qu'il en eut tant fait pour te bannir, toi et Tamatoa, afin de devenir Grand Prêtre de Havaiki...

— On se servait de lui ? Pour anéantir Bora Bora ?

— Oui. Ils n'ont jamais eu l'intention de le nommer Grand Prêtre. Après que tu as eu tué le père de ta femme...

— Elle n'est pas ma femme. Je l'ai donnée à Mato.

Marama se tut un moment et baissa les yeux. Puis elle ajouta :

— Les hommes de Havaiki ont essayé de nous imposer un roi, mais nous nous sommes révoltés.

— Mais alors, pourquoi gardez-vous le Grand Prêtre ?

— Il nous faut un prêtre, répondit-elle simplement. Toutes les îles ont besoin d'un prêtre.

Ils retombèrent dans un silence contemplatif, tandis que les vagues du lagon venaient mourir en chantant sur le sable. Enfin, au bout d'un long moment, Teroro dit à Marama :

— Il faut que tu trouves une douzaine de femmes pour nous accompagner. Le voyage est pénible. Mais cette fois, nous emmènerons aussi des enfants. Nous emmènerons le petit bonhomme !

— Non. Il est trop jeune. Nous l'échangerons contre un enfant plus grand.

Et, fidèle aux traditions de l'île, Marama alla de case en case jusqu'à ce qu'elle eût trouvé un garçon de huit ans qui lui plaise et dont la mère consentît à se charger de son fils. Lorsque Teroro vit l'enfant, il le trouva beau et, prenant Marama dans ses bras, il lui murmura :

— Tu es la pirogue de mon destin, Marama. C'est avec toi que je veux faire le voyage de la vie.

Pour la consécration de la nouvelle idole d'Oro, le Grand Prêtre insista pour immoler un esclave et Teroro se cacha la figure de honte car ses hommes et lui savaient qu'à peine dépassés les récifs de corail, l'idole serait jetée à la mer. Aussi, lorsque le prêtre la lui remit solennellement, l'accepta-t-il d'un air grave et recueilli, car c'était le symbole de la mort inutile d'un homme.

Mais Teroro n'était pas au bout de ses peines. Il lui fallait à présent se procurer la roche rouge qui était Pere, sans éveiller les soupçons du Grand Prêtre, ni qu'il se doute une seconde que c'était en réalité Pere que Teroro était venu chercher. Il consulta Pa et Hiro sur la façon d'enlever Pere.

— Tu as réussi à tromper le prêtre avec tes histoires d'Oro, dit Pa. Ruse encore.

— Non. Il m'a cru parce qu'il avait envie de me croire. Mais si je vais lui parler d'une déesse oubliée comme Pere, il se méfiera.

— Ne pourrions-nous la voler ? proposa Hiro.

— Qui sait où elle est ? demanda Teroro.

Ils discutèrent encore longtemps et ne tombèrent d'accord que sur un point : ce serait de la folie de retourner sans Pere à Havaiki-du-Nord, car si elle leur avait donné un aussi terrible avertissement dès leur arrivée, cette fois elle ne manquerait pas de les anéantir complètement. Ce fut Teroro qui proposa enfin :

— Allons demander conseil à Marama. Elle est pleine de sagesse.

Et Marama conçut un plan :

— Tout le monde sait que Teroro est venu me chercher et on sait aussi que mes ancêtres étaient prêtres. Quand nous aurons choisi les femmes qui doivent nous accompagner, deux d'entre nous irons demander au Grand Prêtre la permission d'emporter les anciens dieux de Bora Bora.

— Y consentira-t-il ? demanda Teroro.

— Il est prêtre d'Oro, mais il est aussi de Bora Bora, et il comprendra notre attachement à l'île de nos ancêtres.

Tout se passa comme Marama l'avait prévu, mais lorsque le moment vint où le Grand Prêtre dut remettre le rocher rouge de Pere, vêtu de plumes, à Marama, il ne put se résoudre à confier une déesse à des mains de femme et ce fut à Teroro qu'il la remit gravement. Quand Teroro reçut l'âme de Pere, l'âme sauvage et passionnée de la déesse du feu, il eut envie de crier son triomphe. Mais il se retint et déposa assez négligemment la pierre de côté, comme si ce n'était qu'un dieu de femmes, un caprice de Marama, et le Grand Prêtre dut penser la même chose.

Les hommes furent bien nourris et les vivres bien préparés. On choisit douze femmes et on les fit jeûner en prévision du voyage. Parmi elles, on prit l'épouse favorite du roi Tamatoa, car l'avenir de la dynastie était assuré et il avait bien le droit d'avoir une femme qu'il aimait.

Lorsque tout fut prêt, les graines et les plants, les porcs et les poulets, Teroro fut étonné de voir Marama apporter à la pirogue un énorme colis, bien enveloppé dans des feuilles de bananier.

— Qu'est-ce que c'est ?

— Des fleurs.

— Des fleurs ! protesta Teroro. Mais pour quoi faire ?

— Pa m'a dit qu'il n'y avait pas de fleurs là-bas.

Teroro regarda ses compagnons et ils s'aperçurent tous, pour la première fois, qu'aucune fleur ne poussait à Havaiki-du-Nord. Cependant, le colis était vraiment très encombrant.

— Tu ne peux pas en emporter autant, Marama.

— Les dieux aiment les fleurs, répondit-elle. Supprime un des porcs.

L'équipage ne voulut pas en entendre parler, mais les hommes consentirent finalement à se défaire d'un des plus petits frangipaniers, pour faire plaisir à Marama qu'ils considéraient cependant comme une folle.

Vint enfin le moment, joyeux entre tous, de choisir les enfants. Les hommes ne voulaient emmener que des filles et les femmes que des garçons, si bien que le compromis moitié-moitié ne satisfit personne sinon la logique et le bon sens. Les dix enfants avaient de quatre à douze ans. Leur présence rieuse allégea la pirogue.

Mais lorsque tout le monde eut embarqué, Teroro se sentit curieusement accablé par la gravité de la tâche qu'il avait entreprise et ce fut sans aucune arrière-pensée qu'il alla cette fois chercher le Grand Prêtre et lui demanda révérencieusement de bénir la pirogue et de proclamer les tabous. La cérémonie terminée, la pirogue lui parut plus sûre et, le cœur allégé, Teroro la dirigea à travers le lagon vert.

Ils avaient à peine passé les récifs de corail que Pa au visage de requin s'empara de la repoussante statue d'Oro pour la jeter à la mer. A sa surprise, Teroro l'en empêcha :

— C'est un dieu ! Nous le placerons religieusement sur les rives de Havaiki-d'Oro-le-Rouge.

Quand la pirogue approcha de l'île détestée, Teroro accosta sur une grève déserte, se glissa à terre et alla placer le dieu Oro à l'abri d'un rocher en surplomb. Il le recouvrit de feuilles et, sachant que cette fois il ne verrait plus jamais ces îles, il s'attarda un instant et chanta la geste du brave peuple qui avait quitté Havaiki d'Asie et s'était embarqué pour de lointains et nombreux voyages sans retour. C'était sa terre, sa patrie, et il ne la reverrait jamais plus.

Pa et ses hardis compagnons furent encore plus étonnés lorsque Teroro refusa de suivre la route audacieuse de l'ouest pour aller à Havaiki-du-Nord. Il exigea prudemment que l'on passe par Nuku Hiva, où ils se ravitaillèrent. Ainsi, dans le pot au noir, il y eut des fruits et de l'eau et les enfants souffrirent moins qu'ils n'auraient pu. Car il était difficile de les rationner comme les grandes personnes. Ils avaient faim, ils avaient soif et ils le disaient.

Enfin la constellation des Sept Petits Yeux brilla au zénith et le vent d'est fit joyeusement tourner la pirogue vers son but. Tous les jours, Teroro donnait une leçon de navigation et d'astronomie à tous les hommes et à tous les garçons. Marama avait pris la place de la vieille Teura, et interprétait les signes et les présages.

Ce fut elle qui aperçut les nuages rougeoyants à l'horizon et qui comprit que la déesse Pere avait allumé un phare pour guider leur arrivée. Et Teroro dirigea sa pirogue vers le reflet des flammes de Pere.

Quand la terre fut en vue, Teroro accomplit une tâche pénible. Il alla des uns aux autres et enjoignit :

— Ces enfants ne sont plus à vous. Il faut les partager avec les autres et chaque enfant aura plusieurs mères.

Un long cri de détresse s'éleva alors, car ces hommes et ces femmes, pendant le long voyage, s'étaient attachés aux enfants, et les garçons et filles, de leur côté, s'étaient pris d'affection pour des pères et des mères adoptifs. Une femme serra sur son cœur un gamin de neuf ans, à la dent cassée, et hurla :

— Celui-ci est plus que mon fils !

— Non ! insista fermement Teroro. Sans les femmes qui m'ont supplié, je n'aurais pas amené d'enfants. Je n'y aurais jamais pensé. Elles doivent avoir leur part. Ce n'est que justice.

Aussi, lorsque la pirogue accosta, il y eut un instant d'angoisse quand les femmes du rivage, trop longtemps privées des rires d'enfants, coururent sur la plage et virent les garçons intimidés, serrés autour des mâts, et les petites filles qui se cramponnaient aux mains des hommes. Les femmes du rivage ne voyaient pas les porcs et les vivres. Elles n'avaient d'yeux que pour les enfants, et quand le premier sauta à terre, une femme se rua sur lui en lui offrant à manger, mais il eut un geste de recul.

Ce fut ainsi que Teroro, portant religieusement la pierre de Pere, mit le pied sur le rivage de l'île où il devait devenir le prêtre judicieux et sage de Havaiki, avec sa douce femme Marama comme conseillère et augure, et la déesse volcanique comme mentor et protectrice. Les porcs se reproduisirent, les frangipaniers poussèrent et les enfants grandirent et se multiplièrent. Les fleurs de Marama fleurirent de tout leur éclat. Et l'île prospéra.

3

Ceux qui vinrent
de la ferme d'amertume

Mille ans après que les hommes de Bora Bora eurent accompli leur migration vers le nord, un jeune homme maigre et pâle aux cheveux blonds trop fins quitta une pauvre ferme du village de Marlboro, dans le Massachusetts, pour entrer en première année d'études universitaires à Yale, dans le Connecticut. Le fait était étrange, pour deux raisons. D'abord, à voir la ferme, personne n'aurait pensé que ses propriétaires eussent les moyens d'envoyer un fils dans un établissement aussi prestigieux. Ensuite, il était curieux de constater qu'ils l'envoyaient non à Harvard, qui ne se trouvait qu'à une trentaine de kilomètres, mais à Yale, à plus de cent cinquante kilomètres au sud.

Gideon Hale, un homme décharné de quarante-deux ans qui en paraissait soixante, père de dix enfants, aurait pu donner une explication :

— Notre pasteur connaît Harvard et nous assure que c'est devenu le havre des papistes et des athées. Jamais un de mes enfants n'ira se perdre dans cet enfer d'iniquité !

Le jeune Abner, âgé de dix-sept ans, fut donc expédié à Yale, où l'on enseignait encore les sévères préceptes de Calvin et des puritains.

Quant à la question financière, Gideon l'exposait ainsi :

— Nous ne gaspillons pas un argent durement gagné en décorant nos fermes et en habillant nos filles. Nous économisons sou à sou, et l'argent nous sert à orner nos esprits et à sauver nos âmes. Lorsque mon fils Abner sortira pasteur de Yale, il louera le Seigneur en prêchant sa parole et par l'exemple d'une vie modeste comme ses pères.

Au cours de sa dernière année à Yale, Abner Hale, émacié par les privations — ses parents lui envoyaient à peine de quoi vivre —, connut une révélation spirituelle qui allait changer sa vie, lui faire prendre des engagements aussi imprévus qu'inimaginables et le pousser à des actions inconcevables. Ce n'était pas ce que l'on appelait au début du XIXe siècle une « conversion », car il avait vécu ce phénomène à l'âge de onze ans, alors qu'il rentrait des champs à la nuit tombante. C'était une soirée d'hiver froide et venteuse et il se hâtait sur le chaume, quand il crut soudain entendre une voix lui demander distinctement :

— Abner Hale, es-tu sauvé ?

Il savait qu'il ne l'était pas mais quand il répondit non, la voix continua de poser la question et finalement une lumière se répandit sur le champ et Abner fut pris de violents tremblements. Il resta cloué sur place et quand son père, venu à sa recherche, le trouva, Abner se précipita vers lui en larmes et l'implora :

— Père, que dois-je faire pour être sauvé ?

Sa conversion fut considérée à Marlboro comme un véritable petit miracle et dès lors son père commença à économiser, *cent* après *cent*, pour faire faire des études de théologie à son enfant prédestiné.

Ce qu'Abner vécut plus tard à Yale était tout à fait différent ; ce fut une illumination spirituelle sur un sujet particulier, par l'intermédiaire de la personne la plus inattendue. Un groupe de ses condisciples, parmi lesquels le jeune étudiant en médecine John Whipple, qui avait naguère fumé et bu de l'alcool, vint le chercher alors qu'il écrivait une longue dissertation sur « La discipline de l'Église dans la ville de Genève mise en pratique par Théodore de Bèze ».

— Viens donc entendre Keoki Kanakoa ! crièrent ses turbulents condisciples.

— Je travaille, bougonna Abner en fermant sa porte contre la tentation.

Il en était arrivé à la partie de son exposé où Bèze commençait à appliquer l'enseignement de Calvin à la vie courante de la cité à Genève d'une manière qui fascinait le jeune étudiant en théologie, car il écrivit avec ferveur : « Bèze était constamment confronté au problème qui est celui de tous ceux qui gouvernent : dois-je gouverner pour le bien de l'homme ou pour la gloire de Dieu ? Bèze n'avait pas de mal à donner sa réponse et si certaines duretés que le monde condamnait existaient à Genève, le Royaume de Dieu sur la terre était là aussi et pour une fois, dans toute l'histoire de la civilisation, une ville entière vivait conformément aux préceptes de notre divin Père. »

On frappa de nouveau à la porte et John Whipple passa sa tête à l'intérieur pour annoncer :

— Nous te réservons une place, Abner. Tout le monde veut écouter Keoki Kanakoa !

— Je travaille, répéta Abner.

Il referma sa porte, retourna sous la lumière ambrée de sa lampe et se remit à écrire laborieusement : « Le Royaume de Dieu sur la terre n'est pas facile à instaurer, car la simple lecture de la Bible ne suffit pas à éclairer notre chemin, par lequel un gouvernement peut aspirer à la sainteté. Car, évidemment, si c'était le cas, des milliers de gouvernements qui ont péri aujourd'hui et qui en leur temps suivaient les enseignements de la Bible auraient découvert la voie sacrée. Nous savons qu'ils ont échoué, et ils ont échoué parce qu'il leur manquait un sage pour leur indiquer... » Il mordilla sa plume et songea à la longue lutte de son père contre les édiles de Marlboro. Son père connaissait la loi de Dieu mais les édiles obstinés ne l'écoutaient pas. Ce ne fut donc une surprise pour personne, pas plus les édiles que son père, lorsque la fille d'un de ces hommes pervers se trouva enceinte hors du mariage ; quant à savoir quel péché cela impliquait au juste, Abner l'ignorait encore.

— Abner ! C'est votre devoir d'aller entendre Kanakoa !

Abner demeura sourd à cette injonction, mais soudain la porte s'ouvrit et un petit professeur crasseux, boudiné dans son gilet, entra et souffla d'autorité la lampe à pétrole en disant :

— Dans l'intérêt de votre âme, vous devez aller entendre le message de ce remarquable chrétien.

Et le professeur traîna son élève récalcitrant à la salle de conférences.

Abner trouva le fauteuil que l'élégant John Whipple lui avait réservé et les deux jeunes gens, si différents par bien des côtés, attendirent le conférencier. A sept heures et demie, le doyen Jeremiah Day fit monter sur l'estrade un jeune géant bronzé, aux dents éblouissantes, aux cheveux de jais, vêtu d'un costume mal coupé.

— J'ai l'honneur de vous présenter une des voix les plus puissantes du monde d'aujourd'hui, annonça-t-il simplement. Car lorsque Keoki Kanakoa, fils d'un chef d'Aouahi, parle, il s'adresse à la conscience du monde. A vous, jeunes gens qui avez choisi de faire connaître la parole du Christ, Keoki Kanakoa lance un défi tout spécial.

A ces mots, le jeune géant s'avança, salua l'assistance d'un sourire éclatant, leva les bras et pria :

— Que le Seigneur approuve mes paroles ! Qu'Il ouvre les cœurs de ceux qui m'entendent !

— Il parle mieux que moi, murmura John Wipple.

Mais Abner n'était pas intéressé. Il ne songeait qu'à sa thèse interrompue et aux doctrines de Théodore de Bèze qu'il avait été tout près de pénétrer lorsque son professeur l'avait traîné de force à la conférence de ce barbare d'Aouahi.

Mais lorsque le colosse de bonze commença de lancer son message, Abner Hale, tout comme ses compagnons, l'écouta d'une oreille attentive, car ce jeune sauvage racontait comment il avait fui un foyer idolâtre, une doctrine païenne, la polygamie, l'immoralité et la grossièreté pour chercher l'univers de Jésus-Christ. Il raconta comment, après son voyage à bord d'un baleinier, il était arrivé à Boston, avait essayé d'entrer à Harvard et avait été repoussé avec des rires, comment il était venu à Yale à pied, comment il avait rencontré le doyen Day et lui avait dit : « Je viens chercher Jésus », et comment le doyen lui avait répondu : « Si vous ne le trouvez pas ici, ce collège mérite d'être fermé. »

Keoki Kanakoa parla pendant deux heures. Parfois, sa voix baissait lorsqu'il relatait les ténèbres dans lesquelles croupissait son île bien-aimée d'Aouahi. Puis elle tonnait quand il expliquait à ces jeunes étudiants tout ce qu'ils feraient pour le Christ s'ils consentaient à venir prêcher la parole de Dieu à Aouahi. Mais ce qui transporta son auditoire, comme cela avait transporté les foules de la Nouvelle-Angleterre devant lesquelles il avait déjà parlé, ce fut son récit de la vie à Aouahi sans Jésus.

— Quand j'étais enfant, nous adorions des dieux terribles comme Ku, le dieu de la guerre, qui réclamait de perpétuels sacrifices humains. Comment choisissait-on les victimes ? Avant une fête ou une bataille, mon père, le gouverneur de Maui, disait à ses aides qu'il lui fallait un, ou cinq, ou dix hommes. Les assistants se réunissaient et se disaient entre eux : « C'est le moment de nous débarrasser de celui-ci », ou bien : « Prenons Kakai, il m'a fait du tort. » Puis, à la nuit tombée, deux exécuteurs allaient chercher la victime et, tout en lui souriant, ils l'étranglaient ainsi...

A ce moment, l'orateur s'interrompit, leva à sa gorge ses mains énormes, rejeta la tête en arrière et ses yeux se révulsèrent. Puis il laissa tomber son menton sur sa poitrine, respira bruyamment, releva la tête et murmura d'un ton tragique :

— Nous ne connaissons pas Jésus.

Puis il se laissa emporter par son éloquence, sa voix résonna comme le tonnerre sur la montagne, des larmes lui vinrent aux yeux et il conclut par des supplications :

— Jeunes hommes de Dieu, à cause de vous, dans l'île de mon père, des âmes immortelles périssent dans les flammes de l'enfer! C'est votre faute! Vous n'avez pas apporté la parole du Christ à mes îles! Nous avons faim et soif de vérité! Sans la vérité, nous mourrons. Votre indifférence et votre ignorance vont-elles nous condamner à jamais? N'y a-t-il pas parmi vous ce soir un seul homme pour se lever et crier : « Keoki Kanakoa, je t'accompagnerai à Aouahi et je sauverai trois cent mille âmes pour Jésus-Christ » ?

Le géant se tut, la voix brisée. Le doyen Day lui versa un verre d'eau, mais il le repoussa et poursuivit dans un sanglot :

— Personne ne viendra donc m'aider à sauver les âmes de mon peuple ?

Le sermon de Keoki Kanakoa frappa l'étudiant en théologie Hale et l'étudiant en médecine Whipple avec une force égale. Muets de stupeur, les deux jeunes gens quittèrent la salle de conférences en songeant à la misère morale d'Aouahi. Dans leur chambre commune, ils ne songèrent pas à rallumer la lampe mais se couchèrent dans l'obscurité, écrasés par les reproches de l'orateur illuminé. Quand Abner prit enfin conscience de l'indifférence dont on les avait accusés, il se mit à pleurer (car il vivait à une époque où un homme pouvait se permettre de pleurer) et, au bout d'un moment, John Whipple lui demanda ce qu'il avait.

— Je vois toutes ces âmes plongées dans le feu éternel, répondit le jeune homme.

Whipple soupira et répliqua :

— Et moi j'entends ses derniers mots. Qui m'accompagnera à Aouahi...

Tard dans la nuit, alors que ni l'un ni l'autre n'avait encore pu trouver le sommeil, Abner entendit son compagnon se lever.

— John, où vas-tu ?

— Je vais à Aouahi. Je ne puis gaspiller ma vie ici, sans me soucier de la misère de ces îles.

— Mais maintenant, où vas-tu ?

— Chez le doyen Day. Je vais offrir ma vie au Christ.

Il y eut un silence tendu quand le jeune docteur tout habillé et le futur pasteur en chemise de nuit se dévisagèrent. Enfin, Abner murmura :

— Veux-tu prier avec moi ?

— Oui.

Les deux jeunes gens s'agenouillèrent, chacun à côté de son lit, et Abner pria :

— Père tout-puissant, ce soir nous avons entendu ton appel. De l'immensité étoilée des cieux, ta voix est descendue vers nous, traversant les profondeurs infinies où les âmes pourrissent dans le péché. Nous sommes indignes de te servir mais veux-tu néanmoins accepter tes serviteurs ?

Il parla ainsi pendant plusieurs minutes, adressant sa prière à un Dieu lointain, vivant, pleinement incarné, vindicatif et pourtant miséricordieux. Si, à ce moment, on lui avait demandé de décrire l'Être qu'il priait, il aurait répondu : « Il est grand, plutôt maigre, avec des cheveux noirs et un regard pénétrant. Il est très sérieux, il note toutes les transgressions et il exige de tous les humains qu'ils obéissent à ses préceptes. C'est un Père sévère mais qui sait pardonner, strict sur la discipline mais juste. »

Et il aurait décrit Gideon Hale de la même façon, exactement. Et si on avait alors demandé : « Est-ce que votre père sourit souvent ? », la question aurait éberlué le jeune Abner et il lui aurait fallu le temps de la réflexion pour répondre : « Il est compatissant mais il ne sourit jamais. »

La prière dite, John Whipple demanda :

— Tu ne viens pas avec moi ?

— Si, mais ne devrions-nous pas attendre le matin pour voir le doyen ?

— Dieu n'attend pas, déclara Whipple.

Hale reconnut la justesse de ce raisonnement, s'habilla et suivit son ami.

Il était quatre heures et demie du matin quand les jeunes gens frappèrent à la porte du doyen. Sans manifester le moindre étonnement, il les fit entrer dans son bureau et s'assit, un manteau sur sa chemise de nuit.

— Je suppose que le Seigneur s'est adressé à vous, dit-il.

— Nous venons nous offrir pour aller à Aouahi, répondit Whipple.

— Avez-vous bien réfléchi ?

— Nous avons souvent discuté, et envisagé de nous consacrer à Dieu, commença Abner, mais une crise de larmes l'interrompit et le doyen lui tendit un mouchoir.

— Oui, reprit Whipple. J'ai cessé de fumer. Abner voulait aller en Afrique sauver les âmes des païens, mais je pensais me dévouer aux pauvres de New York. Ce soir, nous avons compris vers quelles terres Dieu désirait nous envoyer.

— Ce n'est donc pas une décision inopinée ? insista le doyen.

— Oh ! non ! assura Abner en reniflant. Ma décision de devenir missionnaire remonte au sermon du révérend Thorn sur l'Afrique, il y a trois ans.

— Et vous, Mr Whipple ? Je croyais que vous désiriez devenir médecin, et non missionnaire.

— J'ai longtemps hésité entre la médecine et la théologie, monsieur le doyen. J'avais choisi la première car je pensais pouvoir servir Dieu de deux façons.

Le doyen examina gravement ses deux élèves et demanda :

— Avez-vous prié, pour résoudre ce problème ?

— Oui.

— Quel message avez-vous reçu ?

— Celui d'aller à Aouahi.

— Bien. Ce soir, j'avais envie d'y aller moi-même. Mais mon devoir est ici.

— Que devons-nous faire maintenant ? demanda Whipple.

— Retournez dans votre chambre, ne dites rien à personne et vendredi vous vous présenterez devant le Conseil des Missions étrangères. Mais attention. Le révérend Thorn, qui préside le Conseil, est habile à détecter la part d'enthousiasme émotif dans une vocation. Si la vôtre n'est pas assez forte pour vous soutenir pendant une vie entière, il est inutile de gaspiller le temps d'Eliphalet Thorn.

— Nous sommes sûrs de nous, déclara nettement Abner.

L'aube pâlissait les vitres quand les deux jeunes gens quittèrent le doyen.

Le vendredi, John et Abner se présentèrent devant un comité du Conseil des Missions étrangères. Le révérend Thorn était un grand homme décharné, vêtu d'un long manteau noir, aux sourcils noirs broussailleux au-dessus d'un nez busqué, au menton menaçant. Il avait l'air d'un juge et les deux garçons frémirent.

Mais les craintes de John Whipple n'étaient pas fondées. Les premiers mots d'Eliphalet Thorn le mirent à l'aise :

— Êtes-vous le fils du révérend Joshua Whipple, du Connecticut ?

— Mais oui.

— Votre père a-t-il guidé votre piété ?

— Oui.

Le comité approuva. Le jeune docteur Whipple appartenait à une bonne famille chrétienne rurale.

— A quel âge avez-vous cru entendre l'appel de Dieu ?

— A quinze ans. J'ai longtemps hésité entre le clergé et la médecine, et j'ai choisi cette dernière car je pensais ne pas pouvoir bien comprendre Dieu. Je ne me considérais pas comme un garçon très pieux. Et puis un jour que je rentrais de l'école, je vis un tourbillon de poussière devant moi et je crus entendre une voix qui me disait : « Es-tu prêt à me servir toute ta vie ? » En tremblant comme cela ne m'était jamais arrivé, je répondis oui. Le nuage de poussière s'attarda un moment au-dessus de ma tête et depuis cet instant, je me consacrai à Dieu.

— Mais dites-moi, si vous étiez certain d'avoir entendu la parole de Dieu, pourquoi n'avez-vous pas abandonné la médecine pour la théologie, Mr Whipple ?

— Ce problème m'a longtemps troublé, je l'avoue. Mais j'aimais la médecine et il me semblait que je pourrais servir Dieu de deux façons, en soignant à la fois les corps et les âmes.

— Voilà une honnête réponse, jeune homme. Retournez à vos études. Vous recevrez de nos nouvelles dans la semaine.

John Whipple quitta la salle dans un état d'exaltation voisin de l'extase totale. Il passa devant son camarade sans le voir et Abner Hale lui succéda devant le comité.

Mais quand les dignes clergymen virent apparaître ce garçon efflanqué, mal vêtu, au cheveu pauvre, le visage blême marbré de rouge, les épaules tombantes, ils eurent un mouvement de recul. Le révérend Thorn l'interrogea avec une certaine irritation.

— Alors, vous avez rencontré Dieu ?

Abner se perdit dans des explications fumeuses et compliquées qui achevèrent d'indisposer son auditoire. Il insistait, suppliait presque, avec une maladresse navrante. Finalement, le révérend Thorn lui coupa la parole :

— Vous ne nous dites pas pourquoi vous voulez être missionnaire à l'étranger.

— J'ai toujours voulu servir Dieu, répéta Abner, mais avant la soirée du 14 août 1818, je ne savais pas que j'étais appelé à cette mission.

— Que s'est-il passé ce soir-là? demanda le révérend Thorn irrité.

— Vous avez parlé de l'Afrique, à l'Église congrégationaliste de Marlboro, dans le Massachusetts. Je date mon éveil de ce soir-là.

Eliphalet Thorn baissa la tête et pinça son long nez, en se demandant quelle question il pouvait encore poser.

— Qu'est-ce qui vous a particulièrement impressionné, dans ce qu'a dit alors le révérend Thorn? demanda un autre pasteur.

— Il m'est facile de répondre à cela, monsieur, car les mots sont restés gravés dans mon cœur comme un idéal. Il a parlé de la mission en Afrique et il a expliqué : « Nous formions une belle famille en Christ, chacun contribuait par ses dons, chacun se consacrait à la cause commune qui était de sauver des âmes. » A partir de ce soir-là, je me suis entraîné à devenir un membre d'une telle famille en Christ. J'ai appris à scier bien droit et à bâtir, en prévision du jour où je serais envoyé là où il n'y a pas de maisons. Je me suis appris à coudre et à faire la cuisine, et à tenir des comptes. Après avoir entendu le révérend Thorn je ne me suis jamais imaginé autrement qu'en étudiant en théologie ou en séminariste. Je me suis solennellement appliqué à devenir un humble membre d'une famille envoyée au loin pour servir le Christ.

La déclaration du jeune homme était d'une contrition si inattendue et tellement imprégnée d'un esprit de discipline chrétienne que tous les pasteurs, même le plus sceptique, celui qui au premier abord avait jugé Abner miteux — ce qu'il était indiscutablement —, reconnurent ses possibilités.

— Un des membres du corps enseignant, dit ce dernier en taisant avec tact le nom du doyen Day, nous a rapporté que vous étiez assez imbu de votre vertu, Mr Hale.

— Je le suis, répliqua franchement Abner, et je sais que je dois lutter contre ce penchant, mais aucun de mes frères et sœurs n'est pieux. La plupart des jeunes gens, ici à Yale, ne le sont pas. Ces comparaisons m'ont enclin à cette vanité. Je me suis dit : « Le Seigneur m'a choisi et Il n'a pas choisi ces autres. » J'ai honte que mes professeurs eux-mêmes aient pu percevoir ce défaut, chez moi. Mais si vous leur posez de nouveau la question, monsieur, je crois que vous apprendrez qu'ils faisaient allusion à ce que j'étais naguère. Je me suis inlassablement répété le verset : *Celui qui a de l'orgueil au cœur est une abomination aux yeux du Seigneur*, et j'ai pris cela à cœur.

Le révérend Thorn fut profondément impressionné par les changements qui semblaient s'être produits dans le caractère de ce jeune ministre du culte car le rappel par Abner du 14 août 1818 réveillait dans la mémoire du vieux pasteur le souvenir très net de ses réflexions. Il se rappelait fort bien cette réunion et ce qu'il avait rapporté à ses compagnons de Boston : « J'ai passé la soirée à m'adresser à un groupe de Marlboro et j'ai été navré de l'indifférence satisfaite de ces fermiers bien nourris, dans leurs fermes confortables. J'aurais aussi bien pu m'adresser à leur bétail, tant ils étaient éloignés du zèle missionnaire. » Et pourtant, dans cet auditoire indifférent, il y avait eu un jeune homme blafard pour accéder à la vocation qui l'amenait à présent devant ce comité. La coïncidence était trop grande, pensa le révérend Thorn, et tout à coup il vit non seulement devant lui un jeune homme blême au cheveu pauvre ayant quelque peu tendance à s'identifier avec Dieu, mais la solution quasi miraculeuse à un problème pressant au sein de la famille Thorn. En conséquence, le président de ce comité d'enquête se pencha brusquement et demanda :

— Êtes-vous marié, Mr Hale ?

— Oh ! non ! monsieur ! Non ! Je n'ai même jamais cherché la compagnie des...

— Saviez-vous que le comité n'envoie jamais au loin de missionnaires célibataires ?

— Non, je ne le savais pas. Mais je sais coudre, faire la cuisine et...

— Est-ce que vous ne connaîtriez pas une jeune fille chrétienne et pieuse, qui aurait entendu la voix de Dieu et qui serait prête à...

— Oh ! non. Je ne connais aucune jeune fille.

Le révérend parut soulagé et fit signe au jeune homme que l'entrevue était terminée. Mais avant de le laisser partir, il lui dit encore :

— Mr Hale, notre décision risque de tarder. Ne vous impatientez surtout pas.

Après que le jeune homme eut regagné sa chambre, un peu éberlué par toutes les questions qu'on lui avait posées, il fut surpris d'apprendre de la bouche de son camarade à quel point son entrevue à lui avait été simple.

— Ils m'ont dit de me marier dès que j'aurais reçu leur lettre d'acceptation la semaine prochaine, dit John.

— Qui épouseras-tu ?

— Ma cousine, naturellement.

— Mais tu ne lui as pas parlé !

— Je lui parlerai. Et toi, qui épouseras-tu ?

— Le comité m'a traité bien différemment, avoua Abner. Je ne sais pas du tout ce qu'ils ont l'intention de me dire.

A ce moment, on frappa à la porte et le révérend Thorn entra. Il se tourna vers John :

— Voudriez-vous nous excuser et nous laisser seuls, s'il vous plaît, Mr Whipple ?

— Asseyez-vous, mon révérend, bredouilla Abner.

— Je n'en ai pas pour longtemps, déclara le pasteur et il entra directement, avec la détermination qui le caractérisait, dans le vif du sujet : J'ai cru comprendre tout à l'heure que, si le comité vous choisit pour aller à Aouahi, vous ne connaissez aucune jeune personne...

Abner, terrifié à l'idée que cela seul anéantirait dans l'œuf le rêve de sa vie, s'écria :

— Mon révérend, s'il n'y a que ça, mon père... Mon père a beaucoup de jugement et s'il me choisissait une personne convenable, je suis sûr...

— Mr Hale, je vous en prie, écoutez-moi. Vous ne connaissez donc personne ?

— Non, mais mon père...

— Laissons votre père. Voici ce que j'étais venu vous dire. Ma sœur, qui habite Walpole, a justement une fille...

Gêné, il s'interrompit, en espérant que le jeune homme le comprendrait à demi-mot. Mais, dans sa candeur naïve, Abner n'entendait rien et attendait la suite du discours. Le grand missionnaire hésita et s'épongea le front. Enfin il soupira et reprit :

— Si le comité vous choisit...

— Je prie Dieu que l'on me choisisse !

— Je me demandais si vous envisageriez... si vous accepteriez que je parle pour vous à ma nièce ?

Abner ouvrit la bouche, la referma et s'empara de la main du révérend Thorn.

— Est-ce possible ? Vous voulez dire que vous m'aideriez à prendre femme ? Votre propre nièce ? Ah ! c'est trop... C'est...

Le pasteur dégagea sa main.

— Elle s'appelle Jerusha. Jerusha Bromley. Elle a un an de plus que vous, et c'est une jeune personne tout à fait dévote.

En entendant prononcer ce nom, qui donnait du corps à cette jeune fille, Abner tomba à genoux, les larmes aux yeux, et se mit à prier, pour remercier le Seigneur. Thorn attendit qu'il eût fini et, en prenant congé, il dit au jeune homme :

— Cela me prendra deux semaines.

Abner Hale n'avait jamais su ce que c'était que le tact. Spontanément, il s'écria :

— John Whipple dit qu'il sera fixé dans huit jours !

— Votre cas est différent.

— Pourquoi ?

Le révérend mourait d'envie de crier la vérité : « Parce que vous êtes un insupportable petit jeune homme pompeux, mal nourri et mal vêtu, aussi peu engageant que possible. Mais j'ai une nièce qu'il nous faut bien marier. Si j'arrive à la convaincre de vous épouser avant qu'elle vous voie, tout ira bien. Il me faut bien quinze jours pour en arriver là. » Mais il se retint et crut avoir trouvé une explication acceptable.

— Voyez-vous, Mr Hale, le docteur Whipple se rendra aux îles en tant que médecin. Si nous vous acceptons et si vous trouvez une épouse, vous irez comme pasteur. C'est pourquoi votre cas est plus délicat à résoudre, et demande plus ample réflexion.

Abner reconnut la valeur de ce raisonnement et lorsque John Whipple reçut l'accord du comité et qu'il écrivit immédiatement à sa cousine pour la demander en mariage, Abner sourit secrètement en se disant que n'importe qui pouvait être accepté comme docteur mais qu'il fallait mûrement réfléchir pour envoyer un pasteur.

Mais chaque fois qu'il se laissait aller à ce sentiment de vanité, il se rappelait son antidote biblique et se répétait le verset : *Celui qui a de l'orgueil au cœur est une abomination aux yeux du Seigneur.* Et il se rappelait aussi la puissante parole de Job : *Contemplez celui qui est fier et abaissez-le. Voyez tous les orgueilleux et rabaissez-les.* Ainsi ses deux natures se faisaient-elles la guerre.

Dès qu'il eut terminé ses interrogatoires à Yale, le révérend Thorn se dépêcha de rentrer à Boston, où il prit la diligence pour Marlboro afin de s'y renseigner sur le caractère et les aptitudes d'Abner Hale. Dès que le coche arriva en vue du village, le révérend sentit se ranimer son aversion. Les granges blanches pimpantes, dans le paysage printanier pimpant, évoquaient une population économe, prudente, fière de ses biens et sourde aux enseignements du Seigneur. Sa première impression fut confirmée et il trouva les villageois aussi fiers et satisfaits que naguère.

Le directeur de l'école lui répondit avec désinvolture :

— Abner Hale ? Ah oui ! Il y a tant de petits Hale qu'on a du mal à se les rappeler individuellement. Abner Hale, oui, des cheveux ternes et mous, ne valait rien aux jeux, encore moins en mathématiques, mais assez doué pour le processus verbal qui marque l'esprit cultivé. Un jeune homme austère, qui ne se limait jamais les ongles. De bonnes dents, cependant.

— Était-il pieux ? demanda Thorn.

— Trop, répliqua le désinvolte directeur.

Sur quoi, comprenant que ce mot pouvait choquer les oreilles de son visiteur, il se hâta d'ajouter :

— J'entends par là qu'il était enclin à la bigoterie qui, pour moi, est un défaut, car la Bible ne nous enseigne-t-elle pas : *Les mouches mortes font répandre une odeur nauséabonde aux onguents de l'apothicaire : de même un brin de folie pour celui qui a la réputation de sagesse et d'honneur ?*

Et il tendit les deux mains, avec un sourire engageant.

— Ferait-il un bon missionnaire ? demanda Thorn qui était incapable de suivre cette citation biblique.

— Oh oui ! Plonger dans l'inconnu ! Porter la bonne parole aux païens ! Oui, je crois qu'Abner Hale... Je ne me trompe pas de garçon ? L'aîné des fils de Gideon Hale ? Un teint brouillé... vraiment un enfant sans charme ? Oui, c'est bien celui-là. Ah oui, il ferait un superbe missionnaire ! Il aime les endroits bizarres. Et être seul.

Le pasteur du village ne valait pas mieux et le révérend Thorn, endurci par la vie difficile des missions africaines, comprit tout de suite où Abner avait appris à pleurer. Le vieillard à moitié gâteux bredouilla :

— Le petit Abner Hale ! Je me rappelle l'année où il a rencontré le Seigneur. C'était dans les champs de son père, il est resté comme transfiguré...

— Est-ce qu'il ferait un bon missionnaire ? interrompit Thorn.

— Un missionnaire ! s'écria le vieux pasteur. Pourquoi quitterait-il Marlboro ? Pourquoi ne reviendrait-il pas ici pour me remplacer ? Là où il pourrait faire du bien ? Quelqu'un devrait bien envoyer des missionnaires à Marlboro. De l'athéisme, du déisme, de l'unitarisme, du quakerisme... Bientôt, nous n'aurons plus un seul bon disciple de Jean Calvin dans toute la Nouvelle-Angleterre. Si vous voulez mon avis, jeune homme, et je vois à votre figure rouge que vous n'en voulez pas, vous avez tort de venir ici séduire nos jeunes gens en leur promettant Ceylan, le Brésil et autres lointains pays. Laissez-les rester ici pour faire un bon travail de missionnaires. Mais je n'ai pas répondu à votre question. Oui, Abner Hale ferait un merveilleux missionnaire. Il est doux mais obstiné dans son droit. Il est très travailleur mais aussi poète dans son amour de la nature. Il est pieux, il respecte ses parents, il est bien trop bon pour qu'on l'envoie à Ceylan.

Sur le long chemin poudreux jusqu'à la ferme des Hale, le révérend Thorn faillit renoncer à son projet complexe consistant d'abord à persuader le Comité d'accepter Abner Hale puis à convaincre ensuite sa nièce Jerusha qu'elle devait en faire autant. Tout ce qu'il avait entendu jusqu'à présent confirmait les doutes du Comité : Abner Hale était un jeune homme difficile, entier, fait pour causer des ennuis partout où il irait, mais quand le grand missionnaire efflanqué arriva en vue de la ferme des Hale il changea aussitôt d'avis.

Depuis la route, une rangée d'érables conduisait le long d'un étroit chemin à une vieille ferme de Nouvelle-Angleterre avec la grange attenante. Depuis cent cinquante ans au moins, elle n'avait pas été repeinte ; elle avait été rendue d'un marron grisâtre par le pâle soleil du nord-est qui, au lieu d'embellir ce qui aurait pu être un charmant coin de campagne verdoyant, ne faisait qu'accentuer l'austérité des bâtiments. C'était, se rappela le révérend, le genre de demeure chrétienne où il avait été lui-même élevé, l'archétype de ce que peut produire la piété. Rien que pour avoir vu la franche laideur de sa maison natale, il comprenait mieux Abner Hale.

Gideon Hale, un homme dur, anguleux, complétait le tableau. Entourant complètement sa jambe gauche maigre autour de la droite, les chevilles serrées, il mit son visiteur à l'aise en déclarant :

— Si vous prenez Abner pour Aouahi, mon révérend, ce ne sera pas une bénédiction sans mélange. Un garçon pas comme tout le monde. Et pas facile à manier, non plus. Il était assez raisonnable jusqu'à ce qu'il entre dans un état de grâce. Là-dessus, il a été tout de suite certain que c'était à lui d'interpréter Dieu, pas à moi. Mais il a énormément de caractère. Si vous voyez ses notes à l'école de Marlboro, vous constaterez qu'au début elles étaient plutôt mauvaises. Mais vous avez vu ce à quoi il est parvenu à Yale ? Aux meilleurs résultats. Par bien des aspects c'est un garçon indifférent, mon révérend, mais pour ce qui est du bien, c'est un rocher. Tous mes enfants sont comme ça.

Au souper, le révérend Thorn vit dans quel granit avait été taillé Abner. Les neuf petits Hale, la figure bien débarbouillée et vêtus des étoffes le meilleur marché possible, arrivèrent sagement, en rang, et s'assirent à une table remarquable par sa propreté et l'extrême frugalité du repas.

— Nous réciterons les prières, annonça Gideon Hale et tout le monde courba la tête.

Chacun à son tour, les neuf enfants récitèrent des versets de la Bible, appropriés à l'occasion, après quoi Mrs Hale, un sac d'os qui tenait à peine sur ses jambes, marmonna brièvement : « Seigneur, bénis cette maison », ce qui fut suivi par une prière de son mari qui dura cinq minutes. Ces premiers devoirs accomplis, Hale demanda :

— Est-ce que le révérend Thorn voudrait nous bénir par un mot de prière ?

La scène évoquait sa propre jeunesse à un tel point que Thorn se lança dans une bénédiction de dix minutes, qui lui rappela les grands moments de piété dans une famille chrétienne.

Après le maigre repas, Hale emmena toute sa progéniture dans la pièce de devant, où une très nette odeur de moisi révélait qu'on n'y gaspillait pas le bois de chauffage et proposa le service complet des prières du soir. Sa femme et ses filles chantèrent une version inspirée de *Tous acclament la puissance du nom de Jésus*, à la suite de quoi Gideon et ses garçons entonnèrent un cantique très populaire à l'époque, *Ah ! Marcher plus près de Dieu !* Quand ils en arrivèrent au couplet émouvant sur les idoles, le révérend Thorn joignit sa voix aux leurs, car les paroles évoquaient bien le principal mobile de sa vie.

La plus chère idole que j'ai connue,
Où que soit cette idole,
Aide-moi à l'arracher de ton trône
Car je ne veux adorer que toi.

Ensuite, Gideon et son fils aîné récitèrent quelques prières et invitèrent le visiteur à prononcer quelques mots. Le révérend Thorn parla longuement et passionnément de l'influence que peut avoir un foyer chrétien sur un jeune homme ou, dit-il en se rappelant ses sœurs et les femmes fortes auprès desquelles elles avaient grandi, sur une jeune fille.

— C'est dans ces foyers-là, affirma-t-il, que Dieu choisit ceux qui exécuteront ses missions sur la terre.

Emporté par son sujet, il s'engagea à parrainer Abner Hale, car il savait que si ce jeune homme était franchement désagréable, maintenant, il était voué à devenir un grand et solide instrument du Seigneur.

Les prières dites, les enfants envoyés se coucher, le révérend demanda à Gideon de quoi écrire.

— C'est pour une longue lettre ? demanda Gideon Hale.

— Non, un simple billet.

Le fermier économe coupa soigneusement en deux une feuille de papier et en donna la moitié au pasteur.

— Ici, nous ne gaspillons jamais rien, dit-il.

Le grand missionnaire réprima un sourire et commença sa lettre au comité :

Mes chers frères,
Je viens de rendre visite à la famille d'Abner Hale et j'ai pu me convaincre qu'il a été élevé dans un foyer véritablement chrétien où l'on vit dans la crainte de Dieu...

Alors qu'il écrivait, ses yeux tombèrent par hasard sur l'étroite étagère où étaient rangés quelques livres et il constata avec plaisir que cette bibliothèque ressemblait beaucoup à celle de sa propre famille : un vieil exemplaire écorné d'Euclide, *le Livre des Martyrs* de Fox, un abécédaire de Noah Webster, et une ancienne édition bien éculée de John Bunyan voisinaient avec la bible familiale.

— Je suis heureux de voir, dit-il, que cette famille chrétienne ne succombe pas à la poésie lascive ni aux romans qui commencent à devenir populaires dans notre pays.

— Cette famille cherche son salut, répliqua froidement Gideon.

Et le révérend Thorn termina la lettre qui allait envoyer Abner Hale à Aouahi.

Lorsque Eliphalet Thorn sortit dans la fraîcheur de la soirée printanière, Mr et Mrs Hale l'accompagnèrent jusqu'à la route blanche qui brillait au clair de lune.

— S'il pleuvait, dit Gideon, ou s'il n'y avait pas de lune, je sellerais les chevaux...

Mais il se contenta de montrer le chemin de Marlboro en pointant son long bras musclé et en assurant :

— Ce n'est pas loin.

Le révérend Thorn souhaita bonne nuit au couple et partit à pied vers le village dont il apercevait au loin les lumières diffuses. Mais il n'avait couvert qu'une courte distance quand il s'arrêta et se retourna pour examiner une fois de plus le foyer lugubre et glacial d'où était issu son protégé. Les arbres étaient bien alignés, les champs bien cultivés, le bétail bien gras. Pour le reste, on ne voyait que du dénuement, un manque absolu de tout ce qui aurait pu se rapporter à la beauté, une austérité carrément repoussante, sauf que la ferme interpellait ostensiblement le passant pour dire : « Voici une demeure consacrée à Dieu. » Et comme pour souligner cela, moins de deux heures après le départ du révérend Thorn, la sœur aînée d'Abner Hale se précipita en larmes dans la chambre de sa mère, s'arrêta net toute tremblante au clair de lune et s'écria :

— Mère ! Mère ! Je ne pouvais pas dormir, je pensais à ces pauvres Africains dont nous a parlé le révérend Thorn et j'ai été prise de tremblements, j'ai entendu la voix de Dieu qui s'adressait directement à moi !

— Est-ce que tu as éprouvé une bouleversante sensation de péché ? demanda son père, en enfilant le vieux manteau qui lui servait de robe de chambre.

— Oui ! J'ai vu pour la première fois que j'étais désespérément damnée et que je ne pouvais y échapper !

— Et tu as ressenti le désir urgent de te consacrer entièrement à Dieu ?

— C'était comme si une grande main me secouait violemment et me faisait enfin reprendre connaissance !

— Gideon ! s'exclama en extase la mère de la jeune fille. Esther a été initiée au sentiment du péché !

La nouvelle fit à Gideon Hale plus de plaisir que n'aurait pu lui apporter aucune autre et il demanda :

— Est-elle entrée dans un état de grâce ?

— Oui ! Oh oui ! Ô bienheureuse Jérusalem céleste, une autre pécheresse t'a trouvée !

Et tous trois tombèrent à genoux dans le rayon de lune pour remercier leur austère et redoutable Protecteur d'avoir révélé à un autre membre de leur famille le fardeau impitoyable du péché sous lequel ploie l'humanité, la proximité des flammes éternelles auxquelles sont à jamais condamnés quatre-vingt-dix-neuf êtres humains sur cent et l'amer chemin sans joie du salut.

Trois jours plus tard, le révérend Thorn pénétra dans un des plus gracieux villages de la Nouvelle-Angleterre, aux rues bordées d'arbres, aux maisons pimpantes et bien tenues, à l'élégant clocher se mirant dans les eaux claires du Connecticut, le village de Walpole, dans le New Hampshire. C'était à Walpole que s'était installée sa sœur Abigail après s'être entêtée à épouser Charles Bromley, un jeune avocat de Harvard, dont la famille vivait à Walpole depuis plusieurs générations.

Le révérend ne venait jamais chez sa sœur sans être persuadé que Dieu frapperait un jour ce repaire de sybarites. En approchant de la grande maison claire aux pignons gracieux, il fut navré d'entendre sa sœur jouer une entraînante gavotte anglaise à l'harmonium. La musique s'arrêta net à son coup de sonnette et une femme de quarante ans, vive et rose, courut à la porte en criant :

— C'est Eliphalet !

Le pasteur évita son baiser et regarda autour de lui. Il fut satisfait de ne pas voir sa nièce Jerusha et observa qu'il était bon qu'elle soit absente.

— Elle ne l'est pas, répliqua sa sœur. Elle est dans sa chambre, en train de bouder. Elle ne rêve qu'à ce garçon, et chaque fois que nous pensons que le temps a tout arrangé, une lettre de Canton ou de Californie vient tout remettre en question.

— As-tu songé à intercepter les lettres ? demanda Eliphalet.

— Charles ne le permet pas. Il dit que chacun est libre.

Le révérend se demanda une fois de plus ce qu'attendait Dieu pour frapper Charles Bromley de sa foudre. Mais comme il y avait vingt-deux ans qu'il se posait cette question et que Charles Bromley prospérait admirablement, il se dit que Dieu devait avoir des raisons, que lui-même était loin de comprendre. Sa sœur lui demanda s'il descendrait chez eux et il rétorqua d'un ton bourru qu'il prendrait une chambre à l'auberge.

— Pourquoi es-tu venu jusqu'ici, alors ? demanda Abigail.

— Parce que je crois avoir trouvé le moyen de sauver ta fille.

— Jerusha ?

— Oui. Je l'ai entendue dire trois fois qu'elle désirait consacrer sa vie à Jésus et devenir missionnaire...

— Eliphalet ! coupa sa sœur. Ce n'étaient que les propos d'une fille déçue dans son amour ! Quand elle a dit ça, il y avait un an qu'elle n'avait plus de ses nouvelles !

— C'est dans les instants de désillusion que nous révélons le fond de notre pensée.

— Mais Jerusha a tout ce qu'elle veut ici !

— Elle n'a pas Dieu, Abigail. Et Dieu lui manque.

— Allons, allons, ne va pas...

— As-tu jamais parlé de cela avec elle ? insista le révérend.

— Tout ce que nous savons, c'est que lorsqu'elle vient de recevoir une lettre, elle est au septième ciel et veut se marier dès qu'il arrivera à New Bedford. Mais s'il se passe six mois sans nouvelles, elle répétera qu'elle veut devenir missionnaire en Afrique ou je ne sais où.

— Laisse-moi lui parler.

— Non ! Aujourd'hui elle est déprimée et elle acceptera n'importe quoi.

— Même de sauver son âme ? grinça ironiquement le révérend.

— Eliphalet ! Ne parle pas ainsi. Tu sais très bien que Charles et moi nous essayons de vivre en bons chrétiens !

— Personne ne peut mener une vie chrétienne à Walpole ! Un repaire d'iniquité ! La vanité, partout. Un harmonium qui ne joue pas de cantiques mais des airs de danse ! Des romans, des poèmes lubriques ! L'argent, qui devrait aller aux missions, gaspillé en décors ostentatoires ! Abigail, un jeune homme du Massachusetts, entièrement dévoué à Dieu, est sur le point de s'embarquer comme missionnaire pour Aouhi. Il m'a demandé de te parler, au sujet de la main de Jerusha.

Mrs Bromley se laissa tomber dans un fauteuil capitonné, maîtrisa ses émotions et appela une domestique.

— Allez immédiatement me chercher monsieur !

— Je ne suis pas venu causer avec ton mari, protesta Eliphalet.

— C'est mon mari, et non Dieu, qui est le père de ma fille.

— Blasphème !

— Non, amour.

Le frère et la sœur s'enfermèrent dans un silence haineux et, lorsque

Charles Bromley entra dans la pièce, jovial, rubicond, prospère et trop bien nourri, il s'exclama :

— Querelle de famille !

— Mon frère Eliphalet... commença Abigail.

— Je sais qui il est, ma bonne. Appelle-le donc simplement Phet. Alors, qu'est-ce qu'il a encore fait, ce brave Phet ?

— Un jeune homme très bien qui suit les cours de théologie de Yale va bientôt partir comme missionnaire à Aouahi...

— Où ça perche, Aouahi ?

— Près de l'Asie.

— C'est chinois ?

— Non. Aouahien.

— Jamais entendu parler.

— Et il a été très favorablement impressionné par ce que je lui disais de ma nièce Jerusha.

— Comment diable en êtes-vous venu à parler d'elle ? demanda Bromley d'un air méfiant.

— C'est humiliant, pleurnicha Abigail. Voilà que mon frère cherche à placer notre fille !

— Je trouve cela très généreux de sa part, Abby. Dieu sait que nous avons eu peu de succès de ce côté-là. Un jour elle est amoureuse folle d'un marin qu'elle n'a pas vu depuis trois ans, et le lendemain elle est amoureuse de Dieu et veut s'exiler au bout du monde. Franchement, mon cher Phet, si vous lui trouviez un bon mari, je vous en serais reconnaissant. Je pourrais me consacrer à ses deux sœurs.

— Charles !

— Le jeune homme dont je parle, dit sèchement le révérend, s'appelle Abner Hale. Il appartient à une bonne famille chrétienne et...

Charles Bromley l'interrompit d'un geste et se mit à arpenter songeusement la grande pièce harmonieuse. Puis, à la surprise générale, il déclara :

— Si vous dites que c'est une bonne famille chrétienne, ce doit être affreux. Je vois d'ici un garçon pâle, mal nourri, boutonneux, bigot, sale, dépourvu d'usages, et cependant quand on y pense, ce sont bien souvent ces garçons-là qui font les meilleurs maris.

Malgré lui, Thorn avait toujours admiré la finesse d'esprit de son beau-frère et son intelligence sensée, si bien qu'il ajouta ce qu'il n'avait jamais eu l'intention de dire :

— Charles et Abigail, ce jeune homme répond exactement à la description que Charles vient de faire. Mais il est aussi un jeune homme enthousiaste, extrêmement franc avec lui-même, qui j'en suis sûr apprendra vite les usages. Je ne le voudrais pas comme gendre aujourd'hui mais je suis persuadé que, dans dix ans, il sera le meilleur mari du monde.

— Est-il aussi grand que Jerusha ? demanda Abigail.

— Pas tout à fait, et il a un an de moins.

Mrs Bromley se mit à pleurer mais son mari la gourmanda d'un ton bourru :

— Allons, allons. Elle ne peut passer sa vie à osciller entre l'amour fou et le fanatisme religieux dans une petite chambre. Elle a vingt-deux ans et il est grand temps qu'elle se marie.

— Veux-tu lui parler, Eliphalet ? gémit Abigail, ébranlée par la réaction de son mari.

— Non, Abigail, dit Charles. C'est à toi de le faire.

— Oui, sans doute. Mais que puis-je lui dire au sujet de ce jeune homme ?

Le révérend Thorn avait prévu cela, et il tendit à sa sœur un dossier complet sur Abner Hale, avec un essai que le jeune homme avait écrit et une généalogie succincte de la famille Hale.

Abigail feuilleta le dossier et se remit à pleurer.

— Oh ! Charles ! Nous ne savons même pas où est Aouahi ! Et tu veux envoyer ta fille...

— Ma bonne, déclara fermement Charles, la seule chose que je refuse, c'est d'abandonner notre fille à sa dépression. Je crois qu'elle est d'humeur religieuse, ce mois-ci, et elle sautera certainement sur l'occasion d'épouser un missionnaire et d'aller à Aouahi.

Ainsi, à la suite du double voyage du révérend Thorn à Marlboro et à Walpole, le jeune Abner Hale, qui passait nerveusement les derniers jours de juin à Yale, reçut enfin une lettre de Boston lui apprenant que le Comité l'avait agréé et qu'il devait se préparer à prendre le départ avec sa femme pour Hawaii, à bord du brick *Thetis*, sous le commandement du capitaine Janders.

Y était jointe une liste de près de deux cents articles dont il était vivement recommandé aux missionnaires de se munir :

3 rasoirs	1 ombrelle	1 jeu de coffres
1 boussole	3 ciseaux	1 soufflet
21 serviettes	4 bols	3 pichets de grès
1 cuvette	3 pots de chambre	2 chenêts
1 broc	1 lanterne	1 treuil...

Il reçut également une missive plus brève, signée du révérend Thorn, lui conseillant de se présenter vers la fin du mois de juillet au domicile de Charles et Abigail Bromley, à Walpole, New Hampshire, afin d'y faire la connaissance de leur fille Jerusha. Sa lettre contenait trois dollars que le jeune homme pouvait employer à soigner sa mise en vue de cette rencontre capitale, et qu'il n'avait pas besoin de rendre.

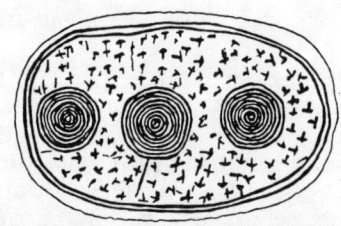

En ce début du XIXe siècle, il y avait en Nouvelle-Angleterre bien des jeunes gens destinés à devenir missionnaires dans les îles des mers du Sud qui, absorbés par leur travail et leurs études, n'avaient pas le temps de rechercher des filles à marier et qui se trouvaient soudain dans l'obligation de prendre femme. Car le Conseil des Missions refusait nettement d'envoyer à Hawaii des missionnaires célibataires. Les marins qui revenaient des îles, en effet, chantaient la beauté et l'absence totale de vertu des filles dorées couronnées de fleurs, parlaient de la douceur de vivre et des parfums enivrants des vallées luxuriantes.

Le Conseil des Missions conclut donc qu'il serait follement imprudent d'envoyer dans ce paradis charnel des jeunes gens seuls, mal armés et candides, certainement incapables de résister à tant de charmes pervers. D'autre part, les doctes pasteurs étaient convaincus que ce sont les femmes qui sont les véritables agents de la civilisation et qu'une épouse chrétienne, par son exemple, vaut tous les sermons du monde. Les jeunes gens se répandirent donc à travers la région, faisant la connaissance d'une jeune fille rougissante le vendredi, la demandant en mariage le samedi, l'épousant après trois semaines de bans et partant pour Hawaii parfois le soir même des noces.

Mais aucune de ces odyssées amoureuses ne fut aussi étrange que la cour du jeune Abner Hale. Il fut ordonné au début de juillet et quitta Yale immédiatement, sévèrement vêtu d'un habit noir et coiffé d'un tuyau de poêle évasé du haut, en feutre taupé.

Dans son maigre bagage il avait une brosse qu'on lui avait conseillé d'emporter pour brosser son chapeau, seul attribut frivole de son habillement qu'il se fût permis, parce qu'il jugeait que, plus que toute autre chose, ce chapeau le désignait comme un pasteur. Quant à ses souliers, en gros cuir de vache avec des soufflets élastiques, il ne s'en préoccupait pas.

Lorsque la diligence le déposa à Marlboro, il en descendit avec précaution, assura sur sa tête son immense chapeau, souleva son sac de voyage et partit à pied pour la ferme. Il fut déçu qu'aucun habitant de Marlboro ne prenne la peine de le féliciter d'avoir réussi à devenir pasteur mais il faut dire qu'avec son haut-de-forme personne ne le reconnaissait. Il arriva au chemin bordé d'arbres sans avoir parlé à âme qui vive et s'arrêta les pieds dans la poussière, en pleine chaleur, afin de saluer pour la dernière fois, pensait-il, ce sombre, amer et dur foyer où des générations de Hale étaient nées et avaient vécu et il lui parut si débordant d'amour qu'il courba la tête et pleura. Il était encore planté là quand les plus jeunes des enfants l'aperçurent et allèrent chercher toute la famille pour l'accueillir.

Ils étaient à peine assemblés dans l'austère pièce de devant que Gideon Hale, tout gonflé de la fierté d'avoir un fils ordonné pasteur, demanda :

— Abner, veux-tu nous guider pour ta première prière dans cette maison ?

Abner choisit comme texte le Lévitique, 25,10 : *Chacun de vous rentrera dans sa propriété et chacun de vous retournera dans sa famille*, et prononça un véritable petit sermon. La famille était radieuse et, dès le service terminé, Esther prit timidement son frère à part et lui chuchota :

— Il est arrivé une chose merveilleuse, Abner !

— Père me l'a dit. Je suis profondément reconnaissant, Esther, que tu sois entrée dans un état de grâce.

— Ce serait vaniteux de ma part de parler de cela. Ce n'était pas ce que je voulais dire, avoua-t-elle en rougissant.

— Quoi donc, alors ?

— J'ai reçu une lettre !

— De qui ?

— De Walpole, dans le New Hampshire.

Ce fut au tour d'Abner de rougir et tout en ne souhaitant pas manifester un intérêt inconvenant il ne put s'empêcher de demander d'une voix hésitante :

— Une lettre... de...

Mais il ne put se résoudre à dire à haute voix le nom qu'il n'avait encore prononcé devant personne. Il lui semblait tout à fait improbable qu'il fît la connaissance de Jerusha Bromley, encore moins plausible qu'il la demandât en mariage, alors il n'était pas question de profaner son nom en le mentionnant.

Esther prit les deux mains de son frère et lui déclara :

— C'est une lettre de la plus charmante, de la plus prévenante, de la plus douce, de la plus chrétienne de toutes les jeunes filles de Nouvelle-Angleterre. Elle m'appelle sa sœur et me demande de prier pour elle afin de la guider.

— Puis-je voir la lettre ? demanda Abner.

— Oh non ! Non ! Elle m'a été envoyée en confidence ! Jerusha dit... N'est-ce pas un joli nom, Jerusha, celui de la mère de Jotham dans le Livre des Rois... Elle dit que tout se passe si rapidement qu'elle éprouve le besoin de se confier à une amie sincère. Tu serais ahuri par toutes les questions qu'elle m'a posées !

— A quel sujet ?

— Sur toi, Abner !

— Et qu'est-ce que tu as dit ?

— Je lui ai écrit une lettre de dix-huit pages et bien que ce soit une lettre secrète entre ma sœur et moi...

— Ta sœur ?

— Oui, Abner. Je suis convaincue, d'après le ton de sa lettre, qu'elle a l'intention de t'épouser.

Esther sourit à son frère décontenancé et ajouta :

— C'est une lettre secrète, mais j'ai recopié une des dix-huit pages.

— Pourquoi ?

— Parce que sur cette page, j'ai donné la liste de tous tes défauts, tels qu'une jeune fille les considérerait, et avec un amour fraternel. Abner, je veux te donner cette page importante.

— J'aimerais beaucoup la lire, bredouilla-t-il et il emporta dans sa chambre le feuillet couvert d'une petite écriture serrée.

Ma très chère Jerusha, lut-il, *que j'espère avoir le bonheur de pouvoir appeler ma sœur, je ne vous ai encore parlé que des vertus de mon frère. Elles sont nombreuses et je ne les ai pas exagérées car, comme vous vous en doutez, quand on vit en étroite harmonie au sein d'une nombreuse famille tendrement unie, l'intellect le moins brillant acquiert une pénétration des plus secrets recoins de l'esprit et de l'âme des autres. En prévision du jour où nous serons véritablement sœurs et désireuse que vous m'estimiez parfaitement franche avec vous, selon le véritable principe chrétien enjoint par Notre-Seigneur dans l'épître aux Éphésiens, 4,25 :* Ainsi donc, que chacun de vous, renonçant au mensonge, parle avec vérité à son prochain ; car nous sommes membres les uns des autres, *je dois maintenant vous apprendre les faiblesses de mon doux frère dévot. Premièrement, Jerusha, il ne connaît pas les élégants usages mondains et il vous décevra sûrement si c'est ce que vous recherchez chez un mari. Je suis sûre qu'il pourra apprendre à être plus gracieux et peut-être, grâce à votre patience et à vos sages conseils, deviendra-t-il presque civilisé mais j'en doute. C'est un ours plein de franchise. Il dit ce qu'il pense, il manque totalement de tact et de prévenances et, comme j'ai vu ma mère devoir supporter un tel mari, je sais que c'est parfois pénible. Mais, de toute ma* vie, je n'ai vu mon père changer en quoi que ce soit, d'où j'en conclus que c'est une chose que les femmes apprécient beaucoup mais trouvent rarement. Deuxièmement, il est absolument indifférent en ce qui concerne les femmes, car j'ai vécu avec lui dans l'intimité pendant dix-neuf ans, nous avons partagé tous nos secrets et jamais une seule fois l'idée ne lui est venue de me faire un cadeau, autre qu'un objet utile comme une règle ou un cahier ; je suis sûre qu'il ignore l'existence des fleurs, même si le Seigneur a voulu que son temple de Jérusalem soit construit des plus beaux matériaux et des bois les plus odorants. En cela aussi, il est comme son père. Troisièmement, ce n'est pas un beau jeune homme et son habitude de marcher voûté ne l'embellit pas. Il ne prend pas soin de ses habits ni de sa personne, encore qu'il se rince la bouche assez fréquemment pour éviter d'offenser dans ce secteur. A Marlboro, je vois tous les jours des jeunes gens plus beaux que mon frère et je suppose qu'un jour j'épouserai l'un d'eux, mais je n'ai pas le plus petit espoir de trouver chez le plus beau les attributs favorables que j'ai énumérés. Je sais que vous souhaiterez souvent qu'il se tienne un peu plus droit, que son linge soit plus blanc, qu'il ait l'air plus imposant. Il n'y arrivera jamais et si vous recherchez ce genre de qualités, vous serez cruellement déçue. Finalement, ma chère sœur Jerusha — je m'accorde l'audace de vous appeler ainsi dans le plus fervent espoir que vous accepterez mon frère, car Abner a le plus sérieusement besoin de cet esprit de joie que je découvre dans votre lettre —, je dois vous avertir qu'il est à la fois grave et vaniteux, et s'il n'était pas destiné au saint ministère ce seraient là des défauts insupportables mais sa gravité et sa vanité ont une même cause. Il estime que Dieu lui a parlé personnellement, ce qui est vrai, et que cela le distingue du commun des mortels. C'est un trait de caractère de mon frère fort déplaisant, il m'est permis de le dire maintenant parce que Dieu m'a parlé aussi, à moi, et je juge par votre lettre qu'il est venu à vous, mais je ne trouve en vous ni en moi-même cette vanité qui gâche mon frère. J'ai trouvé dans la présence de Dieu une douceur que je n'avais jamais connue. Cela me rend plus gentille avec mes sœurs, plus patiente avec mes petits frères, je trouve plus de joie à donner à manger aux poulets et à baratter le beurre. Si seulement Abner pouvait renoncer à sa vanité en présence du Seigneur, il serait un mari presque parfait pour vous, Jerusha. Tel qu'il est, il est bon et si vous l'agréez, je vous demande de conserver cette lettre car vous verrez, au fil des ans, que votre sœur inconnue ne vous a pas menti

Une autre lettre attendait Abner à Marlboro. Elle avait été envoyée par le révérend Eliphalet Thorn et disait simplement : « Pendant que vous serez chez votre père, travaillez aux champs, au soleil, sans chapeau. Si Jerusha vous accepte, je procéderai moi-même à la cérémonie. »

Pendant deux semaines, Abner travailla donc aux champs comme lorsqu'il était enfant. Il bronza, son teint terreux prit des couleurs, sous les yeux renfoncés la peau se resserra, si bien que lorsque le moment vint de faire ses adieux à sa nombreuse et affectueuse famille, il était aussi près d'être joli garçon qu'il le serait jamais. Mais la détente, l'abandon de la gravité qu'Esther avait espérés n'étaient pas apparus. C'était un peu parce que le jeune pasteur avait le pressentiment que c'était la toute dernière fois qu'il voyait sur la terre ces onze personnes, cette grange, ce champ qui avait été le théâtre de son entrée dans un état de grâce, cette chaleureuse entente d'une famille chrétienne. Il serra la main de sa mère, car il n'avait jamais très bien su embrasser, et celle de son père qui suggéra sans enthousiasme :

— Puisque tu t'en vas, je devrais peut-être atteler la charrette ?

Son soulagement fut évident quand son fils répondit :

— Ce n'est pas nécessaire. Le révérend Thorn m'a généreusement envoyé trois dollars.

— C'est ce qu'Esther m'a dit, grommela Gideon Hale en tendant une grande main calleuse. Que le Seigneur t'accompagne, mon garçon.

— Puissiez-vous continuer de vivre dans la grâce, répliqua Abner.

Il dit ensuite adieu à Esther et s'aperçut, pour la première fois, qu'elle se transformait en une fort belle jeune femme. Il éprouva un pincement de regret au cœur et pensa : « J'aurais dû mieux connaître Esther. » Mais il était trop tard et il fut tout confus quand elle l'embrassa, donnant ainsi l'exemple à toutes ses autres sœurs, qui l'imitèrent.

— Adieu, dit-il d'une voix étranglée. Si nous ne nous revoyons pas sur cette terre, nous serons sûrement réunis aux pieds de Dieu en son paradis. Car nous sommes ses héritiers, les cohéritiers avec Jésus-Christ d'un héritage incorruptible, pur et illimité qui ne nous sera pas ôté.

Sur ces mots, il tourna gravement le dos à ses austères parents, à la ferme d'amertume avec sa grange grise, ses fenêtres tristes et sans fleurs. Pour la dernière fois, il suivit le petit chemin jusqu'à la route poudreuse conduisant à Marlboro où l'attendait la diligence du New Hampshire qui l'emmènerait vers une aventure qu'il redoutait.

Sitôt arrivé à l'*Auberge des Colonies*, à Walpole, Abner fit sa toilette et sortit de son sac une feuille de recommandations de sa sœur Esther :

Premièrement, te laver et brosser soigneusement tes habits, puis faire porter par le commissionnaire un billet à Mrs Bromley, ainsi conçu : Chère Mrs Bromley, pourrais-je avoir l'honneur d'être reçu chez vous cet après-midi à trois heures ? *Tu signes et tu mets le nom de l'auberge au cas où une personne de la famille jugerait bon de venir te chercher.*

Abner avait à peine envoyé son billet qu'il entendit dans la salle commune une voix retentissante :

— Avez-vous là un jeune homme du Massachusetts ?

Et avant qu'Abner ait eu le temps de lire les conseils de sa sœur, sa porte s'ouvrit devant un homme robuste qui s'écria en riant :

— Je suis Charles Bromley. Vous devez être aussi nerveux qu'un jeune poulain.

— Je le suis, avoua Abner.

— Vous me paraissez plus bronzé et plus solide que nous ne le pensions.

— Le révérend Thorn m'a conseillé de travailler aux champs sans chapeau.

— Je ferais bien d'en faire autant, je m'empâte. Mais je ne suis pas venu discuter de ça, fils. Je viens vous dire que c'est ridicule d'attendre trois heures de l'après-midi. Allez, venez à la maison faire connaissance avec la famille !

— Je ne dérangerai pas ?

— Oh ! mon garçon ! Mais nous sommes aussi énervés que vous !

Il donna une bourrade à Abner et le poussa dehors. En traversant la salle, il lança à l'aubergiste :

— Vous les faites payer combien, vos chambres ?

— Soixante *cents* par jour.

— Vous me donnerez la note. Ces jeunes pasteurs ne sont pas trop bien payés.

Puis il entraîna Abner dans le soleil éclatant et lui fit traverser la charmante place, avec son église du xviie siècle et ses maisons éclatantes de blancheur, ses ormes majestueux, le gazon vert et le kiosque à musique, jusqu'à la grande maison harmonieuse, où Mrs Bromley et ses deux filles cadettes guettaient derrière les rideaux.

— Il n'est pas si mal que ça ! chuchota Charity Bromley à sa sœur.

— Il n'est pas grand, grogna Mercy. Il t'irait mieux à toi qu'à Jerusha.

— Allons, mes filles, de la tenue.

Elles s'assirent toutes les trois, bien droites, sur des chaises. Charles Bromley ouvrit familièrement la porte du pied et poussa devant lui un jeune homme vêtu de noir, son chapeau haut de forme à la main. Il traversa hardiment le salon et s'inclina devant Mrs Bromley.

— Je suis très honoré que vous consentiez à me recevoir.

Puis il se tourna vers Charity, une jolie jeune fille de dix-neuf ans, rougit et s'inclina profondément en murmurant :

— Je suis particulièrement heureux de faire votre connaissance, mademoiselle.

— Ce n'est pas Jerusha ! pouffa Mercy.

Charles Bromley éclata de rire.

— Vous avez des sœurs, Abner. Mais vous reconnaîtrez Jerusha quand elle descendra. C'est la plus jolie.

Abner rougit de plus belle. Ses oreilles bourdonnèrent. Il entendit vaguement Mrs Bromley qui lui posait une question.

— Avez-vous une sœur de l'âge de Mercy ? Elle a douze ans.

— J'ai un frère de douze ans, bredouilla-t-il.

— Ma foi, si vous avez un frère de douze ans, lança Mercy, vous ne pouvez pas aussi avoir une sœur de cet âge.

— Si, s'ils étaient jumeaux, dit Charles Bromley.

— Nous n'avons pas de jumeaux, dit Abner très sérieusement.

— Alors, il n'a pas de sœur de douze ans ! s'exclama Mercy.

— Ce que ma femme voulait dire, c'est que si vous aviez eu une sœur de douze ans, vous comprendriez pourquoi nous avons parfois envie de noyer ce démon.

Cette idée stupéfia Abner. Il n'avait jamais entendu ses parents s'exprimer de la sorte, même en plaisantant. De fait, il n'avait jamais entendu autant de plaisanteries dans sa famille en plus de vingt ans que pendant ces quelques minutes chez les Bromley.

— Mercy me paraît bien trop charmante pour être noyée, bafouilla-t-il en espérant qu'il ne commettait pas une bévue.

Et puis sa bouche s'ouvrit et il demeura saisi de stupéfaction car Jerusha Bromley venait d'entrer au salon. Grande, brune aux yeux sombres, son visage aux traits délicats encadré de longues anglaises, elle était exquise dans sa robe de mousseline empesée blanche et rose garnie de boutons de nacre rose et d'un volant de broderie blanche. En la voyant, Abner fut pris de panique « Elle ne peut pas être pour moi. Ce n'est pas possible, songea-t-il, elle est trop belle. »

Gracieuse et posée, elle s'avança vers Abner et lui tendit la main en murmurant d'une voix douce :

— Je me félicite d'avoir écrit à Esther. Il me semble que je vous connais déjà, révérend Hale.

— Il s'appelle Abner ! s'écria Mercy.

Ce fut un long après-midi enchanteur et ensoleillé, d'une heure à six heures du soir. Jamais Abner n'avait entendu tant de rires détendus, tant de mots d'esprit et son bonheur ne fut gâché que par le fait qu'à son arrivée poussiéreuse à l'auberge de Walpole il avait bu énormément d'eau ; ce qui fait qu'à partir de quatre heures il fut tenaillé par un urgent besoin de se rendre aux lieux d'aisances, une douloureuse épreuve qui ne lui était jamais arrivée et qu'il était incapable d'affronter avec simplicité. Finalement, ce fut Mr Bromley qui dit sans chercher d'euphémismes :

— Je m'aperçois que nous faisons parler ce jeune homme depuis plus de cinq heures et je parie qu'il aurait bien envie d'aller aux cabinets !

Et il entraîna le jeune pasteur rougissant vers le plus merveilleux soulagement de sa vie.

Au dîner, Abner s'aperçut que toute la famille observait ses manières mais il jugeait néanmoins qu'il se comportait assez bien, ce qui lui fit plaisir ; car s'il trouvait stupide de juger un homme à ses bonnes manières, il se rendait subitement compte qu'il voulait que cette charmante famille ait une bonne opinion de lui.

— Nous vous regardions tous pour voir si vous retireriez les noyaux de cerises de votre bouche avec les doigts, dit Mercy pour le taquiner.

— Nous avons appris à ne pas faire cela, à l'université, répondit Abner. A la maison, je les crachais simplement.

Toute la famille éclata de rire si joyeusement qu'Abner s'aperçut qu'il venait de faire une plaisanterie, bien que cela n'eût pas été dans ses intentions.

A huit heures, Mr Bromley lui demanda de dire les prières du soir, ce qu'il fit de bonne grâce, en choisissant comme sujet un texte qu'Esther lui avait conseillé, après de longues réflexions, la Genèse, 23,4 : *Je suis un étranger et un hôte parmi vous ; accordez-moi chez vous la propriété d'une sépulture, afin que je puisse enlever la morte qui est devant moi et l'ensevelir.* Charles Bromley trouva le passage inutilement lugubre pour un pasteur débutant de vingt et un ans, mais il fut contraint d'admirer avec quelle habileté Abner transformait la mort en une resplendissante assurance de vie. Abner, de son côté, trouvait que le jeu de Mrs Bromley à l'harmonium et la façon maniérée de chanter les cantiques, des trois sœurs, étaient inutilement mondains. Mais à part ces petites réserves, le service fut un succès.

Puis Mr Bromley lança :

— Allons, tout le monde au lit. Ces jeunes gens doivent avoir beaucoup de choses à se dire.

Et d'un geste large, il fit monter toute la famille au premier.

Quand ils furent partis, Jerusha, les mains croisées sur les genoux, considéra cet inconnu et lui dit :

— Révérend Hale, votre sœur m'a tant parlé de vous que je n'ai pas de questions à vous poser, mais je suis toute prête à répondre aux vôtres.

— La première est la plus importante, mademoiselle. Avez-vous une inébranlable confiance en Dieu ?

— Oui. Plus que mes parents et que mes sœurs. Je ne sais pourquoi, mais c'est ainsi.

— Et vous êtes préparée à suivre aveuglément ses ordres, même s'il choisit de vous entraîner à des milliers de kilomètres d'ici ?

— Oui. Tout à fait. Je sens que je suis appelée, et cet appel devient de plus en plus impérieux.

— Vous savez qu'Aouahi est une île païenne, sauvage, diabolique ?

— Je le sais. J'ai entendu parler Keoki à l'église.

— Et cela ne vous fait pas peur ?

Jerusha ne répondit pas. Elle baissa les yeux en cherchant à lutter contre son inclination, mais elle n'y réussit pas et lança soudain :

— Révérend Hale, vous ne venez pas me... m'embaucher pour aller à Aouahi ! Et vous ne m'interrogez pas pour savoir si je ferais un bon pasteur ! Vous êtes supposé me demander si je veux bien vous épouser !

Abner déglutit péniblement. Les paroles de Jerusha ne le surprenaient guère, car il se disait, dans son ignorance des femmes, qu'il était normal qu'elles agissent ainsi. Il ne se troubla donc pas et répondit :

— Vous êtes si belle, mademoiselle. Vous êtes beaucoup plus jolie que je n'aurais jamais osé l'espérer et je ne puis comprendre pourquoi vous consentiriez à m'épouser. Votre intérêt me stupéfie et je ne puis m'empêcher de penser que c'est l'appel du Seigneur qui vous pousse.

Jerusha se leva, s'approcha d'Abner et s'agenouilla devant lui, pour mettre son visage à sa portée.

— Vous voulez dire que vous avez peur de me demander en mariage, révérend Hale ?

— Oui, vous êtes trop belle.

— Et vous vous demandez pourquoi je ne suis pas encore mariée ?

— Oui.

— Je vous en prie, ne soyez pas gêné. Ma famille et mes amis se posent tous cette question. La vérité est toute simple. Trois ans avant d'entendre l'appel du Seigneur, je suis tombée amoureuse d'un jeune homme de New Bedford. Il possédait toutes les qualités qui vous manquent, révérend, et tout le monde pensait qu'il serait le parti idéal. Et puis il est parti et en son absence...

— Vous l'avez remplacé par Dieu ?

— Beaucoup le pensent.

— Et maintenant, vous me prenez comme pis-aller ?

— Je suppose que ma mère et mes sœurs en sont persuadées.

L'instant d'émotion étant passé, sans qu'Abner ait eu la velléité de lui prendre les mains, Jerusha se releva et regagna sa chaise.

— Pourtant, ma sœur Esther a pensé que votre lettre était sincère, dit Abner.

— Et comme elle l'a pensé, elle a tout fait pour me convaincre de vous épouser. Si Esther était ici en ce moment...

Ainsi, ces deux singuliers amoureux étaient assis chacun de son côté, comme deux continents restant à découvrir avec un océan d'incertitude entre eux. Mais tandis que cette journée unique tirait à sa fin, Jerusha comprit qu'Abner Hale était un véritable croyant et qu'au fond de son cœur il avait réellement peur de prendre pour femme une personne qui ne serait pas entièrement consacrée à Dieu, alors qu'Abner apprenait qu'il lui importait peu que Jerusha Bromley fût ou non en état de grâce, ce qui comptait c'était qu'elle consentît à rester vieille fille si le mariage ne lui apportait pas l'honnête passion dont la vie était capable.

L'entrevue se termina sur ces découvertes mutuelles, mais à la porte, avant de partir, Abner demanda timidement :

— Puis-je avoir l'audace de vous prendre tendrement la main... en gage de ma profonde estime pour vous ?

Et quand il toucha pour la première fois une partie du corps de Jerusha Bromley, ce qui était le geste le plus téméraire de sa jeune vie, une émotion d'une telle puissance le submergea, causée par les doigts de la jeune fille, qu'il resta un moment comme transfiguré avant de tourner les talons et de traverser la place endormie pour rentrer à son auberge.

Le lendemain matin avant huit heures, dans toutes les cuisines de Walpole — du moins celles des personnes appartenant à l'Église locale — on connaissait tous les détails de la cour Hale-Bromley, car la jeune Mercy avait déjà couru de maison en maison pour annoncer :

— Bien sûr, il ne l'a pas encore embrassée parce que ce ne serait pas convenable, mais il lui a tenu la main, comme dans un roman anglais !

A huit heures et demie, Mercy et sa sœur Charity se présentèrent à l'auberge pour avertir leur éventuel futur beau-frère qu'il allait être enlevé, pour un pique-nique familial.

— Est-ce que... euh... Miss Bromley y assistera ? demanda-t-il.

— Jerusha ? Bien sûr ! répondit Mercy. Sinon comment voulez-vous qu'elle se fiance ?

Abner, prévoyant une nouvelle journée sans toilettes, refusa toute espèce de petit déjeuner, ne but ni lait ni eau, si bien que lorsque le pique-nique fut déballé sur une colline du New Hampshire il était affamé. Il mangea comme un ogre et, ensuite, Jerusha et lui allèrent se promener le long d'un ruisseau.

— Comment pouvez-vous envisager de quitter un pays aussi ravissant ? demanda-t-il.

Elle répondit énigmatiquement :

— Ceux qui suivaient Jésus n'étaient pas tous des paysans.

Il s'arrêta sous un arbre, au bout d'un moment, et avoua :

— Je n'ai pas fermé l'œil de la nuit, Miss Bromley, je pensais que je n'avais pas su mener à bien notre conversation et puis je me suis dit que je n'avais pas dû être aussi inepte que je le croyais, puisque j'avais appris à vous connaître et à apprécier vos qualités. Le premier imbécile venu peut voir que vous êtes très belle, alors il est inutile de parler de cela, mais en d'autres circonstances nous aurions pu parler beaucoup plus longuement sans découvrir tout ce que nous avons découvert hier soir.

— Ce que nous avons découvert, répliqua Jerusha en se retenant à une branche basse, c'est que nous sommes tous deux obstinés et que, tous deux, nous honorons le Seigneur.

Restant à près de deux mètres d'elle, il demanda :

— Accepteriez-vous d'aller à Aouahi... dans ces conditions ?

— Volontiers, révérend Hale.

Il déglutit, gratta distraitement l'écorce de l'arbre et bredouilla :

— Est-ce que cela signifie que nous sommes fiancés ?

— Pas du tout, rétorqua-t-elle, accrochée à sa branche et se balançant d'une manière tout à fait provocante.

— Pourquoi ne voulez-vous pas m'épouser ? demanda-t-il, tout décontenancé.

— Parce que vous ne me l'avez pas demandé.

— Mais je viens de dire...

— Vous avez dit « Accepteriez-vous d'aller à Aouahi » et j'ai répondu oui. Mais cela ne veut certainement pas dire que je suis prête à doubler le cap Horn et faire le long voyage d'Aouahi avec un homme qui ne serait pas mon mari.

— Oh ! Mais je n'ai jamais pensé...

Affreusement gêné, la figure cramoisie, Abner tenta de présenter toute une suite d'excuses différentes, sans grand succès. Finalement, en contemplant cette svelte jeune fille, dans sa robe d'été soyeuse, qui se balançait en le taquinant, comme si elle dansait, il trouva ce qu'il devait dire. Quittant le tronc de l'arbre il alla mettre un genou en terre au bord du ruisseau chantant et demanda :

— Miss Bromley, voulez-vous être ma femme ?

— Je le veux, répondit-elle aussitôt et elle ajouta nerveusement : J'avais peur que vous disiez : « Voulez-vous m'épouser et aller à Aouahi », ce qui aurait tout gâché.

Elle lui tendit les deux mains pour l'aider à se relever, s'attendant à être embrassée, mais il épousseta son pantalon et s'exclama dans un élan de joie pure :

— Nous devons l'annoncer à vos parents !

Elle acquiesça, avec un sourire ironique, mais quand ils arrivèrent sur les lieux du pique-nique, Mr et Mrs Bromley étaient endormis. Mercy et sa sœur ne l'étaient pas, elles, et devinaient bien ce qui s'était passé.

— Vous êtes fiancés ? demanda Mercy.

— Oui, répondit Jerusha.

— Il t'a embrassée ?

— Pas encore.

— Abner ! Embrassez-la ! s'écrièrent les deux sœurs et sous le chaud soleil de juillet Abner Hale embrassa pour la première fois Jerusha Bromley.

Ce ne fut pas un baiser bien remarquable et le public gênait les débordements mais, ensuite, Abner se surprit lui-même en s'emparant d'abord de Charity puis de Mercy pour les embrasser toutes les deux en s'exclamant :

— Vous êtes les sœurs les plus adorables du monde !

Il s'assit par terre, tout éberlué, et avoua :

— Je n'avais encore jamais embrassé une seule jeune fille de ma vie, et voilà que je viens d'en embrasser trois !

Mercy réveilla ses parents en glapissant :

— Ça y est ! Ils sont fiancés !

Il y eut alors de chaleureuses félicitations après quoi Charity montra une feuille de papier où elle avait noté des dates et annonça :

— Nous afficherons les bans dimanche, c'est le 5 août, et le lundi 20 vous pourrez vous marier !

— Nous allons transformer le bureau de papa en atelier de couture ! s'écria Mercy, et nous ferons des robes et des draps avec les étoffes que nous avons achetées.

— Vous avez acheté les étoffes ? s'étonna Abner.

— Oui, répondit Charity. Il y a trois semaines que Jerusha a décidé de vous épouser, tout de suite après avoir reçu la lettre d'Esther, mais elle nous a dit : « Nous allons le laisser venir, au cas où sa sœur serait une vilaine petite menteuse. » Mais nous savions tous qu'elle ne l'était pas. N'importe comment, papa a dû recevoir au moins quinze lettres à votre sujet, alors nous savions.

— Est-ce que vous avez tous lu ces lettres ? demanda Abner tout confus.

— Bien sûr ! répliqua Mercy. Et ce que j'ai préféré, c'est que vous avez appris à coudre, à faire la cuisine et le ménage... au cas où vous deviendriez missionnaire. J'ai dit à Jerusha de vous épouser tout de suite, comme ça elle n'aurait jamais besoin de travailler !

Mais dans la soirée, quand les deux jeunes sœurs accompagnèrent leur nouveau futur beau-frère à l'auberge pour qu'il fasse un brin de toilette avant le dîner, Mercy montra une grande maison blanche et annonça :

— C'est là que le marin venait en visite. Il était très bel homme, mais comme je n'avais que neuf ans, à l'époque, je l'imagine peut-être plus grand qu'il ne l'était.

— Que s'est-il passé ? demanda prudemment Abner et il vit Charity pincer le bras de sa sœur.

— Aïe ! Charity veut me faire taire, Abner, mais je pense qu'il vaut mieux que vous sachiez tout. Il était bien plus beau que vous mais beaucoup moins gentil.

— Et d'ailleurs, Jerusha ne l'aurait jamais épousé, déclara Charity.

— Pourquoi ?

— Parce qu'il faut être un certain genre de femme pour épouser un marin.

— Quel genre ?

— Le genre de Salem, le genre de New Bedford. Des femmes qui sont prêtes à supporter pendant des années l'absence de leur mari. Jerusha n'est pas ce genre de femme, Abner, elle vit d'affection. Soyez gentil avec elle.

Trois semaines plus tard, le révérend Thorn arriva de Boston par la diligence pour célébrer le mariage de sa nièce. Il trouva le jeune étudiant de Yale dans un état d'hypnose.

— Je ne puis croire que je vais épouser cet ange ! répétait-il. Ses sœurs sont merveilleuses ! Tout le village s'est montré charmant ; on nous a submergés de cadeaux !

— Ma sœur Abigail s'entend à se faire des amis, répondit simplement Eliphalet Thorn. Je suis très heureux que Jerusha et vous... Oui. Maintenant, si vous voulez m'excuser, je vais voir Charles pour les derniers préparatifs.

Mais au moment où le révérend sortait de la chambre d'Abner, l'aubergiste l'appela et lui tendit une lettre :

— Ça vient d'arriver, et puisque vous allez chez les Bromley, vous pouvez la leur porter.

C'était une épaisse liasse de feuillets pliés et cachetés, venant de Canton en Chine et portant des cachets de Londres, de Charleston en Caroline du Sud et de New Bedford, adressée à Miss Jerusha Bromley. Le révérend Thorn tourna et retourna la lettre entre ses doigts et raisonna en son for intérieur : « Il y a peu de chances que l'aubergiste parle de cette lettre à Jerusha avant son départ. Il y en a une, cependant, donc je ne puis la brûler. D'ailleurs, ce serait un péché.

Mais si je prends la ferme résolution de remettre cette missive à ma nièce, et si je l'enfouis dans ma poche, comme ceci, il me sera permis de l'oublier. Dans deux ou trois mois, je pourrai la réexpédier à ma sœur avec toutes mes excuses. Et comme Jerusha sera déjà mariée, Abigail ne voudra certainement pas troubler sa fille avec cette lettre. Abigail n'est pas idiote. »

Le révérend enfouit donc la lettre au plus profond de sa poche et traversa la place en disant à voix haute :

— Il ne faut pas que j'oublie de remettre cette lettre à Jerusha.

Cet après-midi-là, Abner Hale, vingt et un ans, épousa Jerusha Bromley, vingt-deux ans, et dès le lendemain matin, le jeune couple partit pour Boston où l'attendait le brick mixte *Thetis*, avec quatorze barils de fournitures pour la mission.

Les futurs missionnaires se rassemblèrent pour la première fois le 30 août 1821, dans une petite église de briques du port de Boston. En voyant entrer Abner et Jerusha, John Whipple laissa échapper une exclamation de surprise devant la beauté de la jeune femme, élégamment vêtue d'un costume de drap fauve et coiffée d'une capote à brides bleu pâle. Il poussa sa femme du coude et lui chuchota :

— Amanda ! Regarde Abner !

— Comment, c'est lui ? s'exclama la toute petite jeune femme. Mais tu m'avais dit...

— Abner ! Je te présente ma femme, Amanda.

— Voici Mrs Hale, répondit Abner d'un air guindé.

Les jeunes mariés firent alors la connaissance des neuf autres couples de la mission. Ils avaient tous moins de vingt-huit ans, et neuf des garçons n'avaient pas atteint vingt-quatre ans. La plupart s'étaient mariés comme Abner et Jerusha, et six couples ne se connaissaient pas encore assez bien pour s'appeler par leurs prénoms. Le révérend et Mrs Hale étaient de ceux-là.

Le Conseil américain des Comités pour les Missions étrangères n'était pas avare d'instructions précises à ces pionniers qui partaient pour la grande aventure. Dans la petite chapelle du port, le révérend Thorn déclara sans ambages :

— Mes bien chers frères, vous allez être plongés dans la plus difficile de toutes les entreprises, une mission en terre païenne. Vous êtes sévèrement priés de respecter les règles suivantes. Premièrement, tous les biens doivent vous appartenir en commun. Vous ne formez qu'une seule famille et, en tant que famille, vous recevrez régulièrement de nous, de Boston, des fournitures qui n'appartiendront à personne, qu'à la famille. Si ceux d'entre vous qui sont cultivateurs font pousser des fruits et légumes et vendent le surplus, les bénéfices reviennent à toute la famille. Si les dames qui sont de bonnes couturières confectionnent des vêtements et les vendent aux marins à Aouahi, le produit de ces ventes revient à la famille. Et c'est en tant que famille en Christ que vous possédez votre maison, vos terres, vos écoles et vos églises.

» Deuxièmement, vous ne devrez en aucun cas intervenir dans le gouvernement de ces îles car vous devez constamment vous répéter l'injonction de Notre-Seigneur rapportée par Matthieu : *Ils lui présentèrent un denier. Alors il leur dit : « Cette effigie et cette inscription, de qui sont-elles ? » Ils lui répondirent : « De César... » Alors il leur dit :*

« *Rendez donc à César ce qui est à César et à Dieu ce qui est à Dieu.* »
Nous vous conjurons particulièrement de ne participer à aucun
gouvernement. Vous êtes envoyés non pour gouverner mais pour
convertir. Deux missions divines vous sont confiées : amener le païen
au Seigneur et le civiliser. Comment il se gouverne, c'est son affaire.
Comment il apprend à connaître le Christ et l'alphabet, c'est la vôtre,
car n'oubliez pas que tant qu'il n'aura pas appris à lire il ne pourra
connaître la Bible et la parole rédemptrice de Dieu. Par conséquent,
pour parvenir plus rapidement à cette digne fin, nous expédions avec
vous trois fontes typographiques complètes et vous devrez imprimer
dans le langage d'Aouahi la Sainte Bible et tous ouvrages d'enseignements que les Aouahiens sont capables de maîtriser. Fournissez-leur
une langue écrite et ils glorifieront le Seigneur.

» Troisièmement, tous les hommes de Nouvelle-Angleterre ont un
penchant inné pour le commerce et je soupçonne, d'après les aptitudes
naturelles que j'ai constatées chez vous au cours de vos études à Yale,
que beaucoup d'entre vous réussiraient très bien dans les affaires.
Mais vous avez été appelés pour servir le Seigneur et c'est à cette
affaire-là que vous devez vous consacrer. Vous ne recevrez aucun
salaire, vous ne devez pas vous attendre à en toucher un. Votre unique
emploi est de servir le Seigneur, ce que vous devez faire de votre
mieux, sans aucune vaine pensée d'entreprises commerciales.

»Finalement, vous devez faire progresser le païen pas à pas, marche
par marche, jusqu'à ce qu'il soit à votre hauteur. Avec le temps, il
deviendra maître dans les écoles que vous aurez construites et, avant
votre départ, les chaires que vous aurez érigées et d'où vous aurez
répandu la parole de Dieu seront occupées par lui. Vous partez sauver
des âmes immortelles pour la moisson de Dieu.

Après que le révérend Thorn eut répondu à des questions concernant
les pratiques médicales à observer, un très vieux pasteur aux cheveux
blancs, qui avait travaillé pendant de nombreuses années dans
diverses régions d'Amérique et à Ceylan, vint prononcer quelques
mots :

— Frères en Dieu, vous ne vous engagez pas à une mission limitée.
Vous devez viser à rien de moins que la totale régénération et le salut
d'une société. Si des enfants meurent maintenant, ils doivent être
sauvés. Si des esprits sont aujourd'hui dans l'ignorance, ils doivent
être éclairés. Si des idoles pullulent, elles doivent être supplantées par
la parole de Jésus. Et si une route est marécageuse et impraticable,
elle doit être pavée et aplanie. S'il y a parmi vous un homme ou une
femme possédant cent talents, il trouvera à les employer tous à
Aouahi. Dépensez-vous en Jésus-Christ afin que plus tard on dise de
vous : « Ils sont venus à une nation plongée dans les ténèbres ; ils l'ont
laissée dans la lumière. »

Le dernier jour d'août, les missionnaires firent la connaissance du
navire à bord duquel ils allaient vivre pendant les six mois que durait
le voyage jusqu'à Hawaii. Le révérend Thorn les conduisit de la petite
église de briques où l'on avait récité les prières du matin au quai où
était amarré un superbe trois-mâts déchargeant une importante
cargaison d'huile de baleine.

— Voilà un beau bateau bien solide, fit observer Jerusha aux autres
femmes. On ne doit pas trop avoir le mal de mer, à son bord.

— Ce n'est pas le navire de la mission, avertit Thorn. Le vôtre est
juste devant.

— Oh non ! s'écria une des femmes en voyant le vilain petit brick *Thetis*, qui ne paraissait pas plus grand qu'un coche d'eau.

— Nous allons naviguer là-dessus ? s'exclama Abner en se tournant vers John Whipple.

— Il y a le nom *Thetis* sur la poupe, répondit sombrement John.

Le brick était sans doute le plus petit vaisseau capable de doubler le cap Horn et ne mesurait guère que vingt-six mètres de long sur huit de large. Jerusha s'en approcha et murmura à Amanda Whipple :

— Il me semble qu'il sombrera si vingt-deux missionnaires montent à son bord !

— Vous pouvez visiter la *Thetis*, cria une voix forte.

Les voyageurs firent ainsi connaissance avec le capitaine Retire Janders, un robuste gaillard de quarante ans, au visage rubicond encadré d'un collier de barbe blonde, sans moustache. Le révérend Thorn fit monter ses missionnaires à bord et les présenta tous au capitaine.

Le commandant du navire les entraîna vers l'avant, où béait une écoutille, et les fit pencher sur la cale où s'entassaient les caisses, les barils et les malles.

— Il est impossible, absolument impossible, durant tout le voyage, de prendre quoi que ce soit dans cette cale. Aussi, ne me demandez rien. Jusqu'à Hawaii, il faudra vous contenter des bagages que vous avez dans vos cabines.

— Excusez-moi, capitaine, interrompit le jeune Whipple. Vous prononcez Hawaii. Nous appelons ces îles Aouahi. Quel est le véritable nom ?

— J'aime les gens qui se renseignent, jeune homme. Le véritable nom est Hawaii, prononcé Ah-va-hi, avec l'accent sur la deuxième syllabe.

— Comment sont les îles ?

Le capitaine réfléchit un instant.

— Les missionnaires ne leur feront pas de mal, dit-il simplement.

Puis il précéda les onze couples dans les profondeurs du navire. Ils ne s'attendaient guère à ce que le capitaine Janders allait leur montrer. Agglutinés dans les ténèbres, ils le virent pousser une porte et révéler une cabine exiguë, obscure et sale, large de sept mètres et longue de cinq, dans laquelle une large table en demi-cercle occupait presque toute la place. Le grand mât passait au milieu de la pièce.

— Notre salle commune, expliqua le capitaine.

Muets de stupeur, les missionnaires regardèrent ces quartiers minuscules et Jerusha se demanda comment vingt-deux personnes pourraient s'y tenir et y prendre leurs repas pendant six mois. Mais ils n'étaient pas au bout de leur étonnement et ce fut avec ahurissement qu'ils virent le capitaine Janders écarter un rideau de toile à voile qui séparait la salle commune des cabines.

Les têtes se pressèrent à la porte d'un placard conçu pour des nains. Le sol était un carré d'un mètre soixante-quinze de côté. Il n'y avait ni hublot ni ventilation. Sur la paroi en face du rideau, il y avait deux couchettes superposées larges de cinquante centimètres, et deux autres sur la paroi de côté.

— Cela veut dire... bredouilla Amanda Whipple.

— Quoi donc, madame ?

— Que deux couples doivent partager la même cabine ?

— Non, madame. Cela veut dire que quatre couples partagent la même cabine. Un couple par couchette.

Abner fut pétrifié, mais Jerusha, plus pratique, se rapprocha immédiatement des Whipple. Amanda, cependant, disait déjà au capitaine :

— Les Hale et les Whipple prendront cette cabine, avec deux autres couples que vous désignerez.

Le capitaine désigna au hasard les Hewlett et les Quigley.

Les autres suivirent le capitaine et les quatre ménages, coude à coude, commencèrent à prendre des mesures pour s'organiser.

— Je veux bien prendre une couchette supérieure, dit aimablement Jerusha. Et vous, révérend Hale ?

— Certainement.

Emmanuel Quigley, un petit homme aimable, choisit également une couchette supérieure mais, avec un solide bon sens, la petite Amanda Whipple proposa :

— Le 1er du mois, ceux d'en haut prendront les couchettes inférieures. Mais ce qui me semble le plus important, c'est que ces couchettes-ci sont plus longues que celles-là. John, allongez-vous.

John obéit. Effectivement, les couchettes du fond étaient plus longues de quinze centimètres, mais toutes étaient néanmoins trop courtes.

— Ceux qui auront les couchettes les plus courtes changeront aussi le 1er du mois. Vous êtes d'accord ? dit Amanda.

Ce fut alors qu'Abner fit une suggestion qui devait marquer à jamais les missionnaires.

— Nos quartiers sont bien mal commodes, mais rappelons-nous que nous formons une famille en Jésus-Christ. Je propose que dès aujourd'hui, nous nous appelions frère et sœur. Je suis le frère Hale.

— Non, suggéra l'indomptable petite Amanda. Je suis la sœur Amanda et voici mon mari, frère John.

Mais Abner déclara que l'emploi du nom de famille serait plus correct. Les Quigley et les Hewlett l'approuvèrent. Amanda s'inclina.

— Cela vous va-t-il ? lança le capitaine Janders en passant sa tête à la porte.

— Petitement, répliqua Amanda.

— Un bon conseil, reprit le capitaine. Gardez tout ce que vous pouvez ici. Peu importe que vous ne puissiez pas vous tenir debout dans la cabine. Empilez le maximum de bagages. Le voyage dure six mois et vous verrez que vous aurez besoin de beaucoup de choses.

— Est-ce que nous aurons le mal de mer ? demanda timidement Jerusha.

— Madame, en sortant du port de Boston, nous allons trouver de la houle. Puis ce sera le Gulf Stream et la mer n'est pas meilleure. Elle est encore plus mauvaise dans les Antilles. Finalement, nous doublerons le cap Horn, et c'est la plus mauvaise mer du monde. Mais n'ayez pas peur. Après le cap Horn, nous entrerons dans le Pacifique qui est un véritable lac. Vous reprendrez des forces avant d'arriver à Hawaii.

— Dans combien de temps atteindrons-nous le Pacifique ? chevrota Abner dont l'estomac se révulsait déjà.

— Dans cent quinze jours environ. Je vais vous envoyer un matelot avec un tournevis, pour arrimer vos malles au sol. Faudrait pas qu'elles se baladent partout pendant les tempêtes.

Quand les missionnaires virent le matelot dans leur minuscule cabine, ils furent à la fois étonnés et ravis car le jeune géant qui se pliait en deux pour entrer n'était autre que Keoki Kanakoa.

— Le Comité m'envoie vous aider à convertir mes îles, expliqua le jeune Hawaiien. Je fais partie de l'équipage parce que j'aime les bateaux.

Quand tous les bagages eurent été arrimés, il ne restait pas un pouce de sol, pas un endroit pour s'asseoir.

De bonne heure, dans la matinée du 1er septembre 1821, la famille missionnaire se rassembla sur la jetée. Le révérend Thorn, plus inspiré que jamais, célébra le service du matin en criant dans le tumulte du port :

— Frères en Christ, je vous ordonne de ne pas pleurer en ce jour de joie. Que le monde voie que vous partez l'âme en paix et emplie d'allégresse pour accomplir un grand et triomphal devoir. Nous qui vous envoyons pour cette mission vers des terres lointaines le faisons avec joie. Vous qui partez, vous devez manifester la même exaltation car vous prenez le départ dans l'esprit de Jésus-Christ. Nous allons chanter le cantique de la mission.

Et d'une voix claire, il entonna l'hymne de ceux qui s'aventuraient vers les îles lointaines :

> *Allez répandre la renommée du Sauveur,*
> *Parlez de sa grâce ineffable,*
> *Aux plus coupables et aux plus dépravés*
> *De l'innombrable race d'Adam.*
>
> *Nous vous souhaitons en son nom*
> *La plus divine réussite*
> *Certains que celui qui vous envoie*
> *Bénira vos entreprises.*

Le révérend Thorn prononça ensuite ses dernières paroles d'encouragement :

— J'ai personnellement contribué au choix de chaque homme de ce groupe et je suis convaincu que vous ferez honneur à l'œuvre de Jésus-Christ. Dans les tempêtes, vous ne vous laisserez pas aller à la fatigue, dans les déceptions, vous ne mettrez pas en doute l'ultime triomphe de votre cause ; sous votre administration, des millions d'enfants à naître seront sauvés des flammes éternelles de l'enfer. Je ne puis imaginer de meilleur chant d'adieu que celui qui m'a envoyé vers une semblable mission il y a de longues années :

> *Partez vers les îles tropicales*
> *Sur le sein des profondeurs*
> *Où les cieux sont éternellement souriants*
> *Et où les Noirs pleurent éternellement.*

Vous devez faire cesser ces pleurs !

Un autre pasteur vint dire une longue prière, et le service aurait dû se terminer dans cette atmosphère de spiritualité élevée, avec chacun des vingt-deux missionnaires attentif à l'injonction du révérend Thorn réprouvant la tristesse, mais la femme âgée d'un des ministres présents, à la vue de ces jolies jeunes mariées sur le point de s'embarquer et sachant qu'elles auraient à accoucher à Hawaii, que d'autres s'étioleraient et que d'autres encore perdraient la raison faute de repos et d'une alimentation suffisante, ne put réprimer son émotion maternelle et entonna d'une haute voix claire le plus chrétien certainement de tous les cantiques de l'Église :

> Béni soit le lien qui unit
> Nos cœurs dans un amour chrétien,
> La confrérie des âmes sœurs
> Est semblable à celle des cieux.

Tout se passa bien pendant les deux premiers couplets mais au troisième les voix commencèrent à se briser et à la fin toutes les femmes étaient en larmes.

> Nous partageons nos peines mutuelles
> Et supportons nos fardeaux mutuels,
> Souvent l'un pour l'autre se répand
> La larme de compassion.

Le révérend Thorn, la voix forte et claire jusqu'à la fin, pensait avec agacement : « On ne devrait pas permettre aux femmes d'assister à ces départs. » Car dans ces sanglots qui étouffaient toute la congrégation il voyait l'anéantissement de ses projets de départ bien ordonné. Au lieu d'un témoignage triomphant, la matinée tournait à la déroute sentimentale, à la victoire de l'amour humain commun sur la respectabilité en redingote noire.

Néanmoins, et sans que cela fût voulu, la matinée se termina sur une note d'intense émotion religieuse quand Jerusha s'avança, dans son élégante tenue de voyage beige et son joli chapeau à brides, et parla d'une voix claire que tous purent entendre :

— Je m'adresse à vous non pas comme à mon oncle Eliphalet, ni au révérend Thorn d'Afrique, mais à l'agent du Conseil américain des Missions étrangères. Nous plaçons notre avenir entre vos mains. Les onze hommes qui sont ici n'emportent aucun argent avec eux, rien que le strict nécessaire pour vivre dans un pays sauvage. Il ne serait pas convenable que j'emporte des richesses matérielles, non plus, alors je fais don au Conseil du petit héritage qui me vient de ma tante bien-aimée. Cet argent était destiné à être dépensé pour mon mariage mais je viens d'épouser l'œuvre du Seigneur.

Et elle remit au révérend Thorn une bourse contenant plus de huit cents dollars.

Sans le sou, mal informés, embarrassés par leurs conjoints si subitement acquis, les missionnaires montèrent à bord du brick *Thetis* et le capitaine Janders cria :

— Larguez les amarres ! Hissez les voiles !

Et le petit navire, hissant ses neuf voiles neuves, glissa lentement vers le large.

Debout à bâbord, Abner Hale eut le net pressentiment qu'il ne reverrait plus jamais l'Amérique et il murmura une courte prière invoquant la bénédiction de Dieu pour tous ceux qui vivaient dans la sombre ferme de Marlboro. Si on lui avait demandé en cet instant solennel pour quelle mission il partait, il aurait répondu sans aucune hésitation : « Je vais apporter au peuple de Hawaii les bienfaits dont j'ai été comblé dans cette ferme. » L'idée ne lui serait pas venue — elle ne lui vint d'ailleurs jamais — qu'une meilleure mission serait peut-être d'apporter au peuple de Hawaii les bienfaits caractérisant la belle et solide maison blanche sur la place du village de Walpole, car bien qu'il n'eût soufflé mot de cela à personne il était incapable de croire que la légèreté, la musique profane, les romans et ce défaut d'état de grâce marquant la famille Bromley pussent en aucune façon être des bienfaits. A vrai dire, il n'était pas loin de penser qu'en amenant Jerusha à bord de la *Thetis* il la sauvait d'elle-même.

Elle vint le tirer de ses réflexions.

— Révérend Hale, je crois que je suis malade.

Il l'accompagna à sa cabine et la fit allonger sur une des étroites couchettes, d'où elle ne devait guère bouger pendant les quatre premiers mois du voyage. Abner, à la surprise générale, se révéla bon marin et bien qu'il eût toujours l'air blême et sur le point de vomir, il mangea comme quatre et n'eut jamais le mal de mer.

Ce fut donc lui qui dirigea les offices et les prières en commun, qui fit les sermons, qui étudia avec Keoki Kanakoa et qui soigna les dix-huit ou vingt missionnaires malades. Certains en vinrent à détester ce petit homme nerveux qui s'affairait autour de leurs couchettes en leur assurant qu'ils seraient bientôt sur pied et qu'ils mangeraient comme lui du porc, des biscuits, des sauces, n'importe quoi. Mais ils étaient forcés d'admirer son courage et sa résistance, surtout lorsque le capitaine Janders le prit en grippe.

Le capitaine Janders commença par donner des ordres à son second :

— Mr Collins ! Arrangez-vous pour me chasser ce foutriquet du poste d'équipage !

— Pourquoi ? Il ennuie les hommes ?

— Il essaie de les convertir !

— Ces monstres ?

— Il s'en est pris à Cridland. J'ai trouvé le mousse en train de sangloter et quand je lui ai demandé ce qu'il avait, il m'a répondu que le révérend Hale lui avait affirmé qu'il irait tout droit en enfer s'il ne priait pas pour le salut de son âme !

— Les hommes se sont plaints, capitaine ?

— Non, pas du tout. Cridland me dit qu'ils sont assez contents que le petit bonhomme s'occupe d'eux. Ils disent que ça leur donne de l'importance. Mais si ça continue, je ne vais plus pouvoir les commander.

— Je vais dire au révérend qu'il les laisse tranquilles.

Deux minutes plus tard, Hale fit irruption dans le carré, bredouillant de rage, et frappa des deux poings sur la table ronde.

— Dois-je comprendre que vous m'interdisez l'entrepont ?

— Ce n'est pas une interdiction, mais une simple requête.

— Ainsi, vous refusez délibérément de me laisser sauver des âmes en perdition, ces malheureux abandonnés à la débauche et au péché ?

— Ce sont de bons matelots, révérend Hale, des hommes comme les autres, et je ne veux pas qu'on les trouble.

— Les trouble ! Vous considérez qu'une âme qui se rend au Seigneur est troublée ! Capitaine, il y a ici des hommes à qui ce trouble ne ferait pas de mal, et je ne parle pas seulement de ceux de l'entrepont !

Néanmoins, Hale évita par la suite de se rendre au carré des hommes, mais il les guettait sur le pont, si bien que le capitaine Janders dut encore une fois appeler son second.

— Bon sang, Mr Collins, voilà qu'il va maintenant les agacer quand ils carguent les voiles ! Ça ne peut pas durer ! Prévenez-le.

Le missionnaire protesta derechef et accusa le capitaine de corrompre ses hommes.

— Il paraît que vous avez fait distribuer des rations de rhum après la tempête ! Vous ne leur prêchez pas la tempérance ! Vous faites tout pour barrer la route à Dieu !

— Mon cher révérend, j'essaie d'amener ce bateau à Hawaii. Vous semblez vouloir le diriger tout droit vers le paradis. Les deux ports sont incompatibles.

— Pas aux yeux de Dieu, tempêta le petit homme. Vous m'avez interdit l'entrepont. Maintenant, vous me défendez de parler aux hommes sur le pont. Allez-vous aussi me défendre de prononcer mon sermon du dimanche ?

— Non, mon révérend. Je suis aussi chrétien que le voisin. Quand je n'ai pas de missionnaire à bord, je conduis l'office du dimanche moi-même. Je suis pour la religion, à terre comme en mer.

Plus tard, en bavardant avec son second, le capitaine soupira :

— Mr Collins, pourquoi faut-il qu'avec onze garçons intelligents à bord, et onze bien jolies jeunes femmes, ce soit ce Hale qui se trouve en assez bonne forme pour partager nos repas ? Pourquoi n'est-il pas un peu malade à son tour ? J'aimerais assez avoir sa femme à dîner, de temps en temps.

— La divine providence nous joue parfois de mauvais tours, capitaine !

Le second eut l'occasion de constater la vérité de ce propos lorsque le révérend Hale entama son premier sermon du dimanche sur la plage arrière. La *Thetis* roulait et tanguait si abominablement qu'aucun autre pasteur n'osait s'aventurer sur le pont mais Abner Hale était là, bien droit, une lourde bible dans la main gauche, et prêchait dans le vent :

— J'ai choisi comme texte l'épître de Jacques, chapitre 4, verset 8 : *Approchez-vous de Dieu et il s'approchera de vous. Pécheurs, nettoyez vos mains et vous dont l'âme est partagée, purifiez vos cœur !*

Et il se lança dans l'attaque la plus violente que les matelots eussent jamais entendue, contre les dangers d'ordre moral affrontés par les marins. Il prétendit que ceux qui naviguaient sur le gaillard d'avant étaient particulièrement tentés, que ceux qui les commandaient avaient tendance à être des brutes insensibles, que leurs employeurs, bien à l'abri à Salem et à Boston, étaient déterminés à corrompre leurs navires, que tous les ports où ils faisaient escale abritaient des instruments du démon si maléfiques que les personnes casanières ne pouvaient les imaginer. Abner dépeignit les hommes qui l'écoutaient comme le groupe le plus noir, le plus mauvais et le plus irrécupérable de tous les réprouvés de la chrétienté, et les hommes burent ses paroles. Tout au long du sermon, ils ne cessèrent d'approuver en hochant la tête et même le capitaine Janders et son second durent reconnaître qu'à part le passage où Abner s'en prenait à eux, tout cela était assez proche de la vérité. Mais l'effet de ce sermon fut à l'opposé des intentions d'Abner, car pendant tout le reste de la journée les jeunes matelots qu'il voulait sauver se pavanèrent fièrement, très satisfaits d'apprendre qu'ils étaient « les êtres humains les plus abominables que la terre avait portés ». Ils s'en doutaient depuis pas mal de temps et seul Cridland, un pitoyable gamin sous-alimenté accablé d'un perpétuel sentiment de culpabilité, comprit plus ou moins le sermon d'Abner et il vint le trouver, perplexe et les yeux rouges, pour demander :

— Qu'est-ce que je dois faire pour être sauvé ?

A cette question, Abner estima que son sermon avait été une réussite.

— Tu dois prier, tu dois étudier la Bible, et tu dois essayer de sauver les âmes de tes compagnons du poste d'équipage, expliqua-t-il et il remit au jeune Cridland sa propre bible en lui disant : Tu peux garder celle-ci ce soir. J'ai apporté huit bibles de marins et je t'en donnerai une le jour du Sabbat mais celle-ci n'est qu'un prêt de Dieu. Ce sera seulement quand tu auras amené un de tes camarades du gaillard d'avant à demander sa bible que tu seras sur la route du salut.

Au dîner, le capitaine Janders grommela :

— Le second me dit qu'il a vu votre grosse bible dans le poste d'équipage, révérend Hale. Je croyais vous avoir bien fait comprendre que vous ne deviez pas aller embêter mes hommes là-bas.

— J'ai strictement tenu parole, capitaine, mais comme l'entrée de ce repaire d'iniquité m'est interdite, je gage que vous ne vous opposerez pas à ce que j'envoie, en messagère plus apte que moi à remplir mes obligations, la parole sacrée de Dieu. Si vous souhaitez jeter la bible par-dessus bord, capitaine, faites donc et votre nom deviendra impérissable.

— Je vous en prie, révérend ! Ne venez pas prêcher des sermons ici. Je voulais simplement savoir si vous aviez violé la promesse de ne pas aller dans le poste d'équipage.

— Jamais de ma vie je n'ai violé une promesse ! s'écria Abner. Oh ! ne vous inquiétez pas ! Je n'y remettrai pas les pieds ! Mais dimanche prochain, capitaine, huit de mes bibles seront dans le gaillard d'avant !

En dépit de leurs disputes avec l'insupportable missionnaire, le capitaine et Mr Collins étaient impressionnés par les soins paternels qu'il prodiguait à ses compagnons malades. Chaque matin à l'aube, il passait d'une couchette à l'autre, emportait les déjections de la nuit, changeait les malheureux, apportait de l'eau fraîche pour rincer leur bouche aigrie par les vomissements. Avant le petit déjeuner, il rendait visite à chaque homme et femme pour lire des passages de la Bible. Aux hommes qui souhaitaient se raser, il fournissait de l'eau chaude de la coquerie et il se faisait indiquer par les femmes qui voulaient du linge propre les coffres où étaient rangées leurs affaires. Aux heures des repas, il servait à chaque ami malade des portions de la nourriture grasse que leur estomac révulsé tolérerait peut-être. Il persuada le capitaine de lui permettre de cuire des flocons d'avoine pour les femmes. Et chaque soir, quel que fût le triste état des missionnaires, ils étaient tirés du lit et contraints d'assister au service divin célébré par Abner dans la minuscule cabine encombrée. S'il voyait qu'un homme ou une femme avait de la difficulté à se tenir debout, il terminait sa prière en trente secondes et disait, par exemple :

— Le Seigneur a remarqué votre présence, Josué, retournez donc vous coucher.

Ensuite, quand les plus malades avaient miséricordieusement regagné leurs couchettes, Abner entraînait les autres dans de longues discussions, des sermons, des prières et des cantiques. Il avait une affection particulière pour un hymne contenant un couplet qu'il jugeait bien approprié à la *Thetis* :

> *Il te protégera avec un rempart de feu,*
> *Il remplira ton cœur de zèle,*
> *Ordonnera aux vents rageurs de se calmer*
> *Et imposera la paix à la tempête.*

Mais après la huitième répétition de cette assurance pleine d'espoir, John Whipple, qui tenait à peine debout, protesta d'une voix mal assurée :

— Abner, tu n'arrêtes pas de chanter que la tempête va se calmer et elle ne fait qu'empirer !

— Quand nous arriverons aux îles du Cap-Vert, nous trouverons le beau temps, c'est certain, affirmait Abner à tout le monde, tandis que le petit navire plongeait dans les creux vertigineux de l'Atlantique Nord, et il devenait de plus en plus joyeux et secourable.

— Il ferait un magnifique marmiton pour le coq, dit un soir le capitaine à son second.

— Avez-vous songé à ce que seraient ces cabines, sans lui ? répliqua Mr Collins. Vingt et un missionnaires sur nos bras !

Ce ne fut donc pas surprenant si, bien avant que la tempête se calme, Abner fut reconnu par tous comme le père de la famille missionnaire. Il y avait des hommes plus âgés que lui, plus expérimentés, mais c'était vers lui que chacun se tournait pour de l'aide et des conseils. Quand il annonça, le quatrième samedi, que les vents étaient suffisamment tombés pour qu'on célèbre le service sur le pont et que tous ceux qui le pouvaient devaient y assister, il y eut un effort général pour se lever et faire un semblant de toilette.

Dans sa propre cabine, Abner s'accroupit sur les coffres et promit aux quatre femmes malades que, le dimanche, il ferait tout son possible pour les aider à s'habiller et à monter sur le pont pour adorer le Seigneur. Amanda Whipple accepta, les deux autres aussi, mais Jerusha, après avoir tenté de se soulever, retomba sur sa paillasse et gémit :

— Je ne peux même pas lever une main, révérend Hale.

— Je vous aiderai, Mrs Hale. Je vous ai apporté du bouillon de viande et si vous en buvez maintenant, demain matin vous aurez repris des forces.

Jerusha but docilement le bouillon gras et ne réussit qu'avec la plus grande difficulté à ne pas vomir dans la cabine nauséabonde.

— Je suis vraiment trop malade, murmura-t-elle.

— Dans la matinée, vous irez mieux, affirma Abner et quand elle fut endormie il monta contempler les premières étoiles du voyage.

Il était accoudé à la lisse, à tribord, quand deux ombres s'approchèrent de lui et il entendait Cridland bredouiller :

— J'ai causé toute la semaine avec Mason, monsieur, et il veut sa bible.

Abner se retourna dans l'obscurité et vit la silhouette indistincte d'un jeune matelot.

— Ainsi, tu veux être sauvé ?

— Je le veux.

— Qu'est-ce qui t'a amené à prendre cette décision ?

— J'ai entendu les vieux parler de la vie du marin à terre, et j'ai eu peur, avoua le garçon.

— Tu es un jeune homme sage, Mason. Le Seigneur t'a parlé et tu as écouté.

— Non, monsieur, sauf votre respect, c'est Cridland qui m'a parlé. Il m'a fait comprendre mes erreurs.

— Demain après le service, Mason, je te remettrai ta bible. Et Cridland aura la sienne. Mais ce n'est qu'un prêt de Dieu. Pour la garder, tu devras amener un de tes camarades à reconnaître Dieu et à demander sa bible.

— Vous ne voulez pas dire une prière pour nous, révérend Hale ? demanda Cridland

— Le Seigneur donne toujours la sagesse à ceux qui la cherchent, répliqua Abner, et dans la nuit il releva la tête vers le ciel étoilé et pria : Seigneur, nous sommes à flot dans un petit bateau, sur un vaste océan. Les vents et les tempêtes nous harcèlent mais nous avons confiance en toi. Ce soir, nous te prions : un gamin à son premier voyage, un jeune marin cherchant à être guidé et un pasteur débutant qui n'a jamais eu de chaire. Père tout-puissant, nous sommes insignifiants à tes yeux mais guide-nous sur ta voie divine. Nous ne sommes que trois, ce soir, bientôt nous serons plus nombreux. Ta sagesse imprègne toute chose et sauve nos âmes.

Il renvoya les deux matelots et resta encore un long moment à contempler les étoiles, attendant que minuit vienne annoncer le premier Sabbat où un certain nombre de missionnaires seraient capables d'assister au service. Alors que le jour saint approchait le long du méridien de la nuit, il pria le Seigneur de donner à cette journée une signification particulière. Quand il redescendit, il murmura à sa femme inquiète :

— Ma bien chère compagne, vous n'allez pas croire ce qui est arrivé ce soir. Deux matelots sont venus volontairement me demander les prières du soir. L'esprit de Dieu commence à imprégner ce navire de mécréants.

— C'est merveilleux, révérend Hale, souffla Jerusha pour ne pas réveiller les trois autres couples qui avaient eu le mal de mer toute la soirée.

— Et demain notre famille célébrera le premier service sacré, dit Abner dans un soupir. Mais j'oublie que nous sommes déjà dimanche. J'ai examiné l'endroit où la bâche devra être étendue. Nous aurons une belle église, Mrs Hale, sur le sein des profondeurs.

— Je ne pourrai pas gravir l'échelle, révérend Hale, mais je prierai avec vous.

— Vous aurez assez de force, affirma-t-il et il se glissa à côté d'elle dans l'étroite couchette.

Mais dans la matinée, Jerusha n'allait pas mieux et la vue de la minuscule Amanda titubant sur la pile de coffres la rendit encore plus malade. Quand Abner revint des soins administrés à tout son petit monde, il la trouva allongée sur le dos, pâle, exténuée, qui ne s'habillait pas.

— Je suis vraiment désolée, révérend, gémit-elle, mais je devrai manquer le service ce matin.

— Pas du tout, protesta-t-il gaiement. Je vais vous aider.

— Mais je suis incapable de tenir debout !

— Allons, allons, Mrs Hale...

Et il fit retomber de force les maigres jambes de sa femme sur les coffres, il la prit dans ses bras quand elle ne put garder son équilibre et déclara :

— Le petit déjeuner va vous donner des forces. Ensuite, nous aurons le service. Vous verrez le soleil. Et vous irez très bien.

En essayant de sortir de la minuscule cabine encombrée, malade de faiblesse et de nausées, elle faillit s'évanouir, mais encore une fois Abner la soutint et la guida par l'ouverture de toile donnant sur le petit carré malodorant où Keoki Kanakoa disposait un petit déjeuner de bœuf bouilli froid, de purée de haricots et de riz aqueux, restes du souper de la veille. Jerusha ferma les yeux quand l'assiette peu ragoûtante fut placée devant elle et les maintint fermés quand Abner demanda à l'un des pasteurs les plus âgés de dire le bénédicité. Ensuite, Kanakoa pria en hawaiien pour familiariser les missionnaires avec la langue et le repas put commencer.

Jerusha réussit à avaler une gorgée de thé chaud et une bouchée de bœuf mais le lard collant lui répugna et elle se leva pour partir ; mais Abner la retint d'une main ferme.

— Encore un petit moment, Mrs Hale, et vous vaincrez cela.

Elle se rassit, souffrant le matyre alors que le lard froid glissait dans son estomac et secouait tout son corps de haut-le-cœur.

— Je vais vomir, chuchota-t-elle.

— Non, répliqua-t-il avec curiosité. C'est notre premier repas ensemble. C'est le Sabbat.

Elle lutta donc contre les nausées persistantes, dans l'odeur de la cuisine grasse et de deux douzaines de personnes mal lavées.

Quand le déjeuner se termina, elle était blême et tenta de retourner à sa couchette mais Abner refusa de la laisser partir. Il saisit son bras d'une main forte et la poussa, en la soutenant, sur l'échelle et sur le pont légèrement incliné, où une toile avait été accrochée pour former une manière de chapelle.

— Notre premier service en famille ! annonça-t-il fièrement mais la participation de la famille ne fut pas totale car, dès qu'il posa les yeux sur le pont incliné, un des ministres les plus âgés se précipita vers la rambarde et rendit son déjeuner aux poissons.

Puis il retourna en chancelant, blême et haletant, à sa couchette... Abner le suivit des yeux, en interprétant cette défection involontaire du malheureux comme un rejet personnel de Dieu. Il était d'autant plus irrité que plusieurs matelots, qui tuaient le temps en ce dimanche matin, accrochés dans les haubans pour observer la famille missionnaire, éclatèrent de rire quand le pauvre pasteur vomit par-dessus bord.

— Il y en aura d'autres, prédit un des hommes et ses camarades rirent de plus belle.

Le service fut conduit pas Abner, le seul apparemment capable d'aller jusqu'au bout et la famille, confortablement installée à l'abri de la toile tendue entre le grand mât et celui de misaine, chanta aussi allégrement que le permettaient les circonstances ce bel hymne ancien du dimanche en Nouvelle-Angleterre :

Encore six jours de travail sont accomplis,
Un nouveau Sabbat commence,
Reviens, mon âme, savourer ton repos,
Améliore la journée que ton Dieu a bénie.

Abner lut ensuite des passages de l'épître aux Éphésiens, chapitre 3 : *C'est à cause de cela que je fléchis les genoux devant le Père, duquel toute famille, dans les cieux et sur la terre, tire son nom, lui demandant... que le Christ habite dans vos cœurs par la foi... afin que vous soyez remplis de toute la plénitude de Dieu...* Il déclara que la famille d'amour dans laquelle ils vivaient était ouverte à tous ceux qui acceptaient de confesser leurs péchés et de travailler vers l'état de grâce. Il prêchait manifestement à deux auditoires, la famille missionnaire et les matelots qui écoutaient aux portes, pour ainsi dire, en tentant ceux-là, pour les persuader de rejoindre la famille du Christ, mais le charme fut quelque peu rompu pour eux quand Jerusha, incapable de maîtriser plus longtemps ses nausées, voulut chanceler jusqu'à la rambarde, n'y arriva pas, tomba à genoux et vomit sur le pont.

— Attention, la petite dame ! railla un marin mais Cridland et Mason, les deux jeunes matelots qui devaient recevoir une bible ce jour-là, se précipitèrent, la soutinrent par les bras et la portèrent à la cabine.

Abner, furieux de l'interruption de son sermon, particulièrement adressé aux hommes d'équipage, termina dans une certaine confusion et chargea des prières un des autres missionnaires. Il était décontenancé et très fâché parce qu'il avait préparé le service de telle manière qu'il se termine spectaculairement par la remise des bibles à Cridland et à son ami, symbolisant ainsi leur accueil dans la famille du Seigneur ; mais quand le moment de cette présentation arriva, ces deux-là étaient en bas et Abner avait péniblement conscience que son premier grand effort de prosélytisme s'était conclu comme pour beaucoup d'autres pasteurs : en cherchant l'endroit logique où s'arrêter. Finalement, il s'arrêta tout bonnement.

Après le service, les membres de la famille feignirent de féliciter Abner mais tous ces compliments sonnaient creux. Dépité, amèrement déçu, il s'apprêta à descendre mais il se heurta au sommet de l'échelle à Cridland et Mason qui lui rapportèrent :

— Votre femme est très malade, monsieur.

— Merci, répliqua-t-il sèchement.

— Le pasteur qui a été malade le premier lui vient en aide, précisa Cridland.

Abner commença à descendre mais Mason le retint et demanda :

— Vous avez nos bibles, monsieur ?

— La semaine prochaine, répliqua froidement Abner et il descendit.

Mais quand il vit sa femme, son teint blême, il oublia ses propres problèmes et alla chercher de l'eau pour bassiner sa figure en sueur.

— Je ne serai jamais un bon marin, dit-elle faiblement. Je vous demande pardon, mon compagnon bien-aimé.

— Nous allons vous faire monter sur le pont chaque jour, pour quelques minutes, promit-il pour la rassurer.

Mais la simple pensée de ce pont incliné raviva la nausée et elle gémit :

— Je vais peser encore moins que le prédisait le capitaine Janders.

A midi, quand le repas principal fut servi, Janders vit avec satisfaction que dix-sept de ses passagers étaient enfin capables de se mettre à table.

— A chaque voyage, dit-il, dès que nous approchons du Cap-Vert, nos malades commencent à aller mieux.

— Est-ce que nous ferons escale aux îles ? demanda John Whipple.

— Oui, si le temps le permet.

La nouvelle était si bonne qu'Abner abandonna son pudding de porc au saindoux pour aller l'annoncer dans les cabines aux missionnaires malades :

— Nous allons relâcher aux îles du Cap-Vert. Vous pourrez marcher sur la terre ferme et trouver des fruits frais.

— Au fait, révérend, dit le capitaine quand il revint, c'était un bien beau sermon que vous avez prononcé aujourd'hui. Il y a effectivement un héritage que Dieu réserve à ceux qui le servent et puissions-nous tous en être les bénéficiaires.

Les missionnaires approuvèrent de la tête ce sentiment mais alors le capitaine lança son harpon :

— Il m'a semblé, tout de même, que vous vous êtes un peu embrouillé sur la fin.

Comme ils savaient tous que c'était vrai, ils baissèrent le nez sur leur assiette et pensèrent : « Notre capitaine est un homme intelligent. » Mais Abner le regarda en face et lui rétorqua :

— Pour moi, un sermon est bon quand il contient une bonne pensée chrétienne.

— Le vôtre en contenait plusieurs ! assura le capitaine avec un sourire.

— J'espère que nous saurons tous les prendre à cœur, dit pieusement Abner tout en regrettant à part lui que le service ne se soit pas terminé comme prévu. Alors oui, le brick aurait entendu un sermon !

Après le déjeuner, le capitaine offrit aux missionnaires de leur faire visiter le navire.

— Je ne comprends pas, dit John Whipple, Hawaii est à l'ouest, et nous naviguons plein est presque jusqu'aux côtes d'Afrique.

— Mr Collins ! Apportez-nous des cartes !

Et Janders montra aux missionnaires étonnés pourquoi un navire partant de Boston pour doubler le cap Horn ne naviguait pas vers le sud, vers la pointe méridionale de l'Amérique, mais mettait le cap à l'est, vers la côte africaine.

— Ainsi, lorsque nous mettrons finalement cap au sud pour le Horn, nous descendrons en ligne droite, en longeant les côtes du Brésil et de l'Argentine, tout droit vers la Terre de Feu, expliqua Janders et quand on regardait la carte c'était évident.

— Elles sont plaisantes, les îles du Cap-Vert ? demanda Whipple.

— A chaque voyage, nous avons des hommes qui y mettent sac à terre. Nous quitterons les îles avec deux ou trois garçons de Brava pour les remplacer.

Pendant que le capitaine donnait ces explications, Abner était à l'autre extrémité du pont et parlait à Cridland et Mason.

— Je ne vous ai pas donné vos bibles aujourd'hui, parce que vous ne les avez pas gagnées, leur reprocha-t-il.

— Mais nous avons dû transporter Mrs Hale dans la cabine !

— La parole du Seigneur exigeait votre présence sur le pont, insista Abner.

— Mais elle...

— D'autres auraient pu s'occuper d'elle, Cridland. Dimanche prochain, je vous donnerai vos bibles. Mon sermon aura pour thème le psaume 26, verset 5 : *Je hais l'assemblée des pervers et je ne m'assieds pas avec les méchants*. A la fin de mon sermon, je remettrai sa bible à chacun de vous.

Puis il se rappela ce qu'il avait dit plus tôt et s'adressa à Mason :

— Mais as-tu gagné ta bible ? Je croyais que tu devais amener une nouvelle âme à Dieu.

— Je suis sur le point de le faire, répondit joyeusement Mason. J'ai lu à un de nos plus vieux marins les textes que vous m'avez donnés. Il a mené une mauvaise vie mais à son dernier voyage à bord d'un baleinier il a été emporté par une lame et n'a été sauvé que par miracle. Il pleure beaucoup, ces temps-ci et je vais continuer de lui parler. Au prochain Sabbat, peut-être...

— Bien travaillé, Mason.

Un autre aurait pu s'étonner que la ferveur religieuse des deux matelots n'eût pas été refroidie par la déception à propos des bibles, d'autant plus que leur manquement était causé par leur action secourable envers une femme, celle du pasteur par-dessus le marché, mais Abner Hale ne fut pas surpris. Il déclara aux jeunes hommes :

— Le Seigneur est un maître jaloux. Vous ne pouvez pas l'approcher à votre guise. Il vous dit quand vous devez venir en sa présence ; et si vous avez été infidèle, même pour les plus petites choses, le Seigneur attendra que vous vous révéliez digne.

Car Abner savait que le salut facile n'est jamais apprécié. Cridland et Mason chérissaient déjà leurs bibles, parce qu'ils ne les avaient pas encore méritées.

Si le premier sermon dominical d'Abner fut plutôt un fiasco, le deuxième fut une réussite retentissante, bien qu'un peu gâché par le fait que Jerusha ne put y assister. Il lui avait fait prendre un petit déjeuner, l'avait forcée à manger un peu de porc froid et de riz ; il l'avait même portée sur le pont mais un seul coup d'œil aux vagues moutonnantes lui révulsa l'estomac et elle dut être précipitamment ramenée en bas par Amanda et Mrs Quigley. Le grand moment intellectuel du sermon d'Abner vint quand il consacra quinze minutes à l'assemblée de malfaisants que le démon avait réunis à bord du brick *Thetis*. A l'en croire, il y avait peu de navires sur l'Atlantique qui pouvaient se targuer d'un tel équipage de méchants et de maudits, et son catalogue de tout ce qu'avaient perpétré ces matelots était terrifiant. L'apogée dramatique fut son annonce aux missionnaires surpris et à l'équipage ahuri que Dieu avait été au travail dans ce nid de vice et d'iniquité et que trois âmes avaient été sauvées, sur quoi il désigna Cridland, Mason et un vieux baleinier buriné aux jambes torses, dont la liste de méfaits dépassait même tout ce qu'Abner pouvait imaginer. Quelques amis du vieux loup de mer, qui avaient été en bordée avec lui à Valparaiso, Canton et Honolulu, s'attendirent à voir tomber la foudre quand il toucha la bible que lui remettait Abner. Le capitaine Janders frémit et marmonna à son second :

— Moi je vous le dis, Mr Collins, ce sera votre tour la semaine prochaine !

Ce dimanche-là, le repas de midi fut triomphal. Le capitaine affirma qu'il n'avait jamais entendu de meilleur sermon en mer, et feignit de croire qu'Abner avait parlé d'un autre navire en fulminant contre le nid de vice et d'iniquité. Quant à Mr Collins, il observa :

— C'est bizarre, plus un navire, quel qu'il soit, approche du cap Horn, plus l'équipage devient dévot. Comme si tout le monde à bord sentait enfin la futilité de l'homme face au terrifiant pouvoir de Dieu. Je crois que je ne serais même pas un homme modérément chrétien, ce que je pense être, si je n'avais pas doublé le cap Horn.

Et le capitaine Janders ajouta :

— Je suis bien d'accord. Aucun homme ne peut tout seul réussir le passage que nous allons affronter.

Aucun commentaire n'aurait pu faire plus de plaisir à Abner car, comme tous les missionnaires, il avait envisagé avec une grande inquiétude la redoutable épreuve qui les attendait au cap et bien que huit semaines encore les en séparassent, il jugea qu'il serait bon de faire quelques préparatifs raisonnables. En conséquence, il hasarda :

— J'ai observé, capitaine, que vous passiez vos dimanches à lire...

Il ne put se résoudre à dire « des romans » et ce fut Janders qui prononça le mot pour lui.

— Des romans ?

— Oui. Des livres profanes. Je me suis demandé, capitaine, si vous le prendriez en mauvaise part, si je vous donnais quelques livres de la bibliothèque de la mission, plus appropriés et d'une nature plus édifiante ?

— Richardson et Smollett sont assez édifiants pour moi, répliqua Janders en riant.

— Mais quand vous êtes responsable de quatre douzaines d'âmes...

— Dans ces circonstances, je compte sur le Bowditch et sur la Bible, dans cet ordre.

— Je comprends que vous prendriez en mauvaise part...

— Parfaitement, trancha Janders.

— La famille missionnaire a décidé, reprit Abner avec brusquerie, sans avoir parlé à quiconque de ce projet, de célébrer désormais les services du matin et du soir sur le pont, quand le temps le permettra.

— Très bien, dit Janders et puis, toujours désireux de désarçonner le jeune pasteur, il demanda : Comment va Mrs Hale ?

— Mal.

— Il me semble que vous devriez passer plus de temps avec elle.

— C'est ce que je fais, rétorqua sèchement Abner. Je prie avec elle matin et soir.

— Je voulais dire jouer à de petits jeux avec elle, lui lire un roman intéressant. Le prendriez-vous mal si je vous en proposais de ma propre bibliothèque, des romans distrayants ?

— Nous ne lisons pas de romans. Surtout pas le dimanche !

— Dans ce cas, quand vous trouverez le temps de rendre visite à votre femme, dites-lui que mardi nous accosterons à Brava. Elle pourra faire quelques pas sur la terre ferme. Cela nous fera à tous un bien remarquable.

La nouvelle réjouit Jerusha et le lundi, quand ils arrivèrent dans des eaux plus calmes sous le vent des îles du Cap-Vert, elle s'aventura sur le pont pendant une heure et le soleil fit un peu disparaître sa pâleur. Le mardi, les îles nettement en vue, elle resta cramponnée à la lisse, en priant que vienne le moment où elle pourrait descendre à terre, mais elle allait être cruellement déçue. Une forte brise se leva, venant de la terre, suivie par de lourds nuages bas et, avant même que la *Thetis* commence à rouler dans des creux profonds, il devint évident que ce serait trop difficile d'aborder à Brava et que le seul recours du petit brick était de courir devant la tempête qui le poussait vers l'ouest. Néanmoins, Jerusha resta sous la pluie, en espérant qu'un miracle permettrait à la *Thetis* de toucher terre. Mais elle dut reconnaître sa défaite quand le capitaine Janders passa et lui dit :

— Nous allons courir devant le vent, madame. Il n'y aura pas d'escale à Brava.

Le mal de mer de Jerusha reprit de plus belle et elle se mit à vomir par-dessus bord, au point que le capitaine cria :

— Vous deux, là-bas ! Emmenez cette pauvre femme en bas !

Ce fut une famille bien lugubre qui se rassembla ce soir-là dans le carré ballotté, pour un souper de gruau et de fromage sec. La moitié des missionnaires étaient incapables de quitter leur cabine ; les autres faisaient une longue figure, en pensant à l'occasion manquée d'aller à terre et en sachant qu'il ne s'en présenterait aucune autre avant de très longs jours. Comme il était sinistre et misérable ce carré, à la lumière de la lampe à l'huile de baleine qui se balançait au plafond grinçant, empuanti par les poulaines voisines et par les vomissements des amis désespérés. Keoki, arrivant avec le repas, annonça qu'il dirait les prières du soir et dans sa belle langue hawaiienne aux riches sonorités, il fit la louange de l'océan dégagé, comparé à la terre, car en mer on était forcé de connaître Dieu alors que, sur terre, il y avait trop de distractions. Donc, il valait mieux être ce soir à bord de la *Thetis* qu'à Brava.

De tous ses auditeurs, seul Abner connaissait assez de hawaiien pour saisir plus ou moins le message et il le trouva si heureux et propice qu'il l'interpréta pour la famille missionnaire, puis il surprit tout le monde en récitant sa première prière en hawaiien. Il le fit d'une voix hésitante, mais c'était bien la langue des îles et cela aidait à familiariser Dieu avec le singulier dialecte qui serait l'instrument de travail de la mission.

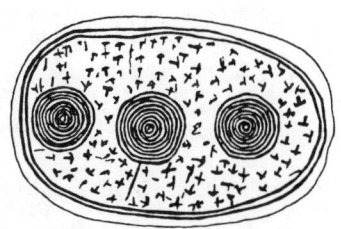

Le lundi 15 octobre, cinquante-cinquième jour du voyage, la *Thetis* passa l'équateur par un soleil éblouissant sur une mer d'huile. La première victime fut le révérend Hale. Comme la journée était chaude, le capitaine Janders suggéra nonchalamment aux missionnaires de porter de vieux vêtements et de se couvrir le moins possible. Quand il fut assuré que personne n'était trop bien vêtu, il cligna de l'œil à Keoki Kanakoa, qui passa le signal aux matelots du pont.

— Révérend Hale ! cria une voix à l'écoutille. Cridland voudrait vous parler.

Abner quitta précipitamment la table, saisit le cordage qui servait de rampe et commença de gravir l'échelle. Deux secondes après il recevait sur la tête le contenu d'un grand seau d'eau. Ahuri, le souffle coupé, il sentit la colère bouillonner en lui, mais Mr Collins lui sourit et lui souffla :

— Le passage de la ligne. L'équateur. Appelez Whipple.

Abner, encore sous le coup de sa mésaventure, ne réfléchit pas et appela frère Whipple, qui se précipita et fut copieusement douché à son tour. Abner pouffa de rire et s'exclama :

— Équateur !

John s'ébroua et leva les yeux vers les haubans, où deux matelots hilares préparaient d'autres seaux. Impulsivement, il cria :

— Des baleines !

Et il se hâta de reculer alors que plusieurs passagers montaient précipitamment et recevaient leur initiation. Le pont fut bientôt surpeuplé de missionnaires hilares et le capitaine annonça que l'équipage allait maintenant administrer le baptême aux matelots qui n'avaient encore jamais passé la ligne. Mais quand le jeune homme qui avait douché Whipple s'avança pour sa ration de gruau, d'huile de baleine, de savon et de graisse, John s'écria :

— Oh non ! Celui-là est à moi !

Et à la surprise générale il bondit au cœur de la mêlée, se fit copieusement badigeonner de graisse et fit manger le matelot rieur. L'hilarité atteignit son comble et le capitaine ordonna la distribution d'une ration de rhum à tout l'équipage, sur quoi les missionnaires se retirèrent dignement.

Une heure plus tard, Abner eut la preuve visible des horreurs causées par les boissons fortes car Keoki vint le chercher pour le supplier de l'accompagner dans le gaillard d'avant, où le vieux baleinier qui avait accepté une bible s'était arrangé pour se procurer sept ou huit rations supplémentaires de rhum et jurait avec véhémence en se tapant la tête contre les parois. Non sans difficulté, Abner parvint à le coucher dans son hamac répugnant et tenta de le calmer. Quand l'homme fut suffisamment dégrisé pour s'exprimer intelligiblement, Abner lui demanda :

— Où est ta bible ?

— Dans le coffre, fit le marin d'un air contrit.

— Celui-là ?

— Oui.

Abner ouvrit le coffre, s'efforça d'ignorer la crasse et le désordre et en retira le livre saint.

— Certains hommes ne méritent pas d'avoir une bible, dit-il sévèrement et il s'en alla.

— Révérend ! Révérend ! cria le baleinier. Faites pas ça !

Mais Abner était déjà à l'arrière.

L'étrange journée se termina par un spectacle d'une incomparable beauté car de l'ouest arrivait un grand navire, toutes voiles dehors, qui se dirigeait vers la côte africaine. Il surgissait du coucher de soleil et la *Thetis* le héla, mit une chaloupe à la mer pour aller saluer l'inconnu et lui confier le courrier pour Boston. Quand la chaloupe s'apprêta à partir le capitaine Janders, à l'arrière, cria :

— Whipple ! Ils apprécieraient peut-être des prières ?

John sauta dans l'embarcation et à bord de la *Thetis* tout le monde suivit des yeux les hommes qui ramaient dans le couchant vers l'admirable trois-mâts qui se découpait dans le crépuscule.

Jerusha fut portée sur le pont et elle ne put retenir ses larmes à la vue de cette rencontre de deux navires à la tombée de la nuit.

— Mon bien-aimé compagnon, dit-elle dans un soupir, c'est ce que j'ai vu de plus beau de ma vie. Voyez comme le couchant repose sur les eaux. La mer est un miroir.

Amanda, ne voulant pas rester seule dans un moment pareil, vint rejoindre les Hale et murmura :

— C'était presque insoutenable de voir frère Whipple s'éloigner ainsi. C'est notre première séparation. Quelle chance nous avons de passer ainsi nos premiers jours de mariage !

Mais lorsque la baleinière revint vers la *Thetis*, et quand le navire de haut bord eut repris sa route dans le crépuscule, Amanda et Jerusha qui étaient montées sur le pont virent John Whipple qui se mordait la lèvre et le capitaine Janders écumant de rage. Même les durs matelots de la Nouvelle-Angleterre paraissaient frappés. Dès qu'il eut mis le pied sur le pont, le capitaine explosa :

— Bon Dieu ! Je regrette que nous ne soyons pas armés ! Je jure bien que j'aurais volontiers envoyé ces démons par le fond !

D'un geste rageur, il jeta les lettres aux pieds des missionnaires et ajouta :

— Je n'aurais pas voulu confier votre courrier à pareil navire ! Un négrier !

Plus tard, John Whipple rapporta aux missionnaires :

— C'était horrible. Ils n'avaient pas arrimé les chaînes dans la cale et on les entendait se balancer au roulis. C'était un sombre navire. Abner, veux-tu prier ?

Et dans le carré étouffant, lors de leur première nuit plus bas que l'équateur, les missionnaires prièrent et Abner dit avec simplicité :

— Là où il y a des ténèbres, Seigneur, permets à la lumière de briller. Là où il y a du mal, remplace-le par le bien. Mais ne nous laisse pas nous occuper seulement des maux lointains. Rappelle-nous toujours que notre première responsabilité est le mal qui existe dans nos environs immédiats. Seigneur, aide-nous à ne pas être hypocrites. Aide-nous à exécuter ton travail au jour le jour.

Il était tellement bouleversé par le hasard de cette rencontre avec le négrier qu'il ne put dormir ; il passa la nuit sur le pont, tourné en direction de l'Afrique, en espérant que Dieu lui ferait don d'un grand éclair indiquant que le négrier avait explosé. Vers le matin, Keoki Kanakoa vint le rejoindre et lui dit :

— Révérend Hale, vous songez beaucoup à l'Afrique. Mais savez-vous qu'il y a des esclaves à Hawaii ?

— À Hawaii ? Non !

— Mais si. Un grand nombre d'esclaves. On les appelle des corps puants, et ils n'ont pas le droit de toucher ce que nous touchons. Il n'y a pas bien longtemps, ils étaient destinés à être immolés aux dieux.

— Parlez-moi d'eux, murmura le missionnaire atterré.

Et Keoki lui expliqua la vie des esclaves, leur sort pitoyable, les lois millénaires et les rites affreux. Abner sentit une rage impatiente lui monter à la gorge et il finit par interrompre Kanakoa.

— Keoki ! Quand je serai à Hawaii, il n'y aura plus un seul esclave.

— Ce sera difficile.

— Nous les inviterons à notre table, Keoki.

Abner ne parla pas de sa résolution à ses compagnons, pas même à Jerusha, mais il comprenait, au fond de son cœur, que ce grand navire cruel avait croisé son chemin dans un but précis, selon la volonté de Dieu. Il jura aux étoiles :

— Il n'y aura plus jamais d'esclavage à Hawaii.

Ce fut au cours du long et morne voyage vers le cap Horn — plus de six mille milles quasiment en ligne droite — que la fameuse « maladie du missionnaire » frappa pour de bon. Les désagréments du roulis et du tangage étaient oubliés depuis longtemps et les couples missionnaires se souvenaient encore avec gêne du mal qui les avait accablés.

Ils le qualifiaient, par euphémisme, d' « affection bilieuse », et chaque jour Jerusha s'enquérait avec circonspection :

— Révérend Hale, souffrez-vous encore d'affection bilieuse ?

— Oui, ma chère compagne, répondait-il.

Comme les autres couples s'enquéraient de même façon, avec des réponses identiques, les missionnaires commencèrent à regarder leur médecin avec des yeux réellement injectés de bile, comme si frère Whipple aurait dû, par quelque miracle, se montrer capable de chasser l'affection bilieuse qui les tourmentait. Celui-ci consulta ses livres, en particulier le *Family Medical Book*, et prescrivit divers traitements consacrés par le temps. « Deux cuillerées à soupe d'ipéca et de rhubarbe », conseilla-t-il.

— Frère Whipple, je prends de l'ipéca depuis des semaines, expliqua un missionnaire inquiet. En vain.

— Avez-vous essayé deux grains de calomel, frère Hewlett ?

— Cela aide sur le coup... mais...

— Alors il faudra prendre de l'huile de castor... et marcher.

— Je suis incapable d'avaler une goutte d'huile de castor, frère Whipple.

— Alors, marchez.

Effroyablement constipés, les missionnaires prirent donc de l'ipéca, de la rhubarbe, du calomel et de l'huile de castor. Mais surtout ils marchèrent. Après le petit déjeuner, tous ceux qui étaient en état de le faire arpentaient d'un air décidé le pont arrière exigu, faisant demi-tour devant les resserres à animaux, dans un sens, et devant le mât central, dans l'autre. Ils marchaient parfois des heures, tentant de mettre en mouvement leurs intestins récalcitrants, mais rien ne venait réellement à bout de l'affection bilieuse.

Les quartiers des passagers ne disposaient que d'une seule latrine, d'une puanteur insupportable, et si chaque missionnaire l'investissait seulement un quart d'heure chaque fois — ce qui, dans leur état, n'était pas excessif — le lieu était déjà automatiquement occupé pendant cinq heures et demie, soit la moitié de la journée, sans qu'un peu de temps soit alloué aux cas d'urgence, à ceux qui, totalement désespérés, avaient pris des doses massives d'ipéca, de rhubarbe, de calomel et d'huile de castor, à la file.

Il fallut donc que frère Whipple, avec le consentement amusé du capitaine Janders et l'aide compétente de Keoki Kanakoa, aménage des latrines de fortune, à tout vent, sur l'arrière du bateau. A intervalles fixes, toutes les femmes s'y présentaient ; puis les pasteurs, l'un après l'autre, tentaient leur chance au-dessus de l'ouverture, les mains agrippant désespérément les montants que Keoki avait cloués, le postérieur blême clignant de l'œil aux baleines.

Jour après jour ils marchaient. Les matelots rigolards, dont l'organisme continuait à fonctionner du fait de l'extraordinaire quantité de travail qu'on leur imposait, faisaient des paris irrévérencieux sur celui des frères qui serait le prochain à s'aventurer sur le perchoir précaire, et surnommaient la marche incessante « la valse des missionnaires ».

Un jour, au désespoir, le pauvre Abner, embarrassé, demanda au médecin :

— Pourquoi Dieu nous afflige-t-il alors qu'il épargne ces mécréants ?

— C'est simple, frère Hale, répondit Whipple en riant. Nous avons tous eu le mal de mer, nous avons complètement vidé nos entrailles. Nous avons ensuite peu mangé et laissé ce peu devenir compact. Le manque de fruits et de légumes l'a rendu plus dur encore. Et surtout, nous n'avons pas travaillé. Les marins travaillent, eux, et Dieu s'occupe de leurs ventres.

Abner n'était pas sûr que frère Whipple n'avait pas blasphémé, mais, trop gêné pour discuter, il se contenta de déclarer :

— Je me sens dans un état épouvantable.

— Montre-moi tes yeux, ordonna le médecin.

Quand il eut vu les taches jaune trouble, il déclara :

— Tu *es* dans un état épouvantable.

— Que puis-je faire ?

— Marche, enjoignit Whipple, et la valse des missionnaires recommença.

Frère Whipple marchait surtout la nuit, quand les étoiles étaient levées et qu'il pouvait s'adonner librement à son goût pour la science. Ses longues discussions avec le second sur l'astronomie occupaient tant son esprit qu'il lui arrivait fréquemment de ne pas assister aux prières du soir, absences sur lesquelles Abner chargea deux frères d'enquêter.

— Nous sommes une famille, vous le savez, frère Whipple, arguèrent-ils. Nos prières ont un caractère familial.

— Désolé d'avoir été aussi négligent, s'excusa-t-il. J'assisterai aux prières.

Mais dès que le premier fidèle clamait « Amen ! », le jeune médecin se retrouvait en haut de l'échelle et parlait d'astronomie.

— Qu'éprouve un marin qui passe la ligne et voit que l'étoile du Nord a disparu ? demanda-t-il.

— Eh bien, répondit Mr Collins, on a beau parfaitement connaître les constellations australes, cela serre le cœur de voir cette vieille amie sûre sombrer à l'horizon.

Auprès du second, Whipple apprit à estimer latitude et longitude par le Bowditch et, occasionnellement, ses calculs coïncidaient avec ceux du capitaine Janders, ce qui amena ce dernier à prédire :

— Vous feriez plutôt un bon navigateur qu'un bon missionnaire.

— Pourtant, nous prendrons votre âme au piège, répliqua Whipple. Si vous autorisiez le frère Hale à monter ici...

— Laissez-le où il est ! coupa Janders.

Le commandant dut néanmoins avouer sa surprise devant les succès qu'Abner rencontrait dans la conversion de l'équipage. Il avait distribué cinq bibles et deux autres le seraient bientôt. Il avait persuadé six matelots de s'engager à ne plus boire, ce qui conduisit Janders à grommeler :

— Facile de rendre un marin sobre à bord. Le hic, c'est de le faire au port.

Les hommes appréciaient le curieux talent d'Abner pour soulever les questions auxquelles ils réfléchissaient souvent, si bien que même des marins non croyants faisaient cercle autour de lui quand il argumentait.

— Supposons que ce voyage dure quatre ans. La première semaine après le départ, votre mère meurt. Vous n'apprenez pas la nouvelle. Quelles seront vos relations avec votre mère pendant les deux cents semaines suivantes ? Elle est morte, cependant vous pensez à elle comme à une vivante. Elle est morte, mais peut quand même vous aider. Ne se pourrait-il pas qu'elle vive effectivement ? En Jésus-Christ ?

— J'avais pas vu ça comme ça, révérend, dit un mécréant. Mais d'un autre côté, si. Mettons que je suis marié, et qu'au moment où je quitte Boston, ma femme est... passez-moi l'expression... enceinte. Je vois pas le bébé pendant quatre ans mais quand je rentre, il me ressemble, il a mes manières et, d'une façon inexplicable, il a appris à m'aimer.

— Sauf que quelquefois, il te ressemble pas, fit observer le vieux baleinier, sur la base de son expérience.

— Vous avez converti le capitaine ? demanda Cridland.

— Non, répondit Abner tristement. « Le sot a dit dans son cœur : " Il n'y a pas de Dieu. " »

— Attendez, révérend, il croit, le capitaine, corrigea un vieux matelot. Quand vous êtes pas à bord, il dit la messe.

— Croire vraiment exige de soumettre totalement sa volonté à celle de Dieu, expliqua Hale. Le commandant se refuse à confesser qu'il vit en état de péché.

— Moi, je le range pas parmi les pécheurs, opina le vieux baleinier. Pas un vrai, un fieffé pécheur, en tout cas. Mais prenez un homme comme le capitaine Hoxworth, du baleinier *Carthaginian*... Je l'ai vu emmener quatre filles nues d'Honolulu dans sa cabine d'un coup... Comme pécheur, notre commandant lui arrive pas à la cheville.

Abner Hale n'en affrontait pas moins inlassablement Janders, en particulier sur le chapitre des romans, que le capitaine lisait ostensiblement juste après le sermon dominical.

— Vous apprendrez à voir en ces livres des abominations, prédit sombrement le missionnaire.

Janders rétorqua d'un ton sarcastique :

— Avez-vous converti d'autres vieux baleiniers, frère Hale ?

Question qui rendit Abner furieux en ce qu'elle symbolisait l'habitude pernicieuse du monde de se réjouir de l'échec d'hommes de foi. En fait, il aurait pu retourner l'argument contre Janders puisque le vieux baleinier voulait à tout prix récupérer sa bible avant le cap Horn.

— Beaucoup de marins ont péri au cap Horn, révérend, plaidait-il. Me laissez pas doubler le cap sans bible !

Mais Abner avait appris au cours du voyage une leçon fondamentale : l'Église ne doit pas être mise en péril par la rechute dans le péché de ceux qui, en vérité, n'avaient jamais été réellement sauvés. Ce sont eux qui peuvent le plus nuire à l'Église, et il faut leur ôter la possibilité de le faire. Souvent, pendant le long voyage vers le sud, Abner s'asseyait sur une malle dans sa cabine et analysait le cas avec ses sept compagnons.

— J'ai été trop prompt à accepter cet homme... trop impatient d'ajouter un simple chiffre au lieu d'une âme sûre. Nous ne devrons jamais répéter cette bêtise à Hawaii.

Enfin, dans la soirée du 24 novembre, alors que Keoki venait d'apporter le pudding du samedi soir, une bourrasque inattendue coucha brusquement la *Thetis* sur le flanc. La tempête s'était levée si brutalement que l'écoutille n'avait pas été fermée et des torrents d'eau glacée se déversèrent dans le carré. La suspension se balança follement, la vaisselle fut balayée de la table, les chaises se renversèrent et les missionnaires furent projetés sur les parois. Des cris s'élevèrent et Abner entendit Jerusha gémir sur sa couchette. Il se précipita dans sa cabine et la trouva trempée.

— Est-ce que nous coulons ? sanglota Jerusha.

— Ne vous inquiétez pas, affirma Abner. Dieu est avec nous.

Les matelots abaissèrent le panneau d'écoutille et l'air devint immédiatement irrespirable. Le maître coq glapit :

— Le cap Horn se rue vers nous !

— Est-ce que la tempête va durer longtemps ? demanda frère Whipple.

— Peut-être bien quatre semaines, répondit le coq en ramassant les restes du dîner.

Le dimanche 25 novembre, Abner s'aventura sur le pont et revint annoncer à ses compagnons prostrés :

— Tout le cheptel a été emporté. La première grosse lame a failli nous retourner.

Un brouillard épais enveloppait le brick et le froid augmentait d'heure en heure. La *Thetis* avançait obstinément vers le sud, ballottée comme une coque de noix. Le thermomètre marquait à peine quatre degrés et tous les feux étaient interdits à bord. Dans leurs draps humides, les malades grelottaient. Dans les cabines sans air, tout moisissait. Le mardi 27, John Whipple alla aux nouvelles sur le pont et revint en courant :

— On aperçoit States Island à bâbord. Nous devons approcher du cap. Les vagues sont moins monstrueuses qu'on ne le craignait.

Il entraîna ses compagnons sur le pont et leur montra la terre la plus désolée, la plus aride du monde. On apercevait vaguement, à travers la brume, de petites collines pelées, sans un arbre, et Whipple observa :

— Nous les voyons en été. Pensez à ce que cela doit être en hiver !

Mais les missionnaires regardèrent à peine les îles. Ils ne voyaient que les eaux terrifiantes qui moutonnaient devant eux. Là, à l'extrême pointe du continent, au bout du monde, les courants du Pacifique venaient se heurter aux lames turbulentes de l'Atlantique et formaient des vagues gigantesques, monstrueuses, et des tourbillons infernaux. Lorsqu'un navire avait la chance d'atteindre States Island par vent d'est, il pouvait espérer franchir cette passe dangereuse. Mais quand le vent soufflait de l'ouest, comme en ce mois de novembre 1821, l'entreprise était presque impossible. Le capitaine Janders, cependant, refusait de s'avouer vaincu.

— Nous passerons. Je n'écrirai jamais dans mon livre de bord : « Aujourd'hui, nous abandonnons tout espoir de doubler le cap Horn et nous allons retraverser l'Atlantique pour passer par Bonne-Espérance. » Le capitaine qui écrit cela ne survit jamais à cette honte. Je ne céderai pas.

Il s'entêta donc, en espérant que le vent tournerait à l'est, ou que le Pacifique se calmerait un peu. Mais le jeudi, il descendit au carré et dit sombrement :

— Si l'un de vous se sent particulièrement proche du Seigneur, j'apprécierais ses prières en ce moment.

— Les vents nous sont toujours contraires ? demanda Abner.

— Ils n'ont jamais été plus mauvais.

— Devrons-nous faire demi-tour ?

— Ça non ! Personne ne dira jamais que le capitaine Janders a renoncé à doubler le cap !

De retour sur le pont, John Whipple argua :

— Je ne vois aucun mal à le soutenir par nos prières.

— Moi non plus, frère Whipple, dit Jerusha.

Et le médecin se mit à prier :

— Rappelons-nous les paroles rassurantes des Proverbes : *Je n'ai jamais appris la sagesse et je ne connais pas non plus le sacré : Qui, monté aux cieux, en est redescendu ? Qui a jamais recueilli le vent dans ses mains ? Qui a enserré les flots dans un vêtement ? Qui a établi toutes les limites de la terre ? Quel est son nom... ?* Frères, nous qui nous tenons aux limites de la terre, là où les vents sont rassemblés contre nous dans la main de Dieu, n'oublions pas que c'est le juste que le Seigneur éprouve. L'homme mauvais passera et repassera par ce cap sans inquiétude, car Dieu l'a déjà sondé. Prions pour que ces vents s'apaisent, mais s'ils ne le font pas, remettons-nous-en doublement au Seigneur.

Le samedi 1er décembre, la *Thetis* avait mis sept jours pleins à couvrir une distance de cent dix milles. Pendant une accalmie, les missionnaires désespérés avaient distingué au nord la Terre de Feu désolée, et regagné des couchettes glacées pour se blottir l'un contre l'autre, accablés par la peur et le mal de mer. La tempête ne s'apaisait pas.

Le dimanche 2 décembre, la *Thetis* mit cap à l'ouest pour trouver un passage qui la porterait au nord du cap Horn, perché sur une île insignifiante, au sud, mais ce jour-là les vagues du Pacifique terrifièrent le capitaine Janders lui-même. Quand l'une d'elles coucha le navire sur son flanc, il jeta un regard effaré à Mr Collins, qui eut le courage de lui dire :

— Je n'ai jamais navigué sur une mer plus épouvantable, capitaine. Nous ferions mieux de fuir la lame.

Aussitôt, le commandant vira de bord et fit courir son petit brick sous le vent violent, vers l'est, devant de dangereux rochers, et en trois heures, à la vitesse stupéfiante de près de trente nœuds, la *Thetis* se retrouva au point où elle en était huit jours plus tôt.

Le 3 décembre, Mr Collins posa la question fatale :

— Traverserons-nous l'Atlantique pour doubler le cap de Bonne-Espérance, capitaine ?

— Il n'en est pas question ! répliqua Janders, qui donna aussitôt l'ordre d'orienter les voiles pour le vent d'ouest qui rugissait au-dessus des énormes lames du Pacifique.

A midi, ce jour-là, John Whipple apporta aux missionnaires transis et apeurés la nouvelle atterrante :

— Je crois que nous sommes revenus là où nous étions la semaine dernière ! Je suis sûr que c'est States Island au sud, et la pointe de la Terre de Feu, au nord.

— Tu veux dire que nous reculons ? lui demanda sa femme d'une voix faible.

Quand il eut acquiescé d'un hochement de tête, elle reprit :

— John, je peine tellement à me tenir sur ma couchette que j'ai les coudes en sang. Vois l'état dans lequel est la malheureuse sœur Hale.

John constata que les genoux et les coudes de Jerusha saignaient eux aussi mais il n'y avait rien d'autre à faire que demeurer étendu sur la couchette froide, mouillée, et lutter contre le roulis frénétique du bateau.

Le 4 décembre, la *Thetis* descendit si loin au sud que le soleil ne se coucha quasiment pas et que la nuit se réduisit à un mystérieux brouillard cendreux tombant sur la mer agitée. Quand il sembla qu'on pourrait avoir un vent meilleur vers l'Antarctique, le capitaine Janders essaya une autre ruse. Courant hardiment un bord qui l'éloigna de l'île protectrice derrière laquelle les marins doublaient d'ordinaire le cap, il mena son petit brick dans les eaux du passage de Drake, les plus houleuses au monde. C'était une manœuvre vaillante mais au matin, une de ces vastes accumulations du Pacifique, tourbillon de grêle et de neige, s'abattit sur le bateau, le souleva et le jeta de côté, l'eau s'engouffrant dans le carré et recouvrant les couchettes inférieures.

— Abner ! Abner ! s'écria une Jerusha contusionnée, oubliant le titre de son mari. Nous coulons.

Il la releva doucement, la hissa sur la couchette de John Whipple et dit d'une voix calme :

— Non, ma compagne bien-aimée, Dieu protège ce navire. Il ne nous abandonnera pas.

Le terrifiant tremblement se poursuivit, accompagné par de nouveaux torrents d'eau déferlant vers l'arrière de quelque partie endommagée à l'avant.

— Nous n'allons pas résister ! hurla une femme, hystérique.

— Dieu est avec nous, dit Abner pour la rassurer.

Et dans l'obscurité inquiétante, avec de l'eau jusqu'aux chevilles, il pria d'une voix forte par-dessus les sanglots de ceux qui se voyaient déjà morts et rappela aux missionnaires qu'ils faisaient ce voyage pour accomplir l'œuvre de Dieu, que le Seigneur mettait à l'épreuve ceux qu'il avait choisis et que leur route ne serait jamais ni aisée ni rapide.

— Nous traverserons cette tempête et nous verrons les riantes vallées de Hawaii, affirma-t-il.

Il passa ensuite dans chacune des cabines glaciales, aida à débarrasser les couchettes des bagages qui s'y étaient éparpillés. On ne tenta pas de faire à manger mais quand le capitaine Janders descendit et vit les efforts d'Abner, il cria au maître coq :

— Apporte du fromage à l'arrière pour ces pauvres gens !

— Sommes-nous en train de doubler le cap ? lui demanda Hale.

— Pas encore, mais nous y parviendrons.

Il apparut cependant vers six heures du soir que les vagues de la nuit seraient encore plus tumultueuses et le commandant finit par dire à Mr Collins :

— Courons devant la lame.

Une fois de plus, ils perdirent en moins d'une heure tout ce qu'ils avaient gagné en deux jours.

Le 5 décembre, le brick blessé, recouvert de glace, se retrouva à l'entrée de l'Atlantique, devant les eaux gardant le cap. Comme rien n'indiquait un vent d'est ou une houle moins forte, Janders continua à courir des bords dans un sens puis dans l'autre, attendant. Vers dix heures du soir, on put croire l'occasion venue car le vent semblait tourner. Donnant de la toile, le commandant lança son bâtiment dans les vagues, et pendant les deux heures de jour gris qu'il restait, la *Thetis* fendit laborieusement l'océan et avança quelque peu.

Le 6 décembre, le brick couvrit quarante-huit milles sous une tempête de neige, chevauchant une mer plus démontée encore. Ce n'était plus la terreur abstraite du bateau qui se couche sur le flanc mais un mouvement constant de montée et de descente qui arrachait des gémissements pitoyables aux objets inanimés eux-mêmes comme les malles et les caisses. Avec la grêle et la neige, il fit plus froid encore et les femmes tremblaient sous des couvertures trempées, convaincues que la mort serait préférable à deux semaines de plus au cap Horn. Mais frère Whipple vint annoncer à tous avec chaleur que le brick progressait enfin.

Le vendredi 7 décembre, le vent pervers se remit à souffler comme avant, couchant à nouveau le bateau sur le flanc. Cette fois, il faillit sombrer. De lourdes malles se désarrimèrent ; la charpente craqua de manière menaçante comme si elle ne pouvait en supporter davantage et le petit brick tomba dans un creux dont il sembla qu'il ne parviendrait jamais à sortir.

— Ô mon Dieu, laissez-moi mourir ! pria Jerusha, qu'un coffre avait coincée contre la coque.

D'autres femmes criaient : « Frère Hale, pouvez-vous ôter cette caisse ? » car elles savaient qu'il était, de tous les missionnaires, le seul qui fût encore capable de les secourir.

Il s'écoula donc quelques minutes avant qu'il ne parvienne auprès de Jerusha, qu'il découvrit tenant des propos incohérents.

— Laissez-moi mourir, Seigneur. Ce n'est pas la faute d'Abner. Il a été bon avec moi, mais laissez-moi mourir !

Il la dégagea, lui palpa les membres pour voir s'il y avait fracture et, ce faisant, l'entendit appeler la mort dans ses prières.

— Qu'avez-vous dit ? murmura-t-il, consterné.

— Mon Dieu, laissez-moi mourir !

Il la gifla sur les deux joues, s'écria :

— Mrs Hale, ne blasphémez pas !

Il continua à la gifler jusqu'à ce qu'elle eût recouvré ses esprits puis s'assit au bord de la couchette.

— J'ai peur moi aussi, chère compagne, avoua-t-il. J'ai peur que nous coulions. Oh !

Il s'arc-bouta pour la descente au creux d'une vague, le temps d'immobilité tremblante, la remontée dans un grondement.

— Pensez-vous vous-même que nous sommes perdus ? dit Jerusha à voix basse.

— Je le crains. Mais nous ne devons pas blasphémer, même si nous sommes abandonnés.

— Qu'ai-je dit, mon cher époux ?

— Il vaut mieux l'oublier. Prions, voulez-vous ?

Et dans la cabine froide et sombre, il lui fit réciter ce qu'il pensait être leur dernière prière.

Au même moment, sur le pont, le capitaine Janders laissait éclater sa colère :

— Sacredieu, Mr Collins, nous ne passerons pas !
— Mettons-nous le cap sur Bonne-Espérance ?
— Pas question.
— Nous coulerons, capitaine, avertit le second.
— Virons de bord. Allons panser nos blessures aux Falkland.
— Et ensuite ?
— Nous passerons par le détroit de Magellan.
— Oui, capitaine.

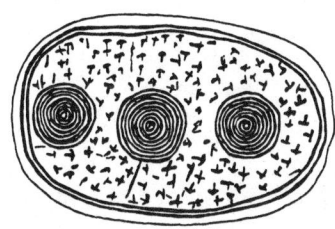

Ainsi, la *Thetis* renonça à lutter et, poussée par le vent violent, alla se réfugier aux Falkland, au large de la Patagonie.

A peine le brick eut-il jeté l'ancre devant ces îlots rocheux et désolés, que les missionnaires se ruèrent à terre. John Whipple organisa une chasse aux cormorans et aux oies sauvages qui devait pourvoir suffisamment de vivres pour plusieurs semaines. Mr Collins, de son côté, conduisit une petite expédition à la recherche d'eau douce et put remplir les barils du navire. Il trouva également assez de bois pour faire des feux.

— Nous laisserons les feux allumés pendant dix jours, promit-il aux missionnaires. Jusqu'à ce que nos vêtements soient complètement secs.

Mais ce fut Abner Hale qui fit la principale découverte. En escaladant une éminence, il aperçut un autre navire à l'abri, sur la côte septentrionale. Avec deux matelots, il y courut. C'était un baleinier qui revenait du Pacifique. Le capitaine Janders, prévenu, vint s'entretenir avec son commandant et les deux hommes étudièrent les cartes du détroit de Magellan.

— C'est un sale coin, dit le baleinier. Je n'y suis jamais passé, mais c'est faisable. En 1578, Francis Drake a franchi le détroit en dix-sept jours, sans encombre. Mais en 1767, le Français Bougainville a mis cinquante-deux jours. Le record appartient à deux Espagnols qui ont lutté dans le détroit pendant cent cinquante jours. Mais ils ont fini par passer.

— Pourquoi est-ce si difficile ? demanda Abner.

— Ce n'est pas le détroit, c'est la sortie, expliqua le baleinier. Voyez ces récifs ? Ce sont les Quatre Évangélistes. C'est là que les navires périssent. Les vents d'ouest du Pacifique soulèvent des vagues monstrueuses à la sortie du goulet. En essayant de les franchir, on est projeté contre les Évangélistes.

— C'est encore pis que ce que nous venons de subir ?

— Ce n'est pas la même chose. En essayant de doubler le cap

proprement dit, on peut tomber sur cinquante jours de gros temps. Ce n'est pas faisable. Tandis que là, si les lames sont énormes, comme nulle part ailleurs, on peut passer le mauvais coin dans la journée... Si on le passe. Ce qu'il faut, c'est attendre le moment favorable et ne jamais se laisser gouverner par la tempête. Sinon, on va s'écraser là, sur les rochers de la Désolation. Des centaines de navires y ont péri. Vous devez donc vous trouver un bon abri, à l'ouest de la Désolation, et attendre une accalmie. Vous pourrez sortir tous les jours pendant un mois et chercher à passer. L'essentiel, c'est de pouvoir toujours revenir à votre abri.

— Mais on peut passer ? insista le capitaine Janders.

— Des Hollandais l'ont fait, et des Espagnols. Le tout, c'est de ne pas se laisser diriger par l'ouragan.

Le baleinier, devinant qu'Abner était pasteur, lui demanda s'il consentirait à dire la messe en qualité d'invité, et l'offre plut beaucoup au missionnaire, qui se tourna vers Janders comme pour lui dire : « Voilà un capitaine qui croit en Dieu. » Mais le commandant de la *Thetis* n'entendait pas lui laisser le triomphe. D'un ton persifleur, il détruisit l'image idyllique que se forgeait l'homme d'Église en faisant ce commentaire, pendant que le baleinier descendait réveiller les matelots :

— Il commande probablement le plus infect rafiot de toutes les mers et a sans doute sur la conscience plus de crimes que vous ne sauriez en imaginer. Demandez-lui donc ce qu'il a fait à Honolulu. Une fois que ces baleiniers repassent le cap et approchent de Boston, ils implorent tous une bonne prière pour les laver des péchés qu'ils ont accumulés.

Un grand nombre de matelots et d'officiers renfrognés se rassemblèrent cependant pour l'office, et Hale fustigea les crimes qu'ils avaient pu commettre par cette citation :

— Lévitique, chapitre 25, verset 41 : *Et il retournera à sa famille.* Mais en retrouvant les siens, retrouvera-t-il sa conscience ?

En termes passionnés, avec une flamme attisée par les sarcasmes de Janders, Hale analysa le cas d'un homme resté loin de sa maison et de celle du Seigneur pendant quatre ans, les changements qui se sont produits tant en lui que dans son foyer (et dont il ne peut avoir conscience) ainsi que les mesures à prendre pour y remédier s'ils sont pernicieux, ou les mettre à profit s'ils sont bénéfiques. Les baleiniers l'écoutèrent avec stupeur mettre à nu leurs pensées à demi formulées, et à la fin du service, trois marins lui demandèrent de prier avec eux. Quand les prières furent récitées, le capitaine déclara :

— C'était un sermon plein de force, jeune homme. J'aimerais vous donner un gage de notre reconnaissance.

Le commandant surprit Abner en faisant porter à bord de la chaloupe de la *Thetis* un régime de belles bananes vertes.

— Elles mûriront et seront bonnes à manger pendant de nombreux jours, dit-il. Vos malades les apprécieront.

— Qu'est-ce que c'est ?

— Des bananes, fils. Excellent pour la constipation. Autant y prendre goût parce que c'est la principale nourriture, à Hawaii.

Le baleinier montra à Abner comment éplucher le fruit, mordit dedans, donna le reste au missionnaire.

— Une fois qu'on y est habitué, c'est vraiment bon.

Mais Hale trouva écœurante l'odeur pénétrante de la peau.

— Il vaudrait mieux vous mettre à aimer ça, fiston, parce que c'est tout ce que vous aurez à manger, là-bas.

— Vous connaissez Hawaii ?

— Si je connais Honolulu ? s'écria le baleinier.

Se rappelant le sermon qu'il venait d'entendre, il enchaîna tant bien que mal :

— Nous avons pris une douzaine de baleines, au sud de l'île.

Le mardi 18 décembre, quand le capitaine Janders eut recopié toutes les cartes du détroit de Magellan prêtées par le baleinier, la *Thetis* leva l'ancre et reprit la route de la Terre de Feu, mais en l'attaquant par le nord, là où elle touchait presque à la pointe de l'Amérique du Sud, et où l'étroit passage découvert par Magellan attendait les navigateurs.

Les missionnaires étaient fascinés par le spectacle de la Terre de Feu. Pendant les premiers jours, ils demeurèrent sur le pont, regardant alternativement les côtes de l'Amérique et cette terre désolée qui ne manquait pas de grandeur, où flambaient les brasiers des indigènes qui avaient valu son nom à l'île, lorsque Magellan les avait vus pour la première fois. Ils aperçurent même un groupe de sauvages vêtus de peaux de bêtes.

La *Thetis*, poussée par le vent d'est, avançait régulièrement. Les jours étaient longs, les nuits claires et brèves. Lorsque les vents tournaient, la *Thetis* jetait l'ancre dans une rade et matelots et missionnaires allaient chasser à terre, si bien qu'à la Noël, tout le monde mangea du canard.

Personne n'avait plus le mal de mer, à présent, mais une passagère en venait peu à peu à détester le détroit de Magellan. C'était Jerusha Hale qui, libérée de ses deux principaux maux, était maintenant affligée d'un troisième, qui consistait en une violente envie de vomir chaque fois que son mari lui faisait manger une banane.

— Je n'aime pas l'odeur de cette huile, protesta-t-elle.

— Moi non plus, ma chérie, mais c'est la nourriture des îles...

— Alors, attendons d'y être, supplia-t-elle.

— Non. Si le Seigneur nous a providentiellement envoyé ces bananes...

— Les autres femmes ne sont pas obligées de les manger.

— Les autres femmes ne les ont pas reçues en cadeau par la volonté directe de Dieu, rétorqua Abner.

— Révérend Hale, je suis sûre que lorsque j'aurai quitté ce navire, où j'ai été si malade, je serai capable de manger des bananes. Mais l'huile de la peau me rappelle... Mon cher mari, je vais vomir.

— Non, Mrs Hale, ordonna-t-il.

Et deux fois par jour, il épluchait une banane avec soin, en fourrait la moitié dans sa propre bouche et affirmait, quoi qu'il en pensât : « C'est délicieux. » Puis il poussait l'autre morceau entre les lèvres de sa femme et gardait les yeux sur elle jusqu'à ce qu'elle eût avalé. L'opération était manifestement si pénible pour la jeune femme prise de haut-le-cœur qu'Amanda Whipple ne pouvait rester sur sa couchette pendant qu'on l'effectuait. Ce qui aggravait encore la nausée, c'était qu'Abner avait accroché les bananes au plafond de leur cabine, et elles s'y balançaient sans cesse, sentant de plus en plus à mesure qu'elles mûrissaient.

« Je verrai le régime diminuer », pensa d'abord Jerusha. Mais malgré les efforts de la jeune femme, il semblait au contraire croître en volume.

— Mon cher mari, je vais vomir, c'est sûr !

Mais il plaçait une main ferme sur son abdomen jusqu'à ce que la ration quotidienne soit absorbée, lui interdisait d'avoir des haut-le-cœur et elle obéissait. Après l'une de ces séances, John Whipple lui demanda :

— Mais pourquoi aimes-tu tellement les bananes ?

— Je ne les aime pas. Elles m'écœurent, moi aussi.

— Alors, pourquoi les manges-tu ?

— Parce que, de toute évidence, le Seigneur a voulu que je les mange. Comment les ai-je obtenues ? Pour avoir prononcé un sermon. Je serais un ingrat si je ne les mangeais pas !

— Tu crois aux signes ? demanda le jeune médecin.

— Que veux-tu dire ?

— Les signes, les présages.

— Pourquoi me poses-tu cette question ?

— Parce que tu m'y as fait penser. Keoki Kanakoa m'a parlé des signes qui réglaient sa vie, auparavant. Quand une de leurs pirogues prenait la mer, il y avait une vieille femme qui ne faisait rien d'autre qu'observer les présages. Un albatros, un requin... cela signifiait quelque chose. Ils étaient envoyés par un dieu, et on pouvait connaître les intentions de ce dieu en déchiffrant le signe.

— Quel rapport avec moi ?

— Il me semble, frère Hale, que tu fais de même avec les bananes. Elles t'ont été données en cadeau, donc elles sont envoyées par Dieu. Si elles sont envoyées par Dieu, il faut les manger.

— John, tu blasphèmes !

— Blasphème ou pas, à ta place, je jetterais ces choses par-dessus bord. Elles donnent la nausée à tout le monde.

— Par-dessus bord !

— Oui, révérend, intervint Jerusha. Jetez-les.

— C'est intolérable ! s'écria Abner. (Il se précipita sur le pont, redescendit aussi vite à la cabine.) Si quelqu'un touche à ces bananes...! Elles ont été envoyées par Dieu pour nous instruire dans notre nouvelle existence. Vous et moi, Mrs Hale, mangerons ces bananes jusqu'à la dernière. C'est la volonté de Dieu.

Et tandis que la *Thetis* continuait sa lente et pénible progression, les bananes malodorantes dansaient au plafond de la cabine.

Le brick avait laissé derrière lui la Terre de Feu et naviguait parmi les centaines d'îlots sans nom qui hérissent la partie ouest du détroit. Le vent tourna, les jours s'étirèrent en longues semaines lugubres, et le capitaine Janders écrivit dans son livre de bord :

Mardi 15 janvier. Vingt-six jours dans le détroit. Terres proches des deux côtés. Naviguons vent debout. Avançons peu et retournons sur nos pas jeter l'ancre à l'abri. Espère cependant que les vents contraires persisteront car ils calmeront la mer aux Quatre Évangélistes.

Les jours se succédaient ; le bateau progressait de quatre ou six milles, ou pas du tout. Les matelots touaient la *Thetis* pour la remettre dans le vent et pariaient qu'à la nuit tombée, ils dormiraient au même endroit. Deux faits les tourmentaient de plus en plus. Les terres, autour d'eux, étaient si désolées qu'elles ne pourraient longtemps nourrir des êtres vivants, d'autant que l'été s'achevait. Tous pensaient : « Si c'est difficile ici, que sera-ce quand nous parviendrons à l'île de la Désolation ? Et aux Évangélistes ? » Ils avaient l'impression d'approcher lentement d'un terrible dénouement et ne se trompaient pas.

Le trente-deuxième jour, un vent d'est se leva et poussa vivement le petit brick jusqu'aux rives de l'île de la Désolation et les marins tremblèrent en voyant l'épave déchiquetée d'un navire qui s'était éventré sur les rochers. La mer devint plus houleuse et dix-huit des missionnaires jugèrent plus prudent de rester dans le carré, où l'odeur des bananes accrut encore leur malaise. Ce soir-là, Jerusha se déclara incapable d'avaler une banane de plus, mais Abner, coutumier de telles protestations, engloutit vaillamment sa part puis contraignit sa femme à manger l'autre.

— Vous ne serez pas malade, ordonna-t-il, tenant l'estomac de Jerusha sous sa main et sous son contrôle.

Mais le navire roula quand les premiers doigts du Pacifique s'insinuèrent dans le détroit, et, incapable de dominer ses nausées, Jerusha se mit à vomir.

— Mrs Hale ! brailla-t-il, plaquant son autre main sur la bouche de sa femme.

Il ne put cependant l'empêcher de souiller la couchette.

— Vous l'avez fait exprès, marmonna-t-il.

— Mon mari, je suis si malade, gémit-elle.

Impressionné par le ton de sa voix, il la nettoya tendrement, l'installa aussi confortablement que possible.

— Je ne fais pas cela pour vous tourmenter, ma chère épouse, se défendit-il. Dieu nous a envoyé ces bananes. Regardez !

Il détacha un des fruits jaunes, qu'il en était venu à détester, l'avala tout entier.

— Je vais encore être malade ! prévint Jerusha, et Abner dut à nouveau la laver.

Le lendemain, on s'aperçut que la Thetis, parvenue à la pointe de l'île de la Désolation, avait parcouru plus de quatre-vingt-dix-neuf pour cent du détroit de Magellan. Il ne lui restait plus qu'à couvrir la courte distance la séparant des Évangélistes, ces quatre rochers cruels et non peuplés gardant l'accès ouest du détroit.

A l'aube du 22 janvier 1822, le petit navire quitta la protection des falaises de la Désolation et se lança dans une mer démontée, aux vagues turbulentes si hautes qu'aucun des marins n'en avait jamais vu de pareilles. Les gigantesques lames du Pacifique se ruaient à l'assaut, tandis que les vagues plus courtes et plus rageuses de l'Atlantique venaient les couper et transformaient la houle en tourbillons grondants.

Le capitaine Janders ordonna à ses hommes de s'attacher aux mâts et au bastingage, et la Thetis, toutes écoutilles closes, plongea dans le maelström, glissant au fond des abîmes liquides, se redressant comme un cheval qui se cabre, tournant sur elle-même, roulant et tanguant follement.

Pendant un quart d'heure, le petit brick fut ballotté comme si toutes les vagues de la mer, cessant de se tourmenter entre elles, s'acharnaient sur lui. Elles le soulevaient, le laissaient retomber, le couchaient sur le flanc, et aucun marin qui ne se serait pas attaché n'aurait survécu sur le pont.

— Vous gardez les Évangélistes à l'œil, Mr Collins ? cria Janders par-dessus la fureur des flots.

— Oui, capitaine.

— Pouvons-nous résister à d'autres vagues, Mr Collins ?

— Non, capitaine.

— Alors, fuyons devant la lame.

— Attention aux rochers, capitaine.

La *Thetis*, virant de bord, s'élança dans les eaux tumultueuses de l'Atlantique et, filant à toute allure, retourna se mettre à l'abri de l'île de la Désolation, tel un animal blessé. En bas, les missionnaires priaient. Personne, pas même les malades, ne pouvait rester sur les couchettes tant le navire tanguait et était secoué.

Soudain, le calme se fit, permettant au capitaine de cacher son bateau dans une anse accueillante dont la côte avait la forme d'un hameçon. Chaque matin, pendant une semaine, Abner Hale, John Whipple, deux autres missionnaires et quatre robustes marins se rendirent à terre dans une chaloupe avec de longs cordages attachés à la proue de la *Thetis*. Contournant la pointe de l'hameçon, ils tiraient, s'enfonçant dans le sable, peinant jusqu'à ce que le brick s'ébranle. Lentement, lentement, ils le touaient jusqu'à l'entrée du détroit puis retournaient en courant à la chaloupe.

Chaque jour pendant une semaine, la *Thetis* passa prudemment le nez au point de rencontre des deux océans, tâtant vaillamment l'eau, frôlant le naufrage. Les flots étaient d'une telle violence qu'il paraissait impossible de les dompter, et les marins attachés aux mâts se demandaient si leur capitaine ne finirait pas par faire demi-tour pour reprendre la direction de Bonne-Espérance. Mais chaque soir, Janders promettait : « Demain, nous briserons le maléfice ; demain, nous serons libres. » Sur son livre de bord, il écrivit :

Mardi 29 janvier. Nouvelle tentative. Des lames géantes du Pacifique se heurtant aux eaux houleuses de l'Atlantique ont provoqué des scènes d'une terrifiante violence. Des vagues si hautes qu'aucun navire n'aurait pu les vaincre. Me suis réfugié au même havre.

Le trentième jour de janvier, le vent tourna à l'ouest et le petit navire ne put sortir de son anse. Le capitaine et son second, accompagnés par Abner et John Whipple, descendirent à terre, gravirent les rochers et contemplèrent les deux océans en furie. Ils ne voyaient pas les Évangélistes, dans la brume, mais ils connaissaient leur position. Soudain, Abner dit :

— Capitaine, avez-vous songé que nous sommes peut-être retenus par la main de Dieu ?

Le capitaine, pour une fois, ne se révolta pas.

— Je suis prêt à croire n'importe quoi, dit-il, je ne demande qu'une chose : sortir de cette mauvaise passe.

— La nuit dernière, reprit Abner, il m'est venu à l'idée que votre refus insensé de vous défaire de vos romans profanes a maudit ce bateau.

Le jeune second ouvrit la bouche, stupéfait, et allait vertement répliquer, lorsque Janders leva la main et demanda doucement à Abner :

— Que voulez-vous que je fasse, révérend ?

— Si nous prions, si notre bateau réussit à franchir ce passage dangereux, voulez-vous me promettre de jeter à la mer vos livres profanes ?

Janders surprit son second en acceptant et, quand les missionnaires se furent écartés, il se justifia en disant qu'il n'avait jamais de sa vie de marin vu de tempête pareille et qu'il était prêt à faire n'importe quoi pour y échapper et sauver son navire.

Ce soir-là, Abner réunit tous les missionnaires pour prier et le capitaine se mêla à eux.

— Dieu retient ce vaisseau pour nous donner une leçon, mais nos prières lèveront la malédiction, assura Hale.

Pour John Whipple et d'autres, ces propos avaient quelque chose de moyenâgeux et ils n'étaient pas disposés à prier, mais voyant la majorité le faire, le jeune médecin demanda s'ils pouvaient se joindre à eux, et Abner acquiesça.

— Seigneur, dit Whipple, donne de la force aux bras de nos matelots. Fais tomber le vent et la vague ; fais-nous passer.

— *Amen*, dit le capitaine Janders.

Après les prières, Abner se rendit au chevet de Jerusha, toujours alitée, et partagea une banane avec elle. Quand elle protesta et fit valoir que c'était cela qui la clouait au lit, il plaida :

— Nous remettons notre sort dans les mains de Dieu, ce soir. Montrez-vous indulgente avec moi, ma bien-aimée, et si nous franchissons l'obstacle demain, vous n'aurez plus à manger de bananes.

— Est-ce une promesse sacrée ?

— Oui.

Jerusha imposa sa volonté à sa gorge, sentit la main ferme de son mari sur son estomac et mangea.

Le lendemain matin à quatre heures, tout le navire se rassembla pour la prière, et après que les missionnaires eurent longuement invoqué Dieu, le commandant dit lui aussi sa prière :

— Seigneur, fais-nous passer.

Il n'était pas encore cinq heures quand Abner et John se rendirent à terre en chaloupe avec leurs six compagnons de touage habituels. Le petit navire s'engagea dans le détroit, mais lorsque les hommes qui avaient halé remontèrent à bord, Abner annonça :

— Aujourd'hui, je veux prier sur le pont.

— Alors, attachez-vous au mât, grogna Janders. (Il se tourna vers Collins.) Les vagues sont toujours aussi puissantes mais nous avons un vent dans lequel nous pouvons tailler.

— Nous n'aurons jamais meilleur temps, estima le second.

— En avant !

Et la *Thetis* s'aventura en pleine mer, loin au sud des Quatre Évangélistes, dans la partie la plus agitée de l'océan.

L'heure était décisive. Deux jours plus tôt, le problème consistait à naviguer vent arrière, à prendre assez de vitesse pour fendre les gigantesques vagues. Ayant désormais vent debout, le brick devait tirer un bord vers le nord, puis vers le sud, puis à nouveau vers le nord, en s'efforçant à chaque fois de progresser de quelques centaines de mètres, de sorte qu'en un dernier grand bord vers le nord, il se retrouverait enfin de l'autre côté des Évangélistes. Le danger, c'était qu'au cours de ce long bord, le navire ne maintienne pas l'écart accumulé mais soit poussé de côté par les vagues et se fracasse sur les rochers.

Les heures du petit matin s'écoulèrent sans qu'aucun des bords successifs ne se révèle fructueux. Souvent couchée sur le flanc, la *Thetis* luttait pour prendre appui sur la mer mais Abner la sentait filer en arrière, vers l'île de la Désolation, loin de la ligne de sécurité qui lui permettrait de passer les Quatre Évangélistes en un long bord.

A la mi-journée, le petit vaisseau continuait à se battre. Il gagna un mille, pénétra dans une zone plus turbulente où le Pacifique le frappa avec sauvagerie. La coque craquait, les mâts oscillaient, et Abner observait le visage de Janders qui regardait devant lui, estimant le vent.

A quatre heures de l'après-midi, la position de la *Thetis* était périlleuse et son commandant placé devant cette alternative : soit s'éloigner davantage et abandonner ainsi tout espoir de retrouver l'île de la Désolation, soit renoncer à la tentative. Il n'envisageait pas de gaieté de cœur cette dernière éventualité car jamais il n'avait été aussi près de réussir. Aussi s'accorda-t-il quelques minutes de réflexion au milieu de la tempête.

— Il ne reste plus qu'un demi-mille de turbulence ! cria-t-il à Collins.

— Même pas, capitaine.

— Vous continuez à surveiller les Évangélistes ?

— Oui, capitaine.

— Combien de points devons-nous encore gagner pour passer les rochers ?

— Trois.

— Pouvons-nous le faire ?

La question était déloyale — tous deux le savaient — car il n'appartenait pas au second de prendre cette ultime décision sur une question de vie ou de mort. Mr Collins regarda obstinément devant lui sans rien dire.

— Pouvez-vous la pousser de trois points dans le vent, Mr Collins ?

— Ça, je peux, capitaine !

Et la *Thetis* s'enfonça plus encore dans la tempête.

— Si nous maintenons cette route, passerons-nous les rochers, Mr Collins ?

— Oui, capitaine. Si nous la maintenons.

Les deux hommes observèrent un silence tendu, s'efforcèrent de déceler tout signe que le brick glissait de côté dans les grands creux, mais il tenait bon. Une minute s'écoula, puis deux, puis trois, et finalement, Janders cria à tous ceux qui se trouvaient sur le pont :

— Nous essayons de passer les rochers. Tenez-vous prêts à vous détacher pour effectuer les manœuvres.

Rarement un groupe d'hommes naviguant à bord d'une embarcation s'était trouvé devant un problème aussi clair. Si le vent ne tournait pas, si la quille de la *Thetis* maintenait sa position par rapport aux vagues, ce long bord amènerait le brick juste devant les Quatre Évangélistes, et la tentative aurait réussi car pour le bord suivant vers le sud, le bateau pourrait au besoin mettre toute la nuit, jusqu'à être totalement sorti de la zone de turbulence.

— C'est le moment de prier, révérend Hale, beugla le commandant par-dessus le vent.

Abner, attaché au grand mât à la taille et aux aisselles, pria seulement pour que le rapport entre navire, vent et océan ne soit pas modifié.

Mr Collins lança alors cet avertissement d'une voix calme :

— Nous glissons, capitaine.

— Je le sens, Mr Collins, répondit Janders, ses traits austères masquant sa peur.

— Faut-il hisser un peu plus le hunier dans le vent ?

— Levez-le complètement, Mr Collins.

— Il risque d'être emporté, avec cette tempête.

Le commandant hésita, considéra la façon dont son navire perdait appui et répondit :

— Il nous faut cette voile. Si elle tient, nous passerons. Si elle est emportée, aucune importance : nous serons perdus de toute façon.

Il se tourna vers ses marins attachés, lança des ordres qui les firent haler des cordages. Le hunier arrière monta plus haut dans le vent, là où il pouvait contrecarrer la force de l'océan entraînant le brick sur le côté. Mais les cordages se bloquèrent dans la poulie de hune et la voile triangulaire se mit à claquer dangereusement dans le vent. La *Thetis* semblait condamnée.

— Toi et toi, débloquez la poulie ! cria Janders.

Cridland et le vieux baleinier se détachèrent, saisirent les cordes s'élevant vers le haut du grand mât et se mirent à grimper comme des singes — quatre pieds sûrs, quatre mains agiles agrippant les cordages tandis que le mât oscillait dans la tempête. Ils montaient, de plus en plus haut, et leur bateau dérivait vers les rochers.

— Que Dieu les protège, murmura Abner, qui les voyait se balancer au-dessus de lui.

La *Thetis* entra dans une zone où les vagues étaient d'une violence particulière car elles rebondissaient sur les Évangélistes, et cependant que le petit brick roulait d'un bord sur l'autre, l'extrémité du grand mât, où s'affairaient les deux marins, décrivait de grands arcs de plus de cent degrés, ployait et sifflait dans le vent tel un fouet, comme s'il était résolu à se débarrasser de ces poux logés dans ses cordages. Au terme d'un de ces arcs, Cridland perdit son bonnet, et quand il tendit le bras droit pour le rattraper, il donna l'impression, vu d'en bas, d'avoir été emporté.

— Dieu sauve son âme ! s'écria Abner.

Mais seul le bonnet était tombé.

— Essayez à nouveau les cordages, cria Janders.

— Ils ne sont pas encore débloqués, répondit le second.

— Dérivons-nous vers les rochers, Mr Collins ?

— Oui, capitaine.

— Faut-il envoyer d'autres hommes dans la mâture ?

— Nous ne pouvons rien faire de plus.

Les deux officiers regardaient droit devant eux, sentaient le mouvement du navire, priaient.

— Essayez à nouveau de haler ! ordonna le commandant.

Mais les cordages ne répondaient toujours pas.

Les mains crispées derrière le dos, Janders prit plusieurs inspirations profondes avant de lâcher d'un ton résigné :

— Il ne nous reste que huit minutes environ, Mr Collins. Ce fut une bonne tentative.

Oubliant le capitaine et le second, Abner ne voyait plus que les deux matelots, qui continaient à voler en grands arcs de cercle, sous une pluie glaciale. Le missionnaire se rappela les propos du vieux baleinier : « J'aimerais pas passer le cap Horn sans bible », et il se mit à prier pour le salut de ces deux hommes courageux sur qui reposait à présent le sort du brick.

— Tirez à nouveau ! dit Janders au terme de deux des huit minutes vitales.

Cette fois, les marins poussèrent des cris déments, et les cordages bougèrent, et le hunier arrière monta lentement, et le vent se prit mystérieusement dans sa toile triangulaire et la *Thetis* cessa de glisser vers la côte.

— Je sens qu'elle tient fermement son cap, maintenant.

— Elle le tient, confirma Collins.

— Passerons-nous les Évangélistes ?

— Nous passerons, répondit le second d'une voix calme, cachant l'exaltation qu'il éprouvait.

Cependant que s'achevaient les derniers moments de frayeur, le petit brick maintint sa route au nord dans la tempête jusqu'à approcher enfin des rochers périlleux, et tous les hommes sur le pont virent qu'il passerait avec une marge d'une impressionnante précision.

— Le Dieu des armées est avec nous ! brailla Abner de manière fort peu ecclésiastique.

Le capitaine Janders ne l'entendit pas. Regardant droit devant lui, refusant de voir les Évangélistes, il cherchait des yeux la zone de l'océan où il pourrait sans risque lancer la *Thetis* dans son dernier bord. Un quart d'heure, une demi-heure s'écoulèrent ; il gardait les yeux fixés sur le grand océan houleux. Enfin, il mit le bateau à la bande et lui fit reprendre une route sud qui lui ferait franchir les dernières vagues massives, les derniers creux.

— Faites descendre les hommes !

Cridland et le vieux baleinier quittèrent leur perchoir pour retrouver le pont.

— Dieu soit loué, soupira Abner.

Pourtant, en cet instant où il aurait été en droit de partager la jubilation de tout le navire, Hale demeurait grave et songeait : « Il y a deux jours, poussés par le vent, nous n'avons pu réussir. Aujourd'hui que nous devions prendre la tempête de face, nous l'avons vaincue. Comme c'est étrange... »

Plus tard, en le détachant, Janders dit dans une sorte de transe :

— Je ne voudrais pas être ce capitaine dont on a dit à Boston : « Il a essayé de doubler le cap Horn mais il est passé par Bonne-Espérance. »

— Personne ne dira cela de vous, capitaine, déclara Hale avec fierté.

On ouvrit les écoutilles et Mr Collins annonça la bonne nouvelle aux missionnaires :

— Nous sommes sauvés !

Tous ceux qui étaient capables de marcher montèrent sur le pont, et dans le vent froid, Janders dit à Abner :

— Révérend Hale, nous sommes passés, grâce à Dieu. Réciterez-vous une prière ?

Mais pour la première fois du voyage, Abner était muet. Les yeux pleins de larmes, il ne pouvait que penser à Cridland et au baleinier, accrochés au mât, peinant pour sauver le navire, à Janders affrontant la tempête, et ce fut John Whipple qui lut un extrait des Psaumes que les marins aiment particulièrement :

Dieu est pour nous un refuge et un fort, un secours toujours offert dans la détresse.

Aussi nous ne craignons rien quand la terre bouge et quand les montagnes basculent au cœur des mers.

Leurs eaux grondent en écumant, elles se soulèvent et les montagnes tremblent...

... Mais le Dieu des armées est avec nous, le Dieu de Jacob est notre refuge...

Le capitaine Janders, qui avait disparu pendant la lecture, remonta l'échelle les bras chargés de livres.

— J'ai promis hier au révérend Hale que si ses prières nous faisaient franchir cette passe, je renoncerais à mes livres pour le sien. Richardson... Sterne... Walpole... Smollett.

Un par un, il jeta les romans dans le Pacifique, qui commençait déjà à mériter son nom, et ajouta :

— Du 21 décembre au 31 janvier, nous sommes restés quarante-deux jours dans ce détroit. Jamais je n'avais connu des conditions aussi difficiles mais nous sommes passés. Dieu en soit loué.

Le triomphe d'Abner fut tempéré par une défaite car tandis que les missionnaires regardaient les livres impies sombrer dans l'eau, Jerusha monta sur le pont suivie de Keoki, traînant le reste des bananes. Passant devant son mari d'un pas chancelant, elle s'approcha du bastingage et jeta les fruits dans l'océan un par un. Ce soir-là, dans une cabine déjà plus calme, elle dit à son mari.

— Vous m'avez rudoyée, Abner... Non, je vous appellerai désormais par votre prénom, parce que vous êtes Abner, pour moi. Vous m'avez malmenée par excès de zèle. Plus jamais je ne me soumettrai à vos brutalités car je suis aussi bon juge que vous de la volonté de Dieu, et Dieu n'a jamais voulu qu'une femme prise de nausée avale une chose aussi exécrable.

Quand Hale montra sa surprise devant cet ultimatum, elle l'adoucit en poursuivant :

— Pendant que vous parliez aux matelots, ce soir, le capitaine Janders m'a confié qu'aux pires moments, il se sentait réconforté d'avoir à ses côtés un homme de votre trempe. Ce qui est plus important, Abner, c'est que moi aussi, j'ai le réconfort d'avoir près de moi un homme de votre courage et de votre piété.

Elle l'embrassa. Avant qu'elle pût lui donner un autre baiser, Keoki entra dans la cabine en disant :

— Révérend Hale, le vieux baleinier a besoin de vous. A l'avant.

— Il est encore ivre ? demanda le missionnaire, soupçonneux.

— Il a besoin de vous, répéta l'Hawaiien.

Il conduisit Hale au vieil homme qui marmonnait, étendu sur sa couchette crasseuse.

— Qu'y a-t-il ? demanda Abner.

— Je peux ravoir ma bible, maintenant ?

— Non. L'Église vous en a donné une que vous avez salie. Vous avez attiré sur nous tout le mépris et les moqueries.

— Révérend Hale, vous m'avez vu dans la mâture, aujourd'hui. Vous savez comme j'avais peur de monter là-haut au cap Horn... sans bible, je veux dire.

— Non, le Seigneur est dur avec ceux qui retombent dans le péché, déclara Hale d'un ton sévère.

A ce moment, Cridland, qui avait partagé les périls avec le vieux baleinier, intervint :

— Supposons que vous lui donnez pas de bible et que je lui refile la mienne. Est-ce que, dans ce cas... ?

— Je vous en donnerais une autre ? Jamais ! Ce sont des hommes comme lui, plus que les pécheurs, qui font tort à l'Église.

— Mais révérend, pendant la tempête, c'est cet homme qui nous a tous sauvés. J'ai essayé de déployer la voile, j'ai pas pu. C'est lui qui a tout fait.

— C'est vrai, dit le vieux baleinier. J'ai sauvé le bateau, je veux ravoir ma bible.

— Non, répéta Abner. Quand vous étiez là-haut, j'ai prié pour vous — et je prie encore maintenant. Si vous avez sauvé ce navire, nous vous en sommes tous reconnaissants. Mais courir le risque de voir à nouveau l'équipage au complet se gausser de l'Église ? Non. Cela, je ne peux le permettre.

Ce ne fut pas avant le samedi soir, pendant la prière, qu'Abner remarqua que Jerusha n'avait plus sa bible et qu'elle avait emprunté celle de sœur Whipple. Quand ils se furent retirés dans leur cabine, il lui demanda d'un ton calme :

— Où est votre bible, ma chère femme ?

— Je l'ai donnée au vieux baleinier.

— Au v... Comment êtes-vous au courant de cette histoire ?

— Keoki est venu me voir, pleurant pour ce vieil homme.

— Et vous vous êtes liguée avec lui contre votre propre époux ? contre l'Église ?

— Non, Abner. J'ai simplement donné une bible à un vieillard courageux.

— Mais Mrs Hale...

— Je m'appelle Jerusha.

— Nous en avions discuté ici même. Nous avions dit que les relaps sont ceux qui nuisent le plus à l'Église.

— Je n'ai pas donné ma bible à un relaps mais à un homme qui avait peur. Et si la Bible ne chasse pas la peur, ce n'est pas le livre qu'on nous a enseignés à croire.

— Mais le sort de notre mission ? La fondation de notre église ?

— Abner, je suis sûre que cet homme retombera dans le péché, et qu'il nous nuira peut-être. Mais jeudi soir, quand il est redescendu du mât, il était près de Dieu. Il avait sauvé ma vie et la vôtre. Et l'idée de Dieu n'a plus de sens pour moi s'il n'est pas prêt, en de telles circonstances, à donner de l'amour, même à un vieil homme mauvais.

— Que voulez-vous dire, l' « idée de Dieu » ?

— Abner, vous pensez que Dieu est un homme qui se cache là-haut dans les nuages ?

— Je pense que Dieu entend chacune de vos paroles et qu'il doit être aussi perplexe que moi.

Mais avant qu'il puisse poursuivre, Jerusha l'embrassa à nouveau et ils tombèrent sur leur étroite couchette.

Il était minuit passé quand Abner Hale, plus troublé que jamais, quitta sa cabine et monta sur le pont, où quelques étoiles brillaient assez fort pour percer la nuit antarctique sombre et grise. Il était troublé parce que enfreignant ses ordres, pour ainsi dire, Jerusha avait donné sa bible au vieux baleinier, mais plus encore à cause du désir profond et croissant qu'il éprouvait pour le corps consolateur de son épouse. Trois fois déjà au cours de ce voyage, Jerusha avait mis fin à d'importantes discussions en l'attirant avec un rire sur leur couchette ; chaque fois, pendant la demi-heure enivrante qui avait suivi, il avait oublié Dieu et les problèmes de Dieu. Tout ce qu'il savait, c'était que Jerusha Bromley Hale était plus excitante que la tempête, plus apaisante que la mer étale.

Un tel abandon de sa part ne pouvait qu'être mauvais, il en était convaincu. Il avait souvent entendu, dans le carré exigu, John et Amanda Whipple bavardant pour passer le temps, cessant soudain de chuchoter et se mettant à faire des bruits étranges, suivis des cris curieux, incontrôlables d'Amanda, et il avait pensé que c'était cela que voulait dire l'Église quand elle parlait de « joie sanctifiée ». Il avait eu l'intention d'en discuter avec Jerusha mais il avait eu honte de le faire, car de temps à autre, ses propres accès de « joie sanctifiée » l'avaient moralement consterné. Une chose aussi mystérieuse, aussi forte, ne pouvait qu'être mauvaise, et la Bible parlait fréquemment de femmes qui tentaient les hommes, avec des conséquences désastreuses. D'un côté, la connaissance imparfaite qu'Abner avait de la vie l'inclinait à penser qu'il vaudrait mieux pour lui, en tant que pasteur, que Jerusha soit moins près de lui.

Mais dès qu'il était parvenu à cette conclusion confuse et cependant compréhensible, il était confronté au fait indéniable, évident pour les plus sots, que pour un homme d'Église, vivre sans épouse n'était que du papisme, et s'il était une chose qu'il voulait à tout prix éviter, c'était les pratiques papistes. « Les grands hommes de l'Ancien Testament avaient des épouses, raisonna-t-il, et ce n'est pas avant saint Paul que se firent entendre des admonitions telles que : " Je dis donc aux célibataires... qu'il est bon de rester ainsi comme moi. Mais s'ils ne peuvent vivre dans la continence, qu'ils se marient, car il vaut mieux se marier que brûler. " Que signifie ce passage ? » s'interrogea-t-il pendant toute cette étrange demi-nuit.

Abner marcha de long en large pendant des heures, et les hommes de quart dirent en manière de plaisanterie : « Il a vraiment besoin de la valse du missionnaire. » Esprits simples, de ceux qui avaient depuis longtemps résolu ce difficile problème de l'homme et de la femme — « si Honolulu est le meilleur port au monde, c'est parce que les femmes montent à bord déjà déshabillées et prêtes à l'usage » —, ils auraient été incapables de comprendre sa perplexité bien réelle.

« Mon amour pour Jerusha serait-il trop profond ? » demanda-t-il à la nuit grise. Mais chaque fois qu'il s'apprêtait à conclure qu'il devrait l'aimer moins, il songeait à son charme irrésistible et s'écriait : « Non, ce sont les pratiques de Rome ! » et il retombait dans une extrême confusion.

Le dimanche, il fit un temps clair, et pour la première fois du voyage, toute la famille des missionnaires put assister à la messe sur le pont, dans l'air froid, revigorant qui montait de l'Antarctique. La célébration devant être particulière, les quatre femmes de la cabine d'Abner prièrent leurs maris d'aller ailleurs pendant qu'elles s'aidaient mutuellement à s'habiller.

Pour ce jour de *Thanksgiving*, Jerusha changea les dessous de flanelle rouge qu'elle portait depuis quelques semaines contre des sous-vêtements propres par-dessus lesquels elle laça un corset renforcé par un busc en bouleau poli de quatre centimètres de large. De longs bas noirs tricotés à la main furent attachés au bas du corset, qu'elle recouvrit d'un dessus amidonné longtemps auparavant à Walpole, avant d'enfiler une culotte, empesée elle aussi. Puis elle passa un sous-jupon de laine, un jupon de lin amidonné et un autre de batiste, tous trois serrés à la taille. Elle ajouta une petite tournure sur laquelle vint reposer une robe en drap à cerceaux à laquelle des motifs alternés noirs et violets donnaient un ton d'une discrétion de bon aloi.

Jerusha posa ensuite un châle de cachemire sur ses épaules, coiffa une coquette petite capote, glissa à son bras un sac en tricot, fourra un mouchoir dans l'une des manches de sa robe, enfila ses doigts dans des mitaines en soie puis dans des gants de laine et se tint devant Amanda Whipple pour qu'elle l'aide à passer son manteau. Elle fut alors prête pour la messe du matin, et après qu'elle eut aidé les autres femmes à s'habiller, les quatre épouses de missionnaires grimpèrent l'échelle et apparurent sur le pont.

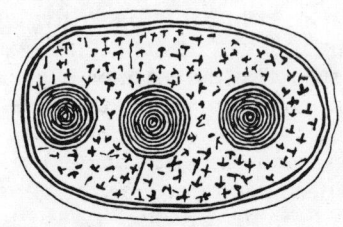

Vinrent enfin les jours dorés, les journées mémorables et la *Thetis* se balança doucement au soleil, toutes voiles dehors, entourée de dauphins bondissants et de poissons volants irisés. Le petit brick s'engageait sur la route de Hawaii, un long voyage ininterrompu de plus de sept mille milles. Lentement, le froid sombre du Sud fit place à la douceur et à la chaleur du Nord. Les étranges étoiles de la Terre de Feu disparurent et les voyageurs reconnurent bientôt des constellations familières. L'étoile Polaire reparut. La famille des missionnaires s'était resserrée, à part quelques grincheux qui, oubliant le courage et l'inlassable patience d'Abner, protestaient en le voyant assumer les fonctions de chef. Une femme remarqua aigrement :

— Il se prend pour l'oint du Seigneur !

Mais son mari la calma en lui rappelant :

— Quelqu'un doit bien prendre les décisions... même dans une famille.

A mesure qu'on approchait de l'équateur, les leçons quotidiennes organisées par Abner prirent plus d'importance, et de nombreuses matinées furent consacrées, après la « valse des missionnaires », à discuter de la *Moral Philosophy* de Wayland, ou des *Evidences of Christianity* d'Alexander. Keoki Kanakoa fit également des exposés sur la condition des indigènes des îles, mais quand il s'écria : « A Hawaii, les femmes n'ont pas le droit, sous peine d'être étranglées, de manger des bananes ! » Jerusha enleva quelque force à son argument en marmonnant : « Je ne vois pas là grande privation. » Le moment le plus solennel de chaque séance, c'était quand quelqu'un, généralement une femme, entonnait le premier vers de leur hymne préféré,

Béni soit le lien qui unit. Car en cet instant, la famille des missionnaires était en vérité unie en une fraternité chrétienne que peu rencontrent en ce monde.

Plus personne n'avait le mal de mer, mais, bientôt, les femmes des missionnaires éprouvèrent d'étranges malaises, et des nausées, comme si les vagues les secouaient encore. Le docteur Whipple ne tarda pas à comprendre que, sur les onze femmes de la *Thetis*, sept d'entre elles, et peut-être même neuf, étaient enceintes, parmi lesquelles Amanda. Jerusha fut une des dernières à s'apercevoir de son état et sa joie se manifesta d'une manière presque profane.

Abner, comme les autres maris, était perplexe et troublé car il ignorait tout de la venue au monde des enfants. Et puis on fit une découverte effrayante. Aucune des femmes n'avait jamais eu d'enfants, ni avait même assisté à un accouchement. Les hommes non plus, bien entendu, à part le docteur Whipple. Il devint soudain l'homme le plus recherché du bord, et son *Manuel de la sage-femme* passa de main en main. Hommes et femmes l'étudièrent avec soin, car ils s'apercevaient, en approchant de Hawaii, que le docteur s'installerait dans une des îles et qu'ils seraient tous séparés. Jusqu'alors, personne n'y avait pensé.

Un dimanche matin de bonne heure, les missionnaires entendirent le gabier crier :

— Baleinier à tribord !

Jerusha se sentait mal et Abner resta auprès d'elle dans la cabine, mais les autres missionnaires et leurs femmes montèrent sur le pont. Un trois-mâts majestueux surgissait des brumes matinales, toutes voiles dehors, sa proue fière fendant les vagues. Une chaloupe s'en détacha et s'approcha de la *Thetis*. Le second héla les matelots.

— Qui êtes-vous ?

— Trois-mâts barque *Carthaginian*, capitaine Hoxworth, de New Bedford. Et vous ?

— Brick *Thetis*, capitaine Janders, de Boston.

— Nous vous apportons du courrier pour Hawaii, expliqua le quartier-maître du *Carthaginian* en escaladant l'échelle de coupée. Nous prendrons le vôtre pour Boston, si vous voulez.

Il aperçut alors les redingotes noires des pasteurs et demanda :

— Ces messieurs sont-ils des missionnaires ?

— Oui. Pour Hawaii.

Le quartier-maître du baleinier hocha la tête et salua les pasteurs avec déférence.

— Si ces messieurs voulaient bien venir célébrer le service du dimanche à notre bord, nous en serions reconnaissants. Il y a des mois... que dis-je, des années, que nous n'avons pas eu de service religieux.

John Whipple accepta avec empressement et fit appeler Abner. Les deux jeunes hommes sautèrent dans la chaloupe et furent aimablement reçus à bord du *Carthaginian* par un homme puissant de très haute taille qui leur tendit une large main en s'écriant d'une voix profonde :

— Je suis Rafer Hoxworth, de New Bedford, et je suis très heureux de vous voir. Vos prières ne nous feront pas de mal, je vous l'assure.

— Vous avez fait bon voyage ? demanda Whipple.

— Décevant. Les baleines se font rares.

— Il y a longtemps que vous avez quitté votre port d'attache ?

— Bientôt quatre ans, répondit Hoxworth, frottant son menton massif. Un sacré bout de temps.

— Mais avec l'huile que vous avez, plus celle déjà expédiée à New Bedford... peut-on dire que le voyage a été bon ? s'enquit Whipple.

— Oh ! oui ! Assez bon pour que nos parts permettent à plusieurs d'entre nous de se marier.

— Vous compris ?

— Oui.

— Félicitations, capitaine Hoxworth. Abner ! (Le médecin se tourna vers son compagnon au teint brouillé qui avait déjà commencé à parler de salut et de tempérance à quelques membres de l'équipage.) Abner, le capitaine Hoxworth se mariera en rentrant chez lui.

Le petit missionnaire décharné leva les yeux vers le rude baleinier en disant :

— Après s'être permis toutes les licences pendant quatre ans à Honolulu, il espère maintenant reprendre une vie chrétienne et sollicite notre aide.

Le colosse serra le poing droit, pressa le pied contre le bastingage mais garda son calme.

— Ces missionnaires sont tous pareils, grommela-t-il à part soi. Dans le monde entier. On essaie de faire un bout de chemin vers eux et...

« Pourquoi Abner ne peut-il accepter les événements quotidiens comme ils viennent ? pensait Whipple. Si un baleinier rentrant chez lui souhaite entendre la messe, pourquoi ne pas simplement la dire ? »

Le jeune médecin entendit Hoxworth partir d'un rire sonore.

— Oui, révérend... comment, déjà ? Hale ? Oui, révérend Hale, vous avez raison. Nous autres baleiniers laissons notre conscience au cap Horn en passant et nous la reprenons trois ans plus tard quand nous rentrons. Et nous aimerions que vous nous prépariez, en quelque sorte, à la récupérer au vol.

— Au vol ? Vous passez donc le cap Horn si vite ? demanda Abner, surpris.

— Certainement.

— Combien de temps avez-vous mis pour le doubler, à l'aller ?

— Combien c'était ? lança Hoxworth à l'un des matelots, une sorte de canaille à l'air renfrogné, la joue barrée d'une longue cicatrice. Ah ! oui, t'étais pas avec nous. Celui-là, on l'a embarqué à Honolulu, quand notre tonnelier a quitté le bord. Hé, Anderson, on a mis combien pour doubler le cap, à l'aller ?

— Trois jours.

— Trois jours ? s'étrangla Abner. Vous dites que vous avez passé le cap Horn en trois jours ?

— On a eu une mer d'huile, s'exclama Hoxworth de sa voix forte. Et ce sera la même chose au retour. Nous avons de la chance, sur ce bateau.

Abner en eut le souffle coupé et s'efforça de comprendre pourquoi un navire gouverné par des suppôts de Satan — car il était sûr que tous ces matelots étaient chargés de tous les péchés de la terre — doublait le cap en trois jours alors que le leur, chargé de missionnaires pieux et purs, devait mettre huit semaines. Il en conclut une fois de plus que les voies du Seigneur sont impénétrables.

— Nous prierons à l'arrière, annonça le capitaine, conduisant ses hommes et les missionnaires à un pont qui semblait vaste comme un pré communal comparé à celui de la *Thetis*.

— Tu diriges les chants et les prières, murmura Hale à Whipple. Moi, je ferai le même sermon que sur l'autre baleinier.

Mais au moment où l'équipage attaquait *A nouveau au terme de six jours de labeur...*, la vigie s'écria :

— Baleine à tribord !

Les fidèles se dispersèrent, certains se ruant vers les baleinières, d'autres montant dans le gréement. Les yeux enfoncés du capitaine Hoxworth s'allumèrent quand il repéra les cétacés soufflant au-delà de la *Thetis*, et il passa vivement devant les missionnaires.

— Mettez-moi ces chaloupes à l'eau en vitesse ! tonna-t-il.

— Capitaine, capitaine ! s'écria Abner. Nous chantions un hymne !

— Au diable les hymnes ! cria Hoxworth. Ça, c'est des baleines.

Saisissant un porte-voix, il donna des ordres qui expédièrent les baleinières vers les énormes cachalots qui passaient au loin en une troupe gigantesque.

John Whipple se retrouva confronté à une décision capitale. Il savait, car il était missionnaire, comme Abner, qu'il lui était interdit de profaner le jour du Seigneur en participant à cette chasse à la baleine. Mais l'homme de science qu'il était aussi avait conscience qu'il ne retrouverait peut-être jamais l'occasion d'observer un équipage aux prises avec un grand cachalot. Après un instant d'hésitation, il remit son haut chapeau à son ami et annonça :

— Je monte dans les manœuvres.

Abner protesta mais en vain, et pendant les sept heures captivantes qui suivirent, il demeura à l'arrière, la mine sombre, refusant obstinément d'observer la chasse.

De son perchoir, frère Whipple vit les trois baleinières du *Carthaginian* — chacune nantie d'une voile, d'un harponneur, d'un homme de barre et de quatre rameurs — glisser vers les animaux géants.

— C'est des cachalots ! exultait Hoxworth. Regardez-les !

Il passa au jeune médecin une lunette dans laquelle John vit les énormes bêtes souffler en l'air un jet d'eau et d'air comprimé haut de plus de cinq mètres.

— Il y en a combien, à peu près ? voulut savoir Whipple.

— Une trentaine, peut-être, estima prudemment le capitaine.

— Combien essayerez-vous d'en prendre ?

— Nous aurons de la chance si nous en prenons un. C'est malin, les cachalots.

Whipple vit la barque de tête tenter de s'approcher d'un monstre particulièrement gros, mais l'animal s'éloigna et l'homme de barre dirigea sa baleinière vers une autre bête, un cachalot gris-bleu paressant au soleil. Se portant à sa hauteur par l'arrière, le marin manœuvra habilement pour amener sa proue contre le flanc du cétacé ; le harponneur, la jambe gauche tendue, le pied gauche bien à plat sur le fond du bateau, le droit sur le bastingage, ramena le harpon en arrière puis le lança avec une force incroyable dans le corps dur du cachalot.

Le monstre jaillit hors de l'eau, tirant derrière lui les filins du harpon, et Whipple s'écria :

— Il est plus grand que la *Thetis* !

C'était en effet un mastodonte que les hommes du *Carthaginian* avaient harponné.

— Il nous fera quatre-vingts barils ! s'écria un matelot.

— Si on l'attrape, rappela Hoxworth.

Reprenant la lunette au médecin, il regarda l'animal plonger une première fois pour tenter de se débarrasser de ceux qui le tourmentaient.

— Il fait la sonde, annonça-t-il, attendant de voir comment l'équipage contiendrait la première course furieuse du cachalot.

Whipple vit le filin se dévider du baquet du harponneur, cependant qu'un autre marin, hache brandie, se tenait prêt à le couper, en cas d'incident. Il semblait que le cachalot descendait jusqu'au fond même de l'océan tant la corde filait. Plusieurs minutes s'écoulèrent sans qu'on vît trace de l'animal. Les deux autres baleinières s'écartèrent, prêtes toutefois à se mettre de la partie si le cétacé refaisait surface près d'elles.

Ce fut dans une zone inattendue, non loin du *Carthaginian*, que le cachalot réapparut. Il surgit des vagues dans un rugissement, tourna sur lui-même, agita ses immenses nageoires caudales et souffla. Une tour de sang s'éleva, monument de mort gargouillante, demeura un moment suspendue dans le soleil, tel un pilier de marbre rouge, retomba finalement dans l'océan dont les vagues devinrent écarlates. Quatre fois, la bête vida ses poumons emplis de sang.

— Il est bien touché, fit observer Hoxworth.

Vint alors le moment le plus tendu de la lutte, car l'animal aux abois hésitait, et tous savaient que s'il décidait de fuir dans la mauvaise direction, il risquait de défoncer les baleinières ou de les broyer de ses puissantes mâchoires, ou même de foncer droit sur le *Carthaginian* et de le faire couler en quelques minutes, comme tant d'autres baleiniers. Cette fois, le cachalot fila dans le bon sens, fendant l'eau à cinquante kilomètres à l'heure, entraînant la barque derrière lui. On avait ferlé la voile et les quatre rameurs tenaient leurs avirons en l'air cependant que leurs compagnons restés à bord du *Carthaginian* criaient :

— En avant pour la promenade en traîneau de Nantucket !

Ainsi, six hommes entassés dans une petite barque livraient au cachalot un combat à mort. Le cétacé plongeait et remontait, crachait du sang, faisait à nouveau la sonde. Il fila vers la haute mer puis fit demi-tour mais le harpon s'enfonçait plus profondément dans son flanc et le filin demeurait tendu. Quand l'animal blessé se rapprochait de la baleinière, les rameurs ramenaient fébrilement le cordage ; quand il s'éloignait, ils le laissaient à nouveau filer, et dans ce jeu cruel, le cachalot commença à sentir qu'il perdrait.

Une seconde barque s'approcha, son harponneur ficha une autre lance de fer dans la partie avant de la bête, et la poursuite reprit, avec cette fois deux « traîneaux » en remorque. Rapidement, ils glissaient sur l'eau rouge ; rapidement, on ramenait les cordes quand le monstre reprenait des forces. Plongeant, remontant, filant à droite, à gauche, le cachalot se battait ; le sang envahissait ses poumons, ses coups de nageoire perdaient de leur vigueur.

— Une sacrée bestiole ! fit Hoxworth, admiratif. Dieu fasse qu'il ne harponne pas une des barques.

Les minutes passaient, le cachalot continuait la lutte, saignant abondamment, cherchant refuge dans les profondeurs. Mais il était toujours contraint de refaire surface, colosse à l'agonie, jusqu'à ce qu'enfin, après avoir jailli une dernière fois des vagues écarlates, il roulât sur lui-même et mourût.

— On l'a eu ! bleugla le capitaine Hoxworth.

La troisième baleinière vint attacher son filin à la deuxième, et ainsi, les trois embarcations ramenèrent lentement leur prise au bateau. Pendant ce temps, le *Carthaginian* manœuvrait pour aller au-devant des baleinières avec une égale prudence.

A bord, on s'activait beaucoup. Après avoir enlevé une partie du bastingage de tribord, on fit descendre une petite plate-forme à un ou deux mètres au-dessus de la surface de l'eau. Des marins apportèrent des couteaux à lard tranchants comme des rasoirs avec des manches de six mètres. D'autres tirèrent péniblement de gros crochets en fer pesant chacun presque le poids d'un homme, les mirent en position pour hisser à bord le lourd manteau de graisse. Là où Abner aurait dû faire son sermon, le cuisinier et son aide entassèrent du bois sec pour chauffer les marmites dans lesquelles le lard fondrait, tandis qu'à l'avant, le tonnelier balafré supervisait l'ouverture de l'écoutille, l'aération des barils où l'on garderait le lard dont on ne ferait pas immédiatement de l'huile. Cependant qu'on achevait ces préparatifs (dont John Whipple s'efforçait d'observer chaque étape, et qu'Abner Hale se refusait à voir, parce qu'ils étaient accomplis un dimanche) les baleinières amenèrent le cachalot contre la coque du navire et Whipple s'exclama :

— Il est plus long que la *Thetis* !

Mais le capitaine Hoxworth qui, comme tous les baleiniers, ne se référait jamais à la taille d'une baleine, grommela :

— Il nous fera quatre-vingts, quatre-vingt-dix barils. Un monstre.

Après que la bête fut attachée au flanc du *Carthaginian*, que la fragile plate-forme fut en position, un marin noir brava des îles du Cap-Vert sauta adroitement sur le dos de la baleine et, à l'aide d'un couteau à découper, entreprit de tailler le lard pour pouvoir y passer les crochets énormes qu'on descendait vers lui. Aussi agile fût-il, il ne parvint pas à les accrocher tous, et quand le bateau roula soudain, le Brava reçut l'une des masses de fer dans la poitrine, glissa le long du flanc de l'animal et tomba dans l'océan. Une douzaine de requins attirés par le sang fondirent sur lui mais les matelots de la plate-forme les chassèrent de leurs longs couteaux et le Noir remonta sur la baleine, jurant en portugais. Couvert de sang de cachalot et de requin, il fixa cette fois les crochets dans la graisse et l'on fut prêt pour l'opération. Mais avant qu'elle ne commence, il fallait détacher la tête — longue de huit mètres, pesant des tonnes — et l'arrimer à l'arrière du bateau.

— Toi, Brava ! cria le capitaine Hoxworth, attache ce crochet à la tête !

Le Noir vigoureux sauta avec adresse sur le crâne de l'animal, fixa le crochet, après quoi ses compagnons armés de couteaux aiguisés montés sur de longs bâtons entreprirent de le décapiter.

Quand la tête se détacha, ils tournèrent leurs couteaux vers le corps, découpèrent l'épaisse peau grasse jusqu'à la queue, qui pendait mollement dans l'eau. De temps à autre, ils s'interrompaient pour planter leur lame dans un requin venu dévorer la carcasse ; quand le couteau était retiré, le squale gigotait un peu, comme piqué par une abeille, et recommençait à manger.

Les matelots tenant les filins reliés aux crochets se mirent à haler ; le cachalot roula lentement sur lui-même cependant que la couverture de graisse se détachait et était hissée à bord. Quand on en eut monté plus de trois mètres, on détacha un des crochets que l'on fixa à nouveau plus bas. Puis on en défit un second, qu'on accrocha près du premier, laissant l'extrémité du manteau de lard tomber sur le pont. La graisse fut coupée en morceaux, jetée d'abord dans les marmites bouillantes et, quand elles furent pleines, dans les barils provisoires. Les marins recommencèrent à haler, déroulant et hissant à bord la couche de graisse que, sur la plate-forme, leurs camarades détachaient du corps de la baleine tournant lentement.

Enfin, on parvint à la queue. Au dernier moment, avant que la monstrueuse carcasse ne soit lâchée aux requins, le Brava ressauta dessus et découpa une dizaine de steaks de viande de baleine fraîche.

— Prends aussi du foie, lui lança un marin.

Mais le Cap-Verdien, se sentant glisser vers les requins, agrippa un cordage et se hissa sur la plate-forme. D'un ultime coup de leurs lames recourbées comme un cimeterre, les hommes détachèrent le cachalot, qui se mit à dériver vers les requins en embuscade.

La tête massive fut ensuite découpée en trois parties, montée à bord où des matelots presque nus puisèrent dans le vaste crâne plus de deux douzaines de précieux barils de spermaceti, qui servirait à la fabrication de chandelles et de cosmétiques.

Au crépuscule, lorsque la tête, vidée de son trésor, eut été rejetée dans la mer où, douze heures plus tôt, elle abritait le petit cerveau qui guidait le goliath à travers les vagues, le capitaine Hoxworth s'écria :

— La générosité de Dieu a retardé nos prières. Laissons les marmites à présent, et louons le Seigneur.

Il réunit tout l'équipage sur le pont huileux, mais Abner Hale continuant à bouder, ce fut John Whipple qui conduisit le service et qui prononça un sermon inspiré tiré d'un passage du psaume 104 : *Que tes œuvres sont nombreuses, Seigneur!... La terre est remplie de tes richesses, tout comme la mer, grande et vaste, où grouillent, innombrables, des animaux petits et grands. Là vont et viennent les bateaux, et le Léviathan que tu as créé pour qu'il y joue... Que la gloire du Seigneur dure à jamais!*

Dans sa péroraison, il conclut :

— Des profondeurs agitées, Dieu a fait surgir le Léviathan. Du vaste océan, il a tiré ses richesses. Mais du vaste océan humain, il nous prodigue constamment des richesses plus grandes encore, car le Léviathan de l'esprit de l'homme est incommensurable, sa richesse ne se compte pas en barils ou en blanc de baleine. Elle se mesure en amour, en honnêteté, en foi. Puissent ceux qui ont pris ce cachalot prendre dans leur propre existence le Léviathan plus grand encore de la compréhension.

Le capitaine Hoxworth parut fort ému et, après les dernières prières, il insista pour servir à dîner aux missionnaires. Abner commença par refuser, mais le capitaine ne voulut rien entendre.

— La *Thetis* vous attendra. Ce soir, vous coucherez ici.

Il leur fit visiter ses quartiers. Les missionnaires furent éblouis par l'élégance de la chambre du capitaine, les boiseries d'acajou, le lit confortable aux draps blancs, monté sur ressorts suspendus, si bien qu'au plus fort de la tempête le capitaine pouvait dormir tranquille. A côté de la pauvre *Thetis*, ce navire était d'un luxe et d'un confort stupéfiants.

Et la cuisine était excellente. Pendant le repas, le capitaine ne cessa de parler.

— La pêche à la baleine est épuisante, mais nous vivons bien. A la fin de ce voyage, les deux tiers de ce bateau m'appartiendront. Encore une course, et il sera à moi. Mais je serai marié avant, et au prochain voyage ma femme m'accompagnera. C'est pour elle que j'ai fait poser ces boiseries d'acajou, à Manille.

— Les épouses de capitaines n'ont pas le mal de mer ? demanda John Whipple.

— Un peu, au début. Mais elles s'y font vite, surtout sur un gros bateau comme celui-ci.

— Je serais curieux de voir Amanda et Jerusha en femmes de capitaines ! s'exclama Whipple en riant.

— Jerusha, avez-vous dit ? demanda le capitaine Hoxworth.

— Oui. Jerusha Hale. La femme d'Abner que voici.

— Ah ! parfait ! tonna le marin. C'est aussi une Jerusha que je vais épouser. D'où est la vôtre, révérend ?

— De Walpole, New Hampshire, murmura Abner, gêné de prononcer le nom de sa femme dans la cabine d'un baleinier.

— Walpole, dites-vous ?

— Oui.

L'énorme Rafer Hoxworth se leva brusquement et sa chaise se renversa. Il saisit Abner par les revers de sa redingote.

— Est-ce que Jerusha Bromley est à bord de votre brick ? gronda-t-il d'un ton menaçant.

— Oui, répondit posément Abner.

— Dieu du ciel ! rugit Hoxworth en repoussant le missionnaire sur sa chaise. Anderson ! Une chaloupe à la mer !

Et le capitaine se rua comme un fou hors du carré en fermant la porte au nez de Whipple et de Hale. Il donna l'ordre à son second de monter la garde dans le couloir, l'arme au poing.

— Et si ces deux oiseaux de malheur essayent de sortir, tirez dessus sans pitié ! rugit-il.

Deux minutes plus tard, Hoxworth était à bord de la chaloupe et houspillait ses matelots qui faisaient force de rames vers la *Thetis*.

En voyant apparaître sur le pont le capitaine du *Carthaginian*, Janders demanda où étaient les deux missionnaires.

— Au diable les missionnaires ! tonna Hoxworth. Où est Jerusha Bromley ?

Sans attendre de réponse, il se précipita vers l'écoutille en glapissant :

— Jerusha ! Jerusha !

Il la trouva assise à la table ronde dans la minuscule cabine commune. D'un geste de ses bras immenses, il balaya les autres missionnaires.

— Sortez ! Allez-vous-en !

Et quand il fut seul avec la jeune femme, il lui saisit les deux mains.

— Jerusha ! C'est vrai, ce qu'on me dit ?

Jerusha, plus radieuse que jamais à présent qu'elle ne souffrait plus du mal de mer et rendue plus belle encore par sa grossesse, recula devant l'homme dynamique qui l'avait courtisée quatre ans auparavant. Voyant cela, Hoxworth frappa du poing sur la table et hurla :

— Dieu tout-puissant ! Qu'avez-vous fait ?

— Je me suis mariée, répondit fermement Jerusha.

— Avec cette larve ? Avec ce misérable petit...

— Avec un homme remarquable et très compréhensif, rétorqua-t-elle en s'adossant à la paroi.

— Ce foutu nom de Dieu de petit...

— Rafer, ne blasphémez pas !

— Je blasphémerai tant que je voudrai et j'irai en enfer plutôt que de vous voir avec...

— Rafer, vous étiez au loin. Vous ne m'avez jamais demandé de vous épouser.

— Jamais ? glapit Hoxworth en la prenant aux épaules. Je vous ai écrit de Canton, de l'Oregon, d'Honolulu ! Je vous ai dit que dès que je serais rentré à New Bedford, nous nous marierions, et que vous m'accompagneriez dans mon prochain voyage ! Le bateau sera bientôt à moi, Jerusha, et vous en serez la reine !

— Je suis mariée, Rafer. A un pasteur. Je n'ai jamais reçu vos lettres.

— C'est impossible ! C'est moi que vous aimez, et vous le savez bien ! Non, non ! Je ne puis vous laisser partir !

Sur ce, il l'enlaça et l'embrassa passionnément. Sans se troubler, Jerusha le repoussa.

— Rafer, je vous en prie, respectez mon état, dit-elle.

Le colosse recula et regarda la jeune femme, la jeune fille dont il rêvait depuis près de quatre ans. Il était vrai qu'il ne lui avait pas parlé mariage, lors de leur première rencontre, mais il lui avait écrit, trois fois, de peur qu'une lettre ne se perde. Et voilà qu'elle lui disait qu'elle était mariée... enceinte, même ! Enceinte d'un misérable ver de terre au cheveu rare !

— Je te tuerai plutôt ! hurla-t-il. Bon Dieu, Jerusha, tu ne seras pas la femme de ce...

A court de mots, il s'empara d'une chaise et la lui lança à la tête. Elle l'évita et se mit à hurler de toutes ses forces. Avant de s'évanouir de terreur, elle eut le temps de voir apparaître Keoki Kanakoa et un vieux matelot, armés de harpons.

Un peu plus tard, les missionnaires la soignèrent et la consolèrent, et Keoki avoua qu'il avait dû assommer le capitaine Hoxworth, qui était comme fou.

— Où est-il maintenant ? demanda-t-elle.

— Le capitaine Janders le ramène à son bateau.

— Mais où est le révérend Hale ? gémit Jerusha.

— Il est encore sur l'autre bateau.

— Le capitaine Hoxworth va le tuer !

Jerusha repoussa la tendre sollicitude de ses compagnons et voulut se précipiter sur le pont, mais Keoki la retint.

— C'est pour ça que le capitaine Janders y est allé. Avec des pistolets.

Mais le capitaine fut incapable de protéger Abner. Hoxworth s'était calmé et se montra fort courtois avec John Whipple. Cependant, lorsqu'il revit Abner, avec sa petite taille et son allure piteuse, sa fureur le reprit. Il se jeta sur lui, le saisit à bras-le-corps et, avec une force que la rage décuplait, il le lança par-dessus bord.

— Vous ne la garderez pas ! rugit-il comme un dément. Je reviendrai à Honolulu vous l'arracher ! Bon Dieu, je vous tuerai, misérable !

Le capitaine Janders manœuvrait désespérément sa chaloupe pour sauver Abner. Mais le combat de la baleine avait attiré les requins et ils entendirent soudain un cri d'angoisse. Penché au bastingage, le capitaine Hoxworth délirait :

— Holà ! Requins ! Attrapez-les ! Il est là ! Requins ! Requins, le voilà !

Enfin, John Whipple réussit à saisir Abner et à le hisser à bord.

— Vous n'êtes pas blessé, Abner ? murmura-t-il.

— Les requins... Mon pied...

— Non, vous n'avez rien. C'est superficiel.

— Ils ne m'ont pas arraché le pied ?

— Mais non, Abner. Tout va bien. Ce n'est qu'une égratignure. Regardez donc. Voyez !

Avant de sombrer dans l'inconscience, Abner Hale eut le temps de voir John Whipple lui pincer les orteils et d'entendre la voix tonnante du capitaine Hoxworth qui clamait à tous les échos :

— Requins ! Dévorez ce misérable ! Si vous ne le tuez pas, je l'aurai, moi ! Je le tuerai de mes mains !

Le requin n'avait pas coupé le pied d'Abner, ni même un de ses orteils, mais le tendon avait été déchiré, et c'est pourquoi le petit missionnaire, tout de noir vêtu, boitait en se préparant à débarquer à Lahaina, dans l'île de Maui, à Hawaii.

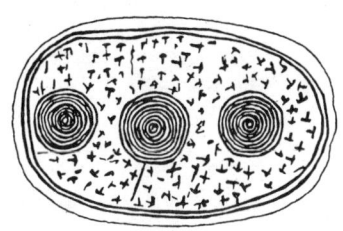

Le débarquement des missionnaires se fit dans la confusion car, dès que la *Thetis* entra dans la rade de Lahaina, la plus grande agitation régna sur le rivage. Les missionnaires virent a vec effroi plusieurs belles jeunes femmes se dévêtir sans vergogne et se mettre à l'eau, entièrement nues, pour nager jusqu'au brick. Puis ce fut une pirogue, qui dépassa les nageuses et vint s'aligner contre le bateau avec un solide gaillard, une femme nue et quatre très jeunes filles, nues également.

— Nous revenons ! s'écria l'homme en faisant monter les femmes à bord.

— Non ! Non ! s'écria Keoki affreusement gêné. Ces messieurs sont des missionnaires !

— Ne vous inquiétez pas, insista l'homme. Mes filles sont très bien, pas malades, très gentilles.

— Dieu du ciel, souffla Abner à Whipple, seraient-ce ses propres filles ?

Keoki Kanakoa repoussa le charmant assaut, et supplia l'homme en hawaiien. Il finit par comprendre que ses filles n'étaient pas les bienvenues et toute la famille remonta dans la pirogue. En croisant les nageuses, le Hawaiien leur disait de retourner à terre, que ce bateau ne voulait pas de filles. Éberluées, elles firent demi-tour, regagnèrent la plage et se rhabillèrent.

A bord de la *Thetis*, Abner Hale, qui venait de voir pour la première fois de sa vie des femmes nues, soupira :

— Je crois que nous aurons fort à faire à Lahaina !

171

A ce moment, une autre pirogue quittait le rivage, immense, ornée de fleurs et de plumes, dirigée par de nombreux pagayeurs, avec des gardes debout à la proue et à la poupe portant de longs bâtons emplumés. Un homme et une femme gigantesques venaient d'y prendre place et Keoki Kanakoa s'exclama :

— Voilà mon père ! Le grand régisseur des biens du roi !

— Et la femme ? demanda Jerusha.

— C'est ma mère. Elle est le plus grand chef des îles. Quand mon père veut s'entretenir avec elle des questions d'État, il doit entrer en rampant dans la salle. Moi aussi.

La mère de Keoki mesurait bien un mètre quatre-vingt-cinq et ne devait pas peser loin de cent cinquante kilos. Sa masse énorme était enveloppée de plusieurs dizaines de mètres de tapa jaune et rouge, laissant libres les seins massifs et fermes comme deux globes de bronze. Les pasteurs écarquillèrent les yeux et leurs épouses demeurèrent éberluées par un tel spectacle.

— Nous l'appelons l'*Alii Nui* *, murmura Keoki plein de respect. C'est d'elle que vient notre *mana* **.

Abner regarda son jeune ami chrétien avec consternation.

— C'est de Dieu, non d'une Alii Nui que vient notre force spirituelle, corrigea-t-il.

Rougissant, le jeune Hawaiien expliqua :

— Quand on a vécu longtemps avec une idée, on exprime parfois une meilleure idée de la même façon.

Abner fronça les sourcils, comme si tous ses efforts avec Keori s'avéraient vains.

— Dieu n'est pas ce que tu appelles « une meilleure idée », dit-il avec fermeté. C'est un être suprême, qui ne supporte aucune comparaison.

Le ton du missionnaire était dédaigneux, mais Keoki, des larmes de joie dans les yeux, ne s'en aperçut pas et accepta la remontrance avec amour.

— Je suis désolé, frère Hale. J'ai utilisé ces mots sans réfléchir.

— Je crois qu'il vaudrait mieux, à partir de maintenant, que tu m'appelles à nouveau révérend Hale. Ton peuple ne comprendrait peut-être pas le mot « frère ».

Jerusha intervint :

— N'avions-nous pas décidé de nous appeler ainsi, frère et sœur ?

— Entre nous, précisa Hale, patiemment.

— Keoki n'est pas l'un d'entre nous ? insista Jerusha.

— Le mot « nous » s'applique principalement aux pasteurs ordonnés et à leurs épouses, estima Abner.

— Quand tu auras été ordonné, tu pourras dire « frère Abner », assura la jeune femme au jeune Hawaiien. Mais en attendant, je suis quand même pour toi sœur Jerusha.

Avec dignité, majestueuse et lente, la pirogue approcha, ses plumes jaunes frémissant à la brise. Les Hale virent enfin de près le père de Keoki dans toute sa splendeur. Il était plus grand que sa femme, mais moins imposant. Il portait une longue cape de plumes jaunes et une robe de tapa rouge, mais ce qui frappa le plus les voyageurs, ce fut

---

* *Alii Nui* : Le terme *alii* désigne un chef hawaiien, un dignitaire, et *nui* signifie « grand ». L'*Alii Nui* est donc le plus haut dignitaire de l'île.
** *Mana* : Le pouvoir spirituel qui anime toutes les choses et toutes les créatures vivantes.

l'espèce de casque qui coiffait ses cheveux grisonnants, en lui enserrant la tête jusqu'à la nuque, avec une haute crête qui redescendait au milieu du front. Par un étrange caprice du hasard, ou de l'âme humaine, ce casque de plumes était la réplique exacte de ceux qui avaient protégé Achille, Ajax ou Agamemnon.

Kelolo, Grand Régisseur des Biens Royaux, monta à bord de la *Thetis* et embrassa tendrement son fils. Puis, fier de montrer qu'il connaissait les usages de l'Occident, il tendit la main droite au capitaine Janders qui put ainsi lire le tatouage ornant tout le bras puissant du digne Hawaiien : « Tamehameha Roi ».

— Votre père sait donc écrire notre langue ? demanda Janders.

Keoki s'entretint un instant avec son père en hawaiien et répondit au capitaine :

— C'est un marin d'un bateau russe qui a tatoué cela en 1819, quand le roi Kamehameha est mort.

— Pourquoi a-t-il écrit le nom avec un T ?

— On commence seulement à écrire notre langue. Vous autres Américains avez orthographié les mots d'une certaine façon qui n'est ni bonne ni mauvaise. Vous écrivez le nom de mon père Kelolo. Vous auriez aussi pu l'écrire Teroro.

— En somme, dit le capitaine, la vérité est entre les deux.

— C'est ça ! s'écria le grand Hawaiien ravi. La vérité est toujours plus ou moins entre les deux !

Ce propos déplut fort à Abner Hale, qui estimait qu'il n'y avait au monde, qu'il ne pouvait y avoir qu'une vérité. Il le proclama bien haut. Keoki en convint aimablement, mais ajouta :

— En ce qui concerne les affaires de Dieu, il ne peut y avoir qu'une vérité, révérend. Mais pour l'orthographe du nom de mon père, il n'y en a pas. C'est quelque chose entre Kelolo et Teroro.

Abner s'apprêtait à rétorquer sévèrement mais le capitaine Janders sauva la situation en s'écriant :

— Tamehameha ! Quel grand roi !

Kelolo sourit de toutes ses dents et voulut retourner le compliment. La main posée sur le bastingage, il dit en hawaiien :

— Voilà un bien beau navire. Je vais l'acheter pour mon épouse respectée Malama, notre Alii Nui, et vous serez notre capitaine.

Lorsque Keoki eut traduit ces paroles, le capitaine Janders ne rit pas, mais hocha gravement la tête et répondit en regardant Kelolo :

— Combien de bois de santal me donnerez-vous pour ce navire ?

— J'en ai beaucoup, répliqua Kelolo.

— Bien. Keoki, dites-lui qu'il n'aura pas la *Thetis* tant que je ne serai pas allé vendre le bois de santal à Canton et que j'en aurai ramené une cargaison de marchandises à vendre, qui resteront ma propriété.

— C'est un marché raisonnable, convint Kelolo, et il tendit la main pour sceller leur accord.

Pendant la conclusion de l'affaire, Abner eut tout loisir d'examiner l'imposant chef, et son attention fut attirée par le symbole de pouvoir que Kelolo portait autour de son cou brun. Au bout d'une épaisse lanière sombre, apparemment tissée avec une fibre d'écorce, pendait un morceau d'ivoire de forme curieuse, de dix centimètres de long sur trois de large, environ, mais le plus remarquable, c'était la façon dont l'extrémité se renflait et se recourbait, faisant ressembler l'objet à une antique herminette pour sculpter le bois.

— Qu'est-ce ? murmura le missionnaire à Keoki.

— La marque d'un *alii*.

— En quoi est-elle ?

— En dent de cachalot.

— Ce doit être lourd à porter.

Keoki prit la main du missionnaire, l'approcha de la dent pour que Hale puisse en éprouver le poids.

— Jadis, vous auriez pu être tué pour avoir touché un alii, s'esclaffa-t-il. Le poids ne le gêne pas, parce que le collier qui le retient est en cheveux humains.

— Ce sont des cheveux ? s'exclama Abner, interloqué.

Keoki expliqua que le collier était fait de deux mille tresses, provenant de quatre-vingts chevelures différentes.

— La longueur totale de ces cheveux... commença Abner. Oh ! impossible de calculer !

— Et tous prélevés sur la tête d'amis, annonça fièrement Keoki.

Avant que Hale ne pût commenter cette pratique barbare, il se produisit une vive agitation sur le flanc de la *Thetis* et les missionnaires se précipitèrent pour assister à un spectacle extraordinaire. Du grand mât, on fit descendre deux gros cordages vers la pirogue où se trouvait encore Malama, l'Alii Nui. Leurs extrémités furent attachées à l'une de ces ventrières de toile solide que l'on glisse sous les chevaux ou les vaches pour les embarquer. Ce jour-là, la ventrière se transforma en une sorte de berceau géant dans lequel les hommes du canoë placèrent doucement leur vénéré chef, bras et jambes pendant par-dessus les bords de la toile.

— Elle est bien installée ? demanda le capitaine Janders avec sollicitude.

— Elle est calée ! répondit un marin.

— Ne la laissez pas tomber ! avertit le commandant. Nous serions tous massacrés.

— Doucement ! doucement ! chantonnaient les hommes halant les cordes.

Lentement, le cabestan hissa la géante dans les airs. Lorsque ses grands yeux sombres, pétillant de curiosité enfantine, parvinrent au niveau du bastingage, elle fit de la main droite un majestueux geste de bienvenue et laissa un sourire satisfait s'épanouir sur son beau visage.

— *Aloha* * ! Aloha ! Aloha ! répétait-elle d'une voix basse et douce, promenant son regard expressif sur la rangée de missionnaires en redingote noire.

Mais ses saluts les plus chaleureux furent adressés aux jeunes femmes émaciées et cependant jolies qui se tenaient sagement à l'arrière. Il aurait fallu près de quatre Amanda Whipple pour égaler la masse de l'énorme femme étendue sur la ventrière.

— Aloha ! Aloha ! continua-t-elle à chanter de sa voix musicale quand elle passa au-dessus des femmes.

— Pour l'amour du Ciel, doucement, maintenant ! cria Janders.

La ventrière s'abaissa lentement vers le pont ; le capitaine, Kelolo et Keoki se précipitèrent pour la saisir et éviter que l'Alii Nui ne se fasse mal en se posant, mais son poids était tel qu'en dépit des efforts des trois hommes pour soutenir la ventrière, elle continua à descendre, les

---

* *Aloha* : Ce terme, qui signifie à la fois amour, tendresse, bienveillance, est utilisé pour saluer les gens ou leur faire ses adieux.

obligeant à s'agenouiller, à s'aplatir finalement sur le pont. Imperturbable, la noble femme roula sur le côté, et se dressa, majestueuse, les volutes de tapa la faisant paraître plus grosse encore qu'elle ne l'était. Lentement, elle passa devant l'alignement de missionnaires, salua chacun d'eux d'un Aloha chantant. Mais quand elle parvint aux femmes, elle remarqua aussitôt leur maigreur, imagina les souffrances du voyage et ne put s'empêcher de fondre en larmes. Pressant la petite Amanda Whipple contre sa volumineuse poitrine, elle pleura un moment puis frotta son nez contre le sien comme si elle était une de ses filles. Passant d'une femme à l'autre, elle continua à prodiguer en pleurant des marques d'un amour sans limites.

— Aloha ! Aloha !

Tournée vers les épouses, ignorant leurs maris comme elle ignorait le sien, elle prononça avec douceur des paroles que son fils traduisit :

— Mes adorables petites, considérez-moi comme une mère. Auparavant, les hommes blancs ne nous avaient envoyé que des marins, des négociants et des fauteurs de troubles. Jamais de femmes. Maintenant que vous êtes venues, nous savons enfin que les intentions des Américains doivent être bonnes.

Malama, l'Alii Nui, l'être humain le plus sacré de Maui, attendit d'un air digne que ses salutations soient transmises, puis repassa à nouveau devant les femmes, frottant le nez de chacune d'elles avec le sien en répétant :

— Tu es ma fille.

Éprouvée par l'émotion, la montée à bord, Malama dénoua le tapa qui enveloppait sa masse, tendit l'extrémité à deux de ses serviteurs, leur ordonna de s'éloigner, et tourna sur elle-même comme une toupie jusqu'à ce que, complètement nue, elle ne portât plus qu'un collier de cheveux auquel pendait une imposante dent de cachalot. Avec un soupir de soulagement, elle alla s'étendre à plat ventre sur la sangle qui l'avait hissée à bord et tout le monde put lire sur sa cuisse gauche les mots tatoués : Tamehameha Roi mort en 1819.

— Ce sont les Russes aussi, qui ont fait ça ? demanda le capitaine Janders.

— Sans doute, répondit Keoki, puis il demanda des explications à sa mère, qui se mit à pleurer.

Keoki donna la raison de ces larmes :

— Ma mère était la dix-neuvième femme de Kamehameha le Grand.

Jerusha poussa un cri étouffé.

— Mais elle n'était donc qu'une concubine !

— En quelque sorte, répondit Keoki. Malama était la favorite du roi, dans les dernières années de sa vie. Bien entendu, puisqu'elle était de sang royal, elle avait droit aussi à d'autres maris.

— Vous voulez dire qu'elle était mariée à votre père... en même temps ? s'écria Abner d'un air soupçonneux.

— Naturellement. Kamehameha lui-même a donné son consentement, parce que mon père était le frère cadet de ma mère et leur union était indispensable.

— Jetez de l'eau sur ces femmes ! cria le capitaine.

Car plusieurs épouses de missionnaires, étourdies par la nudité de Malama et ses complications sentimentales, s'étaient évanouies.

Keoki, comprenant les sentiments des voyageuses, alla chuchoter quelques mots à l'oreille de sa mère, lui conseillant de se rhabiller, car les Américains étaient profondément choqués par la vue du corps humain dénudé. Elle accepta d'enthousiasme, et déclara qu'à l'avenir elle s'habillerait comme ces femmes.

— Mais qui lui fera une robe ? demanda Abner lorsque Keoki eut traduit.

D'un geste impérieux, Malama désigna Jerusha et Amanda. Abner fit signe à sa femme d'accepter et Amanda s'inclina en disant :

— Nous en serons très heureuses, mais je crains que nous n'ayons pas assez d'étoffe.

La géante éclata de rire, sans se fâcher de cette allusion à sa corpulence, et ordonna à ses serviteurs d'aller chercher des ballots dans la pirogue. Devant les yeux éblouis des jeunes femmes, ils déroulèrent des pièces de précieuses étoffes chinoises et Malama choisit une soie rouge éclatante. Puis elle s'endormit paisiblement, protégée des mouches par les grands éventails de plumes qu'agitaient ses serviteurs.

Quand elle se réveilla, le capitaine Janders demanda si elle désirait manger la nourriture du bord. Elle répondit par un refus hautain, envoya ses serviteurs chercher dans la pirogue de grandes calebasses remplies de victuailles, et pendant que les femmes de la mission transpiraient sur la robe vaste comme une tente qu'elles confectionnaient, Malama, mollement étendue, engloutit de gargantuesques portions de cochon rôti, de fruits de l'arbre à pain, de chien grillé et de poisson, accompagné de trois quarts de *poi* *. A la moitié du repas, des membres de son escorte prodiguèrent à son estomac des massages rituels afin de lui permettre de continuer à manger. Pendant cette interruption, elle poussa des grognements satisfaits tandis que les mets consommés prenaient une meilleure position à l'intérieur de la caverne de son ventre.

Keoki expliqua d'un ton admiratif :

— L'Alii Nui doit prendre de copieux repas, cinq ou six fois par jour, pour que les gens du commun puissent constater de loin que c'est une femme de haut rang.

Tard dans la soirée, les jeunes femmes cousaient encore, tandis que leurs maris priaient Dieu pour que Malama leur permît de s'établir à Lahaina et d'y construire une mission. De leur côté, les matelots de la *Thetis* priaient avec une égale ferveur pour que les missionnaires descendissent bientôt à terre et que les filles qui attendaient sur le rivage pussent enfin monter à bord.

Le lendemain matin à dix heures, Malama mit la grande robe rouge et la lissa sur ses hanches monstrueuses avec une satisfaction évidente.

— Maintenant, je suis une chrétienne, dit-elle à son fils, et aux missionnaires elle déclara : nous avons longtemps attendu votre aide. Nous savons qu'il existe une meilleure manière de vivre, et nous espérons que vous nous l'enseignerez. A Honolulu, les premiers missionnaires commencent à nous apprendre à lire et à écrire. A Maui, je serai votre première élève. Dans une lune, je saurai écrire mon nom, et j'enverrai un message à Honolulu !

Tous ceux qui se trouvaient à bord de la *Thetis* furent impressionnés par la gravité de cette décision ; tous, sauf Abner Hale qui, tout en

* *Poi* : Plat à base de tubercules de taros bouillies.

admirant le désir d'une analphabète sauvage de s'instruire, jugeait qu'elle faisait un pas dans la mauvaise direction. Il s'avança donc, sa tête pâle au niveau de ses seins énormes, et lui dit posément :

— Malama, nous ne vous apportons pas seulement l'alphabet. Nous ne sommes pas venus ici vous apprendre à écrire votre nom. Nous vous apportons la parole de Dieu, sans laquelle vos écrits ne pourront jamais avoir la moindre signification.

Lorsque ces paroles eurent été traduites, Malama ne trahit pas d'émotion et se contenta de répliquer :

— Nous avons nos dieux. Ce sont les mots, l'écriture qui nous manquent.

— L'écriture sans Dieu ne sert à rien, insista Abner.

— On nous dit que l'écriture aide le monde entier mais que le dieu des Blancs n'aide que les Blancs, rétorqua Malama.

— On vous a trompée, rétorqua Abner avec obstination.

A la surprise générale, Malama ne répondit pas, mais se tourna vers le groupe des femmes et demanda laquelle était l'épouse de ce petit missionnaire.

— C'est moi, dit fièrement Jerusha.

Malama avait déjà été conquise par la robe que la jeune femme avait faite. Elle se redressa de toute sa taille et annonça :

— Pendant la première lune, celle-ci m'apprendra à lire et à écrire, et pendant la lune suivante, celui-là (elle montra Abner du doigt) m'apprendra la religion nouvelle. En deux lunes, je verrai bien si ces deux enseignements sont d'égale importance.

Prenant congé d'un hochement de tête, elle se dirigea vers la ventrière, ordonna à ses serviteurs de déboutonner sa robe et de l'ôter. Puis elle demanda à Jerusha de lui montrer comment la plier et, massive et nue, s'allongea à nouveau sur la toile. Le cabestan grinça ; lentement le précieux fardeau fut abaissé jusqu'à la pirogue, et l'Alii Nui, pressant sa robe neuve contre sa joue, cria à pleine voix :

— Vous pouvez descendre à terre, maintenant !

Mises à l'eau, les chaloupes devant conduire les missionnaires à leurs nouvelles demeures s'alignèrent derrière la pirogue de Malama.

Avant que l'Alii Nui ne choisisse arbitrairement les Hale pour mentors, on ne savait pas encore vraiment quels missionnaires iraient dans quelle île, mais à présent, ceux de Maui, au moins, avaient été « désignés », et tandis que les embarcations approchaient de la côte, Abner examinait la communauté étonnante à laquelle il était maintenant affecté. C'était Lahaina, capitale de Hawaii, l'un des plus beaux villages du Pacifique, longé par une mince barrière de corail sur laquelle de longues vagues se brisaient dans un fracas incessant, leur haute crête éclatant en une blancheur aveuglante. Là où le ressac finissait par s'apaiser, des enfants nus jouaient, les dents étincelant au soleil.

Pour la première fois, Abner vit les palmes d'un cocotier, merveille des tropiques, ployer sous le vent au bout d'un tronc svelte. Derrière, des champs bien tracés montaient vers les hauteurs, donnant à Lahaina l'aspect d'un vaste jardin en fleurs.

— Ces arbres sombres, les arbres à pain, donnent les fruits, expliqua Keoki. Ils nous nourrissent mais ce sont ces petits arbres trapus, à grosse tête, qui me manquaient à Boston... Les *kous* *, avec leur ombre délicieuse dans un pays chaud.

— En voyant ces jardins et ces fleurs, dit Jerusha, j'ai enfin le sentiment d'être à Hawaii.

— Le jardin que vous contemplez est le mien, annonça Keoki avec orgueil. Là où les ruisseaux se jettent dans la mer.

Abner et Jerusha tentèrent de percer du regard le feuillage des kous bordant l'endroit dont parlait le Hawaiien mais ne parvinrent pas à voir grand-chose.

— Ce sont des cases ? s'enquit Abner.

— Oui. Notre domaine en compte neuf ou dix. Comme c'est beau vu de la mer !

— Et cette plate-forme de pierre ? voulut savoir le missionnaire.

— C'est là où les dieux reposent, répondit Keoki avec simplicité.

Horrifié, Abner tourna à nouveau les yeux vers l'entassement de rochers, imagina du sang répandu, des rites païens, et marmonna une courte prière pour lui-même. « Mon Dieu, protégez-nous du mal. »

— Est-ce là que les sacrifices... ?

— Non, non, fit Keoki en riant. C'est juste pour les dieux de la famille.

Le rire du jeune homme irrita Abner. Chose étrange, tant que Keoki était en Nouvelle-Angleterre, exposant aux fidèles les horreurs de Hawaii, il avait des idées saines sur la religion, mais à peine approchait-il de son néfaste pays, ses convictions s'émoussaient.

— Keoki, toutes les idoles païennes sont une abomination pour le Seigneur, déclara Abner avec solennité.

— Mais ce ne sont pas des idoles, protesta le jeune Hawaiien, au bord des larmes. Comme Kane et Kanaloa... Ce sont les petits dieux personnels de ma famille. Par exemple, la déesse Pele vient quelquefois parler à mon père...

Avec un certain embarras, il se rendit compte de ce que ces propos pouvaient avoir d'étrange et n'ajouta pas que les requins s'approchaient aussi parfois de la côte pour converser avec Malama. « Je ne crois pas que le révérend Hale comprendrait », se dit-il tristement.

Entendre un jeune homme qui espérait être ordonné un jour prendre la défense de rites païens, c'était insupportable pour Abner, qui détourna la tête en silence. Mais voyant de la lâcheté dans cette attitude, il regarda à nouveau Keoki et dit d'un ton sec :

— Nous devrons démolir cette plate-forme. En ce monde, il faut choisir entre Dieu et les idoles païennes. Il n'y a pas place pour deux.

— Vous avez raison, approuva chaleureusement le Hawaiien. Nous sommes venus extirper ces vieux démons. Je crains pourtant que Kelolo ne nous autorise pas à enlever les rochers.

— Pourquoi ?

— C'est lui qui les a empilés.

— Pourquoi ?

— Ma famille vivait auparavant sur la grande île de Hawaii. Nous y avons vécu pendant d'innombrables générations. C'est mon père, l'un des généraux les plus fidèles de Kamehameha, qui s'est installé à Maui. Le roi lui donna la plus grande partie de l'île, et la première

---

* *Kous* : Arbre *(Cardia subcardata)* dont le bois est utilisé dans les îles du Pacifique pour la fabrication d'ustensiles ménagers.

chose que fit Kelolo, ce fut de construire la plate-forme que vous voyez là. Il affirme que Pele, la déesse du volcan, y vient pour le réchauffer.

— La plate-forme doit disparaître. Pele n'est plus.

— Ce grand bâtiment de briques, dit Keoki désignant un édifice anguleux au bout d'une jetée s'avançant prudemment dans la mer, c'est l'ancien palais de Kamehameha. Derrière, c'est le carré de taros royal. Vous voyez la route, plus loin ? C'est là que vivent les marins étrangers. Votre maison sera sans doute construite là-bas.

— Y a-t-il des Européens dans le village ?

— Oui. Des épaves, des ivrognes. Je me fais plus de souci pour eux que pour la plate-forme en pierre de mon père.

Abner ignora la pique car son attention était maintenant attirée par l'un des traits les plus marquants du paysage de Lahaina. Derrière la capitale, montant en pentes douces et régulières, coupées de magnifiques vallées et culminant par des pics dominateurs, se dressaient les montagnes de Maui, majestueuses et proches de la mer. Excepté les hideuses collines de la Terre de Feu, Abner n'avait jamais vu de montagnes, et baignées par la mer, elles offraient un spectacle si admirable qu'il s'exclama :

— C'est l'œuvre de Dieu !

Envahi du désir de dire une prière de remerciement au Seigneur qui avait créé tant de beauté, il réunit le petit groupe dès qu'il eut mis pied à terre sur la plage de Lahaina, lissa sa redingote, ôta son bonnet de castor et, tournant son visage au teint bilieux vers les montagnes, il dit à Dieu :

— Tu nous as fait traverser les tempêtes et débarquer en terre païenne. Tu as éveillé en nous la volonté de faire entrer ces âmes perdues dans ton bercail. Nous ne sommes pas dignes de cette tâche mais nous t'implorons de nous accorder ton aide à chaque instant.

Les compagnons d'Abner unirent alors leurs voix et entonnèrent un hymne récemment composé pour illustrer les efforts missionnaires dans le monde entier, *Des montagnes glacées du Groenland*, et lorsqu'on attaqua le deuxième couplet, chacun le chanta comme s'il avait été écrit spécialement pour Hawaii :

> *Une brise au parfum d'épice*
> *Souffle doucement sur l'île de Ceylan,*
> *Tout y plaît au regard*
> *Et seul l'homme y est vil.*
> *En vain la tendresse généreuse de Dieu*
> *Distribue ses bienfaits.*
> *Le païen, dans son aveuglement,*
> *Se prosterne devant le bois et la pierre.*

Ce premier hymne chanté à Lahaina traduisait, hélas ! une erreur fondamentale de la pensée d'Abner. Toute sa vie, il verrait dans Lahaina un endroit où « tout plaît au regard et où seul l'homme est vil ». Pour le missionnaire, les Hawaiiens seraient éternellement et païens et aveugle.

Quand le chant s'acheva, une foule d'indigènes nus entourait Abner et le groupe de missionnaires qui, saisis d'une peur instinctive, se blottirent l'un contre l'autre pour se protéger mutuellement.

En réalité, aucun missionnaire n'avait jamais eu à connaître population plus douce et plus belle que ces Hawaiiens. Ils étaient propres, épargnés par les repoussantes maladies tropicales ; ils avaient de bonnes dents, de bonnes manières, une sauvage joie de vivre, et avaient édifié une société bien organisée — mais pour Abner, ils étaient vils.

— Dieu tout-puissant ! pria-t-il. Aide-nous à apporter la lumière à ces cœurs endurcis. Donne-nous la force d'abattre toutes les idoles païennes sur cette terre où seul l'homme est vil.

Jerusha pensait quant à elle : « Bientôt ces gens sauront lire. Nous leur apprendrons à coudre, à se vêtir pour se protéger de l'orage. Seigneur, rends-nous forts car il y a tant à faire. »

Les prières furent interrompues par des hommes remontant la plage avec une pirogue, embarcation qui n'avait jamais touché l'eau et que dix solides gaillards portaient à l'aide de perches posées sur leurs épaules. Cérémonieusement, ils la déposèrent devant Malama, qui y monta : les Hawaiiens n'ayant pas découvert la roue, ils n'avaient pas de carrosse. L'Alii Nui se leva, déplia sa robe neuve et ordonna à ses visiteurs de la passer par-dessus sa tête. Cependant que le tissu cascadait sur les seins de matrone et la cuisse tatouée à la mémoire de Kamehameha, l'Alii Nui se trémoussa, sentit le chef-d'œuvre bleu et rouge se mettre en place.

— *Makai* * ! Makai ! couinaient les femmes, approuvant la nouvelle toilette.

— Dorénavant, je me vêtirai ainsi ! déclara Malama avec solennité. Dans une lune, j'écrirai une lettre à Honolulu, parce que j'ai de bons maîtres.

Tendant le bras, elle toucha Abner et Jerusha pour leur signifier de monter avec elle dans la pirogue.

— Cet homme est mon maître de religion, Makua Hale. (Elle prononçait « Halley », à l'hawaiienne, et c'est ainsi qu'on appela Abner par la suite.) Et voici mon maître de mots, Hale Vahiné. A présent, construisons-leur une maison.

Les porteurs soulevèrent la pirogue, et à la tête d'une longue procession rassemblant les membres de la cour et plus de cinq mille Hawaiiens nus, les Hale traversèrent Lahaina pour la première fois. Keoki, qui trottinait à côté du canoë, traduisait les propos de sa mère qui présentait les beautés subtiles de l'île.

— Nous passons en ce moment devant le carré de taros royal. Ce petit cours d'eau nous fournit en eau douce. Le terrain est un endroit de choix car il est planté de beaux arbres. Malama dit que nous y construirons votre maison.

Les porteurs amenèrent successivement l'Alii Nui aux quatre coins du terrain proposé, où elle déposa à chaque fois une pierre. Aussitôt des serviteurs entreprirent de bâtir une case mais avant qu'ils aient accompli grand-chose, Malama indiqua que la procession devait maintenant se rendre à son palais.

— Voici la route principale, dit-elle. Près de la mer se trouvent les bonnes terres, où vivent les alii. Vers la montagne, les terres des gens du peuple. Le roi réside dans ce grand parc quand il vient dans l'île.

— Qu'est-ce que c'est que toutes ces petites cases ? On dirait des niches.

* *Makai* : Joli.

Quand la question d'Abner fut traduite, Malama éclata de rire et répondit :

— Ce sont les cases du peuple !

— Elles ne sont pas assez grandes pour qu'on y vive.

— Les gens du peuple n'y vivent pas, expliqua Malama. Pas comme les alii dans leurs grandes maisons. Ils y rangent simplement leur tapa, ils y dorment quand il pleut.

— Mais où vivent-ils le reste du temps ?

Écartant ses bras dodus pour embrasser tout le paysage, Malama déclara :

— Ils vivent sous les arbres, au bord des rivières, dans les vallées.

Avant qu'Abner ait eu le temps de faire une réflexion, la pirogue arriva à un vaste parc délimité par un mur de blocs de corail haut de trois pieds, et où, parmi les fleurs et les arbres fruitiers, se dressaient une dizaine de cases ainsi qu'un grand pavillon tourné vers la mer. C'est dans ce bâtiment qu'on porta Malama et les Hale.

— C'est mon palais, annonça-t-elle en descendant. Vous y serez toujours les bienvenus.

Elle les conduisit à une pièce spacieuse et fraîche aux murs de natte, au toit soutenu par de beaux piliers de bois. Avec un soupir de soulagement, l'Alii Nui se laissa tomber sur un tapis en fibre couvrant le sol de petits cailloux blancs, appuya son gros menton sur ses mains et dit d'une voix ferme :

— Maintenant, vous allez m'apprendre à écrire.

Jerusha, éberluée, incapable de se souvenir comment elle avait appris elle-même, bredouilla :

— Je suis navrée, Malama, mais il nous faudrait des plumes et du papier.

D'une voix douce et cependant autoritaire, Malama écarta l'objection :

— Nous voulons apprendre à écrire.

Inquiète et confuse, Jerusha regarda autour d'elle, et vit un faisceau de baguettes avec lesquelles les femmes imprimaient des dessins compliqués sur des pièces de tapa, et des calebasses pleines de teinture. Elle prit un bâton, le trempa dans la teinture et traça sur l'étoffe le mot MALAMA, en disant :

— Voilà votre nom.

Malama se pencha sur le tissu, le prit, le retourna et le contempla longuement dans tous les sens. Puis elle s'empara de la baguette enduite de peinture et recopia ces signes inconnus, fidèlement. Puis elle leva la tête et demanda à Keoki :

— Si j'envoie ce mot à Boston, est-ce que les gens sauront que c'est mon nom ? Ils pourront le lire ?

— Vous pourrez l'envoyer partout, et partout les gens le liront et sauront que c'est votre nom.

— Je sais écrire ! exulta l'énorme femme. Bientôt, je pourrai envoyer des lettres au monde entier ! La seule différence qui existe entre l'homme blanc et nous, c'est l'écriture. Maintenant que je sais écrire, je pourrai tout comprendre.

Mais Abner ne put laisser passer ce propos sans protester. Le petit missionnaire s'avança résolument et s'écria :

— Je vous ai déjà prévenue, Malama, que l'écriture n'est rien, la lettre n'est rien. Il n'y a que l'esprit qui compte, et si l'on n'a pas Dieu, on n'a rien !

Les ouvertures étroites de la case éclairaient peu l'endroit où Malama se tenait, bâton à la main. Dans la pénombre, elle semblait être le symbole géant de ce qu'étaient tous les Hawaiiens : puissants, résolus, courageux. Jadis, à Hawaii, pendant la guerre menée par son époux Kamehameha, elle avait étranglé de ses mains un homme bien plus robuste que ce chétif individu au teint jaune qui se tenait devant elle. Malgré son envie de l'écarter d'un geste comme ses serviteurs chassaient les mouches, elle était impressionnée par son opiniâtreté et la puissance de sa voix. Mais surtout, elle le soupçonnait d'avoir raison : tracer des traits avec un bâton, c'était trop facile ; il devait y avoir une magie cachée dans l'acte d'écrire, et elle s'apprêtait à écouter le petit homme boiteux quand il tendit le doigt vers elle en braillant :

— Malama, il ne suffit pas de savoir tracer les mots. Il faut apprendre ce qu'ils signifient !

Ses manières étaient insupportables. D'un geste de son bras droit, plus large que la poitrine du missionnaire, elle le fit tomber, revint au tapa, y traça des traits furieux.

— Je sais écrire mon nom !

Mais au moment même où elle poussait ce cri ce triomphe, les paroles du missionnaire la troublaient déjà. Jetant soudain le bâton, elle s'approcha de l'endroit où il gisait, s'agenouilla, scruta longuement son visage et dit :

— Makua Hale, je crois que vous dites la vérité. Attendez avec patience. Quand je saurai écrire, je ferai appel à votre enseignement.

Elle reprit le morceau de tapa et la baguette et s'adressa à Jerusha, impérieusement :

— Maintenant, apprenez-moi à écrire.

La leçon dura plus de trois heures, jusqu'à ce que Jerusha, à la limite de ses forces, suppliât :

— Nous reprendrons demain. Arrêtons-nous.

— Non. Le temps passe. Il faut que je m'instruise.

— Malama, j'ai le vertige.

— C'est la chaleur. Éventez-la, ordonna la souveraine à ses suivantes.

En désespoir de cause, Jerusha avoua :

— Malama, je suis enceinte.

Lorsque Keoki eut traduit ces paroles, Malama changea d'expression. Elle chassa Abner, fit allonger Jerusha sur une pile de nattes et lui tâta l'estomac. La grossesse n'était pas très avancée, mais la jeune femme paraissait épuisée et Malama s'en voulut de lui avoir imposé cette fatigue. Elle lui baigna les tempes puis elle la souleva comme une enfant entre ses bras puissants et la berça doucement. Quand Jerusha se fut endormie, elle la reposa sur les nattes et sortit rejoindre Abner.

— Vous aussi, vous pouvez m'apprendre à écrire ? demanda-t-elle.

— Oui.

— Je vous écoute.

— Eh bien, pour écrire notre langue, nous avons besoin de vingt-six lettres, mais vous avez de la chance. Pour écrire en hawaiien, on n'a besoin que de treize lettres.

— Je veux connaître toutes les vingt-six.

— Mais pour le hawaiien, ce n'est pas la peine !

— C'est à vos compatriotes que je veux écrire. Apprenez-moi tout !
Abner soupira et commença la leçon :
— A, B, C...

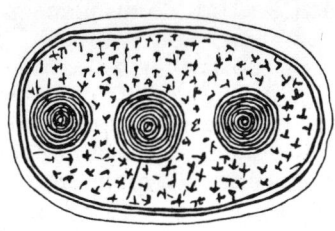

Le moment vint où la *Thetis* dut reprendre la mer, et toute la population de Lahaina s'assembla sur le rivage pour assister au départ. Les vingt missionnaires qui devaient rejoindre d'autres villages se regroupèrent sur la jetée et entonnèrent un cantique. Leurs yeux se remplirent de larmes et, bientôt, toute la congrégation se mit à pleurer. Chez les exilés, le chagrin était bien réel. En voyant partir John Whipple, les Hale ne purent maîtriser leur angoisse, car il était le seul médecin des îles et Jerusha songea que, le moment venu, elle devrait accoucher seule. Cette perspective la terrifiait. Whipple le comprit, et lui promit d'essayer de revenir à Maui.

— Mais frère Abraham et sœur Urania sont installés de l'autre côté de l'île, ajouta-t-il. Si je ne puis revenir, vous pourrez peut-être vous entraider.

Jerusha Hale et Urania Hewlett se rapprochèrent et s'embrassèrent. Mais elles savaient qu'elles allaient être séparées par toute la longueur de l'île, des montagnes et des vallées. Malama arriva sur ces entrefaites et la présence majestueuse de l'Alii Nui coupa court aux effusions. Elle embrassa affectueusement les épouses de missionnaires qui partaient et leur assura qu'elles pouvaient revenir à Lahaina quand elles le voudraient.

— Vous êtes toutes mes filles, affirma-t-elle.

Mais la solennité de l'instant fut quelque peu ternie quand la chaloupe conduisant les missionnaires à bord croisa plus d'une douzaine de jeunes filles nues qui regagnaient l'île à la nage, leur longue chevelure noire traînant dans l'eau bleue. Lorsqu'elles parvinrent sur la plage, portant chacune un petit miroir — bien plus précieux à Hawaii que l'argent-métal à Amsterdam — ou un ruban, ou un marteau chapardé, Malama les accueillit avec autant de tendresse qu'elle avait pris congé des chrétiens.

Vers l'est, où les lames puissantes se brisaient sur la barrière de corail puis glissaient vers la côte en longues vagues ondulantes recouvertes d'écume blanche, les missionnaires découvrirent un des mystères des îles. Des hommes et des femmes de haute taille, gracieux comme des dieux, se tenaient en équilibre sur d'étroites planches qu'ils dirigeaient en déplaçant adroitement le centre de gravité de leurs corps, chevauchant la crête des vagues à une vitesse effrayante.

— Incroyable ! s'exclama le docteur Whipple. C'est sans doute le mouvement qui assure l'équilibre.

— Un Blanc en serait capable ? demanda Amanda.

— Bien sûr ! répondit son mari, excité par le sentiment de vitesse et de maîtrise de soi qu'il ressentait comme s'il était lui-même un de ces habiles athlètes.

— Vous pourriez en faire autant ?

— J'ai l'intention d'essayer dès que nous serons à Honolulu.

L'un des missionnaires les plus âgés s'offusqua de ces propos, preuve supplémentaire de l'attitude frivole du médecin envers la vie, mais il n'eut pas le temps d'exprimer son désaccord car une autre planche apparut devant la *Thetis*, portant non pas une simple indigène mais une véritable nymphe, symbole dénudé de toutes les îles païennes des sept mers. Grande, les cheveux noirs flottant dans le vent, elle n'était pas grassouillette comme ses sœurs mais mince et souple. Ses beaux seins, ses longues jambes fermes semblaient sculptés dans un marbre brun. Pour les missionnaires, c'était une vision terrifiante, l'incarnation de tout ce qu'ils venaient combattre. Sa nudité constituait un défi, sa beauté un danger, ses manières une abomination et son existence même un mal diabolique.

— Qui est-ce ? murmura John Whipple, stupéfié par son adresse.

— Son nom Noelani, répondit fièrement un Hawaiien qui avait navigué sur divers baleiniers et appris le pidgin barbare des ports. Vahiné de Malama. Un jour, elle aussi Alii Nui.

Légère, environnée d'écume, la ravissante statue passa et disparut, inspirant à John Whipple une pensée blasphématoire :

— Apparemment, ils sont nombreux dans l'île à savoir marcher sur les eaux.

Amanda Whipple, femme d'une piété profonde, entendi ces étranges paroles et en saisit tout le sens.

— Je n'aime pas vos propos, John, dit-elle d'un ton froid.

— Je n'ai pu les retenir.

— Libérez-vous, concéda-t-elle, mais uniquement avec moi.

— Je crois qu'il nous sera difficile de comprendre ces îles, fit observer le médecin.

Après le départ de la *Thetis*, Abner et Jerusha Hale se sentirent désespérément seuls. Ils s'efforcèrent cependant de maîtriser leur émotion et s'occupèrent activement de leur installation. La case qu'on leur avait donnée était plus que rudimentaire, sans portes ni fenêtres. De simples ouvertures en tenaient lieu, masquées par des étoffes chinoises. Ce fut dans cette hutte qu'Abner fit porter le mobilier qu'il avait apporté de Nouvelle-Angleterre, un vieux lit de sangles, des coffres rouillés qui servirait de commodes et d'armoires, une petite table de bois blanc, deux chaises de cuisine et un rocking-chair. Le dénuement des missionnaires était extrême. Ils ne possédaient rien, ne touchaient aucun salaire, aucune rémunération, ne jouissaient d'aucun revenu et ne devaient compter, pour vivre et s'habiller, que sur la charité des chrétiens de Nouvelle-Angleterre. Pendant de longues années, Jerusha n'aurait pour se vêtir que les vêtements usagés envoyés au siège de la mission à Honolulu. Lorsqu'elle aurait besoin d'une nouvelle robe pour remplacer l'ancienne, une amie, à Honolulu, fouillerait dans les fripes en disant : « Celle-ci devrait aller à sœur Jerusha », mais la robe n'allait jamais. Si Abner avait besoin d'une nouvelle scie, il ne pouvait qu'espérer qu'un chrétien, quelque part, aurait l'idée de lui en envoyer une. Pour le berceau du bébé, il fallait de même compter sur la charité. Les Hale n'avaient ni argent ni revenu, pas d'autre assistance que celle d'Honolulu. Même si la fièvre menaçait de les emporter, ils ne pouvaient acheter de médicaments.

Parfois, se rappelant sa maison claire et fraîche de Walpole, ses armoires pleines de robes amidonnées par les servantes, ou encore le foyer que le capitaine Rafer Hoxworth lui avait promis, tant à New Bedford qu'à bord de son bateau, Jerusha éprouvait un accablement compréhensible dans la case où elle s'échinait, mais elle ne laissait jamais son mari deviner ses sentiments et les lettres qu'elle écrivait à sa famille étaient toujours enjouées. C'était plutôt dans ses lettres à Esther, la sœur d'Abner, qu'elle n'avait jamais rencontrée, qu'elle déversait ses pensées les plus sombres. Dans une des premières missives qu'elle lui envoya, elle lui confia :

Je suis étrangement abattue depuis quelque temps car la chaleur est parfois insupportable à Lahaina — dont le nom, je l'ai appris, signifie Soleil Implacable, appellation tout à fait appropriée. Il est possible que les semaines écoulées aient été exceptionnellement dures à cause de l'insistance avec laquelle Malama me demande de lui apprendre à lire. Elle est pourtant incapable de se concentrer plus d'une heure sur la leçon. Dès que son intérêt faiblit, elle appelle ses serviteurs pour se faire masser et me réclame une histoire. Alors, je lui parle de Marie, d'Esther et de Ruth, mais quand je lui ai raconté pour la première fois les malheurs de Ruth, contrainte de quitter son foyer pour vivre en terre étrangère, mes larmes se sont mises à couler, je le crains. Malama s'en est aperçue, a compris et, renvoyant ses masseuses, est venue frotter son nez contre le mien. « J'apprécie que vous soyez venue vivre avec nous en terre étrangère », a-t-elle dit. Maintenant, comme une enfant, c'est toujours cette même histoire de Ruth qu'elle demande, et lorsque j'en arrive au passage sur l'exil, nous pleurons toutes deux. Elle ne m'a jamais remercié de ce que j'ai pu faire pour elle, elle me considère simplement comme une servante de plus, mais j'ai appris à l'arriver, et je n'ai jamais vu de femme qui apprenne aussi vite.

Pour une étrange raison, c'est à vous, ces derniers temps, que j'ai envie de parler, car de tous ceux que j'ai laissés en Amérique, c'est vous qui m'êtes la plus proche par l'esprit, et j'ai deux choses à vous dire, ma chère sœur en Dieu. Premièrement, je vous serai éternellement reconnaissante de m'avoir écrit comme vous l'avez fait au sujet de votre frère Abner. Chaque jour qui passe, je le trouve plus fort, plus dévoué à Dieu. Il est doux, patient, courageux et d'une extrême sagesse. Partager sa peine, sur cette nouvelle terre à laquelle il est résolu à apporter la résurrection, est une joie que je n'aurais pas même imaginée en Amérique. Chaque jour est un nouveau défi, chaque nuit une bénédiction pour le bon travail entamé ou achevé. Dans mes lettres, je n'ai jusqu'ici jamais parlé d'amour mais je crois maintenant savoir ce que c'est, et je souhaite de tout cœur que vous trouviez un jour un bon chrétien aussi méritant que votre noble frère. Il boite de moins en moins et je lui masse la jambe tous les soirs. Pour être exacte, je le massais, mais depuis quelque temps, une Hawaiienne fort boulotte, qui passe pour exceller dans le lomilomi, le massage médicinal des îles, insiste pour le faire à ma place. En ce moment même, je peux l'entendre s'annoncer : « Moi venir lomilomi le petit homme. » J'ai beau lui répéter qu'elle doit appeler mon compagnon et guide Makua, ce qui signifie père, elle n'en fait rien.

La seconde pensée que je veux partager avec vous, c'est mon sentiment grandissant d'œuvrer directement selon la volonté de Dieu. Au début, je me demandais si j'avais vraiment la vocation de la mission, mais, au fil des semaines, quand je vois les transformations que nous apportons aux îles, je suis doublement convaincue d'avoir trouvé l'unique occupation sur terre qui puisse me satisfaire. Je me réjouis de voir poindre chaque aube nouvelle car il y a du travail à accomplir. A cinq heures du matin, quand je regarde notre jardin, j'y vois de beaux visages bruns pleins de patience. Ces gens sont prêts à attendre toute la journée dans l'espoir que je leur apprendrai à coudre ou que je leur parlerai de la Bible. Malama m'a promis que lorsqu'elle saurait lire et écrire, je pourrais commencer à faire l'éducation de son peuple, mais elle ne permet à aucun de ses sujets d'avoir avant elle la maîtrise de l'écriture. Elle autorise néanmoins ses enfants et ceux des autres alii à assister à ses leçons de l'après-midi, et j'ai découvert que sa ravissante fille Noelani est presque aussi douée que Malama elle-même. Mon cher mari nourrit de grands espoirs pour cette jeune fille et est persuadé que ce sera la deuxième convertie de l'île, Malama étant bien entendu la première. Chère Esther, pouvez-vous imaginer l'étonnement qui se peint sur un visage indigène quand les nuages du paganisme et de l'analphabétisme s'écartent et que la pure lumière de Dieu illumine ces yeux en quête de vérité ? Ce que j'essaie de vous dire, ma chère sœur, c'est que je trouve dans mon travail un bonheur suprême, et quoique ce que je m'apprête à vous révéler puisse sembler blasphématoire — et je ne puis le confier à nulle autre que vous —, dans ces moments exaltants et fructueux où je lis l'Ancien Testament, j'ai l'impression de raconter non l'histoire de Philémon et des Corinthiens mais celle de Jerusha et des Hawaiiens. Je fais partie de ceux qui ont œuvré pour notre Maître, et pas même à mon cher mari je ne puis exprimer la joie que j'ai découverte dans ma case et son cercle quotidien de visages basanés. Votre sœur en Dieu, Jerusha.

Pendant que Jerusha enseignait l'écriture à Malama, Abner avait toute latitude d'explorer le village. Un jour, il constata que tous les hommes et un bon nombre des femmes les plus robustes du village étaient absents, sans qu'il pût s'expliquer pourquoi. Les alii, en revanche, paressaient dans leurs grandes cases, derrière le carré royal de taros, se promenaient à l'ombre des kous ou se rendaient à la plage pour chevaucher les vagues sur leur planche. Leur sort était enviable car leur unique tâche consistait à ingurgiter d'énormes quantités de nourriture pour devenir gras, et à pratiquer divers jeux pour être prêts en cas de guerre. Année après année, les alii engraissaient en attendant une guerre qui ne venait jamais.

L'un d'eux avait également disparu puisque Kelolo n'avait pas rendu visite aux missionnaires depuis plusieurs jours. Il avait envoyé aux Hale de la nourriture, trois planches avec lesquelles Abner avait fabriqué un placard rudimentaire, mais lui-même ne s'était pas montré, et cela contrariait le révérend car seul Kelolo pouvait décider de l'emplacement de la future église. Hale était à bout de patience quand il découvrit enfin l'époux de Malama à l'orée du village, creusant une fosse large et profonde. Keoki n'étant pas là pour traduire, Kelolo, pour toute explication, ne put que répéter : « Thetis, Thetis », en tendant les bras pour mesurer le trou.

Perplexe, vaguement inquiet, Abner retourna vers le rivage où il rencontra une interminable procession d'hommes lourdement chargés de bûches et de fagots. Ce bois jaunâtre devait être une denrée précieuse, car s'il en tombait le moindre morceau, les gardes n'hési-taient pas à frapper impitoyablement celui qui l'avait laissé choir. Abner les suivit. Quand la troupe arriva devant la fosse de Kelolo, le missionnaire comprit que c'était là ce bois de santal qui devait permettre à Kelolo d'acquérir la *Thetis*. La fosse avait été creusée aux dimensions exactes de la cale du brick. Quand elle aurait été remplie par deux fois, la *Thetis* appartiendrait à Kelolo.

Les hommes n'eurent pas plus tôt déposé leur chargement que Kelolo les renvoya vers la montagne en chercher d'autres. Troublé, Abner alla voir Keoki.

— Votre père ne devrait pas renvoyer immédiatement ses hommes ! Ils sont épuisés. Et qui donc s'occupe des cultures de taros ? Qui va à la pêche ?

— Les hommes lui appartiennent, expliqua Keoki.

— Bien sûr, mais dans son propre intérêt, il devrait les laisser se reposer.

— Quand l'alii sent le santal, il perd la raison.

— Il faut que je parle à votre père.

— Il ne vous écoutera pas, il ne pense qu'à son bois.

Abner s'obstina cependant et alla revêtir son habit noir et son grand chapeau haut de forme, l'uniforme indispensable d'un ministre du Seigneur. Puis il chercha Kelolo et le trouva dans la mer, folâtrant dans l'écume des vagues. D'une voix de prophète biblique, il le harangua :

— Kelolo ! Vous n'avez pas tenu vos promesses !

Mais le gros potentat, en voyant l'uniforme officiel d'Abner, barbota de plus belle et refusa de sortir de l'eau.

— Kelolo ! cria Abner dans le fracas des vagues, en courant sur le sable. Vous ne m'avez pas encore désigné l'emplacement du temple du Seigneur !

— Dis-lui de s'en aller, grogna Kelolo à son fils Keoki qui traduisait fidèlement.

— Kelolo ! Vous n'avez toujours pas réservé le terrain pour l'église !

— Oh ! je vous le donnerai... un de ces jours ! cria le noble sybarite en réponse.

— Aujourd'hui ! exigea Hale.

— Quand j'en aurai fini avec le bois de santal, promit l'indigène.

— Ce ne serait pas raisonnable de renvoyer tout de suite vos hommes dans la forêt.

Le grand Hawaiien se gratta le dos contre un rocher et grogna :

— Le bois de santal, il faut le prendre quand on le trouve.

— Vous ne pouvez exiger d'eux autant d'efforts !

— Ce sont mes hommes ! Ils vont où je leur ordonne d'aller.

— Kelolo, c'est mal de passer son temps à entasser du bois de santal alors qu'il faudrait s'occuper des champs de taros.

— Les taros poussent tout seuls, lança le Hawaiien, plongeant pour ne plus entendre la voix irritante.

— Kelolo !

Pour se débarrasser du petit missionnaire, Kelolo plongea et disparut.

— Où va-t-il ressortir ? demanda Abner à Keoki.

— Là-bas, sans doute.

Abner galopa derechef en se tordant les pieds dans le sable et quand le gros Hawaiien émergea de l'onde, il vit devant lui la silhouette noire et sévère d'Abner.

— Kelolo, c'est aujourd'hui qu'il faut m'octroyer le terrain du temple de Dieu.

— Quand j'aurai fini de ramasser le santal.

Irrité, Abner se détourna et aperçut la plate-forme qui avait servi autrefois aux dieux du foyer. Il poussa une exclamation rageuse, s'y précipita en boitant et se pencha pour ramasser une des pierres qui la composaient.

— Vous n'avez pas encore démoli la plate-forme des idoles maudites ! tonna-t-il. Je vais le faire moi-même !

— Je vous défends ! glapit le gros Kelolo. N'y touchez pas !

D'un bond, le géant nu sortit de l'eau et se précipita vers Abner qu'il jeta violemment à terre. Le chapeau noir roula dans le sable. Ahuri par la soudaineté de l'attaque, le petit missionnaire se releva péniblement, ramassa son chapeau, le brossa de la manche et le remit sur sa tête. Puis il marcha résolument sur le gigantesque Hawaiien qui défendait sa plate-forme sacrée.

— Kelolo, dit-il, cet endroit est maudit. Non seulement vous ne me laissez pas construire l'église mais vous vous accrochez à vos idoles païennes. Ce n'est pas bien. (Il tendit vers le chef un index menaçant.) C'est *héoua*.

Le guerrier nu, héros de batailles, eut envie de soulever le petit importun et de l'écraser mais la solennité de l'attitude d'Abner le retint, et les deux hommes demeurèrent un moment à s'affronter du regard sous les arbres.

— Makua Hale, dit enfin Kelolo, je vous ai promis un terrain pour votre église mais je dois attendre la réponse de mon roi.

— En attendant, détruisons cet endroit maudit, suggéra le missionnaire.

— Non, Makua Hale, dit le grand Hawaiien avec fermeté. C'est mon église à l'ancienne manière. Je vous aiderai à bâtir votre église à la nouvelle manière.

— Quand je regarde ces pierres, Kelolo, il me semble entendre les cris des victimes qui y ont été immolées. Cet endroit est maudit.

— Ce n'est pas ce genre de temple, expliqua patiemment Kelolo. Il n'y a jamais eu de sacrifices humains ici, Makua Hale. C'était un temple de protection et de miséricorde. Je ne puis le détruire.

Abner eut le bon sens de s'incliner, mais ce fut d'une manière que Kelolo n'oublia jamais. Ramassant une pierre, le petit missionnaire la considéra gravement et murmura :

— Si ce caillou représente pour vous la miséricorde, je comprends votre désir de préserver le temple. Mais moi, je veux construire un véritable temple de la miséricorde, et vous verrez la différence. Dans le vôtre, Kelolo, seuls les grands et les puissants pouvaient venir prier. Dans le mien, on accueillera les pauvres et les déshérités, ceux qui justement ont le plus besoin de miséricorde. Et quand vous serez témoin de la grâce qui émanera de mon temple, vous serez le premier à prendre ces pierres et à les jeter au loin dans la mer.

Ce disant, il s'approcha du bord de l'eau et lança la pierre dans les vagues, de toutes ses forces. Puis, tenant son chapeau d'une main sur sa tête, il revint vers Kelolo et lui déclara tranquillement :

— Nous allons bâtir mon église.

Le vieux chef s'inclina. Il s'enroula dans son pagne de tapa et marcha dignement vers la mission. Là, il traça un assez vaste quadrilatère. Abner protesta immédiatement.

— Ce n'est pas assez grand.

— C'est bien assez pour un seul dieu.

— Vos temples sont plus grands.

— Mais ils abritent plusieurs dieux.

— Mon Dieu est plus grand que tous les dieux de Hawaii.

— Combien de terre veut-il donc ?

— Il veut une église aussi grande que ça, répliqua Abner en délimitant un espace plus large.

Kelolo fut stupéfait, mais accepta.

— Très bien, maintenant, nous allons demander aux *kahuna* * de nous dire comment aménager l'église.

Abner ne comprit pas tout d'abord la traduction de Keoki qui dut insister :

— Il faut que les kahuna nous disent où devra être la porte, où les gens se mettront. On ne peut pas construire un temple sans l'autorisation des kahuna.

Le petit missionnaire sentit qu'il perdait pied. Bien souvent, depuis son arrivée à Maui, il avait dû lutter contre la confusion des esprits. Malama et Kelolo accueillaient favorablement le christianisme, mais se montraient incapables de considérer la religion nouvelle comme la base de l'existence, comme la Vérité immuable. C'était simplement pour eux une religion qui leur paraissait meilleure que les anciennes croyances. L'idée du salut de l'âme leur était parfaitement étrangère. Une fois même, Kelolo avait observé :

— Si Jésus-Christ peut nous donner de grands navires à voiles, et Kane seulement des pirogues, alors Jésus-Christ est plus fort. Il sera le bienvenu chez nous.

Malama, plus impressionnée que son mari par le pouvoir du mot écrit, avait rectifié.

— Ce n'est pas des navires que Jésus-Christ donne. C'est la mana qui se trouve dans la boîte noire, avait-elle dit, désignant la Bible. Quand nous aurons appris à lire ce qu'il y a dans la boîte noire, nous connaîtrons le secret de la mana, et nous serons puissants nous aussi.

— Jésus n'apporte ni bateaux ni livres, avait expliqué patiemment Abner. Il donne la lumière qui éclaire l'âme.

— Nous prendrons la lumière aussi, avait acquiescé Kelolo, préférant les lampes à huile de baleine de l'homme blanc à ses chandelles fumeuses d'huile de noix de coco.

— Je ne parle pas de ce genre de lumière... avait commencé le missionnaire.

Finalement, il avait renoncé à s'expliquer : certains jours, les Hawaiiens le dépassaient. Mais se montrant cette fois intransigeant, il refusa formellement les conseils des kahuna. Il prit de grosses pierres et marqua l'endroit de la future porte, et l'emplacement du clocher. Puis il se redressa et regarda fièrement Kelolo.

Le colosse examina longuement le plan de l'église, en fit le tour, leva les yeux vers la montagne, se retourna vers le rivage, suivit des yeux le sentier et finit par hocher la tête d'un air navré.

— Les kahuna ne l'aimeront pas.

— Les kahuna n'entreront pas dans mon temple !

— Quoi ! Vous ne les accepterez pas ?

---

* Les *kahuna*, dans l'ancien Hawaii, étaient des personnes instruites, généralement des prêtres ou des guérisseurs, dotées d'aptitudes qui incluaient souvent le don de prophétie ou d'autres pouvoirs surnaturels.

— Ce temple sera pour ceux qui aiment le Seigneur Jéhovah et observent ses commandements.

— Mais les kahuna aiment Jésus ! Ils veulent mieux connaître la puissance qui permet à l'homme blanc de construire de meilleurs navires et de mieux s'éclairer. Vous n'aurez pas de meilleurs adeptes !

A nouveau pris de vertige devant l'irrationalité hawaiienne, Abner expliqua lentement :

— Je suis venu avec la Bible pour faire disparaître les kahuna, leurs dieux et leurs pratiques païennes.

— Mais les kahuna aiment Jésus ! s'écria Kelolo. Il est si puissant ! Moi, j'aime Jésus-Christ !

— Mais vous n'êtes pas kahuna.

Kelolo se redressa pour lancer, d'un ton plein de majesté :

— Makua Hale, je suis le Kahuna Nui. Mon père l'était avant moi, son père avant lui, et le père de son père encore avant, jusqu'aux temps de Bora Bora.

— Cela m'est égal que votre arrière-arrière-grand-père, Bora Bora, ait été kahuna...

— Bora Bora est une île, corrigea Kelolo.

— Jamais entendu parler.

— Vous voulez dire qu'à Boston, on ne vous a pas appris..., commença le Hawaiien, stupéfait. (Il réfléchit un moment, posa le pied droit sur la pierre indiquant la porte de l'église d'Abner.) Makua Hale, nous sommes à une époque où les dieux changent. Ces tournants sont toujours difficiles. Quand je discute avec vous, je ne défends pas les anciens dieux de Hawaii, ils ont déjà été vaincus par le vôtre. Je parle en kahuna qui connaît cette terre. J'ai souvent communiqué avec les esprits de Lahaina et je comprends les collines. Makua Hale, croyez-moi quand je vous dis que cet emplacement est mauvais.

— Nous mettrons la porte ici, s'obstina Abner.

Kelolo considéra d'un œil triste le petit homme têtu qui s'y connaissait si peu en temples mais cessa de discuter.

— Je repars avec mes hommes chercher du bois de santal. Quand nous aurons fait trois voyages, je leur donnerai l'ordre de construire votre église.

— Trois voyages ? La récolte de taros sera fichue !

— Ce sont mes hommes, répéta le chef, et le soir même, il emmena deux mille Hawaiiens dans les collines.

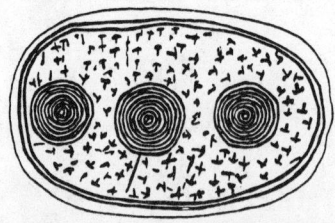

Trente jours après l'arrivée des missionnaires, Malama revêtit la robe que Jerusha lui avait faite, mit des chaussures pour la première fois de sa vie (de gros brodequins de marin, aux lacets dénoués) et réunit toute sa suite. Puis elle annonça fièrement qu'elle allait écrire une lettre à son neveu, le roi, à Honolulu. Elle s'allongea à plat ventre, prit une feuille de papier blanc, un encrier et une plume d'oie et écrivit :

Roi Liholiho. Mon mari Kelolo travaille dur. Il va acheter un gros bateau. Aloha, Malama.

Puis elle poussa un soupir de soulagement et sourit à Jerusha qui s'exclama :

— Je n'ai jamais vu personne apprendre aussi vite que Malama.

L'énorme femme se rengorgea et répondit, par l'intermédiaire de Keoki :

— Avant peu, j'écrirai au roi des Amériques dans sa langue, en utilisant toutes les vingt-six lettres.

— Elle en est bien capable, dit Jerusha.

— Maintenant, ma fille bien-aimée, il faut aller vous reposer. Vous m'avez donné de bonnes leçons. C'est au tour de Makua Hale. Il va me parler de votre dieu.

Elle chassa ses servantes, s'installa commodément sur sa pile de nattes, à plat ventre, le menton dans les mains et fit un geste impérieux, signifiant ainsi qu'elle était prête à entendre la bonne parole. Abner attendait cet instant depuis longtemps. Il avait préparé un exposé simple, aussi direct que possible et, tandis qu'il parlait et que Keoki traduisait ses phrases une à une, le missionnaire sentait que l'énorme femme qui levait les yeux vers lui était passionnément avide de savoir et de comprendre. Il redoubla d'efforts pour bien choisir ses mots, car il savait bien que s'il arrivait à gagner Malama à la cause de Dieu, l'île entière deviendrait chrétienne.

— Dieu est esprit, déclara-t-il posément.

— Pourrais-je le voir ?

— Non, Malama.

Elle réfléchit un moment et observa :

— Oui. Je n'ai jamais pu voir Kane, non plus. Mais Kelolo voit souvent sa déesse. Pele, la déesse des volcans.

Abner s'était juré de ne pas se laisser entraîner dans de vaines digressions. Il n'était pas là pour discuter des diverses superstitions de Kelolo. Il était venu apporter la vraie foi et son expérience lui avait appris que s'il se laissait aller à parler des dieux de Kelolo, il se retrouverait complètement égaré dans des arguties interminables.

— Dieu est un esprit, répéta-t-il, mais il a tout créé.

— Il a créé les cieux ? Le paradis ?

Abner n'avait jamais beaucoup réfléchi à cette question, mais il répondit sans hésiter :

— Oui.

— Où est le paradis ?

Le missionnaire aurait aimé répondre que le paradis était dans l'esprit de Dieu, mais, en prévoyant des complications sans fin, il choisit l'explication la plus facile et leva la main en disant :

— Là-haut.

Malama revint à la charge :

— Êtes-vous certain, dans le fond de votre cœur, Makua Hale, que votre dieu est plus puissant que Kane ?

— Je ne puis les comparer, Malama. Et je ne parviendrai jamais à vous faire comprendre Dieu si vous continuez à les comparer. D'ailleurs, cessez de dire que c'est *mon* Dieu. C'est le Dieu de tous.

— Alors, pourquoi a-t-il permis aux marins de contaminer nos filles ? Pourquoi a-t-il fait mourir tant de Hawaiiens ?

— Dieu permet le péché parce que c'est le péché qui met les hommes à l'épreuve et les révèle aux yeux du Seigneur.

Malama fit signe à l'un de ses nombreux serviteurs de recommencer à éloigner les mouches du missionnaire, et bien qu'il appréciât l'intention, Hale se rendait compte que la Hawaiienne cherchait à gagner du temps. Il ajouta d'un air grave :

— Si vous continuez à pécher, vous ne pouvez connaître Dieu.

— Se peut-il que l'Alii Nui elle-même soit pécheresse ? argua Malama.

La religion des îles réglait en effet le problème en postulant que les actes des alii étaient des actes de dieux.

— Tous les hommes sur terre sont également dépravés, répondit Abner, l'index tendu vers la femme étendue. Nous nous complaisons dans le péché. Nous sommes perméables de nature, corrompus dans toutes les parties de notre être.

Tombant à genoux pour être plus près de l'Alii Nui, il poursuivit :

— Et les péchés des rois sont d'autant plus grands qu'ils sont puissants. Malama, nous sommes tous des pécheurs ! conclut-il avec les accents désespérés de Calvin.

Entendant un enfant vagir dans une des cases voisines, la Hawaiienne demanda :

— Ce bébé aussi ?

— Dès l'instant où il est né — ou plutôt, dès l'instant où il a été conçu — il a baigné dans le péché.

Malama réfléchit un moment avant de demander d'une voix hésitante :

— Que se passera-t-il, Makua Hale, si ce bébé n'est pas sauvé du péché ?

— Il brûlera dans les flammes éternelles.

— Et moi ?

— Vous aussi.

— Elles... elles sont comment, ces flammes ?

— Elles bondissent autour des jambes, emplissent le nez, crèvent les yeux. Elles brûlent éternellement des pécheurs sans cesse recréés. La souffrance est horrible, au-delà de tout ce qu'on peut imaginer. Elle...

— Un jour, interrompit Malama, je me suis approchée avec Kamehameha d'une coulée de lave brûlante, et je suis restée à côté de lui quand il a sacrifié ses cheveux pour apaiser Pele. Ce feu est plus terrible encore ?

— Bien plus terrible.

— Et tous les bons Hawaiiens morts avant votre venue, Makua Hale ? Ils brûlent aussi dans ces flammes éternelles ?

— Ils sont morts en état de péché, Malama. Ils se consument à présent dans les flammes.

— Même mon mari, Kamehameha ?

— Pour toujours.

— Et si ce bébé meurt cette nuit ?

— Lui aussi.

— Et mon mari Kelolo, qui jure qu'il n'acceptera jamais votre religion ?

— Il brûlera éternellement.

— Et je ne le verrai jamais ?

— Jamais.

La cruauté de cette doctrine sidéra la géante, qui sentit pour la première fois le pouvoir réellement terrible de ce nouveau dieu. Elle comprit pourquoi ceux qui le vénéraient étaient victorieux dans la guerre et avaient su inventer le canon, qui rasait les villages indigènes. « Aoué, Aoué ! » se mit-elle à sangloter, songeant à son grand roi dans le brasier. Ses servantes apportèrent des linges frais pour la réconforter mais elle les repoussa et continua à pleurer en frappant son énorme poitrine. Finalement, elle demanda :

— Ceux de nous qui vivent encore peuvent-ils être sauvés ?

La question — tous peuvent-ils être sauvés ? — tourmentait beaucoup le missionnaire, qui fut étonné de l'entendre formulée avec une telle précision dans la bouche d'une païenne.

— Non, Malama. Il y a ceux que Dieu a voués au feu éternel de l'enfer, avant même leur naissance. C'est ce qu'on appelle la prédestination.

— Vous voulez dire qu'ils sont condamnés avant d'avoir vécu ?

— Oui.

— Il n'y a aucun espoir pour eux ?

— Ils sont prédestinés à vivre dans le péché et à mourir dans le feu de l'enfer.

— Oooh ! gémit Malama. Alors, ce bébé... ?

— Peut-être.

— Et même moi, l'Alii Nui ?

— Peut-être.

Malama était consternée par cette épouvantable loterie de vie et de mort. C'était comme si ce dieu, lançant des cailloux dans un trou de rocher, manquait parfois son but. Mais s'il mettait le caillou à côté, c'est qu'il le voulait bien, puisqu'il était tout-puissant...

C'est précisément ce point qu'Abner Hale abordait maintenant :

— Je reconnais que ceux qui glissent dans le péché le font par la volonté de Dieu, que certains hommes sont condamnés au feu de l'enfer dès leur naissance, et que le nom du Seigneur ne peut être glorifié au Ciel que parce qu'ils sont anéantis. C'est une loi terrible, je l'avoue, mais nul ne peut nier que Dieu a tout prédit pour tous les hommes avant même de les créer. Nous vivons selon sa volonté.

— Comment puis-je être sauvée ? demanda faiblement l'énorme femme.

Le visage d'Abner s'illumina.

— Dieu a condamné d'avance tous les hommes, mais dans son immense compassion, il nous a envoyé son fils unique, et c'est lui, Jésus, qui peut nous sauver. Jésus-Christ peut entrer ici, vous prendre par la main et vous conduire aux eaux fraîches. Il peut vous sauver.

— Il me sauvera ? fit Malama, pleine d'espoir.

— Oui ! s'écria joyeusement le missionnaire.

— Que dois-je faire pour être sauvée ?

— Dieu vous demande deux choses, Malama. La première est facile, l'autre plus difficile.

— Quelle est la chose facile ?

— Il faut vous mettre à genoux devant le Seigneur, et reconnaître à voix haute que vous êtes entièrement corrompue, que vous vivez dans le péché et qu'il n'y a d'autre espoir pour vous qu'en Dieu. Et il ne faut pas seulement prononcer les mots, mais il faut y croire.

— Et la chose difficile ?

— Il faut s'efforcer d'atteindre l'état de grâce.

— Comment fait-on ?

— La grâce viendra un jour, en priant.

— Et je la reconnaîtrai ?

— Oui, Malama. On ne peut s'y tromper.

Malama s'agita un peu sur ses nattes et se tourna vers son fils.

— Tu as trouvé l'état de grâce ?

— Oui. C'était comme une lumière, comme si le ciel s'ouvrait pour moi.

— Tu crois que j'y arriverai, moi ?

— Malama, j'en suis sûr. Car tu es bonne.

— Alors, qu'est-ce que j'ai fait, qui est si mal ? demanda-t-elle en se tournant vers Abner.

Un moment, Abner jugea le moment opportun pour fustiger la conduite de l'Alii Nui, mais adoptant finalement un point de vue plus modéré, il dit simplement :

— Malama, vous avez appris à écrire en trente jours. C'est un miracle. Et je vous crois capable d'un miracle plus grand encore.

La grande femme, qui aimait l'éloge, leva le menton en demandant :

— Que faut-il faire ?

— Voulez-vous me suivre ?

— Où cela ?

— A travers cette île que vous gouvernez.

Grisée par le succès remporté avec l'apprentissage de la lecture, elle acquiesça, réclama sa « pirogue de terre », mais tous les hommes valides étant partis dans la montagne chercher du bois de santal, il n'y avait personne pour porter l'auguste fardeau, et Abner saisit l'occasion de poser une première question gênante :

— Pourquoi laissez-vous vos sujets peiner tels des esclaves dans les collines ?

— Ils cherchent du bois de santal, expliqua Malama.

— Dans quel but ?

— Pour le bateau de Kelolo.

— La ruine d'une île magnifique vaut-elle un bateau ?

— Que voulez-vous dire, Makua Hale ?

— Accompagnez-moi, je veux vous montrer le prix effroyable que paie Lahaina pour le bois de santal que Kelolo cherche dans la montagne.

Malama fit venir ses suivantes et le cortège entreprit une promenade qui, à terme, changerait l'histoire de Hawaii. Le petit missionnaire claudiquait devant, escorté par la masse de Keoki. Derrière s'avançait la gigantesque Malama dans une robe rouge et bleu, flanquée à droite de la suivante Kalani-kapuai-kala-ninui — un mètre soixante, cent kilos — cependant qu'à gauche haletait Manono-kaua-kapu-kunani — un mètre soixante-dix, cent cinq kilos. Côte à côte, les trois alii couvraient toute la largeur de la route.

— Un bateau maintenant, c'est pure vanité, dit Abner, entamant son sermon. Regardez le bassin à poissons, les parois s'écroulent.

— Quelle importance ?

— Si les poissons s'échappent, le peuple mourra de faim.

— Quand les hommes reviendront...

— Il n'y aura plus de poissons. Réparons le bassin, vous et moi.

Il s'avança dans la boue, l'appela. Saisissant ce qu'il voulait lui faire comprendre, elle ordonna à ses suivantes de l'aider et les trois grosses femmes, relevant le bas de leurs robes neuves entre leurs jambes, pataugèrent à leur tour dans le bassin. Gloussant, échangeant des plaisanteries obscènes que le missionnaire ne pouvait comprendre (elles le surnommaient entre elles « le petit cafard blanc »), les alii comblèrent les brèches. Lorsqu'elles eurent terminé, Abner formula la leçon en termes explicites : « L'Alii Nui sage ordonne que l'on surveille le bassin des poissons. »

Un peu plus loin, il tendit le bras vers les restes d'une case incendiée.

— Quatre personnes sont mortes, dit-il. Une Alii Nui sage devrait interdire l'usage du tabac.

— Mais les gens aiment fumer, protesta Malama.

— Donc, vous les laissez brûler vifs. Depuis mon arrivée à Lahaine, cinq ou six de vos sujets ont péri ainsi. Une Alii Nui sage...

— Où m'emmenez-vous ?

— Un peu plus loin, sous les kous.

Quelques instants plus tard, ils parvinrent devant un petit ovale de terre fraîchement remuée. Malama, qui reconnut aussitôt l'endroit, aurait préféré n'en point parler mais Abner déclara :

— Il y a là-dessous un bébé. Une petite fille.

— Je le sais, murmura l'Alii Nui.

— Elle a été enterrée là par sa propre mère.

— Oui.

— Enterrée *vivante*.

— Je vous en prie, Makua Hale...

— Une Alii Nui sage et cherchant la grâce mettrait fin à cette barbarie.

Malama ne dit rien et le groupe se remit à marcher jusqu'à l'endroit où trois marins achetaient du whisky à un Anglais. Les matelots avaient à leurs bras les quatre jolies filles que leur père avait menées en canoë à bord de la *Thetis*, le jour de son arrivée.

— Voici quatre jeunes filles qui mourront bientôt de syphilis, le mal apporté par les marins. Une Alii Nui sage interdirait l'alcool et empêcherait les filles de monter à bord des navires.

Ils passèrent devant les carrés de taros envahis de mauvaises herbes, le petit débarcadère où les ballots de marchandises venues de Chine attendaient depuis des jours sous le soleil et la pluie. Aucun homme dans les bateaux de pêche. Quand la promenade fut terminée, le petit missionnaire montra la plate-forme de pierre du propre jardin de Malama et conclut :

— Même à votre porte, vous abritez les mauvais dieux.

— C'est le temple de Kelolo. Il n'y pas de mal à cela, se justifia Malama.

Quand elle prononça le nom du chef absent, Abner sut que le dénouement vers lequel tous ses préparatifs tendaient était venu. Il demanda à Malama de renvoyer ses suivantes. Après leur départ, il entraîna la géante et Keoki à l'ombre des kous, les fit s'installer confortablement.

— Cette promenade avait pour but de vous faire comprendre ce que veut Dieu quand il fait d'une femme son Alii Nui. Il vous donne beaucoup de pouvoir pour que vous fassiez beaucoup de bien. Il attend plus de vous que des gens ordinaires.

Malama fut sensible à ces paroles, car les préceptes de son ancienne religion n'étaient pas très différents. Toutes les croyances supposent des devoirs, mais elle n'était pas préparée à celui que le petit homme blanc allait lui soumettre.

— Vous n'entrerez pas en état de grâce tant que vous continuerez à commettre l'un des plus graves péchés de l'histoire.

— Lequel ?

Abner hésita. Le sujet qu'il devait maintenant aborder lui inspirait une telle horreur qu'il se leva, recula de quelques pas et tendit le bras vers l'Alii Nui.

— Vous avez pris pour époux votre propre frère. Vous devez vous séparer de Kelolo.

— Kelolo ? fit Malama, abasourdie ; mais pourquoi ? C'est mon mari préféré.

— Votre union est un péché... Elle est interdite par la Bible.

Une lueur de compréhension apparut dans les yeux de la Hawaiienne.

— Vous voulez dire que c'est tabu ! s'écria-t-elle.

— Ce n'est pas tabu, c'est interdit par la loi de Dieu.

— C'est ce que tabu veut dire, expliqua patiemment Malama. Maintenant, je comprends. Tous les dieux ont des tabu : tu ne dois pas manger de ce poisson, c'est tabu ; tu ne dois par dormir avec une femme qui a ses règles, c'est tabu ; tu ne dois pas...

— Malama ! coupa Abner. Être mariée à son frère, ce n'est pas un simple tabu ! c'est interdit par la loi de Dieu !

— Je sais, je sais. Pas un petit tabu, comme pour certains poissons, mais un grand tabu, comme entrer dans le temple quand on est impur. Tous les dieux ont de grands et de petits tabus. Kelolo, c'est un grand tabu, je dois me séparer de lui. Je comprends.

— Vous ne compr..., commença Hale.

Mais l'îlienne était tellement ravie de comprendre cet aspect au moins du nouveau dieu qu'elle voulut aussitôt passer à l'acte et qu'elle lança d'une voix forte à ses serviteurs :

— Kelolo n'habitera plus dans cette maison ! Il vivra là-bas !

D'un geste, elle indiqua une des cases distantes de cinq ou six mètres de l'actuel domicile de son mari, et tourna vers Hale un sourire radieux.

— Cela ne suffit pas, dit-il. Il faut qu'il quitte votre domaine.

Malama dit alors à Keoki quelque chose que le jeune homme n'osa d'abord traduire mais, sur l'insistance d'Abner, il expliqua en rougissant :

— Ma mère dit qu'elle ne dort plus avec ses quatre maris depuis des années et que vous n'avez pas à craindre qu'elle se conduise mal...

Keoki s'interrompit, chercha ses mots.

— Enfin, elle dit que Kelolo est un homme bon, qu'elle espère qu'il pourra rester sur le domaine.

Frappant le sol du pied, Abner répondit :

— Non, c'est un péché ! Dis-lui que c'est le plus grand des tabu... Non, attends, n'utilise pas ce mot. Dis-lui simplement que le Seigneur ordonne que Kelolo s'en aille.

Malama fondit en larmes, expliqua que Kelolo était plus pour elle qu'un mari ou qu'un frère et que...

— S'il ne part pas, coupa le missionnaire, l'Église ne vous accueillera jamais en son sein.

— Je n'aurai pas le droit d'entrer dans la grande église que Kelolo construira ?

— Vous pourrez y pénétrer. Même le plus grand pécheur peut entrer dans une église et écouter. Vous pourrez même chanter. Mais vous ne ferez jamais partie de l'Église... comme Keoki.

Malama réfléchit et conclut :

— Bon, alors, je chante et je garde Kelolo.

— Mais à votre mort, vous irez en enfer et vous brûlerez éternellement.

Se sentant acculée, la Hawaiienne dit à son fils, avec des mots que le missionnaire ne pourrait reconnaître :

— Je ne veux pas brûler en enfer. Tu construiras à Kelolo une petite case en bois en dehors du domaine, mais tu balaieras bien l'allée pour qu'il n'y ait pas de feuilles qui craque sous le pas et qu'il puisse venir me rejoindre la nuit sans que Dieu l'entende.

Changeant de ton, elle annonça :

— Makua Hale, je vais écrire une nouvelle lettre.

Quand elle fut à nouveau allongée sur le sol de son palais, elle déchira le message précédent, mordilla son crayon et écrivit :

— *Roi Liholiho, j'ai dit à Kelolo qu'il doit maintenant dormir dehors. Il achète un bateau. Je pense que c'est une bêtise. Votre tante, Malama.*

Elle tendit la lettre à Abner.

— Demain, le jour d'après et le jour d'après, je veux que vous veniez m'enseigner les devoirs d'une Alii Nui. Dans une lune, j'aurai trouvé l'état de grâce.

— Cela ne peut se faire ainsi.

— Quand le trouverai-je, alors ?

— Peut-être jamais.

— Je le trouverai ! rugit la géante. Venez demain m'apprendre comment il faut faire.

— C'est impossible, déclara Hale d'un ton ferme.

— Vous... le... ferez ! tonna-t-elle.

— Il faut trouver seule le chemin de la grâce.

Malama se releva avec une agilité étonnante, saisit son petit mentor par les épaules.

— Comment ?

— Vous voulez vraiment le savoir, Malama ?

— Oui ! répondit-elle en le secouant. Dites-le-moi !

— Agenouillez-vous, ordonna-t-il, et il se mit lui-même à genoux.

— Qu'est-ce que je fais, maintenant ? murmura l'Alii Nui, tournant ses grands yeux vers Abner.

— Fermez les yeux. Faites un temple de vos mains et dites : « Jésus, mon maître, apprends-moi à être humble et à t'aimer. »

— Qu'est-ce que c'est, humble ?

— Cela veut dire que le plus grand des alii de l'île ne vaut pas plus que le dernier des pêcheurs de mulet.

— Alors, même les esclaves...

— Malama, je crois qu'en ce moment, le plus vil des esclaves rapportant du bois de santal de la forêt a plus de chances que vous de trouver la grâce.

— Pourquoi ? gémit la femme à genoux.

— Parce que, dans son humilité, il peut trouver Dieu à tout moment, alors que vous qui êtes orgueilleuse, raisonneuse, vous refusez de vous humilier devant le Seigneur.

— Vous aussi, Makua Hale, vous êtes orgueilleux. Est-ce que vous vous humiliez devant le Seigneur ?

— Si Dieu me disait demain de marcher dans la mer jusqu'à ce que les vagues me recouvrent, j'irais. Je suis dévoué à ses ordres, je suis tout à lui. Le Seigneur est ma lumière et mon salut.

— Je comprends, murmura Malama. Je vais prier pour être humble.

Quand Abner quitta le palais, l'Alii Nui était encore à genoux, les mains jointes.

Pendant les jours qui suivirent, Abner interrompit ses leçons religieuses, car de sérieux troubles agitaient Lahaina et, Kelolo et les hommes du village étant absents, Abner était seul à essayer de faire face aux événements. Les ennuis commencèrent quand trois baleiniers, retour du Japon, firent escale à Maui et lancèrent dans les rues de Lahaina quatre-vingts marins en bordée. Ils se rendirent d'abord chez Murphy, le marchand de spiritueux, et de là se répandirent dans les ruelles, sacrant et tempêtant, se battant, violant les filles et incendiant les cases.

Abner, après avoir essayé de discuter avec eux, revêtit sa redingote noire, coiffa son grand chapeau et se fit conduire à bord d'un des baleiniers. Le capitaine était à terre. Sur le second bateau, le commandant était enfermé avec des filles dans sa cabine et refusa d'ouvrir au missionnaire. Enfin, à bord du dernier navire, Abner trouva le capitaine seul, en train de boire.

— Vos hommes sont en train de semer la dépravation à Lahaina, lui cria-t-il.

— Ils sont là pour ça.

— Ils violent nos femmes !

— Faut bien qu'ils rigolent un peu. Les femmes adorent ça.

— Hier soir, il y a eu un meurtre.

— Amenez-nous l'assassin, nous le pendrons haut et court.

— Même s'il fait partie de votre équipage ?

— J'en ai huit qui méritent la pendaison. Je ne serais pas fâché de les voir se balancer au bout d'une vergue.

— Capitaine, vous ne vous souciez donc pas de ce qui se passe à terre ?

Des cris venus du rivage évitèrent au capitaine l'ennui de répondre. Abner se précipita sur le pont et vit de hautes flammes jaillir d'une case située tout près de la mission. Il craignit pour la vie de Jerusha et, donnant libre cours à sa colère vengeresse, il tonna :

— Capitaine Jackson, vous êtes de Salem. Je vais écrire au pasteur de votre église et lui apprendre comment un de ses fidèles se conduit à Lahaina !

Le capitaine bondit et saisit le petit missionnaire à la gorge.

— Nom de Dieu ! Si jamais vous osez mentionner ma conduite dans une de vos lettres...

— Vous ne pouvez pas être deux hommes, capitaine, une bête à Lahaina et un saint à Salem ! Il faut que vous mettiez un terme à cette débauche !

L'ivresse du capitaine le privait de ses forces et Abner n'eut aucune peine à se dégager. Jackson trébucha et s'affala sur une chaise en grognant :

— Lahaina était un bon port, avant que vous vous ameniez. Décampez ! Fichez-moi la paix !

A terre, une autre case commençait à flamber. Abner, de plus en plus inquiet pour Jerusha, sauta dans la pirogue qui l'attendait et regagna la rive. Mais avant qu'il puisse courir à la mission, un groupe de vieillards l'appela au secours. Trois matelots ivres avaient aperçu Noelani dans l'enclos royal et avaient réussi à l'enlever. Ils la traînaient à présent dans la poussière des rues et cherchaient un coin tranquille pour la violer à leur aise. Les vieillards avaient tenté d'intervenir, d'expliquer que Noelani n'était pas une fille à matelots mais une princesse. Ils avaient été brutalement repoussés et venaient maintenant supplier Abner de les aider à sauver Noelani. Sans hésiter, le petit missionnaire en redingote noire et chapeau trop grand boitilla vers le groupe, pointa son index vers le visage du plus grand des ivrognes et glapit :

— Lâchez cette fille !

— Allez-vous-en, bonhomme.

— Je suis un ministre du Seigneur !

Les deux premiers matelots lâchèrent Noelani, en entendant ces mots, mais le troisième ricana au nez du missionnaire :

— A Lahaina, y a pas de Seigneur ni de Dieu !

Abner, qui pesait à peine la moitié du poids du marin, avança courageusement et gifla l'homme de toutes ses forces en clamant solennellement :

— Dieu vous regarde !

Le marin voulut alors se jeter sur Abner. Ses deux camarades abandonnèrent Noelani pour le retenir. Mais en voyant la jeune fille s'enfuir, ils furent pris de rage, et se mirent à frapper Abner aussi, des poings et des pieds. Il ne dut son salut qu'à l'apparition de Malama que les vieillards étaient allés chercher et qui amenait avec elle tous les serviteurs qu'elle avait pu rassembler.

— C'est la reine ! hurla un des matelots en voyant cette gigantesque silhouette vêtue de soie rouge.

A ce moment, du renfort arriva et bientôt ce fut une mêlée hurlante entre Hawaiiens et matelots ivres. Enfin, Malama et ses gens réussirent à chasser la quarantaine d'ivrognes furieux et se retirèrent dans l'enclos, avec Abner qui déclara sévèrement à Malama :

— Vous voyez ce qui arrive quand tous les hommes sont dans les montagnes pour ramasser le santal ?

— Oui, murmura-t-elle. Je vais envoyer les femmes à leur place.

Abner et Jerusha passèrent une nuit d'horreur. Les matelots, ne trouvant plus de filles, vinrent hurler des blasphèmes et des menaces devant la mission jusqu'à plus de minuit ; puis ils incendièrent quelques cases et violèrent des femmes qu'ils emportèrent ensuite sur leurs bateaux. Soudain, au plus fort du vacarme, à deux heures du matin, Abner annonça calmement qu'il sortait pour aller voir Pupali, l'homme qui avait cherché à vendre sa femme et ses filles aux marins de la *Thetis*. Il s'esquiva par-derrière et courut à la case de Pupali. En un hawaiien un peu hésitant, il lui demanda :

— Pupali, pourquoi offrez-vous vos filles à ces démons ?

— Ils me donnent des étoffes, et du tabac.

— Vous ne savez pas que les marins peuvent contaminer vos filles ?

— Tout le monde finit par mourir.

— Vous n'avez pas honte de proposer aux marins votre propre femme ?

— Sa sœur s'occupe de moi quand elle y va, dit placidement Pupali.

— Mais ces matelots brûlent les maisons !

— Ils ne brûleront pas la mienne.

— Pupali, quel âge a votre plus jolie fille ?

— Iliki ? répondit Pupali en se rengorgeant. Elle est née l'année de la maladie de Keopuolani. Ça fait quatorze ans.

Soudain, Abner eut une inspiration :

— Pupali, donnez-moi votre fille.

Enfin, le vieillard comprenait quelque chose de ce que lui racontait le missionnaire. Avec un sourire lubrique, il murmura :

— Ah ! elle vous plaira bien. Tous les hommes s'en déclarent satisfaits. Vous me donnez combien pour elle ?

— Je la prends pour Dieu, répliqua Abner.

— Je sais, mais combien me donnez-vous ?

— Je l'habillerai, la nourrirai et la traiterai comme ma fille.

— Comment ! Vous ne voulez pas... Ah ! Makua Hale, vous devez être un homme très bon, s'écria Pupali en hochant la tête.

Et ce fut ainsi qu'à l'aube, dans la fumée des incendies et la poussière des bagarres, Abner Hale inaugura la première école de filles de Hawaii. La première élève fut Iliki, la ravissante fille de Pupali.

Bientôt, les autres parents envoyèrent leurs filles à l'école. Peu de temps auparavant, les matelots leur avaient enseigné des jurons et des blasphèmes ; à présent, Jerusha leur apprenait à réciter les psaumes, à lire la Bible, à écrire leur nom, et aussi à coudre et à faire la cuisine. Et l'élève la plus attentive était Iliki, dont le nom signifiait Écume Bondissante de l'Océan.

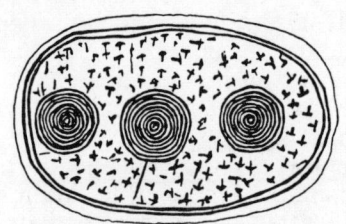

Abner n'était pas là pour féliciter Iliki en cet après-midi du mois d'août où elle écrivit son nom pour la première fois et le montra fièrement à son père, car le matin même, un messager était arrivé, épuisé, à Lahaina. Venant de l'autre partie de l'île, il avait traversé les montagnes pour raconter une histoire si étrange que le missionnaire demanda à Keoki de traduire pour en avoir confirmation.

— C'est vrai ! dit le jeune homme. Abraham et Urania Hewlett ont fait toute la route à pied depuis Hana, à l'autre bout de l'île.

— Pourquoi n'ont-ils pas pris une pirogue ? fit Abner, intrigué.

Keoki s'empressa d'interroger le messager hors d'haleine.

— C'est incroyable, murmura-t-il. Abraham et Urania se sont mis en route hier matin à quatre heures dans une grande pirogue, mais les vagues étaient si fortes qu'elles ont brisé l'embarcation et qu'Abraham a dû ramener sa femme sur la plage à la nage. Ils ont ensuite couvert à pied soixante kilomètres pour parvenir à Wailuku, où ils se trouvent maintenant.

— Je croyais la piste trop dure pour une femme, s'étonna Hale.

— Elle l'est. C'est la plus accidentée de Maui. Mais ils n'avaient pas le choix : Urania attend un bébé pour le mois prochain et ils voulaient être près de vous.

— Que pourrais-je bien...? commença Abner.

— Elle est mourante, insista le messager.

— Si elle est mourante... murmura Hale, nerveux et en sueur. Comment est-elle arrivée à Wailuku ?

Avec force gestes, le messager expliqua :

— Les pagayeurs de la pirogue détruite lui ont attaché des lianes sous les bras pour la hisser au-dessus des ravines. Et pour redescendre, ils...

Avant que l'homme ait pu achever, Hale s'agenouilla dans la poussière et joignit les mains.

— Père Céleste, sauve ta servante Urania, je t'en supplie.

— Makua Hale, reprit le messager, Abraham Hewlett dit que vous devez venir l'aider avec votre livre.

— Mon livre ? Je pensais...

— Ils ont besoin de vous tout de suite, insista le Hawaiien. Quand je suis parti, elle était sur le point d'avoir le bébé.

Affolé par l'idée d'assister à une naissance, Abner se précipita cependant dans le jardin où Jerusha faisait la classe aux filles. Les Hale n'avaient jamais parlé de la grossesse d'Urania tout comme, pour des raisons de décence, ils n'avaient jamais discuté de celle de Jerusha, comptant que, par quelque miracle, l'enfant naîtrait sans problème ou attendrait que le docteur Whipple se trouve dans les parages. A présent, il leur fallait voir la réalité en face.

— J'emporte le *Manuel de la sage-femme*, de Deland, et je vois ce que je peux faire, fit Abner d'un ton sombre.

Mais il avait envie de s'écrier : « Je serai avec toi, Jerusha ! Par la volonté de Dieu, je veillerai à ce que la naissance de ton bébé se passe bien. »

— Vous devez aider sœur Urania, répondit la jeune femme.

Alors qu'elle aurait voulu avouer : « J'ai peur, je voudrais que ma mère soit auprès de moi. »

Et les deux jeunes missionnaires, désespérément amoureux l'un de l'autre mais incapables de l'exprimer, parce qu'ils pensaient que l'Église congrégationaliste n'aurait pas approuvé, se regardèrent dans la lumière de midi puis détournèrent les yeux. Ce fut Abner qui craqua : quand, retourné dans la case avec sa femme, il voulut prendre le Deland, ses mains tremblaient tellement qu'il le fit tomber. Il s'agenouilla pour le ramasser, enfouit soudain son visage dans ses mains et sanglota :

— Sœur Urania, que Dieu vous protège ! gémit-il, mais c'était un autre nom qu'il aurait voulu prononcer.

Pour se rendre à Wailuku, situé de l'autre côté de Maui, Abner et le messager durent grimper dans la montagne, et comme, ruisselants de sueur, ils parcouraient une piste raboteuse, ils aperçurent devant eux un nuage de poussière : c'était Kelolo et ses hommes, redescendant vers les plaines avec un chargement de bois de santal. Furieux, le missionnaire admonesta le chef :

— Pendant que vous coupez du bois de santal, le village dépérit.

Mais avant même d'entendre les justifications de Kelolo — « Ce sont mes hommes, je fais d'eux ce qu'il me plaît » — Abner remarqua qu'un grand nombre de Hawaiiens portaient non des billots provenant d'arbres adultes mais de jeunes plants et des racines déterrées du sol.

— Vous avez même pris les nouveaux arbres ? lança Hale, dégoûté.

— C'est mon bois de santal.

— Serviteur sans foi ! s'écria le missionnaire, reprenant sa marche claudiquante.

Lorsque, de la crête la plus haute, ils découvrirent en bas les cases de Wailuku, Abner fit halte et s'essuya le front en songeant : « Si nous avons tant peiné à gravir cette colline, comment Urania a-t-elle supporté le voyage ? »

Ils l'apprirent au village. Après le naufrage de la pirogue, Urania — tirée, poussée par son mari — avait accompli une marche de plus de soixante kilomètres qui avait déclenché les douleurs du travail. Incapables d'aller plus loin, en proie à la panique, les Hewlett se trouvaient maintenant dans une cabane de commerçant.

Il était sidérant qu'Urania fût encore en vie après un tel voyage, plus sidérant encore qu'Abraham n'eût pas songé à demander l'aide des sages-femmes hawaiiennes de sa mission. Hautement compétentes, elles auraient aussitôt diagnostiqué un accouchement prématuré dû à l'état d'épuisement d'Urania. Si le couple s'en était remis à ces femmes, elles auraient assuré une naissance sans problème, mais pour les Hewlett, accepter leur aide, c'eût été reconnaître qu'une païenne à la peau brune était capable de mettre au monde un bébé blanc chrétien, et cette idée était impensable.

— J'ai été tenté de faire appel aux sages-femmes indigènes, avoua frère Abraham, accouru à la rencontre du missionnaire boitillant, mais je me suis rappelé les paroles de Jérémie : « Ainsi parle le Seigneur : ne vous conformez pas aux mœurs des païens. » J'ai donc conduit mon épouse vers les siens.

Abner convint qu'il avait agi sagement, et pendant un moment, les deux hommes se félicitèrent mutuellement de leurs mérites, puis Abner demanda :

— Comment va sœur Urania ?

A cette question, le pauvre frère Abraham, prisonnier de la bienséance, répondit en balbutiant :

— Elle... elle semble avoir perdu une grande partie... de... des eaux.

Dans la lumière du crépuscule, Abner jeta à son compagnon un regard désemparé, sortit son manuel et le feuilleta fébrilement jusqu'à ce qu'il eût trouvé le chapitre « Accouchement sec ». En le parcourant à la hâte, il sentit son estomac se nouer, car la lecture était de mauvais augure, mais quand il releva les yeux et vit l'accablement de frère Abraham, il serra les dents, dit d'un ton résolu :

— Allons voir sœur Urania.

Hewlett le mena à la cabane où vivait le commerçant anglais du village. Celui-ci et sa femme étaient à Honolulu mais une cinquantaine d'indigènes, assis par terre, faisaient cercle autour de la maison. Abner se fraya un chemin parmi eux et, son manuel sous le bras, entra dans la cabane où gisait la frêle femme avec qui il avait partagé une cabine exiguë à bord de la *Thetis*.

— Bonsoir, sœur Urania. Dites-moi, quand ont commencé... ?

Au comble de la gêne, il s'interrompit puis boula le reste de la phrase :

— Les douleurs du travail ont commencé quand ?

— A six heures ce matin.

— Il y a donc une dizaine d'heures, dit Hale lentement. Nous pouvons donc supposer que l'enfant naîtra vers minuit. Ces douleurs, elles sont rapprochées ? demanda-t-il, rouge de honte.

— Non, pas tellement.

— Excusez-moi...

Il feuilleta son manuel en quête de recommandations mais la lumière était si mauvaise qu'il ne parvint pas à lire et qu'il envoya frère Abraham quérir une lampe à huile de noix de *kukui*.

— Avons-nous un drap de tapa ? s'enquit-il.

On lui en apporta un qu'il déchira en deux et qu'il tordit pour en faire des cordes, fit un nœud à l'une des extrémités, attacha l'autre au pied du lit.

— Il faudra tirer sur ces nœuds, sœur Urania. Pour un accouchement sec, vous devrez fournir plus d'efforts.

Aussitôt il regretta d'avoir prononcé ces mots car la jeune femme leva vers lui des yeux terrifiés en disant :

— J'ai fait quelque chose de mal ?

— Non, sœur Urania, la rassura-t-il. Avec l'aide de Dieu, tout ira bien.

Elle lui prit la main.

— Mon mari et moi sommes si contents que vous soyez venu !

Quand Abner, rougissant comme un enfant, voulut lui examiner le ventre, comme le manuel le stipulait, lui-même et les Hewlett jugèrent plus convenable qu'elle se couvre de ses vêtements et d'un épais drap de tapa. Palpant l'abdomen à travers les couches de tissu, le missionnaire annonça gravement :

— Tout a l'air de bien se passer.

Mais il sursauta lorsqu'un cri soudain s'éleva du lit et que les cordes se tendirent. Il retourna vivement à la lampe vacillante, regarda sa montre. Quatre minutes plus tard, nouvelle plainte, nouvelle tension des cordes. Il feuilleta le livre, fut rassuré, revint près du lit et déclara d'un ton enjoué :

— Sœur Urania, tout va bien. A présent, le temps travaille pour nous.

A ces mots, frère Abraham devint blême, parut sur le point de vomir. Abner courut à la porte, cria en hawaiien :

— Quelqu'un pour s'occuper du révérend Hewlett !

Deux sages-femmes qui avaient l'habitude des maris vinrent en riant secourir le missionnaire, mais tandis qu'elles le réconfortaient, d'autres Hawaiiens murmuraient :

— N'est-ce pas là une étrange façon de faire ? Nos meilleures sages-femmes dehors, soignant le mari, tandis qu'à l'intérieur, un homme qui n'y connaît rien assiste la mère ?

Remis de sa nausée, Hewlett essuya ses yeux d'un bleu passé, retourna dans la cabane et demanda :

— L'enfant naîtra quand ?

— Frère Hewlett ! répliqua Abner, exaspéré, ou vous vous rendez utile, ou vous restez dehors.

— L'enfant naîtra quand ? répéta l'homme en détresse.

Hale rappela les sages-femmes, qui récupérèrent le mari et le gardèrent auprès d'elle.

Les contractions survenaient à présent à intervalles réguliers et Abner, consultant à tout moment son manuel, trouva l'occasion de commenter :

— Sœur Urania, il semble que Dieu lui-même garde l'œil sur nous ce soir.

— Je suis entre vos mains, murmura la parturiente affaiblie. Faites ce qu'il faut.

Plus tard, il se souviendrait de la lassitude avec laquelle elle avait prononcé ces mots. Peu après, il s'aperçut avec terreur qu'elle n'avait pas eu de douleurs depuis un moment et qu'elle demeurait immobile. Pris de panique, il saisit les poignets de la jeune femme, les trouva froids et courut à la porte en criant :

— Frère Abraham, venez vite !

Quand le mari fut dans la cabane, Abner lui révéla :

— Je crois qu'elle se meurt.

Hewlett ravala un sanglot, s'agenouilla au chevet du lit, pressa la main de sa femme, qui remua les épaules. Abasourdi, Hale murmura :

— Se pourrait-il qu'elle dorme ?

Dehors, les sages-femmes qui, paradoxalement, en savaient plus, rien qu'en écoutant, sur ce qui se passait à l'intérieur, avaient déjà dit à la foule :

— Elle s'est endormie pour une heure ou deux. Quand elle se réveillera, elle recommencera.

— Est-ce bon signe ? demanda un homme.

— Non, répondirent les sages-femmes.

— Pourquoi ?

— Cela veut dire qu'elle est faible.

— Qu'est-ce qu'ils devraient faire... là-dedans ?

— Ils devraient ramasser des herbes.

— Pour quoi faire ?

— Arrêter le sang, tout à l'heure... puisque cette femme est faible.

Dans la cabane sombre, les missionnaires consultaient fébrilement le manuel sans rien trouver sur le fait de s'endormir à la dix-huitième heure du travail, et Abner sentait la peur l'envahir.

— Il doit y avoir une explication dans ce livre, marmonna-t-il, mais ses doigts maladroits demeuraient bredouilles.

A deux heures du matin, Urania Hewlett s'éveilla ; à cinq heures, les contractions et les cris ne furent plus espacés que d'une minute et demie. « C'est pour bientôt », prédirent les sages-femmes, dehors. Abner, qui continuait à interroger le manuel, parvint à la même conclusion mais la demi-heure qui suivit fut pour lui particulièrement éprouvante car ne sachant pas qu'Urania connaissait un cycle de travail normal, il avait examiné les dessins du dernier chapitre de l'ouvrage, qui représentait les accouchements difficiles, avec des légendes en lettres noires, et l'un d'eux, en particulier, le fascinait : « Accouchement anormal. Présentation par l'épaule et le bras. » Tournant rapidement la page pour lire le texte, il découvrit combien sa tâche serait ardue s'il devait effectivement faire face à une présentation de ce type. Il était donc essentiel qu'il examine Urania — ce qu'il ne pouvait faire puisqu'elle était encore habillée et recouverte du drap. La décence lui interdisant de la dévêtir lui-même ou de lui demander de le faire, il alla à la porte, où les premiers rayons matinaux perçaient le feuillage des palmiers, et appela frère Hewlett, qui s'était endormi. L'une des sages-femmes s'approcha mais Abner l'écarta.

— Frère Abraham, c'est maintenant. Venez déshabiller votre femme.

Le mari leva un regard hébété vers son confrère, se dirigea vers le lit mais la nausée l'assaillit de plus belle et il dut quitter précipitamment la cabane. Toutefois, le problème se régla de lui-même quand, d'une vigoureuse contorsion, sœur Urania se défit de ses vêtements et appela

Abner à l'aide. Avalant sa salive comme un écolier, tremblant de gêne, il s'approcha du lit et soudain, étrangement, tous ses doutes s'évanouirent car il pensa, remerciant mille fois Dieu : « C'est sûrement la tête. La présentation est normale. »

Dehors, en entendant vagir l'enfant, l'une des sages-femmes dit d'un ton grave :

— Il ferait bien de préparer les herbes.

Abner, le bébé dans les mains, s'efforça désespérément de se rappeler ce qu'il venait de lire dans le manuel et s'acquitta avec honneur de la tâche angoissante consistant à couper le cordon ombilical et à le nouer. Puis il se tint un moment dans la pénombre, ne sachant trop que faire du bébé qu'il avait dans les bras. Finalement, il sortit dans la lumière de l'aube et remit l'enfant à une Hawaiienne que les indigènes, certains qu'on aurait besoin d'elle, avaent fait venir la veille. La femme plaça le nouveau-né contre sa poitrine.

— Il devrait s'occuper de la mère, grommela à voix basse la première sage-femme.

— Sait-il qu'il faut lui masser le ventre pour l'aider à rejeter la délivre ?

— Tu crois qu'il voudra de ces herbes ? reprit la première, montrant une infusion que son peuple utilisait depuis deux mille ans pour arrêter les hémorragies.

— Bah, il n'en voudra pas.

Dans la cabane, Abner relut rapidement le manuel pour se remettre en mémoire ce qu'il devait faire à présent. Il nettoya le lit, lava la mère, écouta sa respiration et découvrit avec angoisse qu'il se passait quelque chose dont le livre ne parlait pas.

— Frère Abraham ! cria-il, pris de frayeur.

— Qu'y a-t-il ? demanda le mari entre deux haut-le-cœur.

— Elle saigne plus qu'elle ne devrait, j'en ai peur.

Hewlett feuilleta à son tour le manuel, et tandis que les deux missionnaires bien intentionnés s'efforçaient vainement de saisir les bribes de savoir qui auraient pu sauver une vie, sur le lit grossier, sœur Urania continuait à s'affaiblir. Les fatigues de la longue journée, celles de la nuit épuisante réclamaient inexorablement leur dû.

— Elle ne devrait pas dormir aussi profondément, dit Abner, affolé.

— Que pouvons-nous faire ? gémit Hewlett. O mon Dieu, ne la laissez pas mourir !

Dehors, les sages-femmes commentaient :

— Ils feraient mieux de lui masser le ventre, au lieu de bavarder.

Peu à peu, la certitude que la frêle femme blanche agonisait pénétra la foule des indigènes, si bien qu'ils pleuraient déjà quand les missionnaires finirent par comprendre qu'Urania était morte d'hémorragie.

Plus tard, assis sous un kou, exténué, Abner dit d'une voix morne :

— Frère Abraham, j'ai fait tout ce que j'ai pu pour sauver votre chère femme.

— C'est la volonté de Dieu, murmura Hewlett.

— Pourtant, reprit Hale, martelant du poing le manuel d'obstétrique, il doit bien y avoir là-dedans quelque chose que que nous n'avons pas lu.

— C'est la volonté de Dieu, répéta Hewlett.

Un des Hawaiiens qui observaient les deux hommes fit remarquer :

— Quelle étrange façon ont les Blancs de faire les choses !

— Ils montrent tant d'intelligence pour lire, fabriquer des canons, apporter un nouveau dieu, qu'on les aurait crus capables de trouver une meilleure méthode de mettre les enfants au monde, dit une femme.

— Le plus curieux, souligna une autre, c'est qu'en Amérique, les hommes fassent le travail des femmes.

Mais la vieille Hawaiienne qui avait été la plus critique envers l'obstétrique des missionnaires fut la première à reconnaître :

— Ils font quand même de beaux enfants.

Après l'enterrement d'Urania — la première des nombreuses femmes de la mission à mourir en couches, ou épuisée par les tâches — Abner chargea deux îliens de s'occuper d'Abraham Hewlett, de son fils nouveau-né et de sa nourrice pendant le voyage de retour à Hana. Quand ces détails pratiques furent réglés, Abner et le messager reprirent le chemin de Lahaina mais ils s'étaient à peine mis en route qu'ils entendirent une voix derrière eux. C'était frère Abraham qui les suppliait d'emporter l'enfant.

— A Lahaina, il y aura des gens pour s'occuper de lui, plaida-t-il.

— Non, refusa Hale. Ce ne serait pas normal.

— Que puis-je faire de cet enfant ?

— Voyons, frère Hewlett, vous l'élèverez, vous ferez de lui un homme.

— Je n'y connais rien, en matière d'éducation.

— Ah ! cessez ! s'écria Abner. Vous apprendrez.

Il fit faire demi-tour au missionnaire désespéré, le renvoyant à Wailuku et à la responsabilité de son enfant.

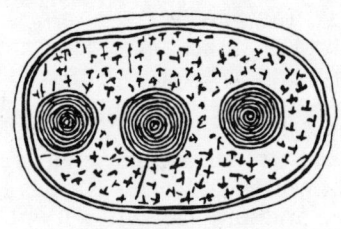

Lorsque Abner Hale retourna au palais de Malama lui donner sa leçon quotidienne, ce fut pour constater sa défaite : Kelolo ne s'était pas installé dans la nouvelle case construite pour lui et continuait à vivre comme par avant avec son épouse.

— C'est une abomination ! fulmina le missionnaire.

Les deux énormes tourtereaux, la quarantaine avancée, l'écoutèrent avec embarras expliquer à nouveau que Dieu abhorre l'inceste, mais lorsqu'il eut terminé la grosse Malama dit à voix basse :

— J'ai construit la case pour Kelolo en dehors du domaine. C'est une bonne maison mais il ne veut pas y vivre seul.

Fondant en larmes, elle poursuivit :

— Il y a passé deux nuits pendant votre absence mais la troisième, ne supportant pas l'idée de le savoir seul, je suis allée à la porte et j'ai appelé : « Kelolo, reviens là où est ta place. » Tout est de ma faute, Makua Hale.

— Vous ne ferez jamais partie de l'Église, Malama, menaça le missionnaire. Vous rôtirez en enfer.

— Parlez-moi encore des flammes éternelles, Makua Hale, réclama le Hawaiienne, qui voulait mesurer exactement les risques qu'elle prenait.

Quand Abner eut une nouvelle fois décrit les âmes en proie au tourment éternel, l'Alii Nui reprit :

— Un jour, un *kapena* catholique est venu à Lahaina et m'a parlé de Dieu. Les catholiques vont eux aussi en enfer ?

— Eux aussi, affirma Hale avec une absolue conviction.

— Alors, les seuls qui échappent aux feux de l'enfer, ce sont ceux qui entrent dans votre Église ?

— Oui.

Triomphante, elle se tourna vers Kelolo :

— Tu vois comme ce dieu est terrible ? Si tu gardes ta plate-forme de pierre, tu brûleras en enfer.

— Non ! rétorqua le Hawaiien. Mes dieux me protégeront. Ils m'emmèneront dans leur paradis, où je vivrai près de la source de vie de Kane.

— Il est stupide ! se lamenta l'Alii Nui. Il brûlera et il ne le sait pas.

— Mais vous aussi, Malama, fit observer Abner, si vous continuez à vivre dans le péché.

— Oh ! non ! rectifia la géante. Moi, je crois en Dieu, j'aime Jésus-Christ. Je garderai Kelolo avec moi jusqu'à ce que je commence à me sentir malade. Nous nous sommes mis d'accord là-dessus : juste avant de mourir, je le chasserai, et je serai sauvée.

Abner abattit alors sa carte maîtresse :

— C'est votre pasteur, et lui seul, qui peut vous admettre dans l'Église. Y avez-vous songé ?

Malama réfléchit à cet élément inattendu, considéra le petit homme qui la tourmentait. Il mesurait un pied de moins qu'elle, avait la moitié de son âge et pesait quasiment trois fois moins. Elle sonda le terrain avec circonspection :

— C'est vous qui jugerez si j'ai été bonne ou non ?

— Je serai juge, acquiesça Hale.

— Et si je ne l'ai pas été ?

— Vous ne serez pas acceptée dans l'Église.

Malama réfléchit à nouveau, tenta de sortir de l'impasse en disant :

— Mais vous ne serez peut-être plus ici, à ce moment-là. Il y aura peut-être un autre pasteur.

— Je serai là.

Résignée, Malama poussa un soupir et changea brusquement de sujet.

— Dites-moi, Makua Hale, que dois-je faire pour être une bonne Alii Nui ?

Hale s'attela alors à une tâche qui aurait de grandes conséquences politiques pour Hawaii. Au début, seuls Malama et Kelolo assistèrent à ses cours quotidiens, mais progressivement, les alii de moindre importance y assistèrent, et quand le roi Liholiho lui-même ou la reine mère Kaahumanu résidaient dans l'île, ils y participaient aussi, interrogeant, rejetant, réfléchissant.

Le missionnaire répétait sans relâche quelques idées simples :

— Il ne doit pas y avoir d'esclaves.

— Il y en a en Amérique, contra l'un des alii.

— C'est mal en Amérique, c'est mal ici. Il ne doit pas y avoir d'esclaves.

— Il y en a en Angleterre, insista le contradicteur.

— En Amérique comme en Angleterre, les hommes de bonne volonté luttent contre l'esclavage. Ceux d'ici doivent faire de même.

Quand les arguments moraux restaient vains, Abner avait recours aux images-chocs :

— En venant à Hawaii, notre bateau a croisé un navire négrier, et nous avons entendu le bruit des chaînes dans des cales immondes. Roi Liholiho, cela vous plairait-il d'avoir les mains enchaînées à une poutre, le dos entaillé par des coups de fouet ?

— Non, je n'aimerais pas cela.

Mais souvent, en rentrant à la mission, Abner versait des larmes de désespoir.

— Jerusha, je crois vraiment qu'ils ne comprennent pas un mot de ce que je dis. Nous travaillons, nous travaillons, et il n'y a aucun progrès.

La jeune femme ne partageait pas son pessimisme car, dans son école, elle accomplissait manifestement des miracles. Elle apprenait aux Hawaiiennes à coudre, à mieux cuisiner et à élever leurs propres enfants. « Vous ne devez pas donner vos bébés ! C'est contre la loi de Dieu ! » disait-elle. L'élève qui lui procurait la plus grande joie, c'était Iliki, qui courait autrefois vers les baleiniers mais qui savait maintenant réciter les psaumes.

Avec les garçons et les hommes, Keoki se révélait un éducateur doué et infatigable. Son école était une des meilleurs de l'archipel mais là où il excellait, c'était dans ses sermons quotidiens car il avait le don oratoire inné des Hawaiiens, qu'il exerçait avec des images fortes, des incidentes appropriées. Sa description du Déluge fut si convaincante que son auditoire surveillait l'océan du coin de l'œil et s'attendait à voir des vagues engloutir l'île.

A long terme, c'était toutefois l'école d'Abner, celle des alii, qui comptait le plus, et sa meilleure élève était Noelani, la fille de Malama, qu'il avait sauvée des matelots. De par sa naissance, la jeune fille pouvait revendiquer d'être la prochaine Alii Nui, car elle descendait d'une lignée irréprochable. Ses parents étaient frère et sœur, nobles tous deux, ce qui en faisait l'héritière de la grandeur d'innombrables générations d'Hawaiiens. Elle était intelligente et travailleuse, capable de faire honneur à toute société. Dans un rapport adressé à Honolulu, Hale écrivit à son sujet :

Elle est presque aussi bonne élève que sa mère. Elle sait lire et écrire, parler anglais, faire de petites additions. Je suis en outre persuadé qu'elle est attachée à Dieu et qu'elle sera l'un des premiers membres à part entière de notre Église dans l'île.

Instruire Malama se révélait plus ardu, car l'Alii Nui montrait une opiniâtreté qui confinait à l'obstination. En tout, elle exigeait des preuves et avait cette qualité irritante pour maints professeurs : elle se rappelait toujours ce que son mentor avait dit la veille et n'hésitait pas à relever ses contradictions.

Ce qui rendait les leçons difficiles, c'était moins l'intransigeance intellectuelle de Malama — qui était grande — que son insistance à répondre à toutes les questions en un anglais haché. Elle n'avait pas tardé à voir dans l'anglais la langue élue de Dieu, puisque la Bible

était écrite en anglais et que ceux qui étaient chers à Dieu s'exprimaient dans cette langue.

Abner, de son côté, insistait pour donner les leçons en hawaiien car
il se rendait compte qu'il devait parler la langue indigène s'il voulait
progresser dans l'évangélisation des îles. Certes, un grand nombre
d'alii parlaient anglais mais ce n'était pas seulement aux nobles qu'il
entendait s'adresser. Aussi, chaque fois que Malama lui posait une
question dans un mauvais anglais, il répondait dans un hawaiien pire
encore, et la leçon se traînait. Quand il vitupérait par exemple contre
la consommation de viande de chien, la discussion prenait cette
tournure :

— Chien bonne *kau kau**. Pourquoi vous pas aimer ? interrogeait
Malama.

— *Poki pilau***, pilau, répliquait Abner avec mépris.

— Cochon dort tout le temps dans la boue. Le chien, pas faire ça.

— *Pua'a kalua****, Pua'a bon. Poki mauvais.

Si chacun avait utilisé sa langue maternelle, la conversation aurait
été plus simple car tous deux comprenaient la langue de l'autre. Mais
Malama voulait à tout prix être la première de l'île à parler anglais,
cependant qu'Abner était tout aussi résolu à faire son premier sermon
dans la nouvelle église en hawaiien.

Ce qui l'irritait le plus, c'était que chaque fois qu'il parvenait à
acculer l'imposante Hawaiienne dans un coin de logique, la réduisant
à reconnaître sa défaite, elle appelait ses servantes pour un lomilomi,
et tandis qu'elles lui massaient le ventre, soulevant les énormes plis de
chair, elle gazouillait avec un sourire suave :

— Continuez, continuez !

— Donc, si les nations civilisées ne mangent pas de chien, les
Hawaiiens doivent les imiter, insistait le missionnaire.

Malama invitait alors ses femmes à chasser les mouches du visage
d'Abner avec leurs plumes. Et tandis qu'Abner se débattait avec les
chasse-mouches exaspérants, son argumentation faisait long feu.

Toutefois, les deux antagonistes se respectaient. Malama savait que
le petit pasteur luttait pour conquérir son âme, pas moins, et qu'aucun
substitut ne le satisferait. C'était en outre un homme honnête, à qui
elle pouvait faire confiance. Elle savait aussi qu'il était courageux,
prêt à affronter n'importe quel adversaire, comme l'indiquait sa
volonté de conquérir toute l'île. « Ce ne serait pas une mauvaise chose,
pensait-elle. De tous les Blancs qui sont venus à Lahaina — et elle se
rappelait les baleiniers, les commerçants, les soldats — c'est le seul
qui ait apporté plus qu'il n'a pris. En définitive, que veut-il obtenir de
moi ? Que je cesse d'envoyer les hommes dans la forêt chercher du bois
de santal. Que je fasse construire des bassins à poissons plus solides et
que je fasse pousser plus de taros. Que je protège les vahinés des
marins et que j'empêche qu'on enterre les petites filles vivantes. Tout
ce que Makua Hale me conseille est bon. » Mais elle pensait ensuite à
son mari tabu et se disait : « Je ne renoncerai à lui que lorsque je serai
sur le point de mourir. » Et la guerre se rallumait entre les deux
combattants, mais si Abner s'abstenait un matin de venir au palais,
elle avait l'impression qu'il lui manquait quelque chose, parce que ses

* *Kau kau* : Nourriture.
** *Poki pilau : Chien mauvais.*
*** *Pua'a kalua* : Cochon rôti.

discussions avec lui constituaient le meilleur moment de la journée. Elle sentait qu'il lui disait la vérité, et c'était le premier homme blanc qui se conduisait ainsi avec elle.

Lorsque Jerusha fut à son tour sur le point d'accoucher, elle reçut de mauvaises nouvelles du docteur Whipple. Il écrivait qu'il ne pouvait venir mais qu'il était certain que le révérend Hale le remplacerait très bien. Jerusha eut peur et suggéra d'appeler une femme indigène. Mais Abner ne voulut pas en entendre parler. Il avait appris par cœur le manuel d'obstétrique et se faisait fort de délivrer lui-même sa femme. Sa foi et son assurance étaient telles que Jerusha se calma. L'enfant vint au monde sans peine et Abner décida de l'appeler Micah. Deux semaines plus tard, Jerusha reprenait en main ses élèves, transpirant dans sa lourde robe de lainage.

Car une des particularités des missionnaires était de s'entêter à vivre sous les tropiques de la même façon que sous le climat humide et froid de la Nouvelle-Angleterre. Ils portaient les mêmes vêtements, s'astreignaient aux mêmes corvées pénibles, mangeaient la même nourriture grasse et lourde à base de porc salé et de féculents. Mais le plus étrange, le plus invraisemblable, c'était que chaque année, au 1er octobre, au plus fort du brûlant été hawaiien, les missionnaires revêtaient régulièrement leurs dessous d'hiver, les caleçons et les gilets de flanelle pour les hommes, les multiples jupons de pilou pour les femmes, tout comme ils l'avaient fait à Boston. Cette attitude creusait un véritable abîme entre les indigènes et les missionnaires Les Hawaiiens étaient choqués de voir que les nouveaux venus ne se lavaient pas comme eux à grande eau et refusaient de nager dans les flots transparents du lagon. Malama, gênée par l'odeur de sueur des Hale, essaya bien de leur proposer de se baigner sur sa plage privée, mais Abner repoussa cette offre comme si elle venait du démon.

Les missionnaires continuèrent donc de transpirer dans des vêtements trop lourds, de manger une nourriture contre-indiquée sous ce climat et d'en mourir. Mais en agissant ainsi, ils convertirent une nation.

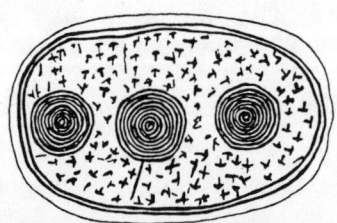

En 1823, quand l'église fut aux deux tiers construite, Kelolo vint un soir trouver Abner pour un ultime plaidoyer :

— Nous pouvons encore changer l'emplacement de la porte afin d'éloigner les mauvais esprits.

— Dieu suffit à éloigner le mal de ses églises, répondit Hale avec froideur.

— Voulez-vous venir avec moi sur place ? suggéra le chef.

— Tout est réglé.

— Je vous montrerai un moyen simple de...

— Non !

— Je vous en prie, insista Kelolo. Il y a quelque chose que vous devez absolument savoir.

Abner lâcha son porte-plume, suivit Kelolo de mauvaise grâce jusqu'à l'église, où un groupe de vieillards accroupis examinait l'édifice.

— Que font-ils ? demanda le missionnaire.

— Ce sont mes kahuna.

— Non, s'écria Hale, faisant machine arrière, je ne veux pas discuter de la maison du Seigneur avec des kahuna.

— Ces hommes aiment le Seigneur, insista Kelolo. Demandez-leur. Ils connaissent le catéchisme. Ils veulent que l'église soit solidement bâtie.

— Kelolo, reprit Abner d'un ton patient en s'approchant des prêtres, je comprends parfaitement que, par le passé, ces kahuna ont fait beaucoup de bien. Mais Dieu n'a pas besoin d'eux.

— Makua Hale, nous sommes venus en amis qui aiment cette église. Je vous en conjure, ne placez pas la porte à cet endroit. Tous les kahuna savent que c'est mauvais pour les esprits du lieu.

— Dieu est l'esprit suprême ! affirma Abner.

Mais l'air de la nuit étant agréable, il s'assit avec les Hawaiiens et discuta de religion. Il fut étonné de leur connaissance de la Bible et de l'habileté avec laquelle ils la conciliaient avec leurs anciennes croyances. L'un d'eux expliqua :

— Nous pensons que vous avez raison, Makua Hale. Il y a un seul Dieu, et nous l'appelions Kane. Il y a un Saint-Esprit, et nous l'appelions Ku. Il y a Jésus-Christ, qui est Lono. Il y a le roi des ténèbres, qui est Kanaloa.

— Dieu n'est pas Kane, corrigea Abner.

Les kahuna l'écoutèrent mais quand ils eurent à nouveau la parole, ils déclarèrent :

— Quand Kane, qui est Dieu, veut qu'on lui bâtisse un temple, il surveille sa construction.

— Dieu ne s'occupe pas personnellement de la construction de ses églises.

— Kane, si.

— Mais Dieu n'est pas Kane, répéta Hale en soupirant.

Les Hawaiiens hochèrent gravement la tête et poursuivirent :

— Puisque Kane se soucie de cette église, et que nous avons toujours aimé Kane, nous avons jugé bon de vous aviser que cette porte...

— La porte restera où elle est, trancha Abner, parce que c'est toujours ainsi qu'on construit les églises. A Boston, à Londres...

— Mais à Lahaina, Kane n'aimerait pas qu'elle soit ainsi.

— Kane n'est pas Dieu, répéta obstinément Abner.

— Nous comprenons, Makua Hale, dirent poliment les kahuna, mais comme Dieu et Kane sont la même idée...

— Non, Dieu et Kane, ce n'est pas la même chose.

— Bien sûr, leurs noms sont différents, convinrent-ils, mais nous savons que Kane n'aimerait pas que la porte soit là.

— Elle *doit* être là.

— Alors, Kane détruira l'église, prédirent tristement les vieillards.

— Dieu ne s'amuse pas à détruire ses propres églises, assura Abner.

Les kahuna solennels ne perdaient jamais leur calme avec le petit étranger têtu qui ne comprenait pas très bien la religion, et comme Abner avait appris à garder le sien, la discussion dura plusieurs heures, jusqu'à ce que la lune disparût à l'ouest et que seuls de bas nuages sombres défilent dans le ciel silencieux. La rencontre s'acheva sans qu'on eût trouvé d'accord et Kelolo proposa de raccompagner le missionnaire après avoir pris congé des kahuna.

— Je peux rentrer seul, assura Abner.

— Par une nuit pareille... fit le Hawaiien, considérant d'un air songeur les nuages bas au-dessus des cocotiers. Il vaudrait peut-être mieux...

Il souhaita rapidement bonne nuit aux vieillards, courut le long de la route poussiéreuse pour rattraper Abner. A peine avaient-ils parcouru quelques centaines de mètres que Hale entendit les kahuna marcher derrière eux.

— Non, protesta-t-il, je ne veux plus discuter.

Mais lorsque Kelolo se retourna pour le signifier aux vieillards, il n'y avait personne. Seul un écho menaçant résonnait sous les nuages courant dans le ciel, et le Hawaiien saisit soudain le bras de son compagnon.

— Ce sont les marcheurs de la nuit! Mon Dieu! nous sommes perdus!

Avant qu'Abner ait pu réagir, Kelolo le ceintura, le fit tomber dans un fossé rempli d'eau croupie. Quand le missionnaire voulut se redresser, le bras puissant de l'îlien le maintint contre la terre humide, et il sentit que l'alii tremblait de terreur.

— Qu'est-ce que...

L'énorme main de Kelolo se plaqua sur la bouche d'Abner, forçant entre ses lèvres un peu de boue.

— Ce sont les marcheurs de la nuit, bredouilla le Hawaiien.

Hale écarta la main de Kelolo de sa bouche.

— Qui sont-ils?

— Les grands alii du passé. Ils sont venus me prendre.

— C'est ridicule, grommela Abner en essayant de se libérer.

Mais le bras de Kelolo l'emprisonnait et il sentait la tension des muscles du colosse terrorisé.

— Pourquoi viendraient-ils vous prendre? murmura Abner.

— Qui sait? dit le chef, claquant des dents. Peut-être parce que j'ai donné la terre de Kane pour votre église.

Avec prudence, il souleva sa tête massive, jeta un coup d'œil au chemin obscur et frissonna.

— Ils mar... ils marchent vers nous! hoqueta-t-il. Oh! Makua Hale, priez votre dieu pour moi. Priez! Priez!

— Kelolo, il n'y a personne là-bas. Quand un alii est mort, il le reste.

— Ils marchent, souffla Kelolo.

Et dans le silence de la nuit, troublé par le bruissement des palmes agitées par le vent, on entendait en effet un bruit de pas.

— Je les vois, balbutia Kelolo, ils passent devant l'église. Ils portent des torches et des bâtons ornés. Ils ont revêtu leurs habits dorés et leurs casques de plumes. Makua Hale, ils viennent me prendre.

L'alii s'aplatit au fond du fossé, et Abner l'entendit murmurer:

— Oh! Pele, sauve-moi. Je suis ton enfant, Kelolo, je ne veux pas mourir cette nuit.

Le bruit se fit plus fort et, dans l'obscurité, Kelolo se mit à s'agiter.

— Que faites-vous? demanda Abner.

— Je me déshabille ! On ne peut pas parler aux dieux avec des vêtements sur soi.

Quand le grand Hawaiien fut complètement nu, il recommença à prier d'une voix fébrile puis se calma soudain et Abner l'entendit dire :

— Le petit homme que je cache, c'est Makua Hale. Il est bon, il apporte le savoir à mon peuple. Il ne sait pas qu'il faut se dévêtir, veuille lui pardonner.

Après un long silence, Kelolo reprit :

— Je sais qu'il prêche contre toi, Femme de Blancheur, mais il est quand même bon.

Nouveau silence, suivi d'un bruit de pas proches, et Kelolo tremblait comme si un vent furieux le secouait lorsqu'il dit :

— Merci, Pele, d'avoir dit aux marcheurs de la nuit que je suis ton enfant.

Le vent retomba, les pas ne résonnèrent plus. « C'était peut-être les kahuna rentrant chez eux, finalement, se dit Hale. Ou une meute de chiens. Ou le vent dans le chemin. » Les nuages bas avaient disparu, les étoiles brillaient.

— Qu'est-ce que c'était ? demanda Abner, essuyant la boue collée à ses lèvres.

— Ils étaient venus me prendre.

— A qui parliez-vous ?

— A Pele. Vous ne l'avez donc pas entendu leur dire que nous étions ses enfants ?

Le missionnaire ne répondit pas. Kelolo le saisit par les épaules, le tourna vers lui.

— Vous avez entendu Pele, n'est-ce pas ? quand elle vous a protégé ?

— Elle a prononcé mon nom ?

— Vous l'avez entendue ! Makua Hale, c'est très bon signe quand Pele protège un homme. Cela signifie...

Mais sa joie d'avoir été sauvé des marcheurs de la nuit était si grande qu'il ne parvenait pas à exprimer sa gratitude.

— Vous êtes mon frère, déclara Kelolo avec passion. Vous voyez maintenant quelle bêtise j'aurais faite en démolissant ma plate-forme ? Hein, si Pele n'était pas venue à notre aide ? C'est pourquoi, je vous en supplie, Makua Hale, ne laissez pas la porte là où elle est.

— Cette porte... commença Abner.

Mais il ne prit pas la peine d'achever sa phrase. Lorsque, à la maison, Jerusha lui demanda ce qu'il avait fait pour être dans un tel état, il répondit simplement :

— Il faisait sombre, je suis tombé dans un fossé.

Et la porte resta où il le voulait.

Au moment où la mission semblait assurer son emprise sur Lahaina, le baleinier *John Goodpasture*, de New Bedford, fit relâche dans l'île avec une cargaison record d'huile de baleine, et la leçon que Jerusha donnait aux jeunes Hawaiiennes fut soudain interrompue par ce cri lancé de la route :

— *Kelamoku !* Il y a plein de matelots dans le bateau ! Venez vite !

Le *John Goodpasture* ayant laissé un excellent souvenir à ses escales antérieures, la nouvelle suscita une vive agitation, en particulier chez les quatre filles de Pupali, qui passèrent les minutes qui suivirent à échanger des regards. Finalement, elles se levèrent, se dirigèrent vers la porte. Quand Jerusha tenta de les arrêter, l'aînée prétendit que leur plus jeune sœur était tombée malade. « Pauvre Iliki mal à la tête », et les quatre vahinés disparurent sous les gloussements.

Jerusha ne comprit pas d'abord ce qui se passait, mais l'une de ses élèves finit par lâcher :

— *Kapena aloha Iliki* *. Elle nage jusqu'au bateau, voir kapena.

Il devint clair que les préceptes moraux inculqués par la mission avaient été outragés et Jerusha renvoya la classe. Elle enveloppa ses épaules d'un châle léger, posa son bonnet sur ses boucles châtaines et parvint au port à temps pour voir les quatre jeunes filles quasiment nues grimper au bord du baleinier, où les marins qui les connaissaient les accueillirent par de joyeuses acclamations.

Se précipitant vers un marin américain qui sculptait un os de baleine devant le palais en briques de Kamehameha, elle s'écria :

— Conduisez-moi à ce bateau !

L'homme continua à tailler son os.

— M'dame, il faut mieux pas contrarier les lois de la nature.

— Mais Iliki n'est qu'une enfant !

— Première loi de la mer : si elles sont assez grandes, elles sont assez vieilles, dit le marin, et il regarda vers le chenal où s'élevaient les petits cris ravis des vahinés.

Indignée par cette indifférence, Jerusha courut vers une Hawaiienne fort âgée qui, assise sur un rocher, gardait les robes que les filles avaient enlevées.

— Tante Mele, comment les faire revenir ?

— Quand le bateau partir, vahinés revenir, assura la vieille. Comme toujours.

Ce soir-là, à la mission, ce fut dans un climat morose qu'on passa en revue les défaites de la journée.

— Je ne comprends pas ces filles, se lamenta Jerusha. Iliki, en particulier, connaît la différence entre le bien et le mal. Pourtant, elle se précipite à bord du baleinier.

— J'en ai discuté avec Malama, répondit Abner. Elle dit simplement que la fille n'est pas une alii, et qu'elle peut donc monter à bord si ça lui chante. Je lui ai rappelé sa fureur quand les trois marins avaient essayé d'attirer Noelani sur leur navire, et elle m'a répondu : « Noelani est alii tabu. » Comme si cela expliquait tout.

— Abner, je frémis en pensant au mal qui se répand dans l'île. Après avoir quitté le port, où personne ne voulait intervenir, je suis allée dans le village demander de l'aide, et devant le cabaret de Murphy, j'ai entendu un concertina. Et des rires de fille. Je m'apprêtai à y entrer pour mettre fin à ce qui se passait mais un homme m'a dit : « N'y allez pas, Mrs Hale. Les filles sont nues, là-dedans. Elles mettent jamais de vêtements quand les baleiniers sont au port. » Abner, qu'arrive-t-il à Lahaina ?

— C'est la Sodome des temps modernes.

— Qu'allons-nous faire ?

— Je n'ai pas encore pris de décision.

— Moi, si, déclara Jerusha d'un ton ferme.

Le soir même, elle se rendit au palais de Malama et lui dit dans son bon hawaiien :

* Iliki va saluer le capitaine.

— Alii Nui, nous devons empêcher les filles de monter à bord des baleiniers.

— Pourquoi ? Elles le font parce qu'elles en ont envie. Il n'y a pas de mal à cela.

— Mais Iliki est une fille sérieuse.

— Qu'est-ce que c'est, une fille sérieuse ?

— Les filles ne doivent pas aller sur les bateaux, déclara Jerusha, péremptoire.

— Oh ! vous, les missionnaires, vous voulez interdire tout amusement !

— Ce n'est pas de l'amusement qui attend Iliki, c'est la mort. Malama le savait.

— Elle l'a toujours fait, dit-elle tristement.

— Iliki a une âme immortelle, comme vous et moi.

— Vraiment ? fit l'Alii Nui. Je n'arrive pas à y croire. Elle est toujours allée sur les navires.

— C'est votre devoir de l'en empêcher. D'en empêcher toutes les filles.

Malama refusa de faire quoi que ce soit ce jour-là mais le lendemain, elle rassembla les alii se trouvant dans l'île, et les Hale leur exposèrent leurs arguments.

— On reconnaît un bon village à la façon dont il protège ses bébés et ses jeunes filles, dit Jerusha. On reconnaît un bon alii à la façon dont il protège les femmes. Vous n'êtes pas de bons alii si vous laissez vos propres filles monter à bord des bateaux. A Londres, les bons alii combattent de telles choses. A Boston aussi.

Kelolo lui porta la contradiction :

— Kekau-ike-a-ole a navigué sur un baleinier, il est allé dans ces villes et il nous a raconté qu'il y a là-bas des maisons spéciales pleines de filles.

— Mais les bons alii d'Amérique et d'Angleterre s'efforcent de réprimer ce vice, argua Jerusha.

Ce fut son mari qui décocha le coup décisif :

— Savez-vous ce qui se passe quand vous laissez les marins débaucher vos filles de la sorte ?

— Que se passe-t-il, Makua Hale ? demanda Malama, qui avait confiance en lui.

— Quand les navires repartent, les hommes se moquent de Hawaii.

Un long silence suivit cette affreuse accusation, car les Hawaiiens, peuple fier, cherchaient à tout prix la considération du monde. Finalement, Malama posa une question :

— Est-ce que les alii de Boston laisseraient leurs filles nager jusqu'aux bateaux hawaiiens ?

— Bien sûr que non, lança Kelolo. La mer est trop froide.

Personne ne rit, car l'observation était sensée, et Abner enchaîna aussitôt :

— Kelolo a raison. A Boston, l'eau n'est pas chaude comme ici, mais même si elle l'était, aucune fille n'aurait le droit de nager jusqu'aux navires. Les alii de Boston auraient honte si cela arrivait.

— Alors, vous croyez que les marins se moquent de nous, Makua Hale ? demanda Malama avec flegme.

— Je sais qu'ils le font. Vous rappelez-vous l'escale du *Carthaginian* ? Je suis monté à bord, les matelots riaient d'Honolulu.

— Ah ! mais Honolulu est un lieu notoirement mauvais, fit observer l'Alii Nui. C'est pourquoi je ne voudrais pas y vivre. C'est pourquoi le roi a sa capitale ici, à Lahaina.

— Ils ont ri aussi de Lahaina, précisa Abner.

— C'est mal, marmonna Malama en fronçant les sourcils. Que devons-nous faire alors ?

— Construire un fort, près du port. Chaque jour, au crépuscule, un tambour annoncera le couvre-feu, et tout marin surpris à terre sera arrêté, emprisonné jusqu'au lendemain matin. Et toute fille nageant jusqu'aux bateaux sera également mise en prison.

— Ces lois seraient trop sévères, estima Malama.

Elle leva la réunion mais quand les autres alii furent partis, elle prit Jerusha à part et lui demanda d'un ton plaintif :

— C'est vrai que les marins se gaussent de nous ?

— Mais moi aussi ! Des gens qui débauchent leurs propres filles !

— Ce ne sont pas des alii, fit valoir Malama.

— Vous devez être la conscience du peuple, répliqua Jerusha.

Ce soir-là, les Hale débattirent longuement : fallait-il laisser les filles de Pupali retourner à l'école de la mission ? Abner était partisan de les exclure définitivement mais Jerusha soutenait qu'on devait leur accorder une nouvelle chance, et lorsque le *John Goodpasture* quitta le port, les quatre fautives, vêtues de robes neuves, regagnèrent leur banc avec des mines de pénitentes. Quand Jerusha souligna la gravité de leur péché, elles approuvèrent de tout cœur. Mais quelques semaines plus tard, lorsqu'un enfant annonça l'arrivée du baleinier *Vashti* par ce cri excitant : « Le bateau jette le grand crochet de fer ! Plein de *kelamoku !* », les quatre vahinés filèrent à nouveau. Le soir, Abner exigea que les trois plus âgées au moins soient renvoyées. Ce qui fut fait, et comme c'était l'époque où les baleiniers faisaient souvent escale à Lahaina — dix-sept y relâchèrent en 1824 — les trois filles de Pupali firent de bonnes affaires. Elles n'eurent plus à grimper à bord des bateaux car elles devinrent danseuses dans le cabaret de Murphy et occupèrent de petites chambres derrière la piste de danse, avec la permission de garder la moitié des pièces qu'elles gagnaient.

Iliki, la plus jolie, eut le droit de continuer à venir à l'école de la mission, et sous la férule de Jerusha, elle commença à comprendre la Bible et renonça aux baleiniers. Mince pour une Hawaiienne, elle avait de longs cheveux noirs, des yeux étincelants. Quand elle souriait, ses magnifiques dents blanches illuminaient son visage et Jerusha comprenait le désir que les hommes avaient pour elle.

— Quand elle aura vingt ans, nous la marierons à un Hawaiien chrétien, prédit Jerusha, et ce sera la meilleure épouse des îles !

Abner ne l'entendit pas, absorbé qu'il était par la grande entreprise dans laquelle il s'était lancé en collaboration avec d'autres missionnaires : traduire la Bible en hawaiien. Présentement, il revoyait quelques pages qui seraient envoyées à l'imprimeur d'Honolulu.

Aucune des tâches auxquelles il s'était attelé jusque-là ne lui avait procuré de plus grande joie car il avait devant lui les textes grecs et hébreux, plus les versions de la Bible qu'il avait étudiées à Yale. Il était heureux comme un laboureur qui retourne un champ sans pierre, un pêcheur qui jette son filet, assuré d'une bonne prise. Généralement, il travaillait avec Keoki, consacrant à chaque phrase une extrême attention. Après plusieurs années de labeur, il parvint aux deux livres de la Bible qu'il aimait le plus. D'abord les Proverbes, qui lui semblaient condenser tout ce que l'homme pouvait espérer savoir. Ils étaient tout à fait appropriés, écrits dans un langage simple, facile à comprendre, et qui restait en mémoire. Quand il en vint aux dernières pages, splendides, où le roi Lemuel décrit la femme idéale, sa plume courait véritablement sur la feuille lignée car il lui semblait que c'était de Jerusha que Lemuel parlait : *Qui trouvera une femme vertueuse ? Elle a plus de prix qu'un rubis. Son mari lui fait pleinement confiance... Elle est comme les navires marchands, elle fit venir de loin sa subsistance... Elle tend la main au pauvre... « Force et honneur la revêtent. Bien des filles ont fait preuve du vertu, dit son mari, mais toi, tu les surpasses toutes. »*

Au cours des années qui allaient suivre, plus de six commissions eurent l'occasion de peaufiner cette première traduction de la Bible en hawaiien, et dans les contributions de la grande île de Hawaii, de Kauai, ou d'Honolulu, les érudits relevèrent maintes erreurs compréhensibles, mais celle d'Abner Hale fut rarement prise en défaut. Un savant professeur, diplômé de Yale et de Harvard, devait dire de lui plus tard : « C'est à croire qu'il a été successivement hébreu, grec puis hawaiien. » Abner n'entendit pas cet éloge, prononcé longtemps après sa mort.

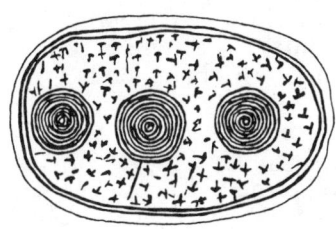

En 1825, Jerusha eut un second enfant, l'espiègle petite Lucy qui, des années plus tard, épouserait Abner Hewlett, lui aussi mis au monde par le révérend Hale. Lorsque la grande église de Kelolo fut presque achevée, le missionnaire se retrouva confronté à un grave problème car il tenait absolument, une fois qu'elle serait consacrée, à ce que les indigènes y viennent en tenue décente. « Pas de gens à demi nus dans mon église, prévint-il. Les femmes seront en robe, les hommes en pantalon. »

Mais au moment même où il énonçait cette loi, il se demandait où trouver assez de tissu pour convertir ces païens en chrétiens. Les alii, qui avaient accès aux marchandises en provenance de Chine, ne manquaient de rien en matière vestimentaire : redingotes noires, pantalons, capes jaunes pour les hommes ; robes étranges mais seyantes pour les femmes, avec un empiècement au cou, une cascade de tissu coûteux tombant de la poitrine aux chevilles.

C'était les vêtements pour les pauvres qui préoccupaient Abner, et là encore, le salut vint de Chine. Partie avec une cargaison de bois de santal, la *Thetis* revint chargée de marchandises achetées sur les marchés chinois. Le capitaine Janders, qui s'était déjà engagé à céder son brick à Kelolo, avait décidé en outre de se lancer dans le commerce et avait investi tout le profit de la vente du bois de santal, à Canton, dans des articles qui, selon lui, devaient plaire aux Hawaiiens. Aussi l'excitation fut grande quand il installa sa boutique à côté du cabaret de Murphy et qu'il ouvrit les ballots venus de Chine.

Pour les hommes, des chemises en soie chatoyante, des culottes noires semblables à celles qui étaient à la mode en France trente ans plus tôt, des bas à côtes et des chaussures à boucles. Des cigares de Manille, du cognac français, une malle pleine de costumes pour lesquels le capitaine avait recommandé aux tailleurs cantonais : « Faites-les assez grands pour contenir trois Chinois. C'est pour des Hawaiiens. »

Pour les femmes, des articles irrésistibles : fins brocarts, coupons de satin, robes de velours, dizaines de mètres de tissus verts ou pourpres, caisses de dentelle. Il y avait aussi des perles étincelantes, des bracelets et des bagues, des éventails pour les nuits chaudes et des parfums des îles aux Épices.

Ce que les alii apprécièrent le plus, ce furent les grands miroirs rapportés de France, et les meubles d'acajou massif fabriqués à Canton sur des modèles anglais. Chaque famille noble se sentit obligée d'avoir un secrétaire, avec deux creux ronds pour accueillir des lampes, et de nombreux casiers où ranger les papiers. La délicate porcelaine de Chine était également très prisée — assiettes blanc et bleu, mais surtout pots de chambre d'un blanc éclatant décorés d'une bordure rose, bleue ou verte.

Pour le peuple, des centaines de coupons de drap rouge ou marron. Ce fut cet article qui attira l'attention du révérend et l'incita à proposer un marché qui jeta les bases de la fortune de Janders.

— Vous avez quantité de bon tissu, capitaine, dit Abner. J'aimerais que mes fidèles soient convenablement vêtus quand l'église ouvrira mais les gens du peuple n'ont pas d'argent. Leur feriez-vous crédit ?

Janders tira sur le collier de barbe qui ceignait toujours son visage.

— Révérend, vous m'avez appris il y a quelques années à puiser l'inspiration dans la Bible. Je citerai donc ce verset des Proverbes : *Ne sois pas de ceux qui se portent garants d'une dette*. Ainsi dit le Seigneur, et cela me convient tout à fait. Comptant ! comptant ! C'est la règle de l'établissement.

— Je sais que c'est une bonne règle... commença Abner.

— La voix du Seigneur, rappela Janders.

— Mais comptant ne veut pas forcément dire argent, n'est-ce pas ?

— Si c'est quelque chose qui peut se vendre...

— Beaucoup de baleiniers font escale dans ce port. De quoi ont-ils besoin que mes Hawaiiens pourraient fournir ?

— Ils réclament toujours du tapa, pour calfater. Et j'aurais aussi usage de corde d'*olona* *.

— Si je vous fournissais régulièrement en tapa et en olona, me donneriez-vous du tissu en échange ?

Janders accepta le marché qui devait le rendre riche car le nombre de baleiniers faisant escale à Lahaina était sur le point de grimper en flèche — quarante-deux en 1825, trente et un en 1826. Et l'ex-capitaine attendait l'arrivée des navires avec les produits fournis par les indigènes du révérend Hale : tapa, olona, cochons, bœufs. Ce commerce prit une telle ampleur que Kelolo finit par protester :

* *Olona* : Buisson de Hawaii (Touchardia latifolia) à grandes feuilles épaisses et à petites fleurs groupées. L'écorce de l'olona sert notamment à fabriquer des filets de pêche très résistants.

— Makua Hale, vous me faisiez la leçon quand j'emmenais mes hommes chercher du bois de santal dans la montagne. Mais pour moi, ils ne travaillaient que trois semaines en tout. Pour vous, ils travaillent *toutes* les semaines.

— Ils ne travaillent pas pour moi, ils travaillent pour Dieu.

En un sens, l'opération était profitable pour le missionnaire : chacun de ses paroissiens fut convenablement vêtu pour l'ouverture de l'église, et le dimanche où elle fut consacrée, de curieux cortèges, à des kilomètres à la ronde, convergèrent vers l'édifice dans les beaux atours fournis par la boutique du capitaine Janders.

L'intérieur de l'église était impressionnant : un rectangle parfait avec des parois en natte joliment tressée, une imposante chaire en pierre, et aucun siège hormis un banc de bois pour Jerusha et le capitaine Janders. Quant à la foule des fidèles — plus de trois mille Hawaiiens — ils déroulèrent de petits tapis individuels sur le sol de gravier et s'assirent en tailleur, coude contre coude. Si Abner avait un seul instant songé au climat, il aurait édifié les parois à quelques pieds de hauteur, laissant l'air circuler par-dessous, mais il avait pris pour modèle les églises de la Nouvelle-Angleterre, et ses ouailles suaient à grosses gouttes dans la chaleur naturelle accablante, augmentée de celle dégagée par trois mille corps entassés.

Les chants furent magnifiques : spontanés, joyeux, pleins d'une adoration instinctive. Keoki fit des Écritures une lecture captivante et quand Abner se leva pour prononcer un sermon de deux heures, son auditoire fut tout excité de l'entendre s'exprimer dans un hawaiien correct. *Le Seigneur se montrera terrible à leur égard*, tonna-t-il, citant Sophonie. *Il abaissera tous les dieux de la terre, et tous les hommes se prosterneront devant lui, même dans les îles des païens.*

C'était un verset idéal pour l'occasion, et dont Abner interpréta chaque terme. Il définit le Seigneur et sa puissance, consacra quinze minutes pleines de lyrisme au nouveau Dieu des îles, présenté comme un Dieu de miséricorde et de compassion.

Puis il souligna combien Jéhovah était terrible quand on provoquait sa colère, et s'attarda sur les inondations, les épidémies, la foudre, la famine et les tortures de l'enfer. A sa surprise, les Hawaiiens marquèrent leur compréhension par des signes de la tête, et il entendit même Kelolo glisser à Malama :

— Le nouveau Dieu est exactement comme Kane. Pas facile quand il est en colère.

Abner parla ensuite des idoles de Lahaina que le nouveau Dieu était résolu à détruire : Kane, Ku, Lono et Kanaloa, Pele et sa suite.

— Ils périront tous ! s'exclama-t-il en hawaiien. Ils disparaîtront de Lahaina et de vos cœurs. Si vous tentez de les cacher dans vos cœurs, vous serez détruits vous aussi et vous brûlerez à jamais en enfer.

Mais le point culminant de la cérémonie, ce fut lorsque, après une nouvelle série de chants dirigés par Keoki, Hale se leva et déclara :

— Il n'est pas facile d'entrer dans le royaume de Dieu. Entrer dans son Église sur cette terre n'est pas aisé non plus. Aujourd'hui, nous allons cependant permettre à deux d'entre vous d'entamer une période d'essai de six mois. S'ils se révèlent bons chrétiens, ils seront admis dans l'Église.

Une vive agitation s'empara de la foule, qui spéculait sur l'identité des deux « élus », mais Abner rétablit le silence en levant les bras.

— Mrs Hale, voulez-vous aller chercher le premier ?

Jerusha traversa la partie réservée aux alii, tendit le bras et prit la main d'un esclave. Dans un hawaiien lent et châtié, elle déclara :

— Ce *kanaka* * Kupa est connu dans toute l'île comme un saint homme. Il partage ce qu'il possède avec autrui, il s'occupe des orphelins...

En énumérant des vertus reconnues par tous, Jerusha faisait admettre le choix de l'esclave comme logique.

— Au fond de votre cœur, vous savez que Kupa est un chrétien, et nous l'accueillons donc dans l'Église de Dieu.

Abner prit l'esclave par la main.

— Kupa, es-tu prêt à aimer Jéhovah ?

L'homme était si terrifié par ce choix que les missionnaires lui imposaient qu'il ne put que marmonner, et Hale annonça :

— Dans six mois, tu ne seras plus Kupa le Corps Puant, tu seras Kamekona.

Et il donna à l'esclave le nom de Salomon.

La foule était sidérée, mais avant que des murmures ne s'élèvent contre cette décision radicale, Abner reprit d'une voix puissante :

— Keoki Kanakoa, va chercher le deuxième membre de l'Église.

Ce fut avec une grande joie que le jeune homme tendit la main à sa sœur Noelani, Brumes du Ciel. Elle était ce jour-là vêtue de blanc, coiffée d'un *lei* ** de plumes jaunes, ses mains habiles gantées de blanc. Les yeux sombres flamboyant de vertu, elle avança comme si Dieu lui-même, et non son frère, l'avait prise par la main. Derrière elle, elle entendit les murmures approbateurs de la foule et se rendit compte soudain que le missionnaire s'adressait à elle :

— Tu as fidèlement suivi les voies du Seigneur. Tu as étudié, tu as appris à coudre, mais surtout, tu as été un modèle pour cette île. Dans six mois, tu feras partie de l'Église.

De sa douce voix, Noelani répondit :

— Je prendrai pour guide l'étude et la loi de Jéhovah.

Le missionnaire cacha son agacement devant l'obstination avec laquelle ces alii entêtés continuaient à accorder la première place à l'alphabet.

Ce soir-là, Malama manda Abner, et quand il fut assis en tailleur devant sa masse vautrée sur une natte, elle lui dit d'un ton solennel :

— Pour la première fois aujourd'hui, Makua Hale, j'ai compris ce qu'est l'humilité. J'ai vu, quand bien même confusément, ce que serait l'état de grâce. Makua Hale, j'ai envoyé Kelolo vivre dans l'autre case. Demain, je mènerai une procession par les rues de Lahaina pour annoncer les nouvelles lois de Maui. Me les ferez-vous porter demain à l'aube, que je puisse les étudier ?

— C'est le jour du Seigneur, répondit Abner. Je ne peux pas travailler aujourd'hui.

* *Kanaka* : Ce terme signifiait autrefois l'être humain, ou l'humanité en général ; il désigne aujourd'hui un homme de Hawaii.
** *Leu* : Collier-guirlande, souvent en fleurs.

— Une île attend son salut. Apportez-moi les lois demain matin, ordonna l'Alii Nui.

Abner s'inclina. Sur le chemin du retour, il s'arrêta à la nouvelle case construite hors du domaine.

— Kelolo, voulez-vous travailler avec moi, ce soir ?

Le mari banni accepta, et les deux hommes passèrent prendre Keoki ainsi que Noelani avant de se rendre à la mission.

— Les lois doivent être simples, expliqua Hale, montrant des talents de chef d'État. Chacun doit les comprendre et les approuver au fond de lui-même. Kelolo, puisque vous serez l'homme qui les fera respecter, que doivent-elles être, selon vous ?

— Les marins n'ont pas le droit de rôder dans nos rues la nuit, répondit le Hawaiien. C'est la nuit qu'ils font leurs ravages.

La première et la plus controversée des lois de Lahaina fut donc inscrite dans le cahier d'Abner : *Un tambour annoncera au coucher du soleil que tous les marins doivent retourner à leur bord sous peine d'arrestation et d'incarcération immédiate à la prison de Lahaina.*

— Loi suivante ? demanda Abner.

— On ne doit plus tuer les bébés filles, suggéra Noelani, et la proposition devint loi.

— Ensuite ?

— Devons-nous totalement interdire la vente d'alcool ? fit Jerusha.

— Les commerçants ont déjà payé leurs stocks, ils seraient ruinés, fit valoir Kelolo.

— L'alcool tue votre peuple, souligna Abner.

— Il y aura des émeutes si nous interdisons la vente, prévint le chef.

— Pourrions-nous interdire à l'avenir toute nouvelle importation d'alcool ? proposa Jerusha.

— Les Français, avec leurs navires de guerre, forcent les Hawaiiens à boire leur alcool, rappela Kelolo. Mais je pense que nous devons refuser de continuer à le faire.

Ainsi, sans jamais faire prévaloir son propre point de vue, le révérend Hale tira du groupe un ensemble restreint et sensé de lois. Mais à la fin, il s'aperçut qu'un des problèmes particuliers aux îles avait été oublié.

— Il nous manque une loi, dit-il.

— Laquelle ? s'enquit Kelolo d'un ton méfiant, craignant une attaque contre les kahuna et les anciens dieux.

— Le Seigneur dit... commença le missionnaire avec quelque embarras, et toutes les nations civilisées approuvent...

Il s'interrompit à nouveau, rouge de honte, finit par lâcher :

— *Tu ne commettras pas l'adultère.*

— Ce serait une loi difficile à appliquer, dit Kelolo, dubitatif. Je n'aimerais pas avoir pour tâche de la faire respecter.

A la surprise générale, Abner approuva :

— Je suis d'accord, Kelolo. Peut-être ne pourrions-nous pas l'appliquer strictement, mais si nous nous efforcions de faire comprendre que dans une société digne de ce nom, on ne doit pas encourager l'adultère ?

— Oui, quelque chose comme ça, acquiesça le chef. Mais d'ailleurs, de quel adultère parlez-vous, Makua Hale ? A Hawaii, nous en avons vingt-trois sortes.

— Quoi ?

— C'est là le problème. Si nous disons juste : « pas d'adultère »,

sans préciser lequel, tout le monde tiendra le raisonnement suivant :
« Ils ne parlent pas de *mon* type d'adultère mais des vingt-deux
autres. » D'un autre côté, si nous énumérons tous les adultères
possibles, cela pourrait donner des idées à ceux qui n'avaient jamais
entendu parler de tel ou tel type, et ce sera pire qu'avant.

— Vingt-trois ? gémit Abner.

En expert, Kelolo, récita :

— Il y a l'homme marié et la femme mariée — un. Il y a l'homme
marié et la femme de son frère — deux. L'homme marié et la femme de
son fils — trois. L'homme marié et sa propre fille — quatre. L'hom...

— Assez, implora Hale.

— Il y a ensuite les frères avec les sœurs, les garçons avec les mères,
presque toutes les combinaisons imaginables, poursuivit Kelolo d'un
ton terre à terre. Si nous devons les citer toutes, nous aurons plus
d'ennuis que nous n'en connaissons maintenant.

Il était minuit passé et Abner mâchonnait toujours son porte-plume.
Finalement, il trouva une formule si simple, si juste et si douce que
pendant des générations, les Hawaiiens souriraient en l'entendant.
« Tu ne coucheras pas à mauvais escient. »

Le lundi matin, le missionnaire soumit ses lois simples et directes à
Malama qui les considéra. Elle en rejeta deux qui lui semblèrent
s'immiscer de manière excessive dans la vie de son peuple, mais le
reste lui plut. Elle fit venir ses suivantes et les trois énormes femmes,
vêtues de soie de Chine, coiffées de chapeaux à large bord, se
dirigèrent vers le centre de Lahaina, précédées d'un héraut à la voix
sonore, de deux tambours, de deux hommes soufflant dans des
conques, de quatre porteurs de bâtons à plumes, de huit policiers
conduits par Kelolo, de Keoki et de Noelani. Abner et Jerusha
demeurèrent à l'écart puisque c'était l'affaire des Hawaiiens.

Quand plus d'une centaine de personnes furent assemblées, Malama
fit taire les tambours et ordonna au héraut de proclamer :

— Voici les lois de Maui. Tu ne tueras point ! Tu ne voleras point !
Tu ne coucheras pas à mauvais escient !

Le cortège se rendit ensuite au port, où quelques dizaines de marins
et deux capitaines entendirent la nouvelle stupéfiante : « Les marins
ne doivent pas rôder dans les rues la nuit. Les jeunes filles ne doivent
pas nager jusqu'aux navires baleiniers. »

— Sacredieu, jura un capitaine entre ses dents, ça ne se passera pas
comme ça.

— Tu verras que ça vient du missionnaire, prédit l'autre.

— Alors, que Dieu l'assiste, menaça le premier, avant de se
précipiter vers le cabaret de Murphy.

A peine avait-il annoncé la nouvelle explosive que Malama et ses
deux corpulentes dames de compagnie s'avançaient, majestueuses,
sous le regard des clients. Cette fois, après les tambours, ce furent deux
lois spéciales que le héraut proclama :

— Les jeunes filles ne doivent pas danser nues chez Murphy.
Dorénavant, il est interdit de vendre de l'alcool aux Hawaiiens.

Au son des tambours et des conques, Malama et ses suivantes se
retirèrent. Les lois avaient été annoncées, il appartenait à Kelolo de les
faire respecter.

Cette nuit-là, des troubles éclatèrent. Des marins de plusieurs navires envahirent les rues et affrontèrent les policiers inexpérimentés de Kelolo. Des jeunes filles, arrachées à leur lit, furent hissées contre leur gré à bord des bateaux. Vers minuit, une cinquantaine de loups de mer et de marchands firent le siège de la mission et se mirent à conspuer Hale.

— C'est lui qui a fait les lois !

— Il a convaincu la grosse !

— Pendons-le, le petit salaud !

La suggestion souleva des acclamations. Si personne ne fit mine de passer à l'acte, quelqu'un dans la foule commença à jeter des pierres.

— Foutons le feu à sa case !

— On va lui apprendre à se mêler de nos affaires !

— Allez, sors, montre-toi !

— Ouais, sors ! rugit la foule.

Abner demeura allongé par terre, protégeant Jerusha et les deux enfants de son corps. Toute la nuit, les insultes et les pierres continuèrent à pleuvoir mais au matin, la foule se dispersa, et dès le lever du soleil, Hale alla consulter Kelolo.

— Mauvaise nuit, estima l'alii.

— Je pense que ce sera pire encore ce soir.

— Devons-nous abroger les lois ?

— Jamais de la vie !

— Je crois qu'il vaut mieux demander l'avis de Malama, suggéra le chef.

Lorsqu'ils se rendirent au palais, des habitants de Lahaina s'y trouvaient déjà, exprimant leur frayeur, et Abner put alors constater quelle maîtresse femme elle était.

— Malama a parlé, dit-elle. Ses mots font loi. Amenez-moi tous les capitaines ici dans une heure. Allez !

Quand les marins américains, vétérans de la pêche à la baleine, apparurent, elle leur déclara en anglais :

— La loi, c'est moi qui vous donne. Vaut mieux que vous pensez comme ça aussi.

— Madame, intervint l'un des capitaines, on vient à Lahaina depuis douze ans. On s'est toujours payé du bon temps mais on s'est toujours plutôt bien conduit. Je sais pas ce qui va se passer maintenant.

— Moi, je sais ! répliqua Malama en hawaiien. Vous obéirez aux lois.

— Nos hommes ont besoin de femmes, protesta le capitaine.

— Vous faites du grabuge dans les rues de Boston ?

— Pour les femmes ? Oui.

— Et la police vous arrête, n'est-ce pas ?

Le baleinier agita un index menaçant.

— Madame, vaudrait mieux pas qu'un policier de cette petite île essaie d'arrêter un de mes hommes.

— Notre police fera son travail ! avertit l'Alii Nui.

Changeant de ton, elle tenta de convaincre :

— Nous sommes un petit pays qui s'efforce d'accéder au monde moderne. Nous devons changer nos coutumes. Ce n'est pas bien que nos jeunes filles aillent à la nage sur les bateaux. Vous le savez. Vous devez nous aider.

— Madame, y aura des troubles, grommela un autre capitaine.

— Qu'il y en ait, répondit Malama d'une voix calme, avant de congédier son auditoire.

Kelolo était partisan de faire machine arrière, Keoko craignait des émeutes et Noelani conseillait la prudence mais Malama se montra inflexible. Elle envoya des messagers rassembler les hommes les plus forts des régions éloignées, se rendit en personne au nouveau fort pour vérifier la solidité de ses portes et dit à Kelolo :

— Tiens-toi prêt à te battre cette nuit. Les capitaines ont raison : il y aura des troubles.

Mais après que chacun des Hawaiiens fut parti s'acquitter de sa tâche, elle fit venir Abner et lui demanda :

— Avons-nous pris la bonne décision ?

— Assurément.

— Comment en être sûr ?

— Pensez-vous, au fond de votre cœur, que ces lois sont bonnes ?

— Elles font partie de mon cœur, répondit mystérieusement l'Hawaiienne.

— Alors, elles prévaudront, affirma Abner.

Fermant les yeux, il leva la tête vers le toit du palais et s'exclama, avec la voix d'Ézéchiel :

— Les îles de Hawaii vivront sous ces lois parce qu'elles expriment la volonté de Dieu, notre Seigneur Jéhovah.

— Que se passera-t-il cette nuit ?

— Ils ne vous toucheront pas mais ils essaieront sans doute d'incendier ma case. Jerusha et les enfants peuvent-ils dormir ici ?

— Bien sûr, et vous aussi.

— Je serai chez moi, répondit simplement le petit missionnaire, qui sortit en boitant.

A la tombée de la nuit, un capitaine pris de boisson mena, avec l'aide de Murphy, un groupe d'hommes au fort et défia les policiers de déclarer le couvre-feu. Quand le tambour avertit les marins de rentrer, la foule empoigna les policiers en vue et les jeta dans la baie. Puis les marins retournèrent au cabaret de Murphy où les trois filles de Pupali dansaient nues sous les cris de joie. Les bouteilles passaient de main en main, les hommes braillaient.

— Bois ! Après celle-là, le missionnaire veut plus que t'en aies d'autres.

La réitération de ce genre de propos fit monter la colère de la foule, jusqu'à ce qu'un ivrogne s'écrie :

— Faisons-lui son affaire, à cet emmerdeur !

Ils se ruèrent dans la rue, prirent la direction de la mission mais en chemin, l'un d'eux eut une meilleure idée.

— Pourquoi nous embêter avec lui ? Y a qu'à mettre le feu à sa foutue église !

Quatre hommes s'élancèrent dans le noir avec des torches, les jetèrent sur le toit. Bientôt les flammes attisées par le vent gagnèrent l'ensemble de l'édifice.

Ce phare allumé dans la nuit eut des conséquences que les émeutiers n'avaient pas soupçonnées, car les Hawaiiens ayant travaillé à la construction de l'église avaient fini par l'aimer et en faire le symbole de leur village. A présent qu'elle était en flammes, ils se précipitèrent pour la sauver. Rapidement, les environs du bâtiment grouillèrent d'hommes et de femmes silencieux, tendus et en sueur, frappant les parois pour les empêcher de s'embraser. Les efforts incroyables qu'ils déployèrent cette nuit-là sauvèrent la moitié du bâtiment. Les marins, abasourdis par le courage que ces îliens illettrés montraient, se reculèrent et les observèrent avec étonnement.

Mais en voyant ce qu'il restait de ce lieu où on leur avait prêché l'espoir, les habitants de Lahaina entrèrent en fureur et l'un d'eux s'écria :

— Les marins en prison !

Les combattants du feu accueillirent le mot d'ordre par des acclamations et la chasse à l'homme commença.

Dès qu'un matelot était repéré, trois ou quatre solides indigènes s'abattaient sur lui, le laissaient, souvent inconscient, à la garde de quelque corpulente Hawaiienne qui s'asseyait sur lui et lui martelait la tête tandis qu'ils partaient à la recherche d'autres marins. Quartiers-maîtres, capitaines, matelots reçurent le même traitement, toute résistance étant punie d'un bras ou d'une mâchoire cassés. Quand l'assaut pris fin, Kelolo envoya ses policiers officiels ramasser les corps qu'ils jetèrent dans la prison neuve. Puis, avec la prévoyance d'un politicien, il alla lui-même chercher les capitaines américains dans l'amoncellement des gisants, dit à chacun d'eux de sa voix la plus paternelle : « Kapitani, je regrette au fond de moi. Nous voir mauvais, nous penser que c'est les équipages, nous boum-boum trop fort. Pas *pilikia* * je m'occupe de vous. » Il les emmena ensuite chez Murphy, leur offrit un verre, mais quand ils portèrent le verre à leurs lèvres fendues, il constata avec plaisir qu'ils avaient peur.

Le lendemain soir, quand les conques sonnèrent, un grand nombre de marins regagnèrent leur bord. Ceux qui ne le firent pas furent pourchassés dans les rues, non par les policiers mais par des bandes furieuses de Hawaiiens résolus à les rosser. Mais chaque fois qu'un marin était pris, il se trouvait un policier pour lui porter secours, et à huit heures, la prison fut pleine. Le troisième soir, la plupart des marins surpris à terre après le couvre-feu cherchèrent la protection des policiers, préférant la prison aux meutes qui les pourchassaient. Et le quatrième jour l'ordre fut rétabli à Lahaina. La police de Kelolo contrôlait la situation.

Le lendemain, Malama, sur une suggestion de Kelolo, convoqua les capitaines baleiniers à son palais où l'on avait préparé une grande fête. Elle accueillit chaleureusement chacun des commandants contusionnés, les plaignit des mauvais traitements infligés par ses rustres de sujets. Elle les régala de mets succulents et de bon whisky puis leur dit :

— Notre belle église est détruite. Ce fut un accident, j'en suis sûre. Naturellement, nous voulons la reconstruire, et nous le ferons. Mais auparavant, nous tenons à faire quelque chose pour les braves Américains qui viennent à Lahaina. Nous bâtirons donc une petite chapelle pour les marins. Un lieu où ils pourront lire, prier, écrire à ceux qui leur sont chers. Consentiriez-vous à donner l'exemple en versant votre obole pour cette chapelle ?

Grâce à son charme et à son audace, l'Alii Nui soutira plus de soixante dollars aux capitaines médusés, et un autre rêve d'Abner se

---

* *Pilikia :* Peine, malheur. Les termes hawaiien a un emploi beaucoup plus large que ses équivalents français.

réalisa, un rêve qu'il faisait depuis ce jour où, au large des Quatre Évangélistes, la tempête avait ballotté les deux matelots accrochés dans la mâture : la chapelle des Marins de Lahaina.

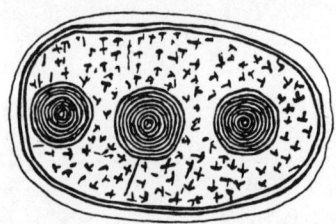

En 1828, l'univers d'Abner Hale se trouvait presque organisé. Il possédait quelques meubles, ses trois écoles fonctionnaient de façon satisfaisante et le jour paraissait proche où Iliki, la plus jolie des filles de Pupali, se marierait religieusement. Le capitaine Janders projetait de devenir armateur et de faire venir de Boston sa femme et ses enfants.

Malama approchait si rapidement de l'état de grâce qu'il semblait assuré qu'elle serait acceptée au sein de l'Église quand le nouveau bâtiment serait consacré, et il n'y avait plus à vrai dire que deux difficultés à l'horizon du missionnaire. La première, Hale l'avait prévue : quand vint le moment de reconstruire l'église, Kelolo annonça que les kahuna souhaitaient à nouveau s'entretenir avec Abner mais celui-ci déclara :

— La porte restera là où elle était. Toutes ces rumeurs qui circulent dans la communauté, selon lesquelles les kahuna savaient que l'église serait détruite, m'agacent. Des marins ivres y ont mis le feu, c'est tout. Vos superstitions locales n'y sont pour rien.

— Makua Hale, protesta doucement le chef. Ce n'est pas pour vous parler de la porte. Nous savons que votre décision est prise et que le mauvais sort s'acharnera toujours sur votre église. Nous n'y pouvons rien.

— Alors, pourquoi veulent-ils me voir ? demanda Abner, soupçonneux.

— Venez là-bas, je vous en prie.

Lorsqu'il retrouva les sages près de l'église à demi détruite, ils lui firent une proposition.

— Makua Hale, il nous a semblé qu'il faisait très chaud dans l'ancienne église, avec plus de trois mille personnes qui y étaient entassées.

— C'est vrai, convint Hale.

— Ne vaudrait-il pas mieux abattre ce qui reste et reconstruire le toit sur des piliers, pour que l'air puisse passer ?

Il fallut quelques minutes à Abner pour comprendre cette suggestion radicale.

— Mais alors, il n'y aurait pas de murs...

— Quel mal à cela ? fit Kelolo.

— Une église a toujours des murs, dit Hale, songeant à toutes celles qu'il avait vues en Nouvelle-Angleterre ou même à l'étranger. Nous la rebâtirons comme avant.

— Il y fera étouffant, avertit le chef.

— Une église doit avoir des murs, lança Abner aux kahuna perplexes.

La seconde difficulté était totalement imprévisible, du moins pour Abner Hale. Elle concernait Keoki, dont l'école faisait des prodiges pour conduire les jeunes Hawaiiens de l'âge de pierre aux temps modernes. La moitié des marins de la *Thetis*, qui reliait chaque semaine Lahaina à Honolulu, étaient des hommes dont il avait fait l'éducation. Les jeunes gens qui imprimaient la Bible sur la presse de la mission étaient aussi ses élèves. Keoki était un pilier de la communauté, qu'il inspirait par ses lectures de la Bible pendant les services religieux.

Un jour, Keoki vint trouver Abner et lui demanda :

— Révérend, quand puis-je espérer être ordonné pasteur de votre Église ?

Abner le considéra avec stupéfaction.

— Pasteur ?

— Oui. A Yale, on m'avait dit qu'il fallait que je reparte à Hawaii pour y devenir pasteur, pour mon peuple.

— Mais, Keoki, vous faites déjà beaucoup pour eux.

— Il y a des régions reculées qui auraient besoin d'être évangélisées, où l'on ne connaît pas encore la parole de Dieu. Je voudrais la leur porter.

— Mais seul un pasteur missionnaire peut porter la bonne parole.

— Pourquoi pas moi ? insista Keoki.

— Eh bien... C'est-à-dire... Il n'a jamais été question d'ordonner des pasteurs hawaiiens !

— Vous voulez dire que je ne pourrai jamais devenir pasteur ? Ici, dans mon propre pays ?

Abner soupira, contempla longuement Keoki et finit par temporiser :

— Vous êtes trop jeune.

— Je suis plus âgé que vous l'étiez, lorsque vous avez été ordonné.

— Oui, mais j'appartenais à une famille chrétienne. J'étais...

— Un homme blanc ? coupa Keoki.

— Oui, répondit Abner avec la même franchise. Oui. Mes ancêtres ont défendu l'Église pendant des siècles. Dès l'instant où je suis né, on s'est appliqué à m'élever dans la crainte du Seigneur, à m'apprendre ce que c'était que Dieu, à respecter ses commandements. Vous avez encore trop de choses à apprendre, Keoki, et nous ne pouvons vous confier la destinée de l'Église. Non, il est bien trop tôt.

Keoki s'en alla, tête basse. Mais lorsque Abner raconta sa visite à Jerusha, il eut la surprise de la voir prendre fait et cause pour le grand Hawaiien.

— Mais, Jerusha, c'est un païen ! Il est converti, oui, apparemment. Mais au fond, il demeure et demeurera toujours un païen. Il n'est pas plus civilisé que les filles de Pupali. Au moindre cyclone, il se mettra à prier ses vieilles idoles !

— Et quand nous partirons, Abner ? Nous serons bien obligés de confier l'église à des Hawaiiens.

— Nous ne partirons jamais, s'écria Abner avec feu. Jamais. Et, à notre mort, Boston enverra d'autres missionnaires. Il n'est pas question que Keoki devienne pasteur d'une de nos églises.

Si les efforts de Jerusha et de Keoki furent impuissants à fléchir Abner, un visiteur venu de loin n'allait pas tarder à l'ébranler. Le docteur John Whipple, amaigri et bronzé par des années de travail dans de lointains postes, arriva un jour à bord de la *Thetis* de Kelolo et se précipita immédiatement à la mission.

— Sœur Jerusha ! Pardonnez-moi de ne pas être venu vous accoucher ! Ah ! Seigneur, j'oublie que vous avez deux enfants déjà, et que vous êtes encore enceinte !

Les années avaient transformé Whipple, l'avaient assoupli, et lui avaient enseigné un franc-parler qui ne ressemblait guère aux euphémismes délicats des autres missionnaires. Il convia les Hale à dîner chez le capitaine Janders et ajouta :

— J'ai été malade comme un chien sur la *Thetis*, en venant. Vous le serez aussi, en allant à Honolulu, frère Abner.

— Nous sommes obligés d'y aller ? s'inquiéta Abner, qui détestait Honolulu.

— Je le crains. La réunion annuelle des missionnaires promet cette fois d'être difficile.

— Que se passe-t-il ? Ils vont encore discuter du salaire des missionnaires ? J'ai déjà donné mon avis et n'en changerai pas. Nous sommes ici pour servir Dieu, sans salaire.

— Il ne s'agit pas de ça. Je ne suis pas d'accord sur cette histoire de salaires, mais là n'est pas la question. Nous allons avoir à délibérer sur le cas de frère Hewlett.

— Frère Abraham Hewlett ! s'exclama Abner. Dire qu'il vit dans la même île que moi et que je ne l'ai pas vu depuis la naissance de son fils ! Quel est donc son cas ?

— Comment, vous ne savez pas ? Il a encore de graves ennuis.

— Qu'a-t-il fait ?

— Il a épousé une Hawaiienne, annonça Whipple.

Un lourd silence stupéfait tomba dans la case. Les trois missionnaires se regardèrent, ahuris. Enfin, Abner tira son mouchoir de sa poche et s'épongea le front.

— Vous voulez dire qu'il vit avec une indigène ? Une païenne ?

— Oui.

— Et nous nous réunissons pour décider de son sort ?

— Oui.

— C'est tout décidé, décréta nettement Abner en prenant sa bible et en la feuilletant fébrilement. Je crois que ce passage d'Ézéchiel s'applique parfaitement à son cas : *Ils te traiteront avec haine, ils t'enlèveront le fruit de tes labeurs ; ils te laisseront nue, entièrement dépouillée, et ainsi sera mise à nu la honte de tes impudicités, de ton crime et de tes débauches. Tu seras traitée avec cette rigueur, parce que tu t'es livrée aux païens, que tu t'es souillée avec leurs idoles.*

Il referma la bible avec un claquement sec et Jerusha demanda :

— Ont-ils décidé, à Honolulu, de le bannir de l'Église ?

— Oui.

— C'est bien naturel ! s'exclama Abner. Un pasteur chrétien épousant une païenne ! Souillé avec leurs idoles ! Je ne voulais pas aller à Honolulu, mais il me semble que mon devoir m'y appelle.

Le docteur Whipple se tourna vers Jerusha et la pria de les excuser, puis il entraîna Abner sur le port, le long des ravissants sentiers de Lahaina, sous les arbres en fleurs et les palmiers. Devant la mer, il soupira :

— Vous avez de la chance de vivre ici. C'est le meilleur climat d'Hawaii. Et quelle vue admirable !

— Quelle vue ? demanda Abner.

— Vous ne venez pas ici chaque soir admirer cet extraordinaire panorama ? s'étonna Whipple.

— Je n'avais jamais remarqué...

— Mais ouvrez les yeux ! s'écria le médecin dans une envolée lyrique. Voyez ces collines de velours vert, les cimes déchiquetées de Molokai, les vallonnements de Kahoolawe, voyez la merveille de la création divine ! Cette mer et ce ciel bleus, cette beauté parfaite !

Pour la première fois, Abner regarda le paysage, se retourna vers les montagnes, parcourut des yeux la rade bien abritée avec ses eaux claires et son sable étincelant, les palmiers majestueux agités par la brise marine. Pour la première fois depuis son arrivée, il huma le parfum des fleurs.

— Je dois dire que ce n'est pas mal, avoua-t-il.

Whipple l'entraîna plus près de l'eau et s'assit avec lui sur un rocher.

— Je suis navré, dit-il, d'apprendre votre opinion sur l'affaire Hewlett.

— Ce n'est pas mon opinion. C'est celle de la Bible. Il s'est livré aux païens.

— Ah ! n'employons pas ce langage démodé ! Il s'agit d'un être humain, en l'an 1829. Il n'est pas très fort et je ne l'ai jamais beaucoup aimé, mais...

— Que voulez-vous dire, frère John ? Un langage démodé ?

— Il ne s'est pas livré aux païens, frère Abner... Et puis laissons tomber un peu ces histoires de frère et ces tournures protocolaires ! Abner, ce malheureux Abraham Hewlett s'est trouvé seul à Hana avec un enfant nouveau-né, sans personne pour l'aider à l'élever, bon Dieu...

— Frère John ! Modérez vos expressions ! Et ne jurez pas. D'ailleurs, frère Abraham...

— Et cette jeune Hawaiienne n'était pas païenne. Elle était chrétienne, sincère, la meilleure élève de la mission. Je la connais bien, j'ai mis son enfant au monde.

— Elle a un enfant ? souffla Abner.

— Oui, une belle petite fille. Elle l'a appelée Amanda, comme ma femme. Hewlett est très heureux et je voudrais bien savoir quelle morale exige qu'un homme solitaire comme...

— Frère John, je ne vous comprends plus.

— J'ai vu mourir tant de gens, j'ai coupé tant de jambes, j'ai... Bien des choses qui me tracassaient à Yale ne me tracassent plus, mon vieux camarade.

— Mais vous ne pouvez tout de même pas permettre à un homme qui vit avec une païenne de continuer à faire partie de l'Église !

— J'aimerais bien que vous n'employiez pas ce mot, mon vieux. Ce n'est pas une païenne, vous dis-je. Si Amanda devait mourir demain, j'en épouserais une comme celle-ci, et Amanda le voudrait. Au moins, elle serait sûre que ses enfants seraient bien soignés.

— Les autres ne penseront pas comme vous, frère John.

— Emmanuel Quigley est de mon avis, j'en suis heureux. C'est pour cela que je suis venu à Lahaina. Nous voulons que vous nous souteniez. Ne chassez pas ce pauvre Hewlett.

— Le Seigneur a dit : *Tu t'es livrée aux païens.*

Abner mettait fin à la discussion. Mais il commençait à se poser des questions sur le frère Whipple et ses paroles suivantes confirmèrent ses doutes :

— Abner, j'ai beaucoup réfléchi ces derniers temps. Je me demande si nous avons bien agi en faisant irruption dans ce pays avec nos nouvelles idées.

— La parole de Dieu n'est pas une idée nouvelle, protesta Abner.

— Non, bien sûr. Je me suis mal exprimé. Je pensais à tout ce qui l'accompagne. Saviez-vous que lorsque le capitaine Cook a découvert ces îles, il estima la population à quatre cent mille âmes ? Il y a cinquante ans de cela. Combien reste-t-il de Hawaiiens aujourd'hui ? Moins de cent trente mille. Que sont-ils devenus ?

Whipple fut stupéfait de voir qu'Abner ne paraissait pas choqué par ces chiffres. Il insista :

— Avez-vous jamais vu la rougeole ravager un village ? C'est abominable ! Les indigènes sont décimés. Dites-moi, obligez-vous vos fidèles à porter les mêmes vêtements que nous ?

— Je n'en ai que neuf. Neuf qui font partie de l'Église.

— Vous voulez dire qu'en tout ce temps...

Le docteur Whipple se retint. Il jeta distraitement un caillou dans l'eau et regarda un pêcheur indigène à moitié nu qui ramenait sa pirogue sur le sable.

— Le dimanche, par exemple, reprit-il, exigez-vous qu'un garçon comme celui-ci s'habille comme à Boston ?

— Naturellement. La Bible ne spécifie-t-elle pas : *Tu leur feras des vêtements de lin pour couvrir leur nudité ?*

— Vous n'avez jamais écouté les toux déchirantes qui troublent vos services ?

— Non.

— Moi si. Et cela m'inquiète.

— Pourquoi ?

— J'ai bien peur que d'ici trente ans, les Hawaiiens ne soient plus cent trente mille mais seulement trente mille. Les villages tiennent encore, mais les vallées sont désertes. Si nous voulons sauver Hawaii, je crois que nous devrons créer une industrie quelconque, amener de la main-d'œuvre, des hommes forts, un sang neuf. De Java ou de Chine, peut-être. Qu'ils se marient ici, avec les indigènes. Ah ! je ne sais pas...

— Vous me paraissez rongé de doutes, frère John.

— Je le suis, avoua Whipple. J'ai terriblement peur de mal faire. Je suis certain que par notre faute ce merveilleux peuple est condamné. A moins que nous ne changions cet état de choses.

— Nous ne sommes pas là pour changer quoi que ce soit, déclara froidement Abner. Les Hawaiiens sont des fils de Cham et le Seigneur a maudit la race de Canaan. N'est-il pas écrit dans la Genèse : *Que Dieu étende les possessions de Japhet ; que celui-ci habite dans les tentes de Cham ?* Les Hawaiiens sont condamnés, oui, et dans cent ans ils auront disparu de la surface de la terre.

Whipple était atterré.

— Comment pouvez-vous prêcher une telle doctrine, Abner ?

— C'est la volonté de Dieu. Les Hawaiiens sont un peuple lubrique et débauché. Malgré mes avertissements, ils persistent à fumer, à boire et à forniquer. Ils ne respectent pas le dimanche, et ils font circoncire leur fils et abandonnent leurs filles. Pour ces péchés, le Seigneur a ordonné qu'ils disparaissent de la surface de la terre. Quand ils seront anéantis, nos enfants, comme le dit la Bible, hériteront de leurs tentes.

— Mais si vous croyez cela, pourquoi restez-vous auprès d'eux comme missionnaire ?

— Parce que je les aime. Je veux leur apporter la consolation du Seigneur, afin qu'ils périssent dans l'amour et ne soient pas plongés dans le feu éternel.

— Je n'aime pas cette religion, déclara nettement John Whipple, et je n'aspire pas à occuper leurs tentes. Il doit y avoir un autre moyen. Abner, quand nous étions à Yale, le premier dogme de notre Église, c'était qu'il ne devait y avoir ni évêques, ni prêtres, ni papes. Chaque âme était une Église en soi. Notre nom même le clamait : les Congrégationalistes. Mais que se passe-t-il à présent ? Nous tombons dans l'intolérance, la bigoterie la plus pernicieuse ! Durant toutes ces années, vous n'avez accepté que neuf membres dans votre Église ! Je parie que vous n'avez pas permis à un seul Hawaiien de devenir pasteur ! Non, n'est-ce pas ? Vous n'avez que ce mot de païen à la bouche ! Cela ne veut plus rien dire !

Outré, Abner se leva, mais son vieux camarade de classe le retint par la manche.

— Ne soyez pas si pressé, Abner. J'ai besoin de m'épancher. Mon âme se rebelle, et je cherche un guide. Abner... Je suis las de Dieu.

Le petit missionnaire demanda sans paraître s'étonner :

— Que voulez-vous dire, au juste ?

— L'esprit de Dieu m'emplit le cœur, mais je n'aime pas la façon de propager sa parole.

— Vous vous révoltez contre l'Église, frère John !

— Oui. Je suis heureux que vous l'ayez dit, car j'aurais eu honte de prononcer ces mots. Abner, ne doutez-vous donc jamais de la sagesse de nos institutions ? N'avez-vous jamais pensé qu'il pourrait y avoir une nouvelle sagesse divine, une nouvelle façon de vivre ?

— C'est impossible. Il n'y a qu'une parole de Dieu, et elle est éternelle. C'est celle de la Bible et elle ne peut être changée.

L'entretien s'arrêta là.

Le soir, au dîner, chez le capitaine Janders, les missionnaires évoquèrent le pauvre Hewlett et Whipple expliqua son cas au capitaine devenu commerçant.

— Ne pourriez-vous envisager de travailler avec lui ? demanda-t-il. Il est certain qu'il va être banni de l'Église et il lui faudra vivre. Il a quelques terres qui appartiennent à sa femme. Il pourrait y faire un peu d'élevage. Lui achèteriez-vous éventuellement ses porcs et ses poulets ? Pour les navires qui se ravitaillent ici.

— Peut-être... Mais suggérez-lui donc de cultiver la canne à sucre. C'est la denrée de l'avenir. Tenez, je vais faire mieux. Je crois qu'il n'a pas la santé requise pour cultiver lui-même ses terres. Conseillez-lui de me les affermer. Je m'occuperai de tout et il n'aura plus à se soucier de l'avenir.

Quand vint le moment pour la *Thetis* de transporter les missionnaires à Honolulu, Abner retrouva avec joie — les mauvais souvenirs étaient loin — son ancienne cabine, qu'il partagerait avec John Whipple. Son plaisir fut cependant terni par l'arrivée d'une pirogue amenant le missionnaire Abraham Hewlett de l'autre bout de Maui avec son beau petit garçon, Abner, et sa femme hawaiienne, Malia, prononciation indigène de Marie.

— Ils sont du voyage ? demanda Hale.

— Bien sûr. Sans eux, pas de procès.

— N'est-ce pas... gênant que Hewlett soit sur le même navire que nous ?

— Pas pour moi. Je voterai pour lui.

— Vous pensez qu'on le mettra dans notre cabine ?

— Nous l'avions partagée avec lui, autrefois, rappela Whipple.

Les deux missionnaires regardèrent avec intérêt Mrs Hewlett — si l'on pouvait donner ce titre à une personne aussi noire — monter à bord. Plus grande et plus large d'épaules que son mari, elle avait des manières graves. Lorsqu'elle s'adressa à l'enfant d'une voix douce, Abner murmura :

— Elle lui parle en hawaiien ?

— Pourquoi pas ?

— J'interdis à mes enfants de prononcer un mot de hawaiien, dit Abner avec emphase. *Ne prends pas les coutumes des païens!* nous enjoint la Bible. Vos enfants parlent hawaiien ?

— Naturellement, répondit Whipple, avec irritation. Nous vivons à Hawaii, nous y travaillons. Mes fils iront sans doute à l'école ici.

— Les miens, jamais.

— Où les enverrez-vous ? s'enquit John avec quelque intérêt, car il avait souvent discuté de cette question avec son épouse.

— Le Conseil les enverra en Nouvelle-Angleterre, puis à Yale. Mais l'important, c'est qu'ils ne soient jamais en contact avec les Hawaiiens.

Le docteur Whipple suivit des yeux les Hewlett quand ils traversèrent le pont et descendirent par l'échelle arrière. La façon dont l'Hawaiienne s'occupait de l'enfant prouvait que si elle s'était glissée dans le lit du père par un moyen ou un autre, elle aimait en tout cas le petit Abner.

— Le gosse a de la chance, fit observer John. Il a une bonne mère.

— Elle ne correspond pas à ce que j'attendais, avoua Abner Hale.

— Vous vous attendiez à une hétaïre peinturlurée ? s'esclaffa le médecin. Abner, une fois de temps en temps, vous devriez voir la réalité en face.

— Comment est-elle devenue chrétienne ?

— Abraham l'a admise dans l'Église, bien sûr.

Après un silence songeur, Hale revint à la charge :

— Mais comment ont-ils pu se marier ? Hewlett étant le seul pasteur, qui aurait pu les marier ?

— Personne. Aussi, la première année, ils ne l'étaient pas.

— Vous voulez dire qu'ils ont vécu dans le péché ?

— Ensuite, je suis venu... à l'occasion d'un de mes voyages réguliers. A bord d'un bateau russe.

— Et vous avez marié un pasteur chrétien à une païenne ? fit Abner, consterné.

— Oui. Je serai probablement blâmé, moi aussi, dit sèchement Whipple. Et je sens *là* (il se toucha le cœur) que je n'accepterai pas ce blâme. Je suis de l'avis de saint Paul : *Il vaut mieux marier que brûler.* Quelqu'un peut-il sérieusement nier qu'Abraham est aujourd'hui bien mieux que le jour où vous l'avez quitté, à Wailuku ?

A Honolulu, la réunion se déroula comme prévu. D'abord Abraham Hewlett offrit un pitoyable spectacle lorsqu'il reconnut qu'en épousant une Hawaiienne, il avait péché contre la loi de Dieu, souillant ainsi et sa personne et toute l'Église. Il implora le pardon de ses pairs, les supplia de se rappeler qu'il s'était retrouvé seul avec un nouveau-né. Au souvenir des souffrances qu'il avait endurées pendant cette période de solitude, il éclata en sanglots. Plus tard, quand on insinua que cette Hawaiienne rusée était peut-être responsable de la chute du missionnaire, il retrouva quelque dignité en déclarant qu'il aimait cette jeune femme, gracieuse et tendre, et que c'était lui qui avait insisté pour l'épouser.

Comme il fallait s'y attendre, les missionnaires — à l'exception de Whipple et de Quigley — votèrent la condamnation et l'exclusion du coupable. Ils jugèrent en outre préférable que les Hewlett quittent les îles : « Votre présence ici serait une humiliation constante pour l'Église. Estimant toutefois qu'il serait également honteux qu'un pasteur — défroqué, s'entend — rentre en Amérique marié à une Hawaiienne — car nombreux sont là-bas ceux qui ne manqueraient pas l'occasion de critiquer les missionnaires — nous avons donc conclu que vous et votre famille devriez... »

A ce point, les larmes avaient séché sur le visage de Hewlett, qui interrompit abruptement :

— Il ne vous appartient pas de me conseiller en ce domaine. Je vivrai où il me plaira.

— Vous ne recevrez de nous aucune aide matérielle, lui rappela-t-on.

— Je me suis lancé dans l'élevage de porcs et la culture de la canne à sucre pour les baleiniers qui font escale à Lahaina. Vous n'avez pas besoin d'en savoir davantage. Avant de partir, je veux toutefois souligner que votre mission repose sur une contradiction impossible à résoudre. Vous aimez les Hawaiiens en tant que chrétiens potentiels, vous les méprisez en tant que peuple. Je suis fier de dire que je suis parvenu à la conclusion inverse, et qu'il est donc normal que je sois chassé d'une mission où l'amour n'est pas.

Les missionnaires examinèrent ensuite le cas de John Whipple et le condamnèrent pour avoir marié le couple, devenant ainsi, pour reprendre les termes d'un de ses accusateurs, « l'instrument, sinon la cause, de la chute de notre misérable frère d'Hana dans la tentation et le péché ».

— Il me semble au contraire avoir été celui qui l'a sorti du péché, rétorqua le médecin.

Ce propos léger n'eut pas l'heur de plaire aux pasteurs bornés qui tous, à l'exception de Quigley, conseillèrent au médecin de se montrer plus discret et plus prudent à l'avenir. Abner fut étonné de voir son ancien condisciple accepter le blâme sans protester.

Quand il fallut remonter à bord de la *Thetis* pour regagner Lahaina, Abner eut la surprise de trouver dans sa cabine John et Amanda Whipple, et leurs deux garçons.

— Je croyais qu'on vous avait enjoint de vous rendre à Kauai, dit-il.

— Ce que l'on m'enjoint de faire et ce que je fais sont deux choses différentes, se contenta de répondre Whipple.

La famille n'avait cependant aucun bagage, et Abner pensa qu'ils allaient simplement faire une courte visite à Molokai ou Lanai, où la *Thetis* faisait escale. Mais les Whipple demeurèrent à bord et en arrivant à Lahaina, John prit la main d'Abner et lui dit :

— Venez, avec Jerusha. Je veux que vous soyez témoins de ce que je vais faire.

Suivi des Hale, de sa femme et de ses enfants, Whipple se rendit directement chez Janders et lui déclara hardiment :

— Capitaine, je viens me remettre entre vos mains.

— Comment cela ?

— Vous faites de bonnes affaires et je crois que vous aurez bientôt besoin d'un associé. Je voudrais être celui-là.

— Vous abandonnez la mission ?

— Oui.

— A cause de l'affaire Hewlett ?

— Oui, et pour d'autres raisons. J'estime que toute peine mérite salaire. J'en ai assez de vivre de la charité publique et de voir ma femme porter les vieilles robes usées des matrones de Boston. Je veux travailler et gagner ma vie et celle des miens.

— Amanda est de votre avis ?

— Oui.

— Avez-vous de l'argent à mettre dans mon entreprise ?

— Je suis venu à vous sans rien, sans argent et sans bagages. Je n'ai pas de médicaments, pas d'outils, pas d'instruments. Mais je connais ces îles comme personne au monde et je vous apporte mes connaissances.

— Vous parlez hawaiien ?

— Couramment.

Janders réfléchit un moment, puis il tendit sa grosse main calleuse.

— Mon garçon, vous êtes mon associé. Je vais vous prêter de quoi vous vêtir et vous trouver à vous loger.

Une semaine plus tard, les Whipple étaient installés dans une case spacieuse que leur avait donnée Kelolo, en échange de soins donnés à Malama, qui s'était épuisée à faire respecter les nouvelles lois et, au début de la semaine suivante, la première des enseignes qui allaient fleurir partout à Hawaii et devenir célèbres apparut dans la rue poussiéreuse de Lahaina : « Janders & Whipple ».

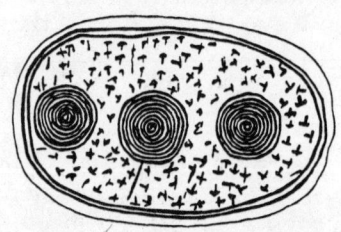

Les événements de Honolulu, la rébellion de Hewlett et de Whipple, avaient profondément troublé Abner et l'avaient ancré dans sa certitude que des rapports trop étroits avec les indigènes représentaient un grave danger. En conséquence, il érigea autour de sa case un grand mur élevé, avec une petite porte par laquelle Jerusha pouvait se rendre à l'école des filles qui se trouvait à l'écart, à l'ombre des palmiers et des frangipaniers. A l'intérieur de l'enclos, il était formellement interdit de parler hawaiien. Aucune servante indigène n'était acceptée si elle ne parlait pas anglais et lorsque des villageois venaient en délégation voir le missionnaire, Abner les recevait dans une petite pièce écartée, d'où leurs voix ne pouvaient être entendues par les petits Hale.

— N'apprenez pas les façons des païens.

C'était la phrase favorite d'Abner car, s'il aimait sincèrement les Hawaiiens, il les méprisait profondément. Il reçut donc de mauvaise grâce Kelolo, quand celui-ci vint un soir lui exposer une requête que le missionnaire jugea aberrante. Il ne s'agissait de rien de moins que de traduire et d'écrire en anglais toute la généalogie de Kelolo, qu'il prétendait savoir par cœur.

Abner finit par consentir quand le vieux chef l'eut supplié afin, disait-il, que son fils Keoki connût sa généalogie, puisqu'il n'avait pas pu l'apprendre par cœur. Et maintenant, il était trop âgé et il avait trop à faire.

— Je suis le dernier à connaître l'histoire de notre famille, Makua Hale.

Le lettré s'éveilla en Abner, et il reconnut en lui-même qu'il était bon de conserver les vieilles légendes. Il s'installa commodément et le vieillard commença sa litanie, comme si c'était Keoki qui la récitait :

— Je suis Keoki, le fils de Kelolo qui est venu à Maui avec Kamehameha le Grand ; qui était le fils de Kanakoa, roi de Kona ; qui était le fils de Kelolo, le roi de Kona qui est mort dans le volcan ; qui était le fils de Kelolo qui...

Mais quand Kelolo remonta ainsi le cours de deux siècles, Abner ne put réprimer un sourire ironique. Voilà qu'un païen analphabète essayait de lui faire croire qu'il connaissait les noms de tous ses ancêtres ! Il songea à sa famille à Marlboro, à sa mère qui se rappelait à quelle époque ses grands-parents étaient arrivés à Boston. Mais du côté de son père, personne ne savait quand ni comment les Hale étaient arrivés, et cet illettré prétendait...

— Kelolo, ces généalogies sont vraies, ou inventées ?

— Inventées, Makua Hale ! Mais elles sont notre raison de vivre. Savez-vous pourquoi Malama est Alii Nui ? C'est parce qu'elle peut faire remonter son arbre généalogique jusqu'à son ancêtre Malama, qui est venue à bord de la deuxième pirogue. Mon nom remonte à la première pirogue qui est venue de Bora Bora, car mon ancêtre était le Grand Prêtre de cette pirogue, Kelolo.

— Vous dites que vous pouvez vous rappeler dans quelle pirogue vos ancêtres sont venus ?

— Mais naturellement ! C'est la même qui a fait les deux voyages.

— Mais comment pouvez-vous le savoir ?

— Nous l'avons toujours su. La pirogue s'appelait *Attends-le-Vent-d'Ouest*. Kelolo la dirigeait, Kanakoa était roi, Mato commandait une bordée de pagayeurs et Pa l'autre. Kupuna était astronome. La pirogue mesurait quatre-vingts pieds de long, selon vos mesures, et le voyage dura trente jours. Nous avons toujours su cela.

— Vous voulez dire qu'une petite pirogue comme celles qui sont sur la plage a fait un long voyage ? Avec sept ou huit passagers ?

— C'était une double pirogue, Makua Hale, et il y avait non pas huit mais cinquante-huit passagers.

Abner était suffoqué, mais son goût de l'Histoire se réveillait, et il comprit qu'il tenait une des plus solides légendes de cet étrange peuple. Il voulut en savoir davantage.

— Et d'où venaient-ils ?

— De Bora Bora.

— Où est-ce ?

— A côté de Tahiti.

— Vos ancêtres seraient venus de Tahiti à bord d'une simple

pirogue ? Impossible ! Voyons... Recommençons. Racontez-moi tout, depuis le commencement.

Et, dans la pénombre de la case, Kelolo entonna les litanies bien rythmées qui racontaient l'histoire du peuple hawaïen. Peu à peu, Abner se passionna pour ces événements fabuleux. Il se refusa cependant de croire au départ de Bora Bora dans l'ouragan, avec des vagues de plus de dix mètres de haut. Il en riait encore en répétant l'histoire à Jerusha.

— Imaginez donc une pirogue hawaiienne sortant simplement de la rade par grand vent !

Comme pour lui donner raison, quelques jours plus tard, le capitaine hawaiien de la *Thetis* s'enivra, resta dans sa cabine pendant une tempête qui rompit les amarres et laissa le petit brick s'écraser sur les rochers au large de Lahaina, où sa carcasse pourrit lentement, preuve tangible que les indigènes étaient incapables de naviguer dans leurs propres eaux.

Lorsque Abner eut terminé et mis au propre la généalogie que lui avait dictée Kelolo, il la donna à Keoki et lui dit d'un ton condescendant :

— Votre père prétend que tout cela est vrai.

— Bien sûr ! s'écria Keoki, vexé.

— Allons, Keoki ! Plus de cent vingt-cinq générations ! Personne ne peut remonter aussi loin !

— Les kahuna le peuvent, s'entêta Keoki.

— A vous entendre, on croirait que vous défendez les kahuna.

— En ce qui concerne les généalogies, oui, je les défends.

— Mais tout cela n'est que pure imagination... Fantaisie, mythes !

— C'est notre livre, dit Keoki en serrant le manuscrit sur son cœur. Comme votre Bible.

— Keoki ! Comment osez-vous comparer la Bible et ce... ce fatras ! Vous qui vouliez être pasteur !

— Je crois que les prophètes de l'Ancien Testament n'étaient pas autre chose que des kahuna dans leur genre, affirma Keoki, puis il ajouta plus doucement : ne pensez-vous pas qu'Ézéchiel était un kahuna ?

Abner se hérissa et répondit sèchement :

— Je crois que cela suffit, Keoki.

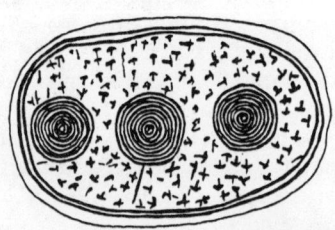

Quelques jours plus tard, alors qu'Abner écrivait à Honolulu pour aviser le Conseil des Missions de l'étrange conduite de Keoki, une nouvelle éclata dans l'atmosphère paisible de Lahaina. La fille aînée de Pupali fit irruption dans l'école de Jerusha et glapit :

— Iliki ! Iliki ! Le bateau est arrivé ! Le *Carthaginian* !

Et, avant que Jerusha ait pu faire un geste, la jeune beauté bronzée sauta par-dessus son banc et suivit sa sœur en courant. Les deux jeunes filles abandonnèrent leurs vêtements sur la plage et nagèrent jusqu'au bateau où le grand capitaine les prit dans ses bras et les entraîna dans sa cabine en rugissant à son second :

— Mr Wilson, que personne ne nous dérange avant deux jours !

Mais il fut dérangé par trois policiers de Kelolo qui montèrent à bord. Ils avaient ordre d'arrêter les filles de Pupali et de les mettre en prison dans le fort. Le second essaya de leur barrer le passage, mais les policiers ripostèrent et les matelots vinrent à la rescousse. Au plus fort de la bagarre, le capitaine Hoxworth surgit de sa cabine, torse nu, en hurlant :

— Flanquez-les à la mer !

Frappant aveuglément des pieds et des poings, le colosse mit un premier et un second policier hors de combat. Voyant cela, le troisième sauta à la mer. Le capitaine s'empara alors d'un lourd goujon et s'acharna sur les policiers hawaiiens. Puis il les tira par les pieds et les fit basculer par-dessus bord. L'un d'eux ne reparut pas.

— Il se noie ! s'écria le second Wilson.

— Tant pis pour lui, gronda Hoxworth.

Ivre de rage, le capitaine du *Carthaginian* saisit un porte-voix et rugit en se tournant vers le rivage :

— Que personne ne tente de monter à mon bord ! Personne !

Puis il redescendit dans sa cabine rejoindre les filles de Pupali.

A terre, c'était la consternation. Kelolo était atterré qu'un Américain ait osé tuer un de ses hommes à la vue de tout le monde, et il se hâta d'aller demander conseil à Malama. L'énorme femme était malade, mais elle surmonta sa faiblesse et fit un effort pour se lever. Ses suivantes l'habillèrent et l'accompagnèrent au village où elle réunit tous les agents de l'ordre.

D'autre part, les capitaines des divers baleiniers ancrés dans la rade, que les nouvelles lois enrageaient, applaudissaient à l'audace de Hoxworth et pensaient déjà rétablir à Lahaina les anciennes coutumes perverses. Ils se rassemblèrent sur la jetée et jurèrent de soutenir le capitaine Hoxworth, quoi qu'il advienne.

Malama, cependant, donnait ordre à ses hommes d'aller arrêter Hoxworth. Non sans appréhension, Kelolo coiffa son képi de policier, désigna trois aides peu enthousiastes et sauta dans la pirogue. Ils n'avaient pas couvert la moitié de la distance qui les séparait du *Carthaginian* que le capitaine Hoxworth, en plein délire, se mettait à tirer sur eux. Sans attendre un ordre, les pagayeurs firent demi-tour et regagnèrent le rivage. Voyant cela, Hoxworth sauta dans une chaloupe un revolver dans la main gauche, un autre passé dans sa ceinture et se mit à ramer lui-même vers la plage. Les autres capitaines l'attendaient à la fois pour le soutenir et le protéger.

— Capitaine Henderson, rugit Hoxworth. C'est un canon que je vois à bord de votre *Bay Tree* ?

— C'en est un. Je fais voile vers la Chine.

— Vous avez des boulets ?

— J'en ai.

— Parfait.

Puis Hoxworth s'avança vers Malama, en repoussant la foule des Hawaiiens, et lui cria au visage :

— Madame, tant que ces navires seront au port, ils seront libres !

— De nouvelles lois ont été promulguées !

— Au diable les lois ! Nous entendons agir à notre guise.

Puis il se tourna vers les marins qui l'acclamaient et lança d'une voix tonnante :

— Faites tout ce que vous voulez! Amenez le whisky et les filles!

A ce moment, la foule se sépara pour laisser passer Abner Hale, en redingote et haut-de-forme, boitant légèrement à cause de la vieille blessure infligée par le bravache même qui menaçait à présent la paix de Lahaina. Kelolo et ses policiers reculèrent.

— Bonjour, capitaine Hoxworth, dit Abner.

Le baleinier toisa le petit missionnaire, s'esclaffa :

— J'ai jeté cet avorton aux requins une fois, je le referai, rugit-il.

Les capitaines, tous hostiles à Abner, en qui ils voyaient l'auteur des lois hawaiiennes, encouragèrent Hoxworth de leurs cris.

— Faites ramener Iliki à l'école, dit Hale avec force.

Les deux hommes s'affrontèrent un long moment du regard puis, quasi inconsciemment, le marin révéla la véritable raison de sa venue à Lahaina. Il voulait voir Jerusha Bromley.

— Nous serions mieux chez vous pour parler, suggéra-t-il, abaissant ses pistolets.

— On décharge le whisky? demanda un des capitaines.

— Bien sûr, répondit Hoxworth. Aucune loi ne l'interdit.

— Rendez-vous chez Murphy!

— Où se trouve votre maison? reprit le baleinier.

— Là-bas, dit Hale, tendant le bras.

Hoxworth parut sidéré, et sa consternation fit voir à Abner pour la première fois le misérable taudis dans lequel sa femme et lui vivaient.

— Jerusha habite là?

— Oui.

— Sacredieu, mais vous êtes fou, mon vieux!

A grandes enjambées, le baleinier au torse et aux pieds nus remonta le chemin, poussa du pied la porte et pénétra dans la case. Il fit quelques pas sur le sol de terre battue, s'arrêta. Quand ses yeux furent habitués à la pénombre, il découvrit dans l'encadrement de la porte séparant la chambre des enfants du bureau d'Abner la femme qu'il avait voulu épouser. Il regarda longuement le visage las, la chevelure terne, les mains rougies; il remarqua la robe élimée trop grande, les chaussures grossières et éculées, trop grandes elles aussi. Peut-être à cause de l'obscurité, peut-être parce qu'il s'y refusait, il ne vit pas l'éclat qui rayonnait des yeux fatigués de Jerusha et ne sentit pas non plus le calme qui l'habitait.

— Mon Dieu, Jerusha! Qu'a-t-il fait de vous?

La voix dure fit gémir l'un des enfants et la femme du missionnaire disparut dans la chambre. Elle revint cependant et suggéra :

— Asseyez-vous, capitaine.

— Où, bon Dieu? gronda Hoxworth, hors de lui. Sur une caisse? A cette table? (Il abattit violemment le poing sur le bureau branlant d'Abner, fit tomber la traduction de la Bible.) Vous appelez ça une maison?

— Non. J'appelle cela mon temple.

La réponse était si péremptoire et impliquait tant de choses que Hoxworth laissa partir à la dérive sa flotte de pensées compatissantes, remplacées par un violent désir de faire mal à Jerusha et à son mari. D'un coup de pied, il renversa la table de travail.

— Alors, c'est ça le sénat qui pond toutes ces lois ?

— Non, dit Abner, ramassant la bible tombée par terre. C'est ce livre qui en est la source.

— Vous voulez gouverner Lahaina selon les dix commandements ? ricana le baleinier.

— Comme nous nous gouvernons nous-mêmes.

— La Bible vous dit aussi de vivre comme une bête ? de faire travailler votre femme comme une esclave ?

Hoxworth voulut saisir la main de Jerusha, qui se dégagea.

— Pauvres larves, vous pouvez toujours pondre vos lois, vous ne forcerez jamais les marins à les respecter. Il y aura des femmes à bord des baleiniers à midi.

— Nous interdirons aux femmes d'y aller, répliqua Abner.

— Mes hommes ont passé neuf mois en mer. Des Hawaiiennes au cul noir, c'est ça qu'ils veulent. Moi, j'en prends toujours deux. Une grosse et une maigre.

— Si vous alliez à l'église, Jerusha ? suggéra Abner.

— Elle reste ici ! tonna le capitaine, saisissant de nouveau la main de la femme d'Abner. Qu'elle sache un peu ce que c'est qu'un homme, un vrai ! Quand j'ai mes deux négresses, je m'enferme dans ma cabine pendant deux jours, je me déshabille complètement — c'est pour ça que je suis en pantalon : j'ai été dérangé, j'ai dû tuer un homme — et quand je suis tout nu, je m'allonge sur le dos, je dis aux filles : « La première qui réussit à ... »

Une gifle d'Abner l'interrompit. Surpris, le baleinier demeura un moment sans réaction puis agrippa le missionnaire par le poignet, le tordit pour le contraindre à s'agenouiller dans la poussière de sa propre maison.

— Je dis aux filles, acheva Hoxworth : « La première qui réussit à me faire bander pourra grimper à bord, et après, l'autre me fera une pipe ! »

Jerusha s'agenouilla auprès de son mari et Rafer Hoxworth lança un regard de mépris aux deux misérables créatures.

— Qu'est-ce que tu fais, Jerusha ? Tu soignes ton petit mari ?

— Je prie pour vous.

D'une bourrade, il les fit tomber tous deux et se campa devant eux menaçant.

— Il y a un canon à bord du *Bay Tree*, et par les tripes de Dieu, si on empêche les baleiniers de s'amuser, je ferai voler cette case en morceaux !

Hoxworth se dirigea vers la porte mais s'arrêta sur le seuil pour lancer aux deux missionnaires :

— Ça vous intéressera peut-être de savoir que de toutes les filles de Pupali, c'est Iliki la meilleure. J'ai commencé par la mère, je suis passé aux filles mais c'est Iliki que je préfère. Vous savez pourquoi ? Parce que vous lui avez appris les bonnes manières. Ici, à la mission. Quand elle me monte dessus, elle me dit : « Avec votre permission... »

Après le départ du baleinier, les Hale restèrent un moment à genoux, en prière, puis Jerusha aida son mari à relever la table branlante et à ramasser son manuscrit. Consciente que les menaces de Hoxworth étaient sérieuses, Jerusha amena ses deux enfants chez Amanda Whipple mais ne lui révéla pas la scène qui venait de se dérouler à la mission. Puis elle retourna auprès d'Abner, au côté de qui elle voulait se trouver si de nouveaux troubles éclataient.

Ce fut le cas. Toute la flotte des baleiniers vit dans le défi de Hoxworth l'occasion de faire abolir à jamais les lois restrictives. Les marins se répandirent dans Lahaina, pillant, violant, saccageant. Ils contraignirent les policiers à se cacher puis cernèrent le fort, où Kelolo s'était retranché avec un dernier groupe d'hommes sûrs résolus à se battre.

— Rasez le fort ! braillèrent des marins qui y avaient été emprisonnés.

— N'approchez pas ! les prévint Kelolo.

Mais avant d'entreprendre quoi que ce soit, il descendit des frêles remparts pour consulter son épouse.

Malama lui renvoya la question :

— Et toi, que penses-tu qu'il convient de faire ?

— Nous devons leur résister, répondit l'Hawaiien. Nous avons édicté de bonnes lois, nous ne devons pas y renoncer maintenant.

— Je suis d'accord, mais je ne voudrais pas que tu sois blessé, mon cher époux.

Kelolo eut un sourire radieux en entendant ce terme inattendu car il savait que les missionnaires avaient interdit à Malama de l'utiliser pour lui.

— Te sens-tu mieux, maintenant ?

— Je me sens très mal, Kelolo. Crois-tu qu'ils feront tirer le canon ?

— Je le crois. Mais au bout d'un moment, ils auront honte et ils arrêteront.

— Crois-tu qu'ils feront des morts ?

— Oui.

— Kelolo, j'espère qu'ils ne te tueront pas. Nul n'aurait pu être meilleur mari que toi. Et les missionnaires, leur ont-ils fait du mal ?

— Je ne sais pas.

— N'est-ce pas étrange, dit Malama, le petit homme passe son temps à nous dire comment les Hawaiiens devraient se conduire, mais c'est toujours les siens qui font le mal.

Des combats éclatant à la grille, on eut besoin de Kelolo pour prendre une décision. Il ordonna à ses hommes de ne pas faire usage des quelques fusils dont ils disposaient mais de repousser les assaillants avec de longues perches. A bord du *Bay Tree*, Hoxworth vit dans sa lunette plusieurs de ses hommes tomber du haut des remparts. Perdant son sang-froid, il mit lui-même le canon en position et donna l'ordre de tirer. Le boulet de quarante livres fit une trouée dans les palmiers proches du fort, et le capitaine s'écria :

— Vingt pieds plus bas !

Le deuxième boulet, touchant le fort, projeta en l'air des éclats de roche. Le troisième détruisit la grille, laissant des centaines de marins se ruer à l'intérieur, bousculant Kelolo et menaçant Malama.

— Tu vois la case du missionnaire ? beugla Hoxworth. Là-haut, à gauche... Rase-la.

Le premier boulet passa à nouveau trop haut. Le baleinier, sautillant d'excitation sur ses pieds nus, diminua la hausse, si bien que le cinquième tir de la journée perça de part en part la mission, comme le sixième et le septième.

— Par Dieu, s'exclama le capitaine, c'en est fini des lois !

Soudain, alors que la mission n'était déjà plus que ruines, Hoxworth sursauta, porta la main à son cœur et se rua sur les canonniers en les dispersant comme autant de quilles.

— Qu'est-ce qui vous prend ? Bon Dieu, qu'est-ce que vous fichez ?

Et puis, comme un dément, il plongea dans la baie et se mit à nager vers le rivage. Ruisselant, haletant, il passa en courant devant le fort où les matelots insultaient grossièrement Kelolo et l'énorme Alii Nui, et arriva devant la mission à moitié détruite. Il sauta par-dessus des morceaux de charpente brisée et se rua à l'intérieur en glapissant :

— Jerusha ! Jerusha ! Vous êtes blessée ?

Fou d'angoisse, il fouilla la première salle, retourna les décombres en appelant Jerusha et soupira enfin en percevant des murmures dans la dernière chambre encore intacte. D'un coup de pied, il poussa la porte branlante. Jerusha et Abner, à genoux dans la poussière, étaient en train de prier. Hoxworth chancela de soulagement.

— Dieu soit loué ! souffla-t-il.

Puis il se précipita sur la jeune femme, la fit lever et la serra contre son torse nu et mouillé. Passive, résignée, sans forces, elle ne lui résistait pas et se contentait de le considérer avec horreur. Et puis elle aperçut son mari qui s'avançait, armé d'un couteau cassé.

— Non ! trouva-t-elle la force de crier. Non ! Dieu le punira, Abner.

Rafer Hoxworth pivota, vit le couteau et, lâchant Jerusha, il expédia son poing dans la figure du petit missionnaire qui s'écroula contre la paroi de branchages et passa au travers. Tandis qu'il se débattait dans les feuilles sèches et les planches vermoulues, il entendait les cris de Jerusha. Et puis, avant qu'il ait pu se remettre sur pieds, il perçut un hurlement poussé par le capitaine. Jerusha lui avait cruellement mordu la main.

Lorsqu'Abner rentra dans la petite chambre, armé d'un gourdin, il vit Hoxworth adossé à ce qui restait de la porte, en train de sucer sa plaie. Le capitaine les regarda tous deux, puis, comme s'il ne s'était rien passé, d'une voix posée, il dit tristement :

— Jerusha, votre mari vous a emmenée dans un endroit bien misérable. Depuis quand n'avez-vous pas eu de robe neuve ? De quel droit vous tue-t-il au travail ?

Tête basse, il se retourna pour partir mais il hésita sur le seuil détruit et ajouta, d'une voix brisée :

— Pourquoi faut-il que je vous rencontre toujours quand vous êtes enceinte... de ce foutu crétin ?

L'orgie et les bagarres durèrent encore trois jours et les filles qui avaient été de bonnes élèves de Jerusha, en marche vers la civilisation, s'abandonnèrent aux joies de la luxure sur les navires. Les chansons des marins faisaient trembler les murs de la boutique de Murphy. Les parents qui tentaient de sauver la vertu de leurs filles étaient sauvagement frappés et les filles violées. Et, au palais, épuisée et lasse, de plus en plus souffrante, Malama sentait ses forces l'abandonner.

Le troisième jour, elle fit venir Abner et lui demanda faiblement :

— Comment de telles choses peuvent-elles se passer ?

— Nous sommes des bêtes, Malama. Seules, les lois divines peuvent nous retenir au bord de l'abîme du péché.

— Votre peuple n'a donc pas appris ces lois ? Pourquoi les Américains, les Anglais et les Français tiennent-ils tant à prendre nos filles et à se débaucher chez nous ?

— Parce que Hawaii n'est pas encore civilisé. Ils ont l'impression qu'ils peuvent agir comme bon leur semble.

— C'est ainsi que les Blancs nous enseignent la civilisation ? En nous tirant dessus à coups de canon ?

— J'ai honte pour eux, murmura Abner.

C'était l'instant que Malama attendait depuis longtemps. Elle sourit doucement et répondit enfin après un silence :

— Maintenant, nous sommes égaux, Makua Hale.

— Comment cela ? demanda Abner en fronçant le sourcil.

— Vous m'avez toujours dit que je ne trouverais pas la grâce sans humilité. Vous avez refusé de me faire entrer dans le sein de votre Église parce que je n'étais pas assez humble. Je vais vous faire un aveu. Oui, je n'étais pas humble et vous avez eu raison de me repousser. Mais savez-vous pourquoi je ne pouvais m'humilier ?

— Pourquoi ?

— Parce que vous n'étiez pas humble vous-même. Vous aviez toujours raison, et nous avions toujours tort. Vos paroles étaient justes, et les miennes mauvaises. Aujourd'hui que le fort et votre propre mission ont été détruits par vos semblables, nous sommes égaux. Je suis enfin humble, parce que vous l'êtes. Je ne puis rien sans l'aide de Dieu.

L'énorme femme se mit péniblement à genoux, joignit les mains et, les yeux ruisselants de larmes, elle supplia :

— Makua Hale, je vous conjure de m'accepter dans le sein de votre Église. Car je vais bientôt mourir et je veux connaître Dieu.

Le canon du *Bay Tree* tonnait encore, et on dansait chez Murphy. Trois des filles de Pupali étaient enfermées dans la cabine de Hoxworth. Ce fut dans ces conditions qu'Abner Hale annonça :

— Malama, dimanche nous vous baptiserons dans le temple du Seigneur.

— Dimanche, il sera trop tard. Tout de suite.

Abner comprit que le temps pressait. Il fit appeler Jerusha, Keoki, Noelani, Kelolo, le capitaine Janders et les Whipple. En voyant Malama, le médecin déclara d'un ton grave :

— Cette femme est très malade.

Tristement, ils firent cercle autour de l'Alii Nui qui, étendue par terre, respirait péniblement. Le canon tonnait au loin ; les émeutiers qui avaient suivi les Whipple poussaient des cris de l'autre côté des grilles du palais. Abner récita de mémoire les derniers versets des Proverbes, qui semblaient s'appliquer spécialement à Malama, l'Alii Nui : *Force et honneur la revêtent, elle pense à l'avenir en souriant. Elle ouvre la bouche avec sagesse, et sa langue fait gentiment la leçon. Elle surveille la marche de sa maison et ne mange pas le pain de l'oisiveté.* Puis il demanda au groupe :

— Malama Kanakoa, fille du roi de Kona, entrée en état de grâce, désire devenir membre de la Sainte Église de Dieu par le baptême. Souhaitez-vous l'accepter ?

Keoki parla le premier, suivi de Janders et des Whipple, mais quand ce fut son tour, Jerusha s'inclina et embrassa la malade.

— Vous êtes ma fille, gémit l'Hawaiienne.

— Malama, dit Abner, vous allez maintenant abandonner votre nom païen pour prendre un nom chrétien. Lequel choisissez-vous ?

Une expression de joie passa sur le visage massif de l'Alii Nui, qui murmura :

— J'aimerais prendre celui de cette chère amie dont Jerusha m'a souvent parlé. Je m'appellerai Luka. Jerusha, voulez-vous me raconter son histoire une dernière fois ?

Comme si elle s'adressait à ses propres enfants, au coucher du soleil, Jerusha entama à nouveau l'histoire de Ruth — Luka, pour les Hawaiiens — mais quand elle en vint à l'exil en terre étrangère, elle fut incapable de poursuivre et ce fut Malama qui acheva et conclut :

— Puissé-je, sous le nom de Luka, trouver le bonheur dans le nouveau pays pour lequel je partirai bientôt.

Après le baptême, le docteur Whipple chassa impatiemment tout le monde et voulut examiner Malama. Mais elle lui répondit avec simplicité :

— Je mourrai avec les kahuna et les médicaments de mes ancêtres.

Abner voulut protester, mais Jerusha l'entraîna vers la mission en ruine, malgré les supplications d'Amanda Whipple qui voulait les recueillir chez elle.

Les matelots, dégrisés, s'étaient calmés et le village retrouvait un semblant de quiétude. Les capitaines commençaient à avoir honte de leurs excès, car les indigènes chuchotaient que les marins avaient tué Malama, ou au moins causé son agonie. Soudain, on vit apparaître dans la rue principale le capitaine Rafer Hoxworth, en grande tenue, suivi de cinq matelots chargés de paquets et de présents. Devant le seuil de la mission, il ôta sa casquette, la mit sous son bras et s'inclina poliment devant Jerusha médusée :

— Je vous fais toutes mes excuses, madame. Je tiens à remplacer tout ce qui a été cassé. Les autres capitaines vous offrent ces chaises et cette table et... ma foi, j'ai fait le tour des bateaux et j'ai récolté ces étoffes. J'espère que vous pourrez vous faire là-dedans quelque chose de convenable... Je veux dire des robes neuves... madame.

Il remit sa casquette sur sa tête, tourna les talons et s'éloigna de la mission.

Tout d'abord, Abner ne voulut pas garder les meubles.

— Nous allons les brûler sur le port ! s'écria-t-il.

Mais Jerusha refusa fermement.

— Nous en avons besoin. Et ce n'est pas un cadeau du capitaine Hoxworth aux Hale, c'est un don de Dieu à la mission.

Abner insista cependant pour donner le tissu aux femmes de Malama et Jerusha y consentit. Mais dès qu'il fut parti avec le ballot, elle s'assit à la table neuve et écrivit une longue lettre embarrassée à Esther, cette sœur qu'elle n'avait jamais vue :

Ma chère sœur en Dieu,
Vous seule, de tous ceux que je connais, aurez la grâce de me pardonner pour ce que je m'apprête à faire. C'est un acte de vanité, tout à fait inexcusable dans les circonstances actuelles de ma vie, mais si péché il y a, la faute doit retomber sur moi seule. Chère sœur, ne souriez pas de moi et surtout, ne parlez à personne de ma futilité.
Vous m'avez souvent demandé si vous pouviez m'envoyer quelques petites choses, je vous ai toujours répondu que Dieu pourvoyait à tout, pour mon mari comme pour moi, et c'est la vérité. Le Conseil des Missions nous a fourni ce dont nous avions besoin mais récemment, je me suis rendu compte avec une certaine consternation que cela fait des années que je n'ai pas porté une robe faite spécialement pour moi. Je m'empresse d'ajouter que celles que des personnes charitables nous ont

envoyées sont de belle étoffe, et bien coupées, mais je me surprends à désirer une robe qui serait vraiment à moi.

Je la voudrais rouille, avec des parements bleus ou rouges, et je vous serais infiniment reconnaissante de veiller à ce qu'elle ait ces manches ballon qui semblent à la mode aujourd'hui. J'en ai vu une de ce genre il y a quelques années sur une femme qui se rendait à Honolulu et je l'ai trouvée fort seyante. Bien sûr, si la mode a beaucoup changé, je préfère que vous suiviez le goût du jour. De chapeau je n'ai pas besoin, mais si vous aviez la gentillesse de m'envoyer une paire de gants, avec de la dentelle, comme autrefois, vous me combleriez.

Inutile de vous préciser, très chère Esther, que je n'ai pas de quoi payer cette requête insolite car je n'ai pas vu un dollar en sept ans et n'en ai d'ailleurs pas besoin. Je suis consciente d'imposer à une amie une faveur coûteuse mais j'espère que vous la comprendrez.

Comme je ne suis plus aussi robuste, ni même aussi grande qu'autrefois, ne la faites pas faire trop large. D'après ce que votre cher frère m'a dit de vous, je dois maintenant être à peu près de votre taille, mais je ne veux pas d'une de vos robes. Celle que je vous demande doit être neuve et entièrement à moi. Puissiez-vous trouver en votre cœur la charité nécessaire pour me pardonner cette lettre de quémandeuse. Votre sœur Jerusha.

En allant poster la lettre au magasin Janders & Whipple, elle apprit que le *Carthaginian* avait levé l'ancre et que la jolie Iliki, la fille de Pupali, était dans la cabine du capitaine. Jerusha en souffrit plus que de tout ce qui s'était passé ces derniers jours et ne put retenir ses larmes. « C'était une enfant adorable, se lamenta-t-elle. Nous n'en trouverons plus comme elle. Déjà je ressens sa perte car je la considérais comme ma propre fille. J'espère que le monde sera bon pour elle. »

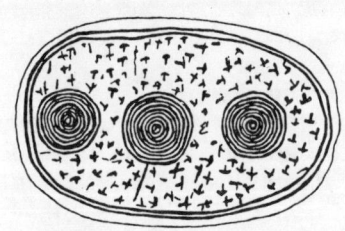

Un des derniers actes publics de Malama consista à grimper dans sa « pirogue de terre » et à se faire porter dans les rues dévastées. Partout où elle passait, elle disait : « Nos lois sont bonnes. Elles doivent être respectées. » Elle s'arrêta pour encourager les policiers, et chez Murphy, elle déclara à nouveau, la respiration sifflante :

— Il ne faut plus vendre d'alcool aux Hawaiiens. Nos jeunes filles ne doivent plus danser nues.

Prononcées si peu de temps après les émeutes, ses paroles en prirent une force accrue, et les hommes de Kelolo retrouvèrent peu à peu le sang-froid qu'ils avaient perdu. Dans sa pirogue ridicule, suivie de ses énormes dames de compagnie et de ses porteurs de bâtons à plumes, Malama devint un personnage d'une extrême dignité.

Keoki et Noelani participèrent à cette étrange promenade, et au fort, où la foule était la plus nombreuse, Malama alla jusqu'à annoncer :

— Je vais mourir. Ma fille Noelani sera Alii Nui.

— Il n'y eut aucun applaudissement mais les Hawaiiens regardèrent la ravissante vahiné avec un respect plus grand.

Remarquant que les principaux kahuna de l'île s'étaient rassemblés autour de Malama et lui parlaient avec ferveur, Abner présuma qu'ils s'efforçaient de la convaincre d'abandonner sa nouvelle religion. Il n'en était rien. Satisfaits du christianisme, ils étaient prêts à reconnaître que son dieu était supérieur aux leurs. Mais ils entendaient également ne rien négliger qui pût protéger leur Alii Nui pendant ses derniers jours, et tandis qu'Abner priait Jéhovah, ils prièrent Kane en silence. Ils massèrent ensuite Malama avec soin, lui administrèrent des herbes pour calmer ses souffrances et lui préparèrent ses plats préférés, dont elle continuait à se gaver, pensant sans doute que c'était sa seule chance de recouvrer ses forces. Elle mangeait quatre fois par jour, parfois cinq, un repas normal se composant d'une ou deux livres de cochon rôti, d'un morceau de chien, de poisson grillé, d'une copieuse ration de fruits de l'arbre à pain, d'un quart de *poi* au moins, et le plus souvent de deux ou trois. Après quoi, les servantes lui faisaient un *lomilomi* de l'estomac pour stimuler une digestion défaillante.

— Elle se tue en mangeant ! tempêtait Whipple, mais elle a commencé quand elle avait vingt ans. Quels repas gargantuesques !

Quand la nouvelle parvint aux autres îles que Malama, fille du roi de Kona, agonisait, les alii se rassemblèrent autour de son lit de mort comme le voulait la coutume. Plus tard, lorsqu'on demanderait à un Américain qui se trouvait à Lahaina à cette époque quel souvenir marquant il avait gardé de l'île, ce ne serait jamais de la canonnade qu'il parlerait mais de ce rassemblement funèbre des alii. « Ils arrivèrent de la lointaine Kaui en bateau et de Lanai en pirogue. Ils arrivèrent seuls ou en groupes. Certains portaient des habits occidentaux, d'autres des capes jaunes, mais tous passèrent devant le vieux palais de Kamehameha, l'air grave, et suivirent le sentier sous les arbres. Il me semble les voir encore aujourd'hui. Quels géants c'étaient ! »

La reine Kaahumanu, régente des îles, vint accompagnée des reines Liliha et Kinau, toutes deux d'une belle corpulence. De Hawaii vint la princesse Kalani-o-mai-heu-ila, pesant quarante livres de plus que Malama, et d'Honolulu, Kauikeaouli, le petit roi. Les grands hommes des îles étaient présents eux aussi : Paki, Boki, Hoapili, et le chef que les Occidentaux appelaient Billy Pitt. Les voyant assemblés, le docteur Whipple songea : « En une génération, ils ont élevé leurs îles du paganisme à Dieu, de l'âge de pierre aux temps modernes. Pour ce faire, ils ont dû combattre les Russes, les Anglais, les Français, les Allemands et les Américains. Chaque fois qu'un navire de guerre " civilisé " relâchait dans leurs eaux, c'était pour les contraindre à livrer leurs filles aux marins. »

C'était une race étonnante, ces alii de Hawaii, et rassemblés en grande tenue pour la mort de Luka Malama Kanakoa, ils semblaient porter leur propre deuil. Leur vue inspira au médecin cette remarque :

— Ils sont un peu comme ces grands animaux qui peuplaient autrefois le monde et qui ont lentement disparu, balayés par les changements.

— Quels animaux ? demanda Abner d'un ton soupçonneux.

— Les créatures monstrueuses d'avant les âges glaciaires, expliqua Whipple. Certains savants pensent qu'elles ont disparu parce qu'elles étaient devenues trop énormes pour avoir leur place sur une terre en changement.

— Je ne m'intéresse pas à ces spéculations, lâcha Hale.

Dans son palais, Malama accueillait chacun de ses vieux amis.

— Aloha nui nui, répétait-elle.

— Aoué, aoué ! gémissaient-ils. Nous sommes venus pleurer avec notre sœur bien-aimée.

Prise d'atroces souffrances, elle se mordait la lèvre inférieure, haletait par les coins de sa grande bouche, retrouvait son sourire dès que la douleur était passée, cependant qu'autour d'elle, formant un vaste demi-cercle, les alii accroupis échangeaient des murmures et priaient.

Malama rendit le dernier soupir en regardant Kelolo, qui l'avait veillée toute la nuit. Elle le vit comme il avait été au temps de leur jeunesse, avant que des dieux et des missionnaires étranges ne se mettent entre eux, mais ses dernières paroles reflétèrent la nouvelle société qu'elle avait contribué à créer :

— A ma mort, personne ne devra s'arracher les dents, se crever un œil, ni pousser des cris de fureur. Je veux être enterrée en chrétienne.

Elle attira alors Kelolo plus près d'elle et, pour lui parler à l'oreille une dernière fois, se souleva péniblement sur un coude puis mourut et retomba en arrière, masse de chair sans vie répandue sur sa natte.

Selon le vœu qu'elle avait exprimé, l'Alii Nui fut enterrée chrétiennement dans une caisse de cèdre, sur une île située au centre d'une zone marécageuse. Abner prononça un sermon émouvant et ne remarqua pas que Kelolo, Keoki et Noelani ne s'approchaient pas de la tombe mais demeuraient à l'écart, parlant à voix basse avec les kahuna.

— Avant de mourir, dit Kelolo, Malama m'a murmuré à l'oreille : « Laisse-les m'enterrer à leur manière. Cela aidera Hawaii. Mais ensuite, venez et procédez aux obsèques rituelles des Alii Nui. »

La procession se dispersait quand Kelolo retint son fils par la main.

— Keoki, je serais heureux si tu m'aidais.

Le jeune homme attendait cela, avec une certaine appréhension. Mais il n'hésita pas.

— Je t'aiderai, dit-il simplement.

Très calmement, il venait de prendre la plus grave décision de sa vie.

Depuis déjà quelque temps, Keoki était rongé de doutes. Ces doutes s'étaient cristallisés après le bannissement de l'Église des frères Hewlett et Whipple, quand Abner avait refusé de le nommer pasteur. Les kahuna murmuraient depuis longtemps que les missionnaires n'accepteraient jamais de Hawaiiens parmi eux. Keoki avait cru en Dieu de toute son âme, de tout son cœur. Il avait été prêt à le servir en toute occasion, envers et contre tous. Mais Dieu était une chose, les missionnaires une autre. Il se disait, avec logique, que si les missionnaires ne voulaient pas de lui, il ne leur devait rien. Et maintenant, au soir des funérailles chrétiennes de sa mère, les anciens dieux, les rites millénaires, venaient le chercher, le réclamaient, et Keoki avait dû choisir entre les deux religions. Ses ancêtres avaient gagné.

A la tombée de la nuit, Kelolo, Keoki et deux kahuna jeunes et robustes se rendirent sur la tombe fraîche de leur Alii Nui, écartèrent avec soin les fleurs qui la recouvraient. A l'aide des bâtons cachés sur place dans la journée, ils déterrèrent la caisse, firent sauter le couvercle et ôtèrent avec respect la bible qui était posée sur Malama. Doucement, ils firent rouler le gros corps inerte sur une ventrière de toile.

— Tu couperas le bananier, dit Kelolo à Keoki.

Le jeune homme alla dans le centre de l'île, abattit un de ces arbres qui, depuis des temps immémoriaux, représentaient l'homme pour les dieux. Puis il retourna à la caisse, plaça le tronc à l'intérieur de manière à éviter de provoquer la colère de Jéhovah et replaça la bible par-dessus. Après avoir rebouché la tombe, les quatre hommes soulevèrent la ventrière et emportèrent Malama vers ses véritables funérailles.

Dans la nuit noire, ils pagayèrent jusqu'à un endroit de la côte où nul ne pouvait les voir, grimpèrent dans les collines de Maui. Au matin, ils parvinrent dans une vallée secrète où ils creusèrent une tombe peu profonde dont ils tapissèrent le fond de pierres poreuses puis de feuilles de bananier. Ils y allongèrent ensuite Malama, la recouvrirent d'un tapa sacré, de feuilles et d'herbe. Puis ils comblèrent la tombe de tout le bois qu'ils purent trouver et y mirent le feu. Pendant trois jours, ils entretinrent les flammes cependant que les kahuna psalmodiaient :

> *De la chaleur de la vie aux eaux fraîches de Kane,*
> *Des désirs de la terre aux eaux fraîches de Kane,*
> *Du fardeau du désir aux fraîches retraites de Kane,*
> *Dieux des nombreuses îles, dieux des mers lointaines,*
> *Dieux des Petits Yeux, dieux des étoiles et du soleil,*
> *Prenez-la.*

Le quatrième jour, Kelolo ouvrit la tombe dont la chaleur avait consumé la chair de Malama. A l'aide d'un couteau tranchant, il sépara la tête du gigantesque squelette, gratta le crâne avec soin, l'enveloppa de feuilles, d'un morceau de tapa et d'une natte finement tressée. Aussi longtemps qu'il vivrait, il chérirait ce trésor ; le soir, devenu vieux, il sortirait la tête bien-aimée et lui parlerait. Il lui rappellerait qu'avant l'arrivée des chrétiens, elle aimait le tabac ; il allumerait sa pipe et, quand la fumée serait bonne, il la soufflerait dans sa bouche, certain qu'elle apprécierait cette attention.

Il détacha ensuite un des gros fémurs, le confia à Keoki pour qu'il le nettoie et le garde. Le jeune homme s'attela à cette tâche comme si des voix du passé lui parlaient.

Kelolo donna l'os de l'autre cuisse à Noelani, l'Alii Nui, pour qu'elle ait toujours auprès d'elle quelque chose qui lui rappellerait la source de sa grandeur. Puis il remit les autres os et les cendres à celui des kahuna qui avait emporté un curieux sac de paille tressée en forme de femme, réceptacle dans lequel furent mis les restes de Malama. Le sac sous le bras gauche, le crâne sous le bras droit, Kelolo partit seul dans les collines, alla jusqu'à une grotte qu'il avait découverte en cueillant des herbes. Il se coula à l'intérieur, ramassa des blocs de lave avec lesquels il construisit une petite plate-forme. C'est là, à l'abri de la terre putréfiante, qu'il déposa la dépouille royale de sa femme. Puis, comme aux temps anciens, il pria et demeura plus d'une heure à contempler les pierres empilées.

— Oh ! Kane, hurla-t-il soudain.

Il se jeta sur la plate-forme, la frappa de ses poings en gémissant :

— Malama, je ne peux pas te quitter, je ne peux pas.

Quand il eut recouvré son calme, il alluma un petit feu, se remit à pousser des cris déments tandis qu'une fumée âcre emplissait la grotte. Avec un morceau d'écorce, il fit un tube qu'il tint dans le feu jusqu'à ce qu'il s'enflamme et le pressa brusquement contre sa joue. Il recommença plusieurs fois, marquant son visage pour que chacun pût voir qu'il pleurait la mort de son alii.

Quand la douleur des brûlures devint trop forte, il saisit un bâton taillé en pointe, l'enfonça entre ses deux grosses incisives. Avec un gros caillou, il martela l'autre bout du bâton mais ses dents puissantes ne se brisèrent pas. Dans le silence de la grotte, enveloppé de fumée, il maudit ses dents, frappa une dernière fois avec une telle force qu'il sentit un horrible craquement dans sa mâchoire supérieure. L'os était fracturé. Avec ses doigts, il détacha la dent sur le point de tomber, la plaça sur les blocs de lave puis fit sauter l'autre incisive directement avec la pierre.

— Oh ! Malama ! Malama chère à mon cœur !

Dans sa douleur, il pleura un moment. Faisant preuve d'une détermination surhumaine, il reprit le bâton, plaça sa pointe émoussée au coin de son œil droit. D'un coup brusque, il s'arracha le globe oculaire, le jeta sur la tombe et s'évanouit.

Dix jours plus tard, le puissant chef Kelolo Kanakoa reparut à Lahaina, borgne, livide, sa bouche édentée encore sanguinolente. Les Hawaiiens, qui savaient ce qu'il avait fait, s'écartaient de lui avec respect, mais les Américains se détournaient avec horreur, sans comprendre. D'un pas décidé, il se rendit à la mission. Il était urgent qu'il avertisse le révérend Hale... En le voyant, Jerusha réprima un cri d'effroi, mais il feignit de ne pas s'en apercevoir et lui annonça en chuintant entre ses dents brisées :

— Le vent qui siffle va venir. Il vient toujours à la mort des Alii Nui.

— Quel vent ? demanda Jerusha en maîtrisant son dégoût.

— Le vent qui siffle va venir, répéta Kelolo.

Puis il s'éloigna, comme un somnambule.

Lorsque Abner revint, Jerusha lui fit part de l'étrange avertissement du vieil Hawaiien. Mais Abner haussa les épaules.

— Encore une de leurs superstitions. Ils s'imaginent tous que la mort d'un alii doit s'accompagner de manifestations surnaturelles.

— Mais le vent se lève-t-il réellement ?

— Pas plus que d'habitude, assura Abner.

Mais il n'avait pas fini de parler qu'ils entendirent tous deux un sifflement bizarre venant des lointaines vallées menant aux cimes de la colline où Malama, à leur insu, reposait à présent.

— Abner ! J'entends vraiment un sifflement !

Le petit missionnaire dressa l'oreille, et courut dans la rue. Il y rencontra le capitaine Janders et John Whipple, qui écoutaient le bruit menaçant, et des indigènes qui fuyaient leurs cases avec leurs familles pour se réfugier sous les plus grands arbres.

— Qu'est-ce que c'est ? cria Abner.

— Je n'ai jamais rien entendu de pareil, répondit Janders.

Le vent sifflait de plus belle, arrachant à présent les feuilles et les palmes. Un pêcheur hawaiien passa en courant et leur cria :

— Le vent qui siffle est sur nous !

— Faut-il rentrer ? demanda Abner.

Le pêcheur se retourna pour leur lancer :

— Pas rester dans les maisons ! Trop danger !

Les trois Américains virent qu'en effet tous les indigènes abandonnaient leurs maisons. Abner courait vers la mission quand Murphy, le tenancier, apparut et leur cria :

— C'est un ouragan meurtrier ! Ne restez pas chez vous !

Et, tandis que les trois hommes couraient chercher leurs familles, la première rafale secoua Lahaina.

Serrés sous les arbres, les Blancs voyaient passer des branches brisées, des arbres entiers, des toits de palme, des cases entières. Dans la rade, les baleiniers rompaient leurs amarres. Le vent mugissait de plus belle, mais la pluie ne venait pas. Un des navires alla s'écraser sur les rochers du rivage et soixante-dix marins périrent quand trois autres bateaux sombrèrent. Fatalistes, les Hawaiiens disaient qu'ils représentaient le sacrifice à Malama. Ils n'auraient rien fait pour sauver les autres matelots en perdition si Abner n'avait couru supplier Kelolo :

— Dites-leur, Kelolo ! Dites-leur que Malama ne demande pas de sacrifices ! Elle est morte en chrétienne !

Kelolo hésita un instant, puis il dénoua son pagne et se jeta dans les vagues démentes. D'autres Hawaiiens le suivirent. Sans eux, les Américains auraient perdu non pas soixante-dix mais trois cents hommes.

Le vent cessa aussi brusquement qu'il avait commencé. Épuisé, tirant la jambe, Abner alla s'asseoir sous un palmier et John Whipple, qui s'était dépensé pour soigner les blessés, vint le rejoindre.

— Dites-moi, lui demanda Abner, cela ne peut avoir aucun rapport avec la mort de Malama ?

Comme le docteur ne répondait pas, le missionnaire insista :

— John, vous avez l'esprit scientifique !

Depuis le congrès de Honolulu et l'affaire Hewlett, Abner avait cessé de l'appeler frère.

— Comment expliquez-vous ce vent, John ? Pas de pluie ? Un souffle qui descend de la montagne !

John Whipple était tout aussi perplexe que son ami. Ce vent sec l'étonnait. Il répondit que les vallées qui s'ouvraient de l'autre côté de l'île, sur le versant opposé de la montagne, devaient former une sorte de conduit, d'appel d'air où les alizés s'engouffraient, mais il était visible que cette explication ne le satisfaisait pas entièrement.

— Dites-moi, John, reprit Abner, qu'avez-vous pensé au plus fort de la tempête, quand vous étiez sur le récif, en train de sauver ces marins, en voyant les baleiniers qui nous ont tourmentés il n'y a guère... je veux dire, en les voyant sombrer, frappés par le Seigneur ?

Le docteur Whipple se tourna vers Abner et le considéra avec ahurissement. Mais Abner insista :

— Vous n'avez pas trouvé que c'était... Enfin, quelque chose comme les Égyptiens dans la mer Rouge ?

Écœuré, Whipple se leva et appela sa femme qui s'occupait d'un blessé. En s'éloignant, il lança :

— Je ne crois pas que l'alii a envoyé le vent, et je ne crois pas que Dieu a fait sombrer les bateaux.

Mais Abner n'avait pas fini d'exprimer le fond de sa pensée. Il lui courut après :

— Ce que je voulais vous demander, John, c'est si, au moment où la vengeance de Dieu s'est abattue sur ceux qui nous ont canonnés, vous aviez éprouvé un sentiment de revanche ?

— Non, répliqua sèchement Whipple. Je n'ai pensé qu'à une chose. J'espérais sauver ces pauvres diables.

— J'ai pensé la même chose, avoua Abner, et je me suis étonné moi-même.

— Vous faites des progrès, grommela Whipple en le quittant.

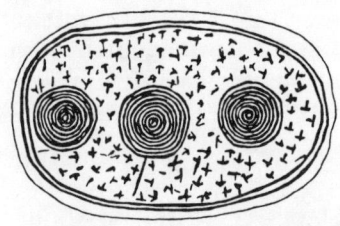

Un avantage inattendu surgit du vent sifflant qui lamina Lahaina en 1829, et emporta le temple de branchages d'Abner. Lorsque les décombres eurent été déblayés, Kelolo aida pour la troisième fois le missionnaire à reconstruire son église, mais, cette fois, les kahuna refusèrent de discuter et la porte fut percée là où elle aurait toujours dû être, là où les dieux la voulaient, et la célèbre église de pierre qu'ils bâtirent cette année-là dura plus d'un siècle.

Lahaina, la plus belle des cités de l'archipel, s'agrandissait et devenait la capitale réelle. Le centre commercial demeurait Honolulu, naturellement, car les émigrants préféraient rester près de leurs consulats, mais les alii n'aimaient pas Honolulu et la trouvaient étouffante et sans gêne. Le roi enfant et ses régents devaient y résider, mais ils venaient très souvent à Lahaina. Les baleiniers, dont les équipages se montraient plus civilisés, accostaient de plus en plus nombreux — soixante-dix-huit en 1831, quatre-vingt-deux en 1833 — et y passaient quatre semaines au printemps et autant à l'automne. La rade était encombrée de grands voiliers et la firme Janders et Whipple faisait des affaires d'or. Fallait-il du bois de chauffage. J & W en avait. Du porc salé ? Le docteur Whipple trouva une technique pour saler les cochons sauvages de l'île. Du sel ? J & W avait le monopole du sel fin obtenu par évaporation de l'eau de mer sur des plaques de lave. Un capitaine tenait-il à manger du porc frais en mer ? J & W pouvait lui fournir des cochons vivants parfaitement sains et des ballots de feuilles de ti en guise de fourrage pour les longues traversées. Des patates douces, des oranges (introduites par le capitaine Cook), du poisson séché ? J & W avait tout cela. Et s'il fallait des balles d'olona, ou des cordes tressées avec cette fibre ? J & W avait également le monopole de ce produit.

Ce fut John Whipple qui mit au point l'un des systèmes les plus simples de la firme pour faire de l'argent. Quand un baleinier faisait escale à Lahaina avec une cargaison d'huile embarrassante — pas assez de barils pour rentrer au port d'attache, mais suffisamment quand même pour ne pas retourner chasser les baleines au large du Japon —, Whipple proposait au capitaine de laisser son huile aux bons soins de la firme J & W qui, lorsqu'elle avait réuni une demi-douzaine de cargaisons de ce genre, persuadait un commandant de la Nouvelle-Angleterre de remporter le tout à New Bedford. Ainsi, la firme réalisait un profit sur l'entreposage des barils d'huile de baleine, sur leur transport et sur l'affrètement du navire qui se chargeait de la cargaison. Whipple estima donc que l'étape suivante, en toute logique, devait conduire J & W à acheter les barils et à spéculer sur le prix.

Il suggéra que la firme achète son propre navire et se lance dans l'huile de baleine mais le prudent capitaine Janders, tirant sur sa barbe rousse, se montra inflexible.

— Il n'y a qu'une façon au monde de faire de l'argent, estimait-il. « Ne rien posséder, tout contrôler », c'est ma devise. Acheter une cargaison d'huile ? Jamais ! Parce qu'alors, il faut se préoccuper du marché. Laissons ce soin aux autres. Posséder un navire, c'est de la folie. Je connais les tourments des armateurs. Ils doivent faire confiance à un capitaine malhonnête, à un second pire encore et à des marins dépravés. Il faut nourrir tout ce monde, assurer le bateau, vivre dans l'angoisse en cas de tempête et partager finalement les profits éventuels avec l'équipage.

— Vous avez pourtant acheté la *Thetis*, objecta Wipple.

— Bien sûr ! Mais vous avez remarqué comme je l'ai vendue à la première occasion ? Lors d'un précédent voyage, j'avais vu Kelolo baver d'envie devant le brick, et je savais que je pouvais réaliser un bon bénéfice. Moi, affréter un navire dont je serais propriétaire ? Jamais ! (Il tendit le bras vers la coque pourrissante encore accrochée au récif.) Chaque fois que vous aurez envie d'acheter un bateau, John, rappelez-vous la *Thetis*.

Whipple n'était pas convaincu puisqu'il avança :

— Il y a quand même des gens qui gagnent de l'argent avec les bateaux. Autant que ce soit nous.

— Bien géré, un navire peut rapporter un peu, j'en conviens, mais si vous et moi mettons la main sur le commerce et sur les terres, nous gagnerons une fortune qui donnera le tournis aux armateurs. Ne rien posséder, tout contrôler.

Dans les secteurs qu'il était résolu à contrôler, Janders était un négociant hors pair, expédiant de la viande dans l'Oregon, achetant des fourrures pour Canton, envoyant des peaux à Valparaiso et du suif en Californie. Il faisait un bénéfice sur chaque transaction et était toujours là quand les gens avaient des ennuis, car c'était le bon moment pour gagner de l'argent. Peu à peu, les baleiniers découvrirent qu'ils pouvaient avoir confiance en lui et en firent leur agent. Si un capitaine désirait prendre le risque de se lancer dans le commerce du bois de santal — après avoir entendu dire que c'était ainsi que Janders avait fait fortune —, J & W se chargeait volontiers de stocker la précieuse cargaison et fournissait des lettres d'introduction aux marchands de Canton qui seraient acquéreurs. Si un autre estimait pouvoir réaliser un joli profit en amenant du bœuf frais dans l'Oregon, puis de la glace en Californie, J & W fournissait le cheptel vif en envoyant les jeunes vachers de Lahaina dans les collines capturer, au lasso, les animaux sauvages introduits dans l'île par le capitaine Vancouver en 1794.

Pour gagner les bonnes grâces des marins, J & W leur rendait aussi gratuitement un grand nombre de services. Si un marin désirait épouser une indigène, inutile de demander au révérend Hale de célébrer la cérémonie car il désapprouvait de telles unions et passait invariablement une heure au moins à prier avec le matelot, à lui rappeler que Dieu mettait en garde contre la fornication avec les païens. Kelolo avait autorisé le docteur Whipple à officialiser ces unions, et de nombreuses familles appelées à jouer un rôle dans l'histoire de Hawaii furent issues de mariages célébrés dans la boutique de la firme, où le révérend Whipple utilisait Amanda, Janders et sa femme Luella comme témoins. Hale considérait naturellement que ceux qui contractaient de telles unions vivaient en fait dans le péché et ne manquait pas de le leur dire.

J & W servait aussi de boîte aux lettres à la flottille de baleiniers. Souvent une enveloppe jaunissait dans les casiers pendant des années avant qu'un marin monte les marches de bois et traverse la véranda en criant : « Du courrier pour moi ? » Le voyageur s'asseyait dans un des fauteuils de la firme pour lire des nouvelles vieilles de quarante mois.

Il arrivait souvent aussi qu'un capitaine parti pêcher fasse savoir à J & W qu'il lui faudrait une demi-douzaine de remplaçants qu'il prendrait à l'escale de Lahaina.

Janders savait que les baleiniers avaient une préférence pour les robustes jeunes Hawaiiens, et leur en fournissait à raison de cinq dollars tête. Lorsqu'il n'y en avait pas, il allait trouver Kelolo et disait au chef de police borgne et édenté : « Trouvez-moi huit ou dix déserteurs pour le mois prochain. » Le Hawaiien envoyait ses hommes dans la campagne afin qu'ils lui ramènent un lot de vauriens comparable à celui qu'aurait fourni n'importe quel autre pays. Aucun déserteur américain n'était assez dégénéré ou indigne pour ne pas trouver refuge dans une famille hawaiienne charitable. Les indigènes affrontaient même la police pour empêcher l'arrestation des criminels, mais quand la racaille était finalement sous les verrous, Mr Cridland, ancien matelot de la *Thetis*, devenu responsable de la chapelle des Marins, venait les voir en prison et leur expliquait : « Si on vous ramène en Amérique, vous serez jugés et enfermés. Si vous acceptez d'embarquer, non seulement vous recevrez un salaire mais vous couperez au procès. » Avec l'aide du révérend Hale — généralement sous forme de longues prières avec les gredins — Cridland remettait les hommes en état de naviguer, et dès que le baleinier manquant de matelots apparaissait à l'horizon, Kelolo relâchait les vagabonds emprisonnés, Janders les conduisait au port et annonçait au capitaine : « De solides gaillards parmi lesquels vous pouvez faire votre choix ! » A chacune de ces opérations de recrutement, J & W percevait une petite commission.

La firme recevait parfois des lettres d'un contenu plus personnel. Un jour de 1831, Janders envoya Whipple dans Lahaina à la recherche de Pupali, pour qui était arrivée une lettre de Valparaiso. Quand le Hawaiien grassouillet ouvrit l'enveloppe, une poignée de livres sterling en tombèrent.

— Cet a'gent, il est pou' moi ?

— Nous allons voir, répondit Janders.

Comme Pupali ne savait pas lire, le capitaine lui fit la lecture de la lettre :

— *A mon bon ami Pupali, de Lahaina...*, commença-t-il, au moins, la lettre est pour toi. Voyons pour l'argent...

Le gros indigène regarda en riant le groupe qui s'était formé à l'annonce de la nouvelle étonnante : une lettre de Valparaiso pour un natif de Lahaina !

— Elle est de qui ? voulut savoir un des curieux.

Janders lissa la feuille de papier, déchiffra les dernières lignes.

— Du capitaine Hoxworth, répondit-il, surpris.

— Qu'est qu'il dit ? demanda Pupali.

— *Je t'envoie ci-joint, mon vieil ami fidèle, la somme de quarante-cinq livres, dont un capitaine anglais que j'ai rencontré au large du Japon m'a fait cadeau quand je lui ai donné ta fille Iliki. C'était un homme de belle allure ; il a promis de bien la traiter et de la ramener chez lui à Bristol à la fin de son voyage. Comme Bristol se trouve à l'autre bout du monde, tu ne reverras sans doute plus jamais ta fille, mais la dernière fois que je l'ai vue, elle était heureuse et en bonne santé. Je n'ai pas pu la ramener à Lahaina parce qu'ayant déjà fait cargaison pleine au large du Japon, j'ai décidé de rentrer directement à Boston, où une fille telle qu'Iliki n'aurait pas été bien reçue. Comme je devais faire quelque chose pour elle, j'ai jugé qu'il valait mieux la confier à ce capitaine anglais que la laisser à Valparaiso, où elle aurait eu des ennuis. Je t'envoie la totalité de son don, moins cinq livres que j'ai remises à Iliki, parce qu'il vaut mieux qu'une femme ait un peu d'argent à l'étranger. J'espère te revoir bientôt. Mes amitiés à ta femme et à tes autres filles. Ton ami, Rafer Hoxworth.*

D'une façon générale, on estima dans l'île que le baleinier s'était en l'occurrence plutôt bien conduit, car tous ceux qui connaissaient Valparaiso et la Nouvelle-Angleterre convinrent qu'une fille comme Iliki n'aurait été bien dans aucun des deux lieux. S'il semblait probable que le capitaine anglais la remettrait finalement à un autre baleinier avant de rentrer à Bristol, il était toujours possible qu'il s'attache à la jeune fille et qu'il la ramène vraiment chez lui. A Lahaina, on croyait Hoxworth sur parole quand il affirmait n'avoir reçu que cinquante livres du capitaine anglais. On loua la perspicacité dont il avait fait preuve en gardant cinq livres pour la fille elle-même et l'insouciant Pupali fut soudain considéré comme un homme riche.

Mais, naturellement, le révérend Hale s'insurgea. Il se précipita chez Pupali dès qu'il apprit la nouvelle et lui affirma qu'il ne pouvait garder cet argent. Pupali voulut savoir pourquoi et Abner lui expliqua longuement l'abomination de sa conduite. Il acheva son discours en lui disant que le mieux serait de remettre cet argent à l'Église.

Pupali étala les billets sur la table et les considéra longuement. Puis il les rassembla et hocha la tête.

— Non, si cet argent est aussi vil et souillé que vous le dites, ne vaut-il pas mieux que je sois le seul à encourir le courroux des dieux, plutôt que tous les fidèles ?

Abner toussota et expliqua que l'Église sanctifiait tout.

— Mais, reprit Pupali, votre belle église a déjà été détruite deux fois parce que les esprits de notre pays n'aimaient pas la façon dont vous l'aviez construite...

— Ce n'étaient pas les esprits, mais un incendie et une tornade, rectifia Abner.

— Et maintenant, poursuivit Pupali sans se troubler, si vous fâchez votre propre Dieu avec du mauvais argent, il la démolira certainement à son tour.

Pupali garda donc l'argent. La vente d'Iliki lui avait tellement profité qu'il essaya de vendre ses deux autres filles de la même façon. Mais elles avaient grossi et enlaidi, et ne trouvèrent aucun preneur.

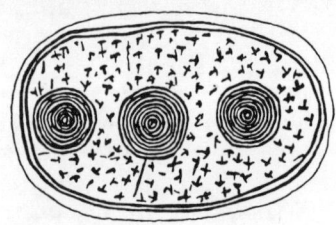

Malgré de nombreux échecs, ce furent d'heureuses années pour Abner et Jerusha. Ils avaient à présent quatre enfants, deux garçons et deux filles, plus brillants les uns que les autres. Abner regrettait de ne pouvoir les laisser jouer avec les enfants des Janders et des Whipple mais, comme Amanda et Mrs Janders laissaient les leurs jouer avec de petits Hawaiiens et parler ce langage pervers et lascif, les petits Hale demeuraient confinés dans le jardin de la mission. Le dimanche, ils allaient au service et leur père les emmenait au bord de la mer. Il leur montrait la coque pourrissante de la *Thetis* et leur racontait inlassablement les épreuves de cet interminable voyage que les missionnaires avaient fait à son bord. Micah, l'aîné, remarqua cependant qu'avec les années, le récit devenait de plus en plus horrifiant, les vagues plus hautes, les cabines plus petites, les périls plus redoutables.

En neuf ans, Jerusha s'était habituée à vivre de rien dans sa misérable case. Elle maigrissait de jour en jour et les Janders et les Whipple avaient pitié d'elle. Ils avaient écrit au Conseil des Missions à Honolulu pour demander du bois de construction, en proposant de bâtir une maison, de leurs mains, pour ce ménage si méritant. Mais cette proposition émanant des Whipple, qui n'étaient pas en odeur de sainteté depuis l'affaire Hewlett, on ne leur répondit même pas et Jerusha continua de vivre et de travailler dans la case sombre et humide.

Si Abner avait été au courant de la démarche des Whipple, il en aurait été outré car il s'entêtait dans ses convictions. Ils étaient là pour servir le Seigneur et le Seigneur pourvoyait à leurs besoins comme il le jugeait bon. Jerusha souffrait pourtant de voir ses enfants vêtus de loques, de robes et de costumes qu'elle retaillait dans les nippes que des œuvres charitables leur envoyaient. Sur un point, un seul, elle se révolta. Elle voulait des livres pour Micah et n'hésitait pas à en quémander auprès des capitaines de baleiniers qui relâchaient de plus en plus nombreux dans la rade. Ainsi, l'enfant pu lire non seulement la Bible, mais tous les ouvrages qui lui permettraient plus tard d'entrer à Yale.

Chaque année, Jerusha connaissait un moment de complet bonheur maternel, qui coïncidait avec l'arrivée de la caisse que ses parents lui envoyaient de Walpole, New Hampshire. Ils l'expédiaient chaque 1er novembre mais elle ne pouvait jamais savoir quand un capitaine frapperait à sa porte et dirait : « Nous avons une caisse pour vous, madame. » Comme c'était merveilleux d'entendre ces mots, mais plus encore de voir la famille réunie autour d'Abner quand il soulevait les planches du dessus. Il y avait des pommes séchées, des poires au sirop, du bœuf séché. « Ce pantalon sera pour Micah, disait Jerusha, s'attardant sur chaque chose. Et cette robe ira à Lucy. Ceci pour David, et cela pour Esther. »

Le dimanche suivant, Jerusha pouvait enfin regarder par-dessus son épaule pour voir ses enfants aller à l'église dans leurs vêtements neufs, et se sentir fière d'eux.

Une des raisons pour lesquelles Abner estimait impossible d'accepter l'aide des Whipple, c'était le souvenir d'une phrase que John avait prononcée et qui lui semblait résumer le blasphème dont son ancien camarade s'était rendu coupable : « Je ne crois pas que l'alii a envoyé le vent, et je ne crois pas que Dieu a fait sombrer les bateaux. » Plus Hale y réfléchissait, plus cette déclaration lui paraissait méprisable. « En définitive, raisonnait-il, il a placé sur un pied d'égalité les idoles païennes des alii et Dieu lui-même. » Aussi le missionnaire évitait-il de plus en plus John Whipple, car sans que l'un ou l'autre s'en rendît compte, à mesure que la fortune du médecin augmentait, Abner s'en remettait de plus en plus au Seigneur pour sa subsistance. Et puisque à Lahaina comme ailleurs, ces lignes de conduite ne sont pas parallèles mais en fait divergentes, et que la distance qui les sépare s'accroît, les deux hommes finirent par ne plus se comprendre du tout.

Les Whipple, de leur côté, prospéraient et leur fortune paraissait assurée. John aurait volontiers aidé son ancien condisciple, mais se heurtait irrémédiablement à un refus hautain. Il ne savait comment alléger leur misère et fut donc à la fois heureux et soulagé lorsque le capitaine d'un navire de Salem, qui venait de Boston, lui raconta ce qu'il avait vu sur les quais de ce port.

— C'est à ne pas croire. Figurez-vous que ce bonhomme, un certain Charles Bromley, du New Hampshire, a fait construire une maison entière, en plein sur la jetée. Une maison d'un étage, complète, jusqu'aux contrevents. Dès qu'elle a été finie, des peintres sont venus et ont numéroté toutes les planches, les poutres, tout. Et puis les charpentiers l'ont entièrement démolie après que des architectes eurent fait tous les plans. Et puis, morceau par morceau, ils ont tout chargé à bord d'un bateau. Vous vous rendez compte ?

— Quel bateau ? demanda Whipple.

— Le *Carthaginian*, capitaine Hoxworth, de Bedford.

— Je vais vous demander un service, capitaine. N'en soufflez mot à personne.

— Tenez, pendant que j'y pense, cette maison est destinée à ces îles, Honolulu, sans doute. J'étais tellement sidéré que j'ai discuté le coup avec ce Bromley. Au début, il ne voulait pas causer, et puis il m'a dit que c'était une idée du capitaine Hoxworth. Paraît qu'il y a une famille de missionnaires, par ici, qui vit comme des porcs dans une case, avec des punaises, des cafards.

— J'ai votre parole ? Vous ne direz rien ?

— Bien sûr, si vous y tenez.

— Je vous assure, capitaine, que vous rendrez service à une femme admirable en vous taisant. Je vous remercie d'avance.

Tandis que le docteur Whipple n'avait d'autre préoccupation qu'une maison démontable, Abner commença de soupçonner que des événements étranges se tramaient derrière son dos. Les indigènes allaient et venaient avec des mines bizarres. Un jour, en passant près de l'ancien palais de Malama, il fut surpris d'y voir des signes d'activité fébrile. Plusieurs kahuna construisaient une grande hutte. Il leur demanda ce qu'ils faisaient là.

— Une petite maison, répondirent-ils.

— Pourquoi ?

— Les autres sont moisies.

— Lesquelles ?

— Celles-là, répondirent-ils avec un geste évasif.

Curieux, se considérant comme l'arbitre de tout ce qui se passait au village, Abner alla voir les maisons indiquées et les trouva saines. Il retourna vers l'enclos de l'alii et vit alors que l'on apportait des miroirs chinois et que l'on plaçait de vraies portes et de vraies fenêtres.

— C'est une très belle maison, dit-il.

— C'est juste une petite maison.

Il n'en tira rien dautre. Quelques jours plus tard, il croisa un groupe de jeunes gens qui descendaient des montagnes avec d'énormes brassées de fleurs de gingembre et de *maile**. Abner se précipita à leur suite.

— Pourquoi apportez-vous du gingembre et du maile ?

— Nous ne savons pas.

— Qui vous a envoyés dans la montagne ?

— Nous ne savons pas.

— Où portez-vous ces fleurs ?

— Nous ne savons pas.

— C'est ridicule ! Bien sûr que vous le savez !

Il tenta de les suivre, mais ils se dispersèrent et chacun feignit d'aller à ses affaires d'un pas nonchalant. Exaspéré, Abner alla trouver John Whipple à son magasin.

— John, il se passe de drôles de choses à Lahaina.

Il lui raconta ce qu'il avait vu, mais John haussa les épaules.

— Une cérémonie quelconque, sans doute.

Ce mot de cérémonie hérissa Abner, car il évoquait pour lui de monstrueuses orgies et des rites païens coupables. Il quitta brusquement son ami, et se promit de redoubler de vigilance. Le soir même, il perçut le martèlement lointain et entêtant d'un tambour, venant d'une case éloignée.

— La hula !

Sans prévenir Jerusha, il se précipita dehors et courut à la maison, afin d'invectiver et de punir les païens lubriques. Mais, à mi-chemin, un grand Hawaiien surgit devant lui.

— Où allez-vous, Makua Hale ?

— Il y a la hula dans cette maison !

L'homme devait avoir été posté en sentinelle, car lorsque Abner fit irruption dans la case, il y trouva un groupe d'indigènes en train de chanter des cantiques. Il n'y avait pas le moindre tambour en vue.

Dépité, il retourna à la mission et dit à Jerusha en lui racontant ce qui venait de se passer :

— Je suis sûr qu'il se trame quelque chose. Je ne me coucherai pas avant de savoir ce que c'est.

Malgré les protestations de sa femme, il endossa sa redingote noire et prit son grand chapeau. Dès que la lune fut levée, il sortit sans bruit

* *Maile* : Petite vigne odoriférante.

et fit tout le tour du village. Le bar de Murphy était silencieux. Il alla jusqu'au port, soupçonnant quelque fête lascive, à bord des baleiniers. Mais les navires se balançaient mollement, tous feux éteints. Enfin, il remonta jusqu'à l'ancien palais de Malama et vit enfin clignoter entre les arbres la lueur de nombreuses torches. Il avança donc prudemment en marchant sans bruit sur l'herbe des chemins, dans l'ombre épaisse des grands frangipaniers. Près de la barrière de l'enclos, il trouva un endroit désert, d'où il pouvait voir ce qui se passait.

Il n'attendit pas longtemps. De la maison des kahuna il vit sortir Kelolo, vêtu de la cape de plumes jaunes, suivi de six kahuna en grande tenue. Il fit un signe et les tambours commencèrent doucement, accélérant peu à peu leur rythme obsédant. Soudain, six femmes jaillirent de la foule, torse nu, en jupe de raphia, des fleurs rouges dans les cheveux, des colliers de noix vernies au cou, des bracelets de dents de requin aux chevilles.

Abner, qui avait bien souvent tempêté contre l'ancienne hula, ne l'avait jamais vu danser, et il fut stupéfait par la grâce un peu solennelle de ces femmes ondulant doucement comme des herbes au vent nocturne. Il n'avait pas imaginé cela. Dans son esprit, la *hula* était dansée par des hommes et des filles nus, en transes. Mais il n'eut pas le temps de s'attarder à ces réflexions. Car Kelolo élevait à présent devant lui la pierre sacrée de Kane et toute l'assistance entonnait les chants rituels.

> *Grand Kane, gardien des cieux,*
> *Grand Kane, gardien de la nuit,*
> *Roi des dieux, maître de tous les hommes,*
> *Kane, Kane, Kane !*
> *Assiste à notre cérémonie, bénis notre côte !*

Sous le regard incrédule d'Abner, Kelolo sortit de la case, portant dans ses mains la statue de pierre de Kane, qui aurait dû être détruite depuis longtemps mais que l'amour du chef hawaiien avait préservée. Il la posa sur le bas autel, près de la côte et s'écria :

— Grand Kane, ton peuple te souhaite la bienvenue chez toi !

Le silence se fit dans la foule tandis que chaque Hawaiien passait devant Kelolo pour déposer des fleurs sur l'autel. Sur un signe du chef, le rythme des tambours s'accéléra, les danseuses de hula oscillèrent de plus belle, et le peuple de Lahaina célébra le retour de son ancien dieu.

Malgré les centaines de sermons du révérend Hale, les deux cents hymnes chantant la destruction des idoles, cette statue était la première qu'Abner voyait, et il la fixait avec fascination car le curieux mélange de respect et d'extase qu'elle suscitait chez ses adorateurs révélait une puissance réelle. A travers elle, le petit missionnaire prit conscience d'une réalité hawaiienne qu'il ignorait jusque-là : persistance de la ferveur religieuse, sens de l'histoire immuable, mystère. Il avait envie de se précipiter pour abattre l'autel qui maintenait en vie ces forces non chrétiennes.

Son attention fut cependant détournée de l'idole par la silhouette d'un homme qui apparut devant la nouvelle case. C'était Keoki Kanakoa, dont les mouvements mécaniques trahissaient une transe profonde. Torse nu, le corps enduit d'huile, il avait les reins ceints d'un tapa marron, et sur le bras gauche, une cape de plumes. Un casque enrobait sa tête de la nuque au front. Autour du cou, il portait un

257

collier de cheveux auquel pendait une grosse dent de cachalot sculptée.

Quand il s'avança vers la statue de Kane, un prêtre entonna :

— Le voici, l'homme parfait. Ses cheveux sont sombres et rougeâtres, sa stature imposante, larges épaules, hanches étroites. Il se tient droit, son corps ne présente aucun défaut. Un moule appliqué quand il était nouveau-né a donné à sa tête une forme carrée. Ses narines palpitent. Son cou est bref, musclé, son regard enivrant comme l'arbre qui attire les poissons dans les bassins. C'est l'homme parfait, et il vient adorer Kane !

En état d'hypnose, le jeune alii s'approcha de l'autel, s'inclina et s'exclama :

— Grand Kane, pardonne à ton fils ! Accepte-le à nouveau.

Dans l'obscurité, Abner pria :

— Pardonne-lui, Dieu tout-puissant. Il est possédé et ne sait pas ce qu'il fait.

Le missionnaire reçut un coup plus cruel encore quand Noelani sortit de la case vêtue d'une cape dorée et portant au cou la dent de cachalot de Malama. Des fleurs dans les cheveux, elle fit un pas vers l'autel et le prêtre annonça :

— La voici, la femme parfaite. Sa peau est sans défaut, douce et fondante, brillante et lisse comme la fleur de bananier. Elle est plus belle qu'un pétale de lehua, plus charmante que le bourgeon du fruit de l'arbre à pain qui s'ouvre. Ses narines palpitent au bout de son nez droit. Son front est pur et bas, ses lèvres pleines, son dos droit. Ses fesses sont rondes comme des lunes, fermes comme les fondations de Malui. C'est la femme parfaite et elle vient adorer Kane.

Hébété par cette double apostasie, Hale bredouilla :

— Ils ne peuvent pas retourner à Kane. Ils connaissent le caté-chisme. Keoki est allé à Yale. Ce sont des congrégationalistes, des membres de mon Église. Je le leur interdis !

Cette apostasie n'était pourtant que le prélude à un événement plus important encore : du groupe des kahuna, dont cette nuit marquait le triomphe, se détacha un prêtre de haute taille portant un tapa noir comme Abner n'en avait encore jamais vu. Après une prière passion-née à Kane, l'homme déploya le tapa dans l'air, le fit retomber sur les épaules du frère et de la sœur.

— A partir de ce jour, vous partagerez le même tapa !

Il conduisit le couple vers la case au son des tambours qui avaient pris un rythme sauvage. Les danseuses se lancèrent dans des mouve-ments violents qui firent oublier leur grâce antérieure, et les kahuna scandèrent :

— Noelani et Keoki sont mariés. Noel...

N'en pouvant supporter davantage, Abner jaillit de sa cachette, courut au jeune couple, arracha le tapa en braillant :

— Abomination !

Leur première surprise passée, les kahuna se jetèrent sur le petit missionnaire et le maîtrisèrent, mais avec des ménagements, car il ne faisait que servir son dieu. Kelolo s'approcha et lui dit doucement :

— Petit homme, il faut rentrer chez vous. Ce soir, nous servons nos autres dieux.

Abner se dégagea et pointa vers Keoki un doigt vengeur.

— Que signifie ceci ? Keoki, que se passe-t-il ?

Le jeune chef regarda son vieil ami et baissa la tête.

— Je vous ai supplié, révérend Hale, de me prendre comme pasteur, mais...

— Pasteur ! Pasteur !

Devant le géant païen vêtu de plumes, Abner sentit vaciller sa raison. Il se mit à rire d'un rire inextinguible, hystérique, dément, sans cesser de répéter :

— Pasteur ! Vous ! Pasteur !

Les kahuna entraînèrent Abner, mais le petit homme fanatique se dégagea et retourna vers le couple.

— Keoki ! Allez-vous consommer ce mariage abominable ?

— Oui, comme mon père avant moi.

— Infamie ! Péché mortel !

Noelani intervint et tenta d'expliquer :

— Makua Hale, je suis l'Alii Nui, et si je meurs sans enfants, qui donc gardera en vie l'esprit dc Hawaii ?

— Mais il y a d'autres hommes, Noelani ! Des dizaines de garçons qui seraient fiers de vous épouser !

— Ils ne pourraient me donner des enfants nobles. Il n'y aurait plus d'Alii Nui.

Abner comprit qu'il ne pourrait jamais briser cette logique païenne. Il recula d'un pas et lança, en dernier ressort :

— De sa tombe, Malama vous maudit !

A ces mots, Kelolo ne put se taire. Avec un sourire satisfait, il rétorqua :

— Qu'est-ce que vous croyez qu'elle m'a chuchoté à l'oreille avant de mourir ?

Horrifié, perdu, anéanti, le petit missionnaire contempla Kelolo. Était-il possible que Malama eût permis et ordonné cette abomination ? Cette obscénité ? Muet d'horreur, il recula pas à pas jusqu'à la limite de l'enclos. Puis il s'enfuit à toutes jambes, laissant les kahuna reprendre la cérémonie du mariage rituel.

Quand John Whipple, tôt levé, vit Abner Hale descendre en titubant des collines, il courut vers le petit homme.

— Abner, que s'est-il passé ?

Le missionnaire ouvrit la bouche pour répondre mais ne put prononcer les mots abjects. Perdu, il regarda un moment dans le vide puis tendit le bras vers un groupe de Hawaiiens venant du palais, la démarche légère, des fleurs dans les cheveux.

— Demandez-leur, murmura-t-il avant de repartir d'un pas chancelant.

Plus tard dans la journée, il envoya aux missionnaires d'Honolulu une lettre disant :

Ce 4 janvier 1832 à quatre heures du matin, dans l'ancien palais de Malama, les kahuna ont triomphé, l'abomination a été perpétrée.

De leur côté, après avoir étudié les présages et s'être convaincus qu'un bon mariage avait été célébré, les kahuna dirent à Keoki :

— Cette nuit, tu as fait une grande chose pour Hawaii. Les dieux ne l'oublieront pas. Quand ton enfant naîtra, tu seras libre de retourner dans ton Église et de devenir pasteur.

Mais le jeune homme, tremblant sous le fardeau que les dieux avaient jeté sur ses épaules, savait qu'il ne pouvait en être ainsi.

Le lendemain au crépuscule, Kelolo, heureux d'avoir assuré l'avenir de sa lignée dans ces îles enchanteresses, se promena parmi les ombres et rencontra, pour la dernière fois sur terre, la silhouette délicate de Pele, gardienne des volcans, vêtue de soie, son étrange chevelure semblable à du verre flottant au vent de la nuit. Elle se plaça sur son chemin, attendit qu'il approche, et Kelolo put voir que le visage de la déesse rayonnait de contentement. Ils marchèrent un long moment côte à côte, chacun appréciant la compagnie de l'autre, mais à la fin de la promenade, Pele fit ce qu'elle n'avait jamais fait auparavant. Levant la main gauche, elle indiqua le sud, la passe et la pointe de Keala-i-kahiki, demeura ainsi quelques minutes comme pour ordonner quelque chose.

— Qu'y a-t-il, Pele ? demanda Kelolo.

Sans répondre, elle continua à montrer Keala-i-kahiki puis, comme pour dire adieu à ce grand alii, son ami, elle l'embrassa de ses lèvres brûlantes et disparut dans une longue traînée de fumée argent.

De retour dans sa case solitaire, à l'extérieur du palais, Kelolo sortit ses deux plus grands trésors : le crâne blanchi de sa femme Malama, et une très vieille pierre à la forme étrange, de la taille d'un poing. Elle lui avait été donnée quarante ans plus tôt par son père, qui lui avait déclaré que les pouvoirs occultes des Kanakoa provenaient de cette pierre, rapportée d'un voyage à Bora Bora par l'un de ses ancêtres. Plus qu'une simple pierre consacrée à Pele, c'était la déesse elle-même, avait juré son père. Pele était libre de parcourir les îles et d'avertir son peuple des colères des volcans, mais son esprit habitait cette pierre depuis d'innombrables générations, avant même l'époque de Bora Bora. Kelolo passa toute la nuit devant ses trésors, essayant de percer le mystère divin dont ils faisaient partie. Au matin, la confusion de son esprit se dissipa quand un bateau accostant à Lahaina apporta la nouvelle qu'une éruption du volcan de Hawaii menaçait Hilo, la capitale. Les habitants de la ville suppliaient Noelani, l'Alii Nui, de monter dans ce bateau pour venir arrêter le flot de lave.

Informée, la jeune femme pensa d'abord qu'il valait mieux envoyer Kelolo, qui était l'ami de Pele. En outre, ses discussions avec le docteur Whipple l'avaient convaincue que les éruptions volcaniques étaient dues à l'action de forces naturelles et qu'on pouvait presque les prévoir scientifiquement. Elle avait compris que les histoires qu'on racontait dans les îles au sujet de Pele n'étaient que des sornettes, mais avant qu'elle ait eu le temps de donner sa réponse aux messagers d'Hilo, Kelolo accourut et dit :

— Tu dois partir, Noelani. Si Pele veut détruire Hilo, c'est pour punir ses habitants. Tu dois aller là où la lave est chauffée à blanc afin de rappeler à la déesse l'amour qu'Hilo a pour elle.

— Tu es l'ami de Pele, argua Noelani. C'est toi qui dois partir.

— Mais je ne suis pas Alii Nui. Une occasion s'offre à toi de gagner à jamais la faveur de ton peuple.

— Je ne peux pas croire que Pele ait quelque chose à voir avec cette éruption.

— Je l'ai vue la nuit dernière, répondit simplement Kelolo. Je lui ai parlé.

Noelani posa sur son père un regard étonné.

— Tu l'as vue ?

— J'ai marché avec elle.

— Elle t'a livré un message ? demanda Noelani, incrédule.

— Non. Mais, naturellement, elle m'a prévenu de l'éruption en montrant Hawaii, mentit Kelolo.

— Et tu veux que j'aille à Hilo ?

— Oui. Je te confierai une pierre qui te donnera le pouvoir d'arrêter la lave.

C'est ainsi qu'en l'an 1832, l'Alii Nui Noelani Kanakoa quitta Lahaina, les imprécations d'Abner Hale résonnant encore à ses oreilles — « C'est une folie, une abomination ! » — et se rendit en bateau dans la ville d'Hilo en emportant une pierre sacrée. De la baie, elle suivit la progression irrésistible de la lave s'enroulant lentement sur elle-même, écrasant dans une étreinte embrasée tout ce qu'elle rencontrait. La ville était manifestement condamnée ; la lave l'engloutirait le lendemain soir.

Pourtant, les kahuna locaux poussèrent un soupir de soulagement quand ils virent Noelani débarquer et entamer la pénible ascension vers la coulée de lave. Derrière elle s'étirait un cortège rassemblant toute la population de la ville, excepté les missionnaires locaux indignés par cette cérémonie païenne. La procession monta, passa les palmiers poussant à la lisière de la ville, traversa les bosquets de *nau*, s'avança dans les broussailles. Quelques mètres seulement la séparaient à présent du mufle craquetant de la lave. Chaque nouvelle coulée descendant de la montagne recouvrait les précédentes qui, entre-temps, avaient refroidi et lui servaient de passerelles. Au moment où la lave vivante atteignait l'extrémité morte de la lave froide, elle demeurait un moment suspendue en l'air puis cascadait dans de nouvelles directions, consumant ici un arbre, là une maison, plus loin un enclos à cochons. Un sifflement, un crépitement, et l'objet condamné brûlait dans une flambée soudaine. Puis en refroidissant, le mufle hideux formait un canal pour la prochaine coulée.

C'est vers cette créature rampante, dévorante que Noelani avançait. A mesure qu'elle approchait, la jeune femme se transformait car ce qu'on l'avait sommée de faire, c'était rien de moins qu'affronter la déesse du feu en personne. Consumée elle-même par un feu intérieur brûlant sa raison, Noelani ne se souvenait plus d'avoir été chrétienne. Elle était fille de Pele, et reconnaissant à nouveau la suzeraineté de la déesse, Noelani se campa devant la lave, décida de rester là et au besoin d'y mourir.

Élevant la pierre sacrée, elle clama :

— Pele, grande déesse ! Tu détruis la ville de ceux qui t'aiment ! Arrête, je t'en prie !

Elle vit d'autres flammes atteindre le groin horrible, descendre vers Hilo. Elle leur jeta du tabac, deux bouteilles de cognac, quatre foulards rouges — couleur que Pele aimait —, un jeune coq et enfin une mèche de ses propres cheveux. Les flammes dévorèrent les présents, ralentirent leur progression, firent halte. La lave s'était arrêtée aux pieds de Noelani. Il n'y eut cependant pas de cris de triomphe, juste les prières murmurées par ceux qui n'avaient jamais douté que la déesse épargnerait la ville. Noelani retourna à Lahaina attendre la naissance de l'enfant qui, lorsqu'elle ne serait plus, prendrait sa place et intercéderait auprès des dieux.

Cette lave arrêtée fut le coup le plus terrible qu'Abner Hale eût jamais reçu à Lahaina. Survenant si peu de temps après la défection de Keoki et de sa sœur, l'événement fut interprété comme une confirmation de leur mariage. En outre, le pouvoir d'influencer les anciens dieux qu'avait montré Noelani convainquit les Hawaiiens que ces dieux avaient survécu, et un grand nombre d'îliens commencèrent à s'éloigner de l'Église chrétienne. Mais ce dont le missionnaire souffrit le plus, ce fut l'hilarité des Américains devant le « miracle ». Un capitaine impie ne cessait de répéter : « A partir de maintenant, rangez-moi parmi les adorateurs de Mme Pele ! » Un autre promettait : « Si Noelani s'occupe aussi des tempêtes, j'entre dans son Église. »

Hale assenait sans relâche le même argument à qui voulait l'entendre :

— La lave a coulé et s'est arrêtée. Où est le miracle ?

— Ah ! mais qui l'a arrêtée ? lui répliquait-on.

— Une femme se tient devant une coulée sur le point de se figer et c'est un miracle, grognait-il avec mépris.

— Ah ! mais si elle n'avait pas été là ? rétorquaient les esprits logiques.

Au bout de quelques semaines, Abner alla enfin, et à contrecœur, consulter John Whipple, qui le rassura :

— Quand la pression devient trop forte à l'intérieur du volcan, il entre en éruption. Il crache une lave qui coule le long de la montagne. S'il y en a suffisamment, elle atteint l'océan, sinon, elle s'arrête en route.

— Ces choses sont connues ?

— De tous ceux qui ont une parcelle d'intelligence. Regardez Lanai : n'importe qui peut voir que c'est un ancien volcan. Même chose pour Maui, notre île. Il devait y avoir à l'origine deux volcans séparés, qui se sont soudés peu à peu. Je présume qu'en des temps reculés, toutes ces îles que nous découvrons de la jetée formaient une seule grande île.

— Comment est-ce possible ?

— Ou les îles se sont enfoncées, ou la mer a monté. Les deux explications sont possibles.

Dépassé par cette théorie, Abner se réfugia en terrain sûr :

— Nous savons que le monde a été créé quatre mille et quatre années avant la naissance du Christ, et on a jamais vu d'île descendre ou monter.

Whipple eut envie d'opposer à Hale l'exemple du Déluge mais il préféra finalement changer de sujet et demanda au missionnaire :

— Abner, pourquoi vous êtes-vous montré sous un si mauvais jour au mariage de Keoki et de Noelani ? Vous avez perdu beaucoup d'influence, cette semaine-là.

— C'était une abomination ! Un péché contre nature ! Le vice et la débauche qui...

— J'y ai longuement réfléchi, interrompit Whipple. Où est le vice, là-dedans ? Non, je vous en prie, ne me citez pas des passages de la Bible. Dites-moi le fond de votre pensée.

— C'est de la dépravation ! C'est impur ! tempêta Abner hors de lui.

— Voyons, qu'est-ce que cela peut avoir de dépravé ? insista John Whipple.

— Toute nation civilisée...

— Bon Dieu ! Abner, vous répondez toujours à côté de la question ! Deux des peuples les plus civilisés du monde, les Égyptiens et les Incas, exigeaient que les rois épousassent leurs sœurs. Elles ont prospéré, c'est indéniable. De fait, du point de vue biologique, rien ne s'oppose à ce genre d'unions.

De tels propos révoltaient Abner mais il était tellement suffoqué qu'il ne trouvait rien à répondre. Le médecin ajouta :

— Noelani m'a demandé de l'assister à la naissance de son enfant.

— Vous avez refusé, bien entendu.

— Jamais de la vie ! Pourquoi ?

— Comment ? Vous participeriez à ce crime ?

— Sans hésiter. Et ce n'est pas un crime.

Abner préféra couper court à la conversation. Il rentra chez lui et, après avoir envoyé les enfants jouer au jardin, il fit part à Jerusha des intentions du docteur Whipple. A sa profonde stupéfaction, elle lui répondit :

— J'en suis heureuse pour elle. Ne pensez-vous pas que j'ai tremblé en sachant qu'aucun docteur ne m'assisterait ?

— Vous aviez donc peur ? s'étonna Abner.

— Au début, oui. Mon amour pour vous m'a permis de vaincre mes craintes. Mais je suis heureuse que frère John soit là pour s'occuper de Noelani.

Abner voulut protester mais, pour une fois, Jerusha lui tint tête.

— Mon très cher époux, lui dit-elle, je crains que vous ne sombriez dans le ridicule.

— Moi !

— Vous luttez contre les kahuna, contre Kelolo, Keoki, Noelani et même le docteur Whipple. Vous prêchez sans bienveillance. Vous agissez comme si vous détestiez Lahaina et tous ses habitants. Vous vous éloignez de vos propres enfants et Micah se plaint que depuis deux mois vous ne lui avez pas donné une leçon d'hébreu.

— J'ai eu de lourds soucis, avoua Abner.

— Je sais que vous avez souffert, murmura tendrement Jerusha. Mais nous sommes lancés dans une guerre entre les anciens et les nouveaux dieux... Je veux dire, entre les hideuses pratiques païennes et la parole du Seigneur, et je crois que nous devrions combattre plus subtilement. Vous ne cessez de tempêter et de menacer. Vous brandissez la foudre divine et vous dites à ces pauvres gens que le Seigneur les détruira. Mais vous ne leur avez jamais parlé de l'amour et de la miséricorde de Jésus, ni de la bonté et de l'indulgence de Dieu. Je vous vois devenir de jour en jour plus aigri, Abner, et cela doit cesser. Vous détruisez vous-même tout le bien que vous avez accompli.

— Il me semble parfois que je n'ai rien accompli, murmura Abner d'une voix brisée.

Jerusha prit son mari par les épaules, le força à tourner vers elle son visage pincé.

— Mon cher époux, si je devais énumérer tout ce que vous avez accompli, la journée ne suffirait pas. Regardez cette fillette, au soleil. Sans vous, elle aurait été sacrifiée.

— Quand je la vois, murmura Abner, le cœur brisé, je pense seulement à la petite Iliki, la plus douce de tous les enfants, qui passe d'un baleinier à l'autre.

Ces propos inattendus — Abner n'avait pas parlé de la jeune fille depuis quelque temps — firent monter aux yeux de Jerusha des larmes qu'elle refoula.

— Si, en perdant Iliki, nous avons fait impression sur les indigènes... commença-t-elle.

Elle s'interrompit pour se moucher, conclut par un ordre ferme :

— Mon cher conseiller, vous devez sourire. Vous devez prêcher sur des sujets élevés. Vous devez unir ces gens au Seigneur par des liens d'une charité si profonde que les îles appartiendront pour toujours à Dieu. Vous... vous devez prêcher l'amour.

C'est avec ce mot résonnant dans ses oreilles que Hale prononça dans les semaines qui suivirent une série de sermons qui achevèrent la conquête de Lahaina. Car lorsqu'il parlait de l'effet de l'amour de Dieu sur les hommes, il s'apercevait que, contrairement à ce qu'il avait cru, les îliens ne s'étaient pas détournés du Seigneur. Les gens du peuple pensaient en effet qu'il n'y avait aucun espoir pour eux dans le retour aux anciennes pratiques, et les propos calmes, consolateurs du missionnaire trouvèrent le chemin de nombreux cœurs qui avaient rejeté ses déclamations antérieures.

Abner Hale prêchait une doctrine nouvelle pour lui : « La Sainte Parole de Dieu interprétée par Jerusha Bromley, modifiée par les mystères rencontrés en terre étrangère. » S'il continuait à fustiger le péché, il mettait désormais l'accent sur l'intercession de Jésus pour sauver les hommes. Ce qui retenait son auditoire, c'était le retour à une tactique qu'il avait utilisée quand, tout jeune, il apportait la parole de Dieu aux baleiniers des Malouines : il abordait les problèmes mêmes qui déroutaient ces hommes. Si bien que pour évoquer la compassion du Christ, il disait maintenant : « Jésus comprendra la confusion qui règne dans l'esprit de son fils bien-aimé, Keoki Kanakoa. Il aimera son serviteur malgré ses erreurs, comme vous et moi devons l'aimer. »

Quand on lui rapporta ces propos, Keoki, bouleversé, se rendit sur la plage où il marcha de longues heures, méditant sur la nature du Christ, se rappelant le Dieu des jours de sécurité et de certitude, à l'école de la mission de Cornwall, dans le lointain Connecticut.

Quand l'accouchement de Noelani fut proche, Abner en parla publiquement. Au lieu de condamner les circonstances dans lesquelles l'enfant avait été conçu, il s'étendit pendant plus d'une heure et demie sur l'amour particulier que le Christ avait pour cet enfant, de la joie que tout Lahaina devait éprouver. Il rappela sa propre émotion à la naissance de ses deux garçons et de ses deux filles, son amour pour la petite Iliki, maintenant perdue. Les Hawaiiens n'aimant rien de plus au monde que les enfants, avec lesquels ils se montraient doux et compréhensifs, les deux mille fidèles assemblés dans l'église reniflèrent pendant le dernier quart d'heure du sermon. Et sans trop comprendre comment il avait réussi, Abner constata que son message de compassion avait éloigné Lahaina de Keolo et des kahuna alors que ses discours rageurs avaient ramené les Hawaiiens aux anciens dieux. Ce fut donc dans une certaine confusion que les habitants de Lahaina attendirent la naissance du prochain Alii Nui : Hawaiiens fidèles, ils se réjouissaient que leur noble lignée se perpétue, chrétiens, ils savaient que Kelolo et ses enfants avaient commis un péché.

Noelani mit au monde des jumeaux, et le docteur Whipple, au sortir du palais, déclara à sa femme, qui l'attendait dehors :

— Nous devons nous préparer à un sale moment, Amanda. Le garçon est bien constitué mais la fille est difforme. Je présume qu'ils l'abandonneront quelque part avant l'aube.

Quand la rumeur se répandit dans le village que Keoki Kanakoa avait lui-même porté sa fille mal formée au bord de l'océan pour l'offrir au dieu-requin Mano, un mouvement de revirement parcourut Lahaina.

Le dimanche, près de trois mille indigènes s'entassèrent dans l'église, comme au bon vieux temps, mais avant l'office, Jerusha rappela à son mari : « Dieu a parlé sur ce sujet. Vous n'avez pas à le faire. » Aussitôt, Abner renonça au texte qu'il s'apprêtait à assener aux fidèles (Luc, 23, verset 34 : *Père, pardonnez-leur car ils ne savent ce qu'ils font.*) et cita à la place un extrait de l'Ecclésiaste qui lui trottait dans l'esprit depuis quelque temps : *Une génération passe, une autre vient, la terre demeure à jamais. Le soleil aussi se lève et se couche... Tous les fleuves se jettent dans la mer qui pourtant n'est pas remplie. Les fleuves s'en retournent là d'où ils viennent... Ce qui a été, c'est ce qui sera ; ce qui s'est fait, c'est ce qui se fera ; rien de nouveau sous le soleil... Il n'y a aucun souvenir des temps anciens ; de ceux qui viendront, il ne restera aucun souvenir.*

Abner parla de la permanence de Maui, des baleines qui venaient chaque année jouer dans ses eaux, du coucher de soleil qui, au fil des mois, passait majestueusement du volcan de Lanai à la pointe de Molokai. Il évoqua le vent sifflant capable d'abattre les églises, et les temps anciens où Kamehameha lui-même avait navigué sur ces eaux pour les conquérir. « La terre demeure à jamais », répéta-t-il en hawaiien, et Jerusha, écoutant ce flot inspiré, sut que la haine qu'il avait récemment éprouvée pour l'île s'était évanouie.

— Qu'a-t-il dit au sujet du bébé ? demanda nerveusement Keoki à ses espions, revenus au palais après la messe.

— Rien, répondit l'un d'eux.

— Il n'a pas tempêté contre notre péché ? insista le jeune homme, fort agité.

— Non. Il a parlé de la beauté de Maui. Il... il n'a pas prononcé ton nom ni celui de Noelani mais à un moment, je crois qu'il a voulu faire comprendre que si vous vouliez revenir, il vous pardonnerait.

Ces mots produisirent sur Keoki un effet stupéfiant. Il se mit à grelotter, comme pris de fièvre, alla s'allonger sur ses nattes et se recouvrit la tête d'un pan de tapa. Ses amis, voyant son immobilité, le quittèrent, en chuchotant entre eux :

— Vous croyez qu'il a décidé de mourir ?

Les Hawaiiens n'ignoraient pas les tourments de Keoki. Ils savaient tous qu'il avait cédé à Kelolo, mais qu'au fond de son cœur il était demeuré fortement attaché au dieu des Blancs. Ils savaient aussi que Keoki, comme tous les alii, pouvait mourir s'il en avait décidé ainsi.

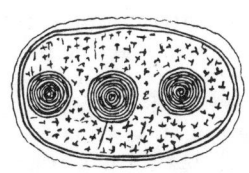

Mais ce furent les événements qui répondirent à cette question, car Lahaina allait bientôt être victime d'une maladie appelée à juste titre le fléau du Pacifique. Cette peste avait déjà décimé des populations entières et, apportée par un baleinier, elle allait frapper de nouveau. Cette maladie, la plus redoutable et la plus dangereuse du Pacifique, avait un nom bénin : la rougeole.

Cette fois, elle débuta innocemment en sautant du navire contaminé à la mission, où l'immunité élaborée par des centaines de générations en Angleterre et aux États-Unis en faisait une maladie infantile bénigne. Jerusha remarqua les taches rouges bien connues sur la poitrine de son fils, lui examina la gorge et annonça à Abner que Micah devait avoir la rougeole. Le petit missionnaire soupira :

— Allons, bon ! Je suppose que Lucy, David et Esther vont l'attraper aussi. Le mieux serait de ne pas les laisser trop sortir.

Il consulta ses livres de médecine familiale, vit que les soins n'étaient pas compliqués et n'éprouva pas la moindre inquiétude. Dans l'après-midi, comme il passait devant les magasins J & W, il lui vint à l'idée que John Whipple avait peut-être un médicament pour faire baisser la fièvre. Il entra et annonça :

— Pas de chance, je crois que Micah a la rougeole et je me demande...

Whipple lâcha sa plume et bondit :

— Quoi ? La rougeole ?

— Je crois, il a des taches rouges.

— Seigneur Dieu !

Whipple saisit sa trousse et courut à la mission examiner l'enfant. Jerusha s'étonna de voir trembler les mains du médecin.

— La rougeole est donc dangereuse ? s'inquiéta-t-elle.

— Pas pour lui. Mais avez-vous été en contact avec des Hawaiiens depuis que Micah est malade ?

— Non, répondit Abner. Je ne suis allé qu'au magasin.

— Dieu soit loué ! Abner, il faut que vous et votre famille ne sortiez absolument pas de chez vous pendant trois semaines.

— Frère John, s'écria Jerusha, ce n'est bien que la rougeole ?

— Oui, sans aucun doute, et plût à Dieu que ce fût n'importe quelle autre maladie. Je crains que nous n'ayons à supporter de bien sombres jours, mes amis.

Mais l'équipage du navire contaminé était descendu à terre et s'était librement mêlé aux indigènes. Dès le lendemain, le docteur Whipple vit un pêcheur hawaiien qui creusait une grande fosse sur la plage, au bord de l'eau, que les vagues venaient remplir. Le pêcheur s'y allongea complètement nu, malgré les supplications du médecin accouru.

— J'ai le corps en feu, dit-il, et l'eau fraîche me fait du bien.

Il mourut dans la journée. Bientôt, des centaines d'indigènes se creusèrent ainsi des fosses qui devenaient le jour même leur tombeau. Les Whipple, Jerusha et Abner allaient de l'un à l'autre et tentaient désespérément de soigner ces malheureux et de les arracher à la mort. Mais ils s'entêtaient doucement à mourir dans l'eau. Les plages, les ruisseaux, les canaux étaient jonchés de cadavres. Jerusha et Amanda réussirent à sauver les petits enfants en les enlevant de force à leurs familles et en les tenant au chaud, mais rien ne pouvait empêcher les adultes d'aller chercher la mort dans la mer. L'épidémie devait durer plus de trois semaines, au cours desquelles le tiers de la population de Lahaina périt.

La rougeole frappa en dernier lieu le palais des alii. Keoki l'accueillit avec une tristesse résignée, mais en voyant le bébé, le petit Kelolo, Jerusha s'écria :

— Je vais l'emporter chez nous.

Et le cœur d'Abner devait être dangereusement hanté par le diable car, en voyant sa femme prendre dans ses bras le bébé à l'agonie, le petit missionnaire fanatique eut un sursaut d'horreur.

— Vous n'allez pas prendre l'enfant du péché...

Jerusha regarda sévèrement son mari, pour la première fois de sa vie, et lui coupa la parole :

— Si. C'est bien ce que nous avons prêché... Les petits enfants, tous les enfants.

Et elle soigna le bébé comme son enfant.

Après le départ de son épouse, Abner découvrit que Keoki s'était enfui sur la plage où il avait creusé une fosse peu profonde dans laquelle l'eau de mer s'infiltrait. Avant que le missionnaire ait pu le rattraper, il y avait plongé, trouvant enfin le soulagement. Abner s'approcha en claudiquant.

— Keoki ! Si tu fais cela, tu mourras.

— Je mourrai, bégaya l'alii, frissonnant.

— Reviens ! Je t'enroulerai dans des couvertures.

— Je mourrai, s'entêta l'indigène.

— Il n'est péché que Dieu ne puisse pardonner.

— Votre dieu n'existe plus, répliqua le jeune homme de sa fosse froide. Je mourrai et renaîtrai à la vie dans les eaux de Kane.

Horrifié, le missionnaire le supplia :

— Je t'en prie, même à l'article de la mort, ne prononce pas de tels blasphèmes contre dieu qui t'aime.

— Votre dieu ne nous apporte que la peste.

— Je vais prier pour toi, Keoki.

— C'est trop tard. Vous n'avez jamais voulu de moi dans votre Église.

Le jeune alii dévoré par la fièvre aspergea son visage d'eau salée.

— Keoki, tu te meurs. Prie avec moi pour ton âme immortelle.

— Kane me protégera.

— Oh ! non ! Kane ne...

Hale sentit une main forte le saisir par le bras et l'éloigner de la tombe. C'était Kelolo le borgne, qui ordonna :

— Laissez mon fils seul avec son dieu.

— Non ! répliqua Abner. Keoki, prieras-tu avec moi ?

— J'entame un sombre voyage, dit le malade d'une voix faible. J'ai averti Kane de ma venue. Aucune prière n'est nécessaire.

Quand la marée fit monter le niveau de l'eau, Hale sauta dans la fosse, prit son ancien ami par les mains.

— Keoki, ne meurs pas dans l'ombre. Mon frère bien-aimé...

Mais l'alii se détourna, cacha son visage brûlant dans ses bras.

— Éloigne-le, demanda-t-il à son père. Je veux mourir avec mon dieu.

Et Kelolo tira Abner pour l'éloigner de la tombe.

A la fin de l'épidémie, Abner et Jerusha ramenèrent au palais le bébé Kelolo, guéri et souriant. Noelani le prit, l'examina calmement.

— Ce sera le dernier des alii, prédit-elle avec tristesse. Cela vaut peut-être mieux. Encore une épidémie et nous disparaîtrons tous.

— Noelani, répondit Abner, tu sais que Jerusha et moi t'aimons plus que tous les autres. Tu es chère à Dieu. Veux-tu revenir dans son Église ?

La jeune femme grande et gracieuse écouta attentivement ces paroles. Elle-même inclinait à accepter l'offre car elle n'avait jamais pris les kahuna au sérieux, mais lorsqu'elle songea à son frère mort, sa détermination se renforça et elle répondit avec amertume :

— Si vous aviez montré à Keoki un peu de la charité que vous m'accordez maintenant, il ne serait pas mort.

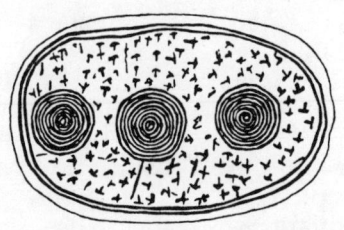

Quelque temps après la fin de l'épidémie, au début de 1833, un matelot accosta dans la rue le docteur Whipple et lui demanda :

— C'est vous Whipple, le docteur ?

— C'est moi.

— On m'a dit de vous remettre ceci en main propre.

— D'où venez-vous ?

— De Honolulu. Je suis à bord du *Carthaginian*.

Avidement, mais non sans quelque appréhension, John Whipple ouvrit la lettre. Elle était brève :

Cher docteur Whipple,
Vous êtes plein de bon sens. Pouvez-vous éloigner Abner et Jerusha Hale de Lahaina pendant une semaine ? J'ai l'intention de leur bâtir une maison. Votre ami dévoué. Rafer Hoxworth.

— Dites à votre capitaine que la réponse est oui.

— Quand pourra-t-il arriver ?

— Lundi prochain.

— Il sera là, assura le matelot.

Whipple imagina une fable, selon laquelle Abner était prié de se rendre à une réunion de missionnaires à Wailuku et ajouta qu'il avait besoin de repos et qu'il les accompagnerait avec Amanda.

— Mais les enfants ? objecta Jerusha, qui ne les avait pas quittés une seule nuit depuis la naissance de Micah.

— Mrs Janders s'en occupera, insista John.

Bien qu'Abner jugeât risqué de confier sa progéniture à une femme qui faisait garder ses enfants par des Hawaiiens, les Hale finirent par accepter, et les deux couples qui avaient été si proches à bord de la *Thetis* entamèrent le plaisant voyage à pied vers Wailuku. Parvenus au sommet de la passe séparant les deux moitiés de l'île, John Whipple fit halte, contempla avec tristesse les autres vallées décimées par la rougeole et dit :

— Abner, il faut trouver un moyen de faire venir une population nouvelle et forte sur ces îles.

— Laquelle ? demanda Hale, s'épongeant le front.

— J'ai d'abord pensé à d'autres Polynésiens puis j'ai changé d'avis. Il faudrait des Javanais — un sang tout à fait neuf.

Machinalement, Whipple compara la partie sèche, sous le vent, de l'île qu'ils venaient de quitter au secteur verdoyant, au vent, dont ils approchaient.

— Curieux, fit-il.

— Quoi ?

— Je regardais les deux moitiés de Maui. La pluie tombe là-bas, où elle est inutile, jamais de notre côté, où les grands champs se dessèchent. Pourquoi l'homme ne pourrait-il amener cette eau là où il en a besoin ?

— Vous voudriez retoucher l'œuvre de Dieu ? grogna Abner.

— Sur de tels points, oui.

— Comment faire passer de l'eau à travers une montagne ? le défia Hale.

— Je ne sais pas, murmura Whipple, songeur.

Ils n'étaient pas en route depuis longtemps quand le *Carthaginian* entra dans la rade. Le capitaine Hoxworth descendit à terre et fut fraîchement accueilli par Kelolo et sa milice, qui n'avaient pas oublié la canonnade. Hoxworth protesta de ses bonnes intentions et dit qu'il venait simplement bâtir une maison.

— Pas de filles à bord ! dit sévèrement Kelolo.

— Je ne veux pas de filles, affirma le capitaine et, se tournant vers ses matelots, il ordonna : Sortez tous les meubles de la mission et entassez-les dans la cour.

Cela ne leur prit que peu de temps et lorsque le capitaine vit les pitoyables biens des Hale, il eut la gorge serrée. Il fit soigneusement recouvrir le tas de pauvres hardes et de livres et alla lui-même mettre le feu à la case misérable. Quand le brasier fut éteint et que le terrain fut déblayé, il donna l'ordre de creuser.

La cave était profonde et spacieuse. Le capitaine Hoxworth la fit revêtir de pierres volcaniques et fit élever des murailles au-dessus du sol, ce qui fait que la maison fut construite sur de solides fondations. Sous les yeux ébahis des indigènes, les matelots apportèrent alors les planches numérotées et entreprirent d'élever la maison telle qu'elle s'était dressée sur la jetée de Boston.

Trois jours plus tard, le travail était presque terminé et le capitaine Hoxworth se reposait dans le magasin de J & W quand Janders lui raconta le mariage et la mort de Keoki.

— Non ! Cette superbe fille vit là toute seule ? Dans cette hutte de branches ?

— Elle a ses suivantes.

— Bien sûr, mais... Elle ne fait rien ?

— Non.

— Quelle vie ! Tout ça parce qu'elle s'est laissé entraîner dans cette histoire ridicule. Janders, je vais aller la voir.

— Elle ne vous recevra pas. Vous n'avez pas trop bonne réputation, par ici.

— Au diable les souvenirs ! cria Hoxworth en abattant son poing sur la table. Janders, je songe à m'établir à Honolulu. A faire le transport de marchandises sur la Chine. Peut-être achèterai-je encore deux ou trois bateaux, si ça marche. Vous pensez que je puis trouver des chargements par ici ?

— Si vos tarifs sont raisonnables. J'ai là un lot de peaux que j'aimerais vendre en Chine.

— Vous les vendrez.

Hoxworth quitta le magasin et se rendit immédiatement à l'ancien palais de Malama. Les gardes tentèrent de s'interposer, mais il les repoussa, pénétra dans l'enclos et entra hardiment dans le palais de palmes où il trouva Noelani.

— Madame, dit-il en s'inclinant galamment, depuis le jour où je vous ai vue passer nue sur votre planche à la surface de l'eau, j'ai envie de faire votre connaissance. Il y a treize ans de cela, et vous étiez bien belle. Vous l'êtes encore plus aujourd'hui.

— Vous venez chercher une autre fille à vendre ? demanda sèchement Noelani.

— Non, madame. Je suis venu me chercher une épouse. Et j'ai l'impression que vous serez celle-là.

— Pourquoi ne cherchez-vous pas une épouse à Boston ?

— A dire vrai, j'ai demandé en mariage une de ces filles au teint pâle, il y a bien longtemps, et je n'ai pu la conquérir. Depuis, je préfère les beautés des îles.

— Qu'est devenue Iliki ? demanda soudain Noelani.

— Elle est en de bonnes mains. Que serait-elle devenue si elle était restée ici ?

Noelani ne trouva rien à répondre et, pour changer de sujet de conversation, elle demanda :

— Quand la maison sera-t-elle terminée ?

— Dans deux jours. C'est pourquoi je pense qu'il serait urgent que vous dîniez ce soir à bord avec moi. Je veux que vous connaissiez vos quartiers... au cas où vous accepteriez de m'accompagner à Canton.

Le nom de cette ville lointaine, d'où venaient ses étoffes et ses meubles et qu'elle n'avait jamais pensé connaître, fit briller les yeux de Noelani. Elle se maîtrisa cependant.

— J'ai un fils, dit-elle.

— Amenez-le. J'ai toujours rêvé d'avoir un petit bonhomme sur mon bateau.

— Il appartient à son peuple...

— Alors laissez-le avec son peuple.

Et avant qu'elle puisse soulever une autre objection, il l'avait prise dans ses bras et l'embrassait passionnément.

— Je vous en prie, souffla-t-elle.

— Allez dire à vos femmes de garder la porte. Vous recevez votre futur mari.

Elle le repoussa, se tint très droite devant lui et demanda d'un ton grave :

— Pourrez-vous oublier que j'ai été mariée avec...

— Noelani ! Combien de filles du village ont dormi dans ma cabine ? C'est du passé aussi. Maintenant, je veux me marier.

— Je veux dire... que c'était mon frère qui...

Le capitaine éclata de rire.

— Pour moi, une année nouvelle commence à chaque aube. Je n'ai pas de souvenirs.

Noelani considéra le grand capitaine et se dit : « Voilà un homme fort et hardi. Voilà un chef. Il est las de courir les filles. Il possède un beau navire et il est prêt à considérer mon fils comme le sien. Il n'est pas pieux, mais je le crois honnête. Les jours des Hawaiiens sont passés, c'est à présent le temps de l'homme blanc. »

A haute voix, elle déclara :

— J'irai à bord de votre navire, capitaine.

Il l'embrassa à nouveau, sentit la lourde chevelure couler entre ses mains. Excité, il murmura :

— Dites à vos femmes de garder la porte.

— Pas dans cette pièce. C'est un lieu qui appartient aux coutumes anciennes. J'irai sur votre bateau.

Les habitants de Lahaina furent étonnés de voir le capitaine Hoxworth et Noelani, l'Alii Nui, descendre côte à côte le chemin sous les palmiers, se parlant à voix basse comme des amoureux. Ils furent stupéfaits quand la jeune femme, merveilleusement belle maintenant qu'elle retrouvait la lumière du soleil, monta dans la chaloupe du baleinier et se rendit à bord du *Carthaginian*, où elle demeura jusqu'à l'aube. Au moment de repartir, elle parcourut des yeux la jolie cabine qui serait la sienne et songea : « C'est un homme véritable, je lui serai fidèle. Je mangerai sa nourriture pour lui plaire. Je m'habillerai selon son goût et les autres hommes le regarderont en pensant : " Le kapena a de la chance. " Je ne lui dirai jamais non... (un doux sourire apparut sur son visage, comme il apparaîtrait plus tard sur celui de milliers d'Hawaiiennes ayant épousé des Américains)... car je sais qu'avec mes propres mots, je lui rendrai la vie plus douce. »

Le jour du départ, Noelani, seule dans son palais, enveloppa de tapa deux lourds fémurs : celui que Keoki lui avait remis avant de mourir, celui qu'elle avait reçu directement elle-même. Les portant dans ses bras, elle se rendit à la petite case de Kelolo.

— Mon père bien-aimé, je quitte Lahaina et je n'ose emporter ces présents oppressants. Il faut les remettre dans leurs tombes. Nous ne pouvons plus vivre avec ces souvenirs qui nous hantent.

Le chef prit les deux os avec respect, les plaça délicatement sur la terre battue, devant lui.

— Es-tu résolue à partir pour Honolulu avec l'Américain ?

— Oui. Je cherche une vie nouvelle.

— Puisse-t-elle être bonne, murmura-t-il de sa bouche édentée.

Il ne se leva pas pour dire adieu à sa fille car bien qu'il comprît les pressions qui la contraignaient à ce départ, il ne pouvait l'approuver. Il était sûr que Noelani rejetait le seul vrai bonheur qu'elle pouvait connaître sur terre.

— Que la déesse Pele... commença-t-il.

Elle le fit taire pour prononcer ses propres invocations :

— Puissent les dieux être bons pous toi, Kelolo. Que la longue pirogue navigue sans encombre jusqu'à ce que l'arc-en-ciel vienne te chercher.

Après un dernier regard au vieux visage marqué de traces de brûlure, au trou béant de l'œil absent, la jeune femme partit. Lorsqu'elle arriva au port, les marins l'avertirent que le capitaine n'était pas encore à bord et l'envoyèrent à la mission. Elle trouva son futur mari dans la nouvelle pièce, assis sur une chaise de cuisine, le dos voûté, contemplant le sol d'un air morose. Il se mit soudain debout, souleva la chaise, la jeta violemment par terre trois ou quatre fois. Se rappelant ce qu'il lui avait dit, Noelani pensa : « Il a beau prétendre qu'il n'a pas de souvenirs, il en a, et j'en suis heureuse. Je croyais qu'il se rappelait seulement des choses triviales, comme avoir vendu Iliki. » Dominant enfin sa rage, Hoxworth reposa la chaise doucement, parcourut des yeux une dernière fois la petite pièce et sortit.

— Partons, marmonna-t-il.

Les villageois qui avaient entendu parler du prochain mariage les suivirent jusqu'au port, où ils regardèrent le grand capitaine prendre Noelani dans ses bras et la porter dans la chaloupe.

Sur la route du retour, les missionnaires s'arrêtèrent au sommet de la colline et Abner s'aperçut que John et Amanda Whipple contemplaient le paysage à leurs pieds avec une intensité peu ordinaire. N'y tenant plus, il leur demanda :

— Que cherchez-vous donc ?

— Une grande surprise, répondit énigmatiquement John.

Il refusa de s'expliquer, mais quand la petite troupe eut fait une centaine de mètres et contourné un bouquet de frangipaniers, il s'exclama :

— Je la vois !

Les Hale regardèrent le village de Lahaina, à demi caché par les palmiers, le port, la rade, les collines de Lanai, les sentiers poussiéreux.

Enfin Jerusha poussa un cri.

— Abner ! On dirait une vraie maison !

— Où ? Où cela ?

— A la mission ! Une maison ! Abner !

Elle se mit à courir, à dévaler la colline, son bonnet flottant sur ses épaules, retenu par les brides, ses jupes traînant dans la poussière, sans cesser de crier :

— Une maison ! Une maison !

Haletante, les yeux brillants, elle s'arrêta enfin au bord du ruisseau qui délimitait l'enclos de la mission et croisa les mains devant sa bouche, comme une enfant émerveillée. C'était un conte de fées ! A la place de la vieille case rudimentaire s'élevait à présent une vraie maison de Nouvelle-Angleterre, bien close et bien solide, avec ses volets de bois peint, sa porte de bois épais et son toit en pente.

A l'arrivée de ses compagnons, elle se retourna et, perdant toute retenue, alla se jeter dans les bras d'Abner et l'embrassa en public.

— Merci, mon bien-aimé compagnon, merci !

Mais Abner était tout aussi stupéfait qu'elle et il se tourna vers les Whipple pour leur demander des éclaircissements. John jugea bon de taire une partie de la vérité et assura que la maison était un cadeau de Charles Bromley à sa fille. Par la suite, la part que le capitaine Hoxworth avait prise à l'affaire serait connue, mais les deux pauvres missionnaires étaient si heureux dans leur nouvelle demeure qu'ils ne songèrent pas à protester. Jerusha trouvait sa maison merveilleuse. Il n'y avait plus d'insectes, plus de cafards, plus d'humidité. Il y avait un véritable plancher au lieu de terre battue, et une cave fraîche pour entreposer la nourriture. Les enfants avaient chacun leur chambre, et Abner un vrai bureau de travail. Et il y avait une vraie cuisine. Jerusha ne se lassait pas de la faire admirer à tous les Hawaiiens qui voulaient la voir.

Le premier visiteur officiel fut Kelolo, porteur d'une grande feuille de papier qu'il s'était procurée chez J & W, et sur laquelle il désirait que le missionnaire écrive NOELANI. Après quoi, sans qu'on en pût supposer la raison sur le moment, il s'attarda si longuement dans la maison qu'Abner crut qu'il finirait par être obligé de lui demander de partir. Le chef rappela que sa femme Malama avait toujours aimé l'Église, que Keoki avait voulu devenir pasteur, que Noelani avait fait un mariage heureux à Honolulu. Il semblait avoir autre chose à dire, qu'il ne parvenait pas à exprimer. Finalement, au coucher du soleil, Jerusha intervint :

— Kelolo, mon ami, nous allons manger notre biscuit et notre bœuf salé. Voulez-vous vous joindre à nous ?

L'Hawaiien lui prit les mains, les pressa chaleureusement en lui souhaitant un monde de bonheur. Lorsqu'il fut enfin seul avec Abner, il prédit :

— Votre église demeurera quand vous et moi serons sur l'arc-en-ciel, Makua Hale. Avec elle, vous avez fait beaucoup de bien à Lahaina.

Puis il demanda s'il pouvait serrer dans ses bras le petit missionnaire. A l'hawaiienne, il frotta son nez contre celui d'Abner et lui dit adieu.

Il ne faisait pas encore noir quand le chef descendit la route de terre battue, longea le champ de taros royal et passa le petit pont où les navires baleiniers venaient s'approvisionner en eau douce. Parvenu à l'endroit que Malama aimait tant, il pensa, plein d'espoir : « Les marcheurs de la nuit viendront peut-être me prendre. » Et il tendit l'oreille mais n'entendit pas le bruit de leurs pas. En arrivant à sa petite case, il se reposa un moment avant d'envelopper dans le papier les trois objets précieux qu'il destinait à sa fille : le collier de Malama, la dent de cachalot pendant aux cheveux d'une centaine de ses amis, sa cape de plumes et la vieille pierre rouge de Pele.

Cela fait, il plaça le paquet au centre de la pièce, entreprit de rassembler ses quatre autres trésors : le crâne de Malama, l'os de sa cuisse droite, qu'il avait donné à Keoki, celui de la gauche, héritage que Noelani rejetait maintenant, et surtout, la pierre sacrée de Kane, qui l'avait protégé des missionnaires pendant de longues années.

Kelolo porta ces objets à l'autel proche de l'océan, où une pirogue l'attendait. Il plaça les ossements à l'avant, les recouvrit de feuilles de maile, retourna poser la pierre sacrée sur la plate-forme qui irritait tant le missionnaire et s'adressa pour la dernière fois à son dieu :

— On ne veut plus de nous, Kane. Notre temps est fini. Malama est morte avec un autre dieu. Keoki s'en est allé lui aussi et Noelani te rejette. Les kahuna eux-mêmes portent leurs prières ailleurs. L'heure est venue pour nous de rentrer.

» Mais avant que nous partions, grand Kane, consens, je t'en prie, à soulager tes enfants de Hawaii du fardeau des vieux tabu. Ils sont lourds, et les jeunes ne savent plus s'en accommoder. »

Comme il portait la pierre à la pirogue, le caractère sacrilège de son acte l'accabla et il murmura à son dieu :

— Ce n'est pas moi qui ai eu l'idée, grand Kane, de t'arracher aux îles que tu as aimées. C'est Pele qui m'a montré Keala-i-kahiki, la direction dans laquelle nous devons aller. Rentrons, maintenant.

Kelolo mit le dieu à l'avant, la place d'honneur, puis se retourna pour contempler une dernière fois le palais où il avait connu Malama, la plus noble, la plus achevée des femmes.

— Je ramène tes os à Bora Bora où nous pourrons dormir en paix près du lagon.

Kelolo s'inclina devant la maison d'amour, devant l'autel de pierre et les kous dont l'ombre l'avait protégé. Il monta dans la pirogue, se mit à pagayer résolument vers Keala-i-kahiki. Quand il fut au large, il entonna un chant de navigation que, d'après sa famille, un de ses ancêtres aurait composé en se rendant d'Hawaii à Bora Bora :

> *De la terre des Petits Yeux*
> *Navigue vers le sud*
> *Vers les océans brûlants...*

Au matin, parvenu dans ces eaux, il continuait à pagayer, sans rien à manger ni à boire, vieil homme borgne et édenté emportant son dieu et les restes de la femme qu'il avait aimée.

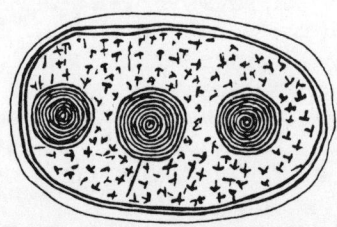

Jerusha profita moins de trois ans de la maison en bois belle et claire offerte par son père car, paradoxalement, si elle était parvenue à préserver sa santé en vivant dans la case, elle ne put en faire autant dans sa demeure confortable.

— Elle se tue au travail, déclara carrément le docteur Whipple. Si elle laissait au moins des Hawaiiennes s'occuper de ses enfants...

Abner ne voulant pas en entendre parler, le médecin fit une autre suggestion :

— Pourquoi ne pas la renvoyer dans le New Hampshire ? Trois ou quatre hivers froids avec beaucoup de pommes et de lait frais la rétabliront.

Cette fois, ce fut Jerusha qui se montra intraitable :

— Maui est notre île, frère John. Quand je l'ai découverte de la *Thetis*, j'ai eu peur, je le reconnais, mais après toutes ces années, elle est devenue mon pays. Savez-vous qu'il y a quelque temps, on a proposé à Abner d'aller à Honolulu et que c'est moi qui ai refusé ?

— Alors, je n'ai qu'un remède à vous donner, conclut Whipple. Moins de travail, plus de sommeil et de nourriture.

Mais avec quatre enfants et une école de filles, Jerusha ne trouvait jamais le temps de se reposer. Un matin, elle s'éveilla oppressée, respirant avec difficulté. Abner la fit asseoir près d'une fenêtre ouverte, envoya chercher le médecin. Quand Whipple arriva, Jerusha suffoquait.

— Allongez-la sur le lit, vite ! ordonna-t-il.

Soulevant lui-même la femme de son ami, il fut stupéfait par sa légèreté. « Amanda pèse plus qu'elle », pensa-t-il. Il demanda aux enfants de se rendre seuls chez le capitaine Janders et annonça au missionnaire dans un murmure :

— Elle est en train de mourir, je le crains.

Il aurait pu s'épargner de parler à voix basse car Jerusha elle-même sentait que la fin approchait. Elle demanda si Amanda et Luella pouvaient venir, réclama aussi ses enfants et dit qu'elle aimerait entendre l'hymne de la mission. Tous, y compris la mourante, se mirent à chanter :

> Des montagnes glacées du Groenland
> Des récifs coralliens des Indes ;
> Là où les sources ensoleillées de l'Afrique
> Déroulent leur fil d'or ;
>
> De maints fleuves
> De maintes plaines
> On nous appelle pour délivrer
> Le pays des chaînes de l'erreur

— Nous avons œuvré dans ce sens, dit Jerusha d'une voix faible.

Voyant la mort serrer la gorge de son amie, Amanda Whipple entonna l'hymne qui les avait tous lancés dans l'aventure de la mission, *Béni soit le lien*... Abner fut incapable de joindre sa voix à celles des autres, et quand ils arrivèrent au deuxième couplet, poignant, qui semblait écrit pour ceux qui accomplissaient au loin l'œuvre de Dieu, il se laissa tomber sur une chaise, le visage dans les mains, incapable de regarder la frêle silhouette allongée sur le lit.

— Mon bien-aimé mari, hoqueta Jerusha, en proie à une grande douleur. Je vais rejoindre notre Seigneur. Je vois...

Et elle mourut.

Elle fut enterrée au cimetière de l'église de Lahaina, sous une simple croix de bois. Mais une fois la cérémonie terminée et la foule dispersée, Amanda, qui ne pouvait se contenter d'un tombeau aussi chiche, fit graver dans le bois — et plus tard dans la pierre — cette épitaphe qui aurait pu servir à toutes les femmes de missionnaires :

Sur ses os s'est bâti Hawaii.

Plus tard, la mode serait à brocarder les missionnaires : « Ils sont venus dans les îles faire du bien, du bien, ils en ont à revendre. » Mais ces commentaires ne s'appliquaient pas à Jerusha Hale. Elle enfanta une lignée d'hommes et de femmes qui civiliseraient les îles, les doteraient d'une organisation structurée. Elle donnerait son nom à des bibliothèques, à des musées, à des facultés de médecine, à des bourses d'études. De la case misérable où elle se tua à la tâche, elle apporta humanité et amour à une île souvent brutale. Avec son aiguille, son livre de lecture, elle apprit plus aux femmes de Maui sur la droiture et la civilisation que son mari avec tous ses sermons. Elle ne demanda rien pour elle, accorda son amour sans réserve et apprit à chérir la terre qu'elle servait : « Hawaii s'est bâti sur ses os. »

Dans les heures qui suivirent la mort de Jerusha, les Américains de Lahaina discutèrent longuement de ce qu'il convenait de faire des quatre enfants. On décida de les confier à Mrs Janders jusqu'à ce qu'ils puissent être envoyés chez les Bromley, à Walpole. Ces plans ayant été tirés sans consulter Abner, ils n'avaient pour lui aucun caractère contraignant, et quand Mrs Janders proposa de s'occuper des enfants, il annonça, à la surprise générale, qu'il continuerait à en assumer la charge. Les enfants demeurèrent donc à la mission — Micah, treize ans, Lucy, dix, David, six, Esther, quatre — sous la garde de leur père. Il fut grandement aidé dans cette tâche par Micah, garçon sérieux qui dévorait les livres et avait un vocabulaire plus vaste encore que son érudit de père. Car tandis que les autres enfants couraient et s'amusaient autour de la mission, Micah Hale, assis contre le mur, lisait pour son plaisir un dictionnaire d'hébreu ou le *Lexique gréco-latin* de Cornelius Schrevelius. Les deux petites filles portaient les vêtements qu'Abner jugeait appropriés : veste à manches longues, jupe de couleur terne sur un pantalon descendant jusqu'aux chevilles, chapeau de paille plat maintenu par un ruban — le tout provenant d'œuvres de charité. Le village ne voyait les enfants Hale que le dimanche, jour où Abner les lavait avec soin, leur mettait leur plus belle tenue et les conduisait solennellement à la grande église. A cette occasion, nombreux étaient ceux qui faisaient remarquer :

— Qu'ils sont pâles ! Comme leur mère.

Tout aurait cependant pu aller fort bien car Abner était un père qui témoignait à ses enfants un profond amour. Mais en 1837, le *Carthaginian* relâcha à Lahaina pour y prendre un lot de fourrures chez Janders & Whipple. Le capitaine Hoxworth descendit à terre et demanda où se trouvait la tombe de Mrs Hale. Il s'arrêta pour acheter des fleurs avant d'aller au cimetière. Ses intentions étaient excellentes et pacifiques, mais le malheur voulut qu'il rencontrât Abner au cimetière. Quand le marin aperçut la maigre silhouette du missionnaire, cet homme qui lui avait causé tant de chagrin, il perdit la tête. Fou de rage, il se jeta sur lui en hurlant :

— Espèce d'ignoble larve ! Vous l'avez tuée ! Vous l'avez fait travailler comme une esclave ! Assassin !

Il renversa Abner sur la tombe et s'acharna sur lui, à grands coups de pieds lourdement chaussés, frappant sans discernement, à la tête et au corps. Abner perdit connaissance, mais le marin enragé continuait de frapper aveuglément. Le missionnaire ne dut son salut qu'à des indigènes qui, entendant des cris, se précipitèrent vers lui et chassèrent Hoxworth. Puis ils soulevèrent tendrement leur pasteur bien-aimé et l'emportèrent à la mission.

Pendant quatre jours, Abner délira et John Whipple comprit vite qu'il avait souffert d'une grave commotion, peut-être même d'une lésion du cerveau.

Abner Hale se remit lentement, mais ne retrouva jamais toutes ses facultés. Il lui arrivait de s'arrêter et de secouer la tête, comme pour remettre ses idées en place, puis il repartait en claudiquant, lourdement appuyé sur une canne.

En 1840, un visiteur inattendu arriva à Lahaina, et cette visite devait avoir des conséquences graves car celui qui mit le pied sur la jetée était un grand missionnaire émacié tout de noir vêtu, coiffé d'un chapeau en tuyau de poêle qui le faisait paraître encore plus grand. Dès son arrivée, il déclara :

— Je suis le révérend Eliphalet Thorn, de Boston. Où puis-je trouver le révérend Hale ?

On le conduisit à la mission et il s'étonna d'abord qu'Abner eût gardé ses enfants auprès de lui.

— Vous auriez dû vous trouver une autre femme, dit-il, ou retourner chez des amis en Amérique.

— Mon travail est ici, répliqua Abner.

— Dieu ne demande pas que ses serviteurs se tuent à la tâche. Frère Abner, j'ai pris des dispositions pour ramener moi-même vos enfants en Amérique.

Au lieu de discuter, Abner demanda prudemment :

— Est-ce que Micah pourra entrer à Yale ?

— Je doute fort que ce garçon soit assez avancé. Il a vécu ici, loin de toute instruction, sans livres.

Abner négligea de répondre. Il appela son fils, un garçon malingre et pâle, et le fit mettre au garde-à-vous devant le vieux missionnaire de Boston. Puis, d'une voix posée, il commanda :

— Micah, je veux que vous récitiez le premier chapitre de la Genèse en hébreu, puis en grec, puis en latin et enfin en anglais. Ensuite, vous expliquerez au révérend Thorn sept ou huit des passages qui ont causé les plus grandes difficultés de traduction dans les diverses langues.

Tout d'abord, le révérend Thorn voulut couper court à cette exhibition, mais il fut bientôt subjugué par les connaissances du jeune homme et l'écouta jusqu'au bout. Lorsqu'il se tut, Thorn demanda :

— Que donne ce dernier passage en hawaiien ?

— Je ne connais pas l'hawaiien, répondit Micah.

Le garçon sortit et Thorn dit à Abner :

— J'aimerais faire la connaissance de vos pasteurs hawaiiens.

— Nous n'en avons pas.

— Qui poursuivra votre œuvre, quand vous ne serez plus là ?

— Je ne compte pas m'en aller.

— Mais la survie de l'Église !

— On ne peut confier les destinées de notre Église à des Hawaiiens, affirma Abner. Personne ne vous a raconté l'histoire de Keoki et de sa sœur Noelani ?

— Si, répondit froidement Eliphalet Thorn. Noelani elle-même... A Honolulu. Elle a maintenant quatre beaux enfants chrétiens.

Abner secoua la tête, un peu perdu. Il était sûr d'avoir déjà rencontré Thorn quelque part, mais où ? Soudain, la mémoire lui revint, il se rappela l'homme grave et décharné qui, en 1821, faisait le tour des universités.

— Ce que vous devez faire, révérend, dit-il, c'est retourner à Yale recruter beaucoup d'autres missionnaires. Il nous en faudrait au moins une douzaine de plus, ici.

— Nous n'avons jamais eu l'intention d'envoyer des Blancs en nombre illimité dans les îles pour les gouverner, répondit Thorn d'un ton sévère.

Le mot « gouverner » le ramena au motif de sa venue, qu'il hésitait à aborder. Après s'être éclairci la voix, il finit par lâcher :

— Frère Abner, le Conseil de Boston est fort mécontent de deux aspects de la mission de Hawaii. Premièrement, vous avez établi un système d'évêchés ayant pour centre Honolulu, et vous devriez savoir que c'est contraire à l'esprit du congrégationalisme. En second lieu, vous vous êtes refusé à former les Hawaiiens pour qu'ils prennent eux-mêmes leurs églises en main à votre départ. Ce sont de graves erreurs, et le Conseil m'a chargé de blâmer ceux qui en sont responsables.

Abner considéra son inquisiteur d'un œil froid en songeant : « Qui peut prétendre connaître Hawaii sans y avoir vécu ? Le révérend peut distribuer les blâmes, mais saurait-il les justifier ? »

De son côté, Thorn, qui s'était heurté au même type de résistance têtue à Honolulu, se disait : « Pour lui, mon jugement est erroné parce que je ne sais rien des conditions locales, mais chaque erreur naît toujours dans un cadre particulier. »

Mal à l'aise dans la réprimande, Eliphalet Thorn passa à un sujet plus agréable :

— A Boston, notre Église a connu ces dernières années des changements extraordinaires, dont j'aurais voulu que vous soyez le témoin. Nos dirigeants ont mis au premier plan l'amour de Dieu et accordé une place moins grande à la rigueur amère de Calvin. Nous vivons dans un nouveau monde spirituel, frère Abner, et bien qu'il ne soit pas facile à nous, les anciens, de nous accommoder du changement, il n'est pas d'exaltation plus grande que celle que l'on éprouve en se soumettant à la volonté de Dieu.

Remarquant le regard étrange du frère Hale, Thorn conclut : « C'est un homme difficile, prisonnier de ses habitudes, incapable de comprendre les changements qui ont bouleversé Boston. »

Abner pensait au contraire : « Jerusha avait déjà appliqué ces changements, et à une échelle plus grande, à Lahaina. Sans l'aide de théologiens ou de professeurs de Harvard, elle a trouvé l'amour de Dieu. Pourquoi cet homme montre-t-il une telle arrogance ? »

Un seul mot conciliant de Thorn aurait encouragé Abner à lui faire part des nouvelles orientations que Jerusha avait données à sa théologie, mais ce mot ne fut pas prononcé car le visiteur, remarquant l'air hautain de Hale, se rappelait leur rencontre à Yale : « C'était alors un homme prompt à s'énerver, entier dans ses jugements. Il ne s'est pas amélioré. Pourquoi faut-il que les missions soient affligées de tels personnages ? »

Poussé par ce hasard malin qui empêche souvent une totale communion, Thorn aborda alors un sujet capital, qui le confirma dans son opinion qu'en la personne d'Abner Hale, l'Église s'était adjoint un de ces êtres bornés, têtus, incapables d'évoluer, qui constituent un obstacle au progrès de la religion.

— Frère Abner, je suis venu vous aider à ordonner les Hawaiiens prêts pour le sacerdoce. Voulez-vous réunir les candidats ?

— Je n'en ai aucun, avoua Hale.

Déjà fixé sur la personnalité d'Abner, Thorn n'éleva pas la voix.

— Je ne suis pas sûr d'avoir compris, frère Abner. Après la trahison du jeune Keoki, n'avez-vous pas immédiatement recruté huit ou dix jeunes gens plus prometteurs ?

— J'ai pensé qu'après une telle infamie, il valait mieux..., commença Hale. (Il revit Keoki devant l'autel de Kane, les feuilles de maile sur ses épaules, la dent de cachalot pendant à son cou.) J'ai pensé que l'essentiel, c'était de protéger l'Église d'une autre débâcle semblable.

— Vous n'avez donc suscité aucune vocation ? demanda Thorn d'un ton calme.

— Oh! non! Voyez-vous, révérend, à moins de vivre parmi les Hawaiiens, on ne peut vraiment comprendre...

— Frère Abner, coupa le visiteur, j'ai amené avec moi deux remarquables jeunes gens d'Honolulu.

— Des missionnaires? s'exclama Hale. De Boston?

— Non, ils sont hawaiiens, répondit patiemment Thorn. J'ai l'intention de les ordonner dans votre église, et je serais particulièrement heureux si vous pouviez désigner un jeune homme de Lahaina qui vous paraît destiné à l'Église...

— Les Hawaiiens de Lahaina... Écoutez, révérend, je ne laisse même pas mes enfants fréquenter ceux du village. Il y a un nommé Pupali, qui a quatre filles, et la plus jeune, Iliki...

Abner s'interrompit brusquement : Thorn ne comprendrait pas.

La cérémonie d'ordination impressionna plus profondément Lahaina que toute autre activité religieuse antérieure. En voyant deux des leurs accéder à la responsabilité d'évangéliser les îles, les fidèles se dirent que les Hawaiiens faisaient enfin partie de l'Église, et lorsque Thorn promit qu'avant un an, un jeune de Lahaina même serait ordonné, la seule question que la nouvelle suscita dans les foyers, ce fut : « Crois-tu qu'on choisira notre fils ? »

Le dimanche suivant, les nouvelles furent meilleures encore puisque Thorn annonça que le Conseil d'Honolulu avait décidé qu'un des deux Hawaiiens ordonnés, le révérend Jonah Keeaumoku Piimalo, resterait à Lahaina pour assister le révérend Hale.

Quand Thorn fit cette déclaration, et constata la joie qu'elle causait, son regard tomba par hasard sur John Whipple, qui se tourna vers sa femme toute menue, Amanda, et lui serra chaleureusement la main, comme si le couple attendait cette décision depuis longtemps. « Quelle ironie! songea Thorn. J'ai beaucoup plus de sympathie pour Whipple, qui a quitté l'Église, que pour Hale, qui y est resté. En soignant les pauvres, en bâtissant une bonne affaire, Whipple est beaucoup plus près de mon idée de Dieu que le pauvre petit bonhomme assis à côté de moi. »

Le lendemain matin, Thorn embarqua pour Boston, via Honolulu, emmenant avec lui les quatre enfants Hale. Au moment du départ, Abner dit solennellement à chacun d'eux :

— Quand vous aurez appris les manières civilisées de la Nouvelle-Angleterre, ne manquez pas de revenir, car Lahaina est votre foyer.

A son brillant aîné, Micah, il ajouta :

— Je t'attendrai, et quand, devenu pasteur, tu reviendras, je te remettrai mon église.

Surprenant ces propos, Thorn eut une grimace et songea : « Pour lui, ce sera à jamais, *son* église, pas celle de Dieu... et surtout pas des Hawaiiens. »

Lorsque vint le moment de dire adieu au missionnaire dont il avait suscité la vocation dix-neuf ans plus tôt, Thorn posa un regard plein de compassion sur le petit boiteux et pensa : « Quelle tragédie! Frère Hale n'a jamais compris, fût-ce confusément, le véritable esprit du Seigneur. S'il fallait dresser le bilan, je crois qu'il a fait plus de mal que de bien. »

Tournant les yeux vers son inquisiteur, Abner Hale revit en lui le juge en redingote noire qu'il avait été lors de l'entretien à Yale en 1821 : « Frère Eliphalet se promène de par le monde en dispensant ses conseils et s'imagine que quelques jours passés à Lahaina lui ont permis de mettre le doigt sur nos erreurs. Que sait-il du canon ? A-t-il jamais affronté une meute de baleiniers en colère ? »

— Adieu, frère Abner ! cria Eliphalet Thorn.

— Adieu, révérend ! répondit Abner, et le paquebot gagna le large.

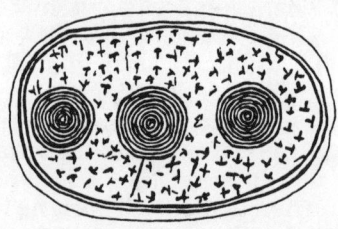

Dans les années qui suivirent, Abner devint une sorte de curiosité locale. L'esprit de plus en plus confus, il claudiquait par les rues de Lahaina, s'arrêtait pour remettre de l'ordre dans ses idées, secouant parfois la tête quand une flèche de douleur la traversait. Il ne vivait plus à la mission car d'autres étaient venus assumer les principales responsabilités de la paroisse mais il prêchait encore souvent en hawaiien, et lorsqu'on savait qu'il monterait en chaire, l'église était bondée.

Pour les fonctions officielles qu'il continuait à remplir, il portait toujours la vieille redingote lustrée qu'il avait achetée à New Haven. Son existence se réduisit bientôt à une routine marquée par trois événements récurrents. Chaque fois qu'un nouveau navire jetait l'ancre dans le port, il demandait aux matelots si, dans leurs pérégrinations, ils n'auraient pas rencontré Iliki l'Hawaiienne.

— Elle a été vendue à un capitaine anglais, précisait-il. Vous avez peut-être entendu parler d'elle.

Personne ne répondait par l'affirmative.

Autre moment marquant, le jour où, du bureau en bois grossier de la case qu'il habitait à présent, il envoyait à l'imprimerie une autre de ses traductions des Psaumes en hawaiien. Quand les feuillets étaient imprimés, il les distribuait à ses paroissiens et, à la messe du dimanche suivant, dirigeait leurs chants.

Le troisième événement, bien sûr, c'était quand il recevait une lettre de ses enfants vivant en Amérique. Sa sœur Esther, mariée à présent à un pasteur de New York, s'occupait des deux filles, les garçons étant sous la responsabilité des Bromley. Un artiste avait fait le portrait de chacun d'eux au crayon noir dans un atelier de Boston, et ils étaient maintenant accrochés dans la case d'Abner, visages graves, beaux et sensibles.

Après de brillantes études à Yale, Micah était devenu pasteur et prêchait déjà dans le Connecticut. Lucy avait fait la connaissance du jeune Abner Hewlett, lui aussi étudiant à Yale, et l'avait épousé. Abner aurait bien envoyé à son ancien ami Abraham une lettre de félicitations à l'occasion de cette union mais il ne pouvait oublier — ni pardonner — le mariage de Hewlett à une Hawaiienne. De plus, le fait que les Hewlett s'enrichissaient avec leurs terres ne contribuait pas à lever la méfiance du vieux missionnaire envers tous ceux qui convolaient avec des païens.

Si les facultés d'Abner s'amenuisaient au fil des ans, celles de John Whipple demeuraient intactes. Beau dans sa jeunesse, il s'épanouissait à l'âge mûr : grand, mince, le regard vif, la peau bronzée. Sa barbe drue, qu'il devait raser deux fois par jour, lui donnait une allure virile et ténébreuse qu'il accentuait en portant des costumes sombres très ajustés avec des gilets à six boutons. A quarante-quatre ans, il n'avait pas un cheveu gris alors que ceux d'Abner étaient blancs, si bien que, côte à côte, les deux hommes offraient un contraste frappant.

Les affaires de Whipple prospéraient elles aussi car les baleiniers embouteillaient maintenant le port — trois cent vingt-cinq en 1844, quatre cent vingt-neuf en 1845 — et ne pouvaient faire autrement que s'approvisionner chez J & W. Suivant le précepte du capitaine Janders : « Ne rien posséder, tout contrôler », John était passé maître dans l'art de faire du profit avec les terres ou la fortune d'autrui. Si un nouveau venu essayait d'implanter une entreprise à Lahaina, c'était généralement Whipple qui trouvait la tactique permettant d'évincer l'homme en rachetant son affaire ou en l'acculant à la ruine. Quand Valparaiso réclama des peaux à cor et à cri, ce fut le docteur Whipple qui se rappela avoir vu de grands troupeaux de chèvres sur l'île voisine de Molokai; ce fut lui qui organisa les expéditions sur les falaises exposées au vent. Aussi honnête qu'habile, il donna à chacun de ses employés un juste salaire mais quand le meilleur de ses chasseurs tenta de se mettre à son compte, de vendre directement les peaux et le suif à un brigantin américain, l'homme ne put trouver aucun bateau à louer pour transporter ses peaux. Après que le fruit de trois mois d'efforts eut pourri sur les rochers de Molokai, le chasseur renonça à l'entreprise et retourna travailler pour J & W.

Abner Hale passait de longues heures à la chapelle des Marins en compagnie de Cridland, le matelot qu'il avait lui-même amené à Dieu. « De tout ce que j'ai accompli, pensait le missionnaire, la conversion fortuite de Cridland est ce qui a donné le plus de fruits. » Conscient qu'aucune existence n'était plus dure, plus exposée aux tentations que celle du marin, il se réjouissait d'avoir contribué à éliminer les bordels et les cabarets de Lahaina.

N'étant plus missionnaire à part entière, Abner vivait d'une maigre allocation envoyée par le Conseil des Missions, mais le docteur Whipple veillait sur lui et lui assurait un peu d'argent de poche chaque fois qu'il en avait besoin. Quelqu'un venu un jour lui rendre visite dans sa solitude lui demanda :

— N'avez-vous donc aucun ami?

— J'ai connu Dieu, et Jerusha Bromley, et Malama Kanakoa, répondit Abner. Un homme qui a connu de tels êtres n'a pas besoin d'amis.

En 1849 parvint à Lahaina une nouvelle qui transforma Abner en un père excité et plein d'entrain : le révérend Micah Hale écrivait du Connecticut qu'il avait décidé de quitter la Nouvelle-Angleterre — trop froide à son goût — pour s'installer définitivement à Hawaii : « Je veux revoir les palmiers de mon enfance, les baleines jouant dans les eaux de Lahaina. » Beaucoup d'enfants de missionnaires, après leurs études à Yale, annonçaient leur retour car les îles exerçaient leur charme à des milliers de kilomètres de distance, mais ce qui distinguait la lettre de Micah, c'était qu'il avait l'intention de se rendre à pied en Californie. Il voulait voir l'Amérique et envisageait d'embarquer à San Francisco vers la fin de l'année.

Abner se procura donc une carte de l'Amérique du Nord, l'épingla dans sa case et y marqua chaque jour la progression présumée de son fils à travers le vaste continent. Par des déductions d'une justesse remarquable, il annonça un jour de fin novembre chez J & W :

— Mon fils, le révérend Micah Hale, arrive probablement à San Francisco en ce moment même.

Quand Micah descendit de la Sierra Nevada et suivit le Sacramento en direction du San Francisco en pleine expansion de la ruée vers l'or, c'était un grand et beau jeune homme de vingt-sept ans, avec les yeux noirs et les cheveux bruns de sa mère, l'intelligence vive de son père. Le teint brouillé de l'enfance avait fait place à un hâle attrayant ; les longues marches en compagnie des chercheurs d'or traversant le continent avaient développé son torse. Il marchait avec ardeur, comme si le prochain arbre réservait une surprise agréable. Il avait gagné l'estime de ses compagnons de route en prêchant une foi chrétienne simple, caractérisée par l'amour de Dieu pour ses enfants — et le respect des muletiers en avalant du whisky pur quand les nuits étaient froides.

Dans le trépidant San Francisco, il fit la connaissance de nombreux aventuriers venus de Hawaii pour se rendre sur les gisements aurifères et on lui demanda de faire un sermon dans une des églises locales. Après une brève lecture de la Bible, il captiva son auditoire en prédisant : « Un jour, une chaîne de grandes villes s'étendra de Boston à San Francisco à travers l'Amérique puis gagnera Hawaii, où la démocratie américaine doit inéluctablement parvenir. San Francisco et Honolulu seront alors unis par des liens d'amour et d'intérêt réciproque, chacun faisant progresser à sa manière l'œuvre de Dieu. »

— Jugez-vous assurée l'américanisation de Hawaii ? lui demanda un homme d'affaires local après le sermon.

— Absolument inévitable, répondit Micah, qui tenait de son père ce goût pour les prophéties.

Prenant les mains de l'homme dans les siennes, il ajouta :

— Mon ami, qu'une Amérique chrétienne étende ses intérêts et sa protection à ces îles paradisiaques, c'est notre destin. Nous ne pouvons y échapper.

— Quand vous dites « nous », parlez-vous en Hawaiien ou en Américain ?

— Je suis américain ! répliqua Micah, étonné. Que pourrais-je être d'autre ?

— Révérend, vous ne connaissez personne dans cette ville et vous me feriez honneur en acceptant de dîner avec moi. J'ai pour hôte un homme d'affaires d'Honolulu qui était américain avant de devenir citoyen des îles.

— J'aimerais le rencontrer, dit Micah.

Ils traversèrent la ville en fièvre pour se rendre en un lieu dominant la baie. Laissant l'attelage, ils gravirent à pied une colline escarpée jusqu'à un promontoire d'où l'on découvrait un panorama d'une grande beauté.

— Mon empire ! s'exclama l'homme.

Il conduisit le jeune pasteur à l'intérieur d'une magnifique résidence, lui présenta un homme de haute taille, puissamment bâti, aux yeux écartés sous une crinière de cheveux noirs.

— Le capitaine Rafer Hoxworth.

Micah, qui voyait pour la première fois l'ennemi de son père, eut un mouvement de recul. Hoxworth s'en aperçut, se dit que le jeune homme pourrait lui faire l'injure de refuser sa poignée de main. Relevant le défi, il déploya tout son charme, s'avança, tendit son énorme main avec un sourire chaleureux.

— Ne seriez-vous pas le fils du révérend Hale ?

— Oui, répondit Micah assez froidement.

Hoxworth lui prit la main.

— Vous ressemblez beaucoup à votre mère. Une femme admirable, et d'une grande beauté.

Révolté par la présence de ce capitaine dont il avait entendu dire tant de mal, mais fasciné cependant par son extraordinaire vitalité, Micah demanda :

— Où avez-vous connu ma mère ?

— A Walpole, dans le New Hampshire. Connaissez-vous Walpole ?

Et le capitaine Hoxworth se lança dans une description lyrique du plus ravissant village de Nouvelle-Angleterre. Il sentit qu'il entamait la réserve de Micah puis, avec une joie presque animale, il s'aperçut que le jeune homme ne l'écoutait plus. Micah regardait par-dessus l'épaule de son interlocuteur la personne qui venait d'entrer dans la pièce.

De fait, Micah regardait fixement deux personnes. La première était Noelani Kanakoa Hoxworth, qu'il avait vue pour la dernière fois dans l'église de son père à Lahaina. Si elle avait été belle en ce temps-là, elle était à présent radieuse, dans une longue robe de velours noir, les cheveux tressés en couronne sur la tête. Micah se précipita vers elle :

— Noelani, Alii Nui, comme je suis heureux de vous voir !

Mais ce n'était pas vers Noelani que Micah avait couru, car derrière Mrs Hoxworth se tenait la plus belle jeune fille qu'il eût jamais vue. Elle était aussi grande que lui, svelte et gracieuse, la taille incroyablement fine et les épaules épanouies. Sa peau fine avait la couleur de l'ambre et ses yeux en amande brillaient d'un merveilleux éclat. Ses lèvres rouges s'entrouvraient sur des dents éblouissantes. Elle portait une fleur sur l'oreille.

— Viens, Malama, lui dit son père, que je te présente le révérend Hale, de Lahaina.

La jeune fille s'inclina et tendit la main, à la mode américaine.

— Ma fille, mon cher révérend.

Le dîner fut animé, comme aucun de ceux auxquels Micah avait assisté de sa vie. Le capitaine racontait ses voyages et Noelani prenait part à la conversation, parlant de Bangkok et de Hong Kong, des tempêtes qu'ils avaient essuyées et des aventures qu'ils avaient vécues.

— Vos bâtiments sillonnent tout le Pacifique ? s'enquit Micah.

— Ils vont partout où il y a de l'argent, répondit carrément Hoxworth.

La question suivante du pasteur s'adressa à la jeune fille assise à sa droite.

— Accompagnez-vous souvent vos parents ?

— C'est mon premier voyage. Jusqu'ici, j'étais en pension à Honolulu.

— Et vous aimez San Francisco ?

— C'est une ville beaucoup plus animée que Hawaii. Mais les pluies d'orage ensoleillées de chez moi me manquent. Un homme de Philadelphie visitant Honolulu il y a peu demanda comment se rendre au magasin J & W. « Prenez la première averse et tournez à gauche », lui répondit-on.

Les convives battirent des mains, Malama rougit joliment, mais ce que tout le monde désirait entendre, c'était le récit de la grande prairie américaine. Inspiré par l'intérêt manifeste que lui témoignait Malama, Micah broda sur ce thème plus qu'il n'en avait eu l'intention.

— La prairie s'étire sur des centaines de kilomètres dans toutes les directions, en une mer ondoyante et merveilleuse de possibilités. Plusieurs fois, j'ai creusé le sol et découvert une terre noire, riche. Cent mille personnes pourraient y vivre — un million, même —, perdues dans son immensité.

— Répétez donc ce que vous m'avez dit du mouvement de l'Amérique vers San Francisco et vers les îles, suggéra le maître de maison.

Rafer Hoxworth se pencha en avant, mâchonnant son coûteux cigare.

— Je vois le jour où des routes larges, très fréquentées, relieront Boston à cette ville. Des gens vivront sur les terres que j'ai traversées, créeront d'immenses richesses. Le pays se couvrira d'églises, d'écoles, d'universités. Yale ne suffira pas pour accueillir les millions de futurs étudiants qui...

— Et que prédisez-vous pour Hawaii ? coupa Hoxworth avec impatience.

— Ce mouvement s'étendra aux îles, capitaine. Une impulsion naturelle poussera l'Amérique à enjamber le Pacifique pour englober Hawaii. C'est inévitable !

— Vous voulez dire que l'Amérique fera la guerre à la monarchie hawaiienne ?

— Ça, jamais ! s'écria Micah, grisé par sa propre vision. L'Amérique n'aura jamais recours aux armes pour étendre son empire. Si la fièvre de l'or continue à peupler la Californie, si Hawaii prospère, ce que je tiens pour assuré, les deux populations seront naturellement amenées à comprendre que leurs intérêts...

Le jeune homme s'interrompit, gêné, car s'il sentait le capitaine Hoxworth en accord avec sa prophétie, sa femme ne semblait pas l'être.

— Pardonnez-moi, madame, s'excusa Micah. J'ai été présomptueux, je le crains, en m'avançant sur ce que penseront alors les Hawaiiens.

Au soulagement du pasteur, Noelani répondit :

— Vous n'avez pas à vous excuser, Micah. A l'évidence, Hawaii tombera un jour aux mains des Américains, car nous sommes petits et faibles.

— Madame, assura le jeune Hale, débordant de confiance, le peuple américain ne tolérera pas une effusion de sang.

D'une voix calme, Noelani fit observer :

— On nous a pourtant assuré que le sang coulerait bientôt dans votre propre pays... à propos de l'esclavage.

— La guerre ? En Amérique ? Jamais ! Et il n'y aura pas de guerre avec Hawaii non plus. C'est également impossible.

Soudain, à brûle-pourpoint, le capitaine Hoxworth s'exclama :

— Jeune homme, mon navire lève l'ancre pour Honolulu demain matin. Je serais heureux et fier de vous prendre à mon bord.

Il ajouta ces quelques mots qui devaient mettre du baume dans un cœur de missionnaire :

— Comme invité.

Micah, comprenant instinctivement qu'il ne devrait avoir aucun rapport avec cet ennemi de sa famille, hésita ; mais, à la joie du capitaine et pour la plus grande confusion de Micah, Malama se pencha vers lui, posa sa main sur la sienne et murmura :

— Accompagnez-nous, je vous en prie.

Micah rougit et bredouilla :

— J'avais l'intention de visiter San Francisco.

— Vous verrez San Francisco plus tard, insista doucement la jeune fille.

Micah plongea son regard dans la profondeur de ces yeux polynésiens et il oublia qu'il avait couvert plus de cinq mille kilomètres pour voir cette cité, ce phénomène de l'Ouest. Il répondit faiblement :

— Je vais porter mes bagages à bord.

A bord du *Carthaginian*, Micah ne passa guère de temps à discuter de l'Amérique avec le capitaine Hoxworth ou de Hawaii avec sa femme. Il suivait Malama partout, regardait avec elle les étoiles, les dauphins, les nuages changeants. Les premiers jours étant froids, elle portait une fourrure de l'Oregon qui enveloppait son visage de beauté caressante. Un soir que le vent rabattait la capuche dans les yeux de Malama, Micah ne put s'empêcher de l'écarter, et comme la jeune fille penchait la tête au même moment, il sentit sous ses doigts la douceur de sa peau. Quasi inconsciemment, Micah laissa sa main se glisser derrière la nuque de Malama et attirer ses lèvres vers les siennes. C'était la première fois qu'il embrassait une jeune fille et il eut un moment l'impression que toute une bande de dauphins avait heurté le navire. Il se recula, désorienté, ce qui incita l'îlienne à lui lancer, taquine :

— Je crois bien que je suis la première à qui vous donnez un baiser, révérend Hale.

— C'est exact, avoua-t-il.

— Cela vous a plu ? demanda-t-elle en riant.

— J'ai bien fait d'attendre une nuit étoilée à bord d'un bateau pour cela, répondit-il lentement en la prenant dans ses bras.

Rafer Hoxworth, qui avait comploté tout cela, les observait avec une satisfaction démoniaque. Il éprouvait pour le jeune homme des sentiments mélangés. Par moments, il le haïssait et rêvait de le blesser, de le torturer. A d'autres, il revoyait sur son visage les traits à jamais chéris de Jerusha et lorsque Micah parlait avec clarté et intelligence du destin de Hawaii, il en était fier. Si bien que le septième jour de la traversée, il annonça brusquement à sa femme :

— Bon Dieu, Noelani, si le gamin veut épouser Malama, je la lui donnerai volontiers. Nous avons besoin d'un homme comme lui dans la famille.

— Voyons, laissez les Hale, je vous en prie. Et que ferions-nous d'un pasteur dans la famille ?

— J'ai comme une idée qu'il ne restera pas longtemps pasteur. Trop d'entregent, chez ce gamin.

Le jour même, le capitaine Hoxworth fit venir sa fille dans sa cabine encombrée de livres.

— Malama, tu as l'intention d'épouser le jeune Hale ?

— Je crois.

— Je te donne ma bénédiction.

Mais lorsque la jeune fille poussa son soupirant intimidé dans la cabine, le capitaine le soumit à un tel interrogatoire, portant principalement sur les questions d'argent et sur les incertitudes de la vie de missionnaire, insistant sur le fait que sa fille était habituée au luxe, qu'au bout d'un quart d'heure Micah Hale, qui avait fait de la boxe à Yale et s'était aguerri avec les chercheurs d'or, perdit patience et s'écria :

— Je ne suis pas venu me faire insulter, capitaine.

Et il sortit en claquant la porte. Il prit les trois repas suivants dans sa cabine et quand Malama, en larmes, vint le supplier de revenir à leur table, il lui répondit dignement :

— Je reviendrai quand votre père m'aura fait des excuses.

Noelani et sa fille cajolèrent le capitaine, lui assurèrent que Micah avait agi correctement et finirent, le surlendemain, par le fléchir. Le capitaine, les dents serrées sur son cigare, alla lui-même chercher le jeune homme. Il lui tendit sa large main et grommela d'un ton bourru :

— Heureux d'avoir un gars comme vous dans la famille, Micah. Je vous marierai moi-même demain matin.

Il détestait le garçon et tenait cependant à l'avoir pour gendre, pour fils. Un peu parce qu'il savait qu'un tel mariage scandaliserait le vieil Abner Hale, un peu parce qu'il comprenait qu'une fille de sang mêlé comme Malama avait besoin d'un mari au caractère bien trempé.

La cérémonie eut lieu dans les eaux tropicales, devant tout l'équipage. Quand les jeunes gens eurent été unis, le capitaine distribua une ration de rhum supplémentaire à ses hommes. Et quand le *Carthaginian* atteignit Honolulu, Hoxworth expédia immédiatement le jeune couple à Lahaina.

Quand le bateau des îles accosta à Lahaina et que Micah revit enfin le merveilleux paysage de son enfance, les douces collines de Maui et les cimes violettes de Molokai, il eut la gorge serrée. Une foule indigène se pressait sur le quai et sur la plage, comme à l'arrivée de tous les bateaux. Mais avant que Micah et sa jeune femme aient mis pied à terre, il entendit crier :

— Laissez-le passer !

Avec une émotion intense, Micah reconnut dans le nouvel arrivant son père qu'il n'avait pas vu depuis neuf ans.

— Père ! cria-t-il.

Abner n'entendit pas. Il ignorait que son fils était à bord du courrier et il allait de l'un à l'autre des matelots en demandant :

— Au cours de vos voyages, vous n'avez jamais rencontré une petite Hawaiienne appelée Iliki ?

Après avoir reçu des réponses négatives, il retourna tristement vers sa case. Voyant cela, Micah sauta par-dessus la barrière qui séparait les passagers de la foule et courut après son père. Quand le vieux pasteur aux cheveux blancs — un vieillard de quarante-neuf ans — reconnut son fils, il se redressa fièrement.

— Je suis heureux, lui dit-il, que tu aies si bien réussi à Yale.

L'accueil était curieux mais Micah n'y prit pas garde. Il embrassa tendrement son père qui, retrouvant toute sa lucidité, lui dit :

— Il y a bien longtemps que j'attends le moment où tu prêcheras ici.

Et puis il vit derrière son fils une grande jeune femme à la peau ambrée. Instinctivement, sa méfiance s'éveilla. Il demanda, d'un ton soupçonneux :

— Qui est-ce ?

— Ma femme, père.

— Qui est-elle ?

— C'est Malama.

Pendant un instant, le nom de celle qu'il avait appris à connaître et à estimer troubla le petit missionnaire. Il secoua la tête pour s'éclaircir les idées, puis il tonna :

— Est-ce la fille de Noelani Kanakoa ?

— Oui, père. C'est Malama Hoxworth.

Le vieil homme frémissant recula, lâcha sa canne et leva un doigt vengeur vers sa belle-fille en glapissant :

— Païenne ! Impure ! Abomination ! Micah ! Micah ! comment as-tu osé amener une telle créature à Lahaina ?

Malama cacha sa figure dans ses mains et Micah tenta de la protéger contre le courroux d'Abner, mais les paroles vengeresses et terribles lui vrillaient le tympan :

— Ézéchiel a dit : *Il s'est souillé avec les païens ! Il est impur !* Va-t'en ! Va-t'en, monstre ! Abomination ! Honte, honte à toi ! Que je ne te revoie jamais ! Tu viens pourrir notre île !

Rien ne pouvait calmer la fureur du vieux pasteur, mais le docteur Whipple arriva sur ces entrefaites et entraîna le jeune couple chez lui. Il expliqua à la pauvre Malama que le révérend n'avait plus toute sa tête. Il ajouta sans ménagements que son père à elle en était responsable, pour lui avoir donné des coups de pied dans la tête.

— Que j'ai honte ! s'écria-t-elle. Je vais aller lui dire que je le comprends !

Micah ne put l'en empêcher. Elle courut le long du ruisseau, passa devant la mission et, devant la case où elle avait vu entrer le vieux pasteur, elle cria :

— Révérend Hale, je suis désolée que...

Il la regarda, de son seuil, et vit une femme qui ressemblait à Noelani, et aussi au capitaine Hoxworth, et qui était l'épouse de son fils.

— Arrière, créature impure ! Courtisane ! Païenne !

Et sous les yeux horrifiés de Malama, il arracha de la paroi le portrait de Micah et le déchira. Il jeta les morceaux aux pieds de la jeune femme en criant :

— Emmenez-le de Lahaina ! Il est impur.

Telles furent les circonstances qui poussèrent Micah Hale, le plus brillant des enfants de la mission, à renoncer au sacerdoce et à devenir associé dans les affaires du capitaine Rafer Hoxworth, un homme qu'il craignait et qui le détestait. Mais ils formèrent une excellente association et, par la suite, tous les ports du Pacifique apprirent à connaître les grands navires qui arboraient le pavillon bleu de la Compagnie H & H.

4

Ceux qui vinrent
du village de la faim

En l'an 817, alors que le roi Tamatoa VI de Bora Bora et son frère Teroro partaient pour l'Havaiki-du-Nord en vue d'y fonder une société nouvelle, la partie septentrionale de la Chine fut ravagée par une horde d'envahisseurs tartares dont les qualités de cavalier, le courage primitif et les violences sans scrupules vinrent rapidement à bout des Chinois plus civilisés qui tentèrent vainement, et parfois sans grande conviction, de leur résister. Pékin tomba, les villes côtières furent prises à leur tour, et il apparut que les Tartares étaient entrés en Chine pour y rester.

Les conséquences de l'invasion furent terribles pour le grand Empire du Milieu, cœur de la Chine, car c'étaient ces terres fertiles et ces cités opulentes que convoitaient les Tartares. Vers le milieu du siècle, ils envoyèrent une armée au sud investir la province du Ho-nan, à quelque cinq cents kilomètres en dessous de Pékin et du fleuve Jaune. Au Ho-nan vivait à cette époque une population homogène de Chinois qui, bien qu'on ne leur donnât pas de nom particulier, étaient différents de leurs voisins. Plus grands, plus conservateurs, ils parlaient une langue ancienne plus pure, non contaminée par les fleurs de rhétorique modernes, et étaient de remarquables cultivateurs. Quand leurs voisins immédiats au nord se soumirent avec indolence aux envahisseurs tartares, les Chinois du Ho-nan en conçurent une vive amertume.

En l'an 856, dans un village de montagne, le paysan Char Ti Chong, homme grand et svelte, dont le beau visage aux pommettes hautes était surmonté d'une abondante chevelure noire qu'il laissait en broussaille, jura à sa femme Nyuk Moi :

— Nous ne céderons jamais ces bonnes terres aux barbares.

— Que peux-tu faire ? répliqua l'épouse pleine de bon sens qui, au cours des vingt-trois années qu'elle avait passées avec Char, avait entendu bien des promesses péremptoires, dont la plupart n'avaient débouché sur rien.

— Nous leur résisterons !

— Avec une armée d'épis de blé ? fit Nyuk Moi d'une voix lasse.

C'était une femme maigre, anguleuse, qui semblait toujours sur le point de se plaindre, mais dont l'existence était si dure qu'elle gaspillait rarement son énergie à gémir. Son père, plein d'espoir, lui avait donné le nom du plus bel objet qu'il eût jamais vu, un pendentif scintillant. Par malheur, elle n'avait jamais été digne de ce nom, Jade Prune, mais elle avait mieux que la beauté : une vision réaliste de l'existence.

— Comme ça, tu es résolu à combattre les envahisseurs ?

— Nous les écraserons ! déclara son mari, persuadé que ses rodomontades protégeaient déjà un peu ses terres.

Ce n'étaient pas de bonnes terres, et dans d'autres parties du monde, on ne les eût sans doute pas jugées dignes d'être défendues. Les trois arpents de Char s'étendaient en pente là où les rochers des montagnes du Ho-nan rencontraient ce que, avec beaucoup d'indulgence, on qualifiait de terres arables. Il n'y avait pas de cours d'eau, les pluies étaient rares et le sol peu fertile. Cependant, grâce aux efforts inlassables de Char, ces terres faisaient vivre une famille de neuf personnes : Char, sa vieille mère épuisée, son épouse Nyuk Moi et ses six enfants. La vie était difficile car ils n'avaient ni canard ni poulet, ne possédaient que deux cochons, mais leur lot n'était pas pire que celui des autres familles du village.

Ce que les envahisseurs tartares auraient fait de ce village fortifié s'ils y étaient jamais parvenus, c'est un mystère. Ils n'auraient pas pu lui soutirer un seul grain de blé de plus que ce qu'il produisait déjà, et s'ils en avaient pris une bonne partie, le village serait mort de faim. Pourtant, c'était devenu pour Char et ses amis une idée fixe : après s'être rassasiés de Pékin, les barbares fondraient sur leur village, et les paysans avaient pris l'habitude de se rassembler chaque soir à la ferme du plus sage d'entre eux, le général Ching, afin de discuter de la défense de leurs terres, car il n'y avait plus désormais de gouvernement pour les protéger.

Ce Ching n'était pas un vrai général, bien sûr, mais un simple vagabond trapu et rougeaud qui s'était trouvé par hasard près de Pékin un jour que les séides de l'empereur levaient une armée à la hâte. Il avait été enrôlé de force, s'était découvert du goût pour la vie militaire. Après la guerre, qui s'était révélée vaine puisque les Tartares s'étaient emparés rapidement des régions mêmes que Ching avait pacifiées, il était retourné à ses montagnes et à leurs habitants entêtés, les régalant mois après mois du récit de ses campagnes dans le nord.

— Nous placerons des hommes ici et ici, proposa le soldat au cœur vaillant.

C'était un homme courageux dont on disait : « Il peut faire soixante kilomètres à pied dans la journée et se battre la nuit. » Dans tout ce qu'il accomplit après son service militaire forcé, il montra une grande bravoure, et bien que ce fût manifestement un fanfaron, les hommes ne lui refusaient pas le titre de général et l'écoutaient quand il prédisait : « Les Tartares aborderont notre village par cette route. Tout général sensé ferait ce choix. »

Mais avant que les hypothèses du général Ching pussent être vérifiées, un ennemi bien plus terrible que les Tartares, et plus familier, s'abattit sur le village. Les pluies se firent plus rares encore ; un soleil implacable flamboya dans un ciel de cuivre. Les jeunes pousses se desséchèrent avant le milieu du printemps, et en été, même l'eau réservée à la boisson était devenue un luxe. Les familles comptant des vieux en leur sein commencèrent à se demander quand ceux-ci mourraient ; les bébés vagissaient.

Char et sa femme Nyuk Moi avaient survécu à quatre famines ; ils savaient qu'en observant une stricte discipline, en mangeant des racines d'herbes et des tubercules trouvés dans la forêt, la famille avait une chance d'être épargnée. Mais cette année-là, la famine fut plus épouvantable que jamais, et au milieu de l'été, il devint évident que la plupart des familles du village devaient ou prendre la route ou mourir dans les collines brûlées par le soleil. Avec des briques de terre, Char entreprit de murer l'entrée de sa maison, plaça une croix de bâtons noirs à l'endroit où il y avait eu la porte. Avant de la clore complètement, il pénétra à l'intérieur, soupesa une dernière fois le petit sac de semences dont dépendrait la vie de la famille à son retour, au printemps prochain. « Les graines nous attendront », assura-t-il au groupe misérable.

Pendant sept mois, ils parcoururent les routes de Chine, mendiant leur nourriture, vivant de détritus quand il y en avait, tentant d'éviter de vendre leurs filles à des vieillards ayant de quoi manger. Deux fois déjà, Char et Nyuk Moi avaient erré pendant des mois avant de ramener toute leur couvée à la maison, et ils comptaient bien en faire autant cette fois encore. « Dans sept mois, nous serons tous de retour », promit Char. Mais Nyuk Moi se montrait moins confiante, et son époux remarqua qu'elle gardait ses deux jolies filles près d'elle, jour et nuit.

Une seule chose ne leur inspirait aucune crainte. En leur absence, leur foyer resterait inviolé. Les brigands pouvaient les égorger sur la route, les marchands d'esclaves des villes pouvaient essayer de voler leurs filles, les soldats pouvaient exterminer tous les vagabonds dans un massacre général, des fonctionnaires corrompus pouvaient réduire toute la famille en esclavage. Mais personne en Chine ne pénétrerait dans une maison murée par des briques de terre, et dont une croix noire marquait l'emplacement de la porte, car même un idiot comprenait que si cette maison n'était plus là au retour des vagabonds, si les semences ne demeuraient pas en lieu sûr, c'était la vie elle-même — et non simplement la famille en question — qui disparaîtrait.

En automne 856, dans une cité des confins septentrionaux du Honan, Char fut soumis à une cruelle tentation. Là-bas, les pluies avaient été abondantes, la récolte bonne. Pendant plusieurs semaines, Char et sa famille se glissèrent la nuit dans les champs moissonnés, avançant à quatre pattes, détectant à l'odeur des graines que même les insectes n'avaient pas trouvées. Nyuk Moi faisait cuire le fruit de ces glanages avec une sorte de boue, de l'herbe, et un oiseau mort depuis pas trop longtemps.

Pendant quatre jours d'affilée la glane n'avait rien donné et aucun oiseau n'était mort — du moins pas à proximité de la famille affamée — quand le serviteur d'un homme riche s'approcha de l'arbre au pied duquel dormaient les Char. Il portait un sac de gâteaux fraîchement cuits dont l'odeur rendit les enfants fous de faim, car c'était le genre de gâteau que leur mère leur faisait souvent.

— Mon maître souhaiterait acheter votre fille aînée, dit l'homme.

A ce stade de souffrance. Char se surprit à demander :

— La garderait-il pour lui?

— Un certain temps, peut-être, répondit le domestique. Mais tôt ou tard, il envoie la plupart des filles à la ville.

— Combien nous donnerait-il? fit Char, pitoyable.

— Des gâteaux, assez de blé pour tenir jusqu'au printemps.

— Revenez dans une heure.

Après que l'homme eut disparu, emportant le sac tentateur, Char réunit la famille et annonça:

— Le propriétaire des champs propose d'acheter Siu Lan.

Nyuk Moi, qui s'attendait à une telle offre, attira à elle son enfant silencieuse.

— Peut-on faire autrement?

— Il n'y a plus rien à glaner, dit Char, découragé. L'hiver approche. Cette fois, nous aurons de la chance si nous ramenons chez nous un seul de nos enfants.

Nyuk Moi ne se révolta pas contre son mari car elle n'avait pas d'autre solution à proposer. La famille était sur le point de décider de vendre Siu Lan, Belle Orchidée, quand ils entendirent quelqu'un siffler un air de leur village.

— Qui va là? s'écria Char.

Reconnaissant l'accent des siens, l'inconnu pressa le pas et répondit:

— Général Ching!

Affaibli par la faim mais plus bouillonnant que jamais, l'ancien soldat demanda:

— Comment vous débrouillez-vous? Moi, pas très bien.

— Nous sommes sur le point de vendre notre fille aînée, Siu Lan, annonça tristement Char.

— Qui ne l'achèterait! fit Ching qui s'inclina galamment devant l'adolescente effrayée.

— Le serviteur de l'homme riche reviendra chercher notre réponse dans une heure.

L'esprit agile du général se mit en branle.

— Homme riche? Serviteur? répéta-t-il, scrutant l'obscurité.

En un tournemain, il avait échafaudé tout un plan:

— Nous dirons au serviteur que nous vendons la fille. Je suis ton frère aîné, je prends les décisions. Ensuite, toi et moi irons la délivrer, avec l'aide de Nyuk Moi et de ton fils aîné. Dès que le serviteur sera assez près de la maison pour nous révéler que c'est là que vit l'homme riche, nous le tuerons, nous prendrons tout ce qu'il a sur lui et nous renverrons ton garçon auprès des autres avec le butin. Puis nous entrons dans la maison, nous présentons Siu Lan au vieillard, et quand il s'avance pour la prendre, nous l'égorgeons lui aussi. Il y aura peut-être lutte, il faut que chacun de vous soit prêt à tuer. Siu Lan, tu penses que tu pourrais tuer un homme?

— Oui, répondit la frêle enfant.

— Très bien, alors, fit Ching, frottant ses mains décharnées.

— Ce plan marchera-t-il? s'interrogea Char.

— S'il échoue, nous mourrons de faim de toute façon, rétorqua le général.

— Que fera-t-on de nous si nous sommes pris? voulut savoir le fils aîné.

— On nous mettra dans une cage, sans rien à manger, et on nous promènera de village en village afin de montrer aux autres affamés ce qui arrive aux paysans qui tuent pour se nourrir. Finalement, quand nous serons presque morts, on nous fera sortir de la cage, on nous coupera en mille morceaux et on accrochera nos têtes à la porte de la ville. Vous voyez ce que vous risquez ?

— Oui, dirent les Char.

— Chhht, fit Ching. Voilà le serviteur.

L'homme s'approcha, guindé et bien nourri, porteur de son sac de gâteaux.

— Avez-vous pris une décision ?

— Je suis le frère aîné, déclara Ching. Nous en avons discuté, nous vendons.

Le domestique conduisit les Char vers la maison de son maître. Quand ils furent à proximité, Ching étrangla l'homme, lança les gâteaux au fils aîné qui courut les apporter aux autres enfants et à la grand-mère.

— Maintenant, il va falloir du courage, dit-il, solennel.

Il entra le premier dans la maison, présenta Siu Lan.

— Maître, voici la fille.

— Où est Ping ? répliqua le riche vieillard, méfiant.

— Il donne les gâteaux aux enfants affamés. Maître, vos propres enfants ont-ils jamais souffert de la faim ?

— Non, répondit l'homme riche, dévorant Siu Lan des yeux.

— Moi, pendant cette famine, j'ai enterré trois de mes enfants.

— Oh ! non, gémit Nyuk Moi, révélant ainsi qu'elle n'était pas au courant des malheurs de Ching.

Le propriétaire devina qu'il y avait stratagème, tendit la main vers une clochette pour appeler ses domestiques à la rescousse mais le général saisit le bras grassouillet de l'homme et le tordit en arrière.

— Trois de mes enfants sont morts. Maintenant, c'est ton tour.

Ching referma ses doigts osseux sur la gorge du poussah, l'étrangla, mais en mourant, le vieillard parvint à émettre un cri. Un serviteur accourut, leva son sabre sur Ching mais Char se jeta sur lui, le désarma : Nyuk s'empara de l'arme tombée à terre et tua le domestique.

Quand ils eurent poussé les deux cadavres dans un coin, Ching grommela :

— J'ai enterré mes enfants, j'ai mangé de l'argile mais ce soir, je vais festoyer.

Il fouilla la maison, rapporta tout ce qu'il put trouver à manger et à boire puis envoya Siu Lan chercher le reste de la famille, et la fête dura jusqu'à minuit. Avant d'être complètement soûl, le général demanda à Char :

— Comment feras-tu pour échapper aux autorités avec une vieille mère et six enfants ? Moi, je suis sûr de m'en tirer mais je ne sais que te conseiller. Devez-vous essayer de gagner la ville et de vous y perdre, ou vous cacher dans les collines ?

Ce fut Nyuk Moi qui répondit :

— Nous sommes en temps de guerre, il y a des soldats partout. Quand on découvrira les cadavres, on pensera d'abord à eux, et cela nous laissera le temps de nous réfugier dans les hauteurs. Lorsqu'on finira par rechercher plutôt des paysans victimes de la famine, nous serons loin.

— Vous sentiriez-vous plus en sécurité si je vous accompagnais ? proposa Ching.

— Bien sûr, répondit Nyuk Moi. Vous êtes notre frère, maintenant.

— Mais le plan réussira-t-il si nous devons emmener la grand-mère ?

— Nous l'emmenons, trancha Char.

Le général, fronça les sourcils puis déclara :

— Bah, je vais avec vous. La famine a exterminé toute ma famille.

La petite troupe reprit donc le chemin des montagnes, réglant sa marche de manière à arriver à temps pour les semailles de printemps. Mais quand ils parvinrent au village, une nouvelle terrifiante les attendait : en leur absence, les Tartares étaient venus, avaient brisé les sceaux inviolés et volé les semences. Devant la porte fracassée du sanctuaire qu'il avait clos avec soin, Char éprouva un accablement qu'il n'avait jamais ressenti, même au moment où il se résignait à vendre sa fille. Il avait envie de se battre, de tuer, et dans sa colère, il s'écria :

— Quels hommes sont-ils donc pour oser pénétrer dans une maison scellée ?

Il se précipita dans le village, rassembla les paysans indignés.

— Le général Ching nous a montré comment disposer nos hommes. Quand les Tartares reviendront, nous les exterminerons ! Massacrons ces barbares jusqu'au dernier !

Tout excité par la perspective d'une action militaire, le général déploya ses troupes aux points stratégiques mais alors même qu'il faisait étalage de sa science militaire, il entendit la voix froide et rationnelle de Nyuk Moi demander :

— Pour protéger quoi ? Ce village ? Nous n'avons pas de semences pour lui redonner vie.

Cependant que les paysans réfléchissaient, une avant-garde de l'armée tartare — deux brutes vêtues de fourrure, montées sur de grands chevaux — pénétra dans le village, le traversa à vive allure et s'arrêta devant la maison de Char. Sans même songer, face aux conquérants, à mettre en pratique la stratégie hardie du général Ching, les villageois entendirent l'un des Tartares ordonner dans un chinois barbare :

— Vous avez trois jours pour abandonner ce village. Tous les hommes âgés de plus de quinze ans rejoindront l'armée ; les femmes iront où elles voudront.

Les cavaliers firent tourner leurs montures, repartirent dans un nuage de poussière. Le soir même, le général Ching soumit son plan :

— Quand j'étais à l'armée, j'ai entendu parler d'un lieu appelé la Vallée Dorée. Au matin, nous nous mettrons en route, et tous ceux qui peuvent marcher nous accompagneront. Ici, il n'y a aucun espoir.

— Que veux-tu dire par « tous ceux qui peuvent marcher » ? demanda Char.

— Les vieux devront rester. Nous ne pouvons nous encombrer d'eux.

Le silence se fit, et le général fut contraint de passer de famille en famille, disant d'un ton brusque, comme un soldat :

— Vieil homme, nous ne pouvons t'emmener. Vieille femme, tu as vécu ta vie.

Arrivé aux Char, il tendit le bras vers la grand-mère.

— Vieille femme, tu as montré du courage le soir où nous avons assassiné l'homme riche. Tu comprendras.

— Général, ce n'est pas dans nos coutumes d'abandonner une mère, fit observer Char. Confucius est strict, à cet égard : « Tes parents honoreras. »

— Nous partons pour un long voyage. Nous franchirons des fleuves et des montagnes. Les vieux ne peuvent nous accompagner.

L'un des villageois se mêla à la conversation :

— Es-tu déjà allé dans ce que tu appelles la Vallée Dorée ?

— Non, répondit Ching.

— Es-tu sûr qu'elle est bien là où tu dis ?

— Non, j'en ai juste entendu parler à l'armée. De bonnes terres, un fleuve paisible.

— Tu crois que nous pouvons y arriver ?

Agacé, Ching rajusta ses haillons pour leur donner une allure plus militaire.

— Je ne connais pas le chemin, je ne sais pas non plus si nous serons bien accueillis. Mais par tous les démons de l'enfer, je sais que je ne veux plus vivre là où des hommes brisent les sceaux des maisons murées et où la famine frappe un an sur trois.

Désignant d'un geste tout le village, il s'écria :

— Je ne sais où nous allons mais Siu Lan vient avec moi, et tous les autres peuvent pourrir en enfer.

Il se tourna vers Siu Lan, la fille qu'il avait sauvée du vieil homme riche, s'inclina devant elle comme l'eût fait un vrai général.

— Puisses-tu connaître mille ans de félicité !

Il se tourna ensuite vers Char et dit d'un ton grave :

— Vieil ami, je suis navré d'épouser ta ravissante fille d'une façon aussi grossière. J'aimerais te donner mille gâteaux, cent cochons et des tonneaux de vin. J'aimerais la vêtir de brocarts venus de Pékin, lui offrir un cheval, des musiciens. Mais nous crevons de faim, et moi au moins, je pars pour le sud.

A Nyuk Moi, il proposa :

— Femme de Char, oublions la famine. Je me rends une dernière fois chez moi, j'y attendrai dans le noir. Consens-tu à m'y amener ta fille, selon l'usage ?

Après le départ de Ching, le paysan Char organisa le cortège nuptial. Les vieux condamnés à rester sortirent des basses maisons en pierre et prirent le sillage de la mariée. Un villageois joua de la flûte mais il n'y eut ni présents ni brocarts. A la porte du général, devant laquelle jouaient autrefois tant d'enfants, Char frappa deux fois et cria :

— Réveille-toi, réveille-toi, c'est l'aube ! Nous t'amenons ta future !

Il n'était que minuit, bien sûr. Ching apparut, toujours en guenilles, mais il avait assisté à des mariages dignes de ce nom et il s'inclina gravement devant Siu Lan. Au son de la flûte, on fit semblant d'échanger les cadeaux rituels et le général prit femme.

Le lendemain à l'aube, en ce printemps 857, Char, âgé de quarante-quatre ans, réunit sa famille et dit :

— Pendant le voyage, nous devrons écouter le général Ching. Si nous avons un jour une vie meilleure, ce sera grâce à son intelligence. Nous devons donc lui obéir.

Quand la troupe forma les rangs, les Char se mirent devant les deux cents hommes et femmes affamés prêts à suivre le général dans son exode. Au moment de dire adieu au village, combinaison inhospitalière de roc et de sol ingrat, les femmes ne purent cependant retenir leurs larmes. Là, c'était le rocher où Mo, paysan accablé par le sort, avait fini par tuer son épouse. Ici, l'arbre auquel les soldats avaient pendu le bandit qui était resté caché six semaines dans le village. Là, la maison où tant de bébés étaient nés — une maison heureuse, celle-là, constamment pleine d'enfants. Et de l'autre côté de l'enceinte du village, les champs où hommes et femmes avaient peiné. Comme il était doux, ce village ! Quand il y avait à manger, on partageait. Quand il n'y avait rien, tous avaient faim ensemble, et les femmes pleuraient au souvenir de ce temps à jamais enfui.

Il y avait des maisons vers lesquelles même les femmes n'osaient tourner les yeux car elles abritaient les vieux, et l'une d'elles accueillait non seulement deux vieilles femmes mais aussi un bébé dont on ne pouvait espérer qu'il vivrait. Par respect pour les sentiments de ceux qui partaient, les vieux demeuraient cachés à l'intérieur. Ils resteraient un moment au village, puis les Tartares les maltraiteraient et ils mourraient.

De tous ceux qui s'en allaient, seul Ching avait le courage de regarder les maisons où se trouvaient les vieux. S'il n'était pas vraiment un militaire, au sens strict du terme, il avait vu maints combats, maintes tueries, et de la porte du village, il n'avait pas honte de se retourner vers ces tombeaux pour vivants.

Levant soudain les bras vers le ciel sans nuage, il s'écria :

— Vieilles gens restés de l'autre côté du mur ! Mourez en paix ! Que la pensée que vos enfants trouveront un meilleur foyer vous réconforte ! Mourez en paix, honorables vieillards !

Et se mordant les lèvres, il conduisit sa bande dans la plaine.

A peine avaient-ils parcouru quelques kilomètres que la vieille mère de Char s'avança de derrière un rocher, et que le paysan déclara d'une voix ferme :

— Je lui ai dit qu'elle pouvait venir avec nous.

— Ce n'est pas militaire ! tempêta Ching. Elle doit rester avec les autres.

Char considéra le général d'un regard froid.

— Qui t'a caché dans les champs après notre triple meurtre ? Qui a eu du courage, cette nuit-là ?

— Ne parle pas de meurtres ! rugit Ching. Toi, tu assassines les chances de toute notre armée.

— Parce que tu te prends pour un général capable de mener une armée ?

Les deux hommes, presque trop faibles pour marcher, commencèrent à se battre, mais leurs coups manquaient tellement de force qu'ils ne parvinrent pas à se faire mal. Bientôt Nyuk Moi eut tiré son mari en arrière et Siu Lan eut apaisé son nouvel époux.

— Frère Char, haleta le général, depuis le commencement des temps, il y a des soldats et les soldats ont des règles.

— Général Ching, répliqua Char, depuis le commencement des temps, il y a des mères et les mères ont des fils.

Ces paroles simples devaient passer dans l'histoire chinoise sous le nom de propos filiaux de Char le fermier, mais sur le moment, ils n'impressionnèrent guère le général.

— Elle ne peut pas nous accompagner, dit-il, péremptoire.

— C'est ma mère, s'obstina Char. Lao Tseu ne nous enseigne-t-il pas qu'un homme doit vivre en harmonie avec l'univers, que la loyauté envers les parents passe avant même la loyauté envers l'épouse ?

— Personne, fût-ce une mère, ne doit compromettre notre marche. Elle restera ici ! cria Ching, montrant les rochers derrière lesquels la vieille s'était tenue cachée.

— Alors, je reste avec elle, dit Char simplement.

Il fit asseoir sa mère sur un gros rocher, s'installa à côté d'elle, dit à sa femme et à ses cinq enfants :

— Vous, vous devez continuer.

La troupe commençait à disparaître au loin dans la poussière du chemin quand la mère murmura :

— Fils fidèle, les autres vieux sont restés derrière. Ce n'est que justice que je fasse de même. Va vite, rattrape Nyuk Moi.

— Nous resterons ici et nous combattrons les Tartares, répondit le paysan, têtu.

Une silhouette se détacha de la bande qui s'éloignait, courut vers eux. C'était Ching.

— Char, nous ne pouvons partir sans toi, capitula-t-il. Tu es un homme hardi.

— Je vous rejoins, avec ma mère.

— Tu peux l'emmener, consentit le général. Elle représentera nos mères à tous... Mais je n'accepterai ton retour que si tu t'excuses devant tous d'avoir raillé mes qualités militaires.

— Je m'excuserai, promit Char. Non par honte, mais parce que tu es réellement un très bon soldat.

A la mère, le général adressa cette mise en garde :

— Tu sais naturellement que tu ne vivras pas assez vieille pour voir la terre nouvelle.

— Certains voyages durent assez longtemps pour que tout le monde meure en chemin, répliqua la mère de Char.

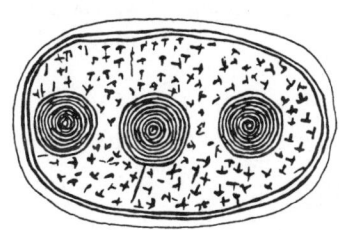

A mesure que la cohorte résolue du général Ching descendait vers le sud, elle se trouva grossie d'habitants de plus d'une centaines d'autres villages dont les paysans refusaient eux aussi la domination tartare. Ce qui n'avait été au départ qu'une troupe informe devint une armée solide, que le général Ching menait courageusement de l'avant, cependant que son adjoint, le général Char, protégeait l'arrière en repoussant les brigands et l'avant-garde tartare tentant d'enrayer l'exode.

Les émigrants franchirent de hautes chaînes montagneuses, descendirent des fleuves en crue, traversèrent des villages brûlés. L'hiver vint avec la neige, puis l'été et la fournaise de la Chine centrale. Parfois, Ching était forcé de faire le siège de grandes cités jusqu'à ce qu'on consente à leur donner à manger. La Chine eût-elle été en paix que les troupes impériales auraient taillé les maraudeurs en pièces et crucifié les chefs, mais c'était la guerre, et l'exode se poursuivit.

Les années passèrent, les vaillants paysans du Ho-nan continuèrent à descendre vers le sud, à raison de quelques kilomètres par jour. Parfois ils demeuraient embourbés sur la rive d'un fleuve pendant deux ou trois mois. Le siège d'une ville les retardait quelquefois d'un an. Ils mangeaient, nul ne sait comment, volant à tous. En hiver, au sommet des cols, leurs pieds enveloppés de chiffons laissaient des traces sanglantes mais chacun était toujours en alerte, prêt à se battre. Plus de mille enfants étaient nés, à qui s'appliquaient aussi les règles simples du général : « Tous doivent se soumettre à l'autorité de Ching et de Char. Personne ne doit pénétrer dans une maison scellée. »

La seule qui osât défier le général Ching, c'était la mère de Char. Telle une houe dont la souplesse s'accroît avec l'âge, la vieille femme sèche et nerveuse semblait revigorée par la longue marche. Quand les vivres abondaient, elle pouvait s'empiffrer sans connaître les maux d'estomac qui torturaient les autres ; quand il n'y avait rien à manger, elle puisait assez de forces à une source intérieure pour continuer.

— Par tous les feux de l'enfer, la vieille, jurait Ching en la regardant, je crois que tu es sur terre uniquement pour me tourmenter. Ne mourras-tu donc jamais ?

— Les montagnes et les rivières sont comme du lait pour moi, répondait-elle.

Elle devint le symbole du groupe, indomptable vieille femme qui avait connu la famine, le meurtre et le changement. Elle refusait de se faire porter et souvent, quand son fils rejoignait le gros de la troupe après quelque combat d'arrière-garde, il jetait son sabre par terre et, épuisé, s'allongeait auprès de sa mère.

— Mes jours auront une fin, disait-elle, mais je suis sûre que nous verrons toi et moi la terre nouvelle avant ma mort.

Les années se succédèrent et cette étrange armée de hardis Chinois, attachée aux traditions et plus disciplinée que toute autre troupe ayant jamais traversé la Chine, poursuivit sa marche vers le sud jusqu'à ce qu'en 874, elle pénétrât dans une vallée du Kouang-tong, à l'ouest de la ville de Canton. Un fleuve clair au cours rapide, de belles montagnes, et un sol qui semblait prêt pour une culture intensive.

— Je crois que c'est ce que nous cherchions, dit Ching. La Vallée Dorée.

Il s'entretint avec Char et ses lieutenants, fit ensuite venir la mère de l'ancien paysan, extrêmement vieille à présent.

— Qu'en penses-tu ? lui demanda-t-il avec gravité.

— Cela me paraît bon, répondit-elle.

Il se leva alors, se tourna vers le nord, les mains en porte-voix autour de la bouche.

— Vieilles gens morts au village ! cria-t-il. Vos enfants ont trouvé leur nouveau foyer !

Reportant les yeux sur la mère de Char, il ajouta :

— Tu peux mourir, maintenant. C'est une vraie honte de vivre aussi longtemps.

L'occupation de la vallée ne fut pas tâche aussi aisée que Ching et ses conseillers l'avaient espéré car les rives du fleuve étaient habitées par une population habile, farouchement soudée. Le général et sa cohorte ne les considéraient pas comme des Chinois car leur langue, leur nourriture, leurs vêtements, leurs coutumes étaient différents, et qu'ils avaient en horreur les traditions de la Chine du Nord. Dans un premier temps, Ching tenta de régler le problème en les chassant, mais leurs troupes étaient aussi bien entraînées que les siennes et son offensive connut peu de succès. Il essaya ensuite les pourparlers mais les Chinois du Sud, plus malins que lui, lui firent perdre dans la négociation des positions qu'il avait acquises. Finalement, quand l'occupation militaire de toute la vallée se révéla impossible, le général décida de laisser les basses terres aux gens du Sud et de s'installer sur les hauteurs avec les siens. On appela ceux-ci les Hakka, les Invités, tandis que ceux d'en bas furent nommés les Punti, c'est-à-dire les Natifs du Pays.

C'est ainsi que se développa l'une des plus étranges anomalies de l'Histoire, car pendant près de mille ans, ces deux communautés si différentes vécurent côte à côte sans quasiment avoir de contacts amicaux. Les Hakka cultivaient les hauteurs ; les Punti menaient une vie citadine sur les basses terres. De leurs villages fortifiés, les Hakka allaient chercher à manger dans la forêt, et les femmes portaient le fruit de leurs cueillettes dans la plaine ; les Punti vendaient des cochons. Les Hakka ajoutaient des patates douces à leur riz ; les Punti, plus riches, le mangeaient blanc. Les Hakka construisaient leurs maisons en U, comme dans le nord ; les Punti faisaient différemment. Orgueilleux, hautains, les Hakka demeurèrent farouchement chinois, attachés aux traditions de la Chine ; les Punti étaient des Méridionaux. Quand les seigneurs de la Chine menaient le pays à vau-l'eau, ils haussaient les épaules en disant : « C'est toujours comme ça, dans le nord. »

Outre ces différences manifestes, il y en avait deux autres d'une telle profondeur qu'on pouvait affirmer sans mentir, « Aucun Punti ne comprendra jamais un Hakka et aucun Hakka n'en a cure ». Les Hakka des hauteurs préservèrent des tournures de langage anciennes héritées de la culture chinoise la plus pure tandis que les Punti avaient une langue plus riante, plus souple, élaborée au cours de deux mille ans passés loin de la sphère d'influence de Pékin. Les Punti ne comprenaient pas les Hakka ; les Hakka se moquaient de ce que les Punti pouvaient avoir à dire.

La deuxième différence les séparait peut-être encore plus, car lorsque les conquérants venus de l'extérieur de la Chine décidèrent que toutes les femmes nobles, par respect pour leur position, devaient entourer leurs pieds de bandelettes et clopiner sur des moignons douloureux, les Punti se soumirent de bonne grâce. Leurs femmes, jolies et bien vêtues, passèrent de longues années assises à ne rien faire, cependant que s'estompait le souvenir de la douleur dans leurs pieds meurtris. A cet égard, ils offraient une image typique de toute la Chine.

Mais les femmes hakka, plus autonomes, refusèrent d'envelopper les pieds de leurs petites filles. Lorsqu'un général de l'armée impériale entra dans le Village d'En-Haut et décréta que, dorénavant, toutes les femmes devaient avoir de petits pieds, les Hakka éclatèrent de rire et se gaussèrent de cette idée insensée jusqu'à ce que le général, penaud, batte en retraite. Lorsqu'il revint en force pour pendre tout le village, les femmes hakka s'enfuirent dans les montagnes, fortifiées dans leur détermination à s'échapper par le souvenir de trois ancêtres résolues :

la mère du général Char, qui vécut jusqu'à quatre-vingt-deux ans et parvint au terme de la longue marche en meilleure forme que bien des hommes ; sa belle-fille Nyuk Moi, qui gouverna la Vallée Dorée pendant une décennie après la mort de son mari, et la noble Siu Lan à la volonté de fer, veuve du général Ching, qui gouverna pendant une autre décennie à la mort de Nyuk Moi. On vénérait en elles des modèles idéaux de la femme hakka, et les imaginer marchant les pieds bandés aurait été ridicule. De plus, comme le souligna sagement Ching le prophète en 1670 : « Si nos femmes bandent leurs pieds, comment travailleront-elles ? » Les femmes hakka se rirent donc des édits gouvernementaux et demeurèrent libres. Naturellement, les Punti se moquèrent d'elles. Les rares fois qu'une Hakka s'aventurait dans les rues de Canton, les citadins ouvraient de grands yeux, mais ces Invités venus du nord refusaient qu'on leur dicte la loi.

Si toute l'armée du général ne s'installa naturellement pas dans la vallée, tous les Ching et tous les Char le firent. Ils construisirent à flanc de montagne une grappe de maisons basses en forme de U ceintes d'un mur de terre auquel on donna le nom de Village d'En-Haut, cependant que le village bâti au bord du fleuve, où vivaient les Punti, prit celui de Village d'En-Bas.

Bas et haut villages n'avaient qu'une chose en commun : périodiquement, l'un et l'autre subissaient une catastrophe. A certains égards, les périls encourus par le Village d'En-Bas étaient les plus spectaculaires, car lorsque le fleuve était en crue, comme cela lui arrivait une fois tous les dix ans au moins, il débordait de ses rives avec une violence soudaine, submergeant les fermes. Il noyait les rizières, emportait le bétail, inondait les maisons, laissant à la décrue une population affamée. Pire encore, il recouvrait les champs de sable, réduisant les récoltes ultérieures. Dans les deux années qui suivaient une inondation, un habitant sur quatre des basses terres était sûr de mourir de faim ou de la peste.

En 1114, avec l'aide de près de soixante mille paysans, aussi bien Hakka que Punti, le gouvernement construisit un grand évacuateur de crues destiné à détourner les eaux du Village d'En-Bas et de nombreux autres. L'idée, magnifique, aurait sauvé de nombreuses vies si des fonctionnaires cupides, voyant tant de terres tentantes au fond du chenal à sec et sur ses flancs, ne s'étaient dit : « Pourquoi laisser en friche un sol aussi fertile ? Plantons dans le chenal. Neuf ans sur dix, il n'y a pas de crue, nous gagnerons de l'argent. La dixième année, nous perdrons la récolte mais nous aurons déjà fait fortune. »

En sept cents ans, l'évacuateur ne fut pas utilisé une seule fois. « Nous voyons bien qu'il y aura une crue, arguaient les mandarins, nous savons qu'un grand nombre d'habitants seront tués. Mais si nous ouvrons les vannes pour sauver les villages, nos récoltes seront détruites. Un peu de bon sens : pourquoi laisser le fleuve noyer nos récoltes l'année même où nous pourrons les vendre à un prix bien plus élevé ? » Les vannes restaient donc fermées. « C'est ainsi en Chine, expliquait Ching le prophète, mais si des champs hakka étaient détruits, nous tuerions les mandarins et nous briserions les vannes. »

Les Punti, de leur côté, ne comprenaient pas l'attitude des Hakka quand la sécheresse frappait le Village d'En-Haut. Les femmes punti disaient à leurs enfants : « Il n'y a pas moyen de faire entendre raison à des gens qui scellent leur maison, marquent l'emplacement de la porte avec des bâtons en croix et partent errer sur les routes pendant six mois, mangeant des racines et de l'argile. » Les Punti apprirent cependant une chose des Hakka : ne jamais toucher à une maison murée ni aux graines qu'elle contient. Lors de la grande famine de 911, une bande de Punti avait envahi le Village d'En-Haut déserté et emporté les semences mais il y eut un grand nombre de morts quand le vol fut découvert, et cela ne se reproduisit plus.

Pendant les huit siècles qui suivirent l'accord de 874, Hakka et Punti vécurent côte à côte dans les deux villages misérables — comme dans une grande partie de la Chine du Sud — sans qu'un seul homme des hauteurs épouse une femme des basses terres. Et aucune union ne fut contractée non plus dans l'autre sens puisque aucun homme du Village d'En-Bas ne voulait d'une femme aux grands pieds. Quand le moment était venu pour un jeune homme du Village d'En-Haut de prendre épouse, il se heurtait à un problème car tout le monde dans sa communauté s'appelait Char ou Ching, comme les deux célèbres généraux qui avaient conduit les Hakka dans le sud, et contracter un mariage avec des personnes aussi proches aurait été incestueux. Les Chinois savaient que pour garder sa vigueur au village, il fallait constamment prendre femme à l'extérieur. A la fin de l'automne, quand les travaux des champs étaient finis et qu'on avait du temps libre, des expéditions partaient du Village d'En-Haut pour se rendre dans la montagne, dans quelque autre village hakka distant d'une trentaine de kilomètres. On discutait, on argumentait, on marchandait, même, mais le dénouement ne variait jamais : les émissaires du Village d'En-Haut rentraient toujours avec un bon lot de jeunes filles à marier. Naturellement, pendant ce temps, des envoyés d'autres communautés hakka se rendaient au Village d'En-Haut pour voir ses femmes, et le sang hakka gardait ainsi sa force. On observait deux autres règles : un homme ne pouvait prendre femme dans une famille où l'un de ses ancêtres avait déjà trouvé une épouse avant que cinq générations ne soient passées ; et aucune jeune fille n'était acceptée à moins que son horoscope ne garantisse une union fertile avec le mari en puissance. Les Hakka érigèrent ainsi l'un des systèmes d'union les plus rigides et les plus contraignants de la Chine. La peste, les guerres, les inondations et les Punti menaçaient le groupe mais la famille se perpétuait, et l'on enseignait fièrement à chaque enfant les propos filiaux de Char le fermier : « Depuis le commencement des temps, il y a des mères et les mères ont des fils. »

En 1693, un Punti de basse extraction s'enfuit avec une Hakka, première union de ce type jamais enregistrée dans la Vallée Dorée, déclenchant une querelle qui dura plus de quarante ans. On ne tenta plus de tels mariages par la suite mais de graves conflits éclatèrent entre Punti et Hakka à de nombreuses occasions. Durant une terrible campagne qui affecta une bonne partie de la Chine du Sud, plus de cent mille personnes furent massacrées au cours de scènes d'horreur qui creusèrent un fossé infranchissable de plus entre les deux populations. Les deux groupes continuèrent à coexister dans l'amertume, l'incompréhension et la peur, sans que personne dans la région trouvât cette hostilité étrange. Comme le fit observer Ching le prophète : « Depuis le commencement des temps, les gens qui ne se ressemblent pas se haïssent. » Dans le Village d'En-Bas, les sages expliquaient cette amertume en demandant : « Le chien et le tigre s'unissent-ils ? »

Bien sûr, en posant cette question, ils bombaient un peu le torse en prononçant le mot « tigre », de manière à ce que nul ne pût se méprendre sur l'identité du chien.

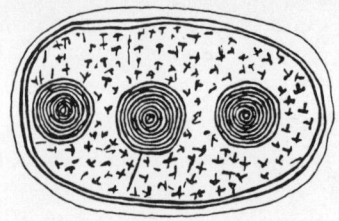

En l'an 1847, alors que le jeune révérend Micah Hale prêchait dans le Connecticut — et que le docteur John Whipple embarquait pour Valparaiso afin d'étudier sur place les possibilités d'exportation de peaux — il y avait au Village d'En-Haut un chef appelé Char qui avait donné à sa fille un nom d'une grande beauté, Nyuk Tsin, Jade Parfait. L'enfant n'était ni grande ni jolie ; sa chevelure était peu fournie mais elle avait de bons pieds, des mains habiles et d'excellentes dents. Ce qui lui manquait en attraits, elle le compensait par la vivacité de son esprit, et quand son père lui parla de la loyauté envers la famille, vertu cardinale des Hakka, elle comprit aussitôt.

Elle fut donc saisie d'un grand désarroi quand la rumeur commença à courir dans le Village d'En-Haut que Char, son chef, avait de gros ennuis et s'était enfui. Elle ne pouvait croire son père capable de faire le mal. Pourtant, des troupes envahirent un jour le village et leur officier annonça : « Nous cherchons le chef Char. Il a rejoint la rebellion Taiping. S'il ose revenir, nous le tuerons. » Les soldats rouèrent de coups de pied la mère de Nyuk Tsin et l'un d'eux enfonça le canon de son arme dans le ventre de l'enfant en grognant : « Ton père est un assassin. Quand nous reviendrons, c'est toi que nous tuerons. »

Nyuk Tsin avait six ans cette année-là, en 1853, et elle ne devait revoir son père qu'une seule fois. Enfin, ce n'est pas tout à fait exact, mais disons pour le moment qu'elle ne le revit qu'une fois car il revint effectivement au village en cachette, une nuit. Serrant dans ses bras sa petite fille maigrelette, il lui dit :

— Ah ! Jade, ton père a fait des choses dont il n'avait même pas rêvé. Des chevaux à moi ! J'ai pris toute une ville punti — une grande ville, pas un village comme celui d'en-bas. Ils se sont tous inclinés quand j'y suis entré. Bien bas, ma fille, comme ça !

Plus tard, il l'emmena voir ses amis hakka enrôlés dans l'entreprise. Désignant les futurs soldats effrayés, il dit :

— Tous les soldats ont peur, au début, Nyuk Tsin. Moi, j'ai tremblé comme un moineau qui picore des semences. L'important, c'est d'avoir la loyauté au cœur. Quand le général Lai m'ordonne : « Général Char, occupez cette ville », crois-tu que je me demande : « Qu'est-ce qu'il a en tête ? » Non. J'occupe la ville, et si je dois tuer cinquante mille ennemis pour cela, je le fais. Jade, nous allons vers le nord, je ne te reverrai peut-être plus. Prends soin de ta mère.

Nyuk Tsin revit cependant son père. En 1863, elle était devenue une jeune fille de seize ans mince et extrêmement organisée, capable de porter d'énormes charges de bois, de s'occuper de sa mère et du reste de la famille, quand le général Wang, des forces impériales, pénétra dans le Village d'En-Haut et fit battre le tambour pour rassembler les habitants. Puis, avec l'aide d'un interprète — car un militaire d'aussi haut rang ne parlait pas hakka — il ordonna à un héraut portant un objet recouvert d'un tissu noir de faire une proclamation.

Tenant l'objet dans sa main gauche, l'homme s'avança et lut d'une voix nasillarde :

— Le chef rebelle Taiping nommé Char a été capturé à Nankin et amené sous bonne garde à Pékin. Il y a avoué qu'il faisait partie de la conspiration de Lai Siu Tsuen — qui avait lui-même usurpé le titre de général du Nord. Il a été jugé le mois dernier, condamné, lentement coupé en trois cents morceaux selon une juste loi, et sa tête a été exposée dans la ville pendant trois jours pour servir d'avertissement à tous.

Le héraut remit son parchemin à un soldat, souleva de sa main libre le tissu noir, révélant la tête de Char dans une cage en fer. Les fourmis et les vers avaient dévoré les yeux, la langue, mais on reconnaissait encore les traits du rebelle. Après que la tête eut été plantée sur un poteau, au centre du village, le général Wang déclara d'une voix forte :

— Voilà ce qui arrive aux traîtres ! Où est la veuve de Char le rebelle ?

Les villageois refusèrent de la désigner mais la mère de Nyuk Tsin, poussant son enfant sur le côté, s'avança en disant :

— Je suis sa femme.

— Abattez-la, ordonna le général, et elle s'écroula dans la poussière.

Moins de deux semaines après sa courageuse apparition dans le village, oubliant ses tonitruantes déclarations sur les traîtres et après étude des diverses possibilités s'offrant à lui, il décida de changer de camp lui-même.

1864 fut donc une année terrible pour la Vallée Dorée. Quand Wang ne mettait pas les villages à sac, les troupes gouvernementales lancées à sa poursuite les envahissaient. Ayant découvert le Village d'En-Haut, le nouveau traître manquait rarement d'y passer et finit par enrôler dans sa troupe bon nombre de Hakka. Cela fournit aux soldats gouvernementaux un prétexte pour le piller, et ils tuaient souvent des paysans hakka juste pour le plaisir. Nyuk Tsin, qui avait la chance de ne pas paraître trop jolie, et que les longues heures passées à porter du bois dans les plaines avaient vieillie avant l'âge, échappa au viol, à la différence de nombreuses autres jeunes filles.

Elle vivait alors misérablement chez son oncle qui l'avait recueillie après la mort de ses parents, selon la coutume du village. Cet homme dur et triste ne cessait de lui rappeler deux faits affligeants : elle avait déjà dix-sept ans et n'était pas mariée ; et comme elle était fille de rebelle, les soldats pouvaient à tout moment revenir la tuer, ainsi que son oncle. Cela l'incitait à réduire les rations déjà maigres de la jeune fille et à accroître les fardeaux qu'elle devait porter.

Or, la malheureuse Nyuk Tsin effrayait les prétendants car son horoscope était redoutable. Elle était née sous le signe du cheval, ce qui la rendait trop volontaire pour faire une bonne épouse, et les astres assuraient qu'elle serait une tueuse de maris. Aucun jeune homme ne désirait courir un tel risque. Il y avait bien dans la prédiction une promesse de grande richesse et de nombreux descendants, ce qui aurait pu séduire un garçon avide d'argent. Mais un dernier détail remettait tout en question : elle devait mourir en terre étrangère.

La mince jeune fille vécut donc misérablement au village de la faim, sans espoir d'une vie meilleure, jusqu'au jour où, à la veille des fêtes de Ching-Ming, elle disparut. Alors qu'elle ramassait du bois pour les feux de joie, quatre hommes se jetèrent sur elle, la bâillonnèrent, lui jetèrent un sac sur la tête et les épaules et l'enlevèrent, pour la vendre à un tenancier de maison close de Macao.

A peu près à la même époque, en 1865, un homme revint au Village d'En-Bas après une longue absence. Il s'appelait Kee Chun Fat et venait de faire une fortune colossale en Californie. Il avait amassé onze mille dollars, ce qui, aux yeux des villageois, faisait de lui l'homme le plus riche du monde. De plus, il avait appris à lire et à parler l'anglais et tous venaient lui demander des conseils. Il était en quelque sorte le chef spirituel et politique des Punti. Chun Fat avait été surpris, en fréquentant les Américains, de voir que bien peu d'entre eux savaient qui était leur grand-père. Lui-même était fier de sa race et de ses ancêtres et il décida un jour de rassembler tout le clan des Kee, afin de relever les ruines du temple de la famille et d'honorer les aïeux.

Des messagers se dispersèrent dans toutes les provinces de la Chine et l'un d'eux alla jusqu'à la diabolique petite colonie portugaise, Macao, et frappa à la porte de la Maison des Nuits de Printemps, qui n'était autre qu'une maison close. Il demanda Kee Mun Ki, un jeune homme de vingt-deux ans, qui travaillait à la cuisine et avait la confiance du tenancier. C'était un garçon intelligent, sans scrupules, vif et souriant, habile au jeu et à l'amour. Lorsque le messager eut délivré l'ordre de Chun Fat, le jeune homme déclara qu'il était bien trop occupé pour remonter à son village. Il se trouvait en période de chance et entendait persévérer au jeu. Et puis il aimait bien trop Macao pour s'exiler, si peu que ce soit, à la campagne. Le messager lui confia alors une nouvelle stupéfiante. Les paroles que cet homme prononça devaient transformer la vie du jeune proxénète :

— L'oncle Chun Fat, dit-il, est revenu d'Amérique avec des millions de dollars.

— Il est riche ?

— Bien plus encore.

— Partons immédiatement, s'exclama Mun Ki.

En arrivant au village, Mun Ki fut impressionné par la maison de son oncle et la pagode ancestrale toute repeinte de neuf par les soins de Chun Fat. De son côté, l'oncle apprécia la vivacité de son neveu et jugea qu'il pourrait bien se révéler aussi habile et aussi rusé que lui-même. Il se prit d'affection pour lui et ne tarda pas à lui donner des conseils pour faire fortune.

— Tu devrais aller en Amérique.

— J'y gagnerai de l'argent ?

— De l'argent ? Mais, mon cher neveu, le plus stupide des Punti peut gagner de l'argent avec les Américains. Rien n'est plus facile. Il suffit d'avoir à la fois l'air bête et intelligent. Les Américains ne comprendront jamais les Chinois. Il y en a qui nous prennent pour des imbéciles ignorants, et il ne faut pas les détromper. D'autres nous prétendent rusés, et il ne faut pas les décevoir.

— Ça me paraît bien difficile.

— Non. Si tu y vas, tu verras que tu t'y feras vite.

Ce fut alors que le clan des Kee était rassemblé pour la fête de Ching-

Ming qu'un événement sans précédent vint surprendre les villageois de la vallée. Le 19 avril 1865, un commerçant de Canton arriva au village avec un Américain. Le Cantonais comprit immédiatement que l'oncle Chun Fat était le chef et ce fut à lui qu'il s'adressa sans attendre :

— L'étranger est venu de loin, du pays de l'Arbre Embaumé, pour embaucher des hommes pour les champs de canne à sucre.

Un sourire extasié illumina la figure plate de Chun Fat. Il se rappelait la baie d'Honolulu, les palmiers altiers, les collines riantes, les terres riches.

— Le pays de l'Arbre Embaumé ! C'est le paradis sur terre !

Il courut dans sa maison et en ressortit aussitôt avec un petit coffret de bois de santal qu'il avait rapporté de Hawaii. Il le fit passer de main en main et dit à tous les membres de sa famille :

— Sentez cette boîte, sentez ce parfum. Toute l'île a cette odeur !

— Est-ce que c'est mieux que l'Amérique ? demanda Mun Ki.

Chun Fat hésita. Il avait aimé les montagnes sauvages de Californie, et la turbulence de San Francisco, et la vivacité des belles Mexicaines, mais il ne pouvait oublier le pays de l'Arbre Embaumé.

— C'est plus doux, répondit-il.

— Un homme peut-il y faire fortune ? insista Mun Ki.

— C'est plus beau, murmura rêveusement son oncle.

En un instant, la décision du jeune homme fut prise. Car il se disait que si son oncle pouvait aimer une terre pour sa beauté plus que pour ses richesses, ce pays devait être bien extraordinaire en vérité. Mun Ki fut donc le premier à s'avancer et à annoncer :

— J'irai volontiers au pays de l'Arbre Embaumé.

Chun Fat avança aussi et, s'adressant à l'étranger en costume sombre, il dit en anglais :

— Moi, Chun Fat, longtemps en Californie. Mon neveu, il ira.

L'Américain tendit la main.

— Je suis le docteur John Whipple. Il me faudrait trois cents hommes pour les champs de canne à sucre.

Chun Fat considéra le grand étranger élégant aux cheveux grisonnants avec un respect accru. Il s'inclina et demanda en désignant le Cantonnais d'un signe de tête méprisant :

— Combien celui-là vous demande par homme ?

John Whipple sourit.

— Je crois que cela ne vous regarde pas. Mais combien aviez-vous dans l'idée ?

Chun Fat fit un rapide calcul mental. Rien que dans la famille Kee, il y avait cent quarante garçons et hommes solides.

— Patron, dit-il, je vous trouve tous les hommes à deux dollars chaque homme.

— Un dollar et demi, rétorqua Whipple.

Le marchandage dura quelques minutes. Mais Chun Fat ne céda pas et John Whipple dut s'incliner. Mais il mit une condition au marché, qui affola Chun Fat.

— Je n'accepterai que si la moitié des hommes que vous me procurez sont des Hakka.

Chun Fat cligna des yeux.

— Hakka ?

— Oui, Hakka. Vous savez bien, le Village d'En-Haut.

« Comment diable connaît-il les Hakka ? » se demanda Chun Fat. A haute voix, il protesta :

— Pourquoi des Hakka ? Hakka, vauriens.

Le docteur Whipple fronça le sourcil. Il répondit en appuyant sur les mots :

— Nous avons entendu dire que les Hakka sont d'excellents travailleurs, solides et infatigables. Nous savons que les Punti sont intelligents, car nous en avons à Hawaii. Mais les Hakka sont travailleurs. Montons-nous au village ?

— Hakka bons travailleurs, mais pas honnêtes. Ils se battent.

— Très bien. J'irai les choisir seul.

— Comment vous parler avec les Hakka ?

Le docteur Whipple sourit à la ruse du petit homme et répondit :

— Notre ami de Canton me servira d'interprète.

— Mais il ne parle pas hakka. Leur langue est très différente du chinois d'ici.

— Vous parlez hakka, sans doute ?

— Un seul homme parle hakka. Mon neveu Kee Mun Ki que voici.

— Je suppose que vous allez aussi me demander deux dollars par Hakka ? demanda Whipple en soupirant.

— Oui. Très difficile parler hakka.

Whipple eut un haussement d'épaules résigné et faillit renoncer. Mais il se répéta qu'il était venu surtout faire une expérience, afin de savoir qui, des Punti ou des Hakka, conviendraient le mieux aux besoins des plantations de Hawaii. Il n'allait tout de même pas se laisser influencer par la mauvaise volonté de ce Chinois madré !

Chun Fat et Mun Ki accompagnèrent donc le docteur Whipple au Village d'En-Haut, et en ramenèrent cent trente volontaires. Whipple fut étonné de la haute taille des femmes et de leurs physionomies franches. Il remarqua qu'elles marchaient normalement et le fit observer à Chun Fat qui haussa les épaules.

— Pas briser les pieds. Hakka stupides.

— Pensez-vous que les Hakka laisseraient venir des femmes au pays de l'Arbre Embaumé ?

— Hakka, peut-être. Punti, non.

Whipple se tut, mais se dit qu'un jour Hawaii pourrait avoir besoin de femmes chinoises et ces Hakka lui paraissaient fortes et intelligentes.

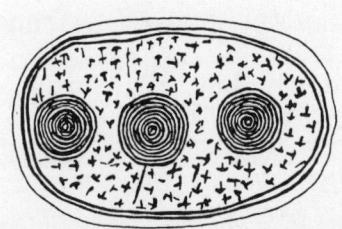

Lorsque le docteur Whipple et le marchand de Canton eurent regagné Hong Kong pour préparer le voyage des trois cents travailleurs chinois, l'oncle Chun Fat rassembla une fois de plus sa nombreuse famille devant la pagode ancestrale fraîchement repeinte. Il prit place en haut des marches, sur un siège imposant. Il portait sa coiffe en satin, une robe fort coûteuse et des chaussures de brocart. Sur sa droite, légèrement en retrait, était assise son épouse, âgée d'une cinquantaine d'années ; sur sa gauche et un peu plus loin, les deux jolies concubines auxquelles sa fortune lui donnait droit.

On parla tout de suite affaires et l'oncle Chun Fat informa ses quatre cent et quelque parents :

— Voici une occasion qui ne se représentera peut-être jamais. Réfléchissez-y !

Et il s'appuya au dossier du fauteuil pour bien se montrer aux Kee dans sa grande lassitude.

— Un jeune homme se rend au pays de l'Arbre Embaumé, il y travaille une douzaine d'années et envoie de l'argent au Village d'En-Bas tandis que sa femme lui donne de beaux enfants, et quand il revient, c'est en homme riche qui peut s'offrir deux ou trois jeunes épouses. Il est heureux. Sa femme l'est aussi parce qu'elle n'a plus à travailler.

Avec emphase, il indiqua le bâtiment érigé derrière lui :

— Il peut édifier une pagode destinée à honorer sa respectable famille.

Il laissa mûrir cette recette du bonheur matériel dans l'esprit de l'auditoire, puis dit :

— Je suis triste que le docteur Whipple ne choisisse pas tous ses hommes dans notre village, car nous aurions pu le satisfaire, mais, même ainsi, cette occasion est absolument unique, historique même. Je vais désigner les plus robustes d'entre vous, ils partiront pour Hong Kong... dans trois semaines.

L'oncle Chun Fat se leva, se fraya un chemin parmi la foule et désigna arbitrairement parmi les Kee quatre-vingt-six volontaires au voyage. Certains ne voulaient pas partir, mais ils n'avaient pas le choix : Chun Fat n'était-il pas l'homme le plus riche du monde ? Qui pouvait se permettre de discuter avec lui ?

L'oncle Chun Fat demanda alors :

— Il reste encore soixante-quatre places pour le Village d'En-Bas. A qui va-t-on les attribuer ?

Chacun discuta de ce problème important jusqu'à ce que le joueur Kee Mun Ki, homme habile, déclarât :

— Pourquoi ne pas prendre les hommes qui doivent épouser des filles de notre famille ?

Mais l'oncle Chun Fat rejeta sa proposition, qui allait faire perdre de l'argent au village, et en fit une encore plus sensée, que toute la famille s'accorda pour trouver ingénieuse :

— Nous enverrons tous ceux qui nous doivent de l'argent. Nous pourrons toucher leurs salaires.

La liste fut ainsi complétée, mais sur les cent cinquante Punti désignés, cent dix y allaient bien contre leur gré.

Les nominations furent suivies d'un moment de calme au cours duquel l'oncle Chun Fat observa attentivement sa vaste famille. Quand il jugea le moment propice, il toussa par deux fois et la foule fit respectueusement silence pour entendre ce que le grand homme avait à dire. Chun Fat regarda d'un air pensif par-dessus les têtes de son auditoire et parla lentement, car il savait que ses propos allaient causer une grande surprise parmi son clan :

— Je veux que tous ceux qui, pour l'honneur de leur famille, ont choisi de se rendre au pays de l'Arbre Embaumé, se marient avant de quitter le village.

Un frisson parcourut la famille Kee, et de nombreux jeunes hommes contraints par l'oncle Chun Fat à accepter l'exil vers les champs de canne à sucre exprimaient clairement qu'ils se refusaient à gâcher leurs vies en prenant des épouses à la hâte. L'oncle Chun Fat laissa passer l'orage et toussa à nouveau. La toux paisible du riche est plus sonore que le raclement de gorge de six miséreux : la grande famille fit à nouveau silence.

— Dans la famille de mon frère, par exemple, j'ai décidé que son fils Kee Mun Ki devait se marier sur-le-champ. En conséquence de quoi, j'ai pris contact avec...

Une pause soigneusement ménagée permit à tous de savourer pleinement ses paroles. Nul n'écouta avec plus d'attention que le jeune Mun Ki, car personne ne l'avait prévenu de son futur mariage.

— J'ai consulté la famille Kung du Village d'A-Côté et elle a accepté de donner à mon neveu sa fille bien-aimée, Oiseau d'Été. Les négociations sont en cours pour la célébration du mariage et j'adresse toutes mes félicitations à Mun Ki.

Le jeune homme eut un sourire stupide qu'il accompagna d'une certaine démonstration de joie, car il reconnaissait que l'oncle Chun Fat avait bien agi. Les Kung du Village d'A-Côté étaient moins riches que les Kee de ce village-ci, mais ils étaient tout de même respectables ; la différence principale tenait à ce que leur chef n'était pas allé en Californie, mais seulement à Canton, et qu'il n'en était pas revenu avec quarante mille dollars, mais seulement six. C'était cependant une union que tous ceux du Village d'En-Bas ne pouvaient qu'approuver, même si personne n'avait encore vu la future mariée.

— C'est pourquoi j'insiste pour que chaque jeune homme prenne femme, conclut Chun Fat. Les familles peuvent dès maintenant dépêcher des messagers afin de trouver des filles convenables. Je crois qu'il serait bon de célébrer toutes les unions en même temps, cela économiserait de l'argent.

Maintenant que l'idée du mariage était acceptée et que les familles se rendaient compte qu'elles devaient trouver des compagnes à leurs fils, une nouvelle vague d'inquiétude agita les Kee. Encore une fois, l'oncle Chun Fat attendit, magnanime, sous sa coiffe de satin, que l'orage fût passé. Puis, fortifié par l'ombre grandiose de la pagode des ancêtres, il toussota et donna certaines assurances aux jeunes gens :

— Vous autres, jeunes voyageurs comme Mun Ki, ne devez pas croire que, parce que l'on vous demande de vous marier ici, au Village d'En-Bas, vous ne puissiez avoir des femmes sur les terres nouvelles. Bien au contraire ! Mais en vous mariant ici, en y fondant votre foyer, où votre épouse attendra patiemment votre retour, ce village restera pour vous votre vraie demeure. Où que vous alliez, vous ne penserez qu'au jour où, comme moi, vous gravirez ces marches sacrées.

Faisant voleter sa robe autour de lui, il pénétra dans la pagode et s'écria avec une réelle passion :

— Vous vous inclinerez humblement devant les tablettes de vos ancêtres, car votre foyer est ici.

Gravement, il se prosterna devant les souvenirs des anciens dont l'énergie avait permis de construire ce village, puis il dit, d'une voix vibrante d'émotion :

— Quand les hommes blancs m'ont humilié en Californie, je me suis rappelé ce lieu où sont conservées les tablettes de ma famille, et j'ai trouvé la force de résister à leurs injures. Quand j'ai peiné dans les neiges du Nevada, je me suis rappelé cette pagode, et j'ai trouvé la force de résister au froid. Épousez une jeune fille de cette vallée, ainsi que je l'ai fait moi-même il y a trente ans. Qu'elle garde votre foyer et, peu importe où vous allez, vous reviendrez.

Ce à quoi il s'empressa d'ajouter un conseil d'ordre plus pratique :

— Vous n'oublierez jamais d'envoyer de l'argent au village.

Majestueux, il déposa les tablettes des ancêtres et regagna son siège, d'où il fit part tout haut de ses réflexions :

— Nous savons qu'il vaut toujours mieux qu'un Chinois ait une femme auprès de lui. Il serait donc sage, en arrivant au pays de l'Arbre Embaumé, que vous y preniez également épouse. Si je vous dis cela, c'est parce que j'ai moi-même remarqué, en Amérique, que les Chinois qui gagnent le plus d'argent sont ceux qui ont des femmes. Croyez-moi, tant que je n'ai pas eu de femme, je vivais assez misérablement... je jouais... je fréquentais les mauvais lieux... Et, je peux vous l'avouer aujourd'hui, je me suis enivré toutes les nuits pendant près d'un an. Jusqu'à ce que je trouve une Mexicaine. Rapidement, elle a fait la lessive pour les mineurs et préparé leurs repas. Réfléchissez à cela, vous, les Kee, qui partez pour un pays lointain. Même si je devais dépenser beaucoup pour sa nourriture, car elle dévorait littéralement, même si elle voulait toujours une nouvelle robe, c'est uniquement grâce à elle que j'ai pu faire des économies. Par conséquent, il me semble que, si un jeune homme brillant comme mon neveu Mun Ki devait épouser ici une Kung et se trouver une robuste épouse au pays de l'Arbre Embaumé... — L'oncle Chun Fat toussota en dissimulant ses lèvres derrière sa manche de soie. — ... cela ne me surprendrait pas s'il revenait au pays encore plus riche que moi.

Rougissant de modestie, il baissa les yeux et laissa sa famille réfléchir à cette fabuleuse perspective. Il ne pensait pas un instant que Mun Ki ou quelqu'un d'autre pût amasser une fortune aussi considérable que la sienne, mais, du coin de l'œil, il constata que plusieurs jeunes gens regardaient instinctivement vers les collines, par-delà les champs, et se demandaient où ils édifieraient leurs propriétés quand ils rentreraient au pays, croulant sous le poids de l'or. Tout au fond de l'assistance, quelqu'un posa une question :

— Quand Mun Ki reviendra en homme riche, est-ce qu'il ramènera au village sa femme étrangère ?

— Certainement pas, affirma l'oncle Chun Fat.

— Que fera-t-il d'elle ?

— Il la laissera où il l'aura trouvée.

Un murmure admiratif balaya la foule, car la solution était à la fois juste et simple. Le Village d'En-Bas serait contaminé s'il recevait des femmes aux mœurs étranges. Tandis que les anciens félicitaient Chun Fat pour sa perspicacité, il réclama le silence et dit à sa famille :

— Les autres femmes auront de quoi vivre. Quand j'ai quitté la Californie, j'avais trois épouses. Une Mexicaine de San Francisco et deux Indiennes des montagnes. Elles m'avaient aidé et je les ai aidées de même : je leur ai donné à chacune mille dollars.

La foule s'émerveilla devant la générosité de Chun Fat et celui-ci conclut :

— Ce qui est important dans la vie d'un homme, c'est de revenir un jour dans son village natal, d'y trouver une épouse qui l'attend patiemment et, dans sa vieillesse, de prendre deux ou trois belles jeunes filles de bonne famille.

Derrière lui, ses trois femmes sourirent quand il ajouta :

— Croyez-moi, dans de telles circonstances, grande est la joie de l'homme !

Quand le jeune Mun Ki eut accepté l'union que son oncle avait arrangée en son nom, Chun Fat fit envoyer aux Kung du Village d'A-Côté non pas les mille gâteaux habituels — « Votre fille vaut mille pièces d'or, mais acceptez, je vous prie, ces humbles gâteaux » —, mais deux mille quarante-trois petites pâtisseries, nombre arbitraire quoique très élevé dans son esprit. Chaque gâteau avait la taille d'une soucoupe : certains étaient moelleux, d'autres fourrés à la noix émincée, d'autres encore farcis de viandes délicates. Il offrit également soixante-neuf porcs, quatre poulets au plumage roux et quatre grands poissons cuits. Enfin, pour affirmer sa munificence, il ajouta quarante-sept pièces d'or enveloppées chacune dans un papier de couleur rouge. La procession qui porta tous ces présents aux Kung s'étirait sur plus de quatre cents mètres de long.

La famille de la fiancée trancha la tête et la queue de deux des cochons, les enrubanna dans de la soie et les renvoya aux Kee, faisant savoir par ce geste que les largesses avaient été humblement et respectueusement acceptées. La jeune fille choisit de faire trois cadeaux à son futur : une étoffe rouge et brodée qui lui ferait office de ceinture, une bourse qui abriterait les biens matériels qu'elle l'aiderait à acquérir et deux paires de pantalons.

Ce serait de toute évidence un mariage grandiose, écrasant pour les trente et une autres unions qui seraient célébrées en même temps. Deux semaines avant que les Kee ne partent prendre le bateau à Hong Kong, la cérémonie eut lieu avec tout le faste que pouvaient déployer les deux villages de la vallée. Les jours de festivité passés, le jeune Kee Mun Ki amena chez lui son épouse et s'appliqua à la féconder avant son départ, mais il échoua.

A l'aube des trois jours de voyage qui les mèneraient à Canton, d'où ils prendraient un vapeur et rejoindraient Hong Kong où mouillait le navire américain, l'oncle Chun Fat réunit les cent cinquante Punti. Il vit devant lui une horde d'individus épuisés par leurs tentatives amoureuses. « Une bonne marche le long de la rivière les requinquera », se dit-il, persuadé que, s'il fournissait des hommes en bon état physique, le docteur Whipple lui demanderait de lui en trouver d'autres, à deux dollars chacun, évidemment.

Il passa donc parmi ses troupes et les encouragea à relever la tête, mais il eut un certain mal à reconnaître son neveu, Kee Mun Ki. Le jeune homme était ivre depuis deux semaines, n'avait pratiquement pas dormi en dix jours et semblait devoir s'écrouler au bout de quelques centaines de mètres. Conscient qu'il devait compter sur lui pour transmettre les ordres aux Hakka, l'oncle Chun Fat le gifla à plusieurs reprises. Mun Ki revint à la réalité.

— Ça, ira, dit-il enfin. Une fois, à Macao, je n'ai pas dessoûlé, pendant trois semaines. Mais pas avec une belle fille comme cette Kung.

Chun Fat constata avec plaisir qu'il pouvait compter sur son neveu.

— Tout ira bien pour toi au pays de l'Arbre Embaumé, lui dit-il d'un air rassurant.

— J'espère bien, répliqua le jeune marié.

Sa façon de parler à son oncle, d'homme à homme, comme s'ils étaient égaux en quelque sorte, avait une touche d'insolence.

Puis l'agitation fut à son comble car voici que descendait des collines le contingent de Hakka. Ces hommes minces, au visage buriné, portaient des habits de toile grossière et de longues nattes. Deux mois plus tôt, l'apparition d'un tel groupe eût été synonyme de guerre. D'un air de défiance, les Hakka s'avancèrent vers les Punti. En dépit de tous ses préjugés, l'oncle Chun Fat ne put s'empêcher de penser qu'ils feraient l'affaire. Comme il gagnait deux dollars par Hakka et en espérait davantage à l'avenir, il pensa aller à leur rencontre et s'incliner devant eux, mais se dit qu'on pourrait y voir un signe de subordination que sa famille ne lui pardonnerait jamais. Il se contenta donc de leur lancer un regard de défi, ainsi que le voulait la coutume. Pendant un long moment, les deux groupes se toisèrent avec effronterie. Depuis près de mille ans, ils vivaient côte à côte sans jamais se parler ; leurs rencontres n'avaient été marquées que par la mort et la violence, et il n'y avait eu qu'un seul mariage. A présent, ils allaient devoir naviguer tous ensemble vers une île lointaine.

Mun Ki rompit la glace. Prenant sur lui-même, il s'avança et dit à un certain Char, qui était le chef des Hakka :

— Nous partons pour Canton. Certains de tes hommes ont déjà l'air fatigués.

Char observa le jeune Punti pour voir si c'était là une insulte et il répondit sur le même ton :

— Pas étonnant qu'ils aient l'air fatigués. Ils boivent depuis deux semaines... comme toi.

— Je me suis marié, expliqua Mun Ki.

— Eux aussi, dit le Hakka Char, et les antagonistes se sourirent.

Les groupes s'ébranlèrent. Les Punti regardèrent pour la dernière fois le Village d'En-Bas et sa pagode peinte en rouge. C'était là leur foyer, le pays de leur cœur, l'endroit où reposaient leurs ancêtres. Leurs épouses resteraient là, et nombreuses étaient celles qui portaient déjà des fils. Les tombes que les esprits de leurs ancêtres hantaient chaque nuit étaient creusées dans cette terre, et quitter la Vallée Dorée, ne fût-ce que quelques années, était un châtiment incommensurable.

— Je reviendrai bientôt ! s'écria Mun Ki.

Il ne s'adressait ni à sa femme, ni à son oncle tout-puissant, ni à qui que ce soit. « Je reviendrai ! » lançait Mun Ki à ses ancêtres.

Il leur fallut trois jours pour arriver à Canton, les Punti d'un côté, les Hakka fièrement à l'écart. Là, le docteur Whipple les attendait, avec une grande jonque, pour les emmener à Macao. Il leur expliqua que le gouvernement chinois s'opposait à l'émigration et que son navire ne pouvait lever l'ancre de Hong Kong avec un tel chargement d'hommes. Le bateau les attendait donc à Macao. En entendant cela, Mun Ki s'empressa de demander à l'interprète :

— Est-ce que je pourrai aller dire au revoir à mon ancien patron, à Macao ?

Whipple discuta un peu mais finit par y consentir. Les autres devaient passer la nuit dans un camp, près du port.

Mun Ki attendit avec impatience de mettre le pied sur les quais de Macao. Pour lui, cet enfer du jeu était un véritable paradis. La joie au cœur, il aperçut enfin les jetées, les ruelles du port et, au loin, le toit éclatant de la Maison des Nuits de Printemps. Il songea à toutes les filles qu'il y avait connues, aux salles de jeu, aux parties fébriles et soudain, avec exaltation, il se dit qu'il était en période de chance. Il passa vivement entre les Punti et leur murmura à tous :

— Donnez-moi votre argent. Ce soir, je vais le jouer et je vous en rendrai le double.

Certains se méfiaient de leur cousin, d'autres le respectaient pour son audace. En un rien de temps, il réunit un nombre considérable de pièces.

— A demain, leur murmura-t-il. Et pas un mot au Cantonais.

Quand la jonque accosta, Mun Ki profita de la bousculade pour s'éclipser entre les marchandises entassées sur le quai et gagner la ruelle où se dressait la Maison des Nuits de Printemps.

— Tu as dû bien profiter des fêtes de Ching Ming, fit remarquer le tenancier d'un ton glacial.

— Je me suis marié, expliqua Mun Ki.

— Ah, c'est très bien ! déclara le tenancier. Tout homme se doit d'avoir une épouse loyale et patiente. Mon bonheur date du jour où je me suis marié et ai commencé de fonder une grande famille.

— Je quitte aussi la Chine pour le pays de l'Arbre Embaumé, dit Mun Ki avec franchise. Je suis venu récupérer mes affaires.

— Tu me laisses tomber ! tonna le tenancier. Après tout le temps et l'argent que je t'ai consacrés... Il s'arrêta brusquement pour lui demander : Tu as bien dit le pays de l'Arbre Embaumé ?

— Oui. Dans les champs de canne à sucre.

— Quelle curieuse coïncidence, s'écria le tenancier en tapotant son genou de son index. J'ai une affaire d'importance qui exige que l'on se rende dans ce pays, oui.

Il chercha parmi des papiers et trouva une lettre que lui avait adressée un Punti parti plusieurs années auparavant pour le pays de l'Arbre Embaumé. Cet homme se souvenait du sérieux avec lequel la Maison des Nuits de Printemps était tenue à Macao et avait écrit au tenancier pour lui demander de lui rendre un service. La lettre entre les dents, le patron de Mun Ki observa le jeune homme avant de lui demander :

— Accepterais-tu de remplir pour mon compte une mission assez délicate ?

— Je serai payé ?

— Oui.

— Bon. De quoi s'agit-il ?

— Voilà. Un de mes confrères de là-bas me demande une fille. Justement, j'en ai une dans la petite chambre. Je ne peux pas l'utiliser ici, tu verras pourquoi. Veux-tu la livrer à mon ami du pays de l'Arbre Embaumé ?

— Je veux bien. Dans quelle chambre est-elle ?

— Là où il y avait la Russe.

Mun Ki oublia le jeu et alla tout de suite à la petite chambre. Les rideaux étaient baissés et, dans la pénombre, il vit une fille par terre, pieds et poings liés, les genoux repliés sous le menton, à demi inconsciente. Mun Ki la retourna du pied et l'examina de plus près. A ses grands pieds, il vit que c'était une Hakka. Écœuré, Mun Ki claqua la porte et retourna auprès de son ancien patron.

— Qui voudra d'une Hakka ? demanda-t-il.

— Personne, c'est d'accord. Mais je crois que, là-bas, ils ne sont pas si difficiles. J'avais payé quatre soldats pour m'enlever des filles et ils m'ont rapporté celle-là. J'allais l'expédier à Manille. Là-bas non plus, ils ne savent pas la différence.

— Combien me donneras-tu pour l'emmener au pays de l'Arbre Embaumé ?

— Vingt dollars mexicains.

— Tout de suite ? J'aimerais les faire fructifier au jeu.

— La moitié tout de suite.

Il donna à Mun Ki les dix dollars mexicains et le jeune homme allait s'élancer vers la salle de jeu quand le tenancier le retint :

— Il y a deux jours qu'elle est attachée. Tu ferais peut-être bien de lui donner à boire et à manger. J'avais peur qu'elle ne s'échappe. Les soldats ne l'ont pas trop bien traitée.

— Tu as donné beaucoup pour l'avoir ? s'enquit Mun Ki.

— Pour une Hakka dont je ne pourrais rien tirer ?

Le jeune homme s'en revint dans la chambre, appela une servante pour qu'elle prépare du riz et du thé bien chaud, puis écarta les rideaux. La jeune Hakka devait avoir dans les dix-huit ans. Même guéri, son visage ne serait probablement jamais très joli et la façon dont on l'avait ligotée et bâillonnée ne permettait pas de se faire une idée de sa silhouette. Plus par curiosité que par humanité, Mun Ki s'agenouilla et entreprit de dénouer les cordes. Comme il les desserrait l'une après l'autre, il entendit la fille grogner de soulagement ; il remarqua aussi que ses membres pour avoir été contraints trop longtemps, ne reprenaient pas leur position normale. Les muscles étaient tétanisés. A nouveau poussé par la curiosité, il lui décroisa les mains et lui ramena les bras le long du corps. Il manipula ses épaules et entendit ses articulations craquer. Elle geignit et s'évanouit. Lorsque la servante apporta le plateau, il lui humecta les lèvres de thé. Peu à peu, elle reprit conscience et but. Elle avait un tel besoin de liquide que Mun Ki, impressionné, demanda davantage de thé. Quand la chaleur du breuvage envahit son organisme, la jeune fille revint pleinement à elle. Elle regarda avec terreur l'homme qui la tenait, mais, à sa façon de lui proposer du riz, d'attendre patiemment qu'elle eût mâché chaque grain, elle se dit qu'il n'était peut-être pas comme ceux qui l'avaient enlevée la veille des fêtes de Ching Ming. Ce qu'on lui avait fait subir au cours des trois dernières semaines, elle l'avait déjà oublié, c'étaient des choses trop terribles pour qu'on s'en souvienne. D'instinct, elle sentit que cet homme la traiterait différemment.

Char Nyuk Tsin était la première Hakka que le jeune homme eût jamais touchée ; il le faisait donc avec un dégoût bien naturel, mais, curieusement ému par la façon dont elle répondait à sa douceur, il se montrait plus prévenant encore. Il avait passé le bras gauche derrière ses épaules et la nourrissait de la main droite. Quand la servante apporta de la soupe aux choux, il l'encouragea à se servir de la cuiller, mais ses poignets étaient si gonflés qu'elle n'y parvint pas. Il entreprit de les masser et le sang afflua peu à peu vers les doigts. Elle pouvait tenir la cuiller, mais ses épaules étaient bloquées. Il lui massa le dos et le cou ; sa main glissa sur ses épaules et il sentit ses petits seins durs. Cela éveilla en lui quelque chose et le souvenir de sa jeune épouse le submergea. Il débarrassa Nyuk Tsin de sa blouse et caressa son corps, puis il lui ôta ses pantalons et il massa ses genoux et ses chevilles encore engourdis. Il vit avec un plaisir accru que le corps de cette fille était beau et mince. Il se souvint de sa femme et ôta ses propres vêtements qu'il jeta contre la porte en disant à la Hakka :

— Je ne te ferai pas de mal.

Il se trouvait depuis un certain temps avec elle quand le tenancier vint lui expliquer comment faire parvenir la fille à son confrère de Honolulu. Quand il eut entrouvert la porte et vu ce que faisaient les deux jeunes gens, il lança en punti :

— Fais ce que tu veux avec elle, mais rattache-la quand tu auras fini.

La voix de son patron ramena Mun Ki à ses responsabilités. Avec angoisse, il se saisit de ses pantalons pour voir si quelqu'un n'avait pas profité de l'occasion pour le soulager de son argent — lui-même, Mun Ki, avait parfois fait les poches des clients affairés de la Maison des Nuits de Printemps. Rassuré, il s'empressa de s'habiller et dit à la jeune fille nue :

— Je vais jouer. Remets tes vêtements.

Il attendit qu'elle eût terminé pour prendre les cordes. En les voyant, elle se mit à pleurer, supplia Mun Ki, lui pressa les mains et lui promit :

— Je ne me sauverai pas.

Il y avait dans sa façon de le regarder quelque chose qui le convainquit de sa sincérité. Il la conduisit donc dans sa propre chambre, à l'arrière de la maison close, et la fit asseoir par terre. Il brandit les cordes devant son visage terrifié comme pour dire : « Est-ce que tu vas m'obliger à m'en servir ? » et elle lui adressa un regard qui promettait : « Tu n'as pas besoin de ces cordes. »

Il fallait qu'il parte, mais laisser la fille ainsi libre était ridicule, et il opta pour une solution plus raisonnable. Il noua l'extrémité d'une corde assez longue au poignet gauche de la jeune Hakka et l'autre extrémité à son propre poignet.

— Viens, lui dit-il.

Quand ils passèrent devant le bureau du tenancier, celui-ci hocha la tête.

— Bonne idée, dit-il. — Puis l'homme ajouta, en vrai professionnel : — Est-ce qu'elle conviendra à mon ami ?

— Oui, affirma Mun Ki, qui entraîna sa prisonnière vers sa salle de jeu favorite.

Une fois dans la rue, il s'arrêta pour lui demander :

— Comment t'appelles-tu ?

— Char Nyuk Tsin, répondit-elle.

— Jade Parfait ! Mais c'est un très beau nom !

En lui-même, il pensait : « Un nom idéal pour une fille de bordel, les clients s'en rappellent quand ils reviennent la fois suivante. »

Les hommes jouaient au *fan-tan*. Il y avait un gros tas de pions d'ivoire blancs comme neige : le donneur en tirait une poignée et les joueurs devaient parier sur le nombre de pions restants. Ils pouvaient aussi deviner si ce nombre était pair ou impair. Dès que les mises étaient placées, le donneur, avec une adresse extrême, retirait ses propres pions par piles de quatre et il était fascinant de voir les autres joueurs supputer sur le nombre de pions restants alors qu'il s'en trouvait encore peut-être cinquante ou soixante dans le tas.

Mun Ki misa l'argent des Punti et le sien propre. Il s'en tira assez bien au fan-tan et se dit que c'était peut-être sa gentillesse à l'égard de la jeune Hakka qui lui avait porté chance. Il emporta donc ses gains dans la salle réservée au mah-jong, dont les petites tuiles d'ivoire exerçaient sur lui une perpétuelle fascination. Quand, au début de chaque partie, les joueurs édifiaient un mur, il était de coutume de les placer avec le maximum de force, avec un bruit qui renforçait l'excitation naturelle du jeu ; de même, quand un joueur réussissait un coup, il exposait ses pièces en les plaquant bruyamment sur la table. Le mah-jong tel qu'on le pratiquait à Macao avait quelque chose de débridé et Mun Ki décida de tenter sa chance à une table où l'on jouait gros. Il plaça Nyuk Tsin derrière lui, tirant parfois sur la corde pour s'assurer de sa présence, et se joignit à trois individus. Deux d'entre eux avaient de longues barbes fines et des robes en tissu précieux. L'autre ressemblait un peu à Mun Ki, c'était comme lui un joueur jeune et audacieux.

Dans un premier temps, l'un des deux aînés protesta :

— Je ne jouerai pas dans une pièce où il y a une femme.

Mun Ki lui expliqua patiemment :

— Je l'emmène dans un bordel au pays de l'Arbre Embaumé et j'en suis responsable.

C'était une chose que les hommes pouvaient comprendre. En fait, celui qui avait protesté n'espérait qu'une chose : qu'il ne pense qu'à cette fille et perde plus vite la partie.

Mun Ki n'avait pas du tout l'intention de se faire battre. A la différence du fan-tan, le mah-jong dépendait moins de la chance que de l'habileté du joueur à choisir parmi les pièces qui lui étaient distribuées. Le jeune homme se dit que c'était peut-être la dernière grande partie de mah-jong de son existence et prit son souffle pour brasser les cent quarante-quatre tuiles. Il regarda attentivement les dés en se demandant par où il allait faire la brèche dans le mur. Il ne se souvenait de la présence de Nyuk Tsin que lorsqu'il se penchait pour ramasser des pièces. Quand il eut disposé ses tuiles — il avait pris l'habitude de les ranger dans un certain ordre dont ses adversaires ne pouvaient rien déduire —, il fut prêt à jouer, mais le barbu qui avait déjà protesté contre la présence de Nyuk Tsin dit encore :

— Il faut qu'elle s'assied par terre pour ne pas nous espionner.

Avant que la partie ne commence vraiment, la jeune Hakka s'assit à même le sol, mais cela ne plaisait pas à Mun Ki, qui craignait de la voir s'enfuir. Il l'obligea donc à se cacher sous la table, contre ses jambes, et elle resta ainsi pendant plusieurs heures tandis que les joueurs abattaient furieusement leurs tuiles.

De la position qu'elle occupait sous la table, Nyuk Tsin remarqua qu'elle pouvait deviner quand Mun Ki allait tenter un gros coup, élaborer quelque combinaison fantastique qui lui rapporterait beaucoup, car ses chevilles se tendaient, ses os saillaient, ses pieds étaient couverts de sueur. Dans ces moments-là, elle priait pour qu'il réussisse, et la divinité à laquelle elle s'adressait devait être particulièrement clémente puisqu'il gagnait. Au crépuscule, il tira sur la corde et dit :

— On va rentrer.

Dès qu'ils eurent retrouvé les rues poussiéreuses de Macao, les colporteurs firent nuée autour d'eux, attirés par les rumeurs : « Le jeune homme du bordel a gagné beaucoup d'argent. » Ils proposaient des fleurs, des étoffes et des plats fumants, et Mun Ki éprouva un réel plaisir à jouer les vainqueurs magnanimes. Il palpa le coton déchiré de la blouse de la jeune fille et dit : « Elle a besoin d'une nouvelle robe, croyez-moi. » Avec des gestes grandiloquents que chacun pouvait admirer, il annonça : « Nous prendrons quatre mesures de tissu ! » Il se montra encore plus généreux lorsqu'il fut question de nourriture ; la pauvre Nyuk Tsin eut droit à des œufs, du poisson séché, des nouilles et du gingembre confit.

La nuit venue, il ramena un peu la corde à lui pour mieux tenir Nyuk Tsin et distribua à manger à quelques miséreux de sa connaissance qui croupissaient dans la ville portugaise. Quand les gardes de la cité passèrent par là, il leur adressa un signe de tête.

— Pourquoi as-tu attaché cette fille ? lui demanda l'un d'eux.

— Je la conduis dans un bordel du pays de l'Arbre Embaumé, répondit-il.

Le policier hocha la tête d'un air approbateur, mais un autre demanda :

— Est-ce que tu vas embarquer sur ce navire américain qui mouille dans la baie ?

— Je crois, oui, répondit Mun Ki.

Le policier lui murmura alors sur le ton de la confidence :

— Je tiens à te prévenir. L'Américain qui t'a acheté au village est venu nous trouver pour te faire arrêter. Tu aurais intérêt à te cacher.

— Je reviens dès demain matin, l'assura Mun Ki. Merci du conseil. Et il glissa une pièce au policier.

— Merci, Mun Ki ! dit l'autre en s'inclinant. C'est une jolie fille que tu as avec toi.

— Ce n'est qu'une Hakka, mais elle me porte bonheur.

Finalement, il ramena sa prisonnière à la Maison des Nuits de Printemps, où il montra à son ancien patron qu'il avait multiplié par huit les dix dollars mexicains qu'il lui avait donnés.

— Cette fille me porte chance, dit-il.

— Tu vas encore l'attacher ? demanda le tenancier.

— Non, elle dormira avec moi ce soir.

— C'est d'accord, dit l'homme avec prudence, mais souviens-toi de ce que tu as appris. Les filles, il faut les nourrir un peu et les battre beaucoup.

— Je m'occuperai d'elle, répliqua Mun Ki. Est-ce que la police est venue me chercher ?

— Naturellement, dit son patron. Ton bateau part demain.

— J'y serai.

Il tira sur la corde et conduisit Nyuk Tsin à l'arrière de la maison close, dans la petite pièce infâme où il dormait. Il ferma la porte à clef et défit la corde qu'il avait passée autour de la taille de la jeune fille avant de la lui mettre au poignet. Elle expliqua qu'elle devait faire sa toilette et il la laissa seule, tirant de temps à autre sur la corde pour s'assurer qu'elle était toujours tendue. Quand elle eut fini, il revint et dit :

— Il faut faire tes bagages.

Il avait trouvé un petit coffre de bois dans lequel il entassa ses maigres biens : une théière, cinq tasses en bambou, deux bols à riz, un petit pot en métal, un service à thé en porcelaine avec une passoire en cuivre, un plateau de bambou pour les légumes à la vapeur et un grand couteau. La cassolette à parfums, le petit dieu domestique et la tablette familiale qui prouvait son identité furent rangés, suivis de quelques vêtements de rechange et d'une bonne paire de sandales. Le coffre fut recouvert d'un morceau de toile volé sur un navire hollandais.

Dans un panier d'osier, Nyuk Tsin déposa la nourriture nécessaire au voyage : du vinaigre de soja, du chou en saumure, des épices, du poisson séché, des graines à mâcher et plusieurs morceaux de canard. Les ustensiles de cuisine allèrent également dans le panier : baguettes, brasero, vieille tasse et deux bols à riz.

Il n'y avait maintenant plus dans la petite pièce qu'un lit et un poème. Le lit serait roulé au matin ; quant au poème, qui expliquait comment le nom de Kee se transmettait de génération en génération, il était conservé dans un livre rouge. C'était le bien le plus précieux que possédât Mun Ki, et le jeune homme le porterait sur lui.

Mun Ki regarda la chambre où il avait vécu de manière somme toute assez heureuse et qu'il n'avait quittée que pour devenir un joueur habile. Il soupira. Puis, voyant Nyuk Tsin au milieu de la pièce vide, il dit :

— Tu peux te déshabiller.

Il ôta la corde et lui enleva ses vêtements. Il constata que les marques de corde s'effaçaient rapidement, sourit et lui fit comprendre qu'elle pouvait dormir avec lui. Elle qui s'attendait à être à nouveau ligotée et jetée à même le sol vint à lui avec reconnaissance et n'eut pas peur quand il entreprit de prendre du plaisir avec elle. Il était le premier homme à la toucher en faisant preuve de ce qui ressemblait vaguement à de l'affection, et elle éprouvait la même chose pour lui. Leur union amoureuse fut pleine de vigueur et Mun Ki se dit : « D'une certaine façon, elle vaut mieux que ma femme. »

Une fois qu'ils eurent terminé, il voulut lui repasser les cordes. Elle le supplia que cela n'était pas nécessaire, et il fut tenté de la croire, mais il savait que, si elle s'enfuyait, il passerait non seulement pour un imbécile, mais devrait encore rembourser les dix dollars mexicains plus tout ce que le tenancier avait donné aux hommes pour l'enlever. Il l'attacha donc par le poignet, mais lui permit de dormir à ses côtés.

Au matin, quand ils se furent habillés, il se débarrassa définitivement de la corde. « Si je vais trouver le docteur Whipple avec cette fille en laisse, se dit-il, il ne croira jamais que je l'ai épousée. » De sa capacité à convaincre l'Américain dépendait la réussite de son voyage. La corde tomba dans la poussière de la petite chambre, mais Nyuk Tsin la ramassa pour fermer son panier. Ils quittèrent la chambre. Nyuk Tsin portait le petit coffre et le lourd panier, Mun Ki le matelas léger comme une plume et le livre abritant sa généalogie. Ils se trouvaient dans la cour de la maison close quand Nyuk Tsin attira son attention et lui montra du doigt le mur le long duquel le lit avait été placé. Une feuille de papier portait une inscription qu'elle ne pouvait déchiffrer. Mun Ki s'étonna de son oubli et alla chercher le message de bon augure : « Puisse ce lit te donner cent fils ! » Il le mit sous son bras et regagna le navire en compagnie de sa femme.

Sur le quai, le docteur Whipple s'apprêtait à admonester le seul homme dont il disposait pour converser avec les Hakka. Dès que Mun Ki apparut, l'interprète cantonais se mit à l'invectiver avec force, mais il l'ignora et se dirigea d'un air contrit vers l'Américain.

Courbant la tête avec ostentation, il dit d'un air très doux :

— Mille excuses pour le retard. Il fallait que j'aille chercher ma bonne épouse.

— Ta femme ! glapit l'interprète. Pas de femmes à bord !

Le docteur Whipple, voyant les grands pieds de la fille, demanda ·

— C'est une Hakka ?

— Oui.

L'Américain se rappela l'impression favorable que lui avaient faite les femmes du Village d'En-Haut.

— Tu tiens à l'emmener ?

— Je ne pourrais supporter de vivre sans elle, assura effrontément Mun Ki.

— Bien. Mais il faudra qu'elle travaille.

— Elle travaillera, promit Mun Ki.

A ce moment, les cent cinquante Hakka virent Char Nyuk Tsin pour la première fois depuis le jour de son enlèvement, à la veille des fêtes de Ching Ming. Ils l'interpellèrent et Mun Ki comprit que sa version des faits volerait en éclats s'ils expliquaient qui elle était. Mais très vite, il réalisa qu'il était le seul sur le quai à comprendre leur langue. Il donna un petit coup de coude à Nyuk Tsin. « Parle-leur », lui dit-il. Il la poussa vers les Hakka, à qui il cria :

— Cette fille est ma femme !

Les Hakka constatèrent qu'il portait la ceinture rouge des noces et s'étonnèrent.

— Tu es vraiment mariée au Punti ? demandèrent-ils.

Mun Ki murmura à l'oreille de la fille :

— Dis-leur !

— C'est mon mari, lança-t-elle à ses compatriotes, dont aucun ne s'était soucié d'elle après la mort de ses parents.

Les Hakka la considérèrent avec dédain et repensèrent à ce que leurs parents leur disaient toujours à propos de la Hakka qui avait eu le malheur d'épouser un Punti en 1693.

Ce problème une fois réglé, Mun Ki dut en affronter un autre, autrement plus délicat. Quand le docteur Whipple demanda, par le truchement de son interprète, au jeune couple de le rejoindre, Mun Ki et Nyuk Tsin s'exécutèrent, mais durent pour cela franchir les rangs des Punti. Ces derniers étaient encore plus offusqués que les Hakka. Eux aussi savaient quels maux avaient frappé le Punti qui avait eu l'audace d'épouser une Hakka en 1693. Ils s'écartaient devant Mun Ki comme s'il était impur, mais le jeune homme murmurait aux hommes à qui il avait emprunté de l'argent la veille : « La nuit dernière... de très gros gains... beaucoup d'argent pour toi. » Cela adoucit leur courroux.

Quand il fut arrivé devant le docteur Whipple, l'Américain dit :

— Il nous faudra demander au capitaine s'il accepte un autre passager. S'il dit oui, tu devras payer pour ta femme.

Il pria un marin d'aller chercher le capitaine. Un instant plus tard apparut au milieu des Chinois un septuagénaire tout en muscles, une casquette de marin vissée sur le sommet du crâne. Il posa ses yeux vifs sur chacun des postulants au voyage, comme s'il éprouvait un ressentiment personnel à leur égard. Puis il marcha sur Whipple.

— Qu'est-ce que c'est, John ?

— Capitaine Hoxworth, un des hommes veut emmener sa femme.

— Il veut bien payer cinq dollars ?

— Il dit qu'il a de l'argent.

— Alors c'est simple. Qu'elle vienne.

Le docteur Whipple alla annoncer la nouvelle à Mun Ki, par l'intermédiaire de l'interprète, puis il demanda au capitaine Hoxworth :

— Où les mettrons-nous ?

— A la cale, tiens ! Avec les autres.

— Je pensais, comme c'est une femme, avec trois cents hommes...

— A fond de cale ! glapit Hoxworth. Je ne veux pas voir de sacrées têtes jaunes sur le pont, de tout le voyage !

— Rafer, ce jeune couple...

— J'ai dit qu'on les foutrait dans la cale ! Qui me dit que ce n'est pas un pirate ? Qui nous dit qu'il est vraiment marié ? Non, à la cale, tous tant qu'ils sont !

Le docteur Whipple, très gêné, expliqua à Mun Ki que s'il voulait emmener sa femme, elle devrait vivre à la cale avec deux cent quatre-vingt-dix-neuf hommes et son mari. Il fut confus de voir que le jeune homme ne manifestait aucune surprise et le capitaine Hoxworth en profita pour lui lancer :

— Vous voyez bien. Ils s'en moquent. Ça vit comme des bêtes, ces gens-là.

Le moment était venu pour les Chinois de monter à bord du *Carthaginian*. Les officiers portugais en uniformes rutilants prirent place le long de la passerelle et comptèrent les hommes sans se soucier de leur nom. L'interprète cantonais fit ses adieux et les trois cents Chinois — plus une seule Chinoise — se retrouvèrent entre eux. Dans ces deux groupes hostiles de Hakka et de Punti, nul ne pouvait converser avec les Américains. Seul Mun Ki savait se faire comprendre des deux communautés. Les sombres pensées des Chinois furent cependant balayées par le frisson que leur procurait l'embarquement sur ce vaisseau dont le mât arborait le pavillon bleu de la H & H. Quand le premier Chinois se retrouva tout en haut de la passerelle et découvrit le vaste océan qui s'ouvrait devant lui, il hésita avec une appréhension bien naturelle, encore accrue lorsque l'un des marins saisit son maigre baluchon et le jeta sur le pont. Le Punti voulut récupérer son précieux bien, mais il en fut empêché par le capitaine Hoxworth, qui l'attrapa par sa natte et le tira en arrière au point de le faire tomber.

— Descends dans la cale, sale Chinetoque ! hurla Hoxworth.

Comme le Punti le regardait sans comprendre, le capitaine le frappa à nouveau. Le Chinois recula vers l'écoutille, rata l'échelle et tomba la tête la première quatre ou cinq mètres plus bas.

Instantanément, la tension se fit plus vive chez les autres Chinois. Le capitaine Hoxworth s'en rendit compte, se saisit d'un cabillot d'amarrage et s'avança d'un air menaçant vers les hommes qui montaient sur la passerelle d'embarquement. Les insultant dans une langue qu'ils ne comprenaient pas, il attrapa par le bras le prochain Punti, le rudoya et le poussa vers l'échelle.

L'Américain hurla :

— Je ne veux pas d'histoire à bord de ce bateau !

Le cabillot d'amarrage brandi comme une massue, il regarda les futurs employés des plantations descendre dans la cale obscure.

Les Chinois jetaient un dernier regard sur leur terre natale et une tristesse immense les envahissait, car c'était une chose pitoyable qu'un Chinois dût quitter son pays ; certains sentaient bien qu'ils ne reverraient jamais ces paysages. La Chine les avait parfois traités durement, mais c'était tout de même l'Empire du Milieu, le domaine céleste suspendu entre la terre brute et le monde des dieux : les plaines à perte de vue, les rizières au printemps, les montagnes glorieuses et les fleuves impétueux. C'était une terre digne d'être aimée et, dans l'esprit de tous ceux qui la désertaient, s'inscrivait en cet instant le souvenir de leur village et de sa pagode.

Juste avant que ce fût le tour de Nyuk Tsin de descendre, un Punti revint avertir le capitaine Hoxworth que le premier homme à être descendu dans la cale s'était brisé la cheville. Le bon samaritain avait à peine atteint le pont que Hoxworth, fou de rage, le frappa de son cabillot, avant de le rejeter dans la cale où ses compagnons le rattrapèrent.

— Bande de rats jaunes, je ne veux pas voir l'un de vous sur le pont de mon bateau ! beugla le capitaine Hoxworth.

Nyuk Tsin était la dernière personne à emprunter l'échelle. Elle vit le docteur Whipple lui sourire, mais aussi le capitaine la menacer de son cabillot. Derrière eux, il y avait la Chine, mais quand elle repensa à la manière brutale dont ce pays avait tué ses parents ainsi qu'aux souffrances qu'elle-même avait endurées dans les mains de ses ravisseurs, elle fut heureuse de voir disparaître cette terre maudite. Elle n'était qu'une femme : son nom ne s'inscrivait nulle part et rien ne l'unissait à ces montagnes, si ce n'est le souvenir des charges démesurées que son oncle l'obligeait à porter. En voyant son pays natal pour la dernière fois, elle dit à voix basse :

— Adieu, terre maudite, je ne reviendrai jamais.

Elle vit alors au pied de l'échelle le jeune joueur, Mun Ki, la seule personne qui se fût montrée bonne avec elle depuis des années. Agilement, elle descendit les barreaux et constata qu'il tendait la main pour l'aider ; mais peut-être n'était-ce que pour l'empêcher de se casser la jambe, accident qui aurait considérablement diminué sa valeur quand on la vendrait à Honolulu.

L'échelle fut retirée et de lourdes planches jetées sur l'ouverture, formant une sorte de panneau d'écoutille grossier. Il ne restait plus une place dans la cale et les Chinois se mirent à protester.

— Allez chercher les mousquets ! cria le capitaine Hoxworth.

On apporta les armes et trois marins s'agenouillèrent au bord de la cale. « Feu ! » Les balles sifflèrent aux oreilles des Chinois et s'écrasèrent sur les cloisons. Les planches furent clouées. La lumière entrait chichement, l'air encore moins. Une voile fut déployée sur le pont : quand le bateau serait en mouvement, un souffle d'air descendrait dans la cale. Il n'y avait pas de vraie réserve d'eau, rien qu'un baquet pour les eaux sales, pas non plus de couvertures ou de paillasses. C'est dans cet endroit que Nyuk Tsin entama sa vie commune avec le jeune Mun Ki et les deux cent quatre-vingt-dix-neuf autres Chinois.

Un détail important fut rapidement réglé. Les Punti s'installèrent à l'avant de l'embarcation et les Hakka, à l'arrière. Les deux groupes ne voulaient, bien entendu, pas se mêler. Nyuk Tsin connut un instant d'hésitation : peut-être devait-elle rejoindre ceux de son peuple, mais on lui fit rapidement comprendre qu'on ne voulait pas d'une Hakka qui avait épousé un Punti. De même, les Punti ne firent rien pour l'accueillir en leur sein. Elle s'installa donc dans un recoin du territoire des Punti, où on la laissa seule avec son mari. Les Punti lui amenèrent toutefois l'homme qui s'était rompu la cheville et lui suggérèrent par signes de le soigner. Après avoir observé la jambe de l'homme, elle conclut que la fracture était assez propre ; elle lui confectionna une attelle à l'aide de baguettes et de morceaux de tissu. Elle emprunta un mauvais matelas et le fit s'allonger. S'il y avait eu de l'eau, elle serait allée jusqu'à lui nettoyer le visage.

Le navire s'ébranla doucement, puis ce fut bientôt le roulis doux et monotone de l'océan. Avant peu, la cale fut transformée en un enfer de nausée : les hommes vomissaient partout et se vautraient dedans sans y prendre garde. Nyuk Tsin était si malade qu'elle souhaitait voir le navire couler, et c'est dans cette puanteur que s'écoula la première nuit.

A l'aube, un marin qui ouvrait le panneau d'écoutille pour faire descendre des tonnelets d'eau, cria à ses compagnons :

— Vous voulez savoir comment ça sent en enfer ?

Les autres s'approchèrent et humèrent.

— Comment est-ce qu'ils supportent ça ? demandèrent-ils.

— C'est des Chinois, expliqua le premier, ça leur plaît.

Il remit le panneau d'écoutille en place, mais oublia de redéployer la voile destinée à donner de l'air frais. Il faisait de plus en plus chaud et il n'y avait pas assez d'eau pour faire oublier l'odeur épouvantable, de sorte que la plupart des trois cents Chinois furent encore plus malades qu'avant. Ils suaient, vomissaient, et se rendaient aux toilettes ; lorsque le baquet fut plein, ils firent à même le sol. L'atmosphère était irrespirable et l'homme à la cheville cassée suppliait qu'on le ramène chez lui.

L'après-midi, le marin leur donna un peu d'eau. « Pour l'amour du ciel, sentez-moi ça ! » cria-t-il à ses compagnons. Ces derniers reconnurent qu'il n'y avait vraiment rien à tirer d'une cargaison de Chinois. Quelqu'un pensa cependant à remettre la voile et la routine s'installa, la même qui allait marquer la vie du navire pendant quarante-six jours.

A huit heures du matin et quatre heures de l'après-midi, des bassines de riz étaient descendues dans la cale ainsi que des morceaux de bœuf salé. On ne leur servait jamais ni légumes ni poisson. L'eau n'arrivait jamais en abondance. Un peu d'air entrait dans la cale grâce au système mis en place sur le pont, mais cela ne suffisait pas pour renouveler l'atmosphère. Il régnait en permanence une odeur épouvantable, mélange d'urine, de sueur, de gaz et de vomi, à laquelle chacun parvenait cependant à s'habituer.

Mun Ki avait eu l'idée d'emporter avec lui des cartes à jouer ; quand le mal de mer le laissait un peu tranquille, il organisait un petit tripot où il tentait de récupérer l'argent qu'il avait donné à ses amis punti. Il était très habile aux cartes et prenait de petites sommes à ses adversaires. Il déclarait alors en caressant sa natte : « J'ai beaucoup de chance, je comprends bien les cartes. » Quand son adversaire n'avait plus d'argent, il proposait de lui en prêter pour que la partie se poursuive. Le compte des sommes dues était tenu avec beaucoup de précision. Fait révélateur, aucun Punti ne lui disait jamais : « Mun Ki, je te promets de te rembourser ce que je te dois une fois que nous serons arrivés au pays de l'Arbre Embaumé. » Au contraire, on lui disait : « Quand je gagnerai de l'argent, je l'enverrai à l'oncle Chun Fat au Village d'En-Bas. »

Un soir où la lumière faiblissante ne permettait plus de jouer, Mun Ki regarda la fille qu'il devait conduire à la maison close de Honolulu. « Jade Parfait ! se dit-il. Pas si parfait que ça, avec ces pieds... » Il la comparait au souvenir de sa jeune épouse du Village d'A-Côté, cette fille aux petits pieds charmants, et il se rappelait la gracieuse démarche des filles aux pieds brisés, très différente de celle des hommes parce qu'elle leur donnait l'air de fleurs qui se balancent au souffle du vent. Il repensait à la poésie subtile qui se dégageait des mouvements de sa jeune épousée, aux jours de plaisir passés avec cette fille délectable. Il s'empourpra de désir avant la tombée de la nuit, observa Nyuk Tsin et se dit : « On peut aussi s'amuser avec cette fille. » Il l'attira à lui et essaya de glisser les mains sous ses vêtements, mais les Punti étaient si nombreux autour d'eux qu'elle se refusa à lui.

— Ils nous regardent, lui murmura-t-elle.

Cela rendit furieux Mun Ki, qui se releva et annonça :

— Je suis un homme marié et il est scandaleux que je ne puisse dormir avec ma femme. Je vais me construire un petit coin bien à moi.

Avec son couteau, il arracha partiellement deux morceaux de bois à la cloison et y pendit ses affaires, se ménageant ainsi une sorte de petite cabine. Il y fit entrer Nyuk Tsin et lui dit qu'elle pouvait se dévêtir. Quand ils furent enlacés sur les planches nues, il lui dit :

— Sans tes horribles pieds, tu serais presque aussi bien que ma femme kung.

Chaque fois que le jeu perdait de l'intérêt et que le jour déclinait, Mun Ki annonçait : « Je vais reconstruire notre petit coin ! » Punti et Hakka respectaient son installation et Nyuk Tsin était chaque jour davantage respectée. Mun Ki accrocha son porte-bonheur à la cloison : « Puisse ce lit te donner cent fils ! »

Effectivement Nyuk Tsin allait bientôt lui donner un fils.

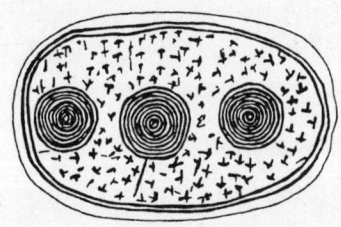

Au début de la deuxième semaine, il devint évident que la fracture du Punti n'allait pas se réduire. Des esquilles avaient entraîné des infections et une vilaine tache bleue était apparue sur la jambe de l'homme.

Un matin, à l'instant où le panneau d'écoutille fut déplacé pour permettre de remonter le baquet de déjections, un Punti se hissa hors du trou avec l'intention de demander de l'aide aux marins. Quand ils virent apparaître son visage jaune de mauvais augure et sa longue natte, les hommes furent pris de panique et crièrent :

— A la mutinerie ! A la mutinerie !

Le second s'empara d'un cabillot d'amarrage, le capitaine Hoxworth abandonna la passerelle de commandement pour le pont. Un des marins donna un solide coup de poing au Punti et le projeta sur le second, lequel lui abattit le cabillot sur le crâne. Ils poussèrent le Chinois inconscient vers le capitaine, lequel se mit à le frapper à coups de pied dans le ventre et la figure.

Lorsque le calme fut enfin revenu, le capitaine cria à ses marins :

— Vous là, balancez-moi ce pirate dans la cale !

Deux des hommes saisirent le Punti et le jetèrent la tête la première dans le trou.

— Nom de Dieu ! s'exclama Hoxworth. On n'aurait jamais dû appareiller sans quelqu'un qui parle leur foutue langue !

Il pesta un instant, puis ordonna :

— Mr Aspiwall, faites sortir les armes.

Quand elles eurent fait leur apparition, il obligea ses hommes à tirer dans les cloisons au-dessus des Chinois morts de peur.

— Pas de mutinerie sur mon bateau ! leur lança-t-il avant de regagner la passerelle de commandement.

Le docteur Whipple arriva sur ces entrefaites, la figure blême, les traits crispés.

— Cette brutalité était-elle nécessaire, capitaine ? demanda-t-il.

Le vieux loup de mer le regarda fixement.

— Ne vous mêlez pas de ça, John.

— Je ne puis être complice d'une telle sauvagerie.

— Vous avez peur du sang ? Ou peur de perdre les hommes que vous avez achetés ?

Le docteur Whipple préféra ignorer l'insulte et poursuivit comme s'il n'avait pas entendu :

— En tant que chrétien, je ne puis tolérer votre attitude envers des hommes que j'ai embauchés en toute bonne foi.

Le capitaine soupira :

— Docteur Whipple, savez-vous combien de navires ont été la proie des pirates mutins, l'année dernière ?

— Je n'en ai pas la moindre idée.

— Onze. Onze que nous connaissons. Nous ne savons pas ce que nous avons dans cette cale. Des mutins... Des pirates. Dieu sait quels assassins. Tout ce que je sais, c'est qu'aucun bateau de la H & H ne se laissera prendre par les Chinois.

— Mais frapper un homme sans connaissance...

— Mon cher ami, je vous respecte et je respecte vos principes. Mais dans mon métier, si un capitaine a peur ou fait preuve de faiblesse, il est foutu. Et je n'ai pas l'intention de perdre aucun de mes dix-neuf navires.

Le docteur Whipple réfléchit en silence, puis d'un air résolu, calmement, il lança :

— Capitaine, je respecte vos craintes, mais je dois me dissocier de vos actions que je considère comme brutales et indignes d'être défendues.

Après cette condamnation morale sans appel, le docteur s'éloigna, mais le capitaine Hoxworth le rattrapa par le bras.

— Quand on est missionnaire, on le reste toute sa vie ! beugla-t-il. Docteur, vous ne savez absolument rien de la conduite d'un navire et vous ne devriez pas fourrer votre nez là-dedans. Ce n'est pas un travail pour un missionnaire, c'est du travail d'homme, ça !

Il toisa Whipple avec mépris et regagna la passerelle.

John Whipple ne permit pas à sa colère de fausser son jugement. Au cours de ses années d'errance sur le Pacifique, il avait connu des hommes obstinés et des situations tendues ; il savait que, dans ce genre de confrontation, sa seule chance de l'emporter consistait à faire exactement ce que lui dictait sa conscience. Ce principe simple lui avait permis de s'en sortir dans des endroits aussi disparates que Valparaiso, Batavia, Singapour ou Honolulu. Il se rendit donc dans sa cabine, proche de celle où le capitaine avait logé les deux jeunes Chinoises pendant l'escale de Hong-Kong, et y prit sa trousse. Il en vérifia le contenu ainsi qu'il le faisait depuis plus de quarante ans et alla jusqu'au panneau qui fermait la cale.

— Ouvrez-moi, dit-il aux matelots armés.

— Le capitaine a dit...

— Ouvrez-moi. Il y a un homme grièvement blessé là-dedans.

Les matelots hésitaient. Le docteur Whipple s'empara alors d'un crochet et souleva le panneau. Il vit qu'il n'y avait pas d'échelle. Serrant sa trousse entre ses genoux, il s'agrippa au rebord et se laissa tomber au milieu des trois cents Chinois.

L'âcre puanteur le prit à la gorge et l'obscurité le surprit. Il cligna des yeux et finit par apercevoir deux formes allongées, au milieu de la cale, entre deux groupes bien séparés. Il comprit que les Punti et les Hakka refusaient de se mêler. Il se demanda également si ces malheureux n'allaient pas se jeter sur lui. Mais les Chinois l'avaient vu dans leurs villages et durent le considérer comme un vieil ami, car ils ne bronchèrent pas.

Il s'agenouilla à côté de l'homme à qui le coup de pied du capitaine avait brisé la mâchoire et ouvrit sa trousse, sous les yeux inquiets des Chinois. Il en sortit des boîtes et des fioles puis il entreprit de remettre les os en place. Les blessures étaient moins graves qu'il ne l'avait craint. Les yeux n'étaient pas atteints. Il leva la tête en souriant d'un air rassurant. Les Chinois le comprirent. A ce moment, Nyuk Tsin s'avança et lui montra la cheville de l'autre blessé. Le docteur Whipple examina les attelles de fortune et le pansement provisoire, en manifestant par gestes son approbation. Une fois de plus, les Chinois le comprirent et Nyuk Tsin y gagna en prestige.

Il était évident que, sans intervention efficace, le Chinois risquait de perdre la jambe, et le docteur Whipple cria à travers le panneau d'écoutille :

— Faites-moi descendre de l'eau chaude !

Quand le marin manœuvra le panneau, chacun put entendre la grosse voix du capitaine :

— Nom de Dieu, qui vous a permis de toucher à ça ?

Le marin répondit :

— Le docteur Whipple est descendu soigner les malades.

Il y eut un instant de silence particulièrement tendu, puis on entendit le pas lourd du capitaine sur le pont et le claquement d'une gifle. Un déluge d'eau passa par le panneau d'écoutille.

— En v'là de l'eau chaude, nom de Dieu ! Et je vais vous apprendre à ouvrir cette cale, moi !

Les Chinois se regardèrent mais, cette fois-ci, ce n'était pas l'un d'eux qui prenait une correction. Dans la pénombre sinistre, un visage qu'on discernait mal se colla au panneau d'écoutille.

— John Whipple, vous êtes là-dedans avec ces foutus pirates ? hurla le capitaine.

— Je leur donne des soins, répondit Whipple.

— Eh bien, puisque vous aimez tant vos Chinetoques, vous pouvez rester avec eux ! — Il ajouta à l'adresse du nouveau marin mis en faction auprès du panneau : — Et tapez-lui dessus s'il fait mine de passer la tête !

Au cours de l'heure suivante, John Whipple fit l'une des deux ou trois grandes découvertes qui devaient marquer sa longue carrière scientifique. Il apprit que des hommes de bonne volonté ne parlant pas la même langue pouvaient communiquer avec une précision remarquable. Celui qui voulait vraiment se faire comprendre y parvenait toujours. C'est ainsi que le docteur Whipple expliqua aux Hakka et aux Punti que la cheville blessée pouvait être sauvée si l'on économisait l'eau, que l'homme inconscient ne mourrait pas, que les baquets servant à faire ses besoins devaient être rincés chaque jour, du moins sur les bords, que l'on ne devait uriner que dans un endroit bien précis, etc.

Afin de punir les mutins d'avoir entrepris des actions qui, ainsi que le capitaine Hoxworth le nota dans son journal de bord, auraient très bien pu entraîner la perte du *Carthaginian*, aucune nourriture ne fut distribuée aux Chinois ce jour-là, et les tinettes ne furent pas vidées. Quand le crépuscule tomba et que les parties de cartes cessèrent, John Whipple se prépara à passer sa première nuit dans l'enfer de la cale. Il entreprit de s'allonger sur les planches nues quand Nyuk Tsin passa parmi les Hakka pour lui trouver des vêtements. La vermine grouillait déjà dans les haillons, mais Whipple les accepta volontiers. Il remercia les généreux donateurs, même si l'odeur lui donnait la nausée.

Ce n'est pas avant quatre heures de l'après-midi, le lendemain, que le panneau fut ouvert et qu'ils reçurent de l'eau. Whipple s'étonna de la discipline dont faisaient preuve les Chinois à cette occasion. Kee Mun Ki se posait en chef des Punti et un grand type bourru en porte-parole des Hakka. L'eau fut équitablement répartie, après quoi le docteur Whipple cria :

— Pouvez-vous nous envoyer quatre seaux de plus, je vous prie ?

Il y eut des murmures, puis un raclement de bottes. Le capitaine Hoxworth plaqua la bouche au panneau d'écoutille.

— Qu'est-ce que vous voulez ?

— Nous demandons encore quatre seaux d'eau, lui répondit Whipple.

— Ce que vous demandez et ce que vous aurez, c'est pas pareil ! gronda Hoxworth. J'ai une mutinerie sur les bras.

— Demanderez-vous à vos hommes de vider les baquets ? s'enquit Whipple.

— Non ! hurla le capitaine, qui s'éloigna.

Cette seconde et terrible nuit fut marquée par la faim et la soif, mais le docteur Whipple expliqua aux Chinois que le capitaine Hoxworth présentait un certain déséquilibre mental et que chacun, y compris lui-même, devait prendre garde de ne pas l'exaspérer. La puanteur avait empiré, car l'air frais n'arrivait pas. Le lendemain matin, toutefois, on leur fit parvenir quatre seaux d'eau et de quoi manger. Quand Whipple reçut sa part, son estomac se révolta, et il pensa : « Mon Dieu, c'est donc ça qu'on leur donne ? C'est là leur nourriture ? » La journée passa lentement et le docteur Whipple, incapable de ne penser qu'à la cheville brisée et à la mâchoire fracturée, se disait : « Ce n'est jamais facile quand on se rend dans une contrée lointaine. Cela se passait mieux sur la *Thetis*, mais était-ce tellement mieux ? Au moins, dans le Pacifique, on n'a pas constamment le mal de mer. Sur l'Atlantique, ce n'est pas pareil... »

Quant à eux, les Chinois pensaient : « Je parierais qu'un riche Américain comme celui-ci n'a jamais vécu ça auparavant. » Bien que Whipple et ses amis chinois pussent parler de nombreuses choses, il leur était impossible d'échanger leurs idées en matière d'émigration. Même quand on possède le vocabulaire, la fraternité — le fait d'avoir connu les mêmes souffrances — ne peut se partager. Abner Hale avait refusé de croire que les Polynésiens avaient connu de terribles privations pour atteindre Hawaii, les Chinois du *Carthaginian* ne pourraient jamais croire que le riche homme blanc avait, lui aussi, vécu d'étonnantes tribulations.

La journée traînait en longueur. L'odeur diminua quand le docteur Whipple montra aux hommes comment ils devaient nettoyer les baquets. L'homme à la mâchoire cassée gémissait moins, les vilaines taches sur la peau de l'autre blessé commençaient à s'atténuer. Il y eut chez les Punti une dispute dont Whipple ne comprit pas les causes. Mun Ki fit alors une déclaration avant de se retirer dans son coin avec la jeune Hakka.

Cette étrange journée céda la place à une nuit tout aussi étrange. Avant qu'il ne fît complètement noir, le panneau fut soulevé et le capitaine Hoxworth se mit à crier :

— Alors, Whipple, vous êtes décidé à remonter ?

— J'ai fait venir ces hommes à bord de votre bateau, lui répondit le docteur sans se démonter, et je resterai avec eux tant que leurs maux ne seront pas guéris.

— Comme vous voudrez. Tenez, voilà du pain.

Une miche de pain fut jetée dans la cale. Les Chinois à qui Whipple en offrit ne l'aimèrent pas, mais Whipple remarqua que les Hakka étaient les plus nombreux à goûter de ce qu'ils ne connaissaient pas.

Enfin, dans la matinée du troisième jour, le panneau d'écoutille fut retiré et les matelots firent descendre une échelle. John Whipple l'escalada. Les Chinois lui firent comprendre qu'ils regrettaient de voir partir un ami et Whipple leur promit d'intercéder pour eux, et de leur faire octroyer davantage d'eau potable et une nourriture plus convenable.

Le docteur vit que le capitaine l'évitait, mais au déjeuner ils durent se retrouver à table et John déclara fermement :

— Rafer, il faut donner de l'eau à ces gens.

— On leur en donnera, grogna Hoxworth.

— Et une meilleure nourriture.

— Bon Dieu, John, vous serez donc toujours missionnaire ? Ces gens-là n'ont jamais mieux mangé ! Ils sont habitués.

— Missionnaire, dites-vous ? Parfaitement. Je n'en rougis pas. Il y a bien des années que je ne le suis plus, mais lorsqu'on a été missionnaire, il en reste toujours quelque chose. Et savez-vous en quoi les missionnaires sont véritablement dangereux, Rafer ?

— Je crois que je connais tout des missionnaires, grommela Hoxworth.

— Non. Vous oubliez une chose, sinon vous ne m'auriez jamais traité comme vous venez de le faire pendant trois jours. Vous ne savez pas pour quelle raison il faut craindre les missionnaires.

— Pour quelle raison ?

— Ils écrivent.

— Quoi ?

— Ils écrivent. Ils ont la manie d'écrire à tout propos des livres, des mémoires, des lettres aux journaux. Rafer, je n'ai jamais écrit ce que je pensais de votre façon d'agir à l'encontre d'Abner Hale, le père de votre associé, parce que vous aviez peut-être des raisons personnelles et sentimentales qui vous excusaient un peu. Mais si vous ne traitez pas mieux ces Chinois, si vous ne les nourrissez pas convenablement, sitôt arrivé à Honolulu je m'en vais écrire une série de lettres explosives qui souilleront à jamais ce pavillon bleu que vous aimez tant. Chaque fois qu'un bateau de la H & H relâchera dans un port, il y aura quelqu'un qui aura lu une de ces lettres, ou qui en aura entendu parler. Rafer, les missionnaires possèdent une arme terrible. Leur plume. Ils sont la conscience du Pacifique !

Il y eut un silence menaçant, que le capitaine Hoxworth rompit en abattant son poing sur la table et en s'exclamant :

— Nom de Dieu, mais c'est du chantage !

— Absolument. Le chantage est la dernière arme de l'homme instruit contre les barbares. Vous êtes un barbare, Rafer.

— Qu'est-ce que vous voulez que je fasse ? gronda le capitaine.

— Deux fois plus de riz. De la viande. De l'eau trois fois par jour. Les tinettes vidées trois fois par jour aussi. Et la permission de descendre à mon gré dans la cale pour soigner les malades et les blessés.

Le silence du capitaine était un consentement maussade. Au bout d'un moment, sa figure s'éclaira d'un sourire lubrique.

— Dites-moi, mon vieux, comment ils s'arrangent avec la fille ? Ils y passent chacun leur tour ?

— Elle est la femme d'un seul homme. Ils vivent dans un coin de la cale.

— Mais, est-ce qu'ils... est-ce que...

— Oui. Derrière une couverture accrochée au plafond et à la paroi.

— Ça, par exemple ! Ça, alors... Je ne vois pas trois cents marins américains laisser un de leurs copains s'en tirer comme ça.

— Les Chinois sont peut-être plus civilisés, répliqua froidement John Whipple.

Ce n'est pas sans fierté qu'il vit la ration supplémentaire d'eau descendre dans la cale. Il assista également à l'arrivée de nourriture de meilleure qualité. L'odeur épouvantable était bien moindre, car il prenait lui-même la peine de fixer convenablement la voile destinée à amener de l'air frais. La cheville et la mâchoire guérissaient lentement. A l'exemple de Whipple, quelques Punti fraternisèrent avec des Hakka. Un jour, vers la fin de la traversée, Mun Ki désira véritablement Nyuk Tsin, pour elle-même et non pas parce qu'il avait rêvé de la jeune Kung. Il trouvait dans Nyuk Tsin une femme à la fois plaisante et travailleuse.

Par une journée particulièrement étouffante, les Chinois enfermés dans la cale entendirent un bruit de chaînes effroyable. Ils furent rudement secoués et jetés les uns sur les autres, et puis le bateau s'immobilisa. Ils se mirent à crier car, ne connaissant rien de la mer ni des navires, ils se voyaient déjà naufragés. Des pas précipités retentirent sur le pont et le panneau d'écoutille fut ôté. Le *Carthaginian* était arrivé à Honolulu.

Ahuris, les yeux blessés par le grand soleil, les trois cents Chinois montèrent sur le pont et virent pour la première fois la plage éblouissante de Honolulu, les palmiers, la masse imposante de Diamond Head et dans le lointain les collines verdoyantes et la ligne violette des montagnes voilées de brume. Un arc-en-ciel enjambait la vallée et les Chinois apprécièrent cet excellent présage. Un par un, ils mirent le pied sur la terre du pays de l'Arbre Embaumé.

Ils n'étaient pas les seuls à apprécier l'arrivée du *Carthaginian*. Le journal de Honolulu avait publié un article où l'on pouvait lire :

« Les autorités nous ont fait savoir que le Carthaginian, *goélette de la compagnie H & H, va bientôt débarquer à Honolulu un nouveau contingent de plus de trois cents Célestes destinés aux champs de canne à sucre. On nous a assuré que le docteur John Whipple s'est rendu personnellement en Chine pour n'engager que des hommes jeunes et robustes — principalement des Hakka, cette fois-ci. Ces solides travailleurs seront sous contrat de cinq ans au tarif de cinq dollars par jour, nourriture et logement compris, plus trois jours de vacances par an. On s'autorise à penser qu'ils regagneront leur pays natal de Chine au bout de dix ou quinze années passées dans nos champs ; ils n'auront, en effet, pas amené leurs femmes avec eux, et il est difficile de supposer qu'ils en trouveront ici.*

« Les planteurs qui ont déjà engagé des Chinois en sont assez satisfaits et voici ce qu'ils en disent. Pour tout type de travail, ils sont infiniment supérieurs aux Hawaiiens, trop indolents. Ils mangent moins, obéissent mieux, ne sont pas sujets à la maladie et maîtrisent mieux les nouvelles fonctions ; ils font d'excellents charpentiers une fois bien formés et ont de remarquables affinités avec la vie agricole. L'employeur doit être sévère, mais ne pas les battre trop souvent, et surtout, ne pas faire preuve de faiblesse devant eux, car, comme tous les Orientaux, les Chinois respectent et aiment ceux qui exercent une ferme autorité, alors qu'ils méprisent ceux qui n'en sont pas capables.

« Nous avons la chance de faire venir dans nos champs des travailleurs de qualité et nous sommes certains que, lorsque ces Chinois industrieux auront fini leurs contrats et économisé leurs gains, ils partiront en Chine en laissant le meilleur souvenir dans ces îles tout en rapportant dans leur pays des richesses dont ils n'auraient jamais osé rêver. L'industrie sucrière souhaite la bienvenue à ces Célestes, et nous sommes persuadés que les jours présents marquent le début de la véritable prospérité de nos îles. »

C'est dans un contexte aussi amical que les Chinois débarquèrent au pays de l'Arbre Embaumé, mais leur état d'esprit était extrêmement partagé. Les Punti se disaient : « Ici, nous vivrons bien pendant cinq ans, et je reverrai le Village d'En-Bas. » Kee Mun Ki pensait cela plus que tout autre Punti. Les Hakka pensaient pour leur part : « C'est un pays où il fait bon s'installer, et nous n'en partirons jamais. » Aucun Hakka ne pensait cela avec plus de force que Char Nyuk Tsin.

A l'intérieur du bâtiment des douanes surchauffé, un fonctionnaire de l'immigration cria : « Attention, tous les Pake par ici ! » Personne ne réagit, et il cria à nouveau, en détachant bien les syllabes : « Les Pake par i-ci ! » Pas de réaction. Il hurla donc : « Les Chinetoques, alignez-vous ! »

Lorsque les premiers Chinois avaient débarqué à Hawaii, les habitants des îles leur avaient demandé : « Comment doit-on vous appeler ? » L'un des émigrants avait répondu : « Il serait correct de me dire " Pak Yeh " », ce qui signifie Honorable Oncle. Depuis ce jour, les Chinois étaient appelés Pake.

Dans la file d'attente, Mun Ki tremblait, car il savait qu'il lui faudrait bientôt prendre une décision au sujet de la petite Hakka qu'il avait amenée. Pendant le voyage, il l'avait appréciée, et n'était pas loin de l'aimer. Mais il fut distrait de ses préoccupations quand l'employé, un gros Hawaiien luisant de sueur, cria à l'homme qui le précédait :

— Ton nom ?

Effrayé, le Punti se tut.

— Je te demande ton nom ! glapit l'employé.

L'homme se taisait toujours, et un vieux Chinois établi à Hawaii arriva à la rescousse.

— Dis-lui comment tu t'appelles, signifia-t-il en punti.

— Leong Ah Kam.

— Comment ça s'écrit ? demanda le Hawaiien.

— En anglais, intervint l'interprète, le nom de Leong est plutôt difficile à écrire. On pourrait le changer en Lung, Long, Ling, Liong ou Lyong.

Le gros employé réfléchit un instant en grommelant, non pas à cause du malheureux Chinois debout devant lui, mais du problème qui se posait constamment à lui de trouver de nouveaux noms aux émigrants. Soudain, son visage s'éclaira. Il posa un gros doigt boudiné sur la poitrine du travailleur Leong Ah Kam et, s'attardant sur ses deux derniers noms, il annonça fièrement :

— Désormais, ton vrai nom sera Akama. Ne l'oublie pas.

Soigneusement, il écrivit sur une fiche : « Le nom officiel de cet homme est L. Akama. »

C'est ainsi que les Chinois acquirent leurs noms hawaiiens. Ah Kong devint Akona, Ah Ki devint Akina, et parfois le simple Ah Pake, « l'Honorable Chinois », se changeait en Apaka. Comme dans le passé, Hawaii continuait de modifier tout ce qui venait à lui. Le paysan Leong Ah Kam prit donc le nom de L. Akama.

C'était à présent au tour de Mun Ki et quand l'interprète lui demanda son nom, il répondit nettement :

— Kee Mun Ki et j'aimerais bien m'appeler Kee.

— Qu'est-ce qu'il dit ? demanda l'employé.

— Il dit qu'il aimerait s'appeler Kee.

— Comment ça s'écrit ?

Le Hawaiien réfléchit et s'estima satisfait.

— Bien. Le nom officiel de cet homme sera donc Kee Mun Ki.

Le jeune homme se rengorgea, fier de sa victoire. Mais il n'eut guère le temps de la savourer, car un homme posté de l'autre côté de la barrière lui faisait des signes. Il comprit que c'était celui qu'il aurait voulu éviter, le collègue du tenancier de Macao. Le cœur serré, Mun Ki s'approcha de lui.

— C'est toi qui as amené la fille ?

— Oui.

— Enfin ! J'ai bien besoin d'une nouvelle fille ! Mais on dirait que c'est une Hakka ?

— Oui.

— Pas de chance. J'espère qu'il m'a fait un rabais. Combien demande-t-il ?

— Rien.

— Comment, rien ?

— Je la garde pour moi, répliqua Mun Ki en prenant enfin sa décision.

— Quoi ! Voleur ! Escroc !

L'homme posté de l'autre côté de la barrière poussait de tels cris que des fonctionnaires vinrent voir ce qui se passait.

— Cette fille est à moi ! cria le Punti, fou furieux.

Un des interprètes punti appela un employé hakka et, ensemble, ils s'adressèrent à Char Nyuk Tsin :

— Cet homme qui attend dit que tu lui as été vendue, expliqua l'interprète hakka.

— Qui donc ? fit Nyuk Tsin, étonnée.

— Ce petit homme nerveux, là, répliqua l'employé.

Aux questions qu'on lui posait et à la façon dont le petit homme excité la regardait, Nyuk Tsin comprit qu'on ne l'avait amenée à Hawaii que pour la jeter dans un établissement semblable à la Maison des Nuits de Printemps. Elle se rappela les cordes qui lui déchiraient les poignets et aussi, bien que pas mal de semaines se fussent écoulées depuis ce temps-là, les nuits horribles en compagnie de ses ravisseurs. Elle ne céda pas à la panique. Elle passa devant l'interprète hakka et se planta crânement devant Mun Ki.

Il vit ses pieds trop grands, son corps robuste, ses mains habiles, son visage agréable même s'il n'était pas joli. Il la regarda droit dans les yeux et pensa : « Cette fille vaut le coup, elle sait travailler. »

D'une voix claire, avec des mots que Nyuk Tsin ne put comprendre, Mun Ki déclara :

— Cette fille n'est pas à vendre. C'est ma femme.

C'était bien la première fois qu'Américains ou Hawaiiens se mêlaient à ce point d'un litige entre Chinois ; les divers interprètes étaient bien décidés à laisser les communautés chinoises régler elles-mêmes le conflit.

— Cet homme qui attend devant dit qu'il a versé cinquante dollars pour avoir cette fille, expliqua l'interprète punti.

— C'est vrai, intervint Mun Ki, et je vais lui rembourser son argent.

Il dénoua sa ceinture, en sortit une bourse que son épouse kung avait brodée pour lui, et en tira cinquante dollars mexicains. Pour Mun Ki, abandonner ces dollars revenait à se départir de son âme immortelle, car il avait bien l'intention de les faire fructifier, mais il les tendit tout de même de l'autre côté de la barrière.

— Il vaut mieux régler les choses entre nous, murmura l'employé punti.

Mais le tenancier se mit à pousser les hauts cris et à dire qu'on le privait d'un atout majeur. Mun Ki sauta alors par-dessus la barrière et se jeta sur l'homme qu'il prit à la gorge.

— Je vais te casser la tête ! lui cria-t-il. Je te devais de l'argent et, comme je suis honnête, je t'ai remboursé !

— Que se passe-t-il ici ? demanda le docteur Whipple à l'un des employés chinois.

— Il n'y a rien, répondit celui-ci.

— Pourquoi vous disputez-vous ?

— Personne ne se dispute.

— Bon... Vous, là, quel nom vous a-t-on donné ?

— Mun Ki.

— Faites voir le papier... Oui, Mun Ki. C'est parfait. On dirait un nom hawaiien. Interprète, dites à cet homme que j'aimerais qu'il travaille pour moi, avec sa femme. Demandez-lui s'il sait faire la cuisine.

L'interprète traduisit et Mun Ki répliqua fièrement :

— J'étais le meilleur cuisinier du meilleur bordel de Macao !

L'interprète puni se dit qu'un missionnaire ne comprendrait certainement pas cette référence et dit simplement :

— Il sait faire la cuisine.

— Expliquez-lui que s'il travaille aux plantations, il gagnera trois dollars par mois, tandis que s'il est cuisinier chez moi il n'aura que deux dollars. Sa femme aura un demi-dollar par mois. Mais ils auront des avantages nombreux.

— Lesquels ? voulut savoir Mun Ki.

— Vous apprendrez à parler anglais. Vous connaîtrez du monde. Et vous vivrez en ville ce qui fait que plus tard, si vous voulez ouvrir une boutique...

— Je serai votre cuisinier, déclara Mun Ki.

Ce n'étaient pas les explications du docteur qui avaient séduit le jeune homme, mais il s'était dit qu'en ville, il serait près des maisons de jeu.

C'est ainsi que Kee Mun Ki et son épouse hakka, Nyuk Tsin, devinrent les domestiques du docteur John Whipple. Mais, comme les Chinois se baissaient pour récupérer leurs bagages, Mun Ki se saisissant du léger matelas et Nyuk Tsin du coffre et du panier, elle vit nouée à ce dernier la corde avec laquelle elle avait été ligotée dans la Maison des Nuits de Printemps. Cela lui rappela que c'était l'homme vif et intelligent qui marchait devant elle qui l'avait sauvée de cet enfer, que c'était lui aussi qui, avec ses pièces d'or bénies, avait acheté sa liberté. Trottinant derrière lui, écrasée sous le poids de ce qu'elle portait, elle pensait : « Puisse le Ciel accorder cent fils à ce juste ! »

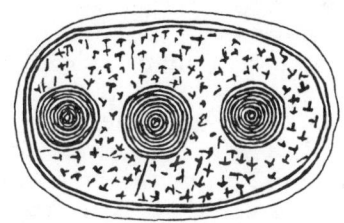

A y regarder de plus près, Honolulu se révélait en 1865 bien moins enchanteresse que son environnement géographique. Hawaii ne disposait ni de bois de construction ni de tailleurs de pierre assez habiles pour mettre à profit ses carrières, de sorte que les maisons de la ville étaient sommairement construites. Les bâtisses étaient basses, informes, édifiées à la hâte. Dans le quartier du centre, elles s'entassaient les unes sur les autres et n'étaient, la plupart du temps, même pas peintes. Les rues n'étaient pas pavées, seules les artères principales étaient bordées de trottoirs grossiers en blocs de granit importés de Chine. Il y avait cependant une police efficace et des pompiers fort actifs, mais ces derniers, à en juger par le nombre des cicatrices noirâtres qui barraient les immeubles de la ville ne connaissaient que des succès modestes.

Les maisons de commerce occupaient des constructions biscornues, bien souvent faites de briques qui lestaient les navires en provenance d'Angleterre et les boutiques étaient disséminées un peu partout. Au coin de Fort et de Merchant Street, dans un immeuble de brique flambant neuf qui se distinguait par ses volets en fer forgé de couleur verte, la société Janders & Whipple avait ouvert le plus grand bazar de la ville, mais c'était en face que se dressait le bâtiment le plus impressionnant : le siège de la compagnie Hoxworth & Hale. Rien de tout cela n'échappa à l'œil acéré de Mun Ki qui fut très déçu par le contraste entre l'apparence minable de Honolulu et la grandeur de Canton.

Pendant ce temps, les autres Punti du *Carthaginian* découvraient que la luxuriance tropicale de l'île était réservée aux montagnes inaccessibles, alors que les terres qu'ils devaient travailler étaient plus sinistres et plus nues que celles de Chine qu'ils avaient fuies. Déprimés, ils pensaient : « L'oncle Chun Fat nous a menti. Même un Chinois ne peut faire fortune sur un îlot désertique. » Quatre-vingt-dix pour cent des champs autour d'Honolulu étaient arides, car la pluie n'y tombait jamais. Les vastes domaines situés à l'ouest — possession par héritage de la famille Hoxworth — manquaient cruellement d'eau et n'avaient pratiquement aucune valeur. Il existait cependant sur l'île quelques petites vallées où de maigres ruisseaux permettaient d'irriguer les champs, et c'était là que l'on fit travailler les Chinois. Certains firent pousser du riz pour le marché californien en pleine expansion, d'autres cultivèrent des champs de canne à sucre. Quelques veinards apprirent à monter à cheval et jouèrent les cow-boys dans les prairies desséchées ; la plupart firent pousser des légumes. Mais, au moment de s'atteler à leurs nouvelles tâches, tous se rappelèrent les rues encombrées et industrieuses de Honolulu et pensèrent : « Il faut que je m'installe là-bas, c'est là qu'est la vraie vie. »

L'arrivée des Chinois à Hawaii fut quelque peu ternie par l'effrayant récit par le capitaine Rafer Hoxworth de la façon dont il avait maté la mutinerie. Les journaux reprenaient les déclarations de marins qui expliquaient que Honolulu allait vivre une période très dangereuse ; il était même question de révoltes de Chinois en armes et, pourquoi pas, du massacre des Blancs par les Célestes. Le capitaine accorda plusieurs interviews à la presse et raconta qu'il n'avait sauvé son bateau qu'en réagissant avec promptitude. Après quoi, on ne vit plus en lui que le capitaine intrépide qui avait étouffé la mutinerie des Chinois.

Les amis du docteur Whipple, tout naturellement, s'inquiétèrent lorsqu'il engagea chez lui les Kee. On l'abordait parfois dans la rue.

— John, vous croyez que c'est prudent d'abriter chez vous des criminels ? lui demandait-on.

— Je ne vois pas ce qu'ils ont de criminel, répondait Whipple.

— Comment ? Après cette mutinerie ?

— De quelle mutinerie parlez-vous ? répliquait-il sèchement.

— Celle que Rafer Hoxworth a réprimée à bord du *Carthaginian*.

Le docteur Whipple ne réfuta jamais ouvertement la thèse de la mutinerie. « Les gens ne voient pas tous les choses du même œil », pensait-il. Il était malgré tout très heureux d'avoir les Kee à son service.

Le jour de leur arrivée, le docteur Whipple entassa leurs affaires dans son fardier et entraîna ses deux domestiques dans Nuuanu Street en direction de sa maison. Il ne connaissait pas le chinois, mais il expliqua tout de même la structure de la ville au jeune couple.

— La première rue que nous traversons s'appelle Queen, Queen, Queen.

Il s'arrêta pour ébaucher un plan dans la poussière et leur fit répéter le nom de la rue transversale.

— Merchant, King, Hotel, dit-il ensuite.

Ils quittèrent Nuuanu et firent un détour par Merchant et Fort. Il voulait montrer aux Chinois le magasin de J & W.

— C'est là que je travaille, dit-il, et ses domestiques furent impressionnés, surtout quand il tendit à Nyuk Tsin plusieurs coupons d'étoffe noire.

Ils parvinrent enfin dans la grande artère qui coupe la ville d'est en ouest, baptisée Beretania en l'honneur de la Grande-Bretagne. Quand il eut enseigné aux Chinois à bien prononcer ce mot important, ils leur montra qu'ils se trouvaient au coin de Nuuanu et de Beretania. Il désigna alors une grande propriété et en ouvrit le portail avant de dire :

— Voici votre maison.

Ils souriaient, ces trois personnages qui parlaient trois langues différentes, et les Chinois contemplaient avec admiration la demeure des Whipple. Construite sur des blocs de corail au milieu d'un hectare et demi de terres, elle consistait en une grande bâtisse de bois toute de plain-pied ceinte d'une large véranda. Les pièces intérieures étaient sombres et fraîches. Les fondations de corail de la maison étaient masquées par des plants touffus de croton, arbuste récemment importé à Hawaii par un capitaine de la H & H ; ses grandes feuilles aux couleurs variées brillaient au soleil ou sous la pluie.

Le docteur Whipple appela et son épouse apparut à la porte. C'était une petite femme aux cheveux blancs, qui portait un tablier. Elle traversa la pelouse en tendant les mains vers les Chinois.

— Voici ma femme, dit le docteur Whipple, et voici le cuisinier Mun Ki et la femme de chambre, Mrs Kee.

Chacun s'inclina et Mrs Whipple leur montra leur nouveau foyer, expliquant comment la salle à manger communiquait avec une cuisine extérieure et leur ouvrant la porte de la petite baraque de bois qui leur était destinée. Ils découvrirent une pièce très propre, où elle avait fait le ménage le matin même ; et une autre pièce attenante. Ils parlaient tous en même temps quand le fardier arriva avec leurs bagages et des provisions, des ustensiles et de la literie.

— Ça, c'est pour vous, dit chaleureusement Mrs Whipple en prenant Nyuk Tsin par la main et en lui désignant les paquets.

Au cours de l'après-midi, l'une des femmes de la famille Hewlett lui avait demandé : « Amanda, comment réussirez-vous à faire faire la cuisine à vos Chinois s'ils ne comprennent pas un mot de ce que vous dites ? » Amanda avait tout simplement répondu qu'ils apprendraient, car elle partageait avec son mari la conviction que tout être humain a un cerveau.

C'est ainsi que les Kee allèrent à l'école pendant les quatre premières semaines de leur engagement. La petite Amanda Whipple se levait à cinq heures du matin pour apprendre à Mun Ki à faire la cuisine à l'américaine. Son intelligence et son entêtement l'étonnaient.

Mun Ki avait pour sa part du mal à comprendre pourquoi les

Américains mangeaient tant, et il oubliait souvent des plats auxquels les robustes estomacs des Blancs s'étaient habitués. Les repas des Chinois étaient marqués par la frugalité : chou à la vapeur sans graisse, un peu de poisson cuit accompagné de sauce de soja, un bol de riz et du thé sans sucre.

Quand elle avait fini de surveiller la préparation des repas, l'alerte sexagénaire qu'était Amanda Whipple reportait son attention sur la courageuse Chinoise et lui apprenait à entretenir une grande maison. Les poussières étaient à chaque fois un problème : en Chine, la mère de Nyuk Tsin attendait toujours un présage favorable avant d'épousseter, alors que l'énergique Mrs Whipple voulait que ce fût fait tous les jours. Le sol, les lampes en porcelaine, les broderies, le fauteuil importé de Canton et les meubles en bambou, tout devait y passer. Nyuk Tsin redoutait plus particulièrement le grand filet de pêche pendu dans le petit salon. En fait, il n'y avait pratiquement pas un objet de la maison Whipple qui ne fît office de nid à poussière.

En revanche, la baraque des Kee n'abritait qu'une table sur laquelle étaient posés le livre expliquant la généalogie de la famille, un briquet à pierre, une bougie et une bouteille de vin. Il y avait aussi un lit de corde au-dessus duquel était accroché le fameux « Puisse ce lit te donner cent fils ! ».

Selon l'accord passé entre Whipple et ses Chinois, Mun Ki recevait deux dollars par mois et sa femme, cinquante cents. Mais quand madame Whipple constata la qualité du travail de Nyuk Tsin, laquelle œuvrait de cinq heures du matin à neuf heures du soir, sept jours sur sept, elle décida de donner un dollar par mois à la jeune femme. Le salaire annuel du couple se montait donc à trente-six dollars ; il leur revenait toutefois de se vêtir, de subvenir aux frais occasionnés par la naissance et l'éducation de leurs enfants, de payer leurs divertissements et d'envoyer de l'argent à l'épouse officielle restée en Chine. Ils firent tout cela, mais leurs problèmes étaient quelque peu aplanis par l'incroyable générosité des Whipple. Des cadeaux inattendus ne cessaient de renforcer le trésor familial ; un arpent de bonne terre fut même donné à Nyuk Tsin pour qu'elle le cultivât elle-même, ce qui permit au couple de gagner bien sa vie. Nyuk Tsin était bonne cultivatrice, et l'on ne tarda pas à la voir dans les rues de Honolulu, qui portait sur les épaules deux paniers de légumes frais au bout d'une perche en bambou. C'est principalement aux Chinois qu'elle vendait ses légumes et elle récolta auprès d'eux toute une collection de pièces de dix cents américaines, de shillings australiens et de réaux espagnols, car Hawaii avait sagement décidé que toutes les monnaies du monde pouvaient circuler librement dans le royaume.

Les revenus des Kee étaient régulièrement augmentés par les entreprises audacieuses du mari. Chaque jour, dès la fin du petit déjeuner, il dévalait Nuuanu Street en direction de Chinatown, le quartier chinois, où des cabanes informes s'entassaient dans la plus totale confusion et où les Blancs ne s'aventuraient que rarement. Sa destination était un bouge particulièrement mal famé. Là, un vieux Chinois à la barbe effilée notait au pinceau, sur les pages d'un registre, le montant des sommes jouées. Derrière lui, sur le mur, une illustration aux couleurs vives représentait le corps humain. Vingt-huit parties étaient ainsi dénommées : nez, cheville, genou, coude... Ce jeu, qui enflammait l'imagination de Mun Ki, consistait à deviner lequel de ces mots apparaîtrait dans une capsule scellée, placée sous un verre posé sur une table devant le banquier. La plupart des Chinois de Hawaii s'adonnaient à ce jeu ; ils jouaient à trente contre un, ce qui donnait l'avantage au joueur sauf lorsqu'il y avait trop de gagnants : les sommes gagnées étaient diminuées en proportion, et la banque ne perdait jamais. Chaque matin, à leur réveil, les membres d'une famille se demandaient par exemple : « As-tu rêvé de coude cette nuit ? » On prêtait une grande attention aux douleurs soudaines ou à tout accident impliquant une partie du corps. Mais, dans la plupart des cas, c'étaient les rêves qui portaient chance. Ceux que faisaient Mun Ki étaient vraiment extraordinaires.

— Tu connais encore le bon mot ?

Le banquier avait l'air sévère.

— Aujourd'hui, il y a un rapport avec le menton, affirma Mun Ki. Je me suis réveillé cette nuit et mon menton me démangeait furieusement. Et puis, je peux lire à travers le verre et je vois le mot écrit sur le morceau de papier.

— Combien mises-tu ?

— Deux pièces de dix cents.

Le visage du banquier trahit son déplaisir quand il nota la somme dans le registre.

— Tu es un homme intelligent, Mun Ki, grommela-t-il. Tu ne veux pas être mon associé ?

— Je suis cuisinier, répondit Mun Ki. L'argent que tu me donnes, je préfère le gagner au jeu que par mon travail.

— J'ai pensé à quelque chose, lui proposa le vieillard. Tu prendrais les paris en ville et tu me les apporterais à dix heures chaque matin.

— Dans ce cas, je ne pourrais pas jouer, n'est-ce pas ? demanda Mun Ki.

— Non, mais tu ferais partie du jeu.

Dans l'une des tours qui se dressaient sur le front de mer, une cloche sonna les onze heures. Des gens arrivèrent de toutes les rues de Chinatown. L'ambiance était surchauffée. Avec majesté, le vieillard souleva le verre pour découvrir la capsule. Pour qu'il n'y ait pas la moindre chance de substitution, on choisissait quelqu'un au hasard. Sous le regard attentif de chacun, il ouvrait la capsule et criait le mot.

— Menton ! annonça-t-il ce matin-là.

Mun Ki sautait de joie.

— J'ai parié deux pièces de dix cents parce que mon menton me grattait quand je me suis réveillé !

Il fit minutieusement le récit de son réveil et de ce qu'il avait éprouvé en cet instant. Avec ses vingt cents et son rêve, il avait gagné l'équivalent de deux mois de salaire.

Il s'apprêtait à quitter le tripot quand le vieillard le prit par le bras.

— Tu devrais te joindre à moi. Aujourd'hui, tu as gagné beaucoup d'argent, mais moi, c'est tous les jours que j'en gagne.

— Vraiment ? s'enquit Mun Ki.

— Tous les jours, oui. S'il y a trop de gagnants, je diminue le montant de la récompense. J'envoie des centaines de dollars en Chine, tu sais.

— Je pourrais faire pareil ?

— Tout à fait. Il te suffirait de travailler avec moi.

C'est ainsi que la cuisine de la digne demeure sise au coin de

Nuuanu et de Beretania devint l'un des principaux avant-postes du jeu de *chi-fa*. Mun Ki gardait jalousement un lot d'affichettes représentant les vingt-huit parties du corps humain susceptibles d'être citées. Pour chaque pari, il prenait six pour cent à la banque et quinze pour cent au joueur, s'il gagnait bien entendu. Il devint l'un des meilleurs organisateurs de chi-fa, car, de même qu'il avait scrupuleusement remboursé au tenancier la somme que lui avait coûtée Nyuk Tsin, il faisait preuve d'une honnêteté étonnante avec ses clients et son employeur.

Sa grande idée fut cependant de faire imprimer en hawaiien l'affiche du chi-fa afin d'attirer des dizaines de joueurs indigènes. Ils parièrent avec tant d'enthousiasme qu'il y eut bientôt deux tirages par jour au chi-fa, à onze heures du matin et quatre heures de l'après-midi. Avec l'argent qu'il gagnait, Mun Ki s'éclipsait deux ou trois après-midi par semaine et s'adonnait au fan-tan ou au mah-jong, qui se jouaient sans interruption dans Chinatown. C'était un joueur redoutable et acharné, dont le tas de cents, de réaux et de shillings augmentait à toute allure.

Le seul désaccord entre les Kee et les Whipple survint lorsque Nyuk Tsin se trouva sur le point d'accoucher. Elle avait longtemps réussi à dissimuler sa grossesse sous son ample blouse bleue, mais Amanda s'aperçut un jour de son état et lui ordonna de se reposer. Le soir même, le docteur Whipple se rendit dans la petite baraque dévolue au ménage chinois, et offrit ses services. Il fut choqué lorsque Mun Ki lui annonça qu'il avait l'intention d'accoucher sa femme lui-même. Mun Ki ne parlait que quelques mots d'anglais et John Whipple n'entendait pas le chinois. Les deux hommes discutèrent un moment sans se comprendre, et le docteur Whipple finit par décider qu'ils avaient besoin d'un interprète. Il alla chercher un Chinois lettré qui faisait fonction de consul officieux, et lui exposa l'affaire. Le consul lui expliqua patiemment qu'en Chine le mari veille toujours à l'accouchement de sa femme.

— Mais je suis spécialiste ! s'écria Whipple. Je le ferai pour rien.

L'interprète traduisit, mais Mun Ki hocha la tête.

— Ma femme et moi n'avons pas besoin de docteur.

— Répétez-leur que cela ne leur coûtera rien, insista John Whipple.

Mun Ki se mit à parler rapidement en chinois et le consul se tourna vers le médecin :

— Il dit que s'il était en Chine, et si son autre femme était enceinte, il la délivrerait lui-même.

— Son autre femme ? s'exclama Whipple, abasourdi.

— Celle-ci n'est que la deuxième femme. L'autre, la vraie, est en Chine, avec les ancêtres.

— Vous voulez dire...

— Mun Ki prétend que son oncle Chun Fat a trois femmes en Chine, deux en Californie et une au Nevada.

— Et il a des enfants ?

Les deux Chinois discutèrent un moment, et l'interprète annonça :

— Sept en Chine, quatre en Californie et deux au Nevada.

— Et cet oncle a mis au monde ses treize fils ? Car ce sont des fils, bien sûr ! s'écria Whipple.

— Bien sûr, répondit calmement le consul.

— Bien sûr quoi ? Qu'il les a mis au monde ou que ce sont tous des fils ?

Le vieux Chinois perdit pied et suggéra que l'on reprenne tout depuis le début. Mais le docteur Whipple en avait assez. Il regarda Mun Ki et lui dit sèchement :

— Faites comme votre oncle. Il a l'air d'avoir plus d'expérience que moi.

Seul, Mun Ki aida sa femme à mettre au monde un beau petit garçon, mais tous les Blancs furent outrés de l'ignorance et de la barbarie des Chinois. Ces gens-là n'étaient vraiment pas civilisés !

Les Whipple n'étaient pas au bout de leurs surprises. Quelques jours plus tard, quand ils demandèrent à leurs domestiques comment ils allaient appeler le bébé, Mun Ki leur répondit qu'ils n'avaient pas encore demandé.

— Demandé ? Comment ça ?

Après de laborieuses discussions, Whipple crut comprendre que Mun Ki devait aller porter le poème de sa famille chez un sage Chinois, et que celui-ci donnerait un nom. Sa curiosité éveillée, Whipple demanda à les accompagner et Mun Ki accepta avec joie, fier qu'un monsieur aussi distingué assistât à l'élaboration du nom de son premier-né.

Mun Ki et Nyuk Tsin portant le bébé dans ses bras conduisirent John Whipple dans la boutique d'un gros Chinois prospère qui s'inclina très bas devant le médecin. Il les fit tous passer dans l'arrière-boutique où se tenait un écrivain public, un Chinois fort sage et fort lettré. Mun Ki lui tendit le poème et Whipple lui demanda de quoi il s'agissait.

— Ce poème est celui de la famille Kee. Grâce à lui, nous allons savoir le nom qu'il convient de donner à l'enfant.

— Que dit le poème ?

— Cela n'a pas d'importance. Ce sont les mots qui comptent. Mais ce poème dit : « Le printemps imprègne les continents ; la terre bénie s'épanouit à votre porte ; une année nouvelle commence, et l'homme devient plus sage. »

— Quel rapport avec les noms ? demanda Whipple.

— C'est compliqué, mais nous sommes fiers de notre système.

— Pouvez-vous me l'expliquer ?

— En Chine, il y a très peu de noms de famille, et nous n'avons pas de prénoms usuels. Nous prenons donc le nom de famille, Kee en l'occurrence, et nous y ajoutons n'importe quels mots, deux mots, qui doivent signifier quelque chose.

— Mais le poème ?

— Le poème nous donne le deuxième nom. Par exemple, tous les hommes de la première génération des Kee devront s'appeler Chun, ce qui veut dire printemps, qui est le premier mot du poème. La seconde génération s'appellera Mun, qui imprègne. Ainsi, si votre cuisinier rencontre un jour un inconnu qui s'appelle Kee Mun Tong, il saura immédiatement qu'ils sont de la même génération, et par conséquent cousins germains.

— Cela me paraît astucieux.

— Le nom du fils de Kee Mun Ki doit donc débuter par Kee Chow, continent, car c'est ce que dit le poème.

— Et comme troisième nom, il ne peut pas choisir ce qu'il veut ?

— Ah ! s'écria le fin lettré. C'est bien là le problème ! On ne peut faire confiance qu'à un érudit pour choisir ce troisième nom, car c'est de lui que dépend toute la bonne fortune de l'enfant. Je vais demander à Mun Ki qui lui a donné son troisième nom.

Il y eut un furieux échange de propos en chinois, après quoi l'écrivain public annonça d'un air triomphal :

— Ses parents ont fait venir un prêtre de Canton. Le saint homme a passé trois jours à réfléchir à la question. Il a consulté oracles et horoscopes avant de finir par trouver le nom qui convenait. Le nom d'un homme peut influencer toute sa vie, voyez-vous.

— Les Chinois de Hawaii viennent vous voir parce que vous êtes instruit ? demanda Whipple.

— Hélas, il y a aussi des ignorants qui ne savent rien de leur poème familial, et ces gens se moquent bien de savoir comment ils vont appeler leurs fils. Mais Mun Ki est issu d'une famille importante, ils ont veillé à ce qu'il emporte le poème avec lui.

L'écrivain ne s'occupa plus de Whipple et se lança dans une longue conversation avec Mun Ki. Il ne reparla au médecin qu'au bout de quinze ou vingt minutes.

— J'ai demandé à Mun Ki ce qu'il souhaitait pour son fils, expliqua-t-il, car cela a son importance dans le choix du nom.

La discussion reprit. Le fin lettré installa devant lui du papier et un pinceau. Après une heure de spéculation, il dit à Whipple :

— Nous commençons à cerner le problème. Nous tentons de trouver un mot qui soit en harmonie avec Kee et Chow tout en étant chargé de dignité et de sens. Ce doit être un mot qui sonne bien, qui ait fière allure quand on l'écrit, qui ait son sens propre et qui se combine bien avec le deuxième mot du nom. Il doit aussi exprimer les espoirs du père. Veuillez donc m'excuser, mais je dois me concentrer sur ce problème et proposer plusieurs possibilités.

A l'aide de son pinceau, il traça de nombreux caractères chinois. Il en rejeta certains, trop féminins pour un fils robuste comme celui de Mun Ki, et d'autres dont la seconde signification pouvait avoir quelque chose d'offensant. Parfois, c'était Mun Ki qui refusait un nom. Le choix se réduisait comme une peau de chagrin. Enfin, triomphalement, il annonça le nom du garçon :

— Kee Chow Chuk, le Kee qui Contrôle le Milieu du Continent ! n'est-ce pas un nom splendide ?

Le docteur Whipple acquiesça et l'écrivain public prit le livre de Mun Ki pour écrire le nom sur une page blanche. Il en admirait les caractères avec un plaisir certain.

— C'est un nom qui a belle allure quelle que soit la façon dont on le regarde. C'est de bon augure, dirons-nous, dit-il à Whipple.

Il prit alors une feuille de papier et demanda à Mun Ki le nom de son village. Il écrivit alors aux anciens du village pour leur faire savoir que Kee Mun Ki avait engendré un fils Kee Chow Chuk. La famille n'était pas éteinte. Dans l'île lointaine, il y avait désormais un Kee qui respectait ses ancêtres, avant de leur envoyer de l'argent et, bien entendu, de revenir un jour au pays, puisque vivre autre part était inimaginable.

Kee Mun Ki et Nyuk Tsin s'apprêtaient à quitter la boutique du Punti quand le lettré fit un geste dramatique qui devait changer toute l'histoire des Kee à Hawaii. Comme possédé, il leur cria de faire halte et déchira avec lenteur la lettre qu'il venait d'adresser à ceux du Village d'En-Bas. Comme s'il était en transe, il prit le livre de Mun Ki et recouvrit d'encre le nom qu'il avait si difficilement choisi.

— Parfois, cela surgit comme un éclair par une nuit brûlante, expliqua-t-il à voix basse. Après avoir réfléchi à un nom pendant de

338

nombreuses heures, on a la vision de ce que sera cet enfant et tous les autres noms s'effacent, car un nom nouveau s'inscrit dans votre esprit en caractères de feu.

— Vous avez un tel nom pour le fils de Mun Ki ? demanda Whipple avec beaucoup de respect.

— Absolument !

Il traça le nom flamboyant, Kee Ah Chow, en quelques coups de pinceau et le lut tout haut, émerveillé par sa splendeur.

— Ce ne serait pas plutôt Kee Chow Ah ? suggéra timidement le docteur Whipple.

— Bien sûr, mais il convient parfois de violer les règles, et le nom de cet enfant est très certainement Kee Ah Chow.

L'érudit montra le nouveau nom à Mun Ki et lui expliqua en punti :

— Au moment où tu quittais cette boutique, j'ai eu la vision soudaine de ta vie. Ta famille est téméraire et tu iras loin. Tu auras de nombreux fils et un très grand courage. Le monde t'appartient, Mun Ki, et ton premier-né doit avoir un nom qui rappelle cela. C'est pourquoi nous l'appellerons Kee Ah Chow, le Kee qui Contrôle le Continent d'Asie. Et tes prochains fils auront pour nom Europe et Afrique et Amérique et Australie. Car tu es le père des continents.

Mun Ki souriait béatement, car c'étaient là des paroles fort aimables. Il s'était toujours considéré comme à part, un élu des dieux en quelque sorte, et il lui était doux d'entendre cet érudit le confirmer.

Au moment où ils allaient sortir de la boutique, le fin lettré les arrêta et tendit le doigt en direction de Nyuk Tsin.

— Son nom sera désormais Mère de Wu Chow, car elle est la mère des continents ! s'écria-t-il.

— Ce n'est pas mon épouse, dit Mun Ki un peu gêné. Ma vraie femme est une Kung, elle est restée en Chine. Celle-ci n'est que...

— Ah, ce sont les mœurs chinoises, dit l'érudit en croisant les mains. Cela vaut peut-être mieux, d'ailleurs, on voit bien que c'est une Hakka. Dans ce cas, ajouta-t-il en haussant les épaules, qu'elle soit appelée Tante de Wu Chow.

Mun Ki approuva et apprit à sa femme son nouveau nom. Il lui tendit le poème et le livre contenant la généalogie, lui toucha la main et dit fièrement :

— Ensemble, nous aurons de nombreux fils.

Le fin lettré reçut la somme de soixante cents pour son travail de réflexion. Mun Ki trouvait que c'était tout à fait mérité, car il était persuadé que son fils prenait un excellent départ dans la vie.

Très attentif à la façon dont ses enfants et ses petits-enfants vivaient à Hawaii, le docteur Whipple se montra très impressionné par cet épisode. Il y reconnut l'une des forces des Chinois : « Ils existent au sein d'une hiérarchie de générations. Leurs noms leur disent à quoi ils appartiennent et quels espoirs leurs parents ont mis en eux. Un Chinois vit à l'intérieur d'un système bien défini qui leur convient parfaitement. Où qu'il aille, son nom est répertorié dans un village, et c'est là son foyer. Nous autres, Américains, partons à la dérive. Nous n'avons ni nom ni foyer ni adresse précise. J'aimerais mieux connaître les Chinois. »

Ainsi, bien qu'âgé de soixante-sept ans et occupé par d'importantes affaires, John Whipple entreprit sa dernière œuvre scientifique, une étude des Chinois qu'il avait fait venir à Hawaii. La majeure partie de ce que nous savons de ces premiers Asiatiques, ces êtres secrets et étranges qui cultivaient la canne, c'est à lui que nous le devons.

Whipple fit littéralement frémir les autres planteurs en publiant l'article suivant dans le *Honolulu Mail* :

« *Nous nous trompons lourdement quand nous nous obstinons à croire que ces hommes intelligents, économes et travailleurs accepteront long-temps de rester dans nos plantations. Leur destin naturel est d'être comptables ou mécaniciens dans nos villes. Ils feront d'excellents instituteurs et j'imagine que certains seront des banquiers et des entrepreneurs prospères. Dès que leurs contrats seront arrivés à terme, ils viendront ouvrir des boutiques dans nos cités. De plus en plus, le commerce de nos campagnes tombera dans leurs mains. Nous devons, par conséquent, penser à trouver d'autres travailleurs pour nos champs de canne à sucre. Les Chinois n'accepteront pas indéfiniment cet état de servitude. Ils apprendront à lire et à écrire avant de demander à participer au gouvernement de ces îles.*

« *Certains sont peut-être hostiles à cette évolution, mais je suis de ceux qui y applaudissent à deux mains. Hawaii constituera une communauté plus forte quand nous utiliserons nos Chinois au maximum de leurs capacités. De même que je n'aurais jamais accepté d'être ouvrier agricole toute ma vie et de refaire sans cesse la même chose, de même je suis heureux de voir un individu qui, comme moi, désire sincèrement améliorer son état. A une époque, lorsque je m'occupais d'amener des Chinois dans ces îles, je croyais qu'ils partiraient dans leur pays à la fin de leur contrat. Je suis aujourd'hui convaincu qu'il n'en sera rien. Ils font partie de Hawaii et nous devons les encourager à suivre nos traces. Qu'ils bénéficient de l'éducation. Qu'ils deviennent des citoyens comme les autres. Car c'est par eux que la race hawaiienne moribonde sera régénérée.* »

A Honolulu, la réaction fut à la fois simple et dramatique : « Ce foutu fils de pute mérite une bonne correction ! »

Le capitaine Rafer Hoxworth, en lisant l'article, fut pris d'une violente colère.

— Il est fou ! rugit-il. Nous avons amené ces sacrés Chinois pour cinq ans, pas plus. Il était bien entendu qu'après ça, ils rentreraient chez eux. Et voilà que Whipple voudrait les voir rester ! Bon Dieu, c'est incroyable !

Le fils du capitaine Janders, maintenant associé du docteur Whipple dans la firme J & W, estima que le « cher vieux bonhomme » devait avoir perdu l'esprit.

Mais ce qui irritait le plus les Blancs, comme les Hawaiiens, c'était que les Chinois abandonnaient les plantations, installaient des commerces en ville et se mariaient avec des Hawaiiennes qui leur donnaient des enfants superbes, plus fins que les indigènes, et plus beaux que les Chinois. Un décret interdit aux Chinois d'épouser des Hawaiiennes s'ils n'étaient pas chrétiens.

La vitesse avec laquelle les Chinois apprirent le catéchisme avait quelque chose de stupéfiant. Les Chinois se transmettaient les bonnes réponses aux questions les plus insidieuses et il n'était pas rare d'en entendre expliquer, dans un anglais plutôt rudimentaire, le mystère de la Trinité, l'Immaculée Conception et la doctrine calviniste de la prédestination.

Les Chinois faisaient de bons chrétiens. Ils étaient résolus à avoir des femmes et, pour ce faire, le prix de la conversion n'était pas trop élevé. Ceux qui avaient la chance d'épouser des Hawaiiennes nanties de terre et qui faisaient prospérer leurs biens fondaient de grandes familles chrétiennes et subventionnaient les églises construites par leurs compatriotes. Toutefois, lorsqu'un petit-fils leur était donné, ces hommes prudents se rendaient dans la boutique du Punti, demandaient au lettré de trouver un nom au garçon et écrivaient au village pour que le livre généalogique fût mis à jour.

Les femmes de Hawaii étaient toutes enchantées de leurs maris chinois. Ils étaient travailleurs et courtois, et ils adoraient les enfants. Il n'était pas rare de voir un malheureux coolie, après une dure journée de labeur aux docks, rentrer chez lui où son indolente femme indigène s'éventait paresseusement tandis qu'il changeait les langes des bébés, faisait la lessive et préparait le repas du soir. Il couvrait femme et enfants de cadeaux et veillait à l'éducation de ses fils.

Les Hawaiiens avaient une autre raison de tolérer les Chinois : ils voyaient de leurs propres yeux que les enfants nés des unions mixtes étaient superbes. Honolulu resta sans le souffle à la vue des premières jeunes filles métisses. Elles avaient de longs cheveux bruns légèrement ondulés, le teint doré, de très belles dents et quelque chose de mystérieux dans les yeux. Elles étaient plus grandes que leurs pères chinois, bien plus minces que leurs mères aux formes généreuses, et elles alliaient le caractère pragmatique des Chinois à la douce indolence des Hawaiiens. C'était une race à part, la gloire de ces îles, et pratiquement tous les écrivains de langue anglaise qui chantèrent la beauté des filles de cette contrée avaient en mémoire l'un des chefs-d'œuvre de ce métissage.

Les garçons étaient tout aussi prometteurs. Ils étaient vifs à apprendre, bons aux jeux, excellents dans les affaires et, surtout, en politique. Ils faisaient preuve d'un charme insolent et d'une honnêteté fondamentale que tous respectaient. Ainsi, les Hawaiiens, dont la race était sur son déclin et en bonne voie de disparition (de 400 000, en 1778, ils étaient passés à 44 000 en 1878) reçurent soudain un apport de sang neuf de Chine et retrouvèrent leur place dans les îles.

Le capitaine Rafer Hoxworth, témoin de la naissance de ce miracle, parlait pour tous ses amis blancs, à l'exception du docteur Whipple, quand il déclarait : « Le Chinois qui quitte sa plantation pour se faire commerçant devrait être immédiatement déporté, mais celui qui touche une Hawaiienne doit être pendu ! »

Le *Mail* rapportait des réactions plus modérées :

« *C'est la ruine d'Hawaii. Les Chinois désertent les plantations. Qui donc fera pousser la canne à sucre ?* »

Le docteur Whipple s'était attiré le mépris de tous lors de sa dernière intervention publique en faveur des Chinois. C'est donc à son journal qu'il confia ses pensées intimes :

« *C'est sur l'île d'Oahu, en 1824, que j'ai vu la rougeole dévaster pour la première fois un village hawaiien en y faisant quatre-vingts pour cent de victimes, et c'est peu après que j'ai commencé à me demander ce que l'on pouvait faire pour donner une nouvelle vie à cette race aimable que j'ai appris à aimer si tendrement. Je prévoyais que seule l'arrivée d'un sang nouveau empêcherait l'annihilation de ce peuple. Je me suis trompé en pensant que les Polynésiens du Sud, plus robustes, pourraient jouer ce rôle ; nous en avons fait venir et rien ne s'est passé. Ensuite, j'ai pensé aux Javanais ; peut-être eussent-ils fait l'affaire, mais nous n'avons pu en*

*acquérir. Voici à présent que les Chinois arrivent, accomplissant la
prédiction que j'avais faite. Je suis fier d'avoir participé au salut de la
race. Le climat de l'époque m'est hostile, mais je suis persuadé que le
jugement de l'avenir me sera favorable. La meilleure chose que j'ai faite
pour Hawaii fut d'y importer des Chinois. »*

Et tandis qu'il écrivait à la lumière de sa lampe de bureau, Mun Ki
et sa femme s'apprêtaient à concevoir leur deuxième fils, le Continent
d'Europe.

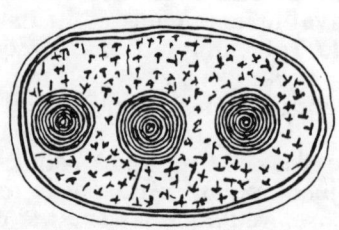

Il y avait un an que les Punti et les Hakka étaient arrivés à Honolulu
à bord du *Carthaginian* quand toute la colonie chinoise fut troublée et
choquée par des nouvelles venues de Maui. Un vieux missionnaire
boiteux avait fait irruption dans une des pagodes chinoises élevées à
l'intention des ouvriers des plantations et avait détruit les statues de
Bouddha et de Kwan Yin, avait déchiré les livres de prières et avait
proféré des insultes à l'égard des bonzes et des fidèles. Les Chinois
s'indignèrent et se dirent entre eux : « Les Blancs ne respectent donc
pas les dieux ? »

De leur côté, les Blancs déplorèrent cet incident, car ils avaient
beaucoup de mal à garder les ouvriers des plantations. Le docteur
Whipple alla en personne à Maui pour calmer les esprits et assura les
ouvriers qu'ils étaient entièrement libres de leurs pensées. En 1865,
une réelle liberté de religion s'était instaurée dans les îles. Épiscopa-
liens, mormons, catholiques et bouddhistes vivaient en parfaite
harmonie.

Quand la paix fut revenue parmi les Chinois, les planteurs blancs
s'intéressèrent au problème posé par le vieux Abner Hale, et les
rejetons les plus jeunes de familles anciennes telles que les Hewlett, les
Whipple ou les Hoxworth se réunirent à Honolulu pour voir ce qu'il
convenait de faire.

— Ce vieux fou a failli faire échouer tous nos efforts en faveur des
Chinois, dit l'un des Hewlett. Débouler ainsi avec sa canne en criant à
l'abomination et à la corruption ! Il faut que ce pitoyable fanatique
soit mis au pas.

— Il y a plusieurs années, il a agi de même avec les Hawaiiens, m'a-
t-on dit, intervint Bromley Hoxworth. Le soir des noces de ma mère, il
a interrompu la cérémonie et a détruit les idoles à coups de canne. Il
croit toujours qu'il se bat contre les vieilles idoles.

— Il faut le conseiller pour que cela change, dit l'un des fils
Whipple. Renverser les idoles hawaiiennes, ce n'était pas très grave,
mais détruire des statues de Bouddha quand on fait tout pour assurer
le bonheur de nos Chinois, c'est autre chose !

Le groupe se tourna vers David Hale et lui suggéra :

— Vous ne pourriez pas lui parler, Dave ?

— J'aimerais mieux pas, répondit le jeune homme avec franchise. Je n'ai jamais réussi à faire entendre raison à mon père.

— Ce qu'il faudrait, c'est l'éloigner de Maui, proposa Brom Hoxworth. C'est vrai, il ne devrait pas rester là-bas tout seul. Il se mêle de ce qui ne le regarde pas, la chapelle des marins, les Chinois à présent. Il pose de graves problèmes, et je suis d'accord avec vous autres. Dave, il faut que vous lui parliez. Essayez de le convaincre d'aller vivre dans une petite maison pas trop éloignée d'Honolulu... où on pourrait le surveiller.

— J'ai déjà essayé. Micah aussi. Mais il refuse toute proposition qui l'entraînerait loin de Maui. Demandez-lui pourquoi et il vous répondra obstinément : « Mon église est ici et mes tombes aussi. » C'est aussi simple que cela.

— Quelles tombes ? demanda Brom Hoxworth.

— Celle de ma mère, celle de ma grand-mère aussi, expliqua le jeune Hale. Il les entretient et insiste pour prêcher de temps à autre dans l'église qu'il a bâtie. Mais je suis persuadé que le pasteur serait enchanté de le voir quitter Maui.

Un des Whipple prit la parole :

— Sa vie solitaire à Maui, son esprit un peu dérangé, on pourrait nous reprocher tout cela, mais je sais que nous ne sommes pas responsables. Mon père a invité le révérend Hale à vivre auprès de lui, votre mère, Brom, a fait de même. Nous savons tous que Micah et David lui ont demandé de venir chez eux. Nous avons les mains propres, même si certains nous accusent toujours de le laisser croupir dans sa misérable baraque.

— Il n'y a plus à hésiter, intervint le jeune Hoxworth, parce que, maintenant, il s'en prend aux Chinois !

Le groupe proposa donc que le docteur Whipple fût envoyé une fois de plus à Lahaina pour y discuter avec Abner. C'est un peu contre son gré que le maître chenu de Janders & Whipple prit le bateau pour Maui. Il descendait la passerelle du *Kilauea* quand il aperçut son vieil ami qui interrogeait un matelot du bord :

— Dites-moi, n'auriez-vous pas des nouvelles d'une petite fille nommée Iliki ?

Le matelot hocha la tête en souriant, car le vieux missionnaire lui posait la même question à chaque voyage. Abner Hale soupira et s'apprêtait à regagner sa case quand John Whipple le héla. Le missionnaire examina d'abord avec surprise cet inconnu bien vêtu, puis son esprit s'éclaircit un instant et il reconnut son ancien condisciple.

— John !

— Je suis venu vous parler, dit doucement le médecin.

— Vous êtes venu me réprimander parce que j'ai détruit les idoles païennes, le temple du vice et du stupre ! Vous perdez votre temps !

— Allons discuter dans mes bureaux, suggéra Whipple.

— Nous avions l'habitude de parler ici, John, et cet endroit me convient toujours.

Il s'assit sur le tronc renversé d'un cocotier.

— Les baleiniers ne sont plus nombreux de nos jours, mais vous voyez la carcasse de ce vaisseau, là-bas ? C'est la *Thetis*. John, c'était il y a si longtemps ! Vous et Amanda, Jerusha et moi. Après, comme vous le savez, ce fut le bateau de Malama. Et maintenant, il pourrit sur les rochers, comme vous et moi.

— C'est pour cela que je suis venu vous trouver, Abner, dit doucement le docteur Whipple. Tous vos amis, dont je suis, veulent que vous quittiez Lahaina pour vivre auprès de nous, à Honolulu. Vous vous languissez par ici, frère Abner, et nous voulons vous ramener.

— Je ne pourrai jamais abandonner Lahaina, dit le vieillard obstiné. Jerusha est ici, de même que Malama, et je ne peux pas les laisser. Mon église est ici, et tous les gens que j'ai conduits à Dieu. Je vois la *Thetis* chaque jour...

Son esprit se troubla au souvenir de ses errances, et il ajouta d'un air pathétique, comme s'il se rendait compte qu'il perdait le fil de son argument :

— J'espère qu'Iliki va bientôt revenir, je ne voudrais pas m'absenter trop longtemps.

Le docteur Whipple qui avait bien des fois affronté la mort des esprits et des hommes répondit sans irritation à l'entêtement de son vieil ami.

— Abner, lui expliqua-t-il avec infiniment de patience, la jeune génération qui prend soin des plantations ne veut pas que vous gâchiez ses bonnes relations avec les Chinois.

— Ils adorent des idoles, John, je l'ai vu de mes propres yeux !

— Frère Abner, soupira Whipple, la religion chinoise est une forme d'adoration très digne et très ancienne. Bouddha et Confucius existaient bien avant la naissance du Christ. Il ne faut pas les confondre avec les idoles sauvages des païens, ni leurs dogmes avec les rites barbares que nous avons trouvés ici. De plus, les Hawaiiens étaient plongés dans les ténèbres de l'ignorance et ils avaient besoin de lumière, tandis que les Chinois étaient déjà hautement civilisés quand le Massachusetts était à l'état sauvage.

Le docteur Whipple avait remarqué que le regard de Hale était plus vif. Il en profita donc pour développer à fond ses arguments.

— Les Chinois n'ont pas besoin de la même instruction spirituelle que nous avons donnée aux Hawaiiens, reprit-il, mais ces derniers n'ont jamais fait vraiment partie de notre société. Ils vivaient à nos côtés, alors que nous avons besoin des Chinois. Cela, la jeune génération le sent bien. Notre économie toute entière dépend de l'harmonie de nos relations, et tout ce qui pourrait les inciter à abandonner nos plantations ne saurait être toléré.

Il n'avait pu s'empêcher de glisser cette ultime note de menace.

Abner avait très bien compris ce que voulait lui dire son ami. Il s'étonnait des ravages que les années et la réussite pouvaient exercer sur un homme qui avait débuté sa carrière dans l'honneur et la dignité. Le vieux missionnaire observa son visiteur avec mépris, puis avec pitié, avant de déclarer avec l'intensité douloureuse d'un Jérémie ou d'un Ezéchiel :

— Mon cher John, j'ai honte de vivre ce jour où la richesse et le souci d'une plantation vous poussent à venir à Maui pour me dire : « Il n'est pas important de détruire les dieux des Hawaiiens, car ils ne travaillent pas dans nos champs, mais nous avons besoin des Chinois pour gagner de l'argent, aussi devons-nous honorer leurs divinités païennes. » J'ai honte de voir la corruption s'installer dans l'esprit d'un homme de bien, John, et je pense qu'il vaut mieux que vous repreniez le bateau et rentriez chez vous.

Le docteur Whipple s'étonna du tour que prenait la conversation, et il en revint à la menace :

— Vos fils disent que si vous refusez...

— John, dit avec beaucoup de dignité le vieil Abner Hale, je n'ai jamais eu peur des capitaines des baleiniers ni de leurs marins, et je ne crains pas mes propres fils. Le bien règne dans ce monde, John, ainsi que le mal. Il y a Dieu dans l'univers, et il y a ces idoles perverses, et je n'ai jamais oublié quel serait mon camp lors du Jugement Dernier. Une idole reste une idole, et si un chrétien est tenté de gagner de l'argent en profitant de cette idole, celle-ci doit être détruite en priorité, car ainsi qu'Ezéchiel l'a dit : « Que chacun de vous rejette au loin les abominations qui attirent vos regards, et ne vous souillez pas avec les idoles de l'Égypte ! » Je ne désire plus parler avec vous de tout cela, John, mais, après votre départ, je prierai pour que vous puissiez retrouver avant votre mort l'âme pure et fraîche que vous aviez apportée dans ces îles... mais que vous avez perdue dans les champs de canne à sucre.

Le petit missionnaire tourna le dos à son vieil ami et regagna en boitant sa misérable demeure. Le docteur Whipple le rattrapa pour tenter de lui faire entendre raison, mais l'autre le repoussa et entra chez lui avant de lui fermer la porte au nez. Whipple l'entendit alors tomber à genoux et prier pour l'âme corrompue de celui qui avait été son compagnon sur la *Thetis*.

Le docteur Whipple regagna Honolulu et donna des instructions pour que ses employés travaillant à Maui fassent leur possible pour tenir Abner Hale à l'écart des temples bouddhistes. Les garçons de la famille Hale envoyèrent régulièrement des sommes d'argent à Lahaina, aux bons soins des responsables de la plantation, pour qu'une nourriture correcte et des soins médicaux décents fussent assurés à leur père. Deux fois l'an, ils suppliaient le vieillard de venir vivre parmi eux, à Honolulu, et deux fois l'an il refusait.

C'est en 1868 que Nyuk Tsin et toute la communauté chinoise de Hawaii comprirent à quel point la société de l'homme blanc pouvait être étrange et barbare : la nouvelle se répandit dans tout Honolulu que le vieux Hale était mort seul, abandonné de tous, dans l'île de Maui. C'était vraiment incroyable. Nyuk Tsin réunit ses amis hakka dans la boutique d'un Hakka, et Mun Ki ses amis punti dans la boutique d'un Punti.

Les discussions allaient bon train.

— Tu dis que le père de ces gens riches et célèbres a pu mourir dans la pauvreté ?

— Oui, j'étais là, je les ai vus retrouver son pauvre corps dans le cimetière.

— Qu'est-ce qu'il y faisait ?

— Il était venu entretenir la tombe de sa femme et celle d'une Hawaiienne. Il a dû mourir en fin d'après-midi, on ne l'a retrouvé que le lendemain.

— Tu dis qu'il vivait dans une cabane misérable ?

— Si sale et si petite que tu ne me croirais pas.

— Et ses enfants qui ont de si belles maisons ! Est-ce que tu as vu les maisons de ses enfants ?

— Non. Elles sont vraiment grandes ?

— Li Lum Fong travaille pour son fils, Micah, et il dit que la maison de Micah est l'une des plus belles de Hawaii. La première fille du vieillard a épousé un Hewlett, et ils ont une grosse fortune. Sa deuxième fille est mariée à l'un des Whipple, eux aussi ont une grande maison, et son deuxième fils a également épousé une Whipple. Eux aussi sont très riches.

— Ses enfants n'ont pas de petits-enfants chez qui le vieil homme aurait pu vivre ?

— Les familles ont, à elles toutes, dix-huit petits-enfants.

— Et il est mort seul ?

— Oui, il est mort seul. Il entretenait les tombes, mais personne ne prenait soin de lui.

Après cette étude lapidaire du mépris fondamental dont font preuve les Blancs à l'égard des valeurs humaines et du respect des ancêtres, les Chinois se turent, comme abasourdis. Certains se rappelaient la pagode des ancêtres de leur lointain village chinois et tentaient vainement de comprendre comment une famille possédant quatre belles maisons et dix-huit petits-enfants pouvait laisser un vieil homme mourir dans l'indigence. Mais personne n'éleva de plainte, et on en revint à la mort d'Abner Hale.

— Ce n'est pas le vieillard qui détruisait les temples chinois ?

— Oui, je l'ai vu un jour armé d'un gourdin. Il boitait, mais il était très vigoureux lorsqu'il s'agissait de briser nos temples. Les responsables des plantations devaient le surveiller chaque jour et, quand les surveillants le voyaient se diriger vers un temple, ils criaient : « Le revoilà ! », et les Blancs le ramenaient de force chez lui.

— Vu les circonstances, ce sont plutôt les Chinois qui auraient dû souhaiter sa mort, et pourtant, nous le pleurons, alors que sa propre famille s'en moque totalement.

Le chagrin était toutefois profond dans les quatre grandes demeures, car les enfants se rappelaient ce que leur père avait fait pour eux, combien il les avait aimés, ce qu'il leur avait enseigné, comment il changeait leurs draps quand ils avaient la fièvre, comment aussi il sacrifiait sa propre existence pour qu'ils vivent dans la dignité. Ils voyaient un père au terrible courroux, qui les aurait gardés jalousement près de lui. Ils se souvenaient de ses affreuses lamentations quand le révérend Eliphalet Thorn les lui avait pris. Depuis ce jour, chacun des enfants Hale avait tout fait pour rendre à son père l'amour qu'il leur avait dispensé. Abner Hale rejetait son fils aîné, Micah, parce qu'il avait pris pour femme une métisse. Il méprisait David, qui refusait d'être ministre du culte, et Lucy, qui avait épousé le jeune Hewlett. Enfin, il ignorait Esther, la plus jeune, devenue l'épouse d'un Whipple qui s'était ouvertement moqué des missionnaires. Le chagrin de ses quatre enfants était profond et sincère.

Mais ils étaient aussi des fils de la Nouvelle-Angleterre, et quand la communauté de Honolulu chuchota qu'ils avaient odieusement abandonné leur père, les Hale sentirent qu'ils se devaient d'apparaître en public. Ils acceptaient les regards de mépris et marchaient tête haute sans se préoccuper des ragots. Quand des dames de la bonne société de Honolulu venaient les tenter en les invitant à des réceptions, uniquement pour voir comment ils réagiraient, ils acceptaient et tenaient normalement leurs places.

Les employés chinois, qui voyaient cela, étaient plus perplexes que jamais, et dans les boutiques les conversations allaient bon train :

— Li Lum Fong m'a dit qu'hier soir Micah Hale et Mrs Hewlett et Mrs Whipple sont allés à une soirée. Je t'en prie, explique-moi comment une famille qui laisse son pauvre vieux père mourir dans la pauvreté, sans soins ni amour, peut avoir l'impudence d'apparaître en public, de boire de l'alcool et de s'amuser. La première année de deuil n'est même pas arrivée à son terme.

— Tu ne comprendras jamais rien à ces personnes sans cœur.

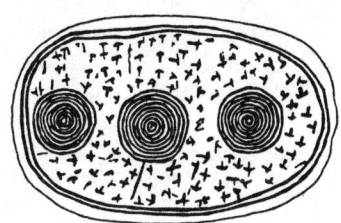

Quand le fils de Mun Ki, Asie, fut devenu un charmant bébé joufflu, vacillant sur ses jambes, il ne tarda pas à être rejoint par le Continent d'Europe, puis par Afrique, qui s'agitaient sur le sol de la cuisine tandis que leurs parents préparaient les repas des Whipple. Avec la venue de ces enfants, une curieuse transformation affecta les relations de Mun Ki et de sa femme. Bien des siècles plus tôt, Confucius avait souligné que l'existence harmonieuse du mari et de la femme était des plus délicates. « Qu'il y ait du respect entre eux deux », avait-il dit.

Il était par conséquent habituel, dans les familles chinoises, qu'un mari ne tende jamais quoi que ce soit à sa femme, car cela aurait pu vouloir dire : « Je souhaite te donner ceci. Tu dois le prendre. » Il se contentait de placer l'objet près de son épouse et elle le prenait quand bon lui semblait. Certains ignoraient cette convention, mais il y en avait une autre que tous respectaient. Le lettré de la boutique du Punti l'avait bien expliqué au docteur Whipple : un mari respectueux ne prononce jamais le nom de sa femme, en public comme en privé. La jeune fille qui avait épousé Mun Ki était tout simplement appelée « femme de Mun Ki » ; c'était là sa profession et sa qualité. Quand des enfants naissaient, on veillait tout particulièrement à leur dissimuler le nom de leur mère, et il n'y avait pratiquement pas un Chinois à Hawaii qui sût le nom de sa mère.

Dans le cas de Mun Ki, le problème était encore plus complexe : la jeune fille hakka n'était pas sa véritable épouse, elle n'était qu'une concubine, après tout, et ne devait par conséquent jamais être appelée « mère ». C'eût été extrêmement offensant. Il est vrai qu'elle lui avait donné trois fils, mais leur mère véritable était la jeune Kung restée fidèlement au Village d'En-Bas. Selon la coutume chinoise, la première épouse était la mère légale de tous les enfants, où qu'ils naquissent dans le monde.

La mince Hakka fut donc appelée « Tante de Wu Chow » — la tante des Cinq Continents —, et c'est sous ce nom qu'on la connut dans toute la ville. Elle trouvait qu'elle avait de la chance, car les concubines étaient bien souvent appelées « l'autre » ou tout simplement « elle ». Mun Ki ne voulait pas lui accoler ce genre de nom, parce qu'il était impressionné par la prophétie de l'érudit, à savoir que sa femme lui donnerait de nombreux fils, qui se partageraient les continents. C'était donc avec un certain amour que le rusé joueur appelait sa femme Tante de Wu Chow.

Aucun de ses enfants ni de ses petits-enfants ne connaîtrait jamais son nom. Mun Ki rappelait à ses fils que leur mère vivait en Chine, et les garçons croyaient qu'elle les attendait au Village d'En-Bas.

Un jour, un photographe de Canton alla dans les villages, où les gens le traitèrent de sorcier et lui jetèrent des pierres parce qu'il cherchait à voler les âmes des hommes, mais au Village d'En-Bas, l'oncle Chun Fat, qui était allé en Californie, dit à la jolie épouse de son neveu : « Fais-toi prendre en photo et envoie-la au pays de l'Arbre Embaumé. » Ce qu'elle fit, et les enfants Kee grandirent en présence de l'image d'une belle Punti d'allure princière. Ils avaient pour cette image infiniment plus de respect filial que pour Nyuk Tsin.

La jeune femme ne pensait pas à tout cela. En tant que Hakka, elle était régie par deux désirs suprêmes : elle voulait donner une excellente éducation à ses fils, et pour cela elle ferait tous les sacrifices ; deuxièmement, elle voulait une terre qui lui appartînt. Pour cela, il fallait de l'argent. Quelques semaines après son arrivée à Honolulu, elle faisait déjà pousser des légumes. Et maintenant, sans le dire aux Whipple, elle prenait le linge sale des Hakka célibataires.

Un jour, le docteur Whipple découvrit le pot aux roses et demanda à sa femme :

— Amanda, qu'est-ce que c'est que tous ces vêtements bleus qui sèchent dans l'arrière-cour ?

— Mais nous n'avons pas de linge bleu !

Amanda alla voir, et Nyuk Tsin dut avouer qu'elle lavait le linge de ses compatriotes célibataires. Le docteur Whipple opposa son veto. Nyuk Tsin ne se tint pas pour battue. Elle eut une autre idée et commença de servir des repas chauds aux Chinois seuls. Tout marcha pendant quelque temps, mais un jour Amanda s'étonna du va-et-vient incessant d'inconnus dans son jardin. Elle guetta la porte de sa domestique, puis fit part de ses soupçons à son mari.

— Pardonnez-moi mon mauvais esprit, mais notre servante... Tous ces hommes...

— Ma foi, elle n'est que la seconde femme du cuisinier, et s'il pense que ça rapporte...

— John ! Quelle horreur !

John alla donc faire son enquête discrète. Deux jours plus tard, il entra au salon en se tenant les côtes, hoquetant de rire.

— Ah ! ces Chinois pervers ! Amanda, le capitaine Hoxworth devrait voir ce qui se passe dans notre cour ! Cela confirmerait tous ses soupçons !

— John, vous me faites mourir ! Qu'est-ce que c'est ?

— Mrs Kee, honte et abomination, sert des repas chauds. A des hommes seuls.

Mrs Whipple rougit et rit d'un air gêné.

— Mais pourquoi nos domestiques se donnent-ils tant de mal pour gagner davantage ? Nous les payons bien !

— Ils tiennent à donner de l'instruction à leurs enfants.

— C'est très joli, mais je ne veux pas qu'ils transforment notre jardin en restaurant.

Une fois encore, Nyuk Tsin fut priée de cesser son activité. Elle chercha ce qu'elle pouvait faire et découvrit qu'elle pourrait peut-être tirer de l'argent d'un hectare de marécages appartenant au docteur

Whipple. Hésitante, bredouillant un mauvais anglais, elle s'enhardit cependant et demanda à son maître si elle ne pourrait pas cultiver ce marécage.

— Que pouvez-vous en faire ?

— J'y ferai pousser du taro.

— Vous mangez du taro ?

— Non. Nous le vendrons aux Hawaiiens, pour faire du poi.

Le docteur Whipple se renseigna et comprit que l'idée de Nyuk Tsin n'était pas mauvaise. Les Hawaiiens travaillaient à présent chez des commerçants ou comme palefreniers, et n'avaient plus le temps de faire du poi ni de cultiver le taro.

Il dit à sa femme :

— Je possède ces marécages depuis des années et il faut que ce soit une Pake qui me montre quoi en faire. Plus je connais ces gens, plus je les aime.

Les jours passèrent, et il fut de plus en plus impressionné par ce que réussissait à faire Nyuk Tsin. Dès qu'elle avait quelques minutes de répit, elle se précipitait dans son champ de taro, mettait son chapeau, roulait le bas de ses jambes de pantalon et marchait pieds nus dans la boue. Elle construisait des digues et des canaux d'irrigation avec beaucoup d'ingéniosité. « Elle a de véritables affinités avec cette terre », se disait le docteur Whipple.

Il ne fut donc pas étonné lorsqu'elle vint lui demander un jour de lui vendre le terrain.

— Où trouverez-vous l'argent ? la taquina Whipple.

Quand elle lui montra ses économies, il fut stupéfait. Elle promettait de payer le reste en quelques années sur le produit de sa terre. Cette sorte de calcul plut intensément au docteur, car cela lui rappelait l'épargne de ses ancêtres de Nouvelle-Angleterre et il fut navré de la décevoir.

— Cette terre est trop près de la maison pour que je la vende. Mais j'en ai d'autres, là-haut dans la vallée, que je pourrais peut-être vous laisser.

— Nous pouvons aller la voir ? Tout de suite ?

Nyuk Tsin aurait volontiers marché des heures pour posséder un lopin de terre. Ce jour-là, cependant, le docteur Whipple n'avait pas le temps. Puis il oublia sa promesse. Mais Nyuk Tsin y pensait sans cesse. Elle finit par en parler à son mari.

— C'est ridicule, dit-il. Nous ne resterons pas ici bien longtemps. Ce serait stupide d'acheter une terre que nous devrons abandonner quand nous retournerons en Chine.

— Je veux un champ, insista Nyuk Tsin.

— Non. Nous devons épargner sou à sou, et rapporter notre fortune au Village d'En-Bas. Quand nous y serons, je t'enverrai au Village d'En-Haut, parce que tu ne serais pas à l'aise parmi les Punti et que ma femme ne voudrait pas de toi.

— Et les enfants ?

— Je les garderai, naturellement. Mais je te donnerai un peu de l'argent que nous aurons économisé, et tu pourras t'acheter une terre au village hakka. Et nous nous verrons peut-être de temps en temps.

— Je veux de la terre.

— Non ! Nous ne resterons pas ici !

La deuxième partie du projet de Nyuk Tsin concernait le poi. Aussi intelligents fussent-ils, les Chinois ne parvenaient pas à maîtriser la fabrication de cette denrée alimentaire de base. Nyuk Tsin faisait merveilleusement bien pousser son taro, et le docteur Whipple disait qu'il en avait rarement vu de plus beau. Elle le récoltait selon les règles, commençant par ôter les feuilles vert sombre afin de les vendre comme légumes qui rappelaient les épinards. Puis elle pelait les tiges qui se consommaient comme des asperges, les fleurs ayant déjà été vendues pour être mangées comme du chou-fleur. Il ne restait donc plus que les gros bulbes sombres servant à préparer le poi. A l'état brut, ils contenaient de petits cristaux amers qui les rendaient impropres à la consommation, mais une fois bouillis et pelés, ils étaient délicieux. Dans une auge Nyuk Tsin écrasait les bulbes bouillis à l'aide d'un mortier de lave. Elle broyait et, peu à peu, liquéfiait la masse jusqu'à finir par obtenir une pâte un peu collante. C'était le poi, la fécule la plus remarquable qui fût au monde : alcalin plutôt qu'acide, le poi était bien plus digeste que la pomme de terre et plus nourrissant que le riz. Un enfant de deux semaines pouvait manger du poi sans le moindre risque, et un vieillard à l'estomac rongé par les ulcères en absorbait sans problème. Le docteur Whipple amusait ses invités en leur servant du poi au lieu de pain ou de pommes de terre. « C'est la seule nourriture vraiment parfaite », déclarait-il.

Les Hawaiiens aimaient le poi et ils furent soulagés lorsque les Pake se chargèrent de le fabriquer. A cette époque, la coutume voulait qu'on accrochât un drapeau blanc dans la rue dès qu'il y avait du poi à vendre. Quand Nyuk Tsin eut accroché le sien, les clients accoururent mais se plaignirent rapidement de la piètre qualité du produit. Le poi de Nyuk Tsin n'était pas l'aliment neutre qu'ils aimaient ; très gênés, ils lui demandèrent si elle avait bien nettoyé ses ustensiles de cuisine. Les Hawaiiens privilégiaient la propreté dans leur vie quotidienne, mais devenaient maniaques quand il s'agissait du poi. Si une mouche se posait sur le bord d'un bol de poi, on s'empressait de jeter le tout. Le bruit courut que le poi des Pake n'était pas propre. Pis encore, il avait des grumeaux.

Un autre problème se posa. Trois monnaies avaient alors cours dans les îles : le dollar américain, le réal espagnol et le shilling anglais. Le *dime* et le réal ayant à peu près la même taille, les Hawaiiens essayaient de convaincre les Chinois qu'un dime (qui valait dix cents) était aussi bon qu'un réal (qui en valait douze et demi) ; de son côté, Nyuk Tsin s'efforçait de récupérer des réaux et de se débarrasser de ses dimes. Le conflit était constant.

Quand les Kee en furent à leur cinquième fournée de poi, le drapeau blanc claqua longtemps au vent avant que des clients ne fassent leur apparition. Une grosse Hawaiienne se présenta finalement. Elle trempa le doigt dans la pâte et d'un air dégoûté elle consentit à dire :

— J'en prendrai trois paquets à demi tarif, et je paye en dimes.

C'en fut trop pour Nyuk Tsin. Trois fois moins épaisse que sa cliente, elle se jeta sur elle et la poussa vers la rue tandis que l'autre agitait les bras comme pour chasser une mouche énervée. La chose prit de telles proportions que le docteur Whipple dut planter dans sa cour un panneau annonçant qu'il n'y avait plus de poi à vendre.

Cet incident irrita Mun Ki, qui reprocha à sa femme de ne pas savoir préparer le poi, mais il pensait surtout au manque à gagner. Il y eut toutefois plus humiliant. Les Kee avaient plusieurs kilos de pâte en réserve et l'économe Nyuk Tsin ordonna à chacun d'en manger. Son mari goûta bravement à la fécule et fit la grimace avant de constater avec épouvante que ses fils la préféraient au riz.

— Cela suffit comme ça ! s'écria-t-il en posant violemment son bol sur la table. Nous partirons en Chine dès la fin du contrat.

— Signons pour cinq années supplémentaires, supplia Nyuk Tsin.

— Non ! tonna Mun Ki. Je ne peux tolérer que mes propres fils préfèrent le poi au riz. Ils ne sont plus chinois !

Il fit mine de jeter le poi, mais Nyuk Tsin l'en empêcha.

— Très bien, Tante de Wu Chow, grommela-t-il, je mangerai ton poi, mais ensuite je repartirai en Chine !

L'oncle Chun Fat avait sans aucun doute gagné un million de dollars en Californie, mais tout indiquait que son neveu n'allait pas faire de même à Hawaii.

Toujours prompte à expérimenter, Nyuk Tsin eut l'idée de couper dans le sens de la longueur les tiges de taro, de les entasser un certain temps dans des barrils d'une saumure qui les rendait délicieuses avec du porc ou du poisson cuit à la vapeur.

Elle vendait les fleurs de taro en guise de légumes, les feuilles comme épinards, et les bulbes non préparés à l'usine royale de poi de Fort Street. Et dans toute la ville, elle allait pieds nus proposer ses tiges de taro.

Le docteur Whipple admirait la façon dont elle avait réagi à sa cuisante défaite.

Un jour, il lui dit :

— Mrs Kee, vous vous rappelez ce terrain dont je vous avais parlé ?

Les yeux brillants, elle le regarda, attendant avidement ce qu'il allait dire.

— Je ne vais pas vous le vendre, Mrs Kee.

Un tel désespoir se peignit sur les traits de la petite Chinoise de vingt-trois ans qu'il eut honte de son innocente plaisanterie et se hâta d'achever :

— Je vous le donne.

Les yeux en amande de Nyuk Tsin s'emplirent de larmes et elle posa la main sur sa poitrine. En elle-même, elle pensait : « Cette terre aurait pu être à moi, une terre belle et riche au pays de l'Arbre Embaumé. » Mais elle était avant tout une épouse loyale.

— Le père de Wu Chow me dit que je ne dois pas penser à avoir de la terre dans ce pays. Bientôt, nous reviendrons en Chine.

— Dommage, répondit simplement Whipple, désireux de ne pas s'attarder sur le sujet.

Dans l'esprit de cette Hakka, obstinée comme l'était son peuple, le désir de la terre était une chose qui se transmettait de génération en génération. Quelque peu paniquée, elle vit le docteur Whipple s'éloigner — et emporter avec lui sa seule chance de salut.

Cédant à une force qui lui était supérieure, elle l'appela par son nom. Le vieux médecin se retourna et lut dans les yeux de sa domestique les tourments qui l'agitaient. Il revint près d'elle et lui demanda doucement :

— Qu'y a-t-il, Mrs Kee ?

Un instant, elle hésita, le visage baigné de larmes. Incapable de parler, elle le regardait fixement et ses lèvres remuaient sans produire le moindre son. Finalement, d'une voix blanche, elle lui fit part de ce qu'elle avait décidé.

— Quand le père de Wu Chow rentrera en Chine, je continuerai à vivre ici.

— Oh non ! s'écria Whipple. Une femme doit rester auprès de son mari. C'est pour moi l'unique condition pour vous accorder ces terres.

La possibilité de perdre le précieux terrain enhardit la petite Chinoise, qui se confessa d'une voix murmurante :

— Ce n'est pas mon mari, docteur Whipple.

— Je sais.

— Il m'avait amenée ici pour me vendre à l'homme qui attendait de l'autre côté de la barrière. Il a eu de la gentillesse pour moi et il m'a rachetée.

Le docteur Whipple se souvint de la scène et sut que ce que disait Nyuk Tsin était vrai. Cela ne l'empêchait pas de rester missionnaire, comme le lui rappelait Hoxworth, et il lui parla de maître à domestique.

— Les hommes prennent bien souvent des épouses pour d'étranges raisons, Mrs Kee, dit-il, puis ils en viennent à les aimer et à fonder de grandes familles. Il est de votre devoir de retourner en Chine aux côtés de votre mari.

— Une fois là-bas, expliqua-t-elle, je ne pourrai pas rester au Village d'En-Bas. Il aura honte de mes grands pieds.

— Que ferez-vous ? lui demanda Whipple avec un intérêt croissant.

— J'irai vivre au village hakka.

La conscience du docteur Whipple souffrait souvent des injustices de la vie, mais il était convaincu que l'obéissance au devoir constituait le salut de l'homme.

— Dans ce cas, allez au Village d'En-Haut, Mrs Kee, dit-il avec douceur. Prenez vos fils et vivez en paix. Vos dieux vous y aideront.

— Mes fils devront rester au Village d'En-Bas, lui expliqua-t-elle d'un ton glacial, et je n'aurai plus le droit de les voir. Ils ne sauront pas que je suis leur mère.

Le docteur Whipple s'éloigna de la femme, donna des coups de pied dans l'herbe pendant quelques minutes et revint lui poser plusieurs questions. Comment avait-elle connu Kee ? Était-il vrai qu'il l'avait amenée à Hawaii pour la vendre ? Était-il vrai qu'elle perdrait son mari et ses fils lors de son retour en Chine ? Où vivaient ses parents ? Elle lui parla de son enlèvement et de l'avenir sinistre qui serait le sien.

— Allons plutôt voir ces terres, proposa-t-il.

Il poussa la barrière du jardin et conduisit sa servante aux grands pieds nus dans la vallée de Nuuanu, à quelque dix-huit cents mètres de Honolulu, et lui montra un grand champ de taro abandonné. Ce n'était guère qu'un marécage nauséabond, situé le long du ruisseau de Nuuanu, mais Nyuk vit déjà ce qu'elle en ferait. Le bas du champ, plus humide, serait consacré au taro, la partie plus élevée et plus sèche aux légumes. Il y avait un coin où l'on pourrait même bâtir une petite maison. Dans les années à venir, la ville de Honolulu s'étendrait certainement jusque-là, et la terre prendrait de la valeur.

— C'est à vous, Mrs Kee, dit le docteur Whipple.

L'étrange couple se serra la main et ils revinrent lentement en ville.

Nyuk Tsin ne parla pas de cet accord à Mun Ki, pas plus qu'elle ne lui révéla qu'elle entendait bien demeurer à Hawaii lorsqu'il partirait, car c'était un homme bon. Tant qu'il vivait avec sa concubine sur une terre étrangère, il était à la fois aimable et respecté, mais il était aussi réaliste et savait qu'il ne pourrait continuer à vivre ainsi en Chine. L'avenir qui l'attendait n'avait cependant pas d'influence sur son présent. Il aimait Nyuk Tsin et adorait ses quatre enfants. Elle était enceinte, une fois encore, et il était heureux.

Lui-même se débrouillait fort bien au chi-fa et était devenu l'un des meilleurs joueurs de mah-jong de Honolulu. Il appréciait particulièrement les Whipple, qui étaient de bons patrons, et, un jour, il fit remarquer au docteur :

— On dirait que mon cycle de six ans a débuté avec mon arrivée ici.

— Quel est ce cycle ?

Il était quelque peu scandalisé par la façon dont Mun Ki se proposait de traiter Nyuk Tsin dès leur retour en Chine, mais cela ne l'empêchait pas d'aimer converser avec lui.

— Les Chinois disent : « Trois années de malchance, six années de bonheur », lui répondit Mun Ki.

Le cuisinier poursuivit son travail, mais le docteur Whipple réfléchit à cette phrase qui en disait long sur les Chinois. Il fit part de ses réflexions à Amanda :

— Nous autres, chrétiens, nous en tenons à l'Ancien Testament : sept années de vaches grasses suivies de sept années de vaches maigres. Le monde s'équilibre ainsi, le Bien et le Mal se compensent. Mais les Chinois voient le monde de façon plus heureuse : pour celui qui peut supporter trois mauvaises années, six bonnes années lui seront accordées. La proportion est tout autre, et c'est ainsi que les Chinois sont d'éternels optimistes. Les Pake savent que le Bien triomphe toujours du Mal par six à trois.

Et l'idée lui traversa l'esprit que ce seraient, un jour, ses descendants qui travailleraient pour les Chinois.

Un matin qu'il regardait Nyuk Tsin consolider ses canalisations après un orage, et voyait l'eau enrichir cette terre ingrate, il fut pris d'une idée subite et frappa son poing dans sa paume.

— Par Dieu, j'en parle depuis cinquante ans, et je vais le faire !

Il se rendit directement aux bureaux de J & W et rassembla tous les jeunes Janders et Whipple. Puis il leur montra une carte de l'île d'Oahu.

— Les quatre cinquièmes de notre île sont un désert. Il n'y pousse rien que des cactus et l'élevage y est impossible. Le dernier cinquième est bien arrosé mais les terrains sont si abrupts qu'on ne peut les cultiver, et l'eau va se perdre dans la mer. Mes enfants, j'ai bien souvent parlé de construire un canal qui emprisonnerait cette eau et l'amènerait de là (il posa avec force un doigt sur un coin de la carte) de ce côté-ci (et il abattit sa main sur les régions désertiques). Cette semaine, nous allons mettre mon projet à exécution !

Un de ses propres fils fut le premier à revenir de sa surprise :

— Si Dieu avait voulu que l'eau tombe de ce côté, il l'aurait commandé. Nous ne pouvons nous permettre de corriger l'œuvre de Dieu.

Le docteur Whipple considéra son fils et répliqua :

— Je me permets de te rappeler la parabole des talents. Dieu ne veut pas que nous laissions périr ses dons.

Un des fils Janders souleva une autre objection.

— J & W sont déjà trop étendus. Nous ne pouvons tout faire. Et nous n'avons pas les moyens de nous lancer dans des aventures hasardeuses.

— Je ne vous demande pas d'argent, si vous ne voulez pas en donner, mais je jure bien de mettre toute ma fortune dans cette entreprise. Je ne vous demande qu'une chose : les droits de vos terres sur le versant desséché.

Lorsque Whipple eut en main trois mille hectares de terres arides, il embaucha deux cents hommes et de nombreux troupeaux de mules et, avec son propre argent, lança l'entreprise qui devait transformer ces régions désertiques d'Oahu en un verger fertile et luxuriant.

Lorsque John Whipple eut terminé son canal, en contournant des collines, en faisant des barrages et des écluses, et que le résultat devint évident, il rassembla une fois de plus les dirigeants de J & W et leur montra de nouveau la carte d'Oahu, avec les terres arables marquées en vert.

— Nous amenons l'eau le plus loin possible avec nos canaux. Mais regardez cette carte. Nous n'avons pas irrigué vingt pour cent des terres. Nous perdons encore quatre-vingt-dix pour cent de nos eaux de pluie. Messieurs, longtemps après ma mort, quelqu'un trouvera le moyen de percer ces montagnes et d'amener l'eau sur l'autre versant. Je vous conjure, quand ce vaste projet paraîtra réalisable, et tôt ou tard il le deviendra, de ne pas hésiter. Mettez vos fonds en commun. Endettez-vous s'il le faut. Car l'homme qui réussira à maîtriser cette eau sera le maître de Hawaii.

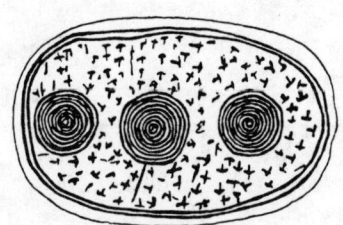

Nyuk Tsin et son mari subissaient un certain nombre de revers de fortune, mais ils savaient aussi reconnaître les difficultés chez autrui. Lorsqu'il dînait chez les Whipple, le visage du capitaine Rafer Hoxworth était marqué par le souci que lui causait la maladie de sa gracieuse épouse, Noelani, la splendide Hawaiienne dont le charme était tant apprécié des Chinois. En 1869, il devint évident pour Nyuk Tsin que Mrs Hoxworth avait besoin d'un traitement médical ; l'année s'écoulait, et la femme du capitaine était de moins en moins capable de rester à table sans présenter des signes d'extrême fatigue. Cela attristait Nyuk Tsin.

Les *haole* — nom donné aux Blancs dans les îles — ne comprenaient pas pourquoi leur chère amie était dans un état aussi pitoyable, mais les *kanaka* — appellation des Hawaiiens — le savaient fort bien. De leur sœur moribonde, ils disaient : « *Ho'olana i ka wai ke ola* — sa vie flotte sur l'eau. » Noelani était peut-être consciente de son état, mais elle ne le montrait à personne.

En véritable alii, Noelani dormait beaucoup pendant la journée afin de préserver ses forces, mais lorsque le soir approchait, elle revenait à la vie, et c'était avec l'enthousiasme d'une enfant qu'elle remontait Beretania Street dans son bel attelage avec cocher importé d'Angleterre. « Vous pouvez m'emmener chez les Whipple, lui lançait-elle en anglais. Mais faites vite. » Lorsqu'elle arrivait, elle frappait par sa beauté. Déjà grande, elle accentuait sa taille en plantant des peignes d'écaille dans son chignon argenté. La traîne de sa robe de brocart cousue de dentelle de Bruxelles mesurait près d'un mètre de long. Elle portait des perles de jade qui s'accordaient merveilleusement à sa peau sombre, des bagues et des bracelets de jade également, tous achetés à Pékin. Sa poitrine s'ornait d'une petite montre en or fabriquée à Genève, maintenue en place par un papillon en pierreries de Paris. Elle avait coutume de tenir à la main un éventail cantonais de plume et d'ivoire. Enfin, elle jetait sur ses épaules une étole très large, brodée de roses rouges et bordée de longues franges. Quand elle entrait dans une pièce, sa noblesse faisait d'elle l'incarnation d'une race vaillante. Cependant, elle se mourait.

Elle appréciait les beaux atours, les soirées et la compagnie de ses enfants, mais s'il advenait qu'elle reçût moins d'une douzaine d'amis dans la soirée, elle se sentait seule. Elle priait alors son mari de l'emmener chez tante Mele « pour y trouver quelqu'un avec qui discuter », et tout le monde accompagnait Noelani, laquelle avait de plus en plus de mal à respirer.

Ses enfants avaient fait de beaux mariages et elle aimait énormément ses quatorze petits-enfants. Malama, sa fille aînée, était la femme de Micah Hale. Bromley et Jerusha avaient épousé des Whipple, et Iliki un Janders. De sorte que, quand la famille Hoxworth était réunie, la plupart des grandes familles de l'île étaient rassemblées. Noelani aimait beaucoup converser avec Micah Hale. Il occupait une place très importante à Hawaii, car il se trouvait à la tête de H & H, mais en outre, il siégeait à la Chambre haute, était membre du Conseil privé et administrateur du ministère de l'Intérieur.

Noelani lui disait souvent :

— Je me souviens de notre première conversation, c'était un dimanche, à San Francisco. Nous étions tous les deux certains que l'Amérique absorberait nos îles. Eh bien, cela ne s'est pas encore produit, et je ne verrai jamais Kamahameha V céder un pouce de terre aux États-Unis.

— Nous serons réunis, affirmait son gendre barbu. Je suis plus certain que jamais, Noelani, que notre destin va être bientôt scellé.

— Vous me dites cela depuis vingt ans, et voyez ce qui s'est passé. Votre pays a été déchiré par la guerre civile et le mien poursuit sa douce dérive.

— Vous faites erreur, Noelani, déclara Micah en caressant sa barbe. Chaque vague qui se brise sur ces îles nous prouve que nous ne formerons bientôt qu'un seul pays. Dans moins de dix ans, à coup sûr.

— Comment pouvez-vous être aussi affirmatif ? demanda Noelani.

— C'est très simple. L'Amérique aura besoin de notre sucre. Pour être certaine d'être approvisionnée, elle prendra ces îles.

— Vous travaillez à cela ? s'enquit la vieille femme.

— Oui, et tous les hommes de bon sens font de même.

— Le roi est au courant ?

— Il connaît très bien la situation. Il prie pour que Hawaii reste indépendante, mais, si c'est une chose impossible, il préfère que ce soient les États-Unis qui mettent la main sur ces îles.

— J'espère bien ne jamais voir cela, dit Noelani d'un air las alors que les domestiques commençaient à servir le repas.

Quand les Hoxworth dînaient chez les Whipple, Nyuk Tsin s'émerveillait de l'extraordinaire douceur dont le capitaine Rafer faisait preuve à l'égard de sa femme. Il était le haole préféré de toute la communauté chinoise. Il avait été odieux avec les coolies lors de leur voyage à Hawaii et il les avait maudits de vouloir quitter les plantations, mais c'était à bien d'autres égards un ami sincère. L'homme dont il avait brisé la mâchoire avait trouvé un bon emploi, celui qui s'était cassé la cheville en tombant dans la cale avait reçu une somme d'argent qui lui avait permis de faire venir sa femme. Chaque fois qu'un bateau de la H & H arrivait avec une cargaison spécialement destinée aux Chinois, le capitaine Hoxworth veillait personnellement au déchargement, car il aimait les senteurs des terres lointaines. Il fréquentait beaucoup les boutiques punti et hakka. Il tapait sur les fesses des femmes et plaisantait avec les hommes. Quand il avait sur lui une bouteille de whisky, ce qui était souvent le cas, il la débouchait, buvait une gorgée, essuyait le goulot, passait la bouteille aux Chinois, puis buvait à nouveau quand la bouteille lui revenait. La liberté de ses manières impressionnait les Chinois, qui respectaient sa capacité à imposer sa volonté.

L'amour sincère qu'il portait à son épouse hawaiienne était cependant ce qui les touchait le plus. Le rude capitaine aux favoris blanchis par les années ne paraissait jamais plus tendre que lorsqu'il aidait Noelani à monter dans son attelage. Le roi mis à part, Hoxworth était l'homme le plus marquant de tout Hawaii, et il le savait.

Les nuits de novembre peuvent être fraîches à Hawaii car les journées sont brèves et le soleil bas dans le ciel. En novembre 1869, il devint évident que Noelani devait garder le lit en permanence.

— Je ne sais pas au juste ce qu'elle a, mais il est clair qu'elle doit cesser de sortir autant, prévint le docteur Whipple.

— Noelani n'est pas une femme ordinaire, lui répondit le capitaine Hoxworth. Elle est l'Alii Nui de ces îles et elle continuera à se promener à mes côtés tant que ses forces le lui permettront, car je crois qu'il convient qu'elle se fasse voir de son peuple.

Les nuits se firent plus fraîches encore, et on ne vit plus Noelani dans les rues de Hawaii. Sa mort était un étrange passage, une mystérieuse disparition. Aucun docteur ne pouvait expliquer pourquoi elle se mourait, mais il était clair que telle était bien son intention. Comme la race poétique dont elle était la plus noble représentante, elle partait doucement à la dérive. Fin décembre, elle annonça : « Je mourrai début janvier. » La nouvelle se répandit dans la communauté hawaiienne de sorte que, pendant cette période de fêtes, des femmes vinrent les pieds nus porter des fleurs chez les Hoxworth. « Nous sommes venues pleurer avec notre sœur », expliquaient-elles. Pendant des heures, elles demeuraient à son chevet sans dire un mot, puis, au crépuscule, elles repartaient, laissant les fleurs derrière elles.

Avant de mourir, Noelani fit venir son gendre, Micah Hale, le membre du Conseil privé.

— Prenez soin de Hawaii, Micah, lui dit-elle. Donnez de bons conseils au roi.

— Chaque fois que j'ai l'honneur de le conseiller, je prie le Seigneur de me montrer le droit chemin, lui assura-t-il.

— Je ne vous demande pas seulement d'être pieux, dit-elle. Je veux que vous soyez juste.

— Il n'y a que par la prière que le bien m'apparaît, affirma-t-il.

— Vous êtes toujours aussi déterminé à faire entrer Hawaii dans l'Union ?

— Je veillerai à ce qu'il en soit ainsi.

Noelani se mit à pleurer.

— Ce sera un triste jour pour les Hawaiiens. Le jour de votre triomphe, Micah, soyez doux et compréhensif avec votre femme. Malama vous soutiendra, certes, mais elle saura aussi vous haïr quand vous mettrez fin au royaume hawaiien.

L'austère Micah Hale aurait voulu faire preuve d'indulgence — il savait qu'il voyait sa belle-mère pour la dernière fois —, mais tel un prophète de l'Ancien Testament, il se dut d'ajouter :

— Les nations ont aussi un destin, Noelani, et celui-ci ne peut être fui.

— Les races, elles aussi, ont un destin, répliqua-t-elle, et celui de la nôtre n'aura pas été heureux.

Il s'inclina et se prépara à partir, mais elle le rappela auprès d'elle et dit :

— J'aimerais prier avec vous, Micah.

Lors de son enterrement dans le vieux cimetière de Makiki, le capitaine Hoxworth provoqua un certain émoi en refusant de quitter sa tombe. Il resta là plusieurs heures, sans pleurer ni tomber à genoux. Fièrement dressé, il portait ses regards par-delà Honolulu, vers Diamond Head. A Waikiki, les rouleaux déferlaient sur la grève, et il pouvait voir les petites silhouettes des hommes qui chevauchaient les vagues. Le ciel était bleu, de gros nuages s'entassaient à l'horizon. Devant lui s'étalait la mer, l'océan turbulent et sans cesse changeant sur lequel il avait passé sa vie.

Le capitaine Hoxworth ne s'était jamais vraiment intéressé à ses petits-enfants, il les avait laissé grandir à leur guise, mais le départ de Noelani l'avait transformé en une sorte de patriarche bienveillant. Il avait pris l'habitude d'inviter son fils et ses trois filles ainsi que leurs familles et de s'asseoir en bout de table, où il dispensait charme et affection. Il leur parlait de sa jeunesse dans le Pacifique Sud et de ses aventures en Chine. Il prétendait qu'un homme devait attendre son trépas pour découvrir la volonté de Dieu, à moins qu'il n'eût connu la mer dans sa jeunesse.

Il savait que Micah était le plus doué de tous et, lors des repas familiaux, il s'adressait de plus en plus souvent à lui.

— Toute entreprise d'importance est semblable au commandement d'un navire, Micah. Il y a contre le capitaine des complots qu'il doit étouffer sans la moindre pitié. On peut ne pas aimer frapper un homme, je ne l'ai jamais fait, mais c'est peut-être la seule façon de rester maître à bord. Voilà ce qui est primordial, être maître à bord.

Son opinion était que dans la décennie à venir allaient surgir une série de crises fondamentales qui décideraient de l'avenir de Hawaii et, surtout, du futur des grandes firmes désireuses de contrôler l'économie des îles.

— Ne vous occupez pas de ces rois gros et vieux. Ils n'ont aucun pouvoir et ne servent qu'à amuser la galerie. Ce qui importe, c'est la Hoxworth & Hale, la Whipple & Janders, la Hewlett. Qu'elles maintiennent le cap et les rois n'auront qu'à bien se tenir.

Lorsqu'il parlait ainsi, Hoxworth était fâché de constater que Micah Hale ne partageait pas son avis.

— Nous devons régler le problème de ces rois stupides, disait Micah. Il est scandaleux de les voir gaspiller la substance de ce royaume, et je suis plus que jamais décidé à faire quelque chose.

— Micah, répliquait le capitaine Hoxworth, vous serez heureux de faire de H & H la compagnie la plus puissante de tout le Pacifique, et les rois n'auront qu'à bien se tenir. Bon sang, c'est vous qui serez le vrai roi, celui qui a son mot à dire.

— Il ne convient pas que des Américains vivent sous la coupe d'un roi, répétait obstinément Micah Hale.

— Je vais vous dire ce qu'est le destin de l'Amérique, moi, tonnait Hoxworth en agitant sa tête chenue. Si Hawaii prospère et gagne de l'argent, l'Amérique comprendra subitement que ces îles font partie de son destin !

Au cours de ces discussions où le propre fils de Hoxworth, Bromley, n'avait guère son mot à dire, le vieux capitaine avait remarqué que, dans l'auditoire, un esprit vif s'accordait au sien, et sans jamais s'adresser directement à lui, il se mit à formuler ses commentaires de sorte que Whip, le fils de Bromley, alors âgé de treize ans, puisse les comprendre. Et il était heureux de voir avec quelle vitesse le garçon saisissait ses propos.

— J'ai toujours prétendu..., commenta-t-il.

Il s'était tourné vers l'oncle du jeune garçon, Ed Janders, celui qui avait épousé Iliki — remarquons au passage que le capitaine Hoxworth avait donné à ses enfants les noms des femmes qu'il avait aimées : Jerusha, Bromley, Iliki.

— J'ai toujours prétendu, dit-il, que la vie d'un homme devrait commencer à treize ans. Il devrait partir sur la mer ou se lancer dans une grande entreprise. Son esprit devrait déjà être fait à l'idée de Dieu et il devrait déjà avoir lu la moitié des livres qu'il lira tout au long de sa vie. Toute minute gâchée après l'âge de treize ans, c'est une heure irrémédiablement perdue.

Le vieux capitaine note avec intérêt que le mari d'Iliki n'avait pas compris un mot de ce qu'il disait, au contraire de Whip Hoxworth qui avait tout saisi.

Le capitaine prit ainsi l'habitude de déambuler dans les rues de Honolulu à côté de son petit-fils, qu'il présentait à ses associés et à qui il dévoilait les mystères de la navigation.

Un jour, le ministre du culte lui fit remarquer :

— Dites-moi, capitaine, ce garçon ne va donc plus à l'école ?

— Ce que je lui enseigne, répliqua Hoxworth, il ne l'apprendra jamais à l'école.

Il traînait son petit-fils sur les quais où l'on déchargeait les bateaux venus de Chine ou de Java. Il le laissait pendant des heures sur le gaillard d'avant pour l'obliger à faire travailler son imagination.

— Il y a un plaisir de la mer que tout homme se doit de découvrir seul, lui disait-il aussi, c'est l'arrivée dans un port étranger après une longue traversée. Rappelle-toi ceci, Whip. Parcours le monde ! Plonge-toi dans les cités interdites ! Mon garçon, voici les deux plus belles choses au monde : arriver dans un port inconnu en se disant qu'on va conquérir cette ville, et rencontrer une femme inconnue en se disant qu'elle aussi, on va la conquérir.

Un jour, s'éloignant des quais, ils arrivèrent dans un endroit où de petites baraques malodorantes se dressaient le long de ruelles.

— Voici Iwilei, expliqua le capitaine Hoxworth. Rat Alley, la rue du Rat. Ici, je suis le roi.

Peut-être avait-il raison, mais c'était un roi voyageant incognito, car personne ne lui adressait la parole à Iwilei. Des Chinois qui avaient gagné au jeu au cours de la semaine, des marins ou de petits employés des grosses sociétés d'Honolulu passaient à côté de lui sans le regarder. La première chose que le jeune Whip Hoxworth remarqua fut qu'à Iwilei même les hommes qui se connaissaient ne se parlaient pas. Comme si, par enchantement, il suffisait de désirer l'invisibilité pour l'acquérir.

— Je viens souvent ici, dit le capitaine à son petit-fils en l'entraînant dans une bâtisse obscure.

Le tenancier était un gros Chinois qui importait ses filles de Macao. Le capitaine demanda à les voir et une petite troupe bigarrée, en kimonos ou en jupons, entra au salon. Il y avait une Espagnole de Valparaiso, une petite Napolitaine, une Irlandaise de Dublin, une Chinoise, deux Japonaises et une Javanaise. Elles connaissaient toutes le capitaine et l'accueillirent avec joie. Puis elles entourèrent le jeune garçon et l'admirèrent.

— Quel âge a-t-il ? demanda l'Irlandaise.

— Treize ans. Et à treize ans, il est grand temps qu'un garçon sache quelles joies une jolie fille peut apporter. Quel âge avais-tu, Noreen, quand tu as découvert le plaisir avec les hommes ?

— Treize ans.

— Et toi, Constanza ?

— Douze, c'était derrière la cathédrale, à Naples.

— Moi, j'avais quatorze ans, avoua Hoxworth. C'était dans ta ville natale, Raquella, à Valparaiso.

Il raconta avec force détails sa première expérience et comment on l'avait traité avec respect par la suite.

— Toi aussi, Whip, on aura plus de respect pour toi, dit-il au garçon. Pas parce qu'on saura que tu es venu ici. Non, cela restera un secret. Mais parce que tu sauras des choses que les autres ignorent. C'est ce savoir qui fait les vrais hommes, les autres restent de grands enfants... toute leur vie durant. Je crains que ton père et tes oncles ne soient encore des gamins, mais toi, bon Dieu ! je veux que tu sois un homme !

Le tenancier revint avec une Chinoise qui paraissait plus jeune que les autres filles. Elle portait une tunique de soie noire et des pantalons blancs. Elle avait les pieds nus et ses cheveux formaient une longue tresse. Le garçon la regarda avec beaucoup de curiosité. En découvrant son visage étonné mais avide, la Chinoise lui sourit et dit :

— J'aimerais lui montrer des choses.

Le jeune Whip eut un peu peur, mais il ne recula pas pour autant. Le grand-père prit son petit-fils et la Chinoise par la taille.

— Tu te souviens de ce que je t'ai dit des ports inconnus, mon gars ? Il est facile d'aimer une fille de sa propre race, mais pour être vraiment un homme, il faut savoir regarder dans les yeux les Jaunes comme les Noires et penser : « Tu es une femme et tu es à moi. » Tu vas te montrer particulièrement gentil avec cette petite, parce qu'elle va t'enseigner de grandes choses !

Leur ayant en ces termes donné sa bénédiction, il vit l'étrange couple disparaître dans un couloir très sombre qui conduisait aux chambres.

— Tu te rends compte, Noreen ? s'écria-t-il en attirant à lui la jeune Irlandaise. C'est la première fois !

Une fois dans sa chambre, la petite Chinoise se tourna vers Whip.

— Il est possible de prendre beaucoup de plaisir avec une femme. Tu vois ?

Elle ôta lentement sa tunique, qu'elle jeta sur le dossier d'une chaise, et plaça sur ses seins les mains de Whip. Elle se mit à onduler lentement des épaules.

— Ils sont faits pour les hommes, expliqua-t-elle.

D'instinct, Whip approcha les lèvres des seins de la fille et, tandis qu'il l'embrassait, elle se débarrassa prestement de ses pantalons. Le capitaine Hoxworth eût été satisfait de voir que son petit-fils avait si peu de choses à apprendre...

En d'autres domaines, le garçon avait besoin d'être sérieusement guidé. Il n'avait pas de très bonnes notes à l'école, et son grand-père l'étonnait en insistant pour qu'il lût des livres longs et difficiles comme *L'histoire de Pendennis* et *Jane Eyre,* tandis que les enfants du collège de Punahou étudiaient *Oliver Twist* et *La légende de Sleepy Hollow.* Le capitaine Hoxworth faisait également entrer dans le crâne de son petit-fils ce qu'étaient selon lui les principes de base du commerce : tout faire payer et surveiller de près les employés.

Le vieux capitaine voulait que son petit-fils se rappelât par-dessus tout d'une chose qui lui tenait particulièrement à cœur.

— C'est une formidable aventure que de vivre soixante-dix ans, disait-il. Tu as treize ans aujourd'hui et il te reste probablement encore cinquante-sept Noëls. Profite de chacun comme si c'était le dernier. Il te reste dans les deux mille cinq cents samedis soir. Trouve-toi une fille et amuse-toi avec elle, mais ne prends jamais une femme à la légère. Peut-être est-ce celle-là qui te laissera les meilleurs souvenirs. Surtout, Whip, ne sois pas un vieillard timoré avant l'âge, ne sois pas comme ton père et tes oncles ! Bon Dieu, Whip, on ne peut même pas savoir ce que sera Hawaii dans vingt ou cinquante ans. Peut-être qu'on n'y fera plus pousser de canne. Peut-être qu'on n'aura plus besoin de bateaux. Cette ville et ces collines feront peut-être partie de la Chine. Mais sois courageux, Whip. La roue tourne, et tu dois être de ceux qui la manœuvrent, pas de ceux qui sont entraînés par elle.

La fin de la harangue du capitaine rendait son petit-fils particulièrement heureux. L'idée qu'Hawaii pût un jour appartenir à la Chine n'impressionnait pas le jeune Whip, mais la mention de ce pays lui rappelait les ruelles d'Iwilei.

— Je veux revoir cette Chinoise ! s'écria le garçon.

— Et moi donc ! répondit le grand-père, qui lança son cheval en direction de Rat Alley.

En arrivant chez le tenancier de Macao, ils ne trouvèrent pas la Chinoise, mais cela ne troubla pas Whip, qui adressa de grands sourires à l'Irlandaise.

— Ah, bon Dieu, non ! Noreen est à moi ! rugit son grand-père.

Et il le jeta dans les bras de Raquella de Valparaiso, qui, pour le plaisir de se donner au garçon aux yeux brillants, se livra comme une tigresse et lui enseigna des choses que pas un jeune d'Honolulu ne soupçonnait, et bien des hommes non plus.

Ce jour-là, en quittant le quartier réservé, ce n'était pas aux femmes qu'il pensait, mais aux ports inconnus, aux mers lointaines et aux navires — ceux de sa famille — qui sillonnaient les océans du globe pour en rapporter des êtres bizarres et des produits étranges. Le soir même, il annonça à la table familiale qu'il ne voulait pas entrer au collège de Punahou.

— Qu'est-ce que tu veux faire ? lui demanda son père dont le principal souci dans la vie était de cacher qu'il était à demi hawaiien.

— Je veux prendre la mer, répondit le jeune Whip.

— J'en fais mon affaire ! rugit son grand-père.

Mais cette promesse se révéla plus difficile à tenir qu'il ne l'aurait cru, car les oncles austères et collet monté ne voulaient rien entendre.

— Cet enfant doit terminer ses études à Punahou et entrer à Yale, s'écria Bromley Hoxworth.

— Au diable Yale, glapit le vieux capitaine. Yale n'a jamais remplacé l'expérience personnelle ! Ton fils est d'une autre race, Brom. Il est fait pour la mer.

— Il a besoin d'une éducation s'il doit prendre la place qui lui revient à la H & H, rétorqua Bromley.

— Aveugles ! Aveugles et sourds, voilà ce que vous êtes ! tempêta le vieillard.

Les oncles soutinrent Bromley, surtout Micah qui estimait que, pour présider aux destinées nouvelles d'Hawaii, la prudence était de rigueur.

— Prudence de mes fesses ! rugit l'indomptable capitaine. Vous n'êtes qu'une bande de vieux timorés. Il faut aller de l'avant. Des hommes de Yale, il y en a partout. Mais un homme audacieux, formé à la dure école de la mer, endurci et avisé... Ah ! tenez, j'en ai assez de vos discussions !

Le vieillard se leva brusquement et quitta la salle à manger en claquant la porte.

A dater de ce jour, Whip fut pour ainsi dire séquestré, de peur que le vieux capitaine entêté ne l'embarquât clandestinement à bord d'un des bateaux de la H & H. Bromley et ses beaux-frères se préparèrent à expédier au plus tôt le jeune Whip en Nouvelle-Angleterre où il serait à l'abri de cette influence néfaste en attendant le moment d'entrer à Yale. Mais un matin de mars 1870, le capitaine Hoxworth déjoua toutes les surveillances, découvrit la retraite de son petit-fils et alla le chercher en cabriolet.

— Dépêche-toi, Whip. Nous n'avons que quelques minutes !

— Pour quoi faire ?

— Tu pars pour Suez.

Le jeune garçon, qui avait à présent quatorze ans mais en paraissait davantage, sourit à son enthousiaste aïeul.

— Je n'ai pas de vêtements ici.

— Viens comme tu es. Tu apprécieras plus les habits quand il te faudra travailler pour te les acheter.

Ils se rendirent aux docks au trot, et Whip se dirigea machinalement vers un grand cargo de la H & H qui s'apprêtait à lever l'ancre, mais son grand-père le retint.

— Bon Dieu, Whip, tu ne crois pas que je vais t'embarquer à bord d'un de mes propres bateaux ? Voilà le tien, mon garçon !

Et il tendit le bras vers un vieux trois-mâts de Salem. Les ans et les mers n'avaient pas été tendres pour l'ancien baleinier qui devait rallier Manille pour y prendre un chargement d'acajou, destiné au Khédive qui bâtissait un nouveau palais. Il y avait une demi-heure que le navire aurait dû lever l'ancre et le capitaine était de méchante humeur.

— Voilà le garçon dont je vous ai parlé, lui dit Hoxworth.

— Il a l'air fort, grogna le capitaine du baleinier. Qu'il descende dans l'entrepont.

— J'aimerais lui parler une minute.

— Je vous en donne six.

Rafer Hoxworth dégringola lestement l'échelle et, dans la pénombre de l'entrepont, il prit son petit-fils par les épaules.

— Whip, dis-toi bien une chose : quand ce bateau aura quitté la rade, l'homme hargneux que tu viens de voir a pouvoir de vie et de mort sur toi. Sa parole a force de loi, et je te prie de croire que ce n'est pas un petit professeur de Yale. Il est dur, cruel et impitoyable. Autre chose. Quand tu te battras, bats-toi à mort. N'hésite jamais à frapper un adversaire à terre et à lui abîmer la figure pour qu'il ne t'oublie pas. Et quand tu l'auras réduit à merci, aide-le à se relever et montre-toi généreux. Whip, tu as goûté les filles chinoises et espagnoles. Il y en a des milliers d'autres. Essaye-les toutes. Tu ne le regretteras jamais. Whip, quand tu reviendras, je veux que tu sois un homme.

Whip eût aimé que cet instant fût éternel, car il se sentait extrêmement attaché à son vieux grand-père, mais la dernière question qu'il lui posa fut si surprenante que Rafer Hoxworth recula de quelques pas :

— Grand-père, vous qui aimiez tant les filles d'Iwilei, qu'est-ce que vous éprouviez pour Noelani ?

Il y eut un grand silence, puis Rafer dit :

— Quand la mère de Noelani est morte, elle pesait près de quatre cents livres. C'était ton arrière-grand-mère. Eh bien, chaque jour, son mari venait lui apporter des fleurs comme à une déesse.

— Oui, mais comment peut-on aimer en même temps plusieurs filles et une femme ?

— Tu ne regardes jamais les cieux la nuit, Whip ? Toutes ces petites étoiles scintillantes au firmament ? Tu pourrais presque citer le nom de chacune d'elles. Et puis voici que la lune se lève à l'est, ronde et pleine, parfaite. Entièrement différente.

Il serra fortement la main de son petit-fils, escalada l'échelle et sauta sur le quai. Le vieux bateau grinça et gémit, quand on largua les amarres. Un vent frais gonfla les voiles. Le long voyage était commencé.

Lorsqu'on découvrit ce que Hoxworth avait fait de son petit-fils, la colonie entière fut outrée. Bromley Hoxworth et ses beaux-frères envisagèrent même de faire arraisonner en pleine mer le baleinier par un de leurs navires pour récupérer l'enfant, mais le vieux capitaine têtu leur fit observer :

— Il a signé ses papiers et si vous connaissez le capitaine de ce bateau, vous savez bien que le gamin ne quittera son bord que les pieds devant ou à l'expiration de son temps.

Par la suite, les sentiments de Honolulu envers le vieillard résolu s'adoucirent et on finit par le considérer, avec une affection amusée, comme le premier citoyen de l'île. On le traitait partout avec la plus grande déférence et même les pasteurs lui tiraient leur chapeau.

Il mourut en cette même année 1870, au mois de juin, universellement respecté. Les Hale, les Whipple, les Janders et les Hoxworth se réunirent auprès de son lit de mort, mais le seul être à qui il pensa jusqu'à son dernier soupir se trouvait alors dans un lupanar de Manille, douillettement couché auprès d'une petite Cochinchinoise nouvellement arrivée de Saigon.

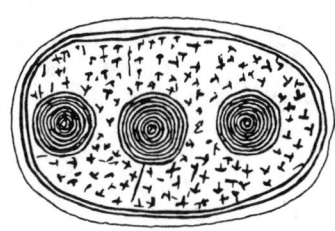

Le jour des obsèques du capitaine Hoxworth, le docteur Whipple, alors âgé de soixante et onze ans, mais encore droit et vert, rentra du cimetière pour trouver Nyuk Tsin qui l'attendait dans son bureau. Elle était encore enceinte et il pensa qu'elle avait surmonté les préjugés ancestraux et venait lui demander des conseils au sujet de son état, mais ce n'était pas le cas.

— Mun Ki a mal à la jambe, dit-elle. Vous pouvez aider.

Elle lui demanda un onguent pour calmer les démangeaisons et l'irritation causées par son travail dans le marécage. Le docteur Whipple connaissait bien cette espèce d'eczéma résultant de l'immersion prolongée dans ces eaux putrides. Il donna à Nyuk Tsin un petit pot de baume. Mais lorsqu'elle fut partie, il eut un remords et se dit qu'il aurait dû aller examiner Mun Ki. Il devait le regretter encore plus amèrement par la suite.

Nyuk Tsin appliqua l'onguent et, en effet, l'irritation disparut et Mun Ki reprit son travail. Quatre jours plus tard, en le voyant dans le jardin, le docteur Whipple lui demanda des nouvelles de sa jambe.

— Très bien. Tout à fait guérie, répondit le Chinois.

Mais huit jours plus tard, les démangeaisons reprirent de plus belle et Mun Ki se dit que les médicaments des Blancs ne valaient rien. Il envoya donc Nyuk Tsin chercher des herbes qu'elle réduisit en pâte et appliqua sur les parties irritées. Une fois de plus, le mal se calma. Mun Ki jura qu'il ne demanderait plus jamais conseil au docteur Whipple.

Au mois de juillet, cependant, il remarqua une plaie sur le pouce de son pied droit et, cette fois, les herbes ne la firent pas disparaître. Il en parla à sa femme, qui lui conseilla l'onguent du docteur blanc. Mun Ki savait que c'était inutile, mais il céda et laissa sa femme lui appliquer le baume. Au grand étonnement de Mun Ki, la plaie se referma, mais il demeurait perplexe.

— Regarde bien ! dit-il à sa femme. Ce remède ne guérit rien du tout. Dans une semaine, la plaie sera revenue !

C'est malheureusement ce qui se passa. La plaie réapparut, pire qu'avant peut-être. Il fit par conséquent plus appel aux herbes chinoises et, dans une certaine mesure, l'aspect de la plaie s'améliora, mais de terribles démangeaisons survinrent, qui ne tardèrent pas à gagner le pied gauche. Une petite lésion s'ouvrit sur son index droit, que rien ne put atténuer. Il se garda bien d'en parler au docteur Whipple, mais ne put toutefois pas le dissimuler à sa femme.

L'horreur s'instaura dans le couple. Le mot terrible ne fut jamais prononcé et les jours s'écoulèrent comme avant. Un matin, cependant, elle entendit son mari se gratter furieusement les jambes. Elle n'hésita pas à le prendre par les mains.

— Père de Wu Chow, je dois aller trouver le médecin chinois.

Il tourna la tête et dit, les yeux fixés sur le sol :

— Va le trouver.

Après que le déjeuner fut servi, Nyuk Tsin s'éclipsa et descendit en ville. Elle pénétra dans le temple chinois et, après force courbettes, elle alluma des bâtonnets d'encens devant l'image de Lu Tsu, renommé pour sa grande sagesse.

— Le Père de Wu Chow a une plaie qui ne veut pas disparaître, lui confia-t-elle, et son doigt est en mauvais état. Nous avons peur, Lu Tsu, et nous espérons que tu nous aideras, toi qui connais tous les remèdes.

Elle pria longtemps, puis alla chercher le prêtre. Il détenait un étui de bambou qui contenait près d'une centaine de lamelles de bois. Il balança lentement l'étui tout en répétant des prières anciennes et renommées pour leur efficacité ; une lamelle glissa hors de l'étui, sur laquelle était inscrit le nombre quarante et un, nombre non dépourvu d'une certaine note d'espoir. Il écrivit quarante et un sur un morceau de papier et le tendit à Nyuk Tsin en échange de dix cents américains.

Elle se rendit dans la boutique crasseuse d'un apothicaire de Rat Alley.

— Ah, le quarante et un est un excellent remède, vous avez de la chance aujourd'hui, lui dit-il.

Derrière lui s'alignaient des boîtes remplies de plantes médicinales. Il prit la boîte numéro quarante et un, mesura une cuillerée d'herbe et dit :

— Vous devez faire un thé corsé et le boire en récitant une prière. C'est pour la grossesse ?

— Non, répondit l'honnête femme, c'est pour le Père de Wu Chow.

L'herboriste pensa : « Ah, encore un qui a peur de venir personnellement ! », mais il ne cilla pas et se contenta de dire :

— C'est un très bon remède pour les démangeaisons.

— J'en suis heureuse, dit Nyuk Tsin sans se rendre compte qu'elle n'avait jamais parlé de démangeaisons.

— Je suis certain que cela le guérira, dit l'apothicaire quand elle fut sur le point de partir. Mais si ça ne marche pas, rappelez-vous que je connais tous les remèdes, tous !

Dès qu'elle fut sortie dans !a ruelle, il se précipita dans une maison voisine où un homme flemmardait.

— Sing ! Sing ! Suis cette femme !

— Laquelle ? demanda le fainéant.

— La Hakka, celle qui a les grands pieds.

Mais Nyuk Tsin avait pris un chemin différent pour rentrer à la maison et, ce jour-là, l'espion de l'apothicaire ne la retrouva pas.

« Bah, elle reviendra », pensa l'homme, philosophe.

Le remède quarante et un se révéla totalement inefficace et l'inquiétude de Nyuk Tsin ne faisait qu'augmenter.

— Père de Wu Chow, l'implora-t-elle, tu dois venir avec moi chez le médecin chinois.

— J'ai peur, souffla Mun Ki.

— Non, il m'a dit qu'il connaissait tous les remèdes.

Le cœur serré, après avoir confié les quatre enfants à une voisine chinoise, Nyuk Tsin accompagna son mari chez le Chinois. En arrivant dans le quartier misérable où se trouvait la boutique, ils durent passer devant les tripots et les lupanars. Nyuk Tsin éprouva une brusque tendresse reconnaissante pour l'homme qui l'avait arrachée à ces maisons closes. Elle imagina la vie qu'elle aurait menée si Mun Ki ne l'avait pas gardée et se serra contre lui. Elle lui prit la main et la lui pressa doucement, comme pour lui dire : « Quoi qu'il arrive, je ne t'abandonnerai pas. »

Lorsque le médecin chinois les vit entrer, il comprit qu'ils étaient terrifiés et se frotta les mains car il imaginait ce que cela lui rapporterait. Il leur sourit et demanda si sa pommade avait fait de l'effet.

— Non, répondit Nyuk Tsin. Et il a maintenant une plaie au pied.

— J'aimerais la voir.

Le docteur écarta le rideau et se pencha sur le pied de Mun Ki. Il ne put réprimer un mouvement d'horreur que Nyuk Tsin surprit. D'une voix blanche, elle murmura :

— C'est le mal pake, n'est-ce pas ? Le mal chinois ?

— Oui.

— Ah ! Seigneur, non ! gémit Mun Ki. Non !

— Chut, chut, allons. Je vais vous guérir. J'ai des remèdes infaillibles, assura le charlatan.

— C'est vrai ?

— Mais oui. J'ai plusieurs malades que je soigne, et pas un d'entre eux ne s'est livré aux docteurs blancs.

Nyuk Tsin observait attentivement le prétendu médecin (qui n'était en réalité qu'un paysan qui répugnait aux travaux des champs), et elle comprit soudain qu'il mentait. Elle se tourna vers Mun Ki et lui dit ouvertement :

— Mun Ki, cet homme n'a pas de remèdes. Nous devrions nous confier aux docteurs blancs.

Mun Ki entendit ce « nous », par lequel sa femme lui faisait entendre qu'elle partagerait ses souffrances jusqu'au bout et il se mit à pleurer.

— Viens, insista-t-elle. Allons voir le docteur Whipple.

Mais le docteur punti, craignant de perdre une pratique qui paraissait à l'aise, intervint vivement :

— Comment ! Vous, un Punti, vous allez écouter les conseils stupides d'une Hakka qui n'y connaît rien ? Savez-vous ce qui se passera si vous vous confiez aux docteurs blancs ? La police ? L'arrestation ? Le petit bateau avec la cage sur le pont ? L'exil dans l'île ? Votre femme est enceinte. Vous ne verriez jamais votre fils, jamais. Y avez-vous pensé ?

Mun Ki y avait pensé, mais en entendant parler le charlatan, ses pires craintes prenaient forme. Il s'affala sur un tabouret et murmura :

— Vous êtes sûr que c'est le mal pake ?

— Oui, c'est bien cela, dit le docteur avec froideur. Le mal chinois. Vous l'avez. Dans un mois, si vous ne vous soignez pas avec ces herbes, votre visage commencera à enfler, vos yeux se recouvriront d'une pellicule, vos mains et vos pieds se détacheront de votre corps !

Sur ce, il prit l'index de Mun Ki et le piqua avec une aiguille sale. Il ne sentit rien.

— Vous avez le mal pake, mon ami, reprit l'homme. Cette maladie que les docteurs blancs appellent la lèpre.

— Vous en êtes sûr ? insista Mun Ki, tremblant de peur.

— N'importe quel docteur blanc verra que vous avez la lèpre, et vous savez où on vous mettra ? Dans la cage, sur le petit bateau.

— Mais vous pouvez me soigner ? insista Mun Ki.

— J'ai guéri de nombreux patients du mal pake, répondit fièrement l'herboriste.

— Père de Wu Chow, non !

Au fond de son cœur, Nyuk Tsin savait que l'homme n'était qu'un charlatan. Ce dernier se rendait parfaitement compte qu'il n'aurait pas grand-chose à faire pour que Mun Ki devînt l'un de ses plus gros clients.

— Taisez-vous, femme stupide ! l'interrompit-il. Allez-vous priver votre mari de sa seule chance de salut ?

Nyuk Tsin n'avait pas d'onguent à lui opposer. Elle se retira dans un coin de la pièce en pensant que son pauvre mari allait se ruiner avant de devoir fuir dans les collines.

Mun Ki avait pris sa décision.

— J'essayerai vos remèdes.

— Cela prendra un certain temps, répondit le rusé docteur, mais faites-moi confiance et vous serez guéri. Combien d'argent avez-vous apporté avec vous ?

Mun Ki ouvrit sa bourse et montra ses maigres économies en réaux, shillings et cents.

— C'est largement suffisant pour le premier paquet d'herbes de l'apothicaire. Vous verrez, cela ne vous coûtera pas grand-chose, finalement !

Nyuk Tsin tendit la main pour prélever quelques réaux, mais le docteur l'arrêta.

— Je vous donnerai plus d'herbes pour que vous n'ayez pas à revenir tout de suite à Iwilei.

— Elles vont me guérir ? s'inquiéta Mun Ki.

— Sans problème, le rassura le docteur.

Leur paquet d'herbes bien enveloppé sous le bras, Mun Ki et sa femme quittèrent l'échoppe et rentrèrent chez eux.

Les craintes vagues qui les hantaient lors de leur descente vers Iwilei étaient maintenant bien réelles : Mun Ki était un lépreux, et la loi l'obligeait à se livrer aux autorités, qui l'exileraient jusqu'à la fin de ses jours sur un îlot. Il était différent des autres hommes, car il était irrémédiablement condamné à connaître la pire des agonies : ses orteils et ses doigts tomberaient, son corps se mettrait à puer et on le sentirait de loin comme un animal. Son visage s'épaissirait, ses traits se déformeraient, ses yeux se couvriraient d'une taie laiteuse. Puis son nez tomberait et ce serait ensuite le tour de ses lèvres. Des plaies suppurantes apparaîtraient sur tout son corps. Tel était le destin des lépreux.

Sa femme marchait à côté de lui et serrait dans sa main ses doigts déjà malades. Ses pensées à elle étaient autrement plus simples :

— Je resterai avec lui et, s'il doit se cacher dans les collines, je me cacherai aussi. Si on l'attrape pour l'envoyer dans l'île des lépreux, je l'accompagnerai.

Sa résolution était prise et jamais, au cours des mois qui suivirent, elle ne devait changer d'avis.

Quand elle eut laissé son mari dans la cuisine, elle fit exactement ce que le charlatan lui avait conseillé : elle prépara un thé très fort avec les herbes médicinales et le fit boire à Mun Ki. Elle suça le sang qui perlait au bout de son doigt, là où l'herboriste l'avait piqué, puis elle le mit au lit. Elle prépara le repas du soir et servit à table.

— Mun Ki n'est pas bien, expliqua-t-elle.

— Vous voulez que je l'examine ? proposa le docteur Whipple.

— Non, dit-elle. Lui bientôt guéri.

Nyuk Tsin se devait de cacher la maladie de son mari. Il y avait eu cette année-là une arrestation massive de lépreux et cent soixante d'entre eux avaient été conduits dans l'île pour un bannissement perpétuel et une lente agonie.

Certains marins se vantaient de pouvoir diagnostiquer la lèpre au moindre coup d'œil : la taie blanche sur les yeux leur suffisait. D'autres prétendaient que c'était déjà trop tard et que c'était l'empâtement de la face qui annonçait la terrible maladie. Un autre soutenait qu'il n'y avait qu'un seul moyen pour être sûr : enfoncer une aiguille dans le doigt d'un lépreux et voir comment il réagit.

Nyuk Tsin observait attentivement son mari et elle se sentit soulagée de constater que ni les yeux ni l'épaisseur de son visage ne l'avaient encore trahi. Elle remarqua par contre qu'il frissonnait plus souvent qu'auparavant et que les plaies de ses pieds se développaient.

— Quelqu'un va les voir, quelqu'un va prévenir la police, se dit-elle.

Pour empêcher cela, elle se rendit au temple chinois et, ignorant Lu Tsu, qui l'avait déçue, elle se prosterna devant Kwan Yin, déesse qui accorde la pitié, et elle l'implora avec beaucoup d'humilité :

« Aide-moi, douce Kwan Yin, à garder libre le Père de Wu Chow. Aide-moi à le cacher. »

Avant l'arrivée de l'homme blanc, la lèpre était inconnue à Hawaii. Elle avait été apportée des Philippines en 1835, par un matelot de passage qui contamina un alii. Toute la noblesse hawaiienne fut décimée et on appela la maladie le mal alii. Mais, par pure coïncidence, le mal redoubla de violence et frappa le peuple au moment de l'arrivée des Chinois, et on l'appela alors le mal pake. Il était toutefois curieux que l'on eût attribué à la lèpre ce nom de mal chinois, car la maladie était presque inconnue en Chine.

La lèpre semait la terreur dans les îles et personne ne savait comment la soigner, encore moins la guérir. Pour défendre la population, on n'avait trouvé que l'isolement. Le moindre bouton était suspect. Des espions patrouillaient les quartiers indigènes et chinois et guettaient les plus légers signes de la terrible maladie. Celui qu'ils désignaient était impitoyablement arrêté et jeté dans une cage. Il n'y avait aucun appel, aucun espoir d'évasion. Le condamné était perdu pour les siens, mis à l'écart, oublié. Cependant, on permettait à des personnes saines, dûment averties de ce qui les attendait, d'accompagner un malade et de partager son exil. Ces véritables saints qui n'hésitaient pas à se plonger dans l'enfer de la lèpre étaient appelés les kokua, les aides.

Vers la mi-septembre, lorsque Nyuk Tsin, alors enceinte de son quatrième enfant, comprit qu'il n'y avait plus d'espoir de guérison pour Mun Ki, elle s'agenouilla devant ce dernier et lui dit doucement :

— Père de Wu Chow, je serai ta kokua.

Mun Ki soupira mais ne regarda pas sa femme à ses genoux. Il prit une épingle et l'enfonça dans un de ses doigts.

— Je ne sens rien, murmura-t-il.

— Veux-tu que nous allions nous cacher dans la montagne ?

— Personne ne nous a encore dénoncés.

— Père de Wu Chow, dit-elle, je crois que ce docteur n'est qu'un charlatan.

Il posa la main sur ses lèvres et dit :

— Essayons une dernière fois.

— Il ne nous reste presque plus d'argent, implora-t-elle. Il faut en garder pour les enfants.

— Non, dit-il, je suis sûr que cela marchera cette fois-ci.

Elle prit donc les derniers dimes et les derniers réaux du trésor familial et redescendit à Iwilei en cette chaude journée de septembre. Dans Rat Alley, elle remarqua deux hommes qui la lorgnaient curieusement. « Ils me prennent pour une fille », se dit-elle, puis elle comprit que ce n'était pas l'amour qui les intéressait. « Ce sont des espions, ils veulent savoir qui rend visite au docteur. » Elle emprunta donc un dédale de ruelles avant d'entrer dans l'échoppe du docteur.

Il se montra cordial.

— Votre époux puni se porte-t-il bien ? demanda-t-il fort civilement.

Il y avait toutefois dans son attitude quelque chose qui dérangeait Nyuk Tsin. Elle joua le jeu.

— Il vous est infiniment reconnaissant, docteur. Toutes les plaies ont disparu ainsi que les démangeaisons de ses jambes.

— Vous aimeriez malgré tout un peu plus d'herbes ? demanda le docteur, étonné d'entendre cela.

— Oui, dit Nyuk Tsin sur ses gardes. Un peu d'herbes pour ses jambes, et il sera guéri.

— Il sera guéri ? répéta le docteur, perplexe.

— Oui, expliqua Nyuk Tsin en feignant le soulagement. Ce n'est pas le mal pake, ce ne sont que des égratignures provoquées par le taro.

— Où vit le convalescent ? lui demanda le docteur tout en remplissant un pot.

Au ton de sa voix, elle comprit qu'il était de mèche avec les espions qui attendaient dehors. Il devait leur communiquer le nom de ses clients pour tirer quelques réaux du gouvernement en les lui livrant — non sans avoir commencé par leur soutirer toutes leurs économies.

— Nous vivons à Malama, dit calmement Nyuk Tsin.

— C'est une belle plantation. Quel campement ?

— Campement numéro deux, répondit-elle.

Mais, dès que le docteur lui eut donné les herbes, elle perdit patience et se saisit d'un pot de terre dont elle brisa le goulot avant de le lui jeter à la figure. Il se mit à saigner.

— Vous croyiez pouvoir m'avoir comme ça, hein ? siffla-t-elle. Je sais que vous êtes en rapport avec la police. Sale cochon !

Prise de fureur, elle cassa plusieurs pots à coups de pied, renversant les herbes précieuses qu'ils contenaient. Le docteur ne chercha pas à la maîtriser et s'enfuit dans son arrière-boutique tandis qu'elle-même sortait dans la rue. Elle se dissimula dans l'encoignure d'une porte et vit les deux espions accourir, attirés par les cris de l'herboriste. Nyuk Tsin emprunta un chemin détourné pour rejoindre la maison du docteur Whipple. Elle n'entra pas immédiatement et se retourna pour voir si elle n'avait pas été suivie. Puis elle alla trouver son mari, les mains vides.

— Ce docteur est un traître, lui dit-elle. Il allait nous dénoncer ce soir même.

— Qu'est-ce que tu as fait ? s'enquit Mun Ki.

— J'espère bien que je lui ai crevé les yeux !

Cette nuit-là, elle échafauda son projet. Dès que le dîner fut terminé, elle quitta la propriété des Whipple et se rendit auprès des membres de la communauté chinoise qui avaient voyagé avec elle à bord du *Carthaginian*. Tous ces hommes étaient frères, et elle dit à chacun d'eux : « Abriterais-tu sous ton toit le fils de ton frère Mun Ki ? »

Presque invariablement, les Chinois l'écoutaient sans dire un mot, se consultaient du regard et lui demandaient enfin : « Est-ce le mal pake ? » Sans crainte, parce qu'elle savait qu'aucun passager du *Carthaginian* ne vendrait son semblable, elle répondait que oui. On lui demandait alors si elle serait sa kokua, et elle hochait la tête. « Je prendrai l'un de tes enfants », lui répondait-on alors. A moins qu'on ne lui dît : « Je ne peux prendre un enfant, mais va trouver Ching Gar Foo, car je suis sûr qu'il pourra quelque chose pour toi. »

A minuit, Nyuk Tsin avait placé ses quatre fils et ses maigres biens et s'était entendue avec la cuisinière des Hewlett pour lui faire remettre son bébé dès qu'elle l'aurait mis au monde dans l'île des lépreux. Ce fut donc le cœur léger et soulagé qu'elle regagna la maison des Whipple mais, en y arrivant, elle vit une lumière inhabituelle briller à sa fenêtre. Craignant le pire, elle se mit à courir vers la cabane où Mun Ki aurait dû être en train de dormir. Elle y trouva le docteur Whipple, une lampe à la main, debout près du grabat.

L'Américain et la Chinoise se regardèrent sans mot dire, et elle vit une larme ruisseler sur la joue livide du vieux médecin qui soupira, éleva la lampe et murmura :

— La lèpre... Vous le saviez ?

— Oui.

— Je comprends... Je comprends...

— De mauvaises gens vous ont dit ? demanda-t-elle.

— Non. Je me suis soudain aperçu qu'il y avait un moment que je n'avais pas vu Mun Ki, et je me suis rappelé ses démangeaisons. J'étais couché, Mrs Kee, et la vérité m'est venue à l'esprit, en un éclair. La lèpre ! Je me suis donc levé, pour voir. Je ne m'étais pas trompé.

— Au matin, on viendra l'emmener ?

— Oui, dit le docteur Whipple d'une voix tremblante. Mrs Kee, nous allons prier.

Il s'agenouilla dans la petite cabane et demanda à sa domestique de faire de même. Il prit les mains de Mun Ki et se tourna vers le Seigneur :

— Dieu plein de bonté, regarde Tes humbles serviteurs et donne le courage à ceux qui se trouvent dans le besoin. Aide Mun Ki à faire face à son destin avec une force d'âme dont ses dieux seraient fiers. Aide sa femme à comprendre et à accepter ce qui doit advenir.

Sa voix se brisa et il lui fut impossible de parler pendant quelques instants. Des sanglots dans la voix, il reprit d'un ton suppliant :

— Dieu plein de bonté, pardonne-moi pour ce que je vais faire, mais je sais que c'est là mon devoir, aussi terrible soit-il. Oh, mon Dieu, pardonne-moi, pardonne-moi !

Quand sa prière fut dite, il s'écroula à terre et parut ne plus avoir la force de se relever. Il y parvint toutefois et demanda à Nyuk Tsin :

— Vous savez ce que je dois faire, n'est-ce pas ?

— Oui. Demain, police.

— C'est mon devoir, soupira le médecin. Mais vous pouvez rester ici aussi longtemps que vous le désirerez, avec tous vos enfants.

— Moi, kokua, répondit-elle avec simplicité.

John Whipple ne put soutenir son regard limpide et confiant, car il savait ce qui attendait les malheureux : le bannissement dans une île aride, l'horreur de la léproserie, l'absence d'infirmerie et de médecins, la lente putréfaction, la faim, la soif, le désespoir, l'abandon total... Il se dit qu'il n'aurait pas ce courage. Ému aux larmes, il sourit à la vaillante petite Chinoise, la prit aux épaules et l'embrassa sur les deux joues. Puis retenant ses larmes, il dit d'une voix faussement gaie :

— Bien. Et les enfants ?

— Je me suis déjà arrangée, ils iront chez des amis.

Elle lui donna les noms et les adresses des familles qui avaient accepté de les recueillir et ajouta :

— Police demain ?

— C'est mon devoir, Mrs Kee.

— Je sais, docteur. Je l'avais dit à mon mari, mais nous espérions toujours.

— Dieu pardonne tout à ceux qui espèrent, murmura l'ancien missionnaire.

Dès qu'il fut parti, Mun Ki sauta de son lit, plein d'énergie.

— Nous allons nous enfuir dans les collines ! Ils ne nous trouveront pas !

— Comment vivrons-nous ? Que mangerons-nous ?

— Nous emporterons à manger ! Vite, dépêchons-nous !

Nyuk Tsin le regarda. Elle savait que c'était insensé, qu'il était impossible de se cacher dans les collines et d'échapper aux patrouilles, que tous ceux qui les verraient s'enfuir comprendraient qu'ils avaient la lèpre et les dénonceraient. Mais Mun Ki était son homme, il l'avait sauvée, et elle le suivrait aveuglément.

Il était deux heures du matin quand Nyuk Tsin eut fini de cacher tous les objets avec lesquels ses enfants auraient pu se blesser. Elle les borda soigneusement, rangea sa cabane et partit avec son mari.

Leur départ eut un témoin car le docteur Whipple, incapable de dormir, était à sa fenêtre. Il soupçonnait d'ailleurs cette fuite, mais quand il vit la petite Chinoise courageuse, tenant son mari malade par la main, il ne put se résoudre à donner l'alerte. Quand elle eut refermé le portail sans bruit, il murmura :

— Mon Dieu, pardonnez, et protégez ceux qui ont de l'espoir.

Il songea à aller chercher les enfants mais se dit que cela risquait d'éveiller des soupçons. Il se contenta de s'asseoir à la fenêtre, et de surveiller la cabane où ils dormaient.

Au bout d'un moment, cependant, sa conscience le tourmenta. Ces enfants ne pouvaient rester dans cette maison contaminée. Aussi, dès l'aube, éveilla-t-il Amanda et ils allèrent chercher les quatre petits garçons ensommeillés. Il les déshabillèrent entièrement, craignant toujours la contagion, et les emportèrent dans leur maison. Cela fait, le docteur Whipple consulta sa montre.

— Ils ont plus de deux heures d'avance. Je crois que nous pouvons sans danger avertir la police, dit-il à sa femme.

Il envoya un domestique chercher un responsable et, quand celui-ci fut arrivé, il lui annonça que son cuisinier Mun Ki avait la lèpre. Puis il mit le feu à la cabane et expliqua que le cuisinier et sa femme s'étaient enfuis dans la montagne, il ne savait où.

Toute la journée, le docteur Whipple attendit qu'on vînt l'avertir de la capture des fugitifs. Mais les heures passèrent, et la soirée, sans qu'on eût arrêté Mun Ki. Le lendemain, intrigué, le docteur Whipple se rendit à la police.

— Nous ne les avons pas retrouvés, lui dit un agent.

— J'aurais bien cru qu'ils avaient fui dans la vallée de Nuuanu.

— C'est possible, mais ils ont bel et bien disparu.

Alors, le médecin eut une idée qui le troubla.

— Avez-vous cherché au pied du Pali ?

— Nous avons pensé au suicide, mais nous n'avons rien trouvé sur les rochers.

Jour après jour, le mystère s'épaississait. Nyuk Tsin et son mari avaient miraculeusement réussi à disparaître. Au bout de huit jours, la police revint chez le docteur Whipple.

— Nous pensons qu'ils sont peut-être revenus en ville. Vous nous avez parlé de familles auxquelles ces gens devaient confier leurs enfants. Qui sont-elles ?

La police fouilla consciencieusement le quartier chinois, mais les fugitifs restaient introuvables. Les recherches officielles furent apparemment abandonnées.

La nuit où Nyuk Tsin et son mari franchirent le portail de la propriété des Whipple et se dirigèrent vers les collines, Mun Ki, qui marchait un peu en retrait et ne pouvait s'empêcher de voir les pieds de son épouse hakka, pensait : « Il vaut mieux parfois qu'une femme ait de grands pieds. » Cette réflexion lui ramenait à l'esprit son village qu'il désespérait de revoir un jour et il se laissait gagner par le pessimisme. « Le jour va bientôt se lever et ils nous trouveront », se disait-il.

Sa femme, qui avait commencé par trouver ridicule cette fuite éperdue, demandait maintenant à son mari de se hâter :

— Il nous suffit d'atteindre les premières collines avant l'aube et nous serons en sécurité.

Elle imagina des stratagèmes qu'elle mit en pratique dès l'apparition des premiers rayons du soleil.

— Nous allons nous cacher dans ces halliers, dit-elle. Tout près de la route, là où personne ne nous cherchera.

— Toute la journée ? demanda son mari, inquiet.

— Oui. Il y a un filet d'eau qui passe par là et j'ai emporté des boulettes de riz.

Ils approchèrent des halliers avec d'infinies précautions afin de ne pas laisser de traces visibles en plein jour. Effectivement, les voyageurs qui empruntèrent la route une fois le jour levé ne découvrirent pas le lépreux et sa kokua. Il en alla de même pour les policiers ou les enfants qui se rendaient à l'école. Le couple passa la journée ainsi dissimulé. Ils dormirent beaucoup, mais, lorsque Mun Ki sommeillait et que sa femme était éveillée, elle était effrayée par la façon dont il tremblait. La lèpre semblait en effet s'accompagner d'une fièvre sournoise qui ne quittait jamais le malade.

La nuit suivante, Nyuk Tsin réveilla son mari, compta ses boulettes de riz et prit le chemin de la montagne. Elle ne savait pas où elle allait, mais une idée la poussait en avant : ils devaient échapper à la police et rester libres. Ils avaient froid et faim, ils étaient affaiblis, mais elle entraînait leur couple, et c'est ainsi qu'ils évitèrent l'arrestation pendant trois jours. Mais la famine et l'épuisement les guettaient.

— Je n'ai plus la force de marcher, dit le malade.

— Je te prêterai mes épaules.

Cette nuit-là Mun Ki s'accrocha aux épaules de sa femme et ils purent continuer de progresser. Vers où ? Ils ne le savaient toujours pas. Bientôt, Nyuk Tsin n'eut plus beaucoup de force. Au matin, elle cacha son époux dans un ravin, lui lava le visage à l'eau fraîche et partit en quête de nourriture.

Il plut toute la journée. Tandis que la Chinoise essayait en vain d'attraper des oiseaux, son malheureux mari grelottait, couché à même le sol, avec l'eau qui lui ruisselait sur les épaules et les hanches. Il n'avait plus aucun espoir et envisageait même de se livrer à la police.

Nyuk Tsin avait cependant d'autres projets et, juste avant l'aube de la nuit suivante, elle dit à son mari :

— Père de Wu Chow, reste là et je te promets que je reviendrai avec de l'aide et quelque chose à manger.

Elle aplanit la terre autour de lui et constata avec tristesse qu'il allait de nouveau se mettre à pleuvoir. Elle lui dit toutefois de ne pas s'en faire, lui expliquant encore une fois qu'elle allait bientôt être de retour.

Elle s'engagea dans la forêt en s'éloignant de la route et trouva bientôt une piste. Elle la suivit un moment et ne tarda pas à déboucher dans une clairière où s'élevait une hutte de branchages et de palmes. Une Hawaiienne énorme était assise sur le seuil, les mains croisées sur le ventre. Confiante, Nyuk Tsin s'approcha et, sans le moindre étonnement, l'Hawaiienne s'écria en la voyant :

— Vous êtes la Chinoise qui a le mal pake ?

— Ce n'est pas moi, c'est mon mari. Il est caché, là-bas, près de la route.

La grosse Hawaiienne se balança sur sa chaise bancale et gémit :

— Aoué ! Aoué ! C'est terrible ! Pendant trois jours, la police est venue, tous les jours, vous chercher.

— Est-ce que vous ne pourriez pas nous donner quelque chose à manger ? implora Nyuk Tsin.

— Bien sûr ! Nous n'avons pas grand-chose. Kimo !

Un énorme Hawaiien sortit de la cabane, sale, barbu, torse nu, vêtu d'un pantalon en loques, mais souriant et affable.

— Qu'est-ce que c'est, Apikela ?

— Le lépreux chinois est caché dans le ravin. Il n'a pas mangé depuis quatre jours.

— Il faut vite lui porter quelque chose, s'écria immédiatement Kimo.

Il disparut dans sa hutte et en ressortit avec une grande feuille pleine de poi, un fruit d'arbre à pain grillé et de la noix de coco.

— Merci, je vais lui porter, dit Nyuk Tsin.

— Je vous accompagne.

— Ce n'est pas la peine, protesta Nyuk Tsin qui ne voulait pas que ces gens charitables eussent d'ennuis avec la police.

— Et comment allez-vous porter cela, toute seule ?

Nyuk Tsin n'en croyait pas ses oreilles. Tête basse, rougissante, elle murmura :

— Je peux... Nous pouvons nous cacher ici ? Pendant quelques jours ?

— Naturellement, répondit Apikela en riant. Au diable la police !

— C'est affreux d'arrêter de pauvres malades et de les envoyer dans une île déserte, ajouta Kimo. Si un homme doit mourir, qu'il meure auprès de ses amis. Allons, conduisez-moi.

Mais Apikela se leva et dit :

— Non. Il vaut mieux que j'y aille, Kimo. Si la police est sur la route, il vaut mieux qu'ils me voient, moi. Parce que je peux leur dire que je vais à mon travail et s'ils viennent ici, ce sera plus normal s'ils te trouvent en train de dormir, comme d'habitude.

Kimo pesa le pour et le contre avant de se ranger à l'avis de sa femme : il valait mieux, en effet, que la routine ne fût pas brisée, et il alla se recoucher.

Apikela s'engagea tranquillement sur le chemin tandis que Nyuk Tsin la suivait à distance, parmi les arbres. Les deux femmes n'avaient parcouru que très peu de chemin quand Apikela s'arrêta et fit signe à la Chinoise.

— Il vaudrait mieux que j'ai du maile autour du cou. Je retourne en demander à Kimo.

Quand l'énorme femme eut placé le maile sur ses épaules, elles purent reprendre leur route.

Sa stratégie se révéla excellente, car dès qu'elle eut atteint la route, des policiers à cheval s'approchèrent d'elle.

— Tu n'as pas vu les Chinois qui ont le mal pake ? lui demanda l'un des hommes.

— Non.

— Qu'est-ce que tu fais dehors si tôt, Apikela ? Tu es bien matinale.

— Je m'occupe du maile.

Ils virent ce qu'elle portait autour du cou et la crurent.

— Si tu aperçois les Chinois dans ta clairière, viens tout de suite nous prévenir.

— Comptez sur moi, dit la gigantesque femme.

Nyuk Tsin courait devant, à présent. Quand elle arriva à l'endroit où elle avait laissé son mari, elle constata que Mun Ki avait disparu. Elle fut prise de panique, mais retrouva bientôt sa trace parmi les feuilles boueuses. Il se dirigeait vers la route pour s'y faire prendre par la police. Terrifiée, Nyuk Tsin le suivit et l'aperçut au moment où, debout sur un rocher à découvert, il se préparait à faire des signes à des passants.

Elle se traîna jusqu'à lui et s'accrocha à sa jambe avant de le tirer vers la forêt.

— Je t'ai apporté à manger, dit-elle.

— C'est vrai ? Où cela ? dit-il en constatant que sa femme n'avait rien avec elle.

— Là ! répliqua Nyuk Tsin en tendant un doigt en direction des arbres qui bordaient la route.

Et il vit une femme énorme dont la robe claquait autour d'elle comme la toile d'une tente. Un sourire de bonheur éclairait son gros visage brun.

— Qui est-ce ? murmura Mun Ki.

— Apikela.

La grosse Hawaiienne s'approcha du couple chinois, tendit la nourriture à Nyuk Tsin et serra le malade contre sa poitrine.

— Nous prendrons bien soin de toi.

Pendant près d'un mois, Apikela et son paresseux de mari soignèrent et cachèrent Mun Ki et sa femme, partageant avec eux leur maigre pitance. Apikela, dont le travail consistait à cueillir et à vendre les branches de maile parfumées, en ramassa deux fois plus pour subvenir aux besoins de quatre personnes. C'était Kimo qui allait vendre le maile à Honolulu et, pour ses amis chinois, il acheta du riz. Comme les Hawaiiens ne mangeaient pas de riz, cela occasionna des commentaires auxquels il répliqua :

— Je me suis mis au riz, pour devenir intelligent et habile comme les Pake.

Un jour, Nyuk Tsin lui demanda :

— Kimo, pourquoi faites-vous tout cela pour nous ?

— Quand nous étions petits, les missionnaires nous ont raconté que Jésus aimait les lépreux, et qu'on voyait qu'un homme était bon à sa façon de soigner les malades. Jésus n'a jamais repoussé aucun lépreux. Et aucun lépreux ne frappera en vain à la porte d'Apikela et de Kimo.

— Pendant combien de temps pourrons-nous nous cacher ici ?

— Jusqu'à la mort de votre mari répondit simplement Kimo.

Une semaine passa et puis, à Honolulu, quelqu'un qui avait observé Kimo se dit :

— Kimo n'a jamais vendu tant de maile. Et il n'achetait jamais de riz. C'est sûrement Kimo qui cache les Pake lépreux !

L'homme se précipita chez les policiers.

— Je suis certain que Kimo et Apikela, dans leur clairière, là-haut, du côté de Pali, cachent les Chinois qui ont le mal pake !

Il reçut une bonne récompense pour sa perspicacité et, l'après-midi même, la police investit la clairière. Nyuk Tsin ramassa un bâton et tenta de se défendre. Apikela voulut se battre avec les policiers, et Kimo se lamentait : « Quel est le malheureux qui nous a trahis ? »

Faible et tremblant, Mun Ki sortit de sa cachette et se livra aux autorités. Les hommes étaient si heureux d'avoir capturé les fuyards qu'ils voulurent aussitôt les emmener, mais Nyuk Tsin supplia en hawaiien qu'on lui donne le temps de remercier ses bienfaiteurs. On ne le lui permit pas et, depuis la route, elle vit ses deux amis qui pleuraient.

Quand le docteur Whipple apprit que ses domestiques chinois avaient été capturés, il courut au bureau des lépreux, où les malades étaient rassemblés en attendant leur embarquement pour l'île interdite, et chercha Nyuk Tsin et son mari.

— J'espérais que vous aviez réussi, leur dit-il en hawaiien. Je suis navré de vous voir ici.

— Vous avez conduit les enfants à leurs nouvelles familles ?

— Et vous, rétorqua Whipple, vous êtes toujours décidée à devenir kokua ?

— Oui.

— Bien. Vous avez le droit de vous absenter, jusqu'au départ du bateau. Venez.

Il conduisit Nyuk Tsin chez lui et lui montra les quatre enfants, dodus et bien soignés, habillés comme de petits Américains. Elle les embrassa et les serra sur son cœur.

— Je vais les accompagner à leurs nouvelles maisons.

Mais le docteur Whipple tint à les y emmener dans sa voiture. Il faisait faire demi-tour à ses chevaux quand il vit venir sur la route, devant la maison, un couple d'Hawaiiens énormes. Quand ceux-ci reconnurent Nyuk Tsin dans la voiture, ils hâtèrent le pas en criant :

— Pake ! Pake ! Nous sommes venus chercher les enfants.

Aussi vite que le leur permettait leur masse imposante, ils coururent à la voiture et saisirent les mains de Nyuk Tsin.

— Vous allez nous les donner, n'est-ce pas ?

— Mais votre maison est si petite !

— Elle est assez grande pour des enfants, cria Apikela en ouvrant les bras. Je vous en prie, je vous en supplie, Pake vahiné ! Donnez-nous les enfants !

Nyuk Tsin réfléchit un moment et regretta que Mun Ki ne soit pas là pour l'aider à prendre une décision. Puis, elle se dit que les familles chinoises se lasseraient peut-être mais que ces deux Hawaiiens au grand cœur aimeraient les enfants jusqu'à leur mort. Elle consentit donc, et se tourna vers le docteur Whipple :

— Est-ce que je pourrais vous demander de donner quelquefois un peu d'argent pour eux ? En souvenir de moi ?

— De l'argent ? interrompit la grosse Apikela. Pour des enfants ? Mais c'est notre joie !

Nyuk Tsin, les larmes aux yeux, se dit qu'il était étrange de voir des familles chinoises à l'aise accepter difficilement un enfant, alors que les Hawaiiens pauvres trouvaient toujours de la place pour un, deux, quatre ou cinq enfants. Elle suivit ses fils des yeux, un dans les bras de Kimo, un autre dans les bras d'Apikela, les deux plus grands trottinant à leurs côtés.

Deux jours plus tard, quarante lépreux condamnés traversèrent Honolulu et se rassemblèrent sur le quai où les attendait le *Kilauea*, le bateau des îles. A la vue de cette troupe, les passants s'écartaient avec horreur, car certains malades étaient déjà mutilés, d'autres avaient le regard vitreux, d'autres encore des visages informes. En silence, les lépreux gravirent la passerelle du petit bateau noir et sale. Des policiers écœurés les poussaient comme un troupeau et, sur le quai, les familles pleuraient et se lamentaient bruyamment.

Lorsque les malheureux furent tous montés à bord, le capitaine hurla :

— Ouvrez la cage !

Deux matelots se dirigèrent vers une construction d'osier et de bambou, posée à même le pont, et ouvrirent la porte à claire-voie. D'autres marins, en prenant soin de ne pas toucher les lépreux, les poussèrent avec des bâtons à l'intérieur où ils s'installèrent tant bien que mal dans l'espace restreint. Puis on referma solidement la porte. Le capitaine s'approcha, vérifia le loquet et dit aux condamnés :

— Un matelot va monter la garde. Si jamais nous coulons, il ouvrira la porte.

Sur ces paroles qui se voulaient rassurantes, il tourna les talons et regagna la passerelle. Trois mousses chargés de fauberts, de seaux et de baquets de savon noir se mirent à laver à grande eau le pont, la passerelle et les rambardes. Lorsque tout fut désinfecté, on permit aux autres passagers de monter à bord. Les kokua montèrent les derniers, après avoir été interrogés par un capitaine de police.

Les énormes Hawaiiens, Kimo et Apikela, avaient accompagné Nyuk Tsin. Ils l'embrassèrent, la serrèrent sur leur cœur et lui promirent d'aimer et de bien soigner ses enfants. Et puis la sirène hurla le départ.

Agenouillé dans son bureau, le docteur Whipple l'entendit en frémissant. Car de tous ceux qui entendirent la sirène du *Kilauea*, il était le seul à savoir l'horreur qui attendait ses serviteurs chinois à Molokai. Il avait vu le lazaret.

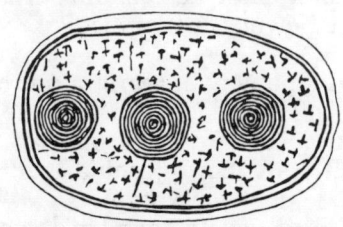

L'île de Molokai était une des plus sauvagement belles de l'archipel. Ses hautes falaises désolées s'élevaient au-dessus des eaux bleues du Pacifique, lisses et abruptes. Seule, la côte sud était habitable. Des vallées verdoyantes s'insinuaient entre les murailles rocheuses et quelque deux mille indigènes y vivaient. Mais sur le littoral, au nord de l'île, une petite péninsule accessible s'avançait comme un index dans la mer, un lieu fertile et enchanteur appelé Kalawao.

C'est sur cette péninsule qu'en 1865 le gouvernement hawaiien décida d'exiler les lépreux, transformant en enfer ce qui avait été un paradis.

Le 1er novembre 1870, le *Kilauea* jeta l'ancre au pied des falaises de Molokai. Les matelots lancèrent à l'eau des caisses de vivres et du cheptel vif que des lépreux venaient récupérer à la nage, car aucune jetée, aucun bassin ne permettait au bateau d'accoster. De leur cage, les lépreux voyaient bondir des troupeaux de chèvres blanches, sur les rochers, symboles de leur liberté perdue. On vint enfin leur ouvrir et ils furent poussés vers une échelle de corde. On les fit descendre dans une chaloupe et trois matelots ramèrent jusqu'au rivage. Quand tous les malades eurent été déposés à terre, la chaloupe revint chercher les kokua. L'officier de police leur demanda une fois de plus s'ils avaient bien réfléchi, et s'ils tenaient à partager les souffrances des lépreux. Pas un ne recula. La chaloupe fit un second voyage, et Nyuk Tsin fit enfin connaissance avec la léproserie de Kalawao.

Elle fut étonnée de ne pas voir de maisons, pas de bâtiments, pas d'hôpital. Se tournant vers un des matelots, elle demanda en hawaiien :

— Où sont les maisons ?

— Il n'y en a pas, répondit-il sans oser croiser son regard.

La proue de la chaloupe gratta le sable. Atterrés, les kokua ne bougeaient pas. Les matelots attendirent et puis l'un d'eux, honteux et gêné, murmura :

— Voilà Kalawao.

Sans mot dire, les kokua se décidèrent à descendre à terre. La chaloupe s'éloigna du rivage. Le petit groupe désolé la regarda regagner le bateau, et vit le *Kilauea* lever l'ancre et disparaître.

Nyuk Tsin, tout en cherchant Mun Ki parmi les lépreux, s'écria, ne s'adressant à personne :

— Mais où est l'hôpital ?

Un gigantesque Hawaiien l'entendit et ricana. Il s'appelait Kaulo Nui, et la maladie lui avait déjà mangé le nez et plusieurs doigts. Il toisa Nyuk Tsin et rugit :

— Ici il n'y a pas de loi. C'est moi qui commande !

Cette nouvelle effraya plus encore les nouveaux venus que l'aspect de leur nouveau domaine. Le géant terrifiant les passa tous en revue et vit soudain parmi les lépreux une fille ravissante, que la maladie n'avait pas encore défigurée. Elle s'appelait Kinau et elle avait vingt ans. Sa peau était lisse et dorée, ses membres souples, sa chevelure noire couronnée de fleurs, abondante et parfumée. Seul son regard vitreux la trahissait. La lèpre la minait intérieurement et, pour elle, l'agonie serait particulièrement atroce, car le mal éclaterait sur tout son corps à la fois et ferait de cette délicate merveille, en trois semaines, un objet d'horreur, bouffi et pustulant, une charogne vivante et nauséabonde.

Kaulo Nui s'empara d'elle et l'entraîna derrière les ruines d'une ancienne maison de pêcheur. Trois de ses acolytes le suivirent. Tous les quatre abusèrent de la malheureuse. Pendant cinq jours, ils ne la lâchèrent pas. Puis Kaulo Nui la prêta à d'autres de ses amis et, en moins de six semaines, elle passa entre les mains d'une vingtaine d'hommes. Finalement, le tyran l'abandonna à qui la voulait. Grâce à Dieu, Kinau avait perdu la raison et n'avait pas conscience de son malheur. Elle mourut un soir, seule, au bord d'un sentier, et son corps y resta deux jours avant qu'on songe à l'enterrer.

Kaulo Nui avait décidé que Nyuk Tsin et Mun Ki vivraient à l'écart : il les rendait responsables de sa maladie, puisqu'ils étaient chinois. Ce fut un bienfait pour les malheureux. Nyuk Tsin découvrit un champ de taro abandonné dont elle réussit à tirer leur subsistance. Elle avait construit de ses mains une petite hutte de branchages et amassé un tas de feuilles pour y dormir. Dans leur atroce dénuement, les Kee étaient cependant moins à plaindre que la soixantaine de malades qui ne pouvaient marcher ni travailler.

Nyuk Tsin eut la chance, étant enceinte, d'échapper au désir de Kaulo Nui et de sa redoutable bande, mais à mesure que l'heure de sa délivrance approchait d'autres craintes l'assaillirent. Le manque d'eau la terrifiait et elle se demandait ce que son mari ferait à la naissance du bébé. Mun Ki promit d'aller demander à des femmes hawaiiennes de l'aider, mais Kaulo Nui interdit à tout le monde de s'approcher de la cabane des Chinois. Nyuk Tsin accoucha dans des conditions effroyables, comme une bête sauvage. Cependant, elle mit au monde un beau petit garçon sain et vigoureux, aux yeux bridés. Et puis ses tourments s'aggravèrent. Elle craignait à présent la contagion pour son bébé et attendait impatiemment l'arrivée du *Kilauea*.

L'enfant avait quelques mois quand le bateau des îles parut enfin à l'horizon. Dès que la chaloupe eut été mise à l'eau, Nyuk Tsin enveloppa son bébé dans des loques et courut au rivage.

— Mon bébé doit retourner sur votre bateau ! cria-t-elle aux rameurs.

Elle voulut monter à bord de la chaloupe, mais les matelots terrifiés la repoussèrent brutalement. Les marins du *Kilauea* avaient toujours peur d'une révolte des lépreux et la tentative de Nyuk Tsin leur parut de nature à créer un dangereux précédent. Ils se hâtèrent de retourner vers leur bateau en lui criant :

— Nous allons demander au capitaine !

Au second voyage, un des rameurs demanda où était la Chinoise au bébé et Nyuk Tsin entra dans l'eau jusqu'à mi-corps, son enfant à bout de bras. Mais le matelot la repoussa et lui dit :

— Le capitaine veut savoir à qui vous donnez l'enfant.

— Au docteur Whipple, dans la grande maison.

— Le docteur Whipple est mort le mois dernier, grommela le matelot.

Atterrée, Nyuk Tsin chercha désespérément une alternative. Enfin elle s'écria avidement :

— Donnez-le à Kimo et Apikela, les ramasseurs de maile.

— Où sont-ils, ceux-là ?

Elle ne sut comment répondre et la chaloupe repartit. Au voyage suivant, les matelots avertirent Nyuk Tsin que le capitaine ne voulait pas se charger d'un bébé, parce qu'il ne saurait qu'en faire en arrivant à Honolulu et que personne ne pourrait s'occuper de lui sur le bateau, ni le nourrir. Nyuk Tsin les supplia, et expliqua que le capitaine pourrait confier le bébé à n'importe quel Chinois. Quant à sa nourriture, elle avait préparé des petits sachets de poi séché qu'il pourrait sucer. Mais la chaloupe s'éloigna et, prise de panique, Nyuk Tsin vit le *Kilauea* s'apprêter à lever l'ancre. Sans savoir ce qu'elle faisait, son enfant serré contre elle, elle entra dans l'eau et se mit à essayer de nager vers le navire. Heureusement, un magnifique lépreux hawaiien, un nageur d'élite, vit sa tentative désespérée, plongea et lui prit l'enfant des bras. Puis il nagea rapidement vers le bateau. Le capitaine le vit approcher et fit stopper les machines. Un marin lança une corde au Hawaiien qui se hissa sur le pont. Il lança l'enfant au marin et replongea aussitôt.

La sirène du *Kilauea* hurla. Sur le rivage, Nyuk Tsin et son mari Mun Ki virent disparaître le bateau qui emportait leur fils Australie. Et tous ceux qui les entouraient savaient comme eux que l'enfant, où qu'il soit emmené, serait plus heureux qu'à Kalawao.

Quelques semaines après l'escale du *Kilauea*, Kaulo Nui et sa bande menacèrent les Chinois, car ils s'étaient enfin aperçus que Nyuk Tsin n'était plus enceinte, qu'elle était jeune et, surtout, qu'elle n'était pas malade. Ils la suivirent, l'examinèrent de loin et se dirent qu'elle pourrait fort bien donner du plaisir à un homme.

Un soir, deux énergumènes conduits par le géant hawaiien cernèrent la misérable cabane de Mun Ki. Mais les Chinois s'attendaient à cette intrusion et avaient confectionné des armes rudimentaires mais efficaces, des pieux soigneusement affûtés. Ils se défendirent comme des lions. Nyuk Tsin fut enfin saisie par les deux complices de Kaulo Nui, mais, avec l'énergie du désespoir, elle réussit à se dégager et, visant la carotide du colosse, elle frappa de toutes ses forces de la pointe de l'épieu. Le bois dur et coupant s'enfonça dans les chairs et le sang jaillit à flots. Au même instant, Mun Ki frappait à l'estomac. Le géant s'écroula et s'enfuit dans la nuit en trébuchant. Ses deux amis le suivirent et le soutinrent de leur mieux. Ils le ramenèrent vers la communauté des lépreux où le bruit avait réveillé les malades. Ceux qui pouvaient marcher sortirent de leurs huttes, en brandissant des torches et ce fut au milieu d'un cercle de visages grimaçants que la terreur de Kalawao rendit son dernier soupir. Rares étaient ceux qui n'avaient pas souffert de ses mains et personne ne fit un geste pour le soigner. Sa dépouille resta sur la place jusqu'au matin.

Pour les Chinois, ce fut une nuit affreuse. Ils ignoraient que toute la communauté était soulagée de la mort de Kaulo Nui. Serrés l'un contre l'autre dans les ténèbres, ils ne savaient pas que la raison de la mort du Hawaiien était connue et que les lépreux se disaient entre eux :

— Il est allé violer la Chinoise et le mari l'a tué. Il a bien fait.

Au matin, le vent se leva et la pluie se mit à tomber avec rage. Les Chinois crurent entendre les lépreux sur le chemin et pensèrent qu'on venait les attaquer, mais ce n'étaient que les gémissements de la bourrasque. La journée passa, et puis encore une nuit. A l'aube du second jour, Nyuk Tsin décida son mari à descendre vers le rivage. Ils avancèrent vers le village, avec prudence et s'aperçurent avec joie que les autres lépreux ne les repoussaient pas, bien au contraire. Enfin une femme vint prendre la main de Nyuk Tsin et lui dit :

— Vous nous avez débarrassés de ce démon. Nous sommes à présent décidés à restaurer l'ordre et la loi à Kalawao.

La transformation de l'île en une léproserie ordonnée commença ce jour-là. Quelques lépreuses valides organisèrent un hôpital rudimentaire et soignèrent les malades plus gravement atteints. Des femmes qui savaient lire ouvrirent une école pour les enfants nés dans l'île. Un comité se forma, qui fit parvenir une supplique au gouvernement, réclamant des vivres plus abondants et des médicaments. Nyuk Tsin lança un véritable programme de culture et fit canaliser l'eau. Deux ans passèrent ainsi et les Kee, oubliant leurs souffrances, pensaient à leur enfant perdu. A chaque voyage du *Kilauea*, Nyuk Tsin interrogeait les matelots. L'un d'eux se rappela vaguement que le capitaine avait donné le bébé à un homme, sur le port de Honolulu, mais il ne put dire si c'était un Chinois. Et leur angoisse s'accrut lorsqu'un lépreux nouvellement arrivé leur dit :

— Je connais bien Kimo et Apikela, mais ils n'ont que quatre petits Pake.

Nyuk Tsin s'inquiétait, mais se consolait invariablement en se disant : « Où qu'il soit, il est mieux qu'ici. »

Petit à petit, péniblement, les lépreux s'installaient. Nyuk Tsin, après avoir parcouru toute la presqu'île, avait découvert les décombres d'une maison de pierre et, avec l'aide de Mun Ki, avait transporté les lourds moellons au bord de l'eau et construit de ses mains une véritable maison. Le toit était fait de madriers et de planches rejetées par la mer. Pris d'émulation, leurs compagnons les avaient imités.

Et puis, au début de 1872, les forces de Mun Ki déclinèrent. Ses jambes et ses bras se couvrirent de plaques et de pustules. Bientôt, il ne quitta plus son grabat. Heureusement, il s'était fait un ami en la personne d'un grand Hawaiien nommé Palami, qui avait bourlingué sur toutes les mers du globe, qui avait visité les cinq continents et qui, de plus, était un merveilleux conteur. Avec une patience infinie, Palami lui contait ses voyages et le distrayait de son mieux. Mais ce fut Palami qui mourut le premier. Nyuk Tsin l'enterra elle-même et, comme elle s'était mise à se dévouer pour toute la communauté et qu'elle ne voulait pas laisser Mun Ki seul, elle hébergea un couple de lépreux.

L'agonie de Mun Ki fut longue et douloureuse, mais il la supporta vaillamment. Vers la fin, il dit à Nyuk Tsin :

— Tu enverras de l'argent à ma femme, régulièrement. Et quand les garçons seront mariés, tu le feras savoir au village. Que les noms de leurs fils soient inscrits dans le livre de la famille.

A l'approche de la mort, il devint plus doux et plus tendre et ses derniers mots furent :

— Nyuk Tsin, je t'aime. Tu es ma vraie femme.

Elle creusa sa tombe sur le versant abrité d'une colline et, s'il n'y avait pas d'arbre, il y avait un rocher où son esprit pourrait venir s'asseoir et se reposer quand il sortirait du tombeau.

Nyuk Tsin transforma sa maison en hôpital et l'on ne vit plus de malheureux lépreux errer dans la campagne. Elle prenait soin d'eux jusqu'à leur mort, et il lui arrivait quelquefois de passer cinq ou six jours d'affilée sans voir âme qui vive. Elle s'occupait de ceux que Dieu même avait oubliés et ne délaissait aucun être humain, quelle que fût sa déchéance ultime. A Honolulu, le gouvernement ne trouvait pas les moyens d'envoyer aux abandonnés des médicaments et des pansements, ni même des scalpels pour amputer les membres pourris. De sorte que Nyuk Tsin dut se débrouiller toute seule. Les Hawaiiens étaient nombreux à la bénir et à l'appeler Pake Kokua. A qui lui aurait demandé : « Pake, pourquoi travailles-tu si dur pour les lépreux hawaiiens ? », elle aurait répondu : « Parce que Kimo et Apikela m'ont recueillie. »

C'est à cette époque qu'elle prit l'habitude de s'examiner attentivement de la tête aux pieds. Elle ne se couchait qu'après s'être assurée qu'elle ne portait pas la moindre plaie suspecte de lèpre. Si elle procédait à cet examen le soir, avant la tombée de la nuit, c'était uniquement parce que le gouvernement de Honolulu n'avait pas les moyens d'offrir des lampes à huile aux lépreux. Dès que le soir venait, la petite colonie était plongée dans les ténèbres.

En 1873, elle reçut un message de Honolulu. Le gouvernement, reconnaissant tous les services qu'elle avait rendus, l'autorisait à rentrer dans le monde civilisé, à la condition qu'elle se soumette à un examen et que trois médecins certifient qu'elle n'avait pas contracté la lèpre. La nouvelle causa beaucoup de commentaires dans l'île, mais tous étaient d'accord pour qu'elle parte, malgré le chagrin qu'ils en auraient.

Enfin le petit *Kilauea* arriva devant Kalawao. Nyuk Tsin avait eu l'intention d'embarquer sur la chaloupe à son premier voyage, mais elle ne put se résoudre à partir avant d'avoir donné des conseils et des renseignements au nouveau contingent de lépreux. Au troisième voyage, un des rameurs lui cria :

— Alors, Pake ? Vous restez ?

Elle se décida et croisa un petit homme blanc en soutane noire qui mettait pied à terre. Il clignait des yeux derrière ses lunettes et ses cheveux étaient coupés en frange sur le front, comme un petit garçon. En voyant le dénuement de l'île il s'arrêta net et regarda autour de lui. Puis il avisa un lépreux qui avait l'air d'être le chef et il lui dit d'une voix étranglée :

— Je suis le père Damien. Je suis venu vous aider et vous servir. Où trouverai-je une maison ?

Nyuk Tsin était tellement stupéfaite de voir un Blanc s'exiler dans l'enfer de la lèpre, qu'elle n'eut pas la présence d'esprit de lui dire qu'il pouvait habiter sa maison. Et la chaloupe l'emporta vers le bateau des îles.

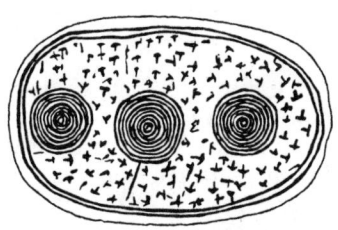

En quittant l'île damnée de Molokai, Nyuk Tsin n'avait qu'une pensée, retrouver ses enfants. Dès que les services sanitaires la laissèrent aller, elle partit pieds nus vers la vallée de Nuuanu. Elle avait à cette époque vingt-six ans, et ne possédait rien que son pantalon et sa blouse bleue et le grand chapeau pointu attaché sous le menton, plus trois hectares et demi de marais que lui avait légués le docteur Whipple. En passant devant sa terre, elle ne s'arrêta pas mais pensa : « Dès ce soir, je commencerai à la retourner. »

Elle traversa la forêt et quand elle approcha enfin de la clairière, elle se mit à courir, son chapeau ballottant sur son dos, retenu par les brides. Apikela l'entendit et se précipita à sa rencontre. L'énorme Hawaiienne souleva la petite Chinoise sans effort et l'embrassa fougueusement. Nyuk Tsin lui rendit ses baisers, mais elle regardait par-dessus l'épaule de la grosse femme. Quatre. Il n'y avait que quatre petits garçons, intimidés par cette inconnue.

— Où est l'autre ? s'écria enfin Nyuk Tsin quand Apikela l'eut lâchée.

— Il n'y en a pas d'autre.

— Les gens du bateau ne vous ont pas donné le bébé ?

— Personne ne nous a parlé d'un bébé.

Nyuk Tsin était bouleversée par la perte de son enfant, mais la joie de revoir ses quatre autres fils était immense. Elle se tint un instant à l'écart de ses amis hawaiiens, les regardant l'un après l'autre avant de se tourner vers ses quatre fils, plus qu'hésitants. Elle oublia alors l'enfant disparu et se dirigea vers les garçons comme pour les prendre dans ses bras. Les deux plus jeunes eurent un mouvement de recul, car ils ne la connaissaient pas; les deux aînés eurent eux aussi un mouvement de recul : ils avaient entendu dire que leur mère était lépreuse.

Nyuk Tsin perçut la peur qui les habitait et s'immobilisa.

— Vous vous êtes bien occupés de mes petits, dit-elle au couple.

— Ce fut pour moi une grande joie, dit en riant la grosse Hawaiienne.

— Comment avez-vous fait pour les nourrir? demanda Nyuk Tsin, qui admirait ses robustes enfants.

— On trouve toujours de quoi donner à manger à un enfant, dit Kimo. Il m'est arrivé de travailler. Des fois, aussi, les Pake nous donnaient un peu d'argent.

— Est-ce qu'ils ont mon autre fils? demanda Nyuk Tsin.

— Ils n'en ont jamais parlé, dit Apikela.

La grande femme remarqua alors la peur des enfants et elle ouvrit les bras pour les serrer tous contre son ventre. Mais, au lieu de les garder auprès d'elle, d'un coup d'estomac elle les éjecta en direction de la petite Chinoise. Curieusement, ce fut elle qui redouta la contamination par la lèpre et, au lieu d'embrasser ses fils, elle se retira comme si elle était impure. Les garçons regardèrent leur mère sans comprendre son attitude.

— J'ai peur, dit-elle avec humilité, et Apikela rappela les enfants.

Après un repas animé au cours duquel les garçons bavardèrent avec Kimo tandis qu'Apikela ne cessait de poser des questions sur Kalawao, Nyuk Tsin dit qu'elle devait retrouver ses terres. Sur ce, elle s'en alla et parcourut six bons kilomètres avant de retrouver le terrain boueux qui était le sien. Elle ne s'y attarda pas, cependant, car elle se rendait chez les Hakka et les Punti pour voir si son fils ne se trouvait pas dans l'une de ces familles. Personne ne connaissait le bébé. Comme ils avaient tous voyagé sur le *Carthaginian*, ils se sentaient un devoir d'aider la veuve de Mun Ki et réunirent donc quelques outils de jardin, des graines et une perche en bambou pour y attacher deux sacs. Forte de ces présents, Nyuk Tsin revint sur sa propriété et y travailla jusqu'à minuit.

La partie la plus basse du terrain était protégée par des digues, la terre y était très humide et le taro y prospérerait; la partie intermédiaire était de nature différente, propre aux légumes chinois. Il restait une bande de terrain qui conviendrait parfaitement à la culture des légumes destinés aux haole. C'est ainsi que, dès la première nuit, Nyuk Tsin découvrit le système auquel elle allait se tenir pendant des années : taro pour les Hawaiiens, choux chinois et petits pois pour les Orientaux, haricots et pommes de terre pour les haole. Car elle savait que tous avaient besoin de manger.

Tous les jours, on la voyait passer dans les rues avec son chapeau de paille de forme conique et sa perche en bambou jetée sur les épaules. Mais les marchandises qu'elle vendait et l'argent que cela lui rapportait comptaient moins pour elle que les renseignements qu'elle pouvait glaner sur un petit enfant chinois qui devait avoir dans les quatre ans.

Quand vint 1875, Nyuk Tsin avait économisé vingt-cinq dollars. Elle se dit que si ses affaires continuaient de marcher, elle pourrait certainement avoir un jour de quoi donner à ses fils l'instruction dont elle rêvait pour eux. L'aîné avait à présent neuf ans, le plus jeune six. Mais avant d'y songer, elle avait un devoir sacré à remplir. Elle habilla soigneusement les quatre petits garçons, leur tressa les cheveux et descendit avec eux au magasin punti.

— Je veux que vous écoutiez bien, que vous regardiez et que vous compreniez bien ce que vous allez faire.

A cette époque, les Chinois n'avaient pas de banque, car il n'existait aucune industrie chinoise, et un Asiatique n'aurait jamais confié son argent à un Blanc. On accumulait ses économies, puis, lorsqu'on avait réuni la somme désirée, on la portait au magasin punti, ou hakka, et on la remettait, en toute confiance, au boutiquier qui, moyennant trois pour cent de la somme, la faisait parvenir par des moyens connus de lui seul au village indiqué. Vinrent des guerres et des révolutions, Hawaii prospéra et dépérit, des pirates attaquèrent les navires, mais invariablement l'argent expédié du magasin punti arriva au Village d'En-Bas.

— Cet argent, expliqua Nyuk Tsin, est pour la femme de Kee Mun Ki. Elle est veuve. Écrivez que ce sont ses fils qui lui envoient l'argent, avec leur respect filial.

Le boutiquier écrivit la lettre, en gracieux caractères chinois que peu de gens à Hawaii pouvaient lire, et la montra à Nyuk Tsin qui la fit à son tour passer devant les yeux de ses fils. Gravement, les petits Chinois aux longues nattes regardèrent le parchemin et imaginèrent une maman lointaine, en robe de soie rouge, là-bas en Chine. Nyuk Tsin répéta à ses enfants, plusieurs fois, pour qu'ils comprennent bien :

— N'oubliez pas ! Tant que votre mère vivra, il faudra lui envoyer l'argent. C'est votre devoir.

Et les enfants comprirent. La grosse Apikela était une maman, qui chantait et leur racontait des histoires, et Nyuk Tsin était une maman qui leur apportait à manger et les habillait, mais leur vraie maman était là-bas, en Chine.

En sortant de la boutique, comme la journée était perdue pour les travaux des champs, Nyuk Tsin décida d'aller voir de près un endroit dont elle avait entendu parler avec émerveillement. Elle ramena ses quatre enfants vers la vallée de Nuuanu, mais prit un chemin de traverse qui les fit déboucher dans une petite clairière où s'élevait une grande bâtisse. Elle appartenait à l'Église anglicane. Les Hawaiiens adoraient l'Église anglicane, avec ses fastes, ses chants, ses prêtres aux longues robes, qui les changeaient de l'austère calvinisme des Congrégationalistes, et les conversions étaient de plus en plus nombreuses. Le premier geste des missionnaires anglais avait été d'ouvrir une école, celle-là même vers laquelle marchait Nyuk Tsin, où l'on acceptait tout le monde, même les petits Chinois. En 1875, l'idée d'accepter des Asiatiques dans la belle et vaste école de Punahou aurait été inconcevable, et d'ailleurs, les Chinois n'avaient pas les moyens d'y envoyer leurs enfants, aussi les inscrivaient-ils à Iolani, où Nyuk Tsin amenait ses garçons.

Elle fut reçue par l'être le plus invraisemblable que Hawaii eût jamais connu. C'était un grand Anglais maigre et sinueux, à la tête rasée, au visage barré d'une énorme moustache touffue, qui n'avait que vingt-huit ans et répondait au nom ahurissant d'Uliassutai Karakoram Blake. Ses parents aventureux, natifs du Shropshire en Angleterre, faisaient partie d'une caravane qui traversait la Mongolie lorsqu'il était né, allant de la ville qui lui avait donné son premier prénom à celle à laquelle il devait le deuxième. Dès sa plus tendre enfance, il avait appris à parler couramment le chinois, le russe, le mongol, le français, l'allemand et l'anglais. Mais il savait se faire comprendre dans n'importe quelle langue. C'était un homme dur, très à cheval sur la discipline, qui adorait les enfants. Depuis qu'il vivait à Hawaii, il avait renoncé à parler chinois, car la colonie asiatique n'était composée que de Punti et de Cantonais qui ne parlaient qu'un affreux patois. Cependant, le langage hakka de Nyuk Tsin ressemblait assez au véritable mandarin et il fut ravi de s'entretenir avec elle.

— Ainsi, vous voulez inscrire ces Lao-Tseu en herbe dans notre école ?

— Ils ne sont pas Lao-Tseu, rectifia dignement Nyuk Tsin. Ils sont les fils de Mun Ki.

— Ah ! Et y a-t-il suffisamment d'argent dans les coffres de Mun Ki pour leur éducation ?

— Il est mort.

Blake hésita. Cette petite femme résolue lui plaisait cependant et il insista :

— Avez-vous une raison de penser que ces quatre fils de feu Mun Ki auront la faculté d'apprendre ?

Nyuk Tsin réfléchit un moment avant de répondre :

— Amérique peut s'instruire. Les autres ne sont pas très intelligents.

— Madame, s'écria Uliassutai Karakoram Blake en s'inclinant profondément, depuis trois ans que j'enseigne à Iolani, vous êtes la première mère qui n'est pas aveuglée par l'amour maternel et qui juge sainement ses fils. Je vous avoue franchement que vos enfants n'ont pas l'air très intelligents, mais je serai heureux d'accepter dans mon école Amérique, Asie, Europe et Afrique.

Puis il serra solennellement la main de chacun des petits garçons et ajouta en fronçant un sourcil terrible :

— Il faudra m'écouter, sinon gare aux fessées !

Plus tard, lorsque Hawaii fut civilisée, jamais un maître d'école qui serait arrivé par hasard à bord d'un baleinier, sans la moindre référence, le crâne rasé et orné de moustaches de dix centimètres, portant de surcroît l'impossible nom d'Uliassutai Karakoram Blake, n'aurait été accepté dans une école. Mais en 1873, lorsque cet homme étrange se présenta de la sorte, Iolani avait besoin de professeurs et l'on prit ce Blake, qui devait laisser dans l'île un souvenir impérissable et une empreinte caractéristique. Quand l'évêque vit pour la première fois ce jeune homme surprenant, il lui demanda quelles étaient ses références. Blake répliqua qu'il avait été élevé au lait de chamelle. Cette réponse grotesque surprit tant qu'il fut accepté. Si Blake avait été nommé dans une grande école, comme Punahou, cela n'aurait pas eu d'importance et n'aurait rien changé à la physionomie de l'île, car les élèves allaient ensuite à Yale parfaire leur éducation. Mais à Iolani, ou bien les enfants recevaient leur éducation des maîtres qu'il y avait, ou ils demeuraient ignorants. Ce fut donc Blake, avec ses moustaches et son crâne rasé, avec ses invectives et sa passion du beau langage, qui éduqua les Chinois. Grâce à lui, et à lui seul, les Chinois de Hawaii devinrent instruits et policés. Il n'essaya pas de les convertir au christianisme, puisqu'il était lui-même bouddhiste, mais il leur apprit à connaître les bateaux et les chevaux, comme des gentilshommes. Il ne les traita jamais comme des coolies, mais comme des hommes capables de diriger une grande entreprise, une banque, un domaine ou même un pays.

En ce temps-là, nombreux étaient ceux qui, à Hawaii, voyaient l'avenir d'un œil sombre et redoutaient ce qu'ils voyaient. Ils ne voulaient pas que les Chinois fassent des études ou dirigent de grandes sociétés. Ils avaient une peur véritable des hommes d'affaires et des intellectuels orientaux. Ils espéraient — ce en quoi ils se trompaient — que les Chinois se contenteraient de travailler dans les plantations et n'aspireraient à rien de plus ; quand ils virent leurs rêves partir en fumée et les Chinois participer à chaque aspect de la vie publique, ils furent pris de panique et envisagèrent de faire voter des lois ridicules, d'exiler tous les Chinois ou de leur interdire purement et simplement certains secteurs d'activité. Ils auraient pu agir de manière plus efficace en agissant plus simplement : en tuant Uliassutai Karakoram Blake.

Quand le premier employé d'une plantation put, grâce à ses maigres économies, envoyer son fils à Iolani, ce fut le début d'une véritable révolution que rien ne put enrayer. Quand Blake enseigna l'alphabet au premier petit Chinois, il condamna par la même occasion le vieux système du travail sous contrat. Un enfant qui sait lire tombe tôt ou tard sur un livre qui lui donne des idées et, avec des idées, on arrive pratiquement à tout.

A cette époque, les Chinois n'étaient pas spécialement bien traités. Les voyous trouvaient très amusant d'en attacher deux par leurs nattes et de leur taper dessus sans qu'ils puissent se défendre. Il leur arrivait aussi d'attacher un Chinois par sa natte à la queue d'un cheval et de lancer celui-ci au galop. Les Chinois furent dès lors sur leurs gardes, et les voyous convinrent entre eux de ne jamais s'en prendre aux Chinois d'une plantation quand ils étaient plus de six.

Une nuit, un Chinois rendu fou furieux pour on ne sait quelle raison s'introduisit dans la chambre du consul de France et le massacra à coups de couteau. Les Chinois n'étaient pas les êtres dociles que le *Honolulu Mail* avait présentés lors de leur arrivée. Ils savaient faire preuve de méchanceté et étaient prompts à se venger lorsqu'ils étaient insultés. Ils ne voulaient pas prolonger des contrats qui les obligeaient à travailler quatorze heures par jour pour trois misérables dollars par mois. Les tensions étaient grandes et l'expérience chinoise aurait pu échouer. C'était sans compter sans Uliassutai Karakoram Blake, qui répétait inlassablement à ses élèves : « Les vertus qui ont fleuri en Chine vous conduiront à la réussite à Hawaii. Étudiez, écoutez vos parents, économisez et fréquentez des gens honnêtes. »

Il insistait beaucoup pour qu'ils se conforment aux mœurs de la majorité.

— Coupez vos nattes, leur conseillait-il, et habillez-vous comme des Américains. Allez à l'église. Oubliez que vous êtes chinois.

— Vous voulez que nous délaissions le bouddhisme, lui dit un des enfants, mais pourquoi n'en faites-vous pas de même ?

— Quand je quitterai Hawaii, lui répondit Uliassutai, ce sera pour revenir en Angleterre, où toutes les religions sont autorisées. Mais vous, vous ne quitterez pas ces îles. Il vous faudra vivre parmi les Américains, qui méprisent les libertés individuelles. Alors, soyez conformes au modèle qu'ils imposent.

Avec son caractère fort et ses opinions tranchées, cet homme parvint à transformer une race.

Nyuk Tsin partait travailler dès le lever du jour avec ses quatre fils. Quand l'heure de la classe approchait, elle trempait un chiffon dans l'eau boueuse du champ de taro et leur nettoyait le visage. Puis elle les envoyait à l'école. En fin de journée, ils retrouvaient le champ et ne rentraient qu'après minuit à la maison, où le gros Kimo leur avait préparé un repas chaud.

Ce dur régime affolait l'indolent Kimo et, au bout d'un an, il suggéra :

— Pourquoi ne construisons-nous pas une maison sur votre terre ? Vous serez plus près de l'école, et moi je pourrai aller plus souvent en ville.

— Mais il faudrait sacrifier tout un carré de légumes !

— Oui, mais pour un tout petit coin du champ, vous récupéreriez toute notre terre ici.

— Si nous déménageons, Apikela devra marcher des kilomètres pour cueillir son maile. Et moi, je marche mieux qu'elle.

— Non, voilà ce que je pensais, expliqua Kimo. Apikela pourrait abandonner le maile, qui ne rapporte pas grand-chose et vous aider aux champs. Comme ça, les enfants auront plus de temps pour étudier.

Ce projet paraissait raisonnable et, dès le lendemain, Kimo accompagna Nyuk Tsin à sa terre, pour tracer les plans de la future maison. On démolit la hutte de la forêt et, pendant quelques jours, toute la famille coucha en plein air, en attendant de la reconstruire en bas de la vallée. Bientôt, la première des fameuses maisons Kee s'éleva dans Nuuanu Street.

L'idée de Kimo fut bénéfique d'une autre façon, car un jour que Nyuk Tsin se rendait à ses terres de la forêt elle fut hélée par un jeune homme de vingt ans qui arrêta son cabriolet près d'elle.

— C'est vous, la Pake qui possède ce terrain, là-haut ?

Il sauta à terre et vint lui tendre la main.

— Je m'appelle Whip Hoxworth, dit-il, et j'aimerais voir votre terre de près, si vous le permettez.

Il attacha son cheval à un arbre et la suivit sur l'étroite piste de la forêt. Il examina attentivement la terre de la clairière, puis il proposa :

— Pake, je voudrais m'entendre avec vous. J'ai rapporté de Formose au prix de mille difficultés une centaine de plants d'ananas. J'ai essayé de les acclimater dans les champs de la vallée, mais ils ne donnent pas grand-chose. Je crois qu'il leur faudrait l'altitude. Il me semble qu'ici, ils pousseraient mieux. Voilà ce que je vais faire. Je vais vous donner tous les plants qui ont résisté. Et si vous réussissez à les faire pousser, je vous les donne. Je ne vous demanderai que quelques fruits et des graines.

— Est-ce que l'on peut vendre des ananas ? demanda Nyuk Tsin avec méfiance.

D'un geste large, Whip Hoxworth montra toute la vallée.

— Tout le monde vous achètera des ananas, Pake. Vous acceptez le marché ?

Nyuk Tsin accepta et l'avenir prouva que le jeune Whip ne s'était pas trompé. Les terres hautes convenaient parfaitement aux ananas de Formose, qui étaient plus doux et bien supérieurs aux petits ananas qui avaient été apportés aux îles un demi-siècle auparavant. Tous les jours, Nyuk Tsin couvrait les six kilomètres qui séparaient ses deux terres et rapportait les ananas qu'elle allait vendre en ville. Ses légumes de la vallée poussaient bien, les enfants s'instruisaient et les pièces d'or espagnoles, les dollars mexicains et les shillings australiens s'amoncelaient dans un petit coffret de bois de santal.

Nyuk Tsin avait cependant toujours des problèmes avec le taro. Elle vendait les bulbes aux indigènes et les feuilles à quiconque voulait les manger en légumes ; elle gardait pour elle les tiges, qu'elle servait avec du mulet frit. Mais son poi n'était toujours pas très prisé des gens des îles. Elle demanda donc à Apikela et à Kimo de l'aider et, ensemble, ils firent un poi de très grande qualité, dont la belle couleur faisait saliver les amateurs. Le marché virtuel du poi pake, comme on disait alors, était considérable. Malheureusement, rares furent les Hawaiiens qui purent s'en offrir, et voici pourquoi. Apikela et Kimo travaillaient si dur à la culture du taro qu'ils avaient une faim aussi énorme qu'eux. Alors que Nyuk Tsin se contentait d'un peu de riz et de tiges de taro, ses deux gigantesques amis dévoraient comme des ogres. Kimo pesait alors près de trois cent cinquante livres ! Non contents d'engloutir quelques poissons, du porc froid, un fruit de l'arbre à pain et du saumon de l'Oregon, ils plongeaient leurs doigts dans les marmites de poi et engloutissaient la pâte odorante en échangeant des regards bienheureux.

Nyuk Tsin était effarée de voir que son poi n'arrivait pratiquement jamais sur le marché. Mais elle ne s'en plaignit jamais, car ces deux gloutons avaient élevé ses enfants à l'époque où elle-même vivait parmi les lépreux. En fait, Nyuk Tsin n'aurait pas pu se débrouiller sans eux, car ils prenaient soin des enfants, lavaient le linge, rapportaient les commérages et préparaient le poi.

Elle était malgré tout désireuse de protéger ses arrières, et c'est ainsi qu'elle dit un jour à Kimo :

— J'aimerais acheter les champs que vous avez là-haut.

— Acheter ? fit Kimo, très étonné. Vous pouvez les prendre.

— Ce serait peut-être mieux si je les achetais officiellement.

— Ils sont à vous, insista Kimo.

— Nous ne pourrions pas aller à l'administration et signer des papiers ? dit Nyuk Tsin. Je vous paierai.

La grosse Apikela souleva son amie chinoise, légère comme une plume, et la fit asseoir sur ses genoux.

— Kimo et moi n'avons pas besoin de ces terres, nous n'avons pas d'enfants.

— Vous avez les quatre garçons, rectifia Nyuk Tsin.

— Excellente idée ! s'écria Kimo. Nous allons donner les terres aux garçons !

Tous trois se rendirent donc dans les locaux de l'administration afin d'y enregistrer la vente des terres du haut aux enfants Kee. Quand l'employé blanc leur demanda par le truchement de son interprète quel était le montant de la transaction, les deux énormes Hawaiiens semblèrent perdus.

Nyuk Tsin expliqua qu'elle avait tout un sac de dimes, de réaux et de pièces d'or australiennes, mais Kimo l'interrompit avec un geste grandiose :

— Nous vendons nos terres à la Pake en échange de tout le poi que nous pourrons manger.

Et c'est ainsi que l'affaire fut conclue.

Nyuk Tsin menait une vie étrange et typiquement hawaiienne. Ses quatre fils parlaient anglais et hawaiien, et vénéraient comme leur mère la femme mystérieuse qui vivait en Chine, tout en aimant également Apikela et Nyuk Tsin. Personne, dans la maison, ne connaissait d'ailleurs son nom. Le généreux couple hawaiien ne l'appelait que Pake, et les enfants Tante. Tout ce qui touchait à la nourriture, au langage et au rire était hawaiien. L'instruction, le commerce et la religion étaient américains, mais le respect et l'éducation demeuraient résolument chinois.

La routine s'installait dans la vie de Nyuk Tsin et, chaque année, c'était la même chose.

Le 1ᵉʳ mars, elle se rendait à l'administration et payait les taxes sur ses deux propriétés. L'objet auquel elle accordait le plus de valeur était alors la boîte où elle conservait ses reçus. C'était pour elle une sorte de certificat de citoyenneté, le droit de séjourner au pays de l'Arbre Embaumé.

En septembre et en juin, elle lavait très soigneusement l'une de ses tenues et accompagnait ses quatre fils à l'école afin de parler de leur éducation avec Uliassutai Karakoram Blake, lequel prenait plaisir à converser en chinois avec elle et lui disait que les garçons travaillaient bien. Son insistance relevait du fanatisme. Chaque fois qu'elle parlait avec Blake, elle lui demandait : « Lequel de mes quatre fils a l'esprit le plus vif ? » Et l'homme réfléchissait un instant avant d'affirmer : « Amérique. »

En avril et en octobre, Nyuk Tsin se rendait dans la boutique du Punti avec un certain nombre de dollars qu'elle envoyait à la famille de Mun Ki, au Village d'En-Bas. Ses fils l'accompagnaient à chaque fois, même si cela les contraignait à s'absenter de l'école.

« Il y a encore plus important que l'éducation, leur disait-elle, et c'est la piété filiale. Vous êtes quatre frères qui devez travailler très dur pour marquer le respect que vous devez à votre père et sa famille. »

Chacun des enfants avait le droit de toucher l'argent, puis le reçu. Après quoi, ils retournaient à l'école. Nyuk Tsin trouvait parfois étrange d'enseigner ces principes chinois traditionnels non pas dans la puissante langue des Hakka, mais en pidgin hawaiien approximatif. Quoi qu'il en fût, les principes étaient des plus clairs et les enfants les comprenaient.

Et c'est ainsi que se déroulait l'année de Nyuk Tsin, la Pake Kokua, également appelée Tante.

Un jour de 1879, elle conduisait ses fils à l'église épiscopale quand elle vit une famille hawaiienne y pénétrer avec sept enfants. L'un des garçons avait l'air chinois. Elle l'observa plus attentivement et vit qu'il avait dans les huit ans, l'âge de son fils disparu. Elle n'était pas certaine qu'il fût chinois, car il se mêlait parfaitement à ses frères et sœurs hawaiiens, mais, dès que le service fut terminé, elle demanda à Asie, alors âgé de treize ans, de ramener ses frères à la maison et elle-même suivit tranquillement la famille hawaiienne jusqu'à sa résidence, située dans Beretania Street. Elle essaya de demander à un passant le nom de la famille, mais elle ne parvint pas à se faire comprendre.

Elle fit souvent de longs détours pour revoir la belle maison et, avec le temps, elle découvrit que le petit Chinois allait à l'école, qu'il avait l'air normalement intelligent et qu'on ne lui connaissait qu'un nom hawaiien. Un jour, elle arriva avec ses ananas et en proposa à la mère de famille, uniquement pour lier conversation, mais la femme ne voulait pas d'ananas.

Elle décida d'aborder franchement le problème avec Apikela, mais quelque chose lui dit que la grosse Hawaiienne se rangerait d'instinct aux côtés de ses compatriotes. C'était en fait le genre d'aventure qui plaisait à Kimo — lequel se considérait, à juste titre, incapable d'exercer toute autre activité.

Elle prit le gros homme à part et lui dit sur le ton de la confidence :

— Renseignez-vous pour découvrir à qui appartient cette maison.

— Pas la peine de demander, répondit-il. Cette maison est celle du gouverneur Kelolo Kanakoa.

— Tâchez de savoir où ils ont eu le petit Pake.

Kimo accepta de faire son enquête et revint bientôt annoncer :

— Le gouverneur se trouvait sur le port, un jour, quand un bateau est arrivé avec un bébé dont personne ne savait que faire. Le gouverneur l'a pris chez lui. C'est tout simple.

Mais lorsque Nyuk Tsin lui eut révélé qu'elle était sûre que l'enfant était le sien, le gros Hawaiien s'écria :

— Il est à Kelolo ! Il l'a nourri, l'a élevé.

— Mais c'est mon fils !

— Oui, peut-être, mais il appartient au gouverneur.

Nyuk Tsin insista :

— Je ne le lui ai pas confié. C'était à vous que je l'avais envoyé, pour me le garder, en attendant mon retour.

— Qu'est-ce que ça peut faire ? rétorqua Kimo. L'enfant est heureux, bien soigné, bien nourri. Il a des frères et des sœurs. C'est le principal.

— Mais je voulais qu'il soit chinois !

— Chinois, hawaiien, américain, quelle importance du moment que le petit garçon est heureux ?

Nyuk Tsin comprit qu'elle perdait son temps à discuter avec Kimo et décida de consulter Apikela. Mais, comme elle s'y était attendue, l'Hawaiienne prit fait et cause pour ses compatriotes.

— Il faut vous dire que cette femme a appris à aimer cet enfant comme le sien. On ne peut pas le lui enlever :

— Mais elle en a six autres ! Celui-ci est à moi !

— Les autres ne sont pas tous à elle. Elle les a trouvés dans la rue, et je sais qu'il y en a un qui vient de Maui.

— Je veux mon fils, répéta Nyuk Tsin avec entêtement.

— Pake, il n'est plus votre fils !

Sans réfléchir, Nyuk Tsin s'écria :

— Les quatre autres non plus ne sont pas mes fils ?

Apikela soupira et répondit avec douceur :

— Non, Pake. Ils ne sont pas seulement à vous. Ils sont mes fils aussi.

La petite Chinoise élevée dans la tradition familiale qui était celle des Hakka regardait fixement la grosse Hawaiienne aux coutumes plus enclines aux sentiments. Chacune d'elles incarnait parfaitement sa race et sa culture, et ni l'une ni l'autre n'était prête à la reddition, mais, comme d'habitude, ce fut la plantureuse Hawaiienne qui fit le premier pas :

— Il est certain, Pake, que quatre garçons n'ont pas de trop avec deux mères.

La grosse femme se montra si persuasive que Nyuk Tsin cessa de mépriser la proposition qu'on lui faisait et qui expliquait parfaitement, à ses yeux tout au moins, pourquoi les Hawaiiens s'éteignaient alors que les Chinois prospéraient. Elle ne pouvait ignorer le témoignage d'amour que proclamaient les yeux de ses fils. Même s'ils devaient vivre à mi-chemin entre l'amour hawaiien et le devoir chinois, ils se portaient bien, et c'était là le principal. Nyuk Tsin se laissa aller dans les bras d'Apikela, comme si elle était sa fille et non pas son amie.

Puis la majestueuse Hawaiienne dit :

— Maintenant que nous nous comprenons, nous pouvons aller voir la femme du gouverneur.

Apikela et Nyuk Tsin, suivies de Kimo, descendirent de la vallée du Nuuanu jusqu'à Beretania et Apikela dit à Nyuk Tsin qu'il valait mieux qu'elle soit le porte-parole. Elle expliqua donc à la femme du gouverneur que la Pake pensait que le septième enfant était le sien.

— C'est bien possible, répondit l'Hawaiienne sans se troubler. Mon mari l'a trouvé sur un bateau.

— Cette Pake aimerait le reprendre.

La femme du gouverneur baissa les yeux et se mit à pleurer. Puis elle protesta :

— Nous l'aimons comme notre fils.

— Vous voyez bien! s'écria Apikela.

Alors Nyuk Tsin prit la parole elle-même.

— Je suis très reconnaissante de ce que vous avez fait pour lui. Mais c'est mon fils.

— Il est heureux avec nous!

— C'est mon fils, répéta Nyuk Tsin.

— Pour nous, qui l'avons élevé, c'est le nôtre.

— Si j'allais au tribunal, que diraient les juges?

La femme du gouverneur se remit à pleurer, et Apikela l'imita. Le gouverneur lui-même arriva sur ces entrefaites et demanda ce qui se passait. C'était un homme posé, grand et fort, frisant la cinquantaine. Il écouta patiemment Apikela, sa femme et Nyuk Tsin, puis il demanda à la Chinoise :

— Vous seriez donc la Pake Kokua?

— Oui.

— Hawaii a une lourde dette envers vous, Kokua. Mais nous avons élevé cet enfant et, de plus, je suis persuadé qu'il est bon que nos deux races apprennent à se mieux connaître. Il est bon qu'un petit Chinois soit élevé parmi les Hawaiiens. Et puis nous aimons cet enfant. Non, je ne voudrais pas le laisser partir.

— Les juges me le rendront insista Nyuk Tsin.

Les yeux mouillés de larmes, le gouverneur soupira :

— N'avez-vous donc pas d'autres enfants?

— J'ai quatre fils.

— Alors laissez-nous le cinquième, je vous en supplie. N'allez pas chez le juge!

La femme du gouverneur servit le thé, on fit asseoir Nyuk Tsin dans un beau fauteuil capitonné et, pendant quatre heures, la petite Chinoise fut littéralement submergée, étouffée, battue par l'amour. On fit venir son fils, sans lui révéler que cette femme en blouse et pantalon bleu était sa mère, et elle le trouva fort, propre et intelligent. Nyuk Tsin céda enfin. Il fut convenu que le petit garçon resterait dans la famille du gouverneur, mais elle insista pour qu'on lui dise qui était sa véritable mère. Les choses se compliquèrent alors, car Nyuk Tsin déclara que l'enfant devrait accompagner deux fois par an ses frères à la boutique punti pour envoyer de l'argent à sa vraie mère, demeurée en Chine.

— Sa vraie mère ? demanda le gouverneur.

— Oui. Sa vraie mère est en Chine. Je ne suis que sa Tante.

— Je croyais que vous aviez mis le bébé au monde à Kalawao !

— Oui, naturellement. Mais sa vraie mère est en Chine.

Le gouverneur écouta fort patiemment ses explications, lui demandant parfois de répéter. Mais, au fond de lui-même, il devait s'avouer qu'il n'y comprenait strictement rien.

Nyuk Tsin conduisit donc Australie à la boutique du Punti, d'où son nom fut communiqué aux membres de la famille restés au Village d'En-Bas. A Hawaii, cependant, on continua de l'appeler Keoki Kanakoa. Il rencontra ses quatre frères, Asie, Europe, Afrique et Amérique, puis il regagna sa résidence. Comme tout le monde, il ne sut jamais le véritable nom de Nyuk Tsin et se contenta de l'appeler Tante. Il comprit vaguement que c'était en Chine que résidait sa vraie mère et qu'il était de son devoir de lui envoyer de l'argent deux fois l'an.

Nyuk Tsin insista également pour que deux hectares de bonnes terres appartenant au gouverneur Kanakoa fussent officiellement concédés au petit Australie Kee. Le terrain se trouvait dans la vallée de Manoa. Nyuk Tsin y fit pousser des ananas.

Elle avait maintenant trente-deux ans. Malgré son extrême minceur et sa chevelure peu abondante, c'était une femme assez attirante. Il n'y avait à l'époque, dans la communauté chinoise, que deux cent quarante-six femmes pour vingt-deux mille hommes, mais aucun d'eux n'envisagea jamais de la prendre pour épouse : qui sait si elle n'avait pas la lèpre ?

Elle vécut donc en marge de sa communauté. Et chaque soir, alors que tout le monde était couché, elle se déshabillait et, à la lueur d'une lanterne, elle étudiait attentivement chaque centimètre carré de sa peau. Elle terminait chaque fois par les pieds et soupirait en se disant qu'elle n'avait toujours pas la lèpre. Une seule chose comptait : éviter la terrible maladie. Le reste n'avait aucune importance.

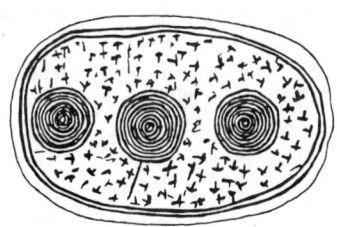

Lorsque Whipple Hoxworth revint à Hawaii en 1877, il ne rapporta de ses sept ans à l'étranger que cent plants d'ananas et un sac de graines diverses, mais il était déjà devenu l'homme destiné à révolutionner la structure même des îles. Il était grand et mince, vif d'esprit et de mouvements, sachant remarquablement se servir de ses poings. Son grand-père paternel, le capitaine Rafer Hoxworth, lui avait légué son insolence et sa force, et son autre grand-père, John Whipple, sa distinction et son intelligence.

Comme le capitaine Rafer, le jeune Whip avait un insatiable désir des femmes et, tout de suite après la petite Chinoise qui lui avait appris tant de choses à l'âge de treize ans, il avait connu le plaisir dans la plupart des grands ports de par le monde. Sept années durant, c'est avec les femmes qu'il avait dépensé tout son argent, mais il ne regrettait pas le moindre sou, car il avait fait une découverte essentielle : il les attirait, il avait le pouvoir de les rendre heureuses.

Au cours des interminables journées de navigation, Whip ne s'attardait pas à rêver au sourire sucré de Mrs Random ou à la charmante miss Henderson. Une fille, pour lui, c'était un corps plein de vie, étendu nu sur son lit. C'était ainsi qu'il aimait les femmes. Peu lui importait qu'elles fussent mariées ou célibataires : cocufier un homme ne l'intéressait pas. Peu lui importait la nationalité ou la couleur de la peau. S'il n'avait pas accès aux bonnes grâces d'une dame il trouvait autant de plaisir à se rendre dans un établissement spécialisé et à s'offrir les charmes d'une professionnelle. Il est vrai qu'il préférait cette méthode plus directe, mais il savait aussi se montrer très galant. A quelque jeune fille timide digne de son intérêt, il faisait porter des fleurs et des sucreries, adressait des billets bien tournés et il dansait avec elle avec beaucoup de grâce. Car il se souvenait toujours des paroles de son grand-père : « Quand la mère de Noelani est morte, elle pesait près de quatre cents livres. C'était ton arrière-grand-mère. Eh bien, chaque jour, son mari venait lui apporter des fleurs comme à une déesse. » Whip aimait passionnément les femmes, il savait qu'elles étaient le complément obligé de sa vie et désirait ardemment tout faire pour leur bonheur.

Comme on peut s'en douter, son comportement après sept années d'errance surprit beaucoup les habitants d'Honolulu. Il épouvanta les filles Hale et Hewlett en leur enseignant les techniques amoureuses pratiquées en Perse et en Égypte, lesquelles lui avaient été révélées au cours d'un long trajet en caravane. Les pauvres filles ne comprirent jamais vraiment de quoi leur parlait l'audacieux, mais elles découvrirent qu'il était tout à fait déterminé à ôter leurs dessous le plus rapidement possible, et elles convinrent entre elles qu'il valait mieux qu'elles ne fussent pas escortées par leur cousin Whip.

Il se rendit très vite compte que l'une de ses cousines, Nancy Janders, n'était pas insensible à ses attentions. Ils se livrèrent à toutes sortes d'excentricités, jusqu'au jour où on le découvrit entièrement nu, à cinq heures du matin, dans la chambre de la jeune fille.

Le père de Nancy l'éloigna dès le lendemain et Whip se consola auprès d'une jolie Hawaiienne dont le grand-père portugais avait atteint les îles via les Açores. Ils s'affichèrent partout en ville pendant un certain temps, puis la fille s'exila en Californie pour y mettre au monde son enfant.

Whip buvait peu et ne cherchait pas la bagarre, mais il était prompt à réagir quand quelqu'un le cherchait. Il avait une façon bien à lui de hausser les épaules et de s'éloigner de quelques pas avant de se jeter sur son adversaire tel un taureau furieux. Avec l'âge, il s'apaisa, mais sa passion pour les femmes ne fit qu'empirer. Il était en cela le digne petit-fils du capitaine Rafer Hoxworth.

Il ressemblait aussi, à de nombreux égards, à son grand-père maternel, le docteur John Whipple. En plus de la beauté physique, il s'intéressait passionnément, comme son aïeul, à la science. Le jeune Whip avait mis à profit ses sept années de voyage pour étudier les plantes, faire pousser des fleurs, recueillir des spécimens d'arbustes et de fruits susceptibles de s'acclimater à Hawaii.

S'il importa des orchidées de Malaisie ainsi que des ananas de Formose et de Nouvelle-Guinée, sa plus grande réussite en ce domaine fut un arbre, un manguier, qui, par la suite, se vit attribuer son nom. Il l'avait trouvé près de Bombay et son fruit était si délicieux qu'il avait tout de suite envisagé de le ramener à Hawaii. Après plusieurs échecs, il réussit à le faire pousser en abondance dans les îles.

Par la suite, nombreux furent ceux qui détestèrent Whip Hoxworth, car il était devenu un homme d'affaires aussi impitoyable que son grand-père. Mais on portait toujours à son crédit le cadeau sublime qu'il avait fait à Hawaii : la « mangue de Hoxworth » était bien le roi des fruits.

Quand Whip vit que ses manguiers poussaient bien et qu'il eut donné plusieurs centaines d'arbustes à ses amis, il consacra toute son attention aux affaires de la H & H. C'est alors qu'il se heurta violemment à la rectitude de son oncle barbu, Micah Hale. Ce dernier craignait, en effet, que les turpitudes du jeune homme ne ternissent l'image de la compagnie.

— Tu as offensé toutes les filles de notre famille, lui dit Micah, et nous n'avons aucune place pour toi.

— Je ne cherche pas de femme, lui lança Whip, je cherche du travail.

— Celui qui n'est pas capable de faire un bon mari n'est pas digne de travailler... à la H & H, rétorqua Micah Hale.

Il énonçait ainsi l'un des principes de base de son entreprise, car comme la plupart des grands empereurs de l'histoire, les Hale, les Whipple et les Janders avaient compris qu'une institution doit se perpétuer sur deux niveaux : elle produit des fils intelligents et capables de prendre le relais quand les aînés disparaissent, mais aussi des filles charmantes à même d'attirer dans l'entreprise des maris de qualité.

— Il n'y a pas de place pour toi à la H & H, dit Micah d'un ton définitif.

Whipple se tourna vers son père, le faible Brownley, qui ne voulut pas entrer en conflit avec Micah. Finalement, on réunit le conseil de famille et ce fut encore Micah qui prit la parole :

— Notre réussite à Hawaii dépend de notre droiture, dit-il nettement. Il n'y a jamais eu de scandale chez nous et tant que je vivrai, il n'y en aura pas. Je crois que Whipple devrait reprendre la mer. Nous le dédommagerons et nous lui remettrons la contrepartie de ses avoirs dans nos sociétés, mais je pense que nous devons l'éloigner d'Hawaii.

Et puis Micah eut une idée. Se rappelant le goût de son neveu pour la culture, il proposa de l'écarter définitivement, et officiellement, de la H & H en lui donnant de la main à la main deux mille hectares de terres appartenant à la famille, pour en faire ce que bon lui semblerait. Lorsque les Hoxworth et les Hale réunis annoncèrent cette décision au fils prodigue, Whip s'inclina gracieusement, accepta les deux mille hectares et déclara :

— Bon Dieu, pauvres missionnaires que vous êtes, vous allez le regretter un jour !

Il attela une paire de chevaux solides à sa voiture et partit inspecter ses terres. Il dépassa Pearl Harbor et la vallée entre les montagnes de Koolau et de Waianae et arriva enfin sur son territoire, une région aride, stérile, désolée. En l'examinant, le jeune homme songea aux récits de son oncle Micah et à sa description des déserts de l'ouest des

États-Unis que le jeune pasteur avait traversés en 1849 : des terres où rien ne pousse, même pas un brin d'herbe. Mais Whip ne se découragea pas. Il gratta le sol, sous la couche de lichens et de mousses et découvrit que la terre était rougeâtre et relativement grasse. « Du fer, se dit-il. Si seulement il y avait de l'eau, on pourrait y faire pousser n'importe quoi. »

Il contempla la baie de Pearl Harbor et vit l'immense étendue salée, inutilisable. Il leva les yeux vers le ciel et ne découvrit aucun nuage. Il se tourna sur sa droite et porta ses regards vers les montagnes de Koolau. De nombreux nuages noirs couronnaient les cimes, poussés par les alizés qui soufflaient en permanence du nord-est. Malheureusement, les pluies qui tombaient irriguaient l'autre flanc de la chaîne montagneuse et s'en revenaient à la mer. Son grand-père Whipple en avait récupéré une infime partie grâce à ses digues, mais la grande majorité de ces précipitations était aussi inutilisable que l'eau salée de Pearl Harbor.

Ce fut alors qu'il conçut son grandiose projet. Pourquoi ne pas creuser un tunnel dans la montagne et faire venir l'eau ici ? Il imagina tout un réseau de digues et de barrages n'ayant pour but que d'irriguer ses terres désertiques.

« Je creuserai ce tunnel ! se jura-t-il. Je rendrai cette terre si riche qu'en comparaison les bateaux de l'oncle Micah ne vaudront rien du tout ! »

Il tendit un doigt rageur vers les montagnes de Koolau et lança à ces géants impassibles :

— Un jour, je vous éventrerai, je le jure !

Mais l'immense fortune de Whip devait avoir une autre origine. Quand il eut compris qu'on l'évinçait des affaires familiales et qu'il ne pouvait rien tirer pour l'instant de ses terres, il décida de s'expatrier, mais il le fit de façon mémorable. Il n'avait jamais oublié les heures délicieuses passées en compagnie de sa cousine Nancy, toujours exilée sur le continent, et se mit à faire une cour assidue à sa jeune sœur Iliki. L'affaire fut rondement menée et se termina un beau soir par la fuite d'Iliki, vêtue en homme. Elle s'embarqua avec Whip sur un cargo anglais en route pour San Francisco, et le lendemain, le capitaine du bateau les maria. La famille consternée étouffa le scandale et pria Dieu qu'Iliki trouve le bonheur avec ce vaurien. Ces prières ne furent pas exaucées.

Le jeune Whip, lui, appréciait fort la jeunesse et la vivacité de son épouse, mais la pauvre Iliki découvrit bien vite que son mari ne savait pas ce que fidélité veut dire. Il la délaissait pour courir les ruelles des quartiers réservés et la trompait outrageusement avec les femmes de ses relations d'affaires de San Francisco. Cela dit, il était assez bon mari et quand un fils lui naquit en 1880, il insista pour l'appeler Janders Hoxworth en souvenir du père de sa femme. Il était fier du bébé et n'hésitait pas à pousser son landau, le dimanche, en se promenant avec sa femme.

Vers la fin des années 1880, la sœur d'Iliki profita de ce qu'elle se rendait à Honolulu pour leur rendre visite. Nancy était devenue une superbe New-Yorkaise et il ne fallut pas attendre longtemps pour que sa haine à l'égard de Whip fût balayée par le souvenir du plaisir qu'il lui avait donné.

Au début de cette nouvelle aventure, Whip se rendait à l'hôtel où était descendue Nancy. Ils se livraient à de folles étreintes, exacerbées par les trois années d'exil de la pauvre Nancy Janders. Elle l'attendait au lit, complètement nue, et Whip se jetait sur elle dès qu'il entrait dans la chambre. Parfois, elle le gardait auprès d'elle une journée entière, et Iliki ne fut pas longue à comprendre ce qui se passait.

Elle ne sut tout d'abord pas comment réagir : devait-elle faire irruption dans l'hôtel ou pleurer dans son coin ? Le problème se résolut de lui-même. Revenue des courses un peu plus tôt que prévu, elle eut la surprise de trouver Whip en compagnie de Nancy, dévêtus, dans son propre lit.

Il n'y eut pas d'esclandre. Toujours couchée, Nancy dit calmement :
— Je l'ai eu la première. Il a décidé de rester avec moi.
— Tu pourrais t'habiller, dit Iliki, étonnée de son propre sang-froid.
Quand le couple se fut vêtu, Nancy annonça d'un air de défi :
— Whip et moi, nous allons vivre ensemble.

Iliki n'avait pas envie de discuter avec son mari, car elle savait qu'il ne tiendrait pas parole, quoi qu'il lui promît. Il n'était pas comme les autres hommes et c'est avec beaucoup de tristesse qu'elle comprit que son destin était de changer sans cesse de femme et de ne jamais rester avec aucune. « Il aura une vie très solitaire », pensa-t-elle.

Elle quitta San Francisco avec son fils Janders et prit un bâtiment de la H & H qui la ramena à Honolulu. Elle consacra toute sa vie à la communauté et le musée d'histoire naturelle local se développa beaucoup grâce à elle.

Whip et Nancy, se donnaient du bon temps à San Francisco. Whip divorça officiellement, mais il ne prit pas la peine d'épouser Nancy. « Je ne ferai jamais un bon mari », se plaisait-il à répéter. Nancy comblée dans la satisfaction de ses désirs, acceptait tout de lui, pas même troublée le jour où elle se rendit compte qu'il entretenait plusieurs liaisons avec des filles des quartiers louches.

Ce qu'elle préférait, en dehors de leurs moments d'intense passion, c'était leurs discussions avec des bâtisseurs de tunnels. Un petit groupe d'experts désireux d'en découdre avec la nature avait réussi à convaincre Whip qu'il lui suffirait de réunir assez d'argent pour percer les montagnes de Koolau et irriguer ses terres.

Discrètement, il envoya l'un des ingénieurs géologues à Hawaii, sous prétexte d'étudier les oiseaux, l'homme parcourut les montagnes et conclut que le percement d'un tunnel ne présenterait aucun problème insurmontable.
— En fait, expliqua le géologue à Whip, les montagnes sont constituées de plusieurs couches superposées. Les roches poreuses des couches supérieures sont gorgées d'eau. Votre projet est très intéressant, du point de vue de l'eau, naturellement.
— Quelle devrait être la longueur de ce tunnel ? demanda Whip.
— Entre douze et quinze kilomètres.
— Vous pourriez creuser un tunnel de cette taille ?
— C'est uniquement une question d'argent, dit le géologue. Si vous avez l'argent, moi je vous fournis la dynamite.
— Combien faudrait-il ? demanda Whip.
— Quatre millions de dollars.
— Je vais voir. N'oubliez pas mon nom.
Whip ne possédait pas quatre millions, mais il ne s'avouait pas battu. Il décida donc de retourner à Hawaii mais Nancy essaya de l'en dissuader :

— Iliki est là-bas. Ce serait gênant pour toi. En tout cas, ne compte pas sur moi pour t'accompagner.

— Naturellement dit froidement Whip.

Quelques jours plus tard, il lui dit posément :

— Nancy, je crois qu'il est grand temps que tu te cherches un mari.

— Tu en as assez de moi ?

— Je ne peux pas t'emmener à Hawaii. As-tu de quoi vivre ?

— La famille m'envoie ma part de revenus.

— Chérie, j'espère que tu seras heureuse. Nous avons passé de bons moments ensemble. Maintenant, rhabille-toi.

Whip venait à peine de quitter Nancy quand un petit homme en pardessus trop grand se présenta chez lui.

— Je m'appelle Overpeck, dit-il. Milton Overpeck, et j'ai appris que vous auriez l'intention de percer un tunnel.

— C'est vrai. Asseyez-vous, monsieur. Vous aimez le whisky ?

— J'aime tout.

— Vous êtes ingénieur ?

— Oui et non, répondit le petit homme. J'ai cru comprendre que vous vouliez faire percer un tunnel pour avoir de l'eau.

— Vous me paraissez bien au courant de mes intentions. Un autre whisky ?

— Jeune homme, si vous cherchez à me faire boire pour profiter de moi, vous vous donnez beaucoup de mal pour rien.

— Ce n'était qu'un geste d'hospitalité, protesta Whip.

— Je n'accepte jamais l'hospitalité si l'hôte ne se joint pas à moi. Buvez, mon cher, buvez et nous reprendrons cette intéressante conversation.

Les deux hommes, le jeune garçon de vingt-quatre ans et le vieil ingénieur de cinquante ans, burent pendant plusieurs heures et Whip fut extrêmement intéressé par les théories de son interlocuteur. Le petit homme paraissait en savoir plus long que lui sur la géologie des îles, particulièrement celle de Oahu. A l'aide de coussins, de livres et de journaux, il reproduisit sur le tapis les contours et les montagnes de l'île.

— Ma théorie est la suivante, dit-il. Ces deux volcans que voici ont formé Oahu. C'est l'évidence même. Or, au cours de leur formation, l'un d'eux a certainement empiété sur le terrain de l'autre. Il a dû se former des poches souterraines. Or, la roche volcanique est poreuse, c'est incontestable. Croyez-moi, toute l'eau de pluie qui tombe sur ce versant ne s'écoule pas vers la mer. Mais, excusez-moi, il me semble que vous avez beaucoup bu. Nous reprendrons cet intéressant exposé demain matin. Ne touchez à rien. Tant pis si vous dormez cette nuit sans oreiller.

Whip, l'œil terne, fronça le sourcil sur le chaos de sa chambre et bredouilla :

— Quel rapport avec les tunnels ?

— Je ne saurais vous dire. Moi, je serais plutôt pour les puits.

Le lendemain à la première heure, l'étrange petit homme reparut et surprit Whip en négligeant complètement son montage d'oreillers et de journaux.

— Le mieux, dit-il, c'est de vous montrer. Ce sont les puits qui sauveront Hawaii. Venez.

Il entraîna Whip au bas de Market Street et lui fit prendre un ferry-boat sale et bruyant qui les déposa tous deux de l'autre côté de la baie, à Oakland. Après un long trajet à pied, Overpeck montra à Whip un puits qu'il venait de creuser, et lui désigna fièrement un tuyau qui sortait de terre et d'où jaillissait une trombe d'eau s'élevant à près de six mètres.

— Cette eau jaillit comme ça tout le temps ?

— Jour et nuit.

— Comment cela se fait-il ?

— C'est un puits artésien.

— Combien de temps durera-t-il ?

— Éternellement.

C'était le rêve de Whip, une inépuisable source d'eau douce. Mais il avait toujours cru qu'il faudrait, pour l'obtenir, percer un tunnel à travers la montagne. Si Overpeck ne se trompait pas, il y avait une nappe d'eau sous les terres de Whip. Mais le jeune homme était à la fois hardi et prudent, en affaires. Il voulait bien jouer son va-tout pour avoir de l'eau, à condition d'avoir au moins une chance de réussir.

— Pourquoi a-t-il fallu venir jusqu'ici pour voir un puits ? demanda-t-il. Il n'y en a donc pas à San Francisco ?

— Pour qu'il y ait puits artésien, il faut que la nappe d'eau soit prisonnière entre deux couches imperméables. Cela ne se produit pas n'importe où.

— Et si cela ne se produit pas sur les terres d'Hawaii ?

— J'ai suffisamment l'habitude de ce puits pour deviner que si.

— Comment le savez-vous ?

— C'est justement ce que j'essayais de vous expliquer avec les coussins et les journaux.

— Je crois que nous ferions bien de rentrer chez moi. Mais, une seconde. Comment avez-vous percé les couches rocheuses, ici ?

— C'est un système spécial de mon invention.

— Vous me le vendriez ?

— Non.

— C'est bien ce qu'il me semblait.

Les deux hommes reprirent le ferry-boat et Whip, tout en contemplant les collines éventées de San Francisco, imaginait la résurrection d'Hawaii. Quand le petit ingénieur lui assura qu'une couche de granit avait dû emprisonner une gigantesque nappe d'eau sous les plateaux d'Oahu, la fièvre le prit.

— Comment pouvons-nous nous entendre, Overpeck ? demanda-t-il brusquement.

— Vous transpirez, mon garçon. Si je trouve de l'eau, ce sera comme si je vous faisais cadeau de plusieurs millions de dollars, hein ?

— Oui.

— Je suis joueur dans l'âme, Mr Hoxworth. Ce que je veux, c'est la terre voisine de la vôtre.

— Combien d'hectares ?

— Vous me paierez le matériel. Vous me donnerez trois dollars par jour. Et, avant qu'on ne commence les travaux vous achèterez cinq cents hectares. Si nous trouvons de l'eau, je vous les rachèterai au prix que vous avez payé. Sinon, vous les garderez.

— Nous avons des chances de réussir ?

— Nous avons un moyen de mettre ma théorie à l'épreuve sans débourser un centime.

— Comment cela ?

— Réfléchissez. S'il y a réellement une nappe d'eau inépuisable sous vos terres, il faut bien que le trop-plein se déverse quelque part. Logiquement, il s'écoule vers la mer par des ruisseaux souterrains. Mais il doit bien y avoir des infiltrations visibles. Allez voir sur place. Racontez que vous voulez faire l'élevage des bestiaux. Promenez-vous sur les hauts plateaux jusqu'à ce que vous découvriez une source. Vérifiez l'altitude et puis allez et venez lentement, à la même altitude. Si vous trouvez une demi-douzaine de sources, nous jouons à coup sûr.

— Accompagnez-moi.

— Non. On pourrait se douter de quelque chose. Les prix des terrains monteraient.

Whip reconnut la justesse de l'argument. Il réfléchit un instant et sa décision fut vite prise.

— Achetez un taureau de reproduction, dit-il. Amenez-le aux îles et nous annoncerons que vous venez m'aider à faire l'élevage. Tout le monde aura pitié de moi et me considérera comme un fou, car bien des gens se sont ruinés à ce petit jeu-là. Il faut au moins dix hectares de nos terres pour nourrir une vache, et tout le monde y perd sa chemise.

Trois semaines plus tard, Mr Overpeck arriva à Honolulu avec un taureau et annonça à qui voulait l'entendre qu'il s'associait avec Mr Whipple Hoxworth pour faire l'élevage du bétail sur son vaste ranch des hauts plateaux. Puis il monta examiner l'immense étendue stérile, regarda autour de lui et dit à Whip :

— Achetez-moi ces terres-là.

Whip les acquit pour une bouchée de pain mais, dès le lendemain, il fut persuadé que le petit homme l'avait escroqué. Car ils eurent beau chercher, ils ne trouvèrent pas la moindre source.

— Comment ai-je pu vous croire ? s'écria Whip, furieux. Je devais être fou !

Le petit homme le laissa s'égosiller, puis il répliqua très calmement :

— Je ne pensais pas trouver de source aujourd'hui. Mais je suis certain qu'au premier orage, nous en découvrirons plusieurs.

Il ne se trompait pas. Trois jours plus tard, un orage déferla sur les hauteurs et les deux hommes découvrirent effectivement des infiltrations très nettes.

— Nous avons une mine d'or sous nos pieds, Mr Hoxworth. Je vous mets ma main au feu qu'il y a de l'eau là-dessous. Achetez toutes les terres que vous pourrez.

Huit semaines plus tard, le petit homme reparut sur les quais d'Honolulu, sans bétail, mais avec de nombreuses caisses de matériel. Cette fois, il annonça :

— Il semble que l'entreprise d'élevage de Mr Hoxworth ne réussira pas si nous ne trouvons pas d'eau.

Il fit élever un derrick de bois de trois mètres de haut, à la base duquel deux roues dentées entraînaient un axe autour duquel s'enroulait un câble, relié à une lourde foreuse d'acier. Les roues devaient être tournées à la main, par un système de cabestan qui élevait la foreuse et la laissait retomber lourdement dans le sol, en spirale. Puis on rembobinait le câble, et la foreuse entamait encore la roche. Stupéfait par l'effort que réclamait ce système, Hoxworth demanda :

— Combien de temps cela prendra-t-il ?

— Longtemps.

— Aurez-vous la force ?

— Je creuse pour un million de dollars ! J'aurai la force.

Les jours passèrent, et les semaines. Le petit ingénieur virait son cabestan, et les pointes de sa foreuse s'émoussaient. Il les affûtait à la main, et recommençait.

— Vous devriez avoir un moteur, lui dit un jour Whip.

— Quand j'aurai gagné de l'argent.

Whipple voyait le petit homme sous un jour nouveau.

— Vous avez toujours été pauvre, n'est-ce pas ?

— Oui. Toute ma vie, j'ai attendu quelqu'un comme vous.

— Nous allons trouver l'eau ?

— Ouais.

A soixante-dix mètres sous terre, les mèches d'acier entamaient lentement la roche dure comme du diamant, trop lentement au gré de Whip qui n'osait plus se montrer à Honolulu où on lui avait d'abord fait grise mine pour la façon dont il avait traité Iliki Janders, et où l'on se moquait à présent de lui ouvertement pour son fol entêtement à vouloir élever du bétail sur ses terres arides. Au début, lorsque ceux qui lui avaient vendu de nouvelles terres avaient vu la foreuse d'Overpeck, la consternation fut générale. On se demandait si Whip ne trompait pas son monde et s'il savait qu'il trouverait de l'eau. Mais à mesure que le temps passait, les esprits retrouvèrent leur calme. Le bruit courait que la foreuse atteignait soixante-quinze mètres, qu'O-verpeck n'avait plus de câble et qu'il n'avait pas encore trouvé l'eau.

Enfin, le 14 septembre 1881, la foreuse de Milton Overpeck traversa les derniers centimètres de roche et une eau fraîche jaillit le long du câble, dépassa le derrick et plafonna en un merveilleux jet scintillant à cinq mètres de haut, pour ne plus jamais s'arrêter.

Sans attendre, Overpeck se mit en devoir de forer d'autres puits, toujours à la main. Whipple Hoxworth protesta et le conjura d'acheter des moteurs, mais le petit homme énergique et entêté lui répliqua :

— Je vais achever ces puits et je m'arrêterai de travailler. Je vais vous louer mes terres et mener la belle vie, sans rien faire.

Il fit comme il l'avait dit. Mais une des filles Janders s'intéressa à lui, vérifia s'il possédait bien les terres dont il se vantait, et l'épousa. Si bien que les cinq cents hectares d'Overpeck rentrèrent dans le giron de la grande alliance Hoxworth-Janders-Whipple-Hale.

Whip travailla comme un forcené pour organiser ses domaines et irrigua toutes ses terres, ses deux mille hectares, plus les cinq cents que lui avait loués Overpeck. Il racheta la vieille plantation de sucre Malama, puis à l'âge de vingt-six ans, il remit la direction de ses plantations de canne à sucre entre les mains de Janders & Whipple, et repartit à la conquête du monde.

Il revint à Honolulu en 1883 avec des orangers de Malaisie, du café du Brésil, une extraordinaire fleur écarlate et une grande et brune épouse espagnole nommée Aloma Duarte Hoxworth. Elle ne tarda pas à lui donner un fils qu'elle baptisa Jésus Duarte, mais que tout le monde à Honolulu appela Jadey. Aloma fit sensation à Honolulu, car non seulement elle était d'une grande beauté, mais elle annonça bien haut qu'elle ne permettrait pas à son mari de fréquenter les filles de Rat Alley. Plus facile à dire qu'à faire. Et la nuit où Whip rentra à la maison après avoir passé des heures délicieuses en compagnie d'une prostituée chinoise, Aloma Duarte se jeta sur lui avec un long couteau. Elle lui entailla la joue gauche, mais n'eut pas le temps de frapper à nouveau : il lui envoya son poing dans le creux de l'estomac, ce qui lui coupa le souffle, après quoi il lui brisa le poignet et la mâchoire.

Une fois guérie, la beauté espagnole décida de porter plainte devant le tribunal d'Honolulu, mais ses avocats la persuadèrent de n'en rien faire, vu le caractère impétueux de son mari. Sur ce, Micah Hale, Bromley Hewlett et Mark Whipple vinrent lui rendre visite et proposèrent de lui verser une petite rente annuelle si elle consentait à quitter les îles.

— Vous n'avez pas votre place ici, expliqua Micah.

— J'emmène Jadey avec moi, menaça-t-elle.

— Whip ne le permettra pas, la prévint son beau-père.

— Jadey est à moi !

— Il appartient aux îles, déclara Micah.

Ils discutèrent encore un peu et elle finit par faire ce que la famille avait décidé, quitter Hawaii et toucher sa rente annuelle.

A New York, elle confia à un ami : « J'avais plus peur de ces trois barbus que de mon mari. Il m'a frappée, c'est vrai, mais les autres ont des arguments contre lesquels on ne peut rien. A Hawaii, ils font pratiquement tout ce qu'ils veulent. Cela dit, ils sont généreux. »

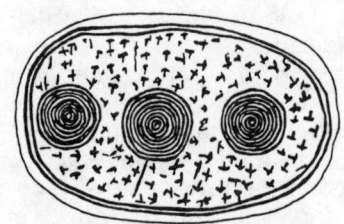

En 1885, Nyuk Tsin dut se résoudre à prendre une décision à propos de ses fils. Ils étaient brillants, bien élevés, vifs et travailleurs. Leurs nattes et leurs ongles étaient toujours très propres. Leurs dents impeccables et leur peau sans défaut. Ils étaient bons au jeu et parlaient quatre langues : le hakka et le punti, le hawaiien et l'anglais. Chacun d'eux excellait en mathématiques et il était vraiment difficile de décider sur les épaules duquel reposerait toute la famille.

Nyuk Tsin ne savait lequel de ses fils elle devait envoyer en Amérique et ne savait pas davantage quelle matière il devrait y étudier. Pour se forger une opinion, elle interrogea toutes sortes de gens, commençant tout naturellement par Uliassutai Karakoram Blake. Celui-ci ne lui fut pas d'une très grande aide, car il se référait à deux critères diamétralement opposés.

En tant qu'Anglais, il lui dit :

— Aucun garçon ne vaut la peine d'être éduqué s'il n'est pas bon au jeu. Europe est le meilleur. Il a de l'esprit et la main agile. Il vous regarde droit dans les yeux quand il vous donne une réponse. C'est un garçon propre à qui il faut faire confiance. Il deviendra un homme de poids.

Voilà qui était facile à comprendre, mais Blake avait à peine prononcé ces paroles qu'il s'empressa d'ajouter :

— L'Angleterre est le seul pays au monde où l'on peut réussir avec un bon caractère et le cerveau d'un âne. Dans tous les autres pays, il faut faire preuve d'intelligence. Voyons les choses en face, Tante de Wu Chow, votre fils Europe est un âne, et je crains que le problème ne soit réglé. Le seul à faire réellement preuve d'intelligence est Amérique, mais il se passionne tellement pour le jeu que je ne peux le prendre au sérieux. Il évoluera bizarrement, croyez-moi. Je ne miserais pas un sou sur lui, mais, en France, il pourrait bien finir dans un cabinet ministériel !

Nyuk Tsin adhérait à cette analyse du caractère des deux garçons, mais Blake n'avait pas pu lui donner de réponse définitive. Apikela et Kimo se montrèrent moins obscurs.

— Le seul valable, c'est Australie, dirent-ils avec assurance. Il parle si bien hawaiien qu'il a déjà l'air instruit.

Quand Nyuk Tsin insista pour savoir ce qu'ils pensaient de son caractère, de ses facultés à travailler ou de son sens des affaires, ils répondirent :

— Il n'y a qu'Australie. Quand il chante une chanson, on entend parfaitement chaque mot.

— Vous qui êtes plus souvent que moi en compagnie des garçons, que leur trouvez-vous ? dit Nyuk Tsin.

— Australie est celui qui aura une vie heureuse parce qu'il a le plus beau sourire, dit Apikela d'un air définitif.

Les recommandations de la communauté chinoise étaient des plus claires. Son choix se portait sur Asie, un peu parce qu'il était l'aîné, donc le plus respectable — à moins qu'il ne se révélât inapte —, et aussi parce qu'il avait déjà ouvert un restaurant dans Hotel Street.

— On peut lui faire confiance, lui dit le Punti. Il achète avec sagesse et vend avec intelligence. Il a dix-neuf ans et est déjà meilleur homme d'affaires que mon fils qui en a vingt-deux.

Le Hakka dit à son tour :

— Nous observons vos quatre garçons depuis plusieurs années. Les autres paraissent parfois plus hawaiiens que chinois, mais Asie est différent. Il comprend vraiment le caractère chinois et il réussira.

Rares étaient les Chinois à émettre une opinion divergente. Nyuk Tsin arrangea le mariage d'Asie avec une Punti dont le père possédait de la terre, et c'est ainsi qu'il s'implanta plus fermement encore dans la communauté. Asie Kee serait un homme très puissant.

Restait Afrique. Il n'excellait ni au jeu ni à l'étude et ne paraissait attiré ni par le chant ni par les affaires. Il n'avait pas un visage très aimable et sa natte n'avait rien d'impeccable. Il n'était pas agressif, mais savait se battre quand il trouvait quelqu'un en travers de son chemin. Il avait du mal à prendre une décision, mais s'y tenait ensuite avec obstination. Il n'avait d'affection ni pour Blake ni pour Apikela ni pour Tante. Il les observait et connaissait leur force, mais pas leur amour. Ses frères lui demandaient rarement de se joindre à leurs jeux ; en revanche, ils s'adressaient à lui quand ils voulaient connaître le programme des études du lendemain. « Avec son air têtu, Afrique est plus profond que les autres », en conclut Nyuk Tsin.

Elle eut presque autant de mal à décider quelle matière le fils élu étudierait s'il se rendait en Amérique. Uliassutai Blake fut sur ce point on ne peut plus clair :

— Le monde appartient à ceux qui le manipulent. Tante de Wu Chow. Il n'y a que deux vocations qui s'offrent à un homme de talent. Il pourrait devenir messie et nous entraîner dans les ténèbres éternelles. Il pourrait aussi étudier pour devenir avocat : dans ce cas, Dieu seul sait ce qu'il accomplira ! Si j'étais avocat, je me présenterais au Parlement. Avocat, Tante de Wu Chow, ni plus ni moins.

401

— Où fait-on les meilleurs avocats ? s'enquit Nyuk Tsin.

— En Amérique, répondit-il sans la moindre hésitation.

Mais Nyuk Tsin hésitait encore lorsque, par une étouffante journée de juillet 1885, un camion de la J & W tiré par deux chevaux heurta un des piliers de la marquise du restaurant d'Asie Kee. Le pilier se brisa et la marquise s'effondra, entraînant une partie du toit. Personne ne fut blessé et un Hawaiien calma les chevaux.

Asie sortit de son restaurant en glapissant des imprécations. Les passants s'agitèrent, un agent de police hawaiien vint ajouter à la confusion générale en intimant l'ordre de faire partir les chevaux et, dans le tumulte et les cris, Afrique Kee, qui était plongeur chez son frère, fendit la foule et entreprit de calmer les esprits échauffés. Il alla de l'un à l'autre en disant :

— Ce n'est rien. Personne n'est blessé, taisez-vous. Qu'avez-vous vu ? Qui a tort ? Où est le conducteur des chevaux ?

Posément, avec méthode, il recueillit tous les témoignages possibles sans oublier de prendre les noms et les adresses des témoins. Quand un représentant de la J & W arriva et tenta d'innocenter son employé, Afrique avait déjà rapidement calculé à combien se montaient les dégâts, et récolté suffisamment de preuves de la responsabilité du conducteur. La firme J & W paya les réparations, et les dommages-intérêts allèrent grossir le fonds destiné à envoyer Afrique Kee à l'université du Michigan, pour y étudier le droit.

Afrique avait dix-sept ans lorsque Nyuk Tsin prit sa décision et la famille était loin d'avoir les moyens d'envoyer un des siens en Amérique. Mais la vaillante petite Chinoise ne se découragea pas. Elle poussa Asie et Europe à emprunter sur leurs fonds pour payer le voyage de leur frère et travailla deux fois plus. Enfin, un soir particulièrement favorable d'après un vieux lettré punti, Nyuk Tsin fit une toilette soignée, noua sur sa tête un fichu de veuve et sortit sans révéler ses intentions. Elle descendit en ville et acheta un sac de gros bonbons bruns au caramel et à la graine de pavot.

Puis elle s'engagea résolument dans l'inextricable labyrinthe de ruelles du quartier chinois. Elle trouva la maison qu'elle cherchait, murmura une courte prière à Kwan Yin et frappa à la porte de Ching, le Hakka le plus riche de Honolulu. La maîtresse de maison lui ouvrit et toisa sa visiteuse sans un mot. Nyuk Tsin s'inclina profondément en murmurant respectueusement :

— Que votre foyer soit mille fois béni, honorable et très chère belle-mère.

C'était une simple formule de politesse, à laquelle Mrs Ching répondit tout aussi courtoisement :

— Entrez, chère belle-sœur. Avez-vous dîné ?

— Certainement. Et vous ?

Ces phrases étaient également des formules séculaires qu'exigeait la politesse. Nyuk Tsin fut invitée à entrer dans la maison et fut éblouie par le luxe de la cuisine, où tout était conforme à la tradition chinoise. Nyuk Tsin s'assit et posa devant elle sur la table son sac de bonbons. Mrs Ching lui servit une petite tasse du thé qui attendait en permanence sur le fourneau et dit :

— Qu'est-ce qui vous amène dans ma pauvre maison en cette soirée bénéfique, chère belle-sœur ?

Nyuk Tsin croisa sur ses genoux ses mains usées par le travail, baissa les yeux et répondit :

— Je suis trop pauvre pour payer un entremetteur, et je me suis permis de violer toutes les règles de la bienséance en venant moi-même demander la main de votre fille Siu Kim.

Mrs Ching resta impassible, mais sa main qui s'était avancée vers les bonbons se retira vivement. Nyuk Tsin s'en aperçut, mais ne cessa pas de sourire. Après un silence tendu, Mrs Ching observa :

— Je croyais que votre fils Ah Chow était déjà marié.

— Oui. Il a fait un excellent mariage avec une fille Lam, qui lui a apporté beaucoup d'or. Il est à présent propriétaire de son restaurant.

— De l'immeuble ?

— Oui.

Mrs Ching dissimula adroitement son étonnement et reprit :

— Votre second fils n'a-t-il pas l'intention d'épouser une Hawaiienne ?

— Oui. Elle possède beaucoup de terres.

— Vraiment ? Et ces terres vont appartenir à votre famille ?

— Certainement. Je les possède déjà.

— Hum !

Mrs Ching rapprocha imperceptiblement sa main du sac de bonbons. Nyuk Tsin jugea que le moment était venu de lancer sa première bombe. Elle tira de sa poche une feuille de papier et la plaça sur la table.

— Je comprends qu'une femme fortunée comme vous répugne à donner sa fille à un garçon pauvre, mais hier le lettré chinois a tiré l'horoscope de mon fils Afrique et il a été ébloui par ce qu'il a découvert. Le jeune homme, a-t-il dit, aura de la fortune, la science, une situation en vue et une longue vie prospère, avec beaucoup d'enfants.

Les deux femmes, qui ne savaient lire ni l'une ni l'autre, se penchèrent respectueusement sur le papier. Puis Mrs Ching se leva et dit :

— Je vais vous faire du thé, ma chère belle-sœur.

Le cœur de Nyuk Tsin bondit de joie, mais elle n'en laissa rien paraître et baissa modestement les yeux pendant que son hôtesse lui servait une tasse de son meilleur thé dans une de ses plus fines porcelaines.

— Siu Kim, déclara Mrs Ching, est une jeune fille accomplie qui a déjà été demandée par une dizaine d'hommes tout à fait bien, certains même étaient fort riches.

Nyuk Tsin la laissa parler de sa fille pendant cinq minutes avant de lancer sa deuxième bombe.

— Ce n'est pas tous les jours, dit-elle enfin, qu'une jeune fille hakka comme Siu Kim a l'occasion d'épouser un homme qui va être diplômé d'une des meilleures universités d'Amérique et devenir avocat. Il serait juste qu'elle lui apporte une belle dot.

Mrs Ching était stupéfaite, mais elle ne broncha pas et se contenta de murmurer de sa voix onctueuse :

— Comment une simple marchande de légumes peut-elle envoyer son fils étudier en Amérique ?

— Nous possédons nos terres de la vallée de Nuuanu, plus celles de la forêt, plus les magnifiques champs de Manoa. Asie est propriétaire de son restaurant et Europe a déjà acquis la presque totalité de son magasin. Nous avons les moyens.

— Tout ce que vous me dites est fort intéressant, mais il n'empêche que le père de votre fils était lépreux.

Nyuk Tsin n'eut pas un frémissement.

— Si mon fils a pu épouser cette riche Hawaiienne qui nous a apporté tant de terres, c'est que les Hawaiiens savent que je suis la Pake Kokua, et ils ont dit que si mon fils Afrique devient avocat, ils confieront tous leurs intérêts à l'enfant de la Pake Kokua.

Les deux femmes se considérèrent en silence. Et puis la main de Mrs Ching glissa lentement sur la table. Elle saisit le sac de bonbons et Nyuk Tsin refoula des larmes de joie. Ce geste signifiait que le mariage était décidé.

Naturellement, Afrique ignorait tout de la démarche de celle qu'il appelait Tante. Les négociations devaient durer près d'un an et il serait bien temps de le prévenir. Siu Kim n'avait d'ailleurs que treize ans. Elle avait une sœur de onze ans, Siu Han, encore plus jolie qu'elle et Nyuk Tsin, dès qu'elle la vit, décida qu'elle épouserait le dernier de ses fils.

Au début de 1887, Afrique Kee épousa Ching Siu Kim qui lui donna coup sur coup trois enfants, qu'il nomma suivant la coutume chinoise d'après le poème de la famille. Le nom-clef était cette fois Koon, la Terre et les deux premiers garçons furent nommés Koon Chuk, le Centre de la Terre, et Koon Yuen, l'Essence de la Terre qui Produit Tout. Mais leurs parents les appelèrent plus simplement Sam et Harvey. Et, lorsque le jeune père eut vingt et un ans, il s'embarqua pour l'Amérique à bord du vapeur de la H & H *Molokai*.

Vers la fin de 1889, Nyuk Tsin s'occupa activement de marier son plus jeune fils Australie à la jeune Siu Han, une ravissante jeune fille au caractère indépendant qui refusait de se plier aux anciennes coutumes chinoises qui exigeaient d'une fille qu'elle demeurât enfermée à la maison. Siu Han se promenait librement en ville et, un jour, elle rencontra Nyuk Tsin qui observa qu'elle ne connaissait pas encore Australie.

Nyuk Tsin savait que Mrs Ching avait de hautes ambitions pour sa plus jeune fille et elle prit soin de ne pas révéler ouvertement ses visées. Elle se contenta de mettre Siu Han en présence d'Australie, et de favoriser les rencontres des jeunes gens, laissant à la nature le soin de faire le reste. Ce fut donc Siu Han elle-même qui plaida sa propre cause et, en 1890, le mariage fut célébré.

Nyuk Tsin avait alors quarante-trois ans mais elle en paraissait soixante. Pendant toute la cérémonie, elle se tint à l'écart et remercia les dieux d'avoir été si bons pour elle et de l'avoir protégée au pays de l'Arbre Embaumé.

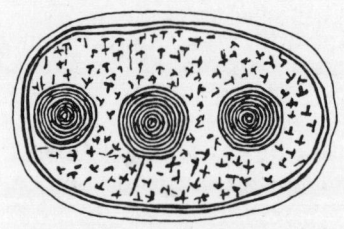

Lorsque débuta la dernière décennie du XIXe siècle, l'inépuisable énergie de Whip Hoxworth se concentrait sur deux points : les femmes et le processus d'intégration d'Hawaii aux États-Unis. Le premier ne lui causait aucun souci. Après avoir divorcé d'Aloma Duarte, il était allé goulûment d'une fille à l'autre, des prostituées d'Iwilei aux femmes de ses ouvriers des plantations, des jeunes filles de son milieu aux épouses de ses relations. Toutes les femmes adoraient son allure virile, son élégance, ses dents éclatantes et ses yeux de velours. Et les deux cicatrices qui barraient sa joue gauche ajoutaient encore à son charme. Il n'avait que trente-trois ans, la force de l'âge, et se riait des scandales qu'il soulevait.

Mais vers la fin de 1892, un nouveau sujet de préoccupation l'accapara. Les États-Unis commençaient à se défendre contre l'importation massive de canne à sucre d'Hawaii. Les grands planteurs de Louisiane se montraient soudain décidés à mettre fin à l'accord réciproque, entre Hawaii et les États-Unis, par lequel les îles pouvaient exporter leur canne à sucre en franchise en échange de la base navale de Pearl Harbor. Les planteurs de canne de Louisiane glapissaient à qui voulait les entendre que les États-Unis n'avaient besoin ni du sucre d'Hawaii, ni de Pearl Harbor.

La guerre couvait depuis trente ans entre les magnats du sucre de La Nouvelle-Orléans et ceux de Honolulu, mais elle flamba soudain quand les immenses États du Colorado et du Nebraska commencèrent à cultiver la betterave sucrière et cherchèrent à anéantir la concurrence hawaiienne. Il était à prévoir que bientôt une coalition de la Louisiane, de l'Alabama, du Mississippi, du Colorado et du Nebraska, auxquels se joindraient peut-être le Wyoming et l'Utah, réussirait à faire disparaître du marché mondial le sucre hawaiien. Ce jour-là, les grands planteurs comme Whip Hoxworth seraient acculés à la faillite. Et nul ne le comprit mieux que Whip.

— Dans le sucre, une seule règle, dit-il aux planteurs qu'il avait rassemblés. Ou nous vendons aux États-Unis, ou nous ne vendons pas. Notre seul objectif doit être de protéger ce marché.

— Nous sommes en train de le perdre, fit observer John Janders. A la façon dont ces salopards de Louisiane et du Colorado cherchent à nous étrangler, je prévois que neuf de vos onze principales plantations feront faillite. Si le marché américain se rétrécit encore pour nous, je ne sais pas ce que nous ferons.

— Excusez-moi, John, interrompit Whip, vous avez raison mais j'ai bien peur que vous soyez encore en dessous de la vérité. Il se trouve que j'ai les chiffres, et il y a de quoi être pris de panique. Depuis le décret McKinley, chaque planteur de Louisiane et du Colorado touche une subvention de deux cents par livre, alors que le sucre importé d'Hawaii est pénalisé. Qu'est-ce que cela veut dire ? En douze mois, nos profits ont baissé de cinq millions de dollars. Je ne parle pas de l'ensemble d'Hawaii mais uniquement des neuf hommes ici présents. Quant à la valeur même de nos plantations, elle a baissé de douze millions de dollars. Et cela ne fera qu'empirer.

Il s'interrompit pour permettre aux planteurs de discuter de la gravité de la situation, car jusqu'à présent, s'ils se sentaient menacés, aucun d'eux n'avait eu le courage de rassembler des chiffres déprimants. Whip les contraignait à voir la réalité en face.

— Que pouvons-nous faire ? demanda John Janders qui n'avait qu'un an de plus que Whip mais huit siècles de retard.

Whip éluda la question.

— Il est évident que si nous ne réagissons pas, John, nous allons perdre Hawaii. Encore deux mauvaises années, et ce sera la banqueroute. Dave Hale tiendra peut-être un peu plus longtemps, mais il sera bien le seul. Je sais que je ne tiendrai pas plus de dix-huit mois. Et je refuse de faire faillite !

Le groupe des Hale, des Hewlett et des Janders considéra Whip d'un air sombre. Enfin, Dave Hale grogna :

— Comment comptes-tu t'en sortir, Whip ?

Lentement, en pesant ses mots, Whip répondit :

— Ce que je vais vous proposer n'est pas bien joli. Que ceux qui ont des scrupules s'en aillent tout de suite. Je vous donne deux minutes, et ensuite il n'y aura plus moyen de reculer.

Ce disant, il posa sa montre sur la table. Dans un silence anxieux, il regarda tourner l'aiguille des secondes, puis, les deux minutes écoulées, il reprit :

— Messieurs, le temps des illusions est passé. Je veux que dès aujourd'hui vous achetiez discrètement toutes les armes que vous pourrez trouver.

Il attendit un instant que ses cousins soient remis de leur choc avant de poursuivre :

— Oui, nous allons fomenter la révolution, obtenir le contrôle des îles et les remettre aux États-Unis. Cela fait, la Louisiane et le Colorado pourront toujours crier, ils ne pourront nous démolir !

— Mais... Tu crois que les États-Unis voudront de nous ? demanda Dave Hale le timoré.

Whip abattit ses deux mains à plat sur la table.

— Messieurs, les jours qui vont suivre seront difficiles. Mais vous ne devez jamais douter une seconde que les États-Unis accepteront Hawaii. Nous allons faire partie de l'Amérique !

— Comment...

— Je ne sais pas comment ! tonna Whip. Mais nous allons devenir partie intégrante de l'Amérique et nous allons faire pousser et vendre tout le sucre que nous voulons !

John Janders releva brusquement la tête.

— Whip, tu sais que j'ai plus encore à perdre que toi. Mais suis mon conseil sur un point au moins. Ne fonde pas ta révolution sur le sucre. Entre nous, au sein de notre comité, bon, je veux bien. Mais que cela ne se sache pas. Pour le monde, il faut avoir une idée, un idéal autre que le sucre !

Un des Hewlett, qui possédait la plus vaste des plantations, suggéra :

— Il me semble que nous pourrions agiter le mot démocratie. Par exemple, les Américains épris de liberté qui vivent dans les îles en ont assez d'être gouvernés par une monarchie corrompue.

Whip sourit à ses complices.

— Pas mal. Pas mal. Vous avez de bonnes idées. Je suis tout à fait d'accord avec vous. Et j'ajouterai autre chose, messieurs. Vous et moi allons fomenter cette révolution, et nous allons la diriger. Nous mettrons le feu aux poudres, mais... pas un de nous ne doit paraître en public !

— Qui, alors ? demanda Dave Hale.

— Nous nous servirons de nos avoués, des journalistes et des instituteurs, des pasteurs aussi. Ce sera la révolution la plus respectable de l'histoire du monde. Les grands sentiments vont fleurir aux carrefours, car j'ai l'homme qu'il nous faut.

— Qui ça ?

Whip regarda Dave Hale et répondit :

— Ton oncle Micah en personne.

— Tu es fou ! Il ne se révoltera jamais contre la royauté ! Il est citoyen d'Hawaii, membre du Conseil privé de la Couronne, et il prend tout cela au sérieux !

— Nous sommes tous citoyens d'Hawaii, et nous prenons tous la situation au sérieux ! C'est pourquoi nous voulons sauver les îles !

— Mais l'oncle Micah est un ami de la reine. Il est pasteur, il...

— Justement, coupa Whip. Il ne nous soutiendra pas de bon gré. Il prêchera contre nous, mais les cironstances l'obligeront à devenir notre chef. Croyez-moi. C'est l'oncle Micah, avec sa belle barbe blanche qui signera la lettre au président Harrison lui annonçant : Hawaii est à vous.

A ce moment, John Janders jeta de l'eau froide sur la révolution en disant :

— Je viens de recevoir des nouvelles de Washington. Tout le monde dit qu'à la fin de l'année, c'est Grover Cleveland qui sera élu.

En entendant prononcer le nom honni de ce démocrate volontaire, les mines s'allongèrent. Il n'avait jamais caché ses sentiments et ne cessait de proclamer que les États-Unis ne voulaient pas d'un empire colonial. Il écraserait Hawaii au profit de ses électeurs de Louisiane et d'Alabama. Mais Whip Hoxworth refusa de se laisser abattre.

— Aussi n'attendrons-nous pas. Le temps presse, messieurs. La révolution est pour demain. Et l'oncle Micah jettera Hawaii dans les bras des États-Unis avant la fin du mandat de Harrison. Quand Cleveland sera élu, Hawaii sera américain.

— Y parviendrons-nous à temps ? demandant un des fils Hewlett.

— Si nous travaillons, répondit Whip.

Le Comité des Neuf leva sa première séance, chacun de ses membres se fixant trois tâches : acheter toutes les armes disponibles, trouver des citoyens respectables qui apparaîtraient comme les chefs de la révolte : sonder chacun de ses amis afin de savoir sur l'aide de qui on pouvait compter pour renverser la monarchie hawaiienne. Après le départ des planteurs effrayés mais résolus. Whip Hoxworth resta face à la tâche la plus ardue de toutes : trouver le moyen de persuader le vertueux Micah Hale à la barbe blanche de prendre la tête de la révolte.

La monarchie d'Hawaii était branlante. En 1872, la grande dynastie des Kamehameha s'était éteinte dans la maladie et la frustration, cédant la place à une successsion d'alii fort aimables mais incapables. L'un d'eux avait cherché à faire revivre le paganisme pour cimenter et renforcer la communauté des îles ; un autre avait tenté d'abroger la Constitution et de restaurer une monarchie absolue à laquelle aucun parlement issu des classes moyennes n'imposerait de limites. Il y avait eu des révolutions de palais, les rois se succédant selon leur popularité personnelle ; un scandale avait éclaté quand l'un d'eux avait essayé de vendre deux fois la concession de l'opium à deux joueurs chinois différents. Ce triste déclin de l'État hawaiien avait suscité une profonde inquiétude parmi les familles missionnaires, et malgré le soutien loyal que quelques hommes intègres comme Micah Hale apportaient à la royauté, l'affliction avait été grande quand les monarques avaient voulu légaliser l'opium et le jeu.

Les souverains conciliants avaient cependant continué à se succéder sur le trône et s'ils avaient laissé leurs conseillers venus de Nouvelle-Angleterre gouverner le royaume, Micah Hale et ses compagnons auraient probablement réussi à sauver la royauté chancelante. Mais le 29 janvier 1891, une monarchie fort différente s'instaura. La reine Liliuokalani était une femme plutôt robuste, au port altier. Elle avait une bouche grande et ferme, une haute crinière de cheveux grisonnants, et de lourds bracelets aux poignets. Avec sa robe de satin noir ornée de plumes d'autruche et son éventail d'ivoire, elle était impressionnante. Elle avait pour habitude de prononcer d'importants discours assise devant une cape de plumes jaune d'or, à la fois parce que c'était une vieille coutume royale qui rehaussait sa dignité, et que, légèrement estropiée, elle ne se déplaçait pas avec grâce. Pendant des années, elle avait été la laide Lydia Dominis, épouse d'un svelte haole d'origine italienne avec qui elle vivait dans une grande maison blanche appelée Washington Place. A la mort de son frère, le roi, elle monta sur le trône, déterminée à renverser la tendance à la domination des haole et à rejeter les influences venues de Nouvelle-Angleterre, comme celle de Micah Hale.

C'était une femme d'une grande intelligence qui avait visité les cours d'Europe, où le rôle joué par la reine Victoria l'avait beaucoup impressionnée. Elle avait la passion du pouvoir. Eût-elle accédé au trône aussitôt après la fin des Kamehameha qu'elle aurait donné à Hawaii une monarchie forte et sûre car elle avait une vive imagination et un grand talent de manipulatrice. Mais elle parvint trop tard au pouvoir suprême. La cause républicaine avait contaminé son peuple : le sucre avait pris possession des îles. Bien qu'elle n'en eût pas conscience, son ennemi n'était plus le majestueux dirigeant politique Micah Hale, c'était le planteur et trafiquant d'armes Whip Hoxworth. Contre le premier, elle aurait eu une chance ; contre le second, elle était impuissante.

Sans jamais identifier ses ennemis, cette femme opiniâtre et imaginative s'efforça de combattre la cause républicaine, le congrégationalisme et le sucre mais ne réussit qu'à coaliser contre elle ces trois forces disparates. Les Hawaiiens las de la monarchie et de ses prétentions ridicules se mirent à conspirer contre la reine — encore que la plupart le fissent dans l'espoir de gagner les bonnes grâces des Américains. Les familles missionnaires condamnèrent hardiment la corruption, l'absolutisme et le paganisme de la monarchie, mais un grand nombre de ceux qui fustigeaient ces maux en public étaient également propriétaires d'entreprises qui prospéraient sous la tutelle américaine. Avec vigueur, les juristes dénonçaient les abus du régime et défendaient les droits de l'homme, mais ce qu'ils cherchaient avant tout à protéger, c'était le sucre. A mesure que se prolongeait le règne de cette souveraine obstinée, la coalition contre sa personne se renforçait.

Au début de 1893, elle se mit en tête de réduire à néant l'influence d'hommes comme Micah Hale et son insolent neveu Whip Hoxworth. Pour ce faire, elle fit connaître son intention d'abroger la Constitution — qui l'empêchait d'exercer un pouvoir absolu — de placer le parlement sous contrôle royal, d'abolir le droit de vote pour un grand nombre de citoyens et, d'une manière générale, de rétablir les anciennes prérogatives de la monarchie. Bref, elle avait l'intention, sans le déclarer clairement, de ramener Hawaï au bon vieux temps.

L'après-midi même de la déclaration, Whip Hoxworth réunit le Comité des Neuf dans une salle du premier étage du magasin Janders & Whipple de Merchant Street. La proposition antérieure de rassembler les conspirateurs chez Hoxworth & Hale avait été repoussée de crainte que Micah Hale, encore fortement attaché à la monarchie, n'eût vent de la réunion. Whip l'ouvrit avec concision :

— Nous devons complimenter notre entêtée de reine. Ses décisions stupides rendent la révolution inévitable.

Redoutant d'agir à découvert, les Hewlett recommandaient la prudence, mais John Janders déclara tout de go :

— Nous devons renverser le régime dans les deux jours si nous ne voulons pas perdre notre dernière chance de prendre le pouvoir.

— Vous voulez dire provoquer une révolution sanglante ? demanda David Hale.

— Au besoin, répliqua Janders.

— Alors, c'est la révolution ! annonça Whip Hoxworth.

Les acclamations du Comité rendirent tout vote superflu.

— Voici notre plan, reprit Whip Hoxworth. Dès demain, nous le mettrons à exécution en nous emparant d'abord de tous les points stratégiques, la poste, les banques, le palais, l'arsenal. Une fois Honolulu entre nos mains, nous serons les maîtres de l'archipel. Janders, explique au Comité ce que tu as fait ce matin.

John Janders se leva, toussota et déclara :

— Je me suis entretenu pendant deux heures avec le ministre américain et nous avons soigneusement examiné la loi. Il est évident que si la révolution s'empare de ces points stratégiques, les États-Unis seront obligés de reconnaître un gouvernement *de facto*. Le ministre lui-même nous reconnaîtra immédiatement. Nous formerons un comité de salut public et les États-Unis nous prendront sous leur protection.

— Mais que feront les troupes américaines, stationnées à Pearl Harbor ? demanda l'un des fils Hewlett. Est-ce que les capitaines des vaisseaux de guerre n'enverront pas leurs hommes à terre pour lutter contre nous ?

Un large sourire éclaira la figure balafrée de Whip Hoxworth. Il se carra sur son siège et dit à John Janders :

— Explique-leur, John.

— D'accord avec le ministre américain et les capitaines des navires, il est entendu qu'au premier coup de tabac, ils enverront leurs troupes à terre avec un mot d'ordre précis : Protéger les ressortissants américains.

— Mais nous sommes citoyens d'Hawaii ! s'écria Dave Hale.

— Nous sommes aussi des Américains, et nous allons bel et bien nous faire protéger !

— Le plan est parfait, ajouta Whip en se penchant sur la table. Nous attaquons les dix positions clefs. Dès que la bataille commence, les troupes américaines déferlent dans les rues. Que penseront les Hawaiiens ? Que l'armée américaine vient prêter main-forte aux révoltés ! Ils se rendront en masse et nous serons maîtres de la place. Alors le ministre américain pourra annoncer immédiatement qu'il reconnaît le gouvernement *de facto*. Voulez-vous me dire ce que la reine peut faire ?

— Comment pouvons-nous échouer ? renchérit Janders.

— Nous pouvons échouer, dit sombrement Hale, si l'oncle Micah soulève contre nous les grandes puissances mondiales.

— Il n'en fera rien, assura Whip.

— C'est un homme d'honneur, insista Dave. Et il a prêté serment à la reine.

— Je vais m'occuper de l'oncle Micah. Il sera à nos côtés. Pas dans la bataille, naturellement. Mais quand tout sera fini, il se mettra à notre tête.

— Pouvons-nous compter vraiment sur lui ? demandèrent les frères Hewlett.

Whip se leva brusquement en renversant sa chaise et son poing s'abattit sur la table.

— Bon Dieu ! Si notre réussite dépend de Micah Hale, pensez-vous que je vais le laisser échapper ? Bien sûr, vous pouvez compter sur lui ! J'en fais mon affaire !

Après que les Hewlett se furent consultés, l'un d'eux posa cette condition :

— Nous ne participerons à la révolution que si nous avons la certitude que Micah Hale nous représentera devant le monde.

— Il sera avec nous, promit Whip. Pas dans les combats, il est trop âgé pour ça. Mais quand ils seront terminés, il se présentera comme notre chef.

— Pouvons-nous en être sûrs ? demanda l'un des Hewlett.

Whip se leva si brusquement qu'il fit tomber sa chaise.

— Bon Dieu ! s'écria-t-il. Si tout le succès de l'entreprise dépend de Micah Hale, vous vous imaginez que je vais le laisser nous filer entre les mains ? Naturellement que vous pouvez en être sûrs. Il sera avec nous.

Janders reprit la parole :

— Whip s'en charge. Nous, nous devons gagner la population à la cause. Ce qu'il nous faut, c'est un grand rassemblement lundi, avec des tas de discours sur l'intégrité et les droits inaliénables de l'homme.

— Mais je ne veux voir aucun membre de ce comité à la tribune, prévint Whip. Faites-y monter des avocats, des hommes comme le cousin Ed Hewlett. Il a du sang hawaiien et il est bon pour les discours creux.

L'affaire semblait si bien engagée que le Comité des Neuf, ou du moins huit de ses membres, commencèrent à se détendre et à rêver : la révolution éclatait, les dix points stratégiques étaient investis, l'ambassadeur américain reconnaissait le nouveau gouvernement, le président Harrison intégrait Hawaii à l'Union — et le sucre rapportait plus que jamais. Mais Whip Hoxworth ramena les conjurés à la réalité en disant :

— Lundi, au rassemblement, je veux que tout le monde ait une arme à portée de main.

— Il y aura des problèmes ? voulut savoir un des Hewlett.

— Pas si nous nous y préparons.

Tandis que les autres quittaient la salle et se répandaient dans la ville en fièvre, disant un mot pour la cause ici ou là, Whip se rendit chez les Hale. Parvenu devant la barrière de piquets blancs et les

vastes pelouses vertes qui faisaient la fierté de Malama Hale, il adressa un gracieux salut à la noble dame à demi hawaiienne et demanda :
— Oncle Micah est-il là ?
— Dans son bureau, répondit Malama avec douceur.
Whip entra sans frapper, referma la porte derrière lui. Son oncle était entouré des livres missionnaires de son père, rapportés de Lahaina, ainsi que de nombreux ouvrages de théologie et de droit. Principal conseiller de quatre rois, il avait été amené à se prononcer sur un grand nombre de points de droit, et son esprit subtil avait pris plaisir à le faire. A partir des années 1870, il s'était peu occupé des affaires de H & H, laissant ce soin aux Hoxworth et à ses neveux. Il avait néanmoins volontiers accepté sa part des énormes profits de la firme et consacré ses revenus à l'amélioration d'Hawaii. Le Foyer Missionnaire pour Lépreux de Kalaupapa, la bibliothèque, Punahou et l'église avaient bénéficié de ses dons charitables, mais surtout, il avait contribué à rendre efficace le gouvernement hawaiien. Quand un des rois faisait le tour du monde, s'arrêtant dans la plupart des grandes capitales, Micah Hale l'accompagnait à ses propres frais et payait une grande partie des dépenses. C'était lui également qui avait acheté la plupart des livres de la bibliothèque juridique du Cabinet car il haranguait souvent ses contemporains en ces termes : « Nous descendons tous de missionnaires, et jusqu'à ce que Hawaii connaisse la stabilité, nous devons poursuivre l'œuvre de nos pères. » Aucune île du Pacifique n'eut jamais meilleur serviteur que Micah Hale, car s'il était généreux avec son argent, il l'était plus encore de son énergie. Des excellentes lois souvent citées en Europe pour prouver qu'Hawaii était civilisée, une étonnante proportion avait jailli de son esprit fertile. Remarquable aussi était sa capacité à s'élever au-dessus de l'intérêt personnel. Ce n'était pas lui mais les Janders, les Whipple et les Hewlett, nombreux au gouvernement, qui avaient fait adopter les lois favorisant les planteurs et les armateurs. Pour quatre monarques successifs, il avait été un conseiller américain digne de confiance, même si chacun d'eux savait qu'il était au bout du compte favorable à la soumission d'Hawaii aux États-Unis. L'actuelle reine connaissait cette position, qui l'irritait, et l'avait démis de toutes ses fonctions. Âgé de soixante-dix ans, il était un peu plus grand que la moyenne, avec un port majestueux et une longue barbe blanche. Il était toujours vêtu de blanc, chaussures comprises, et se refusait à porter des lunettes en public. Tel était l'homme que devait affronter Whip Hoxworth en cette soirée du samedi 14 janvier 1893.
Refusant le siège qu'on lui offrait, Whip Hoxworth déclara sans préambule :
— Oncle Micah, une révolution doit éclater dans les deux prochains jours.
— C'est toi qui l'as fomentée ?
— Oui, mon oncle. Moi, et les Hale, les Hewlett, les Janders, les Whipple et mon frère.
— Et tu estimes que tu es assez fort, assez intelligent, assez sage et assez expérimenté pour prendre la tête d'une révolution et renverser le gouvernement ?
— Non, mon oncle.
— Je ne comprends pas. Tu viens de me dire que ton groupe et toi vous dirigiez le mouvement.
— Oui. C'est exact. Et si je crie « Feu », par Dieu, ils n'hésiteront

pas à tirer ! Aussi, je vous conseille de ne pas nous barrer la route. Oui, mon oncle, je suis qualifié pour diriger une révolte et renverser un gouvernement. Mais je ne le suis pas pour m'imposer devant le peuple, comme chef du nouveau gouvernement. Je le sais très bien.

— Qui sera ce chef ?

— Vous.

Micah Hale en eut le souffle coupé. Les deux hommes se dévisagèrent, conscients tous deux de leur force et de leur volonté respective. Whip Hoxworth respira profondément et se dit qu'il allait avoir du mal à convaincre le vieux fils de missionnaire.

— Oncle Micah, il y a cinquante ans que vous désirez voir Hawaii appartenir aux États-Unis. Vous avez raison. Mais pour que l'Amérique consente à accepter ces îles, il faut l'y forcer. Il faut la mettre devant le fait accompli. De cela, je suis capable. Mais j'ai besoin de vous.

— Une révolution est inutile, Whip. Les États-Unis comprendront tôt ou tard que l'annexion d'Hawaii est inévitable.

— Vous vous trompez. Ce jour n'arrivera jamais si nous ne poussons pas à la roue.

— Une cause juste n'a pas besoin d'armes pour s'imposer. Washington finira par voir le chemin qu'il faut prendre, nous devons lui faire confiance : il le prendra.

— Non ! Même si vous vivez cent ans, vous mourrez en parlant de justes causes qui finissent toujours par triompher. Il y aura une révolution, *ma* révolution, et vous en prendrez la tête pour réaliser votre rêve de justice.

Micah Hale se leva lentement, toisa son jeune neveu.

— Je suis stupéfait, Whipple, que tu te sois trompé sur moi au point d'imaginer que je m'associerais à un acte aussi condamnable. Je ne divulguerai pas tes plans — même si je le devrais — mais il vaut mieux que tu t'en ailles, maintenant.

Whip Hoxworth ne bougea pas.

— Nous nous comprenons, à présent, dit-il. Asseyez-vous, oncle Micah. Et ne songez plus à révéler nos plans au gouvernement : Charley Wilson les connaît, il a voulu nous faire arrêter tous mais le Cabinet n'a pas eu le courage de le soutenir. Voyons donc ce que nous pouvons faire l'un pour l'autre. Vous méprisez mon point de vue et je trouve le vôtre pathétique — ne revenons pas là-dessus. La révolution éclatera dans deux jours, vous n'y pouvez rien. L'ambassadeur américain est prêt à reconnaître notre gouvernement *de facto*. A bord des navires mouillant dans le port, les troupes américaines brûlent de débarquer pour protéger leurs braves concitoyens des sauvages Hawaiiens. Nos objectifs sont définis, nos plans tracés. Dussiez-vous en informer la reine elle-même, vous ne feriez que les retarder de quelques heures.

Se penchant en avant, il regarda le vieillard dans les yeux et conclut :

— C'est une *révolution*, oncle Micah.

Pas du tout impressionné, Hale répondit :

— Tu as pensé à tout, on dirait.

— En effet. Si après notre victoire, les États-Unis ne veulent pas d'Hawaii, les îles pourraient intéresser le Japon...

Micah Hale n'entendit pas la suite car la mention du mot « Japon » le transporta soudain dans la mystérieuse ville de Tokyo, en l'an 1881, alors que, conseiller privé du dernier roi d'Hawaii, il l'accompagnait dans un tour du monde triomphal. Le monarque et sa suite étaient logés dans une vaste résidence où il n'y avait aucune chaise. Des siècles d'usage avaient patiné le bois des parquets, et les portes coulissantes ravissaient le regard. On était en mars ; une armée de jardiniers s'affairaient avec des sécateurs autour de pins aux branches tordues. Une rangée de pruniers montraient leurs fleurs blanches, les cerisiers semblaient impatients de faire de même, et les visiteurs hawaiiens profitaient d'un moment de détente pour admirer ce gracieux paysage.

Relevant soudain la tête, Micah avait demandé : « Où est le roi ? » Personne ne le savait. A l'agitation avait succédé la panique, tant du côté japonais qu'hawaiien, car plusieurs heures avaient passé et le monarque était demeuré introuvable. Personne ne l'avait vu quitter les vastes jardins de la résidence, et, malgré des recherches fébriles, on n'avait retrouvé aucune trace d'un éventuel mauvais coup. Il s'était tout bonnement évaporé, colosse vêtu d'un costume occidental et d'un long manteau noir coupé à Londres. Ce fut l'une des rares fois où Micah Hale avait réellement connu la peur car il savait que ces dernières années, des samouraïs outragés par l'invasion étrangère avaient coupé quelques têtes. Agenouillé dans sa chambre sans chaise, il avait prié : « Mon Dieu, sauvez le roi, je vous en prie ? »

Après trois heures d'angoisse, le monarque avait fait sa réapparition, d'humeur joviale, ses chaussures à la main. Manifestement, il avait traversé à gué le ruisseau séparant la résidence du Palais Impérial et semblait s'être beaucoup amusé. Refusant de s'expliquer sur ce qu'il avait fait pendant sa disparition, il était allé se coucher fort content de lui. Le lendemain matin, le chambellan de l'empereur avait attendu que le roi soit occupé par d'autres affaires pour attirer Micah à l'écart.

— Tout à fait incroyable, avait dit en bon anglais le petit homme en jaquette londonienne d'un noir luisant. Hier après-midi, nous avons entendu du bruit dans le palais, et les gardes s'apprêtaient à tirer sur un intrus quand je me suis avisé que c'était votre roi. Il était pieds nus, couvert de boue, hilare. Écartant le *shoji*, il s'est avancé sur le tatami avec ses pieds sales et a dit : « Je veux parler à votre empereur. » Nous étions consternés, car jamais une chose pareille ne s'était produite, mais Mutsu Hito, magnanime, lui a répondu : « Je m'entretiendrai volontiers avec vous. » Les deux souverains se sont retirés dans la salle d'audience privée de l'empereur, et le plus stupéfiant, c'est qu'ils y sont restés près de trois heures.

— Croyez-moi, Excellence, avait dit Micah en tirant sur sa barbe, ce n'est pas moi qui ai envoyé le roi.

— Je m'en doute. Vu la nature de ses propos...

— De quoi a-t-il parlé ?

— Vous l'ignorez ?

— Oui.

— Il a dit qu'Hawaii est las d'être ballotté entre l'Amérique, l'Angleterre et la Russie. C'est une puissance du Pacifique, elle doit le rester.

Le chambellan s'était interrompu, attendant que Micah pose d'autres questions. Celui-ci s'en était bien gardé. S'inclinant devant le Japonais, il avait déclaré :

— Je vous suis reconnaissant d'avoir pris soin de mon roi.

— Êtes-vous un sujet de Sa Majesté ?

— Oui. En entrant au service du gouvernement, j'ai fait serment d'allégeance.

— Comme c'est intéressant ! Accepteriez-vous de prendre avec moi une tasse de thé anglais ?

— J'en serais ravi.

Les deux hommes avaient traversé les ravissants jardins pour se rendre dans une petite maison rustique où une servante les attendait. Craignant que Micah ne lui pose pas la question attendue, le chambellan avait fini par révéler :

— Ce que votre roi a proposé, c'est que l'héritière du trône, la princesse Kaiulani, soit donnée en mariage au fils de l'empereur, pour resserrer les liens entre Hawaii et le Japon.

Micah s'était étranglé en buvant son thé.

— Qu'avez-vous dit ?

— Il a proposé une alliance d'intérêt mutuel, scellée par l'union de la princesse à l'un de nos princes. Quand je l'ai appris, je me suis étranglé, moi aussi, Mr Hale.

Les deux diplomates avaient échangé un regard consterné.

— Que... que dois-je faire, selon vous ? avait bredouillé Micah.

— Vous feriez bien de convaincre le roi de quitter immédiatement le Japon.

— Bien sûr, bien sûr. Mais... pour l'empereur ?

— Une demande en mariage a été officiellement exprimée. Elle doit être examinée par la famille... et les conseillers impériaux. Dans un an environ, nous enverrons une réponse.

— Excellence, veillez, je vous prie, à ce qu'elle soit négative.

— Ce n'est pas de mon ressort. Quel âge a la princesse ?

— Six ans, je crois.

— Nous avons le temps.

Ce soir-là, Micah avait mis la dernière main à ses plans pour faire partir sans retard son imprévisible monarque, mais au dîner, le roi n'ayant encore pas dit un mot au sujet de sa rencontre impromptue avec l'empereur, Hale avait scruté son visage gras et jovial en pensant : « Je me demande ce qui se passe dans ce cerveau surprenant. Comment a-t-il pu songer à une union avec la famille impériale japonaise ? D'où lui est venue cette idée d'une alliance avec le Japon ? Cela anéantirait tout espoir d'intégration finale aux États-Unis ! Mon Dieu ! A quoi faudra-t-il s'attendre quand il sera en Europe ? »

Depuis ce jour, Micah Hale avait conscience du danger d'un éventuel rapprochement d'Hawaii et du Japon. Il avait donc combattu l'utilisation de main-d'œuvre japonaise dans les plantations, alors que des hommes cupides comme John Janders ou les Hewlett la défendaient. Micah était effrayé par la facilité avec laquelle les petits émigrés japonais, qui avaient commencé à arriver dans les années 1880, s'accoutumaient à Hawaii. Il avait essayé de faire adopter des lois leur interdisant de quitter les plantations pour ouvrir un commerce. Avec ses amis, il évoquait souvent le « Péril Jaune » et prédisait que les Japonais se multiplieraient et partiraient à la conquête du pouvoir politique alors que les Chinois, moins opiniâtres, ne s'y intéresseraient jamais. Il avait donc élaboré une plate-forme de politique étrangère ne comportant que ces deux volets : « Rendre Hawaii américaine. Tenir les Japonais à l'écart. »

Aussi frémit-il quand son neveu agita devant lui l'épouvantail japonais.

— Que me disais-tu à l'instant ?

— Je disais que si vous voulez voir votre rêve se réaliser, il vous faudra accepter ma révolution.

— Non... Au sujet du Japon.

Whip comprit que son oncle n'avait pas entendu ses derniers arguments, et qu'il craignait le Japon. Avec un instinct très sûr, il décida de se servir de cette peur.

— Je disais que si les États-Unis n'annexent pas Hawaii, le Péril Jaune est à notre porte. Le Japon sera trop heureux de régner sur Hawaii.

— Crois-tu ?

— C'est l'évidence même.

— Hawaii est bien loin du Japon.

— Bon, sinon le Japon, l'Angleterre ou l'Allemagne se mettront sur les rangs.

— Hélas, j'en ai peur, soupira l'oncle Micah. Mais si la monarchie s'assainissait, si la reine abdiquait au profit d'un homme plus qualifié ?

— Mon oncle, vous vous raccrochez à des fétus de paille. Non, ne vous leurrez pas.

— Vous êtes donc bien décidés à renverser la monarchie ? Vous n'accepterez aucun compromis ?

— Aucun.

La position intraitable du neveu alarma le vieil homme, qui reprit :

— Même si vous n'avez aucune certitude sur ce qui se passera ensuite ?

— Ce qui se passera ensuite, c'est *vous*, oncle Micah. Vous nous justifierez devant l'opinion mondiale et vous nous ferez devenir membres des États-Unis. C'est ce que vous avez toujours voulu. C'est une cause que vous savez juste.

Les deux hommes se turent.

— Je ne puis trahir les Hawaiiens qui m'ont offert leur amitié, finit par dire Micah.

— Mais vous êtes prêt à trahir les Américains qui possèdent ces îles.

— Quand j'ai prêté serment d'allégeance à Hawaii, c'était sincère. Je suis devenu hawaiien.

— Moi, non, répliqua Whip. Je suis resté américain. Et je ferai appel aux navires de guerre des États-Unis pour protéger mes biens.

— Tu peux agir ainsi, moi pas.

— La question n'est pas là, oncle Micah. Je dis simplement que je suis déterminé à renverser un régime faible et corrompu. Cela, c'est ma part de la révolution. Mais vous seul pouvez la conduire à sa conclusion logique : l'union avec l'Amérique.

— Je m'y refuse.

— Si vous faisiez part à la reine de votre entêtement, elle applaudirait des deux mains. Mais si vous révéliez à tante Malama que vous vous opposez ainsi au cours de l'Histoire, elle vous trouverait stupide, même si elle est hawaiienne.

— Je ne peux trahir ces braves gens.

— Alors, vous les abandonnez à la merci du Japon.

— C'est un risque que nous devons courir.

— Ce n'est pas un risque, oncle Micah, c'est une certitude. Ces îles sont condamnées. Il n'y a qu'un moyen de les sauver. Épousez la cause de notre révolution, menez-la à son terme.

— Je ne m'abaisserai pas pour protéger une bande de profiteurs.

— Si vous ne nous protégez pas, tout le bien que vous avez voulu pour Hawaii sera perdu.

— Plutôt renoncer à l'union avec l'Amérique que l'obtenir par des voies non chrétiennes.

— Je m'étonne que vous parliez de religion. Êtes-vous prêt à abandonner ces îles à l'opium, au jeu, à la débauche, à rendre ses rues dangereuses pour les femmes ?

— Ce sont des problèmes que nous devons régler dans le cadre du gouvernement en place, pas par la révolution.

— Que faisait le gouvernement en place quand le défunt roi jouait à la Pelote de Ficelle ?

— C'était révoltant, j'en conviens. Dieu l'a certainement puni pour cela.

— C'était la marque de la monarchie. Le vieil imbécile se tenait face à une foule de jolies femmes, leur jetait une pelote de ficelle dont il tenait un bout. La fille qui attrapait la pelote le suivait docilement au lit.

— Je ne m'attendais pas à t'entendre prêcher la morale.

— Je prêche tout ce qui peut abréger ce régime.

— Le seul acte coupable que j'ai commis dans mon existence, c'est de m'être ligué avec ton grand-père contre mon propre père. Dieu ne me l'a jamais pardonné. Il m'arrive souvent de m'éveiller en sueur, la nuit, et de méditer de longues heures sur le pacte diabolique que j'avais conclu avec le capitaine Hoxworth. Aujourd'hui, tu me demandes de faire pire avec son petit-fils. Je ne veux plus de nuits d'insomnie, Whipple.

— Votre alliance avec Rafer Hoxworth fut peut-être diabolique à l'origine, concéda le neveu, mais regardez le bien qu'elle a fait à Hawaii. Les constructions, les bateaux, les champs, les emplois. Il fallait quelqu'un pour accomplir tout cela. Aujourd'hui, c'est avec moi que vous devez faire alliance pour assurer une issue positive à notre révolte.

— Un homme bon doit-il toujours recourir à des instruments mauvais comme toi et ton grand-père ?

— Oui. Parce que les hommes bons n'ont jamais le courage d'agir. Vous ne pouvez qu'orienter et protéger des mouvements déjà déclenchés par des hommes comme moi.

— Je ne referai pas le mal que j'ai fait. Je ne t'aiderai pas. Whip.

— Ce n'est pas à moi que vous faites tort, oncle Micah, c'est l'avenir de ces îles que vous ruinez, répliqua le neveu.

Il s'inclina, quitta le vieillard austère. Il était près de trois heures du matin quand il descendit l'allée menant à King Street. En se retournant, il vit le vieil homme à barbe blanche assis bien droit à son bureau, fixant ses livres.

Le lendemain, dimanche 15 janvier, Whip annonça franchement à ses complices que l'oncle Micah refusait de se joindre à eux. Les frères

Hewlett se retirèrent immédiatement du comité. John Janders hésitait. Il y eut du flottement et Whip sentit qu'il lui fallait galvaniser ses hommes.

— J'ai dit que l'oncle Micah refusait de se joindre à nous de son plein gré. Mais nous l'y forcerons. Il ne pourra pas faire autrement. Je ne change rien à notre plan. Dans deux jours, messieurs, Hawaii sera en république. Et nous formerons le nouveau gouvernement. Avec Micah Hale pour nous représenter aux yeux du monde.

— Comment allons-nous le persuader ? demanda l'un des Hale. Si l'oncle Micah a décidé...

— Votre oncle est un patriote. Il adore Hawaii. C'est sa patrie. Il ne voudra pas voir son pays se désintégrer lentement et sombrer dans l'anarchie. Il viendra nous soutenir.

— Comment lui forcerez-vous la main ?

— Je crois que nous pourrons inciter les troupes américaines à débarquer demain soir... juste après le meeting. Cela encouragera nos partisans et flanquera la frousse aux monarchistes. Nous occuperons les bâtiments gouvernementaux, nous chasserons la reine, et le lundi matin, Micah Hale nous aura rejoints.

— Vous en êtes certain ? demanda un des Hale, tremblant.

— Je commence dès maintenant à rédiger les proclamations qu'il signera, répondit Whip. David Hale et Micah Whipple m'aideront.

La révolution qui renversa la monarchie hawaiienne et donna le pouvoir aux planteurs avait commencé. Dans son palais, la reine frissonna en voyant les troupes américaines débarquer pour envahir son territoire. Elle était résolue à les affronter car elle savait que c'était là une perversion cruelle des relations ordinaires entre nations souveraines, mais les planteurs parvinrent à bloquer rapidement les troupes fidèles à la couronne. La reine se retrouva sans défense, femme obstinée et anachronique de cinquante-cinq ans, royale dans ses manières mais tout à fait inconsciente de ce que le XIXe siècle touchait à sa fin, entraînant avec lui les concepts politiques auxquels elle avait adhéré.

Dans l'agonie de son règne, elle ne fut cependant pas tout à fait dépourvue de soutien puisque après que ses troupes eurent été mises en fuite sans avoir tiré un coup de feu, une escouade de volontaires royalistes se constitua dans les ruelles d'Honolulu et partit défendre la reine. Parmi eux — et tout à fait représentatif de leur force — Kimo, le vieux cueilleur de maile. Kimo avançait en bombant le torse. Armé d'un mousquet emprunté dans une salle de billard, il avait pour tout uniforme un vieux pantalon trop grand maintenu à la taille par un morceau de corde. Il ne s'était ni rasé ni peigné depuis plusieurs jours, il allait pieds nus mais, comme tous ses compagnons, donnait toutes les apparences de vouloir mourir pour sa reine. Les soldats américains armés de fusils neufs regardèrent avec étonnement s'approcher ces volontaires prêts à livrer bataille, mais un courageux officier en uniforme blanc courut sans arme vers les loyalistes et leur cria :

— Inutile ! La reine a abdiqué.

— Elle a quoi ? demanda le chef de l'escouade.

— Abdiqué, répéta le jeune Américain. Il y a quelqu'un qui parle hawaiien ici ? lança-t-il à la cantonade.

Un haole s'approcha.

— Qu'est-ce que vous voulez, général ?

— Dites à ces hommes qu'il n'y aura pas de guerre. La reine a abdiqué.

C'est ainsi que la révolution s'acheva, du moins en ce qui concerne les combats. Kimo rapporta le mousquet dont il ne s'était pas servi à la salle de billard, essuya les quolibets de ses amis. Puis, bouleversé — car il savait qu'il avait assisté à la mort du monde qu'il avait aimé — il retourna lentement à la petite maison où il vivait avec sa femme Apikela et sa famille chinoise. Il alla directement au lit et demeura étendu sans dire un mot jusqu'à sa mort.

Le gouvernement provisoire, dirigé en apparence par Micah Hale mais manipulé par les planteurs, balaya les anachronismes maintenus par la reine Liliuokalani. Chacune des mesures prises par les nouveaux dirigeants visait un objectif clair : l'union avec l'Amérique. David Hale et Micah Whipple furent dépêchés à Washington pour faire admettre par le Sénat un traité d'annexion avant que le président Harrison et les Républicains, qui y étaient favorables ne quittent le pouvoir, le 4 mars. On savait en effet que le président élu, Grover Cleveland, condamnait les événements d'Honolulu. Hale et Whipple envoyèrent à Hawaii cet appel à l'aide : « Il y a ici une forte opposition à la manière dont la révolution s'est déroulée. Micah Hale pourrait-il faire une déclaration, à laquelle sa réputation sans tache donnerait de la force ? Sinon, tout est perdu. »

C'est dans ces circonstances qu'en février 1893, Micah Hale se retira dans son bureau de King Street et écrivit pour un journal de New York : « *Quiconque jette aujourd'hui un regard sensé sur ces îles doit admettre que la tutelle des États-Unis d'Amérique leur est nécessaire. Les indigènes sont pour la plupart analphabètes, idolâtres, attachés à de vains étalages de prétention monarchique, et totalement incapables de se gouverner.* » Par ces propos sévères mais justes, le fils de missionnaire, âgé de soixante et onze ans faisait le bilan de ce que les siens avaient accompli. Mais, écrivant en fervent patriote, en homme qui aimait Hawaii par-dessus tout, il ne s'en rendait pas compte. « *Hawaii ne peut rester indolente et indésirée au milieu du Pacifique*, poursuivait-il, soulignant une vérité que beaucoup oubliaient, tant dans l'île qu'aux États-Unis. *Hawaii est proche de l'Amérique mais elle l'est tout autant du Canada et des routes maritimes qui relient ce grand pays à l'Australie et à la Nouvelle-Zélande. Il y a de bonnes raisons pour que les îles deviennent canadiennes. Elles sont également proches de la Russie d'Asie, et sans un accident de l'Histoire, elles appartiendraient peut-être encore maintenant à cette grande puissance. Enfin, pour tous ceux qui ont navigué de Honolulu à Yokohama ou à Shanghaii, les îles sont dangereusement proches du Japon et de la Chine. Depuis plus d'un demi-siècle, je crois leur destin lié aux États-Unis, mais ce destin n'a rien d'inéluctable, comme je le pensais autrefois. Si, à cette heure cruciale de l'Histoire, ce destin logique avorte, Hawaii, perle du Pacifique, appartiendra au Canada à la Russie ou au Japon. C'est pour empêcher un telle catastrophe que nous prions pour que les États-Unis nous acceptent maintenant.* »

Le plaidoyer du vieil homme fut vain puisque les intérêts sucriers de Louisiane et du Colorado empêchèrent le Sénat en sursis d'adopter le traité d'annexion en février 1893. Cinq jours après son élection à la présidence, Grover Cleveland retira purement et simplement le projet de texte et blâma ceux qui avaient cherché à l'imposer aux Américains. Des nouvelles attristantes parvinrent à Hawaii. « *Les États-Unis n'accepteront pas les îles hawaiiennes aux conditions proposées*, écrivit le secrétaire d'État. *Ce serait nous abaisser en tant que nation que d'approuver les intrigues égoïstes et peu honorables d'une bande d'aventuriers. Je m'oppose à la prise de possession de ces îles par la force et la tromperie, car la morale internationale n'est pas un vain mot. »*

Partageant le même avis, le président Cleveland envoya personnellement un émissaire enquêter à Honolulu sur le rôle des États-Unis dans cette peu reluisante révolution. Une des ruses de l'Histoire voulut que cet enquêteur soit un démocrate de Georgie issu d'une famille qui avait possédé des esclaves. Quand la nouvelle de sa nomination parvint à Hawaii, les membres du Comité des Neuf craignirent qu'il ne leur fût défavorable mais lorsqu'ils apprirent ses antécédents familiaux, ils poussèrent un soupir de soulagement.

— Ce bon Sudiste comprendra nos problèmes, assura John Janders aux conspirateurs, qui furent tous de son avis.

Considérant la question avec soin, Whip Hoxworth estima cependant :

— Il faut peut-être nous attendre à des ennuis. Venant de Georgie, l'enquêteur de Cleveland méprise probablement les nègres.

— Bien sûr qu'il les méprise, dit Janders. Il verra tout de suite ce que valent ces fichus Hawaiiens.

— J'en doute. Il essayera au contraire de faire la démonstration qu'il ne hait pas d'autres hommes à la peau sombre.

— Et pourquoi diable ?

— Ne me demandez pas pourquoi ! répliqua Whip. Vous verrez.

De fait, l'enquêteur se comporta exactement comme Whip Hoxworth l'avait prédit. Détestant les nègres dans son pays, il se devait d'aimer les Hawaiiens à l'étranger. Ce sentiment curieux et profond permit à ce Georgien de comprendre la révolution mieux que tout autre Américain contemporain. Il s'entretint principalement avec des indigènes, fut ébloui par la perspective de parler à une reine, devint un ardent royaliste et escamota les témoignages des Blancs. Son rapport au président Cleveland constitua un désaveu cuisant pour les planteurs : « Ils ont, découvrit-il, conspiré avec l'ambassadeur américain pour renverser un gouvernement légitime : ils ont bénéficié de la complicité du commandant d'un navire américain ; ils ont déposé la reine contre la volonté du peuple hawaiien — et tout cela dans leur intérêt personnel. La reine Liliuokalani, femme vertueuse, doit être rétablie sur le trône », conclut-il.

Son rapport provoqua un tel scandale à Washington que David Hale et Micah Whipple comprirent qu'il n'y avait plus aucun espoir de contraindre les États-Unis à accepter Hawaii. De retour à Honolulu, ils firent cette sombre prévision : « Nous ne ferons jamais partie de l'Amérique tant que Grover Cleveland sera président. Son secrétaire d'État demande déjà si " le tort fait à un État faible par un abus d'autorité des États-Unis ne pourrait être réparé en restaurant le gouvernement légitime. " On parle même de rétablir la reine sur son trône par la force des armes américaines. »

— Qu'adviendrait-il de nous ? s'inquiétèrent les membres du comité.

— Puisque vous êtes sujets américains, expliqua un fonctionnaire du consulat, vous seriez arrêtés, extradés à Washington et jugés pour conspiration en vue de renverser un gouvernement ami.

— Ah ! non, se récrièrent les conjurés. Nous sommes citoyens hawaiiens.

Septembre et octobre 1893 furent des mois difficiles dans l'archipel, où la bande de Whip Hoxworth ne se maintenait au pouvoir qu'à grand-peine. Chaque bateau arrivant au port apportait des nouvelles inquiétantes de la capitale américaine, où l'opinion était à présent très favorable à la reine. On pensait généralement qu'elle serait bientôt rétablie sur le trône mais au moment où la restauration semblait imminente, cette femme obstinée commit un acte si révoltant aux yeux des Américains qu'elle discrédita à jamais la monarchie. Ce que Whip Hoxworth n'avait réussi à obtenir par lui-même, Liliuokalani le lui offrit sur un plateau.

Le président Cleveland envoya un second émissaire enquêter sur les conditions dans lesquelles la royauté pouvait être restaurée. L'Amérique, souligna le président, n'a jamais entendu profiter des malheurs de ses voisins. Ce nouvel enquêteur mit le Comité des Neuf au désespoir en annonçant que l'annexion d'Hawaii par les États-Unis n'était même plus envisagée. Puis il discuta officiellement avec la reine des mesures qu'elle souhaitait que les Américains prennent pour assurer son retour au pouvoir.

Il n'y eut pas de difficultés, et l'émissaire ne put s'empêcher de sourire quand la reine déclara :

— Une des accusations que l'on porte le plus souvent contre nous, c'est que notre petit royaume a un penchant immodéré pour le faste. Je dois en l'occurrence plaider coupable, parce que, dès l'origine, nos rois ont choisi leurs conseillers parmi les missionnaires, et nous nous sommes avisés que nul sur terre n'aimait davantage le grand apparat, les chevaux richement caparaçonnés, les brillants uniformes et les médailles que ces hommes qui avaient longtemps porté les tristes habits tissés à la maison de la Nouvelle-Angleterre. J'ai ici quatre photos de cérémonies officielles. Vous voyez ces personnages chargés d'or et de médailles ? Ils ne sont pas hawaiiens, ils sont américains. Ils réclamaient la pompe royale, nous les en avons abreuvés.

— Puisque nous parlons des Américains, quelle sorte d'amnistie Sa Majesté se propose-t-elle d'accorder aux révolutionnaires ?

La reine parut ne pas comprendre.

— Amnistie ? Qu'est-ce que c'est ?

— Hawaii a connu des troubles regrettables, mais c'est passé. Vous allez remonter sur le trône. Le président Cleveland pense que vous prendrez des mesures d'amnistie générale, de pardon. C'est l'usage.

— Un pardon ?

— Oui. Que comptez-vous donc faire ?

— Leur couper la tête, naturellement. C'est l'usage ici. Celui qui se révolte contre le trône a la tête tranchée.

L'enquêteur américain frémit.

— Mais, Majesté, il y a soixante Américains dans le complot !

— Et alors ? Ils ont comploté, n'est-ce pas ? Ils auront la tête coupée.

— Tous les soixante ?

— Pourquoi non ?

— Je crois qu'il faut que je consulte le président Cleveland, murmura le malheureux envoyé.

Le soir même, il expédia une dépêche, disant en substance qu'il y avait à Hawaii des facteurs que l'on n'avait pas assez attentivement considérés. Après cela, il ne fut plus question de restaurer la monarchie.

A la fin de 1893, donc, il devint évident que les États-Unis ne restaureraient pas plus un régime qui se proposait de couper la tête à des Américains, qu'ils ne soutiendraient une révolution qu'ils réprouvaient. Les îles furent abandonnées à leur sort. La production de canne à sucre baissa et les grands cargos de la H & H relâchèrent de moins en moins dans les ports de Californie. Le Japon et la Grande-Bretagne commencèrent à envisager une mainmise sur Hawaii. Et les planteurs au désespoir, voyant s'accumuler leurs réserves de sucre, songèrent à signer un traité avec l'Australie.

Ce fut Micah Hale qui sauva Hawaii. Il prit en main les rênes du gouvernement et commença par en éloigner Whip Hoxworth. Il prit de nouvelles mesures fiscales et il élabora une constitution libérale. Mais surtout, en vrai missionnaire, il écrivit. Pour les journaux, il rédigea des articles justifiant son gouvernement. Aux magazines, il expliqua en quoi la révolution hawaiienne, qu'il n'avait pas voulue, était semblable aux soulèvements qui avaient mis Guillaume et Marie sur le trône anglais. Aux sénateurs républicains, il écrivit abondamment, leur fournissant des munitions contre les démocrates. Aux amis américains longtemps oubliés, il envoya des lettres inspirées les suppliant d'accepter Hawaii. Il vivait dans l'unique but de faire de l'archipel une partie des États-Unis, et son porte-plume, qui courait sur le papier aux heures silencieuses de la nuit, était la seule arme véritable qui restât aux îliens.

Sur un point, il demeurait inflexible : aucun Asiatique ne devait avoir le droit de voter ou de participer au gouvernement sous quelque forme que ce soit. « Ils ont été amenés ici pour travailler dans les plantations de cannes. Leur travail fait, ils étaient censés retourner chez eux. Il n'était pas prévu qu'ils restent. S'ils le font quand même, il n'y a pas de place pour eux dans notre vie publique. » Sur la suggestion de Micah, il fallut pour pouvoir voter subir un test d'alphabétisation dont les termes étaient si soigneusement choisis qu'aucun Chinois, aucun Japonais, fût-il riche et citoyen hawaiien, ne pouvait le réussir.

A de nombreux égards, le gouvernement de Micah était trop libéral pour les planteurs qui l'avaient installé au pouvoir. Nombreux étaient les Hale, les Whipple, les Hewlett qui, dans le groupe missionnaire, s'opposaient à son libéralisme radical, cependant que les Janders et les Hoxworth l'accusaient de s'être entiché des principes de la Révolution française. Une fois le droit de vote limité aux nantis, Micah se montra en effet juste et bienveillant dans tous les autres domaines. Il exigea des jugements rendus par un jury, les garanties de l'*habeas corpus*, la liberté de conscience et tous les autres droits d'une démocratie anglo-saxonne. Mais quand, au dernier stade des travaux de l'assemblée constituante, on lui demanda : « Quelle sorte de gouvernement nous bâtissez-vous là ? », il répondit promptement : « Un gouvernement qui assurera décemment la transition jusqu'à ce que les États-Unis nous acceptent. »

De ce principe fondamental, il ne s'écarta jamais. Un homme de moindre envergure aurait pu être tenté par le pouvoir qu'il détenait, mais pas cet homme austère de la Nouvelle-Angleterre. Il ne se décerna aucune médaille, n'édifia aucune structure luxueuse autour de sa silhouette droite vêtue de blanc. Dans les cinq années qui suivirent la révolution de 1893, ce ministre de Dieu ne laissa pas un jour s'écouler sans s'agenouiller pour prier : « Seigneur tout-puissant, assure le succès de nos plans. Fais-nous devenir une partie de l'Amérique. »

La formation calviniste de Micah lui permit d'affronter de nombreuses crises avec la conviction absolue d'avoir raison, et de prendre des décisions pénibles quand c'était nécessaire. En 1895, il réprima avec force une révolution armée fomentée contre son gouvernement puis fit arrêter la reine Liliuokalani pour complicité présumée. Lorsque des hommes timorés lui conseillèrent la prudence dans son comportement à l'égard de la reine, il répliqua : « Elle devra répondre de l'accusation de trahison de la République. » Un jury soumis aux planteurs la déclara coupable, mais tout autre jury aurait rendu le même verdict car la reine, refusant de reconnaître les usurpateurs étrangers qui lui avaient volé son trône, conspirait bien entendu contre eux. Bien que les témoignages ne fussent pas concordants, elle encourageait probablement aussi ses partisans à la rébellion ouverte. Le nouvel État n'eut d'autre recours que de la faire passer en jugement pour trahison. Lorsque les amis des planteurs l'eurent déclarée coupable, ce fut à Micah Hale qu'il incomba de la faire emprisonner.

Elle fut enfermée dans une salle du palais, et si sa détention s'accompagna d'une surveillance rigoureuse, elle ne fut jamais physiquement pénible. Avant longtemps, ses partisans distribuèrent le plus beau texte jamais écrit par un souverain des îles. C'était un chant que Liliuokalani avait transcrit dans sa prison, et bien qu'elle l'eût composé quelques années plus tôt, il n'avait guère retenu l'attention. A présent, sa complainte se répandait dans toutes les îles et dans le monde, « *Aloha Oe* » : « Doucement le nuage de pluie passe par-dessus la falaise, emporté par le vent d'ouest. » Un membre du groupe missionnaire fit ce commentaire : « Tant qu'elle était libre, la reine Liliuokalani ne fit jamais rien pour son peuple ; en captivité, elle exprima l'âme hawaiienne. » Entendant cette mélodie, Micah décida de la faire libérer. Elle partit pour Washington, où elle le combattit farouchement.

Une fois la révolte matée et le nouveau gouvernement redevenu stable, le président Cleveland et les démocrates parurent un moment prêts à accepter Hawaii. Des journaux américains écrivirent : « La stature morale de Micah Hale a grandement contribué à réparer les mauvaises actions perpétrées par de jeunes Américains pendant la révolution. » Micah put enfin déclarer à son cabinet : « Je commence à entrevoir un espoir. »

C'est alors que le nom de Whip Hoxworth apparut à la une des journaux d'Amérique. « *Ce jeune homme violent est là pour nous rappeler la barbarie avec laquelle les hommes tels que lui ont volé Hawaii à la reine Liliuokalani* », écrivit-on. Tout espoir d'annexion s'envola.

Cela avait commencé par une orgie scandaleuse dans le quartier réservé et une bagarre sanglante avec un matelot, au sujet d'une fille récemment arrivée de Valparaiso. Whip fut sévèrement sermonné et Honolulu respira. Pas pour longtemps. Le scandale n'était pas étouffé qu'il épousa une ravissante fille de vingt ans, aux longs cheveux noirs et aux yeux langoureux nommée Mae Forbes. Cette union aurait pu recueillir l'approbation générale car c'était un mariage d'amour et la jeune femme paraissait capable d'assagir l'impétueux garçon. Mais elle scandalisa plus que tout ce que Whip avait pu faire jusque-là, car Mae Forbes s'appelait en réalité Ching Lan Tsin. Elle était la fille d'un paysan chinois et d'une Hawaiienne à demi portugaise. C'était la première fois qu'une Orientale entrait dans une grande famille et ce précédent terrifia Hawaii. Toutes les portes se fermèrent au nez du jeune ménage.

Bien que sa conduite eût fait tort à Hawaii, on l'aurait sans doute quand même laissé vivre à Honolulu s'il n'y avait eu cette rixe en public avec l'un des Hewlett. Elle éclata quand Whip découvrit que certains membres du Comité des Neuf avaient changé d'avis sur la révolution et prêchaient à présent contre l'union avec l'Amérique.

— Quelqu'un a fait remarquer que, dès que nous serons sous juridiction américaine, nos contrats de travail forcé seront déclarés nuls. Nous n'aurons plus le droit de faire venir d'autres Japonais.

— Quel mal y a-t-il à cela ? demanda Whip, méprisant.

— Comment faire pousser la canne sans cette main-d'œuvre sous contrat ?

— Franchement, et tout sentiment mis à part, elle présente quel intérêt pour vous, cette main-d'œuvre ?

— Elle est obligée de travailler là où on lui dit de le faire, pour un salaire fixé à l'avance. Si elle rechigne, nous pouvons compter sur nos juges pour la mettre au pas.

— Vous ne lisez donc jamais les journaux ? grogna Whip. Bien sûr que l'Amérique rejettera nos lois sur le travail !

— Alors, nous ne voulons pas faire partie de l'Amérique, déclara un des Hewlett.

— Que proposez-vous ? demanda Whip d'un ton poli.

— L'union avec l'Angleterre. Elle autorise le travail forcé. Ou alors, restons indépendants.

Whip Hoxworth était sidéré. La révolution lui échappait. D'abord Cleveland qui la faisait échouer, et à présent les conspirateurs eux-mêmes qui parlaient d'union avec l'Angleterre.

— Écoutez, vous n'avez pas besoin de ces contrats, dit-il. Cela fait onze ans que je n'ai pas traîné un seul de mes employés devant un tribunal. S'ils veulent partir, qu'ils partent. Je leur donne une bonne nourriture, je les traite bien, je fais preuve d'un peu d'humour et ils produisent plus pour moi que pour vous tous réunis. Croyez-moi, c'est la voie de l'avenir.

Un des Hewlett eut la mauvaise idée de lancer :

— Il y a encore une chose que tu fais pour eux, Whip.

— Laquelle ?

— Tu couches avec leurs femmes.

Tel un volcan créant une nouvelle île, Whip jaillit de son fauteuil, se rua vers les Hewlett et aurait mutilé l'homme qui l'avait insulté si d'autres membres du comité ne l'avaient maîtrisé.

Ce soir-là, Micah Hale fit venir son neveu dans son bureau de King Street.

— Tu dois quitter l'archipel, Whipple.

— Mais la révolution agonise ! protesta le jeune planteur.

— C'est le lot de toutes les révolutions.

— Ces pauvres crétins parlent de s'unir à l'Angleterre, ou de rester indépendants. Tout ça, pour quelques dollars de plus grâce aux contrats de travail.

— Là n'est pas la question, Whipple. Tu corromps notre nouvelle nation. Dans l'intérêt de tous, il faut que tu partes.

— Je suis déterminé à combattre cette idée insidieuse de capitulation. Je ne laisserai pas la révolution...

— Sors d'ici ! tonna Micah Hale. J'essaie de sauver Hawaii et je ne puis le faire si tu es là. Tu es mauvais, brutal, prévaricateur. Il n'y a pas de place pour toi dans les îles. Va-t'en !

Ainsi, pendant les années qui suivirent, Whip voyagea à travers le monde avec sa jeune femme. Mais il ne cessa jamais de s'intéresser de loin aux affaires de son pays. Il se trouvait à Rio de Janeiro quand les électeurs américains remplacèrent le président Cleveland par Mac Kinley.

— Dieu soit loué ! s'écria Whip en l'apprenant. Dans deux ans, Hawaii sera américain. C'est fini.

— Est-ce que nous rentrons ? demanda sa femme.

— Pas encore. Laissons triompher l'oncle Micah. Je n'ai fait que lui mettre le pied à l'étrier.

Et Whip ne parla plus de l'annexion, car il était sur la piste d'une chose qui allait avoir autant d'importance pour Hawaii que l'annexion éventuelle. Un matin, il fit irruption dans la chambre de sa femme, à leur hôtel de Rio, et s'écria :

— Ching ! Je vais te faire goûter quelque chose !

Elle se mit à rire quand il prit une de ses chemises et lui noua les manches autour du cou.

— Que fais-tu ? Qu'est-ce que c'est ?

— Goûte. Tu vas voir.

Et il lui présenta le plus gros ananas qu'elle avait jamais vu, doré, odorant, tout humide de suc.

— As-tu jamais vu un fruit aussi parfait ? demanda-t-il en tenant l'ananas par sa couronne verte.

— Il est énorme. D'où vient-il ?

— Il pèse plus de six livres. On me dit que les navires en apportent régulièrement de la Guyane française. On les appelle des cayennes. Tu n'as jamais rien mangé de pareil.

Whip prit un couteau et découpa l'écorce dure, puis, de la pointe, il fit sauter les yeux du fruit. Enfin il le trancha en deux, en coupa une large tranche bien ronde et la servit à sa femme. Un jus doré s'écoulait dans l'assiette.

— Qu'est-ce que tu en dis ?

— C'est divin ! Oh ! Whip, nous devrions les faire pousser à Hawaii !

— C'est bien mon intention.

Micah Hale avait plus de soixante-quinze ans et se sentait plus las qu'il ne voulait l'avouer quand on apprit à Honolulu que la Chambre des Représentants, à Washington, avait fini par approuver l'annexion par deux cent neuf voix contre quatre-vingt-onze. Ce soir-là, au dîner, Micah dit à sa femme Malama :

— Encore deux semaines d'attente et nous connaîtrons la position du Sénat.

— Es-tu confiant ?

— Si prier un Dieu compréhensif peut être efficace, alors, oui, je suis confiant.

Les Hale dînèrent à la lueur des bougies, assis l'un en face de l'autre pour se parler plus commodément. A soixante-cinq ans, Malama était plus majestueuse qu'enjouée. Elle n'avait pas pris d'embonpoint, comme tant d'autres Hawaiiennes, et sa chevelure gris argent était en harmonie avec l'éclairage intime. Elle avait gardé l'habitude d'incliner la tête d'un air mutin quand quelque chose l'amusait, ce qu'elle fit en disant d'une voix basse :

— Il est tout à fait approprié qu'Hawaii se fonde dans l'Amérique. Nous ne sommes qu'un misérable groupe d'îles ; quiconque aurait vraiment voulu de nous, ces cinquante dernières années, n'aurait eu aucun mal à nous prendre. C'est mieux ainsi.

Momentanément détendu par les bonnes nouvelles en provenance du Congrès, Micah soupira :

— Il a fallu que ce soit ton mari qui prenne la responsabilité d'agir ces cinq dernières années. Sais-tu à quel point je le regrette ?

— Quelqu'un devait s'en charger, répondit-elle au missionnaire austère, droit comme un I.

— De tous les Hawaiiens, c'est toi qui comprends le mieux. Mais ce n'est pas étonnant : fille de Noelani, petit-fille de Malama...

En prononçant ces deux illustres noms, il sentit des larmes lui monter aux yeux et cacha son visage derrière ses mains. Malama eut quand même le temps de les voir. Si elle avait été assise à côté de lui, elle l'aurait réconforté à la manière hawaiienne, mais en cette heure cruciale, ils se tenaient l'un en face de l'autre, échangeant seulement des idées, pas de l'amour.

— Tout se serait tellement mieux passé si tu avais été reine à la place de Liliuokalani, reprit Micah. Tu aurais compris, toi.

— Non, dit-elle. Il vaut mieux que nous ayons eu une reine têtue et capricieuse. Que le monde nous voie mourir tels que nous sommes.

— Mourir ? répéta Micah, étonné.

— Oui, mourir. Bientôt nos îles seront asiatiques, il n'y aura plus de place pour les Hawaiiens.

Jugeant étranges les propos de son épouse, Micah Hale fit valoir :

— Dans la constitution, nous avons pris soin de dresser des garde-fous contre les Japonais.

— Ce n'est qu'une feuille de papier, Micah. Nous autres Hawaiiens savons qu'on nous pousse dans la pirogue.

— Vous serez protégés !

— La constitution précédente, qui était censée nous protéger, n'a pas empêché les planteurs de nous voler nos terres... puis notre pays.

— Malama ! Soutiendrais-tu que seul l'appât du gain a guidé cette révolution ? Ne vois-tu pas à l'œuvre les forces de la démocratie américaine ?

— Je ne vois qu'une chose : quand nos champs étaient nus, personne ne voulait de nous ; maintenant qu'ils produisent du sucre, tout le monde veut d'Hawaii. Que dois-je en conclure ?

Bouleversé par le tour que prenait la conversation, Micah remonta dans le temps :

— Te souviens-tu de notre première rencontre ? A San Francisco ? Avant même d'avoir vu un seul champ de cannes, je t'ai dit : « Hawaii doit faire partie des États-Unis. » Je le pensais pour des raisons morales, et mes motivations n'ont pas changé.

— Pas les tiennes, celles des autres. Et pour finir, tu as été manipulé par une bande de voleurs.

— Oh! non, Malama. En définitive, c'est moi qui me suis servi d'eux. Hawaii sera annexée, à mes conditions.

— Elle a été volée, déclara Malama avec froideur. On nous a trompés, insultés en public. On nous a menti. On nous a volé notre pays.

— Non! protesta Micah, qui fit le tour de la table pour s'approcher de sa femme.

— Ne me touche pas, je t'en prie, dit-elle, sans agressivité. Que crois-tu que j'éprouvais quand des amis hawaiiens me demandaient, « Mais comment Micah Hale a-t-il pu écrire sur nous des choses pareilles ? »

— Quelles choses ?

Elle tira de sa poche une coupure de journal et lut avec tristesse :

— « *Les indigènes sont pour la plupart analphabètes, idolâtres, attachés à de vains étalages de prétention monarchique, et tout à fait incapables de se gouverner.* » Quels mots abominables !

— Mais je ne parlais pas de toi. C'était pour que ces îles deviennent américaines...

— Tu parlais des Hawaiiens, répliqua Malama.

Abasourdi, Micah songea à plusieurs séries d'explications pouvant éclairer les choix qu'il avait dû faire, mais quand il considéra le visage grave, accusateur de Malama, il comprit que ce serait vain.

— Si je t'ai offensée, je le regrette profondément, se contenta-t-il de murmurer.

— Si j'ai abordé des sujets déplaisants, le soir de ton triomphe, je le regrette, Micah. Mais ne nous berçons pas de mots. Hawaii a été volée, ses libertés violées.

Majestueuse, la descendante des alii se leva, ramena sa traîne derrière elle et quitta la salle à manger. Micah la suivit des yeux puis baissa la tête et fixa un moment la table.

Un instant plus tard, Il se leva, passa dans son bureau où il rédigea une longue lettre passionnnée donnant des instructions à ses représentants à Washington : « *Voyez chaque sénateur au moins une fois par jour. Faites-leur comprendre que le destin manifeste de l'Amérique consiste à étendre la grâce de Dieu à ces îles. Plus d'atermoiements : les Japonais et les Anglais commencent à manœuvrer, et tout retard serait du suicide. Plaidez notre cause auprès d'eux, ne laissez aucun argument au hasard, et si les sénateurs de Louisiane et du Colorado ont recours à de bas stratagèmes, faites de même. Nous devons faire en sorte que l'archipel devienne américain à cette session. Je remets entre vos mains le sort d'Hawaii.* »

Les jours suivants, Micah et Malama Hale s'évitèrent le plus possible. A chaque lettre encourageante de Washington — car les chances de succès au Sénat semblaient meilleures chaque jour — le fossé se creusait entre le missionnaire américain et l'alii. Micah comprit en mille occasions que détruire une souveraineté est une chose regrettable. Il était juste qu'Hawaii devienne américaine. C'était inévitable, et il était fier du rôle qu'il jouait dans cette entreprise bénie de Dieu. Mais c'était en même temps tragique, et ces derniers temps, la tristesse l'emportait sur la joie.

Le 6 juillet 1898, le Sénat accepta finalement Hawaii par quarante-deux voix contre vingt et une. Dans la tribune du public, David Hale, émissaire personnel de Micah, avait les larmes aux yeux, et son assistant, Micah Whipple, déclara : « C'est le début de la grandeur américaine en politique internationale. » Une semaine plus tard, le 13 juillet, quand la nouvelle parvint à Honolulu, un marin excité tira un coup de feu en l'air. Il régnait une telle tension dans l'île que certains crurent au début d'une contre-révolution, mais bientôt la nouvelle exaltante se répandit dans la ville, les hommes descendirent dans la rue, s'étreignirent. Ce fut une journée de joie délirante, assez bruyante pour être entendue dans le monde entier, mais Whip Hoxworth, perdu dans la jungle de la Guyane française, n'apprit l'événement que deux mois plus tard.

— Nous voilà enfin américains, dit-il à Ching. Tu te sens différente ?

— Toi, tu es peut-être devenu américain. Moi, je suis toujours chinoise. Je ne crois pas que ton pays voudra un jour de moi.

Le 12 août 1898, sur proclamation du président McKinley, Hawaii devint membre des États-Unis. Dans les îles, l'événement ressembla davantage à un enterrement qu'à une naissance. Les Hawaiiens ne se montrèrent pas ce jour-là et restèrent à pleurer chez eux en secret. En revanche, de nombreux Américains en redingote, hauts chapeaux marron et grosses chaussures de cuir, paradèrent dans les rues avec des badges figurant les épousailles de l'Oncle Sam avec une Noire — les fabricants du continent n'ayant pas su représenter une Hawaiienne — avec cette légende : « C'est le jour de notre mariage. »

Par considération pour les Hawaiiens, les cérémonies officielles furent brèves. Des soldats défilèrent, des marins d'un vaisseau de guerre américain descendirent à terre. A midi moins le quart, un groupe d'éminents citoyens ayant dirigé la révolution prit place à la tribune sous la conduite de Micah Hale. En s'asseyant, il promena le regard sur la foule assemblée, vit des Américains, des Chinois, des Portugais et des Japonais, mais aucun Hawaiien. Quand la fanfare entonna l'hymne d'Hawaii, les accents asthmatiques sortant des cornets furent plutôt dignes d'un petit groupe de débutants car l'un après l'autre, les musiciens indigènes en larmes s'étaient éclipsés, refusant d'exécuter le chant funèbre de leur nation. Quand l'air finit sur un dernier sanglot, Micah Hale commença à lire : « Avec une entière confiance dans l'honneur, la justice et l'amitié du peuple américain... » Il réalisait près d'un demi-siècle plus tard un rêve qu'il avait fait pour la première fois en 1849, lorsqu'il traversait le Nebraska.

Il y eut cependant ce jour-là une Hawaiienne à la tribune, Malama Kanakoa Hale. « C'est ton devoir », avait plaidé son mari et en alii qu'elle était, elle comprenait ce mot. Vêtue de noir et de violet, avec un chapeau à fleurs et un éventail d'ivoire, c'était un personnage imposant, dernier symbole de sa race vaincue. Même lorsque les navires de guerre tirèrent une salve de vingt et un coups de canon et que le drapeau qu'elle aimait tant fut amené, elle eut la force de regarder droit devant elle. « Ils ne me verront pas pleurer », murmura-t-elle.

A l'issue de la cérémonie, il se produisit un événement déplorable qui, pour Malama, résumerait à jamais la façon honteuse dont sa nation avait été détruite. Quand on eut amené le drapeau hawaiien, un Américain s'en empara, s'enfuit dans un coin écarté du palais où il découpa l'emblème en bandes qu'il distribua ensuite comme souvenirs.

L'un de ces lambeaux parvint dans les mains de Micah. Le missionnaire qui s'était abîmé la vue à écrire tant de lettres pour

Hawaii, ne vit pas immédiatement ce que c'était, approcha le morceau de tissu de ses yeux. Lorsqu'il reconnut un fragment des huit bandes symbolisant les îles d'Hawaii, il comprit l'acte ignoble que l'on avait commis. Il s'empressa de refermer la main sur le lambeau de peur que sa femme ne le voie et ne se sente encore plus offensée. Au moment où il le fourrait dans sa poche, il entendit derrière lui un cri de souffrance, se retourna et vit que Malama avait fini par cacher son visage dans ses mains.

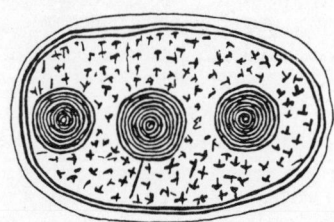

A l'aube du xxe siècle, alors que Hawaii commençait à s'habituer à sa nouvelle législation américaine, il devint évident à Honolulu que la famille Kee promettait, ne fût-ce que par la force du nombre, de jouer un rôle important dans la communauté. Il y avait la vieille Mrs Kee (elle n'avait que cinquante-deux ans, mais le travail l'avait courbée en deux) et ses cinq fils Asie, Amérique, Europe, Afrique et Australie, avec leurs femmes et leurs enfants. Les familles proliféraient. Il y avait déjà trente-huit enfants, et d'autres à venir.

Nyuk Tsin vendait toujours ses ananas et ses légumes en ville mais, chaque fois qu'elle passait au coin de Maunakea et de Hotel Street, son cœur se gonflait de joie car elle voyait le panonceau sur lequel on lisait en lettres d'or : Afrique Kee, Avoué. L'enseigne ne disait pas que l'immeuble lui appartenait, ainsi que plusieurs maisons et magasins de la ville chinoise, à lui ou à ses frères.

A vrai dire, les titres de propriété avaient peu d'importance. Car si aux yeux du monde Asie Kee possédait sa boutique elle appartenait en réalité au clan, au *hui* comme on disait à Hawaii.

Sous la conduite de Nyuk Tsin, les cinq frères avaient constitué une sorte de société officieuse qui contrôlait les revenus de la famille. Si la charmante épouse d'Australie, la jeune Ching, faisait un petit héritage, il n'allait ni au couple ni à leurs enfants. Il allait grossir les biens du hui car aucun membre de la famille Kee n'aurait su distinguer ce qui lui revenait en propre des avantages qu'il tirait du hui. Son habillement, ses études, les études de ses enfants, sa maison, l'argent pour lancer son affaire — tout cela provenait du hui. Même en lui remettant tout ce qu'il gagnerait pendant le reste de sa vie, il ne s'acquitterait pas de la dette qu'il avait envers le hui.

Personne n'était plus conscient de cette obligation qu'Afrique. C'était grâce à l'énergie de ses quatre frères qu'il avait fait des études de droit à l'université du Michigan. Pour qu'il soit étudiant, ils s'étaient privés, sans jamais se plaindre, car ils pensaient comme Nyuk Tsin que le plus doué d'entre eux devait avoir de l'instruction afin de protéger les autres. C'était exactement ce que faisait Afrique Kee. Le hui contrôlait à présent sept entreprises qu'Afrique dirigeait le long de l'étroit chemin séparant la prudence timorée de l'aventurisme extrême. Il finançait les nouvelles affaires, signalait quand il fallait liquider les anciennes. C'était lui qui choisissait quelle propriété acheter, quel coin louer pour y installer une boutique, dans quelle université envoyer les petits-enfants Kee. Afrique était devenu le cerveau d'un petit empire chinois de boutiques crasseuses et de terres. Mais il n'entendait pas que cet empire reste petit, et chaque fois qu'il rencontrait ses frères — eux en robe chinoise, les cheveux nattés, lui, coiffé et vêtu à l'occidentale — il prêchait la même doctrine : « Le hui doit grandir. » Dans ce but. Afrique spéculait d'une façon qui aurait plu à son père : à peine étaient-ils devenus propriétaires d'une terre que les Kee l'hypothéquaient pour en acheter une autre, sur laquelle ils empruntaient le plus tôt possible. Toutes les boutiques des Kee achetaient à crédit mais les traites étaient scrupuleusement acquittées à chaque échéance. Le hui n'avait jamais d'argent liquide et ses dettes auraient consterné un haole, mais sous la gouverne avisée d'Afrique, il commençait à prospérer.

Satisfaite de la façon dont Afrique dirigeait les affaires. Nyuk Tsin ne cherchait pas à imposer sa volonté à la famille, excepté sur trois points particuliers. Tous les enfants Kee devaient faire des études, et en 1900, cette famille chinoise apparemment sans le sou s'apprêtait à envoyer trois des siens dans les facultés américaines — médecine, stomatologie, droit. Au cours des dix années suivantes, quatorze autres jeunes Kee suivraient le même chemin. Nyuk Tsin elle-même allait pieds nus afin d'economiser l'argent qui paierait ces études et il lui importait peu si les épouses de ses fils étaient obligées de faire comme elle.

Nyuk Tsin était constamment fortifiée dans sa détermination par l'Anglais aux yeux fous, Uliassutai Karakoram Blake, qui aimait quitter son école pour venir bavarder avec elle en chinois. « J'ai vitupéré la menace yankee, j'ai même un moment voulu prendre les armes contre l'Amérique, mais quand l'annexion s'est faite, j'ai haussé les épaules et je me suis dit : l'Amérique n'est pas pire que l'Angleterre. Ce sont deux foutues voleuses, et si je peux endurer l'une, je peux endurer l'autre. »

Blake encourageait Nyuk Tsin à pousser ses petits-enfants dans les études au maximum de leurs capacités. « Avez-vous jamais pris le temps de calculer ce que vous avez dû débourser pour faire d'Afrique un homme de loi et ce que vous avez déjà récolté en retour ? Eh bien, soyez assurée que le taux de profit sera à l'avenir encore plus grand. » C'était un personnage flamboyant, dont les moustaches acérées frémissaient quand il évoquait l'avenir : « Sciences, mathématiques, méditation ! Qui sait où elles nous conduiront ? Où que ce soit, seul l'homme instruit sera capable de suivre. « Nyuk Tsin se sentait toujours mieux après une conversation avec Uliassutai Blake et elle regrettait de n'être pas allée à l'école avec un tel maître. De son côté, l'Anglais excentrique prenait plaisir à causer avec l'une des deux personnes qui comprenait le mieux son interprétation dynamique du monde. L'autre était un jeune révolutionnaire décharné au regard d'aigle alors réfugié à Hawaii Sun Yat Sen.

Le second point sur lequel Nyuk Tsin dictait sa volonté à la famille, c'était le logement. Elle jugeait que c'était gaspiller de l'argent que construire des demeures prétentieuses, d'autant que les gens dignes de confiance passaient leur temps à travailler hors de chez eux. Elle gardait donc autant de ses fils que possible dans sa sinistre maison en bois et dans les cabanes qui l'entouraient. Si les quarante-neuf Kee ne pouvaient à l'évidence s'y entasser tous, un nombre étonnant d'entre eux y vivait. Asie et sa famille étaient exemptés puisqu'ils logeaient derrière le restaurant ; Europe et sa progéniture avaient la permission de vivre au-dessus du magasin, mais tous les autres se casaient tant bien que mal dans la maison de Nuuanu. C'était là que les épouses hawaiiennes préparaient des repas plutôt réguliers, que les petits-enfants apprenaient à parler le pidgin et à manger du poi. En 1899, Afrique avait largement les moyens de s'offrir une maison à lui, mais alors que Nyuk Tsin le laissait jongler avec l'argent du hui, elle ne le jugeait pas capable de décider de l'endroit où il avait envie de vivre. Âgé de trente et un ans, pourvu d'une femme et de cinq enfants, il continuait donc à habiter la vieille maison. « Cela fait des économies », disait Nyuk Tsin. Il y avait à présent quatre ukuleles dans la maison pleine à craquer, et la grosse Apikela apprenait à chacun de ses petits-enfants à jouer de cet instrument. C'était une maison bruyante, avec une mère hawaiienne et une Tante chinoise silencieuse, dure à l'ouvrage.

Troisième point, l'achat de terre. Son appétit de Hakka pour ce bien ne serait jamais assouvi et elle était hantée par un cauchemar récurrent : sa couvée se multipliait et il n'y avait pas assez de terre pour que chaque Kee puisse se tenir debout, les bras tendus. Chaque fois qu'après avoir payé les frais d'études, il restait au hui quelques dollars, elle insistait pour qu'on achète encore de la terre. Ce n'était pas chose facile à Honolulu où, d'une façon générale, les terres, principale ressource, n'étaient pas vendues mais louées. Et cela non à l'acre mais au mètre carré. Les Hoxworth possédaient d'immenses domaines hérités de l'Alii Nui Noelani, et les Hewlett aussi. La famille Kanakoa avait de vastes propriétés ; les Janders et les Whipple, s'ils possédaient peu, contrôlaient de nombreux terrains au moyen de baux. Qui tient la terre s'enrichit, et les grandes familles haole imposaient leur loi d'airain, qui consistait à ne jamais vendre. Les Hawaiiens, eux, étaient disposés à le faire mais leurs terrains se trouvaient généralement à la campagne. Aussi, quand la vieille Chinoise voûtée entreprit d'acheter assez de terres à Honolulu pour sa famille en expansion, elle se mit directement en travers des fortunes établies de l'île.

J'ai souligné plus haut que pour se protéger véritablement des Chinois, les haole d'Hawaii auraient dû abattre Uliassutai Karakoram Blake. Ils laissèrent passer l'occasion, et les Chinois eurent accès à l'instruction. En 1900, si les haole avaient voulu garder leurs prérogatives, ce qui était apparemment le cas, ils auraient dû abattre Nyuk Tsin. Mais aucun d'eux n'avait jamais entendu parler d'elle. Ils croyaient que la force directrice de la famille Kee, c'était l'avoué, Afrique, et ils le gardaient à l'œil.

Vers la fin de 1899, Afrique Kee se trouva dans une impasse. Incapable d'avancer, et il dut annoncer à Nyuk Tsin :

— Il est impossible d'acheter de nouvelles terres. Les haole ne veulent pas vendre.

— Combien y a-t-il en espèces dans les coffres du hui ?

— Quatre mille dollars, mais nous pourrions réaliser davantage.

— As-tu essayé d'acheter du terrain en ville ?

— Rien à faire.

— A en louer ?

— Non plus.

L'empire des Kee était freiné en plein essor. Et il se serait lentement atrophié s'il n'avait pas reçu l'aide dramatique d'un rat.

Le 25 novembre 1899, le vapeur de la H & H *Maui* jeta l'ancre dans le port de Honolulu après un voyage sans histoire à Bangkok, Singapour, Hong-Kong et Yokohama. Tandis que les matelots lançaient leurs amarres sur le quai, ce rat qui devait sauver la fortune des Kee se glissa à terre, courut dans les ruelles et finit par aboutir dans la cuisine nauséabonde d'une famille chinoise nommée Chang.

Le 12 décembre 1899, alors que se mourait le siècle, le vieux Chang agonisait aussi, brûlant de fièvre, le corps couvert de pustules. Lorsque le jeune docteur Hewlett Whipple, du Service de Santé, vint délivrer le certificat de décès, il examina le cadavre avec appréhension.

— Ne l'enterrez pas encore, ordonna-t-il.

Il disparut et revint dix minutes plus tard avec deux autres médecins et des livres de médecine. En silence, les trois hommes se penchèrent sur le corps, puis ils se redressèrent et se regardèrent horrifiés.

— C'est ce que j'avais pensé ? demanda le docteur Whipple.

— La peste !

— Dieu nous protège !

Les trois jeunes médecins se rendirent au ministère de la Santé publique, blêmes et tremblants. En hâte, ils réunirent les autres médecins de la ville, des hommes pondérés et expérimentés qui refusèrent tout d'abord de se laisser effrayer par leurs cadets.

— Ce n'est pas possible. Il n'y a pas eu de peste à Honolulu depuis plus de soixante-dix ans !

— Je propose que nous allions tous voir ce cadavre.

Le docteur Whipple protesta :

— Si vous vous rendez en délégation chez ces gens, les Chinois vont avoir peur. Une panique serait désastreuse.

— Je ne vais pas prendre de mesures sans m'être assuré qu'il s'agit bien de la peste, rétorqua le vieux médecin.

— Docteur, quels sont les symptômes de la peste, les connaissez-vous ?

— J'ai vu la peste en Chine !

— Les symptômes ?

— Une forte fièvre accompagnée d'hallucinations, des pustules violettes à l'aine et sous les aisselles. Et une odeur caractéristique.

Le docteur Whipple baissa la tête. Il passa sa langue sur ses lèvres sèches et murmura :

— Docteur Harvey, emmenez un agent de police avec vous pour garder la maison. Il faut la brûler ce soir.

Un terrible silence tomba, que le docteur Harvey rompit enfin :

— C'est donc bien la peste ?

— Indiscutablement.

Les plus âgés des médecins hésitaient encore et le docteur Harvey s'entêta :

— Je ne ferai rien avant d'avoir vu moi-même de quoi il s'agit.

— Mais vous emmenez un agent ?

— Mais oui. Ne vous inquiétez pas.

Il partit assez confiant, avec deux collègues, mais quand il revint au bout d'une heure, il était décomposé. Il avait visité les maisons voisines de celle des Chang et avait découvert un second cadavre et trois agonisants. Avant de rejoindre les médecins qui l'attendaient au ministère, il avait pris sur lui d'alerter les pompiers.

— Messieurs, annonça-t-il, encore haletant, la peste bubonique vient d'éclater à Honolulu. Dieu nous donne la force de la combattre !

Et cette nuit-là, la terreur commença. Les médecins résolus avertirent les autorités et leur dirent sans ménagements :

— Le seul moyen de lutter contre ce fléau, c'est de brûler toutes les maisons contaminées. De tout brûler !

Un personnage timoré s'indigna et souleva des objections :

— Comment pouvons-nous brûler une maison sans l'autorisation du propriétaire ? Il nous faudra des semaines pour savoir à qui appartiennent ces immeubles du quartier chinois. Et si nous n'avons pas d'autorisations, ils nous attaqueront en justice !

— Bon Dieu ! tonna le docteur Harvey en abattant son poing sur la table. Vous venez me parler de procès ! Savez-vous combien nous aurons de morts d'ici à la Noël ? Je vais vous le dire. Nous pourrons nous estimer heureux s'il n'y en a pas plus de deux mille ! Whipple que voici risque la mort, parce qu'il a touché le cadavre ! Et vous aussi, si nous sommes contagieux ! Et vous parlez de procès ! Qu'on brûle ces taudis immédiatement !

Le gouvernement demanda conseil aux pompiers pour savoir s'il était possible d'incendier une maison sans brûler les voisines.

— C'est possible, mais risqué.

Le gouvernement hésita. Aucune mesure ne fut prise ce soir-là. Pendant trois jours atroces, le débat se poursuivit, au grand désespoir des médecins. Dans l'inextricable labyrinthe du quartier chinois, ils découvrirent plus de trente nouveaux cas, et onze morts. A la fin, las de ces tergiversations, Harvey et Whipple annoncèrent l'effroyable nouvelle à la population.

Ce fut la panique. Un cordon de troupes cerna le quartier chinois. On ferma les écoles et les églises, on interdit tout rassemblement. Les navires furent détournés sur d'autres ports. La ville cessa presque toute activité. Le dernier Noël du siècle fut terrible et personne ne songea à fêter le premier de l'an et l'avènement du xxᵉ siècle.

Les incendies avaient commencé à la Noël. Le docteur Whipple et ses collègues désignèrent aux pompiers les maisons contaminées et après qu'on eut pris les précautions nécessaires, elles furent brûlées.

Le quartier chinois était divisé en deux. Le quartier commerçant du côté du port et la ville chinoise proprement dite dont les ruelles étroites s'étendaient vers la montagne. Bien que la peste se fût d'abord déclarée dans le quartier commerçant, elle semblait se concentrer à présent dans les misérables taudis resserrés. Les médecins conseillèrent de détruire de fond en comble un secteur entier, afin d'éviter que l'épidémie ne se propageât. La vieille maison du docteur Whipple et d'Amanda se trouvait dans ce secteur, et leur petit-fils pleura lorsque l'ancienne demeure familiale s'écroula dans les flammes qu'il avait lui-même allumées. Les incendies affolaient la population tout autant que la peste et les patrouilles avaient du mal à empêcher les Chinois des secteurs contaminés de se répandre par la ville. On avait créé des camps de réfugiés sur les hauteurs, avec des tentes et des cuisines roulantes. Les planteurs et leurs femmes se dépensaient sans compter et ne ménageaient pas leurs efforts. Ils se sentaient en quelque sorte responsables pour avoir permis la multiplication des taudis, le surpeuplement, la saleté de ces ruelles étroites où, à présent, l'épidémie faisait rage.

Le 15 janvier, huit secteurs avaient été rasés et une multitude de rats détruite. Trois mille Chinois étaient enfermés dans les camps et l'on put croire que la peste était vaincue. Ce n'était qu'un répit. Elle éclata de nouveau, plus virulente que jamais, et le docteur Whipple jugea que des mesures draconiennes s'imposaient. Le 16, il réunit à nouveau les médecins, un petit groupe d'hommes épuisés qui comprenaient que, si la peste était encore circonscrite dans la ville chinoise, elle ne tarderait pas à franchir tous les barrages et à frapper la ville entière. Le docteur Whipple étala sur la table un plan de Honolulu et posa sa main sur la ville chinoise.

— Il faut raser tout ce quartier, déclara-t-il. Pas une maison ne doit subsister.

— Vous êtes fou, Whipple ! Les Chinois ne le permettront jamais ! C'est impossible !

— Avez-vous une autre solution à proposer ?

— Écoutez, mon vieux... Bon Dieu, je ne sais que dire. Mais il doit y avoir plus de cinq cents foyers dans ce secteur !

— Oui, et tous sont contaminés.

— Mais c'est impensable ! Ça fait la moitié de la ville !

Le docteur Harvey se rangea aux côtés du jeune Whipple.

— Si la gangrène remonte le long de votre bras, qu'est-ce que vous faites ?

Personne ne lui répondit. Il fronça le sourcil et frappa du poing sur la table.

— Qu'est-ce que vous faites, hein ? Vous coupez le bras pour sauver le reste du corps ! Voilà ce que vous faites. Il est indispensable de détruire ce quartier si nous voulons sauver Honolulu ! Et si cela ne suffit pas, qu'on brûle tout !

Deux médecins se levèrent.

— Nous préférons nous retirer. Le gouvernement décidera.

— Il sera bien obligé de nous suivre, glapit le docteur Harvey.

La séance du cabinet fut orageuse. Certains membres se lamentaient parce que la région condamnée était presque uniquement habitée par des Chinois.

— On brûle le quartier chinois parce que c'est là que la peste s'est déclarée, répliqua un autre membre.

— Si la peste avait éclaté dans les beaux quartiers, est-ce que vous raseriez vos propres maisons ?

— Là n'est pas la question. Elle n'a pas éclaté chez nous, mais chez les Chinois. Et je vous interdis de parler de cette façon. Le bruit court déjà que nous brûlons la ville chinoise pour punir les Pake qui ont abandonné nos plantations. Nous n'avons pas besoin d'une révolte par-dessus le marché !

Le 19 janvier, le capitaine des pompiers donna quartier libre à ses hommes en leur conseillant de dormir et de prendre des forces avant les épreuves du lendemain. Le journal de Honolulu annonça l'incendie et pria ses lecteurs d'être vigilants et de veiller aux étincelles, toujours possibles malgré le savoir-faire des pompiers.

Quand ce projet de destruction par le feu fut connu du quartier chinois, il provoqua une vague de panique et beaucoup tentèrent vainement de forcer le cordon sanitaire maintenant tous les habitants dans la zone contaminée. Ceux dont les maisons devaient être rasées furent rassemblés, conduits à un camp de réfugiés sur les pentes du Punchbowl, d'où ils purent regarder leurs demeures condamnées. Voir ainsi pour la dernière fois ces constructions pour lesquelles ils avaient tant peiné leur inspira une rage aveugle, et il y eut cette nuit-là des scènes terribles. Un Chinois parlant un peu d'anglais se précipita sur Mrs Janders, la directrice du camp, en criant :

— Vous faire ça exprès !

— Non, répondit-elle avec calme. C'est à cause de la peste.

— Pas peste ! hurla l'homme. Votre mari propriétaire de ma boutique. Il dit tout le temps, « Payer plus loyer ! Payer plus loyer ! » Je paie pas plus, alors il met le feu.

— Non, Mr Apaka, c'est à cause de la peste, croyez-moi. Nous ne ferions pas cela, autrement.

Mais les Chinois savaient bien que non, et pendant toute la nuit du 19 janvier, ils fixèrent les mystérieuses lumières de la ville et attendirent avec amertume de voir l'incendie éclater.

Heureusement, la journée du 20 fut calme. A peine une légère brise de mer sans danger. Dès huit heures, les pompiers commencèrent d'arroser de pétrole les premières maisons et y mirent le feu. Au même instant, par un caprice du sort, la brise de mer tourna. Un petit vent frais descendit de la montagne, dans la direction opposée à celle qu'avaient espéré les pompiers. En moins de deux minutes, six taudis qui n'étaient pas sur la liste furent la proie des flammes. On les évacua sans accidents et les combattants du feu réussirent à éteindre ces incendies avant qu'ils se propagent vers le centre de la ville.

Mais à huit heures et demie, le vent capricieux se mit à souffler en rafales et fit jaillir des gerbes d'étincelles vers les deux grands clochers du temple congrégationaliste situé en face de l'ancienne demeure de Whipple, déjà rasée. En quelques minutes, le vaste sanctuaire ne fut qu'une torche. La cloche plongea dans la crypte en sonnant lugubrement dans les flammes. L'orgue fondit et les vitraux éclatèrent. Et le vent devenu soudain furieux attisa les flammes et chassa au-dessus de la ville un véritable feu d'artifice d'étincelles, qui allèrent retomber, bien au-delà du secteur détruit, sur les toits de bois sec des maisons chinoises. Comme un feu destructeur biblique, les escarbilles provenant du temple chrétien se posèrent avec une précision stupéfiante sur les seuls foyers païens. Si les chrétiens d'Honolulu avaient projeté de détruire à jamais la ville chinoise, ils n'auraient pu mieux le faire qu'avec l'aide de leur église condamnée.

Le premier foyer d'incendie se déclara en ville vers deux heures moins le quart quand un brandon enflammé tomba sur une maison de pauvre apparence. Les pompiers se précipitèrent mais tous les Chinois du quartier se mirent à fuir, en proie à une insurmontable terreur. Les Hawaiiens restèrent seuls pour lutter contre l'incendie. Un vieux Chinois revint cependant sur ses pas pour essayer de les en dissuader, mais ils ne comprirent pas son langage. D'autres Chinois surgirent alors et prirent par la main les pompiers hawaiiens et les forcèrent à reculer.

Il n'était que temps. Car une effroyable explosion retentit et soudain le ciel s'emplit de soleils, de fusées, d'étoiles filantes. La maison était celle d'un artificier qui avait accumulé un stock pyrotechnique en vue des fêtes du nouvel an qui n'avaient pas eu lieu. Le feu d'artifice alluma d'innombrables incendies et tout espoir de sauver la plus infime parcelle de la ville chinoise dut être abandonné. Bientôt, toute la ville ne fut qu'un gigantesque brasier.

Quand il devint évident que tout le quartier était condamné, les Chinois cédèrent à la panique. Des vieillards pouvant à peine marcher après avoir travaillé quarante-cinq ans dans les champs de cannes coururent dans les maisons en flammes pour sauver tel ou tel objet personnel qu'ils chérissaient par-dessus tout. Bientôt on les vit poussant une charrette dans les rues bondées, ou portant au bout d'une perche de bambou en équilibre sur l'épaule quelque trésor inutile. Personne ne pensa à emporter des couvertures ou de la nourriture, dont on avait grand besoin dans les camps de réfugiés. Les rues menant hors du quartier chinois furent envahies par une horde bigarrée : vieillards aux pieds nus en tunique bleue, hommes en chemise de travail, jolies jeunes filles aux cheveux nattés, bébés à la figure ronde. Sortant d'une maison de thé japonaise, deux geishas au visage blanc de talc se hâtaient à petits pas qui faisaient danser dans la fumée leurs kimonos aux couleurs vives, cependant que derrière trottinaient des Punti aux pieds mutilés. Des hommes à nattes essayaient de porter des fardeaux qui auraient fait tituber un cheval et sous lesquels bientôt ils chancelèrent. Les voies d'issue se transformèrent en une litière de richesses perdues. C'était pitoyable de voir des gens qui n'avaient jamais possédé grand-chose se pencher en courant et ramasser un objet précieux qui leur avait toujours fait envie, pour l'abandonner un peu plus tard avec la même maladresse affolée que leurs propriétaires l'instant d'avant.

Ce fut une tragédie plus grande encore quand les Chinois fuyant les flammes et les explosions se heurtèrent à des rangées impassibles de policiers dont la tâche cruelle consistait à les maintenir dans la zone contaminée. Jamais, jura plus tard le chef de la police, jamais il ne fut dans l'intention des autorités d'enfermer les Chinois à l'intérieur du périmètre embrasé, mais l'objectif était de les faire sortir par des chemins reconnus à l'avance qui les conduiraient non dans les parties non contaminées d'Honolulu mais dans les camps de réfugiés entourés de barbelés, où des médecins les examineraient, cherchant sur eux des signes de contamination.

— Ils ne veulent pas nous laisser sortir ! se mit à crier une pauvre Chinoise à demi arriérée. Ils veulent nous faire brûler, dans les maisons où ils ont mis le feu !

Elle tenta de passer devant un policier qui la repoussa vers l'incendie, auquel on pouvait échapper par un chemin qu'elle n'avait pas trouvé.

— Il me pousse dans le feu ! cria-t-elle.

Des hommes qui avaient jusque-là résisté à la panique se rendirent soudain compte qu'on ne les laissait pas sortir de la zone condamnée et se ruèrent tous ensemble vers les policiers.

— Ils vont briser le cordon ! s'exclama un officier de police.

Derrière lui, des volontaires blancs venus des quartiers de la ville épargnés par la peste accoururent en renfort avec des gourdins, des pieds de biche et des fusils.

— Reculez ! beuglèrent-ils. Il y a une autre sortie !

Au moment où une émeute générale semblait inévitable, l'armée des États-Unis intervint. Plusieurs centaines de soldats, l'arme à la hanche, furent mis en position le long des principales voies de sortie du quartier chinois. « Ne tirez en aucune circonstance à moins d'en avoir reçu l'ordre », leur recommandèrent leurs capitaines.

Pour les Chinois en détresse, l'arrivée de la troupe fut intolérable. Elle signifiait que toute personne essayant de quitter la zone de l'incendie serait abattue. Du fait de la barrière des langues, nul ne put expliquer que les soldats étaient là uniquement pour enrayer l'épidémie. Il y avait un moyen de sortir du quartier mais l'affolement et la colère étaient tels qu'il semblait peu probable qu'on le trouvât jamais.

— Ils chargent à nouveau! prévint un caporal quand une quinzaine de Chinois se ruèrent vers le barrage.

— Ne tirez pas! ordonna le capitaine du secteur. Ne tirez surtout pas!

Le choc fut violent. Les policiers abattirent leurs matraques sur des crânes à natte cependant que les soldats enfonçaient la crosse de leur fusil dans des ventres chinois. La ligne de défense vacilla un moment mais des renforts de volontaires vinrent à la rescousse avec des piquets hâtivement arrachés à des clôtures. Avec un vif plaisir, ils martelèrent la tête des fuyards, les repoussèrent vers l'incendie.

— Nous ne tiendrons pas la prochaine fois, prédit le caporal.

Comme pour souligner le danger, une boutique de feux d'artifice explosa, ajoutant encore à la panique.

— Ne tirez pas! répéta le capitaine.

— Bon Dieu, grommela le caporal, si un tas de foutus Chinetoques me tombe dessus, comment que je vais tirer!

La prochaine charge semblait devoir déboucher sur un massacre. Au moment où les capitaines pris de peur s'humectaient les lèvres et se préparaient à donner le seul ordre sensé possible. « Tirez pour repousser les émeutiers », le docteur Whipple se précipita en criant :

— Laissez-moi passer! Et pour l'amour du ciel, ne tirez pas!

Il se fraya un chemin entre les rangées de policiers, courut vers le principal groupe de Chinois terrifiés. Prenant deux des meneurs par les épaules, il leur dit d'une voix pressante :

— N'essayez pas de sortir par ici! Ne tentez plus de forcer le cordon, je vous en prie!

— Vous voulez que nous mourions tous? lança un blanchisseur.

— Nous ne mourrons pas, répondit Whipple avec tout le calme dont il était capable.

Ce « nous » inattendu désarma les Chinois, qui l'écoutèrent quand il leur expliqua qu'ils pouvaient tous fuir le secteur dangereux en montant vers les hauteurs de Nuuanu. Il prit la tête du groupe et les autres suivirent en courant. L'émeute tourna court et les jeunes hommes de troupe s'épongèrent le front et remirent le cran de sûreté à leurs fusils.

De toutes les familles chinoises qui furent frappées en cette atroce journée du 20 janvier 1900, aucune ne le fut plus durement que les Kee. Quand le premier feu d'artifice explosa, les flammes détruisirent le bureau d'Afrique et tous ses papiers. Une série de fusées traversa le restaurant d'Asie et le rasa. Tous les immeubles des Kee furent détruits, y compris les logements d'Europe et d'Asie qui vivaient au-dessus de leurs commerces. Les familles purent s'enfuir, sans rien emporter. Seule, la vieille maison de Nuuanu fut sauvée, mais tous ses occupants — à l'exception de Nyuk Tsin qui travaillait à ses champs de la forêt — furent emmenés dans les camps de concentration.

Lorsque Nyuk Tsin descendit de la montagne, pieds nus comme toujours, avec ses deux paniers pleins d'ananas se balançant aux extrémités de sa perche de bambou, elle vit qu'Honolulu était en grande partie détruite, ainsi que les biens du hui. Quand elle découvrit que toute sa famille était dispersée elle ne savait où, elle supposa que certains étaient morts et frémit de terreur. Mais elle se maîtrisa vite et se dit qu'avant de se décourager elle devait retrouver ses fils.

Sans prendre le temps de poser ses paniers, elle escalada les pentes du Punchbowl — un ancien cratère éteint où le plus vaste des camps avait été installé — et se présenta à l'entrée. Les gardes crurent qu'elle apportait des vivres et la firent entrer. Pendant plus d'une heure, elle chercha ses enfants dans la foule grouillante. Elle retrouva enfin quatre de ses fils. Personne n'avait vu Asie quitter son restaurant après l'explosion des pétards et il était porté sur la liste des victimes.

Nyuk Tsin rassembla sa famille hébétée sur la colline dominant Pearl Harbor. On voyait au loin les feux des navires ancrés dans la baie. Ils s'assirent sur des rochers et contemplèrent tristement le spectacle atroce des ruines de la ville chinoise. Mais Nyuk Tsin ne leur permit pas de céder à l'accablement. Son solide instinct lui disait que son clan pouvait sortir grandi de cette épreuve. Courageusement, elle s'efforça d'oublier la mort d'Asie et trouva la force de lutter contre le sort. A voix si basse que nul ne l'entendit, elle murmura :

— Il est impossible que le gouvernement ne fasse pas quelque chose.

— Ils ont détruit la ville chinoise, s'écria Australie. Exprès. Ils ont détruit nos meubles parce que nous ne voulons pas travailler aux plantations !

— Non, raisonna Nyuk Tsin. Le vent est un accident.

— Ce n'est pas vrai, glapit Europe. Ils veulent notre mort ! La semaine dernière, ils ont fait jeter à la mer tout ce que nous avions commandé en Chine ! Ils veulent nous exterminer !

— Non, Europe, répondit calmement Nyuk Tsin. Ils avaient peur que ces chargements ne soient porteurs de peste.

— Ils n'ont pas jeté à la mer leurs propres chargements ! Ils venaient de Chine aussi.

— Ils avaient peur. On agit étrangement quand on a peur.

— Je ne veux plus jamais revoir Honolulu ! gémit Amérique ! Ils ont détruit nos boutiques exprès.

— Non, ce n'est pas vrai. Écoutez...

Elle baissa la voix et attira ses fils contre elle.

— Écoutez-moi. Il est inconcevable que le gouvernement ne nous rembourse pas nos pertes.

Pour la première fois, Afrique prit la parole.

— Comment cela ?

— Je connaissais bien le vieux docteur Whipple. Il reste encore des hommes comme lui, qui ne souffriront jamais une injustice.

— Ce sont des hommes comme lui qui veulent nous exterminer ! gronda Amérique.

Une gifle retentit dans la nuit et Nyuk Tsin s'écria rageusement :

— Je ne veux pas entendre gémir sur le passé ! Il y a eu un incendie. Nous avons tout perdu. Maintenant, nous allons tout gagner.

La voix posée d'Afrique s'éleva alors :

— Je vois... Nous devons veiller à protéger nos intérêts, et à toucher la part qui nous revient quand on dédommagera les victimes.

Nyuk Tsin sourit doucement et songea que ses privations pour donner une éducation à son fils n'avaient pas été inutiles. Elle fut heureuse, aussi, de voir que les paroles sensées d'Afrique avaient réveillé l'esprit de clan, et que ses frères l'écoutaient.

— Je crois, dit-elle, qu'Afrique doit consacrer tout son temps à former un comité chargé de réclamer des dommages-intérêts. Il faudra parler haut, organiser des réunions publiques. Tu dois devenir le porte-parole de tous les Chinois ruinés. Tu les représenteras tous, et tu feras savoir que tu ne réclameras pas d'honoraires. Fais des discours, écris aux journaux, fais-toi photographier. Mais surtout, parle comme si tu ne doutais pas une seconde que nous serons tous remboursés. A force de te l'entendre dire ils le croiront... L'argent viendra.

— Combien pourrons-nous réclamer ? demanda Europe.

— Combien avions-nous d'immeubles ? voulut savoir Amérique.

Le clan attendit pendant qu'Afrique calculait.

— Nous pourrions revendiquer une somme énorme, dit-il enfin. Le restaurant, les boutiques, les immeubles, mon cabinet... Les dommages des Kee seraient certainement les plus élevés.

— Pas du tout ! coupa Nyuk Tsin. Parce que si tel était le cas, tu ne pourrais jamais te présenter comme chef du comité, et ils discuteraient la somme. Il faut formuler des demandes à mon nom, au nom de vos femmes hawaiiennes. La réclamation des Kee ne doit pas être trop importante. Veilles-y, Afrique, c'est ton métier. Sers-toi des Ching s'il le faut.

Australie fit alors une réflexion lourde de conséquences.

— Je crois que je ne veux plus jamais revoir notre ville chinoise, après ce qu'ils en ont fait.

Froidement, mais non sans éprouver quelque pitié pour tous ceux qui n'avaient pas son courage indomptable, Nyuk Tsin répliqua :

— Il y en aura beaucoup, dans les semaines à venir, qui penseront comme toi, Australie. Le souvenir d'aujourd'hui sera trop pénible à supporter. Ils décideront de vendre leurs terrains du quartier chinois. Et nous les rachèterons.

Il y eut un long silence pendant lequel les frères contemplèrent la ville calcinée, brasillant encore sous le lourd nuage de fumée noire qui planait sur les vallées. L'océan ourlait la côte d'écume et les vagues s'écrasaient sur le sable, inlassablement, depuis des millions d'années. Les frères Kee comprirent ce que leur mère leur faisait entendre. L'espoir naît du désespoir, la victoire de la défaite. La ville était détruite, mais il faudrait la reconstruire. La famille était amputée, mais elle devait poursuivre son œuvre. Nyuk Tsin reprit la parole et son discours résonna dans la nuit comme une prophétie.

— Nous ne devrons pas pousser les gens à quitter Honolulu. Nous ne devrons pas profiter bassement de leur malheur. Il est évident que nous ne pourrons pas toujours payer comptant, mais notre crédit est bon... Si deux parcelles nous sont proposées, il faudra choisir celle qui est la plus près d'un terrain que nous possédons déjà, car les magasins de l'avenir seront plus grands. Nous réunirons nos parcelles, et leur valeur triplera au lieu de doubler... Afrique, il ne faut en aucun cas que tu sièges au comité lorsque le moment viendra de distribuer les sommes. Parce que si tu fais partie du comité, tu ne pourras pas allouer de grosses sommes aux Kee. Et si tu n'y es pas, les gens diront que tu es désintéressé, et ils se diront aussi que sans toi, ils n'auraient rien eu. Et ils se montreront généreux, par reconnaissance... En traversant un des quartiers détruits, j'ai vu que les seules choses intactes étaient les coffres-forts d'acier. Les haole les croiront inutilisables. Australie, tu les rachèteras tous, si tu peux. Et tu trouveras le moyen de les remettre en état.

— Mais je n'y connais rien !

— Tu apprendras.

Le jour pointait quand Nyuk Tsin ajouta :

— Si nous réussissons, les gens nous détesteront parce que nous possédons autant de terres, et ils diront que nous les avons volées aux victimes, après l'incendie. Nous laisserons dire. Une ville appartient à ceux qui ont la volonté de lutter pour elle. J'ai un peu d'argent de côté, et mes champs de légumes. Toutes nos filles et vos femmes devront travailler comme servantes chez les haole. Elles seront ainsi nourries et gagneront de l'argent. Dès demain, Europe et Amérique iront mendier des marchandises chez les commerçants blancs, en promettant de les payer au plus tôt, et ils ouvriront de nouvelles boutiques. Il ne faut pas attendre, car demain les haole seront navrés de ce qui est arrivé aujourd'hui et accepteront des conditions de paiement que vous n'obtiendrez jamais la semaine prochaine.

Elle sourit à ses quatre fils et dit enfin :

— Nous allons travailler dur.

Mais quand le soleil se leva et qu'Uliassutai Karakoram Blake arriva en courant, avec une liste des gens qui se trouvaient en sécurité dans un autre camp de la vallée de Nuuanu, et qu'il lut à voix haute : « Asie Kee, celui qui a le restaurant », Nyuk Tsin laissa tomber sa figure entre ses mains et pleura.

5

Ceux qui vinrent
de la mer Intérieure

En l'an de grâce 1902, alors que la reconstruction du quartier chinois de Honolulu venait de s'achever, on respectait encore obstinément, dans un des petits hameaux de Hiroshima-ken, au sud du Japon, une très ancienne coutume, un peu ridicule, pour courtiser une jeune fille.

Lorsqu'un jeune homme avisait un parti intéressant, il ne s'adressait pas directement à la jeune fille, ni à ses parents, pas plus qu'il ne se confiait à des amis. Il s'efforçait simplement de se trouver partout, en toutes circonstances, sur son chemin. Revenait-elle du culte shinto par l'allée ombragée de cryptomérias, elle le croisait sur la route, muet, hagard comme quelqu'un qui a vu un spectre. Rentrait-elle du marché aux poissons, elle se trouvait nez à nez avec ce jeune homme qui la contemplait, en proie à une agitation mal dissimulée.

L'usage voulait que la jeune personne se montrât tout aussi discrète et feignît de ne pas remarquer l'attention dont elle était l'objet.

Pourtant, si elle était maline, elle devait trouver un moyen subtil de l'encourager de façon à ce qu'il envoie ses parents chez les entremetteurs pour entamer les pourparlers d'usage. Dans ce village en effet, il était impossible à une jeune fille de deviner quel beau ténébreux était susceptible de devenir un prétendant sérieux, aussi devait-elle lui faire comprendre par quelque signe mystérieux, perceptible de lui seul, qu'elle était prête à répondre à ses avances.

Mis à part les rituels de certaines variétés d'oiseaux, cette parade amoureuse est bien l'une des plus singulières sur la planète, car elle inclut une phase traditionnelle dans laquelle se trouvait justement engagé le jeune Sakagawa Kamejiro.

En 1902, Sakagawa Kamejiro était un garçon de vingt ans, court, trapu, avec un torse de barrique et des jambes arquées, une peau mate et des cheveux de jais. Ses bras puissants s'écartaient de son corps comme deux parenthèses. Il donnait une impression de force vive, d'impatience et d'incertitude, de passion contenue et d'hésitation. En un mot, Kamejiro était amoureux.

Il était tombé amoureux le jour même où le conseil de la famille Sakagawa avait décidé qu'il prendrait le bateau pour Hawaii, où le travail ne manquait pas dans les champs de canne à sucre. Les Sakagawa étaient pauvres et leur minuscule rizière suffisait à peine à nourrir les huit enfants et la vieille grand-mère. Le départ de Kamejiro s'imposait et le jeune homme était prêt à partir. Mais, ce soir-là, debout dans l'eau de la rizière, il contemplait le soleil couchant sur les îles de la mer Intérieure et son cœur se serrait de nostalgie. Il se disait qu'il ne reviendrait peut-être jamais, et, pour la première fois de sa vie, la terre natale lui paraissait merveilleusement belle. Kamejiro n'avait rien d'un poète. Il savait à peine lire et écrire, parlait peu et ne se retournait pas sur les filles. Mais ce soir-là, debout dans le crépuscule, il voyait pour la première fois la terre de ses ancêtres et regrettait confusément de ne pouvoir arrêter la chute du soleil dans la mer, de ne pouvoir serrer contre son cœur le petit champ misérable de ses pères et soupirait sans comprendre très bien pourquoi.

Ce fut dans cet état d'esprit qu'il rentra enfin au logis dans le calme du soir.

Selon la coutume japonaise, tous les champs de riz étaient rassemblés et les fermes regroupées en hameaux. Ce système permettait de ne pas gaspiller la terre arable, mais obligeait les paysans à parcourir de vastes distances pour rejoindre leurs maisons. Si ce soir-là Sakagawa, avec ses gros bras musclés, s'étais pris de querelle avec un villageois il l'aurait sûrement battu comme plâtre, car il était d'humeur belliqueuse, mais ce fut Yoko qu'il rencontra. Il l'avait déjà vue dans le village mais, ce soir, tandis qu'elle avançait vers lui et qu'une légère brise plaquait sa robe sur ses cuisses, il lui sembla qu'elle incarnait sa patrie, qu'elle représentait ces terres qu'il se prenait à aimer au moment de les quitter. Il s'immobilisa au bord du chemin, les bras ballants, et elle passa sans un regard pour lui, semblait-il, droite et indifférente. Il la suivit des yeux et, bien que rien dans l'attitude de la jeune fille pût laisser supposer qu'elle avait seulement senti sa présence, il comprit qu'elle ne le repousserait pas.

A quelques jours de là, par une douce nuit de printemps, Kamejiro revêtit le costume traditionnel de l'amant, un pantalon propre, une chemise qui ne sentait pas la sueur, des sandales neuves et surtout un masque de tissu blanc qui recouvrait sa bouche et son nez. Ainsi attifé, il quitta subrepticement son logis et alla se poster devant la demeure de Yoko, où il attendit patiemment que toutes les lumières fussent éteintes. Puis il se glissa sans bruit vers la fenêtre de la chambre de Yoko. Par quelque mystérieuse prescience, elle avait dû deviner qu'il viendrait car elle n'avait pas fermé ses volets. Il poussa la fenêtre et sauta dans la chambre.

Yoko l'aperçut dans un rayon de lune, mais elle ne dit rien. Sans ôter son masque, selon la coutume, il alla jusqu'au lit et posa sa main gauche sur sa joue. Puis il prit la main droite de la jeune fille, d'une certaine façon qui signifiait qu'il la désirait. Elle remua un peu les doigts, pour lui faire comprendre qu'elle ne se refusait pas.

Toujours en silence, il se coula à côté d'elle et la fit sienne. Pas un mot ne fut échangé et quand il s'endormit un moment, épuisé, elle se garda de toucher à son masque. La tradition le lui interdisait. Quand il se réveilla, les jeux amoureux recommencèrent mais les jeunes gens s'étaient enhardis et oublièrent toute prudence, si bien que le père de Yoko s'éveilla et cria :

— Qu'y a-t-il ? Qui est dans la maison ?

Il fallut alors que Yoko se mît à hurler et à appeler au secours. Kamejiro s'enfuit, tandis que des lumières jaillissaient un peu partout. Une vieille femme cria :

— Vite ! On essaye de violer Yoko-chan !

— Il faut tuer ce bandit ! glapit le père de Yoko en enfilant un pantalon à la hâte.

— La famille est déshonorée ! gémit la mère.

Mais toutes ces phrases avaient été ainsi hurlées dans la nuit depuis des siècles et chacun savait comment il convenait de les interpréter. Il était indispensable, pour sauver la face, de feindre de traquer le bandit d'honneur et la chasse s'organisa, sous la conduite du père de Yoko. Les villageois, à grand renfort de cris et de moulinets de bâtons, coururent par les ruelles mais ils se gardèrent bien de rassembler les jeunes gens du village pour voir qui manquait à l'appel, et de pousser la porte de la petite grange car ils savaient que le « bandit » s'y cachait. Le découvrir eût été gênant car ils auraient alors été obligés de feindre de le battre.

Dans la grange, au milieu du caquètement des poulets, Kamejiro réajusta son pantalon, s'épousseta, et ôta son masque. Alors seulement il pensa encore ému, que la jeune fille était plus douce que la caresse de la brise marine. lorsqu'ils se rencontrèrent, plus tard dans la journée, près de l'échoppe du poissonnier, ils s'ignorèrent mutuellement, et c'était bien ainsi. En effet, pour l'instant rien ne laissait supposer que Yoko le voudrait pour époux et si elle le refusait, il valait mieux pour eux deux que son visage lui restât inconnu, officiellement du moins. Ce jour-là et les jours qui suivirent, Yoko fut incontestablement l'héroïne du village : une vieille femme assura qu'elle n'avait jamais entendu une fille défendre son honneur avec plus d'ardeur, et le père de Yoko s'attira les louanges des villageois qui se félicitaient que le coupable lui eût échappé, sinon on aurait eu à déplorer une mort d'homme.

Cette comédie se répéta encore plusieurs fois avant le départ de Kamejiro. Sa décision de partir pour Hawaii forçait l'admiration de tous, et il travaillait dur dans le rizière familiale, par goût véritable de voir pousser le riz. Les paysans qui cultivaient des champs voisins depuis des générations venaient lui dire au revoir et à chacun il affirmait sa volonté de revenir. Plus il le répétait, plus il était convaincu que seule la mort l'empêcherait de revoir les petits champs à flanc de montagne battus par la mer de son cher Hiroshima-ken.

Trois ou quatre nuits par semaine, il mettait son masque et se glissait plus ou moins subrepticement dans le lit de Yoko. Cette comédie se répéta encore plusieurs fois avant le départ de Kamejiro. Il conservait toujours son masque, et son mystère. Cependant, malgré le silence qu'ils observaient, les deux amants étaient tacitement convenus qu'un jour ils se marieraient. Kamejiro espérait que Yoko serait enceinte et qu'elle pourrait l'épouser avant son départ, mais cela ne se produisit pas. Aussi la veille de son départ, se décida-t-il à se confier à sa mère.

Il s'apprêtait à lui demander, en rougissant, de parler pour lui à Yoko-chan, le moment venu, mais sa mère l'interrompit pour lui faire ses recommandations.

— Kamejiro, j'ai entendu des choses terribles sur les hommes qui courent les océans comme tu t'apprêtes à le faire. Je ne crains pas pour toi les voleurs car tu es bien bâti et capable de te tirer d'affaire.

C'était une femme d'une cinquantaine d'années, petite, les épaules voûtées et le visage tanné par le soleil. Elle adorait le riz et aurait pu en ingurgiter jusqu'à quatre bols par repas, mais ses moyens ne le lui permettaient pas et elle était restée aussi maigre qu'à l'époque où le père de Kamejiro s'était glissé pour la première fois dans sa chambre.

— Les mères ont toujours peur que leur fils se marie dans la misère, expliqua-t-elle. Durant ton absence, je ne cesserai de m'inquiéter à l'idée de te voir dans les bras d'une pauvresse. Sois vigilant, Kamejiro, ne te marie pas sur un coup de tête. Lorsque le moment sera venu pour toi de prendre femme, renseigne-toi bien sur ta future. Aie toujours ceci bien présent à l'esprit. Rien ne vaut les Japonais ! Durs à la tâche, honnêtes, propres. Ton père et moi avons entendu dire qu'à Hawaii les gens sont très sombres de peau et insouciants. Si jamais tu te mariais là-bas...

Elle se mit à pleurer à chaudes larmes, puis se dirigea vers le récipient suspendu au-dessus du feu et se servit un petit bol de riz. Ragaillardie, elle poursuivit :

— ... Si tu te mariais avec une de ces filles, Kamejiro, nous préférerions ne jamais te revoir, car tu aurais déshonoré ta famille, ton village, et ton pays.

Kamejiro écoutait attentivement, car sa mère était une femme avisée en la matière. Elle était toujours à l'affût de la moindre information et depuis trois semaines, n'avait pas hésité à parcourir des kilomètres pour bavarder avec des gens qui avaient entendu parler d'Hawaii.

— N'épouse jamais une Chinoise, avait-elle assené avec conviction. Les Chinois sont malins et, à ce qu'on m'a dit, il y en a beaucoup à Hawaii, mais ils ne sont pas propres, et, même riches, ce sont toujours des Chinois. Ne remets jamais les pieds au village si tu prends une Chinoise pour femme.

« Beaucoup de nos jeunes gens sont tentés d'épouser des filles du Nord. Tu as déjà vu de ces misérables créatures par ici. Elles s'expriment vulgairement et on a honte pour elles. Je n'ai aucune estime pour ces filles, même si elles sont un peu mieux que les Chinoises, et à ma connaissance il n'y en a pas une qui ait fait une bonne épouse. Si jamais tu avais envie d'épouser une fille du Nord, songe à la femme de Masaru. Supporterais-tu une épouse pareille ? fit-elle d'un ton dédaigneux.

« Nombre d'hommes se hasardent à prendre des femmes du Sud, mais qui voudrait raisonnablement d'une Yamaguchi-no-anta ? Est-ce que, en toute bonne foi, tu respectes la femme de Takeshi-san ? Voudrais-tu d'une telle femme dans ta maison ? Pourrais-tu me la présenter et m'avouer ses origines sans la moindre honte ?

Avant de se lancer dans la période la plus délicate de son discours, la vieille femme reprit des forces en avalant un peu de riz, accompagné d'un bol de thé et d'une garniture d'algues séchées.

— Si tu devais épouser une fille du Sud, ou du Nord, j'en aurais le cœur brisé, mais, sur mon âme, je te jure que je ferais de mon mieux pour me conduire bien envers elle, et je m'efforcerais d'être une belle-mère irréprochable. Mais il y a deux choses que tu ne dois pas faire, Kamejiro, sous peine d'être à jamais banni de cette maison et du village.

Elle se tut solennellement et alla vérifier que personne n'écoutait à la porte.

— Si tu te maries loin de moi, demande à tes deux meilleurs amis de te renseigner sur le passé de la jeune fille. Tu connais les principaux obstacles : maladie, folie, prison. Il faut que ses ancêtres soient des

Japonais sains et forts. Mais surtout, assure-toi auprès de tes enquê-teurs que ce n'est pas une fille d'Okinawa. — Elle posa son bol de riz, pointa son index vers son fils d'un geste théâtral et proféra : — N'amène jamais une fille d'Okinawa dans cette maison, ou tu es un homme mort.

Elle observa un silence pour souligner son effet :

— A Hiroshima-ken, une fille d'Okinawa ne peut pas longtemps tromper son monde. Je suis capable d'en repérer une même si je n'aperçois que deux centimètres de son poignet, mais à Hawaii, les gens en sont bien incapables. Il y a beaucoup de gens d'Okinawa là-bas et leurs femmes ont recours à toutes les ruses pour se faire épouser des Japonais. Oh ! Kamejiro, je voudrais pouvoir aller avec toi là-bas pour démasquer ces filles sournoises. J'ai peur que tu ne te fasses piéger, et que tu attires le déshonneur sur ta famille.

Elle se remit à sangloter, mais un peu de riz l'aida à surmonter son chagrin. Elle atteignait maintenant à l'apogée de sa harangue.

— Mais il y a une chose à laquelle tout bon fils doit veiller, non seulement par égard pour ses parents mais aussi pour ses frères et sœurs, Kamejiro. Je t'ai dit que si par malheur tu épousais une fille d'Okinawa, tu étais un homme mort. Eh bien, si tu épousais une Eta, ce serait un malheur bien plus grand encore.

Le dégoût se peignit instantanément sur le visage de Kamejiro, car il partageait avec sa mère son aversion pour les Eta, une caste de parias qui faisaient autrefois le commerce de la viande ou le tannage des cuirs. Maintenant totalement exclus de la société japonaise, ils croupissaient dans la misère et s'exilaient vers des contrées lointaines comme Hawaii si l'occasion se présentait. Une seule goutte de sang eta pouvait contaminer une famille entière, jusqu'aux cousins les plus éloignés, et cette idée fit frissonner Kamejiro.

Sa mère égrenait ses lamentations.

— Je pourrais reconnaître une fille d'Okinawa, mais une Eta, c'est une autre affaire ! Elles sont malignes : elles pactisent avec le diable et ont recours à mille ruses pour se dissimuler. Elles ont des noms d'emprunt, elles ont toutes sortes d'activités différentes. Certaines d'entre elles se sont sûrement infiltrées à Hawaii, mais comment le savoir, Kamejiro ? Que deviendrais-tu si jamais on apprenait à Hiroshima-ken que tu as été abusé par une Eta ?

A cette évocation, la mère et le fils restèrent un moment pétrifiés d'horreur, puis la mère enchaîna :

— Je crois que, le temps venu, le mieux serait que tu épouses une fille d'ici. Les filles de la ville sont superficielles. Elles veulent toujours se faire prendre en photo et sont dépensières. J'en connais beaucoup d'Hiroshima City, et, j'ai honte de le dire, bon nombre d'entre elles ne valent guère mieux qu'une vulgaire Yamaguchi-no-anta. Les filles de l'autre côté d'Hiroshima-ken ne sont pas toutes recommandables non plus. Ne te laisse pas séduire par une fille qui te raconte qu'elle est d'Hiroshima-gansu. Ça ne suffit pas.

« Et méfie-toi des entremetteurs également, Kamejiro. Si possible, évite les familles de la ville. En vérité, je te le dis, tu devrais épouser une fille du village. Je t'assure que nulle part ailleurs tu ne trouveras de meilleure épouse. Lorsque tu voudras te marier, va voir un écrivain public et fais-moi part de tes intentions. Je te trouverai une fille d'ici, solide et bien portante.

Elle se tut un instant pour ménager son effet.

— Comme Yoko-chan, par exemple.

Kamejiro dévisagea sa mère en silence, et elle finit placidement son bol de riz.

Lorsque l'heure vint de dire au revoir à ses parents, Kamejiro leur promit de ne rien faire qui pût les déshonorer, ni déshonorer le Japon. D'un ton bourru, son père lui enjoignit de ne jamais épouser une fille d'Okinawa, ni une Eta. Et sa mère lui rappela :

— Où que tu ailles, Kamejiro, n'oublie jamais que tu es un Japonais. Sois fier de ta race. Et reviens-nous avec honneur, ou ne reviens jamais.

En quittant son village, il aperçut près du temple la fille-fleur, Yoko-chan, et il eut envie de s'arracher à ses parents et de courir vers elle en lui criant :

— Yoko-chan ! Quand j'aurai gagné de l'argent, je te ferai venir auprès de moi !

Mais ses jambes torses refusèrent de le porter et même s'il avait pu courir, il n'aurait pu parler car, officiellement, ils ne se connaissaient pas. Il passa donc sans s'arrêter mais un étrange courant passa entre les deux jeunes gens et il comprit que, s'il écrivait à Yoko, elle répondrait et s'il lui demandait de le rejoindre, elle obéirait. Il partit donc sans un mot, mais le cœur singulièrement allégé.

La route le conduisit le long des côtes de la mer Intérieure. Les paysages sans cesse changeants de ce monde d'îles enchanté s'offraient au voyageur. Tantôt émeraude, azur ou ocre, elles lançaient au-dessus des eaux froides leurs bouquets de pins. Sur l'une d'elles, un portique vermillon s'élevait crânement, comme un oiseau divin accomplissant quelque rite millénaire. Sur d'autres, Kamejiro discerna les silhouettes de temples bouddhistes qui surplombaient la mer. Un véritable enchantement ! Le balancement harmonieux des épis mûrissants bercés par les brises chantait un hymne à la terre.

A chaque détour du chemin, Kamejiro découvrait une merveille nouvelle. Il parcourait la plus belle route du monde et la grâce de ce paysage habiterait toujours son esprit. Il s'arrêta pour admirer la magnificence de ces îles innombrables et se jura de revenir avant qu'il soit longtemps.

Lorsque le *Kyoto-Maru* jeta l'ancre à Honolulu, Kamejiro débarqua et déclara à l'interprète des services d'immigration qu'il désirait un permis de séjour de cinq ans. Il ne comprit pas, heureusement, la réflexion que marmonna l'officier à son assistant :

— Si seulement je pouvais croire que ces petits singes jaunes ne resteront que cinq ans !

Il y en avait d'autres à Hawaii, cependant, qui accueillaient les Japonais de grand cœur, car ce même jour, l'éditorialiste du *Mail* de Honolulu écrivait :

« *Nous devons chaudement féliciter Janders & Whipple d'avoir réussi à importer 1 850 solides paysans japonais pour travailler nos plantations de canne à sucre. Nous avons assisté au débarquement du* Kyoto-Maru *et nous avons pu voir défiler de belles et bonnes équipes de travailleurs. Tous les régisseurs qui ont déjà fait travailler des Japonais s'entendent à dire qu'ils sont bien supérieurs aux malheureux Chinois qu'ils sont appelés à remplacer. Ils sont obéissants, extrêmement propres, respectueux des lois, pas joueurs du tout et prêts à travailler vingt fois plus que les Chinois indolents. Les Japonais, contrairement aux Chinois, ne forment pas de petits groupes fermés et secrets, ils ne sont pas attirés par le commerce et les affaires et sont satisfaits de travailler aux champs. De plus, Janders & Whipple ont pris soin de choisir des ouvriers dans des communes rurales et nous n'avons pas à craindre l'influence désastreuse de certains éléments douteux venus des ruelles et des faubourgs de Tokyo. Quant à la loyauté de l'ouvrier japonais, elle est au-dessus de tout soupçon. Il est fidèle à ses maîtres, aime et respecte l'autorité et ne se révolte pas contre une correction méritée. Dans l'ensemble, nous sommes persuadés que Hawaii ne pourra que se féliciter à l'avenir d'avoir importé ces vaillants travailleurs. Ils remplaceront avantageusement les Chinois qui ne nous ont apporté que déboires et déceptions. »*

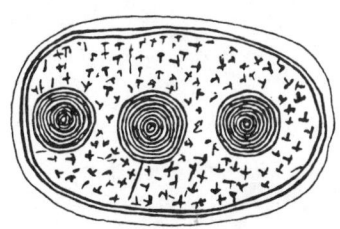

La plupart des ouvriers agricoles japonais qui débarquèrent à Honolulu en ce jour de septembre de 1902 furent expédiés vers les plantations d'Oahu, la principale île de l'archipel et furent atterrés par l'aridité du sol. Ils n'avaient jamais vu de cactus mais leur bon instinct paysan leur disait que ces plantes n'annonçaient pas une terre fertile et la poussière rougeâtre les déprimait. Ils comprenaient que l'eau faisait tristement défaut et se montraient amèrement déçus.

Mais Kamejiro Sakagawa n'éprouvait aucune désillusion car il faisait partie d'un contingent destiné à une autre région et, en y arrivant, il vit que cette terre était parmi les plus belles du globe. Elle ne le cédait en rien aux paysages gracieux de son pays. Pour atteindre ce véritable paradis, il n'avait pas eu à marcher à travers les routes et les champs rocailleux d'Oahu. Le petit bateau des lépreux l'avait amené, après une nuit de mal de mer, aux rives de Kauai. Sur la jetée, un grand homme mince au visage balafré les attendait avec impatience, dressé sur son cheval, et donnait des ordres d'une voix coupante. Un petit Japonais trottinait à côté de lui et quand tous les nouveaux venus furent descendus à terre, cet interprète leur dit :

— Le monsieur à cheval s'appelle Whip Hoxworth. Si vous travaillez bien, il se montrera bon. Sinon, il vous donnera des coups sur la tête. Alors tâchez de bien travailler.

Pendant ce discours, Whip fendait la foule et fit tourner son cheval au milieu des hommes. Puis il se pencha et, du bout de sa cravache, leva le menton de Kamejiro.

— Tu as compris, toi ? demanda-t-il.

— *Ano hito ga yutta koto wakari mashita ka ?* traduisit l'interprète.

Kamejiro inclina le front. Whip écarta la cravache, se pencha encore et tapota l'épaule du jeune homme. Puis il poussa son cheval et prit la tête de la colonne en criant :

— En avant !

Il les conduisit à l'extrémité du quai, où attendaient quelques chariots à plate-forme. Les nouveaux venus y grimpèrent et la procession s'ébranla, en direction de Hanakai, sur la côte orientale de l'île.

Les hommes contemplèrent bientôt les paysages les plus grandioses d'Hawaii car l'île sur laquelle ils allaient travailler était de loin la plus belle. Sur leur gauche des pics déchiquetés se dressaient dans le ciel tandis qu'à leur droite la côte majestueuse se découpait en criques profondes, bordées d'écume blanche et de rochers luisants et sombres. A chaque tournant de la route, une nouvelle merveille se présentait. Mais ce qui frappa le plus Kamejiro, ce fut la terre grasse et rouge, ferrugineuse et riche, la fameuse terre rouge de Kauai. Parfois, une brèche dans une colline verdoyante ressemblait à une blessure sanglante, ou bien un champ labouré rougeoyait comme un feu couvant. Dans d'autres endroits la lave amalgamée donnait à la terre une teinte cramoisie.

Une extraordinaire diversité d'arbres y poussaient depuis les élégants palmiers du littoral jusqu'aux pandanus enchevêtrés des coteaux, et les banyans aux mille racines aériennes, les *hau* et les *kou*, essences des îles, les pruniers sauvages importés du Japon, et enfin les casuarinas, appelés aussi bois de fer, particuliers à Kauai, un arbre étrange, une espèce de conifère gris-vert et soyeux, à l'aspect frêle mais résistant vaillamment aux puissants alizés qui chassaient vers les terres l'air marin, et détruisaient les plantations. Les casuarinas, serrés tout au long des côtes protégeaient efficacement les cultures. Le vent de mer pouvait hurler dans ses branches ; ses aiguilles fines retenaient le sel et tous ceux qui vivaient à l'ombre du casuarina se sentaient en sécurité.

Comme les Japonais roulaient à travers cette campagne luxuriante, un violent orage se leva soudain, déversa des trombes d'eau sur les champs et coucha les buissons du bord de la route. Mais Whip Hoxworth, maîtrisant son cheval nerveux, cria à son interprète :

— Ishii-san, dis aux hommes qu'à Kauai personne ne fuit l'orage !

Le petit interprète malingre courut d'un chariot à l'autre en répétant d'une voix aiguë :

— Sur cette île, il pleut ainsi dix fois par jour. Le soleil va bientôt reparaître. Nous n'y faisons jamais attention.

Et, comme il l'avait prédit, le soleil écarta bientôt les nuages, qui coururent bouder dans une lointaine vallée ; un arc-en-ciel enjamba le chemin à l'horizon.

La colonne d'ouvriers approchait de la vallée de Hanakai, la vallée de la Mer. Soudain, à droite de la route, déboucha une longue allée spectaculaire, bordée de vingt paires de palmiers royaux majestueux, que Whip avait fait venir de Madagascar et qui montaient la garde comme de gigantesques sentinelles. Les chariots s'engagèrent sous leur ombre dense et les ouvriers sentirent confusément qu'ils atteignaient un endroit extraordinaire. Les palmiers furent bientôt remplacés par autant de pins de Norfolk et puis le chemin aboutit à un jardin de paradis, éclatant de fleurs multicolores.

Une rangée de crotons que Whip avait importés de Guadalcanal s'étirait à l'est et au nord. Ces arbustes étincelants, dont le feuillage changeant, tantôt vert intense, rouge profond ou irisé de reflets d'or était une source constante d'émerveillement, avaient de loin sa préférence. Sur la droite courait une haie d'hibiscus, qui s'épanouissait en fleurs somptueuses, éphémères et éclatantes. Whip avait un

448

faible pour l'hibiscus jaune safran dont les corolles immenses rivalisaient avec l'astre solaire.

Le chemin tourna brusquement, débouchant sur une grande étendue herbeuse. Selon la coutume hawaiienne, aucune allée ne traversait l'immense pelouse et les invités y faisaient rouler leurs voitures à leur gré, car l'herbe drue n'en souffrait pas. Les pluies quotidiennes et le soleil redressaient le gazon du jour au lendemain. Deux arbres seulement croissaient sur cette pelouse, un tulipier d'Afrique sur la droite, aux feuilles d'un vert sombre servant d'écrin aux fleurs écarlates, et sur la gauche, un des arbres les plus étranges de la nature, l'arbre d'or que Whip avait rapporté d'Amérique du Sud. Chaque année, il produisait des milliers de fleurs d'un jaune vif et comme il s'élevait à plus de quinze mètres il offrait un spectacle étonnant.

La maison, longue et basse, avait été construite en Chine, puis démontée et expédiée à Hanakai par un des cargos de la H & H. Sur sa façade sud, huit hautes colonnes grecques supportaient une terrasse d'où la vue était grandiose. Une pelouse verte descendait en pente douce jusqu'à l'extrémité de la falaise abrupte qui surplombait la mer de cent mètres. Les jours de tempête, l'océan venait s'écraser contre la falaise et lançait vers le ciel des gerbes d'écume éblouissante. Mais la demeure ne craignait rien car, à l'est et au nord, d'où soufflaient les vents, des rangées d'arbres la protégeaient. La vie même de Hanakai dépendait de ces arbres car c'étaient des casuarinas qui filtraient le sel et brisaient les reins de la tempête. Ils étaient les gardiens silencieux et solides des jardins et si l'arbre d'or était la merveille de cette région de Kauai, c'était uniquement parce que les casuarinas luttaient pour sa sauvegarde.

Whip Hoxworth s'arrêta un instant pour savourer la beauté de son paysage préféré. La propriété lui avait été donnée par son grand-père, le capitaine Rafer Hoxworth qui l'avait reçue de sa femme, l'Alii Nui Noelani, et c'était là que Whip le turbulent avait apporté les trésors glanés aux quatre coins du monde. Les meilleures mangues de Hawaii mûrissaient à Hanakai, les plus éclatants hibiscus y poussaient, les meilleurs chevaux y caracolaient. Whip laissa errer un regard affectueux sur la terre rouge et les arbres verts, tendit l'oreille au mugissement de l'océan et soupira à part lui : « Heureux Japonais, qui ont la chance de venir travailler ici ! »

Kamejiro et ses compagnons n'accompagnèrent pas Whip jusqu'à la maison, bien entendu. L'interprète, Mr Ishii, les conduisit par-derrière, vers la haie de casuarinas, à huit cents mètres des bâtiments principaux, où se dressait une longue construction basse qui ne comportait qu'une pièce unique, avec trois portes, quelques fenêtres, une demi-douzaine de tables et des lits de camp avachis. Au dehors, il y avait deux cabinets en planches incroyablement sales et un puits, pas d'arbres, pas de buissons fleuris mais quelques pruniers sauvages fournissant du bois de chauffage et, à perte de vue, la jungle des champs de canne. C'était le Camp Ishii, du nom du petit interprète qui le dirigeait.

Dans ce camp-là, il n'y avait pas de femmes, pas de loisirs organisés, pas de médecin, pas de lieu de culte. Mais le riz ne manquait pas, car Whip tenait à ce que ses hommes fussent bien nourris et, dans chaque camp (il y en avait sept sur la plantation) un homme était promu au rang de pêcheur et le produit de sa pêche sur les récifs poissonneux de Kauai améliorait l'ordinaire. Whip Hoxworth entendait que les ouvriers qu'il faisait venir travaillassent cinq ou dix ans pour lui, en mettant leurs gains de côté, puis s'en retournassent au Japon. Par conséquent, les femmes étaient inutiles, et les médecins aussi, car il n'embauchait que les plus solides des hommes.

A Hanakai, les ouvriers agricoles se levaient à quatre heures du matin, prenaient un petit déjeuner chaud, marchaient jusqu'aux champs et y travaillaient de six heures du matin à six heures du soir. Ils touchaient pour cela soixante-sept cents par jour, logés et nourris. Mais pendant la période de la moisson, ils travaillaient dix-neuf heures par jour, au même tarif.

Le premier jour de travail Kamejiro Sakagawa revint des champs, en sueur, et chercha où il pourrait prendre un bon bain car, comme tous les Japonais, il avait des habitudes de propreté, mais il fut atterré de voir que rien n'avait été prévu. On pouvait naturellement tirer de l'eau du puits mais comment se baigner convenablement à l'eau froide ? Il dut s'en contenter cependant, en protestant, et fit écho aux doléances de ses compagnons qui rappelaient tristement les bons bains brûlants de Hiroshima. Avant de se coucher, il alla trouver Ishii-san et lui déclara qu'il avait l'intention de construire une cabane de bains chauds pour le camp.

— Il n'y a pas de bois, répliqua Ishii-san, qui avait à cœur de protéger les intérêts de son maître.

— J'ai vu des vieilles planches qui pourrissaient le long du champ de canne.

— Tu peux les prendre, mais il n'y a pas de clous.

— J'en ai vu là où on a réparé les canaux d'irrigation.

— Ils sont rouillés ?

— Oui.

— Alors tu peux les avoir.

Le surlendemain de son arrivée à Hawaii, Kamejiro entreprit de construire sa cabane de bains. C'était un travail difficile car il n'avait ni les outils ni les matériaux nécessaires. Il lui manquait surtout une plaque de tôle galvanisée pour le fond, où l'on ferait le feu. En désespoir de cause, il s'adressa encore une fois à Ishii-san, qui désapprouvait cette initiative, et le pria instamment de parler à Mr Hoxworth — Hoxuwurtu, comme disaient les Japonais — qui prit fort mal cette requête.

— Pourquoi faire, cette tôle galvanisée ? grommela le maître de la plantation.

— Pour prendre des bains.

— Prenez des douches froides. Comme moi.

— Non.

Hoxworth se tourna sur sa selle et dévisagea ce petit homme trapu aux bras ballants qui lui tenait tête.

— Ne me parle pas sur ce ton ! cria-t-il.

— Nous voulons être propres !

— Vous devez travailler !

— Oui, mais après, nous voulons nous laver, insista Kamejiro d'un air buté.

Furieux Hoxworth sauta à terre et jeta ses rênes à un domestique. Il marcha sur Kamejiro et voulut le saisir aux épaules, mais ce faisant il remarqua la puissante musculature de ce petit ouvrier entêté et comprit que Kamejiro n'avait pas l'intention de se laisser malmener. Les deux hommes s'observèrent un moment, sous l'œil inquiet des autres Japonais. Le calme de Kamejiro étonna Hoxworth et lui inspira un certain respect. L'instant de tension passa. Whip se tourna vers son interprète.

— Que veut-il au juste ?

— Il est en train de construire une cabane de bains pour le camp.

— C'est ça que je ne comprends pas.

— Les Japonais ne peuvent vivre sans se baigner tous les jours, expliqua Kamejiro.

— Il y a l'eau du puits.

— Nous avons l'habitude des bains chauds.

Les deux hommes se dévisagèrent longuement et puis Whip Hoxworth partit d'un grand éclat de rire, cligna de l'œil et donna une bourrade joviale au petit Japonais en promettant :

— Tu l'auras, ta tôle galvanisée.

Quand le bain fut construit, avec une baignoire carrée d'un mètre de profondeur, posée sur pilotis, Kamejiro aménagea une canalisation de bambou pour amener l'eau. Sous la tôle galvanisée il fit un feu de branches de prunier sauvage et, quand l'eau fut presque bouillante, il frappa des coups sur la tôle pour appeler les hommes. Chaque ouvrier se déshabillait, accrochait ses vêtements à une perche plantée de clous à cet effet et avait droit à une casserole d'eau chaude pour se laver et se rincer hors du bain. Puis il escaladait les trois marches de bois et se plongeait avec délices dans l'eau chaude où il restait quatre minutes. Pendant ce temps, un second ouvrier se lavait et prenait la place du premier. Kamejiro veillait sur le feu et rajoutait de l'eau au fur et à mesure des besoins.

Les dix premiers à profiter de la baignoire payaient un penny chacun et tiraient à la courte paille qui serait le premier. Les suivants payaient un demi-penny. Lorsque tout le monde s'était baigné et qu'il avait soigneusement rangé sa recette, Kamejiro rajoutait du bois au feu, car il aimait son bain bouillant, et s'y trempait voluptueusement après s'être soigneusement lavé à l'extérieur. La chaleur le délassait et lui faisait oublier sa lointaine Hiroshima et les tracas de la journée. A l'est, les casuarinas écartaient la tempête et dans le bain chaud tout allait le mieux du monde.

Quand il regagnait sa couchette, il s'inclinait invariablement avec un profond respect devant un portrait de l'empereur du Japon, dans un cadre noir. Il était sûr que l'empereur connaissait tout de son existence et s'inquiétait avec compassion si la journée avait été mauvaise. Tous les soirs, avant de s'endormir, Kamejiro faisait son examen de conscience, en espérant que l'empereur approuverait sa conduite.

Pour ramasser le bois du bain, Kamejiro se levait tous les matins à trois heures et demie et travaillait encore pendant que les autres prenaient leur petit déjeuner. Une fois le bois coupé et rangé, il emportait deux boulettes de riz et un peu de poisson séché, et mangeait en courant vers les champs. A six heures, sa journée de travail finie, il se hâtait de préparer le feu et ne dînait pas avant que le dernier bain eût été pris. Ainsi, petit à petit, il mettait de côté l'argent qui allait lui être nécessaire pour une importante mesure qu'il prendrait treize ans plus tard, en 1915.

Il était bien difficile d'accumuler de l'argent, même lorsque l'on travaillait aussi dur que Kamejiro. En 1904, par exemple, la guerre russo-japonaise engloutit toutes les économies des ouvriers japonais. Ils eurent tous à cœur de participer à la défense de leur pays. La divine parole de l'empereur avait trouvé un écho jusque dans la lointaine Kauai où, devant la colonie assemblée, Ishii-san avait lu l'ordonnance impériale d'une voix timide : « Nous désirons du fond du cœur maintenir la paix à l'Est, et avons à cet effet mandaté Notre gouvernement pour négocier avec la Russie, mais Nous sommes à présent dans l'obligation de conclure que celle-ci n'a aucune intention pacifique. C'est pourquoi Nous avons ordonné à Notre gouvernement de rompre les relations avec la Russie : Nous avons décidé de prendre toutes les mesures nécessaires au maintien de Notre indépendance. »

— Qu'est-ce que cela signifie ? demanda Kamejiro.

— La guerre, répondit un homme plus âgé.

Ishii-san s'était enhardi et c'est d'une voix redoutable qu'il transmit à ses fidèles sujets le message de l'empereur : « Nous comptons sur votre loyauté et votre courage pour faire triompher Notre cause et préserver l'intégrité de Notre empire. »

— Le Japon sera victorieux ! crièrent les ouvriers, parmi lesquels se trouvaient d'anciens soldats.

Ishii-san attendit que l'exaltation se calmât un peu, puis annonça :

— Vendredi, un émissaire dépêché personnellement par l'empereur viendra à Hanakai collecter des fonds pour l'armée. Nous allons montrer au monde entier de quel bois sont faits les Japonais ! Après une légère hésitation, il ajouta : — Je donne onze dollars.

Un frémissement parcourut la foule lorsqu'elle comprit le sacrifice que cela représentait pour lui. Quelqu'un proclama :

— Je donne dix-neuf dollars.

Les ouvriers applaudirent, certains augmentèrent la mise et Kamejiro, gagné par la ferveur patriotique, imaginant le pays de ses ancêtres sous la botte de l'envahisseur, se dit que ses économies pesaient bien peu dans la balance. Au comble de l'émotion, il se dressa, et déclara d'une voix de stentor :

— Je donne tout mon argent des bains chauds. Soixante-dix-sept dollars.

Une clameur enthousiaste s'éleva de la foule.

— Suivons tous l'exemple héroïque de Kamejiro, déclara un prêtre bouddhiste.

— Nous allons prêter allégeance à notre empereur, hurla Ishii-san de sa voix haut perchée.

Il y eut des pleurs, des chants et des serments. D'instinct les ouvriers se mirent à défiler d'une allure martiale devant le prêtre bouddhiste, le saluant de *Banzaï ! Banzaï !* comme ils l'eussent fait devant l'auguste personne de l'empereur.

Une fois la ferveur calmée, et l'émissaire impérial reparti avec l'argent, le camp sombra dans l'inquiétude. Les nouvelles parvenaient difficilement à Kauai et la rumeur courut que les Russes avaient débarqué sur l'île de Kyushu.

— Nous devrions peut-être rentrer au Japon, souffla un soir Kamejiro à Ishii-san.

— Non, répondit gravement Ishii-san. En fait, ce n'est qu'une rumeur.

— Mais le Japon est en danger !

— Attendons de plus amples nouvelles, insista Ishii-san.

Et comme il savait lire et écrire, on l'écouta, mais l'année 1904 se termina dans l'angoisse.

Au mois de janvier 1905, on apprit à Kauai la chute de Port-Arthur. Cette défaite des Russes fut une explosion de joie fêtée dans Hanakai par une retraite aux flambeaux. L'émotion n'était pas encore calmée qu'une victoire japonaise plus éclatante encore était annoncée, celle de Moukden, suivie de la bataille du détroit de Tsushima. Une flotte russe de trente-huit bâtiments avait attaqué la flotte japonaise de l'amiral Togo. Dix-neuf navires russes avaient été coulés immédiatement, cinq capturés et, des quatorze restants, trois seulement avaient pu regagner la Russie. Plus de dix mille hommes avaient péri et six mille étaient prisonniers. De leur côté, les Japonais n'avaient perdu que trois petits torpilleurs et moins de sept cents hommes. En apprenant la nouvelle, Kamejiro éclata en sanglots et dit à son ami Ishii-san :

— Il me semble que mon argent des bains a contribué à couler les bateaux russes !

— C'est certain, assura Ishii-san. Parce que cet argent représentait l'esprit indomptable du Japon. Vois donc ces pauvres Américains. Leur président leur parle et ils n'écoutent pas. Tandis que nous, lorsque notre empereur s'adresse à nous, nous l'entendons, même si nous sommes à l'autre bout du monde.

Kamejiro resta songeur un instant.

— Dis-moi, Ishii-san, est-ce que tu te sens fier ?

— J'ai l'impression que mon cœur est un ballon qui m'emporte dans les airs.

— Et moi, je sens des fusils crépiter dans mon cœur, dit Kamejiro. Ce sont ceux de l'amiral Togo. — Ses yeux s'emplirent de larmes. — Si nous récitions une prière en l'honneur de ce grand guerrier ?

— Il y a les prêtres pour ça.

— Mais si nous nous tournions vers le Japon, ça ne ferait pas l'affaire ?

— Peut-être.

Les deux travailleurs s'agenouillèrent sur la terre rouge de Kauai, en pensant à Hiroshima avec ses rizières ondoyantes sous les brises marines et les portiques flamboyants des temples surplombant la mer du Japon, et prièrent avec ferveur pour la victoire de leur patrie.

Cependant, l'argent des bains continuait de rentrer et, au moment où la victoire du Japon sur la Russie fut complète, Kamejiro avait encore pu économiser trente-huit dollars. Ses compagnons ne l'ignoraient pas, aussi, lorsqu'on décida à Honolulu de donner une fête de la Victoire, et que la colonie japonaise demanda que l'île de Kauai déléguât deux hommes pour prendre part au défilé en uniforme japonais, tout le monde fut d'accord pour envoyer Kamejiro, parce qu'il avait les moyens de payer son voyage. Le second était un jeune garçon nommé Hashimoto, qui possédait aussi quelques économies. Vers la fin du mois de mai, les deux ouvriers prirent le *Kilauea* pour Honolulu.

Le comité des fêtes japonais les accueillit et leur procura de magnifiques uniformes d'officiers japonais que les femmes immigrées avaient confectionnés d'après des illustrations de journaux. Kamejiro se trouva promu au rang de colonel. Il représentait le célèbre colonel

Ito qui s'était couvert de gloire et avait trouvé une mort héroïque au siège de Port-Arthur. Ce fut avec un cœur éclatant de fierté que le colonel Sakagawa défila fièrement par les rues de Honolulu, le 2 juin 1905, à la tête de milliers de Japonais, entre des haies d'admirateurs délirants.

Après le défilé, une fête fut donnée dans le parc d'Aala, avec des exhibitions de lutte japonaise et de judo et des danses exécutées par un groupe de geishas d'une maison de thé. La vue de ces ravissantes Japonaises aux cheveux parfumés rappela à Kamejiro la belle Yoko. Pour la première fois depuis trois ans, il sentit battre son cœur, et fut pris d'une nostalgie atroce, non seulement pour la femme mais aussi pour les terres qu'il avait tant aimées. Il erra tristement parmi la foule, en cherchant à se rapprocher des femmes japonaises, non pour les aborder, mais simplement pour sentir leur présence.

— Je me sens tellement seul, marmonnait-il pour lui-même en s'approchant d'une femme qui devait avoir au moins vingt ans de plus que lui.

Elle se déplaçait en ayant l'air de ne pas toucher le sol, à la façon des Japonaises, dans un bruissement d'étoffe qui lui apparut comme le son le plus harmonieux qu'il eût jamais entendu. Il avança instinctivement la main et lui prit le bras. Elle s'arrêta, lui fit lâcher prise et le regarda d'un air ébahi :

— Soyez digne de l'uniforme que vous portez, jeune homme, grommela-t-elle.

Mort de honte, il s'esquiva dans la foule et retrouva son compagnon, Hashimoto, qui lui déclara sans ambages :

— Ces geishas me rendent fou. Mettons-nous en quête d'une maison de thé.

Un étranger qui avait surpris leur conversation leur indiqua les lieux de plaisir d'Iwilei, mais ceux-ci étaient déjà pris d'assaut par des clients plus fortunés.

— Je suis capable de sauter sur la première venue, dit Hashimoto.

— Ne fais pas ça, l'admonesta Kamejiro, encore sous le coup de sa déconvenue.

— Va au diable ! Je veux une femme ! hurla l'autre en dévalant les rues d'Iwilei.

Kamejiro, gêné d'apparaître en un tel lieu sous l'uniforme du héros de Port-Arthur, s'enfuit et revint s'asseoir dans le parc d'Aala où il contempla les danseurs des heures durant. Cette fois-ci, il prit garde de ne pas approcher les femmes et un moment plus tard, un vieux Japonais qui avait quelque peu abusé du saké s'approcha de lui.

— Bravo, colonel ! Quelle belle victoire ! Vous avez remarqué ? Pas un fichu Chinois n'a eu le courage de se montrer pendant le défilé. Écoutez ce que je vous dis, colonel : en 1895, nous avons battu les Chinois. En 1905, nous venons de battre les Russes. Les deux nations les plus puissantes du monde. A qui le tour ? L'Angleterre ? L'Allemagne ?

— Le monde entier peut être fier du Japon, approuva Kamejiro.

— Ce qui compte le plus, colonel, poursuivit l'ivrogne, c'est que maintenant, à Hawaii, les gens vont nous respecter. Les Allemands, les Norvégiens qui nous méprisaient jusqu'ici. Je vais vous donner du saké, colonel, mais promettez-moi que la prochaine fois qu'un de ces bâtards d'Européens vous frappera, vous le tuerez. Nous sommes un grand peuple, nom d'un chien !

Cependant, Kamejiro était heureux et fier de la réussite de la fête, bien qu'il y eût englouti ses économies et que la vue des geishas lui eût rappelé sa solitude. La célébration avait bien été digne de la victoire du Japon. Elle eut pourtant une conséquence désastreuse que personne n'aurait pu prévoir, et qui devait agiter bien des esprits.

Le compagnon de Kamejiro, Hashimoto, après avoir vainement tenté d'entrer dans les lieux de plaisir ou les maisons accueillantes d'Iwilei, le quartier réservé de Honolulu, avait été roué de coups par un groupe d'Allemands éméchés et abandonné dans le ruisseau. Un petit maquereau hawaiien l'avait ramassé et ramené chez sa sœur qui l'avait pansé, consolé, dorloté, tant et si bien que lorsque Hashimoto s'embarqua sur le bateau de Kauai, il traînait la fille derrière lui. Et, au grand scandale des Japonais, il annonça nettement qu'il entendait l'épouser. Kamejiro, qui n'avait pas quitté son uniforme et qui se sentait plus patriote que jamais, tenta de le raisonner.

— Tu ne peux pas faire ça ! Tu seras la honte du Japon !

— Il est probable que je ne retournerai jamais au Japon, répliqua Hashimoto.

Derechef, comme un vrai colonel, Kamejiro le frappa en plein visage.

— Comment oses-tu dire cela ? Le Japon est ta patrie !

Hashimoto, désarçonné par le comportement inattendu du « colonel » Sakagawa, reconnut cependant qu'il avait mérité la réprimande.

— J'en ai assez de vivre sans femme, maugréa-t-il.

La discussion prit dès lors un tour moins militaire, et Kamejiro lui parla en ami.

— Écoute, Hashimoto. Ce n'était déjà pas bien d'aller dans ces maisons de plaisir, mais en revenir avec une fille et vouloir l'épouser, ça dépasse les bornes !

— Ce n'est pas une prostituée. Elle est d'une famille d'honnêtes travailleurs.

— Mais ce n'est pas une Japonaise !

Hashimoto, bien décidé à prendre femme envers et contre tout, ne voulut rien entendre et toute argumentation fut vaine. Mais il avait sous-estimé le pouvoir et l'influence de la communauté japonaise de Kauai. Les anciens, qui avaient appris à se passer de femme, le sermonnèrent à tour de rôle.

— Tu as déshonoré le nom de Japon, dit l'un.

— N'as-tu donc aucune fierté ? renchérit un autre.

— Tu jettes le discrédit sur nous tous, plaidèrent ses amis.

Mais Hashimoto s'entêta dans son funeste projet.

— Je vivrai avec ma femme, comme un homme se doit de le faire, fit-il d'un air buté.

— Dans ce cas tu seras exclu pour toujours de la communauté japonaise, dit un vieil homme sévère qui avait toujours vécu seul. Ce fut lui qui proféra la sentence, au nom de tous les sujets de l'empereur : sois donc banni, toi qui as souillé l'honneur sacré de ta patrie par ta conduite scandaleuse. Disparais hors de notre vue.

Hashimoto, abasourdi par la rigueur de cet ostracisme, se défendit faiblement.

— Mais un homme ne peut vivre seul, il a besoin d'une femme.

— Tu es un Japonais, n'oublie jamais ça. Tu n'a pas le droit d'épouser n'importe qui, comme ces Chinois sans honneur ! lança un fougueux jeune homme.

— Qu'est-ce que ça signifie ? hurla Hashimoto. Que je vais vivre seul le restant de mes jours ?

— Fais comme nous. Soulage-toi avec les filles une fois par mois.

En effet, les jours de paie, les planteurs faisaient venir des prostituées qui allaient de camp en camp selon les horaires des travailleurs.

— Mais un homme se lasse vite des prostituées, protesta Hashimoto.

— Alors, passe-t'en, fit un autre d'un ton cassant. Fais comme Akagi-san. Depuis combien de temps vis-tu sans femme, Akagi-san ?

— Dix-neuf ans, répondit le vétéran des champs de canne.

— Et toi, Yamasaki-san ?

— Dix-sept, répliqua un ouvrier d'Hiroshima, tout ridé par le soleil.

— Voilà des Japonais dignes de ce nom ! Tu es la honte de notre communauté, Hashimoto. Va-t'en !

Alors Hashimoto dut quitter le camp d'Ishii. Il se réfugia avec sa femme à Kapaa et pas un Japonais ne lui adressa la parole. Il ne put jamais plus entrer dans les temples japonais, ni jouer à des jeux japonais, ni écouter les conteurs qui venaient parfois de Tokyo avec des récits héroïques... Hashimoto était devenu la honte du Japon, l'exemple à ne pas suivre, le réprouvé.

Et s'il arrivait qu'un jeune homme se sentît attiré par une Chinoise ou une Hawaiienne, il n'était nul besoin de lui rappeler à haute voix l'histoire de Hashimoto car elle était restée gravée au fer rouge dans la mémoire de chacun comme le sacrilège suprême.

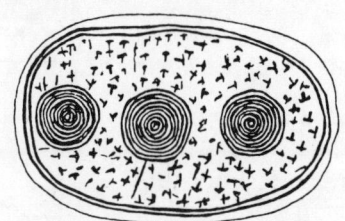

Les années qui suivirent l'annexion de Hawaii par les États-Unis ne furent pas tendres pour Whip Hoxworth. Dans les affaires, les membres les plus pondérés de la firme Hoxworth et Hale l'avaient empêché d'occuper une situation élevée et d'assumer des responsabilités au sein de la compagnie, si bien que ses terres à sucre irriguées par les puits artésiens eurent beau prospérer et faire de lui un multimillionnaire, on lui refusait pour des raisons de moralité la direction de la H & H à laquelle ses multiples talents lui donnaient droit. Il s'était donc retiré à Kauai.

Avec une énergie indomptable, il avait importé des centaines d'ouvriers agricoles japonais, avait bâti des canaux d'irrigation, défriché des terres et appris à faire pousser la canne selon les méthodes les plus modernes. Il avait construit son propre moulin, fabriqué son sucre et empli les gros cargos trapus de la H & H avec sa production.

Avec la même énergie, il avait érigé sa maison de Hanakai et veillé personnellement à la plantation des jardins. La demeure, perchée au bord d'un précipice au fond duquel grondait l'océan, était magnifique mais le bonheur ne s'y épanouissait pas car, peu de temps après qu'il s'y fut installé avec sa troisième femme, la beauté sino-hawaiienne

Ching, qui était enceinte à l'époque, elle l'avait surpris à s'amuser avec les filles faciles de Kapaa. Sans faire de scène, Ching s'était simplement fait conduire à Lihue, la capitale de l'île, où elle avait pris le premier bateau pour Honolulu. Elle divorça mais obtint la garde de la fille de Whip, Iliki, et de son enfant à naître, qui fut un garçon appelé John. Il y avait à présent à Honolulu deux Mrs Whipple Hoxworth, ce qui ne manquait pas de causer une certaine gêne dans les milieux les plus conventionnels de la communauté. La première épouse, Iliki Janders Hoxworth, appartenait aux cercles missionnaires et la seconde, Ching, vivait dans le quartier chinois. Les deux femmes ne se rencontraient jamais, mais Hoxworth Hale leur avait attribué une généreuse pension mensuelle. Cependant, ces sommes élevées l'étaient bien moins que celles que recevait régulièrement la seconde femme de Whip, la bouillante Espagnole Aloma Duarte Hoxworth, dont le nom apparaissait souvent dans les rubriques mondaines de Londres ou de New York.

En ce début du xxᵉ siècle, Whip le turbulent vivait seul à Hanakai, assez tristement. Il passait parfois plusieurs jours de suite dans les maisons closes de Kapaa, les plus sordides, à se vautrer dans la luxure. Puis il se ressaisissait, et organisait les extraordinaires manifestations sportives qui faisaient une des renommées de Kauai. Il avait une belle écurie de demi-sang et un hippodrome où il les faisait courir, et où les joueurs chinois et hawaiiens perdaient parfois les économies d'un an en un seul jour. Une partie de la méfiance de Whip à l'égard des Japonais venait de ce qu'ils ne jouaient pas aux courses, car il prétendait qu'un homme qui ne sait pas s'enthousiasmer pour les courses de chevaux n'est pas un homme. Mais si on lui faisait observer que les Japonais travaillaient mieux et plus que quiconque, et que c'étaient eux qui permettaient à Whip d'avoir les plantations les plus prospères, il le reconnaissait volontiers, tout en ajoutant que s'il respectait les Japonais pour leur ardeur au travail, il réservait ses affections aux hommes qui aimaient les chevaux.

Le clou de la saison était toujours le tournoi de polo. Whip possédait trente-sept poneys remarquables et les parties avaient lieu dans un immense pré vert, au bord de la falaise. Parfois, un brusque orage suivi d'une éclaircie venait ajouter l'attraction inattendue d'un arc-en-ciel et le spectacle des cavaliers passant du soleil à l'ondée avait quelque chose de féerique. On venait de loin pour y assister.

Whip était excellent joueur et choisissait personnellement les équipiers. Lorsqu'il apercevait un jeune homme souple et bien bâti, il l'interpellait :

— Dites, jeune homme, avez-vous une bonne assiette ?

Si l'intéressé bredouillait lamentablement, il lui présentait courtoisement ses excuses, brisant là toute conversation. Si, en revanche, le jeune homme affirmait qu'il montait depuis l'âge de trois ans, il l'interrogeait longuement.

Les joueurs ainsi recrutés étaient généralement allemands ou norvégiens qui savaient que la condition *sine qua non* pour être reçu à Hanakai était de bien jouer au polo.

Lorsqu'il s'allouait les services d'un homme, Whip exigeait de lui qu'il portât des bottes de cavalier cirées à faire pâlir le soleil, des culottes de cheval d'un blanc immaculé, et ne frappât jamais un travailleur.

En réalité, peu d'Allemands et de Norvégiens étaient à l'origine de très bons joueurs, mais Whip leur donnait quotidiennement des leçons et, finalement, même les Japonais se sentirent fiers de leur patron et de son équipe.

Cependant l'enthousiasme n'était jamais si grand que lorsqu'une équipe d'Honolulu, dont les membres triés sur le volet avaient peaufiné leur style à Yale, débarquait à Kauai avec ses propres poneys et ses supporters. Tous les haole accouraient des plantations voisines, on dressait d'immenses lits de repos sur les pelouses et on installait des cuisines en plein air derrière les casuarinas. On dansait au son d'un orchestre et les femmes portaient d'élégantes toilettes de Paris ou de Canton. Les participants aux tournois restaient souvent une semaine à Hanakai et l'immense demeure résonnait de musique et de rires. Le champagne coulait à flots, les flirts se succédaient dans les bosquets et il arrivait que Whip réussît à entraîner l'épouse d'un invité dans une des chambres, si bien qu'il planait presque toujours au-dessus des tournois de polo de Hanakai un parfum de scandale.

Il y avait une autre ombre à ce tableau idyllique. En effet, si le terrain de polo et les magnifiques crotons ne subsistaient que parce qu'ils étaient abrités des tempêtes et du sel meurtrier par une bordure de casuarinas tutélaires, de même les haole ne survivaient que grâce aux opiniâtres petits Japonais qui croupissaient dans leurs huttes sans femmes et leur épargnaient la tâche de construire l'avenir.

Lorsque ces hommes d'Hawaii se retrouvaient à Yale pour des réunions d'anciens élèves, leurs condisciples honorablement établis à Philadelphie ou Boston leur demandaient invariablement ce qui pouvait bien retenir d'aussi brillants sujets à Hawaii. Et ils obtenaient invariablement la même réponse empreinte de nostalgie.

— Qui n'a pas vécu la saison de polo à Hawaii ne peut comprendre. L'océan qui gronde à vos pieds, les cieux balayés par les orages et les arcs-en-ciel, la terre rouge qui se craquelle sous les sabots des poneys, tout ceci, et quelque chose d'indéfinissable propre à Hanakai, fait d'Hawaii un véritable paradis sur terre.

La fête finie, les derniers visiteurs et joueurs de polo partis, les cuisines en plein air démontées, quand les petits jardiniers japonais réparaient les dégâts des pelouses et des jardins, Hanakai retrouvait le silence et la tristesse. Whip se retirait alors dans sa bibliothèque et s'enivrait. L'alcool ne le rendait jamais agressif, il fuyait simplement les maisons de plaisir de Kapaa et ne supportait même plus la vue de l'océan. Les paroles de son grand-père lui revenaient alors en mémoire : « Les filles sont comme des étoiles au firmament, mais un jour, tu vois apparaître la lune, ronde et pleine, parfaite. Et ce jour-là tout est différent. » Whip se dit qu'à quarante-cinq ans, il n'avait pas encore rencontré celle qu'il aimerait comme son grand-père avait aimé la princesse hawaiienne Noelani. Il avait connu des dizaines de femmes, mais aucune qui fût digne de son estime. Les plus jolies n'étaient pas très intelligentes, et les autres terriblement assommantes. Sans doute avait-il opté pour la meilleure solution : fréquenter les plus belles prostituées de Kapaa, ou avoir de temps en temps une aventure avec les femmes de ses amis, qui s'ennuyaient à périr dans leur vie conjugale. Parfois aussi s'amusait-il à circonvenir une femme d'ouvrier en quête de distraction. C'était une façon relativement agréable de tuer le temps, et somme toute moins onéreuse que se lancer inconsidérément dans le mariage.

Il arrivait que la clarté lunaire pénétrât le rideau de bambous qui abritait son refuge. Le disque pâle, comme un phare éclatant, inondait les pelouses d'un éclat argenté dans sa course majestueuse au-dessus du Pacifique. Whip, comme un enfant pris en faute, se dressait alors d'un bond et essayait d'échapper au rayon indiscret. Ou au contraire, il ouvrait les fenêtres à toute volée et se tenait debout dans le clair de lune, jusqu'à ce que l'astre resplendissant disparût derrière les dentelures des collines.

Les ouvriers hawaiiens percevaient ses états d'âme avec une acuité surprenante, et par petits groupes de deux ou trois, surgissaient avec leurs guitares et plaquaient quelques accords nostalgiques. Il les invitait alors à se rassembler autour de lui, prenait une guitare et égrenait une ancienne mélodie apprise dans son enfance. La nuit s'écoulait ainsi à chanter et à boire et l'âme hawaiienne s'épanchait librement. A l'aube, les hommes disparaissaient comme ils étaient venus, s'éparpillant subrepticement dans la nature.

Le moment de dépression passé, Whip retournait à ses plantations d'ananas. La culture de l'ananas était sa passion. Il était persuadé que ce fruit ferait un jour la fortune d'Hawaii et exposait ses théories à qui voulait l'entendre. Sur un plateau bien abrité au nord de l'île, il avait fait spécialement aménager un champ de la taille de deux courts de tennis pour l'implantation des ananas. Il croyait en effet que, si la canne poussait bien sur les basses terres, les ananas au contraire se plairaient en hauteur.

— Les deux espèces sont complémentaires, aimait-il à expliquer. La canne a besoin d'une tonne d'eau pour produire une livre de sucre. L'ananas n'a nul besoin d'être arrosé. Il s'épanouira donc à merveille sur les terres d'altitude où il est plus difficile d'irriguer. Pourquoi donc croyez-vous que j'ai choisi Kauai ? Il y a ici un équilibre naturel extraordinaire entre les terres basses humides et les hautes terres sèches. Je vous assure qu'avant de partir, j'aurai fait d'Hanakai la plantation la plus riche de l'île.

Cette idée l'enthousiasmait au plus haut point, mais il déchanta rapidement à la vue de ses champs expérimentaux où ne poussaient pas moins de dix-neuf espèces différentes, toutes stériles.

Il les faisait volontiers visiter : depuis le Pernambuco aux feuilles coupantes comme des lames de couteau jusqu'au Zebrina, de bel aspect mais dont le fruit était immangeable, en passant par le Bracteatus joliment coloré, aux fruits atrophiés. Certains plants ressemblaient à des queues de rat, d'autres à des fouets, certains portaient des épines acérées.

Les seules variétés dignes d'intérêt étaient le Guatemala et la Nouvelle Guinée, mais ils ne se développaient pas sous ce climat.

— Aucune espèce ne peut donc être exploitée commercialement ? demandèrent des agriculteurs.

— Pas pour l'instant.

— Faut-il renoncer à la culture de l'ananas ?

— Je ne dirais pas cela. L'espèce adéquate reste encore à découvrir. Peut-être la trouverai-je un jour...

Whip avait une idée derrière la tête. En 1896, à Rio de Janeiro, il avait goûté un ananas de Cayenne, juteux, doré et parfumé à souhait et avait immédiatement su que c'était celui-là qui conviendrait à Hawaii.

Il s'était rendu en Guyane française, croyant qu'il serait facile de se procurer cinq mille plants de cayennes auprès d'un agriculteur quelconque. Mais les Français gardaient jalousement leurs plants. Au port de Cayenne les bagages étaient minutieusement fouillés, et lorsqu'on sut que Whipple Hoxworth et sa femme Ching débarqueraient de Rio de Janeiro, l'administration française savait déjà à quoi s'en tenir sur son compte et il fut étroitement surveillé.

On lui fit goûter non sans quelque perfidie des fruits succulents, mais les plants étaient comme par hasard invisibles. Devait-il visiter une plantation, un incident technique l'en empêchait. Tentait-il de soudoyer quelque vulgaire employé, celui-ci se révélait être un espion à la solde des Français.

Il se vit donc contraint de repartir les mains vides. Avec obstination, une fois de retour, il tenta tous les croisements possibles, hélas sans résultat. Il fit venir des plants d'Australie, sans plus de succès. Hanté par son idée fixe, il envisagea même une expédition secrète en Guyane hollandaise, mais les géographes le dissuadèrent de s'aventurer dans cette jungle inextricable. Il essaya alors de corrompre des fonctionnaires français mais leurs supérieurs ne leur faisaient guère plus confiance qu'à Whipple Hoxworth et veillaient au grain si bien que, malgré les quelque vingt mille dollars de pots-de-vin qu'il engloutit en Guyane, il n'obtint pas le moindre plant d'ananas.

Jusqu'au jour où un Anglais efflanqué nommé Schilling se présenta à Hanakai, monté sur une maigre rosse, et déclara, après avoir réclamé un whisky :

— Je crois que je suis l'homme que vous cherchez.

— Je n'ai pas besoin de nouveau *luna* *, répondit Whip. D'ailleurs, vous ne me paraissez pas assez fort pour ce travail.

— Je n'ai pas du tout l'intention de travailler, rétorqua le visiteur. Je suis venu vous vendre quelque chose.

— Je ne vois pas de quoi je pourrais avoir besoin.

— Et moi je suis sûr que vous êtes prêt à payer très cher ce que j'ai à vous proposer, Mr Hoxworth.

— Par exemple ! Qu'est-ce donc ?

— Deux mille plants de cayennes.

Whip, qui servait un whisky, se figea. Il ne feignit pas une seconde l'indifférence, mais posa le carafon d'alcool, saisit le bras de l'Anglais et lui cria :

— Qu'est-ce que vous dites ?

— Des cayennes. Ça vous intéresse ?

— Vous en avez ? D'où les tenez-vous ?

— Avant de devenir sujet britannique, mon père était hollandais. Il connaît beaucoup de gens en Guyane.

— Et les plants ?

— Ils poussent déjà en serres chaudes, en Angleterre.

— C'est sûr ?

— Je vous ai apporté une photographie.

Il tira de son portefeuille une petite photo où on le voyait debout au milieu d'une serre, entouré de plants d'ananas, et Whip reconnut sans peine le fruit extraordinaire, en forme de tonneau, qu'on ne pouvait confondre avec un autre.

— Mr Schilling...

* Surveillant de plantation.

— Docteur Schilling, botaniste. Je veux bien vous vendre mes cayennes, Mr Hoxworth, mais je veux que vous me chargiez de leur culture à Hawaii.

— Marché conclu ! s'écria Whip Hoxworth sans même discuter des conditions. Je vais envoyer spécialement un cargo les chercher.

— Je suis botaniste, répondit simplement le docteur Schilling.

En attendant le retour de l'Anglais, Whip Hoxworth prépara fébrilement un terrain spécial pour les deux mille nouveaux plants et chercha qui, parmi ses ouvriers, serait assez travailleur, assez consciencieux et assez loyal pour s'en occuper. Il se rappela alors le petit Japonais trapu qui lui avait tenu tête en réclamant de la tôle galvanisée. « Voilà l'homme qu'il me faut, dit-il. Un gars qui n'a pas froid aux yeux. »

Et Kamejiro, fier de sa nouvelle responsabilité, s'attaqua à la terre rouge, laboura à longueur de journée, bêcha et retourna le sol ferrugineux, sans négliger pour cela ses bains chauds. En le voyant ainsi courir du matin au soir, Whip Hoxworth songea que celui-là faisait l'ouvrage de trois hommes, et il éleva son salaire à soixante-quinze cents par jour.

En contemplant la terre ferrugineuse qui rougeoyait dans le couchant, Whip soupirait d'aise, car il avait lu dans ses manuels que l'ananas avait par-dessus tout besoin de fer. Tous les trois mois, on retournait la terre pour la fertiliser avec du guano. On creusa des canaux pour évacuer les eaux de ruissellement superflues, et l'on protégea le champ des effluves salins grâce à une haie de pruniers sauvages et de casuarinas. Whip se préparait à recevoir ses plants d'ananas avec un soin quasi religieux. Lorsque le terrain fut prêt, il se planta au beau milieu du champ méticuleusement labouré et promit à Kamejiro que bientôt toutes les hautes terres seraient recouvertes d'ananas à perte de vue et qu'il serait l'homme le plus riche d'Hawaii.

La première récolte de cayennes surpassa les espoirs de Whip. Le docteur Schilling, qui était non seulement un excellent botaniste mais aussi un ivrogne invétéré, s'installa à Hanakai et, de la terrasse où il buvait son whisky à longueur de journée, dirigea les cultures des plants qui allaient révolutionner l'économie hawaiienne. Des premiers deux mille ananas arrachés aux plantations de la Guyane française, près de neuf cents atteignirent la maturité et stupéfièrent les habitants de l'archipel. Selon son habitude, Whip distribua les premiers fruits et conseilla à tout le monde de se consacrer à cette nouvelle culture.

— Ce n'est pas du jus qui coule de leur pulpe, disait-il. C'est de l'or !

En 1910, l'industrie de l'ananas à Hawaii était florissante. Mais en 1911, ce fut la catastrophe. Les champs que Whip Hoxworth avait préparés avec tant de soin cessèrent de nourrir les plants et les feuilles vertes se mirent à jaunir et à s'affaisser. Pris de panique, Whip ordonna à Schilling de se dégriser et de chercher la cause de cette maladie. Il dut prendre des mesures draconiennes et briser toutes les bouteilles de whisky de la maison avant de pouvoir faire comprendre l'étendue du désastre à l'ivrogne. Enfin, le docteur Schilling se ressaisit et alla voir les champs.

— Il me faut faire des analyses, annonça-t-il à son retour.

Whip lui fit aménager un laboratoire mais ne tarda pas à découvrir que le botaniste employait ses instruments à distiller un puissant alcool des ananas frais qu'il devait examiner. Fou de rage, le planteur commença par administrer à l'Anglais une correction mémorable, puis le plongea dans un bain glacé. D'autres avaient sans doute traité Schilling de cette façon, car il ne se fâcha pas.

— Bon Dieu, tempêta Hoxworth, vous m'avez apporté ces plants et vous allez me dire ce qu'ils ont maintenant !

Il rhabilla lui-même le maigre savant, le saisit par le bras et le traîna dans les champs. Schilling tenta vainement de protester et finit par menacer :

— Et si je m'en allais ? Hein ? Si je vous laissais choir avec vos foutus ananas ? Je n'ai qu'à prendre la route.

— Nom de Dieu ! Vous n'iriez pas loin ! Pas à pied en tout cas, parce que je vous briserais les deux jambes.

— Vous en êtes bien capable, marmonna le botaniste.

— Je pense bien ! Et maintenant, qu'est-ce qui ne va pas ?

Schilling se pencha sur le sol et ramassa une poignée de terre. Whip le regarda faire avec stupéfaction, puis s'écria :

— Qu'est-ce que vous fichez ? Qu'est-ce qui vous prend ?

— Je la goûte, répondit Schilling.

Exaspéré, Hoxworth haussa les épaules et le planta là.

L'Anglais mit quatre semaines à découvrir la cause de l'anémie des plants et quand il eut terminé ses expériences, il fut ahuri du résultat.

— C'est absolument extravagant, Hoxworth, annonça-t-il à son ami, et vous n'allez pas me croire — j'y crois à peine moi-même — mais ces plants manquent de fer.

— Grotesque ! La terre de Kauai est la plus ferrugineuse du monde. C'est impossible. Mais enfin regardez donc ce terreau ! C'est du fer pur, ou presque !

— Oui, je vous l'accorde. Mais il n'empêche que les plants manquent de fer. Peut-être ne peuvent-ils assimiler celui-ci.

— Vous vous moquez de moi ?

— Je n'oserais.

— Bon. Que faut-il faire, alors ?

— Il faut leur donner du fer, c'est simple. Une solution différente.

— Pas question ! C'est inadmissible ! D'abord, comment pouvez-vous être aussi sûr de vous ? Vous avez fait des analyses ?

— Pas besoin. J'ai goûté la terre.

— Vous allez me faire le plaisir de... Et puis non. Vous vous amuseriez encore à distiller les fruits. Quelle sorte de solution de fer vous faut-il ?

— Du sulfate de fer.

A l'automne de 1911, Kamejiro Sakagawa traversa donc les champs d'ananas en traînant une sulfateuse et arrosa consciencieusement les plants malades. La solution glissa lentement le long des feuilles jaunies, imprégna la terre rouge et pénétra dans les racines. Comme par miracle, les plants se redressèrent dès le second jour et, quatre jours plus tard, les champs avaient entièrement reverdi. Le docteur Schilling ne s'était pas trompé dans son diagnostic. Les cayennes étaient sauvés par le sulfate de fer.

Ce Schilling était d'ailleurs un étrange individu. Ivrogne, abject, parfois complètement prostré, il était tout de même capable de réflexion et d'astuce. Un jour qu'il traversait Kapaa avec Whip, dans une des premières automobiles de Kauai, il avisa un terrain vague encombré de ferraille et conseilla :

— Vous devriez acheter tout ça, Hoxworth.

— Cette ferraille ? Pour quoi faire ?

— Votre sulfate vous revient très cher et ce n'est pas autre chose que ça, de la ferraille rouillée arrosée d'acide sulfurique.

Whip acheta donc le terrain du ferrailleur et jeta les bases d'une usine de sulfate. Quelques années plus tard, quand les automobiles furent chose courante, il acheta tous les véhicules hors d'usage à quatre dollars pièce et agrandit son usine.

D'autres fléaux attaquèrent les ananas. Les fourmis surtout se montrèrent redoutables. Une fois encore, le docteur Schilling abandonna sa boisson favorite pour sauver les précieux plants, puis il retomba dans son vice, en attendant le prochain désastre. Mais la culture progressait et la conserve d'ananas devint rapidement une des industries les plus importantes de tout l'archipel.

En 1911, une femme de lettres new-yorkaise, qui n'avait séjourné qu'un mois à Honolulu, fit paraître un livre assez injurieux sur Hawaii, où elle s'attaquait aux missionnaires qui selon elle avaient tué l'âme hawaiienne, aux compagnies comme Janders & Whipple qui avaient introduit des Asiatiques dans l'île, et à Hoxworth & Hale dont elle stigmatisait la cupidité qui avait épuisé la richesse des terres. Forte du succès à relents de scandale remporté aux États-Unis par son livre, elle revint triomphalement à Kauai où elle fut présentée à Whip lors d'un de ses fameux tournois de polo. Son équipe venait précisément de battre celle d'Honolulu et il aurait dû être d'excellente humeur, si la vue de la dame n'eût douché son enthousiasme.

— Suis-je bien en présence de la charmante dame qui a écrit *Hawaii la Scandaleuse* ?

— Oui, répliqua-t-elle fièrement, en femme habituée aux compliments. Qu'en pensez-vous ?

Whip rangea son maillet de polo au râtelier pour éviter d'en faire un usage inapproprié.

— Votre livre est une véritable ordure, madame.

Quelques joueurs, accompagnés de leurs épouses, furent choqués par la réponse de Whip et présentèrent des excuses à la dame interloquée.

— Gardez vos excuses, interrompit sèchement Whip. Regardez autour de vous, madame. Cette île doit sa prospérité à des gens comme moi. La canne à sucre, qui est la base de notre économie actuellement, a été implantée par mon grand-père. J'ai moi-même introduit la culture de l'ananas. Tout comme les pins, les palmiers, les tulipiers, les avocatiers et les crotons. La mangue Hoxworth, qui porte mon nom est l'un des fruits les plus recherchés du monde. Les Orientaux sont les ouvriers les plus travailleurs qui soient, n'est-ce pas, Kamejiro ? Ce sont des hommes comme lui qui ont bâti Hawaii à la sueur de leur front. Je suis fier de lui, et lorsqu'il partira je le regretterai. Maintenant, chère madame, si vous avez d'autres questions à me poser, je me ferai un plaisir de vous répondre... dans l'espoir que vous écrirez un autre livre, un peu moins nul que le précédent.

Sur quoi il prit congé, la laissant sans voix. Cette sortie fit quelque sensation lorsque l'écho en parvint à Honolulu et l'on alla jusqu'à murmurer qu'il n'y avait pas sur l'île meilleur défenseur des crotons que ce sacré Whip.

Il continuait à mener joyeuse vie à Hanakai avec son ivrogne d'ami, faisant de fréquentes visites aux bordels de Kapaa. Il n'était pas rare qu'au cours de leurs beuveries il tînt un discours étonnamment cohérent sur Hawaii, élaborant la première théorie d'une économie fondée sur l'autosuffisance de l'île en biens de consommation courante, grâce aux profits de l'agriculture : « L'équilibre de Hawaii réside dans cet échange et quiconque le menacerait causerait la ruine de nos îles. »

Dans sa fougue, il stigmatisait les ennemis d'Hawaii : « Il faudrait abattre quiconque s'attaque à notre commerce maritime ou essaie de propager des idées subversives parmi nos ouvriers. La clé de notre réussite dans le sucre ou l'ananas, c'est la main-d'œuvre asiatique à bon marché. Une fois, il alla même jusqu'à confier : « H & H a géré sa flotte au mieux des intérêts de tous. Je ne vois pas la nécessité d'un quelconque changement. J & W n'ont rien à se reprocher non plus, me semble-t-il. Tant que ces deux firmes tiendront les îles, la prospérité de Hawaii est assurée et ceux qui y trouvent à redire, comme cette fichue bonne femme écrivain, ne sont que des ingrats. »

En 1912, la campagne présidentielle sur le continent fut assez chaude et pour la première fois depuis de longues années, les démocrates entrevirent une chance de victoire pour leur candidat, Woodrow Wilson. Évidemment, les citoyens d'Hawaii ne votaient pas pour les élections nationales, mais au niveau local, et certains se hasardèrent à singer l'optimisme du continent. L'on vit même un démocrate égaré discourir devant un groupe de six personnes dans un faubourg de Kapaa. Par pure curiosité devant une telle audace, Whip vint se joindre à la petite assemblée. Il fut consterné par le discours démagogique de l'homme, qui se proposait de faire une tournée électorale dans les plantations.

En proie à une vive agitation, Whip rentra chez lui et rassembla toutes les armes à feu disponibles. Puis il convoqua ses régisseurs et leur ordonna de jeter le démocrate dehors s'il osait mettre le pied sur le domaine.

Un des régisseurs demanda courtoisement si on ne devait pas respecter le droit à la parole de cet homme.

— Droit ! tonitrua Whip. Et de quel droit un démocrate viendrait-il distiller son venin dans ma plantation ? Je suis le seul maître ici.

Mais à cette époque, les régisseurs ne se laissaient pas si facilement intimider, et celui-ci n'en démordit pas.

— Mais si c'est le représentant légal d'un parti politique...

— Von Schlemm ! rugit Whip, je suis sidéré de vous entendre parler ainsi. Avez-vous oublié le tort causé à Hawaii par cet odieux démocrate, Grover Cleveland ? Vous êtes assez âgé pour avoir vu avec quelle obstination ces sénateurs corrompus ont voté contre nous. Bien étonnant que ce sale bâtard n'ait pas encore été abattu. Les démocrates n'ont rien à faire à Hawaii, et si jamais l'un d'entre eux met le pied ici, il n'en repartira pas entier !

L'apprenti politicien essaya effectivement de pénétrer sur le domaine, et Whip, flanqué de quatre régisseurs armés jusqu'aux dents vint à sa rencontre sur la route nimbée de poussière rouge.

— L'entrée est interdite, monsieur, annonça Whip.

— Je ne fais qu'exercer mes droits de citoyen.

— Vous êtes un démocrate et nous ne voulons pas de vous ici.

— Mr Hoxworth, je viens parler des élections à vos ouvriers.

— Mes hommes ont autre chose à faire que d'écouter vos sornettes.

— Mr Hoxworth, un grand vent de liberté soulève l'Amérique, et

Woodrow Wilson va être élu président. C'est un grand espoir pour l'humanité. Y compris pour vos hommes.

— C'est à moi de dire à mes ouvriers comment ils doivent voter, dans leur propre intérêt et dans celui de ces îles. Maintenant, déguerpissez.

Les quatre régisseurs s'avancèrent vers le visiteur d'un air menaçant.

— Avez-vous songé à votre réputation, si on lit dans la presse qu'on m'a empêché par la force d'entrer à Hanakai ?

Whip, toujours svelte et vif malgré ses cinquante-cinq ans, prit le politicien au collet et le secoua violemment.

— Aucun journal ne publiera une telle ignominie. Bon sang, quand un crotale s'aventure sur mes terres, je le descends, et tout le monde applaudit. Pour moi, un démocrate ne vaut pas plus qu'une vermine de serpent ! Et maintenant, disparaissez !

Imperturbable, l'homme s'épousseta, réajusta son costume et déclara :

— En vertu des droits inaliénables de l'homme et du citoyen, je vais entrer dans votre plantation.

— Si jamais vous osez, je vous jette dehors à coups de pied dans votre inaliénable derrière.

Le politicien s'avança bravement dans l'allée bordée de palmiers, mais à peine avait-il fait quelques pas que les quatre régisseurs lui sautèrent dessus, mettant la menace de Whip à exécution.

Il resta un moment abasourdi, assis dans la poussière.

— Retournez à Honolulu et tenez-vous bien pour dit qu'aucun démocrate ne mettra jamais les pieds sur cette plantation.

Après cet incident, Whip, qui n'avait pas sous-estimé le danger, réunit ses régisseurs :

— Il va falloir veiller à ce que chaque homme vote républicain. Ils n'ont qu'à faire une croix sur le bon bulletin.

— Nous pouvons leur faire la leçon, objecta un des régisseurs, mais pouvons-nous les contraindre ?

— Laissez-moi faire, fit Whip énigmatique.

Et lors des élections régionales, cette année-là, Whip se campa à un mètre de l'isoloir installé à Hanakai. A chaque ouvrier qualifié, il demandait :

— Tu sais ce que tu dois voter ?

— Oui, monsieur.

Lorsque vint le tour d'un certain Jackson, Whip lui posa la question rituelle, mais il n'avait rien laissé au hasard. Le crayon que les hommes devaient utiliser pour marquer leur bulletin était attaché au plafond par une longue ficelle qui faisait un angle repérable selon le bulletin de vote qu'ils allaient cocher. Pour plus de sûreté, Whip avait utilisé un autre stratagème en mettant des crayons à mine très dure qui devaient laisser sur l'envers du bulletin une trace visible.

Lorsque le Jackson en question eut voté, il tendit son bulletin à l'employé portugais qui marquait volontairement un temps d'arrêt avant de le déposer dans l'urne, laissant ainsi toute latitude à Whip de contrôler les votes.

— C'est bien, Jackson, maugréa-t-il.

Le soir même, Whip réunit ses régisseurs :

— Jackson, Alligham et Cates ont voté démocrate. Mettez-les immédiatement à la porte.

— Sans explication ?

— Ils sauront parfaitement pourquoi.

Et, debout sous les palmiers majestueux, il regarda les traîtres s'éloigner avec leur maigre baluchon.

A la suite de cette élection, qui avait porté Wilson au pouvoir et propagé les idées des démocrates jusqu'à Kauai, Whip décida de rentrer à Honolulu et laissa au docteur Schilling le soin de veiller sur les ananas.

— Quels sont vos projets ? s'enquit celui-ci.

— Un vent de révolte souffle sur le monde, et ces absurdes idées libérales ont probablement contaminé ma propre compagnie. Je vais reprendre les rênes de la firme H & H.

— Je croyais qu'ils vous avaient évincé.

— Effectivement. Mais ils ignorent que j'ai racheté la compagnie.

— Alors, vous allez couper quelques têtes ? fit Schilling avec une joie enfantine.

— Pas s'ils sont efficaces, répliqua Whip à la grande déception de son interlocuteur.

Vers Noël 1912, il dirigeait l'empire H & H d'une main de fer, et même s'il n'avait pas fait rouler les têtes au sens où Schilling l'entendait, il avait éliminé quiconque était soupçonné de sympathie pour les démocrates.

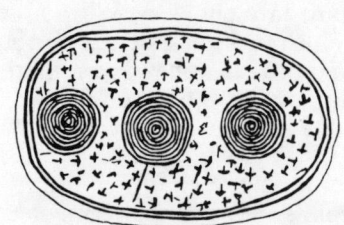

Chez les Kee, les réunions de famille étaient spectaculaires. Les aînés des fils, comme Asie qui tenait le restaurant, avaient conservé leur patronyme chinois, Kee Ah Chow, et portaient des vêtements de coton noir et une tresse, à l'inverse des plus jeunes qui avaient les cheveux courts, s'habillaient à l'américaine, et avaient traduit leur nom, comme Kee Oh Chow qui se faisait appeler Australie Kee. Le hui convergeait ainsi en foule bigarrée vers la vieille maison de Nuuanu. Certains venaient accompagnés de leur femme et, vers 1908, il n'était pas rare d'en voir avec des petits-enfants, et même des arrière-petits-enfants, qui gambadaient, les jours de fête, sur les terrains, où la famille cultivait le taro et l'ananas. La tribu des Kee ne comptait pas moins de quatre-vingt-dix-sept membres dont une douzaine au moins suivaient des études sur le continent, si bien qu'ils n'étaient jamais vraiment au complet. Aucun d'entre eux n'avait encore fréquenté Yale ou Harvard, mais plusieurs avaient étudié dans les universités du Michigan, de Chicago, de Columbia ou de Pennsylvanie. Un Chinois né à Hawaii pouvait être pris en charge par les Kee, de sa naissance à sa mort, et même leur louer un arpent de terre ou leur acheter vivres et vêtements.

En 1908, le membre le plus éminent de la communauté était toujours Nyuk Tsin, alors âgée de soixante et un ans. Elle ne promenait plus sa légendaire silhouette de vendeuse des rues mais faisait toujours la culture des ananas et en supervisait le commerce. Elle se ratatinait d'année en année, pourtant, dans son petit visage ridé, son regard pétillait de vivacité et de jeunesse. Sa vie était ponctuée de rituels immuables. Tous les ans elle accompagnait en grande pompe son fils Afrique à l'administration pour s'acquitter de ses impôts. Deux fois l'an elle allait au magasin punti d'où ils envoyaient de l'argent à la femme légitime de son époux en Chine. Nyuk Tsin se rendait en pèlerinage tous les deux ou trois ans à la colonie des lépreux de Kalawao, avec tous les membres de sa famille, pour rendre hommage à leur ancêtre. Chaque automne, elle descendait avec deux ou trois de ses petits-fils les plus doués jusqu'aux docks de la compagnie Hoxworth & Hale et leur achetait des billets pour le continent. La vieille femme veillait désormais sur les ressources humaines avec le soin qu'autrefois elle apportait à irriguer son premier carré de taros.

Ce jour-là, elle avait solennellement convoqué le conseil de famille pour deux motifs de la plus haute importance qui dépassaient de beaucoup la compétence de l'avoué Afrique Kee. Tandis que ses arrière-petits-enfants s'ébattaient dans la cour, elle prit la parole devant les aînés.

— La fille aînée d'Afrique, Sheong Mun, que vous appelez Ellen, est dans le plus grand désarroi, et ma sagesse est impuissante à lui venir en aide.

— Que lui est-il donc arrivé ? demanda l'épouse d'Asie Kee.

— Elle est tombée amoureuse d'un Blanc.

Un frisson parcourut l'assemblée. En effet, Nyuk Tsin avait toujours ouvertement encouragé ses enfants à épouser des Hawaiiens, mais aucun d'entre eux n'avait jusqu'ici manifesté de penchant pour un Blanc et le choix d'Ellen provoqua un petit scandale au sein de la famille. Tous se tournèrent vers elle comme un seul homme. C'était une jolie fille de vingt ans, vive, au regard brillant. Elle leur fit face sans appréhension.

— Qui est-ce ? demanda Asie, exerçant sa prérogative de frère aîné.

— Dis-lui, Sheong Mun, lui ordonna la vieille femme.

— C'est un officier de marine de Pearl Harbor, répondit la jeune fille sur le ton policé des élèves de l'école épiscopale.

Un chœur indigné accueillit cette révélation. Un Blanc, militaire qui plus est ! Europe, qui avait épousé une Hawaiienne, déclara tout net que les Blancs font des maris exécrables et dilapident l'argent du ménage. Une fille qui a un peu d'amour-propre...

— Nous ne sommes pas en Chine, interrompit Asie. Je connais des officiers tout à fait dignes d'estime.

— Pas moi, fit sèchement Europe.

— C'est un marin, ce n'est pas pareil.

— Un militaire reste un militaire.

— Tu as des idées rétrogrades.

Nyuk Tsin trancha, de sa voix grave :

— Il aurait mieux valu que Sheong Mun tombe amoureuse d'un Chinois, ou qu'elle vienne me demander de lui trouver un époux, selon la tradition. Mais elle n'en a rien fait.

— Pour son malheur, dit tristement Asie. Dans mon restaurant, je vois beaucoup de jeunes filles qui ne respectent pas les vieilles coutumes, et elles en souffrent.

— C'est absurde, dit la femme d'Australie d'un ton cassant. Tu sais très bien que je me cachais derrière les canards laqués pour embrasser Australie, et rien de bien terrible ne m'est arrivé, si ce n'est que j'ai épousé ton paresseux de frère.

— C'est comme ça que ça commence...

— Allons, ne sois pas ridicule, dit la femme d'Australie en riant, une Ching d'une rare beauté, fort intelligente de surcroît. Sais-tu qui sifflait pour me prévenir que ton frère m'attendait ? (Les regards se tournèrent vers la jeune femme qui désigna Nyuk Tsin d'un geste théâtral.) C'est elle, la pire de nous tous !

Nyuk Tsin rougit, embarrassée devant les vociférations de la famille tout entière.

— J'avoue que j'ai arrangé ce mariage, dit-elle. Mais Ching Siu Han était chinoise. J'avais toute confiance en elle. Aujourd'hui le problème est tout à fait différent. Un Blanc, et soldat...

— Non, plaida Ellen, il n'est pas soldat. Oublie un peu tes préjugés...

— Apportera-t-il de la terre ou de l'argent à notre hui ? demanda Asie.

— Non, fit résolument Ellen. En fait, cela vous coûtera de l'argent : j'ai besoin de deux cents dollars pour mes toilettes, et autres choses !

Les Kee retinrent leur souffle. Ce jour longtemps redouté était arrivé. Tôt ou tard, une fille de leur clan voudrait épouser un Blanc. On soupçonna Afrique, avec ses idées nouvelles importées du Michigan, d'être plus ou moins fautif et les plus âgés lui lancèrent des regards de reproche.

— Dis-nous franchement ce que tu penses de tout ça, fit sèchement Europe.

Un sourire embarrassé envahit la pièce.

— Je me sens humilié, dit enfin Afrique. J'ai donné à ma fille une bonne éducation, et sa mère a toujours veillé à ce qu'elle se conduise en Hakka digne de ce nom.

Il cacha son visage dans ses mains et se mit à sangloter doucement.

— Il est conscient d'avoir attiré la disgrâce sur notre famille, et il en assumera pleinement la responsabilité, ajouta sa femme.

— On ne peut pas avoir vécu au Michigan sans que les mœurs étrangères déteignent sur vous, dit Australie sur un ton plus léger. C'est aussi pour cela que nous l'y avons envoyé, ne l'oublions pas. Asie, ce sont tes fils qui ont amené ici des amis américains de Pennsylvanie et c'est l'un d'eux qui est tombé amoureux de Sheong Mun ! Écoute, Ellen, si ton pingre de père refuse de te doter, je te donnerai, moi, les deux cents dollars.

— Ce n'est pas tant d'argent dont j'ai besoin, mon oncle, que de votre bénédiction.

— Tu l'as, que diable !

— La mienne aussi, renchérit sa femme.

— Me donnerez-vous la vôtre ? demanda la jeune fille à Nyuk Tsin qui se tenait immobile, ses vieilles mains usées posées sur ses genoux.

— Une seule chose me préoccupe, dit la vieille femme, c'est le sort de tes enfants. Ils seront perdus pour notre famille. Promets-moi de m'écrire chaque fois que tu auras un enfant, et nous lui donnerons un nom chinois, pour qu'il s'inscrive dans notre lignée.

— Je ne donnerai pas des noms chinois à mes fils, fit Ellen, têtue.

— Plus tard, ils te le réclameront, ils voudront retrouver leurs ancêtres.

Les Kee avaient essaimé un peu partout et Nyuk Tsin recevait sans arrêt des lettres du monde entier. Elle se les faisait lire par ses fils et enregistrait chaque nouvelle naissance sous un nom chinois. Et le temps viendrait, comme elle le prédit en ce jour de 1908, où des jeunes gens venus d'Irlande, d'Angleterre ou d'Allemagne, viendraient rechercher une part de leur identité chinoise dans le grand livre de Nyuk Tsin.

Mais décidément, ce jour-là, les enfants d'Afrique Kee donnaient du fil à retordre à la famille. Après avoir accepté bon gré mal gré qu'Ellen épousât son officier de marine, on discuta de l'admission de Hong Kong à l'école de Punahou.

Asie grommela quelque chose d'incompréhensible, Amérique quitta la pièce d'un air écœuré, et le reste de la famille se tourna vers le plus jeune fils d'Afrique, un adolescent de quinze ans au regard vif dans un visage ouvert, qui tenait de son père sa brillante intelligence. Il était fort en calcul, parlait couramment quatre langues et paraissait particulièrement doué pour les affaires : il louait toutes sortes de choses à ses innombrables cousins et s'était constitué ainsi un pécule non négligeable. Son nom chinois — Koon Hong — indiquait qu'il appartenait à la quatrième génération, celle de la terre. Il était de loin le plus doué des vingt-sept garçons — un frère et vingt-six cousins — qui portaient le même nom, et si un Kee devait un jour accéder à Punahou, c'était bien lui.

A la requête de l'aïeule, la femme d'Afrique Kee, une beauté Ching resplendissante, annonça les résultats scolaires du jeune homme, en tout point satisfaisants.

— Je suis fière de lui, dit-elle, et flattée de l'intérêt que la famille veut bien lui porter.

— Hong Kong, serais-tu capable de suivre l'enseignement de Punahou... si tu es accepté ?

Le jeune homme était intimidé par l'attention dont il faisait l'objet, mais il brûlait d'envie d'aller à Punahou, et, haussant les épaules, déclara que si le fils Lum était accepté, il n'y avait pas de raison qu'il ne le fût point.

L'évocation du nom de Lum eut le don d'irriter les Kee. Ils essayaient en vain depuis douze ans de faire admettre un de leurs fils à Punahou — le creuset où était formée l'élite de Hawaii — bien qu'ils fussent fort riches et s'enorgueillissent de compter un brillant avocat parmi les membres de leur famille. En revanche, les Lum, qui n'avaient guère de réussites à leur actif — si ce n'est un père dentiste qui aimait bien parler en public —, avaient réussi à placer un de leurs fils dans ce havre de culture.

— Cette fois-ci nous avons une bonne chance, dit Nyuk Tsin. J'ai fait venir un vieil ami pour avoir son avis sur la question.

A son signal, un de ses petits-fils fit entrer un Anglais de haute taille, chauve, avec des moustaches extravagantes et un charisme évident. Il embrassa la vieille femme et s'écria dans un chinois fleuri :

— Ah, ah ! qu'est-ce que vous complotez encore ? Il va falloir sonner le tocsin ! Le péril jaune est à notre porte !

C'était Uliassutai Karakoram Blake, le professeur illuminé, l'ami sincère des Chinois. Il avait certes un peu vieilli mais n'avait rien perdu de sa virulence. Il se balançait d'avant en arrière, les mains croisées derrière la nuque.

— Chers amis, regardons les choses en face. Chaque famille est en droit de souhaiter les meilleures écoles pour les plus doués de ses fils. Iolani, où je trime pour un salaire de misère, est une bonne école, mais Punahou vous confère classe, prestige et autorité. L'Angleterre a été fondée sur ces bases-là, ainsi que Hawaii. Quiconque ne connaît pas la place des couverts à table est condamné à vie au parti libéral.

— De quoi parle-t-il ? chuchota un des fils d'Australie.

— Je parle de toi ! hurla Blake en battant l'air de ses grands bras. Debout ! ordonna-t-il en dévisageant le jeune Chinois éberlué.

Le garçon se leva maladroitement et Blake pointa un index furieux vers lui.

— Voyez ce rejeton de la grande famille des Kee, poursuivit-il dans un chinois fort érudit. Il a obtenu de bons résultats à Iolani, mais n'a cependant pas été admis à Punahou. Il est donc condamné à ne tenir qu'un rôle secondaire à Hawaii. Il ne pourra jamais entrer dans le cercle des dirigeants, car il ne possède ni leur langage ni leurs manières policées. Il restera toute sa vie un paysan. Assieds-toi !

Puis il se tourna vers les aînés :

— Bouddha m'est témoin que je vous ai donné le meilleur de moi-même. Je vous ai sorti de l'ignorance, et Dieu sait que vous avez su tirer profit de votre instruction. Si j'avais été ne serait-ce qu'à moitié aussi malin que vous, je ne végéterais pas ici avec ce salaire de misère !

Les Chinois aimaient comme l'un des leurs cet homme extravagant à la syntaxe fleurie qui alliait la correction de langage propre aux Britanniques au goût oriental de l'emphase.

Il en vint enfin à l'objet de sa visite.

— Vous pourriez croire que, en tant qu'instituteur de Hong Kong, je sois opposé à ce que vous vouliez le faire entrer à Punahou. Pas du tout. Je trouve cette aspiration fort légitime. Il y côtoiera les futurs avocats, hommes d'affaires et décideurs. A votre place, je serais prêt à tout pour que mon fils soit admis à Punahou. Lève-toi, Hong Kong, et sors. (Gêné, le jeune homme quitta la pièce.) C'est bien le garçon le plus doué que j'aie vu de mémoire de professeur, mais ce sera très difficile de le faire entrer à Punahou. Il est trop intelligent, et votre famille trop en vue. Les Blancs ne tolèrent que peu de Chinois dans leurs écoles, et encore les préfèrent-ils un peu balourds. Tout à fait le profil du fils Lum. Mais Hong Kong est promis à un brillant avenir. Afrique, réalises-tu que tu as engendré un génie ?

— Hong Kong a bien plus de capacités que moi, c'est vrai, Mr Blake.

— Pourquoi ne pas envoyer un autre de vos petits-fils à Punahou ? plaida le vieux maître.

— Non, répliqua calmement Nyuk Tsin. C'est Hong Kong qui doit y aller.

L'Anglais haussa les épaules.

— Puisque vous y tenez... Quelles ruses comptez-vous employer ? Qui est allé là-bas la dernière fois ?

La femme d'Afrique Kee, une jolie Chinoise à l'allure émancipée vêtue à l'occidentale, leva la main.

— Levez-vous ! Ne pourrions-nous pas envoyer quelqu'un de moins moderne ? fit Blake après l'avoir soigneusement étudiée du regard. Les Blancs préfèrent les Chinois qui ressemblent à des coolies.

Les Kee étaient des gens fiers — c'était d'ailleurs ce qui faisait d'eux une grande famille — et Afrique dit simplement que si son fils allait à Punahou, ce serait en compagnie de sa mère.

— Que Bouddha protège tous les entêtés de votre espèce, fit Blake sur un ton grandiloquent, car sans eux le monde serait misérable... mais votre femme ne pourrait-elle pas s'habiller un peu plus discrètement ? Il faut qu'elle donne l'impression d'être assez riche pour payer l'enseignement, mais pas assez sûre d'elle pour prendre la parole dans les réunions de parents d'élèves. Qu'elle ait l'air d'une Chinoise pur sang, qui aspire cependant à l'honorabilité américaine. Qu'elle ait les mains soignées mais adopte l'humble attitude d'une simple vendeuse d'ananas. Croyez-vous votre belle-fille capable de donner cette image d'elle-même ?

— Non, répliqua sèchement Nyuk Tsin.

— Dans ce cas, vous courez à l'échec, dit tristement Blake.

— Nous sommes condamnés à l'échec à perpétuité, Mr Blake, maugréa Amérique, dont les deux fils avaient été refusés à Punahou.

— Si vous étiez un peu moins intelligents, avec votre fortune, on vous accueillerait à bras ouverts. Mais si vous étiez moins doués, à commencer par vous, dit-il en se tournant vers Nyuk Tsin, vous seriez restés pauvres !

— Croyez-vous que Hong Kong ait une chance ? demanda la vieille dame.

— Sincèrement non. Si j'étais à la place des Blancs au pouvoir à Honolulu, je ne laisserais jamais un Kee s'infiltrer parmi nous. Vous êtes astucieux, travailleurs, solidaires et ambitieux, et vous poussez vos filles à épouser des Blancs.

— Sheong Mun va se marier avec un officier de marine, dit doucement Nyuk Tsin.

Blake se tut brusquement. Il observa la jolie jeune fille qu'il avait eue comme élève, la petite Ellen Kee, qui chantait si bien. Il s'approcha d'elle solennellement et l'embrassa sur les deux joues.

— Que Bouddha ait pitié de nous ! Nos vies ne sont que des fétus de paille ballottés par les courants de l'Histoire. Au revoir, chers amis.

Après son départ, on débattit encore un bon moment, puis Nyuk Tsin proposa d'envoyer la femme d'Europe, une Hawaiienne, pour accompagner Hong Kong à Punahou.

— Non ! protesta Afrique. Je veux que mon fils soit présenté par sa propre mère et s'il doit être refusé, c'est que tel était son destin.

— J'irai avec eux, déclara Nyuk Tsin, pieds nus, et vêtue à l'ancienne.

— Il n'en est pas question. Ma femme ira seule, habillée comme il lui plaira. Je refuse de faire des concessions.

— Afrique, reprit calmement la vieille femme, nous savons qu'ils vont prendre un ou deux Chinois cette année et il est capital qu'un de nos fils soit accepté. Je t'en prie, laisse-moi faire.

— J'ai à faire sur la Grande Île, dit gravement Afrique. J'irai moi-même et ne souffrirai pas la moindre humiliation.

Sur quoi il quitta la pièce, et l'on respira un peu mieux.

— Lorsque les Lum se sont présentés à Punahou, poursuivit Nyuk Tsin, la mère du garçon, vêtue d'une robe très simple, les cheveux tirés, a gardé les yeux baissés durant tout l'entretien. C'est pourquoi nous ne pouvons pas envoyer la mère d'Hong Kong.

— J'irai avec mon mari, déclara celle-ci d'un air têtu, avant de tourner les talons à son tour.

Après maintes tergiversations, les Kee finirent par mettre au point leur stratégie : Nyuk Tsin en pantalon et sarrau, pieds nus, donnerait la note coolie, la femme d'Europe la note traditionnelle locale, et la jolie femme d'Australie, modestement vêtue à l'occidentale, attesterait que les Kee étaient une famille moderne sachant utiliser le couteau et la fourchette. Hong Kong, dont les capacités intellectuelles dépassaient de beaucoup celles des meilleurs élèves de Punahou, porterait un costume discret, chose alors peu courante chez les Chinois parvenus.

Par une chaude journée, les Kee s'embarquèrent donc pour Punahou dans une voiture de louage. Les femmes tinrent leur rôle à la perfection, et le jeune homme répondit brillamment aux questions.

La réponse ne se fit guère attendre :

Nous sommes au regret de vous annoncer que, pour des raisons d'effectifs, nous ne pouvons accepter votre fils, dont le niveau nous semble d'ailleurs tout à fait convenable.

Afrique reçut cette lettre à son bureau. Il médita un moment, puis fit venir son fils. Lorsque le garçon, tout essoufflé d'avoir joué au bord de la rivière, arriva, il déclara d'une voix neutre :

— Hong Kong, tu n'iras plus jamais à l'école.

— Mais... je devais aller étudier au Michigan.

— C'est inutile. Tu peux très bien apprendre ici. Voici un livre sur le système agraire hawaiien. Lorsque tu l'auras lu, je te ferai passer ton examen. Ici même. Donne-moi tes livres de classe. (Le garçon s'exécuta.) Tu n'en auras plus jamais besoin.

Et Afrique Kee, homme de lettres et de culture, déchira méthodiquement les livres de son fils et les jeta.

— Hong Kong, poursuivit-il, tu vas recevoir la meilleure éducation de tout Hawaii.

Les Kee réussirent finalement à faire entrer un de leurs fils à Punahou, dans des circonstances tout à fait particulières. En 1910, le parti républicain ayant des difficultés à trouver un candidat représentatif pour Chinatown, quelqu'un proposa de choisir un Chinois.

— Oh non ! protestèrent les partisans de Hewlett. Nous ne voulons pas d'Afrique Kee au gouvernement.

— Qui vous parle d'Afrique ? Je pensais à son frère, Australie.

Un silence plana sur l'auditoire et des sourires flottèrent sur les lèvres des dirigeants blancs. Effectivement, Australie était susceptible de plaire. Il n'était pas assez brillant pour leur faire de l'ombre, jouait bien du ukulélé et son éducation n'était pas parfaite, mais il était très populaire auprès des Chinois et des Hawaiiens, parmi lesquels il avait été élevé. Qui plus est, il portait un surnom sympathique : Kangourou Kee, et, sans même voter, le parti l'adopta comme l'homme de la situation.

Kangourou Kee fut élu à une forte majorité et représenta les Chinois au parti républicain durant de longues années. Il était très aimé et avait la confiance de ses concitoyens. Par bonheur il avait un fils d'intelligence moyenne, et en 1912 Punahou finit par admettre un Kee dans ses rangs, sans grand risque.

Le jour où le garçon entra à l'école, Nyuk Tsin se cacha derrière les palmiers pour voir enfin l'un de ses petits-fils intégrer la prestigieuse école et se dit que les Blancs étaient fous de laisser les Chinois pénétrer les secrets de leur élite.

En voyant son fils, le politicien Kangourou Kee, accompagner le jeune homme, elle se dissimula dans l'ombre en grommelant :

— Ce garçon ne vaut rien, il n'est pas digne de cette grande école, mais c'est notre tremplin.

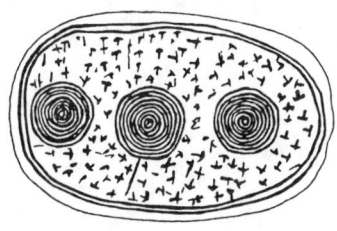

Pendant treize ans, Kamejiro Sakagawa se leva chaque matin à trois heures et demie pour couper et fendre son bois de prunier sauvage et l'entreposer. Puis il partait à son champ au pas de course, travaillait jusqu'au coucher du soleil, repartait en courant au camp et allumait le feu sous la baignoire. Il faisait maintenant payer deux *cents* aux dix premiers amateurs d'eau propre, et un pour tous les suivants. En un an, il accumulait ainsi pas mal de dollars et, comme tous les Japonais qui travaillaient à Hanakai, il attendait avec impatience que sa fortune atteignît le chiffre magique de quatre cents dollars.

Depuis que le premier travailleur japonais avait mis pied sur Hawaii, en 1880, il était entendu que celui qui rentrerait à Hiroshima avec quatre cents dollars pourrait y vivre en vrai samouraï. Avec quatre cents dollars, se disaient entre eux les ouvriers, on peut acheter trois bonnes rizières, se construire une grande maison, se faire faire un nombre incalculable de kimonos et se vautrer dans le luxe. Tous, ils étaient bien décidés à réussir à économiser quatre cents dollars, mais bien peu y arrivaient.

L'argent glissait entre les doigts des hommes les mieux intentionnés et si Kamejiro n'était ni joueur ni buveur, s'il ne courait pas les filles, il avait deux faiblesses, l'amitié et le patriotisme, qui lui revenaient fort cher. Jamais un ami ne faisait appel à lui en vain. Kamejiro commençait bien par répondre qu'il y avait un prêteur japonais à Kapaa, mais l'ami lui répliquait :

— A Kapaa, si je vais emprunter quatre-vingts *cents*, il me faudra rendre deux fois quatre-vingts cents à mon prochain jour de paie.

C'était vrai. Aucun homme blanc n'avait jamais abusé des travailleurs orientaux comme leurs compatriotes eux-mêmes. Il était courant qu'un prêteur chinois ou japonais réclamât cent pour cent d'intérêt par mois, ou même par semaine. Aussi, Kamejiro se laissait-il presque toujours fléchir.

Certains Japonais avaient commencé à faire venir des épouses du Japon et cela revenait cher. Il y avait des photographies à faire faire, des voyages à payer, des aller et retour à Honolulu pour compléter les dossiers, et les costumes sombres, et les frais de la noce. Le nombre de mariages heureux dont Kamejiro était responsable ne cessait d'augmenter et ces jeunes ménages ne tardaient pas à avoir des enfants qui venaient encore drainer ses ressources. Il avait parfois l'impression qu'il payait pour le bonheur familial de tous, sauf pour le sien.

Mais ses plus lourdes dépenses étaient occasionnées par son patriotisme. Il donnait à chaque quête des prêtres japonais, à chaque temple, à chaque école. Si l'on ouvrait une souscription pour quelque monument, il était le premier à verser sa contribution. Et il payait tous les frais des conteurs japonais qui venaient à Kauai régulièrement pour narrer les hauts faits de l'histoire japonaise.

Ces conteurs faisaient la joie de Kamejiro et lorsque l'un d'entre eux était annoncé, il travaillait avec plus d'ardeur, dans l'attente fébrile du dimanche après-midi, où toute la communauté japonaise se retrouvait dans un parc, à l'ombre des casuarinas, et s'asseyait sur le tapis d'aiguilles sèches. A une heure et demie, après le repas composé de sushi * et de sashimi **, on installait une estrade recouverte du tissu traditionnel et un pupitre avec un éventail fermé. La foule faisait silence, et l'émissaire du Japon, généralement un homme respectable au crâne chauve, vêtu d'un uniforme aux larges épaules amidonnées qui évoquaient des ailes de papillon, montait sur la scène, s'inclinait plusieurs fois avant de s'accroupir devant le lutrin. Par moments sa voix faiblissait jusqu'au murmure, l'assistance était suspendue à ses lèvres ; il prenait alors l'éventail et commençait à psalmodier :

— Je... vais... vous... raconter.. la bataille... d'Ichi-no-tani.

Il éructait les mots comme un volcan sur le point d'exploser, et au fur et à mesure que se déroulait le récit de cette guerre vieille de sept cents années, sa voix s'affermissait. Il incarnait chacun des personnages à tour de rôle : il était tantôt le valeureux guerrier Kumagai, tantôt le jeune et beau Atsumori, tantôt le cheval, la falaise, la flûte, le brillant héros Yoshitsune, ou bien toutes les femmes. Dans le feu de l'action, les veines de son crâne se gonflaient à éclater et les muscles de son cou se dessinaient sous sa peau. Selon les différentes péripéties de cette antique bataille, il rugissait, chuchotait, sanglotait ou hurlait de joie ; lorsque venait l'épisode de la mort d'Atsumori, l'homme exprimait la douleur avec tant de véracité que l'assistance tout entière pleurait.

Là, sous ces arbres, l'héroïsme du Japon devenait palpable, les hommes étaient courageux, les femmes loyales. Avant d'en arriver à la tragique conclusion de l'épopée, le récitant déclamait quelques lignes destinées spécialement aux lointaines colonies comme celles-ci :

— En... quittant... la... plaine... d'Ichi-no-tani... le... fantôme d'Atsumori... vit les vaillants guerriers qui l'avaient tué et se dit : « Tant que ces courageux soldats seront en vie, la patrie sera bien défendue. Ils sont indomptables, sans peur et dévoués jusqu'à la mort à l'empereur. Je me languis de les rejoindre, eux qui se battent pour la gloire du Japon. »

Le spectacle comportait quatre récits qui duraient plus d'une heure chacun — celui de la bataille d'Ichi-no-tani s'étirait sur presque deux heures — et s'achevait ordinairement à la nuit tombée. Qu'un homme seul puisse, cinq heures durant, faire revivre toutes ces épopées par la seule magie de sa voix et son habileté à incarner les rôles les plus divers restait toujours une source d'étonnement pour les spectateurs.

---

* *Sushi* : Lamelles de poisson cru sur canapé de riz vinaigré.
** *Sashimi* : Lamelles de poisson cru (sans canapé de riz), que l'on trempe légèrement dans une sauce de soja et de raifort râpé.

Une convention s'établit à cette époque à Hanakai à la fin des représentations. Le récitant annonçait un supplément au programme : le récit de la prise de Port-Arthur par le colonel Ito. On envoyait alors Kamejiro chercher son costume datant de la procession d'Honolulu. Sanglé dans son uniforme, il restait immobile, les bras ballants, sans perdre un pouce de sa petite taille, près de l'estrade. Il se produisait alors une étrange osmose : il *était* le colonel Ito, il sentait l'odeur de la poudre des fusils russes, il mourait et entrait à son tour dans le panthéon des héros. Même s'il n'avait jamais porté les armes, il se sentait prêt à mourir pour son empereur. C'était généralement après de tels moments d'exaltation qu'il donnait son argent pour l'armée ou les hôpitaux militaires.

La force d'attraction de la patrie était telle que Kamejiro ne connaissait pas un seul ouvrier japonais qui désirât demeurer à Hawaii. Ils travaillaient tous douze heures par jour pour soixante-treize *cents*, dans l'espoir de regagner Hiroshima avec quatre cents dollars et un brillant avenir et bien que le nombre d'hommes et de femmes aux cheveux blancs allât croissant et qu'il devînt de plus en plus évident que la majorité d'entre eux ne reverrait jamais la terre natale, aucun ne perdait l'espoir.

Un soir, à la fin d'une séance cinématographique japonaise, un prêtre japonais demanda la parole. Il monta sur l'estrade et là, sous la lueur éblouissante du projecteur, appela Kamejiro Sakagawa. Le petit paysan trapu, intimidé et clignotant des paupières, quitta sa place et rejoignit le prêtre qui lui dit :

— Le consulat de Sa Majesté Impériale à Honolulu m'a chargé de vous remettre ce parchemin, en reconnaissance des dons que vous avez faits à la mémoire des vaillants marins qui ont péri dans la catastrophe de Fukushima. Le Japon tout entier est fier de Kamejiro Sakagawa.

Pour Kamejiro, ces mots n'étaient pas une phrase vide de sens. Il croyait fermement que dans les villages les plus reculés du Japon personne n'ignorait sa loyauté. Il imaginait la nouvelle parvenant chez ses parents, leur joie et leur orgueil.

Il vécut ainsi pendant treize ans, excité, ranimé par ses contacts réguliers avec le Japon, en espérant qu'un jour il aurait accumulé les fameux quatre cents dollars, plus le prix du voyage de retour. Mais par un soir de printemps de 1915, alors que la terre fleurissait et que les bourgeons éclataient, un oiseau chanta soudain et Kamejiro, le cœur gonflé de nostalgie, se redressa et regarda le ciel en songeant : « J'ai trente-trois ans, et les années volent au-dessus de ma tête. »

Il connut alors une longue période de dépression et une vision le visita, de plus en plus souvent : il voyait Yoko-chan qui l'attendait à Hiroshima, les oiseaux et les années passant aussi près d'elle. Elle lui tendait les mains d'un geste suppliant. Enfin, il prit une décision, celle que des centaines d'autres hommes avaient prise avant lui. Le retour attendrait. Il allait se servir de ses économies pour faire venir Yoko.

Il était deux heures de l'après-midi quand il prit cette décision, et il était en train de bêcher le carré d'ananas, mais il lâcha son outil et se rendit à pied à Kapaa, la tête dans les nuages. Il alla tout droit chez son ancien ami Hashimoto, le réprouvé, qui avait une agence de voyages et un studio de photographie. Faisant taire sa fierté et sa réprobation, il demanda au renégat de prendre sa photo.

— Rentre te raser, lui conseilla nettement Hashimoto. Et mets le costume sombre.

— Je n'en ai pas.

— Il y en a un au camp Ishii.

— Je ne veux pas d'un costume d'emprunt.

— Quelle fille voudra de toi si tu n'envoies pas une photo en costume sombre ?

— Je ne t'ai pas parlé de fille.

— Si tu te fais prendre en photo, c'est que tu veux te marier. Je t'en félicite et je te ferai un beau portrait. Mais rase-toi d'abord, et mets le costume sombre.

— Ça me coûtera combien en tout ? demanda Kamejiro.

— Photographie, trois dollars. Le billet de bateau pour la jeune fille, soixante-dix dollars. Ses frais de train et les robes et le festin là-bas à la maison, encore soixante-dix environ. En tout, cent quarante-trois dollars.

Une telle somme retarderait de trois ou quatre ans l'obtention des quatre cents dollars et Kamejiro hésita.

— Je vais voir, dit-il. N'en parle à personne.

— Moi, je prends des photos. Je ne parle pas.

— Je reviendrai.

— J'en suis bien certain, prédit Hashimoto et il ajouta durement, comme il le faisait envers tous ceux qui l'avaient réprouvé : Tu épouseras la jeune fille et tu ne rentreras jamais au Japon. Mets-toi ça dans la tête une fois pour toutes.

Kamejiro baissa la tête et murmura :

— Je rentrerai au Japon. Tu viens de me rendre service, Hashimoto-san. Pendant un instant, j'ai eu envie d'une femme et je me suis dit que je dépenserais mon argent pour cela. Mais tu m'as fait voir ce que cela signifierait. Je ne reviendrai pas.

Mais, comme il sortait de la boutique du photographe, une horde d'enfants métissés, rieurs et joyeux, qui s'interpellaient dans un mélange de langues invraisemblable, se ruèrent sur Kamejiro et une petite fille, ses cheveux noirs coupés à la japonaise, roula à ses pieds. Il la ramassa et la souleva un instant dans ses bras. elle lui sourit, puis elle se mit à se tordre comme une anguille, lui échappa et partit en courant à la poursuite de ses camarades. Kamejiro entendit un éclat de rire derrière lui. Sur le seuil de sa boutique, Hashimoto le regardait.

— C'était ma fille, lui lança-t-il. J'ai six enfants, dont quatre garçons !

Kamejiro retourna au camp en proie à la plus vive agitation. Le sourire de la petite fille le hantait et, quand il aperçut de loin le lugubre baraquement qui lui servait de foyer, depuis treize ans, il n'y tint plus, et se rua tout droit chez Ishii-san.

— Il faut que tu m'écrives une lettre pour la maison, lui dit-il.

— Tu veux te marier ? demanda le scribe qui reconnaissait les symptômes.

— Oui.

Spontanément, le petit interprète saisit la main de Kamejiro et lui avoua :

— Il y a un moment que j'y pense, moi aussi. Ça me coûterait combien ?

— Pas tant que ça, répondit vivement Kamejiro. Photo trois dollars, bateau soixante-dix. En tout, peut-être cent quarante-trois dollars.

— Je vais le faire ! annonça Ishii-san. Voilà un an que j'y songe !

— Moi aussi, soupira Kamejiro, et il s'assit par terre pour dicter sa lettre à Ishii-san :

Chère mère, j'ai décidé de prendre femme et par un prochain courrier je t'enverrai ma photographie pour que tu la montres à Yoko-chan et qu'elle voie comment je suis à présent. Quand tu me répondras qu'elle consent à venir à Hawaii, je t'enverrai l'argent. Cela ne veut pas dire que je ne reviendrai pas à la maison. Cela signifie simplement que je devrai rester ici un peu plus longtemps. Votre fils dévoué, Kamejiro.

La réponse à cette lettre mit neuf semaines à parvenir à Kauai et, quand elle arriva, Kamejiro fut atterré. Car sa mère lui écrivait :

Tu dois être bien stupide, mon garçon, de croire que Yoko-chan t'attend encore. Elle s'est mariée il y a douze ans et elle a déjà cinq enfants, dont trois fils. Qu'est-ce qui t'a fait penser qu'une jeune fille bien, comme elle, allait t'attendre ? Mais cela ne fait rien, car comme tu le vois, je t'envoie la photographie d'une charmante jeune fille nommée Sumiko, qui a dit qu'elle veut bien t'épouser. Elle est de notre village et te fera une bonne épouse. Envoie l'argent, s'il te plaît.

Une petite photo glissa sur le lit, à l'envers. Pendant quelques instants, Kamejiro fut trop accablé pour la retourner et la regarder ; il n'arrivait pas à comprendre que ce ne serait pas le portrait de Yoko, tel qu'il l'avait pieusement conservé dans sa mémoire, mais celui d'une inconnue. Enfin, d'un geste hésitant, il la retourna d'un doigt, en penchant la tête pour la regarder. Alors il s'en empara, l'éleva devant ses yeux et se mit à crier :

— Ah ! Venez voir ! Regardez cette jolie fille !

Une petite foule s'assembla pour voir la photo, et quelqu'un s'exclama :

— Tu es fou ! Cette fille ne voudra jamais épouser un gros lourd comme toi, Kamejiro !

— Dis-leur ce qu'il y a dans la lettre, dit Kamejiro en tendant la feuille à Ishii-san.

L'interprète lut la missive à haute voix. La jeune fille s'appelait Sumiko et elle était bel et bien d'accord pour épouser Kamejiro.

— Est-ce qu'elle est de Hiroshima ? demanda une voix méfiante.

— Elle est de Hiroshima-ken, répliqua fièrement Kamejiro et un soupir d'aise s'éleva de la foule.

Il y en avait un, cependant, que la chance de Kamejiro emplissait de regret et de nostalgie, car Ishii-san aussi avait reçu la photo de la femme que ses parents lui destinaient. Elle s'appelait Yoriko Mori, un joli nom certes, mais d'après la photo, c'était une fille carrée, lourde, avec de petits yeux, une vraie paysanne. La mère d'Ishii-san assurait qu'elle travaillait comme un homme et qu'elle n'était pas dépensière, mais l'interprète pensait que ces qualités ne suffisaient pas à faire une excellente épouse, surtout pour un garçon qui savait lire et écrire. Il était profondément déçu et demanda à revoir le portrait de la fiancée de Kamejiro. Sumiko avait une beauté classique, des traits fins, des yeux assez grands pour une Japonaise et ressemblait aux actrices dont les portraits illustraient les publicités de cinéma.

— Elle est bien belle pour une fille de Hiroshima-ken, observa Ishii-san. Tu es sûr qu'elle n'est pas de la ville ?

— Ma mère ne m'aurait jamais choisi une fiancée en ville, assura Kamejiro.

Le lendemain, les deux futurs maris empruntèrent « le » costume noir du camp, la cravate et la chemise blanche, enveloppèrent ce trésor dans un drap et firent les frais d'un taxi pour aller se faire photographier à Kapaa.

Il fallut qu'Ishii-san montre à Kamejiro comment nouer sa cravate et Hashimoto lui prêta de la pommade pour plaquer ses cheveux rebelles. Kamejiro prit la pose, et refusa de sourire. La photo une fois terminée n'avait rien pour séduire une fiancée, et Hashimoto lui-même n'était pas très fier de son œuvre. Mais Kamejiro l'expédia néanmoins à Hiroshima, avec un billet payé, de Tokyo à Honolulu. Et puis il attendit.

Vers la fin de 1915, Ishii-san et Kamejiro apprirent que leurs fiancées allaient arriver à Honolulu, à bord du vieux cargo *Kyoto-Maru*. La nouvelle fut accueillie avec une joie mitigée, car ils avaient espéré qu'elles arriveraient par deux bateaux différents, et qu'ainsi, chaque mari pourrait aller attendre sa promise en portant le costume noir de la photo. Mais ainsi, un des hommes aurait le costume et ne décevrait pas sa fiancée, tandis que l'autre devrait se contenter de ses vêtements de travail et se présenter à la jeune fille tel qu'il était en réalité. Ce fut bien dans la nature de Kamejiro de dire immédiatement à son ami :

— Puisque tu sais lire et écrire, il est juste que tu mettes le costume.

Les deux amoureux transis, inquiets et nerveux, quittèrent Lihue par le petit caboteur *Kilauea* et, à Honolulu, ils prirent une chambre dans une pauvre auberge japonaise de Hotel Street. Le *Kyoto-Maru* ne devait arriver que le lendemain et, après avoir mangé une maigre portion de riz, les deux hommes visitèrent la ville, en commençant par le mausolée dédié à l'empereur. Les immeubles et les luxueuses demeures de Beretania Street les émerveillèrent, mais ils furent choqués par les ruelles sordides du quartier chinois.

— Il paraît, expliqua Ishii-san, que tout ce quartier a été détruit par un incendie il y a quinze ans, et que les Chinois voulaient le rebâtir convenablement, avec de larges rues et de bonnes maisons solides, mais les hommes blancs voulaient que ce soit comme avant, alors on a reconstruit les taudis.

Avant de se coucher, Ishii-san posa sur le lit les deux portraits des jeunes filles et son regard alla de l'une à l'autre, tandis qu'il hochait tristement la tête en songeant aux caprices du destin.

— Ma mère n'a pas très bien su choisir, soupira-t-il. Kamejiro, ça ne te fait pas tout drôle de penser que ce bateau nous amène une femme avec qui nous allons finir nos jours ?

— Si, avoua Kamejiro. J'ai un peu peur.

Mais leur énervement n'était rien à côté de celui qui les gagna le lendemain quand on leur dit qu'il y avait encore trois jours d'attente.

Ils étaient là sept hommes venus attendre une fiancée. L'officier d'immigration leur expliqua qu'il y avait une quarantaine obligatoire.

— Mais nous ne pouvons même pas les voir ? demanda Ishii-san

— C'est formellement interdit.

Les prétendants impatients réussirent cependant à soudoyer un des gardiens et purent observer les jeunes filles à travers un trou minuscule pratiqué dans la porte de l'enclos où celles-ci étaient retenues. Lorsque vint le tour de Kamejiro, il cligna désespérément de l'œil pour passer en revue les sept jeunes filles mais ne parvint pas à reconnaître Sumiko parmi le petit groupe désœuvré.

— Alors, elle est belle ? demanda Ishii-san qui venait derrière lui.

— Magnifique.

— As-tu vu Yoriko ?

— Je crois.

— Comment est-elle ?

— Elle a l'air robuste.

Ishii-san colla son œil à l'orifice, et se retira en tremblant.

— Elle est beaucoup plus grande que moi !

— Mais c'est une fille d'Hiroshima-ken. Elle fera une bonne épouse.

Les deuxième et troisième jours, les hommes revinrent espionner leurs fiancées et, de déduction en déduction, Kamejiro finit par identifier sa future femme. C'était de loin la plus jolie du groupe et il ne voulut pas croire à son bonheur. Par égard pour la déception de son ami, il eut soin de ne pas commenter la beauté de sa promise. L'énervement et l'anxiété des hommes allaient croissant au fil des heures. Kamejiro voulut une dernière fois observer les jeunes filles qui faisaient de dérisoires tentatives pour paraître à leur avantage : elles tentaient d'arranger leur chevelure malgré l'absence de peigne, défroissaient tant bien que mal leurs robes défraîchies par le voyage, lissaient leur visage pour en effacer la fatigue. L'une d'elles se mit à pleurer et les autres, après avoir vaguement essayé de la consoler, l'abandonnèrent à son chagrin. Elles eurent toutes au dernier moment le réflexe de regarder encore une fois la photo de leur fiancé pour pouvoir se diriger vers lui sans la moindre hésitation. Mais toutes avaient les larmes aux yeux et les photos étaient brouillées.

Un gong résonna et la porte s'ouvrit. Kamejiro recula. Lentement, les deux battants s'écartèrent et les fiancées apparurent, calmes en apparence, mais les yeux inquiets et curieux à la fois. Dans le silence, on entendit soudain une exclamation étouffée.

— Ah ! gémit une des jeunes filles. Vous êtes bien plus vieux que sur la photo !

— Elle a été prise il y a longtemps, répondit l'homme. Mais je ferai un bon mari.

Il tendit la main et la jeune fille, maîtrisant ses larmes, se courba avec soumission. Ils formèrent le premier couple. La seconde alla tout droit à son fiancé, lui sourit et s'inclina. Puis ce fut au tour de Yoriko Mori, la fiancée d'Ishii-san. Comme il l'avait craint, elle était bien plus robuste et plus grande que lui, musclée, carrée, louchait un peu, avec de bonnes joues rouges. Se sachant beaucoup moins jolie que les autres, elle essayait de compenser son manque d'attrait par son courage et son désir ardent d'être une bonne épouse. Elle reconnut Ishii-san, s'inclina très bas devant lui, ses grosses mains de paysanne sur les genoux et murmura :

— Mr Ishii, je vous apporte la bénédiction de votre mère.

Puis, comme si elle sentait qu'il fallait le rassurer, elle ajouta vivement :

— Je serai une bonne épouse.

Sumiko fut la dernière à sortir de l'enclos. Quand elle vit Kamejiro, elle eut un sursaut horrifié. Il était vêtu comme un pauvre paysan. Il ne portait pas le beau costume sombre de la photo et ses cheveux n'étaient pas soigneusement plaqués. Elle trouva que c'était là un affreux petit bonhomme stupide et grossier, maussade et deux fois plus âgé qu'elle ne l'avait cru.

— Non! s'écria-t-elle. Celui-là n'est pas le mien!

— Ah! souffla Kamejiro, navré. Mais je suis Kamejiro Sakagawa. J'ai votre photographie.

Elle la lui arracha des mains et la jeta par terre, avec celle qu'elle tenait, puis elle les piétina en glapissant :

— Jamais je n'épouserai cet homme! On m'a trompée!

Devant un tel éclat, la première fiancée, qui elle aussi avait été amèrement déçue, prit Sumiko aux épaules et la secoua en lui criant :

— Petite égoïste, tu n'as pas honte? Dans ce genre d'affaires, qui peut espérer un prince charmant?

— Je n'épouserai pas cet animal! gémit Sumiko et sa compagne la gifla.

— Pendant tout le voyage tu as été odieuse, égoïste et mal élevée. Tu devrais rougir. Va t'humilier devant cet honnête homme et demande-lui pardon!

Et d'une vigoureuse bourrade, elle poussa Sumiko vers Kamejiro. La jeune fille serait tombée si Ishii-san ne s'était précipité pour la retenir. Alors, il regarda Kamejiro et la fiancée que sa mère lui avait envoyée et, avec une franchise brutale qui le surprit lui-même, il proposa :

— Kamejiro, Yoriko et toi, vous êtes mieux assortis. Donne-moi Sumiko.

Et la belle fille, en voyant un homme cultivé qui, de plus, portait le costume sombre, renchérit :

— Oh! oui! Kamejiro, tu es trop vieux pour moi. Je t'en prie!

Ahuri, désorienté, Kamejiro baissa les yeux sur la photo qui gisait à terre et contempla le visage qu'il avait appris à aimer au cours des semaines d'attente. Puis il se tourna vers la grosse fille carrée et solide, aux mains gercées. Hésitant, en proie au vertige, il ne savait que faire. Puis il sentit dans sa main celle de la jeune fille qui avait giflé Sumiko et l'entendit murmurer doucement :

— Je ne vous connais pas, mais j'ai vécu avec Yoriko pendant trois semaines et, de toutes les fiancées du bateau, je vous assure que c'est elle qui fera la meilleure épouse. Prenez-la.

La paysanne humiliée, qui venait d'être si péniblement rejetée par son mari éventuel, sentit des larmes brûler ses petits yeux sans charme. Elle aurait voulu courir se cacher dans un coin, mais elle tint bon, courageusement, ferme comme le roc dans lequel elle avait été taillée et s'inclina profondément devant cet homme inconnu.

— Je serai une bonne épouse, murmura-t-elle avec ferveur.

Kamejiro regarda une dernière fois la photo de Sumiko, puis il la ramassa et la tendit à son ami Ishii-san en lui disant :

— Ce sera mieux ainsi, tu as raison.

Puis, se tournant vers la fille qui restait inclinée, il lui dit avec douceur :

— Je m'appelle Kamejiro Sakagawa. Je suis de Hiroshima-ken.

— Mon nom est Yoriko Mori, répondit la solide fille. Moi aussi je suis de Hiroshima.

Et ainsi, les sept couples furent formés.

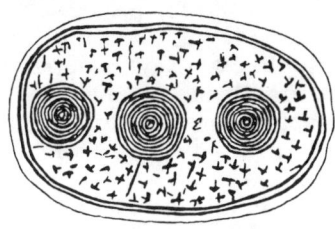

A l'époque où Kamejiro Sakagawa et sa femme Yoriko apprenaient lentement quelle chance ils avaient eue de se marier ainsi de cette façon imprévue, les grandes familles missionnaires de Honolulu éprouvaient un choc terrible, car un de leurs rejetons se révélait soudain férocement anticonformiste et sa conduite scandalisa tout Hawaii.

En ce temps-là Hawaii paraissait composé presque uniquement de Hale et de Whipple, de Hewlett, de Janders et de Hoxworth. Dans certaines classes du collège de Punahou, seize sur vingt-quatre élèves portaient ces noms. Les généalogistes avaient bien du mal à s'y reconnaître car bien souvent un Hale était un Hoxworth, ou un Hoxworth un Whipple. Il arrivait fréquemment qu'un Hale épousât une Hale, ce qui impliquait encore les liens de parenté. Les enfants ne savaient jamais très bien avec qui ils étaient apparentés et finissaient par se juger tous comme des cousins plus ou moins éloignés.

Hawaii en vint à considérer l'alliance Hale-Whipple-Hoxworth-Hewlett-Janders comme « la famille » et reconnaissait ses membres à quatre caractéristiques : ses enfants allaient à Punahou ; les garçons terminaient leurs études à Yale ; il y avait toujours une belle situation à la disposition des fils ou des gendres ; et enfin, tout le monde fuyait le scandale comme la peste. Par conséquent, lorsqu'un des garçons proféra publiquement des opinions radicales, la famille en fut profondément ulcérée.

Tant qu'il était encore à Punahou, ce renégat avait eu d'excellents résultats. Cela n'avait rien de surprenant, car la famille attendait de ses fils un travail assidu. Prenez par exemple le cas de Hoxworth Whipple, connu dans le monde entier pour son histoire de la Polynésie. Il avait commencé ses recherches à Punahou. Il fut par la suite diplômé des universités les plus célèbres du monde, parmi lesquelles Yale, Harvard, Oxford et la Sorbonne, mais lorsqu'il mourut, le *Mail* d'Honolulu ne mentionna que son passage à Punahou, comme si le reste du monde n'existait pas. En 1914, donc, année de la mort de cet universitaire chargé d'honneurs, le jeune Hoxworth Hale avait seize ans. Il était moyen en tout, physiquement et intellectuellement. Aucun sujet ne lui permettait de briller plus particulièrement. Il participait aux jeux et aux sports, mais n'avait rien d'un champion. Et s'il avait de nombreux amis de classe, c'était surtout à cause de ses deux ravissantes sœurs, Henrietta et Jerusha, qui lui valaient une popularité qu'il n'aurait pas connue sans elles.

C'était à qui gagnerait leurs faveurs, et quelques années plus tard, la cadette se fiança à un balourd de ses cousins, un Whipple, à propos duquel le père d'Hoxworth déclara :

— Il serait temps que du sang neuf vienne régénérer notre famille !

On accorda d'ailleurs peu de crédit à ses paroles, car il avait lui-même épousé sa cousine et n'arrêtait pas de répandre des calomnies sur son compte. Il vit d'un bon œil les fiançailles de sa fille aînée, Henrietta, avec un dénommé Gage, de Philadephie. Mais entre-temps elle rencontra un jeune homme du New Hampshire, un certain Charles Bromley, et tous deux découvrirent que, en remontant plusieurs générations, ils étaient apparentés. Ainsi, Henrietta décida d'épouser Bromley car, finalement, disait-elle, il est plus à sa place dans notre famille.

Lorsque le jeune Hoxworth quitta Punahou, il fut entendu qu'il irait à Yale et là ce garçon effacé et moyen s'attira une notoriété tout à fait imprévue. Comme il n'avait pas gaspillé son intelligence à Punahou, il était tout prêt à s'épanouir à l'université et devint bientôt un étudiant prisé et un gentleman accompli. Ses notes étaient meilleures que celles de ses anciens camarades de classe qui l'avaient surpassé à Punahou, et il devint un brillant capitaine de l'équipe de polo, ainsi que le directeur adjoint de l'équipe de basket-ball. Il s'assouplit également, s'humanisa et fut nommé président de sa classe.

Ce fut au cours de sa troisième année qu'il révéla le fond de son caractère, et ses aspirations. Cette prise de position se fit à l'issue d'un cours du professeur Albers, de Leipzig, sur l'impérialisme, qui se terminait par cette observation :

— L'invasion de Hawaii par la coalition Église congrégationaliste-marchands de Boston est comparable au viol de Tahiti par l'alliance Église catholique-commerçants parisiens. Tout comme les Français à Tahiti, mais sans aller toutefois jusqu'à s'assurer le concours de la marine de guerre comme eux, les missionnaires américains ont volé les terres aux Hawaiiens et se sont emparés de l'archipel.

Suivaient le cours du professeur Albers, outre le jeune Hoxworth Hale, son cousin Hewlett Janders, deux Whipple et un Hewlett, mais ces autres descendants de missionnaires se contentèrent de baisser le front d'un air gêné. Hoxworth, lui, toussota, s'agita sur sa chaise puis interrompit hardiment le professeur :

— Monsieur le professeur, je suis navré mais vous me paraissez bien mal informé.

— Pardon ? bredouilla le professeur allemand, stupéfait.

— Ce que vous dites de Tahiti est peut-être vrai, mais en ce qui concerne Hawaii vous vous trompez lourdement.

— Vous ne vous levez jamais pour vous adresser à vos professeurs ? demanda l'universitaire de Leipzig, habitué à plus de respect.

Hoxworth se leva et Albers, se référant à ses notes, se mit à citer une impressionnante liste de sources.

— J'ai là les rapports d'Ellis, de Jarves, de Bird, les recherches d'Amsterfield, de Golier, de Whipple. Ils racontent tous la même histoire.

— C'est possible, rétorqua le jeune homme, mais ils ont tort.

Le professeur Albers rougit de colère.

— Quel est votre nom, jeune homme ?

— Hoxworth Hale, professeur.

— Eh bien, ricana Albers, il me semble que ce n'est pas là un gage d'impartialité !

Ce mépris fouetta l'orgueil de Hale et le poussa à proférer une réplique qui mit le professeur en rage :

— Vous avez cité Jarves. L'avez-vous lu ?

— Je n'ai pas l'habitude de citer des auteurs que je n'ai pas lus ! fulmina Albers.

— Il se trouve que Jarves était un ami de mes ancêtres, et ils le tenaient en très haute estime parce qu'il a été le premier observateur impartial à défendre les missionnaires. J'ai lu ses écrits, dans le texte original, et je puis vous affirmer que son récit ne vous permet pas de soutenir cette thèse !

Le cours se termina dans le brouhaha et le scandale. Au cours des semaines qui suivirent, le professeur Albers, piqué au vif, rassembla toutes les critiques des anticléricaux notoires dont les attaques forcenées contre toutes les Églises et contre la redoutable adresse des prêtres à s'emparer des pays attardés plaisaient aux jeunes iconoclastes de l'époque. Le mot *missionnaire* prit soudain une saveur particulière et toutes les vieilles scies contre ces seconds occupants résonnèrent dans les dortoirs. Yale, dont tant de missionnaires étaient issus, parut tourner casaque. On rappela que le docteur John Whipple avait jeté son froc aux orties pour devenir millionnaire et que Hewlett avait volé des terres aux indigènes naïfs et sans défense. Il devint gênant de s'appeler Hewlett, Hale ou Whipple.

Au bout de cinq semaines de controverses, Hoxworth Hale, alors âgé de dix-neuf ans, demanda l'autorisation de lire en classe le résultat de travaux qu'il venait d'effectuer pour son propre compte et, en petites phrases courtes et froides, développa cette thèse :

— Dans la troisième décennie du siècle dernier, de petits voiliers amenèrent des missionnaires à Hawaii. Il y eut douze navires en tout, et ils transportèrent un total de cinquante-deux missionnaires ordonnés. Au bout de trente ans de dévoués services, tant religieux que sociaux, les missionnaires ne possédaient pour ainsi dire aucune terre, à l'exception d'Abraham Hewlett, qui avait épousé une dame de qualité hawaiienne dont les propriétés étaient d'ailleurs laissées à son nom, pour le bien du peuple. Les Whipple ne possédaient pas le moindre lopin, pas plus que les Hale qui, un peu plus tard, achetèrent simplement le terrain sur lequel ils bâtirent leur maison. De fait, en 1854, le gouvernement hawaiien s'intéressa à la misérable situation des familles missionnaires et fit voter une loi spéciale permettant à tous ceux qui avaient bien mérité des îles d'acheter de petites parcelles de terrains à des prix abordables. Et si le gouvernement a eu ce geste, monsieur le professeur, c'est bien parce qu'il craignait de voir partir les missionnaires et leurs enfants et non parce qu'il avait peur qu'ils ne s'emparassent des îles. Si vous voulez bien rechercher les actes de l'époque et les minutes, vous les trouverez singulièrement révélateurs. Il n'y est question que de la reconnaissance et de la gratitude du peuple de Hawaii.

» Je n'en veux pour exemple que cette proposition de loi datant de juin 1851 : " Les missionnaires qui ont reçu ou demandé des terres ne l'ont jamais fait sans offrir de compensation en échange. Le gouvernement de Sa Majesté traitera avec eux de la même façon qu'il l'a fait dans d'autres cas. Les missionnaires auront les mêmes droits que les autres dans l'accession à la propriété des terres. Toute demande sera prise en considération, et eu égard au déclin de la natalité dans la population locale, tout sera fait pour les maintenir dans les îles. Cette proposition vise donc à concrétiser la gratitude du gouvernement pour l'œuvre accomplie par les missionnaires et pour qu'ils puissent vivre à Hawaii. "

» Une commission d'enquête fut alors nommée et l'on s'aperçut que les missionnaires qui avaient travaillé si durement, et si longuement pour Hawaii, n'avaient rien acquis. La loi fut votée à l'unanimité et le gouvernement stipula que tout missionnaire ayant huit ans de services à son actif aurait le droit d'acheter deux cent vingt-cinq hectares de terres appartenant au gouvernement à un prix inférieur d'un dollar l'hectare à celui que devaient payer les nouveaux arrivants. Cela représentait une réduction de trente-quatre pour cent environ, c'est-à-dire quatre pour cent par année de bons et loyaux services. J'ai eu beau chercher, je n'ai pas trouvé d'autres façons par lesquelles les missionnaires ont pu acquérir des terres et encore y en eut-il qui n'eurent même pas de quoi en acheter, car ils étaient trop pauvres pour profiter de l'offre généreuse du gouvernement. Hawaii tenait essentiellement à garder ses missionnaires et il a été dit, à juste raison, que leur récolte la plus significative n'a pas été le sucre, mais leurs fils. Si vous voulez poursuivre la discussion et prétendre que les brillants fils de missionnaires qui quittèrent Hawaii, étudièrent à Yale et retournèrent aux îles se réservèrent le monopole des hautes situations, dans la médecine, le barreau ou la politique, libre à vous. Mais ne reprochez pas cela aux missionnaires. Prenez-vous-en à Yale. Pour conclure, j'affirme qu'il n'est ni juste ni raisonnable d'accuser ces familles d'avoir volé des terres qu'elles n'ont jamais possédées. Ce sont les aventuriers de la Nouvelle-Angleterre qui ont fait main basse sur les terres et s'il est exact que les descendants des missionnaires les ont fait fructifier, devaient-ils donc les laisser à l'abandon ? Les faits que vous avez cités s'appliquent peut-être à Tahiti, mais pas à Hawaii.

Hoxworth se rassit, le visage congestionné, et attendit les applaudissements de ses camarades pour avoir osé tenir tête à l'arrogant professeur. Mais ce que venait de dire Hale ne plut guère. Il allait à l'encontre des tendances de l'époque et personne ne le crut. On continua de plaisanter cruellement les missionnaires et le jeune homme comprit qu'il n'avait pas accru sa popularité auprès de ses contemporains mais qu'en revanche il s'était attiré l'inimitié de l'université. Ce qui le chagrina le plus, ce fut de voir ses anciens condisciples de Panahou, les Hewlett et les Janders, honteux de sa conduite et furieux qu'un des leurs eût ranimé une querelle qui se fût éteinte d'elle-même et forcé les étudiants à se prononcer pour ou contre les missionnaires, les « contre » représentant une écrasante majorité.

Le premier contact de Hoxworth Hale avec la polémique ne tourna donc pas à son avantage, mais ses recherches lui avaient fait connaître ses ancêtres. Il supporta sans trop de chagrin les attaques contre les missionnaires car il était certain, au fond de son cœur, de leur intégrité. Cette certitude le fortifia singulièrement et l'aida à devenir un homme.

Son goût pour l'histoire de Hawaii le conduisit à des recherches intensives dans les archives et finit par aboutir à un autre scandale, qui causa le départ provisoire du jeune homme de l'université. Un jour qu'il était à la bibliothèque, en train de feuilleter les pages jaunies d'une des premières gazettes de Hawaii, *Polynesian*, il tomba sur les articles bouillants d'un rédacteur qui protestait violemment contre les intrusions dans les affaires des îles du consul britannique et d'un bateau de guerre français. La virulence du journaliste l'amusa et il se dit que ce jeune homme avait dû lui ressembler. Et puis soudain, il s'arrêta à la signature. James Jackson Jarves. Il était certain d'avoir vu ce nom autre part, dans un contexte tout différent.

Il quitta la bibliothèque et se rendit au musée de l'université où se trouvait un des joyaux de Yale, la remarquable collection de primitifs italiens rassemblée par un curieux homme nommé James Jackson Jarves, qui avait vécu à Florence vers 1850. Hoxworth, qui n'avait jamais regardé ces tableaux de près et qui avait appris à considérer Raphaël et Rembrandt comme les sommets de l'art, fut à la fois charmé et stupéfait par ces ors, ces bleus, ces rouges éclatants, par la précision de ces paysages et la vivacité de ces portraits. Il y avait une centaine de petits tableaux, visiblement rassemblés avec amour. Se tournant vers un gardien, il lui demanda qui était ce Jarves. L'employé l'ignorait. Après une seconde tentative infructueuse, Hoxworth s'adressa au conservateur qui fouilla dans ses archives et put lui donner quelques renseignements sur ce donateur oublié :

— C'était un critique d'art américain qui habita Florence au milieu du siècle dernier. Il était l'ami de Robert et Elizabeth Browning, et de Ruskin. Un homme éminent, dans sa spécialité.

— A-t-il jamais vécu à Hawaii ?

— Non. Mais vers la fin de sa vie, il a écrit des livres sur l'art japonais, les premiers du genre. Il a découvert l'art de l'estampe japonaise, aussi il a dû vivre en Orient, bien que je ne puisse en jurer.

— Hawaii n'est pas en Orient, répliqua Hale.

— Est-ce que l'archipel ne fait pas partie de l'Asie ? s'étonna le conservateur.

— Non, répondit sèchement le jeune homme et il le quitta.

A l'époque, il n'estimait guère les universitaires.

Hoxworth Hale était perplexe. Il semblait qu'il ne pût y avoir de rapport entre deux hommes aussi dissemblables qu'un éminent critique d'art italien et le virulent petit journaliste de Hawaii. Le jeune homme poursuivit ses recherches et découvrit enfin que James Jackson Jarves, écœuré de n'avoir pu gagner sa vie avec son *Polynesian*, s'était retiré à Florence où il était devenu le premier grand collectionneur américain, le premier philosophe d'art américain. Son intérêt pour cet étrange bonhomme s'accrut et il songea que celui-là n'avait pas mal réussi, pour un garçon de Hawaii.

Et puis, en cherchant dans quelles circonstances l'université de Yale avait acquis la collection, il fut atterré d'apprendre par quelles ruses sordides l'université s'en était emparée. En 1871, alors que le collectionneur avait cinquante-trois ans et qu'il était terriblement à court d'argent, Yale lui avait prêté vingt mille dollars sur ses tableaux. Le pauvre homme avait été incapable de rembourser Yale et l'université avait mis la collection entière aux enchères publiques, cent dix-neuf chefs-d'œuvre valant au bas mot soixante-dix à quatre-vingt mille dollars en tout à l'époque... plus d'un million de dollars de 1917 ! Mais les autorités universitaires avaient fait courir le bruit que l'on ne pouvait acquérir que l'ensemble de la collection et que, de plus, les acheteurs s'exposeraient à d'interminables procès pour entrer en possession des œuvres d'art. Si bien qu'aucun acheteur ne se présenta et l'université s'attribua la totalité de la collection pour la somme que Jarves devait à Yale.

Scandalisé, Hoxworth prit sa plus belle plume et du papier à en-tête de Yale et écrivit aux journaux pour dénoncer ce qu'il appelait un vol manifeste. Ce fut un tollé général. Il avait osé traîner son université dans la boue !

Pourtant un critique d'art de Boston osa écrire :
L'argumentation si minutieusement développée par le jeune Mr Hale est connue depuis bien longtemps des milieux artistiques, mais les faits n'ont jamais été portés à la connaissance du public, eu égard à la respectabilité de l'institution mise en cause.

De nouveau au centre d'une controverse qui, cette fois-ci, mettait en jeu la réputation de l'université elle-même, le jeune homme fut sommé de se rétracter et de faire des excuses publiques mais il refusa avec hauteur et réitéra ses accusations.

Et puis, un jour qu'il se promenait tristement dans le musée, devant ces tableaux qu'il avait appris à aimer, une pensée entièrement neuve lui vint à l'esprit : « Cela n'a pas d'importance pour Jarves, à présent, que Yale ait volé ses toiles ou non, pas plus que cela n'a d'importance si les missionnaires ont volé des terres aux Hawaiiens. Ce qui compte, ce qui compte seulement, c'est le bien que l'université a accompli. Si Yale ne s'était pas emparée de la collection, malhonnêtement peut-être, elle aurait été dispersée. Où seraient ces chefs-d'œuvre à présent ? A quoi auraient-ils servi ? Et si les missionnaires s'étaient retirés et avaient laissé Hawaii croupir dans la déchéance, quel bien auraient-ils accompli ? Yale a de quoi former de véritables artistes, et Hawaii a tout gagné avec ses missionnaires. Les détails plus ou moins sordides sont sans importance. Peu importe ce qu'un imbécile pompeux comme Albers va raconter. Janders et les autres avaient raison de faire la sourde oreille. Le fait est que maintenant, à Hawaii, il y a des plantations de sucre et d'ananas, des canaux d'irrigation, des réservoirs profonds, et que des peuples divers y vivent en paix et s'entendent bien. Yale a volé les tableaux mais tous ses élèves peuvent en profiter à jamais. Il en va de même pour ce que les missionnaires ont fait à Hawaii. Même s'ils ont volé les îles, ce que je conteste, ils ont fait trop de bien, ils ont apporté trop d'améliorations pour que l'on retienne quoi que ce soit contre eux. »

Ainsi, en ce sombre après-midi, abandonné par ses amis, il comprit qu'il y avait bien des façons de juger ses semblables, et les actes des institutions. Soudain, il en eut assez de Yale, des professeurs, des études arides et des livres poussiéreux. La vie était ailleurs. En conséquence, il quitta tranquillement le musée, jeta un dernier regard à ces tableaux qu'il ne reviendrait jamais voir et se rendit à la poste centrale de New Haven où se trouvait le bureau de recrutement. Il s'engagea le 28 avril 1917, et partit pour la France.

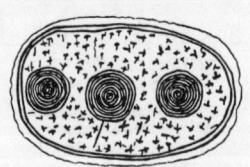

Le 19 août 1916 se produisit un événement qui devait changer le cours de l'histoire de Hawaii mais, comme c'est presque toujours le cas, sa signification passa complètement inaperçue à l'époque. L'incident se produisit parce qu'un des régisseurs allemands, un luna, souffrait d'une rage de dents et se trouvait en état d'ivresse, ce dernier état étant la cause directe du premier.

En général, les luna des plantations étaient durs, cyniques, mais se tenaient assez correctement. Ils venaient presque tous d'Allemagne ou de Norvège et les grandes firmes comme Janders & Whipple les choisissaient pour deux raisons. D'abord, il était impensable d'élever les Orientaux à des postes réclamant quelque responsabilité, en partie parce que rares étaient ceux qui parlaient l'anglais, en partie parce qu'ils n'avait pas l'intention de se fixer à Hawaii, mais surtout parce que les haole refusaient de conférer une quelconque autorité aux Chinois et aux Japonais. D'autre part, à leur grand regret, les planteurs avaient découvert, instruits par d'amères expériences, que les Américains étaient incapables de faire de bons luna. Les Américains intelligents voulaient travailler dans des bureaux, et les autres ne valaient rien.

Hawaii fut donc obligé de faire venir de la main-d'œuvre européenne pour diriger les plantations et régner sur les ouvriers agricoles asiatiques. C'étaient les Allemands qui donnaient le plus de satisfaction, en général, et le fait que l'événement historique qui va suivre ait été causé par un Allemand a quelque chose d'ironique, mais son mal de dents en est probablement responsable.

Il traversait le camp Ishii à six heures du matin, en bottes rutilantes et pantalon de toile blanche immaculé. Depuis quelque temps, il était irrité par le nombre de travailleurs japonais qui se gavaient de sauce au soja afin de provoquer une fièvre provisoire et de « tirer au flanc » ; il était bien décidé à mettre fin à cette déplorable pratique. Si un homme se plaignait de la fièvre, il devait souffler au visage du luna allemand et Dieu le préserve s'il sentait le soja !

Au XIXe siècle, les luna avaient les coudées franches et se laissaient souvent aller à des actes de sadisme sur les travailleurs orientaux. Des Chinois avaient été accrochés par leur tresse à la queue d'un cheval fougueux et traînés dans la poussière rouge. D'autres étaient battus, comme des enfants désobéissants. Avec de telles méthodes, les Européens avaient instauré une dictature impitoyable dans les exploitations de canne, mais avec l'introduction de l'ananas, comme il était facile à un ouvrier désireux de se venger d'arracher des centaines de petites fleurs pour gâcher une récolte, les luna avaient peu à peu renoncé à leurs pratiques abusives, et la vie dans les plantations n'était pas trop dure.

Ce jour d'août 1916, le luna découvrit deux de ses Japonais souffrant de la fièvre de soja et il les expédia promptement aux champs, température ou pas. Puis il quitta le baraquement où vivaient les travailleurs célibataires et pénétra dans la petite maison de bois où Kamejiro habitait avec sa femme Yoriko et fut ulcéré de le trouver alité. Le luna ne prit pas la peine de se souvenir que, depuis quatorze ans, Kamejiro n'avait jamais demandé un seul jour de congé de maladie, et qu'il n'était ni paresseux ni rusé de nature. Il ne vit qu'un Japonais de plus au lit avec la fièvre.

— Souffle-moi au nez, lui cria-t-il.

Kamejiro, qui ignorait tout de l'astuce du soja, ne comprit pas ce qu'on lui voulait, ce qui acheva de persuader l'Allemand de sa perfidie. Il secoua le petit Japonais par l'épaule et répéta :

— Souffle-moi au nez !

Il se pencha sur le grabat et, comme Yorika avait soigné son mari malade, l'avait baigné et lui avait fait manger du riz au soja, le luna perçut l'odeur caractéristique. Il prit l'ahurissement de Kamejiro pour de la moquerie et, le jugement déformé par l'alcool et la rage de dents, il traîna le malade hors de son lit et le fouetta avec la cravache dont les luna ne se séparaient jamais.

Il avait administré une douzaine de coups, sans faire grand mal à cause du manque d'élan et de l'exiguïté de la cabane, quand il comprit, à l'expression de Yoriko et à la figure congestionnée de Kamejiro, que celui-ci pouvait bien être vraiment malade. Mais il ne pouvait se dédire. Il était déjà allé trop loin et force lui était de continuer. Il fit habiller Kamejiro et le poussa devant lui jusqu'au champ d'ananas. Brûlant de fièvre, le malheureux petit Japonais éberlué travailla jusqu'à midi, puis il s'effondra. Ses compagnons se précipitèrent et le travail s'interrompit tandis qu'on le transportait à sa cabane. Le luna allemand, effrayé par la tournure que prenaient les événements, se hâta d'aller chercher le médecin de la plantation et lui expliqua :

— Il faut que vous disiez que c'est la fièvre du soja. Nous devons nous soutenir.

Le médecin, un vieux médicastre incapable, comprit la requête mais il fut néanmoins atterré par la violence de la fièvre et, avant d'annoncer publiquement que l'homme avait triché, il le soigna énergiquement. Le luna le raccompagna et le médecin lui dit que celui-ci ne mourrait pas cette fois, mais que parfois les hommes étaient vraiment malades.

— Oui, mais comment savoir ? demanda l'Allemand, et pour lui l'incident fut clos.

Mais pas pour Kamejiro Sakagawa. Pendant quatorze ans il avait servi ses maîtres avec le dévouement et la loyauté que tout bon Japonais estime devoir à ses supérieurs. Tous les récits épiques colportés jusque dans ces colonies lointaines exaltaient le sens de l'honneur et le patriotisme des Japonais. Les suicides, les immolations, et l'exploit du colonel Ito procédaient du même dévouement inconditionnel aux supérieurs, en l'occurrence l'empereur et son armée. Kamejiro avait retenu la leçon mieux que n'importe qui, et la loyauté inhérente à sa nature ne s'exprimait jamais aussi bien que lorsqu'il incarnait le colonel Ito. Et maintenant, il était déshonoré. Quand la fièvre commença à tomber et que ses amis vinrent le voir, il ne cessa de soupirer :

— Le pire, ce n'est pas le fouet, bien qu'il m'ait fait mal. Mais quand je suis tombé, il m'a donné un coup de pied ! Avec son soulier !

Si un juge avait demandé au luna allemand de dire ce qui s'était passé sous la foi du serment, il n'aurait su répondre, car pour lui ce coup de pied n'avait aucune importance. Mais pour un Japonais, c'était l'injure suprême, impardonnable. Il était impossible d'expliquer à Kamejiro qu'un coup de pied n'était pas pire qu'une volée de coups de cravache. Il savait bien que dans les récits héroïques japonais, la scène la plus terrifiante survient quand le traître, après avoir abattu et assommé le héros, ôte solennellement sa chaussure, son *zori*, et s'en sert pour donner une petite tape à sa victime. L'auditoire du conteur frémit, car la mort seule peut venger pareil affront.

— Il t'a donné un coup de pied ? s'exclama l'un des plus âgés dans un souffle horrifié.

— Oui.

— Un misérable Allemand ignorant a donné un coup de pied à un Japonais !

— Oui.

— C'est la honte du Japon, déclara le visiteur d'un ton navré et il sortit en hochant la tête.

Resté seul, Kamejiro se tourna vers le mur et pleura. Puis, après avoir longuement réfléchi, il annonça à Yoriko qu'il emprunterait le sabre d'Ishii-san et qu'il irait se faire hara-kiri devant la maison du luna. Elle eut toutes les peines du monde à l'en dissuader. Enfin, elle réussit à lui faire adopter un autre plan : il attendrait d'être bien remis, et fortifié, puis il attendrait le luna au détour d'un chemin, lui sauterait dessus, le jetterait à terre et lui donnerait un coup de zori.

Kamejiro ne dit rien, mais se soigna et, en attendant sa guérison, apporta quelques améliorations au plan de Yoriko. Il finit par reprendre son travail et surveilla attentivement les habitudes de l'Allemand avant de tendre son piège.

Un soir, il se posta au milieu du chemin et attendit le luna. Quand il le vit arriver, Kamejiro trembla de crainte et de colère, mais il se maîtrisa et quand le régisseur passa devant lui, il le héla sèchement :

— Mr von Schlemm !

Surpris, le luna s'arrêta et reconnut le travailleur modèle qu'était Kamejiro. Il avait complètement oublié l'affaire de la cravache et lui sourit.

— Qu'est-ce que tu me veux ?

Il vit alors avec ahurissement le petit Japonais se courber, ôter son zori, se redresser, les talons joints, le soulier à la main et le frapper légèrement à l'épaule avec la sandale poussiéreuse. Kamejiro s'attendait à une explosion de colère. Il croyait fermement que l'homme allait se ruer sur lui. Les amis tapis dans les buissons bondiraient alors et corrigeraient sévèrement le luna.

Mais rien ne se passa. Le grand Allemand éberlué regarda son étrange assaillant et haussa les épaules, sans comprendre.

— Tu voulais me parler ? dit-il.

Écœuré de cette lâcheté, Kamejiro lui tourna le dos et s'en alla à cloche-pied, son zori à la main. Le grand luna, plus perplexe que jamais, le suivit des yeux un moment, haussa encore une fois les épaules et regagna ses quartiers sans entendre les rires étouffés qui fusaient derrière les buissons.

Ce soir-là, Kamejiro Sakagawa fut le héros du camp. Il dut raconter vingt fois son histoire et ses amis, qui avaient assisté à la scène, renchérissaient. Un ancien proposa enfin de célébrer dignement l'événement en buvant du saké, mais avant que l'on eût sorti les bouteilles, Ishii-san se précipita dans le baraquement, les yeux rougis de larmes et s'écria :

— Ma femme est partie !

— Sumiko-san ?

— Elle s'est enfuie à Honolulu, gémit le malheureux mari. Elle a dit qu'elle ne pouvait plus vivre à Kauai. Je l'ai suppliée... Elle se moquait de moi parce que je n'avais pas de costume noir.

Honteux et humilié, il courba la tête et les ouvriers eurent pitié de lui car c'était un homme instruit qui savait lire et écrire, qui avait dépensé beaucoup d'argent pour faire venir une femme du Japon, la plus jolie Japonaise de Hawaii, et qui n'avait pas su la garder.

Après un moment de silence consterné, Mrs Sakagawa, la paysanne trapue qu'il avait dédaignée, s'approcha de lui :

— Oublie cette fille dévergondée, Ishii-san. Nous avons appris à la connaître sur le bateau et nous savions qu'elle ne ferait jamais une bonne épouse. Tu n'y es pour rien. Je le ferai savoir.

Il regarda droit dans les yeux cette femme fruste qu'il avait fait venir d'Hiroshima.

— Tu m'as pardonné, Yoriko-chan ? demanda-t-il d'un air triste.

— Depuis longtemps, car grâce à toi j'ai trouvé l'homme qui m'était réellement destiné.

Bien que n'ayant pas reçu d'éducation, elle avait parlé d'une voix chantante, féminine, les yeux baissés, et tous les hommes présents se dirent que Kamejiro avait gagné au change.

Ce soir-là, dans sa cabane, Kamejiro murmura à sa femme :

— Tout à l'heure, j'ai frémi en pensant que Sumiko aurait pu être ma femme.

— Elle t'aurait abandonné aussi.

— J'ai de la chance ! Je suis heureux ! Les quatre cent mille dieux du Japon m'ont protégé !

Yoriko le regarda et demanda :

— C'est vrai que tu as frappé le luna avec ton zori ?

— Oui.

— Je suis fier de toi. Tu es la gloire du Japon.

Ils tombèrent ensemble sur le lit et Kamejiro observa :

— C'est drôle. Il est vrai que je ne sais pas grand-chose des femmes, mais j'avais toujours cru que lorsqu'on se mariait et qu'on dormait ensemble, les bébés ne tardaient pas à venir.

— Ils viennent parfois.

— Mais pas chez nous, on dirait.

— Peut-être faut-il travailler davantage, dit Yoriko et elle souffla la lampe.

Yoriko travaillait à bien d'autres tâches. Elle gagnait cinquante-quatre *cents* par jour à cueillir les ananas pendant la saison, et entre-temps, elle arrachait les feuilles superflues, pour soixante-quinze *cents* les mille têtes. Elle s'y attelait avec tant d'ardeur qu'elle arrivait à dépouiller parfois quatre mille tête dans sa journée et les maris la citaient en exemple à leurs femmes qui rétorquaient aigrement :

— Je suis une femme et pas une machine, moi !

Yoriko faisait également la cuisine pour les célibataires de la grande baraque. Son mari et elle se levaient à présent tous deux à trois heures et demie, lui pour s'occuper de son bois de chauffage du bain, elle pour préparer les petits déjeuners et, à eux deux, ils gagnaient de bons salaires mais le but qu'ils s'étaient fixés, les quatre cents dollars d'économies, semblait s'éloigner de jour en jour. Il y avait toujours des quêtes, des causes à soutenir, des prêtres à entretenir, des dons à faire aux écoles japonaises, des amis à tirer d'embarras...

Ainsi, Ishii-san arriva un jour dans la cabane et sollicita un prêt de trente dollars.

— Il faut que j'aille à Honolulu au plus vite, expliqua-t-il sans chercher à retenir ses larmes.

— Sumiko ? demanda Yoriko.

— Oui. Hashimoto-san, le photographe de Kapaa, est allé à Honolulu pour acheter un nouvel appareil à photos, et il a appris que l'homme qui avait enlevé Sumiko l'a abandonnée en ville, et... Et elle...

— Elle travaille au bordel ? demanda nettement Yoriko.

— Hélas...

— C'est son destin, Ishii-san, assura la solide paysanne japonaise. Laisse-la. Tu ne peux rien pour elle.

— La laisser là ? Mais c'est ma femme !

— Crois-moi, Ishii-san, celle-là ne sera jamais une épouse.

— Alors vous ne voulez pas me prêter trente dollars ?

— Bien sûr que si, dit Kamejiro et il passa outre aux protestations de sa femme qui jugeait que c'était de l'argent perdu.

Cinq jours plus tard, honteux et confus, Ishii-san revint seul à Kauai. On ne parla plus de la belle Sumiko, mais parfois Kamejiro, incapable d'oublier le péril auquel il avait échappé, demandait de ses nouvelles aux matelots de Honolulu, de passa à Kauai. Il apprit enfin qu'elle était retournée au Japon.

Il courut annoncer la nouvelle à Yoriko, mais elle en avait une autre à lui confier et ne le laissa pas parler.

— Kamejiro-san, dit-elle à voix basse mais d'un ton triomphant. Nous allons avoir un enfant.

Kamejiro leva les bras au ciel et oublia complètement Sumiko.

— Un bébé ! s'écria-t-il joyeusement. Nous l'appellerons Goro.

— Pourquoi Goro ? Ce n'est pas un nom pour un premier fils !

— Peut-être, mais il y a des années que j'ai décidé que mon premier fils s'appellerait Goro. J'aime bien ce nom.

S'il est vrai que l'incident qui opposa Kamejiro Sakagawa et le luna allemand von Schlemm devait avoir des conséquences historiques, elles n'apparurent que quarante ans plus tard. Ce qui suit dans l'immédiat, ce fut que l'histoire fit le tour de l'archipel et quand elle arriva à Honolulu elle avait pris les proportions d'une véritable émeute et les régisseurs racontaient entre eux avec appréhension l'histoire de « ce petit Japonais de malheur qui avait cassé la figure du luna allemand ». Whip Hoxworth était en vacances en Espagne à ce moment mais, dès son retour, on s'empressa de lui raconter la bagarre. Son cou se gonfla et ses cicatrices apparurent plus livides dans sa figure congestionnée de colère.

— Qui est le Japonais ? demanda-t-il.

— Un nommé Kamejiro Sakagawa, répondit un employé de la compagnie maritime H & H.

Whip répéta plusieurs fois ce nom à mi-voix, en se tournant vers les montagnes de Koolau, tandis que la fureur montait en lui. Enfin il se retourna, saisit l'employé au collet et lui jeta au visage :

— Quand y a-t-il un bateau pour Kauai ?

Quand le petit caboteur des îles eut quitté Honolulu, l'employé maritime hocha la tête et soupira :

— Dieu ait pitié de ce petit Japonais quand ce sacré Whip lui mettra la main dessus !

A Lihue, Whip sauta à terre en proie à la plus vive agitation, héla un taxi et se fit conduire à Hanakai.

Sitôt arrivé, il rugit :

— Qu'on m'amène ce foutu Kamejiro qui se figure qu'il peut casser la figure à mes luna !

Lorsque Kamejiro arriva, son bonnet à la main comme il se devait, Whip se rua vers lui en hurlant :

— Il paraît que tu as à moitié assommé un de mes luna ?

Kamejiro, sans comprendre ce qui lui arrivait, pensa tout de suite qu'il allait être renvoyé et se demanda ce qu'il deviendrait, avec une petite fille qui venait de naître.

— Eh bien, réponds ! reprit Whip. C'est bien toi qui as fait le coup ?

— Je n'ai pas assommé le luna, Hoxuwurta. C'est la vérité que je vous dis, bredouilla le petit Japonais. La vérité.

Soudain, Whip saisit Kamejiro par le devant de sa chemise, avança la figure et demanda :

— Petit homme, c'est vrai que tu es aussi dur qu'on veut bien le dire ?

— Dur ? Qu'est-ce que c'est, dur ?

— Le jour où tu m'as demandé de la tôle galvanisée pour ton bain chaud ? Est-ce que tu te serais vraiment battu avec moi ?

Cette fois, Kamejiro comprenait et comme il allait être renvoyé, il n'éprouva pas le besoin de mentir ni d'être prudent.

— Oui. Je vous aurais envoyé un bon coup de tête, là, dit-il en posant son index contre le ventre de Whip.

— Je m'en doutais, répondit Hoxworth en éclatant de rire. Tu veux savoir ce que j'aurais fait, moi ? Quand tu aurais baissé la tête, je t'aurais assommé sur la nuque... Comme ça ! Je t'aurais tué !

Kamejiro recula d'un tas et le foudroya du regard.

— J'aurais peut-être été trop rapide, aussi !

A sa grande surprise, Whip continua de rire de plus belle, puis il embrassa son ouvrier, le prit sous ses aisselles et le souleva de terre.

— Kamejiro, tu es un homme qu'on peut respecter ! Fais tes paquets, mauvais bougre ! Nous avons rendez-vous avec une montagne !

Kamejiro se dégagea et considéra son maître avec méfiance. Mais Whip l'entraîna sur la pelouse et lui montra les hautes cimes verdoyantes de Kauai.

— Toi et moi, nous allons partir pour Oahu, Kamejiro. Et nous allons creuser un tunnel à travers la montagne. Nous aurons de l'eau...

— Je ne comprends pas.

— Nous allons creuser un tunnel à la dynamite à travers la montagne, répéta Hoxworth, et c'est toi qui feras tout sauter.

Kamejiro fronça les sourcils.

— Boum-boum ?

— Boum-boum ! Gros boum-boum !

— Des fois, boum-boum vous tue, protesta Kamejiro.

— C'est pour ça qu'il me faut un homme qui n'a pas froid aux yeux, cria Whip. Tu seras bien payé. Un dollar par jour.

— Un dollar et demi, ce serait mieux.

Whip considéra le petit homme et se remit à rire.

— Pour toi, Kamejiro, ce sera un dollar et demi.

Il tendit sa main ouverte au petit Japonais trapu, mais Kamejiro recula.

— Et la tôle galvanisée pour le bain ?

— Toute la tôle que tu voudras. Il paraît que tu as un enfant ?

— Une fille, avoua honteusement Kamejiro.

— Emmène-la... Et ta femme aussi, cria Whip et le marché fut conclu.

Le camp où Kamejiro installa sa famille était perché tout en haut du versant pluvieux de la chaîne de Koolau, à Oahu, et pour construire son bain chaud à l'usage des ouvriers japonais, il lui fallut élever une cabane étanche. Yoriko l'aida de ses mains. Elle s'occupa ensuite de la cantine et, en travaillant inlassablement jour et nuit, les deux Japonais économes réussirent à accroître leur magot. Mais leur fortune était moins due à leurs gains qu'au fait que les agents du consulat japonais, les prêtres bouddhistes et les conteurs ne pouvaient les atteindre à de telles attitudes. Kamejiro passa ainsi deux ans en ignorant combien sa patrie avait besoin de son argent.

Son travail consistait à hisser d'énormes charges de dynamite, à les loger dans des orifices puis à les faire exploser dans un jaillissement spectaculaire. La technique était simple et sans danger si l'on observait bien les consignes de sécurité. Mais la structure géologique particulière de la chaîne de Koolau rendait le travail non seulement pénible mais périlleux.

Il y a des millions d'années, les roches s'étendaient sur un rivage plat, dans une alternance de couches dures et de conglomérat poreux. Par la suite, ces roches s'étaient soulevées, exposant les couches friables au ruissellement permanent des pluies tropicales, qui alimentaient ainsi les poches souterraines de l'île où Whip avait fait creuser des puits depuis trente-cinq ans. Lorsque Kamejiro perçait la roche dure, tout allait pour le mieux, mais lorsqu'il atteignait le conglomérat perméable, la perceuse lui échappait des mains sous la poussée de milliers de litres d'eau qui inondaient alors le tunnel. Kamejiro était constamment trempé jusqu'aux os, et malgré la chaleur de l'eau, risquait la pneumonie.

En l'observant travailler, Whip se disait souvent : « Voilà un homme qui mériterait d'être américain. »

Mais c'était là une pensée dénuée de sens, car il savait bien, et les Japonais aussi qui se l'étaient clairement entendu notifier par les Américains, qu'aucun Japonais n'accéderait jamais à la nationalité américaine. Par exemple, quand les travailleurs japonais jugèrent la nourriture immangeable, ils se traînèrent jusqu'à leur consulat pour protester. Peine perdue, car les membres de la représentation consulaire japonaise appartenaient à une classe qui exploitait les ouvriers bien plus durement que quiconque à Hawaii. Les plaintes restèrent lettre morte et les travailleurs, rudement éconduits, rentrèrent au chantier. En désespoir de cause, ils allèrent trouver Whip qui, après en avoir goûté une bouchée, décréta la nourriture infecte et fit améliorer l'ordinaire, coupant ainsi court à toute future rébellion.

Le dynamitage de Koolau présentait de réels dangers pour des causes multiples : fusée défectueuse, allumage ou connexions incorrects. Mais si la charge, pour une raison indéterminée, finissait par exploser, l'ouvrier risquait bel et bien sa vie. Quand pareil incident se produisait, on faisait appel à Kamejiro, qui semblait avoir un sixième sens pour la dynamite. Quatre hommes se firent tuer faute d'avoir écouté ses avertissements et, dès lors, son avis fit autorité en la matière : une fois, il fit suspendre les travaux pendant deux heures et évacuer les tunnels, épargnant ainsi aux ouvriers une mort certaine sous un millier de tonnes de basalte. Ce soir-là un des rescapés, encore sous le choc, interpella Mrs Sakagawa de son bain chaud en ces termes :

— Aujourd'hui, madame, le Japon tout entier est fier de votre mari.

Quand les derniers fragments de roche basaltique eurent été déchiquetés par les charges de dynamite de Kamejiro, Hawaii put enfin apprécier ce que Whip avait accompli. Cent millions de litres d'eau par jour se déversèrent et allèrent rejoindre les réserves des puits artésiens. Il devint enfin possible de cultiver des milliers d'hectares de terres en friche, désespérément arides jusqu'alors. Selon la millénaire habitude de Hawaii, la volonté et l'intelligence d'un seul homme avaient transformé un bien éventuel en une réalité tangible.

Pour l'inauguration du premier grand tunnel à travers la montagne, une estrade fut élevée, où prirent place le gouverneur, trois juges, des généraux et Whip Hoxworth le turbulent. On prononça des discours fleuris, on complimenta les ingénieurs qui avaient dressé les plans et les braves banquiers qui avaient financé le projet, et les solides luna qui avaient surveillé les travaux. Mais on oublia les Japonais. A croire qu'une fois le projet accepté et financé, le tunnel s'était creusé tout seul. Cependant, à la fin de l'après-midi, Whip, qui avait du tact et de l'instinct, alla trouver le petit Kamejiro Sakagawa qui était en train d'abattre sa cabane de bains sur le versant pluvieux et il lui dit :

— Kamejiro, que vas-tu faire maintenant ?

— Peut-être trouver un travail de dynamiteur.

— Difficile à trouver. Tu veux revenir travailler chez moi à Hanakai ?

— Je vais peut-être m'arrêter à Honolulu. C'est peut-être mieux.

— Je le crois aussi. Écoute, Kamejiro. Jamais je n'aurais pu percer ce tunnel sans toi. Si j'y avais pensé, je t'aurais placé sur l'estrade. Mais je n'y ai pas pensé et il est trop tard. Peu importe. J'ai un lopin de terre à Honolulu, assez grand pour faire un beau potager. Je vais te le donner.

— Je ne veux pas de terre, répondit le petit Japonais. Bientôt, nous retournerons au Japon.

— Tu as peut-être raison. Voilà ce que je vais faire, alors. Au lieu du terrain, je te donne deux cents dollars. Et si jamais tu veux revenir à Hanakai, tu n'as qu'à me le dire.

Et Kamejiro refusa un terrain qui allait un jour valoir deux cent mille dollars. Il accepta deux cents dollars à la place, mais cette transaction n'était pas aussi stupide qu'elle le paraît, car cette somme venant s'ajouter aux économies du ménage allait enfin leur permettre de retourner au Japon.

Ils quittèrent la montagne pluvieuse où ils avaient travaillé avec tant d'ardeur et se rendirent joyeusement à Honolulu, aux bureaux du *Kyoto-Maru*, mais en arrivant en ville ils furent immédiatement entourés d'agents consulaires qui récoltaient des fonds pour la vaillante marine japonaise impériale qui s'était battue contre l'Allemagne, et pour les courageux colons qui s'installaient dans les nouvelles possessions, Saipan et Yap. Des prêtres bouddhistes les sollicitèrent en expliquant qu'ils construisaient un nouveau temple à

Nuuanu. Et Ishii-san était venu de Kauai tenter sa chance à Honolulu, et avait besoin de cent cinquante dollars.

— Kamejiro, supplia Yoriko. Ne donne pas d'argent à cet homme. Il ne rembourse jamais !

— Chaque fois que je vois le pauvre Ishii-san, cela me rappelle que je lui ai volé son épouse légitime et que mon bonheur est basé sur son malheur, murmura doucement Kamejiro. S'il a besoin d'argent, je dois le lui donner.

Le retour au pays fut donc remis, et puis, à quelque temps de là, Yoriko annonça qu'elle allait avoir encore un enfant. Ce fut un garçon qu'ils appelèrent Goro, et qui fut suivi de trois frères — Tadao en 1921, Minoru en 1922, Shigeo en 1923 — et les liens subtils qui retenaient les Sakagawa à Hawaii se resserrèrent de plus en plus car, en grandissant, les enfants allaient parler anglais, rire comme des Américains et délaisser le riz traditionnel pour les hot-dogs, et les conserves.

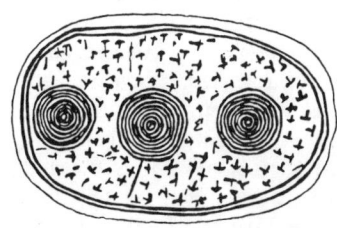

Ce furent de bien sombres années pour les Sakagawa. Kamejiro chercha d'abord du travail comme dynamiteur, mais en vain, et finit par retourner aux champs, à la plantation de sucre située à l'ouest de Honolulu, cette plantation Malama qui avait été créée grâce aux premiers puits artésiens.

Il vécut misérablement avec sa famille dans une hutte rudimentaire et travailla douze heures pour soixante-sept *cents* par jour, tandis que Yoriko confiait les enfants à des voisins et trimait aussi dans les champs de canne. Tous les soirs, cependant, ils avaient un instant de joie quand les petits se précipitaient à leur rencontre, avec leurs cheveux noirs raides coupés au carré. Mais bientôt, ces instants mêmes furent un peu gâchés car, peu à peu, Kamejiro et Yoriko s'aperçurent qu'ils ne comprenaient pas ce que leurs enfants leur disaient, dans un mélange d'anglais abâtardi, de hawaiien et de japonais. Kamejiro se décida à mettre la fille aînée, Reiko-chan, à l'école japonaise. En effet, il était bien déterminé à la ramener un jour au Japon et lui trouver un époux. Le professeur était un jeune homme frêle, très à cheval sur la tradition. Dans la classe trônait une inscription, indéchiffrable pour Kamejiro, qui signifiait « Gloire à l'empereur ».

— Ici nous prodiguons le même enseignement qu'au Japon et si votre enfant ne travaille pas bien, elle aura des problèmes.

— Vous lui enseignerez la grandeur du Japon ? demanda Kamejiro.

— Aussi bien qu'à Hiroshima-ken, lui assura le professeur, et à en juger par la façon dont il faisait rentrer les leçons dans la tête des jeunes garçons récalcitrants, il se dit que sa fille était en bonnes mains. Et bientôt, la petite fille étant vive et intelligente, la joie revint. Kamejiro éclatait de fierté. Sa fille parlait un japonais très pur et elle savait lire et écrire.

Mais ces joies étaient bien peu de chose à côté de la misère quotidienne. Bien que la vie fût plus chère à Oahu qu'à Kauai, les salaires étaient moins élevés. La pauvre Yoriko portait les mêmes vêtements depuis cinq ans et la famille mangeait rarement à sa faim. Kamejiro commençait à désespérer lorsqu'un visiteur inattendu se présenta à la plantation. C'était Ishii-san, qui était à présent un agent de la Fédération Japonaise du Travail. Il apprit aux Sakagawa que son organisation avait décidé d'obtenir des salaires convenables pour les ouvriers.

Il avait secrètement réuni une poignée d'ouvriers et les avait harangués avec conviction :

— Nous demandons un salaire d'un dollar vingt-cinq par jour pour les travailleurs. Vous rendez-vous compte à quel point cela améliore-rait votre condition ? Nous réclamons également la journée de huit heures, la répartition des bénéfices en fin d'année si la récolte a été bonne, des heures supplémentaires si on nous fait travailler le dimanche et un congé de maternité pour les femmes.

Tapis dans l'ombre d'une petite cahute, les hommes se laissaient déjà bercer par cette vision du paradis sur terre, lorsqu'un des participants, posté en sentinelle, fit irruption au cri de : « Voilà les luna ! » Quatre robustes Allemands entrèrent en trombe, saisirent le minuscule Mr Ishii avant qu'il ait pu esquisser le moindre geste et le traînèrent dehors dans la poussière. Ils se contentèrent de lui assener quelques coups de poing bien placés et le jetèrent sur la route d'Honolulu.

— Et ne t'avise pas de remettre les pieds ici, avec tes idées subversives ! Sinon la prochaine fois, on t'éclate la tête à coup de dynamite !

Tandis que deux des luna s'assuraient que le petit fauteur de trouble quittait la plantation, les deux autres revinrent dans la case où s'était tenu le meeting clandestin. Ils notèrent les noms des ouvriers présents, parmi lesquels Sakagawa.

— En voilà une façon de remercier Janders & Whipple ! Qui habite ici ? C'est toi, Inoguchi ? (Le plus grand des deux régisseurs prit le petit homme au collet.) Je me souviendrai de toi en temps utile.

Il le relâcha avec mépris, en dévisageant durement les autres. Puis ils disparurent, non sans avoir signifié d'un ton sans réplique que tout rassemblement était formellement interdit.

— Il coulera beaucoup d'eau sous les ponts avant que nous obtenions tout ce qu'Ishii nous a promis, murmura Kamejiro à l'oreille d'Inoguchi en quittant les lieux.

— Je le crains, approuva celui-ci.

A partir de cette nuit-là, la situation devint de plus en plus tendue à Malama Sugar. A la surprise générale, le brave petit Ishii fit preuve d'un héroïsme insoupçonné et, bien qu'ayant affaire à forte partie, il se glissait la nuit dans la plantation pour informer les ouvriers du déroulement des négociations. Lorsqu'ils le surprenaient, les luna le chassaient sans ménagement, mais cela lui était égal car il avait enfin trouvé sa voie en se faisant le porte-parole des travailleurs opprimés. Il revenait inlassablement à la charge malgré les menaces des luna de renvoyer sur-le-champ quiconque serait surpris en sa compagnie. Il était devenu leur bête noire. Il avait fait prendre conscience aux Japonais de leur condition d'exploités, et ceux-ci continuaient à se réunir, à leurs risques et périls, lorsqu'un jour il leur déclara, avec cette tristesse que confère la lucidité :

— Nos revendications n'aboutiront jamais si nous ne nous mettons pas en grève.

Dès le lendemain circulait dans Honolulu un manifeste rédigé dans le style inimitable de Mr Ishii :

Honorables citoyens de Hawaii, daignez prêter attention aux travailleurs de la canne qui s'adressent à vous, humbles et pleins d'espoir. Pensez-vous, lorsque vous passez près des champs ondoyants, que ceux qui les cultivent ne gagnent que soixante-quinze cents par jour ? Savez-vous qu'avec cet argent nous devons élever nos enfants, et leur donner une éducation décente, mais que nous crevons de faim ?

Nous aimons Hawaii et considérons que c'est un immense privilège de vivre sous le drapeau américain, symbole de liberté et de justice. Nous sommes heureux d'être partie prenante de la grande industrie sucrière qui nous fait tous vivre. Nous sommes durs à la tâche : ces terres n'étaient que friches lorsque nous sommes arrivés ici, il y a vingt-cinq ans, et par notre travail acharné, nous en avons fait des plantations prospères. Il ne faut pas négliger, bien sûr, l'importance des investissements réalisés par les riches capitalistes ni la compétence des régisseurs. Mais il ne faut pas sous-estimer pour autant le travail des hommes qui ont mis ces terres en valeur à la sueur de leur front. Les cimetières sont remplis de ces pionniers de Hawaii, morts dans la misère. Les travailleurs ont droit à la dignité et au respect. Les régisseurs nous traitent comme des outils que l'on jette après usage. J'ai même entendu l'un d'eux dire que nous ne valions pas plus que des sacs de jute. Nous sommes des êtres humains, membres de la communauté. Nous voulons un dollar vingt-cinq par jour, pour huit heures de travail. Nous les méritons, et cela dans l'intérêt général.

Cette diatribe pour le moins originale fut diversement accueillie. Kamejiro eut les larmes aux yeux quand on lui lut ce discours au style fleuri, malgré la présence des luna qui notaient les noms de tous ceux qui assistaient au meeting. Le petit Ishii avait touché la corde sensible.

— Je n'ai jamais rien entendu d'aussi émouvant. Il dit que nous faisons partie de la communauté des hommes. Avais-tu jamais pensé à cela avant ? demanda-t-il à Inoguchi.

— Tout ce que je crois, répliqua celui-ci, c'est que nous allons avoir des ennuis.

Kamejiro fit part à sa femme de sa fierté d'avoir prêté de l'argent à Ishii qui avait si bien compris leurs sentiments à tous, mais la robuste Yoriko se contenta de répliquer :

— Préparons-nous à avoir faim.

Le jour même, la grève commençait. Lorsque Whip Hoxworth prit connaissance du manifeste, il se mit à crier à l'invasion bolchevique. Un frisson d'horreur parcourut l'assemblée des planteurs lorsque Whip, analysant le texte phrase après phrase, en démontra le mécanisme.

— Bon sang, messieurs, ce texte nauséabond s'attaque à tous les fondements de notre société ! Si jamais l'un d'entre vous cède quoi que ce soit à ces bâtards jaunes, je lui démolis moi-même le portrait.

Les autres planteurs, qui avaient un peu étudié les thèses marxistes et en comprenaient un peu mieux les implications, ne furent sans doute pas insensibles au contenu du discours, mais ne laissèrent pas apparaître le moindre signe de désaccord avec leur leader.

— Quel est celui d'entre vous qui s'est laissé aller à cette stupide comparaison avec les sacs de jute ? tempêta Whip. C'est vrai, nous savons tous qu'un ouvrier ne vaut pas plus qu'un sac de jute, mais, bon sang, fermez-la ! Inutile de dire tout haut ce que nous pensons tout bas ! Des idées vénéneuses sont en train de se répandre dans le monde, à cause de ce Woodrow Wilson qui s'adresse directement aux masses, comme ce maudit document. Dorénavant c'est moi qui parlerai en notre nom à tous.

Sur quoi il fit venir un secrétaire et se mit à dicter, sous les yeux de ses compatriotes éberlués :

— Nous avons étudié la déclaration de la Fédération Japonaise du Travail et relevons avec satisfaction le ton modéré du discours et son argumentation prudente, chose qui n'allait pas de soi lors des précédents conflits. Les auteurs doivent en être remerciés.

» A notre grand regret cependant, des travailleurs étrangers — pas même citoyens hawaiiens — ont cru bon de nous donner des leçons sur la façon de gérer notre industrie. Il est de notre devoir, en tant que citoyens américains, de faire remarquer que nous sortons d'une guerre pour défendre les principes de la démocratie et que l'état de notre économie ne nous permet tout simplement pas d'engager des dépenses supplémentaires. Une analyse un peu approfondie de ces requêtes fera apparaître de façon impartiale...

Il poursuivit ainsi sur un ton apaisant, et lorsque le secrétaire se fut retiré, il déclara :

— Voilà le moyen de venir à bout de ces sales petits Jaunes : il y a un complot de Japonais bolcheviques contre les principes de la démocratie américaine. Pour l'amour du ciel, n'oublions jamais ça.

Le manifeste fit forte impression à la rédaction du *Mail* d'Honolulu. C'était en effet la première fois qu'une revendication était rédigée avec une telle maturité de réflexion.

— Cet article est le fait d'un type diablement intelligent, tempêta le rédacteur en chef. Il aurait pu aussi bien être écrit par Thomas Jefferson ou Tom Paine. A mon avis, c'est le document le plus subversif jamais paru à Hawaii et nous ne devons pas le sous-estimer.

Il convoqua toute son équipe pour l'analyser puis se retira dans son bureau et écrivit son éditorial :

Aujourd'hui enfin les citoyens de Hawaii ont ouvert les yeux sur ce qui se trame dans les écoles japonaises, les temples bouddhistes et les recoins les plus obscurs du consulat impérial : le manifeste d'un syndicat bolchevique aura enfin dessillé notre regard. Citoyens de Hawaii, nous sommes en présence d'un véritable complot destiné à annexer ces îles à l'empire du Japon. Les premières tentacules de l'hydre se sont déjà déployés à Kauai, Maui et Oahu. Ces Asiatiques machiavéliques ont fomenté le projet de supplanter à la tête de ces îles les nobles fils des pionniers américains, dans le seul but d'étendre la suprématie de leur empire et sans se soucier du bien-être des populations. Les conspirateurs japonais demandent au peuple de Hawaii de soutenir leur cause, et nous demandons à ce même peuple de songer à ce qui se passerait si cette grève était un succès. Des étrangers essaieraient de diriger notre industrie en lieu et place d'hommes compétents comme les Whipple, les Janders, les Hale ou les Hoxworth à qui nous devons la prospérité de ces îles. Le sucre et l'ananas dépériraient. Les cargos n'accosteraient plus. Nos écoles péricliteraient et nos églises fermeraient leurs portes. Nous devons combattre impitoyablement cette grève. Les citoyens de Hawaii doivent être solidaires face à la menace étrangère. La question est brutale : Hawaii doit-il rester américain ou devenir une colonie japonaise ? Mais on ne peut guère la poser en d'autres termes et n'importe quel Américain un peu raisonnable aura compris l'importance du défi. Cette grève doit échouer ! Pas d'indulgence pour qui trahit Dieu et sa patrie ! Si jamais, au cours de cette grève, nous étions amenés à choisir entre la ruine économique de ces îles et leur confiscation par les bolcheviks du syndicat japonais, non seulement nous opterions pour la première solution, mais nous la favoriserions.

Contre toute attente, le consulat japonais réagit violemment au manifeste. Lorsque le second secrétaire en prit connaissance, son sang ne fit qu'un tour et il le porta immédiatement à son supérieur, qui le lut en tremblant de rage.

— Les imbéciles ! hurla-t-il. Ils devraient s'estimer heureux. Ils gagnent deux fois plus que ce qu'ils auraient au Japon, et on les traite bien.

Il voyait déjà l'éditorial du *Mail* d'Honolulu ! Il arpenta la pièce tout en continuant à fulminer, puis il convoqua le personnel du consulat.

— Les consignes sont les suivantes, dit-il d'un ton glacial. Le consulat ne fera pas un geste pour soutenir les grévistes. S'ils envoient une délégation — comme cela s'est déjà produit par le passé — nous la recevrons sans la moindre indulgence. Cette grève doit être brisée rapidement.

— Si les travailleurs demandent à être rapatriés ? demanda un subalterne.

— Leur devoir est de rester ici et d'envoyer leur salaire au Japon, aboya le consul.

— Et s'ils se plaignent de la brutalité policière ? insista l'employé.

— Avisez-m'en. Nous enregistrerons les plaintes, mais nous ne devons en aucun cas donner l'impression d'être du côté des grévistes. Ce ne sont pas les travailleurs qui gouvernent l'île, et c'est aux planteurs comme Whipple Hoxworth que nous devons rendre des comptes.

— Encore une question, monsieur, s'il vous plaît. S'ils réclament de la nourriture ?

— Rien de moins sûr. Messieurs, cette grève est une grève idéologique. Au Japon, des phrases comme celles qui apparaissent dans ce document vaudraient la prison à vie... ou la peine de mort à son auteur. Je suis consterné de voir que d'honnêtes travailleurs japonais ont osé employer un tel langage. Notre devoir est de les remettre à l'ouvrage, car si cette grève n'est pas étouffée rapidement, la presse ne manquera pas d'accuser l'empereur de l'avoir fomentée.

Une série d'événements annexes précipita la fin de la grève. En février, les planteurs chassèrent les grévistes sans autre forme de procès et une épidémie de grippe très virulente se déclara. Les travailleurs, entassés à dix dans une pièce, ou dormant à la belle étoile, furent décimés par la maladie et le lourd tribut payé au malheur fut interprété comme un châtiment divin.

Les Sakagawa avaient émigré à Honolulu, mais n'avaient trouvé pour tout refuge qu'une distillerie de saké abandonnée, qu'ils partageaient avec quatre cents compagnons d'infortune, et où les rats couraient en tous sens la nuit. Reiko-chan attrapa la grippe, et faillit mourir. Sa mère en voulut à Kamejiro d'avoir soutenu la grève et attiré tant de malheurs sur sa famille, mais lorsqu'elle vit avec quelle tendresse il soignait son enfant — bien que ce fût une fille — elle lui pardonna.

— Cette fois-ci, la grève aboutira, j'en suis sûre, dit la robuste paysanne.

Mais le lendemain, au cours d'une réunion du service de la Santé, Whip Hoxworth déclara la guerre aux grévistes et dénonça l'ancienne distillerie de saké comme une menace pour la sécurité publique.

— Il faut évacuer les gens et fermer cette usine, dit-il d'un ton sans réplique.

— Monsieur, il y a là-dedans beaucoup d'enfants atteints de la grippe, protesta un médecin. Et ces gens n'ont nulle part où aller.

— Je sais. Ils sauront ce qu'il en coûte de se mettre en grève contre l'ordre et la loi d'une communauté.

— Mais, monsieur, il faut considérer...

— Qu'on ferme cette distillerie ! hurla Whip.

Et la distillerie fut fermée.

A Hawaii, la température n'est jamais très basse — sauf sur les sommets où la neige subsiste la majeure partie de l'année — mais les nuits de février peuvent être froides et les Sakagawa, terrassés par la grippe, dormirent à même le sol, Kamejiro réconfortant son enfant malade et sa femme tenant dans son giron Shigeo, son dernier-né. Mr Ishii leur trouva enfin une misérable cabane dont la locataire venait de mourir.

L'épidémie fit rage pendant trois semaines et il y eut près de cent morts parmi les travailleurs. Mr Ishii, Kamejiro et Inoguchi allèrent demander de l'aide au consulat, à la tête d'une délégation de seize personnes. Leur démarche était tout à fait légale et ils furent reçus par un fonctionnaire en jaquette, portant des lunettes cerclées de noir et arborant un sourire crispé. Mr Ishii prit la parole au nom de ses amis :

— Les Américains nous traitent comme des moins que rien, et nous venons solliciter le soutien du gouvernement impérial.

— Le gouvernement impérial protège les intérêts des Japonais avec un soin tout particulier. Pas plus tard qu'hier, Son Excellence a protesté auprès du chef de la police contre l'interdiction faite aux Japonais de tenir des réunions.

— Ils nous expulsent de nos maisons, dit Mr Ishii sans se départir de son calme, et les hommes meurent dans les champs.

— Son Excellence a réexaminé la loi, répliqua tout aussi calmement le fonctionnaire, et celle-ci donne aux planteurs le droit de vous renvoyer... si vous faites grève.

— Mais il y a une épidémie terrible dans les îles, protesta Mr Ishii.

— Alors la grève devrait peut-être prendre fin, suggéra le porte-parole du consulat.

— Nous ne pouvons pas vivre avec soixante-quinze *cents* par jour.

— Au Japon, vos compatriotes ont sûrement beaucoup moins.

Ainsi prit fin ce dialogue de sourds. Un autre incident acheva de porter le discrédit sur les grévistes : début mai, on découvrit dans les écoles japonaises un livre de classe où était commentée une phrase du premier empereur du Japon : « Le monde entier tiendra sous un seul toit. »

Ce livre — qui n'était pas à l'origine destiné à Hawaii mais avait dû échouer là par erreur — expliquait aux enfants la théorie de l'empereur Jimmu Tenno selon laquelle le monde devrait un jour être rassemblé en une immense famille dévouée au culte de la déesse du soleil et soumise à l'empereur, son descendant direct. Le *Mail* d'Honolulu s'insurgea :

Nous avons désormais la preuve incontestable que le Japon a l'intention de conquérir le monde et que Hawaii sera la première étape de cette conquête, comme nous l'avons toujours soutenu dans les colonnes de ce journal. Il est temps de nous montrer intransigeants vis-à-vis des bolcheviks japonais si nous ne voulons pas être le premier territoire à tomber sous leur botte.

Cette découverte raffermit la détermination des planteurs, éprouvés par six mois de grève. Sur ces entrefaites, une explosion détruisit la maison d'Inoguchi à Malama Sugar. On ne déplora fort heureusement aucune victime, mais lorsque le *Mail* d'Honolulu révéla que l'attentat avait été perpétré contre Inoguchi car il jouait double jeu et révélait aux planteurs les projets du comité de grève présidé par Ishii, il fallut bien admettre que le syndicat japonais était composée de gens farouchement déterminés. La police arrêta sur-le-champ dix-neuf responsables, parmi lesquels Ishii, et les jeta en prison pour conspiration criminelle. Whip Hoxworth alla voir personnellement les juges et insista pour qu'on inculpât les prévenus d'atteinte à la sûreté de l'État.

Puis la police se demanda qui pouvait bien leur avoir appris à se servir de la dynamite et un journaliste se souvint de Kamejiro Sagawaka et de ses travaux de percement du tunnel. Comme il était, de plus, l'ami de Mr Ishii, on l'arrêta immédiatement, malgré ses dénégations et bien que sa femme Yoriko et ses voisins eussent tous affirmé qu'il n'avait pas bougé de chez lui depuis plusieurs jours parce qu'il soignait sa petite fille grippée.

L'association des planteurs, qui dictait sa conduite à la justice, refusa cet alibi en arguant qu'un homme intelligent comme Sakagawa ne se serait pas exposé directement et avait très bien pu préparer les charges et montrer à ses complices comment les faire exploser. On le maintint donc en prison.

La grève avorta, naturellement, et les travailleurs n'y gagnèrent rien. La main-d'œuvre le meilleur marché d'Amérique continua de produire le sucre. La compagnie H & H gagna des millions de dollars en transportant de nouveaux chargements en Californie. La firme Janders & Whipple gagna encore plus de millions en dirigeant ses plantations selon les bonnes vieilles méthodes. Les conspirateurs furent jugés et condamnés, Mr Ishii à dix ans de prison. Cette sentence le frappa d'un tel coup qu'il ne fut plus jamais le même. Il se mit à parler seul, à souffrir d'hallucinations et plus personne ne fit attention à lui.

Chose étonnante, Kamejiro, dynamiteur, ne fut pas condamné car Whipple Hoxworth intervint en sa faveur. Il avait visité son ancien ouvrier dans sa prison et lui avait demandé si c'était lui qui avait fait sauter la maison.

— Non, Mr Hoxuwurtu, avait répondu Kamejiro simplement.

— Je ne le pensais pas, répondit Whip et il se rendit chez le juge d'instruction à qui il annonça : Sakagawa est innocent. Il faut le faire bénéficier d'un non-lieu. Il n'a rien fait.

— Comment le savez-vous ?

— Il me l'a dit.

— Et vous le croyez sur parole ?

— C'est l'homme le plus franc et le plus honnête que j'aie jamais connu. D'ailleurs, il a un alibi.

— Un alibi, ça se fabrique.

— Vous allez le libérer, nom de Dieu ! tonna Whip.

Il avait alors soixante-six ans et n'avait rien perdu de sa vigueur. Et il était las de discuter avec des imbéciles.

Kamejiro fut donc libéré. Bien entendu, il ne put retourner travailler à Malama, car les grandes plantations avaient dressé des listes noires et un homme qui frappait des luna allemands et fréquentait des révolutionnaires dangereux comme Mr Ishii n'était pas un élément désirable. Kamejiro trouva une cabane infestée de rats dans le misérable quartier de Kakaako et se résigna à effectuer de menus travaux, principalement le nettoyage des lieux d'aisances pendant la nuit. Celui qui avait été pour beaucoup Sakagawa le Dynamiteur fut surnommé le Roi de la Brigade de Nuit et se voua à sa tâche nauséabonde.

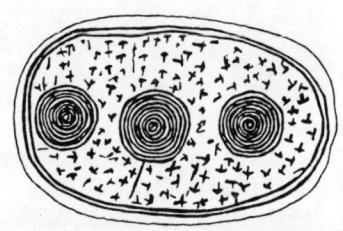

En 1926, ce vieux sac à vin de docteur Schilling, le botaniste anglais, eut une idée géniale pour la culture de l'ananas. Après quatre mois de beuveries il jeta soudain un œil neuf, sinon clair, sur les grands champs de Kauai, vit les hordes de femmes japonaises courbées sur le sol pour arracher les mauvaises herbes et se dit : « Pourquoi n'étalerions-nous pas du papier sur le sol, avec des trous pour planter les petits ananas ? Comme ça la mauvaise herbe ne pourra pas pousser. »

Il se procura du papier goudronné, en déroula plusieurs dizaines de mètres sur un champ expérimental et planta des pieds d'ananas dans les trous ménagés à cet effet. Le résultat dépassa ses espérances. Car non seulement le papier éliminait l'ivraie, économisant ainsi des centaines de dollars de main-d'œuvre, mais encore il conservait aux racines une certaine humidité et, par grand soleil, il retenait la chaleur et la diffusait ensuite. Les fruits n'avaient jamais été aussi beaux, ni aussi juteux.

Lorsque Whip connut les résultats de l'expérience, il n'y alla pas par quatre chemins. Désormais, ordonna-t-il, tous les ananas seraient plantés sur une couche de papier. Il s'attacha ensuite à découvrir, aidé du docteur Schilling et d'un fabricant californien, un papier spécial qui résistait à l'eau pendant sept mois, puis se désintégrait lentement et laissait les champs propres et nus le dixième mois.

Et puis, en 1927, ce planteur phénomène succomba, à l'âge de soixante-dix ans, dans tout l'éclat d'une verte et turbulente vieillesse. Il mourut, comme il l'avait souvent prédit, non d'une maladie ordinaire mais d'un cancer de la prostate occasionné par ses nombreuses maladies vénériennes, aggravé d'une cirrhose du foie due à ses libations effrénées, le tout encore compliqué par l'accident du petit avion qui l'amenait de Hanakai à Honolulu et qui avait percuté la montagne qu'il avait lui-même percée. Il était resté près de vingt-quatre heures exposé à la pluie glacée au flanc de la montagne, les quatre membres brisés. Mais même alors, l'indomptable vieillard avait livré à la mort un combat acharné pendant trois semaines, au cours desquelles il réclama autour de son lit d'hôpital tous les directeurs de la H & H et de J & W, y compris tous ceux qui pouvaient espérer le remplacer au conseil d'administration.

Il se redressa sur un coude, au grand effroi des infirmières, et déclara :

— Nous allons connaître des temps difficiles. Notre prospérité actuelle ne peut durer indéfiniment et quand la récession viendra, le sucre et l'ananas souffriront. Dieu merci, il ne semble pas que les démocrates reviendront jamais au pouvoir, ce qui fait que nous n'avons pas à craindre le communisme. Mais il va falloir veiller à conserver notre prépondérance sur le marché. Il nous faut à la tête de nos entreprises un homme assez intelligent pour prévoir l'avenir, et assez hardi pour lutter contre ce qui ne va pas. J'ai beaucoup réfléchi à cette question et je suis arrivé à une conclusion. En aucun cas ne laissez mes fils Jesus-Duarte ou John se mêler de nos affaires. Payez-les bien, payez-les régulièrement, mais tenez-les soigneusement éloignés de Hawaii. Bien entendu, j'ai envisagé Mark Whipple. Il a l'intelligence de son père et je l'aurais volontiers choisi s'il n'était pas un homme de West Point et s'il ne préférait l'armée, en quoi il a peut-être raison. Mais si jamais il décide de donner sa démission, hâtez-vous de le reprendre dans la société. J'ai également songé à Hewie Janders. Il est solide et fort, mais je crains que l'intelligence ne lui fasse défaut. Comme vous le voyez, j'ai négligé les aînés, car nous avons besoin d'un homme qui régnera longtemps sur nos firmes. J'ai donc choisi pour me succéder aussi longtemps qu'il en sera capable, intellectuellement et moralement, le garçon que voilà.

Il tendit le bras et saisit la main de Hoxworth Hale, qui avait alors vingt-neuf ans et aspirait farouchement à l'autorité. Les autres directeurs ne purent protester contre cette décision, et n'avaient d'ailleurs aucune raison de le faire, car Hale était de toute évidence l'homme qu'il fallait à ce poste, et à ce moment-là.

— Trois règles, Hoxworth. Écoutez aussi, vous autres. Trois règles. N'abandonne jamais le sucre. J'ai fait de l'ananas, c'est vrai, mais seulement lorsque j'avais une base de sucre solide et sûre. Fais la même chose. Protège le sucre par la recherche, protège les quotas à l'aide de la législature, protège les plantations, protège les importations de main-d'œuvre. Reste avec le sucre. Ça vaut plus que l'or. Deuxièmement, ne permets jamais aux syndicats de lever la tête. Étudie ce qui se passe en métropole. Si jamais un chef syndicaliste met le pied sur nos îles, rejette-le à la mer et dis-lui de nager, et ne lui indique même pas la direction de la Californie. Méfie-toi des Japonais. Ils s'agitent et parlent de créer un syndicat. Tu peux encore faire confiance aux Philippins, mais c'est tout. Et si jamais ceux-là aussi font des bêtises, écrase-les. Troisièmement, il faut à tout prix empêcher les firmes de la métropole de s'installer chez nous. Pas de grands magasins à succursales. Pas d'usines de conserves californiennes. Nous avons ici un bon système qui a fait ses preuves, et que nous avons mis au point à la sueur de notre front, et je ne veux pas que tout ça soit réduit à néant par des idées révolutionnaires. Si jamais des étrangers viennent nous causer des ennuis et nous envahir, qu'on ne leur vende pas de terrains, qu'on refuse leurs chargements, qu'on ne leur accorde pas de crédit, qu'on étrangle ces salauds !

Le long discours avait épuisé Whip. Il retomba sur ses oreillers et les infirmières coururent chercher le médecin, qui s'écria :

— Bon Dieu, messieurs, vous êtes fous ! Laissez-le tranquille ! Sortez tous !

Whip s'assoupit alors, et, dans un demi-sommeil, revit sa merveilleuse grand-mère Noelani qui lui avait fait découvrir toutes les beautés de Hawaii. Elle avait rapporté de son dernier voyage en Orient une série d'estampes japonaises censées représenter les huit merveilles du monde, parmi lesquelles une montagne enneigée, une barque regagnant le rivage, un coucher de soleil et un vol d'oies sauvages. La gracieuse vieille dame avait alors proposé un jeu :

— Essayons de trouver les huit merveilles de Hawaii, avait-elle dit à ses petits-enfants.

Ils avaient choisi les grands volcans mystérieusement nimbés de blanc, que les géologues s'accordent à considérer comme les plus hauts du monde, avec leurs cinq mille mètres au-dessous du niveau de la mer et quatre mille au-dessus. Ensuite venait Lahaina où les bateaux se faufilant entre les îles pour rentrer au port offrent le plus charmant des spectacles, puis les innombrables chutes d'eau près de Kalawao, sans doute le panorama le plus grandiose de Hawaii.

Nulle part au monde il n'y avait lever de soleil plus somptueux qu'au-dessus des gorges rouges et profondes de Kauai, une incroyable balafre de cinquante millions d'années éclairée d'une lueur mauve. Où la pluie nocturne brillait-elle d'un halo plus poétique que sur les terres volcaniques de la Grande Île, dont le relief tourmenté avait rebuté les premiers colons de Bora Bora ?

Ils choisirent encore deux autres paysages d'Oahu, la reine des îles. Une nuit d'automne, Whip avait été envoûté par un clair de lune dont le rayonnement argenté découpait un théâtre d'ombres fascinant sur les vastes pleines au pied du Pali. Et quoi de plus délicieux que de contempler du haut d'une colline, au crépuscule, les lumières d'Honolulu s'allumant une à une et d'écouter les cloches des églises dans la paix du soir ?

Il ne se rappelait plus le lieu qu'ils avaient choisi pour le coucher du soleil, l'embrasement du jour finissant, mais il ne pouvait le situer qu'à Hanakai, avec sa végétation luxuriante et ses falaises sauvages battues par les tempêtes l'hiver, couronnées par le vert tendre de la canne et le bleu-vert des champs d'ananas.

Son cœur débordait d'amour pour Hawaii, cette terre bénie des dieux.

Lorsque Whip rendit le dernier soupir, son âme turbulente alla hanter ces lieux qu'il avait tant aimés. Il n'avait à son chevet qu'une jolie petite Philippine ramassée à Kauai. Il avait voulu lui dicter quelque chose avant de mourir, mais sa belle conquête ne sachant pas écrire, il avait tempêté pour avoir une infirmière, mais celle-ci était arrivée trop tard. Les autorités avaient renvoyé la fille sans les sommes pharamineuses promises par Whip. Ainsi s'éteignit celui qui avait façonné ces îles mais dont la vie privée n'était qu'une longue succession d'échecs.

A vingt-neuf ans, Hoxworth Hale prit la direction du vaste empire et quand il s'assit pour la première fois dans le fauteuil que Whip avait occupé pendant quinze ans, il se dit qu'il devait avoir l'air d'un petit garçon qui joue à l'homme. Mais du moins était-il vêtu correctement pour son nouveau rôle, avec un costume croisé bleu marine, une chemise blanche à col et poignets empesés et une cravate de soie rouge et bleu foncé.

Il avait un peu l'habitude du commandement car peu après son engagement impulsif dans le corps expéditionnaire américain en 1917, il avait été nommé sergent, puis capitaine en France, sur le champ de bataille. Ses soldats avaient eu le plus grand respect pour lui et l'avaient aimé, car il s'était montré brave, hardi et gai.

Après la guerre, il avait terminé ses études à Yale. C'était alors un jeune homme tranquille qui avait perdu ses idées révolutionnaires quelque part en Argonne, et jamais il ne retourna voir la collection de primitifs de Jarves. Quand il reçut son diplôme, il était déjà un homme d'affaires sérieux, pressé d'apporter ses talents à la firme familiale Hoxworth & Hale. Il travaillait depuis quelque temps déjà au bureau du siège à Honolulu quand il épousa sa cousine au troisième degré, Malama Janders, la sœur de Hewie Janders, qui lui donna au bout d'un an un fils nommé Bromley. Hoxworth l'inscrivit immédiatement, selon l'usage, à Punahou et à Yale.

A présent, en 1927, Hoxworth Hale représentait la quintessence de la famille : il avait été élevé à Punahou, sortait de Yale, dérigeait une des plus importantes firmes de l'île et avait épousé une cousine. Aussi, lorsqu'il prit la parole pour la première fois à la réunion du conseil d'administration de la H & H, on l'écouta :

— Il y a dans le monde aujourd'hui, dit-il, un déplorable esprit d'agitation libérale et je crois que notre premier soin doit être de protéger notre position en exerçant un certain contrôle logique de la législature.

Il ébaucha un plan judicieux selon lequel son impressionnant cousin Hewie Janders fut élu président du sénat hawaiien, tandis qu'une demi-douzaine d'avocats, de trésoriers et de chefs comptables appartenant à la grande firme occupaient des sièges moins en vue. Hoxworth choisit comme porte-parole accrédité le petit politicien jovial Australie Kee, que l'on n'appelait plus que Kangourou Kee, à qui il offrit plusieurs contrats lucratifs. Ainsi, la plupart des lois et décrets de l'archipel prenaient d'abord naissance dans la salle du conseil de la H & H.

Cette salle du conseil était située au premier étage d'un immeuble sombre, aux allures de forteresse, au coin de Fort Street et de Merchant Street. A cause de cela, et de la formidable puissance du clan, on en vint tout naturellement à l'appeler le Fort. H & H, J & W et les Hewlett en faisaient partie, ainsi que les planteurs de moindre importance. Les banques, les chemins de fer, les compagnies de crédit et les grands propriétaires terriens y étaient représentés, mais personne n'aurait su dire au juste ce qu'était le Fort, sinon un groupe qui, par consentement mutuel, se réunissait dans la grande salle du

505

premier et, de là, s'appliquait à donner à Hawaii une forme de gouvernement raisonnable.

Le Fort abusait rarement de sa toute-puissance. On y examinait en toute équité les revendications des élus.

Si quelque législateur peu servile et désireux de s'attirer les faveurs de ses électeurs réclamait à cor et à cri un parc pour Kakaako, on le laissait s'époumoner puis, à la réunion suivante, Hoxworth Hale demandait calmement :

— Y a-t-il une raison qui s'oppose à la création de ce parc ?

Et si le projet ne contrecarrait aucun intérêt fondamental du Fort, on l'autorisait. Si en revanche le même législateur s'indignait qu'un train roulant sans lumières ait tué quatre personnes à un croissement, le Fort se mettait beaucoup plus lentement en action : Hale soutenait que de tels investissements mettraient en péril les profits de la société et les propositions de loi restaient lettre morte, au grand dam des législateurs.

En réalité, le Fort lui-même proposait les projets de loi concernant la canne ou l'ananas, les sachant trop importants pour les abandonner aux caprices des législateurs. Hoxworth Hale avait coutume de dire que, dans une démocratie, le monde des affaires ne devait jamais s'immiscer dans le processus législatif, sauf si des intérêts vitaux pour la nation étaient en jeu. Il était rare en effet que l'on blackboulât plus d'un projet sur cinquante, mais cela venait en grande partie du fait que les législateurs se gardaient bien de proposer quelque chose que la coalition repousserait à coup sûr.

Hoxworth Hale était devenu un habile politicien, lorsque, un jour de janvier, sa femme, qui avait une conscience aiguë des droits du citoyen, s'inquiéta du nombre de victimes occasionnées par les feux d'artifice du Nouvel An. Un des moments forts de l'année à Hawaii était en effet la célébration du Nouvel An chinois, à grand renfort de pétards et de feux d'artifice qui embrasaient la cité.

— Un gamin a été tué et quatorze autres sérieusement estropiés, s'alarma-t-elle. Il faudrait interdire ces manifestations.

— Si cela peut se faire par des moyens légaux, je te donne carte blanche.

A la suite de quoi Mrs Hale constitua un comité de cinquante dames au sens civique élevé — toutes haole, malheureusement — qui proposèrent une loi visant à stopper ce massacre d'enfants.

Ne pensant rien pouvoir refuser à Mrs Hale, les législateurs rédigèrent donc un projet de loi contre les feux d'artifice, qui déchaîna des passions auprès desquelles les démonstrations pyrotechniques du Nouvel An firent figure de jeu d'enfants. Les Chinois crièrent à la discrimination raciale, et, à la surprise générale, les Hawaiiens prirent leur défense, décrétant qu'ils adoraient les feux d'artifice. Un législateur portugais lança un vibrant appel pour que les petits hommes aient le droit de s'amuser au moins une fois par an, et le lobby des commerçants, qui faisaient plus de soixante-dix pour cent de bénéfice sur les feux d'artifice, se mit en travers de la législation. Le jovial Kangourou Kee, porte-parole de la communauté et censé être dévoué corps et âme au Fort, fit montre de talents d'orateur insoupçonnés et se lança dans une diatribe passionnée :

— Cette loi scélérate est une atteinte au droit inaliénable des Chinois, une discrimination religieuse notoire. Les dames haole qui ont élaboré ce projet ont-elles songé que pour les Chinois, ces feux d'artifice ont une signification sacrée ? Je me dois de vous prévenir que si jamais cette loi est votée, je donne ma démission sur-le-champ. Si nous subissons la domination politique et la dépendance économique, jamais nous n'admettrons la persécution religieuse !

L'assistance était galvanisée. Des cris fusèrent de toute part et des hommes se mirent à pleurer comme des enfants.

L'après-midi même, Hoxworth Hale convoqua les membres du Fort.

— Que diable se passe-t-il ? demanda-t-il d'un ton lugubre. Pourquoi nous traite-t-on de persécuteurs ?

— C'est votre femme qui a tout déclenché en voulant épargner les enfants blessés par les feux d'artifice, rappela le grand Hewie Janders. D'ailleurs, la mienne, avec son fichu bon cœur, s'est immédiatement engagée à la soutenir.

— Tout ce que je vois, grogna Hoxworth, c'est que les Chinois sont sur le point de fonder un nouveau parti politique. Les Hawaiiens crient à la persécution religieuse, et les Portugais soutiennent les deux communautés. Kangourou Kee vient de donner sa démission. Messieurs, nous devons agir.

— Si nous faisions une déclaration en faveur des libertés religieuses ? suggéra Hewie Janders.

— Qu'on aille chercher un secrétaire ! lança Hoxworth, et il dicta ce manifeste qui fit date dans l'histoire de Hawaii :

» De tout temps on a respecté les libertés religieuses à Hawaii, et les premiers à les défendre furent sans conteste les Chinois. L'idée que quelqu'un ait voulu fouler aux pieds un des rituels les plus sacrés de la religion chinoise est tout à fait répugnante.

— Songe que ce sont nos femmes qui sont à l'origine de ce projet, fit remarquer Hewie Janders. Elles vont être hors d'elles.

— Lorsque les fondements de la société sont menacés, peu importent les susceptibilités individuelles.

Mrs Hale et Mrs Janders considèrent que leurs maris étaient des lâches et ne se privèrent pas de le leur signifier. Kangourou Kee, au milieu d'un torrent de larmes, déclara qu'il allait reconsidérer sa démission puisque les hommes forts de Hawaii avaient clamé haut et fort leur refus magnanime de la discrimination religieuse. La coalition entre les différentes communautés s'effrita d'elle-même, et les marchands vendirent plus de feux d'artifice que jamais. Le Nouvel An suivant, deux enfants perdirent la vue, une fillette eut trois doigts arrachés et on déplora seize cas de brûlures graves au visage. Le *Mail* d'Honolulu en relatant les événements évoqua le charme « discret » des îles.

A sa femme qui persistait à déplorer les conséquences catastrophiques de ces réjouissances, Hoxworth Hale se contenta de répliquer qu'il était hors de question de s'attaquer à ce tabou. Ce fut également à cette époque que des hommes du Fort s'infiltrèrent dans les rouages de la vie publique. Un observateur extérieur fit remarquer que, sur les cent quatre-vingt-un membres des conseils d'administration les plus influents, seuls trente et un étaient effectivement en activité, et vingt-huit d'entre eux étaient des Hale, Whipple, Janders ou Hewlett... ou leurs gendres.

Le plus grand journal de Honolulu, le *Mail*, appartenait au Fort, mais là encore la discrétion était de mise. C'était un bon journal, républicain, naturellement, mais il ne s'attaquait jamais bassement aux démocrates. Il donnait des comptes rendus parfaitement scrupuleux de leurs activités, seulement le ton de l'article était celui d'un bon grand-père indulgent qui s'amuse des jeux d'enfants légèrement attardés et peu intelligents.

Les fonctionnaires dociles envoyés par Washington qui défilaient sans cesse à Hawaii étaient rapidement phagocytés par l'activité sociale débordante du Fort : parties de chasse, promenades en bateau, pique-niques au bord de la mer.

Un nouveau venu pouvait très bien siéger six mois à Hawaii sans jamais rencontrer un Chinois ailleurs que dans le box des accusés ou un Japonais autrement qu'avec un costume de domestique et des gants blancs pour servir des sandwiches. Il fallait alors lui pardonner si dans son esprit, Hawaii c'était le Fort, et vice versa, et si ses décisions s'en trouvaient influencées. Mais la plus grande qualité d'Hoxworth Hale fut d'avoir énoncé, bien avant tout le monde, un principe sur lequel il fonda sa gestion et qui rapporta au Fort des millions de dollars. Ce principe était apparemment simple :

— Pas un officier supérieur en garnison à Hawaii ne doit quitter l'île sans avoir été reçu par au moins trois familles. Et si vous pouvez régaler aussi les subalternes, tant mieux !

Grâce à l'observance de ce principe sacré, tous les gradés qui défilaient à Hawaii tinrent le grand Hewlett Janders et l'aimable Hoxworth Hale pour les deux hommes forts de l'archipel, et dans la tourmente à venir, où Hawaii allait se transformer en bastion du Pacifique, il devint inconcevable pour Washington d'y dépêcher un amiral ou un général qui ne fût pas un intime du Fort.

Lorsqu'on était sur le point de passer un contrat, par exemple, on ne jugeait pas nécessaire de faire un appel d'offres.

— On peut parfaitement confier l'affaire à Hewlett Janders. Nous avons chassé ensemble il y a dix ans !

Plus important encore, quand les États-Unis accélérèrent leur programme d'implantation militaire à Hawaii, les jeunes hommes qui détenaient les postes clés dans les bureaux avaient tous bénéficié des largesses de Hale et de Janders pendant la décade précédente.

S'il est vrai que le secret de la réussite de Hoxworth fut d'avoir su se brancher directement aux sources du pouvoir, il n'abusa cependant jamais de ses prérogatives. Il n'avait pas pour habitude d'appeler les généraux à tout propos — comme certains — pour empêcher la mainmise de l'armée sur un champ de canne particulièrement fertile, ce qui avait le don d'agacer Washington, avec un résultat souvent contraire à l'effet recherché.

Hoxworth Hale était plus diplomate.

— Hello, Shelly ! Comment va Bernice ? Chez nous, tout le monde va bien. Dites-moi, Shelly, je vous téléphone au sujet de cette piste d'atterrissage à Waipahu. Je me demandais si ces montagnes en bout de piste n'allaient pas créer de difficultés... oui... là où nous avons chassé... je voulais simplement m'assurer que vous aviez suffisamment approfondi votre étude... J'ai une autre bande de terre à vous proposer... oui, « makai », ça signifie « vers la mer » en hawaiien... Les deux terrains m'appartiennent, je n'ai donc aucun intérêt particulier à vous conseiller l'un plutôt que l'autre... Toutes nos amitiés à Bernice.

Hawaii connut des années heureuses sous la domination bienveillante du Fort. C'était le paradis sur terre. Lorsque les paquebots de luxe déversaient leur cargaison de touristes fortunés, l'orchestre de la police jouait pour eux et les jeunes filles en pagne dansaient dans le souffle tiède des alizés. Les relations entre les travailleurs et leurs patrons étaient relativement bonnes et si un régisseur s'était permis de frapper un ouvrier, il aurait été expulsé sans autre forme de procès. L'économie prospérait, les lois étaient équitables et les juges s'efforçaient de les faire respecter de façon impartiale, sauf parfois en ce qui concernait d'insignifiantes histoires de terrains. La firme Gregory California Fruit se vit refuser tout net l'acquisition de terres à Hawaii et cria au féodalisme, mais en vain. Le genre de magasins qu'elle voulait y implanter était incompatible avec le standing de l'île.

Tout Chinois ou Japonais désireux d'aller vivre sur le continent devait solliciter une permission écrite, et si le Fort ne le jugeait pas digne de représenter les îles aux États-Unis, surtout s'il avait des idées de gauche, il n'obtenait pas l'autorisation de quitter le territoire, et la décision était sans appel. Hewlett Janders s'alarmait du nombre croissant de jeunes Chinois et Japonais qui visaient des carrières de médecin ou d'avocat en métropole et il veillait personnellement à juguler cette hémorragie.

— Nous avons ici d'excellents médecins dignes de confiance, faisait-il remarquer, et si nous laissons les Asiatiques accéder à la carrière d'avocat, nous leur donnons des verges pour nous battre plus tard. Il faut cesser de dispenser à ces gens un enseignement auquel ils n'ont pas à prétendre.

Mais cet isolationnisme farouche avait du bon car Hoxworth et ses pairs réussirent à protéger Hawaii de la dépression générale. Les effets de la crise mondiale y furent moins sensibles qu'ailleurs. Un jour de 1934, un groupe de travailleurs japonais invita un membre de la Fédération du Travail à visiter les îles, mais Hale refusa de le recevoir.

— Quelle ingratitude! maugréa-t-il. Si chaque Japonais a touché régulièrement son salaire pendant la crise, c'est bien grâce à moi! Et maintenant, ils m'envoient un émissaire de leur Fédération!

Il refusa à trois reprises d'accorder un rendez-vous, mais l'homme, un type antipathique, réussit à l'apostropher sur le trottoir :

— Mr Hale, croyez bien que je respecte votre position, mais il faut que vous sachiez que, d'après les nouvelles lois, vous ne pouvez pas empêcher les responsables de la Fédération du Travail de s'adresser à vos ouvriers.

— Qu'est-ce que cela signifie? fit Hale, surpris.

— Cela signifie, répéta lentement le visiteur, que vous devez laisser l'accès de vos plantations à nos délégués.

Déconcerté, Hale s'abrita derrière l'adage du vieux Whip :

— Si un crotale pénètre sur mes terres, je l'abats. Et vous croyez que je vais vous laisser distiller votre venin? Vous avez perdu l'esprit!

Sur quoi il tourna les talons.

— Mr Hale! cria l'homme en l'agrippant au col.

— Ne me touchez pas!

— Excusez-moi, monsieur. J'essayais seulement de vous dire que Hawaii n'était pas différent du reste du pays.

— Décidément, vous n'avez rien compris, jeune homme, dit-il en s'éloignant.

Hoxworth Hale présentait deux particularités que l'on aurait pu prendre pour des faiblesses. Chaque fois qu'il avait une importante décision à prendre, il s'enfermait dans son bureau pour réfléchir et faisait rouler sur la surface brillante de son bureau une grosse pierre de la taille d'un poing, striée de rouge, comme si la contemplation de sa forme étrange lui apportait un réconfort moral. Sa secrétaire expliquait aux curieux que la pierre lui venait de son arrière-arrière-grand-mère de Maui, et que c'était une sorte de porte-bonheur, mais elle ne savait pas de quel talisman il s'agissait. Hoxworth ne le lui avait jamais révélé. Sa seconde habitude bizarre était, chaque fois que le Fort érigeait un nouvel immeuble, d'insister pour que les kahuna locaux viennent décider de l'orientation. Un jour qu'un architecte de la métropole s'en étonnait, avec quelque ironie, Hale lui répliqua sèchement, sans offrir d'autres explications, que le pouvoir des kahuna n'était pas à négliger.

D'une manière générale, le clan observait une règle d'or, sorte d'entente tacite selon laquelle le Fort n'existait pas. On ne mentionnait jamais son nom en public, ni dans les journaux, ni à la radio, et les réunions avaient lieu dans un bâtiment austère en pierre rouge, portant une simple plaque de cuivre, inchangée depuis l'époque de Whip.

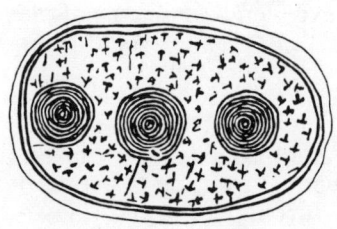

En 1880, quand la pauvre marchande de légumes Nyuk Tsin avait décidé que ses cinq fils seraient instruits et qu'ils iraient tous faire leur droit à l'université du Michigan, Honolulu avait été stupéfait de sa ténacité. Mais cela n'était rien à côté de ce que les Japonais allaient accomplir dans ce domaine. En particulier le misérable Kamejiro Sakagawa était déterminé à donner à ses cinq enfants une éducation complète : douze ans d'école communale, quatre ans d'études secondaires et trois ans d'université en métropole. Dans toute autre nation du monde, une telle ambition eût été risible. C'est tout à l'honneur de l'Amérique, et surtout de Hawaii, qu'un tel rêve de la part d'un pauvre vidangeur eût été possible, et réalisable à proportion, bien sûr, du courage et de l'obstination de la famille.

Tous les matins, les cinq petits de Sakagawa quittaient la cabane de Kakaako pour l'école. Ils étaient propres, bien coiffés à la japonaise, bien habillés, les dents lavées et soignées. Ils s'y rendaient joyeusement, car pour eux l'école était une grande aventure. Leur instruction se faisait péniblement car les classes étaient faites en anglais et chez eux on ne parlait que le japonais ou le « pidgin », qui est le « petit nègre » de l'Asie et de l'Océanie.

Malgré les difficultés de langage, les cinq Sakagawa progressaient brillamment et même les maîtres qui, au début, avaient des préventions contre les Japonais, apprirent à aimer ces enfants. Reiko-chan était la préférée. Dès les premières années, elle prit la tête de sa classe et si jamais la maîtresse devait s'absenter un moment, elle n'hésitait jamais à confier la discipline à cette adorable petite fille aux yeux bridés, au teint de satin, au sourire enchanteur. Reiko-chan était destinée à devenir le « chou-chou » de tous les professeurs et, très tôt, elle décida que plus tard elle enseignerait à son tour.

Les garçons étaient plus turbulents. On voyait déjà qu'ils seraient plus grands que leurs parents, plus droits, plus larges d'épaules, avec des dents plus saines. Ils avaient des gestes d'Américains pour lancer une balle de base-ball et ils excellaient aux sports. Mais ils parlaient bien plus mal l'anglais que leur sœur, et ne cherchaient d'ailleurs pas à faire de progrès car, dans les écoles communales de Honolulu, les enfants qui s'exprimaient trop bien étaient taquinés et même tourmentés par leurs camarades. Il était de bon ton, pour être admis, de baragouiner le pidgin comme un ignorant, et les quatre garçons Sakagawa tenaient par-dessus tout à être admis.

Les succès de la petite famille à l'école américaine étaient d'autant plus méritoires qu'après la classe, alors que les petits haole rentraient chez eux pour jouer, les cinq Sakagawa allaient en rang au temple shintoïste, où le prêtre dirigeait une école japonaise. Là, les enfants s'asseyaient sur leurs talons et courbaient le front. Leur maître en kimono noir était un homme sévère et dur, qui se flattait de ne pas entendre un mot d'anglais et qui n'hésitait pas à frapper ses élèves avec une longue baguette de bambou. Il méprisait tout ce qui était américain et ne cessait de répéter aux enfants qu'ils vivaient sur une terre étrangère pour peu de temps, en attendant de mener une vie convenable au pays. Et quand il parlait du Japon, son regard s'embuait et sa voix se nuançait de poésie.

— Une terre créée par les dieux immortels eux-mêmes ! affirmait-il. Au Japon, on n'est pas turbulent. Au Japon, les enfants respectent leurs parents. Au Japon, tout le monde reste à sa place et tous s'inclinent devant l'empereur. Personne ne peut prédire quelles merveilles le Japon accomplira un jour !

Ces écoles japonaises étaient fortement critiquées. Il n'est pas niable que les prêtres enseignaient un nationalisme farouche et nettement anti-américain mais, en même temps, pas un des enfants qui fréquentaient ces écoles n'avait d'ennuis avec la police. Il n'y avait pas de délinquance parmi les Japonais. Les parents étaient obéis et les maîtres respectés. On enseignait dans les écoles japonaises une droiture inflexible, une morale sévère qui marquait à jamais les élèves. Chose étrange, pas un de ces enfants ne se rappelait plus tard les leçons religieuses ou patriotiques de ces prêtres-instituteurs, bien peu rêvaient de vivre au Japon, mais ils conservaient un grand respect pour l'ordre établi. La sévérité de l'école japonaise contrebalançait parfaitement la grande liberté de l'enseignement américain, si bien que la plupart des petits Japonais assimilaient ce que chaque école avait de meilleur à offrir et n'étaient pas atteints par leurs défauts respectifs.

Mais en fait, la véritable éducation japonaise se faisait à la maison. Dans la minuscule cabane où s'entassait toute la famille, la mère inculquait aux enfants les sévères principes de propreté qu'elle avait elle-même reçus de sa propre mère. Le sol était toujours net, la vaisselle ne traînait jamais. Il fallait manier ses baguettes sans laisser échapper la nourriture et les vêtements étaient soigneusement pliés et rangés. Sous peine de passer pour un sauvage, chacun prenait au moins un bain par jour. L'influence du père était moins tangible. Si sa vision manichéenne du monde, son sens de l'honneur et de la discipline, son dévouement sans faille à la patrie, ses jugements à l'emporte-pièce et sa rude morale le tenaient un peu à l'écart de ses enfants, il ne les en chérissait pas moins. Il les considérait comme des anges venus sur terre lui faire un bout de conduite, et si la nourriture faisait parfois défaut chez les Sakagawa, la petite famille ne manquait jamais d'amour.

Les enfants aimaient raconter des blagues en anglais, dont le sens échappait à leurs parents. Reiko-chan pouvait inlassablement répéter les mêmes plaisanteries en déchaînant à chaque fois l'hilarité de ses frères :

— Que dit le chapeau à la patère : « Ne bouge pas tant que je suis sur la tête du " pater ". » Et que dit le petit doigt de pied au gros orteil ? « Ne te retourne pas, nous avons quelqu'un sur les talons ! »

Les garçons se livraient à des jeux plus brutaux. Goro cherchait souvent la bagarre, s'amusant à tirer les oreilles de ses frères jusqu'à ce qu'ils crient grâce.

Il y avait cependant deux principes sacrés sur lesquels les enfants n'acceptaient pas la plaisanterie : il n'était pas question de les traiter de « Japs ». C'était l'offense suprême, à cause de l'image véhiculée par les dessins animés et les magazines américains, où les Japonais étaient toujours représentés comme de petits personnages sournois aux dents de lapin. Ils ne supportaient pas non plus qu'on dise qu'ils avaient les yeux bridés. Ce en quoi ils avaient tort, car rien n'était plus charmant que les yeux délicatement fendus comme ceux de la petite Reiko-chan lorsqu'elle les étirait vers ses tempes en disant : « Ma mère est japonaise » puis les tirant vers le bas, elle chantait : « Mon père est chinois », et en écartant bien ses paupières à l'aide de ses doigts, elle criait : « Je suis cent pour cent américaine ! »

Kamejiro n'apprécia guère la plaisanterie, la première fois, et sermonna sa fille :

— C'est ta fierté d'être japonaise. N'oublie jamais ça.

Cependant il avait vaguement conscience que la dichotomie entre ces deux cultures contradictoires pouvait perturber ses enfants et un soir, à la sortie de l'école américaine, Goro revint directement à la maison au lieu d'aller à l'école japonaise.

— Qu'est-ce que tu fais ici ? demanda le père.

— Je ne veux plus aller à l'école japonaise.

— Et pourquoi ça ?

— Je ne veux pas devenir japonais. Je veux être américain.

C'en était trop pour Kamejiro qui saisit brutalement son fils aîné par le bras et l'emmena sans ménagements à l'école, où, après s'être respectueusement incliné devant le prêtre, il poussa l'enfant au milieu de la classe.

— Ce garnement a prétendu qu'il ne voulait pas être japonais ! hurla-t-il avant de tourner les talons.

Le prêtre se leva lentement, alla chercher sa baguette et se mit à frapper impitoyablement le jeune garçon. Puis il retourna solennellement sur l'estrade et demanda d'une voix vibrante :

— Sakagawa Goro, quels sont les principes fondamentaux à observer ?

— L'amour de la patrie, l'amour de l'empereur, et le respect des parents.

Les enfants étaient perpétuellement tiraillés entre les deux cultures, jusque dans l'énoncé de leur nom : à l'école japonaise en effet le prénom venait toujours après le nom de famille.

Goro glissa à l'oreille de son frère Tadao que jamais il ne mettrait les pieds au Japon.

— Qui a parlé ? demanda le prêtre d'un ton sévère.

— C'est moi, avoua Goro, incapable de mentir.

— Et qu'as-tu dit ?

— Que quand je serai grand je n'irais jamais au Japon.

Le prêtre se saisit de sa baguette d'un air menaçant et lui administra une correction plus rude que la première.

— Et maintenant, iras-tu ?

— Jamais, s'entêta Goro.

Le soir même, le prêtre avertit Kamejiro.

— Nous ne pouvons pas garder ce garçon, il manifeste trop de mauvaise volonté.

— Je vous promets de le faire revenir à de meilleurs sentiments, répondit Kamejiro en s'inclinant avec humilité devant l'autorité spirituelle.

Ce soir-là, alors que Goro, les membres meurtris, allait se mettre au lit, son père le prit par la main.

— Il n'est pas question de dormir.

— Mais je vais à l'école demain matin, protesta le garçon.

— Non. C'est fini. Tu n'iras plus à l'école. Tu commences à travailler avec moi dès ce soir.

Kamejiro lui fit mettre des vêtements chauds et l'emmena avec lui pour accomplir sa nauséabonde besogne de nuit. Goro fut horrifié de voir le travail que faisait son père, humilié de se faire injurier, à l'aube, par des ivrognes qui traînaient dans les rues, mais le petit Kamejiro restait stoïque, et tirait énergiquement son fils derrière lui. Au petit matin, les deux travailleurs nocturnes se délassèrent dans un bain chaud et prirent leur petit déjeuner avec les autres enfants qui allaient à l'école.

Après trois nuits de ce travail épuisant, le jeune Goro était prêt à faire amende honorable pour retourner en classe. Kamejiro l'accompagna à l'école japonaise et ne partit que lorsqu'il l'eut entendu présenter ses excuses au prêtre, devant tous ses camarades réunis.

Une fois l'incident clos, aucun des enfants Sakagawa ne manifesta de velléité de rébellion contre l'éducation japonaise.

Il y avait cependant un aspect de l'éducation de ses enfants que pour rien au monde Kamejiro n'aurait confié à quelqu'un d'autre. Lorsqu'il emmenait sa petite famille en promenade dans Kakaako, il était sans cesse aux aguets, et lorsqu'il crispait les poings, les enfants comprenaient : il avait repéré un *Eta* *, un de ces intouchables infiltrés à Hawaii. Mrs Sakagawa brandissait devant sa fille le spectre du déshonneur qui s'abattrait sur elle et sa famille si par malheur elle épousait, à son insu, un de ces proscrits, comme c'était arrivé à une dénommé Itagaki, dont les proches avaient dû s'exiler.

* Les *Eta* (les « pleine de souillure ») constituaient à l'époque féodale une carte de parias qui, notamment, ne pouvaient avoir d'autres métiers que ceux en rapport avec la mort des animaux (abattage ou travail du cuir). Ils vivaient dans des ghettos, ne pouvaient se marier qu'entre eux et ne circuler qu'à certaines heures. En 1871, le pouvoir avait essayé de les intégrer à la société japonaise en les appelant les « nouveaux citoyens », mais de nombreuses discriminations pèsent encore aujourd'hui sur les *Burakumin*, les « gens des hameaux spéciaux ». (N.d.T.)

Il existait fort heureusement des moyens de se prémunir contre une telle disgrâce, et les familles bien-pensantes faisaient appel à des détectives lorsque leurs enfants arrivaient à l'âge du mariage. Il n'en existait que deux à Hawaii et leurs services étaient très onéreux mais les familles étaient prêtes à payer cher le prix de leur honneur.

Un problème plus immédiat se posa à Kamejiro lorsque Reiko-chan atteignit l'âge d'entrer au collège. Les haole, alarmés par la dégradation de l'anglais parlé dans les écoles, avaient obtenu la création d'une école où l'on parlerait une langue pure. Les candidats devaient subir un examen oral où l'on s'assurait qu'ils n'étaient pas contaminés par le pidgin, cet anglais petit nègre dans lequel bon nombre de professeurs dispensaient leur enseignement.

Ce principe, méritoire dans sa conception, fut bientôt perverti par les riches planteurs qui virent d'un mauvais œil l'inscription dans ces écoles des enfants d'origine asiatique. Tant et si bien que les études devinrent de plus en plus coûteuses et une sélection s'opéra naturellement par l'argent. Les professeurs subirent de telles pressions que lors des examens d'entrée, les enfants d'origine japonaise ou philippine étaient refusés avant même d'avoir ouvert la bouche. Pour sauver la face, on acceptait quand même quelques enfants de médecins ou d'avocats orientaux, mais la création de ces écoles renforça encore la discrimination. Hoxworth Hale, alors membre du ministère de l'Éducation, aimait à répéter que les ouvriers agricoles ne devaient pas recevoir un enseignement au-dessus de leur condition.

L'école publique d'Honolulu, Jefferson, était une superbe bâtisse entourée d'un parc, dotée de laboratoires et où exerçaient les meilleurs professeurs. Les Japonais guettaient avec anxiété les résultats des premiers examens d'entrée : leurs enfants y furent admis en pourcentage infime. Kamejiro tempêtait :

— Vous voyez, espèces de paresseux ! Aucun de vos camarades n'a été reçu ! Je vais veiller personnellement à ce que vous, vous entriez à Jefferson. Dorénavant, vous allez redoubler d'efforts !

Et chaque dimanche, il emmenait ses cinq enfants dans deux églises différentes, où ils écoutaient les sermons en bon anglais. Lui-même n'y comprenait rien, mais de retour à la maison, il obligeait les enfants à lui réciter le discours du prêtre plusieurs fois de suite, avec le ton. Grâce à quoi Reiko-chan et Goro devinrent rapidement experts en anglais.

Les contradictions de cette éducation duelle avaient alors atteint leur paroxysme : d'un côté, à l'école américaine, on prônait l'égalité, de l'autre, à la maison, on leur enseignait qu'il y avait des proscrits, comme les Eta ou les gens d'Okinawa. A l'école japonaise, on les battait s'ils faisaient la moindre faute, mais le soir ils parlaient anglais entre eux, à la demande des parents. Cependant, lorsqu'ils se retrouvaient avec d'autres enfants de leur âge, ils parlaient librement en pidgin, avec cet accent chantant qui évoquait le battement des vagues sur la grève.

A douze ans, Reiko-chan était une adolescente aux jambes élancées et au regard brillant : elle avait l'âge de tenter sa chance à Jefferson. Le jour de l'examen, ses parents la lavèrent et l'habillèrent avec un soin tout particulier : elle portait pour la circonstance un sarrau blanc immaculé orné de revers et ses chaussures étincelaient. Elle refusa que son père vînt avec elle, mais là-bas, on lui dit qu'elle devait être accompagnée. Elle courut donc le chercher et sa mère, voyant qu'elle avait transpiré, la baigna une seconde fois. Le père et la fille, tout intimidés, se présentèrent donc devant les professeurs. L'un d'eux lut à voix haute le bulletin de l'élève Reiko Sakagawa : les notes étaient toutes excellentes.

— Comment occupez-vous votre temps cet été ? lui demanda un autre professeur.

— J'aide ma mère à faire la lessive. Le dimanche, je vais à l'église, et lorsque nous allons en pique-nique, je prépare mes petits frères, répondit-elle d'une voix douce et appliquée, en prenant soin de bien détacher les syllabes.

Les trois professeurs qui composaient le jury furent visiblement impressionnés par la clarté du discours de la petite fille. Le premier allait donc apposer le tampon d'admission, lorsque son collègue lui glissa quelque chose à l'oreille. Dans le dossier de Reiko, un additif mentionnait la profession peu ragoûtante de son père. Ce maudit papier passa de main en main, et le verdict ne se fit guère attendre.

— Ma chère enfant, nous ne pouvons vous accepter à Jefferson. Votre réponse nous a semblé un peu trop appliquée... comme si vous l'aviez apprise par cœur.

La décision était sans appel. Une fois dehors, sous le soleil écrasant, le père demanda à sa fille si elle avait été reçue.

— Non, fit-elle en ravalant ses larmes à grand-peine.

— Mais pourquoi donc ?

— Ils ont trouvé que j'avais parlé trop lentement.

Le pauvre homme se mit à pleurer.

— Mais pourquoi ? A la maison tu parles comme une mitraillette. Pourquoi as-tu parlé si lentement aujourd'hui ?

— Je me suis appliquée. J'ai fait attention à bien détacher les mots, expliqua l'enfant.

Kamejiro, en proie à une rage impuissante, était sur le point de la frapper lorsqu'il s'aperçut qu'elle était au bord des larmes. Son geste s'arrêta net et il la prit dans ses bras.

— Ne t'en fais pas. C'est peut-être aussi bien ainsi. Goro ira à Jefferson.

Il lui prit tendrement la main et l'entraîna à la maison où il lui fit revêtir un kimono. C'était le jour anniversaire de l'empereur et la communauté japonaise se rassemblait dans les écoles pour célébrer l'événement. Les parents s'inclinèrent profondément devant le portrait de l'auguste personnage et les enfants s'assirent à l'écart sur le tatami. Le professeur, qui était en fait un ancien officier de l'armée, apparut, le visage grave et blême. Au Japon en effet, si le professeur chargé de lire le rescrit de l'empereur trébuchait sur un seul mot, il devait se faire hara-kiri. Il commença donc à lire, lentement, laborieusement. Cette cérémonie de la plus haute importance pour la civilisation japonaise n'a pas son équivalent dans la société occidentale. Ce qui en 1890 n'était qu'un simple exposé de la politique d'éducation au Japon était rapidement devenu une ordonnance sacrée, que chaque citoyen devait connaître par cœur et suivre à la lettre : l'amour de la patrie, le respect inconditionnel de la volonté impériale et la soumission aux autorités en constituaient les lignes directrices. Quand il eut terminé sa lecture, le professeur avait le visage trempé de sueur, et chaque auditeur, galvanisé par ce discours emphatique, se sentait prêt à mourir pour le Japon.

L'ancien officier se leva et proféra d'un ton solennel :

— N'oublions jamais le Japon.

Tous s'inclinèrent bien bas en pensant à la mère patrie si belle et si lointaine.

La foule s'écoula ensuite à l'extérieur où deux mastodontes, une simple étoffe nouée autour des reins, attendaient dans une arène improvisée. Le prêtre bénit les lutteurs, qui répandirent une poignée de sel sur le sol.

— Les haole qui disent que les Japonais sont des gringalets devraient venir voir les lutteurs, glissa Kamejiro à l'oreille de ses fils, subjugués par le spectacle des deux géants qui se ruèrent l'un sur l'autre avec une agilité surprenante pour leur poids, jusqu'à ce que l'un d'eux touchât terre.

Le public applaudit chaleureusement et deux spectateurs grassouillets se mirent à mimer un combat, déchaînant l'hilarité générale.

Dans l'après-midi arrivèrent des membres du consulat en limousine noire, qui adressèrent à la foule un discours pompeux dans lequel se profilait la vague menace d'un péril venu d'Asie et la nécessité d'un dévouement sans faille à la patrie. On fit une collecte parmi l'assistance et les Sakagawa donnèrent l'argent qu'ils avaient mis de côté pour offrir une nouvelle robe à Reiko-chan. C'est à elle que revint l'honneur de placer les pièces dans la boîte destinée à cet effet, et elle vibrait d'amour pour sa lointaine patrie en s'acquittant de ce devoir sacré.

La fête se poursuivit par des danses rituelles sous les figuiers de la place de Kakaako. Ces danses étaient en majeure partie exécutées par des enfants vêtus de kimonos multicolores ondoyant dans la brise tiède du soir. De vieilles dames qui avaient appris ces danses autrefois dans leur village natal avaient les larmes aux yeux en contemplant la jeune Reiko-chan exécuter avec grâce les figures traditionnelles.

— Je me demande si cette enfant a conscience de sa beauté, murmura une dame à son amie. Elle a une peau de pêche et des yeux si joliment fendus en amande ! Une vraie poupée japonaise !

Kamejiro, qui avait entendu le compliment, rougit, et dit à la dame qu'il essayait d'en faire une parfaite Japonaise, pour le jour où elle retournerait au pays.

— Elle est déjà parfaite, approuva la dame d'un air connaisseur.

Le soir même, Kamejiro, par crainte des vieux démons, sermonna ses fils :

— Je souhaite qu'en ce jour sacré, vous ayez compris à quel point il est important que notre famille retourne au Japon. Je tiens à ce que vous soyez reçus à Jefferson.

Et la petite cahute des Sakagawa se transforma en véritable ruche où l'on parlait anglais du matin au soir.

Dès la première année, Jefferson fut un succès. La qualité de l'enseignement prodigué produisit son lot d'élèves de niveau suffisant pour prétendre accéder aux écoles de la métropole, ce qui ne manqua pas d'inquiéter certains planteurs. Hoxworth Hale déclara notamment que l'éducation était pratiquement la même qu'à Punahou, chose inadmissible pour une école subventionnée par l'impôt. Fait plus grave, les classes laborieuses prirent conscience que l'on finançait avec leur argent des écoles auxquelles leurs propres enfants n'avaient pas accès, même s'ils possédaient parfaitement l'anglais.

Parfois le soir, en entendant Reiko-chan faire répéter leurs leçons d'anglais à ses frères, Kamejiro songeait amèrement que les choses avaient été plus faciles pour les Chinois : les Kee avaient maintenant leurs fils à Punahou.

Ce fut bientôt au tour de Goro de tenter sa chance à Jefferson. Comme sa sœur il se présenta au jury avec un bon bulletin scolaire. On lui posa une question sur la guerre civile, à laquelle il répondit avec une aisance déconcertante. Il se crut donc reçu, lorsqu'un professeur, déchirant une feuille de papier, lui posa cette question subsidiaire qui avait fait ses preuves sur les enfants japonais.

— Qu'est-ce que je viens de faire avec ce papier ?

— Vous l'avez brisé, répondit Goro.

— Je regrette, le terme est impropre. On dit « déchirer » une feuille de papier.

C'est ainsi qu'un Sakagawa fut encore refusé à Jefferson.

Lorsque Goro dut expliquer son échec à son père, celui-ci entra dans une colère terrible et le frappa en répétant « briser, briser » sans comprendre que cela n'était qu'un prétexte. La véritable raison de cette humiliation était la profession de Kamejiro car il allait sans dire que le fils d'un pauvre vidangeur n'avait pas sa place à Jefferson.

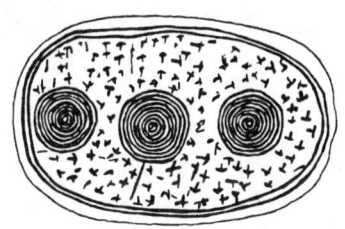

En 1936, Kamejiro Sakagawa dut prendre une pénible décision, car il devenait évident que son rêve d'élever dignement ses cinq enfants de la maternelle à l'université était impossible. La pauvre famille, malgré son travail acharné, n'avait pas les moyens de continuer. Il devenait indispensable que certains des enfants quittassent l'école pour se mettre à travailler.

Les économies de Kamejiro auraient peut-être pu permettre cependant aux enfants de poursuivre leurs études, si les nouvelles du Japon n'avaient été aussi mauvaises. Jour après jour, les prêtres et les agents consulaires répétaient que jamais l'empereur vénéré n'avait traversé semblable crise. Tout l'avenir du Japon reposait sur les épaules de cet être sacré et le devoir de tout bon Japonais était d'aider les vaillantes armées à lutter contre la Chine. Ces armées étaient toujours au bord de la victoire, mais les actualités cinématographiques ne montraient pas d'avance notable et, cette année-là, le consul lui-même annonça :

— Il me faut cinquante mille dollars pour aider à sauver l'armée japonaise.

Les Sakagawa donnèrent soixante-dix de ces dollars et, dans la soirée, la famille se réunit.

— Reiko-chan ne peut pas aller à l'université, déclara nettement Kamejiro.

L'intelligente enfant, présidente du club des filles à Mac Kinley, inscrite en permanence au tableau d'honneur, baissa les yeux en bonne petite Japonaise et ne dit rien, mais son frère Goro protesta :

— Elle en sait plus que nous tous réunis. Il faut qu'elle poursuive ses études. Alors elle pourra être professeur et nous aider à poursuivre les nôtres.

— Les filles sont faites pour se marier, répliqua tranquillement le père. Les jolies filles se marient tout de suite et tout l'argent dépensé à leur instruction est de l'argent perdu.

— Elle peut promettre de ne pas se marier, suggéra Goro.

— Ce sont les garçons qui doivent s'instruire, insista Kamejiro. Encore que je n'arrive pas à comprendre comment ni toi ni Tadao n'avez pu entrer à Jefferson. Qu'est-ce que vous avez? Vous êtes stupides? Pourquoi n'arrivez-vous pas à parler anglais convenablement?

— Père, murmura doucement la jeune fille, tu sais bien qu'on n'accepte que les fils de planteurs à Jefferson, ou les enfants de gens que les planteurs aiment bien.

Surpris, Kamejiro regarda sa fille. C'était une chose à laquelle il n'avait jamais pensé, et qui le choquait.

— C'est vrai?

— Mais oui. Minoru et Shigeo n'y seront jamais admis non plus, tu verras.

— D'ailleurs, Mac Kinley est très bien, lança Goro en prenant la défense de la merveilleuse petite école fréquentée par les Orientaux, les Portugais et les haole indigents.

C'était une école confortable, sympathique, où les classes étaient faites en pidgin, non sans esprit de contestation, et d'où étaient sortis bien des chefs politiques de l'île sinon de grands hommes d'affaires. A Mac Kinley, un garçon risquait de se faire casser la figure s'il parlait un anglais trop correct, mais il y recevait une excellente instruction car les maîtres étaient tous presque fanatiquement dévoués à leur tâche et adoraient voir des enfants intelligents comme Goro faire des progrès.

— Il n'est pas question de Mac Kinley, dit Kamejiro. Quel emploi pouvons-nous trouver à Reiko-chan, où elle gagnera le plus d'argent?

— Eh bien, qu'elle travaille pendant trois ans, dit Goro et puis Tadao et moi nous travaillerons et elle ira à l'université.

— Non. J'ai remarqué que si les garçons interrompent leurs études, ils ne les reprennent jamais. Il faut que Reiko-chan travaille désormais.

A ces mots, la jeune fille faillit pleurer. Ses épaules s'affaissèrent. Goro le remarqua et alla la consoler de son mieux.

— Papa a raison, lui dit-il en anglais. Tu vas vite te marier. Une jolie fille comme toi.

— Nous parlons japonais, cria Kamejiro. Va t'asseoir. Alors, quel genre d'emploi?

— Je pourrais être dactylo, suggéra Reiko.

— Les dactylos japonaises ne sont pas payées, affirma Kamejiro.

— Elle ne pourrait pas travailler pour un médecin? demanda Tadao. Les assistantes sont bien payées.

— Il faudrait qu'elle apprenne et nous n'avons pas d'argent, répondit Kamejiro.

Il se tut un moment, hésitant à formuler clairement ce qu'il avait en tête, puis il s'éclaircit la gorge et se lança :

— Je parlais justement à Ishii-san et il a dit...

— Père! interrompirent en chœur les garçons. Pas Ishii-san! Si tu écoutes ce qu'il raconte...

— Ishii-san est un imbécile, ajouta Reiko en riant. Tout le monde le sait.

— Nous devons tout à Ishii-san, s'écria Kamejiro.

Il prononçait souvent cette phrase, mais il n'avait jamais expliqué aux enfants quelles dettes ils avaient envers cet étrange petit homme dont les idées devenaient de plus en plus bizarres.

— Ishii-san m'a démontré que le plus sûr moyen pour un Japonais de gagner de l'argent c'est de...

Il observa un temps, théâtralement, et Goro en profita pour lancer en anglais :

— De voler.

Son père comprit vaguement que Goro avait dit quelque chose d'irrespectueux mais, comme il ne savait pas quoi, il poursuivit :

— Ishii-san va me prêter l'argent et je vais ouvrir un petit salon de coiffure à Hotel Street, là où sont tous les marins. Et ce seront des filles qui leur feront la barbe!

Lentement, avec horreur, les quatre garçons se tournèrent vers leur jolie sœur. Elle ne disait rien, mais elle avait pâli en comprenant que son destin immédiat n'était pas d'aller à l'université, ni d'être dactylo ou assistante médicale. Elle allait être dame barbière. Elle savait qu'il existait déjà une boutique de ce genre à Hotel Street, où les hommes se précipitaient. Le propriétaire de la boutique gagnait beaucoup d'argent et les jeunes filles touchaient de gros pourboires. Mais elles étaient toutes ignorantes...

— J'ai demandé à Sakai-san s'il laisserait sa fille Chizuko travailler pour moi et il a accepté, reprit Kamejiro plein d'espoir. Rumiko Hasegawa travaillera aussi pour nous. Avec trois fauteuils et moi pour balayer et cirer les souliers, nous devrions bien nous débrouiller.

Brusquement, Goro croisa les bras sur la table, y laissa tomber la tête et se mit à pleurer. Son père lui demanda ce qu'il avait et le garçon de seize ans répondit :

— Reiko-chan est la meilleure d'entre nous.

— Dans ce cas, elle sera heureuse d'aider ses frères à poursuivre leurs études.

Yoriko, qui lavait du riz à l'évier, n'avait encore rien dit. Elle tourna la tête et observa doucement :

— Le devoir d'une Japonaise est d'aider sa famille. J'ai aidé les miens quand j'étais jeune, et ça m'a permis de devenir une bonne épouse. Si Reiko-chan travaille assidûment et gagne de l'argent, elle appréciera davantage celui que son mari lui donnera plus tard pour élever ses enfants. Et c'est son devoir.

— Mais faire la barbe des marins! gémit Goro.

— Elle gagnera de l'argent, répéta sa mère.

Goro se leva et courut embrasser sa sœur.

— Quand je serai avocat et que je gagnerai un million de dollars, lui confia-t-il vivement en anglais, je te donnerai tout!

Les larmes ruisselaient sur ses joues. Et puis ce fut au tour de Tadao d'éclater en sanglots, imité par les deux plus jeunes frères. Et Kamejiro, qui avait souffert d'être poussé à prendre cette cruelle décision, sentit ses yeux se mouiller.

Le salon de coiffure de Kamejiro Sakagawa eut immédiatement beaucoup de succès. Le petit Japonais ouvrit sa boutique au moment même où les installations militaires américaines commençaient à prendre de l'importance. Les matelots de Pearl Harbor et les soldats des casernes Schofield affluaient à Hotel Street pour se faire tatouer par les artistes locaux, et raser par les dames barbières. Mais Kamejiro Sakagawa devait surtout sa prospérité à la claire beauté des jeunes filles qu'il employait. Souriantes dans leurs blouses blanches immaculées, elles faisaient la joie des clients, et les habitués ne tardèrent pas à leur demander des rendez-vous. Mais Kamejiro veillait sévèrement sur la vertu de sa fille et de ses employées. Tous les soirs, il raccompagnait lui-même Rumiko et la fille de Sakai-san à la maison, au nez et à la barbe des soupirants qui attendaient sur le trottoir.

En 1938, pendant la dernière année de Goro à Mac Kinley, une véritable bombe éclata chez les Sakagawa, un événement tellement inattendu que la maisonnée en eut le souffle coupé. Un après-midi de la fin du mois de juillet, trois hommes bien mis en costumes sombres se présentèrent à la petite baraque de Kakaako et demandèrent à Yoriko si Tadao était là.

Elle commençait à comprendre et à parler un peu l'anglais et répondit :

— Tadao, pas là.

— Quand doit-il rentrer ? demanda l'un des hommes en col dur.

— Moi pas savoir.

— Ce soir ?

— *Hontoni, hontoni.* Certainement.

— Dites-lui de nous attendre ici, dirent les hommes.

S'ils avaient souri, comme ils auraient dû, les appréhensions de la famille eussent été calmées, mais ils ne sourirent pas, car la petite Mrs Sakagawa, ridée et courbée par le travail incessant, les effrayait un peu.

Quand la famille se réunit ce soir-là, et que Yoriko eut raconté quatre fois l'étrange visite, tout le monde pressa Tadao de questions, et voulut savoir quelle sottise il avait commise, car personne ne doutait que les trois hommes ne fussent des inspecteurs de police. Les haole en costume sombre et col dur n'avaient pas l'habitude de frapper aux portes des Japonais, et tous les Sakagawa se tournèrent avec véhémence contre le premier membre de la famille à s'attirer des ennuis avec la police. L'inflexible droiture de la famille japonaise s'affirma et Reiko gémit :

— Toi, Tadao ! Qu'est-ce que tu as fait ? Je vois des vauriens toute la journée, à Hotel Street. Mon frère est-il donc de ceux-là ?

— Tadao ! glapit Kamejiro en frappant du poing sur la table. Quelle bêtise as-tu faite ?

Le grand garçon tranquille restait bouche bée, et son frère Goro, plus court et plus trapu, hurla :

— Imbécile ! Si la police t'arrête, on ne voudra plus de toi à Mac Kinley ! Tu ne feras plus partie de l'équipe de football ! Et moi, j'aurai honte d'aller sur le terrain ! Qu'est-ce que tu as fait ?

Stupéfait, fort de son innocence, Tadao trembla devant la colère de sa famille. Il savait bien qu'il n'avait jamais rien fait de mal, et cependant ces hommes étaient venus. Kamejiro, qui avait tout fait pour maintenir sa famille dans le droit chemin, afin que Hiroshima pût être fière de ses enfants, se prit la tête à deux mains et, tremblant de chagrin et de colère, s'écria :

— On ne peut donc pas élever ses propres enfants correctement ?

A ce moment, on frappa à la porte et toute la famille se figea. Kamejiro poussa Tadao à l'écart en lui ordonnant de ne pas bouger. Il n'allait pas lui permettre de fuir le châtiment. Puis, honteux et tremblant, il ouvrit la porte.

— Mr Sakagawa ? demanda le plus grand des inconnus. Je suis Hewlett Janders. Voici John Whipple Hoxworth et ce monsieur en noir est Hoxworth Hale. Bonsoir.

Les trois hommes d'affaires pénétrèrent dans la pièce minuscule, et se mirent à rire quand Reiko s'écria en anglais :

— Allons, les garçons, avancez des chaises à ces messieurs !

— Merci, dit Hewlett Janders. Vous avez une maison bien tenue, Mr Sakagawa. J'ai rarement vu d'aussi jolies fleurs. Vous êtes vraiment doué pour le jardinage.

Goro traduisit rapidement et Kamejiro s'inclina.

— Dis-leur que j'aime beaucoup les fleurs.

Goro répéta la phrase en anglais et ajouta :

— Mon père a honte de son anglais.

— Mais toi tu parles très bien, répondit Hewlett. Tu es Goro, je suppose ?

— Oui, monsieur.

Les trois hommes l'examinèrent d'un air approbateur et finalement Hewlett dit en riant :

— Tu es le garçon que nous détestons.

Goro rougit et Reiko-chan intervint :

— Nous pensions que vous vouliez voir Tadao. C'est celui-ci.

— Nous le savons, mademoiselle. Mais c'est ce jeune vaurien qui nous cause du souci.

Il y eut un instant de silence angoissé. Personne ne savait ce qui se passait, ni comment cette étrange réunion allait se terminer. Ce fut Hoxworth Hale, le plus âgé et le plus pondéré des visiteurs, qui prit ensuite la parole et, selon son habitude, il alla droit au but :

— Nous représentons le comité directeur du collège de Punahou et nous commençons à en avoir assez de voir notre équipe de football constamment battue par la faute de Goro que voici. Tu as un bel avenir dans le sport, je puis te le dire. Au basket, au base-ball, mais surtout au football. Si jamais tu as besoin de quoi que ce soit, viens me trouver.

— Alors vous n'êtes pas venus pour arrêter l'un de nous ? demanda Reiko-chan.

— Grands dieux, non ! s'écria Hale en éclatant de rire. Nous avons donc donné cette impression, cet après-midi ?

— Ma mère n'avait pas très bien compris... commença Reiko.

Mais la jeune fille ne put achever. Son soulagement était tel qu'elle dut mettre sa main à sa bouche pour empêcher ses lèvres de trembler.

— Non, non, reprit Hale, bien au contraire. De fait, votre famille, mademoiselle, nous a si favorablement impressionnés que nous sommes venus ce soir offrir à votre frère Tadao d'entrer à Punahou, parce que nous avons besoin d'un joueur de football comme lui.

Personne ne parla. Les parents Sakawaga, qui ne comprenaient pas ce qui se passait, attendaient une traduction et se tournèrent vers Goro mais, avant qu'il puisse leur donner une explication, le grand Hewie Janders le prit aux épaules et lui dit :

— Nous voulions t'avoir aussi, Goro, mais comme tu es en dernière année, nous avons pensé qu'il valait mieux que tu termines l'année à Mac Kinley. Mais il faut nous promettre une chose. Quand tu joueras contre Punahou, ne t'attaque pas uniquement à ton frère.

— Je le mettrai en pièces s'il joue pour Punahou ! répliqua Goro en riant.

— Tu nous as donné bien du fil à retordre depuis deux ans, tu sais, dit Janders en le secouant affectueusement.

— Mais, intervient Tadao, comment pourrais-je payer mes études à Punahou ?

— Nous te les paierons, répondit Hale. Études et livres. Pendant deux ans. De plus, nous t'offrons immédiatement une somme de cent dollars, vingt ce soir et le reste un peu plus tard, pour que tu puisses t'habiller.

John Whipple Hoxworth, un homme au regard perçant et à l'esprit vif, ajouta :

— Dis à ton père que nous ne faisons pas cela uniquement parce que tu es un excellent joueur de football, mais aussi parce que tu es un brave garçon, sérieux et bien élevé. Sinon, nous ne voudrions pas de toi à Punahou.

— Ce ne sera peut-être pas facile pour toi, dit Hale. Il n'y a pas beaucoup de Japonais à Punahou. Tu vas te sentir très seul.

Reiko-chan répondit pour son frère :

— C'est la meilleure école de l'île. On peut passer sur beaucoup de choses pour y être accepté.

— C'est bien notre avis, reconnut Hale.

Les trois hommes serrèrent la main de Tadao et prirent congé. Après leur départ, Kamejiro n'y tint plus.

— Qu'est-ce qu'ils ont dit ? Que se passe-t-il ?

— Tadao a été accepté à Punahou, expliqua Goro.

— Punahou ?

Le collège n'avait jamais été mentionné chez les Sakagawa. C'était une école qui n'avait aucune réalité pour les Japonais, un paradis haole, une terre interdite. Un petit Japonais pouvait à la rigueur aspirer à Jefferson et, depuis quelques années, certains y avaient été admis, mais Punahou ! Suffoqué, Kamejiro se laissa tomber sur une chaise et murmura :

— Mais qui a demandé à entrer à Punahou ?

— Personne. Le collège est venu chercher Tadao parce qu'il est bon élève et qu'il joue bien au football.

— Mais comment paiera-t-il ses études ?

— Pour lui, c'est gratuit. Et on lui a déjà donné de l'argent en plus, répondit Goro en montrant les dollars de son frère.

Ce fut alors que Kamejiro et toute la famille Sakagawa comprirent pour la première fois que les garçons ne verraient probablement jamais le Japon. Ils imaginaient maintenant Tadao à Punahou, une des meilleures écoles d'Amérique, puis à l'université... Il deviendrait avocat ou médecin, il deviendrait un véritable Américain.

Les trois hommes d'affaires avaient prévenu Tadao que la vie à Punahou serait difficile mais ils n'avaient pas prévu de quel côté viendraient les difficultés. Ce ne fut pas de Punahou, car les prouesses sportives de Tadao lui avaient gagné l'estime et le respect de ses camarades, mais du faubourg de Kakaako, où le bas peuple lui en voulait de chercher à s'élever au-dessus de sa condition. Des bandes de vauriens le guettaient le soir au détour des ruelles, quand il revenait du terrain d'entraînement, et lui administraient de sévères corrections en criant :

— Nous allons t'apprendre un peu à être mieux que nous !

Tadao ne réclama jamais l'aide de Goro pour se défendre. Il apprit à garder les mains sur la figure pour qu'on ne lui casse pas les dents, et à se servir de ses pieds, de ses genoux et de ses coudes. Vers la mi-octobre, les attaques s'espacèrent, puis finirent par cesser.

A cette époque, la passion du football à Honolulu touchait à l'aberration. Les journaux consacraient des articles dithyrambiques à des gamins de quinze ans qui auraient plutôt dû se battre avec des racines carrées. Il y eut même des scandales quand des parieurs adultes cherchèrent à corrompre des joueurs pour qu'ils fassent perdre un match à leur équipe. En 1938, cette folie sportive atteignait son apogée quand Goro Sakagawa jouait pour Mac Kinley et Tadao pour Punahou. Le grand match de novembre entre les deux écoles approchait et les journaux locaux portaient des manchettes en caractères énormes, avec des photos des deux « frères ennemis ». Le *Mail* publia un magnifique cliché de leur père Kamejiro, devant sa boutique de barbier, un fanion de Mac Kinley d'une main, un emblème de Punahou de l'autre, avec la légende : *Impartial!* C'était la première fois que la photo d'un Japonais, autre qu'un criminel ou un membre du corps diplomatique, paraissait en dehors de la page sportive d'un journal de Honolulu.

Le jour du match, ce fut du délire. Des manchettes sur cinq colonnes glapissaient : *Frère contre frère!* La partie fut extraordinaire et si Goro n'avait pas accompli de véritables miracles au cours des dernières minutes de jeu, Tadao aurait conduit Punahou à la victoire. Ce soir-là, tandis qu'il rentrait chez lui, encore abasourdi par les applaudissements et tout éberlué d'être une grande vedette, il tomba dans une embuscade de vauriens et subit un passage à tabac en règle.

Il arriva chez lui en lambeaux, la figure en sang. Cette fois, Goro se révolta.

— Tu les connais, ceux qui t'ont arrangé comme ça ?

— Oui.

— Bon. Allons-y.

Ils emmenèrent Minoru et Shigeo, qui avaient quinze et seize ans et, armés de battes de base-ball et de piquets de clôture, ils errèrent par les ruelles à la recherche des bourreaux de Tadao. Ils tombèrent enfin sur sept membres du gang et Goro chuchota à ses frères :

— Pas de pitié !

Le lendemain matin, les journaux, en parlant de la partie, annonçaient le « triomphe des frères Sakagawa ». En voyant ce titre ronflant, Goro sourit à son frère et lui dit :

— Nous ne nous sommes pas trop mal débrouillés dans la soirée non plus, il me semble !

Tandis que les fils Sakagawa escaladaient ainsi les échelons à la force du poignet, les garçons d'origine purement hawaiienne n'avaient pas cette chance. Quand le vieil Abraham Hewlett, de l'île de Maui, se maria en secondes noces avec une jolie Hawaiienne, il découvrit que sa famille possédait la moitié de ce qui allait devenir la plage de Waikiki. Un jour vint où les terres des Hewlett valurent près de deux millions de dollars l'hectare et, grâce à la générosité prévoyante du vieil Abraham, le revenu tout entier fut consacré à la création de Hewlett Hall, une école où garçons et filles de sang hawaiien recevaient une éducation gratuite. Sous la direction avisée d'un conseil composé presque uniquement de Hale, de Hewlett et de Whipple, la célèbre école hawaiienne prospéra et devint une merveilleuse institution. Elle possédait une fanfare, la meilleure chorale des îles, des professeurs dévoués, de magnifiques dortoirs. Tout y était gratuit et quand un étranger visitait le collège, il en concluait tout naturellement que Hewlett Hale avait été le salut de la race hawaiienne.

Malheureusement, ce n'était pas exact. Matériellement, Hewlett Hall était presque parfaite, mais intellectuellement, l'école se limitait au point de vue des grandes familles qui la dirigeaient. Elles envoyaient leurs fils à Punahou et à Yale. Il ne leur vint jamais à l'idée que les enfants hawaiiens avaient les mêmes qualités que les haole. Et, peu à peu, Hewlett Hall devint une école professionnelle. Ses directeurs, avec les meilleures intentions du monde, raisonnaient ainsi :

— Les Hawaiiens appartiennent à une race merveilleuse mais indolente. Ils aiment chanter et jouer. Ils peuvent faire d'excellents mécaniciens, de bons chauffeurs. Leurs filles sont de remarquables institutrices. Encourageons-les dans ces voies.

Alors qu'autrefois quand un brillant petit Chinois tombait sous la férule de l'invraisemblable Uliassutai Karakoram Blake, il s'entendait dire chaque jour :

— Tu es un être humain remarquable. Il n'y a rien dont tu ne sois capable.

Et ces garçons devenaient par la suite des médecins, des politiciens et des banquiers. Quand des garçons japonais intéressants, comme Goro Sakagawa, s'entassaient dans les classes de Mac Kinley, il se trouvait invariablement une institutrice inspirée, native du Minnesota ou du Kansas, pour leur affirmer :

— Votre esprit peut accomplir n'importe quoi. Vous pourriez écrire des livres passionnants, ou devenir des savants en renom. Vous pouvez tout faire.

Ainsi, les jeunes Chinois ou Japonais s'efforçaient de mériter cette confiance. Mais les petits Hawaiiens n'étaient pas soutenus de cette façon. On leur donnait le confort et l'instruction gratuite, mais on les poussait à devenir des mécaniciens ou des institutrices. Et jamais les mécaniciens et les institutrices n'ont gouverné de nations, quelles que soient leurs qualités.

En 1907, quand le docteur Hewlett Whipple fut nommé au conseil de Hewlett Hall, il essaya consciencieusement de changer l'orientation générale et de trouver des professeurs dynamiques comme Uliassutai Karakoram Blake, mais les Hale et les Hewlett l'en empêchèrent en assurant :

— Nous ne devons pas essayer de donner à ces merveilleux enfants hawaiiens une éducation qui dépasse leurs capacités naturelles.

Après trois ans de lutte inégale et vaine, le docteur Whipple démissionna et, ce soir-là, il confia à sa femme :

— Avec beaucoup d'amour et d'argent, nous avons condamné ces gens à la médiocrité éternelle. Hewlett Hall est le pire fléau qui ait frappé les Hawaiiens, depuis la rougeole et l'arrivée de l'homme blanc.

Aussi, tandis que Chinois et Japonais apprenaient à diriger leur société, les Hawaiiens demeurèrent à l'écart.

A l'automne 1941, Honolulu eut la preuve que Punahou était une pépinière de brillants sujets. Une brochure ronéotypée d'une bonne tenue littéraire, diffusée un vendredi après les cours, déchaîna dès le soir même une gamme de réactions très variées dans la communauté haole, et même chez les Asiatiques, d'ordinaire peu sensibles à la chose écrite.

Hoxworth Hale en personne perdit son sang-froid et résolut d'étouffer ce scandale, de plein accord avec les directeurs de Punahou. Plus tard, en analysant l'événement, il se dit que le comportement bizarre de son fils Bromley ces temps derniers aurait dû lui mettre la puce à l'oreille.

Le jeune Brom avait érigé dans le fond du jardin — avec l'aide d'un charpentier payé de ses propres deniers — une bizarre stucture qu'il qualifiait lui-même de « parc à jouer pour adultes ». Cette curieuse construction se composait de deux murs de bois dans lesquels étaient pratiqués quatre orifices protégés par des sortes de boîtes. Un plancher recouvrait le sol et des étais consolidaient l'ensemble. Hoxworth avait remarqué que plusieurs amis de son fils étaient partie prenante dans l'entreprise. Un jour, le jeune Whipple Janders, avec sa coupe en brosse et son Leica importé d'Allemagne, l'avait interpellé :

— Mr Hale, voulez-vous me rendre un service, s'il vous plaît ?

— De quoi s'agit-il, Whipple ?

— J'aimerais que vous essayiez cette machine.

— Seulement si tu me dis ce que cela représente.

— Brom dit que c'est un parc à jeux pour adultes. Encore une de ses idées saugrenues !

— Et que dois-je faire ?

— Je voudrais voir si vous pouvez tenir dans cette boîte.

Hoxworth était toujours frappé par la déconcertante désinvolture des adolescents, mais, sans chercher à en savoir plus, il grimpa dans l'étrange cabine, s'y allongea tant bien que mal et sourit au jeune Whipple.

— Ne bougez plus, monsieur. Je fais la mise au point sur vous. C'est parfait. Merci infiniment, Mr Hale.

En lisant la brochure incendiaire, Hoxworth dut reconnaître qu'il s'était fait avoir.

— Ces gamins sont imprévisibles, maugréa-t-il.

L'essai de Bromley était intitulé : « Les Relations sexuelles à bord des bricks, ou Comment s'occupaient nos ancêtres lorsqu'ils n'avaient pas le mal de mer. »

Il est de notoriété publique que je vénère plus que quiconque la longue lignée de missionnaires dont je suis issu, ainsi que la plupart de mes amis. Je tiens comme à la prunelle de mes yeux à ces manuscrits défraîchis par le temps qui relatent les souffrances et les tribulations de mes aïeux autour du cap Horn. C'est le sang de ces hommes valeureux qui coule aujourd'hui dans mes veines, et c'est en hommage à leur mémoire que j'ai été amené à faire ces recherches qui ne sont qu'un prolongement de l'éducation classique que j'ai reçue. Qui mieux que moi — je le dis en toute modestie — pourrait parler de ces missionnaires dont je perpétue le lignage ? J'ai été élevé dans le respect de leurs principes, et j'ai toujours été impressionné par le récit des péripéties qui émaillèrent leur long voyage de Boston à Hawaii. Ils ont souffert presque constamment d'un mal de mer invalidant et pénible : entassés à huit dans des cabines conçues pour deux personnes, ils ont supporté la crasse et la promiscuité.

Tout enfant déjà, je souffrais à l'évocation de leur calvaire. J'ai essayé de recréer les conditions dans lesquelles mes ancêtres ont voyagé, pour ressentir leurs tourments de l'intérieur. Les photos jointes à cet essai éclaireront mieux le lecteur sur la réalité de l'époque.

Hoxworth tourna précautionneusement la page et faillit s'étrangler d'indignation en voyant Bromley, contorsionné dans l'étroite couchette, qui lançait vers l'objectif un regard polisson.

Le photographe avait été à la hauteur de la tâche !

— Mon Dieu ! s'exclama Hoxworth en découvrant sur la photo suivante la jolie Amanda Janders, coiffée d'un chapeau à la mode de l'époque, arborant un air de dégoût, à côté de Brom qui mimait le ronfleur. Mon Dieu ! Je vais téléphoner immédiatement au père d'Amanda, ajouta-t-il faiblement, car il était pris par le récit, comme d'ailleurs les trois cents autres lecteurs en possession du sulfureux essai illustré par les photos de Whipple.

Comme on peut le constater, poursuivait Bromley, *la vie à bord des bricks devait être un véritable enfer. Mais il est un sujet sur lequel nos ancêtres sont restés étrangement muets. Pourtant la vie devait bien suivre son cours, et j'ai pu réunir, dans les archives de notre ville, des statistiques tout à fait éloquentes. Je n'en veux pour exemple que la* Thetis, *sur laquelle certains de mes aïeux ont navigué. Ce brick, parti de Boston le 1ᵉʳ septembre 1821, atteignit ces rivages hospitaliers le 26 mars 1822, après avoir essuyé deux cent sept jours de tempête.*

Il apparaît donc sans conteste que les onze couples qui ont mis au monde — dans les liens sacrés du mariage, bien entendu — des enfants entre les mois de mai et de décembre 1822, n'ont pu les concevoir ailleurs que sur la Thetis, *au milieu des éléments déchaînés.*

Effectivement, la natalité relative à cette période était impressionnante, et Brom Hale en apportait la preuve, chiffres à l'appui. Hoxworth continuait à fulminer, mais il reprit avidement sa lecture.

Cette étonnante fécondité laisse donc à penser que nos ancêtres avaient trouvé, sur ces bateaux surpeuplés, un moyen d'occuper leur temps libre qu'ils n'ont pas jugé utile de nous conter par le menu. Étant donné que, selon ma modeste expérience, il faut en moyenne quatre rapports sexuels pour faire un enfant...

Hoxworth sursauta :

— Ce gosse est cinglé !

Suivaient une liste de statistiques désopilantes et un exposé relatant les positions du Vatican sur la question, non moins déconcertante.

La sonnerie du téléphone le tira de sa lecture. C'était Hewlett Janders qui hurlait à l'autre bout du fil.

— Est-ce que tu as vu cette immonde photo avec ton fils et ma fille ?

— Ne crie pas comme ça, Hewlett! Je viens juste d'avoir cette fichue brochure. Je n'en suis qu'à la page cinq.

— Tu n'as pas vu le pire, alors. Ton fils recense le nombre d'actes sexuels qui ont été perpétrés à bord de la *Thetis*... Bon sang, Hoxworth, tu as engendré un monstre!

Ce ne fut que le premier coup de fil d'une longue série du même acabit.

Bromley esquissait une première conclusion :

A la lumière de ces statistiques, dont l'authenticité ne saurait être mise en doute, nous pouvons donc affirmer que la Thetis, *à l'instar des autres navires qui transportaient des missionnaires, n'était pas comme on a pu le croire jusqu'ici une salle de torture, mais bel et bien un lieu de débauche flottant.*

— Pas étonnant que le téléphone n'arrête pas de sonner, grogna Hoxworth.

Hélas, la coupe était loin d'être pleine...

La promiscuité qui régnait à bord des bricks a toujours intrigué les scientifiques. Nous savons que quatre couples vivaient dans des couchettes étriquées, sans séparations entre elles, et comme le montre la photo ci-contre, un homme de taille moyenne ne pouvait même pas allonger ses jambes...

Hoxworth eut un haut-le-cœur en voyant que c'était lui, « l'homme de taille moyenne » les genoux repliés, souriant bêtement à l'objectif.

Le téléphone sonna avant qu'il ait eu le temps de prendre toute la mesure du ridicule de la situation. C'était le directeur de Punahou en personne.

— Comment un tel scandale a-t-il pu se produire, Larry ? grommela Hale.

— Les adolescents sont imprévisibles... Mais, en l'occurrence, je crains que...

— Il faut qu'il quitte l'école, Larry, j'en suis conscient.

— Merci de votre compréhension, Hoxworth. Je vais essayer de le faire entrer à Yale. Je vais envoyer un câble à mon vieil ami Callison. Il n'a rien à me refuser.

— Vous croyez qu'il sera reçu à Yale ?

— Nous ne mettrons rien dans son dossier qui s'y oppose. Soyez-en persuadé.

— Je vous en sais gré, Larry. Mais, dites-moi, croyez-vous que mon fils ait l'esprit dérangé ?

Le directeur observa un silence prudent.

— Je m'en tiens à ma première impression Hoxworth Avec les adolescents, on ne sait jamais à quoi s'en tenir.

— Savez-vous où est Bromley ?

— Je n'en ai pas la moindre idée, Hoxworth.

Après avoir raccroché, Hale s'assit dans la lumière déclinante. Le téléphone sonna à nouveau, mais il ne répondit pas. Il était d'humeur à envoyer tout le monde au diable. Il contempla les lumières d'Honolulu, ce miracle nocturne qui l'enchantait tellement. C'était sa famille qui avait apporté l'électricité à la ville, entre autres progrès, mais il savait que, s'il avait des ennuis, les vautours étaient prêts à fondre sur lui. La sonnette de la porte d'entrée retentit bruyamment, et il fut tenté de ne pas répondre : il ne tenait pas à se donner en spectacle. Mieux valait laisser hurler les prédateurs.

Mais la porte s'ouvrit et une voix d'homme résonna dans le hall.

— Il y a quelqu'un ?

Hoxworth eut un moment de panique à l'idée de se trouver nez à nez avec un journaliste insolent. Il se précipita à sa rencontre.

— Mr Hale ?

— Qui êtes-vous ? demanda Hoxworth d'un ton froid.

Il ne put s'empêcher de détailler le jeune homme en pantalon de flanelle et chemise de toile blanche qui lui faisait face. Il portait des livres sous le bras et semblait étonnamment décontracté.

— Je me présente : Red Kenderdine. Je suis le professeur de littérature de Brom. Puis-je m'asseoir un instant ?

— Je n'ai nullement l'intention de parler de cet incident, Mr Kenderdine.

— Avez-vous vu Brom ?

— Non, lâcha Hoxworth, je ne sais même pas où il est.

— Bien. Je voulais vous parler d'abord, Mr Hale.

— Peut-on savoir pourquoi ?

— Je veux vous éviter une grave erreur de jugement, monsieur.

— Que voulez-vous dire ?

— En premier lieu, je tiens à préciser que je viens vous voir à titre amical, et non en tant que professeur de Punahou.

— Je n'ai pas l'honneur de vous connaître, fit abruptement Hale.

En réalité il n'aimait pas les enseignants, qu'il considérait comme des flagorneurs.

— Mais Bromley, lui, me connaît.

Hale le dévisagea d'un air soupçonneux.

— Est-ce que par hasard il vous enverrait...

— Mr Hale, je suis venu en ami, pas en conspirateur.

— Excusez-moi, Kenderdine. Bromley ne m'a dit que du bien de vous.

— J'en suis ravi. Et je n'ai que du bien à dire de lui. C'est pour ça que je suis venu.

— Vous êtes sans doute le seul à Honolulu...

— Sûrement. Mr Hale, avez-vous lu l'essai de votre fils ?

— Suffisamment pour être édifié.

— Mis à part votre photo — je reconnais que c'est inadmissible — il a produit là un petit chef-d'œuvre d'ironie.

— Ironie ! Il a pondu un fatras d'ordures, vous voulez dire !

— Non, Mr Hale. C'est de l'humour. Et l'humour n'exclut pas l'amour. J'envie son talent, monsieur. Il a incontestablement un style.

Hoxworth dévisagea son visiteur d'un air incrédule.

— Vous me faites l'effet d'être un de ces éléments subversifs que nous essayons de neutraliser, jeune homme.

Kenderdine prit une profonde inspiration avant de parler.

— Tenez, c'est pour vous, dit-il en tendant trois livres à Mr Hale.

— Que voulez-vous que j'en fasse ?

— J'espère que cela vous aidera à comprendre le jeune homme surdoué que vous avez pour fils.

— Je n'ai jamais entendu parler de ces livres.

Le jeune professeur cilla légèrement.

— Ça ne m'étonne guère. Ce sont les trois meilleurs romans contemporains.

— Ah, grogna Hale sans relever le sarcasme. De quoi parlent-ils ?

— Ce sont des sagas qui en disent long sur l'histoire d'Honolulu et des grandes familles comme la vôtre, Mr Hale.

— Écoutez, Kenderdine, je vais être franc. Vous ne me plaisez pas. Et je pense que si Bromley a fait ces écarts de conduite c'est en grande partie sous votre influence néfaste.

— Je vous dois la même franchise, Mr Hale. Je ne vous aime pas non plus. Je ne peux pas aimer un homme incapable de reconnaître le génie littéraire de son fils. Savez-vous pourquoi Hawaii distille un tel ennui, pourquoi cette terre est un véritable désert de l'intelligence humaine ? Eh bien, je vais vous le dire : c'est parce que personne n'a jamais rien écrit sur ces îles. Pourquoi y a-t-il de merveilleux romans sur le Nebraska ou sur le Mississippi, et jamais rien sur Hawaii ?

— Vous oubliez Stevenson, protesta Hale, et Jack London.

— Foutaises !

— Vous osez me dire en face que vous enseignez à nos enfants que Jack London n'a écrit que des âneries ?...

— Sur Hawaii, oui.

— Mais de quel droit ?

— Je ne fais que constater les faits. En vérité, si personne n'écrit sur ces îles, c'est que les grandes familles n'encouragent guère les vocations potentielles de leurs enfants. Il y a des choses que vous ne tenez pas à voir étalées au grand jour... Vous êtes bien trop attachés à vos privilèges et à votre confort.

— En voilà assez, jeune homme. Vous ne pouvez exercer qu'une mauvaise influence sur des jeunes gens, aussi en tant que membre du conseil d'éducation de Punahou...

— Vous allez me renvoyer ?

— Je manquerais à mon devoir si je ne le faisais pas, monsieur.

Le jeune homme se laissa aller contre le dossier de sa chaise d'un air insolent, en contemplant les lumières de Pearl Harbor.

— Et moi je manquerais au mien, car j'aime profondément ces îles, monsieur, si je ne vous disais pas que je me fiche de votre décision comme d'une guigne. Je vous ai observé, impuissant, faire main basse sur l'éducation, sur la classe ouvrière, sur les électeurs. Mais si vous étouffez dans l'œuf un talent comme celui de votre fils, il est de mon devoir de m'insurger. Il est capable d'écrire l'œuvre qui donnera à l'archipel ses lettres de noblesse en littérature. Je n'ai été que tardivement en possession de son lumineux essai, monsieur. J'y ai détecté quelques-unes de mes tournures de phrase, et je suis fier qu'il ait retenu quelque chose de mon enseignement. Croyez-moi, il deviendra célèbre.

— Ça suffit, Kenkerdine. Vous êtes renvoyé !

Hale arpentait nerveusement la pièce, impatient de voir partir le jeune homme. Celui-ci alluma une cigarette, en tira deux ou trois bouffées, puis se leva tranquillement.

— J'avais déjà donné ma démission avant de venir vous voir, Mr Hale. Je ne supporte plus votre mainmise systématique sur ces îles. Je me suis engagé dans la marine.

— Dieu vienne en aide à l'Amérique si elle prend des marins dans votre genre ! persifla Hale.

— Lorsque la guerre touchera Hawaii, vous aussi serez obligé de partir, Mr Hale. La classe ouvrière que vous abhorrez est en train de s'organiser, les Japonais que vous méprisez vont bientôt voter. Peut-être même votre entente cordiale avec les militaires, grâce à quoi vous tenez les îles, volera-t-elle en éclats. Je suis peut-être « renvoyé » temporairement, Mr Hale, mais vous le serez sans espoir de retour.

Il s'inclina gravement, tapota les livres de l'index, et fit un clin d'œil. Puis il ajouta d'une voix douce :

— Je m'en vais, Mr Hale, mais accordez-moi une faveur : promettez-moi de relire l'essai de votre fils, et vous verrez à quel point il aime ces missionnaires dont il parle avec ironie. Une telle ironie est le fait de quelqu'un qui aime, Mr Hale. Sinon, c'est de la satire.

Sur ces mots, il s'éclipsa.

Resté seul, Hoxworth songea à faire appel à la police pour retrouver son fils, mais il se ravisa.

Sur ces entrefaites, le grand Hewlett Janders entra en trombe, tenant des propos confus, émaillés de jurons et de blasphèmes. Finalement, il ne jetait pas la pierre à Bromley, trouvant son essai sacrément drôle.

— Toute la ville se tient les côtes, rugit-il. Cette photo de toi est impayable ! Il y a un paragraphe inénarrable... où donc as-tu fourré ton exemplaire ?...

Il l'extirpa de sous un coussin puis le feuilleta :

— Bon sang, Hoxworth, si jamais tu te présentais aux élections, ça te vaudrait bien dix mille voix : là-dessus tu as l'air humain, au moins ! Ah, voilà le passage que je cherchais : *Nous pouvons donc projeter une estimation : ainsi, dans un volume exigu, pendant une traversée de deux cent sept jours, ont été accomplis au moins cent quatre-vingt-dix-sept actes sexuels dans des conditions telles que les femmes ne pouvaient quitter leurs sous-vêtements de flanelle et les hommes n'arrivaient pas à s'allonger, comme le montre la photo ci-contre. Une question lancinante hante notre esprit : quelles orgies ont été perpétrées dans ces réduits surpeuplés ? Que s'y est-il réellement passé ? J'arrêterai là des investigations que la décence m'interdit de pousser plus avant, mais j'invite chaque lecteur à méditer la question.* Tu sais, je me suis souvent demandé moi-même comment diable ils s'y prenaient autrefois ! conclut le grand Hewlett en faisant claquer le manuscrit contre sa cuisse.

— Qu'est-ce que j'en sais ? fit Hoxworth d'un air las.

— Bon sang, cette photo de toi est insensée, rugit Hewlett.

— Sait-on où est Bromley ? demanda Hoxworth d'un ton cassant.

— Oui, bien sûr. Mais ne détourne pas la conversation. Tu ne trouves pas que ce que je viens de te lire est à mourir de rire ? Je vois d'ici les gens collet monté comme Lucinda Whipple sauter au plafond quand ils vont lire ça ! Au club, j'ai entendu crier au génie à propos de Brom.

— Où est-il en ce moment ? insista Hale.

— Il est avec toute sa bande chez Asie Kee en train de déguster du chop suey. Toutes les cinq minutes quelqu'un réclame l'auteur et il se lève pour saluer. Quelqu'un a composé une sorte d'hymne, *Adieu, Punahou*, qu'ils reprennent tous en chœur. Tu sais que mon fils

Whipple a été renvoyé aussi, je suppose. Je dois m'estimer heureux qu'ils aient gardé Amanda. Avoir posé, comme ça !

Il ne put s'empêcher d'éclater de rire.

— Tu les as vus ?

— Oui, je suis passé les voir. Pour eux, c'est la fête, alors je leur ai donné deux bouteilles de scotch.

— Vraiment, tu exagères !

— En fait, j'étais venu te dire que j'avais téléphoné à une école préparatoire près de Lawrenceville, et qu'ils acceptaient Brom et Whip... si tu es d'accord, bien sûr. La seule chose qui compte, Hoxworth, c'est qu'ils entrent à Yale.

— Comment s'appelle cette école ?

— Ah... le nom m'échappe. C'est tout près de Lawrenceville. Mark Hewlett y a mis son fils l'an dernier. Il s'était fait renvoyer de Punahou et depuis, il est à Yale.

Janders avisa les trois livres sur la table basse et en ramassa un avec la maladresse des gens qui ne lisent jamais.

— Tu lis pour oublier tes soucis ?

— Tu as entendu parler d'un certain Kenderdine, professeur de littérature à Punahou ?

— Oui, un type avec une coupe en brosse.

— J'ai eu une altercation avec lui. Je suis convaincu qu'il est à l'origine de tout ce scandale.

— C'est un fauteur de trouble. Il doit sortir d'une université comme celle du Wisconsin je crois, ou de Wesley. Je ne cesse de répéter à Larry de prendre des gens formés à Yale. Ils sont peut-être moins intelligents, mais au moins ils nous fichent la paix...

— En tout cas Kenderdine n'est plus à Punahou.

— Tu l'as viré ?

— Bien sûr. Mais tu sais, Hewlett, il partage à peu près ton opinion sur l'essai de Brom. Il pense que c'est bien de faire rire les gens, et que Bromley éprouve de la tendresse pour ces missionnaires.

— C'est ce que disait un juge ce soir au club. Dis-moi, Hoxworth, si tu tombes sur mon fils, tu peux en découdre avec lui. Moi, je ne m'y risque pas, il serait capable de me battre.

Hewlett partit en faisant claquer la porte et Hoxworth se retrouva seul dans l'immense pièce dominant Honolulu. Il ne se lassait jamais du spectacle changeant des lumières de la ville qui dessinaient les contours de la baie, de l'activité grouillante de Pearl Harbor, du ciel parsemé d'étoiles vers le sud : c'était sa ville, la terre que ses ancêtres avaient fait prospérer. Il feuilleta l'essai sulfureux de son fils, et s'arrêta sur la dernière phrase, ultime provocation :

Pour conclure, nous pouvons donc affirmer qu'après avoir longtemps débattu avec leur conscience sur le pont de la Thetis, nos ancêtres n'avaient qu'une hâte, c'était de descendre s'ébattre avec leurs femmes dans les étroites couchettes.

Il prit machinalement les livres laissés par Kenderdine. Il mit de côté le roman irlandais qui lui parut trop épais. Le livre de Willa Cather, *Un amour perdu*, un mince volume, lui sembla trop proche de son propre cas. Il restait *Les Grand-Mères*, qui eut l'air de lui convenir :

ni trop gros, ni trop évocateur. Pourtant c'était de loin le plus subversif : ce roman contenait une virulente satire des incroyables mœurs matriarcales d'Honolulu.

Il était encore absorbé par sa lecture, lorsque les premières lueurs du jour supplantèrent les lumières artificielles de la ville. La porte s'ouvrit avec un léger grincement, et Bromley Whipple Hale, échauffé par son tout nouveau succès d'écrivain et par les vapeurs du whisky de l'oncle Hewlett, entra dans la pièce en titubant.

— Salut, papa.

— Hello, Bromley.

Bromley possédait le charme et l'éclat des Whipple. Il se laissa choir sur une chaise.

— Quelle journée ! grogna-t-il.

— On dirait que tu as déjà ta statue au musée local, fit Hoxworth, comme à contrecœur.

— Papa, j'ai été renvoyé de Punahou.

— Je sais. Ton oncle a déjà fait des projets pour que Whip et toi entriez dans un autre établissement. Ce qui compte maintenant, c'est que vous soyez admis à Yale.

— Justement papa, je voulais t'en parler... le moment est peut-être mal choisi, mais... je crois que je ne tiens pas à aller à Yale. Je voudrais tenter soit l'Alabama, soit Cornell.

— Mais ce sont des trous perdus ! fulmina Hoxworth. Pourquoi pas l'université de Hawaii pendant que tu y es !

— C'est ce que j'avais l'intention de faire, car je voudrais écrire sur Hawaii. Mais Mr Kenderdine m'a dit que les meilleurs cours d'écriture étaient en Alabama ou à Cornell.

— Bromley, où as-tu été chercher cette idée saugrenue de devenir écrivain ? Ce n'est pas un métier d'homme. Et puis je compte sur toi...

— Tu trouveras quelqu'un d'autre, papa. Il y a pléthore de jeunes gens brillants, diplômés d'Harvard ou de Penn, qui ne demandent qu'à...

— Que sais-tu d'Harvard ou de Penn, au juste ?

— Mr Kenderdine nous a dit que c'était ce qu'il y avait de mieux pour les études commerciales.

— Je suppose que ton Mr Kenderdine méprise les études de gestion.

— Oh non, au contraire ! Il pense que les affaires sont aux jeunes gens d'aujourd'hui ce que l'océan était à Francis Drake ou Jean Laffitte.

— N'étaient-ce point des pirates ?

— Plutôt des aventuriers. Mr Kenderdine a d'ailleurs conseillé à Whip Janders d'essayer à tout prix de rentrer à la Harvard Business School.

— Et à toi, qu'a-t-il dit ?

— Il pense que je peux devenir écrivain.

Un long silence envahit la pièce tandis que l'aube étirait ses pastels au-dessus de la ville. Les moments où un fils peut parler à son père sont rares, et si Hoxworth avait brisé le silence à cet instant, le charme eût été rompu, mais son ange gardien dut lui taper un peu sur l'épaule, et il se tut. Bromley poursuivit donc :

— Toi et tous ceux qui t'ont précédé à cette place, vous regardiez Honolulu d'en haut avec le même rêve de domination. Tous les mouvements de la cité étaient réglés par vos ordres. Vous avez accompli une œuvre civilisatrice que je respecte, et j'ai parfois rêvé d'un semblable destin. Mais ce ne fut qu'une vision fugitive, et je sais que ce n'est pas ma vocation. Papa, il faudra que tu trouves quelqu'un qui ait cette vocation, sinon nous nous brouillerons.

— As-tu seulement une vision de ton avenir ? demanda calmement Hoxworth, dans la pénombre.

— Oh oui ! répondit le jeune homme avec enthousiasme en désignant la cité étendue à leurs pieds, et il confia à son père une ambition qu'il n'avait jamais avouée à personne : Moi aussi, je veux posséder cette ville, papa. Mais je veux d'abord sonder son cœur pour savoir ce qui le fait battre : pourquoi les Chinois achètent-ils des terres, et pas les Japonais. Pourquoi les vieilles familles comme les nôtres font toujours des mariages consanguins et cachent les enfants dégénérés dans les chambres à l'étage. Je veux savoir qui possède les docks, et quelles humiliations doit subir un homme pour devenir amiral à Pearl Harbor. Lorsque j'aurai percé tous ses secrets, j'écrirai peut-être un livre, peut-être plusieurs... des livres qui ne ressemblent pas à ceux que tu lis. J'espère qu'ils seront de la trempe des *Grand-Mères*, un roman formidable dont tu ne soupçonnes même pas l'existence. Alors seulement, je tiendrai Honolulu au creux de ma main, mais pas comme tu crois : je serai maître de son imaginaire.

Légèrement ivre, il se laissa glisser sur sa chaise. Son père l'observa un instant et des passages des *Grand-Mères* se télescopaient dans son esprit

— Je suppose que tu n'as pas envie d'être expédié dans cette école dont m'a parlé ton oncle Hewlett ?

— Non, papa.

— Qu'as-tu l'intention de faire ?

— Je ne suis pas pressé d'aller en Alabama ni à Cornell, je vais m'inscrire lundi à Mac Kinley.

Hoxworth réprima difficilement un sursaut.

— Pourquoi ce choix ?

— Les élèves l'appellent l'école de Manille, et j'ai envie de connaître des Philippins.

— Tu en connais déjà. Le fils du consul Adujo n'était-il pas à Punahou ?

— Je veux connaîre de vrais Philippins, papa.

Hoxworth Hale était sur le point de s'insurger, mais en voyant la silhouette de Bromley se découper dans la lumière pâle du matin, il se revit au même âge, lorsqu'il avait accusé l'université de Yale de vol de tableaux. Il se reconnut dans le pamphlétaire audacieux qui venait révolutionner la petite société hawaiienne, et il ravala ses reproches.

— Dis-moi, Bromley, qui est ce Mr Kenderdine ? Peut-on lui faire confiance ?

— Sans réserve. C'est mon meilleur professeur. Du feu qui couve sous la glace. Malheureusement, il va nous quitter. Il s'est engagé dans la marine. Il dit qu'il va y avoir la guerre. C'est pourquoi je me suis inscrit à Mac Kinley. Il ne me reste peut-être pas beaucoup de temps.

Il allait se diriger vers sa chambre puis se ravisa soudain, conscient de devoir faire quelques excuses à son père pour avoir déchaîné une telle tempête :

— Papa, cette photo de toi... Je veux dire, si je deviens écrivain, je serai un très grand écrivain.

Puis il alla s'écrouler sur son lit.

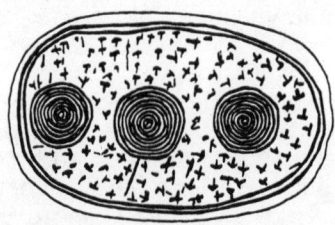

En 1941, le grand match de football de novembre entre Punahou et Mac Kinley fut une répétition de la mémorable partie de 1938, mais cette fois deux fils Sakagawa jouaient pour Punahou. Car Hoxworth Hale et le comité directeur de l'école avaient été tellement satisfaits des exploits de Tadao qu'ils avaient étendu leur générosité aux deux cadets, Minoru et Shigeo. Ce fut ainsi que l'ex-vidangeur Kamejiro se trouva installé sur les gradins du stade, avec sa femme et ses deux fils aînés — Goro en fringant militaire —, en vaillant supporter de Punahou. Un journaliste observa que c'était une révolution à Hawaii que de voir Sakagawa le barbier et Hoxworth Hale du Fort supporters de la même équipe.

De tels miracles d'adaptation et d'interpénétration se répandaient dans tout Hawaii. Lorsqu'un enfant souffrait, il disait *Itai, itai*, expression japonaise. Il avait de l'*aloha* — de l'affection — pour ses amis, essayait d'éviter les *pilakia* — les ennuis —, s'exprimant alors avec des termes hawaiiens. Il mangeait rarement des bonbons, mais avait toujours dans les poches une ou deux confiseries chinoises salées-sucrées à base de cerises ou de prunes séchées. Après le bal, un habitant de Hawaii ne s'achetait pas de hot-dog, mais un bol de *saimin*, des nouilles japonaises. Ou de chop suey. Pour le dessert, il dégustait un *malasada* portugais, un beignet croustillant et sucré. Car Hawaii adoptait le meilleur de chaque culture.

Ce jour-là, alors que Punahou battait Mac Kinley lors d'une partie plus palpitante pour Honolulu que le Rose Bowl Game * pour la Californie, l'équipe du paradis haole comptait deux Sakagawa, un Kee, deux Kalanianaole, un Rodriques, des Hale, des Hewlett, des Janders et des Hoxworth. Cette année, Punahou gagna par vingt-sept contre six, et Shigeo Sakagawa marqua douze points, mais lorsqu'il rentra chez lui par les rues de Kakaako, les voyous qui l'accusèrent avec mépris d'être à la solde des haole se gardèrent bien de l'attaquer, lui et ses frères. Ils savaient à quoi s'en tenir.

En toute logique, les Sakagawa auraient dû pouvoir retirer Reiko-chan de salon de coiffure et la faire entrer à l'université, mais juste au moment où la famille avait amassé suffisamment d'argent pour cela, le consulat japonais réunit tous ses ressortissants et leur annonça gravement que la guerre contre la Chine devenait de plus en plus onéreuse.

— Nous devons soutenir notre patrie, clama le consul. N'oubliez pas, n'oubliez jamais que vous êtes tout dévoués à notre empereur.

* Le Rose Bowl, stade pouvant contenir cent mille spectateurs, a donné son nom à la plus ancienne compétition universitaire de football américain. *(N.d.T.)*

Et les fonds étaient allés aider le valeureux Japon à résister contre l'agression chinoise, bien que Goro eût demandé à ses amis :

— Comment la Chine peut-elle être l'agresseur, alors que c'est le Japon qui envahit la Chine ?

Il aurait aimé poser cette question à son père, mais Kamejiro, en ces jours difficiles de la fin de 1941, avait d'autres soucis, dont il ne s'ouvrait à personne, sinon à son cher ami Ishii-san.

Les ennuis avaient commencé lorsque Hawaii avait instauré une commission de citoyens américains dont le travail consistait à visiter les foyers japonais et à supplier les parents d'écrire au Japon pour faire effacer les noms de leurs enfants des registres communaux, afin de les libérer ainsi de leur citoyenneté japonaise. Hoxworth, qui faisait partie de ce comité, fut appelé à se rendre chez les Sakagawa et, avec Reiko comme interprète, il expliqua à Kamejiro, dans la dernière semaine de novembre :

— Mr Sakagawa, le Japon est un pays qui tient à la double nationalité. Mais comme vos cinq superbes enfants sont nés ici, légalement, ils sont américains. Ils sont aussi américains de cœur. Mais parce que vous avez fait inscrire leurs noms sur les registres d'Hiroshima à leur naissance, ils sont également citoyens japonais. Imaginez que la guerre qui fait rage en Europe s'étende au monde entier ! Qu'arrivera-t-il si le Japon et l'Amérique se trouvent dans des camps ennemis ? Vos fils risquent de graves difficultés si vous leur laissez leurs deux nationalités. Pour eux, pour leur protection, régularisez cela.

Les cinq enfants firent écho à cette supplication :

— Papa, nous respectons le Japon, c'est entendu, dirent-ils, mais nous sommes américains !

Leur père le reconnut. Il ne discuta pas. Il dit à Mr Hale qu'il avait parfaitement raison, et que cela devrait être fait. Mais, comme toujours, il refusa obstinément de signer les papiers nécessaires. Les enfants ne pouvaient le comprendre et soutinrent Hoxworth Hale lorsque celui-ci insista :

— Il n'est pas juste que vous punissiez ainsi vos fils, Mr Sakagawa, surtout maintenant que trois d'entre eux sont des élèves de Punahou.

Mais Sakagawa-san fut intraitable et, après le départ de Mr Hale, quand sa famille se mit à le bombarder d'arguments, il finit par se mettre en colère.

— Je m'en vais ! cria-t-il. Je sors pour avoir la paix !

Et il s'en alla chez Mr Ishii confier sa peine à son ami.

— J'ai bien peur que nos péchés ne nous rattrapent, soupira-t-il.

— Cela devait arriver, observa tristement Mr Ishii.

— Les enfants insistent pour que j'écrive à Hiroshima pour effacer leurs noms du registre d'état civil.

— Vous n'allez pas faire ça, j'espère ? s'écria Ishii-san.

— Comment le pourrais-je ? Et nous déshonorer tous ?

Les deux hommes, maintenant grisonnants, soupirèrent en chœur en songeant à la honte qu'ils avaient attirée sur leurs têtes. Dans leur village, Kamejiro avait été légalement marié par procuration à la jolie Sumiko, qui lui avait donné cinq enfants, tous inscrits au registre ; et Mr Ishii avait été marié de même à Yoriko Mori, qui ne lui avait pas donné d'enfants. Et cependant, au moyen d'un troc, Kamejiro avait épousé Yoriko, à la mode américaine, et elle était la mère de ses enfants. Pareillement, Mr Ishii avait épousé Sumiko, et elle était tombée dans la déchéance et la prostitution. Comment pouvaient-ils expliquer cela au consul japonais ? Comment expliqueraient-ils cette accidentelle bigamie aux cinq enfants ? Et surtout, comment l'expliqueraient-ils aux autorités locales de Hiroshima ?

— Tout le Japon aurait honte, murmura Mr Ishii. Kamejiro, mieux vaut laisser les choses comme elles sont.

— Mais les enfants insistent ! Aujourd'hui, Mr Hale lui-même est venu à la maison. Il avait les papiers à la main.

— Naturellement ! Mais imaginez sa figure quand vous essaierez de lui dire qui est votre vraie femme ! Kamejiro, mon ami, mieux vaut laisser tomber.

Mais le samedi 6 décembre, Mr Hale revint à la charge :

— Vous êtes le dernier de ma liste, Mr Sakagawa, le seul réfractaire. Je vous en prie, mettez fin à la double nationalité de vos fils. Avec Goro que voici dans l'armée, et Tadao et Minoru en préparation militaire, vraiment il faut que vous fassiez quelque chose !

— Je ne peux pas, répondit Kamejiro par l'intermédiaire de Goro, qui avait une permission de quarante-huit heures.

— Je ne comprends pas mon père, dit Goro en tirant sur la tunique de l'uniforme dont il était si fier. Il est loyal au Japon, certes, mais ce n'est pas un de ces patriotes chauvins. Je discuterai encore avec lui quand vous serez parti, Mr Hale.

— Son entêtement fait très mauvais effet, avertit Hale. Surtout avec vous dans l'armée. Je suis dans l'obligation de faire un rapport.

Goro haussa les épaules.

— Vous avez déjà essayé de discuter avec un papa-san japonais ? Mon père a une idée fixe. Mais je vais voir ce que je peux faire.

Ce soir-là, toute la famille Sakagawa s'attaqua en japonais au problème de la double nationalité.

— Je respecte ta patrie, papa, dit Goro. Mais quoi... Il faut se rendre à l'évidence. Je suis américain.

— Moi aussi, déclara Tadao.

Harcelé de tous côtés, Kamejiro finit par assurer :

— Mais je veux que vous soyez américains ! Quand j'ai épinglé au-dessus de l'évier la photo du journal où on vous voit tous les quatre, et où c'est marqué : *Quatre vedettes du sport : les Sakagawa*, vous croyez que je n'étais pas fier ? Il y a longtemps que j'ai compris que vous ne seriez jamais japonais !

— Alors fais rayer nos noms du registre d'Hiroshina !

— Je ne peux pas, répéta-t-il pour la cinquantième fois.

— Bon Dieu, papa, s'écria Goro, il y a des moments où je ne sais pas ce que je te ferais !

Kamejiro se leva, regarda ses fils, et déclara :

— Je ne veux pas de cris. N'oubliez pas que vous êtes des fils japonais respectueux !

Les fils courbèrent la tête, et Kamejiro ajouta, d'un ton navré :

— Il y a une bonne raison qui m'empêche de rien changer au registre.

— Mais laquelle ? insistèrent les garçons.

La discussion se poursuivit une bonne partie de la nuit, et l'obstiné Kamejiro fut incapable d'expliquer pourquoi il ne pouvait agir. Car si ses fils étaient américains, il était profondément et uniquement japonais, et il n'avait jamais perdu l'espoir de retourner à Hiroshima. Une fois là-bas, il pourrait expliquer la situation, mais par lettre c'était impossible. Il ne savait pas écrire et il ne pouvait se confier à personne pour le faire à sa place. Il était deux heures du matin quand il alla enfin se coucher. Et, tandis qu'il remontait la couverture sous son menton, à six cents milles en mer, sur une escadre de porte-avions, des équipages d'aviateurs japonais, dont une bonne part venait d'Hiroshima, s'apprêtaient à venir bombarder Pearl Harbor.

Shigeo, le plus jeune des Sakagawa, se leva de bonne heure le lendemain matin, sauta sur sa bicyclette et pédala jusqu'à la poste, où il travaillait le dimanche comme télégraphiste. Il reçut sa première liasse de câbles et de télégrammes à sept heures et demie. Ils étaient tous adressés à des habitants de Diamond Head, comme les Hale et les Whipple, qui habitaient de vastes demeures surplombant la ville.

Shigeo atteignit Waikiki lorsqu'il entendit, du côté de Pearl Harbor, une série d'explosions sourdes et se dit :

— Tiens, la marine qui manœuvre. Je me demande ce que ça veut dire.

Tournant le dos à Pearl Harbor, il appuya sur les pédales pour gravir l'impressionnante allée qui montait à la propriété d'Hoxworth Hale et, pendant qu'il attendait sur le porche, il se retourna vers la base navale et vit des colonnes de fumée dense et noire montant dans le matin ensoleillé. D'autres explosions retentirent et quelques avions plongèrent et virèrent dans le ciel bleu.

« Pas mal, se dit-il. C'est rudement réussi. »

Il resonna chez les Hale et deux secondes plus tard Hoxworth lui-même ouvrit la porte. Il portait un sévère costume croisé, une chemise blanche et une cravate discrète, comme si un personnage tel que lui n'avait pas le droit de se détendre. Shig remarqua qu'il était blême et que ses mains tremblaient. Dans une pièce de la maison, la radio caquetait mais Shigeo ne pouvait distinguer les paroles du speaker. Chevrotant d'une façon bien inhabituelle à un Hale, Hoxworth poussa la porte et s'écria :

— Mon Dieu ! Shig, ton pays vient de déclarer la guerre au mien !

Sur le moment, Shig ne comprit pas. Il montra Pearl Harbor du doigt et demanda :

— Ils font des manœuvres d'aviation ?

— Non, répliqua Hoxworth Hale d'un ton caverneux et terrifié. Le Japon bombarbe Honolulu.

— Le Japon ?

Shig leva les yeux vers les avions qui piquaient et vit alors que les explosions suivaient leur passage et que lorsque les appareils fuyaient vers les montagnes des éclatements d'obus les encadraient.

— Oh ! mon Dieu ! souffla le jeune garçon. Mon Dieu, qu'est-il arrivé ?

Hoxworth fit signe à Shigeo d'entrer, sans regarder le câble qu'il apportait, et le conduisit dans la pièce où la radio marchait. D'une voix contenue qui s'efforçait d'être calme afin de ne pas susciter la panique, le speaker annonça :

— Je répète. Ce n'est pas un exercice militaire. Ce ne sont pas des manœuvres. Des avions japonais bombardent Honolulu. Je répète. Ce n'est pas un jeu. C'est la guerre.

Hoxworth se couvrit la figure de ses mains et murmura :

— Ça va être abominable !

Puis il regarda le jeune Shigeo, qui n'avait qu'un an de plus que son fils Bromley, et lui dit :

— Tu vas avoir besoin de tout ton courage, petit.

— Tout à l'heure vous avez dit, répondit Shig, que mon pays avait déclaré la guerre au vôtre. Mais nous sommes du même pays, Mr Hale. Je suis américain.

— Excuse-moi, Shig. C'est une erreur que bien des gens vont commettre d'ici quelques jours. Mon Dieu ! Regarde cette explosion !

Les deux spectateurs courbèrent les épaules machinalement quand un bruit de tonnerre secoua les murs, accompagné par un torrent de fumée noire qui s'éleva en tourbillons des ruines de Pearl Harbor.

— Seigneur ! il se passe des choses terribles ! chuchota Hale.

A ce moment, une voix s'éleva sur l'escalier, une voix aiguë et frêle comme celle d'un enfant et Hoxworth voulut pousser Shigeo vers la porte, mais avant qu'il puisse l'éloigner, une femme entra dans la pièce. C'était Mrs Hale, une ravissante personne de trente-huit ans, délicate et fragile. Elle avait des cheveux d'un roux éteint et d'immenses yeux clairs à l'expression trouble. Elle était vêtue d'un déshabillé de mousseline comme Shigeo n'en avait jamais vu qu'au cinéma et elle marchait d'un pas hésitant.

— Quel est ce grand fracas que j'ai entendu, Hoxworth ? demanda-t-elle.

— Malama, tu n'aurais pas dû descendre.

— Mais j'ai entendu comme des coups de feu, répondit-elle doucement, et j'ai eu peur pour toi.

Au même instant, un des bombardiers fut dévié de sa course par des obus de DCA et, virant de bord, passa à basse altitude au-dessus du quartier de Diamond Head. Shigeo et Hoxworth reconnurent nettement sous ses ailes le cercle rouge du Japon.

— Je crois qu'il est temps que tu partes, dit Mr Hale.

— Vous n'avez pas signé le câble, dit Shigeo.

Hoxworth prit le carnet pour signer et sa femme avança comme une somnambule vers la fenêtre. Elle vit Pearl Harbor, la fumée et les explosions, et se mit à hurler comme une démente :

— Aaaaaaah ! C'est la guerre et mon fils va être tué !

Les bras croisés sur la figure, elle trébucha en sanglotant vers son mari et s'accrocha à lui.

— C'est la guerre, et Bromley ne reviendra pas vivant !

Soutenant sa femme d'un bras, Hale rendit son carnet au jeune garçon et le supplia :

— Shigeo, ne parle pas de cela.

— Non, bien sûr, répondit Shigeo, sans très bien comprendre ce qu'on espérait qu'il tût.

Kamejiro s'était levé à six heures du matin et s'était rendu à sa boutique pour stériliser les instruments, car sa propreté méticuleuse était une des raisons de sa prospérité. Puis il était rentré déjeuner. Sa femme, qui était blanchisseuse, ne travaillait pas le dimanche et s'activait à son fourreau. Shigeo était parti et Goro profitait de sa permission pour faire la grasse matinée. Tadao, en préparation militaire à l'université de Hawaii, était levé et Reiko-chan, tout habillée, s'apprêtait à partir pour le service religieux de l'église de Moiliili. Minoru, qui avait dix-neuf ans, et faisait déjà partie de l'équipe de basket-ball de Punahou, dormait encore.

Goro fut le premier comprendre ce qui se passait car, dès que les bombes frappèrent, il sauta du lit, courut en caleçon dans la cour et hurla :

— Ce n'est pas un jeu ! Quelqu'un a déclaré la guerre !

Puis il se précipita sur le poste de radio qu'il avait fabriqué pour sa famille et entendit la confirmation officielle de ses soupçons.

— Des appareils ennemis de nationalité inconnue bombardent Pearl Harbor et Hickam Field.

Goro se tourna vers les siens et, en japonais, leur annonça :

— Je crois que le Japon nous a déclaré la guerre.

La route des bombardiers qui venaient d'attaquer l'est de Pearl Harbor les conduisait au-dessus de Kakaako et les Sakagawa, serrés sur leur minuscule pelouse, contemplèrent le passage triomphal du Soleil Levant japonais. Dès que l'ennemi eut été identifié, Goro s'écria :

— Tad ! Nous ferions bien d'aller nous pointer tout de suite.

Il se hâta de revêtir son uniforme pour regagner la caserne Schofield en stop, tandis que Minoru et Tadao se dépêchaient de mettre les leurs. Tadao devait répondre à l'appel à l'université et Minoru à Punahou. Mais avant de partir, ils prirent le temps de s'incliner cérémonieusement devant leur père ahuri.

Kamejiro vacillait sous le choc de ces événements précipités et inattendus. L'esprit troublé, pris de vertige, il s'assit sur le petit perron de sa cabane et leva des yeux incrédules vers le ciel, où des obus de DCA accompagnaient le départ des bombardiers japonais. A trois reprises, il vit passer le soleil rutilant de son pays natal et il essaya de comprendre ce qui se passait et ce que signifiait le départ hâtif de ses fils pour l'armée américaine. Mais les pensées confuses qui tourbillonnaient dans son esprit lui échappaient. Le Japon devait être dans une situation désespérée pour avoir commis un acte pareil. Les garçons devaient être profondément troublés pour avoir volé aussi promptement au secours de l'Amérique. Mais Kamejiro était incapable de voir plus loin.

A onze heures, quatre policiers armés en civil arrivèrent à Kakaako, se ruèrent chez Kamejiro et l'arrêtèrent.

— Sakagawa, dit l'un d'eux qui parlait japonais, il y a longtemps que nous t'avons à l'œil. Tu es un dynamiteur, et on va t'enfermer dans un camp de concentration !

— Attendez ! protesta Reiko. Vous connaissez sûrement de nom les fils Sakagawa ! De Punahou ! Qu'est-ce que c'est que cette histoire de camp de concentration ?

— C'est un dynamiteur, mademoiselle. Il a donné de l'argent au Japon. Et il a refusé de vous dénaturaliser. Pour lui, c'est la réclusion.

Le petit groupe poussa le malheureux Kamejiro dans le car de police et repartit, pour chercher d'autres suspects.

A onze heures et demie, Shigeo arriva à bicyclette pour raconter à sa famille les choses terrifiantes qu'il avait vues, mais il ne leur dit rien car l'annonce de l'arrestation de son père l'assomma. C'était bien réellement la guerre, et tous les Japonais y étaient mêlés.

— Mais papa n'a sûrement rien fait de mal ! s'écria-t-il.

Reiko et Shigeo se regardèrent et ce fut le jeune garçon qui formula leurs craintes :

— Il faut dire que papa se promenait beaucoup la nuit.

— Shigeo ! cria Reiko-chan. Tu n'as pas honte !

— J'essaie simplement de me mettre à la place du FBI, protesta Shigeo pour se justifier.

Leur confusion s'accrut lorsque Mr Ishii arriva en courant, agité, surexcité et leur annonça cette stupéfiante nouvelle :

— L'armée japonaise a établi une tête de pont à l'extrémité de l'île ! Ils se sont déjà emparés de Maui et de Kauai !

— Impossible ! s'écria Shigeo. J'ai parcouru Honolulu toute la matinée et je n'ai rien entendu de pareil !

— Tu verras bien, insista le bizarre petit homme. Dès demain soir, le Japon aura tout investi.

L'ahurissement des jeunes Sakagawa ne connut plus de bornes quand ils comprirent que le visiteur se réjouissait de cette éventualité. Shigeo le prit par le bras.

— Attention à ce que vous dites, Mr Ishii. Le FBI vient d'arrêter papa.

— Quand le Japon sera victorieux, il sera un héros, exulta Ishii-san. Tous ceux qui se sont moqués des Japonais n'auront qu'à bien se tenir. Vous verrez ce qui se passera quand l'armée japonaise défilera dans les rues d'Honolulu !

Il agita son doigt sous leurs nez et repartit à toutes jambes dans la rue. Shigeo le suivit des yeux et hocha tristement la tête.

— Je crois qu'il est complètement fou.

Au moment où Ishii disparaissait au coin de la rue, une voiture de patrouille apparut à l'autre extrémité en annonçant par haut-parleur :

— Tous les ressortissants japonais sont aux arrêts chez eux. Ne quittez pas vos maisons. Je répète : Restez chez vous. Ne quittez pas vos maisons.

Shigeo s'approcha d'eux et leur dit qu'il était le télégraphiste du dimanche. Il y eut un instant de flottement et puis la patrouille prit une décision qui allait bientôt devenir courante dans tout Hawaii : les Japonais étaient tous des espions, tous déloyaux et devaient tous être maintenus aux arrêts ; mais cela ne pouvait s'appliquer à ce Japonais-ci, ni à celui-là, que l'on connaissait bien. Les agents de patrouille examinèrent la bicyclette de Shigeo, avec son écusson de la poste et l'un d'eux demanda :

— Vous n'êtes pas le gosse qui joue pour Punahou ?

— Si.

— On peut avoir confiance, alors. Vous pouvez aller.

— Vous n'auriez pas un papier, un laissez-passer à me donner ? Je n'ai pas envie de me faire tirer dessus.

— Bien sûr. Tenez.

A deux heures de l'après-midi, Shigeo se présenta à la poste centrale pour prendre un quatrième arrivage de dépêches. Parmi celles-ci, il y avait un câble destiné au général Lansing Hommer, mais comme Shigeo savait que le général habitait à l'extrémité de son secteur, il garda le message pour la fin de son parcours. Tout en pédalant à travers les quartiers ouest de Honolulu, en direction de Pearl Harbor, il vit les ruines et comprit mieux que bien d'autres ce qui était arrivé et ce qui allait encore se passer. Du perron d'une des maisons où sa tournée l'entraîna, il put apercevoir la base de Pearl Harbor, les jetées détruites et les navires couchés sur le flanc, vomissant des flammes.

L'homme à qui il venait de remettre le télégramme observa :

— Eh bien, ces foutus Japs ont atteint tous leurs objectifs. Les journaux racontaient que les Japonais ne pouvaient pas piloter parce qu'ils louchaient. Si vous voulez mon avis, nous ferions bien d'entraîner des pilotes qui louchent. Et des tireurs bigleux. Ça fait trois heures que je suis là et je n'ai pas vu un de nos hommes toucher un appareil japonais. Qu'est-ce vous dites de ça ?

— Vous voulez dire qu'ils s'en sont tous tirés ?

— Jusqu'au dernier salaud !

— Y a un dingue qui me disait que les Japonais avaient déjà débarqué, dit Shigeo.

— Ils n'y arriveront jamais, assura l'homme. Jusqu'ici, les Japs n'ont attaqué que la marine, qui n'est qu'un ramassis de bons à rien. Quand ils voudront débarquer, ils seront attendus par les biffins. Ce ne sera pas la même chose. J'ai deux fils dans l'infanterie. De vrais durs. Vous avez des vôtres sous l'uniforme ?

— Deux frères.

— Dans l'infanterie, j'espère ?

— Oui. Et ils sont durs, eux aussi.

— Je ne crois pas que ces sales Jaunes nous auront, dit l'homme en ouvrant son télégramme.

A quatre heures trente et une, par cet étouffant et terrible après-midi de dimanche, Shigeo Sakagawa atteignit le bout de sa route et pédala en danseuse le long de l'interminable allée abrupte qui menait à la demeure du général Hommer. La figure cireuse, l'officier supérieur prit le câble et signa la décharge. Ses troupes avaient été pour ainsi dire anéanties. Les îles qu'il était venu protéger se trouvaient à la merci de l'ennemi. Son quartier général même avait été pilonné impunément. Ses fonctions l'amenaient à recevoir des câbles de Washington mais celui-ci lui resta sur l'estomac. Il le lut, jura, roula le papier en boule et le jeta. La feuille se déplia lentement sur le tapis et Shigeo put voir qu'il émanait du ministère de la Guerre. Le câble avertissait le général Hommer que Washington avait appris, de sources généralement bien informées, que le Japon méditait une attaque sur Pearl Harbor. Avec tout un réseau de communications presque instantanées à sa disposition, le gouvernement aurait pu dépêcher son message à temps pour éviter l'holocauste, mais ce câble capital, un des plus urgents de l'Histoire contemporaine, avait été acheminé par les voies commerciales ordinaires. Il arriva dix heures trop tard, ironiquement délivré par un télégraphiste japonais...

La vitesse avec laquelle Goro et Tadao se ruèrent pour offrir leurs services à l'Amérique ne fut pas imitée par l'Amérique, qui fit des façons pour les accepter. Le 298e d'Infanterie, que Goro rejoignit à la caserne Schofield, était composé en majeure partie de Japonais encadrés par des officiers américains. Ce fut cette unité que l'on envoya déblayer les ruines du bombardement de Hickam Field, où des dizaines d'appareils américains avaient été détruits au sol par les Japonais. Quand les hommes de l'armée de l'air virent des camions entiers de Japonais envahir la piste détruite, ils hurlèrent :

— Ils ont débarqué !

Et quelques gardes nerveux commencèrent à tirer.

— Arrêtez ! crièrent ceux du 298e. Nous sommes américains !

Pendant les trois jours suivants, ce régiment se signala par ses efforts remarquables, travaillant dix-huit ou vingt heures par jour sans relâche pour remettre en état le camp d'aviation. Un officier haole observa avec admiration :

— La meilleure équipe de l'île! Impossible de douter de leur loyauté.

Mais dans la nuit du 10 décembre, on reçut au quartier général d'Honolulu un message de Californie, qui expliquait en détail comment cet État rassemblait ses criminels japonais, et quelques officiers supérieurs s'abandonnèrent à la panique. Si bien que dans le silence de l'aube, trois compagnies de soldats haole armés de mitrailleuses se déployèrent pour accomplir une des plus étranges tâches de la guerre. Quand le jour se leva, Goro Sakagawa fut le premier Japonais du 298e à mettre le nez hors de sa tente et à s'écrier :

— Bon Dieu! Nous sommes cernés!

Ses compagnons abandonnèrent leurs sacs de couchage et se précipitèrent sur le terrain d'entraînement où une voix sévère, venant d'un haut-parleur, leur commanda :

— Soldats japonais! Écoutez-moi? Restez où vous êtes. Pas un geste! Vous êtes entourés de mitrailleuses. Ne bougez pas!

Puis une autre voix résonna dans le haut-parleur :

— Soldats japonais! Je veux que vous nommiez un homme dans chacune de vos tentes, et qu'il sorte. Vite!

Goro sortit de sa tente dans le jour naissant, en caleçon. La voix reprit :

— Soldats japonais qui restez dans les tentes! Jetez dehors vos armes, vos munitions, vos grenades. Ceux qui sont dehors les entasseront.

Lorsque ce fut fait, la voix ordonna :

— S'il y a dans ce camp des soldats non japonais, qu'ils s'en aillent immédiatement. Vous avez cinq minutes. Vite.

Les quelques haole, incapables de regarder dans les yeux leurs amis japonais, s'en allèrent tête basse et quand les cinq minutes furent écoulées, il ne restait plus dans les tentes que de jeunes Japonais stupéfaits.

— Nous sommes prisonniers? chuchota l'un d'eux.

— Qui peut savoir? répondit son camarade en haussant les épaules.

Ils n'allaient pas tarder à être renseignés. La voix métallique résonna de nouveau et commanda à tous les soldats de sortir des tentes, comme ils étaient, et de se mettre en rangs. Puis le colonel qui avait été le premier à parler s'adressa aux troupes :

— Vous avez été désarmés par mesure de précaution. Nous ne pouvons dire quand vos compatriotes décideront de passer encore une fois à l'attaque et nous ne pouvons pas mettre nos arrières en danger, en vous laissant vos armes. Vous resterez dans cet enclos de barbelés jusqu'à nouvel ordre. Mes hommes n'ont qu'une consigne : Si un Japonais cherche à sortir du camp, tirer à vue.

Pendant trois journées humiliantes, assaillis de rumeurs et de craintes, les jeunes Japonais du 298e restèrent sous la menace des armes automatiques. Et puis la garde se relâcha et on leur annonça qu'ils étaient libres de travailler aux corvées de latrines, de pommes de terre ou de nettoyage général. Mais ils ne seraient plus jamais armés.

Lorsque Tadao partit de chez lui le 7 décembre, il courut à perdre haleine jusqu'à l'université où son groupe de préparation militaire était déjà formé avec les internes. Il arriva hors d'haleine, à temps pour se joindre au détachement qui partait pour repousser une attaque de parachutistes signalée à Diamond Head. Bien entendu, il

542

n'y avait pas le moindre parachutiste. Aucun ennemi n'avait débarqué, mais le quartier général oublia de prévenir la PM et les jeunes Japonais patrouillèrent dans le secteur pendant quatre jours sans être relevés. Les familles japonaises des environs leur apportaient du riz et du poisson séché, et les étudiants montèrent leurs gardes solitaires.

Ce fut au cours d'une de ces gardes silencieuses que Tadao Sakagawa décida de ce qu'il ferait si des soldats du Japon impérial apparaissaient soudain. « Je tirerai, se dit-il simplement. Ce sont des ennemis et je leur tirerai dessus. » Placé en sentinelle au réservoir d'eau potable, Minoru Sakagawa, de la PM de Punahou, se fit le même raisonnement. « Je tirerai. » Dans toute l'île, en ces jours de colère et d'angoisse, quelque quatorze mille jeunes Américano-Japonais d'âge militaire luttèrent ainsi avec leur conscience, et résolurent tous de la même façon ce pénible problème : « Ils sont évidemment l'ennemi, et je tirerai, évidemment. »

Puis, après plusieurs semaines d'obéissance et de dévouement, les jeunes Japonais de la PM s'entendirent annoncer tranquillement :

— Nous n'avons plus de place pour vous dans notre unité. Rendez vos uniformes.

On ne leur donna pas de raison logique, pas d'excuses, pas d'explications, et pas de choix. Et Tadao et Minoru rendirent leurs uniformes américains durement gagnés pour se remettre en civil. Un soldat haole de l'Arkansas, en les voyant ainsi le lendemain, leur lança durement :

— Sales Jaunes, pourquoi que vous êtes pas en uniforme comme moi ? Je ne vois pas pourquoi faut que je me batte pour protéger vos sales gueules jaunes !

Minoru, un solide garçon trapu qui était la terreur de ses adversaires sur le terrain de football, toujours prêt à la bagarre, voulut s'élancer mais Tadao le prit par le bras et l'entraîna :

— Si tu frappes un soldat, tu te feras lyncher.

— Je veux bien avoir de la patience, marmonna Minoru, mais faudrait pas qu'ils exagèrent !

Mais, le jour même, ils allaient comprendre quelle devrait être leur patience car, en redescendant du quartier général de la PM où leur demande de rengagement avait été repoussée, ils virent leur mère, en kimono et socques comme d'habitude, qui avançait à petits pas trébuchants sur le trottoir. En l'apercevant, Minoru s'avoua qu'elle avait vraiment l'air d'une étrangère et il ne fut pas surpris lorsqu'un groupe s'amassa et se mit à crier autour d'elle, dans une langue qu'elle ne comprenait pas, qu'on n'avait pas besoin de sales Japonais en kimonos sales dans les rues d'Honolulu. Et, avant que les deux frères aient pu atteindre leur mère, quelques voyous commencèrent à lui arracher son kimono.

— Pourquoi ne portes-tu pas des souliers comme n'importe quelle Américaine ? crièrent-ils en rudoyant la pauvre femme qui ne comprenait rien à ce qui lui arrivait.

— Retire-moi ça ! Allez, retire-moi ça ! hurlait l'un d'entre eux en donnant des coups de pied dans ses sandales.

— Tu ne peux pas porter des souliers comme tout le monde ? crièrent-ils en la bousculant. Qu'est-ce que ces trucs-là ? Allez, ôte ça !

Tadao et Minoru se ruèrent au secours de leur mère et quelques sportifs passionnés les reconnurent.

— Ce sont les Sakagawa !

L'incident prit fin sans autre tracas, mais Tadao, qui était diplomate, chuchota à l'oreille de sa mère :

— Enlève tes zori. C'est ça qui les enrage.

Elle se hâta de se débarrasser des socques japonaises et la foule lui fit une ovation. Sur le chemin du retour, Tadao reprit :

— Tu ne devrais pas sortir en public en kimono.

— Et achète-toi de vrais souliers ! grogna Minoru sèchement car, comme tous les garçons de son âge, il n'arrivait pas à comprendre pourquoi ses parents se cramponnaient à leurs usages désuets.

Pendant les jours qui suivirent, Minoru et Tadao furent inlassablement mis à l'épreuve. Nés en Amérique, ils étaient légalement citoyens américains, et même éligibles pour la présidence. Mais ils étaient également japonais et en butte à des humiliations plus pénibles encore que celles que souffraient des étrangers. Ils furent souvent menacés par des soldats ivres, et la prudence leur conseilla de ne pas traîner dans les rues.

Et l'animosité ne fit que croître à mesure que Hawaii s'apercevait avec stupeur de la facilité avec laquelle les bombardiers japonais avaient remporté leur victoire. Il fallait une explication.

— Vous n'allez pas me dire que les Japs auraient pu bombarder nos bateaux comme ça si les faces jaunes installées ici ne leur avaient pas donné des renseignements ! glapit un consommateur dans un bar.

— Moi, je sais pertinemment que les ouvriers de la plantation Malama ont taillé des flèches dans les champs de cannes pour montrer aux aviateurs nippons le chemin de Pearl Harbor, assura un luna.

— Le FBI a pu prouver que presque toutes les petites bonnes japonaises qui travaillent chez des officiers sont des agents du Mikado, déclara un personnage officiel.

Et le ministre de la Marine en personne, après son tour d'inspection du désastre, confia aux journalistes :

— Hawaii a été la victime d'une cinquième colonne comme aucun pays n'en a connu pendant la guerre, si ce n'est la Norvège.

Ce n'était donc pas surprenant que de nombreux Japonais fussent arrêtés et jetés en prison ou dans des camps hâtivement improvisés, et que ceux qui n'avaient pas encore été inquiétés crussent au bruit qui courait selon lequel tous les Japonais de Hawaii allaient être rassemblés et évacués à Molokai, sous des tentes. Mais lorsque les prisons furent pleines à craquer et que des navires arrivèrent dans la rade pour transférer les prisonniers dans des camps du Nevada, en métropole, il se produisit une chose curieuse, qui mieux que toute autre contribua à panser les plaies causées par l'attaque sur Pearl Harbor. Hoxworth Hale, Mrs Hewlett Janders, Mrs John Whipple Hoxworth et une vieille fille bibliothécaire nommée Lucinda Whipple allèrent, chacun de leur côté et sans s'être concertés, visiter les prisons où les Japonais étaient détenus. Comme ils représentaient l'élite de la ville, ils furent admis à l'intérieur et, en passant par les couloirs, ils dirent aux gardiens :

— Cet homme, je le connais très bien. Il est impossible que ce soit un espion. Libérez-le.

Mrs Hewlett Janders alla même jusqu'à se faire accompagner par son mari, l'imposant Hewie, en grand uniforme de la marine, et il repéra une demi-douzaine d'excellents citoyens qu'il connaissait depuis des années.

— C'est ridicule de fourrer ces gens dans des camps de concentration, grommela-t-il. Ils sont aussi bons américains que moi.

— Vous vous porterez garants pour eux, si nous les libérons ? demanda l'homme du FBI.

— Me porter garant d'Ichiro Ogawa ? J'en serai fier ! Sors de là, Ichiro. Retourne travailler.

Quelque trois cents citoyens japonais éminents furent ainsi arrachés à la prison par les soins de ces descendants de missionnaires. Ils n'aimaient cependant pas particulièrement les Japonais, et ils avaient peur du Japon impérial, tout autant que leurs voisins. Mais en tant que chrétiens, ils refusaient de fermer les yeux et de laisser maltraiter des innocents. En Californie, où le danger imaginaire d'une vague cinquième colonne n'était rien à côté du véritable risque qui aurait pu exister à Hawaii, des mesures stupides et cruelles étaient prises, qui feraient plus tard la honte de l'Amérique. Des familles d'une grande droiture et d'un patriotisme au-dessus de tout soupçon furent déracinées ; on confisqua leurs biens, on les insulta, on les priva de leurs droits de citoyens. Rien de cela ne se produisit à Hawaii. Des hommes comme Hoxworth Hale et Hewlett Janders y veillèrent. Des femmes comme Miss Whipple et Mrs Hoxworth visitèrent inlassablement les prisons et protégèrent les innocents.

Mais lorsque Hoxworth Hale arriva devant la cellule où se morfondait Kamejiro Sakagawa, un problème plus délicat se présenta, car au début Hale n'était pas certain de pouvoir jurer de son innocence. Hale savait que Kamejiro avait été dynamiteur, qu'il s'était obstinément refusé à annuler la nationalité japonaise de ses enfants, qu'il avait pris une part active à la grève de la plantation Malama et qu'il possédait une boutique de barbier où sa propre fille attirait les soldats et les marins américains. Tout cela pouvait être retenu contre lui. Mais Hale savait aussi qu'il n'y avait pas à Hawaii de meilleurs Américains que les quatre fils Sakagawa. Donc, au lieu de passer devant la cellule, Hale demanda la permission d'interroger Kamejiro. Le gardien lui ouvrit et il pénétra dans le cachot avec un interprète à qui il fit poser cette question :

— Mr Sakagawa, pourquoi avez-vous refusé de mettre fin à la double nationalité de vos fils ?

Kamejiro prit d'abord son air buté, mais lorsqu'il comprit que s'il ne disait pas la vérité il risquait de ne plus jamais voir ses enfants, il soupira et demanda à son tour :

— Pouvez-vous me jurer que vous ne le direz jamais à mes fils ? Qu'ils n'en sauront jamais rien ?

Hale, qui avait lui-même des problèmes familiaux, promit le silence et pria l'interprète d'en faire autant.

— Ma femme et moi ne sommes pas mariés, commença Kamejiro.

— Mais j'ai vu votre livret de mariage ! s'écria Hale.

— L'américain, oui, mais ça ne compte pas, expliqua Kamejiro. Quand j'ai écrit à Hiroshima-ken pour demander une fiancée, une jeune fille a été choisie et on nous a mariés là-bas, selon la coutume japonaise, et nos deux noms sont inscrits sur le registre d'état civil du village.

— Bon, mais où est le problème ?

Kamejiro rougit et baissa la tête au souvenir de son humiliation et répondit :

— Quand elle est arrivée, elle ne m'a pas plu, et il y avait un autre homme qui n'aimait pas la femme qu'il avait reçue.

— Vous avez fait l'échange, alors ? dit Hale avec un sourire amusé, car cela lui paraissait très simple.

— Oui. Dans chaque pays, je suis marié avec une femme différente.

— Mais votre véritable pays est ici, et c'est ce qui compte.

— Non, rectifia patiemment Kamejiro. Le Japon est ma vraie patrie, et je rougirais que l'on apprenne au village cette faute que j'ai commise.

Impressionné par sa farouche défense du Japon, particulièrement en des circonstances aussi délicates, Hale déclara avec condescendance :

— Il y a longtemps que cela n'a plus d'importance, voyons.

— Oh si ! répliqua Kamejiro et ce qu'il dit ensuite fit vibrer une corde sensible dans la mémoire de Hale : Parce que la femme que j'ai obtenue par cet échange a été la meilleure épouse dont un homme puisse rêver. Tandis que celle de mon ami s'est révélée bien mauvaise ; sa vie a été gâchée et j'ai assisté à son malheur. J'ai joui de mon bonheur à ses dépens, et je ne veux rien faire qui risque de le blesser davantage. Dans notre village, au moins, il est un homme honorable et je veux qu'il le reste.

Hale serra les poings et songea à ses propres réactions devant un problème semblable, et de son obstination, malgré l'insistance de ses amis, à garder auprès de lui sa femme Malama, dont l'esprit errait cependant bien au-delà des limites requises pour un internement. L'amour d'une épouse et l'angoisse que lui causait le sort de son fils en temps de guerre le rapprochaient de ce petit homme trapu. Il se tourna vers l'agent du FBI et affirma

— Vous pouvez certainement libérer celui-là.

Et Kamejiro fut rendu à sa famille.

Bien entendu, quand le jardinier Ichiro Ogawa, qui avait été sauvé par Hewlett Janders, réclama plus tard avec insistance une augmentation de salaire, le solide Hewie sauta au plafond et accusa le petit Japonais de manquer de patriotisme en demandant une augmentation dans un moment aussi critique.

— Je pense à ton bien-être tout le temps, Ichiro, expliqua-t-il. Fais-moi confiance et laisse-moi m'occuper de ces choses-là.

— Mais je ne peux plus vivre avec un dollar quarante par jour, répliqua Ichiro. La vie augmente sans cesse.

— Est-ce que tu me menaces, par hasard ? tonna Janders.

— Il me faut plus d'argent, insista Ichiro.

Dès que le Japonais fut parti, Janders téléphona aux services de sécurité à Pearl Harbor.

— Lemuel, s'écria-t-il, j'ai là un jardinier dont la loyauté me paraît bien sujette à caution. Je crois qu'il faudrait l'embarquer sans tarder.

— Son nom ?

— Ichiro Ogawa, un vrai brandon de discorde.

Et, ce soir-là, Ogawa fut arrêté et transféré dans un camp de concentration de la métropole, après quoi il y eut beaucoup moins d'agitation pour le relèvement des salaires.

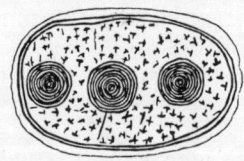

Aucun habitant de Hawaii n'échappa aux effets du bombardement de Pearl Harbor et, le 8 décembre au matin, personne n'aurait pu prévoir les changements qui les attendaient tous. Le gros Hewie Janders, par exemple, fut soudain promu capitaine du port. Il endossa un bel uniforme et fut plus tard cité à l'ordre de la nation pour ses bons offices.

La femme de John Whipple Hewlett fut surprise sur le continent et dut y rester trois ans. Dix-neuf descendants du terrible capitaine de New Bedford, le vieux Rafer Hoxworth, revêtirent l'uniforme, y compris deux jeunes filles qui entrèrent dans les WAVES *, le service féminin de la marine. D'autre part, deux descendantes du vieux docteur John Whipple épousèrent des officiers en garnison à Honolulu.

Les changements les plus dramatiques eurent lieu chez les Sakagawa, mais nous verrons cela plus tard en détail, car il est important que l'on comprenne bien comment cette famille purement japonaise devint, à cause de la guerre, une famille américaine. Il est curieux de constater que, malgré leurs efforts, les Japonais de Hawaii n'avaient jamais obtenu le moindre privilège mais que, dès que le Japon eut détruit Pearl Harbor et tué plus de quatre mille hommes, on accorda aux Japonais de Honolulu tout ce qu'ils voulurent. Mais n'anticipons pas.

A l'exception des Sakagawa, ce jour de deuil et de défaite marqua le plus lourdement le gigantesque hui des Kee. Deux jours après le bombardement, Nyuk Tsin, alors âgée de quatre-vingt-quatorze ans, fit avec son petit-fils Hong Kong un tour de la ville et, en voyant dans quelle confusion se débattaient les familles blanches de Honolulu, elle comprit que les mois suivants allaient apporter au hui une occasion d'enrichissement inespérée et que, s'il manquait cette rare occasion, le hui ne pourrait plus prétendre à la considération.

Le soir même, Nyuk Tsin réunit ses fils et ses petits-fils. Quand sa petite maison fut pleine à craquer et que l'on eut soigneusement tiré les rideaux de défense passive, elle commença :

— Dans tout Honolulu, les haole se préparent à s'enfuir. Asie, crois-tu que les Japonais vont envahir Hawaii ?

— Non.

— Alors pourquoi les haole s'enfuient-ils ?

— Ils sont peut-être mieux renseignés que moi, répondit prudemment Asie.

— Est-ce que les avions japonais reviendront nous bombarder ? insista Nyuk Tsin.

— Il paraît que les aérodromes de Wheeler et de Hickam sont détruits, annonça Asie, mais un officier de marine disait au restaurant que, malgré ça, la prochaine fois nous repousserions l'attaque aérienne.

Nyuk Tsin réfléchit un moment, les mains pressées sur ses joues parcheminées. Puis elle lissa ses cheveux clairsemés et reprit :

— Hong Kong, toi, crois-tu que les Japonais reviendront ?

— Ils essaieront peut-être, mais je ne pense pas qu'ils réussissent.

— Crois-tu que nous pouvons sans danger jouer la carte de Honolulu ? Je veux dire, est-ce que vraiment les Japonais ne viendront pas ?

— Sûrement pas, répondit Asie.

* *Women's Appointed Volunteer Emergency Service. (N.d.T.)*

— Qu'est-ce que ça peut faire ? demanda Hong Kong.

Hong Kong était un petit homme honnête et dur de quarante-huit ans, à qui son père, l'astucieux avocat Afrique Kee, avait appris toutes les ruses pour survivre envers et contre tout. Il s'était vu refuser une éducation à Punahou, qui aurait pu arrondir ses angles, mais il avait hérité de son père un instinct sûr, garant de la réussite. Il n'était pas encore bien connu à Hawaii, s'étant contenté de laisser à ses oncles la direction du grand hui, mais Nyuk Tsin, qui était la tête du clan, savait qu'elle avait en Hong Kong un digne successeur. Alors lorsqu'il demanda « Qu'est-ce que ça peut faire ? », elle écouta ce qu'il avait à dire.

— Si le Japon s'empare de Hawaii, fit observer Hong Kong, nous serons tous exécutés en tant que Chinois éminents. Inutile, donc, de s'inquiéter de cela. Le FBI ne nous permettra pas de fuir sur le continent, par conséquent ce n'est pas la peine d'y songer. Nous devons rester où nous sommes, prier pour que le Japon ne soit pas vainqueur, et travailler plus dur que jamais.

Nyuk Tsin hocha la tête et posa ses mains fines sur ses genoux.

— Notre fortune est dans l'adversité, murmura-t-elle. Nous ne pouvons pas fuir, mais les haole le peuvent. Comme des lapins peureux ils vont prendre d'assaut tous les bateaux. Et quand ils seront partis, des marins et des soldats aux poches pleines les remplaceront. Quand ils arriveront, nous serons là. Cette guerre va durer longtemps, et si nous travaillons d'arrache-pied, notre hui deviendra plus puissant que jamais.

— A quoi devrons-nous travailler ? demanda Asie.

— Les terrains, répondit Nyuk Tsin avec la formidable ténacité d'une paysanne hakka qui n'avait jamais assez de terres. Quand les haole partiront dans l'affolement, nous rachèterons les terres qu'ils abandonnent.

— Mais nous n'avons pas assez d'argent pour ça, protesta Hong Kong.

— Excusez-moi, je me suis mal expliquée, reprit doucement Nyuk Tsin. Bien entendu, nous n'avons pas les moyens d'acheter. Mais nous pouvons déposer de petits acomptes et promettre de payer plus tard. Ensuite, nous ferons fructifier les terres et gagnerons de quoi payer nos dettes.

— Mais où trouverons-nous l'argent pour commencer ? demanda Hong Kong.

— Nous dépenserons tout ce que nous avons. Asie, tu t'en occuperas. Convertis tout ce que tu peux en espèces. Gardons les boutiques de Hotel Street, parce que c'est là que les soldats viendront. Que toutes nos filles travaillent. Australie, est-ce que tes petites-filles ne pourraient pas s'occuper d'une baraque de hot-dogs à Waikiki ?

Le hui fit des plans pour soutirer tout l'argent possible aux militaires de passage, mais il restait encore le point stratégique le plus important.

— Demain matin, ordonna Nyuk Tsin, tous les hommes valides se rendront à Pearl Harbor. Si le port est aussi endommagé qu'on le dit, il faudra beaucoup d'ouvriers pour le remettre en état. Les haole auront peur d'employer des Japonais, et nos garçons obtiendront de bons emplois. Mais tous les salaires devront être remis à Asie.

Le clan approuva ce projet et Nyuk Tsin se tourna alors vers Hong Kong :

— Ton travail sera plus difficile. Tu dois prendre l'argent réuni par Asie et acheter la terre. C'est-à-dire que tu donneras le minimum requis pour des options. Et n'oublie pas que lorsque les gens s'enfuient, ils sont affolés et prêts à accepter n'importe quel marché, n'importe quelle somme en espèces, et ne s'inquiètent guère du reliquat.

— Dois-je acheter des terres seulement ou aussi des maisons ?

Il y eut une discussion à ce sujet mais Nyuk Tsin finit par décider :

— Plus tard, quand la guerre sera fini, les terrains industriels vaudront des fortunes. Mais pour le moment, avec tous ces militaires, tout le monde voudra se loger.

— Alors qu'est-ce que je fais ? demanda Hong Kong.

— Achète d'abord des maisons et, quand les loyers commenceront à rentrer, tu achèteras du terrain, dit Nyuk Tsin, puis elle se tourna vers les autres membres du hui : Les années qui vont suivre nous demanderont beaucoup de courage. Après la guerre, les gens reflueront vers Hawaii et ils crieront que les Chinois leur ont volé leurs terres. Ils oublieront qu'ils ont fui dans la terreur et que nous sommes restés. Mais cela n'aura pas d'importance.

L'aïeule regarda ses fils et ses petits-fils, puis elle éclata d'un petit rire méprisant.

— Je n'ai jamais vu d'hommes aussi effrayés que vous ce soir. Si vous le pouviez, vous fuiriez aussi, jusqu'au dernier. Mais heureusement, le FBI ne vous le permettra pas. Nous devons donc rester ici et travailler.

Il résulta de ce conclave derrière les rideaux du black-out trois changements majeurs à Honolulu. D'abord, un grand nombre d'échoppes fréquentées par les hommes de troupe, qui achetaient là nourriture, boissons non alcoolisées et bonbons, tomba entre les mains des Kee. Les prix étaient raisonnables, les salles bien tenues et ces établissements prospérèrent. Deuxièmement, à Pearl Harbor, quand la reconstruction intensive de la base détruite commença, il se trouva un nombre étonnant de comptables, d'employés divers, de chefs de service et de sous-directeurs nommés Kee. Leurs salaires étaient élevés, leur travail parfait et leur conduite discrète. Quand les bureaux de recrutement demandèrent avec irritation à la marine si elle accaparait toute la main-d'œuvre, la marine congédia des Mendoncas et des Guerrerros, mais jamais un seul Kee, car leur travail était indispensable à l'effort de guerre. Troisièmement, quand l'armée fit venir des conseillers civils par centaines, parfois avec leur famille, ces nouveaux venus apprirent que pour se loger ils devaient s'adresser à Hong Kong Kee. Et, tandis que la guerre se poursuivait et que Hawaii devenait de plus en plus surpeuplé, que les loyers triplaient en un an et que les magasins ne désemplissaient pas, seuls Nyuk Tsin et Hong Kong savaient qu'en sous-main, les Kee convertissaient l'argent de leurs loyers en terrains à bâtir dans les sites industriels et commerciaux.

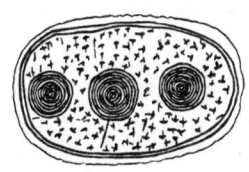

Hoxworth Hale avait quarante-trois ans quand la guerre du Pacifique commença. Elle devait avoir sur lui un effet subtil. Naturellement, il voulut immédiatement s'engager et rappela aux généraux locaux sa précédente expérience dans la Grande Guerre, mais on lui répondit qu'on avait besoin de lui à la H & H, dont beaucoup d'activités étaient indispensables à l'armée. Un peu plus tard, quand il apprit qu'un groupe d'anciens de Yale formaient une unité de sous-marins, il s'efforça d'y entrer mais la marine lui fit remarquer assez sèchement que les anciens de Yale en question avaient plutôt l'âge de son fils que le sien. Force lui fut donc de demeurer à Honolulu, où il travailla en contact étroit avec l'amiral Nimitz et le général Richardson. Il était entre autres chef des bureaux de recrutement et directeur de la défense civile.

Dans ce premier office, il fut enchanté de voir avec quelle spontanéité les jeunes Japonais de Hawaii essayaient de s'engager et pensa que le rejet arbitraire de ces garçons par l'armée était injustifié. Il écrivit au président Roosevelt pour lui faire part de son opinion :

Je parle en connaissance de cause, monsieur le président. Ces jeunes garçons japonais sont des citoyens loyaux, et vous en trouverez peu d'aussi courageux. Pourquoi ne créez-vous pas une unité combattante composée de Japonais, destinée uniquement aux théâtres d'opérations européens ?

Mais il était aussi navré de voir que bien peu de Chinois se présentaient pour porter les armes et défendre l'Amérique. Un jour il n'y tint plus.

— Je m'en vais charger les bureaux de recrutement de les débusquer, tempêta-t-il. Mais où sont-ils donc tous ?

Les autorités civiles, après enquête, lui révélèrent que la plupart des Chinois étaient à Pearl Harbor et Hale demanda à l'amiral Nimitz si réellement tous ces Chinois étaient indispensables à l'effort de guerre. Il fut fort étonné quand l'amiral lui répondit, après s'être renseigné :

— Oui. Il faut bien qu'il y en ait quelques-uns, chez nous, qui sachent se servir d'une règle à calcul.

Au début de 1942, l'armée de l'air demanda à Hoxworth de faire partie d'un groupe d'officiers supérieurs qui effectuait une tournée d'inspection des diverses îles du Pacifique, afin d'étudier les possibilités d'implantation de nouvelles bases aériennes. Il accepta avec joie, car sa femme traversait une crise pénible et ne pouvait s'exprimer intelligiblement, sa fille était au collège sur le continent et son fils dans l'aviation. Rien ne le retenait chez lui et le plaisir qu'il avait à endosser son uniforme avec les insignes de colonel ne s'émoussait pas.

Du point de vue strictement militaire, sa contribution n'apporta pas grand-chose, mais ses observations sociologiques furent d'un intérêt indiscutable. Chaque fois que le petit appareil amorçait sa descente sur des îles comme Johnston, Kanton ou Nukufetau, et qu'il voyait les lagons transparents et les plages éblouissantes, il se rappelait tout ce qu'un de ses ancêtres, le docteur John Whipple, avait écrit sur les tropiques et il fut capable de donner aux officiers de l'air des conseils précieux. Quand il mit le pied pour la première fois sur un atoll, il éprouva la sensation curieuse de retrouver la terre natale et, bien qu'il eût oublié au cours des ans le sang polynésien qui courait dans ses veines, son ancienne ascendance lui revenait avec force. Bien souvent, alors que les officiers examinaient des sites afin d'y établir des bases, il demeurait sur la plage, contemplait l'océan et les récifs de corail et croyait voir les pirogues à balancier de ses lointains ancêtres.

Mais ce ne sont pas les effets subtils dont j'ai parlé. Ils se manifestèrent pour la première fois lorsque l'hydravion se posa dans la baie de Suva, sur l'île Viti Levu des Fidji, où Hoxworth devait rencontrer le gouverneur, un Anglais, marié à une Américaine. La visite avait commencé comme n'importe quelle visite en temps de guerre dans une île menacée par une invasion ennemie, mais pendant que la grande mission étudiait les problèmes qui se posaient aux Fidji, Hoxworth Hale avait fait des découvertes qui le troublèrent profondément.

— Pourquoi tenez-vous les Indiens à l'écart ? demanda-t-il.

— Oh ! on ne peut rien tirer d'un Indien ! répliqua la gouverneur britannique.

— Pourquoi ?

— Avez-vous jamais essayé de travailler avec un Oriental ? rétorqua l'Anglais.

Hale ne répondit pas, mais il examina les plantations de sucre de Viti Levu, les trouva semblables à celles de Hawaii et pensa qu'il avait travaillé avec des Japonais dans des propriétés identiques, avec intérêt. Il songea que les Indiens avaient été importés aux Fidji tout comme les Japonais à Hawaii, à la même époque et pour les mêmes raisons, mais que le résultat différait étrangement. A Hawaii, les Japonais étaient devenus de bons Américains, mais les Fidji n'avaient pas assimilé les Indiens.

— Il y a ça de bon, fit remarquer l'Anglais. Si vous voulez des terres pour vos aérodromes, vous n'aurez pas à vous soucier de ces foutus Indiens. Ils n'ont pas le droit d'en posséder.

— Pourquoi pas ? demanda Hoxworth.

— Comment ! Des Orientaux ! De la terre aux Orientaux ?

A part soi, Hoxworth se dit : « Et alors ? Je me suis laissé dire que les Kee possèdent la moitié des immeubles de Honolulu. La meilleure chose qui puisse arriver à un Japonais, c'est de posséder un bout de terrain. Il le cultive et ne s'occupe pas des histoires de syndicat. » Mais il se retint et murmura simplement :

— Ah ! les Indiens ne sont pas propriétaires ?

— Non. Nous sommes intransigeants là-dessus. Ils n'ont pas le droit de vote, non plus, ce qui fait que nous n'avons jamais d'ennuis de ce côté-là, affirma le gouverneur.

— Vous voulez dire que ceux qui sont nés aux Indes n'ont pas le droit de voter ?

— Ni ceux qui sont nés ici.

« Quelle différence avec Hawaii ! » songea Hoxworth. Plus il en apprenait sur les Fidji, plus la manière dont Hawaii avait assimilé ses Asiatiques, sans barrière pour entraver leurs droits en tant que citoyens, le comblait. Les Indiens s'instruisaient-ils ? Il n'y avait pas d'université, pas de collèges. Mais à Hawaii, il y en avait et les Japonais ne manquaient pas d'en profiter. Les Indiens étaient-ils propriétaires de leurs petites boutiques ? Non, mais à Hawaii les

Chinois et les Japonais possédaient tout ce qu'ils voulaient. Les Indiens participaient-ils aux affaires du gouvernement ? Grands dieux non, mais à Hawaii, leurs cousins asiatiques commençaient à accaparer certains postes. Y avait-ils des Indiens fonctionnaires ? Non, mais à Hawaii les Chinois étaient très recherchés dans l'administration.

Ainsi, à mesure qu'il comparait les Fidji et Hawaii, Hoxworth Hale comprit que ce que son pays avait fait pour introduire les Orientaux dans la vie hawaiienne était bon, et que l'attitude des Anglais envers les Indiens était odieuse. Ce fut grâce aux Fidji que Hale comprit à quel point ses ancêtres missionnaires avaient été justes, ainsi que leurs descendants, et il conclut : « A Hawaii, nous avons de solides fondations pour bâtir notre avenir : Japonais, Chinois, Philippins, Blancs et Hawaiiens travaillent la main dans la main. Mais aux Fidji, avec leur haine raciale, je ne vois pas comment ils s'en sortiront. » Et, avec un petit rire, il ajouta : « Bon Dieu, la prochaine fois que j'entends un ouvrier de plantation japonais réclamer et revendiquer, je m'en vais lui dire : Watanabe-san, va donc faire un tour aux Fidji voir comment les Indiens se débrouillent. Il se dépêchera de revenir et me criera du bateau : Mr Hale, laissez-moi revenir travailler chez vous, à Hawaii, où la vie est belle. »

Et puis, au moment où il se félicitait de la supériorité du système hawaiien, Hale fut reçu par Sir Ratu Salaka, un impressionnant chef fidjien, noir comme de l'ébène, diplômé de Cambridge et de Munich. Quand ce rejeton d'une grande famille fidjienne l'accueillit, en pagne blanc avec un veston et une chemise à l'européenne, et tout un attirail de médailles et de décorations courageusement gagnées pendant la Première Guerre mondiale, Hoxworth sentit son cœur se serrer et songea tristement qu'à Hawaii, il n'y avait pas un seul indigène comme celui-ci.

Sir Ratu Salaka était un homme extrêmement intelligent et cultivé. Il parlait un anglais très pur, n'ignorait rien de l'évolution de la guerre et se tenait prêt, malgré ses cinquante ans passés, à prendre la tête d'un corps expéditionnaire fidjien contre les Japonais.

— N'oubliez pas, messieurs et chers amis, dit-il aux officiers réunis, lorsque vous débarquerez dans des îles comme Guadalcanal et Bougainville, où je suis allé en expéditions ethnologiques, que vous aurez besoin d'éclaireurs tels que moi. Notre peau noire et notre connaissance de la jungle nous permettront de pousser là où vos hommes ne pénétreront jamais. Nous savons nous déplacer en silence et nous sommes capables d'égorger une sentinelle à dix mètres de ses compagnons, sans que ceux-ci s'en aperçoivent. Quand vous aurez besoin de nous, vous n'aurez qu'un mot à dire. Nous sommes prêts.

— Aurez-vous des troupes indiennes ? demanda Hale.

Cette question provoqua chez l'hôte à la peau sombre une explosion de rire.

— Des Indiens ? s'écria-t-il d'un ton méprisant. Nous avons demandé des volontaires et sur notre population de cent mille Indiens, savez-vous combien se sont présentés ? Deux, et encore ont-ils bien stipulé qu'en aucun cas ils ne voulaient quitter les Fidji ! En fait, si je me souviens bien, ils ne voulaient même pas aller sur les autres îles de l'archipel. Non, Mr Hale, nous n'aurons pas d'Indiens. Ils ne se sont pas portés volontaires, et nous ne nous y attendions pas.

Hale songea qu'à Hawaii, pour le même nombre de Japonais, il y aurait eu quinze mille volontaires... même pour lutter contre le Japon. Mais les Indiens ne pouvaient évidemment offrir de combattre un ennemi qui n'était pas le leur. Et, encore une fois, Hale se sentit supérieur.

Mais lorsque Sir Ratu eut terminé son brandy, en bon hobereau anglais qu'il était au fond, il observa :

— Je vous avoue qu'à Viti Levu, nous ne sommes pas fiers de n'avoir pu assimiler les travailleurs indiens. Un jour, nous paierons cher notre négligence, et peut-être avec notre sang. Moi qui suis un chef fidjien, j'en souffre énormément, et l'avenir m'effraie ! Mais quand je vois Hawaii, que je vois comment les Polynésiens y sont misérablement traités, comment leurs terres leur ont été volées, comment les Japonais occupent tous les postes administratifs et comment une civilisation a été détruite, je me dis que si nos Indiens sont plus malheureux que vos Japonais, nous autres Fidjiens avons eu beaucoup plus de chance que vos Hawaiiens. Nous possédons nos terres ancestrales, nous gouvernons nous-mêmes notre pays, aidés par les Anglais. Nous ne cessons de faire des progrès et je crois que pas un seul Fidjien, conscient de vivre dans un paradis, ne voudrait changer de place avec un pitoyable Hawaiien qui ne possède plus rien. Les Américains ont traité les Hawaiiens d'une façon abominable.

Un silence tomba sur le groupe et enfin Hoxworth murmura :

— Vous serez sans doute surpris, Sir Ratu, et ces officiers aussi, mais je suis en partie hawaiien, et je n'éprouve pas les sentiments que vous suggérez.

Sir Ratu était un vieux renard indomptable. Il examina attentivement son invité et finit par lui lancer sans ambages :

— A en juger par les apparences, il me semble que votre côté américain a prospéré au détriment de votre côté hawaiien !

Puis il éclata d'un rire bon enfant, offrit une seconde tournée de brandy et conclut :

— Nous parlons de choses sérieuses, Mr Hale, mais à mon avis la question suivante mérite que l'on s'y arrête : Pour qui les envahisseurs sont-ils curateurs d'une île ? Ici, les Britanniques vous répondront qu'ils œuvrent pour le peuple fidjien, mais c'est aux dépens des Indiens rameutés pour travailler dans les champs de canne à sucre, car ils les ont maltraités. A Hawaii, vos missionnaires proclamaient qu'ils œuvraient pour quiconque venait travailler dans les champs de canne à sucre, mais en les réservant aux Chinois ils ont commis une grave injustice envers tous les Hawaiiens. Je suppose que si vos ancêtres avaient été avisés, ils auraient imaginé une solution de compromis acceptable pour tout le monde. Mais je sais que vous allez à Tahiti. Étudiez le problème là-bas. Vous vous rendez compte que les Français n'ont rien fait de mieux que les Anglais ici ou que les Américains à Hawaii.

— En tout cas, à Hawaii, nous n'aurons jamais de guerre civile, répondit Hale. Et jamais d'effusion de sang.

Sir Ratu, un géant à tous égards, pour qui pareils propos étaient inadmissibles, déclara :

— Et dans quelques années, vous n'aurez plus un seul Hawaiien non plus.

Sur ces paroles, les deux hommes se séparèrent.

Hoxworth Hale quitta les Fidji en proie à des sentiments mitigés, mais quand le petit hydravion les déposa, lui et son équipe, à Pago Pago, dans les Samoa américaines, il fut propulsé dans des réflexions encore plus troublantes. C'était la veille du jour où les insulaires avaient prévu de célébrer leur annexion aux États-Unis — en 1900 — et on lui expliqua qu'après le récent bombardement de Samoa par un sous-marin japonais, les habitants avaient décidé de manifester cette année, lors de cérémonies particulières, leurs loyauté à la métropole. Quand Hale vit, le lendemain matin à son réveil, que les sommets menaçants de Pago Pago avaient barré la route d'un convoi de nuages chargés de pluie, il en conclut que les festivités seraient annulées.

C'était mal connaître les Samoans ! A l'aube, les soldats originaires du pays tirèrent des salves sous la pluie. A huit heures, l'orchestre Fita Fita, en uniformes étincelants, défila au son de *Stars and Stripes forever* et à dix heures, tous les citoyens en état de marcher firent une haie d'honneur le long de l'esplanade détrempée tandis que les troupes samoanes exécutaient leurs manœuvres. Puis un colosse, à la peau dorée et au visage comme un soleil levant, s'approcha du mât du drapeau et fit un discours passionné en samoan dans lequel il proclamait son attachement à l'Amérique. D'autres suivirent, et au fil de leurs paroles Hoxworth Hale parvenait à capter, ici ou là, un mot, puis une phrase entière. Avec ces sonorités polynésiennes se réverbérant dans sa mémoire, il fut victime d'une confusion mentale si profonde que lorsque l'orchestre entonna l'hymne national américain et que le canon gronda, il n'entendit pas les ovations de la foule.

Il comparait ce qu'il voyait aux Samoa à ses souvenirs de la commémoration de l'Annexion à Hawaii et il était frappé par la différence. Aux Samoa, le canon tonnait, à Hawaii, les gens avaient gardé le silence. Aux Samoa, les gens acclamaient, à Hawaii, beaucoup avaient pleuré. Il était évident qu'aux Samoa les Polynésiens se réjouissaient de l'annexion, pas à Hawaii.

Ces réflexions assombrirent fortement son humeur. Son arrière-grand-père, Micah, était à l'origine de l'annexion de Hawaii et sa famille ne manquait jamais de lui rappeler que cet événement coïncidait avec sa naissance, de sorte que les gens disaient que Hawaii avait le même âge que Hoxworth, faisant de ce que beaucoup considéraient comme un crime, une plaisanterie de famille. Hoxworth se souvenait aussi de ce que son arrière-grand-mère, Malama la Hawaiienne, lui avait confié sur son lit de mort :

— Mon mari m'a obligée à assister à la cérémonie au cours de laquelle le drapeau hawaiien a été amené. Et tu sais ce que les haole en ont fait, Hoxy ? Ils l'ont déchiré en morceaux et se le sont partagé.

— Pourquoi ?

— Pour ne pas oublier ce jour, lui avait répondu la vieille femme. Mais pourquoi ne voulaient-ils pas l'oublier, ça, je ne l'ai jamais compris.

Même en 1942, de nombreux Hawaiiens préféraient ne pas parler avec un Hale ou manger à la même table que lui. D'autres, cependant, avaient oublié le dur Micah pour se rappeler seulement sa mère, Jerusha, qui avait aimé les Hawaiiens, et ceux-là mangeaient à la même table qu'un Hale. A présent, à Pago Pago sous la pluie,

Hoxworth Hale, petit-fils de Micah et de Jerusha, sentait leurs deux natures lutter en lui et il pria pour que quelque chose soit accompli qui répare les injustices de l'annexion de Hawaii afin que ses Polynésiens puissent être aussi fiers de leur nouveau drapeau que les Samoans l'étaient de leur ancien drapeau. Mais il savait que c'était impossible et le chagrin qui s'était emparé de lui à Yale, alors qu'il contemplait les peintures volées de Jarves, le saisit à nouveau.

« Qui peut prévoir les conséquences d'une action ? » se demanda-t-il. Et il quitta les Samoa le cœur triste.

Quand, atteignant Tahiti, cette Mecque des mers du Sud, le petit hydravion se posa doucement au milieu de la baie de Papeete, entre Moorea et le Diadème de Tahiti, sur la plus belle base d'hydravions du monde, Hoxworth Hale sentit son cœur battre à grands coups, car c'était de ces îles que ses ancêtres étaient venus. Elles étaient encore plus belles qu'il ne les avait imaginées et il se sentit fier d'en être originaire.

Il fut cependant déçu par les légendaires filles des îles car elles étaient presque toutes édentées. Les conserves australiennes et l'abandon d'un régime presque exclusivement composé de poisson avaient contribué à priver les enfants de leurs dents dès l'adolescence. Comme le fit remarquer plaisamment un major de l'armée de l'air :

— Si un homme a un faible pour les belles gencives, il a de quoi s'amuser à Tahiti !

Mais Hoxworth s'intéressait moins aux filles qu'aux Chinois. Le gouverneur français leur déclara que les Américains trouveraient une base d'opérations très sûre à Tahiti, parce que les Asiatiques étaient sévèrement tenus. Ils n'étaient propriétaires d'aucune terre, n'avaient pas le droit d'exercer certaines professions, étaient étroitement surveillés en toute occasion et, d'une façon générale, ne risqueraient pas de causer des ennuis.

Hoxworth était sur le point de répliquer que la prospérité de Hawaii était chaque année multipliée par le fait que les Chinois y possédaient des terrains et y faisaient des affaires et que le désir secret des Américains était de mettre la main sur les fonds dont regorgeaient les banques chinoises, mais, comme il était invité, il se tut.

Il avait l'impression que Tahiti vivrait dix fois mieux, et à tous égards, si les Chinois n'étaient pas seulement autorisés mais encouragés à prospérer.

— On entend tellement parler de Tahiti, dit-il déçu au général qui dirigeait le groupe, mais comparez donc leurs routes avec les nôtres !

— Elles sont abominables, convint le général.

— Et leurs services de santé, leurs magasins, leurs églises !

— J'avoue que c'est assez misérable à côté de ce que vous avez accompli à Hawaii, dit le général.

— Où sont les écoles, à Tahiti ? L'université ? L'aérodrome, les hôpitaux modernes ? Vous savez, mon général, plus je vois le reste de la Polynésie, plus je suis fier de Hawaii.

Mais le général avait d'autres soucis, et le troisième jour, il annonça à ses compagnons :

— Cela ne paraît pas croyable, mais il n'y a pas un seul endroit dans tout Tahiti où nous puissions établir une base. Mais il paraît qu'un peu plus au nord, il y a une île où nous pourrions aplanir des récifs et faire une assez belle piste d'atterrissage.

— Quelle île ? demanda Hale.

— Je crois qu'elle s'appelle Bora Bora.

Le lendemain matin, le groupe s'y rendit en hydravion et ce fut ainsi que Hoxworth Hale fut le premier descendant des Polynésiens à voir, du ciel, son île d'origine. Il la vit par une journée ensoleillée, alors qu'une mer tumultueuse venait s'écraser contre la barrière de corail, tandis que le lagon reposait calmement, merveilleusement bleu entre les hautes falaises et le bloc de basalte qui se dressait au milieu de l'île. Hale retint son souffle devant tant de beauté. L'émotion l'étreignait en voyant cette île légendaire, ses criques profondes, sa frange d'écume éblouissante, ses palmiers et ses pirogues à balancier qui se dirigeaient déjà vers l'hydravion, et il se dit qu'il n'était pas surprenant que l'on se rappelât encore les poèmes décrivant cette île de rêve. Il se mit à murmurer un passage que son aïeul Abner Hale avait transcrit :

> *Sous les éclatantes étoiles rouges se cache la terre*
> *Aux criques parfaites, aux cimes majestueuses,*
> *Aux récifs ourlés d'écume blanche,*
> *Bora Bora des pagaies silencieuses !*
> *Bora Bora des hardis navigateurs !*

Les autres occupants de l'hydravion étaient tout aussi favorablement impressionnés par l'île, mais pour d'autres raisons. C'était un mouillage extraordinaire et une flotte entière pouvait s'abriter dans son lagon. Mieux encore, les petits îlots qui longeaient la barrière de corail étaient longs, lisses et plats.

— Deux bulldozers là-dessus pendant trois jours, dit un ingénieur, et les avions pourraient atterrir.

— Nous allons la survoler encore une fois, proposa le général, et nous verrons lequel des îlots nous convient le mieux.

Et, tandis que les militaires examinaient les récifs, Hoxworth Hale contempla l'île, les hautes cimes rocheuses, le lagon scintillant, les profondes baies et trouva que Bora Bora ressemblait au paradis, à un sanctuaire paisible au sein d'un océan turbulent.

L'hydravion perdit de la hauteur et vint se poser doucement, comme un grand oiseau marin, sur les eaux tranquilles du lagon, immédiatement entouré par un essaim de pirogues rapides.

Hale en descendit le premier, car il parlait quelques mots de polynésien et de français. Assis à la proue d'une pirogue, il regardait approcher la terre, les grands cocotiers et les huttes aux toits de palme et se dit que Hawaii n'avait rien qui pût être comparé à cela.

D'une certaine façon, il avait raison, car après avoir offert au général et à ses hommes un repas somptueux composé de poissons fraîchement pêchés dans le lagon et accompagné de vins français, le chef du village s'approcha d'eux avec gêne. Demandant à Hale de servir d'interprète, il déclara en français :

— Nous, peuple de Bora Bora, savons que vous êtes venus ici pour nous sauver. Dieu lui-même sait que les Français ne feraient rien pour venir à notre secours, car ils haïssent les habitants de notre île, et vous savez pourquoi ? Parce que, au cours de notre histoire, nous n'avons jamais été conquis, pas même par les Français, et officiellement, il paraît que nous avons demandé à faire partie de leur empire. Ils ne nous ont jamais pardonné de ne pas nous être rendus comme les autres, sans résistance. Que les Français aillent au diable !

— Faites-le taire, Hale ! s'exclama le général. Les Français ont été fichtrement bien avec nous. Je ne veux pas entendre un mot de plus.

Mais le chef du village qui avait achevé son préambule s'était déjà lancé dans des affaires plus sérieuses.

— C'est pourquoi nous, peuple de Bora Bora, voulons vous aider du mieux que nous le pouvons. Vous voulez construire une piste d'atterrissage. Parfait ! Nous vous aiderons. Vous avez besoin d'eau et de nourriture ? Nous vous aiderons encore. Mais il y a quelque chose que vous semblez avoir oublié, et pour cela aussi, nous vous aiderons. Pendant que votre bateau volant se reposera dans le lagon, il faudra que vous vous logiez à terre. Nous vous donnerons sept maisons.

— Dites-lui que nous n'en avons besoin que de deux, déclara le général à Hale pour qu'il traduise. Nous ne voulons pas les gêner.

Le chef, enroulé dans un pagne et couronné de fleurs, ne voulut rien entendre et poursuivit :

— La plus grande des maisons sera pour le général, et les autres, plus petites, pour chacun d'entre vous. Mais comme un homme ne peut rester seul, nous avons demandé à sept de nos jeunes filles de s'occuper de vous.

Ce fut alors que Hoxworth Hale, descendant de missionnaires, se mit à rougir et voulut protester quand on amena les jeunes filles, fraîches, propres et ravissantes dans leurs paréos et leurs colliers de fleurs. Mais quand le chef désigna les compagnes, en attribuant la plus grande et la plus jolie au général et à Hale une délicate et timide enfant de quinze ans, il se tut et ne put plus rien traduire.

— Qu'est-ce que c'est que ça ? demanda le général. Qu'est-ce que ça signifie ?

La grande jeune fille à qui on venait de le confier le prit par la main et l'entraîna en souriant vers la maison. Alors, le major irrévérencieux s'écria :

— Bon Dieu, à Bora Bora, elles ont des dents !

Une des jeunes filles connaissait sans doute l'anglais car elle éclata de rire en montrant une denture éblouissante. Les habitants de Bora Bora se nourrissaient toujours de poissons frais, comme les ancêtres, et leurs dents n'avaient pas été gâtées.

Le major accepta la main que la jeune fille lui tendait et, sans un regard pour le général, disparut avec elle.

— Mais c'est impossible ! protesta le général lorsqu'il eut compris. Nous ne pouvons pas permettre ça ! Dites-le-leur, Hale !

Mais lorsque Hoxworth eut traduit, le chef hocha la tête en souriant.

— Nous n'avons pas peur des bébés blancs. Nous les aimons, ici.

Les officiers se laissèrent faire une douce violence et bientôt, il ne resta plus dans la clairière que Hoxworth Hale et la jeune Polynésienne de quinze ans. Elle n'avait qu'un an de plus que sa fille et Hale ne savait quelle contenance prendre. Mais elle le prit par la main, lui sourit et lui dit en français :

— Monsieur le colonel, votre maison vous attend. Allons.

Elle le guida le long d'un sentier ombragé d'arbres à pain dont les larges feuilles luisantes cachaient le soleil. Ils longèrent une allée de cocotiers penchés vers le lagon et parvinrent à une petite hutte écartée.

— C'est ma maison, dit la jeune fille.

Elle fit entrer Hale le premier, le suivit et dénoua la tresse qui retenait la portière de tapa. Seul avec elle, Hale rougissait et se cramponnait à une liasse de papiers et de documents, comme un écolier. Elle lui prit son dossier des mains et le poussa doucement jusqu'à ce qu'il tombât assis sur le lit. Il était terrifié. Elle jeta les dossiers dans un coin et s'approcha en disant :

— Je m'appelle Tehani. Et voici la maison que mon père m'a construite pour mes quinze ans. C'est moi qui ai tressé les feuilles de pandanus du toit.

Hoxworth Hale, à quarante-quatre ans, avait honte de se trouver ainsi avec une enfant de quinze ans, mais quand elle s'avança près du lit, les longs cheveux noirs lui frôlèrent le visage et il respira le parfum de la plus merveilleuse des fleurs, le tiaré.

Il n'avait jamais senti cette odeur et leva machinalement la main pour retenir la jeune fille. Avec prestesse, celle-ci s'écarta mais Hoxworth la retint par la cuisse. Il eut l'impression que son corps tout entier s'immobilisait sous son geste autoritaire pour se rapprocher ensuite de lui. Alors, il l'attira près de lui où elle se laissa tomber gaiement en lui souriant. Il lui dénoua lentement son paréo et lorsqu'elle fut nue, elle murmura :

— Je vous ai demandé à mon père, parce que vous êtes plus tranquille que les autres.

Lorsque le groupe se réunit à la fin de l'après-midi autour d'une table placée sous les grands frangipaniers, personne ne fit allusion à ce qui venait de se passer et les hommes discutèrent de leur base aérienne comme si aucun événement insolite ne les avait troublés, mais lorsque les jeunes filles apportèrent le repas du soir, chaque officier fit une place à son côté à celle que le sort lui avait réservé. Il y avait une tendresse sans précédent dans la façon dont les anciens veillaient à ce que leurs jeunes compagnons reçoivent une part égale du repas. Au milieu du repas, quelques jeunes gens en paréos arrivèrent avec des guitares et des tambours et bientôt la nuit de Bora Bora vibra à tous les échos. L'assistance attendit que la longue fille svelte du général donnât le signal en bondissant dans la clairière pour exécuter la danse sauvage et passionnée de Bora Bora. Les autres jeunes filles l'imitèrent et l'une d'elles ne tarda pas à entraîner le sémillant petit major qui fit de son mieux pour imiter les contorsions de la hula. Puis un colonel s'élança et le général lui-même, aux applaudissements joyeux des indigènes.

La jeune Tehani n'invita pas Hoxworth Hale à danser car elle avait eu le temps, dans sa hutte, de comprendre qu'il était un homme timide et discret mais une vieille femme surgit de la foule des spectateurs, se planta devant Hale et esquissa quelques pas provocants. A la surprise générale, Hoxworth bondit et entama la hula hawaiienne à laquelle il excellait comme d'ailleurs la plupart de ses contemporains. Les spectateurs se turent et les militaires se rassirent, fatigués de leurs ébats, tandis que Hale et la vieille exécutaient une hula magnifique. La première surprise passée, on leur cria des encouragements et le petit major pétulant lança :

— Hale à la présidence !

Hoxworth accéléra le rythme et la vieille femme s'adonna à des contorsions lascives qui suscitèrent des hurlements de joie.

Alors Tehani se leva, écarta la vieille et, pendant quelques minutes, Hale et la ravissante fille couronnée de fleurs apportèrent aux rives de

Bora Bora un souvenir des grâces de jadis. Hale retrouvait en lui des passions ancestrales et la jeune fille souriait secrètement, fière que son homme sût danser.

« J'ai eu le meilleur de tout le groupe, se disait-elle, et c'est moi qui l'ai remarqué. »

Ce séjour idyllique dura neuf jours. Tous les soirs, le village entier se réunissait pour danser, chanter et boire. De l'île toute proche de Raiatea, qui s'était autrefois appelée Havaiki, l'île sacrée des Polynésiens, un jeune gouverneur français apporta une barrique de vin rouge que le général tint à payer malgré l'insistance du jeune homme à l'offrir. La musique ne s'arrêtait jamais, et quand l'un des musiciens épuisé laissait tomber son instrument, un autre s'empressait de le ramasser et de jouer à sa place. Les sept jeunes filles qui veillaient au bien-être des invités d'honneur quittaient rarement l'officier dont elles avaient la charge, même lors des réunions qu'ils tenaient entre eux. Si elles ne comprenaient pas un mot de ce qui était dit, elles étaient néanmoins fières à chaque fois que leur homme prenait la parole pour défendre un point ou un autre.

Durant ces neuf jours, personne ne fit allusion à ce qui se passait dans l'intimité des cases, sauf une fois peut-être, quand le général fit remarquer, d'un air songeur, à quel point il était surpris de l'énergie que pouvait déployer un homme de quarante-neuf ans. Mais il est vrai qu'il faisait une pause de deux heures tous les matins et une sieste tous les après-midi, en fin de journée.

Hoxworth, quant à lui, préférait ne pas penser à Tehani comme à une véritable personne. Elle était quelque chose qui lui était arrivé, un rêve dont il ne tracerait jamais vraiment les limites. Élevé à Punahou puis à Yale, il n'avait eu, jusque-là, qu'une connaissance très vague des choses de l'amour, malgré son mariage — une affaire de famille —, dont il s'était satisfait au début comme d'un pique-nique sans fin avec une sœur qui prenait garde de rester toujours vêtue. Très vite, il en avait eu assez, et lorsqu'il lui arrivait, ces dernières années, de réfléchir à la vie sexuelle, il avait conclu qu'en ce qui le concernait, du moins, elle avait pris fin vers ses trente-cinq ans. Tehani Vahiné, car tel était son nom, Tehani de Bora Bora, avait d'autres préoccupations. On lui avait appris que les hommes de l'âge du colonel Hale étaient ceux qui tiraient le plus grand plaisir de l'amour physique et qui donnaient aussi le plus grand plaisir. Et bien qu'elle se soit trompée avec Hale, car il avait à la fois peur et peu d'expérience, jamais elle n'avait rencontré d'homme qui apprît aussi vite.

Ils vivaient des heures d'oisiveté et de plaisir futiles. Hale ne se lassait pas d'admirer Tehani, le paréo négligemment noué autour de la taille, la poitrine nue et ses longs cheveux chatoyants ornés de fleurs encadrant son visage. Il s'allongeait sur une natte et l'observait, comme s'il n'avait jamais vu de fille auparavant ; parfois, avec un cri de joie, il se levait d'un bond et la prenait dans ses bras pour l'entraîner vers le lit en la couvrant de baisers.

— Est-ce toujours comme ça à Bora Bora ? lui demanda-t-il un jour.

— D'habitude, on ne boit pas autant de vin, répondit-elle.

« Dans certaines régions du monde, il y a la guerre, pensa-t-il. A Hawaii, des hommes se disputent, à New York, les filles sont calculatrices, mais à Bora Bora, il y a Tehani. »

Et comme le général, il était étonné des prouesses d'un homme de quarante-quatre ans... quand on savait l'encourager.

L'avant-veille du départ, Tehani demanda à Hale de ne pas rejoindre ses compagnons comme à son habitude, et, au petit matin, elle aspergea son visage d'eau fraîche en s'écriant :
— Lève-toi ! Je vais te montrer le poisson que j'ai pêché !
Elle l'entraîna, tout ensommeillé, pour lui montrer le thon qu'elle venait de nettoyer.
— Ça sera le meilleur repas de ta vie, lui assura-t-elle. Du poisson cru de Bora Bora. Regarde comment je le prépare et quand tu seras loin, tu pourras en faire et tu te rappelleras Tehani.
Elle coupa le thon frais en petits morceaux de cinq centimètres de longueur et d'un centimètre d'épaisseur. Elle les plaça dans une calebasse qu'elle porta dans un coin isolé du lagon et arrosa le poisson d'eau salée qu'elle puisa à l'aide d'une coquille de noix de coco. Puis elle s'aida d'un morceau de bois pour faire tomber trois citrons d'un arbre et elle les pressa au-dessus de la calebasse. Enfin, elle plaça le récipient au soleil pour que le poisson cuise tout seul dans le jus de citron et l'eau de mer.
— A présent, tu vas devoir m'aider, annonça-t-elle gaiement en montrant du doigt à Hale un palmier qui se courbait au-dessus de l'eau, chargé à sa cime de plusieurs noix mûres. Je vais grimper à cet arbre, et toi, tu attraperas les noix pour moi.
Et avant qu'il puisse l'en empêcher, elle avait noué son paréo autour de la taille et commencé à escalader l'arbre. Tout en se retenant d'une main, elle détacha une noix de l'arbre et avec un large mouvement du bras, la lança aux pieds de Hoxworth.
— Hourra ! s'écria-t-elle avant d'en cueillir une autre.
Puis elle sauta à terre, ramassa un solide morceau de bois, l'enfonça dans le sol et montra à Hoxworth comment nettoyer une noix. Ensuite, elle frappa les deux noix l'une contre l'autre pour les ouvrir et en recueillit le jus dans une seconde calebasse. Elle enfouit un autre bâton, cette fois-ci de biais, et commença à râper lentement la noix contre l'un des bords jusqu'à ce que des lamelles de chair blanche, regorgeant de lait, tombent sur des feuilles de taro posées sur le sol. Alors, imprimant à ses épaules dorées un rythme de balancier, elle se mit à chanter :

> Sous le ciel bleu,
> Tout en râpant la noix pour mon bien-aimé,
> En coupant la viande en lamelles,
> En salant le poisson,
> Sous l'arbre à fruits qui se balance,
> Je coupe la viande douce pour mon bien-aimé.

Elle rassembla soigneusement les lamelles de coco, en plaça une moitié dans la calebasse avec le jus de coco et mélangea l'autre aux fibres marron de l'écale de la noix qu'elle pressa entre ses mains fines au-dessus d'une autre calebasse. Des fibres rêches qu'elle tordait s'écoula un sirop épais, le lait de la noix destiné au plat qu'elle préparait.
Alors qu'elle continuait de presser le coco râpé tout en modulant

doucement sa chanson sous ses yeux, Hoxworth eut la fulgurante certitude que dorénavant, à chaque fois qu'il penserait à une femme, à l'idée de la femme, l'image de cette jeune fille de Bora Bora à la peau brune et au paréo lâchement noué à la taille, préparant le lait de coco tout en chantonnant sous le soleil, s'imposerait à lui, vision obsédante, symbole de délicatesse, de douceur, de générosité.

Il quitta l'endroit ombragé où Tehani l'avait sommé de l'attendre pour la prendre dans ses bras. Mais elle lui échappa prestement et s'approcha des ignames et des taros qui séchaient au soleil. Elle brisa en petits morceaux les taros violacés aux racines riches en fécule et montra à son amant les ignames.

— C'est ce que les marins appellent les Yeux du Paradis, expliqua-t-elle en riant, désignant du doigt les yeux du tubercule qui se regroupaient comme la constellation qui en Asie annonce la Nouvelle Année polynésienne.

Enfin, Tehani coupa des oignons et mélangea tous les légumes au lait de coco. Après s'être lavé les mains dans l'eau du lagon, elle revint et s'assit en face de Hale, ses jambes brunes et sa poitrine exposées au soleil.

— Je vais t'apprendre un jeu auquel nous jouons ici, expliqua-t-elle en lui donnant une tape sur les épaules.

Entonnant de nouveau sa chanson, elle lui indiqua qu'il devait à son tour lui donner une tape sur les épaules, et ainsi de suite, des épaules aux bras, au corps, aux cuisses ; plus le jeu avançait, plus les tapes devenaient douces et la chanson lente, jusqu'au geste culminant qui commençait comme une tape pour finir en étreinte. A ce moment-là, Hale attrapa son paréo et tenta de le lui retirer, mais elle se débattit en poussant des petits cris dans sa propre langue.

— Pas au soleil, Hale-tane.

Comprenant ses paroles, il la prit dans ses bras et l'emporta jusqu'à la hutte où le jeu arriva à la conclusion attendue par tous deux.

Vers midi, elle lui demanda en français s'il aimait la façon dont on préparait le poisson cru à Bora Bora et alla le chercher. Lorsqu'elle déposa devant lui le plat baigné de soleil et de jus de citron, Hoxworth vit que le thon n'était plus rouge mais avait pris une couleur gris-blanc des plus alléchantes. Elle y ajouta le lait de coco mélangé aux taros, aux oignons et aux ignames puis jeta quelques coquillages pour donner du goût et saupoudra enfin le tout de lamelles de coco. De la main droite, elle mélangea les ingrédients avant d'offrir trois petits morceaux de poisson cru à son invité.

— C'est comme ça que nous nourrissons nos hommes sur l'île, dit-elle sur le ton de la moquerie. Est-ce que les femmes de ton pays en font autant ?

Hale éclata de rire. Elle en profita pour lui enfourner un nouveau morceau dans la bouche et gloussa quand le lait blanc de la noix dégoulina le long de son menton et sur son torse nu.

— Comme tu es sale ! dit-elle en riant. Mais tu es tellement adorable, Hale-tane. Tu ris. Tu es tendre. Tu danses comme un dieu. Et tu es fort au lit. Tu es le genre d'homme que toutes les filles aiment. Dis-moi, est-ce que les filles chez toi t'aiment ?

— Oui, répondit Hoxworth avec franchise.

— Est-ce qu'elles jouent parfois à te donner des tapes comme nous tout à l'heure et te poursuivent dans la maison juste pour le plaisir d'être avec toi ?

— Non.

— Ah, soupira-t-elle, c'est dommage ! Les années passent si vite et bientôt...

Elle montra du doigt une vieille femme qui ramassait des coquillages le long du rivage. Et ce fut avec toute la tristesse du monde tourbillonnant dans l'espace, ou de l'univers se ruant follement dans les ténèbres, qu'elle ajouta ces quelques mots en français des îles :

— Et bientôt c'est tout fini et nous ne jouons plus.

— C'est pour ça que ton père t'a construit cette maison ? demanda Hoxworth. Pour que tu apprennes tous les jeux ?

— Oui. Aucun homme ne voudrait m'épouser si je ne connaissais pas à fond les jeux de l'amour. Les hommes sont heureux quand une fille a montré qu'elle n'était pas stérile, et sais-tu ce que j'espère, Hale-tane ? J'espère qu'en t'envolant demain, tu me laisseras un enfant de toi.

Elle caressa son ventre. Il était si plat qu'il semblait impensable qu'un jour un enfant s'y niche.

— C'est mon vœu le plus cher.

Ils passèrent la journée ainsi, mangeant du poisson cru — le meilleur plat jamais inventé par une île — et se livrant à ces jeux de l'amour que les habitants de Bora Bora ont enseignés à leurs filles depuis près de deux cents ans. Quand le lagon se couvrit d'ombre et que la nuit tomba, les premiers battements des tambours montèrent de la piste de danse. Mais Tehani attendit longtemps avant de s'envelopper dans son paréo et de dire :

— Viens, Hale-tane, j'aimerais que le peuple de Bora Bora me voie danser encore une fois avec toi. Et si je mets au monde ton enfant, les gens se rappelleront toujours que, de tous les Américains, tu étais celui qui dansait le mieux.

Dans la matinée, la mission d'inspection s'entassa de nouveau dans l'hydravion pour regagner Hawaii. Personne ne parla des filles de Bora Bora aux longs cheveux de nuit, ni de leurs jeux, ni de leurs sourires éblouissants, car s'ils en avaient parlé, ils auraient voulu rester encore un jour, encore une semaine...

L'île disparaissait dans la brume scintillante du matin quand le major observa avec amertume :

— Dire que nous allons recruter de jeunes Américains bien sages, les arracher aux bras de leurs mamans, les foutre en uniforme et les envoyer à Bora Bora ! Bon Dieu, c'est pas humain !

Et, pendant toute la guerre, et pour de longues années, il y aurait une confraternité d'hommes qui se rencontreraient par hasard, dans des bars, des réceptions, des déjeuners d'affaires et l'un d'eux dirait à l'autre :

— On écrit beaucoup d'âneries sur le Pacifique, mais il y a une île...

— Vous parlez de Bora Bora, interrompait l'autre.

— Oui. Vous connaissez ?

— Oui.

En général, ils ne diraient plus rien car, pour un homme qui avait été envoyé à Bora Bora, toute autre parole était inutile. Mais chaque fois que Hoxworth Hale rencontra un de ceux-là, il ajoutait invariablement :

— Vous n'auriez pas connu une mince jeune fille de quinze ou seize ans ? Elle habitait au pied de la montagne et s'appelait Tehani.

Une fois, il rencontra un commandant de destroyer qui avait connu Tehani et qui lui dit :

— Ah ! Tehani ! Une gosse merveilleuse. Elle dansait comme une déesse. Elle a été la première de l'île à mettre au monde un bébé américain.

— Un garçon ? demanda Hale.

— Oui, mais elle l'a donné à une famille de Maupiti. Les filles de là-bas n'avaient pas eu l'occasion d'avoir des bébés américains et l'île en voulait un.

Et soudain, dans un bar enfumé, Hale vit une jeune fille dansant au bord d'un lagon et, sur les eaux transparentes, une ancienne pirogue à double coque et songea : « Je fais à jamais partie de Bora Bora, et mon fils vit dans ces îles. » Et puis la vision disparut et il crut entendre une jeune fille soupirer : « Bientôt c'est tout fini et nous ne jouons plus ».

Le voyage de Hoxworth Hale dans les mers du Sud produisit d'autres fruits que le souvenir de Tehani car il se rappelait souvent sa conversation avec Sir Ratu Salaka à Viti Levu, et il se mit à comparer certains aspects de Hawaii avec ceux des Fidji ou de Tahiti et en vint à cette conclusion : « Dans tous les domaines sauf un, les Américains ont mieux réussi et mieux agi à Hawaii que les Anglais aux Fidji et les Français à Tahiti. La santé, l'éducation, la construction, l'accumulation de nombreuses fortunes... oui, nous les dépassons de beaucoup. Nous avons complètement intégré les Asiatiques à notre société. Mais nous avons permis que les Hawaiiens perdent leurs terres, leur langue et leur culture. Nous aurions pu accomplir les mêmes merveilles, tout en protégeant les Hawaiiens. »

Mais chaque fois qu'il se faisait ces réflexions, il pensait à Joe Tom Char, qui était maintenant président du Sénat, et qui était mi-hawaiien mi-chinois ; ou bien à la reine de beauté de l'année, Helen Fukuda, mi-hawaiienne mi-japonaise, ou aux innombrables Kee qui semblaient diriger Pearl Harbor, dont beaucoup étaient à demi hawaiiens. « Peut-être sommes-nous en train de créer quelque chose à Hawaii qui sera infiniment meilleur que tout ce que l'on a accompli aux Fidji ou à Tahiti », songeait-il alors.

Une chose est certaine, Hale revint de son voyage non plus vaguement honteux mais fier de ce que les missionnaires avaient construit.

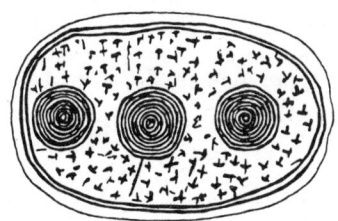

Lorsque, dans les premiers jours de la guerre, les jeunes Japonais de Hawaii furent retirés des unités combattantes et renvoyés de la PM, tout le monde supposa aux îles que l'affaire était close. Un général expliqua avec simplicité qu'aucun Japonais n'était digne de confiance et qu'on s'était débarrassé d'eux.

Mais, à la surprise générale, les garçons japonais refusèrent d'accepter ce verdict. Humblement, sans bruit, mais avec une force morale presque effrayante, ils se mirent à revendiquer leurs droits de citoyens américains. Ils réclamèrent « le privilège inaliénable de mourir pour la nation qu'ils aimaient » et si l'on avait demandé aux jeunes Sakagawa pourquoi ils pensaient ainsi, ils auraient répondu qu'on les avait bien traités à Mac Kinley et à Punahou, qu'on leur avait appris ce que signifiait la démocratie et qu'ils revendiquaient le droit de la défendre.

Des comités de jeunes Japonais bombardèrent de pétitions les autorités. L'une d'elles, rédigée par Goro Sakagawa, disait :

Nous, loyaux citoyens américains, demandons humblement le droit de servir notre nation en ce temps de crise. Si vous pensez ne pas pouvoir nous faire confiance face à l'armée du Japon, envoyez-nous en Europe où vous n'aurez pas ce problème.

Puis, ils assiégèrent les bureaux des généraux, des amiraux, des gouverneurs et des magistrats : « Nous ferons tout ce que vous exigerez de nous. Nous ne réclamerons aucun salaire. Laissez-nous vous prouver que nous sommes américains. »

Pendant onze pénibles semaines, les Japonais n'obtinrent aucune satisfaction et puis finalement, parce que trois des fils Sakagawa étaient des élèves de Punahou, ils purent rencontrer un des hommes les plus extraordinaires de Hawaii. Né en 1900, il s'appelait Mark Whipple, et il était le fils du médecin qui avait donné l'ordre de brûler le quartier chinois, l'arrière-arrière-petit-fils de John Whipple, qui avait contribué à christianiser les îles. Ce Mark Whipple sortait de West Point et il était colonel dans l'armée américaine. Il avait surtout servi hors de Hawaii, mais avait été affecté depuis peu au GQG et plus spécialement chargé du problème japonais. On avait pensé à Washington qu'en arrivant à Hawaii il ordonnerait immédiatement l'évacuation de tous les Japonais vers quelque camp de concentration du Nevada, en commençant par « ces petits insolents à face jaune qui s'étaient infiltrés dans les rangs du 298ᵉ et dans les classes de préparation militaire ».

Le colonel Mark Whipple déçut tout le monde car, en arrivant à Hawaii porteur d'un pouvoir illimité délivré par le président Roosevelt, qui connaissait bien sa famille, il ne donna aucune ordre mais se mit immédiatement au travail. Il commença par s'entretenir avec le chef du FBI de Honolulu, qui lui fit un rapport auquel il s'était attendu :

— Jusqu'ici, nous n'avons pas eu à connaître d'un seul cas d'espionnage parmi la population d'Honolulu, autre que les agissements d'agents appointés du consulat japonais, qui sont tous des citoyens du Japon.

— Il me semble donc que le rapport du ministère de la Marine selon lequel le bombardement de Pearl Harbor serait dû à la trahison des Japonais locaux soit un ramassis de mensonges ?

— Oui, mais c'est excusable. Des amiraux énervés ont monté la tête aux délégués du ministère. Maintenant, ils reconnaissent qu'ils se sont trompés.

— Il n'y a pas de signes de déloyauté ?

— Bien au contraire. Les jeunes Japonais brûlent de revêtir l'uniforme. J'en ai reçu deux l'autre jour. Des garçons épatants. Ils ont été renvoyés de la PM et veulent que nous les utilisions dans des bataillons de travail. Ils se disent prêts à faire n'importe quoi, sans solde.

— Vous avez leurs noms ?

— Voilà.

Le colonel Whipple hésita avant de prendre le papier.

— Je vous promets de ne pas faire officiellement état de la réponse que vous allez donner à ma question. Cela restera entre nous. Mais j'ai besoin de conseils. Pouvez-vous me dire, m'affirmer catégoriquement, si des Japonais locaux se sont rendus coupables d'actes de sabotage ?

— Je vous affirmerai catégoriquement qu'il n'y a pas eu un seul cas de sabotage ici, répondit l'homme du FBI.

Whipple tambourina sur son bureau.

— Donnez ces noms. Pouvez-vous m'amener ces garçons ici ?

A la suite de cette conférence, et de cette rencontre, le corps des Volontaires de la Victoire — Varsity Victory Volunteers — fut formé. Minoru et Tadao Sakagawa furent les deux premiers membres. Les VVV étaient tous japonais, et tous intelligents et hautement patriotes. Ils prévoyaient que l'avenir entier de leurs compatriotes en Amérique dépendait de ce qu'ils feraient dans cette guerre contre le Japon, et avaient décidé que si l'hystérie collective les empêchait de porter les armes, ils prendraient des pelles et des pioches. Ils creuseraient des latrines, ils nettoieraient les camps, ils construiraient des ponts. Aucun travail ne les rebuterait et ils feraient tout ce qu'on leur demanderait pour quatre-vingt-dix dollars par mois, alors que leurs camarades haole ou chinois gagnaient dix fois plus dans les bureaux municipaux ou gouvernementaux. Tadao résuma ainsi leurs sentiments pour le colonel Whipple :

— Nous ferons n'importe quoi pour prouver que nous sommes américains.

Le colonel Whipple, en créant le VVV, fut vivement critiqué par ses camarades officiers, mais il fit observer que Roosevelt lui avait donné pleins pouvoirs pour s'occuper de la question japonaise et qu'il entendait la régler à sa façon. Mais quand il déclara ensuite qu'aucun Japonais ne devait être interné dans un camp de concentration ni déporté à Molokai, ce fut un tollé général.

— Vous voulez dire... rugit un amiral de Caroline du Sud.

— Je veux dire, amiral, que ces gens sont tout aussi américains que nous, et qu'aucun but ne sera atteint en les emprisonnant.

— Mais la Californie nous a montré comment traiter ces traîtres, bon Dieu !

— Ce que fait la Californie regarde la Californie. Ici, à Hawaii, nous agirons différemment.

— Nom de Dieu, Whipple ! Vous êtes subversif !

Mais Mark Whipple ne dévia pas d'un pouce du chemin qu'il s'était tracé. Quand sa propre famille lui conseilla la prudence et lui dit qu'il risquait toute sa carrière en s'entêtant de la sorte, il répliqua :

— Dans cette affaire, je prends sur mes épaules un fardeau que je suis seul à pouvoir porter, et je préfère ne plus entendre de ragots à ce sujet. Parce que ce que je m'apprête à faire maintenant va scandaliser toutes les culottes de peau qui m'entourent. Vous feriez peut-être bien de fortifier vos nerfs éprouvés.

Et voici ce qu'il proposa :

— Je crois que nous devons former, dès maintenant — cette

semaine —, un corps spécial dans l'armée américaine, uniquement composé de Japonais de Hawaii. Nous les enverrons en Europe. Nous les lancerons contre les Allemands et quand ils se seront distingués comme je m'y attends, ils n'auront pas seulement gagné du crédit ici, mais aussi aux États-Unis. Ils donneront aux hommes libres une victoire sur le nazisme qui se répercutera dans le monde entier. Grâce à leur courage, ils donneront à l'idéologie hitlérienne un cinglant démenti.

Le QG poussa un cri de stupéfaction, qui fut relayé jusqu'à Washington, où l'on s'exclama :

— Des troupes japonaises dans l'armée américaine ? Et un corps spécial par-dessus le marché ? Grotesque !

Mais un homme ne trouva pas cette idée grotesque, le président des États-Unis, et quand il eut pris connaissance du rapport du colonel Whipple, il déclara :

— Le patriotisme n'est pas une question de couleur de peau. C'est une question de cœur.

A Hawaii, la formation d'une telle unité rencontrait toujours une violente opposition, mais lorsque le décret présidentiel arriva à Honolulu vers la mi-mai 1942, il fallut bien obéir en rechignant et un général bourru grommela :

— Qui voudrait monter à l'assaut avec un régiment de Japs derrière soi ?

— Moi, répondit Whipple.

— Vous voulez dire... Vous êtes volontaire pour ce poste ?

— Certainement, mon général.

— Il est à vous, et j'espère qu'on ne vous tirera pas dans le dos !

Le colonel Whipple salua et s'empressa de réunir en un seul régiment tous les garçons japonais déjà mobilisés — comme Goro Sakagawa du 298e — et de préparer l'admission ultérieure des VVV et des garçons plus jeunes, comme Shigeo Sakagawa, qui allaient atteindre l'âge requis. La famille Whipple fut navrée que son plus brillant rejeton risque aussi imprudemment sa carrière, mais comme il l'avait déjà dit, il avait un fardeau personnel à porter.

Ce fardeau remontait à son enfance, quand aucun Chinois ne lui adressait la parole parce qu'il était le fils de l'homme qui avait brûlé le quartier chinois à l'instigation des commerçants haole. Il n'arrivait pas à croire que ce père doux et courageux avait pu commettre un tel acte, mais les Chinois l'affirmaient. Pour eux, le nom de Whipple était odieux et ils ne manquaient pas de le faire sentir au petit Mark. Finalement, quand ses camarades haole commencèrent eux aussi à le taquiner, il alla voir son père et lui demanda carrément :

— Papa, est-ce que tu as brûlé le quartier chinois ?

— Eh bien, dans un sens, oui.

— Afin de ruiner les commerçants chinois ?

Le docteur Whipple baissa la tête et soupira.

— Ainsi, tu as entendu cette histoire ? Qu'ont-ils dit ?

— Ils disent qu'il y avait eu quelques cas de maladie et que les boutiquiers haole t'avaient convaincu de brûler le quartier chinois pour ruiner tous les Chinois.

— Qui a dit cela, mon garçon ?

— Les haole. Les Chinois ne m'ont rien dit parce qu'ils ne me parlent pas. Mais je sais qu'ils le pensent.

Le docteur Hewlett Whipple avait quarante ans à l'époque, et réussissait aussi bien qu'un médecin pouvait l'espérer à Honolulu. Il prit le petit garçon de douze ans par la main et le fit asseoir sur la pelouse de leur maison de Punchbowl, sous un arbre.

— Tu vas me poser toutes les questions qui t'inquiètent, Mark. Et n'oublie jamais les réponses que je vais te donner.

— As-tu brûlé la ville chinoise ?

— Oui.

— Est-ce que tous les Chinois ont perdu leurs magasins ?

— Oui.

Mark n'avait pas d'autres questions à poser. Il haussa les épaules et baissa la tête mais son père se mit à rire et lui dit :

— Tu ne vas pas t'arrêter en si bon chemin, j'espère ?

— Tu m'as dit tout ce que je voulais savoir.

— Mais la vérité ne t'intéresse donc pas ? Tu ne veux pas savoir ce qui s'est réellement passé ?

— Ma foi, comme les copains l'ont dit, tu avoues avoir brûlé tout un quartier.

— Mark, voici ce que c'est que la vérité : aller plus loin que les apparences ; poser mille questions s'il le faut, jusqu'à ce qu'on puisse se faire une opinion valable. Maintenant, laisse-moi répondre aux questions que tu aurais dû poser. D'accord ?

— Bon.

— *Docteur Whipple, pourquoi avez-vous brûlé le quartier chinois ?* Parce qu'une effroyable peste menaçait la ville.

— *Est-ce que la destruction du quartier chinois a contribué à sauver la ville ?* Cela nous a permis de sauver dix mille vies humaines.

— *Aviez-vous l'intention de brûler les boutiques chinoises ?* Non, l'incendie, attisé par le vent, a échappé à tout contrôle.

— *Avez-vous fait quelque chose pour venir en aide aux Chinois ?* J'ai couru moi-même au milieu du brasier et je les ai aidés à se mettre en lieu sûr.

— *Regrettiez-vous que l'incendie vous ait échappé ?* Quand je suis rentré chez moi et que j'ai vu l'étendue des dégâts, j'ai pleuré amèrement.

— *Est-ce que vous brûleriez encore ce quartier si les mêmes circonstances se reproduisaient ?* Oui, sans hésiter.

Un silence suivit. Le père et le fils contemplèrent la ville étalée à leurs pieds et le jeune Mark, en cet instant, eut une vision fugace de ce que pouvait être la vérité mais ce que son père allait dire chassa les dernières ombres et fit éclater la vérité dans toute sa radieuse réalité :

— Il y a encore deux questions qui doivent être posées, mais elles exigent des réponses plus longues. Es-tu prêt ?

— Oui.

— *Docteur Wipple, répondez-moi franchement, n'y eut-il pas des haole ravis de voir brûler le quartier chinois ?* Sans aucun doute. Et aussi des Chinois. Il y aura toujours des gens pour tirer profit de toute circonstance, bonne ou mauvaise. L'incendie profita à certains, qui se frottèrent les mains. Quand tout fut éteint, ces mêmes hommes rebâtirent le quartier chinois tel qu'il était avant l'incendie, pour continuer à tirer de l'argent des taudis. Donc, si tes amis chinois prétendent que certains ont été heureux de voir détruire les magasins chinois, ils n'ont pas tort. Mais je n'étais pas de ceux-là. Et voici la dernière question : *Docteur Whipple, pouvez-vous malgré tout comprendre la haine que vous ont vouée les Chinois ?* Je la comprends très bien. Ils croient un mensonge, parce qu'il est toujours plus facile de croire un mensonge que de rechercher la vérité. Quand je me promène dans Honolulu, c'est un des fardeaux que je suis obligé de porter. Les Chinois me haïssent. Mais s'ils connaissaient la vérité, ils ne me détesteraient pas.

Colonel dans l'armée américaine, Mark Whipple se rappelait souvent cette discussion avec son père et parfois, quand il devait infliger à ses hommes des corvées déplaisantes ou violentes, il savait que, dans leur ignorance, ils le détestaient, alors que s'ils avaient su pourquoi il agissait, ils se seraient inclinés. Aussi, en revenant à Hawaii pour résoudre le problème japonais, était-il poussé par le désir que lui, Mark Whipple, en agissant honnêtement envers les Japonais, pût effacer les stigmates infligés à son père par les Chinois.

En un sens, par conséquent, sa candidature au commandement de cette unité japonaise n'était pas tout à fait spontanée. Toute l'histoire des Whipple de Hawaii l'y avait poussé.

Ses Japonais, encadrés par des officiers haole, formaient le 222e régiment de combat, un nom qui permettait aux anciens d'accueillir les jeunes recrues pour des plaisanteries :

— Quelle est ton unité, fiston ? demandaient-ils.

— Le deux-deux-deux, répondait le soldat.

— Écoutez-moi ça, on dirait une locomotive !

ou bien :

— Parle plus fort, fiston. Ne bégaie pas comme ça !

L'écusson de 222e représentait un ciel bleu sur lequel s'élevait Diamond Head. Au pied du promontoire se dressait un palmier et des lames déferlantes venaient se briser sur le rivage. C'était assurément un bel écusson, digne des beautés de Hawaii, mais les hommes avaient hâte de partir. Ils apprirent avec joie qu'on les envoyait à Bulwer Camp, dans le Mississippi, pour l'entraînement.

Le jour de leur arrivée, Goro Sakagawa se rendit aux toilettes et, par mégarde, ouvrit la porte de celles qui étaient réservées aux Blancs.

— Sors d'ici, espèce de sale Jaune ! hurla un homme.

Quand, avec ses compagnons, il se rendit compte qu'ils étaient tous en butte à des vexations similaires, ils menacèrent de se rebiffer. Le colonel Whipple sentit qu'il était temps d'y mettre bon ordre, rassembla toute son unité et déclara :

— Vous avez un devoir sacré. Ne permettez à rien, ni à la mort, ni à l'humiliation, ni à la faim, ni à la peur de vous en détourner. Vous êtes ici pour montrer à l'Amérique tout entière que vous êtes de loyaux citoyens. Pour cela, il faut que vous deveniez les meilleurs combattants de l'armée américaine. Si les gens du Mississippi vous maltraitent, ils sont chez eux et vous n'avez rien à dire. Ils sont libres d'agir comme il leur plaît. Je ne veux pas entendre de récriminations et si jamais j'apprends que l'un de vous a causé des ennuis, il aura affaire à moi. Quelqu'un a des questions à poser ?

— Je ne dois rien dire si un de ces péquenauds me traite de sale Jaune ?

— Non. Rien du tout, rugit Whipple. Parce que si tu es si susceptible et si tu es prêt à risquer l'avenir de tous les Japonais d'Amérique pour ton amour-propre, alors oui, tu es un sale Jaune, Hashimoto! Un sale Jap indigne d'être un homme!

— Alors, faut tout accepter? gronda Goro. Ils peuvent nous traiter de tous les noms?

— Parfaitement! Pensez que l'avenir de trois cent mille Japonais est entre vos mains. A côté de ça, que valent les basses insultes d'un paysan? Ne soyez pas crétins, bon Dieu!

D'un des derniers rangs, la voix rauque d'un sergent s'éleva :

— Je suppose que nous n'en mourrons pas

— Mais non, vous n'en mourrez pas! s'écria le colonel Whipple avec un rire qui dissipa la tension. Et pensez à une chose. Votre régiment va se battre un jour contre l'armée allemande. Et ce jour-là, vous vaincrez. Je n'ai pas le moindre doute à ce sujet, car je n'ai jamais commandé de meilleurs hommes. Et quand vous aurez vaincu, vous aurez triomphé des préjugés de chez nous, de l'hitlérisme européen, de toutes les insultes que vous aurez essuyées. Vos parents et vos enfants vivront mieux, grâce à ce que vous faites. Est-ce que cet enjeu ne vaut pas la peine qu'on se batte?

Puis le colonel élabora un règlement rigide et l'appliqua rigoureusement :

— Dans ce régiment, il ne sera pas prononcé un mot de japonais. Vous êtes américains. En aucun cas, vous ne chercherez à sortir avec une jeune fille blanche. Cela irrite les gens du cru. Pas plus que vous ne sortirez avec des Noires. Ça les énerve encore plus. Et attention! Je vous interdis de vous enivrer!

Impitoyablement, le colonel Whipple dressa ses soldats sur le modèle de West Point et selon la tradition du respect propre à sa famille. Dans aucun régiment d'Amérique, la discipline n'était aussi stricte qu'au 222ᵉ. Whipple tenait ses hommes pour responsables autant en service qu'au-dehors, et, à la moindre infraction, les punissait. Cependant, il y eut un point sur lequel les Japonais eurent du mal à céder. Si, après s'être consultés, les soldats du Mississippi décidèrent qu'en ce qui concernait les toilettes et les bus, les Japonais avaient les mêmes droits que les Blancs et pouvaient, par conséquent, utiliser les toilettes réservées aux Blancs, pour ce qui était d'entrer en contact avec la communauté blanche, il valait mieux qu'ils se considèrent à mi-chemin entre les Blancs et les Noirs et qu'ils ne cherchent à sympathiser ni avec l'une ni avec l'autre des deux communautés.

Goro, pour qui c'en était trop, alla voir le colonel Whipple.

— Nous apprécions ce que vous nous avez dit, mon colonel, et nous nous sommes pliés à vos règles. Mais il y a des limites à tout. Nous avons le droit de nous rendre dans les toilettes des Blancs mais, en ce qui concerne les relations humaines, nous devons nous comporter comme des Noirs. Permettez-moi de vous rappeler que le respect humain est ce pour quoi nous nous battons. Nous ne voulons pas de ces concessions que les soldats du Mississippi nous accordent. Nous préférons être traités comme des nègres.

Le colonel Whipple ne tempêta pas et répondit calmement :

— Je suis d'accord avec vous, Sakagawa. Le respect n'a ni début ni fin et aucun homme ne peut logiquement se battre pour les droits des Japonais et ignorer en même temps ceux des Noirs. J'ai bien dit, cependant, logiquement, car parfois, il lui faut passer outre à ses convictions. Et c'est le cas maintenant.

— Vous voulez dire que nous devons accepter ce que disent les types du Mississippi, même si nous savons que, s'ils en avaient la possibilité, leur attitude envers nous serait pire qu'envers les Noirs ?

— Vous venez de comprendre dans quelle situation tactique vous vous trouvez.

— C'est tellement illogique que les hommes ne pourront pas l'accepter.

A nouveau, le colonel ne s'emporta pas. Il ramassa une note et l'agita devant Goro en disant :

— La raison pour laquelle vos hommes et vous-même allez l'accepter est ce papier. L'armée a consenti à accueillir tous les Japonais qui se portaient volontaires. Vos deux frères du VVV arriveront ce soir. A présent, s'il devait y avoir des problèmes dans le Mississippi, tout ce que j'ai réussi à obtenir pour vous serait perdu. Alors, Goro, allez pisser là où les haole vous le disent.

En accord donc avec les nouvelles directives, le ministère de la Guerre annonça qu'en plus des jeunes du VVV, qui allaient arriver en renfort, parmi lesquels Tadao et Minoru, on allait lever un supplément de quinze cents volontaires de Hawaii et quinze cents dans la métropole. Mais ce projet fit long feu parce qu'à Honolulu onze mille huit cents jeunes gens se précipitèrent et prirent d'assaut les bureaux de recrutement. Il fallut en éliminer sept sur huit, parmi lesquels Shigeo, qui pleura. Mais dans la métropole, il ne se présenta que cinq cents volontaires, laissant ainsi mille places vides. L'armée retourna en toute hâte à Hawaii et boucha les trous laissés par le manque d'enthousiasme des Japonais du continent. Cette fois, le jeune Shigeo fut mobilisé.

Lorsque le président Roosevelt compara les réactions différentes des deux groupes, il demanda une explication de cet état de choses au colonel Whipple qui écrivit :

Loin d'être une cause d'inquiétude, cette différence devrait nous encourager dans notre dévouement à la démocratie. Si le résultat avait été tout autre, je me serais fait du souci. Que les Japonais de Hawaii aient fait preuve d'un comportement dont on peut être fier, ce qui n'est pas le cas de celui des hommes du continent, me semble — et je pense à l'Amérique — rassurant. A Hawaii, les Japonais sont libres de posséder des terres. En Californie, ils ne le sont pas. A Hawaii, ils peuvent devenir instituteurs ou fonctionnaires. Pas en Californie. A Hawaii, ils sont admis dans nos meilleures écoles. Pas en Californie. A Hawaii, ils font partie de notre communauté, mais en Californie ils sont tenus à l'écart. Plus grave encore, lorsque la guerre éclata, les Japonais de la métropole ont été internés dans des camps et dépouillés de leurs biens. A Hawaii, on a envisagé cette action, mais ce n'est jamais allé très loin. Tout de suite après Pearl Harbor, bon nombre de Japonais de Hawaii ont été internés mais ma tante me dit qu'elle a visité personnellement les camps et les prisons, ainsi que d'autres dames de la colonie blanche, et elles se sont portées garantes de tous ceux dont elles connaissaient la loyauté. Bref, les Japonais de Hawaii ont de bonnes raisons de défendre l'Amérique et ceux de la métropole n'en ont aucune. Ce ne sont pas les Japonais qui sont différents, c'est la façon dont on les a traités. N'est-il donc pas logique que, lorsque l'on dit à des Japonais de Hawaii qui n'ont été ni emprisonnés ni dépouillés : « On demande des volontaires pour lutter contre l'oppression », il s'en présente onze mille huit cents ? Et n'est-il pas logique aussi que lorsqu'on dit aux frères de ces mêmes hommes : « Nous vous avons insultés, emprisonnés, humiliés, volés, mais nous voudrions bien que vous veniez nous aider à combattre », n'est-il pas logique, dis-je, qu'ils vous répondent : « Vous pouvez crever ! » Je suis même stupéfait qu'il se soit trouvé autant de Japonais volontaires dans la métropole. Ils doivent être remarquablement courageux et loyaux, et je les accueillerai dans mon régiment avec joie et fierté.

Quand le président Roosevelt prit connaissance de ce rapport, il demanda à son aide de camp qui était ce Mark Whipple.

— Vous connaissiez son père, monsieur le président. Le docteur Hewlett Whipple.

— Ce garçon m'a l'air intelligent. C'est lui qui commande les Japonais ?

— Oui. Ils sont en route pour l'Italie, en ce moment.

— Je crois que nous pouvons espérer de bonnes nouvelles de cette unité, jugea le président.

Un soir de septembre 1943, Nyuk Tsin demanda à son petit-fils Hong Kong :

— Avons-nous trop de découvert ?

— Oui.

— Si la guerre est finie demain, est-ce que nous pourrions conserver nos propriétés ?

— Non.

— A ton avis, que devons-nous faire ?

— J'ai l'impression d'avoir hérité de votre courage, répondit Hong Kong à l'aïeule. A mon avis, il faut se cramponner à nos terrains. Nous rembourserons le plus de dettes possible, et à la fin de la guerre, nous nous serrerons la ceinture et nous vivrons de riz, en attendant l'inflation.

— Combien de mauvaises années nous attendent ?

— Deux années très difficiles. Deux assez dangereuses. Si nous les surmontons, le hui sera riche.

— Je suis inquiète, avoua l'aïeule, mais je suis d'accord avec toi pour nous battre jusqu'au bout. Cependant, j'ai pensé que nous pourrions vendre quelques maisons, pour nous soulager.

— Cela ne soulagera que vous et moi, fit observer Hong Kong. Les autres ne sont pas au courant. Si vous avez peur, moi, je ne crains rien.

C'était étrange de voir cette vieille femme de quatre-vingt-seize ans s'inquiéter de l'avenir. Elle avait peur, non pour elle, mais pour toute sa famille, pour ce hui gigantesque qu'elle avait fondé et qui était devenu plus puissant qu'elle. Elle répondit :

— Ce n'est pas ton argent que tu risques, Hong Kong, mais toute la fortune des Kee, ceux qui travaillent et les filles qui aident aux magasins, et les vieux. En pensant à eux, tu es toujours prêt à te cramponner ?

— C'est pour eux que je le fais, dit Hong Kong. Je sais que ce que nous avons bâti est fragile. Une maison sur une boutique, sur un emploi à Pearl Harbor, sur un petit morceau de terre, sur les économies d'un vieillard. Tout va peut-être s'écrouler, mais je suis prêt à parier que si les murs vacillent, vous et moi serons assez forts et rusés pour ramasser les morceaux.

— Je crois qu'ils commencent à vaciller, Hong Kong, prévint Nyuk Tsin.

— Je ne le crois pas, répliqua le petit-fils, contredisant sa grand-mère pour une fois. Notre aventure a commencé quand les haole se sont enfuis et nous n'allons pas nous enfuir à notre tour !

— Enfin, soupira l'aïeule, je ne ferai pas partager mes craintes aux autres. Fais ce qui te semble bon.

Hong Kong se cramponna donc à cet édifice précaire et fantastique — en comptant sur ses seules forces — et tandis que le prix des loyers montait à Honolulu, et les salaires à Pearl Harbor, et les bénéfices des boutiques, il consacrait l'argent recueilli par Asie à d'autres spéculations. L'édifice devenait de plus en plus haut et de plus en plus fragile, mais il n'avait pas peur de cette construction périlleuse et la vieille aïeule fut tout à fait certaine qu'elle avait en Hong Kong un petit-fils vraiment digne d'admiration. « A maints égards, se disait-elle en pensant à sa jeunesse, il ressemble à mon père. Il est intrépide, prêt à se lancer dans de grandes batailles et il finira certainement en prison dans le centre de Honolulu. » Puis elle revit le visage lugubre de son père, fixant de sa tête tranchée les années, et elle se demanda si c'était une si mauvaise manière que cela de mourir. Et les dangereuses spéculations du hui continuèrent.

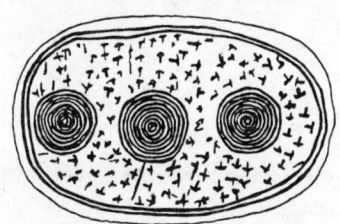

Tandis que les quatre fils Sakagawa, sous l'uniforme, luttaient pour leur nationalité à part entière, leurs parents et leur sœur Reiko vivaient dans le trouble et les contradictions. D'une part, les parents Sakagawa priaient pour le retour de leurs fils, et cela supposait la victoire américaine, tout au moins sur l'Allemagne, et ils écoutaient donc avec plaisir Reiko-chan leur lire le journal japonais de Hawaii, le *Nippu Jiji*, qui racontait les victoires en Europe. Mais d'autre part, ils continuaient de prier pour la victoire japonaise en Asie, car leur patrie était en danger et ils espéraient la voir triompher, sans jamais vouloir reconnaître que la victoire américaine en Europe et le triomphe japonais en Asie étaient incompatibles.

Et puis un beau jour, Mr Ishii fit une furtive apparition au salon de coiffure et chuchota :

— Une nouvelle fantastique ! Je passerai vous voir ce soir !

Avant que Sakagawa-san ait eu le temps de retenir le petit homme, celui-ci avait déjà disparu dans une autre boutique japonaise.

Ce soir-là, quand Sakagawa eut fermé boutique et reconduit chez elles ses jeunes employées, sourd aux sifflements admiratifs des soldats et des marins américains qui traînaient dans Hotel Street, il dit à Reiko en arrivant chez lui :

— Tu peux être sûre que Mr Ishii a quelque chose de très important à nous confier.

Mr Ishii les attendait déjà dans la petite cabane de Kakaako et quand on eut soigneusement tiré les rideaux de la défense passive, il prit sur la table d'un geste théâtral le dernier numéro du *Nippu Jiji*, le déchira en menus morceaux, les jeta par terre et cracha dessus.

— Voilà comment je traite les ennemis du Japon ! s'écria-t-il.

— Mais je ne l'ai pas lu ! protesta Reiko.

— Tu ne liras plus jamais cette abominable propagande ! déclara Ishii-san. Je te l'ai pourtant répété, que ce n'était qu'un ramassis de mensonges américains ! Vous vous êtes tous moqués de moi. Eh bien, mes amis, je vais vous dire ce que je sais. Je sais ce qui se passe dans le monde, moi. Et, en Amérique, tous les bons Japonais le savent. Il n'y a que vous, qui lisez les sales journaux d'Honolulu, qui ne le savez pas !

La figure illuminée, le regard flamboyant, Mr Ishii tira alors de sa poche un journal japonais imprimé dans le Wyoming, le *Prairie Shinbun*, et il l'étala sous les yeux de Reiko pour qu'elle lise les éclatantes manchettes : *Les forces impériales repoussent les Américains à Bougainville !... Grande victoire japonaise à Guadalcanal ! Le président Roosevelt reconnaît que le Japon va gagner la guerre !...* La plupart des articles étaient inspirés par les émissions sur ondes courtes du QG de Tokyo, et diffusaient tous la même propagande. Un article en particulier horrifia le petit groupe silencieux : *Des marines américains avouent avoir égorgé à la baïonnette des soldats japonais désarmés !* La nouvelle venait de Tokyo et l'on ne pouvait en douter.

Quand les exclamations d'horreur devant cette brutalité américaine se furent apaisées, Mr Ishii en vint enfin à sa nouvelle importante, un article dans lequel les rédacteurs du Wyoming résumaient, grâce aux informations japonaises, les progrès de la guerre et d'où il ressortait que le Japon n'allait pas tarder à envahir Hawaii.

— Et alors, Sakagawa-san, qu'allez-vous dire au général de l'empereur quand il arrivera à Honolulu et qu'il vous demandera si vous êtes un bon Japonais ? Vous ! Avec quatre fils qui se battent contre l'empereur ! Vous savez ce que le général fera en apprenant ça ? Il vous dira : Sakagawa, à genoux ! Et avec son grand sabre, il vous coupera la tête !

Aucun des Sakagawa ne dit mot. En silence, ils regardèrent le journal et Reiko le lut attentivement. La feuille était publiée ouvertement aux États-Unis, elle avait passé la censure américaine et ce que Mr Ishii venait de lire était vrai. Le Japon victorieux allait débarquer à Hawaii. La conscience à la torture, Sakagawa-san, qui ne savait pas lire, regarda sa fille et murmura :

— C'est vrai ?

— Oui, souffla Reiko.

Ce fut une des anomalies les plus exaspérantes de la guerre que, alors que le FBI et les services de sécurité surveillaient étroitement les journaux japonais de Hawaii et s'assuraient qu'ils n'imprimaient que la stricte vérité sans le moindre article venant de Tokyo, les journaux en langue japonaise de la métropole pouvaient publier tout ce qu'ils voulaient. Les autorités militaires locales avaient jugé une fois pour toutes que les communiqués japonais étaient si ridicules que le temps leur donnerait vite un démenti, ce qui arriva, d'ailleurs. Par conséquent la presse japonaise du continent, souvent dirigée par des individus irréductibles à l'âme de samouraïs, déversait avec persistance un incroyable magma de propagande, de rumeurs, de mensonges flagrants et, quand ces journaux parvenaient à Honolulu, l'effet était désastreux.

— Je dirai au général de l'empereur, murmura enfin Sakagawa, que mes fils n'ont combattu qu'en Europe. Jamais contre le Japon.

— Ça n'arrangera rien, soupira Mr Ishii. L'empereur ne vous pardonnera jamais.

Sakagawa-san sentit ses jambes se dérober. Il avait toujours eu des remords depuis que ses fils étaient partis, et ce journal du Wyoming venait de les attiser. Il leva des yeux suppliants vers son ami et Mr Ishii, après avoir joui un instant de son humiliation, lui dit d'un ton magnanime :

— J'interviendrai en votre faveur auprès du général. Je lui dirai que vous avez toujours été un bon Japonais.

— Ah! merci, Ishii-san! Merci! Vous êtes vraiment mon seul ami!

Ce soir-là, les Sakagawa se couchèrent en proie à mille tourments et le lendemain matin, au salon de coiffure, Reiko attendit qu'un jeune officier de marine à l'air intelligent prenne place sur son fauteuil et elle lui demanda doucement :

— Pouvez-vous me rendre un service, s'il vous plaît ?

— Bien sûr. Je me présente, Jackson, de Seattle.

— Un monsieur m'a dit hier soir que le Japon pourrait envahir Hawaii d'un moment à l'autre. Est-ce vrai ?

L'officier de marine en resta pantois. Il arracha la serviette de son cou et se tourna pour regarder Reiko, qui avait alors vingt-six ans et n'avait jamais été aussi jolie.

— Grands dieux ! Qu'est-ce qu'on est allé vous raconter ?

— Une personne bien informée m'a dit que les navires de guerre japonais allaient attaquer bientôt.

— Écoutez, mademoiselle, s'écria l'officier en riant, si vous êtes une espionne qui essaye de me soutirer des secrets...

— Oh! non! murmura Reiko en rougissant.

Puis elle vit son père qui avançait pour lui rappeler qu'il était interdit de parler aux clients. Elle renoua la serviette en bâillonnant le jeune officier et, se penchant avec son rasoir, lui chuchota :

— Nous n'avons pas le droit de parler.

— Où déjeunez-vous ? demanda-t-il sur le même ton.

— Chez Senaga.

— Je vous y rejoins et je vous raconterai la guerre.

— Oh! non, c'est impossible !

— Écoutez, je suis de Seattle. J'ai connu beaucoup de Japonaises. Chez Senaga, tout à l'heure.

Au restaurant japonais, le lieutenant Jackson étonna Reiko en commandant un repas de sushi et de sashimi qu'il attaqua avec des baguettes.

— J'ai servi au Japon, lui dit-il. Si mon chef me voyait maintenant, en train de manger avec des baguettes, je serais bon pour la cour martiale. Tout à fait antipatriotique.

— Quant à nous, nous essayons tous d'apprendre à nous servir d'une fourchette, expliqua Reiko.

— Bon, venons-en à cette histoire d'invasion des Japs.

— Cela vous ennuierait de ne pas nous appeler Japs ?

— Vous êtes japonaise, répondit Jackson en riant, mais l'ennemi c'est les Japs. Comment vous appelez-vous ?

— Reiko.

— Reiko. C'est joli. Eh bien, Reiko-chan...

— Où avez-vous appris à dire Reiko-chan ?

— Au Japon, répondit Jackson, désinvolte.

— Connaissiez-vous une Reiko-chan ?

— Non. Je connaissais une Kioko-chan.

Un long silence s'installa entre eux pendant qu'ils commençaient à manger. Reiko avait mille questions à poser et Jackson mille commentaires à faire, mais ni l'un ni l'autre n'osait parler. Puis Reiko posa sa fourchette sur le sashimi et l'officier ses baguettes sur le poisson cru. Ils éclatèrent de rire.

— J'étais follement amoureux de cette jeune fille et elle m'a appris un peu de japonais. C'est d'ailleurs grâce à ça que j'occupe mon poste actuel, expliqua Jackson.

— Qu'est-ce que vous faites ?

— Eh bien, vous avez sans doute deviné que je n'étais pas vraiment officier de marine. Je suis avocat, à Seattle. On m'a envoyé ici au QG et ma mission consiste à visiter les familles japonaises pour leur expliquer que leurs filles ne doivent pas épouser les GIs américains. Je vois environ vingt familles par semaine... Vous savez comment sont les soldats, et les Américains. Ils voient une jolie fille et tout de suite, ils parlent de l'épouser. Mon travail consiste à les en empêcher.

Il brisa tout à coup ses baguettes en deux et les articulations de ses doigts devinrent blanches.

— Toutes le semaines, je vois environ une vingtaine de Japonaises et je discute avec elles, et toutes me rappellent Kioko-chan. Si ça continue, je vais devenir fou, avoua-t-il avec amertume.

Il regarda droit devant lui, comme un homme pris dans un étau. Il n'avait brusquement plus faim. Reiko, en jeune fille pratique, finit les sashimi et annonça qu'elle devait retourner travailler.

— Vous voulez encore déjeuner avec moi demain ?

— Oui. Mais si mon père le savait, il en mourrait !

— Il croit que la flotte japonaise va arriver bientôt ?

— Lui non, prétendit Reiko, mais un de ses amis. Est-ce vrai ?

— Dans un an ou deux, nous aurons anéanti le Japon.

Ce soir-là, Reiko dit à son père qu'il devait y avoir quelque chose de louche, dans ce journal du Wyoming, parce que le Japon n'était pas du tout victorieux, mais Kamejiro se mit en colère et lui montra un autre numéro du *Prairie Shinbun* qu'il s'était procuré, et qui était encore plus violent que le premier, et plus affirmatif. Reiko le lut patiemment et finit par se demander elle-même qui disait vrai.

Et puis la preuve fut administrée. Le président Roosevelt arriva à Honolulu à bord d'un bâtiment de guerre et les Sakagawa le virent de leurs yeux défiler à travers la ville. Sakagawa jugea que c'était là une preuve de la puissance américaine, mais il avait compté sans les raisonnements subtils de Mr Ishii, car à peine les longues voitures noires avaient-elles disparu que le petit homme virulent se précipita dans la boutique avec une nouvelle stupéfiante.

— Je vous l'avais bien dit ! triompha-t-il. Vite, venez tout de suite chez Sakai.

Sakagawa confia la boutique à sa fille et courut jusqu'au magasin de Sakai où il entra par-derrière, afin de ne pas attirer l'attention, car les rassemblements de Japonais étaient toujours interdits. Dans l'arrière-boutique, Sakai, Ishii-san et quelques vieux Japonais discutaient d'un ton surexcité. Tout d'abord, Sakagawa ne comprit pas de quoi il s'agissait, mais Mr Ishii le lui expliqua vite :

— Le président est passé par Hawaii en route pour Tokyo. Il va se rendre, sera exécuté au sanctuaire Yasukuni comme criminel de guerre et, dans trois jours, la flotte japonaise sera ici !

Les histoires de Mr Ishii ne manquaient jamais de détails précis ni de dates formelles, et l'on aurait pu croire qu'au bout d'un certain temps ses interlocuteurs se seraient souvenus que pas une de ses prédictions ne s'était jamais réalisée. Mais l'espoir de la victoire était tellement ancré dans les cœurs de certains qu'on ne lui fit jamais remarquer ses erreurs.

— Dans trois jours ! s'écria-t-il. Les navires de Sa Majesté Impériale dans la rade d'Honolulu ! Mais je vous prendrai sous ma protection, Sakagawa-san, et je demanderai à l'empereur de vous pardonner d'avoir laissé partir vos fils à la guerre.

Lorsque le président Roosevelt quitta Honolulu pour aller se faire exécuter à Tokyo, Mr Ishii attendit fébrilement l'arrivée de sa flotte. Pendant trois nuits, il dormit sur son toit plat, attendant l'apparition à l'horizon des bâtiments battant pavillon du Soleil Levant, et dans la petite maison de Kakaako, son ami Sakagawa attendait aussi dans la fièvre.

Le quatrième jour, lorsqu'il fut évident que la flotte impériale victorieuse avait subi un léger retard, Mr Ishii abandonna le sujet complètement et se consacra à une nouvelle tout aussi importante annoncée par le *Prairie Shinbun*, selon laquelle le Japon venait de s'emparer de l'Australie et de la Nouvelle-Zélande. Il confia même aux Sakagawa qu'il serait prudent de préparer le départ pour l'Australie, car dans ce continent sous contrôle japonais, il y aurait de bonnes terres pour tous.

Reiko-chan discutait toutes ces rumeurs avec le lieutenant Jackson, qui l'écoutait patiemment et finissait toujours par éclater de rire.

— Ce Mr Ishii doit être un vrai cinglé, observa-t-il une fois.

Mais Reiko prit la défense du petit homme :

— Il y a bien longtemps qu'il est venu de Hiroshima et il a toujours vécu dans les ténèbres.

— Tout de même, il ferait bien de faire attention à ce qu'il raconte. Il risque de gros ennuis.

Ce fut au tour de Reiko-chan de rire.

— Personne ne prend jamais Mr Ishii au sérieux. C'est un petit homme si gentil et tout à fait inoffensif !

On n'aurait pu qualifier de roman d'amour, ni même de flirt, ces rencontres dans le salon de coiffure sous l'œil sévère de Kamejiro, ou dans le restaurant encombré de Senaga, car il n'y avait pas d'étreintes passionnées entre Reiko et le lieutenant ni de baisers tendres, mais flirt il y avait néanmoins et, un certain mardi, Reiko fit durer son heure de déjeuner jusqu'à quatre heures de l'après-midi et, cette fois, il y eut des baisers et des étreintes chastes mais enivrantes. Un mercredi soir, elle se glissa sans bruit hors de chez elle et attendit la Chevrolet du lieutenant. Ils allèrent jusqu'à Diamond Head et garèrent la voiture dans une allée ombragée et sombre, où d'autres voitures abritaient d'autres couples enlacés.

Mais une patrouille de la marine qui passait s'arrêta devant la Chevrolet et les matelots furent ahuris.

— Qu'est-ce vous fabriquez avec une Jap, lieutenant ?

— Nous bavardons.

— Avec une Jap ?

— Oui, avec une Japonaise.

— Vos papiers.

— Vous n'avez pas demandé les papiers des autres.

— Ils sont avec des Blanches.

Le lieutenant Jackson, irrité, montra ses papiers et le matelot de la patrouille s'écria :

— Ça vaut tout ! Elle est d'ici ?

— Naturellement.

— Vous parlez anglais, mademoiselle ?

— Oui.

— Ma foi, je suppose qu'il n'y a pas de mal, si un officier de marine a envie de fricoter avec une Jap...

— Une seconde, vous !

— Vous voulez discuter, lieutenant ?

Jackson leva les yeux vers les deux colosses et murmura :

— Non.

— Bon. Nous ne le pensions pas. Bonsoir, amusez-vous bien !

Le lieutenant Jackson rumina un moment sa colère en silence, puis il s'exclama :

— La guerre est une chose invraisemblable ! Si ces deux-là vivent assez longtemps pour occuper Tokyo, il y a des chances pour qu'ils tombent amoureux de Japonaises et les épousent. Ils seront bougrement gênés en se rappelant ce soir-ci !

— Est-ce que nos troupes seront bientôt à Tokyo ? demanda Reiko-chan.

Le lieutenant fut étonné de l'entendre dire « nos troupes » et il lui demanda pourquoi elle s'était exprimée de cette façon.

— J'ai quatre frères qui se battent en Europe, répondit-elle avec simplicité.

— Vous avez...

Il s'interrompit, et d'un geste impulsif, il ouvrit la portière et cria :

— Hé ! La patrouille ! Arrivez un peu !

Les deux marins de la patrouille accoururent et demandèrent :

— Quoi, qu'est-ce qu'il y a, lieutenant ? C'est une espionne, après tout ?

— Matelots, je veux vous présenter miss Reiko Sakagawa. Elle a quatre frères qui se battent en Italie, dans l'armée américaine. Parfaitement. Pendant que vous et moi nous la coulons douce ici à Hawaii. Quand vous êtes passés tout à l'heure, je l'ignorais.

— Vous avez quatre hommes à la guerre ?

— Mais oui.

— Tous dans l'armée ?

— Oui. On n'accepte pas de Japonais dans la marine.

— Mademoiselle, dit un des patrouilleurs avec l'accent traînant de la Georgie, je souhaite de tout mon cœur qu'ils reviennent sains et saufs tous les quatre.

— Bonsoir, mademoiselle, murmura l'autre.

— Bonsoir, dit Jackson et, quand la patrouille se fut éloignée, il bredouilla : Reiko, je crois que nous devrions nous marier.

Elle soupira, serra ses mains l'une contre l'autre et répondit :

— Je croyais que vous étiez ici pour empêcher les hommes comme vous d'épouser des filles comme moi.

— Oui, mais je ne sais pas si vous avez remarqué que l'on est toujours la proie des choses contre lesquelles on lutte. C'est étrange. Tenez, j'ai dû intervenir dans près de trois cents cas de ce genre et, presque toujours, le garçon était du Sud.

— Je ne vois pas le rapport.

— Si. Chez nous, dans le Sud, on enseigne à ces garçons qu'il ne faut en aucun cas se mêler aux gens dont la couleur de peau diffère de la leur. Et quand ils arrivent ici, ils s'aperçoivent que les filles des autres races sont comme eux, au fond, et ils éprouvent le besoin inconscient de réagir contre leur éducation.

— Vous êtes du Sud ?

— Non, je suis de Seattle, près de la frontière canadienne. Mais mon problème est assez semblable. Après Pearl Harbor, mon père, au demeurant un excellent homme, a été le premier à signer des pétitions pour faire enfermer tous les Japonais dans des camps. Il savait qu'il se conduisait mal. Il savait que c'était un faux témoignage et qu'il n'agissait que pour préserver ses propres intérêts. Pourtant, rien ne l'a arrêté. Le soir où il a fait son discours incendiaire à la radio, je lui ai fait remarquer que ce qu'il avait dit était faux et il m'a répondu que c'était la guerre.

— Ainsi, vous voulez m'épouser pour vous venger de lui ?

— Non, Reiko-chan. N'oubliez pas que j'ai vécu au Japon. Et n'oubliez jamais qu'en pleine guerre, je vous ai dit : « Quand la paix sera revenue, l'Amérique et le Japon seront de nouveau amis. » J'en suis persuadé. Je suis certain que mon père, puisqu'il est bon dans le fond, vous accueillera avec joie, comme une fille. Parce qu'il faut oublier les erreurs passées et qu'il faut unir ce qui est séparé.

— Vous parlez comme si l'obstacle était votre père, dit doucement Reiko.

— Vous voulez dire que le vôtre s'opposera à notre union ?

— Nous ne nous marierons jamais, soupira Reiko. Mon père n'y consentira jamais.

— Envoyez promener votre père, comme je l'ai fait du mien !

— Mais moi, je suis japonaise, répondit-elle dans un baiser.

Kamejiro Sakagawa apprit le flirt de sa fille avec un haole le jour où Sakai fit irruption dans sa boutique et lui déclara qu'il était navré mais qu'il ne pouvait plus permettre à sa fille de travailler avec lui.

— Mais pourquoi ? s'écria Sakagawa, suffoqué. Je la paie bien.

— Oui, et nous avons besoin de cet argent, mais je ne puis la laisser ici un jour de plus. Cela pourrait lui arriver aussi. Il vient trop de haole.

— Mais que pourrait-il lui arriver ? bredouilla Kamejiro.

— Mieux vaut sortir, dit Sakai et il entraîna Sakagawa sur le trottoir. Vous avez toujours été un ami, Kamejiro, et vous avez bien payé notre petite, mais nous ne pouvons pas courir le risque qu'elle tombe amoureuse d'un haole comme votre Reiko.

Le petit Kamejiro, rouge comme un coq, les veines du cou gonflées, saisit son ami par les épaules, en se haussant pour cela sur la pointe des pieds.

— Qu'est-ce que vous dites ? rugit-il.

— Kamejiro ! protesta Sakai en cherchant à se dégager. Demandez à tout le monde. Votre fille déjeune tous les jours avec cet Américain... chez Senaga.

En état de choc, Kamejiro Sakagawa repoussa son ami et descendit Hotel Street en direction du restaurant de Senaga, vulgaire paysan d'Okinawa à ses yeux. Il vit ce dernier entrer chez lui en compagnie d'un haole. Ce simple signe lui suffit pour comprendre que son compatriote Sakai avait dit vrai. Ainsi Reiko-chan, aussi dévouée, forte et travailleuse qu'un père pouvait l'espérer, retrouvait tous les jours depuis quelque temps un haole dans un restaurant d'Okinawa. Ébranlé, le petit homme, qui avait alors soixante et un ans, s'appuya contre un poteau, indifférent au passage des marins et des soldats.

Il y avait quelque chose de risible, après tout, se disait-il, dans le fait que la guerre ait permis aux deux groupes d'individus qu'il haïssait le plus d'occuper des positions aussi enviables et prospères. Il y avait d'abord ces fichus Chinois qui s'étaient appropriés tous les bons postes à Pearl Harbor et qui, avec l'argent qu'ils gagnaient, étaient en train de racheter presque tout Honolulu. Leurs fils n'étaient pas à la guerre et leur arrogance était sans limites. En tant qu'alliés, partisans du méprisable Chiang Kaï-chek, qui avait repoussé de respectables offres de négociation en Chine, on les voyait dans tous les défilés et ils faisaient des discours à la radio. Oui, décidément, les Chinois, se disait Sakagawa en ce triste matin, se débrouillaient bien.

Mais, ce qui était vraiment exaspérant, c'était que les gens d'Okinawa se débrouillaient encore mieux. Or, enrageait Sakagawa tout en observant le restaurant de Senaga, ils ne sont ni complètement japonais ni complètement chinois mais ils se font passer pour japonais. On ne peut leur faire confiance, il faut sans cesse veiller à ce que leurs filles ne se jouent pas des fils d'honnêtes voisins et puis surtout, ils ne possèdent pas le véritable esprit japonais. Peu d'hommes au monde sont plus méprisables qu'eux, se disait Sakagawa, et pourtant comme ils s'en sont bien sortis pendant cette guerre !

Parce que, dans les années précédant 1941, ils n'étaient pas acceptés par la société japonaise, ils s'étaient regroupés entre eux. La plupart des ordures de Honolulu étant ramassées par des natifs d'Okinawa, ces derniers, pour s'en débarrasser, élevaient des cochons par centaines. Or, quand la guerre avait éclaté et que les cargos avaient cessé d'apporter de la viande de bœuf fraîche de Californie à Hawaii, où les gens étaient-ils approvisionné en viande ? Chez eux ! Qui ouvrait restaurant après restaurant, justement parce qu'ils avaient de la viande ? Encore eux ! Qui allait sortir de la guerre plus riches encore que les Blancs ? Toujours eux ! Quelle cruelle ironie du sort qu'un natif d'Okinawa se retrouve riche, puissant et respecté tout simplement parce qu'il possède des cochons !

Ce fut avec ces pensées en tête que Kamejiro Sakagawa se faufila dans la foule de Hotel Street pour espionner sa fille Reiko. Avec un haole, et qui plus est dans un restaurant tenu par un type d'Okinawa ! ne cessait-il de se répéter. C'était plus qu'aucun homme ne pouvait supporter.

À midi cinq, le lieutenant Jackson entra et s'installa à la table que le souriant Senaga lui avait réservée. L'officier commanda des radis au vinaigre et Sakagawa le vit manger avec des baguettes, ce qui le stupéfia. Cinq minutes plus tard, Reiko arriva. Le moins subtil des hommes aurait deviné, en voyant son visage radieux, qu'elle était amoureuse. Elle s'assit à la table de l'officier et se mit à grappiller dans son assiette avec une fourchette, ce qui mit le comble au trouble de Sakawaga. Le haole mangeait avec des baguettes, et Reiko-chan avec une fourchette. C'était incompréhensible.

Le petit Japonais resta cloué à regarder sa fille manger en compagnie d'un haole puis se décida à aller trouver son ami Sakai dans son arrière-boutique.

— Sakai, que dois-je faire ? lui demanda-t-il tristement.

— Vous avez vu ?

— Oui. Vous aviez dit vrai.

— Hasegawa retire aussi sa fille de votre boutique.

— Au diable la boutique ! Que dois-je faire de Reiko ?

— Il faut d'abord savoir qui est ce haole. Et puis aller au quartier général de la marine et demander sa mutation.

— Ils m'écouteront, à la marine ?

— Certainement. Mais le plus urgent, Kamejiro, c'est de trouver un mari pour Reiko.

— Il y a des années que j'en cherche un, avoua le petit dynamiteur.

— Je ferai l'intermédiaire, promit Sakai. Mais cela ne va pas être facile ! Maintenant qu'elle s'est dépréciée en se montrant avec un haole... Elle est perdue de réputation.

— Non, Sakai ! Reiko-chan est une bonne petite. Elle n'a rien fait de mal.

— Peut-être, mais quelle est la famille japonaise qui consentira à l'accepter, maintenant ?

— Vous essaierez quand même, Sakai ?

— Je trouverai un mari pour votre fille. Un Japonais convenable.

— Vous êtes un ami, s'écria Sakagawa avec ferveur ; il ajouta cependant prudemment : Mais tâchez de trouver un homme d'Hiroshima. Ce serait mieux.

Yoriko Sakagawa avait passé la matinée à faire des conserves de choux-fleurs au vinaigre, et l'après-midi chez Mrs Mark Whipple, à rouler des bandes de gaze pour la Croix-Rouge. Cette partie de la journée n'avait pas été très agréable car toutes les femmes avaient au moins un fils au 222ᵉ à l'exception de Mrs Whipple, dont le mari commandait le régiment. La conversation avait donc roulé presque uniquement sur la guerre d'Italie et les lourdes pertes enregistrées chez les Japonais, mais chaque fois que l'atmosphère devenait trop tragique, Mrs Whipple lançait une nouvelle réconfortante. C'était : « Le président Roosevelt lui-même a déclaré que nos garçons sont parmi les plus braves qui se sont jamais battus pour la bannière étoilée. » Ou bien encore : « Cette semaine, le magazine *Time* raconte que lorsque nos garçons sont arrivés en permission à Salerne, les autres troupes qui se trouvaient à la gare leur ont fait une ovation. » Mrs Whipple appelait toujours les soldats japonais « nos garçons » et de nombreuses haole d'Hawaii commençaient à l'imiter.

L'après-midi avait donc été fertile en émotions, angoissantes ou exaltantes, et Mrs Sakagawa, dont les pieds souffraient des chaussures européennes que ses fils l'avaient forcée à porter, avait hâte de rentrer chez elle se reposer. Mais en voyant que son mari était la maison et non dans sa boutique, elle comprit qu'un événement grave était survenu. Avant qu'elle puisse poser une question, Kamejiro s'écria :

— Une jolie fille que tu as élevée ! Elle est amoureuse d'un haole !

Ces paroles étaient les plus atroces que Yoriko eût jamais entendues.

Elle n'ignorait certes pas que certaines jeunes filles japonaises sortaient ouvertement avec des haole, mais ce n'étaient jamais des filles de bonne famille. Elles ne valaient guère mieux que des prostituées. Il était inconcevable qu'une Japonaise, fière du sang glorieux qui coulait dans ses veines, s'abaissât à ce point...

— Et Sakai retire sa fille de la boutique de crainte qu'elle ne se laisse contaminer, poursuivit Kamejiro. Et Hasegawa en fera autant demain. Nous sommes ruinés, perdus. C'est la honte de notre famille !

Yoriko, qui ne pouvait croire que sa fille eût apporté une telle disgrâce dans sa famille, ôta vivement ses souliers américains et s'agenouilla devant son mari désespéré.

— Kamejiro, nous avons élevé Reiko-chan en bonne Japonaise, murmura-t-elle. Je suis sûre qu'elle n'a rien fait de mal. On t'a raconté des mensenges.

Le petit dynamiteur repoussa violemment sa femme et se dressa d'un bond.

— Je les ai vus ! rugit-il. C'est tout juste si elle ne l'embrassait pas en public ! Où était-elle le jour où elle a prétendu qu'elle ne se sentait pas bien ? En promenade avec un haole. Et le soir où elle nous a dit qu'elle allait au cinéma avec une amie ? Dans une auto obscure avec un haole ! J'ai bien entendu une voiture s'arrêter devant la porte quand elle est rentrée, mais j'étais trop bête pour comprendre !

A ce moment, Reiko-chan, radieuse et tout illuminée de bonheur, poussa la porte et comprit immédiatement, à l'expression de ses parents, que son secret avait été découvert. Son père lui dit simplement d'une voix brisée :

— Ma propre fille ! Avec un haole !

Sa mère était encore toute prête à nier le scandale. Elle supplia :

— Reiko-chan, dis-nous... Ce n'est pas vrai, n'est-ce pas ?

Reiko-chan, forte de son amour, répondit franchement :

— J'aime et je veux me marier.

Un profond silence suivit ses paroles. Kamejiro s'assit lourdement et laissa tomber sa figure dans ses mains. Yoriko considéra sa fille d'un air stupéfait, puis elle se mit à la traiter avec une sollicitude exagérée, comme si elle était enceinte. Reiko ne put s'empêcher de sourire mais lorsqu'un sanglot étouffé échappa à son père, elle se mit à genoux devant lui et s'écria vivement :

— Le lieutenant Jackson est un homme merveilleux, papa. Il est compréhensif. Il a vécu au Japon. Il a une belle situation à Seattle, mais il pense qu'il se fixera peut-être ici après la guerre.

Elle hésita, comprit que son père ne l'écoutait pas, mais poursuivit quand même :

— Où qu'il aille, je veux le suivre.

Lentement, son père se leva, s'éloigna de sa fille et la regarda fixement. Puis il gémit :

— Mais tu es une Japonaise !

— Je vais l'épouser, déclara fermement Reiko-chan.

— Mais tu es japonaise, répéta son père. Tu appartiens à une grande race, glorieuse, tu as...

Il chercha ce qui pourrait la convaincre et ne put que répéter encore une fois :

— Tu es japonaise !

— Le lieutenant Jackson est un homme respectable, répondit-elle patiemment. Il a une situation bien plus élevée qu'aucun des partis que l'on pourrait me présenter ici. Il est cultivé et très riche. Sa famille est bien connue à Seattle. Ces choses n'ont peut-être pas grande importance, mais je tiens à vous les dire pour que vous compreniez quel homme exceptionnel est le lieutenant Jackson.

Kamejiro écouta cela d'un air méprisant et quand il vit que Reiko allait encore plaiser sa cause, il la gifla sèchement en criant :

— Ce serait une humiliation ! Ta conduite a déjà causé ma ruine. La fille de Sakai m'a quitté, et la petite Hasegawa part demain. Aucune famille japonaise honorable ne t'adressera la parole, personne ne voudra plus nous voir après ce que tu as fait !

Reiko appliqua sa main sur sa joue brûlante et murmura calmement :

— Papa, il y a des centaines de jeunes filles japonaises très bien qui sont tombées amoureuses d'Américains.

— Des putains ! rugit Kamejiro.

— Non. Je le sais, parce que c'est justement le travail du lieutenant Jackson. De voir des parents comme vous. Et les jeunes filles ne sont pas...

— Ah ! Ainsi, c'est ça qu'il fait ! Demain, j'irai voir l'amiral Nimitz !

— Papa, je te préviens que si tu...

— L'amiral Nimitz sera tenu au courant !

Le petit dynamiteur n'arriva pas jusqu'à Nimitz, bien entendu. Il fut d'abord reçu par un enseigne de vaisseau qui fut tellement intrigué par ce petit Japonais aux jambes torses qu'il le repassa à un lieutenant, qui l'envoya chez un commodore, lequel se précipita dans le bureau d'un contre-amiral en criant :

— Seigneur, Jack ! J'ai là un petit Japonais qui me raconte une histoire invraisemblable ! Venez écouter ça !

Et un groupe de capitaines, de commodores et de contre-amiraux interrompit son travail pour venir écouter le jargon hilarant de Kamejiro et l'entendre se plaindre qu'un de leurs officiers avait ruiné son commerce et déshonoré sa fille.

— Elle est enceinte ? demanda un contre-amiral.

Kamejiro bondit :

— Attention à ce que vous dites ! Reiko est une vahiné convenable !

— Excusez-moi, Mr Sakagawa, mais chez nous le mot déshonorée veut dire... eh bien, vraiment déshonorée.

Mais quand les officiers apprirent le nom du responsable, ils faillirent s'étrangler.

— Sacré Jackson ! explosa l'un d'eux. Dire qu'il est là pour empêcher ce genre de choses !

— Je vous l'ai répété mille fois, dit un autre. Ce n'est pas en collant un uniforme sur le dos d'un civil qu'on en fait un officier.

— Cela n'a rien à voir, dit posément le plus âgé des amiraux. Ce que je voudrais savoir, Mr Sakagawa, c'est ceci. Si ce garçon a une bonne réputation, une belle situation, un solide revenu et une bonne famille à Seattle... Eh bien, voici où je veux en venir. Il me semble qu'un tel mariage devrait vous flatter et vous enchanter !

Le petit Kamejiro, qui avait une bonne tête de moins que les hommes qui l'entouraient, se dressa comme un coq et rétorqua d'un ton stupéfait :

— Elle est japonaise ! dit-il à l'interprète. Ce serait une mésalliance, si elle épousait un haole. Un déshonneur.

— Comment dites-vous ? demanda le commodore.

— Ce serait la honte de la famille.

— Qu'est-ce que vous nous chantez là ? glapit le commodore. Depuis quand est-ce un déshonneur pour une Jap d'épouser un Américain de bonne famille ? Hein ?

— Ses frères qui sont en Italie seraient humiliés devant tous leurs camarades, insista Kamejiro d'un ton buté.

— Quoi ? Que dites-vous ? s'écria un autre officier. Elle a des frères en Italie ?

— Mes quatre fils se battent en Italie, révéla humblement Kame-jiro.

Un des contre-amiraux s'approcha du petit dynamiteur.

— Vous avez quatre fils au 222ᵉ ?

— Oui.

— Et ils sont tous en Italie ?

— Oui.

Il y eut un long silence, que rompit l'amiral :

— J'ai un fils là-bas. Je ne cesse de m'inquiéter sur son sort.

— Moi je m'inquiète du sort de ma fille, répliqua le petit Japonais entêté.

— Et si elle épouse un Blanc, ses quatre frères ne survivront pas à cette honte ?

— Jamais !

— Que voudriez-vous que fasse l'amiral Nimitz ?

— Qu'il fasse partir le lieutenant Jackson.

— Il partira dès cet après-midi, promit le contre-amiral.

— Que Dieu bénisse l'amiral Nimitz ! s'écria Kamejiro.

— Voilà une étrange réflexion. Vous êtes chrétien ?

— Je suis bouddhiste. Mais mes enfants sont chrétiens.

Lorsque Kamejiro eut été reconduit, heureux d'avoir si aisément trouvé la solution de son problème, le contre-amiral haussa les épaules et observa :

— Nous vaincrons ces petits bonshommes-là, mais nous ne les comprendrons jamais.

Reiko-chan ne revit jamais le lieutenant Jackson. Conformément à des ordres ultra-secrets et prioritaires, il quitta Hawaii le soir même. Son avion le déposa en exil à Bougainville où, moins d'une semaine plus tard, un bataillon de Japonais s'infiltra à travers la jungle, attaqua le quartier général où il servait et se précipita sur lui à la baïonnette. Totalement ignorant du maniement des armes, Jackson tenta de se défendre avec une chaise, mais un soldat japonais écarta la chaise et enfonça sa baïonnette dans la poitrine du lieutenant, le laissant agoniser dans la boue.

Personne n'annonça à Reiko la mort de son soupirant et elle supposa qu'il s'était joué d'elle et qu'il était reparti vers d'autres conquêtes. Quand son père dut fermer sa boutique parce que les familles japonaises refusaient prudemment de confier leur fille à un homme qui ne savait pas surveiller la sienne, Reiko alla travailler chez un autre barbier. Parfois, quand un officier de marine entrait pour une coupe de cheveux et que, en lui nouant une serviette autour du cou, elle voyait ses galons d'officier à sa chemise, elle éprouvait un pincement au cœur. Et quelquefois aussi, quand de simples soldats effrontés tentaient de lui caresser les jambes à travers sa blouse, elle repoussait leurs mains et les menaçait avec sa paire de ciseaux, tout comme son père lui avait appris à faire.

La fermeture forcée du petit salon de coiffure de Kamejiro Sakagawa devait être une bénédiction pour la famille, bien qu'à l'époque il n'y parut pas car, pendant les premières semaines, le petit dynamiteur dut accepter de tondre des pelouses pour vivre, un travail qu'il n'aimait pas. C'est alors qu'un jour, il reçut un message de Senaga qui lui proposait de travailler comme aide-serveur dans un restaurant qu'il venait d'ouvrir à Waikiki et qui était fréquenté par un grand nombre de soldats et de marins.

Ses yeux lançant des éclairs de colère, Kamejiro déclara au messager de Senaga :

— Si ton patron avait été un ami, il n'aurait jamais laissé une Japonaise parler avec un haole !

Mais à sa femme, il jura qu'il préférait mourir de faim que de travailler pour quelqu'un d'Okinawa.

Et puis, d'une façon tout à fait inattendue, les Sakagawa reçurent l'aide financière qui devait faire d'eux une des familles les plus prospères et les plus puissantes de la colonie japonaise de Hawaii. Cela arriva parce que fin 1943, Hong Kong Kee fit un discours.

La péroraison enflammée qui provoqua le prêt fut prononcée avant que les jeunes Japonais du 222e soient devenus des héros populaires. Lorsque Hong Kong prit la parole, les Japonais étaient encore suspects et un comité haole, cherchant à fouetter le patriotisme local afin de placer des bons de la Défense, le pria de faire une courte allocution expliquant pourquoi les Chinois étaient loyaux et les Japonais ne l'étaient pas. Comme ce comité comprenait les chefs des plus grandes familles de Honolulu, cette invitation flatta naturellement Hong Kong qui prépara un discours avec le plus grand soin. Il élabora une comparaison assez virulente des vertus chinoises opposées à la duplicité japonaise. Mais quand il gagna la tribune, l'ovation de la foule lui monta à la tête et, se laissant emporter par son élan oratoire, il s'écarta de son texte et se montra plus agressif qu'il ne l'avait projeté.

— Les seigneurs de la guerre japonais ont opprimé la Chine pendant des siècles, hurla-t-il, et c'est la joie au cœur que nous voyons les forces américaines chasser ces scélérats de Japonais de lieux où ils n'ont pas le droit d'être.

Enhardi par les applaudissements constants qui accueillaient son discours, il étendit ses remarques aux Japonais de Hawaii.

Il fut acclamé par toute la foule venue l'écouter et l'on vendit beaucoup de bons de la Défense. Le lendemain, la photo de Hong Kong parut dans le journal avec cette légende : *Un Chinois patriote vilipende les Japonais.*

Le discours remporta un grand succès, sauf dans un foyer. Dans sa vilaine petite baraque de Nuuanu, la grand-mère de Hong Kong écouta avec une horreur grandissante la lecture qu'une de ses arrière-petites-filles lui faisait de ce morceau d'éloquence.

— Qu'on aille me chercher Hong Kong ! tempêta-t-elle.

Et quand le puissant banquier s'inclina devant son aïeule de quatre-vingt-seize ans, elle renvoya les autres membres de la famille. Une fois la porte fermée, elle se leva, s'approcha de son petit-fils et le gifla quatre fois, à toute volée, en glapissant :

— Imbécile ! Espèce d'imbécile ! Idiot !

Hong Kong recula et se protégea la figure de son mieux. Mais l'aïeule vindicative le poursuivit en le bousculant sans cesser de le traiter d'imbécile. Elle se calma enfin, se rassit et dit plus posément :

— Hong Kong, hier tu as agi comme le plus grand des imbéciles.

— Pourquoi ? bredouilla-t-il.

Elle lui montra le journal et, bien qu'elle ne sût pas lire, elle lui répéta les phrases que son arrière-petite-fille avait lues, d'un ton glacial, en s'interrompant pour cracher par terre avec mépris :

— Nous ne pouvons pas faire confiance aux Japonais ! Ce sont des êtres retors et criminels !

Puis elle jeta le journal par terre et le repoussa du pied d'un geste rageur en lançant à la tête de son petit-fils :

— Quelle gloire as-tu obtenue en racontant ces insanités devant une foule de haole ? Hein ?

— On m'a demandé de représenter la colonie chinoise, répondit-il faiblement.

— Qui t'a nommé pour nous représenter, crétin ?

— Je pensais que, comme nous luttions contre le Japon, il fallait bien...

— Tu n'as pensé à rien ! rugit Nyuk Tsin. Tu n'as pas de cervelle. Tu es incapable de penser ! Pour une minute de gloire, pour les applaudissements des haole, tu as détruit toutes les chances qu'avaient les Chinois de gouverner Honolulu !

— Au contraire, gémit Hong Kong. Je pensais justement à notre avenir en faisant ce discours. Cela nous posait aux yeux des haole qui gouvernent les îles.

Nyuk Tsin considéra son rejeton avec stupéfaction.

— Hong Kong ! Tu crois vraiment que lorsque la guerre sera finie, les haole continueront d'être les maîtres ?

— Ils possèdent les banques, les journaux...

— Ah ! oui ? Et qui est-ce qui se bat ? Quels sont les hommes en uniforme ? Qui est-ce qui va revenir aux îles en force, pour mettre la main sur le gouvernement ? Dis-le-moi, Hong Kong !

— Les Japonais ?

— Oui, les Japonais ! hurla Nyuk Tsin au comble de la fureur. Naturellement, les Japonais ! Ce sont eux qui vont gagner la guerre et, crois-moi, Hong Kong, quand ils seront en place, ils se rappelleront tout ce que tu as dit hier, et tous les Kee de Honolulu auront la vie difficile à cause de ta stupidité !

— Je n'avais pas l'intention de...

— Tais-toi, petit crétin ! Après la guerre, quand Sam voudra construire un magasin, qui signera les papiers, qui délivrera le permis de construire ? Un Japonais. Si le mari de Ruth veut monter une affaire de transports, qui donnera l'autorisation ? Un Japonais. Et ils te haïront pour tes paroles d'hier. Déjà, tes phrases sont imprimées dans leurs esprits.

L'ombre d'un ministère où tous les permis seraient délivrés par des Japonais plana soudain sur Hong Kong. Il baissa la tête et murmura :

— Que faut-il faire ?

— Tu dois aller par tout Honolulu et faire des excuses à tous les Japonais que tu connais. Humilie-toi, comme tu le dois. Et puis cherche une vingtaine d'hommes qui ont besoin d'argent et prête-leur ce qu'ils veulent. Aide-les à s'établir... Il vaudrait mieux que tu aides ceux qui ont des fils à la guerre, car ce sont ceux-là qui gouverneront Hawaii.

Au cours de sa tournée d'excuses, Hong Kong arriva finalement chez Sakai qui lui dit en anglais :

— Moi, je n'ai besoin de rien mais mon ami Sakagawa le dynamiteur a dû fermer son salon de coiffure et il a besoin d'argent pour créer un nouveau commerce.

— Où habite-t-il ?

— A Kakaako.

— Au fait, a-t-il des fils, au 222e ?

— Quatre, répondit Sakai.

— J'y vais.

L'après-midi même, Hong Kong se rendit chez Kamejiro.

— Je suis venu, dit-il, m'excuser de ce que j'ai dit à la réunion du comité.

— Vous faites bien d'avoir honte, rétorqua sèchement Kamejiro.

— Oui, quand on pense que vous avez quatre fils à la guerre.

— Les autres Japonais en ont aussi.

— Kamejiro, je suis navré.

— Moi, je suis navré pour vous, répliqua le petite Japonais trapu qui ne pouvait souffrir les Chinois.

— Et je suis venu vous prêter de l'argent pour monter un commerce à Kakaako.

Kamejiro recula d'un pas car sa méfiance n'avait pas de bornes, en ce qui concernait les Chinois.

— Pourquoi me prêteriez-vous de l'argent ?

— Parce que je tiens à vous prouver que je suis réellement désolé, répondit humblement Hong Kong.

Ce fut de cette façon que Kamejiro ouvrit son épicerie et, parce qu'il était sobre et travailleur, que sa femme attirait la clientèle japonaise et que sa fille Reiko savait tenir un livre de comptes, la boutique prospéra. Et puis, comme un bienfait n'arrive jamais seul, Sakai se précipita dans le magasin, le jour de l'an 1944, avec une nouvelle merveilleuse. Hors d'haleine, il tira Sakagawa par la manche et l'entraîna au-dehors. Là, d'un ton haletant, il annonça :

— J'ai trouvé un mari pour votre fille !

— Ce n'est pas possible !

— Si ! Un homme admirable, un beau parti.

— Japonais, bien entendu ?

Sakai jeta à son ami un regard méprisant.

— Pour qui me prenez-vous donc ?

— Pardon, je vous demande pardon, mais il faut me comprendre, n'est-ce pas, après ce que nous venons d'endurer.

— Le promis éventuel est parfait. Une petite maison. De l'argent. Bon Japonais. Et... Et... que croyez-vous ?

— Je n'ose...

— Oui ! Il est aussi de Hiroshima !

Les deux hommes se sourirent, en pleine euphorie, car Sakai, l'intermédiaire, était aussi heureux que Sakagawa. Enfin, Kamejiro en vint à la question la moins importante à ses yeux :

— Qui est-ce ?

— Mr Ishii ! s'écria Sakai d'un air extasié.

— Il a consenti à épouser ma fille ? s'exclama Kamejiro sans y croire.

— Oui !

— Est-ce qu'il sait... Est-ce qu'il est au courant de l'affaire du haole ?

— Naturellement. En toute honnêteté, je devais le prévenir.

— Et il consent tout de même ?

— Oui. Il dit que son devoir est de la sauver.

— Quel excellent homme ! s'écria Sakagawa et il courut dans son magasin pour annoncer la nouvelle à sa femme : Sakai a réussi ! Il a trouvé un mari pour Reiko !

— Qui ? demanda immédiatement cette femme sensée.

— Mr Ishii.

— Un homme de Hiroshima !

Et, avant que Reiko-chan eût été prévenue de son mariage prochain, le bruit courut dans toute la colonie japonaise qu'elle avait trouvé un mari natif de Hiroshima et tout le monde en fut heureux pour elle. Une seule jeune fille, qui avait fait des études secondaires, observa :

— Mr Ishii doit avoir trente-cinq ans de plus que Reiko.

— Qu'est-ce que ça peut faire ? répliqua sa mère. Il est de Hiroshima !

Reiko était à son salon de coiffure en train de couper les cheveux d'un matelot quand la nouvelle lui parvint. Sa compagne se pencha vers elle et chuchota :

— Je te félicite, Reiko-chan.

— De quoi ?

— Sakai-san t'a trouvé un mari.

La phrase japonaise résonna étrangement aux oreilles de Reiko, car bien qu'elle soupçonnât depuis longtemps ses parents d'avoir requis les services d'un *baishakunin*, un marieur, elle n'avait jamais pensé qu'il en résulterait quoi que ce soit. Elle se cramponna au dossier du fauteuil et demanda d'un ton indifférent :

— Tu sais qui c'est ?

— Mr Ishii ! C'est magnifique !

Machinalement, Reiko continuait de couper les cheveux du matelot. Quand elle en vint aux côtés, elle demanda s'il fallait les couper assez court.

— Comme vous voudrez. Dites donc, vous parlez rudement bien anglais, mademoiselle. Mieux que moi.

— J'ai fait mes études, murmura Reiko.

— Dites, vous vous sentez bien ? s'inquiéta le marin.

— Mais oui.

— Vous êtes pâle, tout d'un coup. Dites...

Reiko était sur le point de s'évanouir, mais elle fit un effort surhumain pour se maîtriser et fit mousser le savon à barbe mais, quand le moment vint de saisir le rasoir, sa main trembla et elle vit le regard terrifié du client.

— Excusez-moi, murmura-t-elle. Ma camarade va vous raser. J'ai comme un vertige.

— Vous devriez aller vous allonger un peu, ça va passer.

Reiko ôta sa blouse et annonça qu'elle rentrait chez elle. Pendant l'interminable trajet de Hotel Street à Kakaako, elle s'efforça de ne pas comparer Mr Ishii et le lieutenant Jackson, mais elle ne put s'en empêcher tout à fait. En arrivant près de la boutique familiale, elle se réconforta comme elle put en songeant que si Mr Ishii était un drôle de petit bonhomme, et plus un père qu'un époux, il était de bonne souche japonaise et ses parents seraient heureux. Elle chassa de sa pensée l'avocat de Seattle, qui ne lui avait même jamais donné de ses nouvelles, et entra dans la boutique. Elle s'inclina très bas devant son père en murmurant :

— Je te suis très reconnaissante, papa.

— C'est un homme de Hiroshima, fit remarquer Kamejiro.

Le mariage eut lieu au mois de février 1944, et le baishakunin prit la direction des opérations. Il dit à la famille comment elle devait se tenir, au prêtre ce qu'il avait à dire et au marié ce qu'il devait faire. Mr Ishii avait passé le début de l'après-midi à montrer à tous les invités le dernier exemplaire du *Prairie Shinbun* qui affirmait, « preuves » à l'appui, que les valeureuses troupes impériales avaient enfin chassé les marines américains de Guadalcanal et s'apprêtaient à débarquer à Hawaii en force. Un des invités, qui avait deux fils en Italie, chuchota à sa femme :

— Je crois que le vieux est complètement fou.

— Chut, lui répondit sa femme. Il est en train de se marier !

Alors que la foule se pressait autour des époux, Reiko-chan, en traditionnel costume nuptial japonais, examina son mari pour la première fois depuis l'annonce de leurs fiançailles, et ne put que s'avouer qu'il était un petit homme pathétique et parcheminé. Toute son éducation américaine la poussait à fuir l'invraisemblable cérémonie et elle murmura à une de ses demoiselles d'honneur :

— Mon obi est trop serré. J'ai besoin de prendre l'air.

Elle allait s'enfuir quand Sakai battit des mains et cria :

— Nous commençons !

La cérémonie minutieuse et charmante se déroula donc, à l'ancienne mode japonaise.

Lorsque ce fut terminé, les femmes se pressèrent autour de Reiko-chan.

— Comme vous étiez jolie en kimono ! Une vraie mariée, les joues roses et les yeux baissés !

— C'est merveilleux de penser qu'il est aussi de Hiroshima !

Reiko n'en pouvait plus. Oppressée, elle murmura :

— Cet obi est vraiment trop serré. Je dois sortir prendre l'air...

Elle abandonna la noce et alla sur le petit perron où elle aspira goulûment l'air frais. Elle y arriva à temps pour accueillir le petit télégraphiste qui arrivait à bicyclette.

A l'intérieur, les invités entendirent soudain des cris aigus et des hurlements de douleur. Ils se précipitèrent et virent Reiko-chan poussant des clameurs de démente que rien ne pouvait arrêter. Elle tenait à la main le télégramme du ministère de la Guerre qui avertissait la famille Sakagawa de certains événements qui avaient eu lieu sur les berges d'une rivière d'Italie.

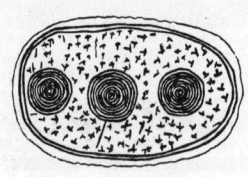

Le 9 septembre 1943, le 222ᵉ, massé à l'avant de bateaux de débarquement, vit se dresser à l'horizon les collines embrumées de l'Italie et le sergent Goro Sakagawa se dit : « Je parie qu'il y a une division allemande embusquée par là, qui nous attend. »

Il ne se trompait pas et, tandis que les Japonais pataugeaient sur les plages de Salerne, des avions et de l'artillerie lourde allemands les pilonnèrent, mais leur tir manquait de précision et tous les bataillons purent établir des têtes de pont sans la moindre perte, et sans même un blessé si ce n'est un deuxième classe à tête rase nommé Tashimoto qui se foula la cheville. La nouvelle courut dans les rangs, accompagnée de ce commentaire méprisant :

— Pas étonnant, de la part d'un type de Molokai.

Salerne, au sud-est de Naples, avait été choisie parce qu'elle offrait une base de départ propice à un harcèlement de Rome, à quelque deux cents kilomètres de là. Le jour même du débarquement, le 222ᵉ entama sa longue marche vers le nord. Les Allemands, au courant de leur arrivée et de la composition du régiment, étaient bien décidés à les arrêter. Hitler lui-même avait donné des ordres précis : *Il est indispensable d'anéantir les petits hommes jaunes qui trahissent notre allié japonais, et qui sont utilisés comme propagande par les maîtres judéo-maçonniques de l'Amérique. Si jamais ces criminels remportaient une victoire, ce serait pour nous un désastre. Il faut stopper leur marche et les écraser.*

Les jeunes Japonais de Hawaii ignoraient cet ordre et, après s'être heurtés à la résistance massive des troupes de la Wehrmacht, ils conclurent : « Ces frisés sont les meilleurs soldats du monde. Ça va être bougrement plus dur qu'on ne nous l'a dit. » Si le 222ᵉ progressait de quatre kilomètres, il le faisait à un prix terrible : les mines tuaient les garçons de Maui, les chars d'assaut écrasaient les guerriers de Molokai, les obus de gros calibre explosaient au milieu des troupes de Kauai et l'infanterie allemande défendait âprement colline après colline. Les pertes étaient lourdes, et les journaux de Honolulu publiaient des listes de morts où l'on relevait des noms comme Kubokawa, Higa ou Moriguchi.

L'effort prodigieux des Allemands pour arrêter l'avance des Japonais et les humilier eut un effet diamétralement opposé à celui que recherchait Hitler. Les correspondants de guerre, tant américains qu'européens, ne tardèrent pas à découvrir que si les autres fronts avaient de bonnes histoires à offrir, elles pâlissaient à côté des sujets d'articles fournis par le 222ᵉ, parce que ce régiment se battait contre l'élite de l'armée allemande. Ernie Pyle, entre autres, avança toute une journée parmi les troupes hawaiiennes, et il écrivit :

J'attends de nos soldats américains qu'ils continuent à se battre contre des forces supérieures, mais ces petits diables jaunes aux yeux bridés sont en train d'établir un nouveau record. Ils persévèrent avec entêtement, alors que d'autres consolideraient leurs positions ou se replieraient. Ils forment un bastion formidable et bien des gars du Massachusetts ou du Texas m'ont dit qu'ils étaient heureux de les avoir dans notre camp.

Ce même Ernie Pyle demanda une fois au sergent Goro Sakagawa :
— Dites-moi, sergent, pourquoi avez-vous attaqué ce groupe de maisons ? Vous saviez qu'elles étaient infestées d'Allemands.

La réponse de Goro devint célèbre aussi bien en Italie qu'en Amérique :

— Il le fallait. Nous nous battons deux fois. Contre les Allemands et pour tous les Japonais d'Amérique.

Et Ernie Pyle conclut :

Il semble bien qu'ils sont en train de gagner leurs deux guerres.

Septembre, octobre, novembre, décembre : de belles journées, des nuits de plus en plus froides et les brumes légères d'Italie qui se chargeaient en givre. Comme ces mois-là furent beaux aux yeux des garçons de Hawaii quand ils comprirent pour la première fois qu'ils étaient aussi bons que n'importe quel soldat au monde ! « Nous nous battons deux fois », ne cessaient-ils de se répéter, et lorsqu'ils arrivaient dans une ville italienne, baignée par le soleil, dressée contre les collines comme si elle était gravée à l'eau-forte, avec ses tours éclatantes dans la lumière éblouissante, ils se battaient avec fureur et repoussaient, petit à petit, les Allemands vers Rome.

Le colonel Whipple, enchanté de ses effectifs et ravi des compliments de la presse américaine, crut bon, tout de même, de prévenir ses hommes :

— Ça ne peut pas durer comme ça. Un jour ou l'autre, les Allemands vont s'y mettre sérieusement. Nous verrons bien alors s'ils sont aussi formidables qu'on veut bien le dire.

Au début de décembre. Hitler envoya sur le front italien un colonel prussien fanatique nommé Sep Seigl qui était à la fois un Prussien traditionnel et un nazi convaincu, ce qui était rare. Hitler lui ordonna simplement de détruire les Japonais. Seigl étudia ses cartes et déclara qu'il attaquerait à Monte Cassino.

Agé de trente-sept ans, le colonel Seigl devait sa rapide promotion à son entier dévouement à Hitler et à ses exploits sur trois fronts différents. Il était bien décidé à poursuivre à Monte Cassino et à humilier les Japonais.

Les Japonais avançaient toujours mais ils comprenaient vaguement que leur grande bataille serait livrée aux abords du vieux monastère de Monte Cassino, et ils serrèrent d'un cran leur ceinturon. En même temps, les troupes du colonel Seigl descendaient du nord et convergeaient vers le piton rocheux sur lequel se dressait le couvent. Il disposa ses unités au pied du rocher, le long du Rapido qui coulait du nord au sud et dressa son camp sur la rive droite, tandis que les Japonais avançaient sur la rive gauche.

Le 22 janvier 1944, le colonel Mark Whipple arrêta ses troupes japonaises à quinze cents mètres de la rivière et leur dit :

— Les ordres sont simples et précis. Traversez la rivière pour que les unités qui nous suivent puissent escalader la montagne que voici. Les Allemands prétendent qu'un lapin ne pourrait passer les lignes sans être visé de six côtés à la fois. Mais nous allons passer.

Il envoya en avant-garde une patrouille composée du sergent Goro Sakagawa, de son frère Tadao qui savait dessiner, et de quatre soldats. Au crépuscule du 22 janvier, le petit groupe rampa hors des tranchées à travers le plus terrible des champs de bataille que les Américains connurent pendant cette guerre. Avec une précision méticuleuse, Tadao Sakagawa dressa un plan de la route. A deux cents mètres en avant, le 222e devait rencontrer un canal d'irrigation d'un mètre de large et profond d'un mètre trente. Quand ils en ressortiraient, les hommes trouveraient devant eux les mitrailleuses allemandes et un marécage d'une trentaine de mètres, puis un second canal. Encore trente mètres et il y avait un troisième canal, deux fois plus large et plus profond que le premier. Et quand les hommes en émergeraient en rampant, ce serait pour affronter un véritable mur de feu.

Lorsqu'ils eurent atteint ce but dans les ténèbres, Goro Sakagawa passa sa langue sur ses lèvres et demanda :

— Qu'est-ce que c'est que ce truc, devant nous ?

— On dirait un mur de pierre.

— Seigneur ! chuchota Goro. On ne peut pas demander à nos gars de traverser ces trois canaux et puis d'escalader ce mur ! C'est haut comment, à votre avis ?

— Il a bien quatre mètres, on dirait.

— C'est impossible, gémit Goro. Ecoutez, on va se séparer. On va voir s'il n'y a pas une brèche quelque part.

Ils ne trouvèrent pas la moindre brèche dans l'obscurité. Le mur de quatre mètres se dressait devant eux, solide et menaçant. Quand ils se rassemblèrent, Goro dit à ses hommes d'un ton rauque :

— Bon Dieu, qui est-ce qui peut franchir ce foutu machin ? Avec des mitrailleuses partout !

Comme pour lui répondre, une mitrailleuse crépita mais le servant avait dû entendre du bruit d'un autre côté car la rafale passa assez loin des Japonais. Goro soupira et murmura :

— Enfin tant pis. On y va...

Patiemment, dans la nuit noire, les six Japonais se hissèrent sur le mur terrifiant et sautèrent de l'autre côté, dans le lit desséché de la rivière qui était entièrement sous le feu des mitrailleuses allemandes. Rampant sur le ventre, les six soldats traversèrent la rivière à sec en priant qu'aucun projecteur ne vînt illuminer leur tentative. Malgré le froid, ils étaient trempés de sueur.

Mais en atteignant l'autre rive du Rapido, ils apprirent ce que pouvait être la peur car soudain les projecteurs s'allumèrent et les mitrailleuses ouvrirent le feu. Les Japonais réussirent à se dissimuler dans des replis de terrain au pied de la berge ouest. C'était cette berge qui les terrifiait plus encore que le feu, car elle se dressait, lisse et abrupte, à plus de cinq mètres au-dessus d'eux, des barbelés enchevêtrés la couronnaient, et elle était sûrement minée.

— T'as bien tout noté ? chuchota Goro à son frère Tadao. Parce qu'en voyant ça, pas un général au monde n'osera envoyer ses hommes à travers la rivière. En attendant, je vais monter voir.

— Mais j'ai tout noté, protesta Tadao. J'ai assez de cartes.

— Faut bien savoir ce qu'il y a de l'autre côté.

Ses hommes le hissèrent au sommet de la berge ouest où il passa un quart d'heure effrayant à se glisser entre les barbelés. Il savait qu'à n'importe quel moment une mine pouvait exploser et non seulement le tuer, mais tuer aussi ses cinq compagnons. Il ne transpirait plus. Il n'avait plus peur. Il était passé à un état extraordinaire connu uniquement des soldats la nuit ou dans le feu du combat. C'était un Japonais de Kakaako à Honolulu aux cheveux courts et aux muscles tendus, et personne à Hawaii ne l'aurait jamais cru capable du courage qu'il manifestait en ces minutes fatales.

Les lambeaux d'uniforme qu'il laissait sur son passage le guideraient à son retour. Dans l'obscurité, il se retrouva sur le bord est d'une petite route poussiéreuse qui passait au pied du mont Cassin. Se cachant dans le fossé qui bordait le chemin, il reprit son souffle, essayant de redevenir un homme et non plus un automate et alors qu'il attendait là, le visage relevé, un projecteur, à sa recherche peut-être, balaya le passage. Il passa à ses côtés et illumina soudain le rocher qui se dressait au-dessus de lui. Bien qu'il l'eût vu de loin et en connût les proportions, Goro ne put s'empêcher de s'exclamer :

— Jésus ! Non !

Car au-dessus de lui s'élevait un rocher imprenable, avec là-haut dans le ciel le nid d'aigle du monastère. D'où il se trouvait, il se rendit compte que ses hommes et lui allaient devoir traverser tout ce qu'il avait vu ce soir et que, lorsqu'ils arriveraient à cette route où il se trouvait à présent, d'autres hommes de Hawaii auraient à leur tour à escalader ce rocher incroyable. Dans la solitude de l'obscurité, il frémit d'horreur puis, comme les hommes font parfois en pareilles circonstances, il se força à ne pas penser au danger et à ce que serait Monte Cassino. L'escalade était possible. Ce versant de la montagne n'était pas sous le feu des mitrailleuses, il n'y avait pas de défenses à traverser, les Japonais ne seraient pas forcés de grimper comme des chèvres, il n'y aurait pas cinquante pour cent de pertes... Goro essaya de se persuader de tout cela, puis il rejoignit ses hommes et la patrouille regagna le camp en rampant.

— Ce sera dur, rapporta-t-il à son commandant de corps. Mais c'est faisable.

Au même instant, le colonel Seigl passait en revue la même portion de terrain. Il en savait bien plus sur elle que Goro, car il avait des cartes en sa possession. Ainsi, les trois premiers canaux que les Japonais auraient à traverser étaient minés et seraient sous le feu des mitrailleuses.

— Je suppose qu'ils vont envoyer des patrouilles de reconnaissance. S'ils ratent les mines, ils auront de la chance, déclara-t-il à ses hommes.

Puis il considéra les plans de défense de la rivière. Elle représentait l'un des obstacles les plus formidables qu'une armée pouvait rencontrer, et tandis que Goro, quelques minutes auparavant, avait dû deviner l'emplacement des mines et des mitrailleuses, Seigl, lui, savait que personne, pas même ses hommes, pourtant les plus réputés au monde, ne pourrait pénétrer cette défense. Sur la berge ouest s'étendait la fameuse route découverte qu'ils pourraient détruire au tir de mortier, et plus loin, les falaises de Monte Cassino au-delà desquelles aucune troupe ne pouvait aller. A minuit le colonel conclut :

— Ils vont essayer, mais ils ne réussiront pas. Voilà où nous allons anéantir ces sales traîtres jaunes. Demain, nous les verrons fuir honteusement !

Le 24 janvier 1944, à minuit, l'artillerie américaine déclencha un tir de barrage inouï qui illumina la rivière desséchée mais ne débusqua pas un Allemand. Il dura quarante minutes et un novice aurait pu croire qu'aucun homme n'en réchapperait. Mais les hommes du 222ᵉ savaient que les Allemands se terraient et les attendaient.

A zéro heure quarante, le tir de barrage se tut et des coups de sifflet annoncèrent l'attaque. Goro serra le bras de son frère et lui chuchota :

— Cette fois, c'est le grand coup, petit. Prends garde à toi.

Le premier canal fut difficilement franchi et les premiers morts de Monte Cassino tombèrent, mais Goro et Tadao entraînèrent obstinément leurs hommes à travers les ténèbres. Arrivés au bord du marécage, ils dirent à leur capitaine qu'ils s'occupaient des mines. Puis ils partirent en avant, sur le ventre, en coupant adroitement les fils des mines. Une fois le second canal atteint, Goro se dressa dans la nuit et hurla à ses compagnons d'avancer sans crainte. Mais, au moment où il assurait que toutes les mines avaient été neutralisées, son frère Tadao, un des garçons les plus brillants de Punahou, posa le pied sur une mine au magnésium qui explosa dans un éclair aveuglant et déchiqueta le jeune Japonais en mille morceaux de chair et d'os.

— Jésus ! hurla Goro en cachant sa figure dans ses mains.

Il n'avait rien d'autre à faire. Tadao Sakagawa n'existait plus, sous aucune forme. On ne retrouva même pas ses chaussures, mais là où il avait marché, d'autres Japonais passèrent sans encombres, traversèrent le second canal, puis le troisième.

Il fallut cinq heures de combats acharnés pour atteindre la rive du Rapido et quand l'aube pointa, le colonel Seigl montra une légère inquiétude.

— Ils n'auraient pas dû pouvoir traverser ces champs. Ils me paraissent assez capables, mais, à présent, la véritable bataille va commencer.

Contre ces troupes qu'il poursuivait d'une haine particulière, le colonel Seigl lança une offensive de bombardement absolument incroyable et l'avance japonaise fut stoppée. Aucun être humain n'aurait pu pénétrer ce véritable mur d'acier et de feu qui accueillit le 222ᵉ sur la rivière. Le colonel Seigl poussa un soupir de soulagement et observa :

— Eh bien, ils sont humains, tout de même. On peut les arrêter. Gardez-les sous un feu constant. Les Japonais ne peuvent souffrir de lourdes pertes. Tuez-en la moitié, l'autre moitié s'enfuira.

Mais le colonel Seigl se trompait. La moitié de Goro Sakagawa avait déjà été tuée car il aimait son frère Tadao comme seuls peuvent s'aimer des enfants qui ont partagé la même misère physique et morale. Et Tadao était mort. Aussi, lorsque le tir allemand fut au comble de l'intensité, Goro dit à son capitaine :

— Traversons cette rivière. Je sais comment.

— Retranchons-nous, protesta le capitaine.

Mais quand le colonel Whipple arriva pour inspecter ses troupes durement éprouvées, Goro insista encore et affirma que l'on pouvait traverser.

— Très bien, dit simplement Whipple. Essayez donc.

Alors un des officiers de Goro, le lieutenant Shelly du Kansas, déclara :

— Si mes hommes y vont, je les accompagne.

Le lieutenant Shelly dirigea donc quarante hommes, avec le sergent Goro Sakagawa pour leur montrer le chemin, dans le lit desséché du Rapido, par une claire matinée d'hiver, sous un soleil éblouissant. Ils avaient encore six mètres à franchir quand un tir intensif coucha la moitié des hommes, et le lieutenant Shelly. La vingtaine de survivants fut prise de panique, mais Goro ordonna sévèrement :

— Escaladez cette berge et traversez les barbelés !

C'était une tentative insensée. Ce jour-là, le Rapido n'envisageait pas de se laisser violer par des troupes, conduites ou non par

Sakagawa. Lorsque Goro posa enfin ses mains couvertes de boue sur la berge garnie de barbelés, de violentes rafales de mitrailleuses s'abattirent sur lui et l'obligèrent à rebrousser chemin. A trois reprises, il tenta de franchir la barrière de barbelés, et à chaque fois, le colonel Seigl hurlait à ses hommes :

— Tuez-le ! Tuez-le ! Ne le laissez pas passer !

Malgré les tonnes de munitions déversées sur Sakagawa et ses hommes, de manière incroyable ils ne furent pas touchés. Protégés par la berge, les valeureux vingt hommes attendaient que leurs compagnons les rejoignent. Alors, tous ensemble, auraient-ils une chance de franchir les barbelés.

La puissance de feu des Allemands était si intense que les Japonais qui se trouvaient encore sur la rive est ne pouvaient pas avancer. Les obus formaient un mur si solide qu'il aurait été criminel d'y envoyer un homme.

— Nous sommes obligés de rester où nous sommes, déclara avec regret Whipple.

— Et qu'advient-il des hommes qui sont partis en éclaireurs ?

— Qui commandait ? Le lieutenant Shelly ?

— Il a été tué. Le sergent Sakagawa.

— Goro ?

— Oui, mon colonel.

— Il sortira ses hommes de là, répliqua-t-il.

Et au crépuscule, après une journée d'enfer, Goro Sakagawa fit exactement ce que le colonel Whipple avait prédit. Il ramena ses vingt compagnons de l'autre côté de la rivière, leur fit escalader la dangereuse rive, traverser les champs de mines et revenir, sains et saufs à leur base de départ.

— Le colonel vous demande, lui lança un major.

— Nous n'avons pas réussi, s'excusa Goro.

— Personne n'aurait pu avoir votre courage, lieutenant Sakagawa.

Goro ne s'étonna pas de cette montée en grade. Il avait dépassé la peur, le chagrin et certainement la joie. Mais lorsque le colonel lui-même épingla sur sa tunique l'insigne de son grade, le valeureux Japonais ne put retenir ses larmes.

— Demain, nous traverserons, murmura-t-il.

— Nous essaierons, répondit Whipple.

Ils essayèrent, le 26 janvier, mais une fois encore les tireurs d'élite du colonel Seigl les repoussèrent. Le 27, ils firent une troisième tentative : le lieutenant Sakagawa réussit à amener ses hommes sur la route, de l'autre côté de la rivière, mais ils ne purent s'y maintenir et durent décrocher au bout d'une heure. Ce soir-là, un correspondant de l'Associated Press expédia une des plus magistrales dépêches de la guerre :

Si des larmes pouvaient être transmises par câble, et imprimées par linotype, ce journal serait trempé de larmes car je viens d'être témoin d'un courage qui dépasse le devoir. J'ai vu une bande de gosses japonais de Hawaii traverser le Rapido et tenir sous un feu meurtrier pendant une heure avant d'être obligés de se replier. Mais cette défaite est plus glorieuse qu'une victoire et si jamais un Américain doute devant moi de la loyauté de nos Japonais, je ne discuterai pas avec lui. Je lui casserai la gueule.

Le 28 janvier, le lieutenant Sakagawa tenta pour la quatrième fois la traversée de la rivière et pour la quatrième fois les canons et les mitrailleuses du colonel Seigl fauchèrent ses hommes. Sur les treize cents Japonais qui avaient pris part à l'attaque quatre jours plus tôt, sept cent soixante-dix-neuf étaient morts ou blessés. La rivière fatale était jonchée de cadavres japonais et il devint évident que le colonel Seigl avait effectivement stoppé l'avance japonaise du 222ᵉ détesté.

— Victoire, annonça-t-il au soir du quatrième jour. Les Japonais sont repoussés. Mes services d'informations me disent qu'ils semblent s'apprêter à quitter le front.

Ce rapport était vrai en partie. La compagnie Baker, du lieutenant Sakagawa et l'unité dont elle faisait partie avaient été dirigées sur l'arrière. Les hommes voulaient encore essayer de passer, mais ils n'étaient plus assez nombreux. Il était urgent qu'ils aillent au repos et un régiment du Minnesota, composé de solides descendants de Suédois, les remplaça. Les deux unités se croisèrent sur la route et l'un des géants blonds lança aux petits hommes jaunes :

— Nous espérons nous battre aussi bien que vous autres !

Les Allemands avaient donc stoppé l'avance du 222ᵉ... pour quelques heures. Car sur une autre partie du front, d'autres unités de Hawaii arrivaient en renfort et le 8 février, un des officiers de reconnaissance vint annoncer au colonel Seigl :

— Ces foutus Japonais ont traversé la rivière et s'attaquent à la montagne elle-même !

Dans un élan furieux, les petits Japonais lancèrent des offensives le long des flancs escarpés que leurs propres officiers jugeaient imprenables et détruisirent plus de deux cents nids de mitrailleuses. Leur héroïsme au cours de cette incroyable poussée n'eut pas d'égal durant toute la guerre et pendant quelques heures haletantes, certains éléments avancés réussirent à se cramponner au sommet du mont Cassin. Ils réclamèrent frénétiquement des renforts par radio, mais les renforts ne purent égaler leur courage et les Japonais furent obligés d'abandonner leurs vertigineuses positions et de dévaler la montagne, sous un feu meurtrier. Cependant, ils avaient remporté une victoire : l'état-major avait pu s'installer sur la rive droite du Rapido. La rivière était franchie. La route de Rome était ouverte.

L'écrasante défaite de Monte Cassino devait faire du 222ᵉ un des régiments les plus célèbres de la guerre. Aucun ne souffrit d'aussi lourdes pertes, aucun ne gagna plus de décorations, plus de citations, plus d'honneurs. Mais les Japonais gagnèrent surtout l'humble respect de l'Amérique. Les Blancs qui s'étaient battus à leurs côtés écrivaient chez eux : *Ce sont de meilleurs Américains que moi. Je n'aurais jamais eu leur courage.* Et, à Hawaii, dans ces îles d'or auxquelles rêvaient amoureusement les jeunes Japonais qui mouraient en Italie, les gens ne se posaient plus la question lancinante : « Les Japonais sont-ils loyaux ? » mais se disaient à présent : « Serai-je aussi brave qu'eux ? »

Bien que le colonel Sep Seigl, comme il l'avait promis à Hitler, eût écrasé les Japonais à Monte Cassino, ni lui ni Hitler n'atteignirent le but qu'ils s'étaient fixé, car ce fut dans leur échec que les Japonais prouvèrent leur bravoure et gagnèrent la considération du monde.

Aussi, il est curieux de constater que ce ne fut pas au mont Cassin que les Japonais remportèrent leurs plus précieux lauriers mais, tout à fait par hasard, dans un coin perdu de France.

Après leur temps de repos à l'arrière, dans le sud de l'Italie, et l'intégration des renforts de Hawaii, parmi lesquels les deux autres frères Sakagawa, Minoru et Shigeo, le 222ᵉ fut expédié en France, pour remonter paisiblement la vallée du Rhône. Les généraux avaient jugé qu'après leur conduite héroïque, les Japonais avaient bien mérité un répit et ils rencontrèrent peu d'opposition de la part des Allemands. Puis, accompagné par une unité du Texas qui s'était également distinguée, le 222ᵉ se déplia dans les Vosges, pour nettoyer une région déjà presque pacifiée.

Les deux unités avançaient avec une efficacité prudente, mettant les Allemands en déroute. Mû par une farouche détermination, le lieutenant Sakagawa poussait ses hommes à anéantir l'ennemi en leur rappelant les pertes du mont Cassin. En se rendant, des centaines d'Allemands, éberlués, se demandaient si le Japon les avait aussi lâchés, tout comme l'Italie. A cette question, Goro répliquait sans la moindre trace d'émotion dans la voix qu'ils étaient américains. Mais s'il plaquait sur son visage un masque d'indifférence, au fond de lui, il tremblait de joie à chaque fois que l'une des unités de Hitler se rendait.

Il était donc tout naturel que Goro Sakagawa et ses supérieurs crussent que la guerre touchait à sa fin. Maks si les jeunes soldats peu entraînés renonçaient à combattre pour le Grand Reich, les officiers prussiens serraient les dents et n'abandonnaient pas la partie. Le colonel Seigl, promu général, avait été envoyé dans les Vosges pour y organiser une résistance désespérée. Et s'il laissait ses troupes se rendre au 222ᵉ, ce n'était pas sans raison. Cette raison devint apparente le 24 octobre 1944, quand les troupes du général Seigl feignirent de se retirer en désordre, pour mieux préparer un piège tendu au régiment du Texas qui se rua à leur poursuite, distançant imprudemment le gros de l'artillerie américaine. Les Texans s'engagèrent dans une poche que le général Seigl referma vivement avec un barrage de feu gigantesque.

— Nous les abattrons un par un, annonça Seigl à ses officiers. Nous montrerons aux Américains ce qu'il en coûte de venir défier les Allemands près de la mère patrie !

Sans eau, sans ravitaillement et bientôt sans munitions, les malheureux Téxans, ahuris, se terrèrent au milieu d'un étau de feu qui allait se resserrant.

A ce moment, un journaliste américain les baptisa le « bataillon perdu » et, au Texas, les radios marchèrent jour et nuit. Des villages entiers écoutaient les atroces nouvelles tandis que les fils de ce fier État s'apprêtaient à mourir aussi courageusement qu'ils le pourraient. Un sanglot déferla sur la prairie et les Texans commencèrent à gémir :

— Sortez nos gars de là ! Bon Dieu, faites quelque chose ! Sauvez-les !

Ainsi, la région supposée calme où opérait le 222ᵉ devint brusquement le point névralgique de la guerre. Un message urgent du Sénat ordonna au Pentagone : « Sortez ces Texans de là, ou sinon gare ! » Le Pentagone câbla au SHAEF * (le GQG des forces alliées en Europe) : « Effectuez sauvetage immédiatement. Priorité absolue. » Le SHAEF avertit le Grand État-Major de Paris qui prévint le général Mac Larney, sur le front des Vosges. Ce fut lui qui annonça au colonel Whipple :

* _Supreme Headquarters of the Allied Expeditionary Force._ (N.d.T.)

— Vous allez forcer le barrage d'artillerie allemande et sauver ces gars du Texas.

De plus, pour éviter tout malentendu, un général à quatre étoiles arriva de Paris par avion, amer et congestionné, et déclara :

— Nous serons dans un effroyable pétrin si nous laissons mourir ces gamins. Allez les chercher, bon Dieu, et ramenez-les !

Le colonel Whipple fit venir le lieutenant Goro Sakagawa et lui dit simplement :

— Vous allez pénétrer dans cette poche, Goro. Ne revenez pas sans eux.

— On les tirera de là, répondit Goro.

Au moment du départ, Whipple serra la main de Goro, avec cette passion calme propre aux soldats à la veille d'une bataille.

— C'est le bout de la route, Goro, lui dit-il. Le président en personne a donné cet ordre. Gagnez cette bataille et vous aurez gagné la guerre, la vôtre.

Ce fut une mission infernale, meurtrière, ce fut un véritable assassinat. Un épais brouillard recouvrait les sommets des Vosges, s'accrochait aux sapins, dissimulait l'ennemi. Les Japonais marchaient à la file indienne, la main crispée au ceinturon du camarade qui le précédait. Des tireurs cachés dans les arbres les abattaient sans pitié. Une fois, une mitrailleuse crépita à moins de vingt pas de la compagnie Baker. Mais Goro s'aperçut que l'artillerie qui avait pilonné les Texans dans leur poche une heure plus tôt s'occupait à présent de cette diversion japonaise.

Pour sauver le bataillon perdu, les Japonais n'avaient qu'un kilomètre et demi à parcourir, mais il leur fallut quatre jours atroces pour couvrir cette distance ridicule, sans eau et sans vivres. Les pertes subies par les Japonais furent effroyables et Goro se disait que si jamais il réussissait à ramener ses deux jeunes frères sains et saufs, ce serait un miracle.

— Restez près des arbres, leur dit-il. Quand nous nous déplacerons, courez le plus vite possible puis remettez-vous à l'abri. Et surtout, n'oubliez pas de vous retourner dès que vous aurez atteint un arbre au cas où un Allemand se serait infiltré derrière vous.

A la fin du premier jour, le 222ᵉ n'avait parcouru que trois cents mètres, tandis qu'à l'intérieur du cercle de feu où ils étaient enfermés, des Texans mouraient. Le lendemain matin, perdus dans le brouillard froid, les arbres moussus et les pics rocheux, les Japonais reprirent leur progression en avançant mètre par mètre. La forêt offrait aux tireurs allemands des abris sûrs et ils s'en servaient à leur avantage. Avec un soin méthodique, ils ne tiraient que lorsqu'ils avaient un Japonais dans leur ligne de mire. A la fin du deuxième jour, les troupes japonaises avaient gagné cent quatre-vingts mètres et près d'une centaine de Texans étaient morts de blessures ou de tirs de barrage.

Fait étrange, le monde entier put suivre cette bataille presque en direct. Partout, l'on savait que des Texans étaient pris au piège et l'on savait également que le 222ᵉ était parti à leur rescousse. Le jeu mortel qui se déroulait là fascinait la presse. Un caporal du Minnesota qui s'était battu aux côtés des Japonais en Italie expliqua à un journaliste qu'il n'y avait que les hommes aux yeux bridés pour sortir les Texans du pétrin et si, dans les journaux de Honolulu, cette phrase était bannie, la communauté entière, devinant que ses fils avaient affaire à plus forts qu'eux, priait.

A la fin du troisième jour de cette tentative insensée, la compagnie Baker fut étonnée de voir, gravissant la colline qu'elle venait juste de traverser, la silhouette familière du colonel Mark Whipple. Les hommes connaissaient bien la règle fondamentale de la guerre : « Les lieutenants mènent leurs sections au combat. Les capitaines restent à l'arrière et encouragent la compagnie entière. Les commandants et les lieutenants-colonels vont et viennent d'un quartier général à l'autre et d'une compagnie à l'autre. Mais les colonels ne se déplacent jamais. » Pourtant, là devant eux, un colonel de West Point venait d'enfreindre la règle et de rejoindre le front. Instinctivement, ils le saluèrent.

— Nous allons gravir cette colline et sauver les Texans aujourd'hui, déclara-t-il simplement à Goro.

Whipple savait mieux que quiconque que c'était suicidaire, mais il exécutait les ordres.

— Je ne peux pas demander à mes hommes de recommencer un autre Cassino, avait-il protesté auprès de l'état-major.

— Ce sera pire que Cassino, mais il faut le faire.

— Dans ce cas, je prendrai la tête de mon régiment, avait-il répondu avant de saluer ses supérieurs.

Sa présence galvanisa les troupes et leur insuffla l'ultime courage dont elles avaient besoin. Avec une bravoure insensée, les hommes du 222e se lancèrent à l'assaut de la colline. Le combat fut meurtrier. Les Allemands tiraient sur eux à bout portant. Un barrage de mitrailleuses que le général Seigl avait installées en des points stratégiques des semaines auparavant terrassa le 222e avec une violence si inouïe que Goro finit par se demander pourquoi ils devaient affronter une telle puissance de feu. N'étaient-ils pas en train de perdre plus d'hommes qu'ils n'en sauvaient ?

Comme si le colonel Whipple avait lu sa pensée et deviné son hésitation infime, il s'approcha de Goro et lui confia :

— Parfois, il faut faire un geste. Gratuitement. C'est notre ultime geste. Ils nous attendent, là, derrière cette colline.

Mais les hommes du 222e ne pouvaient chasser la vilaine pensée qui les assaillait : « Les Texans sont importants et doivent être sauvés. Tandis qu'on fait bon marché des Japonais. »

Personne ne prononça cette phrase à haute voix. Car tous savaient que les Texans n'avaient rien à prouver ; les Japonais, oui.

Lorsque le soir du 29 octobre tomba, les troupes japonaises étaient encore à quatre cents mètres de leur but. Les soldats dormirent debout, accotés contre des pierres et des troncs d'arbres humides et glacés, manquant d'eau, de nourriture, de chaleur. Aux avant-postes, les sentinelles marmonnaient quand on venait les relever :

— Autant que je reste ici avec toi.

Il y avait déjà des centaines de morts.

A l'aube, un tireur d'élite allemand, dissimulé avec une conscience toute teutonne, fit feu sur le lugubre retranchement et tua le soldat Minoru Sakagawa. Tout d'abord, son frère Goro ne s'aperçut de rien mais soudain le jeune Shigeo se mit à hurler :

— Jésus ! Ils ont tué Minoru !

En entendant le cri d'angoisse de son frère, Goro se précipita et vit Minoru couché sur le sol gelé. Ce fut plus qu'il n'en pouvait supporter et il commença à perdre la raison. Un cri inhumain, rauque, déchirant, s'échappa de sa gorge, un cri de bête. Deux de ses frères étaient morts sous son commandement, et le reste de ses hommes paraissait condamné. Sa main droite se mit à trembler tandis que sa voix continuait malgré lui à clamer :

— Aaaaaarh ! Aaaaaaarh !

Le colonel Whipple, qui savait ce qui venait de se passer, arriva en courant et gifla le jeune lieutenant à toute volée.

— Pas maintenant, Goro ! commanda-t-il bizarrement.

Pas maintenant. Comme si plus tard il serait permis de perdre la tête, comme si plus tard, mais pas maintenant, ils auraient le droit, y compris Whipple lui-même, de devenir fous !

Goro recula et sa main cessa de trembler. Il posa sur son colonel un regard vague, comme s'il ne parvenait pas à comprendre. Il ne comprenait qu'une chose : son frère gisait à ses pieds, sous les sapins des Vosges. Enfin, la raison lui revint. Il tira brusquement son revolver et saisit Shigeo par l'épaule.

— Marche là, à côté de moi ! dit-il puis il se tourna vers ses hommes et glapit en japonais : Rien ne doit nous arrêter !

Poussée par une force invincible, la troupe décimée s'engagea sous les arbres.

Le dernier combat fut horrible, une lutte à mort, un atroce corps à corps. Shigeo, emporté par la fureur aveugle de son aîné, fit preuve d'un courage et d'une violence dont personne ne l'aurait cru capable. Il fonça sur les positions allemandes, les déchiqueta à coups de grenades et lorsqu'il ne resta plus qu'une redoute, menaçante et vomissant la mort, ce fut le doux Shigeo, le plus calme et le plus tranquille des quatre fils Sakagawa, qui plongea dans le trou avec ses grenades et son fusil-mitrailleur. Il tua onze Allemands et, quand ses compagnons passèrent devant la position nazie pour aller enfin rejoindre les Texans, il se dressa en poussant des cris de collégien.

— Je vous fais lieutenant, lui jeta au passage le colonel Whipple.

En désordre, le lieutenant Goro Sakagawa à leur tête, les Japonais rassemblèrent leurs dernières forces pour courir vers les Texans et un immense major, Burns, de Houston, trébucha vers eux, en traînant une cheville brisée. Il essaya de saluer mais ses forces l'abandonnèrent et il tomba à genoux devant Goro, épuisé de froid, de faim et de soif. Goro se pencha pour l'aider à se relever et s'aperçut que l'homme avait une bonne tête de plus que lui. Tous ces gars du Texas étaient de véritables géants et cela paraissait presque indécent qu'ils eussent été sauvés par une bande de petits mangeurs de riz.

Bien malgré lui, car le major Burns était un homme d'une indiscutable bravoure qui avait soutenu ses troupes grâce à sa personnalité extraordinaire, le grand Texan se mit à pleurer. Honteux de sa faiblesse, il se mordit les lèvres jusqu'au sang et demanda dans un souffle :

— Est-ce que vous avez de l'eau pour mes hommes ?

Puis se tournant vers ses troupes, il hurla :

— Faites un accueil chaleureux à ces Japs !

Goro se jeta aussitôt sur lui et, comme s'ils n'étaient plus que deux durs à cuire dans Kakaako, il s'écria, en proie à une rage folle :

— Ne nous traitez pas de Japs !

— Goro ! intervint le colonel Whipple.

— Quoi ? demanda Goro qui ne se rappelait plus ce qu'il venait de dire.

— Rien, répliqua Whipple. On redescend !

Les Japonais formèrent deux haies à l'entrée de la poche dans laquelle les Texans avaient été pris au piège et comme les géants blonds défilaient entre ces petits hommes jaunes, l'un d'eux éclata de rire. D'autres l'imitèrent et bientôt ce ne fut plus qu'une explosion de joie. Les Texans embrassaient leurs sauveteurs, les soulevaient comme des enfants et les faisaient sauter en criant :

— Vous êtes petits par la taille mais grands par le courage. Nous avons bien cru y rester !

Le lieutenant Goro Sakagawa ne partagea pas la joie générale. Il regardait ses hommes et songeait que sur les douze cents Japonais qui avaient pris part à l'opération de sauvetage, les deux tiers étaient morts ou blessés. Cet effroyable impôt du sang, que son frère Minoru avait payé aussi, l'atterra et il se mit à marmonner :

— Pourquoi a-t-il fallu perdre tant de petits hommes pour en sauver si peu de grands ?

Il en avait coûté huit cents Japonais pour sauver trois cent quarante et un Texans... Goro se ressaisit et pour discipliner ses sentiments, il se mit à faire des calculs. Il découvrit ainsi que des cent quatre-vingt-trois hommes de la compagnie Baker qui avaient débarqué à Salerne en septembre 1943, sept seulement avaient réussi à rester avec l'unité jusqu'à octobre 1944. Tous les autres — cent soixante-seize — étaient morts ou grièvement blessés.

Shigeo accourut pour annoncer à son frère sa montée en grade sur le champ de bataille — le plus doux triomphe que connaisse un soldat — et s'écria, les yeux brillants :

— Goro, je crois que cette fois nous avons montré au monde entier ce que nous valons !

Mais Goro hocha tristement la tête en regardant les morts et murmura :

— Que nous faudra-t-il encore prouver ?

A la façon dont son esprit lui échappait et sautait d'une idée à une autre, il comprit qu'il n'était pas loin de la démence, qui menaçait plus d'un soldat. Ainsi, parmi les Texans, un médecin qui avait perdu la raison — trois obus avaient explosé à proximité de lui alors qu'il amputait un homme de sa jambe — passait d'un Japonais à l'autre en murmurant :

— Il n'y a pas plus grand amour que l'amour de celui qui sacrifie sa vie pour son frère.

— Voilà encore ce cinglé qui recommence ! Faites-le taire ! hurla le major Burns.

Mais le médecin s'était déjà planté devant Goro :

— C'est la vérité, je vous le dis, lieutenant. Il n'y a pas plus grand amour que l'amour de celui qui a passé cette putain de colline pour sauver une ordure comme le major Burns. (Puis, se tournant vers Burns, il s'écria :) Je vous hais ! Oui, je vous hais ! C'est vous qui nous avez fourrés dans ce piège, vous, espèce de salaud !

Comme à regret, le major Burns pivota sur sa jambe valide, se balança vers le médecin et l'assomma d'un coup de poing.

— Il nous fait encore plus d'ennuis que les Allemands, dit-il en guise d'excuse. Que quelqu'un s'occupe de ce pauvre bougre ! ajouta-t-il à l'attention de ses hommes.

Plus rapide que les Texans, Goro saisi de compassion prit le malheureux médecin dans ses bras. Un Texan vint l'aider et l'étrange trio commença à descendre la colline. Ils étaient déjà presque sortis de la zone dangereuse, lorsqu'un dernier tir du général Seigl les enveloppa et deux obus encadrèrent le colonel Mark Whipple, le tuant sur le coup. Goro lâcha aussitôt le médecin et courut vers l'homme qui avait tant fait pour les Japonais mais, cette fois, son système nerveux ne put supporter le coup.

Un cri abominable enfla sa gorge, ses mains tremblèrent, sa tête fut prise de soubresauts épileptiques et ses yeux devinrent ternes et vides.

— Aaaaarh! Aaaaaaarh! se mit-il à hurler comme un fou, trébuchant, chancelant, se débattant en des spasmes épouvantables. Ne me traitez pas de Jap! Espèces de sales blonds de Texans, ne me traitez pas d'homme jaune!

En proie à une fureur sauvage, il se jeta sur les hommes qu'il venait de sauver et les menaça en vain. Un des soldats de Dallas le repoussa gentiment comme un adulte repousse un enfant turbulent et le spectacle était pathétique de ce petit Japonais hystérique ruant et bavant, tenu à bout de bras par un soldat éberlué et immobile. Shigeo se précipita vers son frère et chercha à le maîtriser. Mais quand il vit qu'il tentait de lui échapper, il lui assena un coup de poing au menton qui le renversa à terre.

Goro se calma brusquement et se mit à geindre comme un bébé. Deux de ses hommes eurent la délicatesse de l'envelopper dans une couverture pour le cacher aux yeux de la troupe et, patiemment, ils le guidèrent, grelottant et gémissant, le long des sentiers des Vosges.

A l'orée de la forêt, ils rencontrèrent un bataillon de leur régiment et un jeune lieutenant de la compagnie Able, un haole de Princeton, demanda :

— Qui traînez-vous sous cette couverture ?

— Le lieutenant Sakagawa, répondit Shigeo.

— Celui qui a réussi à percer jusqu'aux Texans ?

— Lui-même.

Quand le pitoyable cortège de blessés, d'ahuris, d'affamés et de demi-morts fut passé, le garçon de Princeton suivit des yeux la marche traînante de Goro Sakagawa et murmura :

— Voilà un Américain!

6

Les Hommes d'Or

En 1946, Nyuk Tsin avait alors quatre-vingt-dix-neuf ans, un groupe de sociologues de Hawaii mettait au point un concept auquel il travaillait depuis quelques années, selon lequel un nouveau type d'homme s'était développé à Hawaii. C'était un homme à la fois influencé par l'Orient et l'Occident, un homme dont la place était aussi bien dans un conseil d'administration de New York que dans un collège philosophique de Kyoto, un homme entièrement moderne et américain et cependant en parfaite communion d'esprit et d'idées avec le passé et l'Orient. Ces sociologues le baptisèrent l'Homme d'Or.

Je crus, au début, que le concept et le nom dérivaient des mélanges raciaux et s'appliquaient à des hommes qui n'étaient ni blancs, ni jaunes, ni bruns, mais un peu de tout cela et que le concept Homme d'Or faisait allusion à la couleur de sa peau — un mélange de Chinois, de Polynésien et de Blanc, car à cette époque les Japonais ne se mariaient guère qu'entre eux — et j'errai par les rues de Honolulu à la recherche de cet homme doré.

Mais je compris, avec le temps, que cet homme de l'avenir, brillant et plein d'espoir, cette contribution unique de Hawaii au reste du monde, ne résultait pas des mélanges raciaux. Il était une forme de l'esprit, plutôt qu'un hasard de naissance, et je découvris un jour, avec joie je dois le dire, que je connaissais depuis des années les archétypes de l'Homme d'Or. Si le lecteur a suivi mon récit jusqu'ici, il connaît également très bien trois d'entre eux et ne va pas tarder à faire la connaissance du quatrième. Il est intéressant de noter qu'aucun de ces quatre hommes ne doit cette qualité « dorée » à des mélanges de sang. Leur intelligence de l'avenir et leur rare adresse à se tenir au confluent du monde viennent de leur compréhension de ce qui se passe autour d'eux. J'ai connu beaucoup d'hommes d'or, dans le sens second du mot, de brillants Sino-Hawaiiens, d'excellents Sino-Portugais, d'intelligents Hawaiio-Blancs, mais la plupart d'entre eux se passionnaient peu pour les grands événements du monde. Tandis que les quatre hommes dont je veux vous entretenir possédaient une vision lucide de l'Histoire et c'est avec eux que je voudrais terminer mon histoire de Hawaii, car ils sont en vérité les Hommes d'Or.

En 1946, la guerre finie, alors que Hawaii allait jaillir avec quelque retard dans le XXe siècle, Hoxworth Hale avait quarante-huit ans, et un matin, sous alizé, d'une chaleur lourde et poisseuse, il se regarda dans le miroir tout en se rasant et se dit : « Cette année, j'ai atteint le meilleur de ma forme. J'ai toutes mes dents, je ne perds pas mes cheveux, je n'ai pas trop pris de poids et je vois bien sans lunettes, quoique, de près, j'aie quelques petits problèmes, ce qui me fait penser que je devrais consulter un oculiste. Je parviens encore à me concentrer sur un problème, ma gestion de mes affaires me procure du plaisir et j'aime me rendre à mon bureau, même par des matins comme celui-ci. »

Il se martela le creux de l'estomac et fit quelques mouvements de gymnastique avant de passer sous la douche mais, tandis que la chaleur et la moiteur de la journée se refermaient sur lui, il ne put esquiver ni gommer de sa pensée les deux sujets qui faisaient frein à son bonheur.

Il y avait d'abord cette douleur lancinante et persistante consécutive à la mort de son fils Bromley, abattu lors du bombardement aérien de Tokyo en 1945, qui avait pratiquement détruit la ville. Plus de soixante-dix mille Japonais avaient péri au cours des grands raids. Une cité entière avait été anéantie aussi. En un sens, la mort de son fils avait contribué à la victoire des Américains. Mais Bromley était un jeune homme exceptionnel. Tout le monde le disait et son départ avait laissé un vide dans la famille Hale, et dans la communauté de Hawaii aussi, un vide qui ne se comblerait jamais, car dans la dernière lettre que ses parents avaient reçue de lui, quand la mort capricieuse était devenue le lot quotidien de son escadrille de B-29, il s'était étendu sur ce qu'il espérait accomplir une fois la guerre finie :

Nous avons dû faire un amerrissage forcé près d'ici, et par la grâce de Dieu, nous nous en sommes tous tirés. Mais, alors que l'avion amorçait la descente et que j'étais aux commandes, je ne m'inquiétais pas tant de me poser sans encombre que de la promesse que je m'étais faite, en dernière année à Punahou : écrire un roman sur — cela va peut-être vous étonner, mais je vous demande un peu de patience — tante Lucinda Whipple. Je la vois assise dans sa maison de Nuuanu Valley en fin de journée quand les pluies, comme chaque après-midi, s'abattent du Pali, discutant avec divers membres de notre famille. Tante Lucinda était la tante de tout le monde et tout le monde venait l'écouter raconter, de sa voix monotone, les jours anciens. Je montrerai Tante Lucinda exactement comme elle est, pieuse, fière de sa famille, aveugle, ignorante, bavarde et incroyablement bonne. Elle abhorrait les avions, les automobiles rapides et les Japonais ! En fait, si vous prenez le temps d'analyser les choses en profondeur, je crois qu'elle détestait tout le monde à l'exception des Whipple, des Janders, des Hale, des Hewlett et des Hoxworth. Et ceux-là même étaient pour elle source de tracas, car elle prenait toujours grand soin d'expliquer à ses visiteurs qu'elle était issue d'une branche de la famille Whipple qui n'avait pas eu une seule goutte de sang hawaiien dans les veines, et elle ne manquait pas de distinguer dans sa tête les membres de la famille dont on ne pouvait pas en dire autant. Elle se méfiait de vous et de moi parce que nous n'étions pas anglais à cent pour cent ; et bien sûr, tous les Hoxworth, la moitié des Hewlett étaient impurs, et souvent, quand je lui parlais, elle hésitait et je savais qu'elle pensait : « Je ferais mieux de ne pas le lui dire. Après tout, il n'est pas tout à fait pur. »

Au travers des divagations sans fin de Tante Lucinda, je veux tracer un tableau de Hawaii et de tous les gens qui l'ont construit. Je veux parler du premier volcan et de la dernière grève des ouvriers du sucre. Vous n'apprécierez peut-être pas mon roman. Il sera le plus précis possible. Je crois que c'est important. C'est drôle, j'écris sur Tante Lucinda comme si elle était morte. Pourtant, elle est vivante et c'est peut-être moi qui vais mourir.

Cette atroce blessure ne quitta jamais le cœur de Hoxworth Hale. Il se mit à écouter les récits de Tante Lucinda où se mêlaient canne à sucre, fantômes hawaiiens, ananas, bateaux, lignes de tramway, leaders de syndicats de travailleurs japonais. Tout ce monde de Tante Lucinda était obscurci par la présence, dans les chambres à l'étage, de plusieurs femmes de ces grandes familles dont la raison avait commencé à errer — comme la propre femme de Hoxworth qui y passait ses journées. En 1920, à Punahou, Malama Janders, comme elle s'appelait alors, était une femme jeune, poétique, aimant rire et s'intéressant à la musique et aux garçons. Avec le temps, et surtout depuis 1940, elle avait totalement perdu l'esprit et préférait ne pas essayer de comprendre ce qui était arrivé à son fils Bromley ou ce que faisait sa tapageuse fille Noelani. Elle n'était vraiment heureuse que lorsque quelqu'un la conduisait à Nuuanu Valley, chez Tante Lucinda. Là, les deux femmes s'asseyaient à l'abri des pluies de l'après-midi et bavardaient de choses et d'autres de manière décousue... absentes.

Pendant des générations, les missionnaires s'étaient répandus en injures contre les Hawaiiens qui avaient permis à des frères d'épouser leurs sœurs, et il n'existait pas d'autre aspect de la vie hawaiienne sur lequel le jugement moral de la Nouvelle-Angleterre était plus strict. « Cela exclut les Hawaiiens de la société civilisée ! » avaient fulminé les ancêtres de Tante Lucinda, en particulier son arrière-grand-père Abner Hale. Pourtant, la malédiction avait frappé la famille. Des Whipple avaient épousé des Janders et des Janders des Hewlett, et si des frères et des sœurs de même sang ne se mariaient pas physiquement, intellectuellement et émotionnellement ils étaient si unis qu'une fille nommée Jerusha Hewlett Hoxworth était, du point de vue des gènes et des idées, semblable à une Malama Janders Hale. Toutes deux, d'ailleurs, restaient confinées la plupart du temps dans une chambre à l'étage.

En 1946, par conséquent, à l'exception de la mort de son fils et du lent déclin de sa femme adorée, Hoxworth Hale était en droit de considérer qu'il n'avait jamais été aussi bien de sa vie. Cependant, cette double tragédie l'oppressait et l'empêchait de jouir de la plénitude de ses talents. Il s'étourdissait en s'occupant exclusivement du vaste empire Hoxworth & Hale et, dans les premiers jours de cette année critique, il s'appuyait de plus en plus sur deux résolutions inébranlables : « Je ne céderai pas d'un pouce devant les syndicats de travailleurs, surtout quand je les vois dirigés par des Japonais qui ne comprennent rien à la façon de vivre américaine. Et je conserverai Hawaii tel qu'il est. Je ne permettrai jamais à des firmes de la métropole, comme Gregory'n, de venir nous envahir et ébranler notre économie. » Pour soutenir ces deux résolutions, il avait derrière lui toute la puissance financière de la H & H, au bas mot quelque deux cent soixante millions de dollars, et de Janders & Whipple, qui valaient à présent cent quatre-vingt-cinq millions de dollars. Des entreprises de moindre importance, comme Hewlett & Son, suivaient le mouvement, car tous voyaient en Hoxworth Hale l'homme capable et pondéré, au-dessus des passions de l'heure, et sur qui l'on pouvait compter pour préserver une certaine façon de vivre.

Par sa seule compréhension des événements, peut-on considérer Hoxworth Hale comme un Homme d'Or ? Par la race il était presque entièrement haole. Par l'état d'esprit, il l'était tout à fait, ou du moins s'estimait-il tel. En réalité, il avait un seizième de sang hawaiien, hérité de l'Alii Nui Noelani, son arrière-arrière-grand-mère. Il était aussi en partie arabe, car un de ses lointains ancêtres européens s'était marié pendant les Croisades, un peu africain par un ancêtre romain plus lointain encore, avec un peu de sang magyar par une aïeule autrichienne qui avait épousé un Hongrois en 1603, et une goutte de sang peau-rouge par la légèreté d'une ancêtre Hale du Massachusetts. Mais il était considéré comme un pur haole, si cela veut dire quelque chose.

En 1946, Hong Kong Kee avait cinq ans de plus que Hoxworth Hale, c'est-à-dire cinquante-trois ans, et Nyuk Tsin, sa grand-mère, quatre-vingt-dix-neuf ans. Cela n'avait pas été une année particulièrement bonne pour Hong Kong parce qu'en suivant le conseil de l'aïeule — acheter le plus de terrains possible —, il avait dépassé les limites et ne savait franchement pas où il trouverait l'argent nécessaire à la protection des immenses parcelles de terres sur lesquelles il était assis. L'immobilier ne marchait pas fort et l'expansion prévue avec la venue des touristes n'avait pas eu lieu ; et puis, la perspective de longues grèves chez les ouvriers du sucre et de l'ananas menaçait. Il avait sept enfants d'âge scolaire, cinq dans des collèges de la métropole et deux à Punahou et songea un moment à leur faire interrompre leurs études pour les mettre au travail, mais Nyuk Tsin ne voulut pas en entendre parler.

— Tous les enfants doivent recevoir la meilleure éducation possible. Nous devons nous cramponner le plus longtemps possible à la moindre parcelle de terrain. Si pour cela il faut nous priver d'automobiles et de nourriture, aucune importance. Nous nous en passerons.

Docilement, Hong Kong avait envoyé la même lettre à tous les Kee qui étudiaient sur le continent, ses enfants et ceux des autres :

Désormais, je ne pourrai plus payer que vos droits d'inscription et vos livres. Pour le reste, débrouillez-vous. Vendez votre voiture si vous en avez une, travaillez à mi-temps, et s'il vous faut passer deux ans de plus pour obtenir votre diplôme, tant pis. Mais vous ne pouvez plus rien recevoir de Hawaii.

La décision qui lui fit le plus de peine, ce fut d'arrêter les leçons de chant de sa plus jeune fille, Judy.

Et puis, alors que ses affaires n'allaient déjà pas très bien, Hong Kong apprit par hasard qu'une célèbre agence de détectives privés de la métropole enquêtait sur ses activités. La rumeur lui en était parvenue par Lew Ching, l'un des membres du clan Ching, qui avait été questionné sur les contrats dans l'immobilier et qui s'était aperçu, quelques jours plus tard, que le nom de Hong Kong apparaissait systématiquement dans toutes les affaires.

Sa première réaction fut de se dire que le fisc était derrière tout cela, mais il chassa rapidement cette idée ridicule de son esprit. Le gouvernement possédait ses propres détectives et n'avait pas l'habitude de recourir à des privés. Plus que jamais intrigué, il en vint à soupçonner que le Fort, inquiet de son énorme extension, avait décidé de lui faire rendre gorge. Et le cerveau de l'affaire était probablement Hoxworth Hale.

Il en eut bizarrement la preuve non pas par les Chinois, pourtant très adroits pour rassembler les pièces d'un puzzle, mais grâce à son ami Kamejiro Sakagawa qu'il avait aidé à monter son entreprise. Le petit Japonais vint le voir un jour et lui annonça de but en blanc :

— Hong Kong, tu ferais bien de faire attention, je crois que tu vas avoir de gros problèmes. Un détective du continent m'a posé des tas de questions sur toi et m'a demandé comment j'avais eu ma terre. Plus tard, j'ai vu qu'il entrait dans l'immeuble de la H & H.

— Ce détective n'a aucune raison de t'importuner, Kamejiro, le rassura Hong Kong. Notre contrat est parfaitement correct.

— Qu'est-ce que c'est alors ? Ils veulent t'arrêter à cause des impôts ?

— Je suis en règle avec les impôts. Et toi ?

— Moi aussi.

— Alors, ne t'inquiète pas. C'est à moi de m'inquiéter. Cette histoire ne concerne que moi.

— Tu as des ennuis ? demanda le vieux Japonais.

— Tout le monde a toujours des ennuis, répondit Hong Kong.

Mais quels ennuis précisément, Hong Kong ne parvenait pas à le découvrir. Les jours suivants, il eut en main divers rapports des détectives et comprit que tous les aspects de ses multiples affaires étaient sous surveillance. Il ne rencontra jamais les hommes qui le filaient et puis un jour, ils disparurent et il n'entendit plus jamais parler d'eux. Tout ce dont il était sûr c'était que quelqu'un en savait presque autant que lui sur ses affaires et qu'il avait mis Hoxworth Hale au courant. Face à une telle découverte, ses nuits étaient de plus en plus agitées.

Mais d'un autre côté, l'époque était exaltante, car à moins d'une erreur totale d'appréciation de Hong Kong et de sa grand-mère, Hawaii était sur le point de connaître une expansion économique extraordinaire. Les avions qui ne servaient plus à la guerre allaient drainer des milliers de touristes à Hawaii et il faudrait construire de nombreux hôtels. Et les terrains à bâtir, sur tous les plus beaux sites, appartenaient à Hong Kong Kee, ou plutôt au hui. Il avait donc confiance dans l'avenir. Mais il prit cependant la précaution de consulter Nyuk Tsin au sujet de l'enquête.

— Voici venir les années d'attente, lui dit-elle. Attendre, patienter, c'est toujours pénible. N'importe quel imbécile peut se lancer dans l'action, mais seul le sage sait attendre patiemment. Je pense que si quelqu'un fait une enquête sur toi, de deux choses l'une : ou c'est qu'il te craint beaucoup, et ce n'est pas mauvais ; ou il envisage de s'associer avec toi, et c'est encore meilleur. Donc, tu ne peux qu'attendre et patienter. Laisse-le faire le premier pas. S'il projette de te combattre, chaque jour qui passe accroît ta force. S'il espère une association, chaque jour qui passe où tu survis accroît ta valeur. Attends.

Donc, en cette année 1946, Hong Kong Kee attendit mais avec moins de confiance que sa grand-mère. L'arrivée du courrier était une torture, un câble l'effrayait, il redoutait les mauvaises nouvelles. Mais, tandis qu'il attendait, il amassait des forces, et, à la fin de l'année, son esprit devint plus lucide et sa situation financière plus solide, si bien qu'il commença à ressembler à l'Homme d'Or des sociologues.

Hong Kong se prenait pour un Chinois de pure race, car ses ascendants n'avaient épousé que des filles hakka et, alors qu'il y avait beaucoup de Kee avec du sang hawaiien, philippin ou portugais, il n'en avait pas et en était fier. Cependant, au long des siècles, les ancêtres de Hong Kong avaient absorbé un peu de sang mongol, mandchou ou tatar, plus un peu de sang japonais au cours des guerres du début du XVIIᵉ siècle, et du coréen par un ancêtre qui avait voyagé en Corée vers 814, sans compter les innombrables apports de tribus nomades qui avaient envahi le sud de la Chine depuis l'an 4000 avant Jésus-Christ, mais Hong Kong se considérait néanmoins comme un Chinois de pure race, si cela veut dire quelque chose.

En 1946, le jeune Shigeo Sakagawa avait vingt-trois ans et il était à présent capitaine dans l'armée américaine. Il mesurait un mètre soixante-quinze et pesait soixante kilos. Mince et droit, il était beau avec un teint clair et de bonnes dents, mais ce qui frappait le plus chez lui, c'était son esprit lucide, son intelligence vive et son courage, et plus encore son extraordinaire habileté à prévoir les événements.

Lors du mémorable défilé de la victoire le long du boulevard Kapiolani, le capitaine Shigeo Sakagawa se trouvait en troisième position, derrière le porte-drapeau et le colonel. Ses pieds, endurcis par la vie militaire, battaient l'asphalte, ses épaules, habituées à porter de lourds fardeaux, étaient rejetées en arrière. Alors qu'il marchait ainsi, le menton relevé, il ne put faire autrement que de parcourir du regard cette communauté qui jadis ne l'avait pas accueilli, et quand il entendit les ovations et vit du coin de l'œil, enfin acceptés, sa mère toute voûtée et son père, petit homme trapu et honnête, qui pleuraient de joie, il comprit qu'il ne s'était pas battu pour rien. Tadao était mort en Italie. Minoru avait été enterré en France et Goro était dans l'armée d'occupation au Japon. La famille ne serait plus jamais réunie. Certes, les Sakagawa avaient payé un lourd tribut pour prouver leur loyauté mais cela en valait la peine et quand le défilé passa devant l'ancien palais de Iolani, le siège du gouvernement, Shigeo eut la sensation qu'il avait pour la première fois l'allure d'un bâtiment où un Japonais pouvait entrer comme n'importe qui.

« C'est ma ville », se dit-il.

Mais quand il rentra chez lui après le défilé et qu'il vit, accrochées au mur, les photos de Tadao et de Minoru, il se couvrit le visage des deux mains et murmura :

— Si nous autres, Japonais, sommes enfin libres, c'est grâce à vous. Mais, bon sang, à quel prix !

C'est pourquoi il fut gêné quand son père, fasciné par la vie militaire, caressa du bout des doigts ses médailles et déclara, en anglais :

— Je te l'avais bien dit, aucun de leur soldat ne vaut un Japonais.

— Je n'ai pas été courageux, papa. Il s'est trouvé que j'ai vu ce qui allait se passer.

— Si tu as vu, pourquoi ne t'es-tu pas enfui ? demanda Kamejiro.

— J'étais japonais, et je devais rester, expliqua-t-il. Il y avait trop de choses en jeu. J'ai ravalé ma peur et c'est pour ça qu'ils m'ont donné des médailles.

— Le Japon est fier de toi, déclara Kamejiro en japonais

Shigeo éclata de rire.

— Je suis content que l'empereur le pense, parce que je m'en vais l'aider à gouverner son pays.

La mère de Shigeo se mit à gémir en japonais :

— Tu ne vas pas partir encore à la guerre ? Goro est déjà au Japon et toutes les nuits, je prie pour lui.

— Mais il n'y a pas de danger ! s'écria Shigeo en serrant affectueusement sa mère contre lui. La guerre est finie. Je ne risquerai rien. Goro non plus.

— Pas de guerre ? s'exclama Yoriko avec stupéfaction. Oh ! Shigeo, comment peux-tu dire ça ? Tu ne sais donc pas ? Mr Ishii dit que...

— Maman, je t'en prie, ne me casse pas les oreilles avec les élucubrations de ce fou d'Ishii !

Mais Mrs Sakagawa insista et fit venir sa fille et Mr Ishii. Celui-ci, après avoir soigneusement vérifié la fermeture des portes et des fenêtres, chuchota en japonais :

— Ce que je vous ai dit la semaine dernière est vrai, Kamejiro. Ne laissez en aucun cas un second fils partir pour le Japon. Il sera tué, tout comme Goro. Car tout ce qu'on nous a raconté n'est que mensonges. Le Japon est en train de gagner la guerre et peut envahir Hawaii d'un moment à l'autre.

Shigeo crut qu'il devenait fou et il saisit la main de sa sœur Reiko.

— Reiko, est-ce que tu crois les insanités de ton mari ?

— Il faut lui pardonner, murmura Reiko en épouse docile. Il entend des rapports si étranges aux réunions...

— Quelles réunions ? demanda Shigeo.

Mr Ishii et Reiko le lui apprirent. Ils l'entraînèrent dans une petite maison, à l'ouest de Nuuanu, où avait lieu une sorte de meeting présidé par un vieux Japonais. Un religieux fanatique, frais débarqué d'une île voisine où il était prisonnier, glapissait :

— Tout ce qu'on vous a dit de Hiroshima est faux. La ville est intacte ! Tokyo n'a pas brûlé ! Nos troupes victorieuses sont en Australie et aux Indes ! Le Japon est plus puissant que jamais !

Les gens l'écoutaient avec attention. Shigeo vit même son beau-frère, Mr Ishii, acquiescer profondément. Il tira sur la manche de sa sœur et l'ovateur, remarquant son geste, s'écria :

— Ah ! Je vois que nous avons un espion parmi nous. Un sale chien à la solde de l'ennemi. Vous, Mrs Ishii. Est-il en train d'essayer de vous dire que le Japon a perdu la guerre ? Ne le croyez pas. Il a été acheté par les Américains. Je vous le dis, c'est un menteur et un espion. Le Japon a gagné la guerre !

Bien malgré lui, Shigeo dut admettre que nombre de personnes présentes dans l'assistance croyaient non seulement ce fou, mais *voulaient* le croire. A la fin de la réunion, plusieurs vieux sourirent tristement à Shigeo. A leurs yeux, il avait commis le crime de se battre contre le Japon, mais ils espéraient que lorsque les troupes de l'empereur seraient là, elles ne le traiteraient pas avec trop de sévérité, car on l'avait probablement entraîné contre sa volonté à trahir sa patrie. De nombreux garçons à Hawaii avaient été victimes du même piège.

Médusé, Shigeo quitta la réunion. Il ne voulait plus entendre parler de Mr Ishii et de ces vieux fous pathétiques mais, au bout de quelques pas, il changea d'avis et prit un autobus qui l'emmena dans le centre de Honolulu. Après avoir réfléchi à ce qu'il devait faire, il se dirigea vers le poste de police et demanda à voir un inspecteur. Le haole le connaissait et le félicita pour ses métailles. mais Shigeo éclata de rire.

— Avec ce que j'ai à vous dire, autant que vous les preniez, dit-il.

— De quoi s'agit-il ?

— Avez-vous entendu parler de la Société Katta Gumi ? Le Groupe à Jamais Victorieux ?

— Vous voulez parler de ces cinglés de Japonais ? Oui, nous les surveillons depuis un petit moment.

— Je viens d'assister à l'une de leurs réunions. C'est incroyable.

— Vous étiez dans la petite hutte derrière l'ancienne école de la mission ?

— Oui.

— Nous sommes au courant. Tony, est-ce qu'on avait envoyé quelqu'un à la mission ce soir ?

— Non, pas ce soir. On ne l'a pas jugé utile.

— Ces gens ont perdu l'esprit, protesta Shigeo.

— C'est pathétique. De pauvres gens, tellement persuadés que le Japon ne pouvait pas se faire écraser qu'ils croient tout ce que leurs disent ces agitateurs. Mais ils ne font de mal à personne.

— N'allez-vous pas les arrêter ? demanda Shigeo.

— Grands dieux, non ! Nous surveillons régulièrement six groupes de ce genre à Honolulu et les gens dont vous parlez sont les plus inoffensifs. Un groupe veut assassiner Syngman Rhee, un autre Chiang Kaï-chek, un autre encore soutire de l'argent aux vieilles femmes en leur prédisant la fin du monde pour le premier de chaque mois. L'année dernière, nous avons eu un couple qui prenait des dispositions pour la venue du Christ prévue le premier jour de onze mois consécutifs. Ils ont fini par venir nous voir et nous ont dit qu'ils s'étaient peut-être trompés. Alors, voyez-vous, cette société de vieux fous japonais que vous êtes allé écouter n'est qu'une parmi tant d'autres.

— Mais enfin, comment peuvent-ils croire que... Il y a les journaux, les photos, les actualités !

L'inspecteur posa ses deux mains sur le bureau et déclara :

— Shigeo, comment peuvent-ils croire pendant onze mois consécutifs que Jésus-Christ va revenir, qui plus est à Nuuamu Pali ? On peut vous berner une fois, mais pas onze fois.

Lorsque le moment vint pour Shigeo d'aller rejoindre au Japon le général MacArthur, sa mère éclata en sanglots et le supplia :

— Si on se bat quand tu arriveras à Tokyo, ne descends pas du bateau. Et fais bien attention. N'épouse pas une fille du Nord, Shigeo. Ni une fille de Tokyo. Elles sont dépensières. Ton père et moi n'aimerions pas non plus te voir épouser une fille de Kyushu, car elles ne s'entendent jamais bien avec ceux d'Hiroshima. Inutile de te dire de ne pas fréquenter celles d'Okinawa ni les Eta. Le mieux serait que tu trouves une fille d'Hiroshima, mais de la campagne.

— Je ne pense pas que les Américains seront les bienvenus à Hiroshima, répondit avec douceur Shigeo.

— Mais pourquoi ? s'étonna sa mère.

— Après la bombe.

— Shigeo ! Tu ne vas pas croire cette histoire ! Il ne s'est rien passé à Hiroshima. Mr Ishii m'a dit...

Quand Shig Sakagawa défila avec son régiment dans les rues de

Honolulu pour embarquer sur le transport qui devait l'emmener sur Yokohama, il était, sans s'en douter, un jeune homme étonnant. Il possédait une âme de fer, forgée dans la lutte contre les Allemands et les préjugés de sa race. Sa seule volonté lui avait permis de triompher de ces deux adversaires et il avait prouvé son courage comme peu d'hommes savent le faire. Personne ne le devinait ce jour-là, car Shigeo n'avait que vingt-trois ans et n'avait pas encore obtenu son doctorat en droit à Harvard, mais il représentait le tranchant aiguisé d'une révolution qui allait bientôt éclater à Hawaii. Il était strict, incorruptible, physiquement dur et sans peur. Mieux encore, il avait l'esprit bien organisé et très clair.

Alors qu'il défilait avec ses camarades, il croisa, sans qu'aucun des deux hommes le sache, Hoxworth Hale qui remontait Bishop Street vers le Fort. Si Hale avait eu en cet instant la prescience d'arrêter le défilé et d'enrôler Shig Sakagawa dans son camp, le Fort aurait certainement pu préserver ses privilèges. De plus, si Hale avait eu l'idée d'accueillir, dans le parti républicain dont il était un membre influent, le jeune Sakagawa et une cinquantaine de Japonais de son espèce, l'avenir du parti aurait été assuré à Hawaii, car la nature conservatrice et traditionaliste des Japonais en aurait fait d'excellents républicains, cependant que la conjugaison de l'esprit d'entreprise des haole et du travail acharné des Japonais aurait constitué une force invincible. Mais Hoxworth Hale était incapable d'envisager une telle association, bien au contraire. En voyant passer les Japonais, sous les ovations de la foule, il songea à son fils Bromley, à Harry Janders et Jimmy Whipple qui, eux aussi avaient gagné la guerre, mais qui étaient morts. Hoxworth Hale passa et Shig Sakagawa partit pour le Japon.

Mais si Hale fut incapable de sentir passer le vent de l'Histoire, il y avait là un autre homme plus clairvoyant car, alors qu'il passait sur l'autre trottoir, Hong Kong Kee rencontra Kamejiro Sakagawa qui regardait fièrement passer son fils et il lui demanda :

— Lequel est votre garçon, Kamejiro ?

— Celui-là, là-bas, avec toutes les médailles.

— Je serais très heureux de le connaître.

Quand le régiment rompit les rangs sur le port, Kamejiro s'approcha de son fils et lui dit :

— Voilà Hong Kong Kee. Un très bon ami. C'est lui qui m'a avancé l'argent pour le magasin.

Avec un sourire de reconnaissance, le capitaine Sakagawa serra chaleureusement la main du Chinois.

— Vous avez eu beaucoup de courage, Mr Kee, de miser ainsi sur mon père. Surtout pendant la guerre.

Hong Kong fut tenté de savourer sa gloire, mais la prudence lui avait appris à toujours prévoir l'ennui possible, et à le devancer. Aussi répondit-il franchement :

— Vous ne le savez peut-être pas, mais pendant la guerre j'ai été assez stupide pour faire un discours contre les Japonais. Ensuite, j'ai eu honte de moi et j'ai cherché à réparer.

— Je sais. Ma sœur m'a écrit pour me raconter votre discours, Mr Kee. Mais la guerre, c'est la guerre.

— Tout va bien mieux, à présent, reprit Hong Kong. Voilà pourquoi je voulais vous voir, Shigeo. Quand vous reviendrez, il faudra aller à l'université. Le droit, peut-être. Si vous réussissez, j'aurai peut-être une situation pour vous.

— Vous avez déjà de nombreux fils, Mr Kee.

— Mais aucun d'eux n'est japonais, répondit Hong Kong en riant.

— Vous voulez donc un Japonais ?

— Bien sûr. Les garçons comme vous vont gouverner nos îles.

Shigeo dressa immédiatement l'oreille. Il examina attentivement le Chinois et demanda :

— Vous croyez réellement qu'il y aura du changement ?

— Des changements fantastiques. J'aimerais avoir un garçon comme vous à mes côtés.

— Peut-être ne voudrai-je travailler pour personne, dit prudemment Shig.

— Ça ne fait rien. Mais tout le monde a besoin d'amis.

Quand le capitaine Sakagawa monta à bord du transport de troupes, il se sentait complètement américain. Il avait prouvé son courage, il avait été accepté par Honolulu et maintenant on lui faisait des propositions. Dans un sens, il était déjà un Homme d'Or, connaissant à fond les valeurs orientales et occidentales car bien qu'il eût l'orgueil de son américanisme tout neuf, il était également fier de sa pure race japonaise. Naturellement, cette dernière idée était un peu ridicule, car Shigeo réunissait en lui l'héritage de races multiples. Il y avait eu au cours des siècles les Aïnous venus du Nord, les envahisseurs sibériens, les Chinois, les Coréens, et surtout le sang aventureux des Indo-Malais, dont la moitié avaient traversé l'océan pour devenir polynésiens tandis que l'autre progressait vers le nord pour s'intégrer aux Japonais. Ainsi, de deux frères malais qui avaient quitté leur village des environs de Singapour quelques siècles plus tôt, l'un s'était établi au Japon pour devenir l'ancêtre de Shigeo Sakagawa et l'autre, dans les mers du Sud, avait fini par produire Kelly Kanakoa, le garçon de plage hawaiien qui, en ce moment même, en compagnie d'une jolie fille, contemplait le départ de la troupe.

Ou, si l'on préfère se tourner vers le nord, de trois frères sibériens, l'un d'eux s'était établi au Japon et sa lignée se retrouvait en Shigeo Sakagawa, le second avait gagné le Massachusetts en passant par les îles Aléoutiennes et ses descendants peaux-rouges avaient servi d'ancêtres à Hoxworth Hale, tandis qu'un troisième, moins aventureux, était descendu vers le centre de la Chine, où il avait donné naissance aux Hakka et, partant, à Hong Kong Kee. A dire vrai, tous les hommes sont frères, mais à mesure que passent les générations, ce sont les différences qui ressortent, plus que les ressemblances.

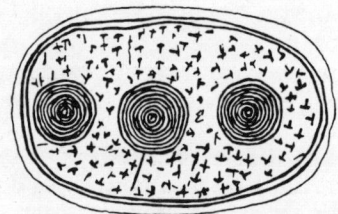

Par son physique, ce Kelly Kanakoa, dont je viens de parler, était aussi un Homme d'Or, car à vingt et un ans il mesurait un peu plus d'un mètre quatre-vingt-trois, pesait quatre-vingt-cinq kilos et son corps musclé enduit d'huile de palme luisait au soleil comme du bronze doré. Il se tenait très droit et son visage était remarquablement beau, avec des yeux profonds et sombres, un rire éblouissant et d'épais cheveux de jais dans lesquels il piquait souvent une fleur.

Ses manières étaient un mélange d'indolence et d'insolence et bien que plus de deux ans se soient écoulés depuis qu'il avait frappé deux marins sur Hotel Street parce qu'ils l'avaient traité de nègre, il semblait toujours plus ou moins prêt à se battre. Cependant, à chaque fois qu'une bagarre menaçait, il essayait de l'éviter :

— Pourquoi vous voulez vous battre avec moi ? Je veux pas d'ennuis. Serrons-nous la main et soyons amis.

Au moment où il regardait partir les soldats, Kelly serrait dans sa main droite les longs doigts soignés d'une jeune divorcée de Tulsa, venue à Honolulu tout droit de Reno pour y chercher des consolations après un divorce pénible. Là-bas, dans le Nevada, une autre divorcée lui avait dit :

— Rennie, si tu pars à Honolulu, va voir Kelly Kanakoa. Il est adorable !

Aussi, dès que le *Moana Loa,* la plus belle unité de la H & H, avait relâché à Honolulu, Rennie avait appelé le numéro que lui avait donné son amie.

— Kelly ? Maud Clemmens m'a dit que je devais vous voir.

Il était arrivé d'un pas nonchalant dans le luxueux hôtel de la H & H, le *Lagon,* en blue-jean collant, veste blanche déboutonnée, sandales et fleur sur l'oreille. Quand Rennie était descendue dans le hall grandiose, en costume de bain blanc bordé d'une dentelle, il l'avait insolemment examinée des pieds à la tête et avait jugé que celle-là tomberait le premier soir.

Dans son métier de garçon de plage, qu'il avait choisi un peu par hasard, parce qu'il aimait faire du surf et que son sourire plaisait aux femmes, il était devenu expert à deviner combien de temps une femme lui résisterait. Les divorcées étaient les plus faciles, parce que leur féminité avait été mise à l'épreuve et qu'elles tenaient sans doute à se prouver qu'elles n'étaient pas responsables de l'échec de leur mariage. Elles ne résistaient, en général, pas plus de deux jours. Bien sûr, quand elles rencontraient Kelly pour la première fois, elles n'avaient pas l'intention d'avoir une aventure avec lui, mais, comme Kelly l'expliquait à ses amis qui traînaient sur la plage :

— Si elle n'a jamais fait de surf, comment peut-elle savoir ce qu'elle a envie de faire ?

C'était son travail et on le payait pour ça.

Dix minutes après avoir rencontré Kelly, Rennie commençait sa première leçon, loin de la plage, près du récif, là où les vagues se forment. Elle avait l'impression qu'elle ne pourrait jamais tenir debout sur cette planche, mais lorsqu'elle sentit les bras forts du garçon de plage qui l'enveloppaient par-derrière, elle fut rassurée et, tandis qu'ils prenaient de la vitesse, elle se laissa porter et se redressa jusqu'à se tenir droite. L'espace d'un instant, elle fut aveuglée par les embruns mais elle apprit rapidement à relever le menton haut dans le vent et à défier sa force. Et bientôt, ils filaient à toute allure sur l'eau dans un bruit fracassant, Diamond Head dominant au loin le littoral.

— C'est fantastique ! criait-elle alors que la vague les ramenait vers le rivage.

Instinctivement, elle se serra contre le jeune garçon de plage et alors qu'elle plaquait son corps contre le sien, elle devina, avec délices, le désir monter en lui. Quand la déferlante se brisa enfin, elle sentit la planche qui s'enfonçait sous les vagues mourantes et se retrouva sous l'eau, toujours dans les bras de Kelly. Elle se tourna vers lui et ils s'embrassèrent longuement avant de remonter lentement à la surface.

Rennie se hissa de nouveau sur la planche de surf et, après avoir écouté les instructions de Kelly, se mit à nager pour attraper la prochaine vague. Mais lorsque leur planche fut éloignée des autres, elle ralentit sa course et sentit de nouveau le corps de Kelly contre le sien. Elle se reposa dans ses bras, remuant doucement dans l'eau, tandis qu'elle laissait ses mains habiles s'aventurer sous son maillot de bain.

— Est-ce que cela fait partie de la leçon ? demanda-t-elle dans un soupir.

— Il n'y a pas beaucoup de vahinés aussi jolies que vous, répondit le jeune garçon avec galanterie.

Rennie trembla de plaisir et se rapprocha de lui.

Ce fut une expédition longue et excitante jusqu'au récif, et alors qu'ils attendaient la déferlante qui les ramènerait au bord, Kelly demanda :

— Vous avez peur de vous mettre debout cette fois-ci ?

— Je suis prête à tout avec vous, répondit Rennie.

Elle fit preuve d'ailleurs de beaucoup d'adresse quand la lame arriva sur eux, et lorsque la planche disparut dans la vague qui se brisait et qu'ils se retrouvèrent de nouveau sous l'eau pour un baiser passionné, elle se surprit à glisser avec avidité ses mains le long du corps du jeune garçon. Quand ils remontèrent à la surface, Kelly éclata de rire et déclara avec admiration :

— Vous êtes numéro un en surf, Rennie. Le trophée est à vous.

— Êtes-vous vraiment satisfait de votre élève ? demanda-t-elle modestement.

— Oui, vous êtes parfaite.

— On repart ?

— Et si on allait plutôt dans votre chambre ? proposa Kelly en plongeant ses yeux noirs dans ceux de l'Américaine.

— Je crois que nous ferions mieux de... commença-t-elle avec prudence avant de demander : Avez-vous le droit de monter ?

— Si vous aviez oublié votre chapeau de soleil, il faudrait bien quelqu'un pour vous le rapporter.

— Est-ce la procédure ? s'enquit Rennie avec une timidité feinte.

— Comme pour tout, le surf a ses règles.

— Eh bien, respectons-les, puisqu'il le faut, répondit-elle en lui prenant la main.

Lorsque Kelly arriva à sa chambre, son chapeau de soleil à la main, il remarqua qu'elle s'était changée pour le tee-shirt et le short les plus moulants qu'il eût jamais vus, et depuis le temps qu'il travaillait comme garçon de plage, il en avait vu plus d'un.

— Oh! Oh! En maillot de bain, en robe ou sans rien, vous êtes toujours très belle, dit-il d'un air connaisseur.

Dans l'état de confusion dans lequel elle se trouvait depuis son divorce, c'était exactement le genre de réflexion que Rennie avait envie d'entendre. Se dispensant des formalités d'usage en pareils moments, elle lui tendit aussitôt les bras.

— Normalement, je commande à boire et nous parlons un petit peu..., mais reprenons plutôt où nous nous sommes arrêtés sous l'eau.

Kelly la regarda pendant un long et délicieux moment puis déclara :

— Ce genre de maillot de bain ne sèche pas vite, et sans plus de cérémonie, il le retira.

Rennie pensa alors que si elle avait épousé un homme comme lui, elle n'aurait pas eu de problème.

Et maintenant, alors que le défilé passait dans Bishop Street, elle était sur le point de quitter Hawaii. Elle serra la main de Kelly dans la sienne. Elle avait passé neuf jours passionnés avec lui, s'abandonnant totalement aux plaisirs de la chair et à l'étonnante vigueur dont le jeune garçon de plage témoignait en pareil domaine. « Si tu avais vu l'homme avec qui j'étais mariée ! Il était pathétique. Mon Dieu ! que d'années perdues ! » lui avait-elle dit un jour.

Elle leva la tête vers Kelly, clignant des yeux au grand soleil et murmura :

— Si nous montons tout de suite à bord et si nous nous dépêchons, nous aurons peut-être le temps encore pour une dernière fois.

— Pourquoi pas ? répondit Kelly.

Ils cherchèrent sa cabine, mais y trouvèrent la compagne de voyage de Rennie défaisant déjà ses bagages. Grande et plutôt jolie, elle devait avoir dans les vingt ans. Après un instant de gêne, Rennie chuchota à l'oreille de Kelly :

— Qu'est-ce que j'ai à perdre ?

Et à la jeune fille, elle demanda :

— Je suis désolée, nous n'avons pas été présentés, mais me considéreriez-vous comme la dernière des dernières si j'accaparais la cabine un moment ?

La jeune fille les observa tous les deux. Ils formaient un beau couple et elle leur sourit.

— Ma foi, les vacances sont les vacances. Il vous faut combien de temps ?

— Une demi-heure environ, répondit Rennie. Il y a un orchestre là-haut.

— Et deux musiciens ici ! fit la jeune fille en éclatant de rire, et avant qu'elle atteigne le pont supérieur, Rennie était déjà déshabillée et au lit.

— Pendant cinq jours, j'ai essayé d'imaginer à quoi ressemblerait la vie si je t'emmenais avec moi à New York. Quel âge as-tu, Kelly ? demanda Rennie un peu plus tard.

— Vingt et un ans.

— Mon Dieu, j'en ai vingt-sept !

— Tu ne fais pas vingt-sept ans, surtout au lit.

— Est-ce que je suis bonne au lit ? demanda-t-elle. Vraiment bonne ?

— Tu es la vahiné numéro un.

— As-tu connu beaucoup de filles ?

— Tu sais, le surf, c'est le surf.

— Et Maud Clemmens ? Tu as couché avec elle ?

— Qu'est-ce que tu veux que je te réponde ? Si on me demandait, par exemple, cette Rennie, elle a couché avec toi ?

— Kelly ! Veux-tu te taire !

— Tu as entendu la corne ? lui dit-il en commençant à se rhabiller.

— Je suis allée à la bibliothèque, tu sais, et j'ai vu le livre dont tu m'as parlé. Un très gros livre avec les noms écrits de la main du missionnaire. Eh bien, toujours d'après ce même livre, ta famille est connue depuis cent trente-quatre générations. Tu dois être fier.

— Ça m'est égal.

— Comment se fait-il qu'un Hawaiien porte le nom de Kelly?

— Mon vrai nom, c'est Kelolo, mais tout le monde m'appelle Kelly.

— C'est joli, Kelly, dit-elle en l'embrassant. Pourquoi n'as-tu jamais voulu m'emmener chez toi?

— Chez moi, c'est rien, grogna le jeune garçon.

— Tu veux dire que tes ancêtres étaient rois et que tu n'as rien?

— J'ai ma guitare, ma planche de surf et de gentilles vahinés comme toi.

— C'est dommage, déclara amèrement Rennie, avant de l'embrasser de nouveau. Tu es ce qu'il y a de mieux à Hawaii.

Ils montèrent sur le pont et elle remercia sa compagne de voyage d'un signe de la main. La jeune fille éclata de rire et lui décocha un clin d'œil. Lorsque la corne retentit de nouveau, prévenant les garçons de plage qu'il était temps de faire leurs adieux à leurs vahinés et de redescendre à terre, Rennie demanda, en hésitant quelque peu :

— Kelly, dis-moi, si j'ai des amies qui viennent à Hawaii... c'est-à-dire de bonnes amies...

— Bien sûr, je m'occuperai d'elles.

— Tu es un amour! lança-t-elle avant de l'embrasser ardemment.

Kelly s'arracha à son étreinte et dévala la passerelle à toute allure. Sur le quai, il rencontra un de ses collègues, un garçon nommé Bata parce qu'il lui arrivait de porter des chaussures.

— Hé, Kelly! appela-t-il. Ta blonde, elle était bonne au lit?

— Au poil, répondit Kelly avec assurance, et les deux garçons de plage retournèrent paisiblement au *Lagon*.

Une ou deux fois, alors que l'année 1946 tirait à sa fin, Kelly eut des doutes sur sa vie qu'il partagea avec son ami Bata :

— Qu'est-ce que ça veut dire, tout ça? S'occuper de vahinés, passer quelques jours avec elle? Où cela va nous mener?

Mais de telles réflexions étaient toujours interrompues par l'arrivée de nouvelles divorcées ou de nouvelles veuves, et le plaisir qu'il éprouvait à faire en sorte qu'elles couchent avec lui, pendant qu'elles payaient les notes d'hôtel et de restaurants, était si grand qu'il finissait invariablement par faire sienne la philosophie de son ami Bata : « Autant en profiter tant qu'on est jeune. » Sa vie se poursuivait donc selon un rythme immuable : aller attendre le bateau, trouver la jeune femme annoncée par le câble, l'emmener faire du surf, vivre avec elle huit jours, la raccompagner au *Moana Loa*, se reposer un peu et aller attendre le bateau suivant et la femme suivante. Parfois, il regardait avec admiration Johnny Pupali qui, à quarante-neuf ans, offrait toujours aux vahinés ce qu'il appelait « le remède du docteur Pupali contre la misère ».

Un jour, il interrogea Pupali sur son incroyable énergie, et le doyen des garçons de plage lui expliqua :

— Un homme possède de l'énergie pour quatre choses : manger, travailler, faire du surf ou faire l'amour. Mais, à un moment donné de sa vie, il n'a d'énergie que pour deux choses et en ce qui me concerne, c'est faire du surf et faire l'amour.

— Tu n'es jamais fatigué ?

— De surfer ? Non. Je mourrai d'une vague qui s'abattra sur moi. Quant aux vahinés, je vais te dire, Kelly. Parfois, après le départ du *Moana Loa*, je me dis que je ne veux plus voir de vahinés, mais le lendemain, quand la sirène d'un nouveau bateau retentit dans le port, je suis prêt à recommencer.

Au cours des semaines où il se reposait, entre deux filles, Kelly éprouvait un véritable plaisir à pouvoir traîner tranquillement sur la plage avec son ami Bata, un garçon décontracté qui portait un costume bien particulier : un short de coton ou de soie beaucoup trop grand pour sa taille qui évoquait plus un sous-vêtement et qui lui arrivait au-dessous des genoux, une immense chemise hawaiienne dont il nouait les pans à la hauteur du ventre, des sandales japonaises et un chapeau. Bata avait toujours l'air d'être mal fagoté jusqu'au moment où il se déshabillait pour se retrouver en maillot de bain. Alors, il faisait penser à un dieu païen, grand, bronzé, avec de longs cheveux qui recouvraient ses oreilles et une guirlande de fleurs comme une couronne sur sa tête. Même la plus exigeante des femmes se délectait de cette métamorphose et aimait s'allonger sur le sable à ses côtés, où elle traçait du bout de ses doigts aux ongles vernis la ligne ondulante de ses muscles.

Kelly préférait Bata à tous les autres garçons de plage, parce que ce dernier savait chanter, de sa voix de fausset, les chansons de leur île, et qu'ensemble — car Kelly avait une voix de baryton —, ils formaient un duo des plus mélodieux. Kelly jouait également à la perfection de la guitare hawaiienne, laquelle, grâce à la tension particulière des cordes, produit à la fois des mélodies pincées et des accords grattés. Pour nombre de Hawaiiens, la guitare de Kelly représentait la voix de l'île et quand il était en forme, il parvenait à donner à sa musique une douceur comme aucun autre musicien. Ses mélodies étaient vives et vibrantes, comme le chant d'un oiseau des îles, mais ses accords étaient lents et assurés, comme une planche filant à toute allure sur la crête d'une vague. « Kelly, joue-nous un peu de guitare », demandaient-ils, car il était leur troubadour. Mais jamais Kelly ne jouait pour les étrangers. « Je n'aime pas perdre mon temps avec les haole, disait-il. Ils ne comprennent rien à la guitare hawaiienne. »

L'autre passe-temps dont raffolaient Kelly et son ami était le *sakura*, un jeu de cartes japonais qui nécessitait de petites cartes noires rangées dans un coffret de bois sur le couvercle duquel étaient dessinées des branches de cerisier en fleur. Le garçon de plage qui parvenait à rassembler suffisamment d'argent pour acheter un jeu de sakura neuf était élu héros du jour. Ils passaient des heures entières, à l'ombre des cocotiers, à jouer à ce jeu stupide. Il fallait appartenir à leur bande pour être admis à jouer, comme il fallait connaître les règles du sakura pour être garçon de plage. Et bien sûr, il fallait parler le pidgin.

Plus Kelly connaissait d'Américaines, plus il était désolé pour elles. Invariablement, elles lui confiaient à un moment ou à un autre combien elles avaient gâché leur vie avec leur mari haole, à quel point il ne s'intéressait pas à elle et à quel point leur vie sexuelle n'avait guère été satisfaisante. Cette dernière remarque ne manquait pas de le surprendre, car durant leur séjour, ces filles ne pensaient pratiquement à rien d'autre, au point que Kelly en était arrivé à la conclusion que, s'il existait dans le monde des femmes qui aimaient plus les plaisirs de la chair que celles qui venaient à Hawaii par le *Moana Loa*, ce devait être alors de vraies tigresses.

— Comment se fait-il que les vahinés blondes soient meilleures que celles qu'on a ici ? demanda-t-il un jour à Bata. Tu crois que ça a à voir avec leurs hommes haole ?

En 1947, il reçut une réponse partielle à sa question, car Bata épousa l'une de ces jeunes divorcées, une fille très riche qui lui fit cadeau d'une Chevrolet décapotable. Tant qu'ils restèrent à Hawaii, les choses se passèrent plutôt bien entre eux, mais après trois mois à New York, ce fut l'enfer et Bata revint au pays où il reprit son travail de garçon de plage.

— Ces vahinés, expliqua-t-il à ses compagnons, un jour où il n'y avait pas grand-chose à faire, c'est comme si elles étaient deux personnes à la fois. Ici, quand elles apprennent à faire du surf, elles sont décontractées, elles aiment l'amour, elles se fichent de tout. Ici, j'emmenais ma vahiné dans ma vieille guimbarde et on partait se balader toute la journée, continua-t-il en tenant le volant d'une voiture imaginaire. C'était la belle époque.

— Que s'est-il passé ? demanda Kelly.

— Je vais te dire, commença Bata d'une voix traînante. Elle m'a emmené à New York, et là, elle n'aimait plus la façon dont je m'habillais, elle n'aimait plus la façon dont je parlais. Elle n'aimait plus rien. C'est devenu l'enfer. On n'avait plus le temps de faire l'amour l'après-midi, au moment le plus agréable. Et puis, un jour, elle m'a dit : « Bata, il faut que tu prennes des cours du soir pour apprendre à parler américain », et moi, je lui ai répondu : « Va te faire voir, je reprends l'avion pour Hawaii. — Avec quel argent ? qu'elle m'a dit. — Avec les sept cents dollars que je t'ai carottés », je lui ai répondu, et elle m'a traité de tous les noms, et ce que je lui ai dit après, j'aime mieux ne pas le répéter.

— Ça ne m'étonne pas qu'elle soit devenue comme ça, ta vahiné, observa Pupali. C'est ce que je vous ai toujours dit les gars : Baisez, mais surtout n'épousez pas.

— Tu vas garder la Chevrolet ? demanda Kelly.

— Je ne vais pas me gêner !

Les beaux jours revinrent et Kelly découvrit ce que les anciens garçons de plage savaient déjà : que les meilleures vahinés de toutes étaient celles qui venaient du Sud. Elles étaient plus douces, plus gentilles et, de bien des façons, plus aimantes. Elles semblaient fascinées par la couleur de peau de Kelly et à maintes reprises, Kelly passa plusieurs jours d'affilée enfermé dans une chambre avec une adorable fille du Sud. A l'heure des repas, il nouait une serviette autour de sa taille comme un paréo et la vahiné de Montgomery, d'Atlanta ou de Birmingham l'admirait tandis qu'il se prélassait sur le canapé.

— Tu es presque comme un nègre, et en même temps, tu ne l'es pas, lui confia l'une d'elles, un jour. C'est incroyable, fascinant même.

— Les Hawaiiens détestent les nègres, répondit Kelly, ce qui ne manqua pas de rassurer la jeune femme.

— Comment gagnes-tu ta vie ?

— Je suis payé à t'apprendre à faire du surf.

— On t'a payé pour ce que tu as fait sur le surf ?

— Quoi ? Tu n'as pas regardé la note ? Elle est ici pourtant.

— Tu veux dire que tu es payé pour... ce que nous faisons en ce moment ?

— Je suis censé t'apprendre quelque chose.

— Eh bien, je t'écoute, dit-elle doucement tandis qu'ils se préparaient pour une nouvelle sieste.

Avec le temps, les filles avec qui il couchait finirent par se mélanger dans son esprit. On aurait dit à chaque fois la même fille, une fille qu'il aurait rencontrée durant la guerre. Cependant, certaines le marquèrent plus que d'autres. Ainsi, cette jeune veuve de Baton Rouge. Dès qu'il l'avait vue, il avait estimé qu'elle succomberait à ses charmes au bout de trois jours, quatre tout au plus. Mais il s'était trompé, car dans son chagrin, la jeune femme refusait tout homme.

— On est tellement seul au monde, Kelly, lui déclara-t-elle, le jour de son départ, alors qu'ils se trouvaient dans sa cabine à bord du *Moana Loa*.

— Vous dites ça parce que vous avez perdu l'homme que vous aimiez.

— Je n'ai jamais aimé Charley, lui avoua-t-elle. Mais c'était un homme honnête et bon, et le monde est pire maintenant qu'il n'est plus là.

— Qu'est-ce que vous allez faire ?

— Je ne sais pas. Quel âge avez-vous Kelly ?

— J'ai eu vingt et un ans la semaine dernière.

— Vous avez la vie devant vous, mais prenez garde de ne pas vous faire d'illusions. On est tellement seul au monde.

— Les gens vont et viennent, observa Kelly.

— C'est pourquoi, quand on rencontre quelqu'un de bien, il faut s'accrocher à son souvenir. C'est bientôt l'heure, Kelly. J'aimerais faire quelque chose avant de vous quitter.

— Quoi ?

— Vous embrasser. Vous avez été si bon et si compréhensif avec moi.

Elle s'apprêtait à lui dire autre chose mais elle éclata en sanglots et pressa son joli visage contre le sien.

— Vous êtes vraiment un chic type, murmura-t-elle. Je suis très heureuse de vous avoir rencontré. Vous êtes ce qui m'est arrivé de mieux au monde.

Tout en se mordant les lèvres et en refoulant ses larmes, elle le chassa doucement de sa cabine.

— Kelly, est-ce que vous comprenez à quel point une femme comme moi peut prier pour le succès d'un homme comme vous ? J'espère que le paradis ouvrira ses portes devant vous et vous couvrira de sa gloire. Faites en sorte de mener une bonne vie, Kelly. Ne devenez pas un bon à rien. Car vous êtes l'un de ceux que Jésus a choisis.

Et sur ces paroles, elle le renvoya.

Souvent, quand la vague se brisait, il repensait à ces paroles et se demandait ce qu'un homme devait faire pour mener une bonne vie. Il se doutait bien que cela ne consistait ni à vivre comme ce vieil étalon de Johnny Pupali, bien qu'il y ait du bon, ni à perdre son temps avec une femme haole comme Bata. Et comme tout ce qu'il savait faire, c'était se prélasser au soleil, jouer aux cartes, chanter en s'accompagnant avec sa guitare hawaiienne et enseigner le surf aux vahinés blondes, il finissait par se dire que, pour l'instant, c'était bien assez comme ça.

Et puis, vers la fin de 1947, une chanteuse de cabaret de New York arriva à Hawaii — elle succomba au bout de deux jours — et s'enticha de Kelly au point de crier, un soir :

— Mon Dieu, on devrait ériger un monument en ton honneur !

Elle fut scandalisée quand elle apprit que c'était lui qui avait composé la chanson alors à la mode, *La vague qui roule*, et qu'il l'avait donnée au premier venu. Un musicien du continent s'en était en effet emparée ; il y avait ajouté quelques touches professionnelles et avait gagné beaucoup d'argent.

— Tu aurais dû lui faire un procès ! hurla-t-elle.

Puis elle l'écouta chanter et, trouvant qu'il avait une belle voix, déclara :

— Demain soir, Kelly, tu chanteras avec moi dans la grande salle à manger du *Lagon*.

— Je n'aime pas chanter, protesta Kelly.

— Et que faisais-tu avec ta guitare hawaiienne et ce garçon à la voix de fausset ?

— Tu veux parler du chant de mariage ?

— Oui, celui qui commence dans les graves et finit dans les aigus.

Kelly la regarda et se mit à chanter *Ke Kali Ne Au*, la plus célèbre des chansons hawaiiennes, une glorieuse évocation des îles de l'archipel. Il portait une serviette de l'hôtel qu'il avait nouée comme un paréo et avait une fleur d'hibiscus dans les cheveux. La jeune Américaine l'écouta et sentant qu'il avait l'étoffe d'un grand chanteur s'écria :

— Kelly ! Rien ne peut t'arrêter.

Après une journée de répétition, car la fille était une vraie professionnelle et comprenait vite, Kelly, vêtu d'un paréo rouge et blanc, avec au cou une dent de cachalot accrochée à une chaîne d'argent et dans les cheveux une fleur, monta sur la scène du *Lagon* et se mit à chanter. Sa voix allait devenir célèbre dans tout l'archipel. Le chant de mariage était exceptionnel en ce sens qu'il offrait à un baryton la possibilité de se réaliser pleinement et à une soprano une mélodie aux envolées magnifiques. C'était de l'art pur, digne de Schubert et, bien que le public de ce soir-là l'eût déjà entendu, interprété par de piètres barytons et des sopranos bien pires, ils n'avaient pas tout à fait entendu la pleine majesté de ce chant lyrique. Kelly était un homme de l'amour, un dieu au corps musclé et doré par le soleil et la jeune femme blonde et mince venue de New York son égale en tout point.

— Accompagne-moi à New York, déclara-t-elle après ce duo mémorable.

— Je ne veux pas quitter mon pays.

— Je ne te demande pas de m'épouser, mais de chanter simplement, tenta-t-elle de le rassurer, consciente de ses appréhensions.

— La plage et moi, nous ne faisons qu'un.

Et bien qu'elle le suppliât plusieurs fois au cours de la soirée, Kelly ne voulut rien entendre et répéta que sa place était à Hawaii.

— Regarde ce qui est arrivé à Bata.

— Eh bien, tant pis, concéda-t-elle tout en s'habillant pour prendre l'avion. Nous avons beaucoup appris l'un de l'autre en peu de jours.

— C'est vrai.

— Tu vas continuer à chanter ?

— Chanter et faire du surf.

— Ne laisse pas tomber ton métier de garçon de plage, lui recommanda-t-elle avec sarcasme. C'est une bonne place que tu as là.

— C'est bien pour ça que je ne veux pas la perdre, répliqua Kelly en éclatant de rire.

— Je te fais confiance pour la garder.

Elle était un peu vulgaire et ses cheveux étaient noirs à la racine, mais c'était une chic fille et Kelly l'appréciait.

— Je ne pourrai pas t'accompagner à l'aéroport.

— Il vaut mieux en effet que tu restes ici. C'est plus important.

Puis, au début de 1948, alors que le tourisme commençait à prendre son essor, Kelly reçut un télégramme d'une vahiné de Boston appelée Rennie. Il ne se souvenait plus d'elle mais elle le priait d'attendre une certaine Mrs Dale Henderson qui arrivait par le *Moana Loa*. Docilement, il se rendit au bateau et y retrouva Bata qui, pieds nus, parcourait du regard le pont supérieur.

— Quelle est ta vahiné, Kelly ?

— Celle-là, je crois, répondit Kelly avec un haussement d'épaules.

— Tu crois qu'elle va succomber tout de suite ? demanda-t-il en considérant une jeune femme d'une trentaine d'années, grande, élégante et discrète.

— Je lui donne deux nuits, quatre au maximum, déclara Kelly qui avait remarqué que les femmes qui prenaient grand soin de leur mise hésitaient souvent à avoir une aventure avec un garçon de plage au contraire de leurs sœurs dont l'attitude clamait au monde : « Me voici, cheveux au vent et je veux m'amuser ! »

Comme ses compagnons, Kelly avait le privilège de monter à bord du *Moana Loa* avant que les passagers ne commencent à débarquer. Il se fraya donc un passage à travers la foule rassemblée sur le pont et arriva à la hauteur de Mrs Henderson. Elle le regarda et lui sourit aimablement.

— Vous vous appelez bien Dale ? J'ai comme l'impression que personne ne peut prononcer le reste, dit-il en lui serrant la main.

— Mon nom est Mrs Henderson. Elinor Henderson, répliqua la jeune femme de cette voix cassante des gens de la Nouvelle-Angleterre. Je suis de Boston.

Kelly avait grande envie de lui demander qui était cette Rennie mais il n'osa pas. La règle, parmi les garçons de plage, était de ne jamais mentionner le nom d'une femme à une autre, bien qu'elles soient toutes recommandées par une amie souvent intime. Il fit un dernier effort pour tenter de se souvenir de cette Rennie mais, n'y parvenant pas, il décida de ne pas faire allusion au télégramme.

— Rennie Blackwell était en classe avec moi, au Smith College.

Kelly feignit de savoir parfaitement qui était Rennie Blackwell, mais la jeune femme ne fut pas dupe et songea : « Mon Dieu, après tout ce qu'elle m'a raconté, il ne se souvient même pas d'elle ! » Et, avec une joie perverse, elle insista :

— Vous savez bien, elle est de Tulsa.

Kelly ne voyait toujours pas mais commençait à comprendre que Mrs Henderson se moquait de lui. Il se frappa le front et choisit de répondre dans son plus effroyable pidgin :

— Moi gros imbécile, pas *akamai**. Cette vahiné Rennie, moi pas souvenir.

* *Akamai* : Intelligent.

Le rire de Mrs Henderson l'irrita :

— Elle a beaucoup de souvenirs de vous, Kelly. Elle m'a dit que vous étiez ce qu'il y avait de mieux à Hawaii. Mais je voudrais vous demander une chose.

— Quoi ça ?

— Inutile de parler pidgin avec moi. Je suis sûre que vous parlez admirablement et que vous avez été diplômé de Hewlett Hall avec mention... Et ce lei, vous allez me le donner ?

La gêne de Kelly se dissipa et il éclata de rire à son tour.

— C'est que j'ai peur de vous embrasser, Mrs Henderson.

— Elinor.

— Voilà les fleurs, Elinor.

Il lui tendit le lei, mais Bata, voyant cela, se précipita en protestant :

— Hé là, hé là ! Kanaka donne des fleurs comme à New York ? Pas question !

Il prit le collier de fleurs, le passa au cou d'Elinor Henderson et l'embrassa passionnément.

— Bata a vécu à New York, expliqua Kelly en riant. Il sait se conduire en Hawaiien !

— Bata ? A New York ? Mon Dieu, la ville n'a pas dû s'en remettre ! s'écria Mrs Henderson en examinant le grand garçon bronzé, torse nu et couronné de fleurs.

— Il avait épousé une jeune femme du monde, mais il n'a pas tenu plus de trois mois. Ça lui a rapporté une Chevrolet décapotable. De fait, nous allons la prendre pour aller à l'hôtel.

A ce moment, la compagne de Bata, une jeune femme de Kansas City outrageusement maquillée, lui prit le bras d'un geste possessif et s'écria :

— Dieu, que ces garçons sont beaux ! Ces muscles ! Vous avez déjà frappé un homme avec ce poing-là, Bata ?

— Jamais, répliqua-t-il. Rien que des femmes.

La fille éclata d'un rire strident ; les deux couples descendirent à quai et entassèrent les bagages dans la Chevrolet. En passant devant les vieilles maisons et les missions de King Street, Elinor Henderson demanda soudain à Bata de s'arrêter et contempla longuement les façades décrépies de ces demeures historiques, puis elle expliqua :

— Mon arrière-arrière-grand-mère est née dans cette maison. Je suis une Quigley.

— Jamais entendu parler, déclara franchement Kelly.

— Ils ne sont pas restés longtemps. Mais je travaille à leur biographie... pour ma thèse. Je suis professeur à Smith, vous savez.

— Vous vahiné comme ça qui va écrire un livre ? demanda Bata en remettant la voiture en marche.

— Kelly, dites-lui qu'il n'a pas besoin de baragouiner en pidgin, dit Elinor.

— Il ne sait pas parler autrement.

— Moi, je trouve ça adorable ! affirma la blonde de Kansas City.

Et Kelly se dit que si Bata ne faisait pas attention, celle-là n'attendrait même pas d'être dans sa chambre. Quant à lui, il estimait que sa vahiné lui résisterait au moins quatre nuits, sinon davantage.

Il ne se trompait pas. Elinor aimait nager, se laissait enlacer sur la planche rapide mais c'était tout. Un soir, cependant, il l'emmena dans la décapotable de Bata faire une promenade au clair de lune. Mais quand il gara la voiture à la pointe de Koko, ils ne firent que bavarder.

— Et la biographie, ça marche ? demanda-t-il.

— Je suis très perplexe, avoua-t-elle.

— Pourquoi ?

— Parce que... Kelly, j'ai une envie folle de faire un livre sur vous.

— Moi ? s'écria le jeune homme stupéfait. Mais qu'est-ce qu'il y a à dire de moi ?

Elle ne répondit pas tout de suite. La lune se levait lentement sur la mer, dans la nuit tropicale. Une brise tiède agitait paresseusement les palme de cocotiers. Enfin, en quelques phrases courtes, d'une voix claire que n'assourdissait pas la moiteur parfumée des îles, elle répondit :

— Je suis hantée par Hawaii depuis que j'ai lu le journal de mon aïeul, qui n'a jamais été publié. Il n'est resté que sept ans à Hawaii avant de repartir pour Boston, un peu écœuré. Il a confié ses doutes à son journal. Je vois encore sa chère vieille écriture : *J'écrirai comme si Dieu regardait par-dessus mon épaule, car s'il a voulu qu'il en soit ainsi, il doit comprendre.*

— Qu'est-ce qu'il a écrit ?

— Que nous autres chrétiens avons envahi les îles avec le vrai Dieu mais des idées fausses. Il était persuadé que Dieu avait sauvé les îles mais que les idées des missionnaires les avaient tuées. Il y a surtout un passage prophétique, où il décrit l'avenir de Hawaii. Je l'ai recopié et, hier soir, je l'ai relu. Il vous décrivait, Kelly.

— C'est une sombre prophétie ?

— Les Hawaiiens sont destinés à diminuer, à décroître d'année en année, dépossédés, égarés et désorientés. Voilà ce qu'il a écrit. C'est tout à fait vous, Kelly.

Kelly Kanakoa avait vingt-trois ans ce soir-là et comprenait qu'Elinor Henderson était différente de toutes les femmes qu'il avait connues. Elle devait avoir trente et un ans, elle était nette, saine et très attrayante. Il se tourna vers elle et lui prit le menton, lui levant légèrement le visage pour plonger dans ses yeux clairs et francs, comme deux lacs tranquilles. Pendant un court instant, la fille des missionnaires et le Hawaiien dépossédé s'examinèrent en silence, et puis Kelly laissa retomber sa main. Mais elle leva les siennes, lui prit la figure et l'attira pour l'embrasser.

— J'ai oublié les anciens missionnaires, Kelly, avoua-t-elle. Quand je me mets à écrire, je ne vois plus que vous. Savez-vous comment j'aimerais intituler ma nouvelle biographie ? *Les Dépossédés.*

Ils parlèrent longuement dans la voiture obscure et Elinor finit par demander :

— Vous appelez ça une vie, Kelly ? Faire l'amour et passer d'une divorcée névrosée à une autre ?

— Qui vous l'a dit ?

— Je n'ai qu'à voir Bata.

— Je ne suis pas Bata.

— Ce n'est pas ce que m'a raconté Rennie Blackwell.

— Laquelle était-ce ? demanda enfin franchement Kelly.

— Je savais que vous ne vous souveniez pas d'elle. C'était celle qui a demandé à sa compagne de cabine de...

— Ah ! oui ! Écoutez, je n'ai pas honte d'avoir aimé une fille comme ça, protesta Kelly.

— Vous croyez que Bata va épouser la fille de Kansas City ?

— Elle fait tout ce qu'elle peut pour le convaincre, dit Kelly en riant. Ça durera quatre ou cinq mois et il reviendra avec une Buick.

— Pourquoi n'avez-vous jamais essayé vous-même ?

— Je n'ai pas besoin d'argent. Je chante un peu, je joue de la guitare, je gagne un peu d'argent avec les leçons de surf. Et si j'ai besoin d'une voiture, il y a toujours quelqu'un pour m'en prêter une.

— Vous appelez ça une vie ?

Kelly réfléchit un moment et changea de sujet.

— Qu'est-ce qui vous fait penser que vous êtes capable d'écrire un livre ?

— Je suis capable de faire n'importe quoi, si je m'y attelle.

— Pourquoi avez-vous divorcé ?

— Je ne suis pas divorcée.

— Votre mari est mort ?

— Oui. Il était merveilleux, Kelly. Un de ces hommes aimés de Dieu.

— Il est mort à la guerre ?

— Couvert de décorations. Vous auriez plus à Jack, Kelly. Vous vous seriez compris. Il savait être heureux. Dieu, si seulement le monde savait être heureux comme lui !

Le silence retomba et puis Kelly demanda :

— Pourquoi voulez-vous appeler votre livre *Les Dépossédés* ? Je ne manque de rien. J'ai tout.

— Vous n'avez pas vos îles, elles sont entre les mains des Japonais. Vous ne possédez pas l'argent. Ce sont les Chinois qui l'ont. Vous ne possédez pas les terres. Elles appartiennent au Fort. Et vous n'avez plus vos dieux. Mes ancêtres vous les ont ôtés. Qu'avez-vous donc ?

Kelly éclata d'un petit rire nerveux, hésita et finit par rétorquer :

— Vous seriez étonnée de tout ce que nous avons, Elinor. Vraiment. Vous en seriez stupéfaite.

— Peut-être. Mais prenez les quatre filles ravissantes qui dansent la hula au *Lagon*... en jupes de franges de cellophane. Comment s'appellent-elles ? Dites-moi la vérité.

— Eh bien, celle qui a les plus jolies jambes, c'est Gloria Ching.

— Une Chinoise ?

— Aussi un peu hawaiienne. Celle qui a les gros seins, c'est Rachel Fernandez. La plus belle... je l'aime bien, seulement elle est japonaise, c'est Helen Fukuda et la dernière c'est Norma Swenson.

— Suédoise ?

— Aussi un peu hawaiienne.

— Donc, ce que l'on appelle la culture hawaiienne est au fond une fille des Philippines, portant une jupe de cellophane de Tahiti, jouant d'un ukulélé portugais, accompagnée par une guitare électrique de New York, chantant un faux chant d'amour de Hollywood. Rien que des faux-semblants.

— Je ne suis pas un faux-semblant, assura Kelly. Si vous allez à la bibliothèque, vous trouverez un livre sur moi et ma famille. Plus de cent générations. Il y a beaucoup de choses que vous ignorez, Elinor.

— Dites-les-moi.

— Non, mais...

Il hésita encore, et puis il prononça les paroles qu'il avait refusé de prononcer quelques minutes plus tôt, jugeant la proposition dangereuse :

— Mais je ferai mieux. Je vais faire une chose que je n'ai jamais faite.

— Laquelle ?

— Vous verrez. Mettez une robe légère et je passerai vous prendre demain à trois heures.

— Pour faire quoi ?

— Une chose que vous n'oublierez jamais.

Le lendemain à trois heures, au volant d'une voiture d'emprunt, il attendait devant l'entrée principale du *Lagon*. Elinor apparut, en fraîche robe blanche, et Kelly conduisit la Pontiac vers la montagne. Ils arrivèrent bientôt devant une grande palissade de bois au-delà de laquelle se dressaient de majestueux cocotiers, qu'ils longèrent jusqu'au portail branlant. Kelly l'ouvrit simplement en poussant doucement l'avant de la voiture contre les battants. Une fois dans la propriété, il referma de la même façon en faisant une adroite marche arrière, puis il emballa son moteur et les pneus crissèrent sur le gravier. La voiture s'arrêta devant une vieille demeure de bois ombragée de palmiers, à trois étages, avec des pignons, des balcons ajourés, de larges vérandas et des fenêtres à vitraux.

— Voilà ma maison, dit-il simplement. Jamais une fille n'y est venue.

Il appuya son poing sur l'avertisseur et la porte s'ouvrit. Une femme merveilleuse apparut, dont la taille dépassait un mètre quatre-vingts. Sa chevelure argentée la rendait encore plus imposante. Un grand sourire éclaira son beau visage lorsqu'elle s'exclama d'une voix parfaitement modulée dans laquelle on pouvait discerner un léger accent de la Nouvelle-Angleterre :

— C'est toi, Kelolo !

— Salut, maman. Tu vas être bien étonnée ; je t'amène une vahiné haole.

De crainte que sa mère ne s'aperçoive de l'impression que lui faisait cette femme, Kelly se mit à parler pidgin :

— Cette vahiné, maman, est Elinor Henderson, de Smith. Maman a fait ses études à Vassar, ajouta-t-il à l'intention de l'Américaine.

La mère avança d'un pas majestueux et vint tendre la main à Elinor.

— Nous sommes enchantés de vous accueillir au Marais.

La fine jeune femme de Boston et l'immense Hawaiienne se serrèrent la main, avec une brusque sympathie.

— Je suis Malama Kanakoa et vous êtes la première des amies haole de Kelolo qu'il ait jamais amenée ici. Vous devez être tout à fait spéciale.

— Ne t'y trompe pas, maman ! Il n'y a pas d'amour entre nous. Elle a huit ans de plus que moi et sa vie est à Boston.

— Mais elle n'est pas comme les autres, insista Malama.

— Si tu veux dire qu'elle est intelligente, à mon avis, elle l'est trop. Elle descend de vieux missionnaires, les Quigley. Moi, je ne sais pas qui c'est, mais toi tu dois le savoir.

— Emmanuel Quigley ! s'écria Malama en prenant les deux mains de sa visiteuse. Il était le meilleur des missionnaires ! Le seul qui ait aimé les Hawaiiens. Mais il n'est resté que bien peu de temps.

— Je crois qu'il a transmis tout son amour de Hawaii à ses enfants, et j'en ai hérité, dit Elinor.

On la fit entrer dans un vieux salon du XIXe siècle, où ne manquaient ni le lustre de cristal, ni les vitrines, ni les fauteuils capitonnés, ni le

piano à queue. Le plafond était très haut et la pièce était merveilleusement fraîche.

Tout de suite, l'attention d'Elinor se porta sur un objet suspendu
sous un globe de verre posé sur un socle en acajou.

— Mon Dieu, qu'est-ce donc ? s'étonna-t-elle.

— Une dent de cachalot, expliqua Malama. Montée en pendentif.

— Et à quoi est-elle suspendue ?

— A des cheveux.

Malama souleva le globe de verre et tendit à la visiteuse la précieuse
relique.

— Mon aïeul, le roi de Kona, la portait lorsqu'il combattit comme
général de Kamehameha. Il la portait également quand le premier
navire des missionnaires toucha terre à Lahaina. Je pense que chaque
cheveu de cette grosse tresse provient de la tête d'un membre de ma
famille.

Elle replaça l'objet sous le globe et, s'adressant à son fils :

— Kelly, montre à Mrs Henderson pourquoi la propriété s'appelle
le Marais, pendant que je prépare le thé. Quelques-unes de ces dames
doivent venir.

Kelly fit traverser la maison à Elinor. Ils passèrent par une cuisine
où l'on avait préparé autrefois deux cents dîners pour le roi Kalakaua,
et ils se trouvèrent dans un paysage de rêve, sous de grands arbres,
entourés de fleurs, au bord d'un immense marécage couvert d'iris.
D'un ton légèrement ironique, Kelly expliqua :

— Voilà la seule terre que les haole n'ont pas prise. Elle vaut à
présent deux millions de dollars. Mais maman s'occupe des pauvres de
Hawaii, et elle s'est couverte de dettes.

Elinor avait le cœur serré. Toute cette décrépitude lui semblait
poignante et, tandis que les oiseaux multicolores se perchaient sur les
roseaux mouvants, elle entrevoyait le thème de sa biographie.

— Vous êtes bien réellement les dépossédés, murmura-t-elle.

— Non, je crois que vous vous trompez. Vous voyez le jardin secret
que tout Hawaiien connaît bien, car il en cultive un dans son cœur. Ici,
personne ne vient s'imposer.

— Vous méprisez donc les haole avec qui vous couchez ?

— Oh ! non ! L'amour est un jeu amusant. Nous ne parlons pas de
ça, Elinor.

— Vous avez raison. Pardon. Je voulais dire que vous les méprisez
sans doute parce qu'elles sont haole ?

Kelly réfléchit un moment avant de répondre. Il lança distraitement
un caillou dans les roseaux et murmura enfin :

— Non, je ne crois pas. Je ne suis pas aussi intolérant que l'étaient
les missionnaires.

— Emmanuel Quigley a dit la même chose.

— Je crois que j'aurais aimé ce vieux Quigley, observa Kelly.

— Il était jeune lorsqu'il est venu ici. Il a vieilli dans l'Ohio.

— Nous rentrons ? Maman doit être prête.

Kelly ramena Elinor dans le vaste salon où quatre Hawaiiennes
géantes attendaient paisiblement. De sa voix douce et cultivée,
Malama fit les présentations.

— Mrs Leon Choy, et Mrs Hideo Fukuda.

— Est-ce votre ravissante fille qui danse au *Lagon* ? demanda
Elinor.

— Mais oui, répondit l'énorme femme avec un sourire de fierté. Helen adore danser, comme moi à son âge.

— Et voici Mrs Liliha Mendonca, reprit Malama. Son mari possédait la compagnie de taxis. Enfin, cette pauvre petite naine est Mrs Jesus Rodriques. (Mrs Rodriques mesurait seulement un mètre soixante-quinze et ne pesait guère que quatre-vingts kilos). J'ai déjà dit à ces dames que Mrs Henderson est une descendante de notre cher Emmanuel Quigley. Il occupe une grande place dans nos cœurs, Elinor.

— Je suis surprise, dit Mrs Mendonca, que vous ne soyez pas descendue chez les Hale ou les Whipple. Ils sont arrivés sur le même bateau que votre ancêtre.

— Nos familles n'ont jamais été très intimes, répondit Elinor.

Les cinq Hawaiiennes brûlaient de demander des explications mais elles étaient trop courtoises pour se rendre coupables d'une indiscrétion.

— Je suis sûre que Mrs Henderson serait heureuse d'écouter certains de nos vieux chants, proposa Malama.

Elle alla chercher deux ukulélés et deux guitares, et les majestueuses dames se levèrent, préférant se tenir debout pour chanter. En rang le long d'un côté du salon, elles formaient une frise de géantes. Après quelques accords préliminaires de leurs instruments, elles commencèrent à jouer des mélodies hawaiiennes parmi les plus délicieuses. On eût cru un orchestre de professionnelles, tant leurs voix étaient à l'unisson. Mrs Choy, ses beaux yeux pleins de flamme, faisait merveille dans les notes aiguës, tandis que les basses de Mrs Rodriques et Mrs Mendonca tonnaient, conférant la puissance à leur chœur. Chaque chanson était composée d'une douzaine de vers et alors que les trémolos du dernier de ceux-ci vibraient encore, Mrs Fukuda psalmodiait les premières paroles de l'air suivant.

Vint le crépuscule. On alluma les lampes, puis les dames se rassirent et parlèrent des splendeurs du temps passé. Elinor écoutait, fascinée, leur conversation, jusqu'à ce que Kelly les interrompe brusquement en annonçant :

— Je vais ce soir à une soirée kanaka où je dois chanter. La vahiné et moi allons partir.

Mrs Choy fit celle qui n'avait pas entendu et fredonna les premières notes de la Chanson Nuptiale Hawaiienne. Kelly, déjà près de la porte, s'immobilisa dans la pénombre à peine éclairée des lueurs diaprées du lustre, et enchaîna mezzo voce le splendide passage du chant d'amour. Peu à peu sa voix s'enfla jusqu'au maximum de sa puissance. Lorsqu'il eut terminé, Elinor se demanda qui des femmes présentes lui donnerait la réplique de la jeune épouse. Ce fut Malama, debout, imposante comme un monument avec sa crinière argentée. Les stances lyriques s'élevèrent dans les airs, et pour finir la mère et le fils entonnèrent le duo d'amour si prenant. Ce fut un instant magique et, lorsque les dernières notes se furent envolées, Mrs Choy soupira :

— Ah ! je voudrais chanter ainsi toute la nuit.

En revenant à leur voiture, Kelly dit à Elinor :

— Et c'est ce qu'elles vont faire, soyez-en sûre.

— Qu'a fait votre mère après son retour de Vassar ? demanda Elinor.

— Dans les après-midi écrasés de chaleur, elle chantait. Elle faisait le bien autour d'elle et dépensait son argent. Qu'aurait-elle pu faire d'autre ?

Un silence, puis Elinor renifla et dit :

— Je suis toute remuée, Kelly. Je n'ai pas envie de rentrer à l'hôtel.

— Je dois chanter, rétorqua-t-il, l'air buté.

— Vous paie-t-on pour cela ?

— Pas ce soir. C'est pour un ami.

— Vous êtes des miteux, fauchés et admirables. Bon, ça va, ramenez-moi. Que ne feriez-vous pour un ami ! (Elle s'écarta, s'appuya contre la portière, puis revint aussitôt près de lui.) Dites-moi, cet ami, comme vous l'appelez, a-t-il jamais fait quelque chose pour vous ?

— Heu... eh bien, non.

— Ainsi, vous allez chanter toute votre vie ? Pour rien ?

— Qui est la plus heureuse ? riposta Kelly. Maman ou ces femmes que vous connaissez en Amérique ?

Le lendemain matin de bonne heure, Elinor se rendit à la bibliothèque et demanda à Miss Lucinda Whipple « ce livre qui donne toute la généalogie des Kanakoa ». Miss Whipple dissimula son mépris et considéra cette dernière conquête de Kelly, car elle avait découvert qu'en une année, une bonne demi-douzaine de haole extasiées, visiblement ignorantes, venaient demander le fameux livre sur les Kanakoa. Miss Whipple devinait que ces filles se repassaient le renseignement, car elles arrivaient à intervalles réguliers et, quand elles rendaient le livre, elles s'exclamaient presque toutes :

— Mince, son grand-père était un vrai roi !

Miss Whipple se gardait de tout commentaire, mais supposait que ces femmes connaissaient à peine le nom de leur propre grand-père. Au-delà, c'étaient les ténèbres et l'inconnu.

Mais celle-ci n'était pas comme les autres. Quand elle eut achevé d'étudier les interminables listes de noms, elle demanda à la bibliothécaire :

— Quelles preuves a-t-on de l'authencité de tout cela ?

— Mon aïeul, Abner Hale, a fidèlement transcrit ce document remarquable d'après la tradition orale récitée par un kahuna de Maui. De nombreuses recherches ont été faites depuis, tant à Hawaii qu'à Tahiti, et tout semble concorder.

— Combien estimez-vous d'années par génération ? poursuivit Elinor Henderson.

— Si nous nous fions à la théorie, nous devons dire une trentaine d'années. Mais nous n'ignorons pas que nous sommes dans un climat tropical où nous savons, d'après notre expérience, que vingt-deux ans est beaucoup plus près de la réalité. D'autre part, vous vous apercevrez que souvent ce que la généalogie dit être deux générations successives est en fait la même, et qu'il s'agit d'un frère succédant à son frère plutôt qu'un fils à son père. A propos, vous paraissez avoir une bonne connaissance de Hawaii. Puis-je me permettre de vous demander ce qui motive votre intérêt ?

— Je suis une arrière-arrière-petite-fille d'Emmanuel Quigley.

— Ah, mon Dieu ! s'exclama Miss Whipple tout émue, nous n'avons encore jamais eu de Quigley ici.

— Non, dit Elinor avec simplicité. Comme vous le savez, mon père a eu des difficultés.

L'ardeur de Lucinda Whipple ne fut pas atténuée par ce rappel de fâcheux événements anciens. Son intérêt pour la généalogie transcendait les souvenirs déplaisants. Très excitée, elle demanda :

— Serez-vous encore à Honolulu samedi ?

— Oui.

— C'est merveilleux. Quelle chance ! Samedi a lieu la manifestation qui marque l'anniversaire de l'arrivée des missionnaires et je serais très honorée si vous consentiez à m'y accompagner. Une Quigley ! Pensez donc !

Elle expliqua à Elinor que depuis sa plus tendre enfance, elle assistait chaque année à la réunion du Comité des Enfants de Missionnaires, et que l'on y faisait l'appel des premiers pionniers. Elle se levait fièrement aux noms d'Abner Hale, John Whipple et Abraham Hewlett, tous des ancêtres, ainsi que pour la lignée collatérale descendant de Retire Janders qui, s'il n'était pas missionnaire lui-même, avait travaillé avec eux.

— Mais nous n'avons jamais eu personne qui se lève pour honorer le nom de Quigley. Je vous en prie, venez, conclut-elle.

Elinor accepta et par un brûlant après-midi d'avril, elle prit place parmi les rejetons des premiers missionnaires et chanta avec eux le vieux cantique *Venant des montagnes glacées du Groenland*. Quand vint le moment émouvant de l'appel des noms de ces hommes et femmes depuis longtemps disparus, qui avaient servi Dieu sur les îles, elle se sentit de plus en plus nerveuse à mesure que se levaient les descendants de chaque couple.

— Abner Hale et sa femme Jerusha, brick *Thetis*, 1822, annonçait l'officiant.

Sur quoi l'on entendait le bruit des chaises déplacées, et quantité de Hale fort divers se figeaient pendant que l'assistance applaudissait.

— Docteur John Whipple et sa femme Amanda, brick *Thetis*, 1822, continuait le lecteur.

Du frottement des chaises, Elinor conclut que ce John avait dû être un jeune médecin plein d'ardeur, car beaucoup se levèrent en son honneur.

— Emmanuel Quigley et sa femme Jeptha, brick *Thetis*, 1822.

Le cœur battant d'émotion et d'un amour mélangé de l'Histoire et de Dieu, Elinor Henderson se leva, première des Quigley à apparaître dans cette association. Sa présence dut éveiller d'amers souvenirs chez les Hale, les Hewlett et les Whipple. Car bien que l'intraitable Emmanuel Quigley ait détruit ses Mémoires, ce qui avait fait enrager Elinor, il avait rendu publiques suffisamment de ses idées pour que son nom ne soit pas béni dans les familles de la Mission. Pleine de crainte, sa descendante se tenait là, regardant droit devant elle, lorsqu'elle entendit monter de l'assemblée des applaudissements fournis. Sans tourner la tête, car elle ne pardonnait pas plus que n'avait pardonné son pénible ancêtre, elle se rassit pendant que l'officiant poursuivait l'appel funéraire :

— Abraham et Urania Hewlett, brick *Thetis*, 1822.

Il y eut de nouveau un grand brouhaha de chaises, et beaucoup de Hawaiiens debout. En effet les enfants de Malia, sa deuxième épouse, avaient été nombreux. Certains descendants du missionnaire trouvaient anormal que ces gens se lèvent comme s'ils étaient issus de la chère Urania ; mais les Hawaiiens continuaient à se lever et personne n'y pouvait rien.

Ce soir-là, Elinor dit à Kelly :

— Le voyageur qui s'arrête à Hawaii le fait à ses risques et périls. Il ne peut deviner à quel moment la passion brûlante de ces îles l'envoûtera.

— Vous en savez assez long, maintenant, pour écrire votre livre ? demanda Kelly.

— Certainement.

— Et vous êtes toujours décidée à l'appeler *Les Dépossédés* ?

— Plus que jamais.

— A votre avis, qui sont les dépossédés ?

— Mais vous. Qui voulez-vous que ce soit ?

— Je pensais que peut-être, au cercle missionnaire, vous auriez découvert qui sont les véritables dépossédés.

— Que voulez-vous dire ?

— Les missionnaires. Ils sont venus ici nous apporter leur religion congrégationaliste, mais nous avons méprisé leurs convictions chrétiennes. De nos jours, la plupart des Hawaiiens sont catholiques ou mormons. Et il y a autant de bouddhistes que de congrégationalistes, aux îles. D'autre part, ils sont arrivés ici avec un Dieu auquel ils croyaient. Combien sont-ils qui ont conservé ce Dieu ? Ils avaient aussi de belles idées. Maintenant, ils n'ont plus que l'argent...

— Vous semblez bien amer, Kelly.

— Savez-vous pourquoi les mormons ont un tel succès dans ces îles ? Ils le reconnaissent avec franchise : « Au ciel, il n'y a que des Blancs. » Alors ils nous disent que si nous nous conduisons bien sur la terre et aimons Dieu, à notre mort Dieu nous rendra blancs, nous irons au ciel et tout sera parfait.

— Je ne crois pas que les mormons pensent cela, Kelly.

— Ça correspond aux faits.

Sa colère montait. Il eut peur de ce qu'il allait dire, et voulut arrêter le flot de ses paroles. Mais malgré lui elles jaillirent de sa bouche.

— Naturellement, les autres religions chrétiennes nous disent que Dieu aime tous les hommes, mais nous savons que c'est de la foutaise.

— Kelly !

— Nous le savons. C'est clair comme le jour. Dieu aime avant tout les Blancs, ensuite les Chinois, les Japonais, et bien loin après il accepte les Hawaiiens.

— Kelly, ô Kelly, je vous en prie !

— Mais nous avons une consolation. Savez-vous laquelle ? Nous sommes certains qu'il nous préfère aux nègres. Bon Dieu, je détesterais être un nègre.

Elinor Henderson ne devait jamais écrire son livre. Elle ne le commença même pas. Un de ces étranges et terribles phénomènes particuliers aux tropiques l'en empêcha. Le lendemain du jour où elle avait représenté la famille Quigley à la société missionnaire, à six heures dix-huit du matin, elle dormait encore tandis que dans les eaux profondes du Pacifique, à près de cinq mille kilomètres au nord, un événement d'une ampleur terrifiante se préparait. Les immenses hauts-fonds qui s'étendent au large des îles Aléoutiennes furent secoués par un tremblement de terre sous-marin qui, en quelques minutes, fit crouler des millions de tonnes de falaises sous-marines et donna naissance à une lame qui se rua vers le sud à une vitesse fantastique. Mais, bien que sept pour cent de l'océan en fût affecté, cette vague se remarquait à peine à la surface des eaux.

A sept heures dix-huit, un pétrolier japonais se balança légèrement sur la lame de fond, mais aucun des marins n'y prit garde et le fait ne fut pas consigné dans le livre de bord. Mais, si le capitaine avait su que cette vague avait pris son départ une heure plus tôt à peine, il aurait pu écrire dans son livre : « Un tsunami causé par un tremblement de terre sous-marin en Alaska vient de passer sous notre navire. Vitesse estimée : six cent vingt-sept nœuds. » Et s'il avait eu l'idée d'envoyer un message radio à travers le Pacifique tout entier, bien des vies eussent été sauvées, mais il ne vit rien, ne comprit rien, et le tsunami poursuivit sa course à une vitesse monstrueuse, sans que personne fût prévenu. S'il ne rencontrait pas d'obstacles, il finirait par s'épuiser au voisinage de l'Antarctique, mais si une île se trouvait sur son passage, la force des eaux déferlantes précipiterait l'océan dans les terres, parfois jusqu'à trente-cinq mètres de haut, et l'aspirerait de nouveau vers le large avec la même violence. L'arrivée des eaux, le raz de marée en soi, détruirait peu de choses, mais la vague, en se retirant, emporterait tout.

Donc, tandis que le tsunami passait discrètement sous le pétrolier japonais, Elinor Henderson s'éveillait pour admirer le lever du soleil sur le Pacifique et, à neuf heures, elle descendit à la plage. Les garçons de plage jouaient aux cartes et elle s'amusa un moment de leurs disputes amicales et de leurs exclamations en pidgin. Mais ce qui les faisait surtout rire, c'était Bata qui leur était apparu chaussé de souliers havane, vêtu d'un costume un peu étriqué, le cou serré dans un col de chemise blanche, et cravaté de soie. La fille de Kansas City se cramponnait à son bras, comme si elle avait peur qu'on le lui enlève, et le tirait d'un groupe à l'autre en criant :

— Nous allons nous marier à Saint-Louis ! Dieu, quel homme !

Bata sourit et donna les clefs de la Chevrolet à Elinor, pour qu'elle les remette à Kelly.

Lorsqu'il arriva, elle lui remit les clefs et lui demanda :

— Combien de temps Bata va-t-il tenir, cette fois ?

— J'ai comme une idée qu'il détonnera à Kansas City. Sa vahiné va le trouver moins beau en bleu marine, elle voudra lui couper les cheveux et finalement ils se disputeront et, vers la mi-octobre, nous verrons arriver ce bon vieux Bata avec une Buick décapotable.

— Ce sera une Cadillac ! Vous voulez parier ?

Elle se mit à rire et puis elle eut une idée :

— Kelly, puisque nous avons la voiture, ne pourrions-nous pas aller en pique-nique ?

Elle insista pour faire les achats et à dix heures, alors que le tsunami n'était plus qu'à huit cents kilomètres d'Oahu, elle désigna une petite crique ombragée sur le littoral nord de l'île et s'écria :

— C'est un paradis !

Kelly étendit les couvertures sous un palmier. Ils se baignèrent, puis ils s'allongèrent au soleil et Elinor annonça brusquement :

— Je vais partir, Kelly. Non, ne dites rien. Je suis en train de tomber amoureuse de vous et je ne suis pas une ogresse qui séduit les petits garçons.

— Je ne suis plus un enfant, protesta Kelly.

— Je ne pourrais jamais vous épouser... Huit ans de moins que moi ! Non.

— Nous serions heureux, murmura-t-il en l'attirant contre lui.

— Ce serait immoral. Vous savez, Kelly, c'est honteux, comme ces filles profitent de vous.

Il se tut, et se mit à lancer des cailloux au hasard. Enfin, il murmura :

— Si jamais vous visitez une autre île, Mrs Henderson, ne vous posez pas tant de questions. Prenez-la comme elle est.

— Je fuirai les îles comme la peste. Je voulais simplement savoir pourquoi mes ancêtres n'avaient pu supporter celles-ci.

— Et vous avez trouvé ?

— Oui, et je ne puis les supporter non plus.

— Pourquoi ? demanda-t-il d'une voix ensommeillée.

— Je prends toujours parti pour les dépossédés. Vous savez, Emmanuel Quigley a eu de gros ennuis en Ohio, en prenant le parti des Indiens.

— Je suis navré d'avoir démoli votre bouquin sur Quigley. Seront-ils mécontents... les gens de Smith ?

— La biographie d'un homme, c'est celle de tous les hommes. Dans la suite des temps, Kelly, nous serons tous fondus en une seule et même personne.

— Pensez-vous vraiment qu'un kanaka comme moi ait autant de valeur qu'une haole comme vous ?

— Jadis j'ai entendu dire qu'un caillou lancé dans le désert d'Arabie peut m'atteindre dans le Massachusetts. Je le crois. Nous sommes à jamais liés avec le reste du monde.

Elle vit qu'il avait sommeil ; aussi fit-elle une place sur ses genoux pour qu'il y appuie ses épaules bronzées par le soleil. Il tendit le bras vers sa guitare, plaqua quelques accords nonchalants et chanta des airs qui parlaient de plages inondées de lumière. Puis la guitare glissa de ses mains et il s'endormit.

Elinor contemplait la plage de sable fin et les palmiers et s'intéressait à ce qu'elle prenait pour la marée, car les eaux semblaient se retirer. Quelques instants plus tard, les récifs de coraux étaient exposés au soleil, en laissant des mares où se débattaient des poissons. Elle se mit à rire de leurs efforts et Kelly se réveilla.

— Qu'est-ce qui vous fait rire ?

— Ce poisson qui s'agite dans une mare.

— Une mare ? Comment a-t-il fait pour...

Horrifié, il bondit en voyant le récif à sec et les eaux retirées et hurla :

— Doux Jésus ! Celle-là va être terrible !

Il saisit Elinor dans ses bras puissants et se rua vers la Chevrolet inutile, laissa la voiture et courut vers les terres plus élevées mais ses efforts furent vains car, de l'océan bouillonnant, le monstrueux tsunami qui avait aspiré les eaux de la crique pour nourrir sa vague insatiable fonçait à présent à plus de huit cents kilomètres à l'heure.

Le raz de marée n'était pas très haut mais sa puissance et sa force étaient incroyables. La mer emplit la crique, courut sur le sable, traversa la route, noya les champs. Dans les basses terres, elle submergea des villages entiers mais, si elle n'était pas retenue et pouvait s'étaler à loisir, les dégâts demeuraient minimes. Cependant, si elle était pressée dans un goulet, ou à l'orée d'un vallon, elle montait en rugissant avec une fureur accrue, jusqu'à ce que son niveau s'établisse à plus de vingt mètres au-dessus de celui habituel.

Kelly Kanakoa et Elinor Henderson furent pris au piège dans leur crique encaissée. La vague ne les roula pas mais les souleva et les porta vivement vers l'intérieur. Ils se laissèrent d'abord aller et puis Kelly qui savait combien la succion serait effroyable quand les eaux se retireraient cria à Elinor :

— Cramponnez-vous ! Attrapez n'importe quoi !

Elle tentait en vain d'accrocher des arbres, des buissons, une maison, mais la vague implacable la balayait et elle ne pouvait rien tenir. Kelly insistait et suppliait :

— Elinor ! Attrapez quelque chose ! Quand ça va se retirer, ce sera...

Une épave le frappa violemment à la nuque et il coula mais Elinor eut le temps de le rattraper et put tenir sa tête au-dessus de l'eau. La vague les emporta, leur fit passer la dernière maison du village et soudain, après un bouillonnement affreux, elle se mit à reculer, à se retirer vers le large, lentement d'abord, puis avec une vitesse accélérée et finalement avec une fureur monstrueuse.

La dernière fois qu'Elinor vit Kelly, il était presque évanoui et se cramponnait instinctivement aux branches d'un arbre où elle avait réussi à le hisser. Mais elle n'avait pas eu le temps de saisir elle-même une branche et l'eau l'entraîna. Elle se sentit aspirée le long de la vallée, sur la route par laquelle ils étaient venus, devant les maisons écroulées et la Chevrolet écrasée, sur la plage et dans la crique et sur le récif de corail. Elle pensa : « Cette île maudite ! » Et puis elle ne pensa plus rien.

La vie reprit sur les plages de Waikiki, lente et douce, et les jours se suivirent dans la paresse. Les semaines et les mois passèrent et, vers le mois de novembre, Bata revint avec une Pontiac décapotable et reprit sa place parmi ses compagnons. Kelly songea « J'aimerais pouvoir dire à Mrs Henderson que ce n'est ni une Buick ni une Cadillac », et la vieille douleur se réveilla.

Au Marais, Malama sa mère recevait le soir ses amies Mrs Choy, Mrs Fukuda, Mrs Mendonca et Mrs Rodriques. Elles chantaient ensemble, et plus jamais elles ne furent dérangées par Kelolo et ses vahinés haole. Lui, il restait presque toute la journée au *Lagon*, où il chantait un peu, jouait en sourdine de sa guitare, et recevait quantité de télégrammes. Il trouvait une consolation en appliquant les préceptes de Johnny Pupali sur l'amour physique : « Dès qu'on y a goûté, on n'en a jamais assez. »

Un jour son ami Bata lui dit :

— Mon vieux Kelly, je pense à une chose au poil.

— Laquelle ?

— Partout à New York on voit des posters en couleurs : *Venez à Hawaii*, qui montrent ce caillou avec des vahinés avec une jupette en palmes, une fleur dans les cheveux, tortillant des hanches comme pour dire : « Venez nous voir, monsieur. On va baiser jusqu'à ce que vous n'en puissiez plus. »

— Il n'y a rien de mal là-dedans.

— Ce n'est pas comme ça qu'on fera venir des filles sur ce caillou. Qui se paie du bon temps ici ? Les vahinés, pas les mecs kanaka. Tu sais à quoi je pense ?

— Vas-y.

— Ce qu'il faudrait, c'est que toi et moi soyons sur les posters.

Sur ce, Bata prit la pose, faisant saillir ses muscles, ses yeux sombres regardant la mer au-delà du cap Diamond Head. Il faisait ainsi une splendide affiche pour agence de voyages. Puis, éclatant de rire, il lança :

— Mon vieux Kelly, c'est nous la vraie attraction !

Quelque temps après, Kelly se trouvait dans une chambre, en compagnie d'une divorcée de Los Angeles ardente comme de la braise, dont le père arriva à l'improviste et se mit à tambouriner sur la porte en hurlant :

— Betty, je te défends de gâcher ta vie avec un de ces garçons de plage !

Mais Kelly réussit à s'éclipser par la porte de derrière, aussi n'y eut-il pas de dégâts.

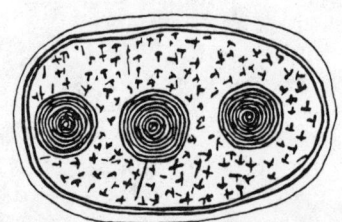

Lorsque Shig Sakagawa arriva à Yokohama au début de 1946, il étudia la patrie de ses ancêtres avec grande attention et quand il vit le peuple affamé, les villes en ruine et la pathétique base matérielle d'où les Japonais étaient partis en espérant conquérir le monde, il songea : « Papa a peut-être raison de dire que c'est la plus grande nation du monde, mais ça n'en a bougrement pas l'air. » Dans sa première lettre à ses parents, il essaya de raconter fidèlement ce qu'il voyait, mais, lorsque Kamejiro se l'eut fait lire, il envoya à son fils une réponse sévère dans laquelle il lui disait : « Souviens-toi que tu es un bon Japonais, Shigeo, et ne parle pas ainsi de ta patrie. » Après cela, Shigeo s'en tint aux généralités.

Ses premiers jours au Japon furent exaltants, cependant, car Tokyo renaissait de ses cendres et des hordes de petits travailleurs qui ressemblaient tous à son père grouillaient sur les ruines, déblayaient, nettoyaient, dégageaient les rues avec une extraordinaire activité. Shig n'avait encore jamais vu pareille vitalité chez un peuple, et fut alors impressionné par l'indomptable ressort du Japon.

D'innombrables femmes, aussi âgées que sa mère, travaillaient plus durement encore que les hommes et charriaient inlassablement des paniers de gravats. Presque à vue d'œil, Tokyo se relevait et se préparait à revivre. Shigeo écrivit à son père que ces gens forçaient l'admiration et Kamejiro préféra cette lettre à la missive déloyale qui évoquait la défaite du Japon.

Son rôle d'interprète auprès du professeur de Harvard que le général MacArthur avait fait venir pour conseiller les autorités d'occupation sur la réforme agraire passionnait Shig. Le professeur Abernethy était un curieux homme maigre, à l'esprit aigu qui, bien qu'il ne connût pas la langue et dût avoir recours à la traduction de Shig quand il s'entretenait avec les paysans, se fiait surtout à ses propres impressions et, pour la première fois de sa vie, Shigeo vit fonctionner de près un grand cerveau.

Lorsque le propriétaire d'une rizière disait : « Je fais deux cents hectos de paddy », Shig traduisait cela pour le professeur ; mais celui-ci paraissait à peine écouter, car il était en train d'évaluer par lui-même la valeur de la terre et sa capacité de production. De sorte que presque avant que le fermier et Shig aient ouvert la bouche, il savait ce que pouvait donner le sol. Et si la traduction de Shig ne cadrait pas avec son estimation, Shig devait questionner de nouveau. En général, Abernethy avait raison.

Lors de leurs longues randonnées en jeep, tandis que Shig conduisait, Abernethy lui exposait ses théories sur la réforme agraire.

— Voyez-vous, Shig, le général MacArthur doit lutter contre une conception tout à fait médiévale de la propriété. Dans toutes les provinces, une demi-douzaine de riches propriétaires accaparent la terre, la cultivent et la morcellent selon leurs intérêts. Le système n'est pas forcément mauvais et vaut mieux, en tout cas, que le communisme. Mais là où les ennuis commencent, c'est quand des intérêts économiques personnels, généralement arbitraires, prennent le pas sur l'intérêt de la nation.

— Lesquels, par exemple ?

Shigeo était fier et heureux que le professeur Abernethy conversât avec lui sur un pied d'égalité. C'était affreux d'avoir affaire à des officiers qui se croyaient obligés de lui parler pidgin.

— Eh bien, lorsqu'un gros propriétaire laisse inutilement ses terres en jachère, alors que la région a besoin de nourriture, dans un but de spéculation.

— Et ça arrive ?

— Mais regardez vous-même ! Il est parfaitement évident que, même en ce moment où le Japon lutte pour sa vie, ces terres que vous voyez ne sont pas cultivées. Dans un cas pareil, le pays n'a guère qu'un recours, la révolution. Tout au long de l'Histoire, ce fut l'aboutissement inéluctable d'une possession abusive de la terre. Heureusement, une révolution agraire peut se dérouler de deux manières. En France, la terre était exploitée de façon si traditionnelle que la révolution fut nécessaire avant que tout le système ne s'écroule... et elle fut sanglante. C'est la manière la plus mauvaise. En Angleterre, le même résultat fut acquis au moyen d'impôts écrasants, car alors le moment vient où les possesseurs d'immenses domaines ne peuvent plus s'y cramponner. Les impôts sont trop élevés. Ils sont donc obligés de vendre.

— Vous croyez que le Japon doit résoudre le même problème que la France et l'Angleterre ?

— Toutes les nations l'affrontent. La relation d'un homme à sa terre est une chose universelle. Au début d'une nation, le sol est réparti de façon naturelle entre les agriculteurs. Par la suite, les plus intelligents ou les plus malins acquièrent de grandes propriétés, dans la possession desquelles la société les confirme. Tant que la population ne s'accroît pas beaucoup, ils ont toute latitude de les exploiter à leur guise. Mais lorsque les familles se multiplient, les fils en âge de se marier lorgnent avec envie les terres en jachère. Et comme toutes les conventions sociales, religieuses, politiques et la coutume protègent les grands propriétaires, les paysans qui se révoltent sont pendus. Ici, au Japon, on les crucifiait la tête en bas. Par la suite la pression augmente, et cela amène une révolution sanglante... à moins de faire preuve d'intelligence, comme les Anglais, et d'arriver à une meilleure répartition par des impôts astucieusement établis.

— Et vous pensez que toutes les nations suivent un tel cycle ?

— J'ai été témoin de cinq révolutions analogues. Au Mexique, les atteintes au bon sens étaient incroyables, de même que les représailles sanglantes. En Angleterre, des législateurs intelligents ont provoqué le changement de façon étonnamment simple. En Roumanie, le sang coula d'affreuse façon. De même en Espagne. Dans l'ouest des États-Unis, les éleveurs de bétail commencèrent à protéger leur bien à coups de fusil, avant d'être vaincus par la sagesse des citadins qui s'exerça par des impôts. Aucun pays ne peut faire l'économie d'une réforme agraire. Ce qu'il peut, c'est décider du cours qu'elle prendra : révolte sanglante ou taxation.

— Il me semble que le Japon a un autre choix, le *fiat.*

— Très juste. Le général MacArthur suivra les conseils que nous lui donnerons, pour le plus grand bien du Japon qui ne pourra qu'obéir. Il redistribuera équitablement les terres, et empêchera ainsi un conflit sanglant.

— Ainsi, il y a réellement une alternative ?

— Oui, mais peu de pays ont la chance d'avoir été vaincus par les États-Unis.

Ils roulèrent en silence, cherchant la route de terre qui conduisait à l'habitation principale d'une des propriétés les plus illogiques des grands domaines qui avaient mis le Japon en péril. Lorsqu'ils l'eurent trouvée, Shig étudia la région relativement peu étendue dont il s'agissait — peu étendue en comparaison de Hawaii — et se mit à rire.

— Qu'est-ce qu'il y a de drôle ? demanda Abernethy.

— Oh ! rien. Mais je pensais à l'ironie de la chose.

— Laquelle ? demanda vivement le professeur qui adorait les ironies de l'Histoire.

— Nous voilà tous les deux en train de travailler à sauver le Japon par un partage des terres, alors que chez moi, à Hawaii, la situation est encore plus épouvantable.

Le professeur Abernethy eut un mince sourire, glissa un regard aigu vers Shig et murmura :

— A quoi pensez-vous que je faisais allusion ?

Shig fut tellement étonné qu'il leva le pied de l'accélérateur, freina et se tourna vers son compagnon.

— Vous voulez dire que vous cherchiez à me parler de Hawaii ?

— Naturellement. Je veux que vous compreniez bien quels sont les moyens à votre disposition.

— Comment pouvez-vous connaître la situation à Hawaii ?

— Tous ceux qui s'intéressent à la réforme agraire savent ce qui se passe à Hawaii. A présent que la Hongrie et le Japon ont affronté leur révolution, Hawaii et la Chine restent les seuls bastions, ou presque, de la féodalité dans le monde.

— Et ils devront à leur tour accomplir leur réforme ?

— Bien sûr, répliqua Abernethy avec simplicité. La leçon de l'Histoire la plus difficile à apprendre est qu'aucune nation ne peut échapper à l'Histoire. La révolution chinoise se terminera probablement par la confiscation des terres et dans le sang. Celle de Hawaii se fera sans doute grâce aux impôts, paisiblement... C'est-à-dire si des jeunes gens comme vous ont assez de bon sens.

— Je persiste à penser que c'est ironique, jugea Shigeo, que je sois ici pour aider à sauver le Japon. Je devrais être en train d'accomplir la même mission chez moi.

Sur ce, il démarra et fit route vers la demeure où attendaient les propriétaires terriens japonais dans l'anxiété. Le professeur Abernethy conclut :

— Comme je vous l'ai déjà dit, peu de pays ont le bonheur de perdre une guerre au bon moment. Oui, le Japon a de la chance.

La chance du Japon devint plus évidente encore pour Shig lorsqu'il retrouva son frère Goro, qui était interprète attaché aux services du général MacArthur. Il était à Nagoya lors de l'arrivée de son jeune frère, travaillant sur un programme à long terme pour la syndicalisation de l'industrie japonaise, mais au lieu d'être au service d'un théoricien intellectuel comme le professeur Abernethy, il appartenait à une équipe d'Américains virulents de la Fédération Américaine du Travail.

— Ce travail me rend fou ! s'écria Goro.

— Pourquoi ?

— Parce que ça m'exaspère de trimer quinze heures par jour pour forcer les travailleurs japonais à se syndiquer. Il a fallu que je leur lise la déclaration du général MacArthur, où il dit que l'une des bases les plus solides de la démocratie est une classe laborieuse organisée et syndiquée, forte de ses droits. Et il a raison ! C'est seulement comme ça que les Japonais pourront lutter contre les *zaibatsu**. Avec des syndicats puissants. Mais c'est rageant, bon Dieu, d'obliger les Japonais du Japon à créer une chose que l'on interdit aux Japonais de Hawaii !

— Tu veux dire les syndicats ?

— Et comment ! Écoute, Shig, regardons les choses en face. Au fond, nous avons combattu pour supprimer les zaibatsu du Japon. Mais les grandes firmes d'ici n'ont jamais atteint la moitié de la puissance de celles de Hawaii. Vraiment, c'est un monde à l'envers où l'on donne aux vaincus ce que l'on refuse à ses propres nationaux !

Cette conversation avait lieu à l'hôtel *Dai Ichi*, où les deux frères étaient logés, devant des verres de bière japonaise.

Shig feignit de boire lentement, pour se donner le temps de réfléchir, mais Goro profita de son silence pour enchaîner :

— Si les syndicats sont bons au Japon, ils sont bons à Hawaii. Si les zaibatsu sont mauvais au Japon, ils sont mauvais à Hawaii. Et pourtant, on me force à obliger les Japonais d'ici à se former en syndicats alors que si je faisais la même chose chez nous je serais arrêté, passé à tabac et fourré en prison ! C'est inouï !

— Ce que tu me dis est passionnant, tu sais. Le type avec qui je travaille, ce professeur Abernethy, m'a dit à peu près la même chose au sujet des problèmes agraires. Et il ne manque jamais d'ajouter : « Une nation a de la chance quand elle peut perdre une guerre au bon moment. » Plus je vois ce que nous faisons au Japon, plus je le crois.

Goro posa son verre de bière japonaise et déclara gravement :

— Quand je rentrerai à Honolulu, je vais lancer une nouvelle devise.

— Ah ! oui ?

— Oui. « Ce qui est assez bon pour le vaincu, est assez bon pour le vainqueur. » Et je m'en vais faire en sorte qu'un homme de Hawaii ait le droit de se syndiquer. Tout comme un homme de Tokyo. Hoxworth Hale n'aura qu'à bien se tenir. La dernière fois il a gagné parce que les

* *Zaibatsu* : Conglomérats industriels.

travailleurs étaient stupides. La prochaine fois, nous gagnerons grâce à ce que j'apprends ici en pays conquis.

— Ne va pas te créer d'ennuis, prévint Shigeo.

— Si tu ne fais pas la même chose, j'aurai honte de toi ! Tu auras gâché ta guerre.

Shigeo entendait pour la première fois la phrase qui allait lui dicter sa conduite au cours des années suivantes : « Ne gâche pas ta guerre ! »

— Je me suis longtemps demandé ce que je ferais plus tard, confia-t-il soudain à Goro. Mes conversations avec le professeur Abernethy m'ont appris une chose. Il n'y a pas à Hawaii un seul Japonais instruit et évolué. Oui, il y a des hommes intelligents, retors, travailleurs, mais ils restent ignorants.

— Rien n'est plus vrai, hélas ! soupira Goro en contemplant le fond de son verre.

— Alors j'ai pensé que j'irais peut-être faire mon droit à Harvard.

— Quelle excellente idée ! s'écria Goro en se redressant. Mais écoute, petit, il ne faut pas seulement apprendre la loi, tu sais.

— Ce n'est pas mon intention. Le professeur Abernethy a suggéré que j'aille habiter chez lui. Sa femme est avocate.

Goro se trémoussa sur sa chaise, les yeux brillants d'excitation.

— Et le soir tu pourrais bavarder avec eux, parler de l'Histoire universelle, de tout, te cultiver ! Oh ! Shig, il faut accepter ! Il le faut ! Et je pourrai t'aider, je pourrai te donner un peu d'argent.

— Et toi ? Tu ne vas pas poursuivre tes études ? demanda Shigeo.

Goro rougit, baissa les yeux, fit tourner son verre entre ses doigts et finit par consulter sa montre.

— Je crois que j'ai d'autres projets, murmura-t-il. J'aimerais que tu la rencontres.

L'hôtel *Dai Ichi* de Tokyo, où les deux frères Sakagawa étaient cantonnés, était situé non loin du métro aérien qui fait le tour de la ville, et tout près de la gare de Shimbashi. En 1946, ce quartier grouillait chaque soir de petites Japonaises faméliques, les plus pitoyables prostituées d'Asie. Le drame était que même lorsqu'elles recouvraient la santé et que leurs joues se remplissaient, elles étaient tellement habituées à leur trottoir qu'elles ne cherchaient pas à faire autre chose et recommençaient à exercer leur vieux métier. Elles avaient appris quelques mots d'anglais, et parfois des soldats américains les introduisaient clandestinement dans leur caserne.

Mais c'est en japonais que la horde des filles interpellait Shigeo et Goro déambulant dans Tokyo, par le froid piquant de cette soirée de janvier : « Alors, petit GI, tu viens faire dodo avec une fille qui te tiendra chaud ? » Shigeo en était malade, et essayait de ne pas regarder les visages hâves qui l'obsédaient. Mais elles se pressaient contre lui, mendiant : « Allez, militaire, je suis une bonne fille, je te donnerai plein de bonheur cette nuit. » Tandis qu'elles se pendaient à son bras comme des affamées, il pensait : « Peut-être le professeur Abernethy n'a pas saisi tout ce qu'entraîne le fait de perdre une guerre. Ce n'est peut-être pas aussi bien qu'il le croit. »

Les deux frères finirent par échapper aux filles de Shimbashi et se dirigèrent vers le Ginza, le large boulevard patrouillé par les MP, mais ils tournèrent à gauche avant d'y arriver et s'engagèrent dans le dédale des ruelles de Nishi-Ginza. Goro s'arrêta enfin devant un bar minuscule, appelé (en français) *Le Jazz Bleu*. La petite salle enfumée résonnait des accents d'un pick-up qui jouait du Louis Armstrong. Trois clients étaient installés au bar. Une Japonaise en costume occidental s'avança vers Goro en souriant. Elle ne devait pas avoir plus de vingt ans et, dans sa figure émaciée d'enfant mal nourrie, ses yeux brillaient d'un éclat intelligent. Elle tendit une petite main délicate à Goro et s'écria en japonais :

— Soyez les bienvenus dans notre centre de culture et de sédition !

Avec ces quelques mots, elle fit entrer Shigeo dans ce que l'après-guerre japonais avait de plus fascinant à offrir : la révolution intellectuelle.

Akemi savait que si elle n'avait pas eu la chance de rencontrer Goro Sakagawa dès le début de l'occupation, elle traînerait à présent à Shimbashi, mendiant aux GIs du chocolat, des bas nylon et du corned-beef. Goro lui apportait bien l'argent et les conserves dont il pouvait disposer, mais elle lui donnait en échange des conversations passionnantes, une véritable connaissance du Japon et une affection spirituelle dont il n'avait jamais imaginé qu'elle pût exister au monde. Shig ne mit pas deux minutes à comprendre que ces deux-là étaient faits pour se marier.

— Pourquoi travaille-t-elle dans un bar ? demanda Shig lorsqu'elle les eut quittés pour servir d'autres clients.

— Elle veut travailler et elle aime la musique.

— Est-elle Edokko ? poursuivit Shig en faisant allusion à l'ancien nom de Tokyo.

Goro éclata de rire.

— Elle est tout ce qu'il y a de « modenne » !

La jeunesse d'après-guerre au Japon se flattait de connaître le français et sa plus haute ambition était d'être « modenne », moderne.

— Elle est aussi extrêmement intelligente, ajouta Goro.

— Je parie qu'elle n'est pas d'Hiroshima-ken ! le taquina Shigeo.

— Tu as vu Hiroshima ? C'est comme ça, dit Goro en passant sa main au ras du sol. Je ne veux rien avoir de commun avec Hiroshima.

— Maman va être malheureuse. Tu fais le long voyage du Japon et tu n'es pas fichu de te trouver une fille de Hiroshima !

— C'est celle-là qu'il me faut, affirma Goro.

Akemi vint s'asseoir à leur table, apportant avec elle une extraordinaire vitalité, particulière au nouveau Japon. Vers minuit, elle leur chuchota :

— Les clients vont bientôt partir, et alors nous allons vraiment nous amuser.

Elle attendit patiemment le départ du dernier consommateur, souhaita chaudement bonsoir à tous afin qu'ils reviennent, mais, quand le patron se mit à éteindre les lumières, elle soupira :

— J'aimerais que les verres soient moins chers. Les clients boiraient plus vite !

Elle entraîna Goro et Shigeo dans un labyrinthe de ruelles, les plus étroites du monde, où ils durent marcher à la file indienne et s'arrêta enfin devant une porte qu'elle poussa sans bruit. Ils se trouvèrent dans une assez vaste salle où une quinzaine de jeunes gens et de jeunes filles étaient assis, raides et silencieux. Un pick-up importé diffusait une musique inconnue des deux frères mais une partition ouverte sur un pupitre sur lequel un projecteur était braqué leur apprit qu'il s'agissait des *Kindertotenlieder* de Mahler, chantés par un chœur allemand. Les nouveaux venus s'assirent discrètement par terre et quand la musique se tut et que l'on ralluma la salle, les conversations reprirent. On parla beaucoup de Paris, de Gide, de Dostoïevski, soit en français, soit en japonais. Shigeo qui avait appris un peu de français pendant sa campagne de 1944 fut accueilli à bras ouverts.

Ensuite, la conversation roula sur le nouveau Japon, la liberté des femmes, le morcellement des grands domaines, les syndicats. Goro et Shig y prirent une part active. Mais au moment où il semblait que l'ancien Japon était bien mort, Akemi revêtit un vieux kimono usé, le brouhaha se tut et chacun adopta la pose traditionnelle tandis que la jeune fille servait le thé selon le rite millénaire. Shig sentit que ces jeunes Japonais étaient, comme lui, pris dans un bouleversement historique, si bien qu'une partie de leur esprit se consacrait au français et à tout ce qui était « moderne », tandis que l'autre restait fidèle aux inexplicables secrets du Japon immuable.

« Hawaii et le Japon sont confrontés aux mêmes problèmes », se disait Shigeo. La petite Akemi lui fit signe que son tour était venu d'être servi ; une jeune fille s'approcha, s'agenouilla et lui présenta la tasse de thé amer. Il la prit dans ses deux mains, la tourna de façon que son bord le plus richement orné ne vienne pas au contact de ses lèvres indignes, et but. Lorsque la cérémonie fut terminée, les conversations reprirent. La jeune fille qui lui avait présenté le breuvage lui dit :

— L'occupant américain peut tout empêcher, sauf la cérémonie du thé. Quoi que vous tentiez de faire pour tuer notre âme, il semble que ce soit pour vous un échec.

— Ne faisant pas partie des troupes d'occupation, je ne sais pas, répliqua Shigeo. En ce qui me concerne, j'apporte la liberté.

— Quelle liberté ? demanda-t-elle d'un ton agressif.

— La possession de leur terre aux paysans.

Pendant quelques minutes, il fut le héros de la soirée ; et puis on éteignit les lumières, à l'exception du projecteur éclairant le pupitre. Le pick-up joua la *Première Symphonie* de Bruckner ; l'enregistrement avait été fait à Londres, et Shig l'aima beaucoup.

En rentrant à l'hôtel, les deux frères eurent de nouveau à repousser les avances des quelques filles qui traînaient encore à Shimbashi, à l'affût des GIs attardés, et Shig dit à Goro :

— Il faut l'épouser. Elle est merveilleuse.

— J'en ai bien l'intention.

Ce fut donc de cette étrange façon que les fils Sakagawa découvrirent la patrie de leurs ancêtres et virent combien elle était différente de ce que leurs parents se rappelaient, mais ils découvrirent aussi Hawaii, au point qu'un soir Goro posa violemment son verre sur la table, au bar du *Dai Ichi*, et s'écria :

— C'est de la folie d'être ici, Shig ! Nous devrions faire chez nous ce qu'on nous fait faire au Japon.

Et, tout en travaillant pour le Japon, ils songeaient à Hawaii.

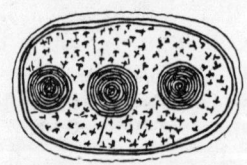

En 1947, le gigantesque hui des Kee vécut des heures mémorables car Nyuk Tsin fêta son centième anniversaire et toute la famille se réunit autour d'elle. Le sommet des festivités fut un dîner de quatorze plats dans un restaurant chinois de grande classe. La petite aïeule, maintenant décharnée, apparaissait à chaque réunion toute de noir vêtue, ses cheveux gris et rares sévèrement tirés en chignon. Elle bavardait avec tous les membres de sa nombreuse famille, fière de leurs succès et se montra particulièrement heureuse quand la plus jeune fille de Hong Kong, Judy, amena un pianiste de son université et chanta de vieilles chansons chinoises.

Observant le visage animé de la jeune fille, Nyuk Tsin pensait : « Elle pourrait être une enfant de notre Village d'En-Haut. Je me demande ce qu'il est devenu aujourd'hui. »

A cette fête étaient présents cent quarante et un de ses arrière-petits-enfants, auxquels Nyuk Tsin vouait une affection particulière. Chaque fois qu'on lui en présentait un, elle lui demandait en dialecte hakka :

— Comment t'appelles-tu, mon chéri ?

— Dis ton nom à Tante, traduisait en anglais la mère du marmot.

Mais si le petit répondait, par exemple, « Harry Rodriques », Nyuk Tsin le reprenait et l'obligeait à dire son nom du poème familial, Kee Doh Kong. L'aïeule savait aussitôt quelle était l'ascendance de l'enfant debout devant elle.

Mais c'est avec son propre nom qu'elle avait des difficultés, car il n'y avait plus personne au monde qui le connaissait. Même ses fils, qui portaient allégrement leurs soixante-dix ou quatre-vingts ans, ne l'avaient jamais su, étant donné qu'elle avait abdiqué sa personnalité au sein de ce puissant *hui* dont elle était maintenant le chef. Elle était satisfaite de régner avec le titre de Tante de Wu Chow ; cependant elle savait être Char Nyuk Tsin, la fille d'un paysan qui était devenu général. Aussi fut-elle profondément émue lorsque, la fête terminée, ses fils Asie et Europe lui dirent :

— Tante de Wu Chow, nous ne voyons pas pourquoi envoyer encore de l'argent à notre mère, au Village d'En-Bas. Elle est certainement décédée, et sa famille n'a jamais rien fait pour nous.

— Ou bien, les gronda Nyuk Tsin, elle est toujours en vie comme moi, et dans ce cas elle a plus que jamais besoin de cet argent. Après tout, elle est votre mère et vous lui devez le respect.

Un seul nuage vint troubler le dîner d'anniversaire. Son petit-fils Hong Kong paraissait visiblement ennuyé, nerveux et irritable. Nyuk Tsin devina qu'il devait avoir des difficultés dans ses affaires, dans ces nombreuses affaires qu'elle l'avait poussé à créer, et fut désolée que ce fût lui, et non elle, qui ait à supporter le fardeau de cette époque éprouvante. Aussi, le repas terminé, elle prit congé en disant qu'elle avait à parler à Hong Kong. Rentrée chez elle, après avoir examiné son corps de crainte de la lèpre, et regardé ses grands pieds disgracieux, elle revêtit une longue robe noire boutonnée sur le côté et vint à Hong Kong, auquel elle demanda :

— Hong Kong, qu'est-ce qui ne va pas ?

— Les enquêteurs sont revenus.

— Mais tu ne sais pas encore si cela annonce du bon ou du mauvais !

— Les enquêteurs n'annoncent jamais rien de bon.

— Comment sais-tu qu'ils sont revenus ?

— Kamejiro Sakagawa m'a dit qu'ils sont à nouveau en train d'étudier ses titres de propriété de terrain.

— Où en es-tu de tes impôts ?

C'était le seul aspect encourageant de l'affaire et Hong Kong répondit avec soulagement :

— De ce côté, ça va. Avec l'argent que nous avons économisé l'année dernière, nous pourrons tout payer.

— Alors il n'y a qu'à attendre, conseilla Nyuk Tsin. Si l'on cherche à te nuire, laisse venir. Qu'ils fassent les premiers pas. Tu te défendras au moment propice.

Ce premier pas prit, quatre jours plus tard, la forme d'un individu corpulent aux sourcils noirs broussailleux, un Irlandais de Boston nommé Mac Lafferty qui se présenta au bureau de Hong Kong et lui posa des questions apparemment distraites sur ses terrains. Mais Hong Kong jugea, à son assurance, que cet homme en savait long sur ses activités. « Celui-là, se dit-il, doit avoir en poche le rapport des enquêteurs ; il est au courant. » Hong Kong lança un coup de sonde :

— Vous cherchez un terrain pour construire un hôtel ? Avez-vous déjà une idée ?

— Qu'avez-vous à proposer ? (Mac Lafferty entrait dans le jeu, mais de toute évidence n'était pas intéressé.) Je reviendrai.

A peine fut-il parti que Hong Kong lança à ses trousses une demi-douzaine de Kee qui lui apprirent simplement que l'homme se nommait bien Mac Lafferty, qu'il était avocat à Boston, qu'il était descendu au *Lagon*. Hong Kong rapporta fidèlement ces renseignements à sa grand-mère et ensemble ils supputèrent les diverses éventualités qui pouvaient amener à Hawaii un avocat de Boston. Hong Kong était partisan d'envoyer un télégramme à un Kee, étudiant à Harvard, pour lui demander de s'informer sur Mac Lafferty. Mais sa grand-mère lui conseilla d'attendre :

— Ne bouge pas avant qu'il avance ses pions.

Deux jours plus tard, Mac Lafferty reparut et demanda :

— Si mes commettants se décidaient pour un des grands emplacements d'hôtel, après accord sur le prix, pourriez-vous nous délivrer un acte de propriété ?

Hong Kong comprit que, si le Bostonien était au courant de la situation foncière compliquée de Hawaii, cette question recelait un piège et il répondit lentement, avec prudence :

— Je dois vous dire, Mr Mac Lafferty, que les terrains que nous avons ne sont pas libres à la vente. Mais je puis vous obtenir une concession de cinquante ans.

— Vous ne pouvez pas vendre de terrains ? C'est ça ?

— Mon hui — vous savez sans doute ce qu'est un hui ? — a de petits terrains en pleine propriété, mais pas d'emplacements pour de grands hôtels. En fait, ce qui est sous notre contrôle, ce sont parmi les meilleurs terrains à louer de l'île.

A cet instant, Hong Kong prit la décision d'aller droit au fait :

— Mr Mac Lafferty, il me semble que si vous avez l'intention de construire un hôtel ici, et que vous avez étudié la question, vous devez certainement savoir que nos agences ne vendent jamais de terrains. Elles les louent.

Mr Mac Lafferty parut satisfait de cette franche réponse. Tout ce qu'il avait appris de Hong Kong lui plaisait — et il en savait long ! Il jugea que le moment était venu de dévoiler ses batteries.

— Ne pourriez-vous renvoyer votre secrétaire un moment ? Une heure environ.

— Mais certainement, répondit Hong Kong, le cœur battant.

Pour se donner le temps de se calmer, il donna à la jeune fille des instructions détaillées, puis il ferma sa porte à clef et revint s'asseoir. Afin de faire croire à son visiteur qu'il avait été dupe de son histoire d'hôtel, il enchaîna avec aisance :

— Nous pouvons vous proposer trois sites qui me paraissent convenir admirablement à des hôtels et...

— Ce ne sont pas les hôtels qui m'intéressent, déclara nettement Mac Lafferty.

— Qu'est-ce qui vous intéresse ? demanda Hong Kong sans s'émouvoir.

— Je représente Gregory's.

Le nom fit littéralement explosion dans le bureau silencieux, ricocha sur les murs, résonna aux oreilles de Hong Kong et le laissa pantois. Enfin, il murmura :

— Vous allez vous imposer aux îles ?

— Vous venez d'avoir le mot juste, répliqua Mac Lafferty. D'ici six mois, Mr Kee, nous nous serons imposés en plein centre commercial... là !

Et le gros doigt carré de l'Irlandais s'abattit sur un plan de Honolulu qu'il venait de sortir de sa poche et d'étaler sur le bureau d'un geste de prestidigitateur. Le bout de l'index couvrit un carrefour important. Quand Hong Kong vit le quartier qu'on lui désignait, il en eut le souffle coupé.

— Le Fort vous brisera, monsieur, prévint-il.

— Non. Nous sommes trop puissants. Nous sommes tout prêts à perdre cinq millions de dollars pendant les trois premières années. Nous avons près d'un demi-milliard de réserves. Le Fort ne peut rien contre nous.

— Mais il ne vous permettra jamais d'acheter ce terrain, pas plus qu'il ne vous le louera. Vous n'avez aucun moyen de vous établir là.

— Vous allez acheter le terrain pour nous, Mr Kee.

— Il n'est pas libre à la vente.

— Je voulais dire que vous allez obtenir la location. Sous un nom d'emprunt... sous une dizaine de noms d'emprunt. Je ne vous verrai plus, mais nous nous arrangerons pour rester en contact étroit. Gregory's va s'imposer à Honolulu, n'en doutez pas une seconde.

— Si le Fort ne vous brise pas, il cassera les reins à vos hommes de paille. Le Fort sait se défendre.

— Nous avons songé à cela, Mr Kee.

— Appelez-moi Hong Kong.

— Et nous avons consacré plus d'un an à analyser votre situation ici. Si vous restez solvable, Hong Kong, personne ne peut rien contre vous. Et si l'on cherche à vous éliminer, nous consacrerons une bonne partie des cinq millions de dollars que nous avons sacrifiés à vous aider à rester à flot.

Cet Irlandais hardi et franc plaisait à Hong Kong et, après quelques instants de réflexion, il demanda :

— Il vous faut cet emplacement particulier ?

— Nous n'en voulons pas d'autre.

— Combien de temps me donnez-vous ?

— Six mois.

— Vous êtes prêts à payer cinquante pour cent de plus que les cours normaux ?

— Nous ferons mieux. Vous nous donnerez le détail de vos débours, et nous vous accorderons une commission de cent pour cent.

— Vous savez que si le Fort vient à le savoir...

— Nous savons. C'est pourquoi nous vous avons choisi pour négocier la location.

— Vous n'ignorez certainement pas, Mr Mac Lafferty, que le profit n'est pas pour moi le plus important. Et cependant vous me demandez de risquer mes affaires dans une confrontation ouverte avec le Fort. Pour quelle raison ?

— Voici notre raisonnement : O. C. Clemmons veut s'installer dans ces îles, mais le Fort ne laissera pas faire ; il ne lui vendra pas de terrain ; ne fournira pas de fret ; ne fera rien. Ce sera pareil avec Shea & Horner ; pareil avec California Fruit. Le Fort a froidement décidé qu'aucune firme du continent ne viendra à Hawaii. Décidé d'écarter toute concurrence, de fixer les prix, d'engranger tous les profits.

— Tout cela, je le sais. Peut-être mieux que vous. Mais pourquoi me battrais-je pour vous ?

— Pour deux raisons simples. Vous avez raison de dire que nous ne pouvons vous payer pour les risques que vous prenez si le Fort décide de vous éliminer. Mais regardez, Hong Kong. (Mac Lafferty montra sur sa carte tous les terrains possédés par son interlocuteur. Il était renseigné de façon étonnante.) Voici vos propriétés. Si Gregory's vient, et O. C. Clemmons, et Shea & Horner, cela donnera une forte impulsion à toute l'économie. Les terrains sont rares ; ils devront vous en acheter, et ceux-ci doubleront ou tripleront de valeur. Hong Kong, vous devez vous persuader qu'une économie en expansion est bonne pour tout le monde, une économie stagnante mauvaise pour tous. Vos profits viendront indirectement. L'ironie de l'histoire est que, si le Fort nous avait laissés venir il y a dix ans, quand nous l'avons tenté la première fois, pour chaque dollar de gain pour nous il en aurait fait six, car nous aurions activé l'économie à son profit.

— Le Fort n'a pas l'intention d'activer quoi que ce soit.

— Et voici ma deuxième raison, Hong Kong. Tout ce qui aide Gregory's ou California Fruit aide votre population. Vos espions ont-ils découvert qui était mon père ? Vous voyez, je sais que vous avez fait faire des recherches à Boston sur moi. Eh bien, mon père était Black Jim Mac Lafferty, un Irlandais costaud de Boston avec des sourcils féroces comme les miens. Toutes les batailles que vous, les Chinois, avez livrées à Hawaii, nous les avons livrées à Boston, nous les Irlandais. Mais mon père était une vraie terreur ; il a été gouverneur jusqu'à ce que le Fort local le mette en prison ; ensuite, il est devenu maire à la tête d'une liste d'opposition. Je suis son fils, et je ne me laisse pas facilement intimider. Croyez-moi quand je vous dis que vous devez faire au Fort ce que mon père a fait aux protestants collet monté de Boston.

Hong Kong n'aimait pas le tour que prenait la conversation. Pour y couper court, il observa :

— Il me semble que tôt ou tard vous aurez besoin d'un plus vaste emplacement aux abords de la ville, avec plus de dégagements.

— Nous en avons l'intention, dans un deuxième stade.

— Ce que vous devriez faire, qui serait astucieux, serait d'acheter ce second emplacement dès maintenant, avant que les prix ne s'envolent.

— Je voulais justement vous en parler. Nous avons déjà trouvé l'endroit, et attendons de vous que vous l'achetiez pour nous en même temps que vous négocierez le bail dans le centre-ville.

— Où est-ce ?

— C'est un beau terrain entouré d'une palissade. On l'appelle le Marais.

— Ah ! non ! s'écria Hong Kong en éclatant de rire. On ne peut pas y toucher.

— Nous en donnerions deux millions de dollars.

— Moi aussi, tout le monde. Mais ce ne sera jamais à vendre.

— La propriété appartient à une vieille Hawaiienne nommée, je crois, Malama Kanakoa. Son fils doit s'appeler Kelly. C'est un garçon de plage.

— Mr Mac Lafferty, vous avez un sens aigu des affaires mais il y a des choses que vous ignorez. Cette terre est entre les mains de curateurs. Ils sont trois. Et savez-vous comment ils s'appellent ? Hewlett Janders, du Fort. John Whipple Hoxworth, du Fort, et Harry Helmore, dont la femme est née Abigail Hewlett, du Fort. Et vous croyez qu'ils vous laisseront acquérir cette terre ?

— Nous pourrions plaider, insista l'Irlandais têtu.

— Bonne idée, répliqua le Chinois. Et qui sont les juges qui auront à connaître de votre appel ? Ceux-là mêmes qui ont désigné les curateurs. C'est-à-dire le juge Clements, époux d'une fille Whipple, le juge Harper, du Texas, veuf et remarié à une Hoxworth, et enfin le juge Mac Clendie, du Tennessee. Il n'est pas personnellement apparenté au Fort, mais son fils l'est. Il a épousé une Hale. Quelle serait leur décision, à votre avis ?

— Ces gens-là sont donc des bandits ?

— Pas le moins du monde. Ils sont l'honnêteté même. Ce sont des hommes probes, droits et loyaux. Simplement, ils sont intimement persuadés qu'eux seuls savent ce qui est bon pour Hawaii. Aucun d'eux ne rend un jugement malhonnête. Ils examinent seulement qui sont les personnes impliquées dans le procès ; si c'est Hong Kong Kee contre Hoxworth Hale, bien sûr c'est moi qui à première vue aurai tort, car Hale est connu pour son honnêteté, et il est hors de question que ce qu'il veut ne soit pas pour le bonheur de Hawaii.

— Et ainsi l'affaire est dans le sac ! grommela l'Irlandais.

— Mais ce qu'ils ont trouvé de mieux, c'est ce racket des curateurs. Voyez par exemple Mrs Kanakoa. Elle a des terres valant dix millions, au moins. Les juges lui ont dit : « Malama, vous êtes une charmante femme qui n'a pas de jugeote. Nous allons vous mettre sous curatelle ; trois excellents haole vont veiller sur vos intérêts et vous protéger. Pour leurs services, nous ne vous prendrons que cinquante mille dollars par an. Vous disposerez du reste. » Puis les curateurs désignés par le tribunal se disent : « La meilleure façon de garder un Hawaiien bien en main est qu'il soit endetté. » Aussi au bout d'un an, la pauvre Malama a tellement d'ardoises dans les magasins tenus par le Fort, et doit au gouvernement tellement d'impôts, qu'elle ne peut plus s'en sortir. Cependant chaque année les curateurs prélèvent leurs honoraires, avant les magasins, avant le gouvernement, avant Malama. De temps en temps, ils lui donnent de l'argent au compte-gouttes, et ça continue comme cela.

— Et leur immobilisme ruine les îles, mais honnêtement.

Hong Kong réfléchit pendant un moment sur ce résumé, puis observa en termes modérés :

— Je pense que le Fort nous a empêchés de progresser au cours de deux générations entières. Si nous avions payé de bons salaires aux travailleurs, il me semble que le produit brut des îles se serait accru de peut-être un demi-milliard de dollars chaque année.

— Vous n'appelez pas cela du vol ?

— On ne peut pas, si leurs intentions sont honnêtes. Ils sont peut-être stupides, mais pas des voleurs.

— Est-ce que vous consentez à nous obtenir nos terrains ? demanda l'Irlandais, allant une fois encore droit au but.

— Je dois prendre conseil de mon hui, répliqua Hong Kong.

Il avait choisi cette formule, car il savait que Mac Lafferty aurait ouvert des yeux ronds s'il lui avait répondu : « Je dois consulter ma vieille grand-mère centenaire. »

— Inutile de vous dire que si jamais un membre de votre hui souffle mot de tout ceci...

— Mon hui a l'habitude de garder des secrets depuis près de cent ans, répliqua Hong Kong d'une façon ambiguë.

Mais le lendemain, il put annoncer :

— Mon hui estime que c'est le moment de frapper un grand coup. J'ai quatre Japonais, deux Chinois et un Philippin qui ont déjà commencé à s'emparer de vos terrains. Dans six mois vous les aurez. Quand rentrez-vous à Boston ?

L'Irlandais leva ses énormes sourcils.

— A Boston ? Mais je m'installe ici ! Je suis une partie intégrante de cette révolution qui va bouleverser les îles. Je puis vous garantir des changements. Voyez-vous, je suis un démocrate militant...

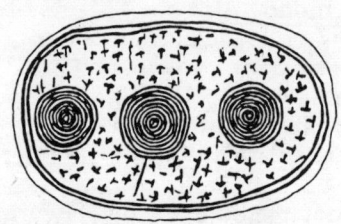

Lorsque en 1946 Hoxworth Hale eut réussi à déjouer la tentative de California Fruit d'ouvrir une chaîne de supermarchés à Hawaii, il s'adressa au Fort dans les termes suivants :

— L'an dernier, nous avons été confrontés à de redoutables défis venant du continent. On pouvait s'y attendre après les bouleversements de la guerre, et pendant quelque temps il sembla que les dangereux mouvements radicaux que nous avions détectés dans la population pourraient assurer le succès de California Fruit. Ces outsiders furent tout près de décrocher plusieurs baux en achetant Kamejiro Sakagawa, mais nous avons fait pression sur le petit Japonais et stoppé l'offensive. Ainsi, du moins pour le moment, nous avons tenu en échec un ennemi très dangereux. Cependant j'ai l'impression que le vrai danger vient de Gregory's. Deux fois ils ont tenté de pénétrer notre marché, et ce n'est que par une action résolue que nous y avons coupé court. Nous devons demeurer extrêmement attentifs à les tenir à l'écart de Hawaii ; si un membre de notre groupe ne nous informait pas d'une avance que lui ferait Gregory's, je considérerais cela comme une trahison.

Quant à O. C. Clemmons et Shea & Horner, je suis certain que nous leur avons fait peur et que, sauf événement imprévu, nous n'avons pas à attendre d'autres tentatives de leur part.

Hoxworth lança à ses collègues des regards pleins de fermeté, comme pour insuffler à chacun le courage de garder Hawaii à l'abri d'influences étrangères. Ceux-ci sortirent de la réunion avec une résolution accrue, mais il se vit obligé en 1947 de s'adresser de nouveau à eux pour leur dire :

— Il se passe ici des choses que je n'aime guère et que je ne comprends pas. L'autre jour, un employé du *Lagon* m'a prévenu qu'un certain Mac Lafferty, de Boston, agissait de façon suspecte. On l'a vu, par exemple, s'entretenir longuement avec Kelly Kanakoa, le vaurien de fils de Malama. Nous avons adroitement cuisiné Kelly et il nous a révélé que Mac Lafferty avait abordé le sujet... (Hoxworth prit un temps, pour faire un effet)... du Marais.

Un silence tomba, entrecoupé d'exclamations étouffées, et Hale poursuivit :

— Il semblerait que cet homme envisage de construire un hôtel !

Des sourcils se froncèrent car la plupart des grands hôtels de Hawaii appartenaient à ces hommes.

— J'ai fait prendre des renseignements sur ce Mac Lafferty, reprit Hale, mais nous n'avons pas découvert grand-chose. Hewlett, peux-tu nous dire ce que vous avez appris ?

Hewlett Janders s'éclaircit la gorge, prit une feuille de papier et lut :

— James Mac Lafferty, a fait ses études secondaires dans un collège catholique, puis son droit à Harvard. Diplômé en 1926. Inscrit au barreau de Boston. Colonel dans l'armée de l'air de 1941 à 1945, a fait campagne en Afrique, en Italie et a été chargé de recherche de terrains d'aviation en Angleterre. Coauteur, avec le professeur Harold Abernethy de Harvard, de *Politique de recherche de terrains de l'armée de l'air des USA*. Fils de Black Jim Mac Lafferty, jadis homme politique démocrate qui fit de la prison pour malversations comme gouverneur. Catholique romain qui fut deux fois à Rome, ce qui le rendit sympathique aux électeurs de son père. Lui-même ne s'est jamais présenté à des élections. Nous n'avons aucun indice sur les personnes qui l'ont envoyé faire Dieu sait quoi à Hawaii.

Hewlett Janders jeta son papier sur la table, comme pour dire : « Essayez, si vous pouvez, de tirer quelque chose de ça ! »

— Bon, dit Hoxworth Hale, qu'est-ce que cela signifie ? Un étranger très au courant de la recherche de terrains, de toute évidence un de ces radicaux de Harvard, s'intéresse au Marais... pour un hôtel. A coup sûr, il me semble être le type d'homme que nous cherchons à tenir à l'écart de notre ville. (Les assistants opinèrent du chef.) Y a-t-il ici un des curateurs de Kanakoa ?

— Moi, répondit Hewlett Janders, ainsi que John Whipple Hoxworth. Le troisième est Harry Helmore, à qui on peut faire confiance.

— Pouvez-vous parler au nom de Harry ?

— Il est marié à ma cousine Abigail. Oui, je crois pouvoir parler en son nom.

— Sommes-nous d'accord qu'en aucun cas nous ne laisserons Malama Kanakoa vendre le Marais à Mac Lafferty ?

— Entièrement en ce qui me concerne. Et vous, John Hoxworth ?

— Ce serait un crime de laisser cet homme venir chez nous.

— C'est donc entendu, conclut Hoxworth Hale.

Cependant sa méfiance naturelle l'incita à poursuivre :

— Imaginons un instant que son histoire d'hôtel soit un leurre. Supposons que ce Mac Lafferty serve de paravent à d'autres activités. Lesquelles ? Qui donc peut se servir de cet homme, et pourquoi ?

Les hommes d'affaires rusés qui représentaient la principale puissance de Hawaii réfléchirent à ce problème. Lentement, John Whipple Hoxworth raisonna :

— Je ne crois pas que la California Fruit recruterait un agent à Boston. Ces Californiens sont chauvins et choisiraient quelqu'un de chez eux. Je ne pense pas que O. C. Clemmons reprenne la lutte, après ses deux échecs retentissants, pas plus que Gregory's. Reste Shea & Horner. Ce genre de ruse leur ressemble. Et il ne faut pas oublier que Shea est catholique.

— Je me demande cependant si ça ne pourrait pas être Gregory's, tout de même, murmura Hoxworth Hale. Quelqu'un de vous a-t-il rencontré ce Mac Lafferty ?

Personne ne l'avait vu. La réunion prit fin sur ce dernier avertissement de Hale :

— Je suppose que vous avez tous entendu dire que California Fruit a signé un accord avec ses syndicats. Gregory's l'avait fait trois ans plus tôt, et vous connaissez la position de Shea & Horner. Si vous avez besoin d'un encouragement dans ce combat destiné à éloigner de notre ville des gens comme Mac Lafferty, gardez à l'esprit cette considération des syndicats.

Demeuré seul au Fort, Hoxworth Hale se plongea dans ses réflexions.

— Bon Dieu, grommela-t-il, il est impossible que nous laissions une firme comme Gregory's s'implanter dans nos îles ! Ce sont des étrangers. Ils n'ont pas nos principes. S'ils gagnent de l'argent ici, qu'en feront-ils ? Ils le placeront dans la métropole. Hawaii n'en récoltera pas le moindre avantage.

Il se leva, alla à la fenêtre et contempla la bibliothèque municipale Missionnaire, créée avec des fonds familiaux, et le musée des Beaux-Arts, auquel son grand-père Ezra avait légué un demi-million de dollars et un Rembrandt. Dans le lointain s'élevait la coupole du muséum d'Histoire naturelle Missionnaire, contenant une inestimable collection de trésors de l'art artisanal hawaiien, et l'imposant témoignage de l'amour que le vieil Abraham Hewlett portait au peuple hawaiien, Hewlett Hall, où les garçons et les filles de Hawaii recevaient une éducation gratuite de premier ordre. Et tout cela n'était rien à côté des innombrables œuvres philanthropiques créées ou animées par les familles missionnaires, les bourses d'études, la Fondation Missionnaire pour la recherche océanographique, le Secours aux vieux missionnaires.

Il aurait été difficile de trouver un aspect de la vie à Hawaii qui n'ait été amélioré et financé par l'un ou l'autre des membres du Fort. Il poursuivit son monologue intérieur : « Supposons que nous laissions

Gregory's s'installer à sa guise, songea Hale. Comment serait Honolulu dans cinquante ans d'ici ? Y aurait-il un musée Gregory's, un collège Gregory's ? Ils nous voleraient notre argent et ne nous donneraient rien en échange, sauf des prix inférieurs pendant quelque temps. Leur personnel élèvera-t-il ici de nombreuses familles et mettra-t-il ses enfants au travail dans ces îles ? Certainement pas. Ils pratiqueront un absentéisme sans âme de la pire sorte. Si Gregory's arrive jamais à pénétrer dans les îles... après ma mort, j'espère... il ne nous apportera rien... Rien... Non, je me trompe. Il nous apportera l'instabilité politique, parce que la moitié de leurs gens seront des démocrates adeptes du New Deal avec des idées radicales. Et les syndicats dans la foulée. »

Ces deux éventualités étaient si affreuses qu'il s'arrêta de marcher de long en large pour contempler par la fenêtre ce Honolulu qu'il aimait tant. Puis il se demanda : « Mais pourquoi ne nous fait-on pas confiance ? Comment se fait-il que les gens ignorent tout ce que nous avons fait pour Hawaii ? Ils devraient se lever comme un seul homme et repousser à la mer les Gregory's et autres capitalistes ! Mais ils n'ont pas l'air d'apprécier tout ce que nous faisons pour eux, hélas ! »

Sa secrétaire vint interrompre le cours de ses réflexions pour annoncer :

— Ce jeune Japonais insiste encore pour vous voir, monsieur.

Hale hocha furieusement la tête.

— Non ! Toutes les négociations avec les travailleurs regardent Hewlett Janders. Dites-lui de venir me voir.

Quand Janders se présenta, Hale lui ordonna de se débarrasser une fois pour toutes de ce trublion et fut quelque peu réconforté en le voyant carrer ses épaules et se préparer à la bataille.

Janders se rendit à la salle de conférences où un jeune homme souriant et assuré lui tendit la main.

— Je suis Goro Sakagawa, monsieur, dit-il. Je n'oublierai jamais tout ce que vous avez fait pour mes frères.

Le geste prit le grand Hewie Janders au dépourvu et il se dit que s'ils avaient accepté ce jeune homme à Punahou, il ne serait sans doute pas devenu un leader syndicaliste. Il chassa vite cette pensée et répondit d'un ton sec :

— A quel sujet désirez-vous me voir, jeune homme ?

Il n'offrit pas de siège à Goro qui feignit de ne pas remarquer ce camouflet et répondit :

— J'ai appris que votre fils Harry avait été tué à Bougainville.

— Oui, murmura Janders, et il se trouva dans l'obligation morale d'ajouter : Mais est-ce qu'un de vos frères n'a pas été tué en Italie ?

— Deux, répliqua Goro.

Ainsi, par une manœuvre subtile, Hewlett Janders du Fort avait soudain été ramené au même niveau que Goro Sakagawa. Ils étaient égaux et ce fut d'égal que Goro s'adressa à Janders :

— Vous vous demandez pourquoi j'ai voulu vous voir. J'ai été délégué par les travailleurs de la plantation Malama...

— Je refuse de discuter syndicat.

— Je n'ai pas parlé de syndicat, fit observer Goro en se dandinant d'un pied sur l'autre tandis que Hewlett Janders se carrait dans son fauteuil.

— De quoi vouliez-vous parlez, alors ?

— Très bien, puisque vous avez vous-même abordé le sujet. La plantation Malama va organiser...

— Sortez ! rugit brusquement Janders.

Sans se troubler, Goro poursuivit :

— Malama va se syndiquer, Mr Janders. La loi fédérale nous autorise à...

— Dehors ! glapit Janders et d'un bond il alla jusqu'à la porte pour appeler ses assistants puis, lorsqu'ils furent tous là, il ordonna : Jetez-moi ce communiste à la porte !

Goro s'appuya des deux mains sur la table et s'écria :

— Mr Janders, je ne suis pas communiste et je ne vais pas permettre à vos gens de me jeter dehors car s'ils le faisaient, je serais en droit de vous attaquer en justice. Cela vous forcerait à prendre une position encore plus rigide contre les syndicats et nous ne pourrions plus discuter intelligemment. Aussi, je vous prie de rappeler les chiens !

— Jamais je n'accepterai un syndicat ! hurla Janders. Et ne vous avisez plus de forcer la porter de mon bureau !

— Mr Janders, je vous dis, moi, que la plantation Malama sera la première à s'organiser en syndicat et quand nous en viendrons aux dernières négociations, je m'assiérai dans ce fauteuil... (Goro poussa un fauteuil devant le bureau) dans ce fauteuil-ci. Retenez-le-moi, Mr Janders. La prochaine fois que nous nous verrons ici, ce sera pour signer des papiers. N'oubliez pas mon nom : Goro Sakagawa.

Il quitta la pièce d'un pas assuré et Janders renvoya ses employés. Affalé dans son fauteuil, il chercha à comprendre ce qui venait d'arriver.

— Un paysan japonais force la porte de mon bureau... gronda-t-il avec stupéfaction. Invraisemblable !

Il hocha la tête d'un air incrédule et appela Hoxworth Hale.

— Alors ? Comment ça a marché ? demanda Hale.

— Un paysan japonais a forcé la porte de mon bureau et m'a dit...

— Pas de comédie, Hewie. Que s'est-il passé ?

— Ils vont créer un syndicat à Malama.

— Ils n'y arriveront jamais, déclara fermement Hale et il réunit immédiatement le conseil.

Quand tous les directeurs du Fort furent assemblés, il leur annonça :

— Hewie vient de passer un mauvais quart d'heure. Le jeune Sakagawa a dévoilé ses batteries et...

— Il a forcé la porte de mon bureau et il a essayé de...

— Hewie ! coupa sèchement Hale. Il n'a pas essayé. Il a été net et précis !

— Ils vont se syndiquer, à Malama, répéta Janders. Et s'ils réussissent, ils referont le coup dans les autres plantations.

— C'est venu plus tôt que je ne le croyais, murmura Hale. Quand nous avons eu raison de nos communistes lors des grèves de 1939 et de 1946, j'ai cru que nous les avions battus pour de bon. Mais il semble que le virus de l'infernal Roosevelt a infecté toute notre société.

— Mais je ne pensais jamais voir le jour, marmonna Janders, où un paysan japonais forcerait ma porte...

Hoxworth Hale, l'homme dur et compétent qui dans l'ombre avait dirigé les deux précédents combats contre le syndicat, commença par mobiliser ses forces. Frappant du poing sur la table, il déclara :

— Nous allons leur opposer un front parfaitement uni. Si l'un de vous ici présent faiblit, nous serons impitoyables : d'un côté, il sera submergé par les radicaux japonais, d'autre part, nous le ruinerons. Pour lui, plus de crédits, plus de négoce, plus de soutien juridique. Messieurs, vous marchez avec nous ou vous périssez.

Il se tut et son regard fit le tour de la salle, pesant sur chacun des directeurs.

— Alors, messieurs, nous sommes d'accord ?

— Oui, murmurèrent-ils tous.

La guerre était déclarée. Quand toutes les mesures eurent été prises et que la réunion se disloqua, Hale dit encore :

— Mais comment un garçon intelligent comme Goro Sakagawa, avec trois frères sortis de Punahou, a-t-il pu devenir communiste ?

— Je crois qu'il a été délégué auprès de la Fédération Américaine du Travail, au Japon, répondit Janders.

Un sombre silence tomba sur le Fort. John Whipple Hoxworth soupira :

— C'est inouï de penser que notre gouvernement a enseigné à un garçon convenable des méthodes syndicales ! Notre propre gouvernement !

Sur cette note lugubre, la première séance du comité d'action du Fort prit fin.

Le fait est que, lorsque Janders avait accusé Goro Sakagawa d'être communiste, il n'était pas loin de dire vrai. Quand en 1916, 1923, 1928, 1936, 1939 et 1946, le Fort s'était refusé catégoriquement ne serait-ce qu'à discuter de syndicalisme et avait employé tous les moyens possibles, y compris la subversion, pour empêcher les travailleurs d'atteindre de légitimes objectifs, il avait rendu impossibles des rapports sociaux normaux dans les îles. Les syndicalistes, des battants purement américains, qu'avait envoyé le continent pour organiser le syndicalisme à Hawaii, s'étaient rendu compte que le blocage était total. Le vocabulaire du syndicalisme n'était pas compris, ou s'il était compris n'était pas admis, de sorte que le Fort, de même que le *Mail* d'Honolulu, traitait de communisme toute activité syndicale. Le résultat fut qu'au cours des années, des relations sociales qui, sur le continent, étaient reconnues comme faisant logiquement partie de la vie industrielle de notre époque, étaient qualifiées à Hawaii de façon curieuse : le syndicalisme, c'était la subversion.

Pour ces hommes du continent, les difficultés ne manquaient pas. Même aux plus modérés le droit de venir dans les îles était souvent refusé. S'ils tentaient de parler à des ouvriers agricoles, ils étaient expulsés des plantations *manu militari*. S'ils cherchaient à louer un local pour leurs bureaux, ils n'en trouvaient pas. Ils étaient intimidés, diffamés, injuriés et harcelés sous l'accusation de communisme.

Lorsque, conformément à la loi de Gresham *, les modérés sur le plan social furent chassés et remplacés par des extrémistes, on vit à partir de 1944 des syndicalistes durs pénétrer dans les îles. Parmi eux de nombreux communistes qui avaient compris que la situation à Hawaii en faisait un endroit idéal pour y prêcher leur credo. Parmi les leaders figurait un solide catholique irlandais de New York, un nommé Rod Burke, inscrit au Parti en 1927, dont il avait peu à peu gravi les échelons jusqu'à en devenir un membre éminent. Il avait

* Loi de Gresham : La mauvaise monnaie chasse la bonne. (*N.d.T.*)

épousé une *Nisei* de Baltimore, et cette Japonaise allait lui être d'une grande aide dans la réalisation de son dessein de faire main basse sur les îles.

Ainsi, lorsque Burke fit la connaissance de Goro, à son retour du Japon, il repéra rapidement le jeune capitaine comme étant le genre d'homme capable dont il avait besoin pour instaurer le syndicalisme, et plus tard le communisme, à Hawaii. « Travaille-le », dit-il à son épouse japonaise, qui réussit à enrôler Goro sous la bannière syndicale, et par celui-ci d'autres Japonais et Philippins, sans leur révéler son appartenance au parti communiste. Ce fut ainsi qu'ils fondèrent cette espèce de front populaire qui, en 1947, tenait tête au Fort et s'apprêtait à lutter jusqu'au bout, envers et contre tout, les îles dussent-elles en périr.

Des années plus tard, Goro parla souvent de cela avec son frère Shigeo le juriste, sorti de Harvard diplômes en poche, qui l'interrogea sur son état d'esprit et ses motivations au début de 1947.

— Savais-tu alors que Burke était communiste ? demanda Shig.

— Je n'en avais pas la certitude, mais je le supposais. Il ne m'en a donné aucune preuve. Mais je sentais en lui l'homme d'action coriace.

— Si tu avais ces soupçons, Goro, pourquoi as-tu marché avec lui ?

— Mon expérience m'a fait comprendre que les vieilles méthodes ne viendraient jamais à bout du Fort. Nos tentatives d'un syndicalisme raisonnable n'avaient mené nulle part. Burke savait se servir de la force. C'était la seule chose que comprenait le Fort.

— Burke a-t-il essayé de t'enrôler au Parti ?

— Non. Il pensait pouvoir m'utiliser, et ensuite me laisser tomber, préférant faire inscrire au Parti des Japonais et des Philippins plus faciles à abuser.

— Comment choisissait-il ses gens ?

— Oh ! il les a pris où il pouvait ! Il a commencé par des gens très primaires. Mais seulement pour aider ; les seuls qui avaient quelque chose dans le ventre au Parti étaient Rod Burke et sa femme.

— Où cela te menait-il ?

— Je faisais exactement le même calcul que Burke. J'estimais être assez malin pour l'utiliser et puis le laisser tomber.

— Cela a dû être une période intéressante.

— Aucun de nous ne se faisait d'illusions. Le plus curieux, c'est que ma femme, Akemi, a tout de suite compris. Elle avait approché quantité de communistes au Japon, et elle a instantanément repéré Burke, ce qui fait que personne n'était dupe.

— Burke a-t-il recruté des hommes de valeur ?

— La plupart des Japonais étaient de pauvres types. En revanche, Harry Azechi était un des hommes les plus capables que l'on ait jamais vus sur ces îles.

— Avec le recul, Goro, penses-tu que cette alliance était indispensable ?

Goro s'était souvent posé la question, surtout depuis qu'il avait eu d'étroites relations avec les hommes pondérés de la Fédération Américaine du Travail de l'équipe de MacArthur.

— Si tu te rappelles la position prise par le Fort... quand la moindre discussion sur la main-d'œuvre était du communisme... Bon Dieu, Shig, je t'ai raconté le jour où j'étais allé voir Hewlett Janders, quand il m'a laissé debout comme un paysan avec mon chapeau à la main. Shig, conclut-il, il n'y avait pas d'autre solution. Hawaii ne serait jamais entré dans le XXe siècle si le pouvoir du Fort n'avait pas été brisé. Et seul un lutteur comme Rod Burke pouvait le briser.

Par conséquent, lorsque Janders avait annoncé au *Mail* d'Honolulu que des communistes du continent tentaient de mettre la main sur les îles, il n'avait pas tort. De même lorsqu'il avançait que des Japonais étaient devenus membres du Parti sous la direction de Burke. Mais il se trompait en affirmant que le meneur de la grève des plantations, Goro Sakagawa, était communiste. Il faut dire qu'à cette époque, la haine des travailleurs était si forte qu'une erreur de ce genre n'avait pas grande importance.

La grève fut effroyable et terrifia Hawaii, plus encore que le bombardement de Pearl Harbor. Rod Burke eut tôt fait de paralyser le port. Pendant cinq mois et demi, pas un navire de la H & H ne put relâcher à Hawaii. Le Fort répliqua en coupant tous crédits, si bien que tout le monde sans exception en souffrit.

Goro Sakagawa dirigea la grève des ouvriers des plantations. Le Fort rétorqua en supprimant toutes sortes de privilèges et bientôt les travailleurs ne furent pas les seuls à sentir les effets de la guerre sociale, mais aussi leurs familles.

Rod Burke ne permit à aucun chargement de canne ou d'ananas de quitter les îles et à aucun touriste de débarquer. Le Fort riposta en fermant deux de ses grands hôtels, mettant ainsi en chômage un grand nombre d'employés.

Goro Sakagawa décida les ouvriers des plantations d'ananas à se mettre en grève à leur tour et le Fort annonça froidement que ses entrepôts étaient presque vides. Les épiceries durent fermer les unes après les autres faute de marchandises et bien des commerçants furent mis en faillite.

Personne ne peut comprendre Hawaii, qui ne comprend pas la portée de la grande grève. Elle paralysa les îles d'atroce façon. Le ravitaillement devint rare et cher. Les récoltes de canne pourrissaient sur pied. Les plantations d'ananas laissées à l'abandon perdirent des millions de dollars. Les banques souffrirent du ralentissement presque total des affaires. Les journaux paraissaient sur deux feuilles. Les grands magasins n'avaient plus ni stocks ni clientèle. Les médecins n'étaient pas payés et les dentistes n'avaient pas de patients. Les restaurants ne servaient que de maigres rations et peu à peu l'existence des îles arriva au point mort.

Car une grève générale à Hawaii ne ressemble pas à une grève générale en Floride, par exemple. En Floride, si les ports sont paralysés, le ravitaillement peut arriver par le rail, ou par la route si les trains sont bloqués. Si les camions sont en grève, les familles affamées peuvent organiser des caravanes automobiles. Et si cette entreprise échoue, un homme décidé peut toujours aller à pied. Mais à Hawaii, si les ports sont fermés, c'est fini. Des rapports sociaux normaux n'ayant pu s'établir, la stupidité conjuguée du capital et de la main-d'œuvre faillit détruire les îles.

Au début du sixième mois de grève, Goro Sakagawa, accompagné par quatre assistants, entra dans la grande salle du conseil du Fort, attendit que tous les directeurs soient réunis et s'installa dans le fauteuil même qu'il avait promis à Hewlett Janders de venir occuper un jour. A ce moment symbolique, il se sentit loin de son combat inflexible. Que le fait de s'asseoir sur un fauteuil qui ne lui avait pas été offert influe à ce point sur un homme était étonnant. Pourtant c'est ce qui se produisit, comme s'il émanait de ce siège des ondes mystérieuses montant jusqu'à son cerveau.

— Messieurs, dit-il d'un ton conciliant, j'estime que cette grève a assez duré. Nous sommes certains que vous pensez de même. N'y a-t-il pas un moyen de s'entendre, à présent ?

— Je ne supporterai pas qu'un paysan japonais force la porte de mon bureau et... commença Hewie.

Mais Hoxworth Hale lui coupa sèchement la parole d'un geste, en le considérant avec pitié. Comme si les horreurs des six derniers mois avaient été inutiles, Janders s'entêtait à prononcer les mêmes mots... Goro ne fit pas attention à lui et s'adressa directement à Hale.

— Mr Hale, mon comité ne prendra pas en considération le fait que votre négociateur, Mr Hewlett Janders, nous a attaqués parce que nous sommes japonais, car nous savons que votre cousin, le colonel Mark Whipple, a donné sa vie pour que nous devenions de libres citoyens. Nous agissons donc en libres citoyens.

Ce tribut accordé au colonel Whipple détendit un peu l'atmosphère et tous les hommes présents pensèrent aux paroles qu'avait prononcées ce même Goro Sakagawa, alors capitaine dans l'armée américaine, lorsqu'il avait été question de ramener des Vosges le corps de Mark Whipple :

— Qu'on ramène son frère, mais le colonel Whipple doit dormir de son dernier sommeil dans ce pays qui est le cœur du monde, où il est mort. Aucune île n'est assez vaste pour contenir son esprit.

Hoxworth Hale regarda Goro et demanda :

— Quelles nouvelles conditions avez-vous à nous proposer, Mr Sakagawa ?

— Nous ne reprendrons pas le travail tant que nos syndicats ne seront pas reconnus, répliqua Goro.

Hewlett Janders se tassa dans son fauteuil. Il comprenait que les autres étaient sur le point de céder. Les communistes triomphaient... Mais avant que Hewie pût prononcer un mot, Goro avait ajouté vivement :

— Mais en reconnaissance de cette concession, nous accepterons dix *cents* de moins à l'heure.

— Messieurs, dit Hoxworth en reprenant espoir, je crois que la proposition de Mr Sakagawa ouvre la porte aux négociations.

D'une façon subtile, l'âme du colonel Whipple, qui avait donné sa vie pour ces Japonais, envahit la pièce et Hale demanda doucement :

— Goro, voulez-vous revenir avec vos hommes dans trois heures ?

— Certainement, Mr Hale.

Mais, comme le petit groupe s'apprêtait à sortir, Hewlett Janders lança :

— Comment pouvons-nous être sûrs que ce communiste de Burke nous permettra de rouvrir les ports ?

— Voilà justement l'objet de nos négociations, Mr Janders, répondit patiemment Goro. Dès que nous serons parvenus à un accord, les ports seront rouverts.

Lorsque la délégation eut pris congé — trois Japonais, un haole et deux Philippins — Hewlett Janders quitta son fauteuil présidentiel et déclara :

— Je ne puis prendre part à ce que vous allez faire.

— Je comprends ta position, lui dit Hale, mais peux-tu nous promettre de t'incliner devant notre décision ?

A cette question, toutes les têtes se tournèrent vers Janders. S'il refusait, au nom de la J & W qui représentait les principales plantations, tout serait remis en question et il n'était pas impossible qu'il fût assez fort pour résister à la fois aux syndicats et à ses associés. Il était tenté de livrer un combat désespéré se terminant en un Crépuscule des Dieux, et hésitait encore quand l'homme qui lui avait ravi la direction du Fort vingt ans plus tôt lui dit posément :

— Hewie, ta famille et la mienne ont toujours profondément aimé ces îles. Nous ne pouvons pas les laisser souffrir plus longtemps.

En plein désarroi, Janders regarda Hale qui fit appel à sa raison en poursuivant :

— Si nous devons vivre avec des syndicats, et il semble que ce soit dans l'esprit de l'époque, faisons-le au moins avec une certaine grâce. Je vais rappeler Sakagawa et m'efforcer de...

— Je ne tiens pas à être présent, coupa Janders d'un ton raide.

Il se dirigea vers la porte et se retourna sur le seuil pour avertir ses associés :

— Vous remettez nos îles aux mains des communistes. Je refuse de voir un paysan japonais forcer la porte de mon bureau pour...

— Mais tu t'inclineras devant notre décision ? insista Hoxworth Hale.

— Oui, grommela Janders.

Quand Goro revint pour ratifier la reddition mutuelle, Hewlett Janders n'était pas là.

Lorsque la grande grève fut terminée, trois des directeurs de plantation de Hale donnèrent leur démission en déclarant :

— Il y a trop longtemps que nous travaillons selon nos méthodes pour accepter que des Japonais aux yeux bridés viennent nous apprendre à cultiver la canne à sucre.

Des hommes plus jeunes se mirent en avant pour prendre leur place — et Hale subit un choc quand il s'aperçut qu'il ne connaissait même pas deux d'entre eux. Avant que l'année se termine, ils rendirent compte : « Nous pouvons travailler avec les nouvelles méthodes. Il semble que l'on va produire plus de sucre qu'avant. » Hewie Janders grommela :

— L'âme de l'Amérique se délite, si des hommes jeunes sont si empressés à composer avec le diable.

Un peu plus tard, Janders revint à la charge. Il fit un jour irruption dans une réunion du Fort, en annonçant que des communistes avaient rompu avec Rod Burke et déclaré par écrit que celui-ci et sa femme étaient inscrits au parti communiste. Ce qui causa une grande excitation.

— Je savais bien qu'ils sont tous communistes, s'écria triomphalement Hewie. Et dire que nous avons laissé Goro Sakagawa venir faire la loi dans ce bureau ! L'an dernier, je vous ai dit que Rod Burke était un rouge, il l'était. Aujourd'hui, je vous dis que Goro Sakagawa est un rouge, et il l'est !

— Attendons qu'ils soient inculpés, dit John Whipple Hoxworth. Nous jouerons de tout notre poids pour qu'ils soient condamnés.

— Quelqu'un a-t-il informé le gouverneur ? demanda Janders.

— Pas encore, répondit John Whipple.

— J'aurai grand plaisir à le faire ! exulta Janders. La dernière fois que je lui ai parlé du communisme, il m'a dit...

— Personne n'informera personne, l'interrompit Hale. Une chose importante s'est produite à notre avantage. Il ne s'agit pas de tout gâcher.

Et le Fort se mit à étudier avec soin la manière de tirer profit de la nouvelle situation. Mais leur jubilation fut quelque peu amoindrie lorsqu'un assistant de Hoxworth Hale vint l'avertir que, pendant que tous les directeurs étaient uniquement occupés de syndicats, il s'était passé une chose curieuse, qu'il s'expliquait mal. Il étala sur le bureau de Hale un plan de Honolulu et, désignant certains quartiers hachurés de rouge, il expliqua :

— Voyez, là c'est le building Rafer Hoxworth. Le rez-de-chaussée a été loué à un Japonais nommé Fujimoto. Rien de suspect là-dedans. Il possède un grand magasin à Kaimuki. Mais dans le même secteur, un restaurant faisant partie de l'immeuble appartenant à la veuve d'Ed Hewlett a été loué à un Philippin qui a un restaurant à Wahiawa.

— Où voulez-vous en venir, Charley ? s'impatienta Hale.

— Mais regardez donc ! Depuis six mois, toutes les boutiques de ce quartier ont été louées, à l'exception du grand magasin de Joe Janders. Vous ne comprenez pas ce que cela signifie ?

Un silence tomba, pendant lequel les administrateurs du Fort étudièrent le plan. Enfin Hoxworth murmura :

— Si quelqu'un a loué ces emplacements grâce à des hommes de paille...

L'affreux soupçon prit corps mais il fut vite calmé par la voix bourrue du gros Hewie Janders.

— Vous vous inquiétez pour rien ! J'ai répété cent fois au cousin Joe de ne jamais louer son emplacement sans m'en parler à l'avance. Tant qu'il tient bon, nous ne risquons rien. Que pourrait-on faire rien qu'avec ces petites...

— Téléphone à Joe, ordonna Hale.

Dans un silence inquiet, Hewlett Janders décrocha et s'écria d'un ton jovial :

— Ah ! Joe, mon vieux. C'est Hewie. Dis donc, Joe, tu n'as pas loué ton grand magasin, hein ?

D'inquiet, le silence devint lugubre et Hewlett Janders, la figure décomposée, raccrocha lentement. Il était inutile de lui poser une question, son visage était assez révélateur.

— Nom de Dieu ! tempêta Hoxworth Hale en abattant son poing sur la table. On nous a eus ! Qui a loué cet emplacement ?

Hewlett Janders répondit sans lever la tête :

— J'ai honte de le dire. Kamejiro Sakagawa.

— Nous le briserons ! rugit Hale. Nous ne déchargerons pas une seule de ses commandes ! Cet homme mourra de faim sur...

John Whipple Hoxworth interrompit d'un ton glacé :

— Le problème n'est pas là. Qui a organisé cela ? Et pour le compte de qui ?

Il y eut une longue discussion pour savoir qui pouvait avoir réuni un capital assez considérable pour exécuter un coup pareil et, lentement, par élimination, ils convinrent tous que seul Hong Kong Kee en était capable.

— J'en aurai le cœur net ! s'écria Hoxworth Hale.

Sans attendre, il téléphona à Hong Kong et lui posa la question à brûle-pourpoint :

— Avez-vous acheté tous ces pas de porte ?

En écoutant la réponse du Chinois, Hale fit un signe affirmatif à ses collègues.

— Pour le compte de qui, Hong Kong ?

Cette fois, Hale ne bougea pas mais écouta dans un mutisme stupéfait.

— Merci, Hong Kong, murmura-t-il enfin avant de raccrocher.

— California Fruit ? demanda Janders.

— Gregory's.

Un long et terrible silence marqua la fin d'une ère. Il fut rompu par un des Hoxworth :

— Pouvons-nous engager une action juridique contre cela ?

— Je ne le pense pas, répondit Hale.

— Nous pourrions certainement obtenir du juge Harper un arrêt de suspension sur un de ces baux. Il a épousé une cousine à moi, et je pourrais lui expliquer...

— Si Hong Kong Kee a acheté tous ces pas de porte...

Hoxworth Hale se prit la tête à deux mains, réfléchit longuement, puis demanda à ses associés :

— Comment ces gens ont-ils pu nous faire cela ? Des personnes de votre famille, Whipple. Bon Dieu, le hui de Kee a commencé avec cette terre que le vieux docteur leur a donnée. Et ces sacrés Sakagawa ! Ce Kamejiro faisant montre d'une telle ingratitude ! Acheter des pas de porte derrière notre dos. Comment expliquez-vous cela ? On aurait pu penser qu'ils nous garderaient une certaine fidélité. Nous les avons amenés ici, leur avons donné des terres ; nous nous sommes occupés d'eux quand ils étaient si pauvres. Comment peut-il se faire que de tels gens se retournent contre vous ?

— Voilà ce que faisait Mac Lafferty, s'écria Janders. Il brouillait les pistes en parlant d'un hôtel.

— Messieurs, annonça Hale qui avait repris son contrôle, ceci est le commencement d'une longue bataille. Je vais personnellement mettre partout des bâtons dans les roues de Gregory's. On ne peut les empêcher de s'installer, car, puisque Hong Kong leur a procuré ces locations, ils nous attaqueraient en justice. Nous allons nous battre. Nous installerons des succursales de tous nos magasins, à Waikiki, à Waialea, sur le Pali. Que tous ceux d'entre vous qui dirigent une entreprise florissante ouvrent des succursales dans les faubourgs. Il faut faire vite. Multipliez-vous et quand Gregory's arrivera, nos magasins seront si prospères que les nouveaux venus se casseront les reins !

Ainsi, par le même étrange phénomène qui veut que lorsqu'un poisson carnassier est jeté dans une rivière à truites, il dévore quelques poissons mais pousse les autres à se défendre si bien qu'au bout d'un certain temps, il y a davantage de truites, et plus fortes, l'arrivée de Gregory's à Hawaii, bientôt suivie de celle de California Fruit et de Shea & Horner, aiguillonna l'économie hawaiienne. Le Fort ne tarda pas à être dans une meilleure situation. De même, le redressement de salaires que les syndicats de Goro Sakagawa imposèrent au Fort enrichit ce dernier, car l'argent fut dépensé dans ses magasins et ses entreprises, et la prospérité générale des îles ne cessa de croître.

La détermination de Hale de combattre avec énergie sur le plan économique contre les intrus venant du continent eut sur Hawaii un effet inattendu, qui fut souvent cité par la suite comme la véritable révolution de cette époque : pour que le Fort puisse lutter à armes égales avec de grandes sociétés comme Gregory's, il ne pouvait plus se permettre de placer aux postes de direction des neveux ou des cousins incompétents. Aussi, sous l'œil critique de Hoxworth Hale, bon nombre de Hale, de Janders, de Hoxworth et de Hewlett furent remerciés. Sa politique était nette : « Ou on leur donne des attributions limitées, où ils ne pourront faire de dégâts ; ou on leur donne des parts de capital leur permettant de vivre, pendant que des hommes de valeur dirigeront les sociétés. » Il s'ensuivit que les « nullités », comme les appelait crûment Hewlett Janders, se trouvèrent munies de titres, d'un confortable revenu, et de la liberté d'aller vivre en France ou autres pays agréables. A leur place, on vit arriver de jeunes et brillants diplômés de Harvard, Stanford ou Wharton School. Certains d'entre eux épousèrent des demoiselles Whipple, ou Hale, ou Hewlett ; mais la plupart amenèrent leur épouse du continent. Et tout Hawaii prospéra.

Mais de tous les hommes qui dominaient dans le Fort, seul Hoxworth Hale, inquiet et perspicace, tantôt se battant et tantôt rendant les armes, voyait d'où venait le vrai danger. Ce n'était pas l'arrivée de Gregory's, bien qu'elle lui fasse mal au cœur ; ni la victoire des syndicats, toute séditieuse qu'elle fût. C'était le fait que Mac Lafferty était démocrate. Celui-ci résidait maintenant à Hawaii, où il avait ouvert un petit cabinet juridique. Il faisait aussi de la politique, et chaque fois que Hale passait devant le bureau de Mac Lafferty, il avait de sombres pressentiments, sachant qu'au bout du compte les démocrates étaient pires que Gregory's, les syndicalistes ou les communistes.

Hale fut donc horrifié le matin où, sur la porte de celui-ci, il vit une nouvelle plaque : « Mac Lafferty et Sakagawa. » Shigeo était de retour, frais émoulu de Harvard, brillant juriste, expert en réforme agraire, et démocrate.

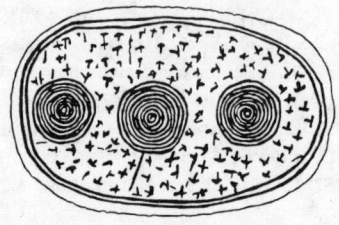

Après la grève, deux des principaux protagonistes de ce récit furent distraits par des problèmes familiaux et cessèrent de faire parler d'eux pendant quelque temps. Goro Sakagawa et Hoxworth Hale avaient leurs soucis. Au début, il sembla que ceux du premier étaient plus graves car, depuis le jour où Goro avait fait la connaissance en 1945 à Tokyo de la jeune « moderne » fanatique, Akemi-chan, leurs vies avaient connu bien des complications. Tout d'abord, il y eut les difficultés causées par la non-fraternisation et les rendez-vous, souvent interrompus par les MP, furent pénibles. Ensuite vinrent les obstacles presque insurmontables qui se dressaient devant un Américain désireux d'épouser une Japonaise. Goro en vint à observer avec amertume :

— Quand on distribue les bienfaits, personne ne veut me considérer comme un Américain, mais quand vient la distribution des misères, alors je suis le meilleur Américain du monde !

Les jeunes gens avaient tourné la difficulté en se faisant marier par un prêtre shintoïste, dans un sanctuaire de la banlieue, mais ils avaient ensuite appris qu'une épouse shinto n'était pas reconnue par le gouvernement américain. Enfin, ils avaient réussi à se marier au consulat et, après bien des démarches qu'Akemi facilita grâce à son sourire, Goro obtint l'autorisation de ramener sa jeune épouse à Hawaii.

En 1946, quand le transport de troupes arriva dans la baie d'Honolulu, Akemi était une des jeunes mariées les plus lucides du bord, et ne chérissait aucune des illusions qui allaient causer tant de divorces. Elle n'avait pas été éblouie par Goro Sakagawa. Il était de souche paysanne, têtu, pas très instruit, assez rustre. Même du temps où il n'y avait rien à manger, et qu'il avait accès à l'énorme PX * qui couvrait tout le Japon, lorsque sa paie de militaire en faisait un millionnaire en comparaison des Japonais, elle s'était rendu compte qu'il n'était pas riche. De plus, des amis qui connaissaient Hawaii l'avaient prévenue que les Japonais des îles étaient en majorité des paysans de Hiroshima, vieux jeu, bourrés de préjugés et ignorants. Une jeune fille lui avait confié qu'il n'y avait pas à Honolulu un seul « moderne ». Akemi n'avait donc aucune illusion sur son nouveau foyer, mais elle n'était cependant pas préparée à ce qui l'attendait.

Sur le quai, Mr Sakawaga et son gendre Mr Ishii, avec les deux épouses docilement en retrait, formaient un groupe compact et démodé.

« Cette famille ressemble à celles du Japon d'il y a trente ans », se dit Akemi. Mais elle aima tout de suite son petit beau-père qui avait l'air d'un bouledogue, dont les bras descendaient jusqu'aux genoux, et qui lui rappelait son propre père.

Et puis elle vit Mrs Sakawaga, la bouche pincée, et comprit qu'elle avait là une ennemie.

Elle ne se trompait pas. Yoriko, si douce avec son mari, était une terreur pour sa belle-fille. Autrefois, à Hiroshima, lorsqu'un fils amenait sa jeune femme à la maison, la belle-mère était chargée de faire en sorte que sa bru prenne rapidement les usages d'une bonne fermière. Yoriko entendait bien s'occuper de cette façon de la femme de Goro, mais dès qu'elle vit Akemi descendre du bateau, elle jugea que son fils avait fait un mauvais choix, et elle chuchota avec mépris à sa fille Reiko :

— C'est une fille de la ville et tu sais combien elles sont dépensières.

Si Goro avait occupé un emploi bien rémunéré qui lui permît d'avoir son appartement ou sa maison, les choses auraient pu s'arranger dans un climat de méfiance polie. Mais c'était impossible car Goro ne gagnait pas assez pour être indépendant et le jeune ménage dut s'installer chez les parents. Yoriko ne cacha pas son sentiment et mit tout de suite les choses au point :

— Quand je suis arrivée à Hawaii, la vie était très difficile et je ne vois pas pourquoi celle-ci serait traitée comme une princesse.

* PX : *Post exchange*, coopérative militaire. *(N.d.T.)*

— Elle voudrait peut-être que j'aille travailler aux champs ? s'exclama un soir Akemi, et Goro redouta de plus en plus de rentrer chez lui, car tantôt sa mère, tantôt sa femme, l'attirait dans un coin et lui racontait les méfaits de son adversaire.

Ce qui irritait le plus Akemi n'était pas une chose importante en soi, mais suffisait à saper son bonheur. Les Sakagawa n'avaient jamais parlé un japonais très pur, même à Hiroshima, et leur long séjour à Hawaii avait achevé de corrompre leur langage. Ils baragouinaient un affreux mélange de japonais, de hawaiien, d'anglais et de philippin, avec une prononciation saccadée empruntée au mexicain. Beaucoup de leurs phrases étaient incompréhensibles à Akemi, qui était trop bien élevée pour faire la moindre réflexion à ce sujet aux Sakagawa. Mais ceux-ci ne montraient pas la même délicatesse. Le japonais très pur que parlait Akemi, avec des inflexions et une prononciation normales, mettait Mrs Sakagawa en fureur. « Elle se croit au-dessus de nous, avait-elle éclaté un soir en s'adressant à son fils. Elle parle comme si elle avait la bouche pleine de haricots qu'elle ne veut pas mâcher. » Souvent, lorsque la famille était attablée pour le dîner, Mrs Sakagawa reprenait une phrase que venait de dire sa bru, et la répétait à la manière barbare des Hawaiiens. Alors tout le monde se moquait d'Akemi, qui devenait rouge comme une pivoine.

Elle prit l'habitude de s'attarder au marché et de rechercher les autres jeunes mariées japonaises. Alors, comme des réfugiées sur une terre hostile, elles se confiaient leurs griefs.

— C'est effrayant, avoua-t-elle un jour à son amie Fumiko. J'ai l'impression de vivre il y a cent ans ! Qui penserait en me voyant à présent que j'étais une « moderne » ? Que je luttais pour la libération de la femme japonaise ? Maintenant, je suis plus terriblement enchaînée qu'aucune d'elles et sais-tu pourquoi ? Parce que tout est laid. Le langage est laid, et les maisons et les idées. Il y a plus d'un an que je ne suis pas allée au concert ni au théâtre. Je ne connais personne, à part toi, qui sache qui est André Gide ! Je crois que nous avons fait une terrible erreur.

Plus tard, de nouveau seule parmi les Sakagawa, elle pensa : « Je vis pour les quelques instants que je peux passer avec un être humain qui ressent ce que je ressens. Mais après, je suis plus malheureuse qu'avant. »

Une nuit, elle rassembla son courage et dit à Goro :

— Demain, il y a un concert symphonique. Je crois que nous devrions y aller.

Goro accepta mais Akemi passa une mauvaise soirée car son mari était mal à l'aise et le public n'était composé, à part quelques étudiants, que de haole.

— Les Japonais ne vont donc jamais au théâtre ? Ils ne s'intéressent pas à la musique ? demanda-t-elle à Goro.

Il interpréta cela comme le commencement d'une longue plainte et répliqua assez sèchement :

— Nous n'avons pas le temps. Nous travaillons, nous.

— Pour quoi ? répliqua-t-elle et il ne répondit pas.

Lorsque Akemi retrouva Fumiko au marché le lendemain, elle lui confia :

— Pour quoi travaillent-ils ? Au Japon, un homme ou une femme se tuera au travail pour acheter un bel objet, ou des places de théâtre, ou des livres. Mais ici, pour quoi travaillent-ils ? Tu veux le savoir ? Pour acheter une longue automobile noire, y mettre mama-san et se pavaner dans tout Honolulu en se disant : « Maintenant, je vaux autant qu'un haole. » J'ai honte chaque fois que je vois un docteur ou un avocat japonais dans sa grosse automobile noire !

— Moi aussi, avoua Fumiko. Ils ont renoncé à tout ce qui fait la grandeur du Japon pour un idéal aussi bas !

La vie fut un peu moins déplaisante pour Akemi quand Shigeo revint de Harvard, avec son doctorat en droit en poche, car elle eut enfin un être cultivé et intelligent à qui parler. Shigeo avait visité les musées de Boston, il connaissait très bien le Boston Symphony Orchestra et leurs conversations roulaient sur l'art, la littérature ou la politique.

Mais Yoriko en prit ombrage. Non sans un certain jugement, elle attira Shigeo dans un coin et le sermonna :

— Tu ne dois plus bavarder comme ça avec Akemi-chan. C'est la femme de ton frère et ce n'est pas une fille comme il faut. Elle va essayer de te séduire et nous aurons un drame dans la famille. Je vous avais pourtant bien répété, à ton frère et à toi, d'éviter les filles des villes, mais vous n'écoutez jamais et voilà le résultat !

— Quel résultat ? demanda Shigeo.

— Goro a été embobiné par une idiote vaniteuse qui se croit mieux que nous. La musique, les livres, le théâtre, je te demande un peu ! Elle se mêle même de parler politique. De la mauvaise graine, celle-là !

Les raisons que lui donna sa mère n'influèrent pas sur Shigeo, mais plutôt le fait que l'intelligence et la fraîche beauté d'Akemi le troublaient. Il cessa de s'entretenir avec elle et la pauvre Akemi se trouva plus seule et plus désespérée encore qu'avant son arrivée.

A son secours arriva un jour une jeune sociologue diplômée de l'université de Hawaii, le professeur Sumi Yamazaki, dont la famille était également de Hiroshima. C'était une femme brillante dont le travail actuel consistait à interroger trois cents Japonaises mariées à des militaires américains.

Elle convoqua Akemi dans son bureau, à un moment où les conclusions de ses interrogatoires commençaient à prendre forme. Akemi, dans l'espoir de se trouver devant une femme intelligente et raffinée, s'était d'abord habillée à la dernière mode. Elle paraissait arriver tout droit de Paris. Mais après s'être contemplée dans une glace, elle se ravisa. « Aujourd'hui, se dit-elle, je veux être très japonaise », et elle revêtit un kimono de shantung bleu pâle et blanc.

Le professeur Yamazaki lui apparut sous l'aspect d'une jolie jeune femme habillée de façon très « moderne », avec des yeux brillants d'intelligence. Elles éprouvèrent immédiatement une sympathie réciproque, et Yamazaki nota mentalement que le fait de venir en kimono de cérémonie indiquait presque certainement que Akemi Sakagawa avait le mal du pays. Deux ou trois questions lui permirent de se faire une idée précise de la psychologie de celle-ci.

— Votre kimono m'a tout dit sur vous, Mrs Sakagawa, lança-t-elle en souriant.

— Appelez-moi Akemi, je vous prie.

— Voici ce qui ne va pas, poursuivit la sociologue. A Tokyo, vous étiez une personne d'avant-garde, luttant pour les droits de la femme. Ici vous vous trouvez dans un Japon d'autrefois, que même vos parents n'ont jamais connu. La façon de s'exprimer est primaire, l'environnement intellectuel déprimant, la part esthétique de l'existence nulle.

(Après un instant d'hésitation, elle ajouta :) Votre sentiment est que, si c'est cela l'Amérique, vous feriez mieux de retourner à quelque chose de meilleur.

Akemi eut un choc. Bien qu'elle n'ait pas encore formulé cette dure conclusion, elle entrevoyait depuis un certain temps qu'il lui faudrait s'y ranger. Maintenant, par la bouche aimable d'une autre, les mots effrayants avaient été prononcés.

— Sommes-nous nombreuses à ressentir ce que je ressens ?

— Savoir cela vous aidera-t-il ?

— Oui ! cria Akemi du fond du cœur.

— Comprenez que mes chiffres sont des extrapolations...

Akemi eut un petit rire nerveux et dit :

— Cela fait du bien d'entendre quelqu'un employer un mot tel qu'extrapolation.

— Vous paraissez bien amère.

— Plus que les autres ?

— Non.

— Je pense vous avoir rencontrée au bon moment, affirma Akemi avec ferveur. Peut-être allez-vous me juger très sotte, Yamazaki-sensei, si je vous dis que je voudrais vous servir le thé ? J'éprouve une terrible nostalgie du Japon.

Elles restèrent silencieuses pendant que la jeune femme préparait le thé suivant le cérémonial rituel. Lorsque ce fut terminé, le professeur reprit :

— Voici en gros la situation. Supposons que cent militaires de ces îles aient épousé des Japonaises ; et que soixante de ces soldats soient japonais, trente de race blanche, et dix Chinois. Si nous considérons les trente qui ont eu la chance d'épouser les Blancs, vingt-huit sont parfaitement heureuses, et pour certaines c'est le très grand bonheur. Elles disent ne pas vouloir revenir au Japon, même si on leur promet monts et merveilles.

— Elles ne veulent pas revenir au Japon ? s'étonna Akemi. Ces femmes n'étaient donc pas intéressées par la littérature, le théâtre, les concerts ?

— Autant que vous. Mais il faut voir que lorsqu'un haole épouse une Japonaise, c'est un tel événement pour ses parents qu'ils font un grand effort mental pour sympathiser avec la jeune épouse. Et lorsqu'il s'agit d'une personne comme vous, aimable, bien élevée, gentille avec leur fils, ils font de la surenchère. Cela devient de l'adoration, et ils font de son existence un paradis sur terre.

— Ces gens aiment-ils la musique ?

— D'habitude un haole qui se lance dans l'aventure d'épouser une Japonaise est un homme assez cultivé. De tels couples s'intéressent à beaucoup de choses.

Akemi revit tristement en esprit la morne demeure des Sakagawa, dans laquelle un antique récepteur de radio était invariablement accordé sur une station d'émission alternant le jazz américain et des chansons populaires japonaises. Si Goro l'emmenait au cinéma, c'était toujours pour voir un *chanbara*, un western japonais dans lequel le héros, un samouraï, se battait contre cinquante truands armés sans subir la moindre blessure.

— Pour les Japonaises qui épousent des militaires chinois, continua Yamazaki, le problème est tout autre. Les parents du garçon sont écœurés et persuadés qu'il leur est impossible de sympathiser avec cette bru qu'ils n'ont encore pas vue. Ils l'ont tellement détestée avant de la connaître que lorsqu'elle arrive, ils sont étonnés qu'elle ne soit pas aussi mauvaise qu'ils le pensaient. Et si elle aime vraiment leur fils, les relations s'établissent sur une base de respect mutuel, et les choses vont plutôt bien par la suite.

— Et les mariages entre Japonais ? Vous n'allez pas me dire qu'ils marchent très bien ?

— Certains, oui. En particulier lorsque des paysans japonais d'ici ont convolé avec des filles de la campagne d'Hiroshima-ken. Mais dans un nombre étonnamment élevé de cas, les mariages entre Japonais ne sont pas heureux. Je pense que mon étude va montrer plus de cinquante pour cent d'échecs.

— Pourquoi donc ?

— Je suis née moi-même à Hawaii, dans une famille du même genre que celle où vous êtes entrée, de paysans d'Hiroshima. Et n'oubliez pas que dans l'Hiroshima d'aujourd'hui nos gens de Hawaii sembleraient très arriérés. Voici donc ce qui se passe : les belles-mères blanches et chinoises se rendent compte qu'il leur faut faire un effort particulier pour comprendre et aimer leurs nouvelles filles étrangères. Elles le font et trouvent ainsi le bonheur. Ce n'est pas le cas des belles-mères japonaises — et que Dieu vienne à l'aide de la jeune fille japonaise que va épouser mon frère, et qui bientôt devra supporter ma mère ! Toutes croient que leur fils leur apporte la bru japonaise qui fleurissait dans le sud du Japon voilà une quarantaine d'années. Elles ne font pas d'effort pour la comprendre, aussi n'ont-elles aucune chance de s'entendre avec elle.

— Savez-vous pourquoi mon mariage est un échec ? demanda brusquement Akemi.

La sociologue, qui avait déjà vu se dissoudre de semblables unions, ne fut pas surprise de l'aveu contenu dans cette question. Akemi attendait de voir si Yakazaki avait deviné juste. Spontanément celle-ci expliqua :

— Au Japon, les jeunes hommes apprennent à accepter les mœurs nouvelles, mais pas à Hawaii.

— Exactement. Les autres mariées pensent-elles de même ?

— Toutes disent la même chose. Mais beaucoup surmontent leurs divergences, ou trouvent un moyen de transformer leur mari.

— Savez-vous ce qui m'empêche de faire comme elles ? Ce qui me va au cœur un peu plus chaque jour ? C'est la façon dont ils se moquent de la correction de mon langage. Cela, je ne peux plus le supporter.

— J'ai eu le même problème dans ma propre famille, avoua Yamazaki avec un sourire triste. J'ai un doctorat de philosophie, et ma mère me disait : « Crois-tu être au-dessus de nous parce que tu emploies ce langage ? » Alors chez moi, en réaction, je parle en pidgin.

— Je ne le ferai pas. Je suis une Japonaise lettrée, qui s'est battue longtemps pour diverses causes.

— Si vous aimez votre mari, vous vous adapterez.

— Jamais à certaines choses. (Et, à brûle-pourpoint :) Êtes-vous mariée, Yamazaki-sensei ?

— Je suis fiancée à un haole de l'université de Chicago.

— Je vois. Vous ne voudriez pas épouser un garçon d'ici, n'est-ce pas ?

— Non, confessa Yamazaki.

Akemi montra du doigt le fichier du professeur :

— Maintenant, dit-elle en riant, je suis embaumée là-dedans. Mais devinerez-vous où j'aimerais être ?

— Dans un petit café de Nishi-Ginza, plongée dans une conversation passionnante sur des bouquins, la musique ou la politique.

— Comment pouvez-vous deviner si juste ?

— Parce que j'aimerais m'y trouver moi aussi. C'est là que j'ai rencontré mon fiancé, je sais donc à quel point le Japon peut être plein de charme. Mais permettez-moi de vous dire que Hawaii peut être aussi passionnant, que la vie d'une jeune Japonaise ici peut être une aventure exaltante.

— Mais vous venez de dire que vous n'épouseriez pas un homme de ce pays.

— En tant que femme qui cherche à être heureuse chez moi, je m'attache à mon haole de Chicago. Mais sur le plan strictement intellectuel, je préférerais de beaucoup rester à Hawaii.

— Dites-moi franchement si vous pensez qu'une société dont l'idéal est une grosse automobile noire pourra jamais être un environnement vivable ?

— Comprenez que les symboles visibles de la réussite, auxquels sont attachés nos Japonais d'ici, sont ceux établis par la société haole des gens arrivés. Une grande maison, une puissante voiture, un garçon à Yale où il étudie ou n'apprend rien... voilà les symboles à accepter si l'on vit à Hawaii. Vous ne pouvez demander aux Japonais de se montrer supérieurs aux symboles de leur élévation dans la société.

— Pendant trois ans, j'ai espéré que mon mari le ferait.

— Soyez patiente, et vous verrez que Hawaii s'améliorera.

— Je ne crois pas. C'est un endroit aride, stupide, où rien ne changera jamais.

Après le départ d'Akemi, la sociologue téléphona le même soir à Shig Sakagawa, qu'elle avait connu à Punahou :

— Shig, votre frère Goro est en train de perdre sa femme.

— Vous croyez vraiment ?

— J'en suis certaine. Elle a dit les mêmes phrases que prononcent les jeunes femmes avant de prendre le bateau pour repartir au Japon. Jusqu'ici j'en ai vu une vingtaine.

— Que peut-il faire ?

— Lui offrir trois symphonies de Beethoven.

Mais le professeur Yamazaki savait bien qu'amener Goro à faire un tel pas dépassait l'imagination. En outre, Mrs Sakagawa mère ne tolérerait jamais ce genre de musique dans sa maison.

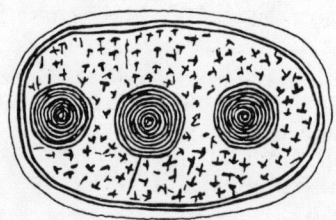

Pendant que le chef syndicaliste Goro Sakagawa affrontait — ou plutôt n'affrontait pas — ce problème conjugal, Hoxworth Hale s'inquiétait du prochain mariage de sa fille Noelani avec son cousin au deuxième degré, Whipple Janders, le fils du solide Hewlett Janders, sur qui Hoxworth se reposait de plus en plus pour ses affaires. Naguère, quand Noelani était plus jeune, Hoxworth avait un peu espéré qu'elle échapperait au Fort et trouverait un mari différent... un garçon de Yale, naturellement, mais de la métropole. Un étranger à Hawaii. A Wellesley, au collège, Noelani était souvent sortie avec un garçon de Amherst, une université qui valait bien Yale, mais cela n'avait rien donné et quand le jeune Whip Janders, qui achevait ses études à Yale après le sursis de la guerre, l'avait invitée au bal du printemps à New Haven, les deux jeunes gens avaient instinctivement compris qu'ils étaient destinés à se marier. Ils avaient été tous deux à Punahou, leurs familles se comprenaient et Whip avait été le meilleur ami du frère de Noelani, Bromley, tué au-dessus de Tokyo.

Cependant, au cours des fiançailles, Noelani fut frappée par certaines bizarreries de Whip et douta de la sagesse d'une telle union, car la guerre avait subtilement changé Whipple. Il était plus maigre et sa coupe de cheveux quasi militaire ne parvenait pas à dissimuler une tendance à l'excentricité. Il apparut un jour à un bal collet monté en smoking mais avec un extravagant gilet de soie chinoise brodée... Il avait fait sensation, et quelque peu scandale.

Maintenant Whip et ses cheveux en brosse étaient de retour à Honolulu, lui vêtu d'un costume plus austère bien coupé, et le mariage était pour bientôt. Quelques jours avant la cérémonie, Noelani alla trouver son père, car sa mère n'était pas en état de l'entendre :

— Papa, croyez-vous qu'il soit bon que des jeunes gens se marient entre cousins ? Pour parler franchement, quelles sont les chances que nos enfants soient plus comme maman que comme vous ?

Dans le plus extrême embarras, car cette crainte qui le tenaillait lui avait fait espérer que Noelani épouserait un étranger, Hoxworth évita de répondre et suggéra :

— Pourquoi ne pas demander l'avis de Tante Lucinda ? Nous lui avons toujours demandé conseil sur les questions familiales.

Il emmena donc sa fille chez Tante Lucinda, dans la maison de la brumeuse Nuuanu Valley. Ils la trouvèrent parmi une demi-douzaine de vieilles dames qu'elle recevait, la plupart en train de boire du gin ; ce qui fait que la conversation était quelque peu désordonnée, mais l'accueil aimable et détendu.

— Je vous présente ma petite-nièce du côté de ma grand-mère, Noelani Hale, expliqua Lucinda en montrant la jeune fille d'une main tenant avec grâce un mouchoir de dentelle bleu pâle. Elle est la fille de Malama Janders Hale, et va épouser samedi Whipple Janders, ce beau garçon arrière-petit-fils de Clement et Jerusha Hewlett.

La place de Noelani dans la généalogie ainsi établie, les dames furent tout sourire, et l'une d'elles dit :

— J'ai très bien connu, Noelani, l'arrière-grand-mère Jerusha de votre fiancé. C'était une femme splendide, qui jouait au polo mieux que les hommes. Si le jeune Whipple en a hérité, ce sera un mari solide, je peux vous l'assurer.

— Ce que Noelani voulait savoir, dit Lucinda, c'est son exacte parenté avec Whip. Je désire affirmer qu'à mon avis il est beaucoup plus sage de se marier dans une grande famille de l'île, dont l'ascendance est connue, que dans une famille du continent dont l'origine hypothétique peut être Dieu sait laquelle.

Toutes les dames approuvèrent. Sur quoi une domestique japonaise au tablier blanc amidonné vint leur verser à nouveau du thé ou du gin.

— La seule question que l'on peut se poser au sujet du mariage de Noelani et Whip, enchaîna Tante Lucinda, est que tous deux — elle baissa la voix — ont du sang hawaiien. Si l'on remonte à son arrière-grand-mère du côté paternel, on trouve Malama Hoxworth, qui était la fille du capitaine Rafer Hoxworth, lequel n'était pas missionnaire, mais un magnifique et élégant gentleman, racé et d'excellente famille. Il est vrai qu'il a épousé Noelani Kanakoa, la dernière des Alii Nui ; mais je crois qu'il est juste de dire que la Malama dont nous parlons... celle qui a épousé le grand Micah Hale... c'est-à-dire... en tout cas...

D'un geste cavalier, elle envoya promener toute l'affaire. Un des aspects les plus reposants d'une conversation avec Tante Lucinda était qu'elle vous jetait tant de noms à la tête que vous n'aviez pas besoin de la suivre. Lorsqu'elle se trouvait empêtrée dans les parentés sans plus pouvoir s'en sortir, elle s'arrêtait et commençait depuis le début. Pour l'instant, elle stoppa brusquement et termina, sans que personne ne sache comment elle était arrivée à conclure, par ces mots :

— En tout cas, il n'y a jamais eu en Hawaii de plus beau gentleman que Rafer Hoxworth.

La domestique remplit une fois de plus les tasses et les verres, et Tante Lucinda poursuivit :

— Où en étais-je ? Ah oui. Ce malheureux mariage de Micah avec cette fille, Malama... Vous savez, je me suis toujours demandé comment Micah a trouvé le courage de s'afficher en public alors qu'il était encombré d'une telle femme. Eh bien, c'est vrai, notre petite Noelani ici présente a du sang hawaiien ; mais je pense que les ascendances Hale et Whipple prédominent.

Le brouillard du Pali commençait à envahir la vallée ; le bruit mélancolique d'une cascade se faisait entendre pendant que Tante Lucinda continuait à discourir sur les antécédents familiaux. Chacun des présents descendait de l'un ou de l'autre de ces lointains ancêtres qui avaient été les constructeurs de Hawaii, et chacun pensait particulièrement à trois ou quatre aïeux préférés auxquels il attribuait ses caractères héréditaires. Aussi, quand Lucinda mentionnait l'un d'eux, l'intéressé dressait l'oreille et approuvait en hochant la tête. Au fil des ans, elle avait noté trois noms, objets de la plus grande vénération : on préférait descendre de Jerusha Bromley Hale, la grande missionnaire ; de Rafer Hoxworth, le distingué capitaine marin ; ou du docteur John Whipple, le praticien intellectuel. En toute modestie, Tante Lucinda faisait ressortir qu'elle était issue de deux d'entre eux, et était heureuse que ce ne soit pas du capitaine Hoxworth dont toute la descendance avait du sang hawaiien.

— Ce n'est pas que je sois contre les Hawaiiens, assura-t-elle à ses visiteurs, mais je suis horriblement agacée par ce culte que l'on rend ici à ce que l'on appelle la royauté hawaiienne. A la bibliothèque, je peux repérer aussitôt la fille qui va me demander : « Avez-vous le livre où l'on parle de Kelly Kanakoa ? » J'ai envie de lui dire : « Tâchez de ne pas coller de chewing-gum sur les dessins. » Et lorsque ces femmes me rendent l'ouvrage avec respect, elles disent toutes : « Oh ! là là ! son grand-père était un roi ! » Comme si ça voulait dire quelque chose. J'ai toujours pensé qu'un des aspects les plus ridicules de ce pays est cette attendrissante adoration d'une succession fantaisiste de rois imaginaires. Vous vous souvenez ce que mon arrière-grand-père Abner Hale a écrit à ce sujet : « A mon avis, cela est plus que toute autre chose une entrave pour Hawaii, parce que ces malheureux sont si préoccupés de leur passé qu'ils n'ont pas le temps de contempler l'éternité. » Et rien ne m'irrite plus que lorsqu'un Hawaiien vous montre un pitoyable déchet d'humanité, et dit d'un ton accusateur : « Sans les missionnaires, cet homme serait notre roi. » Savez-vous qui serait aujourd'hui roi de Hawaii si les missionnaires n'avaient pas mis fin à cette stupidité ? Kelly Kanakoa, le garçon de plage ! L'avez-vous parfois entendu parler ? Son vocabulaire ne dépasse pas cent mots.

Hoxworth toussota pour rappeler Lucinda aux réalités.

— Ah oui, parlons maintenant de Whipple Janders. Ainsi que vous le savez, il sort de Punahou et de Yale, et a eu une très belle conduite pendant la guerre. Ce que vous désirez savoir, je suppose, c'est la parenté de ce garçon avec les Hale. Remontons à Micah, lequel a épousé la métisse Malama Hoxworth et a eu d'elle deux enfants, Ezra et Mary. Et bien sûr, Noelani, vous savez qu'Ezra est votre arrière-grand-mère. Vous voyez ainsi que Whipple est un descendant d'une des meilleures lignées des îles. Trois générations de suite, des Whipple ont épousé des Janders, ce qui est, à mon sens, une des raisons pour lesquelles les fortunes de leurs familles ont été conservées.

S'adressant directement à la jolie jeune fille qui allait bientôt se marier, Lucinda déclara :

— Je pense que vous n'auriez pas pu faire un meilleur choix que celui de Whipple Janders. Je suis très heureuse pour vous, Noelani. Lorsque je regarde votre charmant visage, je vois votre arrière-arrière-grand-père Micah Hale, le sauveur de ces îles. Vous avez le même port de tête, son courage et sa force de caractère. Mais votre beauté vient des Whipple. N'est-ce pas étrange (elle interrogea du regard le groupe silencieux) que la semence d'un seul homme ait pu produire tant de beautés dans ce pays ? Il est de bon ton de rire des vieilles filles célibataires, et vous m'accuserez de vanité si je vous dis que dans ma jeunesse j'avais moi aussi la beauté des Whipple. Kimiko, va chercher mon portrait dans ma chambre !

Dans le silence général, la femme de chambre apporta un tableau montrant dans tout son éclat une jeune beauté vêtue de blanc et de dentelle.

— Vous voyez là ce qu'est la fraîcheur de teint des Whipple. Vous l'avez également, Noelani, et c'est une grande consolation pour moi de penser qu'il sera uni à la branche mâle de la famille Whipple. Quels beaux enfants vous êtes destinés à avoir !

Lorsque Kimiko fut repartie avec le tableau, Miss Lucinda confia à ses invitées :

— Cette peinture a été faite quand j'étais fiancée à un Anglais. Mais mon père jugea préférable que je trouve un garçon plus proche de nous. Ainsi que vous le savez, ce fut mon cousin Horace Whipple, mais il...

Elle hésita, puis se rendit compte que, mis à part peut-être Noelani, tous ses auditeurs connaissaient l'histoire.

— Avant notre mariage, Horace s'est tué. On l'a d'abord soupçonné d'avoir volé de l'argent chez J & W. Évidemment cette accusation a rapidement été réfutée, car il n'y a jamais eu de voleur dans la famille.

Après le départ de Hoxworth et de sa fille, elle conclut :

— Cette Noelani est une des plus adorables jeunes filles qu'on ait vu sur ces îles. Elle a fait d'excellentes études à Wellesley. Je crois qu'il est heureux qu'elle soit revenue épouser ici quelqu'un de sa parentèle. Il faut dire qu'elle est de bonne race.

Une des caractéristiques de Hawaii était que tout un chacun se réclamait de distingués ancêtres. En 1949, il n'existait pas de Hawaiien qui ne descendît de rois. Les Hale avaient fabriqué la légende affirmant que le vieux et acariâtre Abner, qui sortait d'une misérable ferme près de Marlboro, avait pour ancêtres des chevaliers d'une très ancienne lignée anglaise. Les Kee se gardaient de raconter que leur père était un petit joueur véreux qui avait acheté sa concubine dans un bordel de Macao; si vous les écoutiez, il était quelque chose comme un érudit du confucianisme. Yoriko Sakagawa elle-même disait souvent à ses enfants : « N'oubliez pas que de mon côté vous descendez de samouraïs. » De toutes ces histoires, seule celle de Yoriko était vraie. Vers 1703, le grand seigneur de Hiroshima avait parmi ses serviteurs un gros lourdaud dont la tâche principale consistait à monter la garde devant les toilettes, afin d'en écarter tout intrus éventuel lorsque son maître y faisait ses besoins. Théoriquement ce valet de chambre était un samouraï; mais celui-ci était si bête qu'il n'avait même pas été capable de s'acquitter correctement de ce devoir, et le seigneur l'avait renvoyé dans son village où il avait convolé. Il était l'ancêtre de Yoriko Sakagawa. Que celle-ci, comme bien d'autres à Hawaii, trouve du plaisir à évoquer sa supposée illustre ascendance, cela ne faisait de mal à personne.

Le mariage fut un grand événement mondain. Le révérend Timothy Hewlett officia dans la vieille petite église des missionnaires ornée de fleurs en présence de toutes les grandes familles du Fort. Cependant, Noelani et Whipple étaient mariés depuis quatre mois à peine quand le jeune homme annonça, sans que rien l'eût laissé prévoir, de son air le plus calme :

— Noelani, ma vieille, je ne t'aime pas.

— Quoi! s'écria-t-elle avec ahurissement.

— Je vais habiter San Francisco.

— C'est une autre femme? gémit-elle sans honte, les larmes aux yeux.

— Non. Je crois que je n'aime pas les femmes, expliqua-t-il posément.

— Whip!

— Tu es très bien, Noe, une fille épatante, mais je vais prendre un appartement avec Eddie Shane. C'est un type avec qui j'étais dans l'armée de l'air.

— Mon Dieu, Whip! Non! As-tu parlé de ça à quelqu'un?

— Écoute, Noe, n'en faisons pas toute une affaire, je t'en prie. Je ne suis pas fait pour le mariage, c'est tout.

— Mais tu veux bien te marier avec Eddie Shane. C'est ça?

— Si tu veux présenter ça comme ça, je veux bien. Oui.

Il quitta Hawaii et l'on apprit bientôt qu'Eddie Shane et lui avaient un grand appartement au bord de la mer, à San Francisco, où Eddie faisait des céramiques dont les photos en couleurs paraissaient dans *Life*.

Tante Lucinda expliqua ce qui s'était passé :

— Il faut remonter à Mary, la fille de Micah Hale. Cette petite était au huitième hawaiienne, par sa mère Malama Hoxworth qui était la fille de Noelani Kanakoa, la dernière des Alii Nui. C'est bien triste à dire, mais comme vous le savez un Janders a épousé Mary Hale. On aurait pu espérer que son sang vigoureux prenne le pas sur le sang hawaiien. Malheureusement ce Janders descendait de celui qui s'était marié avec une des filles Hewlett qui, vous ne l'ignorez pas, étaient hawaiiennes. C'est pourquoi le pauvre Whipple Janders, en filant avec l'aviateur, ne faisait que ce à quoi l'on pouvait s'attendre, étant donné qu'il a du sang hawaiien des deux côtés de sa famille.

Hoxworth Hale, effondré, en voyant l'effet que ce déplorable mariage avait sur la trop sensible Noelani, se disait avec un serrement de cœur : « Si je ne l'aide pas, il va y avoir une autre femme enfermée dans les chambres d'en haut... »

Mais il avait beau chercher, il ne voyait pas quel secours il pourrait lui apporter. Son angoisse dépassait celle de son adversaire Goro Sakagawa, car Goro ignorait tout du marasme de sa femme.

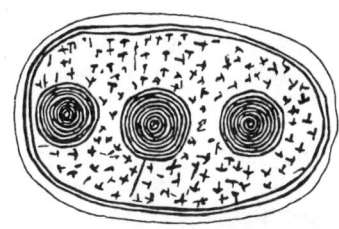

En 1951, Nyuk Tsin agença son dernier coup pour le hui des Kee et ce fut par bien des côtés sa réussite la plus caractéristique, car elle fut conçue avec intelligence et accomplie avec courage. Elle avait alors cent quatre ans.

Un jour, dans sa petite maison décrépie de Nuuanu, elle écoutait son petit-fils Harvey lui lire le journal quand elle l'interrompit de sa petite voix chevrotante et s'écria :

— Qu'est-ce que tu viens de lire ?

Comme il lisait en anglais et traduisait en hakka, il n'était pas sûr lui-même d'avoir compris l'article effarant. Il le reprit, phrase par phrase, avec application :

— Dans l'économie américaine d'aujourd'hui, il est possible qu'une société déficitaire vaille plus cher à présent que naguère lorsqu'elle rapportait.

D'un geste impétueux, la vieille aïeule obligea son petit-fils à relire trois fois l'étrange concept et quand elle l'eut bien compris, elle s'écria :

— Voilà bien le genre de tour que les haole rusés imaginent pour eux et que nous autres Chinois stupides ne comprenons que trop tard !

Sans attendre, elle fit venir son arrière-petit-fils Eddie, le fils de Hong Kong, qu'elle avait envoyé faire son droit à Harvard, et elle lui demanda de faire un rapport complet sur le système.

A cette époque, on ne savait pas grand-chose à Hawaii de ces associations d'entreprises déficitaires avec des sociétés prospères, mais Eddie Kee s'appliqua à réunir tous les renseignements possibles et au bout de deux mois, il était un expert sur ce sujet. Puis, avec une liasse de rapports fiscaux qu'il avait fait venir par avion de la métropole, il retourna chez son aïeule en se demandant comment une aussi vieille femme pouvait encore s'intéresser à de tels problèmes.

— Alors ? Tu peux tout m'expliquer ? lança-t-elle de sa voix d'oiseau.

— Foncièrement, commença-t-il d'un ton doctoral, c'est une très ancienne loi, et elle me paraît bonne.

— Peu importe qu'elle soit bonne ou mauvaise. Je veux savoir comment ça marche.

— Prenez par exemple la Brasserie Janders. Depuis des années, elle perd de l'argent. Maintenant, supposons que l'année prochaine elle rapporte beaucoup. Elle n'aura pas d'impôts à payer parce que les pertes des dernières années peuvent servir à absorber les nouveaux gains.

— C'est logique, approuva Nyuk Tsin.

— Mais regardez ce que nous pouvons encore faire, poursuivit Eddie comme s'il s'adressait à une classe. Si le hui des Kee achète la brasserie, nous pourrons alors ajouter à son fonds notre vieille terre à ananas. Alors, si la brasserie vend cette terre, le profit sera absorbé par les pertes préalables de la brasserie. Vous voyez ce que je veux dire ?

La petite vieille ne répondit pas. Assise au soleil, elle avait l'air d'une antique figurine brodée sur soie. Elle souriait et son regard rêveur semblait perdu dans le passé. Mais elle envisageait l'avenir. Soudain, elle s'écria :

— Quel miracle ! Les pertes des Janders serviraient à absorber les gains des Kee !

— Bravo ! Vous avez compris !

— Mais toi, petit, comprends-tu où je veux en venir ?

— Comment cela ?

— Imagine que nous achetions la Brasserie Janders et que nous y cachions notre terre à ananas...

— Je sais, je viens de vous l'expliquer, coupa Eddie en se disant qu'après tout, la vieille commençait à perdre son acuité d'esprit.

— Mais ce que je t'explique, moi, c'est qu'après avoir exécuté cette manœuvre, nous mettrons un des nôtres à la tête de la brasserie, qu'il saura la diriger et que nous transformerons une entreprise déficitaire en une bonne affaire.

Ce fut au tour d'Eddie de sourire béatement.

— Si vous pouviez faire ça, ce serait la fortune.

— Oui... Il semble que cette loi ait été expressément édictée pour notre hui. Notre devoir est de l'utiliser sagement à notre profit.

Nyuk Tsin fit ensuite venir Hong Kong et, après avoir discuté avec lui de la loi théorique, elle lui dit brusquement :

— Dresse une liste de toutes les sociétés déficitaires de Honolulu. Et note à côté de chaque société le nom d'un membre de notre hui capable de transformer ce déficit en profit.

— Où trouverons-nous l'argent pour acheter les compagnies en déconfiture ?

— Nous n'avons pas besoin de les payer comptant mais il nous faut de l'agent pour les acomptes. Il nous faut donc vendre dès maintenant certaines de nos propriétés et payer les impôts sur les transactions, mais si notre plan marche bien, nous compenserons largement ces taxes.

— Vous êtes bien décidée à poursuivre un but aussi hasardeux ? demanda Hong Kong avec méfiance. A vendre des commerces florissants pour prendre un tel risque ?

Nyuk Tsin réfléchit un moment et demanda à Eddie :

— Est-ce que d'autres personnes à Honolulu ont compris la portée de cette loi ?

— Ils doivent être au courant, répondit le diplômé de Harvard, mais ils ne font rien.

Nyuk Tsin se décida. Elle frappa des mains et s'écria :

— Allons-y ! Dans six mois, tout le monde comprendra ce que nous cherchons, mais à ce moment-là, il n'y aura plus rien à acheter.

Hong Kong partit avec son fils, et l'aïeule les suivit des yeux en murmurant :

— Je ne sais combien son éducation à Harvard nous a coûté, mais elle va nous rapporter un trésor.

Le lendemain, Hong Kong revint à la petite cabane de Nuuanu avec des papiers qu'il étala sous les yeux de l'aïeule qui ne savait pas lire. Il lui indiqua toutes les entreprises qui accusaient des pertes depuis quelques années, la brasserie, une compagnie de taxis, une chaîne de boulangeries, quelques vieux immeubles commerciaux, des magasins. L'esprit d'entreprise de Nyuk Tsin se manifesta alors une fois de plus et, pour chaque nom de la liste, elle demanda simplement :

— Combien d'hectares libres à la vente possède-t-elle ?

Si Hong Kong répondait que cette compagnie n'avait pas de terrain, Nyuk Tsin ordonnait :

— Barre-la. La terre est plus précieuse encore que les pertes accumulées.

Et la liste définitive des sociétés que le hui allait acheter ne comprenait que des affaires ayant subi de lourdes pertes mais possédant de vastes terrains.

Hong Kong donna alors la liste des possessions des Kee qu'il faudrait liquider pour se procurer de l'argent et Nyuk Tsin s'aperçut qu'il y manquait quelque chose.

— C'est une bonne liste, Hong Kong, mais pourquoi n'as-tu pas noté cette terre sur laquelle nous sommes en ce moment ?

Hong Kong lança un coup d'œil embarrassé à son fils Eddie, mais comme ni l'un ni l'autre ne répondaient, Nyuk Tsin reprit :

— Il est certain que si nous avons besoin d'argent pour acheter ces sociétés, nous devrons vendre en premier lieu notre vieux champ de taros. Avec tout ce qu'il y a dessus. N'avez-vous pas pensé à cela ?

— Évidemment nous y avons pensé, Tante de Wu Chow, dit Hong Kong. Mais nous avons estimé que vous aimez trop cette terre. Nous ne pouvons la vendre tant que vous vivez.

— Merci, Hong Kong, mais une des raisons pour lesquelles me séduit l'idée de vendre de vieilles choses pour en acquérir de nouvelles, c'est que non seulement nous ferons ainsi de l'argent, mais nous serons aussi obligés de nous lancer dans de nombreuses opérations. Il faudra travailler, et ne pas se permettre de devenir gras et paresseux.

Adressant un sourire à ses hommes, elle ajouta :

— As-tu remarqué, Hong Kong, que toutes les familles chinoises qui essaient de s'accrocher à de vieilles affaires finissent par tout perdre ?

— Mais vous nous avez toujours dit de nous cramponner à la terre !

— C'est vrai. Mais pas toujours la même terre. Les vieilles terres et les vieilles idées doivent être abandonnées.

Un court instant, Hong Kong et son fils se turent pour assimiler la vision de l'aïeule, celle d'une grande famille toujours en mouvement et allant toujours de l'avant. Puis Nyuk Tsin rompit le silence pour affirmer :

— C'est pourquoi nous devons vendre cette terre qui nous est chère. Elle doit être la première à partir.

— Nous vendrons le terrain, mais nous garderons encore un peu la vieille maison, répondit Hong Kong. Je ne puis vous imaginer vivant autre part.

— Merci, mon petit, murmura Nyuk Tsin avec émotion, puis elle ajouta d'un ton décidé : Dès aujourd'hui, il faut commencer à apprendre à Bill comment s'occuper d'une brasserie. Sam doit étudier la boulangerie et je veux que Tom lise tout ce qu'il pourra trouver sur l'architecture et la modernisation des vieux immeubles.

Elle proposa ensuite des moyens pour transformer en une affaire rentable chacun des canards boiteux qu'ils allaient acheter, et mit son fils en garde :

— Hong Kong, tu devras t'assurer que nous n'acquérons que les meilleures terres. Eddie fera son affaire des procédures d'achat. Je dois pouvoir compter sur vous pour avoir l'œil à tout.

Elle donna encore quelques conseils et, au moment où Hong Kong et Eddie prenaient congé, elle fit sa dernière recommandation :

— Hong Kong, quand tu achèteras, n'oublie pas de te laisser circonvenir et paie toujours un petit peu plus que ce que le vendeur était en droit d'espérer. Lorsque notre plan aura été compris, je ne veux pas qu'un seul se sente lésé... Mais ne paie quand même pas trop...

Trois semaines plus tard, lors d'une réunion du Fort, le gros Hewlett Janders éclata d'un rire sonore et s'écria :

— Si nous n'obéissions pas à la vieille loi anti-alcoolique des missionnaires, je payerais à boire à tout le monde !

— Bonnes nouvelles ? demanda John Whipple Hoxworth.

— Épatantes. Je viens enfin de me débarrasser de ma brasserie. Quel poids mort ! Ma sainte grand-mère, Dieu ait son âme, m'a bien répété mille fois que nous n'étions pas faits pour le métier de brasseur. Elle avait bougrement raison.

— Tu as obtenu un bon prix ? demanda Hoxworth Hale.

— Trente-cinq mille dollars de plus que ce que j'espérais. J'attendais le moment d'avoir Hong Kong au tournant depuis qu'il nous a fait ce coup avec Gregory's.

— Hong Kong, dis-tu ? s'étonna Hale.

— Oui. Pour une fois, il a fait une boulette. Personne ne peut gagner d'argent avec cette brasserie.

— Bizarre, murmura Hale. Je viens de vendre à Hong Kong le vieil immeuble Bromley. Il y a des années qu'il coûte plus qu'il ne rapporte.

A ce moment, un des Hewlett arriva avec une bonne nouvelle. Il venait de vendre la compagnie de taxis.

— A Hong Kong Kee ? s'écrièrent les autres tous en chœur.

— Oui, et pour un bon prix, répondit le jeune Hewlett.

Un silence inquiet tomba sur le groupe. Hale regarda Janders qui se tourna vers Hewlett.

— Est-ce que nous nous serions fait avoir ? murmura enfin Hoxworth Hale.

John Whipple Hoxworth baissa la tête et avoua :

— Autant vous le dire tout de suite. Je viens de vendre à Hong Kong cette chaîne de boulangeries que nous avions fondée avant la guerre. Très déficitaire.

— Qu'est-ce qu'il mijote ? s'écria Hewie Janders. Mais qu'est-ce que ce petit Chinois rusé a dans la tête ?

— Ça doit être pour le foncier. Il achète ces entreprises pour avoir le terrain.

— Non, interrompit un des jeunes Hewlett. Parce qu'il vient de vendre le vieux champ de taros de la grand-mère Kee. Pour un million cinq.

— Bon Dieu ! gronda Janders. Il achète, il vend... Qu'est-ce qu'il est en train de combiner, ce petit salaud ?

Les hommes se regardèrent avec une irritation grandissante. Ils en voulaient moins à Hong Kong qu'à eux-mêmes, car ils le soupçonnaient d'avoir mis au point quelque intéressante spéculation qu'ils auraient dû être les premiers à envisager.

L'entreprise des Kee n'était spéculative que dans sa première partie. N'importe qui, en réfléchissant, et sur les conseils d'un avocat capable comme Eddie Kee, aurait pu acheter des maisons en déconfiture et leur faire absorber d'autres gains. Mais ce qui compta surtout, ce fut que Bill Kee, poussé par son père Hong Kong et son frère Eddie, apprenait à fabriquer d'excellente bière.

Au début, le breuvage, lancé à grand renfort de publicité et de slogans comme « Bière Kee, Clef du Bonheur », connut peu d'amateurs et la population le baptisa « arsenic chinois ». Mais bientôt, aidé par un Suisse allemand que le hui avait fait venir du Missouri, la bière devint passable, puis bonne et comme Bill la vendait un peu moins cher que les autres, les travailleurs y prirent goût. Aussi, sans compter le terrain sur lequel était construite la brasserie et qui valait un million huit cent mille dollars, la vieille Brasserie Janders rapporta une fortune au hui.

Mais la plus grosse réussite fut, au grand étonnement de tous, la chaîne de boulangeries. Chaque succursale apportait assez de terrain pour que la transaction soit profitable en soi, mais Sam Kee, à l'âge de soixante-quatre ans, se découvrit une véritable vocation de pâtissier et les boulangeries rapportèrent de plus en plus.

Cependant tout ne marcha pas aussi bien. La compagnie de taxis en particulier résistait à toute tentative de lui faire gagner de l'argent.

— Ce n'est pas une bonne affaire, dit Hong Kong à sa grand-mère.

Elle lui conseilla de s'en débarrasser ; il protesta :

— Je n'aime pas m'avouer vaincu si vite. Il doit y avoir un moyen de la faire prospérer.

— Peut-être quelqu'un d'autre le connaît-il ; mais pas les Kee. De toute façon, je n'aime pas les taxis. J'ai toujours l'impression qu'ils foncent sur moi.

A la fin de l'année, sa cent quatrième année, seule dans sa petite maison à minuit, elle se dévêtit à la lueur tremblotante d'une lampe à pétrole. Lorsqu'elle fut entièrement nue, petite vieille terriblement frêle n'ayant plus que les os et la peau, elle inspecta avec soin tout son corps à la recherche d'un symptôme de la lèpre. Elle ne vit aucune tache suspecte sur son torse ou sur ses membres. Tranquille pour ce soir encore, elle revêtit sa chemise de nuit de flanelle, souffla la lampe et s'endormit.

Ce coup que Nyuk Tsin avait imaginé et mené à bien devait avoir un résultat inattendu. Le Fort, après avoir assisté aux astucieuses expériences de Hong Kong et à leur réussite fulgurante, avait conclu, par la voix de Hoxworth Hale :

— C'est un homme comme celui-là qu'il nous faudrait !

Et l'idée fit son chemin. A l'issue d'une réunion du conseil de Whipple Oil Imports, Hoxworth s'adressa sur le ton de la plaisanterie à son collègue administrateur de la société :

— Hong Kong, maintenant que l'arrivée de Gregory's est de l'histoire ancienne, et que personne n'a eu trop de mal, êtes-vous satisfait d'avoir fait entrer subrepticement ces gens à Hawaii ?

— Que voulez-vous dire ?

— Gregory's est ici depuis près de cinq ans. Ils ont gagné des sommes considérables sur ce territoire. Mais qu'ont-ils fait pour Hawaii ?

— Dans quel domaine ?

— Celui des musées, des écoles, bibliothèques, fondations médicales.

Après un moment de réflexion, Hong Kong prit un air faussement grave pour répondre :

— Chaque année, on voit dans les journaux une photo du directeur de Gregory's remettant un chèque de trois cents dollars aux œuvres de la commune. (Sur ce, il éclata de rire et ajouta :) C'est vrai qu'ils ne font pas grand-chose pour Hawaii.

— Et au fil des années, vous verrez qu'ils feront de moins en moins. Dites-moi, Hong Kong, combien y a-t-il de Kee ici ?

— Je suppose que ma vieille grand-mère a plus de deux cents arrière-petits-enfants, mais tous ne sont pas à Hawaii.

— N'avez-vous jamais pensé que chacun d'eux se sentira un peu frustré si l'on ne construit ni musées ni opéra ? Inversement, ceux de votre famille qui ont grandi ici, lorsqu'ils vont au lycée dans la métropole, ne se sentent-ils pas plus forts en raison de ce que les vieilles familles ont fait pour ces îles ?

— Vous avez raison. Et personne ne s'attend à ce que Gregory's vous imite. Mais il me semble, Hoxworth, que nous entrons dans une autre époque. Nous n'avons plus besoin de cadeaux venant d'en haut. Les salaires sont élevés ; les impôts rentrent ; l'économie va vraiment bien. Tout le monde s'en trouve mieux.

— Avez-vous jamais vu un musée d'art financé par les impôts ?

— Quand une vraie démocratie fonctionnera ici, nos garçons voteront pour avoir des musées, des universités, des hôpitaux. Et pour les payer, ils taxeront à tour de bras. Hawaii deviendra pour de bon le paradis que l'on dit qu'il est.

— J'en doute. Une bonne société est toujours le reflet d'un petit nombre d'hommes qui ont eu le courage de faire ce qui est juste. Pour cela, ils n'ont pas besoin de vote.

Au moment de se séparer, Hoxworth prononça ces mots, ce qui eût été impensable deux ans auparavant :

— A propos, Hong Kong, si vous trouvez un jeune Japonais dégourdi et aussi intelligent que vous, faites-le-moi savoir.

— Qu'avez-vous en tête ?

— Vous avez eu de bonnes idées dans nos conseils d'administration, aussi avons-nous pensé que ce serait...

— Ce le serait en effet. Si vous embauchez le jeune Shigeo Sakagawa, vous aurez chez vous un gagneur.

— Ne va-t-il pas être candidat aux élections sénatoriales, sur une liste du parti démocrate ?

— En effet.

— Je ne peux pas prendre un tel homme dans nos conseils.

— Jamais vous ne trouverez un jeune Japonais de valeur sur une liste électorale de républicains.

— Vous, Hong Kong, de quel côté êtes-vous ?

— Lorsque j'étais pauvre, j'étais démocrate. Maintenant que je suis arrivé, je suis républicain.

— Nous reparlerons de cela après les élections.

Pour la première fois, Hoxworth se mit à écouter les discours de la campagne électorale. Un jour, il entendit Shigeo dire ceci :

— A travers le monde entier, des nations doivent lutter pour une réforme agraire. En Angleterre, elle s'est faite par des lois, et tout se passa bien. En France, par une révolution sanglante, et tout se passa mal. Au Japon, sous les ordres du général MacArthur, j'ai travaillé au démembrement, au profit des paysans, des grandes propriétés terriennes. Et ce faisant, je me disais : « C'est à Hawaii que je devrais être, pour y faire la même chose. » Parce que je savais ce que vous n'ignorez pas, que Hawaii est en retard de plusieurs générations. Notre terre est aux mains de quelques grandes familles, qui nous en louent parcimonieusement les surfaces qui leur conviennent...

— Ce jeune imbécile est communiste, grogna Hale en éteignant la radio.

Et il ne fut plus question d'inviter Shigeo à exercer ses talents au Fort.

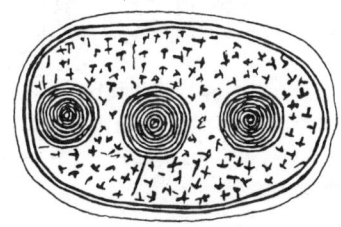

A la suite des élections présidentielles de 1952, le membre du Congrès Clyde Carter, du Texas, se désigna lui-même comme unique membre d'une commission chargée d'étudier l'aptitude de Hawaii à devenir un État. Il arriva à Honolulu à la mi-décembre, amenant dans ses bagages trois petits préjugés : il abhorrait jusqu'à la nausée tout homme qui n'était pas un Blanc ; il savait d'expérience que les riches étaient les piliers de la république ; il détestait les républicains. Aussi n'était-il pas parfaitement heureux à Hawaii, où les riches étaient toujours républicains, et où soixante pour cent des gens qu'il rencontrait n'étaient à l'évidence pas des Blancs. Au bout de cinq minutes, il avait décidé que ces îles ne devraient jamais être un État.

Il fut donc surpris lorsque le comité de réception, composé de Hale, Janders et Mac Lafferty — ce dernier à la tête du parti démocrate de Hawaii — réclama poliment mais fermement le statut d'État. Ce que lança Hale l'impressionna particulièrement :

— Ici nous sommes une communauté américaine, avec des idéaux américains, des normes de conduite américaines, et un système éducatif vraiment américain. Sénateur Carter, nous désirons que vous alliez et veniez parmi nous librement. Arrêtez les gens dans la rue pour leur poser les questions que vous voulez. Nous n'avons pas de secrets.

La foule applaudit.

Black Jim Mac Lafferty lui fit également grande impression, quand il affirma avec son accent irlandais :

— Ce qui pourra vous surprendre dans Hawaii, monsieur, dans ces îles dont vous avez toujours entendu dire qu'elles étaient indéfectiblement républicaines, ce pourquoi probablement vous avez voté contre le statut d'État au cours des deux dernières sessions, c'est que je peux vous dire dès maintenant qu'elles vont devenir démocrates. Et si mon excellent ami Hoxworth Hale fait des pieds et des mains pour qu'elles restent républicaines, je fais exactement le contraire pour qu'elles deviennent démocrates. De sorte que lorsque vous nous admettrez enfin comme membre de l'Union, vous pourrez vous vanter devant vos électeurs en leur disant : « C'est moi qui ait fait entrer Hawaii dans l'Union. Oui, m'sieur ! Le meilleur État démocrate de l'Amérique, après le Texas. »

Une perspective qui intéressa tant le sénateur qu'il voulut approfondir la discussion avec Mac Lafferty. L'Irlandais, toujours prompt à saisir l'occasion, lui proposa :

— Venez en ville dans ma voiture, nous pourrons causer.

A la consternation du comité de réception, qui avait combiné un programme fort différent, le gros Carter s'installa à côté de Black Jim dans sa vieille Pontiac. « Ne conduis jamais une voiture plus belle que celle que peut se payer la moitié des électeurs », lui avait conseillé son père. Une règle que Black Jim avait fait sienne. Heureux de pouvoir parler en privé avec un politique averti, Carter lui demanda :

— Les îles désirent-elles réellement le statut d'État ?

— Vous pouvez en être absolument certain. Elles le veulent.

— Pourquoi ? Nous les traitons très bien au Congrès.

— Je suis persuadé que George III disait la même chose au sujet des colonies : « Le Parlement britannique les traite décemment. Pourquoi veulent-ils leur propre gouvernement ? » C'est pourquoi nous nous sommes révoltés.

Cette remarquable réplique fut absolument perdue pour Carter, dont l'enfance s'était passée près de la frontière du Mexique, et que de toute façon le mot de révolte ne séduisait pas. S'il eut pu récrire l'Histoire américaine, il l'aurait fait, et les treize colonies seraient devenues indépendantes par la grâce de discours polis de gentlemen bien élevés portant perruque. Il poursuivit avec froideur :

— Qu'auriez-vous comme État, que vous n'avez pas déjà ?

— A cela les gens répondent en général que nous sommes imposés sans pouvoir dire notre mot, ou que nous élirions notre gouverneur. Mais ce que je vois surtout, monsieur, c'est que nous élirions ou nommerions nos juges.

— Ne le faites-vous pas maintenant ? s'étonna Carter qui ne connaissait rien de cela, comme la plupart des visiteurs.

— Aucunement, répondit Black Jim avec chaleur. Ils sont nommés par Washington, et même sous les présidents démocrates, on nous envoie des juges républicains de la métropole.

— En quoi cela vous gêne-t-il ?

— Ici, expliqua Black Jim, c'est une société féodale...

Employer ce terme fut une erreur de Mac Lafferty, car le Texas du Sud que représentait Carter était également féodal. Se souvenant de sa jeunesse, le sénateur se dit que c'était un des meilleurs modèles de société. Il contre-attaqua :

— Mais, bon Dieu, avec une féodalité bienveillante, vous n'avez pas des Mexicains essayant d'expliquer à des gens comme il faut que...

— La seule chose vitale, conclut Mac Lafferty, est d'avoir des juges de chez nous. Parce que dans la société particulière de Hawaii, les juges décident de tout.

— Qu'y a-t-il de mal à cela?

— Sénateur! s'écria Black Jim. Tant que des juges venant du continent édicteront les lois concernant les grands trusts et les questions agraires, il sera facile aux hommes riches d'ici de commander aux juges. A vrai dire, pas de les commander, car nos juges ont toujours été honnêtes. Mais les riches républicains sont proches d'eux, et les décisions des tribunaux sont d'habitude favorables à leurs intérêts.

Plus Carter en apprenait sur Hawaii, moins il voyait la nécessité de modifier l'ordre établi. Au Texas également, les démocrates riches étaient proches des législateurs et des juges, qui voyaient les choses de la même manière qu'eux. « Franchement, se dit-il, qu'y a-t-il de mal à cela? »

Aussi trouva-t-il assez déplaisant le dernier coup et le plus dur que lui assena Mac Lafferty. Black Jim avait ses bureaux dans un immeuble de Hotel Street, en bordure du quartier chinois crasseux, où les Japonais et les Philippins lui rendaient plus facilement visite. Quand il eut arrêté sa voiture le long du trottoir, Carter eut un haut-le-corps.

— Pourquoi tous ces gens ont-ils les yeux bridés?

— Près de la moitié de la population des îles est de race jaune, et ce sont les meilleurs citoyens que l'on peut voir. Le seul ennui est que la plupart de ces sacrés Chinois sont républicains. Mais je vais changer cela.

— Peut-on leur faire confiance? demanda Carter inquiet.

— Le mieux est que vous fassiez la connaissance de l'un d'eux, et il n'y en a pas de plus intéressant à connaître que mon associé.

Mais le sénateur n'écoutait pas, car il lisait avec effarement sur la plaque de la porte que Mac Lafferty, chef du parti démocrate de Hawaii, avait un Japonais comme associé. Et lorsqu'il fut entré dans le bureau, une grande affiche apposée à l'intérieur lui apprit que ce Japonais était candidat aux élections : *Votez pour Sakagawa!* proclamait-elle. Pour finir, il vit l'homme en personne, net dans sa tenue, jeune et courtois. Shigeo tendit la main et dit, avec un léger accent de Boston :

— Sénateur Carter, nous sommes fiers de vous accueillir et de vous souhaiter la bienvenue en Hawaii.

L'instant qui suivit fut pénible. La main de Shigeo restait tendue. Le sénateur, qui de sa vie n'avait été face à face avec un Japonais, fut incapable de la prendre. Il demeurait bouche bée, regardant avec des yeux ronds l'individu étrange et effrayant debout devant lui. L'expression de Shigeo ne changea pas tandis qu'il abaissait sa main. Black Jim, que rien n'abattait, lança d'un ton allègre :

— Le jeune Shig va être notre premier sénateur démocrate.

— Bonne chance, put enfin dire Carter. Nous avons besoin de démocrates.

Il sortit à reculons dans la rue, où les Asiatiques qu'il croisa lui firent une peur bleue. C'est avec un profond soupir de soulagement qu'il aperçut de loin les grosses voitures noires de Hoxworth Hale et

Hewlett Janders se frayant un chemin dans Hotel Street. Il se précipita vers elles comme si leurs occupants étaient ses sauveurs. Vite, il prit place à côté de Hale. Se sentant enfin en sécurité dans la Cadillac, il agita la main en direction de Mac Lafferty et lui cria de loin :

— Bonne chance pour votre campagne électorale !

Quand les deux voitures se furent éloignées, Black Jim éclata de rire. De retour à son bureau, il interpella Shigeo :

— Shig, tendez votre main !

Se tordant de rire, il parodia le sénateur américain, l'ami du peuple, rempli d'une peur atroce à l'idée de serrer la main de quelqu'un de ce peuple.

— Shig, dit-il, voici une voix sur laquelle il vaut mieux ne pas compter quand on votera pour notre statut d'État. Mais c'est sans importance. Savez-vous pourquoi j'ai traîné ici ce gros crétin ? Regardez la foule qui s'est rassemblée dehors. Elle est impressionnante parce qu'un membre du Congrès des États-Unis est venu vous rendre visite ici. Maintenant vous allez sortir pour aller mettre quelque chose à la boîte à lettres.

— Mettre quoi ?

— Je m'en fous. Prenez une feuille de papier pliée et collez-la dans la boîte à lettres, comme s'il était tout naturel que des membres du Congrès vous rendent visite. Et parlez à tout le monde.

Shigeo alla donc faire une petite promenade au milieu de ses électeurs et en retira une grande notoriété.

Entre-temps se produisit un de ces miracles qui arrivent périodiquement dans Hawaii. Au cours des présidences de Roosevelt et de Truman, entre 1932 et 1952, des milliers de politiciens et de personnages officiels démocrates étaient venus dans les îles, mais avaient rarement rencontré des démocrates. A l'aéroport ou au port, ils étaient accueillis par Hale, Janders ou le petit John Whipple Hoxworth, et amenés en vitesse dans les grandes demeures du Fort. Ils y étaient bien nourris, bien abreuvés, et lorsqu'un envoyé de Roosevelt demandait timidement : « Ces Japonais, peut-on leur faire confiance ? », l'hôte répondait invariablement : « Sumiko est à notre service depuis dix-huit ans, et nous n'avons jamais eu une domestique meilleure ou plus loyale. »

Dans ces réunions, les fonctionnaires de Roosevelt rencontraient des chefs militaires, des juges, et Hoxworth Hale. Tous ces gens donnaient l'impression d'une bourgeoisie solide, évitant le scandale, pleine d'honnêtes intentions pour le bien, et satisfaite de l'ordre établi. Dans les séances en public, on pouvait compter sur les gens du Fort pour faire des discours passionnés en faveur de la transformation de Hawaii en un État de l'Union. Les visiteurs officiels étaient impressionnés par les arguments avancés par ces avocats. Cependant, au cours des conversations informelles au Fort, ces mêmes hommes s'arrangeaient pour donner sans en avoir l'air une impression entièrement opposée à celle de leurs discours. Par exemple Hale, après avoir déclaré : « Nous avons dans nos îles les meilleurs juges d'Amérique », marquait un temps avant d'ajouter : « Nous déplorerions que des juristes asiatiques, peu au courant des valeurs américaines, rendent ici la justice. Ce serait la fin de notre mode de vie américain. »

Durant neuf jours agréables, Clyde Carter fut soumis au traitement habituel dispensé par le Fort, sans savoir que cette hospitalité l'amenait à subir les deux suprêmes épreuves destinées aux visiteurs de haut rang. Le matin du dernier jour, Hoxworth Hale lui dit :

— Sénateur, nous vous monopolisons depuis plus d'une semaine, et vous n'avez pas pu visiter les îles. Nous vous proposons de faire un peu de tourisme, et vous avons réservé une voiture dans ce but.

Une grosse automobile attendait à l'entrée, dont Hoxworth présenta le conducteur :

— Voici Tom Kahuikahela ; il connaît Hawaii mieux que n'importe qui. Tom, ce monsieur est un visiteur de marque, le sénateur Carter. Prenez-en bien soin.

Au cours de la promenade, Carter étant descendu de la voiture pour admirer le splendide paysage, Tom s'approcha de lui et murmura :

— C'est sur des personnes comme vous, monsieur, que nous comptons tous pour sauver Hawaii.

— Que voulez-vous dire par là ?

— S'il vous plaît, ne nous donnez pas le statut d'État.

— Je croyais que tout le monde était pour.

— Oh non ! Les Hawaiiens tremblent qu'on le leur donne.

— Pourquoi donc ?

— Le jour où nous serons un État, les Japonais seront les maîtres des îles.

Pendant le reste de la journée, un Carter épouvanté écouta son conducteur lui dire la vérité sur Hawaii : comment les Japonais locaux cherchaient à épouser toutes les filles hawaiiennes afin de détruire la race ; comment ils achetaient toutes les terres ; comment ils avaient la haute main sur le commerce et refusaient d'accorder des crédits aux Hawaiiens ; à quel point la situation était désespérée.

— Ce qui nous sauve, ce sont le gouverneur et les juges nommés par la métropole.

— Je croyais que les Chinois possédaient les terres.

— Ils les achètent pour le compte des Japonais.

— Mais c'est Mac Lafferty le chef du parti démocrate.

— Il est leur façade... pour quelque temps... ensuite ils le mettront au rancart.

— Mais comment se fait-il qu'un homme comme Hoxworth Hale... Certainement il doit être au courant. Pourquoi ne m'a-t-il rien dit de cela ?

— Il a peur, chuchota Tom en prenant un air sinistre. Tout le monde a peur, c'est pourquoi nous devons compter sur des hommes comme vous pour nous sauver.

Mais Carter, depuis vingt ans politicien de haut rang au Texas, ne s'en laissait pas facilement compter. Il savait que l'on découvre souvent le fond de la pensée de quelqu'un lorsqu'il a terminé son boniment et se détend. Il lança un coup de sonde :

— Quel genre de gouvernement aimeriez-vous avoir ici ?

La réponse du grand garçon dépassa ce pourquoi ses employeurs Janders et Hale l'avaient payé :

— Eh bien, monsieur, je vais vous le dire. Ce à quoi je travaille, c'est au retour de la monarchie.

— Plus précisément ?

— Je voudrais voir de nouveau un roi sur le trône, avec un sénat hawaiien et les anciens nobles aux affaires. Les lois importantes seraient faites à Washington, parce que nous n'avons pas besoin d'un corps législatif avec des juristes passant leur temps à palabrer.

— Que deviennent les États-Unis là-dedans ?

A la surprise de Carter, Tom avait une réponse intéressante :

— Eh bien, comme je vous l'ai dit, vous édicteriez les lois importantes, battriez monnaie pour nous, dirigeriez notre politique étrangère. Notre secrétaire d'État serait nommé par votre président avec l'approbation de votre Sénat.

— Mon président, dites-vous. N'est-il pas aussi le vôtre ?

— A vrai dire, monsieur, non. Ma famille n'a pas accepté l'annexion. Nous avons un drapeau hawaiien chez moi. Nous prions pour voir le jour où les Alii reviendront.

— Je crois commencer à comprendre Hawaii, murmura Carter.

Les braves gens des îles avaient une idée assez exacte de ce que signifiaient ces promenades de membres du Congrès autour d'Oahu, qu'ils appelaient « la méthode de gouvernement par chauffeur de taxi » et reconnaissaient comme étant le lobby le plus efficace en Hawaii. Mais ce jour-là, un espion démocrate employé à une station-service téléphona à Black Jim :

— Ils font faire au sénateur Carter le tour de l'île. Ils lui donnent le coup de seringue du chauffeur de taxi.

Mac Lafferty raccrocha, regarda son associé et dit :

— Shig, ça peut faire des dégâts.

— Qu'est-ce que nous allons faire ?

Après avoir longtemps discuté, l'Irlandais conclut :

— Shig, je vais me débrouiller pour mettre la main sur notre homme. Je l'amènerai ici, et vous lui proposerez de vous accompagner chez vous afin qu'il voie une famille japonaise. Mais auparavant, courez à la maison vous assurer que le fanion de votre papa est bien pendu au mur de l'entrée. Mettez aussi en évidence la boîte en verre de votre mère, celle contenant toutes les décorations. Soyez de retour ici dans une demi-heure. Moi, je vais chercher Carter.

Ce fut ainsi que le sénateur du Texas Clyde Carter devint un des rares démocrates qui ait été reçu dans une famille de démocrates au cours d'une visite de Hawaii. Black Jim aperçut sa voiture revenant à Honolulu sur l'autoroute Nimitz, et l'obligea à se garer et s'arrêter.

— Sénateur, dit-il, je viens de recevoir un câble sacrément intéressant du siège du parti démocrate de Washington. J'ai pensé que vous pourriez me conseiller sur ce que je dois répondre.

Il lui montra un vieux télégramme dont il avait gommé la date. Pendant que Carter prenait connaissance du message, Mac Lafferty lui proposa de quitter la voiture de Tom pour monter à bord de la Pontiac en disant :

— Nous serons plus à l'aise à mon bureau.

Dans ce bureau les attendait Shigeo, qui proposa aimablement :

— J'ai pensé que, pendant que Mr Mac Lafferty répond au télégramme, cela vous intéresserait de voir un intérieur japonais.

Bien que ce fût la dernière chose dont Carter ait envie, il ne trouva pas d'échappatoire. Pénétrant quelques minutes plus tard dans la petite maison des Sakagawa, il pensa : « Toute cette histoire ressemble à un piège. » Il fut accueilli par Mrs Sakagawa, à qui Shigeo annonça avec fierté :

— Maman, je te présente un sénateur éminent.

La mère fit une profonde révérence. Ce fut ensuite le tour du vieux Kamejiro :

— Et voici mon père, qui a les jambes fatiguées, mais la tête solide.

— Est-il citoyen américain ? s'enquit Carter.

— Moi pas permis devenir citoyen, dit Kamejiro avec agressivité.

— C'est vrai, expliqua Shigeo. Je le suis, parce que je suis né ici. Mais mon père et ma mère sont nés au Japon.

— Pourtant, s'étonna Carter, les Mexicains le peuvent.

Le petit Kamejiro pointa un doigt vers le sénateur :

— Mexicains, oui. Gens de couleur, oui. Tout le monde mais pas Japonais. Comment vous trouvez ça ?

C'est alors que Carter aperçut le fanion portant deux étoiles bleues et deux étoiles d'or. S'adressant à Shigeo sur un ton de respect :

— Vous avez fait la guerre ?

— Mes trois frères et moi.

— Et deux ont donné leur vie pour l'Amérique ?

— Maman, dit Shigeo en japonais, où est la photo sur laquelle nous sommes tous les quatre en tenue de sport ?

Sa mère, qui aimait cette photographie plus que toute autre, la trouva sans peine et la mit dans les mains du sénateur.

— Voici Tadao, expliqua Shig ; il est mort en Italie. Voici Minoru, il est mort en France. Voici Goro, il est syndicaliste...

Alors, le charme fut rompu. Carter avait voté contre la loi Norris-La Guardia et celles qui avaient suivi. Pour lui, être syndicaliste était pire, à bien des égards, qu'être communiste russe. Parce que, Dieu leur pardonne ! les Russes ne connaissaient pas autre chose ; alors qu'un Américain convenable... Les mots se bousculaient dans sa tête ; et Shigeo le savait. Les deux hommes s'écartèrent l'un de l'autre.

C'est alors que par un de ces mouvements heureux qui sauvent une réunion, Mrs Sakagawa mit entre les mains de Carter son coffret de verre et, désignant les décorations, dit en japonais :

— Celles-ci sont de Minoru, celles-ci de Tadao, celles-ci de Goro, et ces cinq sont de Shigeo.

Sur ces derniers mots, elle tapota affectueusement le bras de son fils, et la communion fut rétablie.

— Votre famille a beaucoup fait, dit Carter.

— Sénateur, commença Shig d'une voix douce, chacun de nous quatre a dû se démener pour endosser l'uniforme. Et il nous a fallu être meilleurs soldats que n'importe quel autre...

Les mots montaient à ses lèvres. Il craignait d'en être honteux plus tard, mais ne pouvait les retenir plus longtemps :

— ... Nous avons accompli ce que peut-être aucune autre famille de garçons n'a fait durant la dernière guerre. Nous avons récolté une moisson de blessures et de gloire. Et par Dieu, monsieur, quand vous avez refusé ma main l'autre jour, j'en ai presque pleuré. Parce que, vous ne le savez pas, sénateur, je suis un de vos électeurs et je n'accepte pas que vous me traitiez de la sorte.

— Électeur ?

— Oui, monsieur. Avez-vous entendu parler du Bataillon perdu ?

Non seulement Carter en avait entendu parler, mais il avait fait un discours à ce sujet, dont les paroles lui revinrent en mémoire :

— Ce fut un des grands sommets du courage au Texas.

— Combien de vos hommes sont morts là, sénateur ?

— Beaucoup trop, cela a laissé bien des cicatrices.

— Savez-vous pourquoi certains ont survécu ?

Carter ne répondit pas, et Shig insista d'une voix dure :

— Eh bien, le savez-vous ?

— Je suppose que les courageux combattants du Texas...

— Des blagues ! Ces hommes du Texas sont vivants aujourd'hui parce que mon frère Minoru, mon frère Goro et moi avons mené une troupe de jeunes Japonais à leur secours. Nous avons perdu huit cents hommes pour sauver trois cents Texans. Tenez, cria-t-il rageusement, lisez cela.

Il sortit de son portefeuille une lettre qu'il conservait précieusement, au bas de laquelle Carter vit la signature d'un ami à lui, un gouverneur du Texas. Une lettre disant qu'en remerciement de sa conduite héroïque, Shigeo Sakagawa était fait citoyen honoraire du Texas.

Le visage grave, Carter lui rendit la lettre. Ce faisant, il garda sa main tendue et dit :

— En toute humilité, Mr Sakagawa, je voudrais vous serrer la main.

— Je suis heureux de serrer la vôtre, répondit Shig.

Ce moment aurait pu être bénéfique au futur statut d'État de Hawaii, si Mr Ishii ne l'avait pas choisi pour faire irruption dans la maison de son beau-père, porteur de nouvelles de première importance. Voyant l'étranger, il voulut battre en, retraite, mais sa femme Reiko-chan bloquait la sortie. Carter s'inclina courtoisement devant elle.

— Je vous présente un sénateur du Texas, annonça Shig.

A ces mots Reiko-chan, sachant de quoi son mari était capable, tenta de l'entraîner au-dehors. Mais il avait entendu « sénateur », et demanda d'un ton rempli de pitié :

— Vous êtes venu pour la reddition ?

— Quelle reddition ? dit Carter.

Horriblement ennuyée, Reiko-chan donna un coup de coude à son époux. Mais Mr Ishii était lancé :

— La reddition de Hawaii au Japon.

— Quoi ?

— Voyez ce que dit le journal, s'écria gaiement Ishii, en agitant le *Honolulu Mail* qui portait en gros titre : *La flotte japonaise en visite de courtoisie dans nos îles.*

» Il y a longtemps que je le leur dis, monsieur, poursuivit le petit homme très excité, le Japon a gagné la guerre. Mais personne ne m'écoute. Aussi je vous le demande : Si le Japon avait perdu la guerre, comment sa flotte pourrait-elle venir à Hawaii ?

— Ne l'écoutez pas, sénateur, dit Reiko-chan avec calme. C'est un pauvre vieil homme.

Mais voilà que Mr Ishii exhiba une photographie jaunie de la reddition du Japon à bord du cuirassé *Missouri* :

— Vous voyez bien qui a gagné. Les Américains ont dû aller à Tokyo. Et regardez, aucun amiral américain n'a de cravate, alors que les Japonais ont leur sabre.

— Que va-t-il se passer quand votre flotte sera ici ? lui demanda Carter.

— Les Japonais sont corrects, monsieur. Vous verrez ce soir, lorsqu'ils descendront à terre. Ils se conduiront bien.

Il alla à la porte, l'ouvrit et tendit le bras vers les eaux bleues du Pacifique, sur lesquelles cinq navires de guerre faisaient route, arborant fièrement le pavillon du nouveau Japon. Le cœur de Mr Ishii se gonfla d'orgueil. Sortant d'une poche de son manteau un drapeau japonais, il le brandit pour accueillir les vainqueurs venant prendre possession de Pearl Harbor.

— Il faut que je parte, s'excusa Carter, si je ne veux pas manquer mon avion.

Maintenant il savait qu'en entrant chez les Sakagawa, il avait rencontré une magnifique famille américaine. Il en fut si impressionné que, lorsque Mac Lafferty lui transmit un message de Hale disant qu'il allait venir le prendre en voiture pour l'amener à l'aéroport, le sénateur dit :

— En l'attendant, j'aimerais sortir dans la rue et regarder la population pendant quelques minutes.

Dans le soir qui venait, debout au cœur de Honolulu, il regardait passer la foule si variée, vision anticipée de la fraternité dans laquelle devraient un jour vivre les peuples. Des Coréens devisaient amicalement avec des Chinois que chez eux ils détestaient, des Chinois avec des Philippins — une chose inouïe aux Philippines. De beaux Hawaiiens passèrent, dont le sang était mêlé à celui du Portugal ou de Porto Rico. C'était une nouvelle et étrange race d'hommes que voyait Carter, et il lui vint une pensée qu'il accueillit à contrecœur : « Peut-être ai-je gâché mon temps ici, à rester dans les belles maisons des Blancs. Peut-être ce peuple est-il une vision de l'avenir. Ce Japonais d'aujourd'hui, il est vraiment bien... Et ce couple, je me demande qui ils sont, j'ai envie de leur demander... » Mais avant qu'il puisse leur parler arriva la grosse berline noire conduite par Hewlett Janders, avec à son côté John Whipple Hoxworth. Carter prit place à l'arrière où se trouvait Hoxworth Hale. Tandis que la voiture s'éloignait de l'agitation d'Hotel Street, les trois premiers citoyens de Hawaii entreprirent leur hôte pour lui offrir le deuxième morceau de bravoure réservé à tout visiteur officiel des îles. Hoxworth Hale commença :

— Vous avez entendu, Carter, quantité de discours publics en faveur du statut d'État. Maintenant nous devons dire les choses telles qu'elles sont. Si vous faites la folie de nous le donner, vous détruirez Hawaii. Sauvez-nous de nous-mêmes.

— C'est votre franche opinion ? dit Carter abasourdi.

— C'est l'opinion de presque tous ceux que vous avez vus ici.

— Mais pourquoi ne pas le dire ?

— Nous avons peur... Les représailles... Je ne sais pas.

— Parlons franc. En quoi pèche le statut d'État ?

— Voici les faits. Ici le Blanc sera bientôt submergé. Il a encore la puissance financière. Il a les tribunaux pour le défendre, et un gouverneur nommé par la métropole, sur lequel il peut compter. Monsieur, si vous modifiez un seul de ces facteurs, Hawaii deviendra un jouet entre les mains des Japonais. Ils contrôleront les tribunaux, qui se mettront à prendre des décisions à notre encontre ; ils mettront à bas notre système de propriété terrienne. Ils éliront leur gouverneur et enverront des Japonais au Congrès. Vous voulez y voir un Jap ?

Il y eut un long silence. Puis, plus afin d'obtenir un supplément d'information que pour dévoiler ses propres conclusions, Carter répliqua :

— Cet après-midi j'ai rencontré un Japonais, un jeune Shigeo Sakagawa, et je me suis demandé si...

— Vous a-t-il dit, intervint Janders, que son frère Goro était le chef communiste de Hawaii ? Un sale communiste inscrit au parti, subversif. Il est le frère de l'homme qui se présente à l'élection sénatoriale du district. C'est un avant-goût de l'île sous la loi des Japonais.

Un peu ému en pensant qu'il avait été bien près de se laisser circonvenir par les belles paroles du jeune juriste japonais, Carter préféra passer à un autre sujet.

— A propos, demanda-t-il d'un ton détaché, quel est le sentiment des gens d'ici sur un retour de la monarchie ?

A l'avant de la voiture, le conducteur et son voisin se regardèrent, fort étonnés, tandis qu'à l'arrière Hoxworth Hale restait bouche bée. Hewlett Janders se ressaisit le premier :

— Juste ciel, aucune personne ayant son bon sens ne prête attention aux cinglés qui parlent de monarchie !

— Ainsi que vous le savez peut-être, enchaîna Hale, je descends des alii royaux de Hawaii. Ma trisaïeule était une des plus nobles femmes dont j'aie entendu parler. Sa fille était une grande dame, superbe. Mais si un de ces alii aussi touchants qu'incompétents essayait de monter sur le trône, je prendrais mon fusil et lui flanquerais une balle dans la tête.

— Savez-vous, monsieur, intervint Janders, que l'arrière-grand-père de Hale a apporté Hawaii à l'Union ?

— Vraiment ?

— Oui, confirma Hale. Grâce à sa force de caractère. Mais j'ajouterai que je descends aussi des missionnaires ; et que si l'un d'entre eux tentait de revenir pour gouverner à l'ancienne manière, dure et bigote, je le descendrais également.

— Alors, éclairez-moi. Que désirez-vous ?

— Nous ne voulons ni royauté, ni missionnaires, ni Japonais. Pour résumer, nous voulons que tout continue exactement comme maintenant.

C'est une voiturée d'hommes à la mine sombre qui débarqua à l'aéroport, où Mac Lafferty qui les attendait se dit : « Je parie qu'ils lui ont injecté une pleine seringue de poison. » Il se dirigea vers eux, mais lorsque Carter le vit venir, il se retrancha derrière le dos de Janders, car il ne désirait pas être photographié en compagnie d'un homme ayant pour associé un Japonais dont le frère était chef du parti communiste des îles. « A vrai dire, pensa le sénateur, Hawaii est très semblable à quantité de régions du nord des États-Unis. On peut aller d'un État à un autre sans jamais rencontrer un démocrate vraiment sympathique : tous ont des liens avec ou les syndicats, ou le communisme. Je suis bien content de retourner au Texas. »

Une fois installé dans un siège confortable du grand avion, il poursuivit sa rêverie : « Au fond, c'est la même chose partout. Une poignée d'hommes importants et honnêtes gouvernent. Si l'on parle à cœur ouvert avec eux, on peut généralement découvrir le fond des choses. »

Il observa par le hublot les mécaniciens qui enlevaient les cales, et le personnel de piste qui dirigeait l'appareil vers l'aire de départ. Fermant les yeux, il conclut en son for intérieur : « Eh bien, j'ai trouvé ce que je cherchais. Ces îles ne seront pas prêtes à devenir un État avant cent ans. »

Ce qui réglait la question de Hawaii pour la quatre-vingt-troisième session du Congrès.

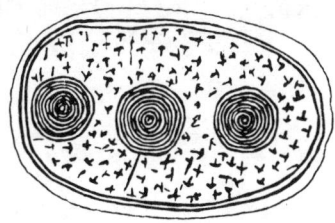

En 1952, la loi Mac Carran-Walter relative à l'immigration fut accueillie à Hawaii avec des transports d'allégresse car elle permettait enfin aux personnes nées en Asie de devenir citoyens américains. On créa promptement des écoles et des cours du soir où les Chinois et les Japonais âgés purent apprendre les rudiments de la Constitution et de l'Histoire des États-Unis. Il n'était pas rare de croiser des vieillards, qui avaient passé leur vie à travailler aux champs, marmonner comme une litanie la liste des présidents.

Dès le début de 1953, des centaines d'Asiatiques firent leur demande de naturalisation qu'on leur avait si longtemps refusée. Et Mac Lafferty, devant ce flot impressionnant d'électeurs démocrates potentiels, s'écria dans un de ses discours :

— Ils ont construit les îles, et on les laissait en dehors !

Il est vrai que nombreux étaient ceux qui ne comprenaient pas très bien le sens du mot citoyenneté ; mais c'était émouvant de voir ces vieux visages fatigués s'éclairer en entendant le juge fédéral prononcer les paroles solennelles : « Vous êtes désormais citoyen des États-Unis d'Amérique. »

Les véritables héros de ces journées exaltantes furent les vieux irréductibles qui avaient toujours refusé d'apprendre l'anglais, mais qui devaient à présent connaître la langue de leur nouvelle patrie avant d'être acceptés dans son sein. Les enfants les bousculaient et leur criaient :

— Papa, ça fait vingt ans que je te dis d'apprendre l'anglais ! Mais non, tu étais buté ! Et maintenant, on ne va pas vouloir de toi !

— Qu'est-ce que ça fait ? plaidaient pitoyablement les vieux. Pour le peu d'années qui nous restent à vivre !

Et les filles pleuraient en insistant :

— Il faut parler anglais, papa, parce que j'ai toujours rêvé que tu deviennes américain.

— Si vraiment ça peut faire ton bonheur...

— Oh ! oui, papa !

Avec une persévérance difficile à concevoir, ces vieux Asiatiques têtus fréquentèrent l'école du soir, récitèrent des règles de grammaire, se penchèrent sur des vocabulaires, apprirent par cœur le « législatif et l'exécutif ». Ils s'appliquèrent tellement que lorsqu'ils reçurent leur satisfecit, ils en comprirent toute la valeur. Par la suite, alors que dans la métropole soixante pour cent seulement des inscrits se donnaient la peine de voter, à Hawaii le pourcentage des votants dépassait quatre-vingt-dix. Ils savaient ce que signifiait la démocratie.

La loi Mac Carran-Walter, cependant, frappa deux familles de

Honolulu fort diversement. Quand Goro et Shig Sakagawa conseillèrent à leur vieux père de s'inscrire à l'école américaine et de se faire expliquer la Constitution, il leur répliqua nettement en japonais :

— Je ne désire pas devenir citoyen américain.

— Mais c'est une occasion unique ! protesta Goro.

Kamejiro lui répliqua en s'appliquant à parler son meilleur japonais :

— Ils auraient dû me proposer ça il y a cinquante ans. A mon arrivée.

— Papa ! s'écria Shigeo. Les temps ont changé. Ne parle pas tout le temps du passé !

— Pendant cinquante ans, on m'a répété que les Japonais étaient des sales Jaunes, indignes d'être américains. Pendant cinquante ans, on nous a dit de rentrer chez nous au Japon. Et maintenant, ils viennent me dire que je suis un homme de valeur et qu'on veut bien de moi. Tu veux savoir ce que je réponds ? Ils viennent cinquante ans trop tard.

Les deux frères n'avaient pas soupçonné que leur père dissimulait un sentiment aussi profondément ancré dans son cœur. Ils se tournèrent vers leur mère, mais sans laisser à Yoriko le temps de répondre, Kamejiro ordonna :

— Yoriko, tu ne passeras pas l'examen. Nous avons été de bons citoyens, toute notre vie, et n'avons pas besoin d'un morceau de papier pour le prouver.

Shigeo eut alors recours à deux raisons qui jetaient une lumière différente sur la question.

— Papa, tu sais que je me présente aux élections du Sénat. Comment veux-tu que j'obtienne des votes, comment veux-tu que les électeurs aient confiance en moi si tu refuses la nationalité américaine ? Mes adversaires auront beau jeu pour crier que nous sommes une famille pro-japonaise !

Le vieux Kamejiro réfléchit à cela et Shig sentit qu'il était ébranlé, car la perspective d'avoir un fils sénateur gonflait d'orgueil le cœur du vieux Japonais. Shigeo en profita pour lancer un dernier argument :

— Papa, si maman et toi devenez américains, aux élections vous pourrez entrer dans les bureaux de vote la tête haute, et m'apporter vos voix !

Shig savait que son père se voyait en ce moment devant l'isoloir, choisissant soigneusement son bulletin, car Kamejiro adorait les rites de la vie sociale. Il était sûr d'avoir réussi à le convaincre et la réponse digne du vieillard le stupéfia :

— Je refuse. Si cela doit te gêner, Shigeo, j'en suis navré. Si tu n'es pas élu, faute de nos deux votes, j'en serai désolé. Mais il y a un moment pour manger l'ananas, dit-il dans son langage fleuri, et si on laisse passer ce moment, l'ananas est amer à la bouche. Pendant cinquante ans, j'ai été un des meilleurs citoyens de Hawaii. Mes fils m'ont fait honneur. J'ai régulièrement payé mes impôts. Aussi, j'estime que c'est une insulte que me fait l'Amérique en proposant de me naturaliser maintenant, à la fin de ma vie. Au diable l'Amérique !

Il interdit à ses fils de lui reparler de la naturalisation. Ils insistèrent cependant une autre fois, quand un amendement fut ajouté à la loi.

— Ceux qui ont vécu longtemps aux îles, dit Goro, peuvent passer l'examen dans leur langue maternelle. Maman et toi n'avez plus besoin d'apprendre l'anglais.

— Ce serait insultant, répéta Kamejiro, et les garçons renoncèrent à le convaincre.

Shig présenta son problème à Mac Lafferty, et le solide Irlandais lui répondit :

— Bon Dieu, Shig, ton père a raison. C'est une insulte !

— Cela peut me faire du tort, au moment de ma campagne électorale.

— Shig, mon vieux, si ton vieux papa n'avait pas toujours été l'homme qu'il est maintenant, tu ne serais pas non plus ce que tu es. Et son refus plein de dignité ne risque pas de te faire du tort. Pas auprès des électeurs que nous sollicitons.

— Je ne sais pas... Il y a déjà Mr Ishii et ses excentricités. C'est tout de même mon beau-frère et quand il continue à répéter partout que le Japon a gagné la guerre, ça n'arrange rien. Rappelle-toi le jour où la flotte japonaise est venue en visite de courtoisie et qu'il brandissait un drapeau japonais en criant qu'ils avaient enfin débarqué !

— Personne ne fait attention à ce pauvre Ishii.

— Et puis papa est tellement agacé de toute cette histoire qu'il parle de retourner vivre au Japon.

— Il ne s'y plaira pas, prédit Mac Lafferty.

— Ça risque d'indisposer les électeurs, persista Shigeo.

— N'en crois rien. Un tout petit peu de scandale n'a jamais nui à un candidat. On le trouve plus humain, moins distants, moins inaccessible. Le peuple veut être représenté par des gens comme lui, avec des défauts et des soucis.

Shigeo se tut, et il ne fut plus question de la naturalisation de Kamejiro Sakagawa.

Pour Nyuk Tsin, il en alla tout autrement. Dès l'instant où elle avait mis le pied à Honolulu pour la première fois, quatre-vingt-huit ans plus tôt, elle avait abandonné à jamais le souvenir des villages faméliques de Chine et s'était juré de devenir une citoyenne de Hawaii. Quand les États-Unis annexèrent les îles, elle avait tout tenté pour être naturalisée américaine, mais en vain. Quelque sept cents citoyens américains étaient issus de son corps frêle et elle conservait jalousement dans un coffret tous ses reçus d'impôts qui couvraient presque un siècle. Aussi, lorsqu'elle apprit qu'elle avait enfin une chance de devenir citoyenne américaine, elle se dit qu'elle ne pouvait éprouver plus grande joie.

Elle se fit immédiatement expliquer la nouvelle loi par son petit-fils Eddie jusqu'à ce qu'elle en pût comprendre toutes les nuances. Quand le premier cours de langue fut institué, elle s'y rendit et bien qu'elle eût à l'époque dépassé ses cent ans, elle fouetta son cerveau agile au maximum et, le soir, n'écouta plus que les programmes de langue anglaise à la radio. Mais son esprit était tellement imbu de pensée chinoise que l'anglais lui échappa et elle dut reconnaître son échec.

— Je ne peux pas apprendre la langue maintenant, avoua-t-elle à Hong Kong. Mais pourquoi ne m'a-t-on pas forcée à l'apprendre autrefois ? Maintenant, je ne serai jamais naturalisée.

Mais au moment où elle se désespérait, Eddie arriva avec une nouvelle réconfortante. Les services d'immigration consentaient à faire exception pour les très vieux Asiatiques et leur permettaient de passer l'examen dans leur propre langue, à condition qu'ils ne soient pas analphabètes. Accablée, Nyuk Tsin se couvrit la figure de ses petites mains décharnées. Et puis elle redressa ses frêles épaules et déclara :

— Je vais apprendre à lire et à écrire.

Hong Kong requit alors les services d'un lettré chinois qui vint enseigner à l'aïeule la langue la plus difficile du monde, mais il devint bientôt douloureusement évident qu'elle était vraiment trop vieille pour apprendre. Eddie se rendit aux bureaux de l'immigration et déclara franchement :

— Mon arrière-grand-mère a cent six ans et elle désire plus que tout au monde devenir citoyenne des États-Unis. Mais elle ne parle pas l'anglais...

— Aucune difficulté. Elle peut à présent passer l'examen en chinois.

— Mais elle ne sait ni lire ni écrire, avoua Eddie.

— Ah !...

L'examinateur réfléchit un moment, puis il disparut dans le bureau voisin avec Mr Brimstead, délégué de Washington, qui n'eut qu'une question à poser :

— Vous dites que cette personne a cent six ans ?

— Oui.

— Elle a de la famille ?

— La famille la plus gigantesque de Hawaii.

— Parfait ! Nous cherchions justement quelqu'un de spectaculaire. Des photos qui serviraient notre propagande en Asie. Rassemblez votre famille. Je lui ferai passer l'examen moi-même et nous négligerons le manque d'instruction. Mais, attention ! Est-elle capable de répondre à des questions ? A-t-elle toute sa tête ?

— Oh ! oui ! assura Eddie.

— Parce que là, nous ne pouvons pas tricher. Il faut qu'elle connaisse le législatif, l'exécutif, l'histoire...

— Pourrai-je l'accompagner, pour la soutenir moralement ?

— Naturellement, mais nos interprètes traduiront ses réponses, et il faut qu'elles soient justes.

— Elles le seront, affirma le jeune avocat.

Il commença alors à enseigner à son aïeule, par le menu et en dialecte hakka, toute la complexité du gouvernement américain et cette fois, éperonnée par sa volonté de devenir américaine, Nyuk Tsin rassembla toute son extraordinaire énergie et réussit à savoir le manuel par cœur.

— Le père de la patrie ? interrogeait Eddie.

— George Washington.

— Le libérateur des esclaves ?

— Abraham Lincoln, répondait l'aïeule sans hésiter.

Eddie songeait alors : « C'est incroyable, mais elle est arrivée à Hawaii l'année même de la mort de Lincoln ! »

Le jour de l'examen, les services d'immigration firent venir les caméras des actualités, de nombreux personnages officiels et environ deux cents membres du hui des Kee, qui reçurent l'ordre de pousser des vivats quand la vieille dame descendrait de la Buick de Hong Kong.

Quand elle arriva, toute menue en longue robe chinoise, elle repoussa le bras d'Eddie et gravit les marches, sans un regard pour sa famille. Ses lèvres parcheminées murmuraient comme une litanie, à mi-voix : « La capitale de l'Alabama est Montgomery ; Arizona, Phoenix ; Arkansas, Little Rock ; Californie, Sacramento... »

La caméra s'installa dans la salle d'examen et le commentateur murmura dans son numéro :

— Nous allons maintenant assister à une scène qui se répète en ce moment journellement à travers tous les États-Unis. Une dame chinoise fort âgée, Mrs Kee, après avoir vécu quatre-vingt-dix ans aux États-Unis, va essayer de passer l'examen en vue de sa naturalisation. Bonne chance, Mrs Kee !

Nyuk Tsin se tourna vers la caméra en entendant ce nom qu'on lui appliquait si rarement mais Eddie lui prit le bras.

— Regardez de ce côté, grand-mère. Voilà l'examinateur, Mr Brimstead.

Nyuk Tsin se mit à trembler de frayeur. Mr Brimstead, que sa première apparition devant les caméras rendait tout à fait cabotin, sourit et demanda d'une voix douce et affectée :

— Chère Mrs Kee, voulez-vous nous dire qui est le père de la patrie ?

L'interprète répéta la question en hakka. Hong Kong et Eddie se rengorgèrent d'avance car ils savaient que l'aïeule n'ignorait pas cette réponse.

Mais ce fut le silence. Les caméras ronronnaient. Mr Brimstead avait l'air gêné et l'interprète haussa les épaules. Eddie chuchota d'une voix rauque :

— Grand-mère ! Vous le savez ! Le père de la patrie !

— Allons, ne soufflons pas, lança Mr Brimstead.

— Il n'a rien dit, déclara l'interprète en anglais.

— Bon, bon, mais je vous en prie, ne soufflez pas. Allons Mrs Kee, répondez. Le père de la patrie ?

Une fois encore, l'interprète répéta la question en hakka, et encore une fois ce fut le silence. Hong Kong se tordait les mains et faisait des signes désespérés à sa grand-mère pour qu'elle dise quelque chose.

Mais l'instant était trop capital pour Nyuk Tsin. Toute sa vie, elle avait dû lutter ; d'abord auprès de son père héroïque dont la tête avait été exposée sur la place publique, ensuite face à son époux puni qui se moquait de ses grands pieds et à ses enfants, qui avaient peur qu'elle soit lépreuse ; enfin face à l'Amérique, qui l'avait rejetée. Et maintenant que ses espoirs allaient être exaucés, elle demeurait muette. Elle n'entendait rien, ne voyait rien, ne sentait rien, mais elle avait vaguement l'impression qu'une chance unique allait lui échapper et elle se tourna avec angoisse vers ceux qui l'entouraient.

Elle vit le bienveillant Mr Brimstead, qui n'en menait pas large lui non plus et pensait qu'elle allait lui faire manquer sa première apparition au cinéma. Elle vit le jeune Eddie, qui lui avait tout appris de l'Amérique, et Hong Kong, qui priait pour qu'elle sauve la réputation de la famille. Et puis, derrière Hong Kong, sur le mur, elle vit une gravure représentant un homme glabre au menton décidé, en jabot et tricorne et elle entendit, venant de très loin, la voix de l'interprète qui suppliait pour la dernière fois :

— Mrs Kee, dites à ce monsieur qui était le père de notre patrie ?

Alors tout se dénoua en elle. Elle se dressa brusquement, leva le bras et, le doigt pointé vers la gravure, vers le portrait de George Washington, elle s'exclama :

— C'est lui !

Et elle enchaîna :

— La capitale de l'Alabama est Montgomery; Arizona, Phoenix; Arkansas, Little Rock; Californie, Sacramento...

— Dites-lui que ça suffit! glapit Mr Brimstead. Je n'ai pas encore posé cette question!

— Gardez-la dans le champ! cria le chef opérateur.

— Vous, là, lança Hong Kong à l'interprète. Traduisez!

— Le législatif fait voter les lois, poursuivit Nyuk Tsin de sa voix aiguë. L'exécutif les applique et...

— Assez! hurla Mr Brimstead. Dites-lui que ça va comme ça!

— Et les Droits de l'Homme disent qu'il y aura la liberté du culte et la liberté du langage. Aucune troupe armée n'aura le droit de fouiller ma maison, récita Nyuk Tsin bien décidée à ne rien omettre. Et l'on n'aura pas le droit de me punir cruellement. Le Congrès est formé de deux assemblées, le Sénat et la Chambre des Représentants...

Quand elle quitta enfin les bureaux de l'immigration, son certificat de naturalisation à la main, les Kee qui attendaient dehors poussèrent des vivats et elle les passa joyeusement en revue, s'adressant à chacun et les reconnaissant tous. Devant cette foule, qui était sa famille, elle comprit pour la première fois qu'ils n'étaient ni hakka, ni punti, car à Hawaii toutes ces différences s'étaient aplanies. Les races divergentes qui étaient arrivées à bord du *Carthaginian* s'étaient fondues en une race nouvelle unique. Les Kee n'étaient même plus chinois; ils étaient américains et Nyuk Tsin, à son tour, était américaine. Elle se pencha à l'oreille de Hong Kong :

— Maintenant, murmura-t-elle, la terre que je foule me paraît différente.

Cependant ces belles paroles ne faisaient pas oublier à Hong Kong le mauvais moment qu'il venait de passer, quand, murée dans le silence, sa grand-mère était l'image du paysan chinois impassible. Jetant un coup d'œil sur le certificat, son irritation revint, et il manifesta sa mauvaise humeur :

— Oh! petite Tante de Wu Chow, vous n'avez pas pris le document qui vous concerne!

Il le lui ôta des mains et lut à haute voix l'étrange nom porté sur le certificat. Avec le plus grand calme, elle répliqua :

— J'ai dit à cet aimable monsieur : « Maintenant que je suis américaine, c'est mon vrai nom qui doit être écrit sur ce papier. »

Et elle monta dignement dans la voiture, vieille petite dame au terme d'un grand voyage.

Ce soir-là, épuisée par les épreuves de la journée, Nyuk Tsin alluma sa lampe à pétrole et se livra au rite qu'elle observait tous les jours avant de se coucher, depuis son séjour à Molokai, à l'île des lépreux. Elle se déshabilla entièrement pour examiner son corps avec grand soin. Les bras, les mains, les jambes... Non, il n'y avait pas la moindre trace de lèpre. Soulagée, elle posa sa lampe par terre, pour regarder de près ses grands pieds de paysanne hakka et, au matin, Hong Kong la trouva ainsi, toute nue, un pitoyable petit tas de peau et d'os glacés, à côté de la lampe chuintante.

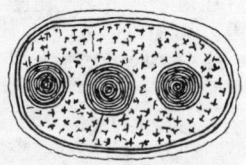

Tandis que des milliers d'Asiatiques obtenaient la naturalisation et le droit de vote, que les syndicats consolidaient leurs puissantes positions, que les haole prédisaient lugubrement la mort de Hawaii, Hoxworth Hale traversait une période sombre et se débattait dans un brouillard opaque. Il était incapable de comprendre sa fille capricieuse et ne pouvait communiquer avec sa femme dont l'esprit dérangé voletait comme un oiseau d'un sujet à un autre. Il essayait obstinément de conserver la direction de la H & H et de Hawaii, mais sentait qu'aussi bien l'une que l'autre lui échappaient. Enfin, la grande crise de l'ananas de 1953 frappa les îles et l'on put croire Hawaii condamné.

Le premier signe du désastre fut constaté par un luna de Kauai qui, inspectant un champ assez éloigné, s'aperçut que les plants qui auraient dû être d'un beau vert bleuâtre jaunissaient lamentablement. Il se dit immédiatement que « ces imbéciles avaient oublié de les sulfater ». Mais quand il se renseigna, il apprit que le champ avait bien été sulfaté, contre les petits vers redoutables appelés nématodes. Le Fort dépêcha par avion un groupe de botanistes pour examiner les plants malades et ceux-ci annoncèrent qu'il ne s'agissait pas de nématodes. En dehors de cela, ils ne pouvaient se prononcer. Ils ne comprenaient pas ce qui se passait.

Une semaine plus tard, les plants s'étiolaient de plus en plus, comme si un invisible ennemi les rongeait, mais il n'y avait pas de marques, pas d'insectes, rien. Les botanistes s'inquiétèrent et téléphonèrent à Honolulu où on leur apprit que des plants, dans des champs disséminés un peu partout, offraient les mêmes symptômes.

Dire que la panique s'empara de l'industrie de l'ananas serait une litote. Ce fut une terreur effroyable qui balaya les champs rutilants et trouva un écho dans les bureaux du Fort. Hoxworth Hale supporta le contrecoup de l'angoisse générale car la H & H avait une grande partie de son capital placée dans l'ananas et des compagnies comme Hewlett et J & W, qui se tournaient vers lui pour se faire conseiller, se trouvaient dans des positions plus vulnérables encore. En une seule année, les pertes menacèrent d'excéder les cent cinquante millions de dollars, et les botanistes ne savaient toujours pas ce qui causait la mystérieuse maladie.

Schilling, l'Anglais génial qui avait triomphé des nématodes et du manque de fer, était mort dans la salle commune d'un hôpital de Kauai, d'une crise de delirium tremens, et les botanistes fouillèrent ses papiers pour chercher s'il n'avait pas prévu semblable fléau. Mais l'ivrogne n'avait pas laissé la moindre note utile. Les botanistes reprirent les expériences de Schilling et s'assurèrent que la maladie ne relevait pas du fer, ni des nématodes, ni d'aucun autre insecte. Ils ne découvrirent absolument rien sur la maladie et ne purent que regarder mourir des milliers de plants.

En désespoir de cause, Hoxworth Hale suggéra :

— Nous savons que nos plants sont attaqués par un virus ou bien qu'ils souffrent d'une déficience chimique. C'est l'un ou l'autre. Or, il ne semble pas que ce soit un virus. C'est donc une déficience quelconque. Je suis prêt à arroser jusqu'au dernier plant. Mais avec quoi ?

Un jeune chimiste de Yale proposa :

— Nous connaissons tous les composants chimiques de l'ananas.

Réalisons donc un produit qui contienne tout ce qui peut lui manquer. Nous irons à l'aveuglette. Simultanément, les botanistes compareront par analyse une centaine de plants malades avec autant de plants sains. Nous découvrirons peut-être la déficience.

Le jeune homme prépara un mélange fantastique, contenant un peu de tout, et on en arrosa un des champs à l'agonie. Comme par miracle, les plants affamés absorbèrent un des éléments du mélange et, au bout de deux jours, ils se redressaient et reprenaient leur belle couleur. Ce fut sans doute la guérison la plus spectaculaire de l'histoire de la culture de l'ananas, et cette nuit-là, pour la première fois depuis des mois, Hoxworth Hale dormit paisiblement. Le lendemain matin, le conseil d'administration lui demanda ce qui avait sauvé les plants.

— Personne ne le sait. Maintenant, nous allons chercher à le découvrir.

Il encouragea les savants, les botanistes et les chimistes, qui éliminèrent du mélange un composant après l'autre, mais chaque fois, les plants renaissaient à la vie. Enfin, un jour, on élimina le zinc, et ce jour-là les plants ne se relevèrent pas.

— Du zinc ! s'écria Hale. Qui diable aurait songé à ajouter du zinc à la terre des ananas !

Personne n'y avait jamais pensé. Depuis des années, la culture intensive et l'addition constante d'engrais chimiques avaient peu à peu épuisé les réserves de zinc, dont on ignorait même qu'il en existât, et quand il n'en resta plus, les plants privés de zinc s'étiolèrent.

— Quel autre produit semble s'épuiser ? demanda Hale.

— Nous ne savons pas, répondirent les savants.

La prudence soufflait à Hoxworth Hale que si le zinc avait peu à peu disparu de la terre, d'autres minéraux devaient en faire autant et il lança une contre-offensive qui fut sans doute la plus révolutionnaire de l'histoire de l'agriculture :

— Nous allons imaginer que notre fameuse terre rouge de Hawaii est une banque. Nous en tirons d'énormes quantités de choses, telles le calcium, le nitrate et le fer, qui sont faciles à remplacer. Mais nous en tirons aussi des quantités infinitésimales d'autres ingrédients comme le zinc, que nous n'avons jamais cherché à remplacer. Désormais, je veux que l'on analyse à fond la terre de nos champs d'ananas, que l'on découvre sa composition et que l'on pèse chaque composant. Si nous prélevons une tonne de nitrate, nous en reverserons une tonne. Si nous prenons un millionième de gramme de zinc, la même quantité sera remise en place. Cette terre admirable est notre banque. Notre compte ne sera plus jamais à découvert.

Les chimistes trouvèrent une multitude de minéraux dont ils n'auraient pas soupçonné l'existence : du zinc, naturellement, mais aussi du cobalt, du titane, du bore et combien d'autres ! Parfois, il n'y en avait qu'une trace infime, mais si on l'éliminait, les plants dépérissaient.

Un soir, quand les vastes plantations eurent retrouvé leur équilibre, Hoxworth Hale, qui avait refusé de céder aux nématodes ou aux déficiences minérales, eut soudain une vision de Hawaii sous forme de gigantesques champs d'ananas : personne au monde ne pouvait dire quelle contribution avaient apportée les Philippins, ou les Coréens, ou les rares Norvégiens, mais si jamais on ôtait de Hawaii un des plus faibles composants de la société, les ananas humains périraient peut-être... Hale demeura longtemps sous le ciel crépusculaire, au bord de ses champs, à rêver à ce concept entièrement nouveau pour lui. Par la suite, il considéra le menu peuple des Philippins ou des Portugais sous un jour entièrement différent et se demanda souvent : « Quel élément vital nous apportent-ils qui conserve la santé à notre société ? »

Le Fort, après avoir longuement hésité, avait fini par nommer Hong Kong Kee à divers de ses conseils d'administration et, quand il eut fait ses preuves, l'incroyable arriva. Il fut appelé au cabinet du juge Harper, qui avait épousé une des filles Hoxworth, et là ce prudent Texan lui annonça :

— Hong Kong, nous avons décidé de vous nommer curateur avec nous, pour la gérance des biens de Malama Kanakoa.

Hong Kong recula d'un pas, comme s'il venait de recevoir un coup de cravache.

— Vous voulez dire que, sans que j'en aie fait la demande, vous m'avez choisi ?

— Oui. Nous estimons que, comme le commerce et la politique de Hawaii tombent de plus en plus entre les mains des Asiatiques, nous devons prendre certaines mesures pour reconnaître cet état de choses.

Ce choix bouleversa Hong Kong, car il savait que lorsque les journaux annonceraient sa nomination, l'étendue de la révolution hawaiienne ne ferait plus de doute. Avec tous les brillants jeunes Japonais qui s'emparaient de la politique, les grandes curatelles étaient tout ce qui demeurait comme rempart de l'ordre ancien. Que le Fort en partage une de plein gré était un événement d'importance. Voulant être bien sûr que le juge Harper se rendait compte de la portée de sa proposition, Hong Kong répondit avec franchise :

— Je suis profondément touché de votre geste. Je suppose que vous savez ce que cela signifie pour moi d'être le premier Chinois admis à un tel conseil d'administration. Vous me donnez une accolade que je n'oublierai jamais. Mais connaissez-vous ma position sur le régime foncier ? Tenure à bail ? Démembrement des grandes propriétés dont le sol n'est pas cultivé de façon intelligente ?

— Hong Kong, rétorqua en riant le solide Harper, vous paraissez oublier qui sont vos collègues curateurs : Hewlett Janders et John Whipple Hoxworth. Croyez-vous qu'ils vous laisseront poursuivre n'importe quelle idée folle ?

— Mais même sur des hommes comme eux, des idées répétées assez souvent finissent par prendre... quand on ne s'y attend plus.

— Nous, les juges, pensons que vous êtes le genre d'homme à apporter de bonnes idées. Mais nous ne vous soutiendrons certainement pas contre vos deux collègues curateurs.

— Je ne cherche pas la bagarre.

— Nous le savons. C'est pour cela que nous vous avons choisi. Mais avant que vous preniez vos fonctions — et je perçois encore mieux que vous à quel point elles sont une distinction signalée, car depuis des années on nous presse d'y nommer un Asiatique — je désire que vous connaissiez avec clarté la nature de la tâche que vous allez entreprendre.

Après s'être bien calé dans son fauteuil de juge, et avoir dit à sa secrétaire qu'il ne voulait pas être dérangé, Harper poursuivit :

— Ce n'est pas le Fort — ainsi que l'appellent sarcastiquement les étrangers — qui tient dans ses mains le sort de Hawaii. Le Fort ne gouverne pas Hawaii. Ce qui gouverne ici, c'est le caractère sacré des grandes curatelles. Elles sont la colonne vertébrale de notre société ; mais cette colonne doit demeurer solide, et c'est le rôle des juges d'y veiller.

» Ce sont les curatelles qui établissent les régimes fonciers, qui règnent sur les champs de canne à sucre et d'ananas. Là où des sociétés sont créées et échouent, elles demeurent. Elles restent productives pendant que tombent en décadence les familles qui en profitent. Voyez celle où vous entrez : elle contrôle des millions de dollars au cœur de Hawaii, et pour qui ? pour une bonne vieille dame hawaiienne et son vaurien de fils. Nous autres, juges, ne passons pas notre temps à nous occuper de cette curatelle par intérêt pour ces deux pauvres gens. Ils n'en valent pas la peine. Mais il est extrêmement important que l'on sache que Malama Kanakoa et son fils Kelly sont assurés d'un traitement loyal des tribunaux.

» Ce qu'il me reste à vous dire, Hong Kong, je vous le dirai debout.

Il se leva, et regardant dans les yeux son visiteur :

— Dans l'histoire de nos grandes curatelles, il n'y a jamais eu de scandale ; pas de détournement de fonds, pas de commissions empochées par un curateur, pas de vols. On a parfois accusé les curateurs d'excès de prudence, mais dans une curatelle ce n'est pas un défaut, c'est une vertu. Hong Kong, tant que nous avons choisi ces hommes dans les familles missionnaires, nous n'avons pas eu la moindre tache sur nos dossiers. Aujourd'hui nous faisons un pas au-dehors, et en un sens nous prenons un risque. Si vous faites une seule erreur, je vous chasserai de ces îles. Si vous trompiez le conseil de curatelle de Malama Kanakoa, vous retarderiez de trois générations l'implantation des Asiatiques à Hawaii.

Il se rassit et ajouta en souriant :

— Naturellement, si vous voulez prouver à toute notre société que les Asiatiques sont aussi dignes de confiance que l'ont toujours été les missionnaires, l'occasion vous en est offerte.

Hong Kong regretta que sa grand-mère ne fût plus là pour le guider de ses conseils, mais il sentait qu'elle l'aurait poussé à la hardiesse et il déclara nettement :

— Que direz-vous si je conseille à Malama Kanakoa des placements révolutionnaires ?

Le juge Harper réfléchit longuement et finit par répondre :

— Une des raisons pour lesquelles nous vous avons choisi, Hong Kong, c'est que Hoxworth Hale nous a parlé de votre génie de la spéculation. Il a confiance en vous, et en vos idées.

— Je lui suis donc redevable de cette nomination ?

— C'est moi qui vous nomme, Hong Kong.

Mais le juge ajouta en se levant pour raccompagner le Chinois :

— Mettons que si vous agissez mal, Hoxworth Hale ne sera pas blâmé. Ce sera moi. Mais vous allez être surveillé, Hong Kong ! Par moi.

— Comment appelle-t-on les Noirs qui prennent peu à peu possession d'un quartier de Blancs ? plaisanta Hong Kong. Les envahisseurs ? J'ai l'impression d'être un envahisseur de curatelle.

— C'est tout à fait autre chose, dit aimablement Harper.

Mais lorsque le Chinois fut parti, le juge se laissa aller à penser avec une pointe de nostalgie : « Il a probablement raison... Sa nomination est sans doute le commencement de la fin... du moins la fin du vieux système sûr et commode que nous avons connu. »

Hong Kong rentra tout droit chez lui et demanda à la cuisinière où était sa fille Judy. Depuis la mort de Nyuk Tsin, la plus vieille femme de la famille, il s'était considérablement rapproché de Judy, sa plus jeune fille. Il aimait sa tournure d'esprit féminine et appréciait surtout son raisonnement lucide et froid.

En apprenant qu'elle était au conservatoire, où elle donnait un cours, il alla la chercher. Il la regarda sortir avec plaisir, fraîche et vive en robe de toile rose, ses deux nattes dansant derrière elle. Elle avait vingt-six ans, un teint clair et des yeux intelligents, lumineux. Elle sauta dans la Buick et demanda :

— Que se passe-t-il, papa ?

— Je veux que tu m'accompagnes. C'est très important. Je viens d'être nommé curateur pour gérer les biens de Malama Kanakoa.

— Ils sont fous ! s'exclama la jeune fille en riant.

— Le Fort sait s'incliner devant l'inévitable.

— Où allons-nous ?

— Je veux voir Malama. J'aimerais connaître ses ambitions, ses espérances au sujet des terres qu'elle possède sans les posséder vraiment.

— Papa ! Tu sais très bien que Malama n'a pas d'idées !

— Tout le monde dit ça depuis des années. Mais je la soupçonne d'être aussi intelligente que toi et moi, et je vais m'en assurer.

Il se dirigea vers Diamond Head, traversa le canal d'Ala Wai et passa le grand portail délabré du Marais. Quand il arrêta la voiture devant la grande maison de bois, Malama apparut sur la véranda, gigantesque et souriante, un peu échevelée et négligemment vêtue.

— Hong Kong, le défenseur de mes intérêts ! Entrez donc. Les juges m'ont prévenue hier soir.

Elle lui ouvrit les bras et Judy fut heureuse de voir que son père avait eu la prévoyance d'acheter un lei pour cette première visite. Il passa gracieusement le collier de fleurs au cou de l'Hawaiienne qui le dépassait de la tête et se haussa sur la pointe des pieds pour lui donner les deux baisers traditionnels.

— Entrez, mes bons amis... Je n'aurais jamais cru voir un jour un distingué banquier chinois chargé de mes intérêts. C'est un heureux jour pour moi, Hong Kong. Votre peuple et le mien se sont toujours bien entendus et il me semble que cela augure bien de l'avenir.

— C'est un heureux jour, et un jour nouveau pour Hawaii, Malama, répondit Hong Kong.

— Cette ravissante jeune fille est votre fille ? poursuivit Malama, puis elle éclata de rire. Autrefois, je ne savais jamais en voyant un riche Chinois avec une jeune personne si c'était sa fille ou sa femme numéro quatre !

— J'ai la même impression quand je vais au cabaret à New York, rétorqua Hong Kong sur le même ton, et que je vois ces banquiers haole et leurs secrétaires. Nous autres, pauvres Chinois, nous n'avons plus le droit d'avoir plusieurs femmes. Seulement les haole !

— Vous allez faire la connaissance de mes amies. Nous nous réunissons régulièrement pour faire de la musique hawaiienne. Il y a Mrs Choy, Mrs Fukuda, Mrs Mendonca et Mrs Rodriques.

Hong Kong s'inclina cérémonieusement devant chacune des énormes dames et présenta sa fille :

— Voilà Judy, la musicienne. Elle est professeur au conservatoire.

— Ah ! comme c'est bien ! s'exclama Malama en mettant entre les mains de la jeune fille un ukulélé. Si vous ne connaissez pas les paroles, fredonnez.

Et la ravissante petite Chinoise prit place au milieu des Hawaiiennes monumentales, sans la moindre gêne. Les six femmes se mirent à chanter un vieux chant datant de l'époque où les rois vivaient à Lahaina, dans l'île de Maui. Judy ne savait en effet pas les paroles, mais ses vocalises enchantèrent les Hawaiiennes et Mrs Choy s'écria :

— Si l'on pouvait arranger ces yeux bridés, nous en ferions une bonne Hawaiienne !

Tout le monde éclata de rire et puis les femmes posèrent leurs instruments et se rassirent. Hong Kong demanda alors, en souriant :

— J'aimerais bien savoir, Malama quelle est l'opinion d'une Hawaiienne dont les biens sont gérés par un conseil.

Cela équivalait à peu près à demander au pape ce qu'il pensait de Martin Luther, mais les attaques brusquées et la franchise brutale de Hong Kong lui réussissaient généralement fort bien. La question intéressa les Hawaiiennes, qui se rapprochèrent pour mieux écouter, car beaucoup de leurs amis se trouvaient dans ce cas.

— Je vais vous le dire, Hong Kong, répondit Malama tout en servant le thé, aidée par Judy. Quand je suis revenue de Vassar avec d'excellentes notes, j'ai été choquée qu'un tribunal me dise : Malama, vous n'êtes pas capable de gérer vos biens vous-mêmes. Nous allons doter trois haole de salaires élevés afin qu'ils s'en occupent à votre place. C'était injurieux et j'ai tenté de protester avant de me rappeler ce que nos chers professeurs haole de Hewlett Hall nous apprenaient. J'étais hawaiienne. Je n'étais pas comme les autres. On me supposait incompétente, aussi je me détendis et n'éprouvai nulle honte à être prise pour une prodigue. J'aime mes amis, ma guitare, le Marais, les chansons et je me suis laissée vivre. Un peu d'amitié, les oiseaux dans les branches, les fleurs... jusqu'à la mort. Je suis prodigue, il est donc normal que l'on veille sur mes biens.

— Ce qui irrite les hommes blancs, intervint Mrs Fukuda, et les Japonais économes et travailleurs comme mon mari, c'est la rage de donner de Malama. Cela, ils ne peuvent le comprendre. Dans leurs petits cœurs mesquins, ils ne le comprennent pas.

— Qu'est-ce que l'argent ? dit Malama.

— Combien vous alloue le conseil de gérance ? demanda Hong Kong.

— Vous savez, je ne leur en veux pas, avoua Malama. Quand le tribunal y a mis bon ordre, j'avais réussi à devoir plus de trois cent cinquante mille dollars d'arriérés d'impôts au gouvernement fédéral. Il fallait y remédier. Alors à présent, je ne touche que vingt mille dollars par an pour moi.

— Et pour tous ses amis, lança Mrs Mendonca. Après tout, elle est Alii Nui et elle a des obligations.

— Que pensez-vous du système ? insista Hong Kong.

— Je ne le comprends pas plus que je ne l'aime.

— Malama, reprit-il carrément, je m'en vais faire pour vous des placements révolutionnaires. Vous aurez deux années très maigres, et il va falloir que vous vous entendiez avec le gouvernement fédéral, mais si vous ne faites pas de bêtises, dans trois ans vous serez libérée des curateurs.

Les visages des Hawaiiennes s'éclairèrent comme des fleurs sous un rayon de soleil et Hong Kong comprit qu'elles entrevoyaient une interminable suite de festins, de bombances, de voitures neuves et de vacances en Europe, mais il jeta une douche froide sur leur enthousiasme :

— Et quand vous serez libre, vous serez sous ma férule. Vous n'ignorez pas qu'un Chinois est dix fois plus dur qu'un juge haole !

Les Hawaiiennes éclatèrent de rire, car c'était bien vrai, et Malama s'écria :

— J'espère que nous réussirons, Hong Kong. Je ne plaisantais pas quand je disais tout à l'heure que les Chinois et les Hawaiiens se sont toujours bien accordés.

Elle allait citer des exemples quand la porte s'ouvrit brusquement et Kelly Kanakoa avança dans la pièce, pieds nus, en pantalon corsaire collant et veste blanche déboutonnée sur son torse nu, une casquette de yachtman sur la nuque.

— Salut, Hong Kong, grommela-t-il.

— Nous parlions de ses projets pour la gérance de mes biens, lui annonça Malama en lui tendant une tasse de thé.

Kelly écarta la tasse et se laissa tomber dans un fauteuil. Il prit le ukulélé de sa mère et gratta les cordes. Puis il demanda :

— C'est vrai que vous faites partie du conseil ?

— Oui.

— Tant mieux. Parce que la vahiné que voilà, elle jette son argent par les fenêtres.

Puis il se désintéressa de la question, fit signe à Mrs Fukuda et bientôt les chants reprirent. Kelly fut agréablement surpris par la voix cristalline de Judy et, tout en grattant son ukulélé, il l'observait et appréciait la facilité avec laquelle chantait la jeune fille. Puis il cessa de lui prêter attention. Après cette chanson, il prit une guitare et entama un solo sur un ton mineur, auquel se joignirent les autres instruments en une douce harmonie. Enfin, alors que les derniers accords de cet air résonnaient encore, il plaqua les premières notes de la Chanson Nuptiale Hawaiienne puis, passant son instrument à Mrs Fukuda, il se leva et entonna le grave solo masculin. Lorsque le couplet de la jeune fille arriva, il repoussa sa mère et saisit la main de Judy. Pour la première fois à Hawaii, un public subjugué put entendre la jeune Chinoise escalader la gamme et son pur soprano s'élever comme une cloche de cristal sonnant pour un mariage. Kelly reprit au refrain et sa voix de baryton sonore fit vibrer les cristaux du lustre. Pour le dernier couplet, Malama et ses amies hawaiiennes fredonnèrent un chœur et Hong Kong demeura seul auditeur. Bien malgré lui, car il n'aimait pas voir sa fille chanter ainsi avec un Hawaiien, il applaudit la fin du merveilleux chant. Kelly bondit dans une pièce voisine et en revint avec une longue pièce de tapa qu'il enroula prestement autour de la jeune fille. Il piqua trois fleurs dans ses nattes et s'écria :

— Elle aura l'air plus hawaiienne que moi ! Choy, Fukuda, Mendonca, Rodriques et toi, Malama ! Demain soir. Les cheveux dans le dos. De longues robes chemises comme autrefois du temps des missionnaires. Des couronnes de fleurs. Trois ukulélés, deux guitares. Le *Lagon* va entendre des chants hawaiiens comme il n'en a jamais entendu ! Judy, vous voudrez chanter avec moi ?

— Oui, répondit-elle simplement.

Malama, qui disait toujours ce qu'elle pensait, demanda avec un peu d'inquiétude :

— On ne sera pas choqué de voir une Chinoise chanter cette chanson ? Elle est si spécifiquement hawaiienne.

— Ils s'y habitueront, affirma Kelly, parce que cette vahiné... C'est un vrai rossignol.

— Qu'en pensez-vous, Hong Kong ? dit Malama.

Son expression renfrognée disait clairement qu'il entendait interdire à Judy de se produire ainsi, mais elle répondit à la place de son père :

— Il viendra, et moi aussi.

Dans la Buick, sur le chemin du retour, Hong Kong tempêta :

— Je ne veux pas que ma fille s'exhibe dans un cabaret !

— Mais je veux chanter !

— Les gens se moqueront, Judy. Ma fille, dans une boîte de nuit ! Toi ! Une Chinoise déguisée en Hawaiienne !

— Papa, il y a si longtemps que j'ai envie de chanter...

— Et avec Kelly Kanakoa ! Un vaurien, un garçon de plage ! Un Hawaiien dissolu ! Un Hawaiien !

— Qu'est-ce que tu reproches aux Hawaiiens, papa ? demanda sèchement Judy.

— Je n'ai pas convenablement élevé une jeune fille chinoise pour qu'elle fricote avec un Hawaiien !

— Tu fricotes bien, comme tu dis, avec Malama.

— C'est uniquement une question d'affaires. Ma fille, tu vas au-devant des ennuis !

— Tu viendras demain soir, papa. Qu'il y ait au moins un visage ami.

L'association Kelly-Judy fit sensation, et de plus d'une façon. Pour les touristes de la métropole, ils étaient les premiers artistes des îles qui faisaient preuve de métier, et les cinq Hawaiiennes grisonnantes qui les accompagnaient étaient vraiment remarquables. S'il n'y avait eu que les touristes, le couple aurait obtenu un triomphe, tant sur le plan artistique que sur le plan financier. Mais ce numéro avait profondément choqué les habitants de Hawaii. La colonie chinoise trouvait intolérable que le jour même où la nomination de Hong Kong au conseil de gérance de Malama Kanakoa était annoncée, alors que la respectabilité du banquier s'affirmait, sa fille jugeât bon de s'exhiber en public, le nombril découvert, en chantant et dansant la hula avec un individu taré comme Kelly Kanakoa. Quatre au moins des meilleures familles chinoises de Honolulu, dont les fils avaient envisagé d'épouser Judy, déclarèrent nettement que jamais on ne l'accepterait comme belle-fille. Mais aux yeux des Hawaiiens, c'était un affront sans précédent. On ne comprenait pas qu'une grande famille d'alii comme les Kanakoa eût choisi comme partenaire de Kelly une Chinoise de pure souche. Et qu'elle se fût déguisée en honnête Hawaiienne dépassait la mesure.

Les Chinois boycottèrent donc Judy et les Hawaiiens tournèrent le dos à Kelly, mais Manny Fineberg, des Disques Clarity, les entendit à leur seconde apparition et leur signa un contrat intéressant. Il stipula cependant que sur la pochette du microsillon il faudrait une véritable Hawaiienne.

— Elle chante comme un ange, mais avec ses yeux bridés, il n'y a rien à faire.

En rentrant en voiture avec Kelly, ce soir-là, Judy lui dit :

— Kelly, je crois que pour notre prochain album, nous devrions fonder notre propre compagnie d'enregistrement, ici à Hawaii.

Ce fut ainsi que furent créés les Disques des Iles, que Judy Kee dirigea d'une main de fer, cherchant inlassablement de jeunes talents pour chanter les anciennes ballades et, avant peu, la moitié des mélodies hawaiiennes vendues en métropole étaient éditées par l'intelligente petite Chinoise.

Elle dessina également le costume avec lequel Kelly devint célèbre dans les cabarets des îles. Il consistait en un pantalon moulant, une jambe bleue l'autre rouge, dont le bord effrangé s'arrêtait aux genoux, une chemise en tissu imprimé de Java aux pans noués à la ceinture, la casquette de yachtman sur la nuque et des sandales sans lanières qu'il pouvait ôter d'un coup de pied quand il se mettait à danser.

— Tu dois devenir un symbole à leurs yeux, lui disait-elle.

Conseil qu'elle appliquait à elle-même, montrant un visage exotique encadré de fleurs et de deux tresses tombant sur un sarong des îles. Mais ce qui frappait le plus les touristes était la curieuse dent de cachalot pendue au cou de Kelly par une chaîne d'argent. Elle devint son emblème.

Judy opéra bien d'autres changements chez Kelly. Avec elle, il parlait toujours anglais, mais elle l'encourageait à baragouiner le pidgin en public et à s'interrompre parfois au milieu d'une chanson pour lancer à Bata des réflexions ironiques.

— Hé, Bata ! criait-il dans son indescriptible jargon. Il y a cent ans, les missionnaires sont venus ici et ils ont vu ma grand-mère et ton grand-père tout nus, qui ne faisaient rien, qui dormaient sous les palmiers en buvant de l'*okolehao* * et ils ont fait tout un foin. A présent, nous autres bons kanaka, nous faisons tout le boulot pendant que les enfants des missionnaires dorment sous les palmiers, presque nus, sans rien faire, en buvant du gin. Qu'est-ce qui s'est passé, Bata ?

Judy enrôla aussi Bata et lui fit jouer de la guitare électrique. Elle incita également le grand balourd à s'habiller de frusques afin de faire mieux ressortir l'élégance naturelle de Kelly, mais elle ne réussit jamais à réformer la conduite du jovial Hawaiien. Il continuait à passer joyeusement d'une femme à l'autre et, bientôt, Judy renonça. Sur un point, cependant, elle se montra intraitable. Elle exigea que Kelly ne réponde jamais aux câbles que lui envoyaient les divorcées de la métropole.

— Tu es un grand artiste, répétait-elle jour après jour. Tu n'as pas besoin de te vendre à toutes les névrosées qui t'envoient un SOS !

— Mais ce sont des amies de mes amies, protestait Kelly.

— A quoi t'ont-elles servi, Kelly ?

— A rien, avouait-il.

— Alors, laisse-les tomber.

Avec le temps, elle arriva même à obtenir de Bata qu'il ne se

---

* *Okolehao* : Alcool tiré de la racine de ti.

précipitât plus chez Kelly quand il lui arrivait deux femmes par le même bateau.

Il y avait un point sur lequel Judy Kee ne se fit jamais d'illusions. S'il était vrai que la réussite financière de son trio était due en grande partie à sa direction avisée, le succès artistique venait uniquement du charme polynésien de ses deux partenaires. Quand les touristes voyaient le beau Kelly et l'énorme Bata, ils les aimaient d'instinct, car les Hawaiiens leur rappelaient une époque où la vie était facile, où les rires résonnaient, où l'air était empli de musique. Aucun visiteur de Hawaii n'aima jamais les îles parce que Judy Kee et son astucieux père apportaient de profonds changements à la structure sociale des îles. Les gens aimaient Hawaii pour les Polynésiens. Le rôle principal de Judy était de faire gagner beaucoup d'argent à ses deux amis ; ils récoltèrent sous sa direction soixant-dix mille dollars dans l'année, tout en continuant à fainéanter au bord de la mer l'après-midi.

Deux personnes plus âgées observaient avec intérêt la régénération de Kelly et de Bata. Pour Malama, l'arrivée de la petite Chinoise avisée était un bienfait des dieux. Elle ne manqua pas de le dire à ses amies :

— J'ai essayé de l'élever et j'ai échoué. Mais cette petite *pake* * lui dit « Va » et il va, « Saute » et il saute. Et toujours dans la bonne direction.

— Il paraît qu'elle a mis la compagnie d'enregistrement à son propre nom, murmura Mrs Rodriques non sans perfidie.

— Oui, avoua Malama. Mais c'est sur mon conseil. Je n'avais pas envie que Kelly aille tout gâcher.

— Alors s'il veut avoir la part qui lui revient de la compagnie, il sera obligé de l'épouser, non ?

— Rien ne me ferait plus plaisir, affirma Malama.

Puis, contemplant d'un œil triste l'étendue du Marais où les alii d'autrefois circulaient en pirogue, elle ajouta :

— Nous, les Hawaiiens, sommes incapables par nos seuls moyens de conserver notre position dans le nouveau monde qui nous entoure. Je perdais pied sous d'effrayants fardeaux avant l'arrivée de Hong Kong. Il a une telle force de paysan attaché à la terre, que les montants du portail semblent un peu plus solides quand il le franchit.

— Jamais je n'aurais pensé voir le jour où vous approuveriez le mariage de votre fils avec une Chinoise ! s'écria Mrs Mendonca.

— Vous oubliez, Liliha, qu'elle n'est pas n'importe quelle Chinoise. Elle est l'arrière-petite-fille de la Pake Kokua. Quand personne au monde n'osait venir en aide aux pauvres lépreux hawaiiens, cette femme a tout fait pour eux. Tous les membres de sa famille ont droit à notre affection sans réserve. Où serait Kelly aujourd'hui, sans la petite pake ? Croyez-vous que j'étais heureuse, quand il menait sa vie lamentable ? Une divorcée après l'autre ! J'aimerais qu'il y eût au monde un tout petit coin où les Hawaiiens pourraient vivre à leur guise et prospérer, mais comme c'est impossible, le mieux est encore pour nous d'être aidés par les Chinois. Ils ne peuvent nous faire plus de mal que les haole ne nous en ont fait.

— Pensez-vous vraiment qu'ils veulent se marier ? insista Mrs Mendonca.

* *Pake* : Chinois(e).

Malama ne répondit pas directement. Elle s'adressa à Mrs Choy :

— Je me rappelle, lorsque vous avez épousé Leon Choy, que tous les alii ont versé des larmes parce qu'une jolie fille de Hawaii convolait avec un Chinois. Moi aussi j'ai pleuré, mais mon père a assuré votre père que c'était très bien, que souvent les Chinois étaient des gens comme il faut. Comme tout est différent aujourd'hui : la question n'est plus de savoir ce que pensent d'un tel mariage cinq dames hawaiiennes âgées ; elle est : « Est-ce qu'une famille chinoise de premier plan comme celle de Hong Kong Kee permettra à une de ses filles d'épouser un Hawaiien ? » Nous sommes tombés si vite au dernier rang de l'Histoire...

Et Malama prit son ukulélé pour accompagner ses amies qui fredonnèrent une chanson d'une époque heureuse et révolue.

L'autre personne qui surveillait la nouvelle situation de Kelly avec un soin jaloux était Hong Kong Kee et, un soir, il attendit jusqu'à trois heures du matin le retour de sa ravissante et compétente fille.

— Tu étais en train de l'embrasser dans la voiture ! tempêta-t-il.
— Oui.
— Que je ne t'y reprenne jamais !
— Alors ne m'espionne pas !

Elle le planta là et courut dans l'escalier mais il la poursuivit sur les marches, en gémissant que toute la colonie chinoise s'inquiétait pour elle. Chanter en public était assez dégradant, mais quand on commençait à penser que...

— Que quoi ? demanda-t-elle sèchement en se tournant pour toiser son père angoissé.
— On commence à penser que tu songes à l'épouser, bredouilla le malheureux Hong Kong.
— On a raison.
— Judy ! glapit son père et, à la stupéfaction de sa fille, il éclata en sanglots. Judy, tu ne peux pas faire ça ! Tu es une Chinoise, une bonne Chinoise bien élevée ! Il faut penser à notre situation, à la tienne !
— Papa ! gémit Judy en prenant les deux mains du vieux lutteur abattu. Kelly est un bon garçon. Je l'aime et je crois bien que je vais l'épouser.
— Je t'en supplie, sanglota Hong Kong. Non, Judy ! Ne fais pas ça !

Le bruit réveilla le reste de la famille et bientôt le grand hall et l'escalier grouillaient de Kee qui voulaient savoir ce qui se passait. Lorsque Hong Kong leur eut annoncé la fatale nouvelle, les frères de la jeune fille se mirent à sangloter aussi, et l'un d'eux supplia :

— Judy, tu nous déshonoreras tous !

Depuis quelque temps, Judy avait senti l'hostilité et l'inquiétude de sa famille à l'encontre de son amitié pour Kelly, mais elle avait considéré cela comme l'intérêt naturel d'une famille. Maintenant, en voyant les larmes ruisseler sur les joues de son père et de ses frères, elle comprit que leur sentiment était beaucoup plus profond.

— Tu es une Chinoise ! sanglota Eddie. Tu crois qu'à Harvard je n'ai pas connu de charmantes haole ? Même certaines que j'aurais aimé épouser ? Mais je ne l'ai pas fait parce que j'ai pensé à notre famille, ici à Hawaii. Et tu ne peux pas le faire non plus.

— Mais Kelly s'est amendé. Il a une belle situation. Il gagne plus d'argent qu'aucun de vous et si papa réussit à arranger ces histoires de gérance...

— Il est hawaiien.

— Tu crois que je voudrais voir ma fille bien-aimée épouser un indigène ignorant ?

— Kelly est très cultivé, papa.

— Très bien, si tu insistes pour l'épouser...

— Ne dis pas ce que tu allais dire, papa !

— Si tu insistes pour apporter le déshonneur à toute la colonie chinoise, poursuivit inexorablement Hong Kong, nous n'aurons plus rien à voir avec toi. Tu seras une fille perdue.

Officiellement, les Kee allèrent se recoucher, mais tout au long de la nuit, ils vinrent sans bruit l'un après l'autre discuter avec Judy.

— Ce n'est pas tant qu'il soit ignorant, dit une de ses sœurs, mais c'est un Hawaiien !

— De nombreux Chinois ont épousé des Hawaiiennes. Regarde Leon Choy.

— Oui, et chaque fois, nous avons tous eu du chagrin. Tu es chinoise, Judy, tu ne peux pas faire ça.

— Est-ce que tu penserais la même chose si Kelly était un haole ?

— Naturellement ! Une Chinoise doit épouser un Chinois.

Mais Judy Kee était une jeune personne obstinée et en dépit de toutes les pressions exercées par la famille entière, elle rentra une nuit à quatre heures du matin et glapit dans le hall :

— Écoutez tous ! Écoutez ! Réveillez-vous ! La plus précieuse fleur du Céleste Empire va épouser Kelly Kanakoa. Et qu'est-ce que vous allez faire ?

Elle monta se coucher, et attendit que, l'un après l'autre, les parents vinssent s'assurer qu'elle n'était pas folle et qu'elle n'avait pas bu.

Tout d'abord, Hong Kong déclara avec force qu'il n'assisterait pas au mariage. La plupart des grandes familles chinoises se récusèrent, ainsi que les derniers alii hawaiiens, mais Judy déclara courageusement :

— Kelly, ce soir au *Lagon*, nous allons annoncer notre mariage au public, et nous chanterons la Chanson Nuptiale en notre honneur.

Ils le firent et ce mariage eut un succès énorme auprès des touristes, mais pour les habitants de Hawaii directement intéressés, ce fut un désastre. Au dernier moment, Hong Kong jugea que ses obligations envers Malama exigeaient sa présence à la cérémonie, mais il refusa d'accompagner sa fille à l'autel.

Au Fort, cependant, Hong Kong s'aperçut que la disgrâce que lui valait l'abominable mariage de sa fille le rapprochait de ses collègues. Hewlett Janders, dont le fils Whip vivait toujours à San Francisco avec son aviateur, murmura simplement :

— Avec les gosses, on ne sait jamais ce que l'avenir vous réserve, mon vieux.

Et Hoxworth Hale, dont la fille Noelani traînait son marasme dans la maison et tentait d'obtenir discrètement son divorce, assena une tape sur l'épaule du Chinois et lui confia :

— Nous devons tous y passer, mais, bon Dieu, j'aimerais que ces épreuves nous soient épargnées.

— Vous croyez que j'ai bien agi ? demanda Hong Kong, soudain avide de conseils et de chaleur amicale.

— Moi, j'assisterais au mariage de ma fille, quel que soit le garçon qu'elle épouse, déclara Hoxworth.

— Je suis heureux d'y être allé, murmura Hong Kong. Mais je ne puis me résoudre à leur rendre visite.

— Attendez la naissance du premier bébé, conseilla sagement Hoxworth Hale. Il vous donnera une bonne excuse pour vous rendre avec grâce.

Hong Kong approuva, mais il lui semblait qu'il n'aurait jamais envie de voir un petit-fils qui ne serait qu'à moitié chinois.

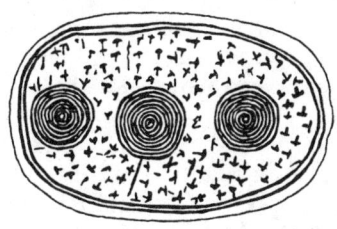

L'année 1954 apporta à la famille Sakagawa séparations et déboires. Cela commença en janvier quand l'entêté Kamejiro, qui parlait toujours de quitter l'Amérique sans qu'on le prît au sérieux, annonça soudain qu'il s'embarquait le vendredi suivant pour aller finir ses jours à Hiroshima. Sans même faire leurs adieux à tous leurs amis, Kamejiro et sa vieille épouse voûtée prirent donc un cargo japonais et partirent pour le Japon. L'ancien petit dynamiteur dit à ses fils :

— Les revenus de l'épicerie me suffiront pour vivre là-bas. J'ai travaillé dur en Amérique et le Japon peut être fier de ma conduite. J'espère que lorsque vous serez vieux, vous pourrez en dire autant.

De nature peu sentimentale, il ne s'attarda pas sur le pont pour contempler la montagne qu'il avait percée ni les champs qu'il avait cultivés. Il entraîna sa femme dans l'entrepont, où ils déjeunèrent de riz froid et de poisson, avec appétit.

Parmi les Asiatiques que l'on avait arrachés à leurs villages pour les amener à Hawaii, nombreux furent ceux qui, après la guerre, préférèrent s'en retourner chez eux. Avec leurs économies en dollars, ces émigrants pouvaient acheter dans les communes rurales oubliées du Japon de substantiels lots de terrains et faisaient figure de riches, dans un pays appauvri par la guerre. Kamejiro avait l'intention d'acheter de la terre au bord de la mer Intérieure, et là, de fonder le foyer familial et d'attendre le retour problématique de Goro et de Shigeo à la mère patrie.

Le départ de ses parents chagrina Shigeo, parce que plus il devenait américain, avec un fauteuil au Sénat en perspective et un associé comme l'Irlandais Mac Lafferty, plus il estimait les solides vertus que le vieux Kamejiro avait inculquées à ses fils. Mais Goro, au contraire, se sentit soulagé car, bien qu'il chérît aussi la morale rigide de son père, il était heureux d'être débarrassé de sa mère sévère et intransigeante. Il espérait qu'ainsi, il pourrait conserver sa femme auprès de lui. Shigeo et Goro accordèrent à Akemi un budget confortable pour diriger la maison, ne se moquèrent jamais de son élocution précise et lui firent bien comprendre qu'ils voulaient la garder. Elle était libérée de la tyrannie de sa belle-mère, mais il était trop tard. Un matin, au petit déjeuner, elle annonça doucement :

— Je repars au Japon.

— Mon Dieu ! Pourquoi ? s'écria Goro, suffoqué.

— Où trouveras-tu l'argent ? demanda Shigeo.

— J'en ai économisé. Depuis un an, je n'achète rien pour moi, et je ne mange que du riz. Je ne vous ai pas volés.

— Il n'est pas question de ça, Akemi chérie, assura Goro. Mais pourquoi pars-tu ?

— Parce que Hawaii est invivable. C'est désespérément ennuyeux.

— Akemi ! supplia Goro

Elle se leva et regarda les deux frères acharnés au travail.

— A Hawaii, je suis intellectuellement morte... Je me décompose.

— Comment peux-tu dire ça ! s'écria Shigeo.

— Parce que c'est vrai... et pitoyablement évident pour qui a vécu au Japon.

— Mais tu ne vois donc pas combien c'est exaltant, ici ? insista Shigeo. Les Japonais sont en train de prendre le pouvoir !

— Sais-tu seulement ce qui est exaltant ? soupira Akemi. L'exaltation des idées ? La recherche ? Les échanges ? Je crains fort que Hawaii ne comprenne jamais la véritable exaltation intellectuelle, et je refuse de gâcher ma vie ici.

— Mais tu ne trouves pas que notre victoire est prodigieuse ?

— Si, peut-être. Ce serait prodigieux si vous aviez un but. Mais votre but, quel est-il ? Une énorme automobile noire et luisante. Vous ne vous intéressez pas à la musique, au théâtre, aux livres, à la philosophie. Votre échelle des valeurs est lamentable, et je refuse de m'y conformer plus longtemps.

— Akemi, gémit Goro avec une angoisse réelle. Ne nous abandonne pas !

— Que feras-tu là-bas ? demanda Shigeo.

— Je travaillerai dans un bar de Nishi-Ginza, où les gens ont de la conversation et remuent des idées.

Quand son intention de partir ne fit plus de doute, Goro abandonna son bureau et son syndicat et Shigeo le retrouvait le soir à la maison, les yeux rougis, attendant qu'Akemi revienne du marché, où elle annonçait à ses amies japonaises envieuses qu'elle repartait.

— Tu crois que tout ce que nous avons accompli est inutile ? demanda-t-il un jour à Shigeo.

— Il ne faut pas croire ce qu'elle raconte, tu sais.

— Mais je l'aime ! Je ne peux pas la laisser partir !

— Goro, soupira Shigeo, j'aime Akemi presque autant que toi et son départ me fait une peine infinie. Mais je suis certain d'une chose : toi et moi, nous travaillons à une œuvre si importante qu'elle est incapable de la comprendre. D'ici vingt ans, nous aurons fait de Hawaii un pays des merveilles.

Goro savait de quoi parlait son frère, mais il demanda :

— En attendant, est-ce que nous sommes vraiment aussi ennuyeux qu'elle le prétend ?

Shigeo réfléchit un moment. Il se rappelait Boston, les discussions passionnantes, les dimanches dans les musées et finit par avouer :

— Hawaii n'est pas fameux.

— Alors tu crois... Tu donnes raison à Akemi ?

— Elle n'est pas assez forte, elle n'a pas assez de personnalité pour oublier que nous sommes des paysans.

— Comment! s'écria Goro. Mais nous avons reçu une excellente éducation !

— Mais nous sommes foncièrement des paysans, insista Shig. Tous ceux qui sont venus aux îles étaient des paysans analphabètes, que ce soit les Chinois, les Portugais, les Coréens et maintenant les Philippins. Nous étions tous honnêtes et travailleurs, mais quoi, nous n'étions qu'une bande de péquenauds de Hiroshima !

Goro, déchira par l'abandon de sa femme, refusa d'accepter cette autocritique amère.

— Péquenauds ou pas, cria-t-il, les nôtres touchent maintenant des salaires corrects dans les plantations et nos avocats sont élus au Sénat ! J'appelle ça une réussite !

— Indiscutablement, dit Shig en prenant son frère aux épaules. Les autres choses qui manquent à Akemi... cela viendra plus tard. Nos enfants s'intéresseront à la littérature, à la musique. Ils ne seront pas des paysans.

Le chagrin de Goro fit place à la colère.

— Bon sang, d'ici cinquante ans, on érigera des monuments à la mémoire d'hommes comme nous !

Il songea à tout ce qu'il dirait à sa femme quand elle rentrerait mais quand il la vit arriver, fine et délicate, marchant à petits pas, tout son courage l'abandonna et il ne put que tendre pitoyablement les mains en suppliant gauchement :

— Akemi-chan, je t'en prie, ne me quitte pas !

Elle passa devant lui et entra dans sa chambre, où elle mit la dernière main à ses bagages et quand elle fut tout à fait prête, elle lui dit avec beaucoup de douceur :

— Ce n'est pas toi que je quitte, Goro. Tu as été bon pour moi, et je t'aime tendrement. Mais une femme n'a qu'une vie et je ne veux pas gaspiller la mienne à Hawaii.

— Hawaii fera des progrès, assura-t-il.

— Ici, je mourrais, répondit-elle.

Et, le soir même, la petite Japonaise s'embarqua pour le Japon.

Mr Ishii, naturellement, écrivit une longue lettre aux Sakagawa à Hiroshima et quand l'écrivain public eut lu cette missive à Yoriko, Goro commença à recevoir une série de messages de sa mère, que Mr Ishii venait lire aux deux frères, car s'ils parlaient couramment le japonais, ils ne le lisaient pas.

Je suis si heureuse d'apprendre que cette petite pimbêche de Tokyo est repartie ! écrivait-elle. Cela vaut mieux pour tout le monde, Goro. Je me suis renseignée dans le village sur les jeunes filles à marier, et j'en ai trouvé plusieurs qui consentiraient à s'exiler en Amérique. Mais il faut que tu m'envoies une photographie récente car sur celles que j'ai, tu es trop jeune et les jeunes filles les plus intéressantes ont peur que tu n'aies pas encore de situation. Tu trouveras dans cette lettre les photos de trois jeunes filles très bien. Fumiko est très forte et appartient à une famille que j'ai toujours connue. Chieko est de bonne famille et quand elle est un peu maquillée, elle est charmante. Yuri serait plutôt petite, mais elle a très bon cœur et sait parfaitement tenir une maison. Par la même occasion, puisque Shigeo a une belle situation et devrait songer à se marier, j'envoie aussi deux photos de l'institutrice du village. Elle est très cultivée et ferait une bonne épouse d'avocat. Bien qu'elle ait étudié au loin, à l'université, elle est originaire de notre village. Après la déplorable erreur que Goro a faite en prenant une femme à la ville, je suis certaine qu'il serait plus sage que vous vous mariiez tous deux avec des filles de chez nous.

Les frères étalèrent les cinq photographies sur la table et les examinèrent tristement.

— Dommage que nous ne cultivions pas la canne, grommela Goro. Ce quatuor pourrait labourer tous les champs d'ici à Waipahu.

Le courrier suivant apporta trois autres postulantes, de solides filles aux membres lourds, avec des dents en or et des reins d'acier. Mr Ishii, après avoir lu la lettre aux deux frères, prit un grand plaisir à examiner les photos et à donner des conseils.

— Mon plus grand bonheur, dit-il, a été d'épouser une jeune fille de Hiroshima. Si vous étiez sages, vous feriez la même chose.

Vint enfin la lettre qui contenait des photos nettement au-dessus de la moyenne et quand les clichés tombèrent de l'enveloppe, Mr Ishii les prit, les étudia avec soin et jugea :

— Je crois que voilà les élues.

Mais son enthousiasme tomba quand il se mit à lire la lettre de Yoriko. Il y avait un passage qu'il n'eut pas le courage d'achever à haute voix :

— La semaine dernière, nous sommes allés voir la ville de Hiroshima, où nous n'avions pas encore eu l'occasion d'aller et je suis honteuse d'être obligée d'avouer que les Américains ne nous avaient pas menti. La ville a été détruite par la bombe. Elle est presque entièrement rasée et l'on voit encore les terribles cicatrices noires. Ishii-san, qui lira cette lettre pour vous, doit comprendre que les dégâts ont été considérables et quand on a vu cette ville morte, on ne peut imaginer que des gens croient encore que le Japon a gagné la...

La voix de Mr Ishii se tut. Longtemps, il demeura prostré, le regard rivé à ces feuillets déchirants. La nouvelle venant de sa propre belle-mère, femme de Hiroshima et bonne Japonaise, il ne pouvait en douter. Mais cela signifiait que toutes ses visions, depuis treize ans, depuis Pearl Harbor, avaient été mensongères et que sa vie n'avait été que dérision. Les frères eurent le tact de ne pas insister et ils partirent travailler, laissant le petit homme accablé seul avec la lettre.

Vers onze heures du matin, un Japonais se précipita dans les bureaux du cabinet Mac Lafferty et Sakagawa et hurla en anglais :

— Bon Dieu, il l'a fait ! En plein sur les marches du consulat du Japon !

Shig, le cœur serré, sentit ses jambes se dérober. Il murmura dans un souffle :

— Ishii-san ?

— Hé oui ! Hara-kiri. Il s'est fendu le ventre !

— Je t'accompagne, lança Mac Lafferty.

Les deux associés se ruèrent au consulat et arrivèrent en même temps que l'ambulance. Mais le petit homme indomptable, qui avait âprement défendu les premiers ouvriers des plantations, était mort. Il avait jugé que, si réellement sa patrie avait été vaincue, son devoir lui commandait d'informer l'empereur de sa détresse. Il s'était donc rendu devant l'immeuble de l'empereur et, le drapeau du Soleil

Levant d'une main, il avait accompli de l'autre le geste effroyable et traditionnel. Avec lui, le groupe des irréductibles, des Vainqueurs-Quand-Même, mourut aussi et le drame de la défaite atteignit enfin les derniers bastions du Japon éternel.

Après les funérailles, Shigeo eut à prendre une décision délicate. Un jour, dans la soirée, Goro arriva chez eux porteur d'une nouvelle extrêmement ennuyeuse :

— Le procès de Rod Burke sur l'inculpation de communisme va commencer le mois prochain. Burke te demande d'être son avocat.

— J'étais sûr que cela arriverait tôt ou tard. Mais pourquoi faut-il qu'il me le demande au moment où va s'ouvrir la campagne électorale ?

Shigeo avait bien prévu que les communistes le solliciteraient pour être leur défenseur. Il avait tenté de trouver une réponse satisfaisante à une telle invite, mais ce n'était pas facile d'anticiper les implications morales et sentimentales d'une question complexe comme celle-ci : « Le fait que je sois avocat m'oblige-t-il à apporter une assistance juridique à un communiste ? »

— J'aurais préféré que tu ne me l'aies pas demandé, Goro.

— Et moi, Shig, que Rod ne me l'ait pas demandé !

— Es-tu décidé à l'aider ?

— Oui, je n'aurais rien pu faire sans lui.

— Mais tu es certain qu'il est coupable ?

— Je le suppose. Mais même un communiste a droit à un procès équitable... et à un avocat

— Pourquoi moi ?

— Parce que tu es mon frère.

— Je ne peux pas te donner ma réponse tout de suite, Goro.

De ce moment, Shigeo passa de longues heures de réflexion à arpenter les rues de Kakaako. « Dans ce pays, se disait-il, j'ai une responsabilité primordiale : les lois agraires. Pour poursuivre cette tâche, il faut que je sois élu. Si je défends Rod Burke, je perdrai sûrement toutes les voix que m'ont apportées les haole la dernière fois, et je serai battu en novembre. Je devrais donc dire non.

» Mais Rod Burke n'est pas l'unique accusé ; il y a sa femme japonaise et deux autres Japonais. Si j'en présente une émouvante défense à leur procès, je m'attache pour toujours les votes japonais, simplement parce que j'aurai défendu le faible. Aussi, bien que je puisse perdre cette élection, je serai dans une position plus forte pour les suivantes.

» Cependant dois-je me décider en fonction de mon seul intérêt personnel ? Un accusé a droit à un avocat ; un droit d'autant plus strict que la communauté lui est hostile. Il faut que quelqu'un défende Rod Burke, et je crois que cela me revient.

» Mais je ne suis pas le quelconque avocat dont parlent les traités de droit. Je suis le premier Japonais élu sénateur sous le Dix-neuvième amendement ; je suis le seul ayant une chance de l'être encore. Je représente tous les Japonais ; c'est une responsabilité majeure à laquelle je ne puis me dérober à la légère.

» Goro et moi ne sommes pas les seuls de notre famille. Il y a Tadao et Minoru, qui ont donné leur vie pour défendre une Amérique idéale. Celle-ci, ils ne l'avaient certainement pas découverte à Hawaii. Mais en Italie et en France, en combattant pour la défendre, ils l'ont trouvée. De même que Goro et moi. Et ce que nous avons trouvé est nettement menacé par une conspiration communiste. Alors, comment pourrai-je défendre des communistes avérés devant un tribunal ? »

Puis vint la grande question de l'époque. Elle frappa Shigeo un jour où il circulait dans Kakaako Street, de même qu'elle frappait des milliers d'Américains dans leur bureau, ou au cinéma ou à l'église : « Mais si je tourne le dos à un homme supposé communiste, comment saurai-je que je ne tourne pas le dos au concept même de liberté que je cherche à protéger ? Un homme honnête trouvera toujours un avocat pour le défendre ; que signifie donc la justice si un homme paraissant malhonnête ne peut en trouver un ? »

Cette valse finit par donner le vertige à Shigeo Sakagawa. Il alla ouvrir son cœur à Black Jim Mac Lafferty et lui demanda :

— Quels vont être tes sentiments, Jim, d'abord comme chef du parti démocrate, ensuite comme patron de notre cabinet, si ton associé défend les communistes ?

Ce fut au tour de Black Jim de suivre les sentiers tortueux de la logique, de l'émotion, de la politique, de l'intérêt personnel. Ses deux commentaires les plus intéressants furent directement empruntés à l'expérience bostonienne de son père : « Ce n'est jamais mauvais pour un avocat démocrate de défendre le faible », et : « Puisqu'on sait que ma moitié de notre association est catholique, tu es parfaitement libre de défendre qui tu veux. » Puis son expérience hawaiienne lui fit ajouter :

— Ce serait sacrément dommage que le premier Japonais élu sous le Dix-neuvième amendement soit viré de sa fonction pour inconséquence.

Prudemment, il refusa de donner un conseil net, ce qui ajouta à la confusion de l'esprit de Shigeo. Après de nouveaux kilomètres de déambulation, la considération qui l'emporta en fin de compte fut celle qui lui avait paru d'abord tout à fait inadéquate. Il se rappela Akemi, son ancienne belle-sœur, déclarant le jour de son départ : « Dans toute la communauté japonaise de Hawaii, je n'ai jamais rencontré une seule idée. » Et il se dit : « J'ai une idée ; j'ai un concept qui va donner un élan à toute la communauté d'ici », et décida de ne pas mettre en péril son mouvement de réforme agraire. Il refusa en conséquence de défendre les communistes.

— Que Dieu me pardonne si c'est de la lâcheté, dit-il à Goro.

— Moi du moins je te pardonne, répondit Goro.

C'est pourquoi, lorsque la période électorale arriva, Shigeo Sakagawa parla avec une force et un sérieux remarquables des problèmes de la réforme agraire. Il dressa des tableaux et des graphiques démontrant comme le Fort et ses membres contrôlaient totalement, grâce à leurs conseils de gérance, toutes les terres de Hawaii. Il montra comment ils en mettaient en vente des quantités infimes, non dans un but social, mais pour en maintenir la valeur, « de même que les marchands de diamants d'Afrique du Sud n'en mettent sur le marché qu'une quantité convenue chaque année, pour que le prix en reste élevé. Si cela est légitime avec des diamants, un produit de luxe, l'est-ce pour la terre, sur laquelle nous tous avons à vivre ou mourir ? »

Il révéla hardiment comment certaines grandes familles thésaurisaient leurs terres et avaient réussi, avec la complicité d'un gouvernement inféodé, à les faire estimer à deux pour cent à peine de leur valeur, alors que trois cents petits commerçants vivant de leurs actifs voyaient ceux-ci évalués à cinquante et un pour cent de leur valeur réelle.

— Vous et moi, s'écria Shigeo s'adressant à ses auditeurs, nous subventionnons les grandes propriétés ; nous les laissons échapper à l'impôt ; nous les encourageons à conserver leurs terres en dehors du marché ; nous leur permettons de spéculer à l'abri des taxes. Je n'en veux pas à ces familles. Je voudrais être aussi intelligent qu'elles. Car nous savons tous qu'elles ont vendu à Gregory's un terrain commercial pour la somme de trois millions de dollars. Mais sur quelle valeur avaient-elles payé des impôts ? Sur soixante et onze mille dollars seulement. Par négligence et par paresse, nous avons permis aux Hewlett et autres de ne pas mettre sur le marché un terrain précieux et de payer des impôts sur un quarantième à peine de sa valeur réelle !

Dans les grandes salles publiques, à la radio et à la télévision, Shigeo Sakagawa insista sur ce thème et si des contradicteurs lui criaient qu'il était communiste et prônait le partage des terres comme en Russie, il répliquait sans perdre son sang-froid :

— Non, je suis un parlementaire conservateur comme en Angleterre, qui tente d'accomplir à Hawaii qui a été accompli en Angleterre il y a un siècle. Ne l'oubliez pas. Je suis conservateur et la voie que je me suis tracée, et que j'entends suivre fidèlement, conduit à la véritable démocratie.

Tôt ou tard, une voix s'élevait toujours pour lui lancer perfidement :

— Vous n'êtes pas communiste comme votre frère Goro ?

Shigeo avait mis au point une bonne réponse. Il laissait retomber ses mains, soupirait et son regard devenait lointain. Puis il disait calmement :

— Je comprends que vous me posiez cette question. Et je cherche quelle forme je vais donner à ma réponse, pour que vous la compreniez bien... Voyons, est-ce que mon contradicteur est assez vieux pour se rappeler le match Punahou-Mac Kinley de 1938 ? Si vous avez une bonne mémoire, vous vous souviendrez certainement des dernières minutes de jeu, alors que le score était de 18-14 en faveur de Mac Kinley. D'une mêlée assez brutale, l'arrière vedette de Punahou se dégagea et il me semble le voir encore se ruer vers les buts adverses, galopant le long de la touche. Ce fut une échappée magistrale et mon cœur battait à se rompre car ce joueur n'était autre que mon frère Tadao, le premier Japonais à entrer à Punahou, et l'un des meilleurs joueurs de Hawaii. Il allait réussir son essai quand, des rangs de Mac Kinley, un ailier surgit comme un boulet de canon et se rua à la poursuite de mon frère. Tad courait vite mais ce joueur de Mac Kinley allait comme le vent et à cinq mètres de la ligne de but, cinq mètres, pas davantage, il plaqua mon frère et sauva la partie. Personne n'ignore qui était cet autre joueur. C'était mon frère aîné, Goro Sakagawa... Mais voici où je voulais en venir. Goro aurait pu retenir sa fougue et laisser son jeune frère gagner la partie pour Punahou, faisant ainsi de Tadao le héros de l'année sportive. Mais son devoir le lui a interdit. Il a intercepté et plaqué son propre frère pour faire gagner son équipe. Voilà comment les frères Sakagawa ont été élevés. Dans le respect du devoir le plus strict. Attendez ! Je n'ai pas tout dit... Savez-vous où est le champion Tadao Sakagawa ? Il dort sous une croix blanche au cimetière du Punchbowl. Il a donné sa vie pour l'Amérique. Et savez-vous où est son autre frère Minoru Sakagawa ? A côté de lui, sous une croix blanche. Lui aussi est mort pour l'Amérique. Voilà les Sakagawa ! Durs, résolus, incorruptibles. Pour conclure, je vais vous dire ceci. Si mon frère Goro était, comme vous l'en accusez, un communiste, je n'aurais de cesse de l'abattre. Je le plaquerais au sol tout comme il a plaqué Tadao sur le terrain, car je ne souffrirai jamais aucune compromission avec le communisme.

Sa voix s'enflait alors et devenait dure quand il ajoutait :

— Mais Goro Sakagawa n'est pas communiste. C'est un remarquable dirigeant syndical et le bien qu'il a fait, pour les travailleurs de Hawaii, est incalculable. Je suis pour les dirigeants comme lui, et ne m'en cache pas. Goro et moi, nous sommes les deux tranchants d'une même épée, lui dans les syndicats, moi dans la politique. Nous tailladons et nous abattons les vieilles méthodes injustes. Nous détruisons les derniers bastions de la féodalité !

Pour conclure, sa voix prenait le ton de l'exhortation :

— Rien ne nous arrêtera, Goro et moi, parce que nous n'avons pas oublié le jour où notre père nous a menés voir le vieux camp de la plantation de Kauai, où les travailleurs japonais subissaient le fouet et la cravache, et nous avons juré que cela cesserait. Maintenant, monsieur, vous m'avez posé une question sur le communisme ; je vais vous poser deux questions en retour : Où étiez-vous lorsque mes frères Minoru et Tadao ont donné leur vie pour la démocratie américaine ? Qu'avez-vous fait de comparable à ce que Goro et moi avons fait pour rendre plus propre cette démocratie qu'ils ont sauvée ? Venez donc me voir après la réunion. Si vous avez fait la moitié de ce que nous avons fait, je veux vous saluer comme un sacrément bon Américain.

Le public applaudissait généralement cette péroraison avec enthousiasme et, la première fois que Mac Lafferty entendit cette partie du discours de Shigeo, il le félicita chaudement :

— Bon Dieu, nous devrions placer un compère tous les soirs dans le public pour poser cette question ! Je n'ai jamais entendu meilleure réponse. De la splendide démagogie !

Mais Shig refusa le compère car bien souvent l'homme qui avait posé la question, après avoir écouté la réponse, venait voir l'orateur et lui parlait de sa guerre et de ses campagnes et finissait par devenir un farouche partisan. Cependant, le mot employé par Mac Lafferty irritait Shig. La démagogie. Était-il coupable de démagogie aussi, lorsqu'il expliquait comment son père lui avait montré l'endroit où les luna fouettaient les malheureux ouvriers agricoles ?

« Voyons, raisonna-t-il, que s'est-il passé, en réalité ? Un jour, un luna a frappé papa une fois. La première fois que papa nous l'a raconté, il a dit la vérité : " Voilà où j'étais quand le luna m'a frappé. " Et puis ensuite, il a brodé. " Voilà où les luna nous battaient. " Et finalement c'est devenu : " Voilà où les luna frappaient tous les Japonais. " »

Shigeo comprit en effet que c'était là la pire des démagogies, car elle attisait les haines. Même si ces haines étaient légitimement fondées, il valait mieux qu'elles restent au fond des tombeaux du souvenir. Mais ce discours lui faisait gagner des voix. Un soir, après une réunion électorale spécialement agitée, Shigeo demanda franchement à Black Jim :

— Cette histoire de luna qui battaient les Japonais, penses-tu que je doive continuer à la sortir ?

Mac Lafferty, qui conduisait sa vieille Pontiac, demeura silencieux assez longtemps, avant de répondre à contrecœur :

— Ça fait gagner des voix.

— Ce que je te demande, c'est ce que tu en penses.

— Eh bien, quand je l'entends venir, je sors dans la rue, au cas où je vomirais.

C'est ainsi que Shigeo renonça à ce morceau de démagogie mais, lorsque Goro dévoila les fresques du nouvel immeuble des syndicats, l'une d'elles représentait un groupe de luna fouettant sauvagement de malheureux ouvriers japonais terrifiés. « Voilà bien la portée redoutable d'une mauvaise action, songea Shigeo. Il y a toujours quelqu'un pour se la rappeler... et l'utiliser à des fins mauvaises. »

Alors que la campagne atteignait son apogée, Shig reçut à son cabinet la visite d'une personne dont il ignorait jusqu'à l'existence et qui le surprit prodigieusement. C'était une jeune femme haole de vingt-six ans, d'une beauté diaphane. D'une voix nerveuse et saccadée, elle annonça :

— Je m'appelle Noelani Hale Janders. Je suis divorcée et j'ai repris mon nom de jeune fille. Je vous ai entendu à la radio et ce que vous dites me plaît. Je désire travailler avec vous pour vous aider dans votre campagne électorale.

— Hale Janders ? s'étonna Shigeo.

— Noelani Hale est mon nom de jeune fille.

— De quel Hale s'agit-il donc ?

— Hoxworth Hale est mon père.

— Asseyez-vous, bredouilla Shig, mal remis de sa stupéfaction. Vous êtes sûre d'avoir bien compris le sens de mes discours, Mrs Hale ?

— Mrs Janders. Vous n'avez pas entendu parler de mon divorce ? C'était assez sordide.

— Non. Excusez-moi...

— Oui, j'ai très bien compris ce que vous disiez et je partage vos opinions.

— Même au sujet de la réforme agraire ?

— Surtout en ce qui concerne la réforme agraire, affirma-t-elle d'un ton net.

— Vous feriez énormément de tort à votre père si vous preniez une part active à ma campagne. Et à moi aussi, sans doute.

— J'ai étudié la politique à Wellesley, du temps que vous étiez à Harvard. Amy Fukugawa vous a vu un jour à un concert du Boston Symphony Orchestra.

— Amy ? Que devient-elle ?

— Elle a épousé un Chinois. Leurs parents n'ont pas accepté leur mariage, aussi vivent-ils très heureux à New York.

— Avez-vous bien compris, Mrs Janders, mon point de vue sur la réforme agraire ? Et comment elle affectera votre père et ses amis ?

— Il y a une chose que je voudrais savoir. Quand vous parlez de démanteler les grandes propriétés...

— Je ne crois pas avoir employé cette expression. J'ai dit que les grands propriétaires ne devraient pas être autorisés à laisser en dehors du circuit de production les terres qu'ils n'utilisent pas de façon rationnelle pour l'agriculture.

Noelani poussa un soupir de soulagement et continua :

— Votre système autoriserait-il une sorte de traitement préférentiel pour les terres utilisées comme il se doit aux cultures de canne à sucre et d'ananas ?

— Ah, Mrs Janders, il semble que je n'aie pas été assez clair sur ce point !

— En effet, et c'est pourquoi je désire vous aider, parce que je vous sais trop intelligent pour n'avoir pas réfléchi au problème fondamental de la terre à Hawaii.

— A quel problème pensez-vous ?

Noelani prit deux livres qu'elle posa sur le bureau.

— Appelons ce livre Hawaii, et cet autre Californie. Notre problème actuel est de faire venir de Californie tout ce dont nous avons besoin, comme des denrées alimentaires, des matériaux de construction, des produits de luxe, et de le payer. Appelons cet encrier notre bateau ; nous le remplissons en Californie, et il transporte les marchandises à Hawaii. Mais comment allons-nous les payer ? Que va charger le bateau pour son voyage de retour de Hawaii en Californie, afin qu'il ne revienne pas lège, ce qui doublerait le coût du fret sur tout ?

— Je sais fort bien que le bateau doit revenir avec un chargement de produits agricoles comme la canne ou l'ananas. La vente de ces produits procure l'argent dont nous avons besoin pour vivre ; en même temps que le fret encaissé sur ces derniers aide à payer le fret des denrées et matériaux entrant ici. Je sais tout cela.

— Mais vous ne l'avez pas expliqué aux électeurs. Le point important est que vous, jeune battant japonais, devez donner l'assurance qu'ici, à Hawaii, les terres légitimement affermées seront protégées pour le bien de nous tous. Quant aux terres qui jouent à cache-cache, derrière les haies des précédentes, conservées là en vue de spéculation fiscale, je crois que mon père lui-même sait qu'il faudra bien les céder aux gens.

— Vous parliez de m'aider. Qu'avez-vous à l'esprit ?

— J'aimerais vous aider à rédiger, pour la radio et la télévision, exactement ce dont nous venons de parler. Cela pourrait assurer votre élection.

— Mais pourquoi la fille de Hoxworth Hale contribuerait-elle à l'élection d'un Japonais ? demanda Shigeo avec méfiance.

— Parce que j'aime ces îles, Mr Sakagawa. Mes ancêtres étaient établis ici bien avant les vôtres, et il est naturel que je m'inquiète de leur avenir et de leur bien-être.

— Vous devriez être républicaine.

— Pour le moment, ils sont usés, épuisés. J'ai longtemps vécu avec des gens usés, et je me sens prête à accepter des idées neuves.

Shig était certain que si Hoxworth Hale voyait la voiture de sa fille arborer un calicot sur le pare-chocs conseillant de voter pour Shigeo Sakagawa, il en aurait une attaque, mais ce fut un événement contradictoire qui arriva car un jour Hong Kong Kee se présenta au cabinet de Mac Lafferty et Sakagawa, s'installa dans le bureau de Shigeo et commença par lui dire :

— Si mes amis républicains me voyaient ici, ça me coûterait cher.

— Que se passe-t-il ?

— J'ai une grosse surprise pour vous, Shigeo.

— Des ennuis ? demanda Shig, car en période électorale un visiteur inattendu fait toujours un peu peur.

— Si l'on veut, avoua Hong Kong. Hoxworth Hale et sa bande m'ont chargé de vous demander si vous accepteriez de faire partie du conseil d'administration des Pétroles Whipple. Ils pensent qu'un jeune Japonais brillant les aidera à s'assurer une clientèle japonaise fidèle.

Cette proposition prenait Shigeo totalement au dépourvu. Le Chinois lui était sympathique, et il appréciait ce que celui-ci avait fait pour les Sakagawa, quels qu'en soient les motifs. Mais il était stupéfait que Hong Kong ait consenti à être aussi crûment utilisé par le Fort dans une tentative de chantage politique. Il se maîtrisa à grand-peine pour répliquer d'un ton glacial :

— Le Fort ne peut pas m'acheter ni me faire abandonner mon projet de réforme agraire. Vous pouvez aller le leur dire !

Hong Kong comprit que le jeune candidat voyait d'un mauvais œil son rôle de médiateur, mais il dissimula sa gêne et répondit avec calme :

— Personne ne voudrait de vous au Fort si votre prix était si bas, Shigeo. Ils savent que vous entendez lutter pour votre réforme jusqu'au bout. Mais vous, vous ne savez pas qu'ils ne s'inquiètent pas. Ils s'inclinent devant l'inévitable.

— Aussi m'offrent-ils un poste banal de direction. En un moment pareil ! C'est méprisable.

— Non, Shigeo, c'est la voix de la raison. Voici deux ans, on m'a demandé de proposer un jeune Japonais prometteur ; j'ai répondu Shigeo. L'an dernier, ils me l'ont redemandé ; j'ai redit Shigeo. L'idée n'est pas d'aujourd'hui ; il y a longtemps que le Fort pense à vous.

— Je serai traître à mon peuple si je m'associais avec son pire ennemi !

— Mon peuple, mon peuple ! Qu'est-ce que ça veut dire ? Nous ne formons qu'un peuple, à Hawaii, Shigeo. Il est grand temps que vous vous en avisiez !

— Si j'acceptais une fonction auprès du Fort, tous les Japonais de Hawaii m'accuseraient de trahison.

— Je vais vous dire quelque chose, Shigeo. Avant même que vous acceptiez une fonction du Fort, vous êtes un traître à votre peuple, pour employer vos propres termes. Notre dessein en vous faisant élire sénateur — et vous savez combien j'y travaille — est de vous faire pleinement entrer dans la société de Hawaii. Vous devez entrer dans les conseils d'administration. Vous devez être nommé curateur des grandes propriétés.

— Curateur ? Après ce que j'ai proclamé à ce propos ?

— Exactement. Et si vous êtes intéressé, avant la fin de l'année vous serez proposé pour un tel poste.

— Par qui ?

— Par Hoxworth Hale et moi.

Comme le Japonais ne répondait pas, le banquier chinois développa son point de vue sur Hawaii :

— Les haole sont plus forts que je ne le croyais. Ils ont d'abord exploité les Hawaiiens, puis les ont laissés tomber. Ensuite ils ont fait venir ma grand-mère, puis l'ont abandonnée. Ils ont fait venir votre père, et l'ont lâché quand les Philippins leur ont semblé plus intéressants. Ils choisissent toujours le gagnant, et je les admire pour cela. Aussi je travaille ferme à leur montrer que je peux diriger mieux qu'eux une grande propriété, et ils me prennent comme associé. D'autres Chinois font eux aussi leur percée. Si vous, un jeune et brillant Japonais, ne participez pas rapidement à la direction réelle de

Hawaii, cela signifie que personne ne veut de vous. Être élu est le plus facile, Shigeo, parce que vous pouvez compter sur des imbéciles pour vous élire. Mais faire partie des conseils, régir les écoles, diriger les trusts, voilà le vrai test. Parce que pour cela, vous devez avoir été choisi par les gens les plus intelligents de Hawaii. Shigeo, je voudrais que vous fassiez partie de ce conseil.

— Hong Kong, il faut que vous sachiez que même si le Fort m'offre un pont d'or, je lutterai pour la réforme agraire !

— Mais, bon Dieu ! C'est justement pour ça qu'ils veulent vous avoir avec eux ! Ils savent que vous avez raison, Shigeo !

— Très bien, déclara sèchement le jeune avocat. Répondez-leur que j'accepterai après l'élection.

— Après l'élection, cela n'aura plus de force morale.

— Après l'élection. C'est mon dernier mot.

Et Shigeo s'appliqua avec une fougue accrue à la campagne qui devait transformer la vie de Hawaii, car Mac Lafferty et lui avaient réuni des listes impressionnantes d'anciens combattants japonais. Tous ces jeunes gens avaient terminé leurs études dans la métropole. Ils apparaissaient sur les estrades avec leurs glorieuses cicatrices, ayant perdu un bras ou une jambe en France ou en Italie. Au contraire des élections précédentes, ces jeunes gens sérieux et graves insistaient sur des points précis, ne faisaient pas de rhétorique oiseuse et soutenaient vigoureusement le grand projet de Shigeo Sakagawa. Il y avait de l'exaltation dans l'air, comme si cet octobre avait été un printemps intellectuel où germaient les idées nouvelles.

Un soir, en reconduisant Shigeo chez lui après une réunion particulièrement animée, Noelani Janders lui dit :

— Ce soir, pendant quelques instant, j'ai eu l'impression que nous étions sur le point de gagner une majorité aussi bien au Sénat qu'à la Chambre. Je suis persuadée que de nombreux Japonais vont être élus. C'est follement excitant !

Et puis soudain, pour Shigeo Sakagawa, la campagne perdit tout intérêt car un jour, sans avoir prévenu, le vieux Kamejiro Sakagawa et sa femme courbés par le travail débarquèrent d'un cargo japonais, prirent un autobus jusqu'à Kakaako et annoncèrent :

— Nous avons décidé de vivre en Amérique.

Goro et Shigeo embrassèrent tendrement leurs parents et cherchèrent à percer les raisons de ce retour. Ils ne tirèrent de cet entêté de Kamejiro qu'une boutade :

— Je suis trop vieux pour m'habituer à ces cabinets japonais. Ça me fatigue trop de rester accroupi.

Il refusa de s'expliquer plus avant.

Yoriko, elle, laissa tomber quelques allusions. Un jour, elle observa :

— Votre père dit qu'il s'est habitué à la vie facile de l'Amérique et qu'il ne peut plus faire un bon Japonais.

Une autre fois, elle murmura tristement :

— Si l'on est resté éloigné de sa ferme pendant cinquante ans, au retour, on trouve les champs bien petits.

Et enfin, comme pour elle-même, elle soupira :

— Les hivers de là-bas sont atrocement froids.

Vers la fin d'octobre, alors que l'élection proche rendait Shig nerveux et irritable, il lança sèchement à son père :

— J'ai vu des centaines d'entre vous quitter Hawaii en disant :
« Nous retournons vers le plus grand pays du monde. » Mais quand tu
es arrivé, tu ne l'as pas trouvé si formidable, hein ?

A sa surprise, le vieux Kamejiro s'approcha de lui, leva le bras et le
gifla avec force.

— Tu es un Japonais ! gronda-t-il. Il faut en être fier !

Yoriko était revenue de Hiroshima avec un lot de photographies de
filles de son village et, le premier soir, elle les avait étalées sur la table
avec admiration. Mais comme les garçons ne manifestaient aucun
intérêt, elle les avait tristement rangées. Une nuit qu'elle ne pouvait
s'endormir, elle vit son plus jeune fils rentrer en voiture avec une haole
et il lui sembla qu'il l'avait embrassée. Elle réveilla son mari et tous
deux se levèrent, un peu craintifs, pour sermonner Shigeo et lui dire :

— Est-ce que tu es rentré avec une haole ?

— Oui, répondit le jeune avocat.

— Oh ! non ! gémit sa mère. Kamejiro, parle-lui !

L'amère discussion dura plusieurs heures au cours desquelles le
vieux Kamejiro ne cessait de glapir :

— Si tu t'associes avec une haole, tout le Japon rougira de toi !

Les mains jointes sur son cœur, Mrs Sakagawa affirmait que les
dieux eux-mêmes avaient inspiré son retour à Hawaii pour sauver son
fils d'un tel déshonneur. Elle sanglota :

— Avec toutes les jeunes filles convenables de Hiroshima dont je
t'ai parlé, pourquoi rentres-tu en voiture avec une haole ?

On tempêta, on menaça, et la mère de Shigeo finit par gémir :

— C'est presque aussi terrible que si tu épousais une Coréenne !

A quoi Goro, que le vacarme avait réveillé, répliqua :

— Mais qui a parlé de mariage ?

Et Mrs Sakagawa répondit :

— C'est partout la même chose. Les filles haole, les Coréennes, les
Eta, les filles d'Okinawa, elles veulent toutes séduire les garçons
japonais de pure souche !

Cela en fut trop pour Goro qui ordonna :

— Va te coucher, maman.

Mais Yoriko, en voyant Goro, songea à son lamentable échec
conjugal et sanglota de plus belle :

— Tu n'as jamais voulu m'écouter. Tu t'es entêté et tu as épousé une
fille de Tokyo, et vois ce qui est arrivé ! Écoute-moi, Shigeo. Les haole
sont encore pire que les filles de Tokyo ! Te voilà prévenu ! Elles sont
pires.

Goro plaida en vain :

— Shig, je t'en prie, dis-lui que tu ne songes pas à épouser cette
fille !

— Je l'ai vu qui l'embrassait ! glapit sa mère.

— Maman ! s'exclama Goro. L'autre soir, j'ai embrassé une Philippine. Mais je ne veux pas l'épouser !

Mrs Sakagawa se tut, comme assommée. Elle laissa retomber ses
mains et regarda son fils d'un air ahuri.

— Une Philippine !

Cette idée lui était tellement répugnante qu'elle ne trouva pas de
mots pour qualifier pareille horreur. Elle préféra tourner les talons et
monter se coucher. Les Chinoises, les Coréennes, même les filles
d'Okinawa, on pouvait encore discuter. Mais une Philippine !

Après le départ des parents, Goro demanda doucement à son frère :

— Il n'y a rien, entre toi et cette haole, n'est-ce pas ?

— Je ne crois pas, murmura Shigeo.

— Écoute, mon vieux, conseilla Goro en se référant à une vieille phrase de leur jeunesse, c'est une Hale, une Janders, une haole, une divorcée tout à la fois. Ne tente pas ta chance. Tu es fort, mais pas à ce point-là !

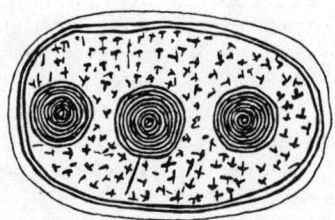

Les élections de 1954 resteront marquées à jamais dans la mémoire de Hawaii. Des danseuses de hula entouraient les bureaux de vote. Des candidats croulant sous les lei distribuaient des sandwiches aux électeurs haole et du sushi aux Japonais. Les fanfares et les orchestres jouèrent du matin au soir et des camions fleuris et décorés de longs serpentins patrouillaient les rues et les avenues. Ce fut une journée de fête, un gala incroyable et merveilleux, bruyant et exaltant et, dans la nuit, quand les urnes furent dépouillées, Hawaii s'aperçut avec une stupeur douloureuse que, pour la première fois depuis que les îles faisaient partie de l'Amérique, les démocrates allaient être en majorité tant au Sénat qu'à la Chambre. Le temps était définitivement révolu, où les républicains dominés par le Fort gouvernaient l'archipel à leur guise, et impunément.

Et puis, vers minuit, un autre fait se précisa, plus menaçant encore. La majorité des nouveaux élus démocrates étaient de jeunes Japonais. Au Sénat, sur quinze sièges, sept allèrent à des Japonais. A la Chambre, ils en remportèrent quatorze sur trente. Au gouvernement même, sur les sept sièges vacants, les Japonais en obtinrent quatre et lorsque les douze coups de minuit sonnèrent, Hewie Janders, veillant sombrement avec John Whipple Hoxworth et les Hewlett, dut reconnaître une défaite dure à digérer :

— Messieurs, nous allons à présent être gouvernés par Tokyo. Que Dieu ait pitié de nous !

L'équipe de jeunes et brillants Japonais anciens combattants, réunie par Jim Mac Lafferty, avait saisi les commandes du gouvernement. Leur âge moyen était trente et un an. Ils avaient en moyenne deux graves blessures de guerre, et une moyenne de quatre décorations chacun. Ils étaient tous diplômés avec mention de grandes universités de la métropole, comme Harvard, Columbia, Michigan ou Stanford et, tous ensemble, ils allaient composer le groupe de législateurs le plus cultivé et le plus décoré de tous ceux qui furent élus ce jour-là à travers les quarante-huit États de l'Union.

Si le lecteur se le rappelle, je disais dans un chapitre antérieur que, lorsqu'en 1916 le luna allemand ivre nommé von Schlemm avait injustement frappé l'ouvrier agricole japonais malade Kamejiro Sakagawa, son geste devait avoir des conséquences historiques près de quarante ans plus tard. A présent, en ce jour d'élections de 1954, ce vieil incident oublié revint à la surface. Les Japonais, convaincus que leurs parents laborieux avaient été martyrisés par les luna, votèrent contre les républicains qui avaient permis de tels abus. L'unique coup de fouet de von Schlemm s'était transformé par voie orale en sévices graves et répétés. Au début de sa campagne l'avocat Shigeo Sakagawa, qui aurait dû faire preuve de plus d'équité, se servit de cet incident pour attirer les voix japonaises, mais il eut le tact, par la suite, de renoncer à ce brandon de discorde inflammable. Au cours des grèves et des troubles qui accablèrent nos îles, Goro Sakagawa utilisa ce même incident pour enflammer ses travailleurs, mais lui aussi, il réfléchit et abandonna ce sujet épineux. Néanmoins, pendant quelques mois de 1954, il sembla qu'un schisme grave déchirât la communauté, jetant haole contre Japonais, mais les fils Sakagawa eurent le courage de reculer et d'abandonner une voie tentante mais hérissée de périls. Ils réconcilièrent haole et Japonais et, pour cela, ils ont droit à toute notre reconnaissance. S'il y a un homme, dans toute l'histoire de Hawaii, que j'aurais volontiers étranglé, c'est bien ce stupide luna Von Schlemm. Mais, par la grâce de Dieu, nos îles ont finalement exorcisé le mal qu'il avait fait sans y penser.

Vers deux heures du matin, quand tous les votes eurent été dépouillés et que les résultats définitifs furent connus, Jim Mac Lafferty avertit le nouveau sénateur Shigeo Sakagawa :

— Cette victoire retarde notre entré dans l'Union. L'année dernière, nos ennemis nous ont refusé la qualité d'État, sous prétexte que Hawaii n'était pas prêt parce que les Japonais n'étaient pas encore assez américanisés. Quand ils apprendront ces résultats, ils nous rejetteront encore, parce que les Asiatiques sont bougrement trop américanisés. Mais que nous devenions ou non un État, nous allons construire un magnifique Hawaii.

Ses réflexions furent interrompues par l'arrivée au siège du parti d'un homme que personne ne se serait jamais attendu à voir là. Sévèrement vêtu de noir, portant un lei de maile dont le parfum luttait victorieusement avec la fumée de pipe et de cigare, Hoxworth Hale s'avança. Le directeur du Fort jeta un regard lugubre dans la pièce inconnue, hésita un peu dans ce milieu peu familier et aperçut enfin Shigeo Sakagawa entouré d'un groupe enthousiaste. Il remarqua les traces de rouge à lèvres éclatant sur sa joue jaune. Il marcha alors vers le principal vainqueur de la journée, lui tendit la main et lui dit :

— Toutes mes félicitations.

Hoxworth Hale plaça le collier de fleurs au cou du jeune Japonais et ajouta en souriant :

— Vous me pardonnerez si je ne vous embrasse pas.

— Je vais le faire pour toi, papa ! s'écria Noelani, en ajoutant sa teinte de rouge à lèvres à la collection.

Hoxworth examina un moment le sénateur victorieux et lui demanda avec un sourire amer :

— Comment se fait-il que des jeunes gens brillants comme vous ne soient pas républicains ?

— Vous ne nous avez jamais invités, répliqua Shigeo avec un rire nerveux.

D'une voix claire, que beaucoup purent entendre, Hoxworth Hale reprit :

— Eh bien, maintenant, sénateur Sakagawa, je vous invite à faire partie du conseil d'administration des Pétroles Whipple. Je serai fier de travailler avec un homme comme vous.

La foule retint son souffle, et Shigeo répliqua :

— Le lendemain du jour où je déposerai mon projet de loi de réforme agraire, je me joindrai à vous. A condition qu'à ce moment vous vouliez encore de moi.

— Vous seriez fou d'accepter avant, rétorqua Hoxworth.

Et cet homme solitaire et fier, le descendant des missionnaires, l'ancien maître des îles, s'excusa et quitta une fête où il ne se sentait pas très à l'aise. Après mon départ, les amis de Shigeo s'écrièrent :

— Bon Dieu ! Il a demandé à un Japonais de faire partie de son conseil d'administration !

Mais Noelani lança joyeusement :

— Ça ne compte pas ! Regardez ! Il a donné à Shig un lei de maile. Venant de mon père, c'est plus précieux qu'une couronne !

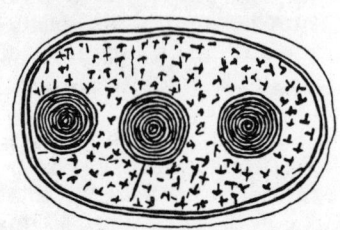

Je puis parler avec quelque autorité de ces questions et de ces événements, car j'y ai pris part. Je connais ces Hommes d'Or : le garçon de plage lyrique Kelly Kanakoa, l'astucieux banquier chinois Hong Kong Kee, et l'incorruptible politicien japonais Shigeo Sakagawa. J'étais présent lorsqu'ils devinrent partie intégrante de Hawaii et qu'ils fondèrent le nouvel Hawaii.

C'est moi qui ai ordonnancé la coalition qui fit échouer le fameux projet révolutionnaire de réforme agraire du sénateur Sakagawa. C'est moi qui ai averti Noelani Janders du danger et de l'inutile folie que serait son amour pour un Japonais et moi qui ai déclaré franchement à Shigeo Sakagawa qu'il risquerait sa carrière s'il y succombait. Car à l'ère des Hommes d'Or, il est superflu que leurs sangs se mêlent. Ce sont seulement leurs idées qui doivent s'unir sur un pied d'égalité et donner naissance à de nouveaux fruits.

Aussi, à l'âge de cinquante-six ans, moi, Hoxworth Hale, j'ai découvert que j'étais aussi un de ces Hommes d'Or qui ont un pied en Orient et l'autre en Occident, qui chérissent le passé étincelant et appréhendent l'avenir obscur. Et les choses que j'ai écrites dans ce récit sont bien proches de mon cœur.

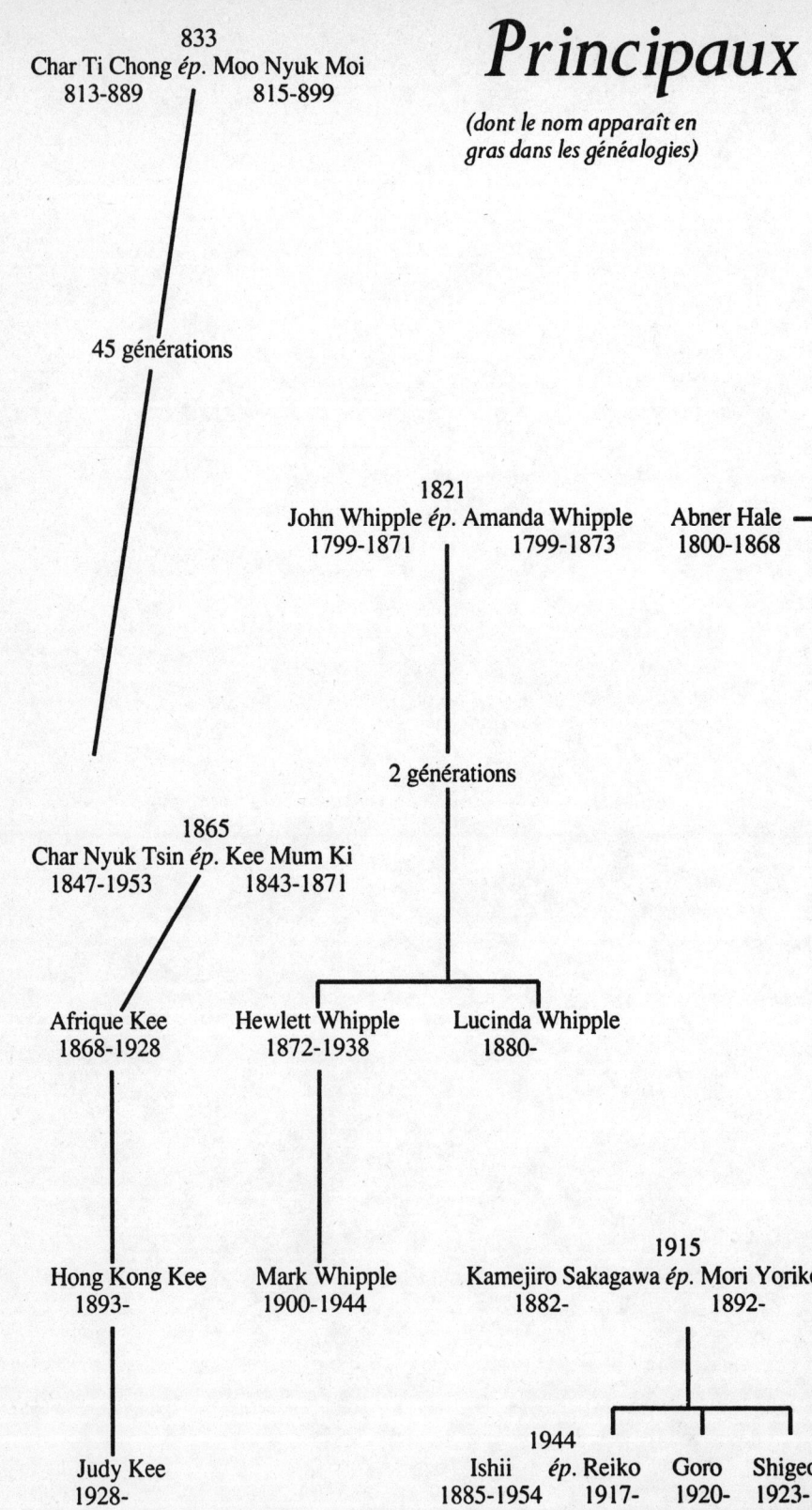

833
Char Ti Chong *ép.* Moo Nyuk Moi
813-889   815-899

Principaux

*(dont le nom apparaît en
gras dans les généalogies)*

45 générations

1821
John Whipple *ép.* Amanda Whipple   Abner Hale →
1799-1871   1799-1873   1800-1868

2 générations

1865
Char Nyuk Tsin *ép.* Kee Mum Ki
1847-1953   1843-1871

Afrique Kee   Hewlett Whipple   Lucinda Whipple
1868-1928   1872-1938   1880-

Hong Kong Kee   Mark Whipple   Kamejiro Sakagawa *ép.* Mori Yoriko
1893-   1900-1944   1882-   1892-

1944
Judy Kee   Ishii   *ép.* Reiko   Goro   Shigeo
1928-   1885-1954   1917-   1920-   1923-

personnages

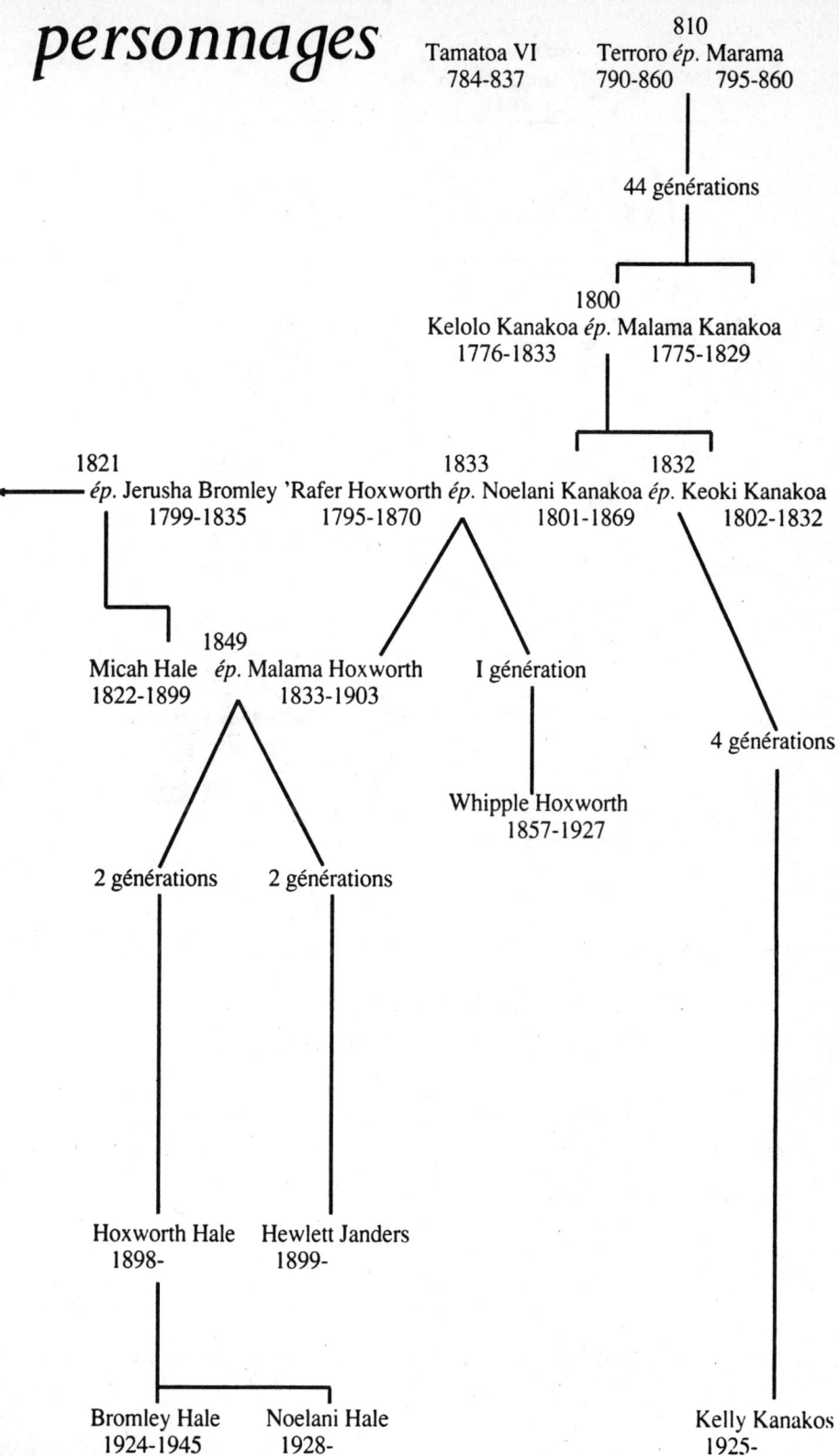

	810	
Tamatoa VI	Terroro *ép.* Marama	
784-837	790-860 795-860	

44 générations

1800
Kelolo Kanakoa *ép.* Malama Kanakoa
1776-1833   1775-1829

1821   1833   1832
ép. Jerusha Bromley 'Rafer Hoxworth *ép.* Noelani Kanakoa *ép.* Keoki Kanakoa
1799-1835   1795-1870   1801-1869   1802-1832

1849
Micah Hale *ép.* Malama Hoxworth   I génération
1822-1899   1833-1903

4 générations

Whipple Hoxworth
1857-1927

2 générations   2 générations

Hoxworth Hale   Hewlett Janders
1898-   1899-

Bromley Hale   Noelani Hale   Kelly Kanakos
1924-1945   1928-   1925-

Généalogies

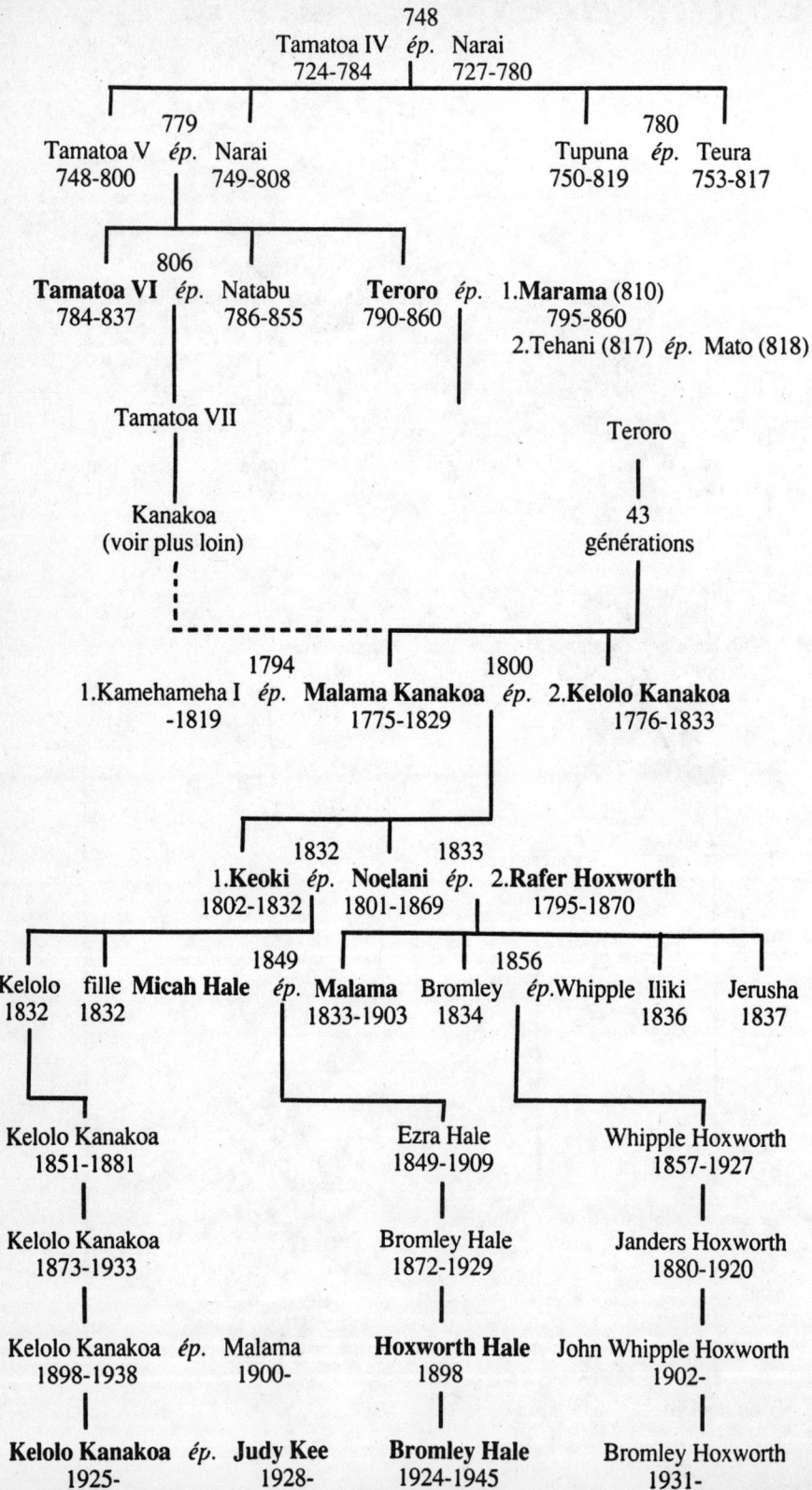

748
Tamatoa IV *ép.* Narai
724-784   727-780

779
Tamatoa V *ép.* Narai
748-800   749-808

780
Tupuna *ép.* Teura
750-819   753-817

806
Tamatoa VI *ép.* Natabu
784-837   786-855

Teroro *ép.* 1.**Marama** (810)
790-860   795-860
2.Tehani (817) *ép.* Mato (818)

Tamatoa VII

Kanakoa
(voir plus loin)

Teroro

43
générations

1794
1.Kamehameha I *ép.* **Malama Kanakoa** *ép.* 2.**Kelolo Kanakoa**
-1819   1775-1829   1776-1833

1800

1832
1.**Keoki** *ép.* **Noelani** *ép.* 2.**Rafer Hoxworth**
1802-1832   1801-1869   1795-1870

1833

1849
Kelolo   fille   **Micah Hale** *ép.* **Malama**   Bromley   *ép.*Whipple   Iliki   Jerusha
1832   1832   1833-1903   1834   1836   1837

1856

Kelolo Kanakoa
1851-1881

Ezra Hale
1849-1909

Whipple Hoxworth
1857-1927

Kelolo Kanakoa
1873-1933

Bromley Hale
1872-1929

Janders Hoxworth
1880-1920

Kelolo Kanakoa *ép.* Malama
1898-1938   1900-

Hoxworth Hale
1898

John Whipple Hoxworth
1902-

Kelolo Kanakoa *ép.* **Judy Kee**
1925-   1928-

Bromley Hale
1924-1945

Bromley Hoxworth
1931-

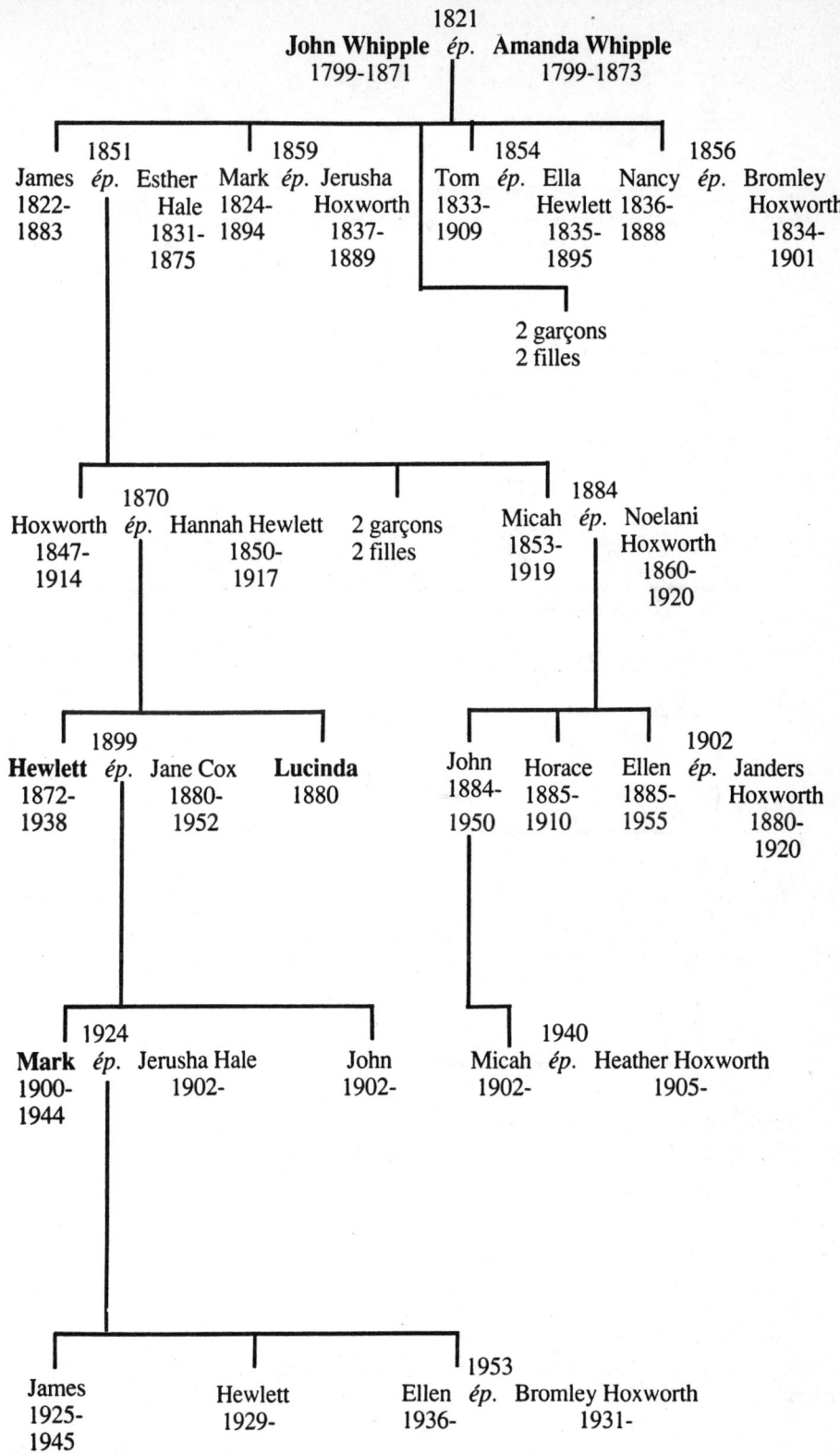

```
                              1821
                    John Whipple  ép.  Amanda Whipple
                       1799-1871              1799-1873

        1851              1859                    1854              1856
 James  ép.  Esther  Mark  ép.  Jerusha   Tom  ép.  Ella  Nancy  ép.  Bromley
 1822-       Hale    1824-      Hoxworth   1833-     Hewlett 1836-      Hoxworth
 1883        1831-   1894       1837-      1909      1835-  1888        1834-
             1875               1889                 1895              1901

                                                  2 garçons
                                                  2 filles

              1870                              1884
 Hoxworth  ép.  Hannah Hewlett   2 garçons   Micah  ép.  Noelani
 1847-          1850-            2 filles    1853-       Hoxworth
 1914           1917                         1919        1860-
                                                         1920

        1899                            John   Horace  Ellen   1902
 Hewlett  ép.  Jane Cox   Lucinda       1884-  1885-   1885-  ép.  Janders
 1872-         1880-      1880          1950   1910    1955        Hoxworth
 1938          1952                                                1880-
                                                                   1920

        1924                          1940
 Mark  ép.  Jerusha Hale   John    Micah  ép.  Heather Hoxworth
 1900-      1902-          1902-   1902-        1905-
 1944

                                       1953
 James          Hewlett       Ellen  ép.  Bromley Hoxworth
 1925-          1929-         1936-        1931-
 1945
```

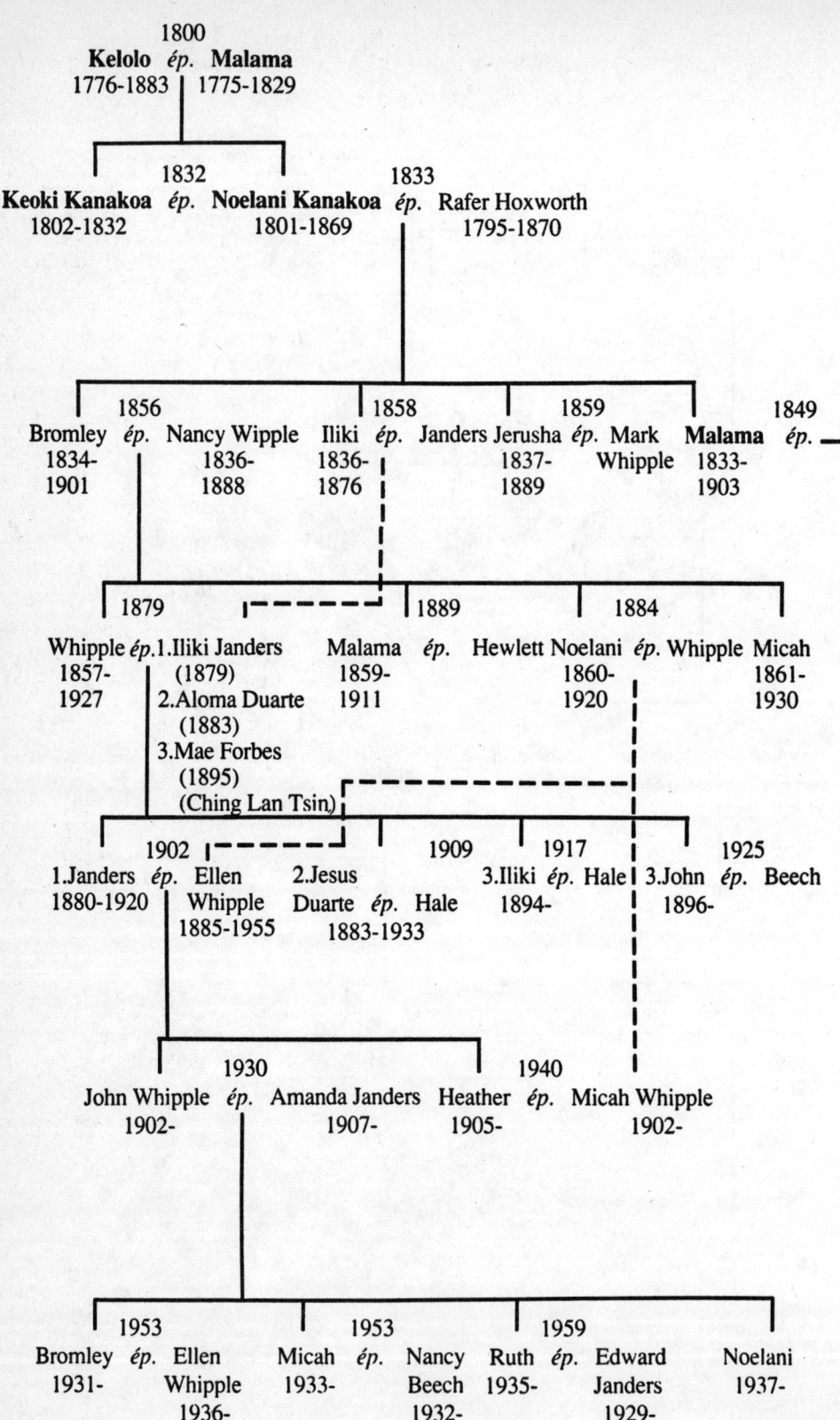

1800
Kelolo *ép.* **Malama**
1776-1883 | 1775-1829

1832
Keoki Kanakoa *ép.* **Noelani Kanakoa** *ép.* Rafer Hoxworth
1802-1832   1801-1869   1795-1870
       1833

1856   1858   1859   1849
Bromley *ép.* Nancy Wipple   Iliki *ép.* Janders Jerusha *ép.* Mark   **Malama** *ép.* →
1834-   1836-   1836-   1837-   Whipple   1833-
1901   1888   1876   1889   1903

1879   1889   1884
Whipple *ép.* 1.Iliki Janders   Malama   *ép.* Hewlett Noelani *ép.* Whipple Micah
1857-   (1879)   1859-   1860-   1861-
1927   2.Aloma Duarte   1911   1920   1930
       (1883)
       3.Mae Forbes
       (1895)
       (Ching Lan Tsin)

1902   1909   1917   1925
1.Janders *ép.* Ellen   2.Jesus   3.Iliki *ép.* Hale 3.John *ép.* Beech
1880-1920   Whipple   Duarte *ép.* Hale   1894-   1896-
       1885-1955   1883-1933

1930   1940
John Whipple *ép.* Amanda Janders   Heather *ép.* Micah Whipple
1902-   1907-   1905-   1902-

1953   1953   1959
Bromley *ép.* Ellen   Micah *ép.* Nancy   Ruth *ép.* Edward   Noelani
1931-   Whipple   1933-   Beech   1935-   Janders   1937-
       1936-   1932-   1929-

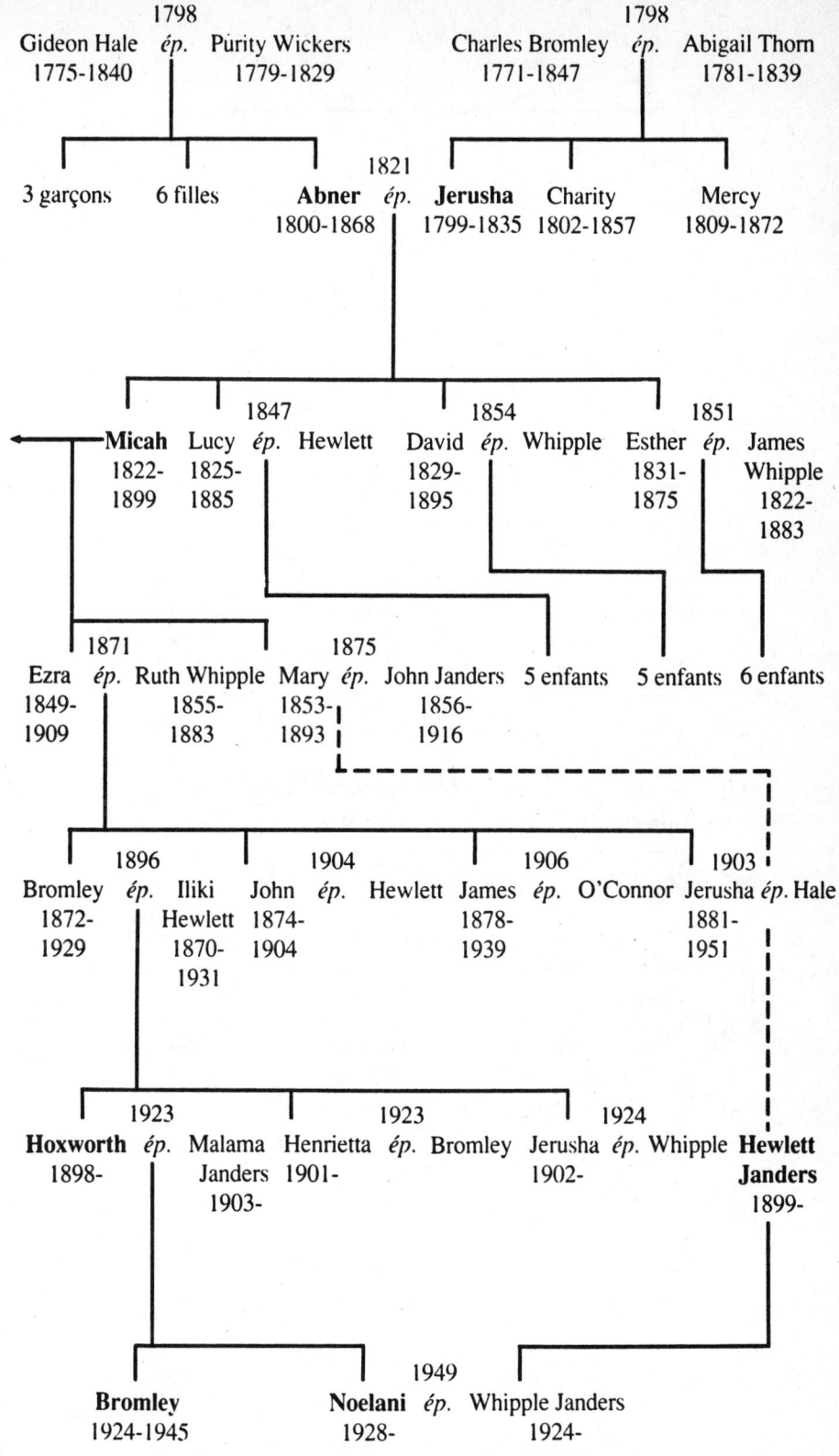

	1798					1798		

Gideon Hale *ép.* Purity Wickers   Charles Bromley *ép.* Abigail Thorn
1775-1840   1779-1829   1771-1847   1781-1839

                                  1821

3 garçons   6 filles   **Abner** *ép.* **Jerusha** Charity   Mercy
                        1800-1868   1799-1835 1802-1857   1809-1872

                   1847   1854   1851

Micah Lucy *ép.* Hewlett   David *ép.* Whipple   Esther *ép.* James
1822-   1825-   1829-   1831-   Whipple
1899   1885   1895   1875   1822-
                                                       1883

    1871   1875

Ezra *ép.* Ruth Whipple Mary *ép.* John Janders   5 enfants   5 enfants 6 enfants
1849-   1855-   1853-   1856-
1909   1883   1893   1916

    1896   1904   1906   1903

Bromley *ép.* Iliki   John *ép.* Hewlett James *ép.* O'Connor Jerusha *ép.* Hale
1872-   Hewlett 1874-   1878-   1881-
1929   1870-   1904   1939   1951
           1931

    1923   1923   1924

Hoxworth *ép.* Malama Henrietta *ép.* Bromley Jerusha *ép.* Whipple **Hewlett**
1898-   Janders 1901-   1902-   **Janders**
          1903-   1899-

                                   1949

     Bromley   **Noelani** *ép.* Whipple Janders
     1924-1945   1928-   1924-

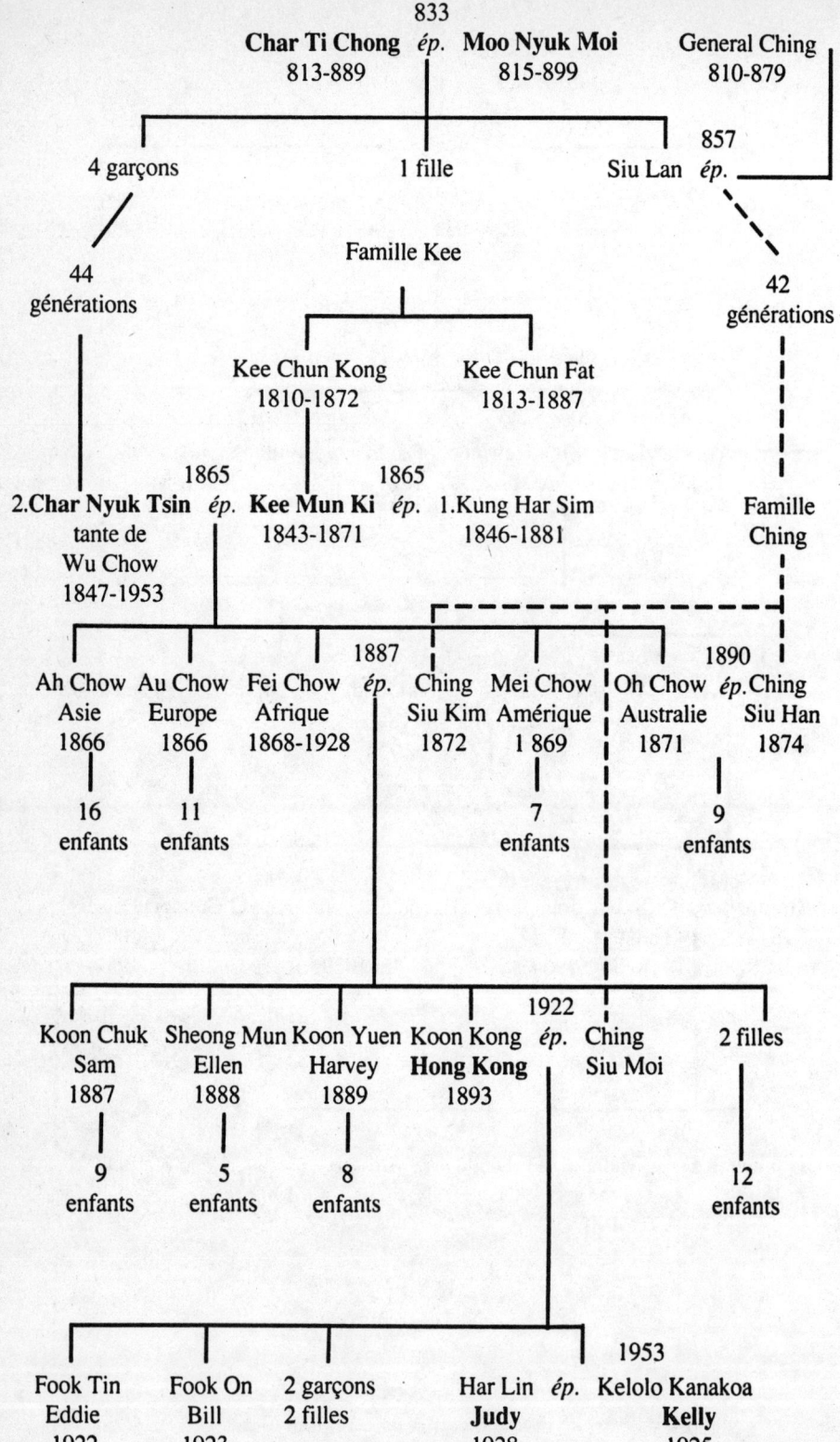

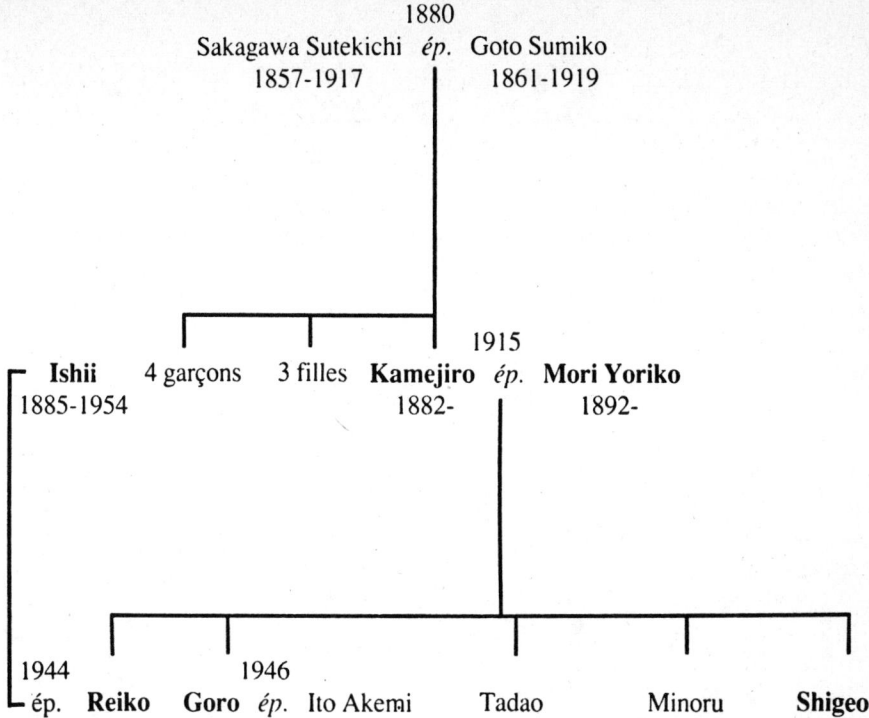

1880
Sakagawa Sutekichi *ép.* Goto Sumiko
1857-1917   1861-1919

Ishii   4 garçons   3 filles   **Kamejiro** *ép.* **Mori Yoriko**
1885-1954   1882-   1892-

1915

1944   1946
ép. **Reiko** **Goro** *ép.* Ito Akemi   Tadao   Minoru   **Shigeo**
       1917 -   1920-   1926-   1921-1944   1922-1944   1923-

Table

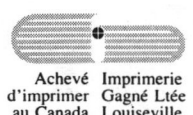

Achevé   Imprimerie
d'imprimer Gagné Ltée
au Canada Louiseville